Welt-
Tauchreiseführer

Wolfgang Sedelmaier

Welt-Tauchreiseführer

4000 Tauchbasen an den schönsten Plätzen der Erde

STEIGER

Der Herausgeber:
Wolfgang Sedelmaier ist selbst seit vielen Jahren begeisterter Taucher. Er führte für diese komplett überarbeitete Neuausgabe des Welt-Tauchreiseführers mit Hilfe von mehr als 20 Tauchorganisationen eine weltweite Fragebogenaktion durch, um alle Daten auf den neuesten Stand zu bringen.

Die Deutsche Bibliothek - CIP-Einheitsaufnahme
Ein Titeldatensatz für diese Publikation ist bei
Der Deutschen Bibliothek erhältlich

Gedruckt auf chlorfrei gebleichtem Papier.

Steiger Verlag München 2000

Grafik und Layout: Oramas Sedelmaier
Umschlagabbildungen: Monique Walker

Printed in Germany
ISBN 3-89652-217-5

Vorwort des Autors	11
Aufbau des Welt-Tauchreiseführers	12
Behinderten-Tauchen *von Heike Hermann*	13
Ägypten	16
Andamanen-Inseln	28
Anguilla	32
Argentinien	35
Aruba	38
Australien	41
- Nord-Australien – Northern Territoty	44
- New South Wales – Capital Territoty	47
- Queensland	57
- Süd-Australien	68
- Victoria	72
- West-Australien	78
- Tasmanien	83
Bahamas	86
Bahrain	92
Barbados	95
Belgien	98
Belize	103
Bermuda	107
Brasilien	110
British Virgin Islands	114
Bulgarien	117
Cayman Inseln	120
Chile	125
China / Hong Kong	128
Costa Rica	134
Dänemark	137
Deutschland	141
- Baden-Württemberg	144
- Bayern	157
- Berlin	171
- Brandenburg	173
- Bremen	176
- Hamburg	177

- Hessen	179
- Mecklenburg-Vorpommern	185
- Niedersachen	189
- Nordrhein-Westfalen	195
- Rheinland-Pfalz	206
- Saarland	210
- Sachsen	212
- Sachsen-Anhalt	214
- Schleswig-Holstein	216
- Thüringen	220
- Nationale und internationale Tauchorganisationen	222
- Dekompressionskammern in Deutschland	223
- Tauchreiseveranstalter in Deutschland	225
- Adressen von Tauchschulen für Handicap divers (HSA)	227
Dominica	230
Dominikanische Republik	234
Ecuador und Galapagos-Inseln	238
Fiji-Inseln	242
Finnland	247
Frankreich	251
- Korsika	259
Französisch-Polynesien	262
Grenada	266
Griechenland	270
Großbritannien und Jersey	276
Guadeloupe	287
Guam und Nördliche Marianen	290
Honduras	294
Indonesien	298
- Java	301
- Bali	302
- Sulawesi	305
Irland	306
Israel	311
Italien	315
- Sardinien	358
Jamaika	361

Japan und Okinawa 365
Jordanien 372
Kanada 375
Kapverden 383
Kenia 386
Kroatien 390
Kuba 394
Malawi 398
Malaysia 401
Malediven 408
- Ari Atoll 410
- Felidu Atoll 411
- Gaafaru Atoll 412
- Lhaviyani Atoll 413
- Nilandu North Atoll 413
- North Male Atoll 414
- South Male Atoll 416
- North und South Malosmadulu Atoll 417
Malta 418
Martinique 424
Mauritius 427
Mexiko 431
Mikronesien 439
Neukaledonien 444
Neuseeland 447
Niederländische Antillen 458
- Curaçao 459
- Bonaire 461
- Sint Maarten 464
- Saba 467
Niederlande 469
Norwegen 477
Oman 483
Österreich 486
Palau 496
Panama 500
Papua-Neuguinea 503

Philippinen	508
Polen	518
Portugal	521
- Azoren	525
- Madeira	527
Puerto Rico	530
Réunion	534
Salomonen	536
Saudi-Arabien	539
Schweden	543
Schweiz	548
Seychellen	556
Singapur	561
Slowenien	564
Spanien	567
- Kanarische Inseln	574
- Balearen	579
Sri Lanka	584
St. Christopher & Nevis	587
St. Lucia	590
St. Vincent und die Grenadinen	593
Südafrika	596
Südkorea	601
Taiwan	604
Thailand	607
- Pataya – Golf von Thailand	609
- Ko Samui – Golf von Thailand	611
- Phuket – Andamanensee	612
- Ko Phi Phi	617
Tonga	619
Trinidad & Tobago	622
Türkei	625
Turks & Caicos	631
USA	634
- Alabama	638
- Arizona	639
- Arkansas	640

USA

- California	641
- Colorado	646
- Connecticut	647
- Delaware	648
- Florida	649
- Georgia	656
- Hawaii	657
- Idaho	663
- Illinois	664
- Indiana	666
- Iowa	667
- Kansas	668
- Kentucky	669
- Louisiana	670
- Maine	671
- Maryland	672
- Massachusetts	673
- Michigan	674
- Minnesota	675
- Mississippi	676
- Missouri	677
- Montana	678
- Nebraska	679
- Nevada	680
- New Hampshire	681
- New Jersey	682
- New Mexico	683
- New York	684
- North Carolina	685
- North Dakota	686
- Ohio	687
- Oklahoma	688
- Oregon	689
- Pennsylvania	690
- Rhode Island	691
- South Carolina	692

Inhalt

USA

- South Dakota 693
- Tennessee 694
- Texas 695
- Utah 696
- Vermont 697
- Virginia 698
- Washington 699
- West Virginia 700
- Wisconsin 701
- Wyoming 702

Vanuatu 703

Virgin Islands 706

Zypern 710

Anhang: Weitere Tauchbasen 715

Liebe Leserin, lieber Leser!
Mit diesem Welt-Tauch-Reiseführer wollen wir Ihnen die Welt des Tauchens näherbringen. Da 78% der Erdoberfläche mit Wasser bedeckt sind, gibt es unzählige Tauchmöglichkeiten und Tauchschulen/basen, über die wir in unserem Buch in 148 Ländern und Territorien der Welt genau und ausführlich informieren. Entwickelt wurde dieses Buch von Wolfgang Sedelmaier und Divers International Publishing, Sydney, Australien in Zusammenarbeit mit Tauchorganisationen wie PADI, NAUI, SSI, CMAS, DAN, Vit, VDTL, IDD, VDST, IDA, SUSV, FIT und TSVÖ.

Der Aufbau unseres Welt-Tauchreiseführers sieht wie folgt aus:

Alle behandelten Länder sind in alphabetischer Reihenfolge aufgeführt. Dabei werden Staaten und andere Hoheitsgebiete wie z.B. Kolonien gleichberechtigt behandelt, alle erhalten ihr eigenes Kapitel. Die erste Seite jedes Abschnitts enthält allgemeine Informationen zu dem jeweiligen Land. Diese umfassen den Namen des Landes bzw. des Territoriums in der Kopfzeile, die Lage auf dem jeweiligen Kontinent (kleine Karte rechts oben), die Differenz zur Mitteleuropäischen Zeit (MEZ), die Fläche und Einwohnerzahl des Landes (unter der Karte), sowie Hauptstadt, Einwohnerzahl der Hauptstadt, Entfernung von Frankfurt/M., Währung, Amtssprache, Telefonvorwahl von Deutschland in das jeweilige Land, Telefonvorwahl aus dem jeweiligen Land nach Deutschland, Verkehr, jährliche Touristenzahl, Spannung des elektrischen Stroms, Visum und die wichtigsten internationalen Flughäfen. Auf den folgenden Seiten werden die Tauchregionen beschrieben. Außerdem finden Sie hier Adressen der nationalen und internationalen Tauchorganisationen sowie von Dekompressionskammern ('Tauchsicherheit'), Tauchreiseveranstaltern, die auf die jeweilige Region spezialisiert sind ('Information und Buchung'), die nationalen Fluggesellschaften sowie die wichtigsten deutschen Fluggesellschaften mit Verbindungen in das jeweilige Land. Hierbei ist zu beachten, dass es in vielen Fällen interessant sein kann, mit einer nicht aufgeführten Gesellschaft zu fliegen. So gibt es vielfältige Möglichkeiten mit KLM via Amsterdam, mit Sabena via Brüssel, mit British Airways, Alitalia, Air France oder diversen Airlines, die hier nur begrenzt berücksichtigt werden konnten, da detaillierte Angaben den Rahmen dieses Buches gesprengt hätten. Informieren Sie sich bei den Reiseveranstaltern oder in einem Reisebüro. Alle Adressen von Tauchreiseveranstaltern in Deutschland finden Sie in einer Übersicht auf Seiten 225/226. Weitere Angaben beziehen sich auf die Adressen der deutschen Botschaft bzw. des deutschen Konsulats in dem jeweiligen Land sowie der Botschaft bzw. des Konsulats des jeweiligen Landes in Deutschland ('Botschaften'). Hier war es uns trotz intensiver Bemühungen nicht möglich, von den zuständigen Stellen ein Verzeichnis der österreichischen und schweizer Botschaften zu erhalten. Alle Telefon- und Fax-Nummern wurden so gedruckt, wie sie von Deutschland aus zu wählen sind. Bei Gesprächen aus einem anderen Land ist somit die Vorwahl dementsprechend zu ändern. Auf der zweiten Seite jedes Kapitels finden Sie eine Karte des behandelten Landes mit den wichtigsten Städten und Tauchregionen. Hieran schließt sich eine Beschreibung der geographischen Lage, des Klimas und der wichtigsten nationalen und internationalen Verkehrsverbindungen an. Unter dem Abschnitt 'Tauchregionen' erfolgt die Beschreibung der wichtigsten Tauchregionen in dem jeweiligen Land. Diese sind unterteilt nach den Gewässern (Ozeane, Meere, Seen), in denen sie sich befinden, und enthalten eine Beschreibung der Tauchplätze in dieser Region, die schönsten Wracks, die interessantesten Sehenswürdigkeiten aus Fauna und Flora sowie weitere Besonderheiten. Insgesamt finden Sie in unserem Buch Adressen von rund 5000 Tauchschulen und Tauchbasen mit Angaben über deren Angebot im Tauchbereich und Serviceleistungen wie Hotelbuchungen, Autovermietungen und allgemeine touristische Auskünfte, zusätzlich Beschreibungen der Tauchgebiete und Wracks. Die Tauchschulen und Tauchbasen sind in Regionen unterteilt und nach dem untenstehenden Modell vorgestellt, die Adressen alphabetisch nach Orten sortiert. Diese sind blau abgedruckt. In der Regel sind die Adressen auch den jeweiligen Tauchgebieten zugeordnet. Wird z.B. Baden-Württemberg als Tauchgebiet beschrieben, so folgen anschließend nur Adressen der Tauchschulen in diesem Bundesland.

Unsere detaillierten Angaben basieren auf umfangreichen Recherchen. So wurde im Juni, Juli und August 1999 eine weltweite schriftliche Befragung von Tauchschulen und Tauchshops durchgeführt. Jede Tauchschule erhielt von uns einen Fragebogen mit dem Hinweis, nur wahrheitsgetreue Fakten darzustellen. Leider haben wir die Erfahrung gemacht, dass sich unter den vielen Basen auch ein paar befinden, die diesem Namen und dem Tauchen nicht zuträglich sind. Wir bieten Ihnen in unserem Buch nur Adressen von Tauchschulen/basen an, von denen wir einigermaßen sicher sind, dass diese einen akzeptablen Sicherheitsstandard haben.

Alle Informationen sind nach bestem Wissen und Gewissen abgedruckt, doch können wir für die Richtigkeit letztlich keine vollständige Gewähr übernehmen. Wir haben nur die Tauchschulen aufgeführt, die uns den Fragebogen ausgefüllt zurückgeschickt haben; die Adressen derjenigen, die uns nicht geantwortet haben, sind am Ende des Buches als Listing aufgenommen. Wir möchten alle Leserinnen und Leser bitten, uns Änderungen und Unstimmigkeiten in den Angaben mitzuteilen, so dass wir diese in der nächsten Auflage berichtigen können. Lassen Sie uns die genaue Anschrift und den Namen des Besitzers wissen, wir werden uns dann umgehend mit ihm in Verbindung setzen.

Generell ist jede Form von Kommentaren, zusätzlichen Informationen und Anregungen immer willkommen. Sollten Sie eine Tauchschule haben oder kennen, die in diesem Tauchführer nicht verzeichnet ist, so bitten wir um Mitteilung. Wir werden diese dann in der nächsten Ausgabe ebenfalls berücksichtigen.

Vielen Dank für Ihre Mithilfe.

Viel Freude beim Tauchen an den vielen schönen Plätzen der Erde wünscht Ihnen

Ihr

Wolfgang Sedelmaier

(Autor und Herausgeber)

Stand: März 2000

Internet:

www.diver-network.com

dip@diver-network.com

Die Adressen im Welt-Tauchreiseführer erscheinen wie hier abgebildet:

Hurghada

Divers' Lodge Owner: Karim Helal

Intercontinental Hotel & Resort or PO Box 36

Ph: + 20 65 446911 Fax: + 20 65 446910

E-Mail: tek@divers-lodge.com

Website: www.divers-lodge.com

Organisation: 5*PADI, CMAS, TDI

Language: English, French, German, Italian

Established: 1993 Season: 01.01. - 31.12.

Handicap diving

Wir finden es sehr gut, dass auch Behinderte (Handicap divers) das Tauchen ausüben können. In den vergangenen Jahren haben immer mehr Behinderte die Möglichkeit wahrgenommen, das Sporttauchen zu erlernen. Der Autor hat von 1972–1977 selbst einmal Querschnittsgelähmte in den Berufsgenossenschaftskliniken Tübingen und Hamburg betreut und weiß daher, wovon er spricht.

Behinderten-Tauchen

Ein Beitrag von Heike Herrmann

Allein mit dem Rollstuhl in den Sinai
Tauchen mal ganz anders

Es war mal wieder soweit. Alles um mich herum wurde mir zu klein und zu eng. Einfach mal wegfahren, ausbrechen, war angesagt. In den fast 15 Jahren, die ich nun im Rollstuhl sitze, hatte ich aber noch nie allein Urlaub gemacht, nur in Gruppen oder mit meinen Partnern. Ein nahes Urlaubsziel zur Übung wäre für den Anfang nicht schlecht. So könnte ich jederzeit zurück, wenn irgendwas nicht funktionieren sollte. Eine Woche Schwarzwald und sofort die Überlegung : "Was soll ich da?" Viel näher lag es, so paradox es klingt, irgendwohin zum Tauchen zu fliegen. Allen Mut zusammengepackt, fuhr ich zu meiner Tauchschule Die Tauchpartner in Hanau und sagte meinem TL, was ich vorhätte und ob er für mich buchen würde. Zu meiner Überraschung sagte er sofort:"Ja klar, Heike. Wann, wohin und wie?" Jetzt wurde mir das erste Mal richtig mulmig, denn ich hatte eigentlich damit gerechnet, daß mir der TL den Tipp geben würde, lieber noch ein bißchen zu warten... Also gut, jetzt ging es an die Planung. Da TL Claus mich schon eine ganze Weile kennt und ohnehin eine Menge mit Behinderten zusammen macht, standen Fragen wie rollstuhlgerechte Unterkunft und Tauchbasis nicht zur Debatte. Lediglich wie das Tauchen an sich ablaufen soll, galt es zu klären. Ich wollte zu meiner Sicherheit einen zusätzlichen Guide, denn ich bin doch auf Hilfe angewiesen, und für mein Gefühl, was meine Tauchkünste angeht, wäre ich so auf der sicheren Seite. Das allerdings gestaltete sich etwas schwierig, denn dies ist auch eine Kostenfrage, das muss an dieser Stelle erwähnt werden.

Der Tag des Abfluges war da, und am Flughafen angekommen, lief alles völlig reibungslos ab. Die Sanis brachten mich in den Flieger, und ich konnte sogar klären, dass ich meinen Rolli für den Zwischenstopp in München behalten kann. In Sharm eI Sheik, meinem Reiseziel in Ägypten gelandet, ging es erstmal etwas tumultartig zu. Irgendeiner wollte meinen Pass und die Tickets, auf die ich mich sogleich gesetzt hatte, denn das war das Einzige, mit dem ich mich ausweisen, bzw. wieder nach Hause kommen konnte. Aber nach einem kurzen Hin und Her war auch das geklärt, und ich saß im Transfer zum Hotel. Im Hotel angekommen, war ich erst einmal froh, da zu sein. Ich war also unterwegs nicht verloren gegangen. Die Angst, ich würde hier in Sharm sitzen und mein Rolli wäre irgendwo in Bagdad-West, begleitete mich den ganzen Flug. Das Zimmer bzw. das Hotel waren absolut rollstuhlgerecht, die Dusche mit dem Rolli einfahrbar, überall von der Steigung her zu bewältigende Rampen und die Hotelbar mit dem Aufzug zu erreichen. Perfekt. Nun war ich fast 19 Stunden unterwegs, und ich fiel, zufrieden und froh darüber, dass alles so toll geklappt hatte, ins Bett. Am nächsten Morgen sollte ich dann Kris treffen. Sie war mein Guide für die ganze Tauchzeit. Wir hatten uns schon im Mai '98 bei einem Törn mit Behinderten kennen gelernt. Kris lebt schon einige Jahre im Sinai, ist Instructor und hat auch eine Zusatzausbildung der Handicapped Scuba Association, um mit Behinderten zu tauchen, die besten Voraussetzungen, um ein sicheres Tauchen durchzuziehen. Das Einchecken bei den Sinai-Divers lief ebenfalls völlig reibungslos ab. TL Claus hatte hier, wie auch schon am Flughafen und Hotel, von Deutschland aus alles perfekt organisiert. Toni, der Technische Chef der Tauchbasis, setzte dann noch einen drauf, denn ich war die ganze Zeit auf demselben Boot, so dass mein Tauchgerät nicht immer hin und her geschleppt werden musste und an Bord der Ghazala 5 blieb. Die Ghazala 5 ist ein ganz normales Boot, also nicht rollstuhlgerecht, was aber den Genuss des Ganzen in keinster Weise schmälerte. Geistige und körperliche Flexibilität, eine hilfsbereite Mannschaft, nette Mittaucher und einfach gute Laune machen es für einen Behinderten zu einer ganz normalen Sache, und es gibt den Fußgängern einen kleinen Einblick in die Behindertenproblematik. Berührungsängste werden in dem praktischen Miteinander sowieso besser abgebaut. So kamen viele interessante Gespräche zustande und der Spaß nie zu kurz. Nun sollte es ans Tauchen gehen. Auf dem Weg zum ersten Tauchplatz White Knight machten Kris und ich ein sehr ausführliches Briefing, und ich erklärte ihr auch noch mein neues Jacket ganz genau. Ich erwähne es, denn es spielt noch eine wichtige Rolle. Am Tauchplatz angekommen ging es ins Wasser, und was dann passierte, sollte mich die ganzen 13 TG begleiten. Es war wunderschön, einfach genial. Kris und ich hatten von Anfang an einen unheimlich guten Draht zueinander, und mein Tauchen war, ohne Übertreibung, vortrefflich. So losgelöst und entspannt war ich noch nie gewesen. Es stimmte aber auch alles. Der 5. TG wurde dann zu einer Übung für einen Drift-Dive. Ich musste mein Jacket mit Flasche auf der Plattform anziehen, da ja alle Taucher recht zügig, ich also auch, vom Boot springen müssen. Bis dahin hatte ich mich immer im Wasser, an der Leiter festhaltend, angezogen. Aber auch die Plattform stellte kein Problem dar, und das im Sitzen vom Boot fallen war eher lustig. Beim 7. TG war es dann soweit, und jetzt ging mir doch ein bisschen die Düse. Es schaukelte und wackelte, es war die wahre Pracht, und ich dachte so bei mir: "Wieso sitze ich nicht mit einer karierten Decke über den Beinen und einer Katze auf dem Schoß zu Hause vor der Glotze ..." - "Jump", rief Kris, mein Gedankendrift wurde unterbrochen, und es begann eines meiner schönsten Dive-Erlebnisse, das ich je hatte. Zweimal alles zurechtgerückt, und ich hatte es mir in meinem Jacket bequem gemacht. Den Rest besorgte die Strömung. Ich musste nichts mehr tun, der Drift trug mich. Wahnsinn. Es war umso mehr ein Erlebnis für mich, weil ich sonst mit den Armen tauche, was doch ungleich anstrengender ist als mit Flossen. Nun das reine und mir immer willkommene Nichtstun. Ein einziger TG hatte so seine Tücken und war mit nicht geplanten Programmpunkten gespickt. So verlor ich auf 18 m eine Bleitasche. Mein Alptraum wurde wahr, und jetzt sollte sich zeigen, wie wichtig es ist, dem Tauchpartner das Jacket vorher zu erklären. Kris konnte das Blei retten und dann ohne großen Stress die Tasche wieder in mein Jacket räumen. So konnten wir den TG ohne Hektik und entspannt fortsetzen. Uns trieb dann später noch etwas die Strömung ab, ich verlor zweimal den Automaten, na ja. Es wurde ein etwas kürzerer TG, aber Kris und ich haben viel dabei gelernt. Uns hat aber auch nichts aus der Ruhe gebracht, so dass auch die Debriefings immer konstruktiv waren.

Heike Herrmann, Offenbach Oktober 1998

Vielen Dank für die Informationen über das HSA-Instructor Training an Herrn Claus Wilkens
Lamboystraße 63,
63452 Hanau
Tel: 06181 182639
e-mail: die.tauchpartner@t-online.de
www.dietauchpartner.de

Die Tauchbasen der Welt

Länder von A bis Z

Ägypten

Hauptstadt	Kairo
Einwohner	6,3 Mio.
Entf. v. Frankfurt/M.	2.915 km
Währung	Ägypt £
Amtssprache	Arabisch
Telefonvorwahl v. D	00 20
Telefonvorwahl n. D	00 49
Verkehr	Rechtsverkehr
jährl. Touristenzahl	2,4 Mio.
Elektr. Strom	220 V / 50 Hz
Visum	am Flughafen
Flughafen	Hurghada (HRG) Sharm-El-Sheikh

Tauchregionen:
Rotes Meer
Port Safaga
Hurghada
Sharm-El-Sheikh
El Quseir
Dahab
Nuweiba
Straße von Gubal
The Brother Islands
Port Berenice, Sudan

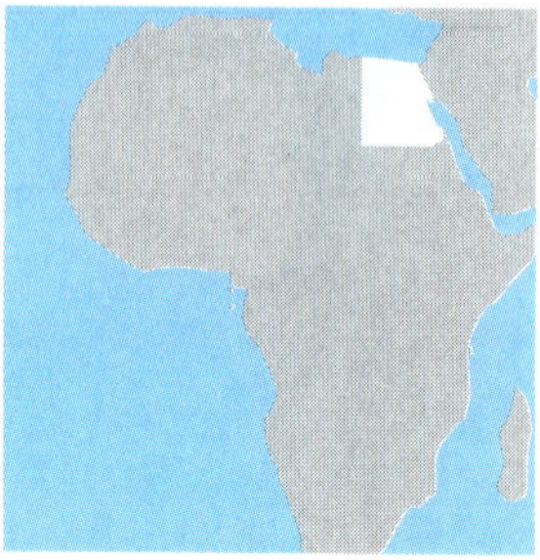

Zeitverschiebung: MEZ + 1
Fläche: 1.001.450 km^2
Einwohner: 53 Mio.

Tauchsicherheit

Egyptian Unterwater Sports
Heliopolis West Cairo
P.O. Box 5270
Cairo-Egypt
Tel: 0020 2 40506

PADI Europe
Oberwilerstr. 3
CH-8442 Hettlingen
Tel: 0041 52 304 1414
Fax: 0041 52 304 1499
Website: www.padi.com

VDST: Verband Deutscher Sporttaucher e.V.
Tannenstr. 25
D-64546 Möhrfelden
Tel: 0049 6105 961 302
Fax: 0049 6105 961 345
E-mail: vdst.ev@t-online.de
Website: www.vdst.de

Scuba Schools International
Otto-Hahn Str. 1c
D-69190 Walldorf
Tel: 0049 622 71030
Fax: 0049 622 71037
Website: www.ssi.com

Information und Beratung

Schöner Tauchen
Hastedter Heerstr. 211
28207 Bremen
Tel: 0421 450010
Fax: 0421 450080
www.schoener-tauchen.com

Sun and Fun Sportreisen
Franz-Joseph-Str. 43
80801 München
Tel: 089 380 14124
Fax: 089 346 644
sunundfun@t-online.de

Sport- & Kulturreisen
Seitennäckerstr.16
70378 Stuttgart
Tel: 0711 953 4020
Fax: 0711 953 4021
sk@partner.de
www.sk.partner.de

Travel Service Kern
Burenstr. 17
70435 Stuttgart
Tel: 0711 822809
Fax: 0711 8264954
Website: www.travel-sk.de

Botschaften

Botschaft Ägypten
Kronprinzenstr. 2
53173 Bonn
Tel: 0228 364 000

Außenstelle:
Waldstr. 15
13156 Berlin
Tel: 030 477 1048
Fax: 030 477 1049

Embassy of the Federal Republic of Germany
8 B, Sharia Hassan Sabri
Cairo-Zamalek
Tel: 0020 2 341 0015

Dekompressionskammer

Hurghada
Megawish Hotel
Tel: 0020 65 442 66229
Fax: 0020 65 40 2 55

Deutschsprachiger Arzt:
Sharm-El-Sheikh
Tel: 0020 62 601 011
Fax: 0020 62 602 66270

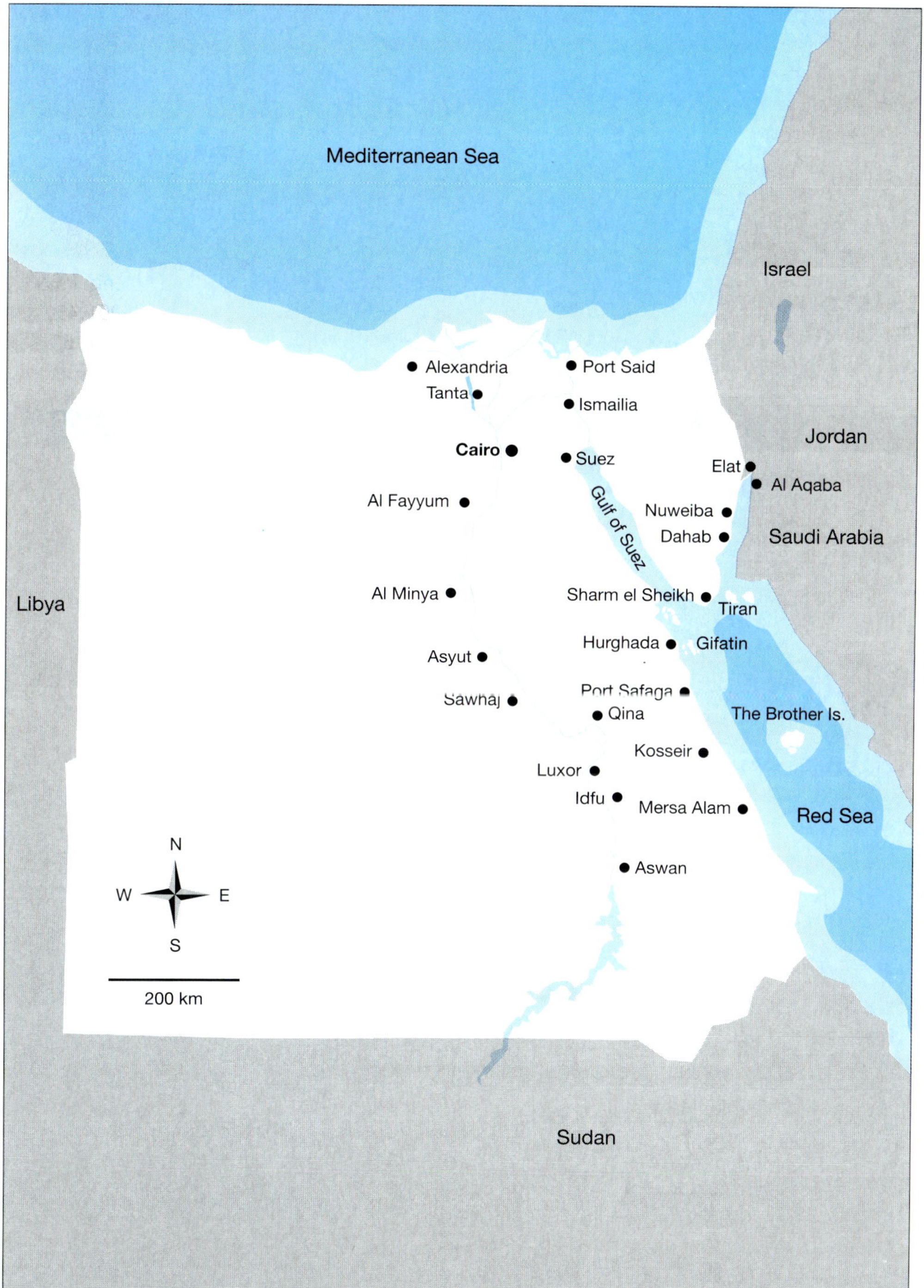
Mediterranean Sea
Israel
Alexandria
Port Said
Tanta
Ismailia
Jordan
Cairo
Suez
Elat
Al Aqaba
Gulf of Suez
Al Fayyum
Nuweiba
Dahab
Saudi Arabia
Libya
Al Minya
Sharm el Sheikh
Tiran
Hurghada
Gifatin
Asyut
Port Safaga
Sawhaj
Qina
The Brother Is.
Kosseir
Luxor
Idfu
Mersa Alam
Red Sea
N
W
E
S
Aswan
200 km
Sudan

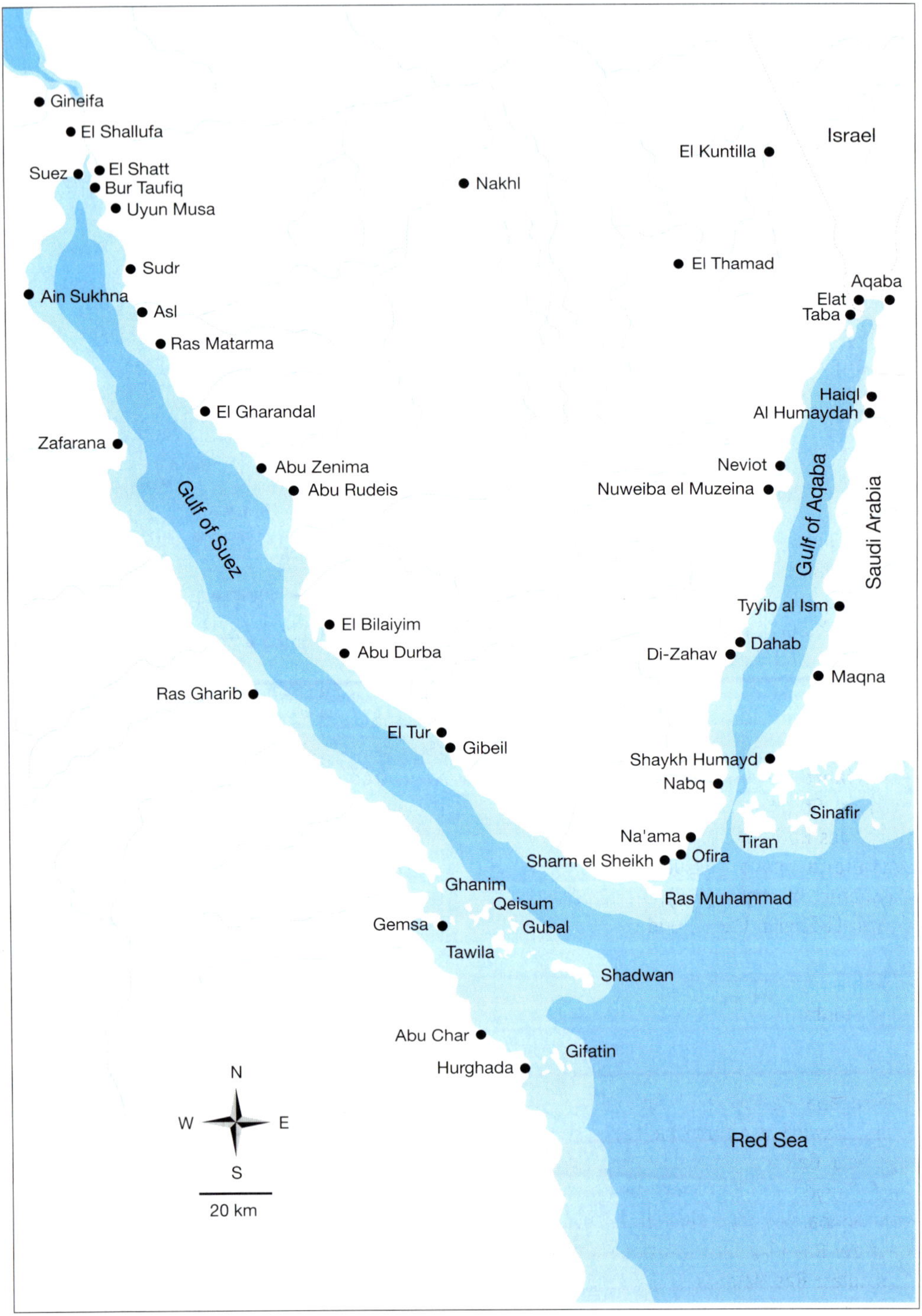
Gineifa
El Shallufa
Suez
El Shatt
Bur Taufiq
Uyun Musa
Nakhl
El Kuntilla
Israel
Sudr
Ain Sukhna
Asl
Ras Matarma
El Thamad
Aqaba
Elat
Taba
El Gharandal
Zafarana
Haiql
Al Humaydah
Abu Zenima
Abu Rudeis
Neviot
Nuweiba el Muzeina
Gulf of Suez
Gulf of Aqaba
Saudi Arabia
Tyyib al Ism
El Bilaiyim
Abu Durba
Dahab
Di-Zahav
Maqna
Ras Gharib
El Tur
Gibeil
Shaykh Humayd
Nabq
Sinafir
Na'ama
Tiran
Sharm el Sheikh
Ofira
Ghanim
Qeisum
Ras Muhammad
Gemsa
Gubal
Tawila
Shadwan
Abu Char
Gifatin
Hurghada
N
W
E
S
20 km
Red Sea

Geographische Lage:

Ägypten liegt im äußersten Nordosten Afrikas. Die Nordbegrenzung bildet die Mittelmeerküste, im Westen grenzt das Land an Libyen, im Süden an den Sudan. Im Osten liegt das Rote Meer, die Sinai-Halbinsel grenzt an Israel.
Ägypten ist zum einen geprägt durch den Nil, den größten Strom Afrikas, der das Land von Süden nach Norden durchfließt, und zum anderen durch die Wüste Sahara, die mehr als 90% des Gebietes ausmacht. Besiedelt sind vor allem die Ufer des Nils mit Kairo als größter Stadt und die Küstenregionen. Außerdem findet man im Wüstengebiet verstreute Oasen mit kleineren Ansiedlungen.

Klima:

Das ganze Jahr über heiß und trocken, Wüstenklima. Im Sommer Tagestemperaturen bis über 40°C, jedoch nachts zumeist kühl. Niederschläge sind selten, vorwiegend im Dezember und Januar. Die beste Reisezeit ist der Winter.

Verkehr:

Schifffahrt auf dem Nil und dem Assuan Stausee, Straßen entlang des Stroms und der Küste des Roten Meeres, Bahnverbindung von Alexandria nach Assuan. Internationale Flughäfen in Kairo (CAI), Alexandria (ALY), Sharm-El-Sheikh (SSH), und Hurghada (HRG).

Dahab and Nuweiba:

Zwei Städte im Süden der Sinai Halbinsel.

Tauchplätze:

El Maagana, Ras Sheitani, Angelfish Goach, La Siren, Bawaki vor Nuweiba sowie Blue Hole, Ras Abu Galoum, Gaber El Bint, Lighthouse Reef, Canyon und Eal Garden bei Dahab im Golf von Aqaba. Am nördlichen Golf von Aqaba liegt der Ras Abu Galum Nationalpark mit dem Tauchplatz Ras Mamlah.

Wracks:

Soufa und Yatouche bei Eilat im Norden der östlichen Sinai-Halbinsel, Cedar Pride südlich von Aqaba auf jordanischer Seite. Minjia und Excalibur an der Küste. Patrouillenboot am Carless Reef. Gulf Flut, Poliaigos, Giannis D, Kimon M, Chrisoula K, Carnatic, Viki K, Rosalie Moller, Maribill, Tamara II, Jasmine, Nahed, Bachis in der Gegend der Shadwan Inseln.

Fauna:

Verschiedene Barsche, Napoleonfische, Steinfische, Krötenfische, Igelfische, Krokodilsfische, Rotfeuerfische, Kugelfische, Doktorfische, Wimpelfische, Falterfische, Haie, Korallen, Sepien, Schildkröten.

Tauchbasen:

Dahab South-Sinai

South-Sinai Fantasea Divers
Owner: Mohamed Refaie
P.O. Box 9
Ph: + 20 62 640483 Fax: + 20 62 640043
E-Mail: fdc@intouch.com
Website: www.fantaseadiving.co.uk
Organisation: PADI, NAUI, CMAS
Language: English, German, French, Dutch
Established: 1994 Season: 01.01. - 31.12.

Dahab El Mashraba

South-Sinai Inmo Diver's Home
Owner: Mohamed El-Kabany
P.O. Box 15
Ph: + 20 62 640371 Fax: + 20 62 640372
E-Mail: inmo@inmodivers.com
Website: www.inmodivers.com
Organisation: PADI, CMAS, NAUI
Language: English, German, Arabic
Established: 1989 Season: 01.01. - 31.12.

Dahab South-Sinai

Dahab Divers Lodge
Owner: Ruth Posor
Light House Area or P.O. Box 29
Ph: + 20 62 640487 Fax: + 20 62 640487
E-Mail: tauchsport.posor@t-online.de
Website: www.posor.de
Organisation: PADI
Language: German, English
Established: 1996
Season: 01.01. - 31.12.

Dahab South Sinai

South Sinai Sea Quest
Owner: Jörg R. Müller
c/o Blue Hole Hotel
Ph: + 20 62 640160 Fax: + 20 62 640160
E-Mail: seaquest@sinai.de
Website: www.sinai.de
Organisation: PADI
Language: German, English
Established: 1999 Season: 01.01. - 31.12.

El Quesier and El Hamrawein:

Zwei Orte südlich von Hurghada, beide sind touristisch erschlossen und über die Küstenstraße mit dem Flughafen Hurghadas verbunden.

Tauchplätze:

Panorama Reef, Middle Reef, Shaab Tobia Arba, Tobia Island, Hal Hal, Gamul Kebir, Gamul Soraya, Shaab Shear (mit El Sheer und Coral Pardise).
Nördlich von Marsa Alam liegt das Elphinstone Reef. Dort gibt es auch die Gelegenheit eines Tauch-Camps bei El Naba. Von da aus führen Tauchtouren zu den sehr guten Tauchplätzen um Abu Dabbab. So etwa El Gotaab, Gota El Nabaa und Eru Abu Dabbab.

In der Nähe von El Quesier taucht man am Erg Monika oder Erg Maleg, am Sharm Fugani, Marsa Maowad oder von der südlicheren Mangrove Bay aus.
Nur ein paar Bootsminuten von Safaga aus liegen Safaga Island und Ras Soma. Auch von Safaga aus erreicht man die Brother Islands.

Wracks:

Alda, Numidia, Sadana Wrack, Aida, Winner (in der Nähe der Insel El Akhawein) und die Salem Express.

Fauna:

Verschiedene Barsche, Napoleonfische, Steinfische, Krötenfische, Igelfische, Krokodilsfische, Rotfeuerfische, Kugelfische, Doktorfische, Wimpelfische, Falterfische, Haie, Korallen, Sepien und Schildkröten.

Tauchbasen:

El Quesier Bay

Subex El Quesier Diving Center
c/o Moevenpick Resort
Ph: + 20 65 332100 Fax: + 20 65 332124
E-mail: subexelg@intauch.com
Website: www.subex.net
Organisation: SUSV, CMAS, SSI, VDST
Language: German, English, French
Established: 1993
Season: 01.01. - 31.12.

El Quseir - El Hamrawein

Daly Dive Resort
Owner: Raouf & Eva El Daly
Ph: + 20 65 432039 Fax: + 20 65 432038
Organisation: PADI, IDD
Language: Arabic, German, English
Season: 01.01. - 31.12.

Hurghada:

Traditionsreichster Tauchstützpunkt am Roten Meer. Ehemaliger Fischerort, der sich in den letzten zwanzig Jahren zum Touristenzentrum entwickelt hat. An der ägyptischen Westküste gelegen, 600 km südlich von Kairo.

Tauchplätze:

Mehrere, der Küste vorgelagerte Riffs mit hervorragenden Tauchplätzen: Erg Somaya liegt an der Ostseite von Giftun El Saghir. Das Riff Um Gammar findet sich 9 km nördlich von Giftun Island. Rund 5 km nördlich von Giftun Island liegt das vielleicht schönste Riff von Hurghada, das Carless Reef. Das sichelförmige Riff Shaab El Erg erreicht man nördlich von Um Gammar. Abu Ramada liegt im Süden von Giftun El Saghir, und nur 3 km südwestlich davon findet sich das Shaab Abu Ramada. Bei Giftun El Kebir liegen die Tauchplätze Shaab Farasha, Hamata, Fanus East und Middle Erg und das Shaab Sabina. In der Nähe von Um Agawish El Kebir – südöstlich von Hurghada – stößt man auf Shaab Ishtu, El Aruk, Shaab Tiffany und Petra Reef. Noch weiter südlich liegen dann noch Shaab Disha und Abu Machadik. Direkt vor der Küste Hurghadas findet sich das Abu Minkar und weiter nördlich die Meereserhebung El Fanadir mit dem bekannten Shaab Abu Nuquar.

Wracks:

Minja und Excalibur an der Küste. Patrouillenboot am Carless Reef, Gulf Flut, Poliaigos, Kimon M, Viki K, Maribill, Tamara II, Jasmine, Nahed, Bachis in der Gegend der Shadwan Inseln.

Fauna:

Verschiedene Barsche, Napoleonfische, Steinfische, Krötenfische, Igelfische, Krokodilsfische, Rotfeuerfische, Kugelfische, Doktorfische, Wimpelfische, Falterfische, Haie, Korallen, Sepien und Schildkröten.

Port Berenice, Sudan:

Port Berenice ist eine kleine Hafenstadt etwa 120 km nördlich der Grenze zum Sudan. Zwischen Berenice und dem nördlicheren Ras Qulan zieht sich eine Landzunge aufs Meer hinaus zum Ras Banas. Touristisch ist das Gebiet erschlossen, doch geht es dort im Vergleich zu Hurghada recht ruhig zu. Tauchen ist vom Sudan aus nicht möglich, einige Schiffe, z.B. von Hurghada und Sharm-El-Sheikh fahren jedoch in die Gewässer vor der sudanesischen Küste. Die Tauchfahrten in dieses Gebiet gehen meistens über mehrere Tage.

Tauchplätze:

Bei Port Berenice liegt das berühmte Dolphin Reef am Ras Banas. Von dort aus erreicht man die Tauchgebiete Fury Shoals, Showarit, den Siyul und Qulan Islands. Weiter im Süden stößt man auf das Elphinstone Reef, Shaab Samadai, Shaab Sharm, Sataya Ost und Abu Galawa Kebir. Am südlichsten Ende von Ägypten erreicht der Taucher das Elba Reef. Auf dem Weg nach Port Sudan liegt das Abington Reef. Direkt um die sudanesische Hafenstadt finden sich hervorragende Plätze am Shaab Suadi und am Shaab Roumi sowie das Saganeb Reef, Wingate Reef und das Protector Reef. Umweit des Shaab Ruomi befinden sich Überreste eine Forschungsstation von Cousteau. Von Marsa Alam aus erreicht man die berühmten Brother Islands, die beiden Felsnadeln mitten im Roten Meer.

Wracks:

Labanzo liegt am Elba Reef, am Shaab Suadi liegt der Frachter Blue Bell – dort stapeln sich im Innern alte Autos. Das Wrack des Frachters Umbria befindet sich direkt vor den Toren von Port Sudan. Seine Ladung bestand aus Waffen, Wein und Autos. Beim Ras Banas liegen die Wracks Tien Sing, der Schlepper von Abu Galawa sowie Haida und Hamada weiter nördlich an der Küste. Im Süden der Landzunge bei

Berenice sank ein russischer Frachter und Neptuna und Maidan liegen in unmittelbarer Umgebung von St John's Island.

Fauna:

Verschiedene Barsche, Napoleonfische, Steinfische, Krötenfische, Igelfische, Krokodilsfische, Rotfeuerfische, Kugelfische, Doktorfische, Wimpelfische, Falterfische, Haie, Korallen, Sepien und Schildkröten.

Straße von Gubal:

Die Straße von Gubal ist für den Schiffsverkehr ein tückisches Nadelöhr. Sie liegt direkt am Ausgang des Golfs von Suez. Die Tauchregion besteht aus den Keisum Islands, Little Gubal, Gubal Island, Tawila Island und einer Gruppe von fünf kleineren Riffs. Viele Schiffe scheiterten am Riff Sha'ab Abu Nuhas, da es an vielen Stellen nur schwer zu erkennen ist. Das Riff liegt etwa 5 km nordwestlich der Insel Shadwan. Strömung, Wind und Wellen bei normalen Wassertiefen kennzeichnen diese Tauchregion.

Tauchplätze:

Höhlentauchen am Bluff Point nördlich von Gubal Island. Bei den Riffs Shaab Umm Ush und Shaab Abu Nuhas südöstlich von Gubal Island liegen allein vier Wracks auf Grund. Nordwestlich von Shadwan Island grenzt der Tauchspot Shaab Blind; fährt man noch etwas weiter in der Richtung entdeckt man das kleinen Riff Sioul K. mit dem Shaab Sioul Saghera. Nördlich von Gubal Saghira Island liegt das Shaab Gubal. Shaab Tawila, Al Baharia und Shaab Tawila Bk. erreicht man per Boot von Tawila Island aus.

An der Westküste von Ägypten ragt die Landzunge von Gemsa ins Rote Meer. Dort liegen die Tauchgebiete um die Inseln Umm El Heimet Saghira Island, Ras Gemsa Island, Umm El Heimet Island, North und South Geisum Island.

Wracks:

Bekannt sind die Wracks Rosalie Moller (Kohlenfrachter in 50 m Tiefe), Kimon M, Chrisoula K, Carnatic, Giannis D, Ulysses und Leichter.

Fauna:

Makrelen, verschiedene Barsche, Kaiserfische, Schnapper, Glasfische, Lippfische, Napoleonfische, Doktorfische, Papageifische, Anglerfische, Muränen, Adlerrochen, Haie, Schildkröten, Weichkorallen, Gorgonien, Feuerschwämme.

Tauchbasen:

Hurghada

Aquanaut Red Sea Diving
Owner: Peter Dielessen
Shedwan Golden Beach Hotel
Ph: + 20 65 549891 Fax: + 20 65 547045
E-Mail: peterd@hurghada.ie-eg.com
Website: www.aquanaut.net
Organisation: PADI, CMAS, ARE, VDTL
Language: Arabic, English, German, Dutch

Hurghada

Dive & Aqua Center Marlin Inn
Owner: Hanne u. Werner Schütze
Sheraton Street
Ph: + 20 65 443791 Fax: + 20 65 442300
Organisation: PADI, CMAS, SSI
Language: English, German, French, Arabic
Season: 01.01. - 31.12.

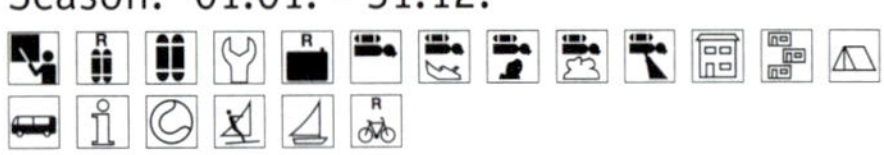

Hurghada

Divers' Lodge
Owner: Karim Helal
Intercontinental Hotel & Resort
Ph: + 20 65 446911 Fax: + 20 65 446910

Website: www.divers-lodge.com
Organisation: 5*PADI, CMAS, TDI
Language: English, French, German, Italian
Established: 1993 Season: 01.01. - 31.12.

Hurghada
Emperor Divers
Owner: T. Simpson
Princess Hotel
Ph: + 20 65 444854 Fax: + 20 65 444854
E-Mail: emperor@powermail.intauch.com
Organisation: PADI
Language: English, French, German
Established: 1992 Season: 01.01. - 31.12.

Hurghada
Diving with James & Mac
Owner: James & Mac
Giftun Village Hotel
Ph: + 20 65 442665 Fax: + 20 65 442300
E-Mail: jamesmac@intouch.com
Website: www.james-mac.com
Organisation: PADI, CMAS, SSI, Barakuda
Language: English, German, Scandinavian
Established: 1987 Season: 01.01. - 31.12.

Hurghada
Red Sea Jasmin Dive Center
Owner: Monika Wiget
Jasmine Village
Ph: + 20 65 446455 Fax: + 20 65 547625
E-Mail: info@jasmin-diving.com
Website: www.jasmin-diving.com
Organisation: PADI, SSI, CMAS, VDST
Language: German, English, Italian, French
Established: 1989 Season: 01.01. - 31.12.

Hurghada
Ocean Red Diving Center and Safaris
Owner: Aymen Weshahy
Sheraton Street
Ph: + 20 65 442274 Fax: + 20 65 442274
Organisation: PADI, CMAS, Barakuda, SUSU
Language: German, English, French, Italian
Established: 1999 Season: 01.01. - 31.12.

Hurghada
Ocean Red Diving Centre
Owner: Aymen Weshahy
Sand Beach Hotel, Cormiche
Ph: + 20 65 547822 Fax: + 20 65 547822
Organisation: PADI, CMAS, Barakuda, SUSU
Language: German, English, French, Italian
Established: 1990 Season: 01.01. - 31.12.

Hurghada
Ocean Red Diving Centre
Beach Albatros Hotel
Ph: + 20 65 446280 Fax: + 20 65 446280
Organisation: PADI, CMAS,
Language: German, English, French, Italian
Season: 01.01. - 31.12.

Hurghada
Orca Diving Center
Owner: Volker Clausen
LTI Hurghada Beach Hotel
Ph: + 20 65 443710 Fax: + 20 65 442357
Organisation: PADI, CMAS, VDST

Hurghada
Subex Hurghada Diving Center
Owner: Vifian Verena Aldahar
Ph: + 20 65 547593 Fax: + 20 65 547471
E-Mail: subexhrg@hughada.ie-eg.com
Website: www.subex.net
Organisation: CMAS, SSI
Language: German, English, French
Established: 1985 Season: 01.01. - 31.12.

Port Safaga-Brother Islands:
„The Brother Islands" bestehen aus zwei kleinen Felsinseln, die aus 1000 m fast senkrecht emporsteigen und von einem Saumriff umringt werden. The Brothers liegen ca. 160 km vom Festland (Safaga) entfernt. Die Inseln werden nur für mehrere Tage angefahren und zählen zu den 10 besten Tauchgebieten der Welt. Dieser Tauchplatz ist nur erfahrenen Tauchern zu empfehlen. Tauchtiefen von 10–70 m. Der Höhepunkt ist wohl das Steilwand- und Strömungstauchen.

Wracks:
Eisenbahnwrack liegt 10–70 m tief und ist gut bewachsen. Adia, ein Truppentransportschiff der Marine, liegt ca. 60 m tief.

Fauna:
Makrelen, Barsche, Kaiserfische, Schnapper, Glasfische, Lippfische, Napoleonfische, Doktorfische, Papageifische, Anglerfische, Muränen, Adlerrochen, Haie, Schildkröten, Weichkorallen, Gorgonien, Feuerschwämme.

Port Safaga
Barakuda Diving Center Lotus Bay
Owner: Mahmoud Abd El Hady
Hotel Lotus Bay
Ph: + 20 65 253911 Fax: + 20 65 253911
E-Mail: mahmoud@red-sea.com
Website: www.red-sea.com/mahmoud
Organisation: PADI, CMAS, Barakuda, SSI, TDI
Language: German, English, Italian
Season: 01.01. - 31.12.

Port Safaga
Barakuda Diving Center Menaville
Owner: Laurenz Geishler
Hotel Menaville
Ph: + 20 65 451761 Fax: + 20 65 451764
E-Mail: laurenz@red-sea.com
Organisation: PADI, CMAS, Barakuda
Language: German, English
Established: 1991 Season: 01.01. - 31.12.

Port Safaga
Orca Divers Red Sea
Owner: Volker Clausen
Sun Beach Camp
Ph: + 20 65 4423357 Fax: + 20 65 4423357
Organisation: PADI, CMAS, VDST
Language: German, English, Arabic
Established: 1995 Season: 01.01. - 31.12.

Port Safaga
Shams Safaga Diving Center
Owner: Shama Investment
Shams Safaga Hotel
Ph: + 20 65 251781 Fax: + 20 65 251780
E-Mail: ssdc@hugada.ie.eg.com
Organisation: PADI, TDI
Language: German, English, Dutch
Season: 01.01. - 31.12.

Sharm-El-Sheikh:

Auf der Südspitze der Sinai-Halbinsel gelegen, an der Straße von Tiran, die das Rote Meer mit dem Golf von Aqaba verbindet. In der Nähe befindet sich das berühmte Ras Muhammad. Das Zentrum des Tourismus mit den meisten Tauchbasen befindet sich an der Bucht von Na'ama, einige Kilometer nördlich der Stadt.

Tauchplätze:

Turtle Bay und Tower am Ort in Küstennähe südlich der Na'ama Bay, die Riffblöcke Shark Reef und Jolanda Reef südwestlich des Ras Muhammad, die durch einen Sattel miteinander verbunden sind. Die Region um Ras Muhammad ist ein Unterwasser Nationalpark. Das Gordon Reef gegenüber Ras Nasrani bildet das südlichste Riff einer Vierergruppe bei Tiran Island, zu der noch Jackson Reef, Woodhouse Reef und Thomas Reef gehören. Das Gordon Reef fällt auf bis zu 50 m ab. Das Jackson Reef verläuft dreieckig, das Woodhouse Reef ist langgestreckt und um das runde Thomas Reef kann man herum tauchen.
Etwa 6 km nördlich der Na'ami Bay liegt die Haibucht Shark Bay. Ein Canyon führt durch das Hausriff, der bis auf 45 m in die Tiefe geht. Das Ras Umn Sid liegt in der Nähe der Bucht von Sharm El Moya. Dort bieten sich in Richtung Norden nach Na'ama Bay zahlreiche Tauchplätze an. Der südlichste Ausläufer des Riffs Shaab Mahmud wird auch Beacon Rock genannt. Beim Abstieg am Riff erkennt man bereits das wuchtige Wrack der SS Dunraven, die kieloben im Sand liegt. Die Alternative Reefs liegen westlich vom Ras Muhammad in einer ruhigen Tauchgegend mit nur mäßiger Strömung.

Wracks:

Jolanda, SS Dunraven, Sarah, Al Quamar, Sarah H., SS Thistlegorm beim Ras Muhammad, Lara, Zingara, Loullia in der Straße von Tiran bei Tiran Island. Die 170 m lange Million Hope zerschellte beim Ras Gamilla. Ein Teil der Aufbauten ragt über das Wasser hinaus. Am Ras Peter – südlich von Sharm El Moiya – liegt ein Friedhof von alten Panzerwracks.

Fauna:

Makrelen, verschiedene Barsche, Kaiserfische, Schnapper, Glasfische, Lippfische, Napoleonfische, Doktorfische, Papageifische, Anglerfische, Muränen, Adlerrochen, Haie, Schildkröten, Weichkorallen, Gorgonien, Feuerschwämme.

Tauchbasen:

Sharm-El-Sheikh South Sinai

African Divers
Owner: Claude & Liza Antoine
Ras Umm Sid
Ph: + 20 12 313 1712 Fax: + 20 62 660307
E-Mail: african@sanainet.com.eg
Website: www.africandivers.com
Organisation: PADI, NAUI, CMAS, SSI
Language: German, English, French, Spanish
Established: 1992 Season: 01.01. - 31.12.

Sharm-El-Sheikh

South-Sinai Camel Dive Club
Owner: Hesham Gabr
P.O.Box 10
Ph: + 20 62 600700 Fax: + 20 62 600601
E-Mail: reservations@cameldive.com
Website: www.cameldive.com
Organisation: PADI, CMAS, SSI, BSAC
Language: German, English, French
Established: 1986
Season: 01.01. - 31.12.

Sharm-El-Sheikh
South-Sinai Colona Dive Club
Owner: Erik Vralstad
Kanabesh Hotel
Ph: + 20 62 600184 Fax: + 20 62 600185
Organisation: PADI, NAUI, CMAS, SSI
Language: Italian, English, French, Arabic
Season: 01.01. - 31.12.

Sharm-El-Sheikh
South Sinai Dive Africa
Owner:The Hilton Hotel
Ph: + 20 62 601472 Fax: + 20 62 601472
E-Mail: diveafrica@btinternet.com
Website: www.aquatour.demon.co.uk
Organisation: PADI, SSI, BSAC
Language: English, German, Italian
Established: 1992 Season: 01.01. - 31.12.

Sharm-El-Sheikh
Divers International HQ
Owner: Ashraf Raffa
Na'ama Bay
Ph: + 20 62 600865 Fax: + 20 62 600176
E-Mail: info@diversintl.com
Website: www.diversintl.com
Organisation: PADI
Language: English, German, French
Season: 01.01. - 31.12.

Sharm-El-Sheikh
Divers International Ltd. South Sinai
Owner: Dr. Ashraf Raffa
Naamabay, Sham El Sheikh
Ph: + 20 62 600865 Fax: + 20 62 600176
E-Mail: info@diversintl.com
Website: www.diversintl.com
Organisation: PADI
Language: German, English, Italian, French
Established: 19950 Season: 01.01. - 31.12.

Sharm-El-Sheikh
South-Sinai Emperor Divers
Owner: T. Simpson
Hotel Rosetta Naama Bay
Ph: + 20 62 600187 Fax: + 20 62 600619
E-Mail: emperor.divers@sinainet.com.eg
Organisation: PADI
Language: English, French, German
Established: 1996 Season: 01.01. - 31.12.

Sharm-El-Sheikh
Nesima Resort
Owner: Sherif Ebeid
P.O.Box 24 Sharm-El-Sheikh
Ph: + 20 62 640320 Fax: + 20 62 640321
E-Mail: nesima@intouch.com
Website: www.nesima-resort.com
Organisation: 5*PADI, HSA
Language: German, English, French, Italian
Established: 1991

Sharm-El-Sheikh
Red Sea Diving Club South-Sinai
Owner: Dr. Wael Nasef
Naama Bay
Ph: + 20 62 600343 Fax: + 20 62 600342
Organisation: PADI, NAUI, CMAS, SSI, MDEA
Language: German, English, Italian, French
Established: 1980
Season: 01.01. - 31.12.

Sharm-El-Sheikh
Red Sea Diving College
Owner: Al Sobol
Ph: + 20 62 600145 Fax: + 20 62 600144
Organisation: PADI
Language: German, English, French, Italian
Season: 01.01. - 31.12.

Sharm-El-Sheikh
South Sinai Dive Club
Owner: Fayrouz Hilton
Ph: + 20 62 601040 Fax: + 20 62 601040
E-Mail: sdclub@ritsec3.com.eg
Website: www.geocities.com/
Organisation: PADI, CMAS, PDIC
Language: German, English, French
Season: 01.01. - 31.12.

Sharm-El-Sheikh
Sinai Dive Club Hilton
Owner: Wolfgang May
Ph: + 20 62 601041 Fax: + 20 62 601040
E-Mail: diveclub@sinainet.com.eg
Organisation: PADI, SSI, CMAS, ÖBV, CEDIM
Language: German, English, French
Established: 1986 Season: 01.01. - 31.12.

Sharm-El-Sheikh
Sinai Divers
Ph: + 20 62 600697 Fax: + 20 62 600158
Website: www.sinaidivers.com
Organisation: PADI, SSI, Barakuda, BSAC
Language: English, German, French, Italian
Established: 1974 Season: 01.01. - 31.12.

Sharm-El-Sheikh
Sinai Subex
Owner: Ursula Kistler
Naama Bay
Ph: + 20 62 600101 Fax: + 20 62 600111
E-Mail: subex@moevenpick.ssh.com
Organisation: VDST, CMAS, SUSV
Language: German, English, French
Established: 1991 Season: 01.01. - 31.12.

Sharm-El-Sheikh
Subex Diving Center Sharm El Sheikh
c/o Sharm Holiday Inn
+ 20 62 601388 + 20 62 601377
E-Mail: subexssh@intauch.com
Website: www.subex.net
Organisation: CMAS, SSI, VDST
Language: German, English, French,
Established: 1991 Season: 01.01. - 31.12.

Cairo Heliopolis
Nautilus 4 Omar Shaaban
Ph: + 20 2 4176515 Fax: + 20 2 4159446
E-Mail: nautilus@ritsec3.com.eg
Website: www.nautilusdiving.com
Organisation: 5*PADI

Sharm-El-Sheikh South Sinai
Red Sea Scuba Schools
Naama Bay
Ph: + 20 62 601734
Fax: + 20 62601735
Organisation: PADI
Language: English
Established: 1993
Season: 01.01. - 31.12.

Andamanen-Inseln

Hauptstadt	Port Blair
Einwohner	300.000
Entf. v. Frankfurt/M.	8.559 km
Währung	Indische Rupie
Amtssprache	Hindi, Englisch
Telefonvorwahl v. D	0091 3192
Verkehr	Linksverkehr
jährl. Touristenzahl	K. A.
Elektr. Strom	220 V 50 HZ
Visum	Ja
Flughafen	Port Blair

Tauchregionen:
Indischer Ozean
Andamanensee
NorthPoint
NorthBay
Sesostris Shoal
Snake Island
Chidiatapu-Raya
Wandoor-Allen-Patch
Rutland-Dyer-Point
Cinque Island
Pass'ge-Fish-Rock

Zeitverschiebung: MEZ + 4
Fläche: 8.293 km²
Einwohner: 190.000

Tauchsicherheit

PADI International USA
1251 East Dyer Road
CA 92705-5605 Santa Ana
Tel : 001 714 540 7234
Fax: 001 714 540 2609
E-Mail: info@padi.com
Website: www.padi.com

PADI Asia Pacific Pte. Ltd.
39 Tampines Street 92
#05-00 Form Building
Singapore 52883
Tel: 0065 785 9896
Fax: 0065 785 8168

NAUI Worldwide
9942 Currie Davis Drive
USA-33619-2667 Tampa, FL
Tel: 001 813 628 6284
Fax: 001 813 628 8253
Website: www.naui.com

CMAS
Viale Tiziano 74
I-00196 Roma
Tel: 0039 63 685 8480
Fax: 0039 63 685 8490
Website: www.cmas.com

Information und Beratung

Schöner Tauchen
Hastedter Heerstr. 211
28207 Bremen
Tel: 0421 450010
Fax: 0421 450080
www.schoener-tauchen.com

Diver's Guide Tauchreisen
Dockenhudener Str. 14
22587 Hamburg
Tel: 040 8660670
Fax: 040 86606777
tauchen@divers-guide.de
Website: www.divers-guide.de

Volkert Touristik GmbH
Freizeitzentrum Roßmühle
97782 Gräfendorf
Tel: 09357 97490
Fax: 09357 1055
Web: www.volker-touristik.de

Seal Tauchsafaris
Rubensstraße 26
48165 Münster
Tel: 02501 262859
Fax: 02501 24364
Web: www.tauchsafaris.com

Botschaften

Republik Indien
Majakowskiring 55
13156 Berlin
Tel: 030 4853002
Fax: 030 4853000

New Delhi 110021
Botschaft Deutschland
No. 6 Shantipath
Chanakyapuri
Tel: 0091 11 687 1831
Fax: 0091 11 687 3117

Fluggesellschaften

Air India
Flughafen
60549 Frankfurt
Tel: 069 2560040

Air India:
Information,
Flugscheinschalter,
Reservierung
Tel: 069 25600493
Baseler Str. 46
60329 Frankfurt
Website: www.airindia.com

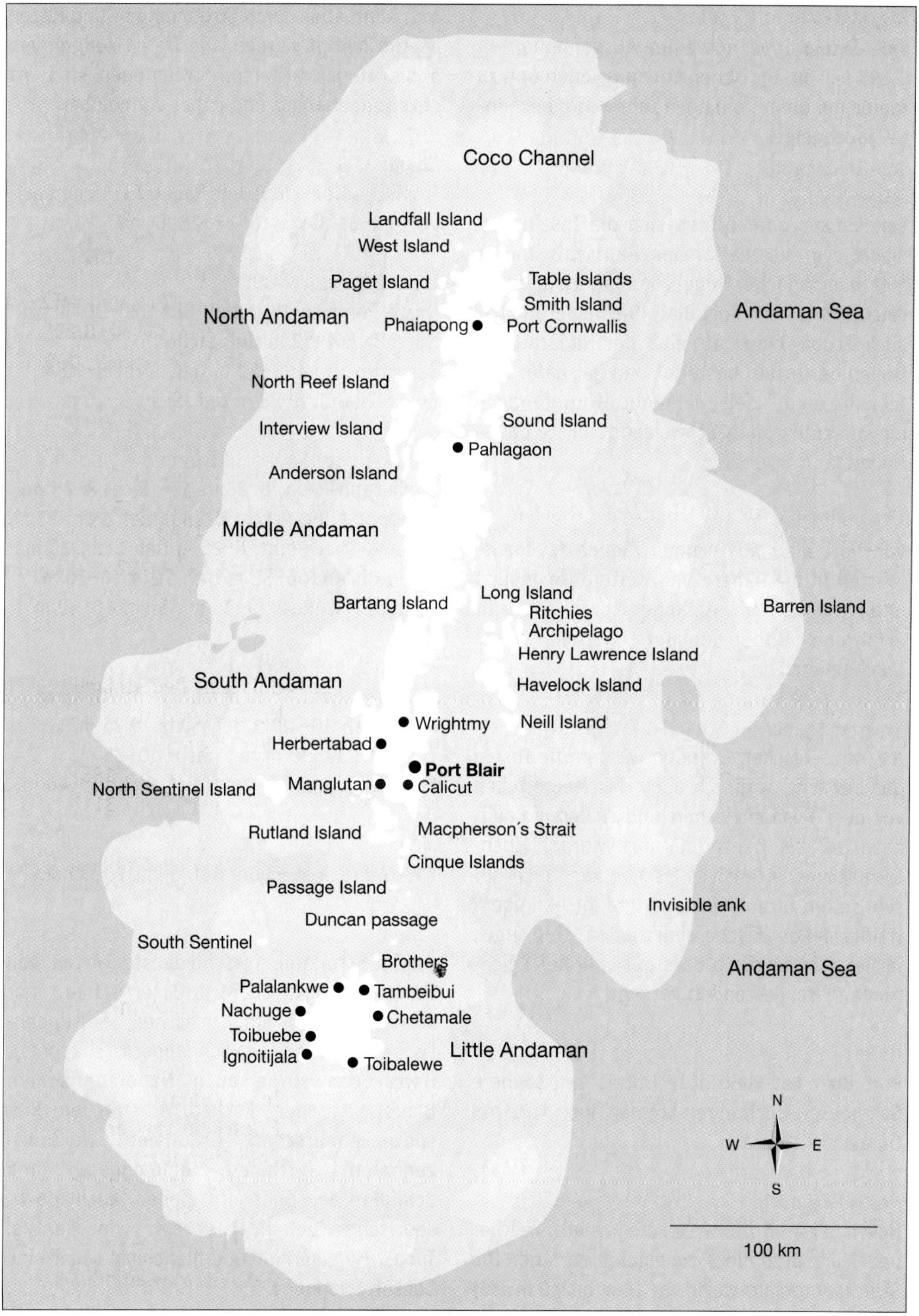
Coco Channel
Landfall Island
West Island
Paget Island
Table Islands
Smith Island
North Andaman
Phaiapong
Port Cornwallis
Andaman Sea
North Reef Island
Interview Island
Sound Island
Pahlagaon
Anderson Island
Middle Andaman
Bartang Island
Long Island
Ritchies
Archipelago
Barren Island
Henry Lawrence Island
South Andaman
Havelock Island
Wrightmy
Neill Island
Herbertabad
Port Blair
North Sentinel Island
Manglutan
Calicut
Rutland Island
Macpherson´s Strait
Cinque Islands
Passage Island
Invisible ank
Duncan passage
South Sentinel
Brothers
Andaman Sea
Palalankwe
Tambeibui
Nachuge
Chetamale
Toibuebe
Ignoitijala
Toibalewe
Little Andaman
N
W
E
S
100 km

Die Andamanen-Inseln:
Eine Inselgruppe mit einer Ausdehnung von 8.293 km^2 im Indischen Ozean gelegen und zu Indien gehörend; ein noch sehr wenig bekanntes Tauchgebiet.

Scuba Diving:
Seit kurzem aber öffnen sich die Inseln vermehrt dem internationalen Tourismus und es gibt nun tägliche Flüge von Madras und von Calcutta aus nach Port Blair. Die Regierung hat auch Scuba-Diving als eine der Hauptattraktionen der Inseln bestätigt und hat dafür drei Tauchbasen offiziell anerkannt, worunter auch die von einem Indo-Schweizer geführte Basis Andermann Divers ist.

Tauchfahrten:
Von Port Blair aus werden täglich Tauchausfahrten in die nähere und weitere Umgebung unternommen, für Anfänger sowie auch für erfahrene Hobby-Taucher, werden Kurse durchgeführt.

Fischreichtum:
Aus strategischen Gründen wurden die Inseln gut bewacht, wodurch auch das Meeresleben vor dem Dynamitfischen und anderen Raubbauarten bis heute bewahrt wurde. Hochtechnisches, intensives Fischen kam auch nur sehr selten zur Anwendung, und die gängigen, traditionellen Fischereimethoden sind noch immer schonend, so dass ein enormer Reichtum an Fischbeständen vorliegt.

Unterkünfte:
Port Blair hat viele gute Hotels und saubere Gasthäuser, Buchungen können auch kurzfristig gemacht werden.

Beste Reisezeit:
November bis April, wobei die Monate, Februar und März besonders zu empfehlen sind. Die Sicht ist normalerweise mit 15 m bis 40 m sehr gut, kann aber durch Ströumungen und Regen beeinträchtigt werden. Die Tiefen können von 6 bis 40 m variieren. Strömungen sind oft gezeitenabhängig und daher vermeidbar.

Klima:
Tropische Klimazone mit Regen (315 cm p.a.)
Luft 23–31°C Wasser 27–28°C.

Tauchgebiete Port Blair:
North Point: 6–15 m tief, Sicht 20–30 m.
NorthBay: 4–12 m tief, Sicht 15–25 m.
Sesostris Shoal: 8–20 m tief, Sicht 8–20 m.
Snake Island: 8–28 m tief, Sicht 8–20 m.

Tauchgebiete Southern Islands:
Chidiatapu-Raya: 8–28 m tief, Sicht 8–25 m.
Wandoor-Allen-Patch: 8–28 m tief, Sicht 25 m.
Rutland-Dyer-Point: 8–25 m tief, Sicht 25 m.
Cinque Island: 6–35 m tief, Sicht 10–30 m.
Pass'ge-Fish-Rock: 9–35 m , Sicht 10–40 m.

Tauchgebiete Havelock Island:
Western Reefs: 8–20 m tief, Sicht 10–25 m.
Pilot Reef: 10–18 m tief, Sicht 8–25 m.
The Cliff: 12–30 m tief, Sicht 10–25 m.
Minerva Ledge: 10–25 m tief, Sicht 10–40 m.

Wrack:
WW-II Wrack 30–34 m tief, Sicht 20–30 m.

Fauna:
Große Schwärme verschiedenster Arten von Schmetterlingsfischen, Drückerfischen, Kaiserfischen und Einhornfischen, Süßlippenfischen, Mackarelen, Schnappern (snappers), Barrakudas sowie auch Napoleonfischen, Blaupunktfischen, Rochen, Adlerrochen, Riesenzackenbarschen, Grauhaien, Weißspitzenhaien, Riffhaien, Ammenhaien und Schildkröten. Sehr oft ziehen auch Hochseefische (pelagics) vorbei, wie Mantas, Tunas, Hammerhaie und manchmal sogar eine Seekuh (Dugong).

Tauchbase in Port Blair:

Port Blair 744101 Andaman Island

Anderman Divers
Owner: Herbert Burri
at: Peerless Resort oder P.O. Box 21
Ph: + 91 3192 33461 Fax: + 91 3192 33463
E-Mail: hburri@worldonline.es
Organisation: PADI
Language: English, French, German
Established: 1999 Season: 15.11. - 30.04.

Fahrten von Thailand nach Port Blair:

Port Blair liegt nur etwa 460 Meilen nordwestlich von Phuket, in der Andamanen See. Daher werden auch Tauchausfahrten mit hochseetüchtigen Booten von Phuket aus organisiert.

Diese Fahrten erstrecken sich über einen Zeitraum von 12–15 Tagen. Die Fahrt geht von AO Chalong in Phuket entlang der Thailändischen Küste.

Der erste Stopp wird bei den Similan Islands gemacht, hier haben Sie dann die Möglichkeit mehrere Tauchgänge zu unternehmen. Am zweiten Tag geht es weiter nach Nord-Westen bis Surin Island, auch hier haben Sie die Gelegenheit zum Tauchen; mit ein wenig Glück werden Sie hier unter anderem Walhaien begegnen.

Nun geht es ins offene Meer hinaus. Wenn es das Wetter und die Regierung von Myanmar, dem ehemaligen Burma, zulässt, werden in der Regel Tauchgänge bei den Burma Bankes unternommen.

Von hier ab sind es dann immer noch ein bis zwei Tage bis zu denn Andaman Islands. Nach unseren Informationen ist dieser anspruchsvolle Tauchtrip nur etwas für Taucher, die genug Erfahrung mitbringen, um der See Paroli bieten zu können.

Information in Deutschland:

Seal Tauchsafaris

Rubensstraße 26
48165 Münster
Tel: 02501 262859
Fax: 02501 24364
www.tauchsafaris.com

Tauchbasen in Thailand:

Patong Beach 83150 Phuket

South East Asia Divers
Owner: Andreas Palm
62 Thaweewong Rd
Ph: + 66 76 344022
Fax: + 66 76 342530
E-Mail:info@phuketdive.net.
Website: www.phuketdive.net.
Organisation: 5*PADI, BSAC, IANTD
Language: English, German, French, Thai
Established: 1986
Season: 01.01. - 31.12.

Patong Beach 83150 Phuket

Fantasea Divers
Owner: Jerorn Deknatel
219 Ratutit 200 YR. Rd
Ph: + 66 76 340 088
Fax: + 66 76 340309
E-Mail: info@fantasea.net
Website: www.fantasea.net
Organisation: 5*PADI, IANTD
Language: English, German, French, Thai
Established: 1979
Season: 01.01. - 31.12.

Anguilla

Hauptstadt	The Valley
Einwohner	2.000
Entf. v. Frankfurt/M.	7.190 km
Währung	Dollar, EC$
Amtssprache	Englisch
Telefonvorwahl v. D	00 1264
Telefonvorwahl n. D	0 1149
Verkehr	Linksverkehr
jährl. Touristenzahl	k. A.
Elektr. Strom	220 V / 50 Hz
Visum	nein
Flughafen	Wallblake (AXA)

Tauchregionen:
Karibisches Meer
Anguilla

Zeitverschiebung: MEZ - 5
Fläche: 155 km²
Einwohner: 7.000

Tauchsicherheit

PADI International USA
1251 East Dyer Road
CA 92705-5605 Santa Ana
Tel: 001 714 540 7234
Fax: 001 714 540 2609
Website: www.padi.com

NAUI Worldwide
9942 Currie Davis Drive
USA-33619-2667 Tampa FL
Tel: 001 813 628 6284
Fax: 001 813 628 8253
E-mail: info@naui.com
Website: www.naui.com

CMAS
Viale Tiziano 74
I-00196 Roma
Tel: 0039 6 3685 84 80
Fax: 0039 6 3685 84 90
E-mail: cmasmond@tin.it
Website: www.cmas.org/cmas

DAN: Divers Alert Network
P.O. Box 3823 , 27710
Durham North Carolina USA
E-Mail: info@dan-dive.com
Website: www.dan-dive.com

Information und Beratung

Sun and Fun Sportreisen
Franz-Joseph-Straße 43
80801 München
Tel: 089 38014124
Fax: 089 346644
sunundfun@t-online.de

Reisecenter Federsee
Schussenriederstr. 26
88422 Bad Buchau
Tel: 07582 3551
Fax: 07582 3252
ReisecenterFedersee@
t-online.de

Schöner Tauchen
Hastedter Heerstr. 211
28207 Bremen
Tel: 0421 450010
Fax: 0421 450080
www.schoener-tauchen.com

Karibia
Fliederstr. 25
63456 Hanau
Tel: 06181 662860
Fax: 06181 662860

Botschaften

Embassy of the Federal
Republic of Germany
P.O. Box 828 Port-of-Spain
Trinidad, W.I.
Tel: 0018 09 6281 630
Fax: 0018 09 6285 278

Anguilla und Barbuda
15, Thayer Street,
GB-London W1M 5LD
Tel: 0044 171 4867073
Fax: 0044 171 4869970

Fluggesellschaften

British Airways
Frankfurt am Main
Tel: 0180 3340340
Web: www.british-airway.com

East Caribbean
Airline of the North Eastern
Caribbean

Trans Anguilla
Buchungen über British
Airways für alle Fluggesell-
schaften.

Geographische Lage:
Anguilla ist eine buchtenreiche Koralleninsel im Nordosten der Kleinen Antillen, 26 km lang und etwa 6 km breit, mit mehreren vorgelagerten Kleininseln und Riffs (Scrub Island, Dog Island, Scilly Cay, Sandy Island, Sombrero) im Karibischen Meer. Im Westen liegen die British Virgin Islands und die U.S. Virgin Islands, weiter südlich die Inselgruppe St. Christopher und Nevis. Anguilla ist hügelig und von Büschen und Palmen bestanden.

Klima:
Die Temperaturen schwanken sehr wenig über das Jahr, 25° ganzjährig im Mittel. Das Klima ist trocken und mild.

Verkehr:
Es gibt ein gut ausgebautes Straßennetz, Fährverbindung besteht nach St.-Martin (Guadeloupe), der internationale Flughafen befindet sich in Wallblake (AXA). Von hier bestehen Verbindungen zu zahlreichen karibischen Zielen sowie auch nach Nordamerika und Europa.

Tauchplätze:
Die besten Tauchregionen in Anguilla befinden sich an den Korallenriffs westlich von Sandy Island, an der Steilwand von Sandy Deep, die bis auf eine Tiefe von 18 m abfällt, weitere Tauchplätze liegen nordwestlich von Sandy Ground, an den Riffs zwischen Prickly Pear Cays und bei Sail Island. Im Westen der Insel befindet sich das Paintcan Reef mit Korallenriffs, die Steilwand Authors Deep, die bis auf 32 m hinabführt und der Canyon nördlich von Prickly Pear Cays. Weitere lohnende Tauchplätze sind Ram's Head, Coral Fields, Sea Fan Reef, Point Bay, die Tunnel von The Steps, The Pedestals, The Grottos (Höhlen südlich von Little Scrub), Frenchman's Reef, Paintcan Reef, Prickly Pear, Grouper Bowl, The Coliseum, Sand Canyon, Lobster Ridge, Upper Flats, High Cliff, Blue Abgel, Turtle Reef, Captain's Ridge, The Trenches sowie Drifttauchgänge am West Point.

Wracks:
Insgesamt neun betauchbare Wracks liegen rund um die Insel, u.a. die MV Meppel im Nordosten des Sail Reef in 23 m, die MV Lady Vie unweit davon, die MV Sarah in 24 m, der Frachter Ida Marie in 18 m, die MV Commerce in einer Tiefe zwischen 16 und 25 m sowie die Oosterdiep, ein künstliches Riff in 22 m Tiefe.

Fauna:
Verschiedene Arten von Riff-Fischen, Grouper, Engelsfische, Muränen, Barrakudas, Rochen, Haie, Octopusse, Hummer, Langusten, Garnelen, Korallen, Gorgonien, Anemonen, Schildkröten und Delfine.

Tauchbasen:

Meads Bay Anguilla
Anquillian Divers
Owner: W.A.F. Haagedoorn
P.O. Box 1017
Ph: + 1 264 4974750 Fax + 1 264 4974632
E-Mail: xadive@anguillanet.com
Website: www.gallery.uunet.be/visionlanol
Organisation: PADI
Language: English, German, French, Dutch
Established: 1983
Season: 01.01. - 31.12.

The Valley
The Dive Shop Anguilla
Ph: + 1 264 4972020 Fax: + 1 264 4975125
Organisation: PADI
Language: English
Established: 1995 Season: 01.01. - 31.12.

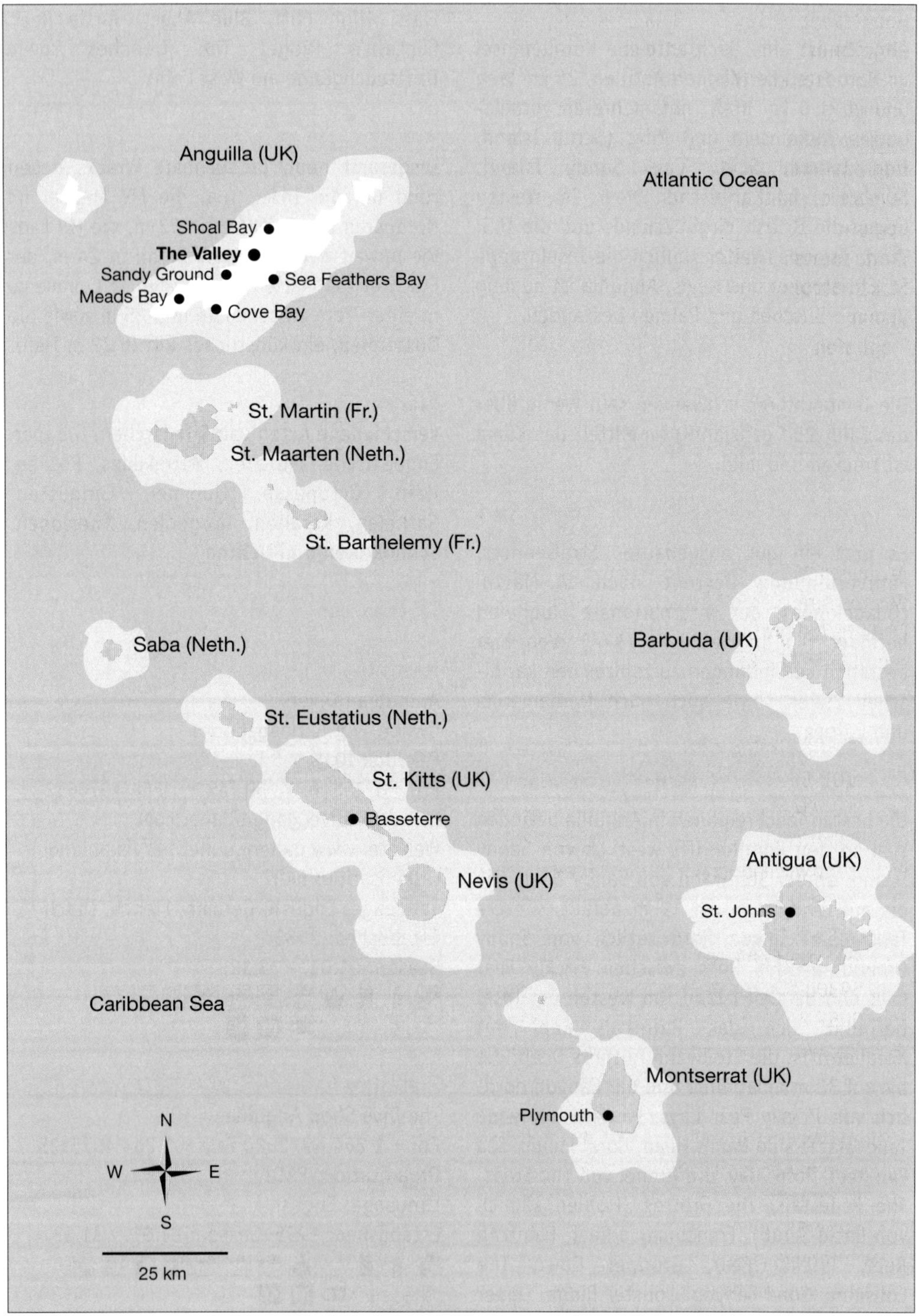
Anguilla (UK)
Atlantic Ocean
Shoal Bay
The Valley
Sandy Ground
Sea Feathers Bay
Meads Bay
Cove Bay
St. Martin (Fr.)
St. Maarten (Neth.)
St. Barthelemy (Fr.)
Saba (Neth.)
Barbuda (UK)
St. Eustatius (Neth.)
St. Kitts (UK)
Basseterre
Nevis (UK)
Antigua (UK)
St. Johns
Caribbean Sea
Montserrat (UK)
Plymouth
N
W
E
S
25 km

Hauptstadt	Buenos Aires
Einwohner	11 Mio.
Entf. v. Frankfurt/M.	11.500 km
Währung	Argentinischer Peso
Amtssprache	Spanisch
Telefonvorwahl v. D	00 54
Telefonvorwahl n. D	00 49
Verkehr	Rechtsverkehr
jährl. Touristenzahl	2,5 Mio.
Elektr. Strom	220 V / 50 Hz
Visum	nein
Flughafen	Buenos Aires (EZE)

Tauchregionen:
Atlantischer Ozean
Valdez

Zeitverschiebung: MEZ - 4
Fläche: 2.780.092 km²
Einwohner: 34,2 Mio.

Tauchsicherheit

F.A.A.S. Federacion Argentinas de Actividades Subaquaticas
Arribenos 1599 Piso 15° B
Buenos Aires Capital Federal
CP 1426 Argentina
Tel: 0054 1 782 2870

PADI International USA
1251 East Dyer Road
CA 92705-5605 Santa Anna
Tel: 001 714 540 7234
info@padi.com
Website: www.padi.com

NAUI Services South America
Av. calle 100#48A-55
A.A. 59308 Bogata, Columbia
Tel: 0057 2 538 297
Website: www.naui.com

NASDS
National Association of Scuba Diving Schools, Inc.
1012S. Yates Memphis
Tennessee 38119
E-Mail: info@nasds.com
Website: www.nasds.com

Information und Beratung

Sun and Fun
Franz-Joseph-Str. 43
80801 München
Tel: 089 380 14124
Fax: 089 346 644
sunundfun@t-online.de

Diver's Guide Tauchreisen
Dockenhudener Str. 14
22587 Hamburg
Tel: 040 866 0670
Fax: 040 866 06777
tauchen@divers-guide.de
www.divers-guide.de

Dive & Fun
Katharinenstr. 48
31135 Hildesheim
Tel: 05121 130 320
Fax: 05121 134 037

Schöner Tauchen
Hastedter Heerstr. 211
28207 Bremen
Tel: 0421 450 010
Fax: 0421 450 080
info@schoener-tauchen.com
www.schoener-tauchen.com

Botschaften

Argentinien
Adenauerallee 50-52
53113 Bonn
Tel: 0228 228 01 0
Außenstelle: 10117 Berlin
Dorotheenstr. 89
Tel: 030 226 6890
Fax: 030 229 1400

Embajada de la República Federal de Alemania
Casilla de Correo 2979
1000 Buenos Aires
Tel: 0054 1 778 2500
Fax: 0054 1 778 2550

Fluggesellschaften

Aerolineas Argentinas
Postfach 100139
60001 Frankfurt
Tel: 069 297 0973

Lufthansa u. Information
Frankfurt am Main
Reservierung
Tel: 069 255 255
info@www.lufthansa.de
Website: www.lufthansa.de

Argentinien

Geographische Lage:

Argentinien liegt im Südosten Südamerikas. Im Westen und Süden grenzt es an Chile, die Nordgrenze bilden Bolivien und Paraguay. Im Osten liegen Brasilien und Uruguay sowie der Atlantische Ozean. Die Landschaft erstreckt sich von den Hochgebirgsregionen der Anden über weitläufige Steppen- und Wüstengebiete (Pampa), Mittelgebirge, tropische und subtropische Wälder bis zur Küste des Atlantiks mit ihren ausgedehnten Sandstränden.

Klima:

Argentinien, etwa dreimal so groß wie Deutschland, ist durch verschiedene Klima- und Vegetationszonen geprägt. Vom Hochgebirgsklima in den Anden über feuchtheiße tropische und subtropische Regionen bis zu trockenen Wüstengebieten findet sich dort alles.

Verkehr:

Unterschiedlich gut ausgebautes Straßen- und Schienennetz, Übersee-Schiffsverbindungen von Buenos Aires, internationale Flughäfen sind der Aeropuerto Internacional Ezeiza / Ministro Pistarini in Buenos Aires (EZE) und Mendoza El Plumerillo (MDZ).

Tauchplätze:

An den Küsten der Halbinsel Patagonien, im äußersten Süden des Landes, gibt es diverse Möglichkeiten, Meeressäuger auch unter Wasser zu beobachten.

Fauna:

Krebse, Robben, See-Elefanten, Glattwale.

Tauchbasen:

Buenos Aires 1120

Casa Del Buceador
Av Cordoba 1.859
Ph: + 54 181 12276 Fax: 54 181 13290
Organisation: PADI
Language: Spanish
Season: 01.01. - 31.12.

Puerto Madryn 9120

Chubut Aquatours
Rawson 6, Entrada Muelle Piedrabulna
Ph: + 54 1965 51954 Fax: + 54 1965 51954
Organisation: PADI
Language: Spanish, English
Season: 01.01. - 31.12.

Puerto Madryn 9120

Chubut Mundo Marino
Boulevard Brown 2 a Rotonda el Indio
Ph: + 54 1965 51483 Fax: + 54 1965 51483
Organisation: PADI
Language: Spanish, English
Established: 1990
Season: 01.01. - 31.12.

Puerto Madryn 9120

Chubut Pino Sub S.A.
Owner: Juan Carlos Lopez , Edgar Alacran
Hipolito Yrigoyen 200
Ph: + 54 2965 471649 Fax: + 54 2965 45118
E-Mail: pinosub@satlink.com.ar
Website: www.pinosub.com
Organisation: PADI, SSI
Language: Spanish
Established: 1960
Season: 01.09. - 01.05.

Buenos Aires 1186

Suministros Subacuaticos
Jose A. Cabrera 3382
Ph: + 54 196 38502 Fax: + 54 196 38502

Paraguay
Salta
Tucuman
Resistencia
Santiago del Estero
Corrientes
Brazil
San Juan
Cordoba
Rosario
Rio Cuarto
Mendoza
Buenos Aires
Pacific Ocean
Mar del Plata
Chile
Bahia Blanca
Viedma
Rawson
Atlantic Ocean
Comodoro Rivadavia
Puerto Deseado
Falkland Islands
(U.K.)
Rio Turbio
Port Stanley
N
W
E
S
Rio Grande
500 km

Aruba

Hauptstadt	Oranjestad
Einwohner	17.000
Entf. v. Frankfurt/M.	8.140 km
Währung	Aruba-Florin, AWG
Amtssprache	Niederländisch
Telefonvorwahl v. D	00 297
Verkehr	Rechtsverkehr
jährl. Touristenzahl	k. A.
Elektr. Strom	k. A.
Visum	nein
Flughafen	Aruba Queen Beatrix International Airport (Oranjestad) (AUA)

Tauchregionen:
Karibisches Meer
Westküste Arashi
Underwater Park
Baby Beach bei
San Nicolas

Zeitverschiebung: MEZ - 5
Fläche: 193 km²
Einwohner: 66.000

Tauchsicherheit

PADI International USA
1251 East Dyer Road
CA 92705-5605 Santa Ana
Tel: 001 714 540 7234
Fax: 001 714 540 2609
Website: www.padi.com

NAUI Worldwide
9942 Currie Davis Drive
USA-33619-2667 Tampa FL
Tel: 001 813 628 6284
Fax: 001 813 628 8253
info@www.naui.org
Website: www.naui.org

CMAS
Viale Tiziano 74
I-00196 Roma
Tel: 0039 6 3685 8480
Fax: 0039 6 3685 8490
cmasmond@tin.it
Website: www.cmas.com

NASDS. USA
National Association of
Scuba Diving SchoolsUSA
info@nasds.com
Website: www.nasds.com

Information und Beratung

Aruba Tourism Authority
Viktoriastr. 28
64293 Darmstadt

Sun and Fun
Franz-Joseph-Str. 43
80801 München
Tel: 089 3801 41 24
Fax: 089 3466 44
sunundfun@t-online.de

Diver's Guide Tauchreisen
Dockenhudener Str. 14
22587 Hamburg
Tel: 040 8660 670
Fax: 040 8660 6777
tauchen@divers-guide.de
Website: www.divers-guide.de

Schöner Tauchen
Hastedter Heerstr. 211
28207 Bremen
Tel: 0421 450 010
Fax: 0421 450 080
info@schoener-tauchen.com
www.schoener-tauchen.com

Botschaften

Embassy of Aruba
Stäßchensweg 10
53113 Bonn
Tel: 0228 530 50

Embassy of the Federal Republic of Germany
Groot Hertoginnelaan 18-20
NL-2517 EG Den Haag
Tel: 0031 70 3420 600
Fax: 0031 70 3651 950

Fluggesellschaften

ALM Antillean Airlines
Air Aruba
für die Verbindungen zu den Nachbarinseln.

Von Europa:
KLM Royal Dutch Airlines
Flughafen
60549 Frankfurt
Tel: 069 6902 18 31
info@www.klm.com
Website: www.klm.com

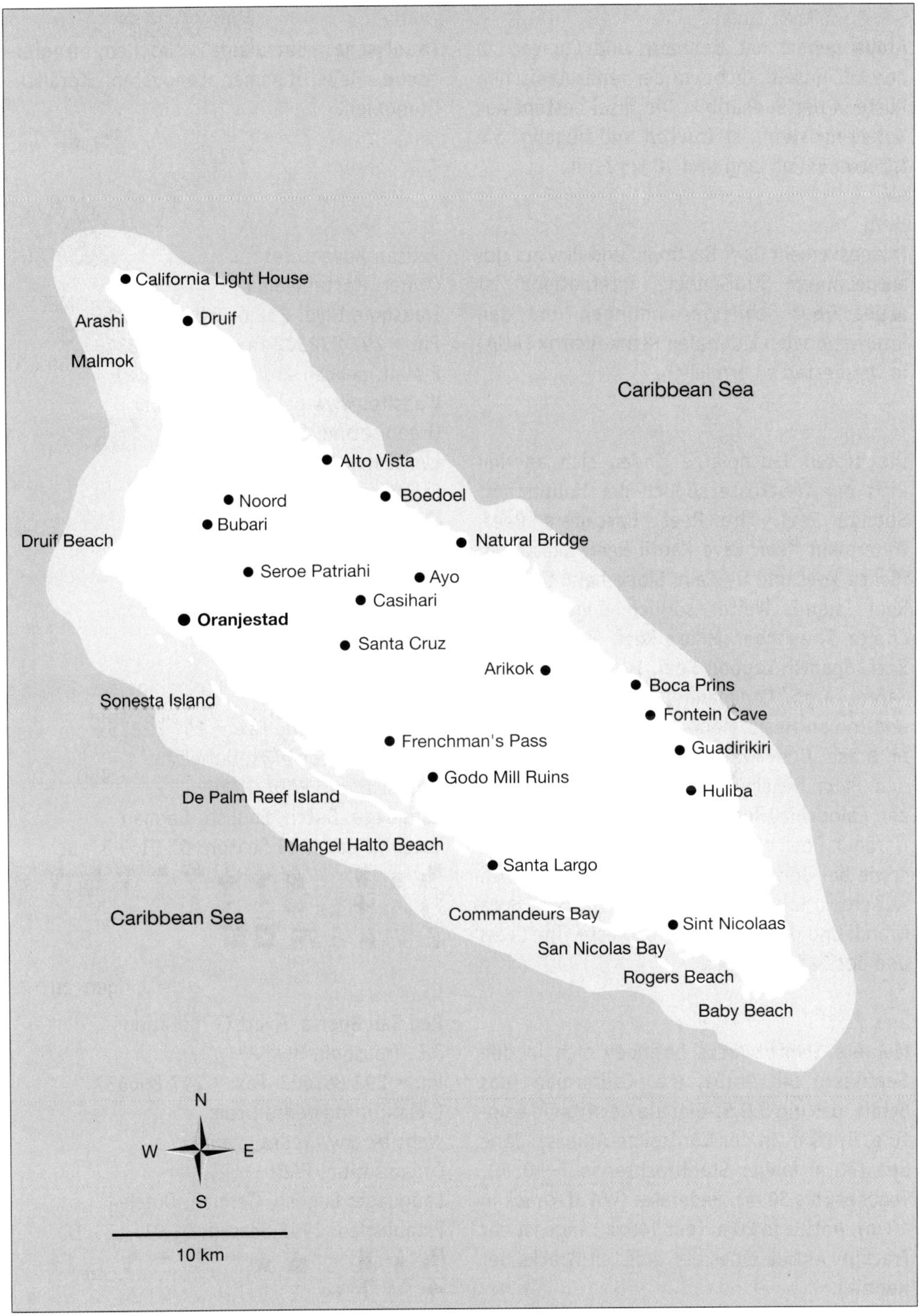
California Light House
Arashi
Druif
Malmok
Caribbean Sea
Alto Vista
Noord
Boedoel
Bubari
Druif Beach
Natural Bridge
Seroe Patriahi
Ayo
Casihari
Oranjestad
Santa Cruz
Arikok
Boca Prins
Sonesta Island
Fontein Cave
Frenchman's Pass
Guadirikiri
Godo Mill Ruins
Huliba
De Palm Reef Island
Mahgel Halto Beach
Santa Largo
Caribbean Sea
Commandeurs Bay
Sint Nicolaas
San Nicolas Bay
Rogers Beach
Baby Beach
N
W
E
S
10 km

Aruba

Geographische Lage:
Aruba gehört mit Bonnaire und Curaçao zu den ABC-Inseln, dicht vor der venezolanischen Küste in der Südkaribik. Die Insel besteht aus Korallengestein, ist trocken und hügelig. Sie ist etwa 34 km lang und 10 km breit.

Verkehr:
Inlandsverkehr über Buslinien und Pkw auf gut ausgebautem Straßennetz, international ist Aruba über Schiffsverbindungen und den internationalen Flughafen Reina Beatrix (AUA) in Oranjestad zu erreichen.

Tauchplätze:
Die besten Tauchplätze finden sich an den Riffs der Westküste südlich der Hauptstadt: Sponge Reef, Tire Reef, Barcadera Reef, Waterplant Reef, Cave Kantil Reef, Skalahein, Plonco Reef und De Palm Slope beim De Palm Reef Island. Weiter südlich liegen Gino's Choice, The Finger, Mike's Reef, Mangel Halto Reef, Spanish Lagoon Reef, Isla de Oror Reef, Santo Largo, Commandeurs Reef, Lago Reef und Indian Head. Mehrere Riffs befinden sich im Arashi Underwater Park, u.a. Shallow Reef und Palm Beach. Andere Tauchplätze liegen am California Reef vor der Nordspitze, am Harbour Reef vor dem Hafen von Oranjestad sowie bei Boca Grandi im Südosten der Insel. Außerdem lohnend sind Natural Bridge, Boca Grandi und Ostpunt an der Ostküste, The Cross und das Santana Reef.

Wracks:
Mehrere Schiffswracks befinden sich in den Gewässern um Aruba, u.a. Californian (das Schiff, das die S.O.S.-Signale der Titanic empfing, in 20 m an der Nordspitze Arubas), Jane Sea (70 m langer Stahlfrachter in 7–30 m), Tugboat (bis 30 m), Pederales (WW II-Wrack in 10 m), Antilla in 20 m (mit 140 m Länge ist der Frachter Antilla eines der größten Wracks der Karibik).

Fauna:
Thunfische, Barrakudas, Rochen, Anglerfische, Haie, Hummer, Langusten, Korallen, Gorgonien.

Tauchbasen:

Eagle Beach
Pelican Adventures
Owner: Martin Maina
Irausquin Blvd. 232 or P.O. Box 1194
Ph: + 297 872302 Fax: + 297 872315
E-Mail: pelican-aruba@setarnet.aw
Website: www.pelican-aruba.com
Organisation: PADI
Language: English
Established: 1987

Oranjestad
S. E. A. Scuba & Marina
Owner: J.W. Oster
Savaneta 196
Ph: + 297 845086 Fax: + 297 828759
searuba.flyn.dive@setarnet.aw
Organisation: PADI, NAUI
Language: Dutch, English, German
Established: 1989 Season: 01.01. - 31.12.

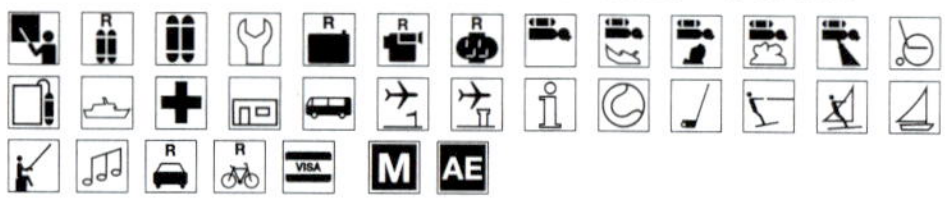

Oranjestad
Red Sail Sports Hyatt Corporation
J.E. Trausquin Blvd 83
Ph: + 297 861603 Fax: + 297 866657
E-Mail: info@redsail.com
Website: www.redsail.com
Organisation: PADI
Language: English, German, Dutch
Established: 1997 Season: 01.01. - 31.12.

Hauptstadt	Canberra
Einwohner	300.000
Entf. v. Frankfurt/M.	16.400 km
Währung	Aus. Dollar, $A
Amtssprache	Englisch
Telefonvorwahl v. D	00 61
Telefonvorwahl n. D	00 1149
Verkehr	Linksverkehr
jährl. Touristenzahl	4,5 Mio.
Elektr. Strom	220 V / 50 Hz
Visum	ja, Botschaft Berlin
Flughafen	Sydney Kingsford Smith (SYD)

Tauchregionen:
New South Wales
Northern Territory
Queensland
Southern Territory
Tasmanien
Victoria
Western Territory

Siehe auch unter den jeweiligen Bundesstaaten.

Zeitverschiebung: MEZ + 9
Fläche: 7.686.848 km²
Einwohner: 18 Mio.

Tauchsicherheit

Australian Underwater Organisation
Civic Square
Canberra ACT 2608
Tel: 0061 62 47555
Fax: 0061 62 573018

PADI Australia
Willoughby NSW 2068
P.O. Box 713
Tel: 0061 2 941 7280
Fax: 0061 2 941 71434
Website: www.padi.com

NAUI Australia Ltd.
25 Veronica Street
Capalaba, Queensland 4157
Tel: 0061 7 390 3233
Fax: 0061 7 390 3159
Website: www.naui.com

CMAS
Viale Tiziano 74
I-00196 Roma
Tel: 0039 6 368 58480
Fax: 0039 6 368 58490
info@www.cmas.org
Website: www.cmas.org

Information und Beratung

Sun and Fun
Franz-Joseph-Str. 43
80801 München
Tel: 089 380 14124
Fax: 089 346 644
sunundfun@t-online.de

Diver's Guide Tauchreisen
Dockenhudener Str. 14
22587 Hamburg
Tel: 040 866 0670
Fax: 040 866 06777
www.divers-guide.de

Schöner Tauchen
Hastedter Heerstr. 211
28207 Bremen
Tel: 0421 450 010
Fax: 0421 450 080
info@schoener-tauchen.com
www.schoener-tauchen.com

Pacific Travel House
Bayerstr. 95
80335 München
Tel: 089 530 9293
Fax: 089 532 152
www.pacific-travel-house.com

Botschaften

Australian Embassy
10623 Berlin
Uhlandstr. 181-183
Kempinski Plaza 4. Etage
Tel: 030 880 0880

German Embassy Canberra
119 Empire Circuit, Yarralumla
A.C.T. 2600 Australia
Tel: 0061 (0)6270 1911

General Konsulat Sydney
NSW 2025 Woollahra
13 Trelawney Street
Tel: 0061 (0) 2 932 87733

Fluggesellschaften

Quantas Airways
Flughafen Terminal 2
Information u. Reservierung
Tel: 0180 3250630
Fax: 0180 5250639

Singapore Airlines Ltd.
Frankfurt am Main
Tel: 069 719 5200
Fax: 069 690 32881
www.singapore-airlines.com

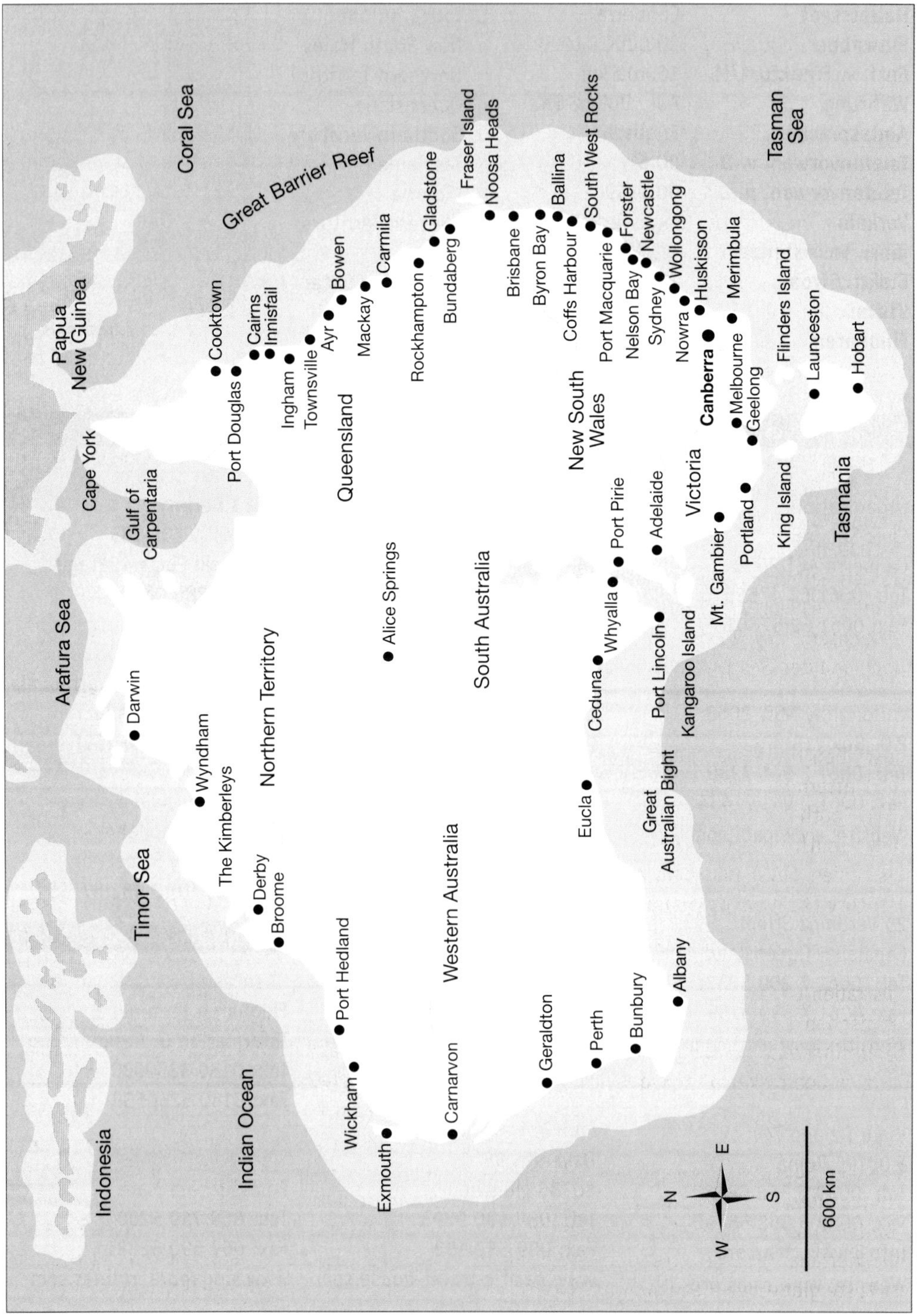

Coral Sea
Great Barrier Reef
Papua New Guinea
Cape York
Gulf of Carpentaria
Arafura Sea
Timor Sea
Indonesia
Indian Ocean
Tasman Sea
Cooktown
Port Douglas
Cairns
Innisfail
Ingham
Townsville
Ayr
Bowen
Mackay
Carmila
Rockhampton
Gladstone
Bundaberg
Fraser Island
Noosa Heads
Brisbane
Byron Bay
Ballina
Coffs Harbour
South West Rocks
Port Macquarie
Forster
Nelson Bay
Newcastle
Sydney
Wollongong
Nowra
Huskisson
Canberra
Merimbula
Melbourne
Geelong
Flinders Island
Launceston
Hobart
Tasmania
King Island
Portland
Victoria
Mt. Gambier
Adelaide
Port Pirie
Whyalla
Port Lincoln
Kangaroo Island
Ceduna
Queensland
New South Wales
South Australia
Northern Territory
Western Australia
Alice Springs
Darwin
Wyndham
The Kimberleys
Derby
Broome
Port Hedland
Wickham
Exmouth
Carnarvon
Geraldton
Perth
Bunbury
Albany
Eucla
Great Australian Bight
N
E
S
W
600 km

Geographische Lage:

Australien liegt zwischen dem Indischen und dem Pazifischen Ozean, südlich von Indonesien und Papua-Neuguinea und westlich von Neuseeland und Neukaledonien. Die Westbegrenzung bildet der Indische Ozean, die Ostbegrenzung der Pazifische Ozean mit der Coral Sea und der Tasman Sea, die Nordküste geht zur Timorsee, zur Arafurasee und zum Golf von Carpentaria. Die Küsten sind von zahlreichen Inseln umgeben, die wichtigsten sind Tasman Island im Südosten, die Inseln Bathurst, Melville, Gouldburn und Wessel im Norden sowie die Coral Sea Islands mit dem Great Barrier Reef im Nordosten. An der Ostküste verlaufen mehrere Gebirgsketten, u.a. die Great Dividing Range und die Blue Mountains, westlich davon gibt es fruchtbare Hochebenen. Das Inland besteht zumeist aus Wüstenregionen und Steppen, der äußerste Norden des Landes ist mit tropischen Wäldern bewachsen, der Westen umfasst das karge Hochland des Westplateaus.

Die Bundesstaaten:

Australien besteht aus den acht Bundesstaaten Western Australia (WA), Northern Territory (NT), South Australia (SA), Queensland (QLD), New South Wales (NSW), Victoria (VIC), Tasmanien (TAS) und dem Australian Capital Territory (ACT) um die Hauptstadt Canberra.

Klima:

Australien umfasst mehrere Klimazonen, vom tropischen Norden über Wüstenklima im Landesinneren, gemäßigtem Klima im Osten bis zum Gebirgsklima im Süden.

Verkehr:

In vielen Gegenden des Landes gibt es ein gut ausgebautes Straßennetz. Durch das Inland (Outback) führen Pisten (major roads), die nur mit Vierradantrieb befahrbar sind. Von Küste zu Küste gibt es ein Eisenbahnnetz das Darwin im Norden und Perth im Westen mit den Zentren des Ostens verbindet.

Verkehrsmittel Flugzeug:

Wichtiges Verkehrsmittel ist das Flugzeug. Es gibt eine Vielzahl regionaler und nationaler Flugplätze mit regem Inlandsflugverkehr.

Die Internationalen Airports:

Sydney Kingsford Smith (SYD), Melbourne Tullamarine (MEL), Adelaide (ADL), Canberra (CBR), Brisbane (BNE), Cairns (CNS), Darwin (DRW) und Perth (PTH).

Wichtigste Überseehäfen:

Sydney, Melbourne, Perth, Brisbane, Darwin und Newcastle.

Botschaft und Konsulate von Deutschland:

Canberra ACT 2600
119 Empire Circuit, Yarralumla B
Ph: 0061 2 62701911 Fax: 0061 2 627 01951

General Konsulat Sydney:

NSW 2025 Woollahra, 13 Trelawney Street
Ph: 0061 2 932 87733 Fax: 0061 2 932 79649

General Konsulat Melbourne:

South Yarra VIC 3141, 480 Punt Road
Ph: 0061 3 982 86888 Fax: 0061 3 982 02414

Wichtige Information zu Telefonnummern:

Bitte beachten Sie bei allen Telefonnummern in Australien, dass in den letzten und in den kommenden Jahren die Vorwahlnummern geändert wurden und werden. Im Zuge der Neuordnung der Telekommunikation ergeben sich etwa alle drei Monate neu Vorwahlnummern. Die Telstra gibt regelmäßig Informationen hierzu heraus. Sollten Sie aus Deutschland nach Australien telefonieren und keinen Anschluss erhalten, rufen Sie die Auslandsauskunft der deutschen Telekom unter 11834 an. Weitere Informationen erhalten Sie auch bei der australischen Telekom unter der Internet Adresse: www.whitepages.com.au.

Hauptstadt Darwin
Flughafen Darwin (DRW)

Information Australia's Northern Territory Tourist Commission Bockenheimer Landstr. 45 60325 Frankfurt Tel: 069 72 07 14 Fax: 069 72 36 51

Tauchregionen:
Timorsee
Darwin

Zeitverschiebung: MEZ + 8:30
Fläche: 1.346.200 km^2
Einwohner: 175.000

Geographische Lage:
Das Northern Territory (NT) liegt im Norden des australischen Kontinents östlich von Western Australia, nördlich von Southern Australia und westlich von Queensland. Es ist kein Bundesstaat und hat damit den gleichen Status wie Tasmanien. Das Territorium besteht vorwiegend aus Wüsten und Trockensteppen, im Süden liegt der berühmte Ayers Rock sowie das Musgrave-Gebirge, im Norden die Halbinsel Arnhem, die im Westen von der Timorsee, im Norden von der Arufasee und im Osten vom Golf von Carpentaria umgeben ist. Wichtigste Stadt mit einem bedeutenden Hafen ist Darwin.

Klima:
Im Süden herrscht Wüstenklima mit geringen Niederschlagsmengen vor, im Norden auf der Halbinsel gibt es einige tropische Regionen mit feuchtheißem Klima und starken Niederschlägen in den Sommermonaten.

Verkehr:
Die wichtigste Verkehrsverbindung läuft von Darwin über Alice Springs nach Südaustralien sowie nach Cairns an die Ostküste, eine Bahnverbindung besteht nach Birdum im Inland, der einzige internationale Flughafen des Territoriums ist Darwin (DRW).

Australiens Northern Territory:
ist ein exzellentes Gebiet zum Fischen, Tauchen hingegen ist nur bedingt möglich.

Darwin:
Die tropische Hauptstadt an der Nordküste ist Australiens nördliches Tor zur Welt. Die Stadt ist Ausgangspunkt zum berühmten Kakadu-Nationalpark (12.000 km^2 Felsenlandschaft, Urwald, Schluchten, Wasserfälle, Flüsse voll von Krokodilen) im Osten. Der Park ist "UNESCO-Kulturerbe der Welt" und ein Rückzugsgebiet der Ureinwohner. Tausende von Felsenmalereien sind hier zu besichtigen, auch heute noch gibt es Maler, die ihre überlieferten Motive auf Quadratmeter große Baumrinden malen. Arnhem Land ist Aboriginal Land, man braucht ein extra Permit zur Einreise. Sehenswert sind in Darwin, dem "Top End" Australiens, die Casinos, Krokodilfarmen (südlich), Festivals (Bougainvilleafest im Juni, Krabbenfest im August). Darwin ist Ausgangspunkt für Touren und Safaris (Nationalparks, Bathurst und Melville Islands Aboriginal Reservationen). Weitere Sehenswürdigkeiten: Katherine Gorge Nat. Park, 350 km südlich (Bootstouren, Buschwandern, Flüge mit einem Outback-Postboten!). Mataranka, 120 km südöstlich, hat heiße Quellen im Regenwald. Hauptziel des Territoriums ist Alice Springs

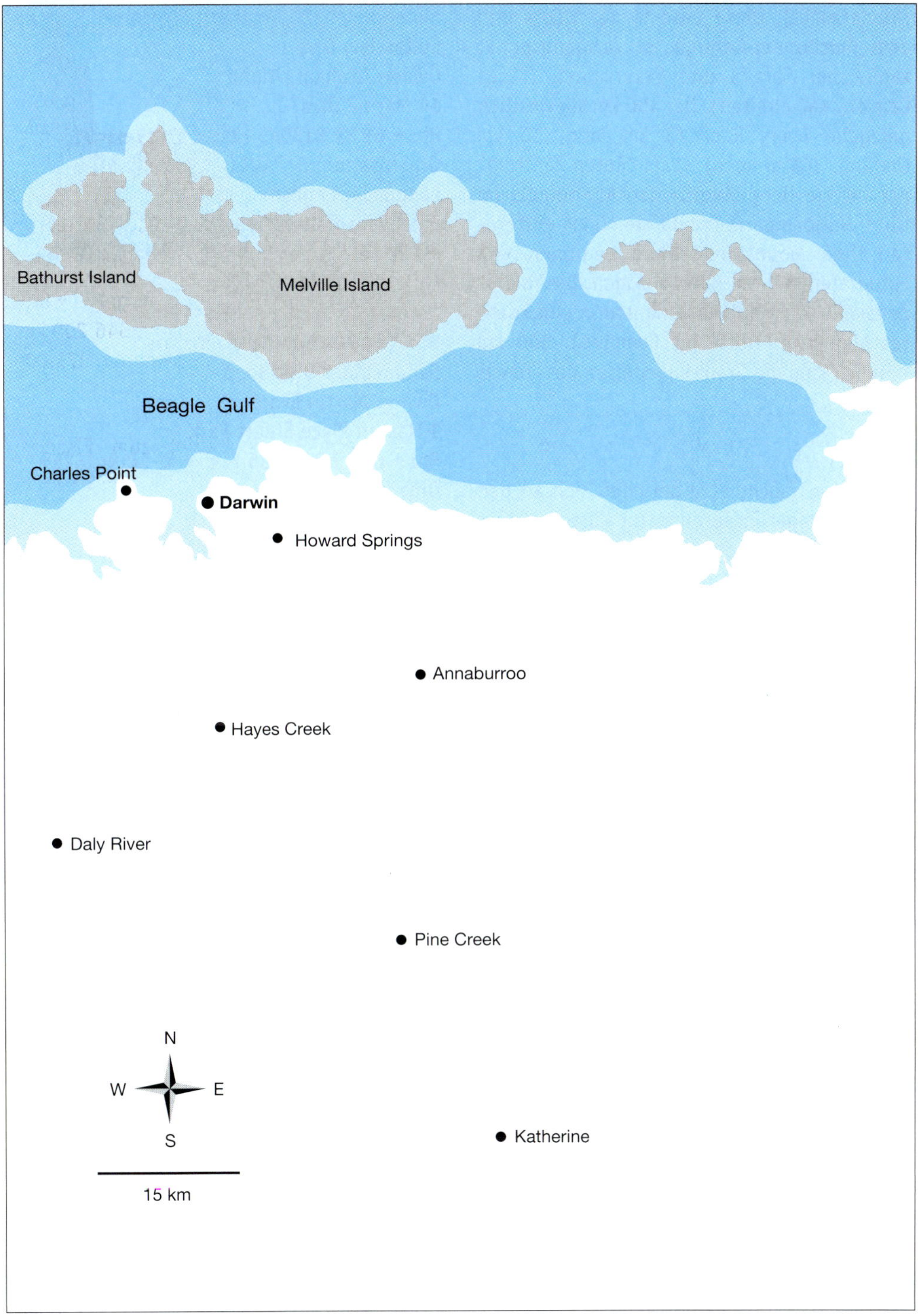
Bathurst Island
Melville Island
Beagle Gulf
Charles Point
Darwin
Howard Springs
Annaburroo
Hayes Creek
Daly River
Pine Creek
Katherine
N
W
E
S
15 km

(Rinderzucht). Diese Oase in der Wüste und dem MacDonnel-Gebirge ist Ausgangspunkt zahlreicher Safaris und Exkursionen (Kings Canyon, Kamelreiten). Der 450 km südwestlich gelegene Ayers Rock (3 km lang, 10 km Umfang, 348 m hoch) ist im "Roten Zentrum" der heilige Berg (Uluru) der Aboriginals im Uluru Nationalpark. Er und die 40 km entfernten Olga Mountains haben Legionen von Fotografen in ihren Bann gezogen. Die Yulara-Zeltsiedlung ist auf Massenansturm eingerichtet (Jet-Piste, Hotel bis Camping). 500 km nördlich sind die Granitkugelfelsen der "Devils Marbles".

Tauchplätze:

Die besten Tauchplätze befinden sich an den Riffs in einiger Entfernung zur Küste, weitere Möglichkeiten in der Nähe des Hafens von Darwin am Plater's Rock, einem Felsriff mit einem Korallengarten, 500 m westlich liegt der Talc Head, außerhalb des Hafengebiets befindet sich die No. 6 Buoy sowie der Mandorah Jetty zwischen East Point und Dudley Point.
100 km südlich von Darwin befinden sich einige Süßwasser-Tauchplätze, z.B. Edith Falls oder Berry Springs. Hier ist die Sicht überzeugend.

Wracks:

Meighs (Frachter), Peary (Zerstörer), Mauna Loa (Frachter), Zealani (Frachter), Mandora Queen (Fährschiff), Demon, Bluebird, Belly Bird, außerdem mehrere Catalani-WW-II-Flugboote; alle Wracks liegen in geringen Tiefen im Gebiet der Fannie Bay.

Fauna:

Süßlippen, Grouper, Drückerfische, Muränen, Rochen, Octopusse, Muscheln, Krebse, Korallen, Gorgonien, Anemonen, Schwämme, Seeschlangen, außerdem Salzwasserkrokodile und verschiedene Haiarten.

Cullen Bay 0820 Northern Territory

Cullen Bay Dive
Owner: Graham Wright
66 Marina Blvd.
Ph: + 61 89 813049 Fax: + 61 89 814913
Organisation: 5*PADI
Language: English
Established: 1989 Season: 01.01. - 31.12.

Darwin 0801 Northern Territory

Sandpebbles Dive Shop
Owner: Martin Evans
1 Hassan Place Stuart Park
Ph: + 61 8 89418155 Fax: + 61 88 9418155
Organisation: PADI
Language: English
Established: 1978 Season: 01.03. - 30.12.

Nhulunbuy 0880 Northern Territory

Gove Diving Academy
Owner: Russell Butel
Iwuyaw Road or P.O. Box 1630
Ph: + 61 8 89873445 Fax: + 61 8 89878158
E-Mail: info@gavefish.com.au
Website: www.gavefish.com.au
Organisation: PADI
Language: English
Established: 1992
Season: 01.09. - 31.03.

The Narrows 0820 Northern Territory

Darwin Diving Academy
Owner: Del Batton
17 Wilmot Street
Ph: + 61 89812598
Organisation: NASDS
Season: 01.01. - 31.12.

Hauptstadt	Sydney/Canberra
Einwohner	3,5 Mio./300 000
Flughäfen	Sydney (SYD) Kingsford Smith Canberra (CBR)
Informationen	New South Wales Travel Center 19 Castlereagh St. Sydney 2000 NSW Tel: 02 923 144 44

Tauchregionen:
Tweed Heads
Byron Bay
Coffs Harbour
Port Macquarie
Nelson Bay
Sydney
Batemans Bay
Green Cap

Zeitverschiebung: MEZ + 9
Fläche: 803.700 km²
Einwohner: 6,2 Mio.

Geographische Lage:
New South Wales (NSW) liegt im Südosten Australiens, südlich von Queensland, und nördlich von Victoria. Im Osten hat das Territorium eine ca. 1600 km lange Küste zum Pazifischen Ozean. Die wirtschaftliche und kulturelle Metropole des Staates ist Sydney, weitere Städte sind Bourke und Broken Hill. Westlich von Sydney liegen die Blue Mountains, ein Gebirgszug mit unzähligen Freizeitmöglichkeiten. Die Natur in diesem Staat ist von einer beeindruckenden Schönheit. Alleine in Sydney gibt es unzählige Strände wie z.B. Palm Beach, Manly Beach, Bondi Beach, Whal Beach und Narrabeen Beach. Der Norden von Sydney ist das Erholungsgebiet schlechthin. Das Australian Capital Territory (ACT) umfasst das Gebiet der Hauptstadt Canberra und liegt im Südosten des Bundesstaates New South Wales, von der Westküste etwa 150 km entfernt.

Klima:
Gemäßigtes Klima mit über das ganze Jahr verteilten Niederschlägen, milden Wintern und sehr warmen Sommern.

Verkehr:
Verkehrszentrum Südostaustraliens ist Sydney mit seinem internationalen Flughafen Kingsford Smith (SYD). In dieser Metropole laufen alle Verkehrswege zusammen, die Stadt ist der Knotenpunkt der Verbindungen nach Norden (Brisbane und Cairns) sowie nach Süden (Melbourne und Canberra). Außerdem ist Sydney die wichtigste Hafenstadt des Landes.

Tweed Heads:
Der Ort mit seiner Nachbarstadt Coolangatta liegt am Südende der Gold Coast, unmittelbar an der Grenze zu Queensland an der Nordostspitze von New South Wales.

Tauchplätze:
Die schönsten Möglichkeiten in dieser Region bieten sich nur wenige Kilometer vor der Küste bei Cook Island, besonders an der Nordküste am Five Mile Reef, am Nine Mile Reef sowie am Pinnacle Reef, einer Nadel, die aus 40 m Tiefe bis auf 12 m unter die Wasseroberfläche ansteigt.

Wracks:
Albert (Dampfer 10 m südlich von Tweed Heads in der Nähe des Leuchtturms).

Fauna:
Haie, Dorsche, Barsche, Schwämme, Nacktschnecken.

Byron Bay:

Dieser Ort am östlichsten Punkt Australiens gehört zu den wichtigsten Tauchregionen des Staates NSW und ist ein beliebter Treffpunkt von jungen Leuten aus aller Welt.

Tauchplätze:

Die Umgebung von Julian Rocks, einigen Felsinselchen in der Bucht, ist ein Aquatic Reserve (Nationalpark). In dieser Region gibt es hervorragende Tauchmöglichkeiten, u.a. The Code Hole (eine große Höhle mit 20 m Durchmesser), The Needles (eine Steilwand voller schwarzer Korallen), The Nursery, Cray Cave, Wilson Reef und Blubber Lip Reef, außerdem Kendricks Reef, Cape Pinnacles (Felsnadeln, die bis 10 m unter die Oberfläche reichen) und Mackerla Boulders. Weiter südlich vor der Küste bei Evans Head gibt es Einstiegsstellen am Strand, außerdem liegen North und South Evans Reef dicht vor der Küste.

Wracks:

Mehrere Wracks, u.a. Wollongbar und Tassie 2.

Fauna:

Barsche, Schwämme, Haie und von August bis November Wale.

Sonstiges:

Blue Pool, ein Becken mit Salzwasser nur 50 m von der Küste im Inland bei Angourie gelegen, bietet interessante Tauchmöglichkeiten.

Tauchbasen:

Byron Bay 2481 NSW

Bayside Scuba
Owner: Greg Murrel
15 Fletcher St.
Ph: + 61 2 66 858333 Fax: + 61 2 66 855750
Organisation: PADI, NAUI, SSI
Language: English
Established: 1989 Season: 01.01. - 31.12.

Byron Bay 2481 NSW

Sundive
Middleton Street
Ph: + 61 2 66857755 Fax: + 61 2 66858361
Organisation: 5* PADI, NAUI
Language: English
Established: 1990

Coffs Harbour:

Die Region an der Banana Coast ist ein traditionsreiches Touristenzentrum an der Küste von New South Wales.

Tauchplätze:

Im Norden der Region, etwa 30 km von Coffs Harbour vor Mullaway, liegen die Solitary Islands mit schönen Tauchplätzen bei guten Sichtweiten, u.a. im Norden von South Solitary Island, am Split Solitary Island besonders an einem Plateau im Süden der Insel, das in einem Steilabbruch endet, bei Black Rock südlich von South Solitary sowie bei The Wash und The Arch, einem imposanten Felsbogen.

Coffs Harbour 2450 NSW

Jetty Dive Centre
Owner: Mike and Debbi Devey
398 High Street
Ph: + 61 2 66511611 Fax: + 61 2 66525702
E-Mail: jettydive@key.net.au
Website: www.key.net.au/jettydive
Organisation: 5* PADI
Language: English
Established: 1990 Season: 01.01. - 31.12.

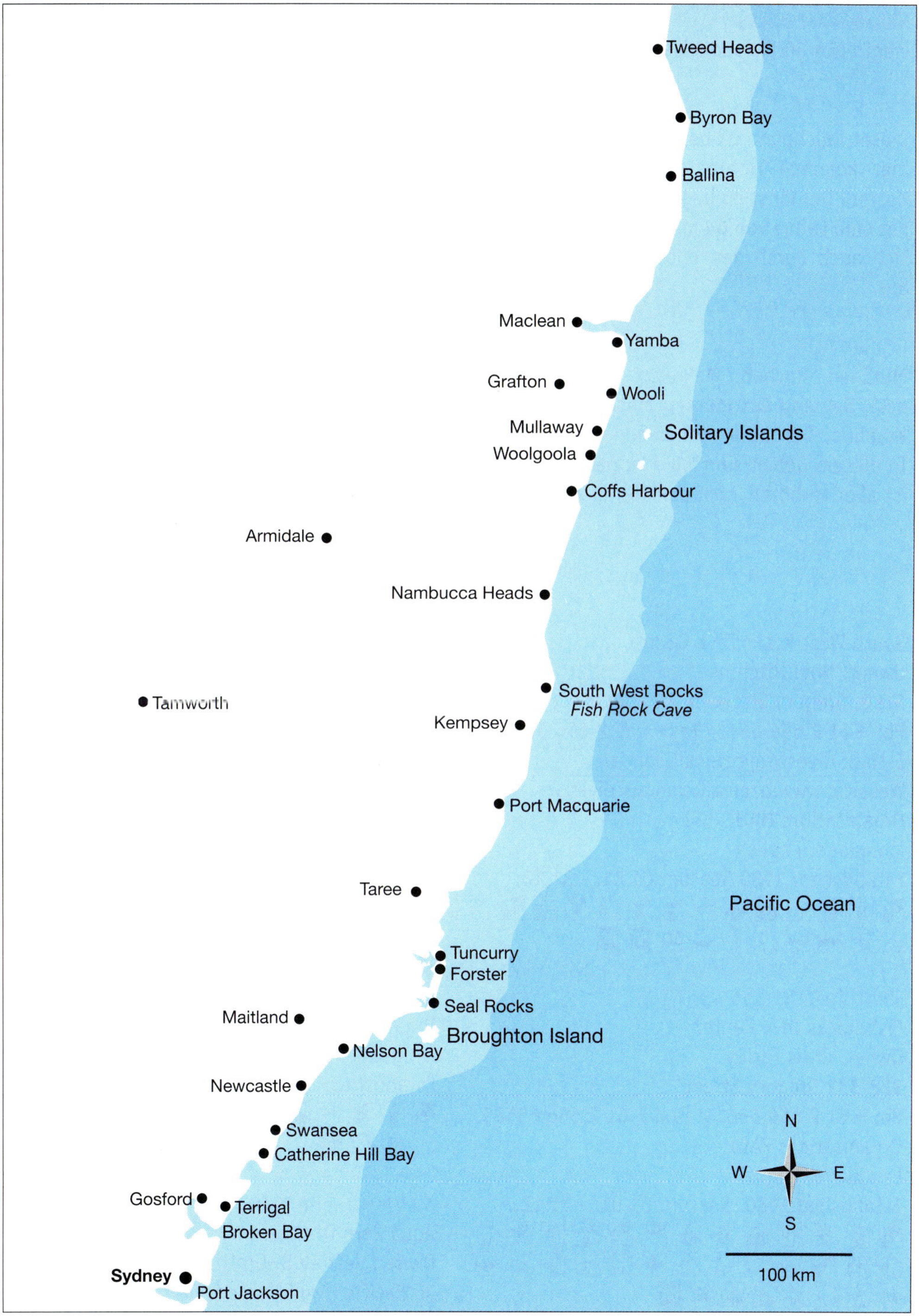
Tweed Heads
Byron Bay
Ballina
Maclean
Yamba
Grafton
Wooli
Mullaway
Solitary Islands
Woolgoola
Coffs Harbour
Armidale
Nambucca Heads
Tamworth
South West Rocks
Fish Rock Cave
Kempsey
Port Macquarie
Taree
Pacific Ocean
Tuncurry
Forster
Seal Rocks
Maitland
Broughton Island
Nelson Bay
Newcastle
Swansea
Catherine Hill Bay
N
W
E
S
Gosford
Terrigal
Broken Bay
Sydney
Port Jackson
100 km

South West Rocks:
Liegt etwa 80 km südlich von Coffs Harbour.

Fish Rock Cave Diving:
Dieser Tauchplatz ist besonders zu empfehlen, hier kommen Höhlentaucher voll auf ihre Kosten. Der Einstieg liegt 25 m tief, die Höhle hat eine Länge von 64 m. Dieser Platz zeichnet sich auch durch den enormen Fischreichtum aus.

Fauna:
Muränen, Rochen, Makrelen, Haie, Barrakudas, Sepien, Octopusse, Muscheln, Krebse, Krabben, Gorgonien, Anemonen, Schwämme. In diesem Gebiet sind Wale zu beobachten, es ist aber verboten, sich den Tieren zu nähern.

Tauchbasen:

South West Rocks 2431 NSW
South West Rocks Dive Centre
Owner: Noel Hitchins
5/98 Gregory Street or P.O. Box 53
Ph: + 61 2 656 66474 Fax: + 61 2 656 66959
E-Mail: diveswr@ozemail.com.au
Website: www.ozemail.com.au/diveswr
Organisation: NAUI, SSI
Language: English
Established: 1980 Season: 01.01. - 31.12.

South West Rocks 2431 NSW
Fish Rocks Dive Center
Owner: Chris Farley
328-332 Gregory Street
Ph: + 61 2 656 66614 Fax: + 61 2 656 65585
Organisation: PADI
Language: English
Established:1980 Season: 01.01. - 31.12.

Port Macquarie:
Einer der größten und modernsten Ferienresorts an der Nordküste von New South Wales, ca. 430 km nördlich von Sydney.

Tauchplätze:
Dicht vor der Küste gibt es mehrere Felsriffs mit besuchenswerten Tauchstellen, u.a. Nobbys Head, Racecourse Head und Point Palmer sowie das Barry Bay Reef. Das Lighthouse Reef befindet sich etwa 500 m vor der Küste, und der Felsen The Pinnacles liegt unmittelbar südlich davon. Weitere gute Tauchmöglichkeiten gibt es südlich von Port Macquarie. Hier liegen die Orte Forster und Tuncurry zu beiden Seiten des Wallis Lake. In dieser Region gibt es gute Locations am Latitude Reef vor dem McBrides Beach mit vier verschiedenen Tauchplätzen, außerdem an Bennets Head Bommie, am Boulder Reef, bei Sawooth unmittelbar beim Leuchtturm und am Bird Island vor dem Boat Beach.

Wracks:
Ballina (ein Dampfer in 20 m Tiefe in der Mündung des Hastings River).

Tauchbasen:

Port Macquarie 2444 NSW
Port Macquarie Dive Centre
Owner: S. Ward
Shop 7, Port Marina, Park Street
Ph: + 61 65 838483 Fax: + 61 65 838483
Organisation: 5*PADI
Language: English, Japanese
Established: 1988 Season: 01.01. - 31.12.

Port Macquarie 2281 NSW
Aqua Zero Dive Centre
Owner: Jeffrey B. Groth
76 Pacific Hwy Swansea

Sydney
Port Jackson
Campbelltown
Botany Bay
Bulli
Wollongong
Shellharbour
Kiama
Goulburn
Nowra
Currarong
Huskisson
Jervis Bay
Canberra
A.C.T.
Ulladulla
Brush Island
Pacific Ocean
Batemans Bay
Malua Bay
Moruya
Cooma
Narooma
Montague Island
Bermagui
Bega
Tathra
Merimbula
Tasman Sea
Eden
N
W
E
S
100 km
Victoria

Ph: + 61 49 616111 Fax: + 61 49 613886
E-Mail: aqua.zero@hunterlink.net.au
Organisation: 5*PADI
Language: English, Thai
Established: 1995 Season: 01.01. - 31.12.

Forster 2428 NSW

Forster Fisherman's Wharf
Owner: Ron Hunter
Wharf Street or P.O. Box 608
Ph: + 61 2 65547478 Fax: + 61 2 65547478
E-Mail: mmccphes@tpgi.com.au
Organisation: PADI
Language: English
Established: 1973 Season: 01.01. - 31.12.

Tuncurry 2428 NSW

Action Divers
Owner: John Duggan
Shop 4, 1-5 Manning Street or P.O. Box 33
Ph: + 61 2 6555 4053 Fax: + 61 2 6555 3520
E-Mail: diving@midcoast.com.au
Organisation: PADI
Language: English
Established: 1984 Season: 01.01. - 31.12.

Nelson Bay und Port Stephens:

Liegt an der Einfahrt zum Hafen Port Stephens etwa 150 km nördlich von Sydney.

Tauchplätze:

Es gibt einige sehr gute Tauchmöglichkeiten in Küstennähe, etwa am Fly Point Reef (in einem Marine Reserve) am Nordende der Nelson Bay, oder am Shoal Bay. Sehr schöne Tauchplätze, besonders an diversen Höhlen, befinden sich bei den Seal Rocks (Big Seal, Little Seal und Little Seal Bommie), außerdem bei den Twin Peaks und am Skeleton Rock. Diese Felsriffs liegen allesamt im Nordwesten der Nelson Bay. Weitere interessante Möglichkeiten bei Brougthon Island einige Kilometer vor Port Stephens mit seinen große Felskavernen im Süden der Insel, die zu den populärsten Tauchplätzen in dieser Region zählen.

Wracks:

Satara (Dampfer westlich von Little Seal Rock in 42 m), Catterthun (Dampfer nördlich von Seal Rock in 56 m Tiefe), Harvester (Barkasse ebenfalls bei Seal Rock), Rainbow (am Strand der Seal Rock Bay), Koriki (bei Treachery Head).

Fauna:

Muränen, Rochen, Makrelen, Haie, Barrakudas, Sepien, Octopusse, Muscheln, Krebse, Krabben, Gorgonien, Anemonen, Schwämme.

Nelson Bay 2315 NSW

Pro Dive Nelson Bay
Owner: Chris Norman
D'Albora Marinas,Teramby Road
Ph: + 61 4 981 4331 Fax: + 61 4 981 4763
Website: www.prodive.com.au
Organisation: PADI
Language: English, German
Established: 1993 Season: 01.01. - 31.12.

Nelson Bay - Port Stephens 2315 NSW

Diving Academy
P.O. Box 185
Ph: + 61 49 984 1314 Fax: + 61 49 978 2261
Organisation: PADI
Season: 01.01. - 31.12.

Sydney:

Die Metropole an der Ostküste ist Kultur-, Wirtschafts- und Handelszentrum Australiens und mit ca. 3,8 Mio. Einwohnern die größte Stadt des Landes. Sie verfügt über einen riesigen Naturhafen und unzählige Strände.

Tauchplätze:

Es gibt zahlreiche Tauchgebiete in der Nähe des Hafens und in der unmittelbaren Umgebung der Stadt, u.a. die Clovelly Bay zwischen Botany Bay und Port Jackson, am Long Point Reef bei Dee Why, an der Maitland Bay nördlich von Sydney sowie am Barrenjoey Head, bei Osborne Shoals und am South Head, einem Felsriff auf der Halbinsel an der Watson Bay. Südlich von Sydney bei Shellharbour ragt Bass Point in den Pazifik hinaus und bildet die nördliche Halbinsel der Bushranger's Bay mit guten Tauchmöglichkeiten. Lohnende Strandtauchplätze gibt es in der Region von Kiama.

Wracks:

In der Region des Hafens von Sydney liegen unzählige Wracks, u.a. Dunbar (Clipper am South Head), Annie M. Miller (Kohlenfrachter in 50 m bei Rosa Gully südlich von South Head), Malabar (Passagierschiff in 12 m am Long Bay Headland zwischen Port Jackson und Botany Bay), Catherine Adamson (am Quarantine Head bei Port Jackson), Tuggerah (Dampfer in 46 m vor Providential Head bei Wattamolla), Birchgrove Park (südöstlich von Palm Beach in 50 m Tiefe), Ship Reef (ein künstliches Riff 5 km vor Narrabeen Head mit 10 Schiffen, u.a. den Fähren Dee Why und Bellubera, dem Tanker Meggol, dem Schlepper Himma, sowie der Coolooli, der Prymont 2 und der DHB 656). Außerdem liegen mehrere Wracks in der Gegend von Gosford in der Broken Bay nördlich von Sydney, u.a. die Commonwealth (Dampfer in 35 m bei Terrigal), das Segelschiff Lord Ashley (bei Broken Head), der Kohlenfrachter Galava (in 52 m südöstlich von Terrigal Haven) und die Maitland (Dampfer im Bouddi National Park). Weitere Wracks befinden sich südlich der Stadt bei der Ortschaft Wollongong am Bellambi Reef.

Fauna:

Muränen, Rochen, Makrelen, Haie, Barrakudas, Sepien, Octopusse.

Tauchbasen:

Sydney Beverly Hills 2209 NSW

St. George Underwater Centre
Owner: Neil Dolg
458 King Georges Road
Ph: + 61 2 95022221 Fax: + 61 2 95024657
Organisation: PADI
Language: English
Established: 1967 Season: 01.01. - 31.12.

Sydney Beverly Hills 2209 NSW

SUB AQUATIC Adventures
Owner: Bill Marden
484 KING GEORGES ROAD
Ph: + 61 2 95704222 Fax: + 61 2 97581258
Organisation: NSDS
Language: English
Established: 1989 Season: 01.01. - 31.12.

Sydney Bondi Beach 2026 NSW

Dive Center Bondi Road
Owner: Gary Wood
192 Bondi Road
Ph: + 61 2 93693855 Fax: + 61 2 93693152
E-Mail: bondidiver@ozemail.com.au
Organisation: PADI, ANDI
Language: English
Established: 1997
Season: 01.01. - 31.12.

Sydney Clovelly 2031 NSW

Pacific Coast Diver
355 Clovelly Road
Ph: + 61 2 926657427 Fax: + 61 2 926657466
Organisation: 5*PADI, IANTD
Language: English
Season: 01.01. - 31.12.

Sydney Coogee 2034 NSW

Pro Dive Coogee
Owner: Rick Poole
27 Alfreda Street
Ph: + 61 2 96642901 Fax. + 61 2 96659622
Organisation: PADI
Language: English
Established: 1989 Season: 01.01. - 31.12.

Sydney Cronulla 2230 NSW

Equipment and Diving Service and Training
Owner: Geoff Woodgate
3 Elm Place
Ph: + 61 2 95237134 Fax: + 61 2 95237134
Organisation: NASDS
Language: English
Season: 01.01. - 31.12.

Sydney Cronulla 2230 NSW

South Cronulla Underwater Academy
Owner: Herry Jenkinson
123 Ewos Parade
Ph: + 61 2 95236949 Fax: + 61 2 95236949
Organisation: NAUI
Language: English

Sydney Manly 2095NSW

Dive Centre Manly
Owner: Richard Nicholles
10 Belgrave Street
Ph: + 61 2 9774355 Fax: + 61 2 9773664
E-Mail: trimix@ozmail.com.au
Web: www.divecentre-manly.com.au/trimix
Organisation: PADI, ANDI
Language: English, French, German
Established: 1987
Season: 01.01. - 31.12.

Sydney Maroubra 2035 NSW

Frog Dive Maroubra
Owner: Mr. Cross
687 Anzac Pde.
Ph: + 61 2 93496333 Fax: + 61 2 93494299
Organisation: SSI
Language: English
Season: 01.01. - 31.12.

Sydney Neutral Bay 2089 NSW

Dive 2000
Owner: Ch. Deacon
2 Military Road
Ph: + 61 2 99537783 Fax: + 61 2 99535942
E-Mail: dive2000@intercoast.co.au
Website: www.gmgroup.com.au/dive2000
Organisation: PADI
Language: English
Established: 1980
Season: 01.01. - 31.12.

Sydney North Narrabeen 2101 NSW

Divesafe
Owner: Bruce Riley
29 Gondola Road
Ph: + 61 2 96991371 Fax: + 61 2 99137475
Organisation: PADI
Language: English

Sydney Palm Beach 2108 NSW

Atlantis Divers Owner: Mike Buesnel
Governor Phillip Park
Ph: + 61 2 99744261 Fax: + 61 2 99745009
E-Mail: mike@atlantisdiver.com.au
Website: www.atlantisdivers.com.au
Organisation: NASDS, PADI
Language: English
Established: 1979 Season: 01.01. - 31.12.

Sydney Parramatta 2150 NSW

Scuba Warehouse
Shop 1 Parramall, George Street
Ph: + 61 2 96891389 Fax: + 61 2 98912256
Organisation: 5*PADI
Language: English
Established: 1987 Season: 01.01. - 31.12.

Sydney West Ryde 2114 NSW

Deep-6-Diving
Owner: Mark Carpenter
1057 Victoria Road
Ph: + 61 2 98584299 Fax: + 61 2 98584151
Organisation: 5*PADI
Language: English
Established: 1974 Season: 01.01. - 31.12.

Sydney Windang 2528 NSW

Illawarra Aqua Centre
Robyn Griffin
235 Windang Rd
Ph: + 61 2 942964215 Fax: + 61 2 942964215
Organisation: PADI
Language: English
Established: 1977 Season: 01.01. - 31.12.

Huskisson:

Etwa 180 km südlich von Sydney am Jervise Bay gelegene, typisch australische Stadt.

Tauchplätze:

Es gibt hier einige exzellente Tauchplätze, wie The Arch, in 40 m Tiefe gelegen. Hier findet man eine natürliche Steinbrücke (Rock Bridge). Weitere empfehlenswerte Tauchplätze sind Summercloud Bay, Green Patch, Murray's Beach, Plantation Point und The Docks.

Fauna:

Haie, Muränen, Rochen, Makrelen, Blue Groper.

Wichtige Information:

The Royal Australian Naval College hat dieses Gebiet unter Naturschutz gestellt. Es ist streng verboten, in diesem Gebiet mit Harpunen Fische zu jagen.

Huskisson 2540 NSW

Jervis Bay Sea Sports
Owner: C. Warren
47 Owen Street
Ph: + 61 44 415012 Fax: + 61 44 416723
E-Mail: jbseasports@shoal.net.au
Organisation: PADI
Language: English
Established: 1982
Season: 01.01. - 31.12.

Huskisson 2540 NSW

Jervis Bay Dive Centre
Owner: Russel Shecton
6/74 Owen Street
Ph: + 61 2 44415255 Fax: + 61 2 44417113
E-Mail: prodive@shoal.net.au
Website: www.prodive.com.au
Organisation: PADI

Language: English
Established: 1980
Season: 01.01. - 31.12.

Huskisson - Vincentia 2540 NSW

Ocean Trek Diving Resort
Owner: Lyn Cleary
335 Elizabeth Drive
Ph: + 61 2 44416232 Fax: + 61 2 44415691
E-Mail: dive@oceantrek.com.au
Website: www.oceantrek.com.au
Organisation: PADI
Language: English
Established: 1992
Season: 01.01. - 31.12.

Batemans Bay:

Ein beliebtes Tauchgebiet etwa 300 km südlich von Sydney.

Tauchplätze:

In dieser Region gibt es gute Möglichkeiten für Tauchausflüge mit dem Boot, u.a. zum Tollgate Island an der Mündung des Clyde River. Weiter südlich am Black Rock befindet sich die Bubble Cave, eine sprudelnde Stelle in einer Höhle im Meer. Im Norden von Batemans Bay liegt Ulladulla mit guten Tauchgebieten, u.a. dem Lighthouse Reef beim Warden West Lighthouse, dem Mindbenders Reef und dem Burriell Rocks Reef vor Racecourse Beach. Weitere Tauchmöglichkeiten befinden sich südwestlich von Ulladulla bei Brush Island.

Wracks:

John Penn (Schiffswrack in 14 m vor Broulee), Wandra (Wrack in der Jervis Bay in 36 m), Northern Firth (Dampfer bei Brush Island in 15 m), Camden (Barkasse südlich von Brush Island), Walter Hood (Clipper beim Red Head Beach), Plutus (beim gleichnamigen Riff nördlich von Currarong) und Merimbula (Dampfer in 15 m Tiefe am Merimbula Point nördlich der Jervis Bay).

Malua Bay 2536 NSW

Malua Bay Dive
Owner: Gordon Poidevin
1/8 Kuppa Ave
Ph: + 61 44 711858 Fax: + 61 44711858
Organisation: NASDS
Language: English Season: 01.01. - 31.12.

Green Cape:

Das exponierte Felsriff südlich von Eden trennt die Desaster Bay im Süden von der Twofold Bay im Norden.

Tauchplätze:

Nördlich des Kaps liegt der Mowarry Point, ein Felsriff beim South Head am Südende der Towfold Bay mit Steilwänden bis 20 m Tiefe. Weitere gute Tauchplätze befinden sich am North Rock, am Cathedral Rock und bei The Gutter, einer Steilwand von 14 m .

Wracks:

Empire Gladstone (Frachter am Haystack Rock vor Pambula), City of Sydney (Reste eines Dampfers westlich des Kaps), in der Nähe liegt noch die New Guinea.

Merimbula 2548 NSW

Merimbula Divers Lodge
15 Park St
Ph: + 61 64 953611 Fax: + 61 64 953648
Organisation: PADI
Language: English
Established: 1998
Season: 01.01. - 31.12.

Hauptstadt	Brisbane
Flughäfen	Brisbane (BNE) Cairns (CNS)
Informationen	Tourist Queensland Travel Corporation Tel: 0130 825182 Fax: 089 260 3530

Tauchregionen:
Cape York Peninsula
Cairns
Townsville
Mackay
Gladstone
Brisbane

Zeitverschiebung: MEZ +9
Fläche: 1.725.100 km²
Einwohner: 3,2 Mio.

Geographische Lage:

Queensland (QLD), der Sunshine State, ist der nordöstlichste Bundesstaat Australiens. Westlich der Küste ist das Land geprägt durch das Gebirge der Great Dividing Range. Entlang der gesamten Küste über eine Distanz von fast 2000 km erstreckt sich das größte Barriere-Riff der Welt, das Great Barrier Reef, bestehend aus mehr als 2500 Einzelriffen, die sich in einer endlosen Kette aneinander reihen und bis vor die Südküste von Papua-Neuguinea reichen.

Queensland grenzt im Westen an das Northern Territory und an South Australia sowie im Süden an New South Wales, wichtigste Städte sind Brisbane (Hauptstadt) im Süden des Staates und Cairns, das Zentrum des Nordens.

Klima:

Der Norden des Bundesstaates liegt in tropischen Regionen, das Klima ist dementsprechend heiß und feucht, weiter südlich ist es regenärmer, in den Küstengebieten treten Zyklone auf.

Verkehr:

Entlang der Pazifikküste gibt es ein gut ausgebautes Straßennetz, das nach Norden hin spärlicher wird, sowie eine Bahn- und Busverbindung Brisbane–Cairns.

Cape York Peninsula:

Cape York ist die nördlichste Stelle des australischen Festlandes auf der Spitze der gleichnamigen Halbinsel. Der Küste vorgelagert sind mehrere Inseln, u.a. Eborac und die York Islands, noch weiter nördlich befinden sich weitere Inseln (u.a. Prince of Wales Island, Thursday Island, Horn Island, Possession Island). Die Halbinsel Cape York erstreckt sich an der Küste zwischen dem Golf von Carpentaria im Westen und dem Pazifik im Osten bis zur Princess Charlotte Bay.

Tauchplätze:

Die nördlichste Tauchregion Australiens sind die Inseln vor Cape York. Als Tauchspot interessant sind vor allem Thursday Island, Possession Island und Albany Island mit der Albany Passage bei Somerset südöstlich vom Kap. Östlich der Halbinsel liegt der nördlichste Teil des Great Barrier Reefs (Far Northern Section) in einer Entfernung von bis zu 150 km zur Küste. Gute Tauchmöglichkeiten in dieser exponierten Region des Riffs liegen bei Raine Island und in den südlicheren Riffabschnitten, dem Great Detached Reef auf der Höhe von Grenville, am Wishbone Reef (u.a. mit der Cathedral, einem Drop Off bis auf 45 m) und am Yule Detached Reef. Dieses Gebiet wird oft nur von Cairns aus angefahren.

Wracks:
Quetta (bei Mt. Adolphus Island nordwestlich vom Cape), Charles Eaton (Barkasse bei den Charles Hardy Group Inseln vor Cape Grenville), weitere Wracks in der Bathhurst Bay vor den Flinders und Stanleys Islands (Flinders Group).

Fauna:
Das Gebiet des Great Barrier Reef ist eines der fischreichsten Gewässer der Erde, unzählige Arten verschiedenster Meeresbewohner sind hier zu finden, u.a. Füsiliere, Süßlippen, Clownfische, Schmetterlingsfische, Feuerfische, Engelsfische, Kofferfische, Drückerfische, Skorpionfische, Trompetenfische, Muränen, Rochen, Makrelen, Zackenbarsche, Haie und Walhaie.

Cairns und Port Douglas:

Die wichtigste Stadt im Nordosten Australiens, am Hodgkinson River gelegen, ist Wirtschafts, Verkehrs- und Tourismuszentrum der Region, außerdem eine bedeutende Hafenstadt. Cairns liegt südöstlich der Cape York Peninsula. Wichtige Städte in der weiteren Umgebung sind Port Douglas und Cooktown im Norden sowie Townsville weiter südlich.

Tauchplätze:
Nördlichste Tauchdestination der weiteren Cairns-Region ist Lizard Island (Nationalpark), eine Insel, die zwischen dem Festland und dem Barrier Reef liegt. Südlich der Insel befindet sich eine Lagune, die von einem Korallenriff gebildet wird und mehrere Kleininseln umfasst. Die besten Tauchplätze in diesem Gebiet liegen südlich von South Island und in der Blue Lagoon, weitere Möglichkeiten an den umliegenden Riffs, u.a. bei Kevin's Reef, an der Bank's Bank, am Eyrie Reef, Martin Reef und am Linnet Reef. 20 km weiter östlich von Lizard Island gelangt man zu einigen der besten Tauchplätze im Great Barrier Reef (Cairns Section), das hier mehrere Durchgänge aufweist, u.a. Cod Hole am Cormorant Pass, Shark Alley, Fish Markets und in der Dynamite Passage am Nordende der Ribbon Reefs. Weitere Stellen befinden sich am nördlich benachbarten Yonge Reef sowie weiter südlich in der Region vor Cooktown am Boulder Reef oder am Endeavour Reef unmittelbar vor Port Douglas, der Hafenstadt, etwa 60 km nördlich von Cairns. Sie ist eine der wichtigsten Ausgangspunkte für Tauchausfahrten ins nahe Riff. Hier befinden sich die Low Isles. Die Riffkette setzt sich mit dem Agincourt Reef und dem Undine Reef fort. Vom Hafen von Cairns sind es nur etwa 25 km bis zu den ersten Tauchplätzen bei Green Island, einer kleinen Koralleninsel inmitten einer Lagune und den umliegenden Riffs, u.a. Michaelmas, Arlington, Pixie, Norman, Saxon, Euston, Milne, Maori und Sudbury. Auf der anderen Seite der Halbinsel östlich der Stadt befindet sich Fitzroy Island, eine kontinentale Insel mit Einstiegen an der Küste und ebenfalls ein guter Ausgangspunkt für Taucher. Die südlichsten Tauchplätze der Region liegen bei den Family Islands mit Dunk und Bedarra sowie einigen Kleinstinseln, gute Möglichkeiten unter anderem am Stingray Reef westlich von Dunk.

Fauna:
Das Gebiet des Great Barrier Reef ist eines der fischreichsten Gewässer der Erde, unzählige Arten verschiedenster Meeresbewohner sind hier zu finden, u.a. Füsiliere, Süßlippen, Clownfische, Schmetterlingsfische, Feuerfische, Engelsfische, Kofferfische, Drückerfische, Skorpionfische, Trompetenfische, Muränen, Rochen, Makrelen, Zackenbarsche, Haie (neben verschiedenen Riffhaien findet man auch Tigerhaie und Walhaie), Barrakudas, Mantas, Octopusse, Muscheln, Krebse, Krabben, Seesterne, Korallen, Gorgonien, Anemonen, Schwämme, Federsterne, Seegur-

ken, Schildkröten, Seeschlangen und Delfine. Von Mai bis August befinden sich in dem Gebiet „Korrallensee" Wale mit ihren Jungtieren, die in dieser Region geboren wurden. Es ist streng verboten, sich den Walen zu nähern.

Wracks:

Yongala (Passagier-Dampfer in 34 m Tiefe östlich von Townsville am Außenriff), Foam (Schoner am Myrmidon-Reef).

Tauchbasen:

Cairns 4870 QLD

Great Diving Adventures
C/O Fitzroy Island, P.O. Box 898
Ph: + 61 7 40 514444 Fax: + 61 7 40 312062
E-Mail: dive@greatadventures.com.au
Website: www.greatadventures.com
Organisation: 5*PADI
Language: English, Japanese
Established: 1991 Season: 01.01. - 31.12.

VISA M AE

Cairns 4870 QLD

Pro Dive Cairns Owner: Rod Punshon
cnr Abbott & Shields st's or P.O. Box 5551
Ph: + 61 7 40 315255 Fax: + 61 7 40 519955
E-Mail: info@prodive-cairns.com.au
Webside: www.prodive-cairns.com.au
Organisation: 5*PADI
Language: English, German
Established: 1984 Season: 01.01. - 31.12.

N VISA M AE

Cairns 4870 QLD

Deep Sea Divers den
Owner: Tony Physick
319 Draper Street
Ph: + 61 7 40312223 Fax: + 61 7 40311210
E-Mail: info@divers-den.com
Website: www.divers-den.com
Organisation: 5*PADI
Language: German, English
Established: 1948 Season: 01.01. - 31.12.

VISA M AE

Cairns 4870 QLD

Tusa Dive
Owner: Chris Ende
Cnr. Aplin St.and the Esplanade
Ph: + 61 7 40311248 Fax: + 61 7 40315221
E-Mail: tusa@c130.aone.net.au
Website: www.tusadive.com
Organisation: PADI, NAUI
Language: English, German
Established: 1986 Season: 01.01. - 31.12.

N VISA M AE

Cairns 4870 QLD

Taka Dive Adventures P.O. Box. 6592
Owner: Chris Taylar
Ph: + 61 7 40518722 Fax: + 61 7 40312739
E-Mail: takadive@taka.com.au
Website: www.taka.com.au
Organisation: PADI
Language: English
Established: 1985 Season: 01.01. - 31.12.

VISA M AE

Cairns 4870 QLD

Cairns Dive Centre
Owner: Peter Bounoy
121 Abbott St
Ph: + 61 7 40510294 Fax: + 61 7 40517531
E-Mail: info@cairnsdive.com.au
Website: www.cairnsdive.com.au
Organisation: NAUI, PADI
Language: English, German, Dutch
Established: 1981 Season: 01.01. - 31.12.

M AE

Cairns 4870 QLD
Down Under DIVE
Owner: Peppi Iovannella
287 Draper Street or P.O. Box 2377
Ph: + 61 7 40528300 Fax: + 61 7 40311373
E-Mail: dudive@ozemail.com.au
Website: www.ozemail.com.au/~dudive
Organisation: PADI, SSI
Language: English, German
Established: 1989 Season: 01.01. - 31.12.

Cairns 4870 QLD
Ocean Spirit Dive Boat
33 Lake St
Ph: + 61 7 40312920 Fax: + 61 7 40314344
E-Mail: ospirit@internetnorth.com.au
Organisation: PADI, SSI
Language: English
Established: 1988

Cairns 4870 QLD
Undersea Explorer
Owner: Gary Hill
Clousen House, 1st Floor, 13 Shields St.
Ph: + 61 7 40514777 Fax: + 61 7 40514888
E-Mail: adventures@adventures.com.au
Website: www.adventures.com.au
Organisation: PADI
Language: English
Established: 1995 Season: 01.01. - 31.12.

Cairns 4870 QLD
Travel World Cairns
Owner: H. Bradley
42 Abbott Street
Ph: + 61 7 40316900 Fax: + 61 7 40314724
E-Mail: info@travel-world-cairns.com.au
Website: www.travel-world-cairns.com.au
Organisation: PADI
Language: English
Established: 1990 Season: 01.01. - 31.12.

Port Douglas 4871 QLD
Poseidon Outer Reef Cruises
Owner: Graham Gourlau
34 Macrossan Street or P.O. Box 431
Ph: + 61 70 40994772 Fax: + 61 70 40994134
E-Mail: poseidon@internetnorth.com.au
Website: www.poseidon-cruises.com.au
Organisation: PADI
Language: English, French, Malay
Established: 1994 Season: 01.01. - 31.12.

Port Douglas 4871 QLD
Poseidon outer Reef
Owner: Gourlay and Wright
Shop 2, 34 Macrossan St.
Ph: + 61 740 591144 Fax: + 61 740 382068
E-Mail: poseidon@internetnorth.com.au
Website: www.poseidon-cruises.co.au
Organisation: PADI
Language: English, French
Established: 1986 Season: 01.01. - 31.12.

Port Douglas 4871 QLD
Poseidon Diving
Owner: Peter L. Wright
2/34 Macrossan Street or P.O. Box 431
Ph: + 61 7 40 994772 Fax: + 61 7 40 994134
E-Mail: poseidon@internetnorth.com.au
Website: www.poseidon-cruises.com.au
Organisation: PADI
Language: English
Established: 1981 Season: 01.01. - 31.12.

Townsville:
Eine typisch australische Kleinstadt etwa 220 km südlich von Cairns.

Tauchplätze:
Die Region umfasst die Central Section des Great Barrier Reef mit unzähligen Tauchmöglichkeiten an den einzelnen Riffs, u.a. Keeper Reef, John Brewer Reef, Myrmidon Reef, Bowl Reef, Yankee Reef und Davies Reef, eine weitere bedeutende Region ist das Gebiet um die Whitsunday Islands, eine Inselgruppe vor Shute Harbour. Die besten Tauchplätze liegen bei Hayman Island, vor Northern Hook Island, am Bait Reef, am Credlin Reef sowie im Hook-Hardy Reef.

Wracks:
Yongala (Passagier-Dampfer in 34 m östlich von Townsville am Außenriff), Foam (Schoner am Myrmidon-Reef).

Tauchbasen:

Townsville 4810 QLD
Pro Dive
Wonderland, Flinders Street or P.O. Box 263
Ph: + 61 747 211760 Fax: + 61 747 211760
E-Mail: prodivet@ultra.net.au
Website: www.ultra.ultra.net.au/~prodive
Organisation: 5*PADI
Language: English
Established: 1986 Season: 01.01. - 31.12.

Townsville 4810 QLD
The Dive Bell
Owner: Colin Hodson
16 Dean Street
Ph: + 61 77 211155 Fax: + 61 77 723119
E-Mail: divebell@t140.aone.net.au
Website: www.home.aone.net.au/divebell
Organisation: PADI, SSI
Language: English
Established: 1984 Season: 01.01. - 31.12.

Townsville 4810 QLD
Mike Ball Dive Expedition
MIKE BALL
252 WALKER STREET
Ph: + 61 77 723022 Fax: + 61 77 212152
E-Mail: mike.ball@t140.aone.net.au
Website: www.mikeball.com
Organisation: PADI
Language: English
Established: 1969 Season: 01.01. - 31.12.

Townsville 4810 QLD
Sun City Sport Divers
Owner: Mr. Paul
The Strand Tobruk Pool or P.O. Box 5429
Ph: + 61 77 716527 Fax: + 61 77 74448
Organisation: NAUI, CMAS
Language: English
Season: 01.01. - 31.12.

Mackay, Gladstone
Mackay ist eine Küstenstadt nördlich des Broadsund. Gladstone, eine Industriestadt, liegt in der Nähe von Rockhampton.

Tauchplätze:
Swain Reefs, ein riesiges Riffsystem, das etwa 3000 km^2 umfasst, ist der südlichste Abschnitt des Great Barrier Reef, Mackay-Capricorn Section, und liegt 200 km vor der Küste von Gladstone. Hier gibt es unzählige Tauchplätze vom Boot aus in den Atollen. Herausragende Plätze sind die Drop Offs am Surprise Reef und

am Horseshoe Reef. Gute Tauchmöglichkeiten in Küstennähe finden sich bei Heron Island und Lady Elliot Island, zwei Inseln in einem Atoll etwa 70 km vor Gladstone. Bei der kleinen Insel Heron liegt der legendäre Tauchplatz The Bombies, außerdem sind zu nennen: Coral Gardens, Gorgonia Hall, Blue Pool, Hole in the Wall, The Canyons und das Wistari Reef mit seinen exzellenten Drop Offs. Bei Lady Elliots Island, bei The Blowhole sowie in der Höhle Hero's Cave bestehen gute Tauchmöglichkeiten.

Wracks:

Diverse Wracks, u.a. Cooma (Dampfer im Norden der Heron Islands) und Protector (Kriegsschiff, ebenfalls in dieser Region).

Fauna:

Clownfische, Schmetterlingsfische, Feuerfische, Engelsfische, Kofferfische, Drückerfische, Skorpionfische, Trompetenfische, Muränen, Rochen, Makrelen, Zackenbarsche, Haie und Walhaie.

Brisbane:

Die Stadt im Süden von Queensland ist Wirtschafts- und Industriezentrum sowie bedeutender Überseehafen.

Tauchplätze:

Vor Bundaberg befindet sich das Bargara Reef, Fraser Island liegt vor Maryborough, nördlich von Brisbane und ist die größte Sandinsel der Welt. Es gibt einige gute Tauchmöglichkeiten in der Umgebung, u.a. in der nördlich gelegenen Hervey Bay das Roy Rufus Artificial Reef, außerdem bei Woody Island die Tauchplätze Moon Ledge, Bogges Hole, Rooney Point, Sponge Gardens und das McKenzie Reef. Weiter südlich liegt die Sunshine Coast zwischen Noosa Heads und Maroochydor. Die besten Möglichkeiten in dieser Region bestehen an den Gneering Shoals (Inner und Outer) vor Point Cartwright bei Mooloolaba, außerdem bei Mujimba Island sowie am Wolf Rock. Nördlich von Moreton Island in der Coral Sea liegt das Flinders Reef, weiter nördlich befindet sich das Hutchinson Reef.

Wracks:

Rufus King (zwischen Moreton und North Stratbroke Island in der South Passage), Aarhus (Frachter am Smith's Rock in der Moreton Bay), Chang Chow und Marloo (zwei Schiffswracks vor Sandy Cay im Norden der Insel in 18 m), am North Point von Smith's Reef finden sich mehrere Wracks, u.a. Young Australia (Clipper), Mariette Dahl (Frachter) und St. Paul (Dampfer in 60 m), der Schlepper Melbourne, die Barkassen Estella del Mar und Thansfield, die Walfänger Kos 1 und 2, die Yacht Colace, Lady Norman und Loesestein, ein Straßenbahnwaggon sowie mehrere kleine Boote. Autowracks und Pontons befinden sich im Curtin Artificial Reef bei Cowan Cowan auf Moreton Island, außerdem einige Barkassen und Autowracks im Roy Rufus Artificial Reef System sowie vor Tangalooma.

Airlie Beach 4802 QLD

Reef Dive Whitsunday
Owner: J. Kraak
Shute Harbour Road
Ph: + 61 7 494 66508 Fax: + 61 7 494 65007
E-Mail: info@reefdive.com.au
Website: www.reefdive.com.au
Organisation: 5*PADI, SSI
Language: English
Established: 1988 Season: 01.01. - 31.12.

Brisbane Milton 4064 QLD

Pro Dive Milton
Owner: Steven Hills
Cnr Milton & Baroona Roads
Ph: + 61 7 3368 3766 Fax: + 61 7 3368 3025

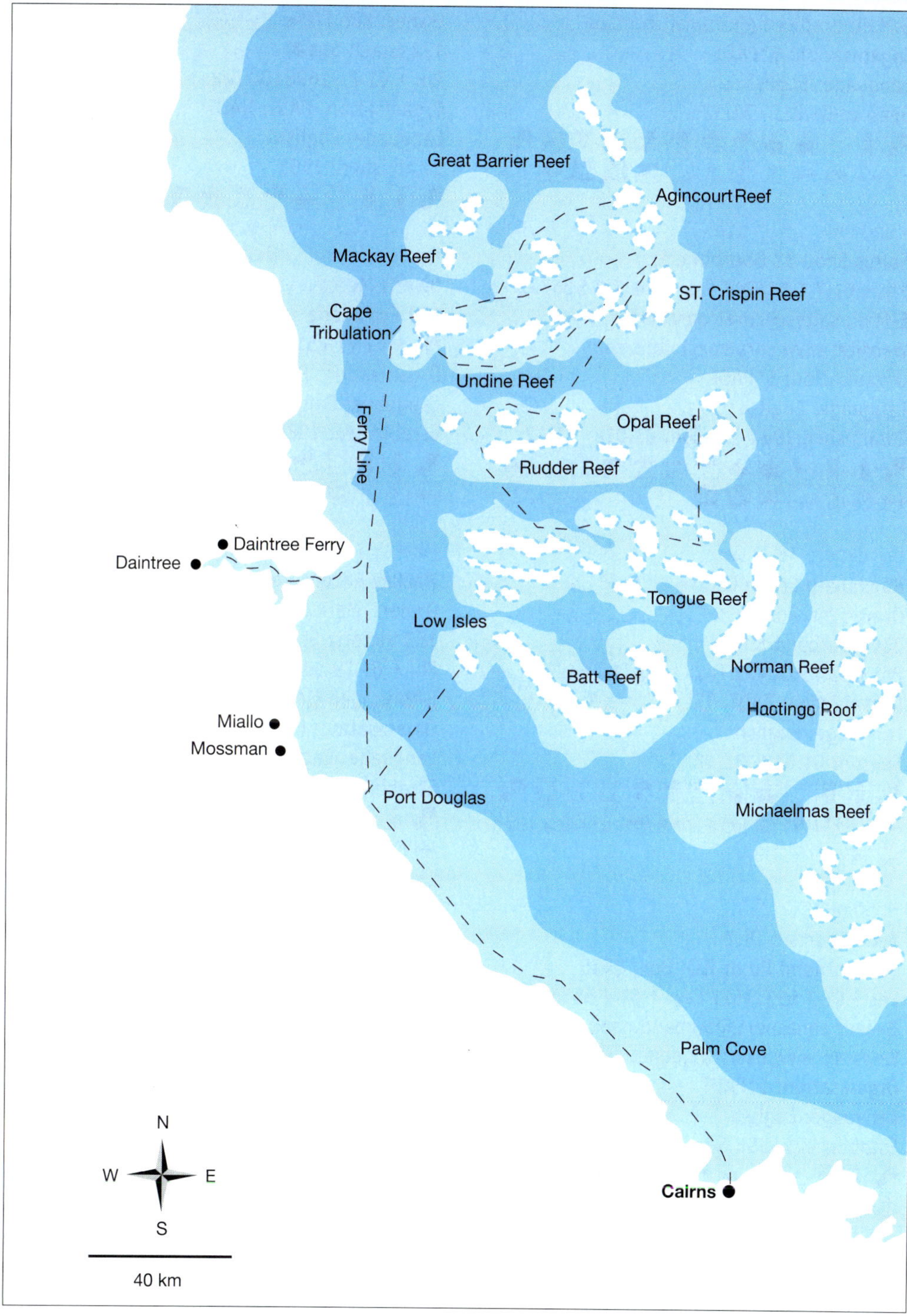
Great Barrier Reef
Agincourt Reef
Mackay Reef
ST. Crispin Reef
Cape
Tribulation
Undine Reef
Opal Reef
Ferry Line
Rudder Reef
Daintree Ferry
Daintree
Tongue Reef
Low Isles
Batt Reef
Norman Reef
Hastings Reef
Miallo
Mossman
Port Douglas
Michaelmas Reef
Palm Cove
N
W
E
S
Cairns
40 km

E-Mail: prodivem@ozemail.com.au
Organisation: 5*PADI
Language: English
Season: 01.01. - 31.12.

Bundaberg 4670 QLD

Saltys Shop 32 Bourbong St
Ph: + 61 7 1 534747 Fax: + 61 7 1 526707
E-Mail: saltys@coralcoast.com
Website: www.coralcoast.com/saltys
Organisation: 5*PADI
Language: English
Established:1984 Season: 01.01. - 31.12.

Bundaberg 4670 QLD

Bundaberg Scuba Centre
Owner: Mr. Robert
200 Bourbong Street
Ph: + 61 71516422 Fax: + 61 71516422
Organisation: PADI, SSI
Language: English
Season: 01.01. - 31.12.

Bundall 4217 QLD

Aqua Sports & Dive
32 Strathaird Rd or P.O. Box. 8315
Ph: + 61 7 55316511 Fax: + 61 7 55317207
E-Mail: aquasport@bigpand.com.au
Website: www.users.bigpand.com/aquasports
Organisation: 5*PADI
Language: English
Established: 1995 Season: 01.09. - 30.04.

Deagon 4017 QLD

Moreton Academy of Diving
Owner: Kim Fisher
132 Braun Street
Ph: + 61 7 32698400 Fax: + 61 7 32698400
Organisation: PADI, NAUI
Language: English
Established: 1985

Hervey Bay 4655 QLD

Diver's Mecca
472 Esplanade
Ph: + 61 71 251626 Fax:+ 61 71 251833
Organisation: PADI
Language: English
Established: 1985

Mackay 4740 QLD

Mackay Adventure Divers
Owner: Mark Earney
153 Victoria St.
Ph: + 61 79 531431 Fax: + 61 79 511472
E-Mail: mad@mackay.net.au
Organisation: PADI
Language: English
Established: 1987 Season: 01.01. - 31.12.

Magnetic Island 4819 QLD

Pleasure Divers
Owner: Eric Haworth
Shop 2, Arcadia Resort
Ph: + 61 7 47785788 Fax: + 61 7 47785788
E-Mail: pleasure.divers@ultra.net.av
Website: www.magnetic-island.com.av
Organisation: 5*PADI
Language: English
Established: 1993
Season: 01.01. - 31.12.

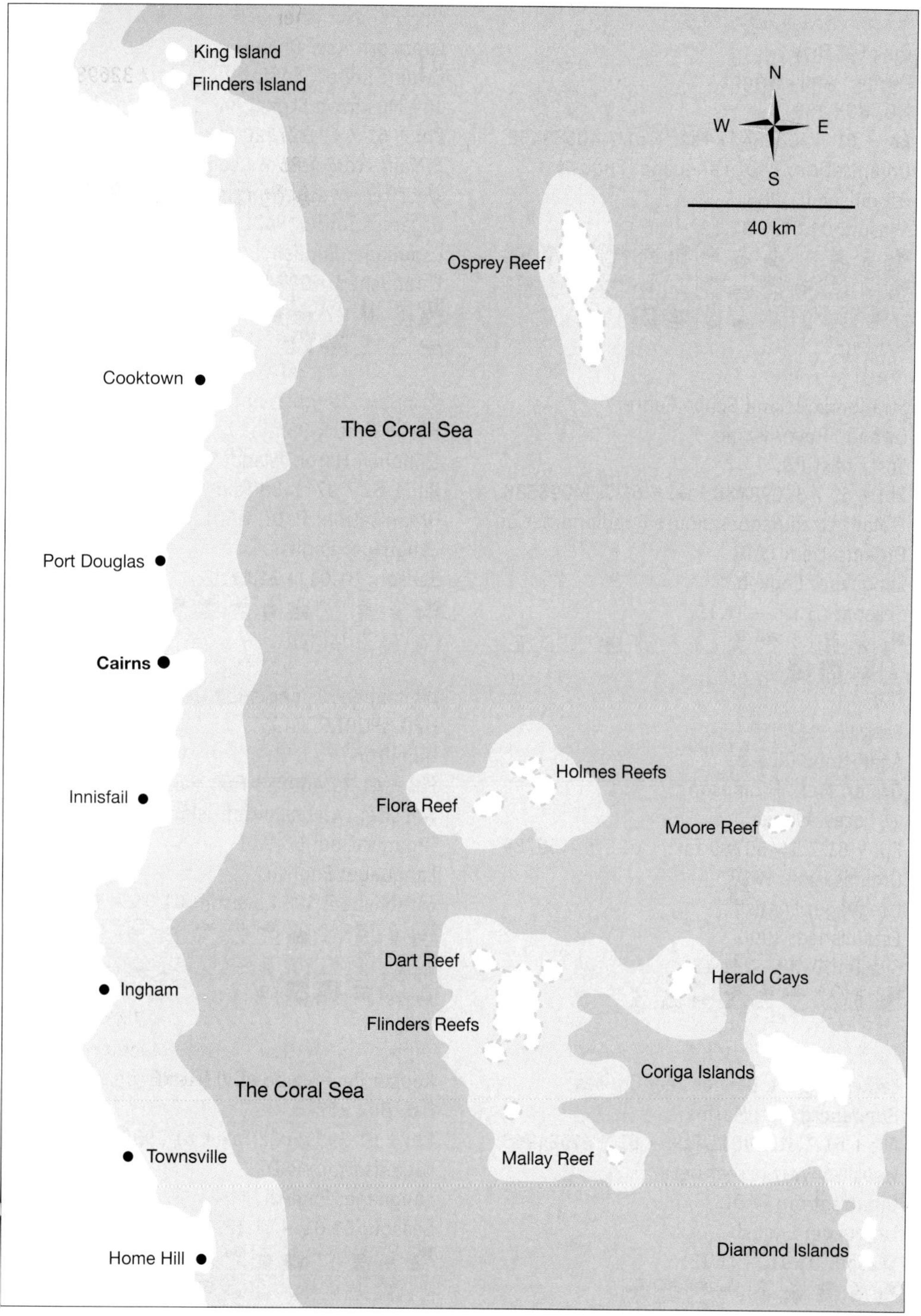
King Island
Flinders Island
N
W
E
S
40 km
Osprey Reef
Cooktown
The Coral Sea
Port Douglas
Cairns
Holmes Reefs
Flora Reef
Moore Reef
Innisfail
Dart Reef
Herald Cays
Ingham
Flinders Reefs
Coriga Islands
The Coral Sea
Townsville
Mallay Reef
Home Hill
Diamond Islands

Mission Beach 4852 QLD

Quik Cat Dive
Owner: Andy Wright
P.O. BOX 183
Ph: + 61 7 40688432 Fax: + 61 7 40688432
Organisation: PADI Language: English
Established: 1985
Season: 01.01. - 31.12.

North Stradbroke Island 4183 QLD

Stradbroke Island Scuba Center
Owner: Trevor Hanks
East Coast RD.
Ph: + 61 7 34098888 Fax: + 61 7 34098588
E-Mail: straddieguesthouse@redland.net.au
Organisation: PADI
Language: English
Season: 01.01. - 31.12.

Palmwoods 4555 QLD

Aqua-Holic Divers
Owner: Mark Thompson
11 Cocas Avenue
Ph: + 61 7 54450789 fax: + 61 7 54450789
Organisation: PADI
Language: English
Established: 1990
Season: 01.01. - 31.12.

Port Bundaberg 4670 QLD

Lady Musgrave Barrier Reef Cruises
Bundaberg Port Marina
Ph: + 61 7 41529011 Fax: + 61 7 41524948
Website: www.ozreef.net
Organisation: PADI
Language: English
Season: 01.01. - 31.12.

Rockhamton 4701 QLD

Capricorn Reef Diving
Owner: Robert Freitag
189 Musgrave Street
Ph: + 61 7 49 227720 Fax: + 61 7 49 227933
E-Mail: crd@networx.com.au
Website: www.networx.com.au/mall/crd
Organisation: 5*PADI
Language: English
Established: 1987 Season: 01.01. - 31.12.

Campbell Heron Island 0680 QLD

Heron Resort
Campbell Heron Island
Ph: + 61 7 9711488 Fax: + 61 79 22992477
Organisation: PADI, NAUI
Language: English
Season: 01.01. - 31.12.

Whitsunday Island 4803 QLD

H20 SPORTZ
Hamilton
Ph: + 61 79 469888 Fax: + 61 79 469888
Website: www.hamilton-island.com.au
Organisation: 5*PADI
Language: English
Established: 1984 Season: 01.01. - 31.12.

Yeppoon 4703 QLD

Keppel Reef Scuba ADVENTURE
P.O. Box 967
Ph: + 61 79395022 Fax:+ 61 79395022
Organisation: PADI
Language: English
Season: 01.01. - 31.12.

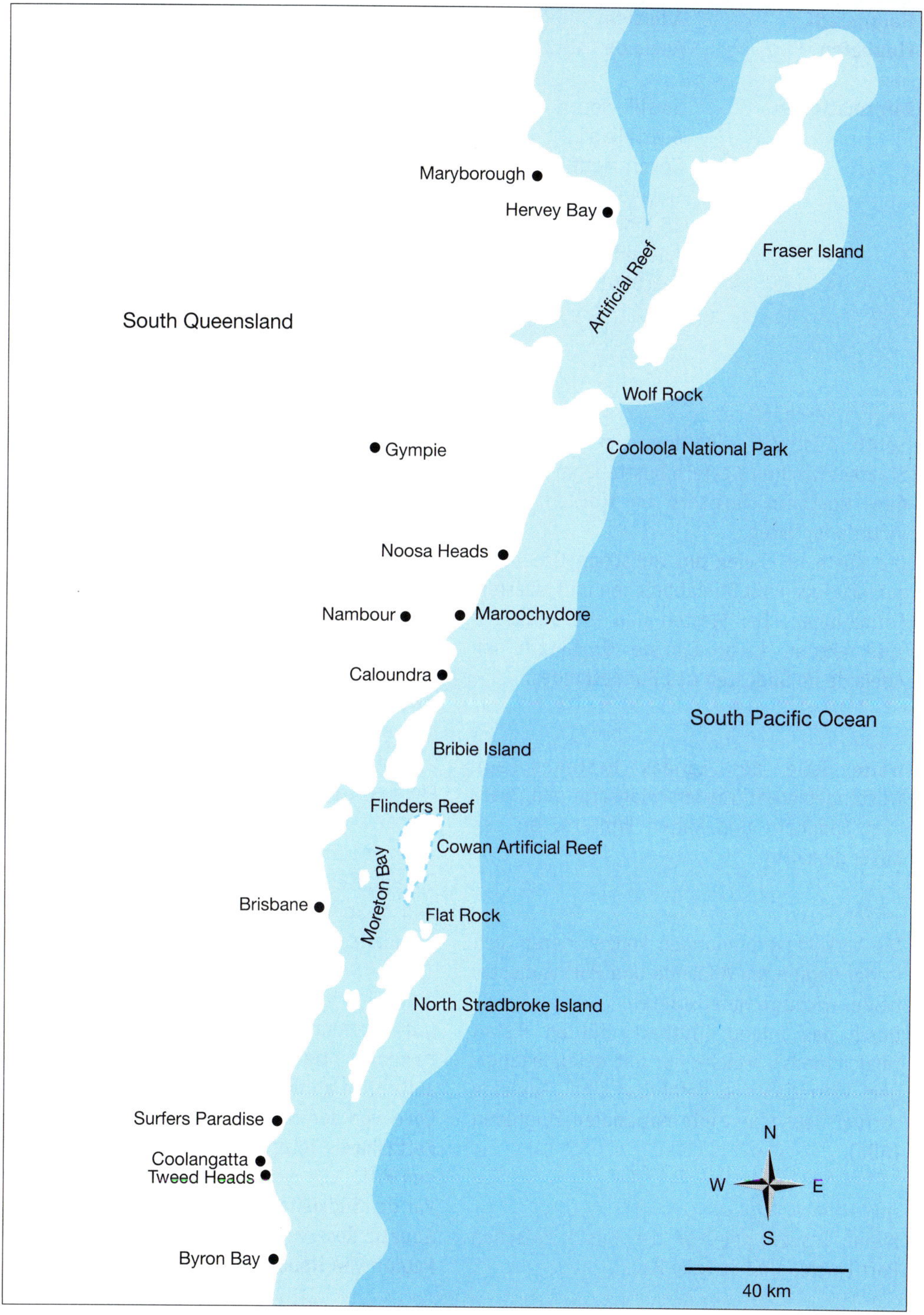
Maryborough
Hervey Bay
Artificial Reef
Fraser Island
South Queensland
Wolf Rock
Gympie
Cooloola National Park
Noosa Heads
Nambour
Maroochydore
Caloundra
South Pacific Ocean
Bribie Island
Flinders Reef
Cowan Artificial Reef
Moreton Bay
Brisbane
Flat Rock
North Stradbroke Island
Surfers Paradise
Coolangatta
Tweed Heads
Byron Bay
N
W
E
S
40 km

Hauptstadt Adelaide
Flughafen Adelaide (ADL)

Informationen SAGTC -South Australian Government Travel Centre
18 King William St.
Adelaide 5000 SA
Tel: 00618 2121 505

Tauchregionen:
Kangaroo Island
Yorke Peninsula

Süßwasserseen:
See bei Mount Gambier

Zeitverschiebung: MEZ + 8
Fläche: 984.000 km²
Einwohner: 1,5 Mio.

Geographische Lage:
South Australia (SA) liegt im Süden des Staates zwischen Western Australia im Westen, dem Northern Territory im Norden sowie Victoria im Osten.
Die Küste im Süden am Indischen Ozean ist zumeist felsig mit Steilabbrüchen und bizarren Formationen. Der Westen und die Südküste sind extrem karg. Einzige Großstadt ist Adelaide im Südosten des Bundeslandes.

Klima:
Weite Teile des Landes bestehen aus Wüstengebieten; niederschlagsarm mit warmen Sommern und kalten Wintern, an der Küste gemäßigt.

Verkehr:
Die Verkehrsverbindungen konzentrieren sich in der Region um Adelaide und Port Augusta, beides wichtige Hafenstädte.
Durch das Inland (Outback) führen Pisten (major roads), welche nur mit geländegängigem Vierradantrieb befahrbar sind. Adelaide verfügt über einen internationalen Flughafen (ADL).

Investigator Group:
Kleine Inselgruppe vor der Küste zwischen Port Lincoln und Streaky Bay.

Tauchplätze:
Gute Möglichkeiten u.a. bei Pearson Island mit dem Tauchplatz The Dice an der Südostküste. Außerdem befindet sich am Topgallant Isle, einem zerklüfteten, schmalen, steilen und mit Tunneln und Kavernen übersäten Felsriff nordöstlich von Pearson, der beliebte Tauchplatz Bonny and Clyde.

Informationen:
Port Lincoln 5606 SA
Flinders Diving Service
23 Mallee Crescent
Ph: + 61 86 824140

Kangaroo Island:
Eine große Insel südlich von Adelaide vor dem Gulf of St. Vincent mit den Orten Penneshaw, Parndana und Kinscote.

Tauchplätze:
Gute Tauchmöglichkeiten bieten sich am Kangaroo Head westlich von Penneshaw, außerdem an der West Bay, am Western River Cove vor der Nordküste der Insel sowie bei Petteshaw's Jetty unmittelbar am gleichnamigen Riff.
Vor der Südküste befindet sich das Seal Beach Aquatic Reserve, ein Naturschutzgebiet in der Region von Nobby Island.

Coober Pedy
South Australia
Ceduna
Port Augusta
Whyalla
Streaky Bay
Port Pirie
South Australia
Pearson Islands
Spence Gulf
Port Victoria
Port Lincoln
Adelaide
Great Australian Bight
Yorketown
Wedge Island
Victor Harbour
Kinscote
Kangaroo Island
Penneshaw
Southern Ocean
Victoria
Robe
N
W
E
S
Mount Gambier
Port Macdonnell
60 km

Wracks:
Loch Vennachar (Segelschiff am West Bay), Brothers und Fairfield (beide am Cape Cassini), Fanny M. (Wrack in 5 m Tiefe vor Kingscote).

Fauna:
Süßlippen, Kaiserfische, Trompetenfische, Muränen, Rochen, Makrelen, Haie (an der Südküste auch Weißhaie), Barrakudas, Sepien, Octopusse, Muscheln, Krebse, Krabben, Gorgonien, Anemonen, Schwämme, Seelöwen und Seehunde.

Warnung:
Der Autor dieses Buches rät Ihnen, tauchen Sie niemals mit Seehunden, denn diese sind das Futter für den Weißen Hai, und glauben Sie mir, selbst der älteste Seehund ist unter Wasser zehnmal schneller als Sie.

Tauchbasen:

Penneshow 5222 SA
Adventureland Diving
Owner: John Lavers
43 North Terrace
Ph: + 61 8 85531284 Fax: + 61 8 85531295
E-Mail: adv.host@kin.on.net
Organisation: PADI
Language: English
Established: 1976
Season: 01.11. - 30.04.

Adelaide 5000 SA
Adelaide Diving Centre
Owner: Sandy Szabo
7 Compton St.
Ph: + 61 8 82316144 Fax: + 61 8 82125887
E-Mail: dive@adskin.com.au
Organisation: NASDS
Language: English
Established: 1961
Season: 01.01. - 31.12.

Adelaide 5000 SA
Super Elliott´s Dive Centre
Owner: Brad Dempster
200 Rundle Street
Ph: + 61 82320339 Fax:+ 61 82323403
Organisation: NASDS
Language: English
Season: 01.01. - 31.12.

Kangaroo Island 5223 SA
Kangaroo Island Diving Safaris
Owner: Jim and Josie Thiselton
Kingscote PMB 219
Ph: + 61 8 85593225 Fax: + 61 8 85593225
E-Mail: kids@kin.on.net
Website: www.kidivingsafaris.com
Organisation: NASDS, CMAS
Language: English
Established: 1991
Season: 01.10. - 31.05.

Yorke Penninsula:
Eine Halbinsel zwischen dem Gulf of St. Vincent im Osten und dem Spencer Gulf im Westen mit den Städten Yorketown und Port Victoria. Auf der anderen Seite des St. Vincent-Golfs liegt Adelaide, südlich der Halbinsel Kangaroo Island.

Tauchregionen:
Die beliebtesten Tauchplätze befinden sich an der Westspitze des Südendes der Halbinsel in der Pondolowie Bay, wobei die besten Möglichkeiten an der Außenseite der Bucht zu finden sind. Außerdem liegen gute Tauchgebiete bei Cape Spencer, in der Crystal Bay,

am West Cape sowie an den Reef Heads und am Chinaman's Hat, alle etwas von der Küste entfernt.
Weitere Möglichkeiten gibt es bei der Troubridge Shoal vor Edithburg. Westlich der Halbinsel liegt Wedge Island mit Shark Cove, einer kleinen Höhle an der Ostküste. An der Spencer Bay auf der gegenüber liegenden Seite vor der Küste bei Port Lincoln liegt die St. Joseph Group. Die besten Tauchplätze der Inselgruppe findet man in den Felsabbrüchen von Spilsby Island.

Wracks:

Clan Ranald (Dampfer vor Troubridge Hill), in der Nähe liegt auch das Wrack der Sunderland.

Süßwasserseen Mount Gambier:

Im Südosten gelegene Seen nahe einer Kleinstadt in einer vulkanischen Region.

Tauchplätze:

Es gibt über 140 kleine Gewässer in dieser Region, Frischwasserseen, die von Quellen gespeist werden, sogenannte Ponds. Die beliebtesten Tauchplätze finden sich u.a. an den Ewens Ponds, an den Piccanninny Ponds, bei One Tree, Baby Blue und Eloh Elap.

Allendale East5 291 SA

Freeform Dive & Surf
66 Bay Road
Ph: + 61 8 7387300
Fax:+ 61 8 7387339
Organisation: 5*PADI
Language: English
Established: 1990
Season: 01.01. - 31.12.

Christies Beach 5165 SA

Southern Diving Centre
1 Roy Terrace
Ph: + 61 8 3821322 Fax: + 61 8 3821509
Organisation: PADI
Language: English
Established: 1993 Season: 01.01. - 31.12.

Hope Valley 5090 SA

Underwater Sports Diving Centre
Owner: Richard Megaw
1198 Grand Junction
Ph: + 61 8 2633337 Fax: + 61 8 2633337
Organisation: NASDS
Language: English
Established: 1987
Season: 01.09. - 31.04.

North Glenelg 5045 SA

Glenelg Scuba Diving
Patawalonga Frontage
Ph: + 61 8 2947744
Fax: + 61 8 2942911
Organisation: 5*PADI
Language: English
Established: 1979
Season: 01.01. - 31.12.

Prospect 5082 SA

Adelaide Skin Diving Centre-Prospect
180 Main North Road
Ph: + 61 83444456
Organisation: NASDS
Language: English Season 01.01. - 31.12.

Welland 5007 SA

Divers Service
Owner: Mark Snadden
80 Grange Rd.
Ph: + 61 8 3463422 Fax. + 61 8 3402578
Organisation: NASDS , PADI

Australien/Victoria

Hauptstadt	Melbourne
Flughafen	Melbourne Tullamarine (MEL)
Informationen	RACV 230 Collins St. Melbourne, Vic. Tel: 03 96 07 21 37
	Diving Emergemcy Australia Tel: 1800 088 200 24 Hours

Tauchregionen:
Bass Strait
Wilsons Promontory
Melbourne
Torquay
Portland
Flinders Island

Zeitverschiebung: MEZ + 9
Fläche: 227.600 km^2
Einwohner: 4,5 Mio.

Geographische Lage:

Victoria (VIC) ist der südwestlichste Bundesstaat. Er grenzt im Norden an New South Wales, die Grenze bildet der Fluss Murray, im Westen an South Australia, im Süden an die Bass Strait, die Ostküste geht zum Pazifischen Ozean (mit der Tasmansee). Hauptstadt und größte Stadt der Region ist Melbourne an der Südküste. Der Osten des Bundesstaates ist durch die Ausläufer der Küstengebirgskette geprägt, im Norden dominieren fruchbare Tiefebenen, im Westen geht das Land in Wüstenregionen über.

Klima:

Milde Sommer, kühle Winter. Niederschläge vorwiegend im Ostteil, der Westen ist sehr trocken.

Verkehr:

Melbourne ist das Verkehrszentrum der Region mit Verbindungen in die Nachbarstaaten, einem Hochseehafen und dem internationalen Flughafen Tullamarine (MEL). Von Melbourne aus bestehen auch Fährverbindungen nach Flinders Island und Tasmanien.

Melbourne:

Die Stadt ist das Zentrum des australischen Südens mit einem bedeutenden Hafen.

Tauchplätze:

Ein hervorragendes Tauchrevier ist die Region der Port Phillip Bay, in der auch der Hafen Melbournes liegt. Die Bucht misst 80 km im Durchmesser, am westlichsten Punkt der Bucht liegt Geelong, den östlichsten Punkt markiert Frankston, die Einfahrt liegt bei Queenscliff (Rip at the Heads) und Portsea. Die Südbegrenzung der Bay bildet eine Landzunge. Auf deren Rückseite liegt Flinders an der Western Port Bay mit dem French Island. Zwei Flüsse, der Yarra und der Maribynong River, fließen in die Bucht.
Die besten Tauchplätze befinden sich auf der Südseite der Bucht (Southern Port Phillip), besonders am Londsdale Reef beim Westeingang zum Hafen mit dem Point Londsdale, der gleichnamigen Steilwand und den Unterwasser-Felsbögen am Londsdale Arch. Etwas weiter nordöstlich liegen die Kelp Beds (Kelpfelder mit mehreren Höhlen und Kavernen), westlich von Point Londsdale befindet sich das Chimney Rock außerhalb der Bay Area. Weitere Tauchplätze in dieser Region sind Barow Heads, The Bluff und das Ant Spit Reef am Point Nepean. Östlich des Hafeneingangs gibt es weitere gute Tauchmöglichkeiten. Die Region ist weniger stark in Mitleidenschaft genommen als die Plätze auf der anderen Seite. Hinter Point Nepean liegt die

Quarantine Bay. An der Innenseite der Bucht gibt es weitere gute Tauchgebiete, u.a. an der Portsea Bay mit dem gleichnamigen Hole sowie am dortigen Pier, außerdem am weiter östlich gelegene Sorrento Pier, an der Swan Bay bei der gleichnamigen Insel, am Mud Island und am South Channel Fort bei einem künstlichen Riff. Östlich der Port Phillip Bay auf der anderen Seite der Halbinsel, die die Bay nach Süden hin umschließt, liegt Philip Island, eine Tauchregion mit einigen hervorragenden Plätzen, u.a. Current Run im Kanal zwischen Newhaven und San Remo, am Cape Woolamai und der südlich vorgelagerten Pinnacle sowie bei den Seal Rocks.

Wracks:
Eliza Ramsden (Bark in 20 m Tiefe nordöstlich vom Corsair Rock), William Salthouse (bei Pope's Eye), Hurricane (Überreste eines Schiffswracks nordöstlich von Rye). Gleich mehrere Wracks liegen in der Region des Londsdale Reef sowie westlich davon im Ship Graveyard; so zum Beispiel die Rotomahana und mehrere U-Boote, außerdem die Charlemont beim gleichnamigen Riff.

Fauna:
In dieser Gegend von Australien ist es schon mal möglich dem Weißen Hai zu begegnen. Sepien, Schwämme, Trompetenfische.

Tauchbasen:

Bayswater/ Melbourne 3153 VIC
Adventure Down Under
Owner: Ray Gosper
604 Mountain Highway
Ph: + 61 3 97295811 Fax: + 61 3 97295811
Organisation: PADI, IANTO
Language: English
Established: 1985 Season: 01.01. - 31.12.

Dandenong 3175 VIC
Aqua Blue
Owner: Alain Recoche
120 Thomas Street
Ph: + 61 3 97948136 Fax: + 61 3 97921339
E-Mail: diving@dingley.net
Website: www.ozactivity.com.au/aquablue
Organisation: SSI
Language: English
Established: 1990 Season: 01.01. - 31.12.

East Prahran 3181 VIC
Diving Headquaters
436 High Street
Ph: + 61 3 95109081 Fax: + 61 3 95109081
Organisation: PADI
Language: English
Established: 1982 Season: 01.01. - 31.12.

Essendon 3040 VIC
Vision Divers
96 Fletcher Street
Ph: + 61 3 93261713 Fax: + 61 3 93261714
Organisation: 5*PADI
Language: English
Established: 1992 Season: 01.01. - 31.12.

Upper Ferntree Bully 3156 VIC
Interdive
1242 Burwood Highway
Ph: + 61 3 97588333 Fax: + 61 3 97522801
Organisation: 5*PADI
Language: English
Established: 1987 Season: 01.01. - 31.12.

West Heidelberg 3081 VIC
Melbourne Diving Services

Brian Williamson 144
Owner: Bell Street
Ph: + 61 3 94594111 Fax: + 61 3 94599942
E-Mail:
info@melbournedivingservices.com.au
Web: www.melbournedivingservices.com.au
Organisation: 5*PADI
Language: English
Established: 1976 Season: 01.01. - 31.12.

Portland:
Die westlichste Stadt Victorias liegt unmittelbar an der Grenze zu Southern Australia.

Tauchplätze:
Mehrere Kaps liegen in der Region von Portland mit Einstiegsstellen vom Ufer aus, u.a. Cape Nelson, Cape Sir W. Grant und Cape Bridgewater sowie in der Discovery Bay zwischen der Stadt und der Westgrenze, außerdem gute Tauchmöglichkeiten an der Felsformation Lawrence Rocks vor der Stadt sowie östlich vor Port Fairy bei The Craigs.

Wracks:
New Zealander (am Leuchtturm-Felsen).

Fauna:
Süßlippen, Muränen, Rochen, Makrelen, Haie, Barrakudas, Sepien.

Torquay:
Kleine Hafenstadt an der Bass Strait westlich von Melbourne.

Tauchplätze:
Westlich der Stadt in der Region zwischen Torquay und Lorne gibt es mehrere gute Tauchgebiete vor allem im Airey's Inlet und an mehreren Riffs vor der Küste, u.a. dem Black Rock, dem Soapy Rock und dem Ingolby Reef, weiter westlich existieren hervorragende Rifftauchplätze im Marengo Reef vor der Apollo Bay, außerdem am Tourquay Offshore Reef vor dem Ort.

Wracks:
Victoria Towers (bei Point Impossible in 10 m), Casino und Speculant (in der Apollo Bay), Grange (Bark am Hayley Reef).

Wilson Promontory:
Das Wilson Promotory Marine Reserve liegt an der Küste des gleichnamigen Nationalparks am Cape Wilson auf der Südostseite von Victoria östlich von Melbourne an der Bass Strait. Auf der gegenüberliegenden Seite dieser Verbindungsstraße zwischen der Tasmansee im Osten und dem Indischen Ozean im Westen liegt die Insel Tasmanien. Wichtigste Stadt in diesem Gebiet ist Port Franklin.

Tauchplätze:
Die Schutzzone des Marine Reserves liegt zwischen Norman Bay und Refuge Cove und umfasst einen 300 m breiten Korridor, in dem mehrere Kleininseln und Riffs liegen. Einstiegsstellen an der Küste in der Nähe des Kaps sind Tongue Point, Leonard Point und Norman Point. Nur etwa 2 km vor dem Kap liegen die Anser Islands in der Bass Strait, eine Inselgruppe bestehend aus Anser, Kanowna und Skull Rock mit hervorragenden Tauchmöglichkeiten bei Anser Island, vor allem in der Bucht im Südwesten, am Kanowna Island in den Buchten der Ostküste und bei Shull Rock an der Nordseite. Weitere Tauchplätze bei Norman Island an der Nordwestspitze, bei Dannevig Island am Pinnacle, bei Great Glennie und an den Anderson Islets.

Fauna:
Süßlippen, Muränen, Rochen, Makrelen, Haie (auch Weiße Haie), Barrakudas, Sepien, Octopusse, Muscheln, Krebse.

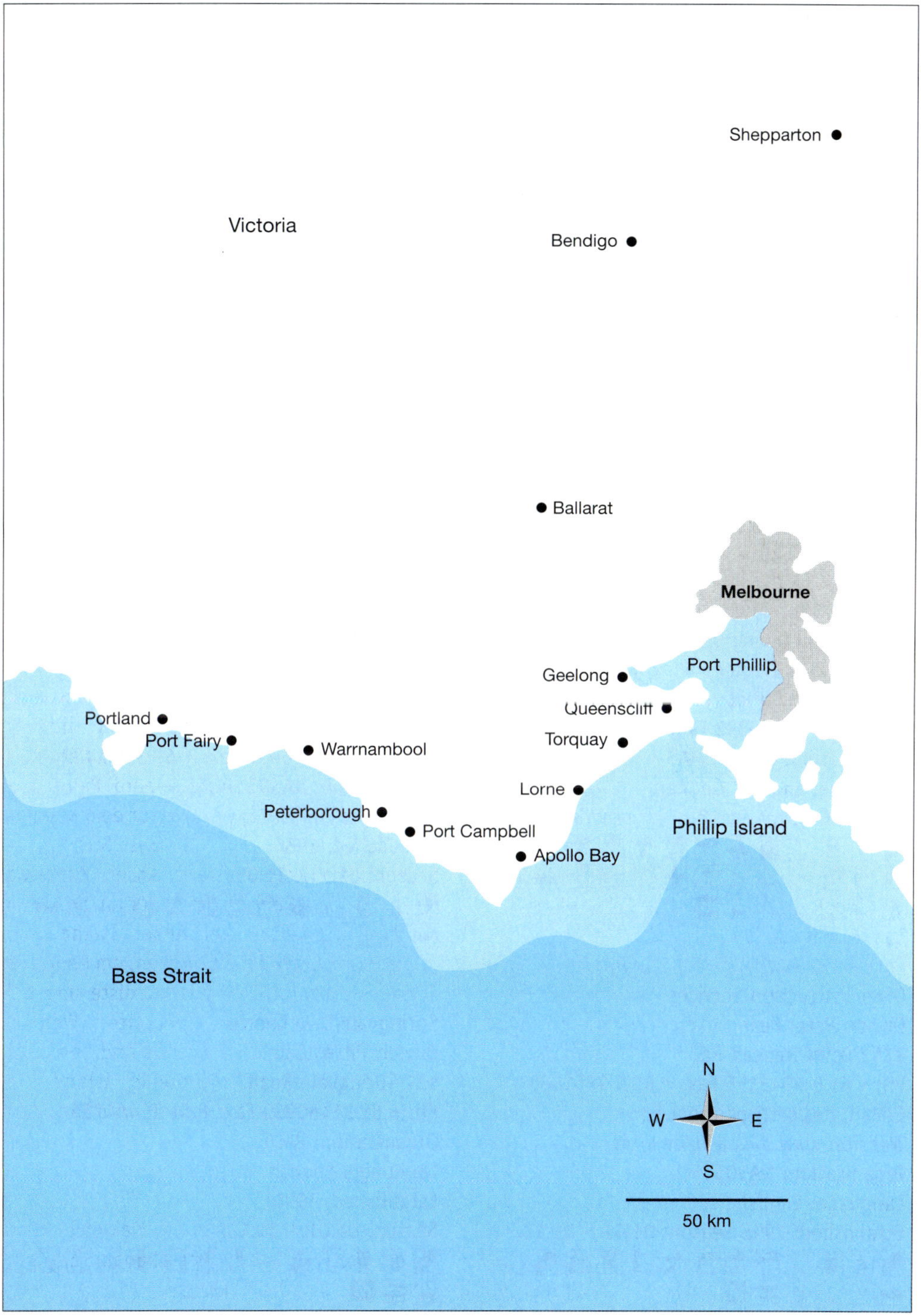
Shepparton
Victoria
Bendigo
Ballarat
Melbourne
Geelong
Port Phillip
Queenscliff
Portland
Port Fairy
Warrnambool
Torquay
Lorne
Peterborough
Port Campbell
Apollo Bay
Phillip Island
Bass Strait
N
W
E
S
50 km

Clayton 3168 VIC
Associated Divers
1292 Centre Road
Ph: + 61 3 95449002 Fax: + 61 3 95489433
Organisation: 5*PADI
Language: English
Established: 1990 Season: 01.01. - 31.12.

Mornington 3931 VIC
Peninsula Diving
Shop 3 /10
Main Street
Ph: + 61 5 9756865 Fax: + 61 5 9756844
Organisation: 5*PADI
Language: English
Established: 1987 Season: 01.01. - 31.12.

Portland 3305 VIC
Professional Diving Deutsche Basis
Owner: Frank Ziegler
14 Townsend Street
Ph: + 61 5 95236392 Fax: + 61 5 95217255
Organisation: NAUI, CMAS
Language: English, German
Season: 01.01. - 31.12.

Portsea 3944 VIC
Diver Instruction Services
Owner: Peter Fear
3752 Point Nepean Rd.
Ph: + 61 5 9843155 Fax: + 61 5 9851888
E-Mail: disport@pac.com.au
Website: www.diva.asn/dive/vic
Organisation: NASDS
Language: English
Established: 1993 Season: 01.01. - 31.12.

Queenscliff 3225 VIC
Queenscliff Dive Centre
37 Learmonth Street
Ph: + 61 5 92521188 Fax: + 61 5 92521188
Organisation: NASDS
Language: English
Established: 1987
Season: 01.01. - 31.12.

Rye 3941 VIC
Diver's down under
49 Peninsula Avenue
Ph: + 61 5 9856999 Fax: + 61 5 9856999
Organisation: PADI
Language: English
Established: 1993
Season: 01.01. - 31.12.

Sate 3850 VIC
Deep Down Diver Education
Owner: Mr. Howarth
44 Thomson Street
Ph: + 61 351 446957 Fax: + 61 351 443942
Organisation: NASDS, AUSI
Language: English
Established: 1986
Season: 01.11.- 31.05.

Springvale 3171 VIC
Springvale Dive Centre
Owner: Pit William
131 Springvale Road
Ph: + 61 35460905 Fax: + 61 35484786
Organisation: PADI
Language: English
Established: 1990
Season: 01.01. - 31.12.

Merimbual
New South Wales
Wangaratta
Eden
North Victoria
Cape Howe
Gabo Island
Mallacoota
Marlo
Lakes Entrance
Sale
Bass Strait
Welshpool
Port Franklin
Cliffy Island
Wilsons Promontory
Anser Group
N
W
E
S
Tasman Sea
20 km

Australien/West-Australien

Hauptstadt Perth
Flughafen Perth (PER)

Information Western Australian Tourism Commission
Tel: 089 43766250
Fax: 089 43766159
E-Mail: watc-germany@t-online.de

Tauchregionen:
Esperance
Albany
Augusta
Perth
Fremantle
Carnarvon
Exmouth
Broome
Cocos Islands

Zeitverschiebung: MEZ +7
Fläche: 2.525.500 km²
Einwohner: 1,7 Mio.

Geographische Lage:

Western Australia (WA) umfasst den westlichen Teil des Kontinents und grenzt im Osten an das Northern Territory und an South Australia. Weite Teile des Landes bestehen aus Wüstengebieten, der Norden wartet mit Gras- und Buschland auf. Wichtigste Stadt ist Perth.

Klima:

Wüstenklima, trocken und heiß, im Norden tropisch mit Niederschlägen in den Sommermonaten (Dezember–März).

Verkehr:

Ein Verkehrsnetz mit Straßen- und Bahnverbindungen existiert nur in der Region um Perth, die übrigen Landesteile weisen nur spärliche Verkehrswege auf. Lediglich entlang der Küste gibt es eine durchgehende Straßenverbindung. Wichtigstes Verkehrsmittel sind Kleinflugzeuge, einziger internationaler Flughafen ist Perth (PER).

Albany:

Stadt östlich der Südwestspitze Australiens am King George Sound.

Tauchplätze:

Östlich der Stadt liegen die Mutton Bird Islands, weiter westlich befindet sich die Two People Bay, beides schöne Tauchregionen in der Umgebung von Albany. Außerdem gibt es Tauchplätze bei Eclipse Island sowie am Breaksea Island und bei den Boulders, schließlich am Torbay Head, einem Felsriff westlich von Augusta.

Wracks:

Cheynes III (Walfänger an der Westspitze von Michaelmans Island).

Albany 6330 WA

Southcoast Diving Supplies
Owner: Garry Wellstead
84b Serpentine Rd.
Tel: + 61 98417176 Fax: + 61 98417176
E-Mail: whale@fullcomp.au
Website: www.fullcomp.com.au/~whale
Organisation: NASDS, SSI
Language: English
Established: 1978 Season: 01.01. - 31.12.

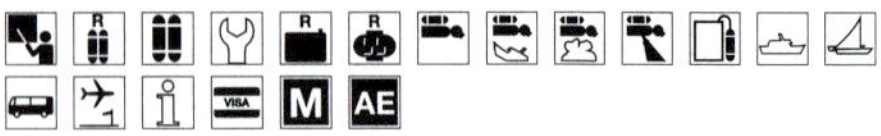

Augusta:

Kleiner Ort südlich von Cape Leewin auf der Südostspitze des Kontinents am Hardy Inlet über dem Blackwood River, ca. 200 km südlich von Perth.

Tauchplätze:

Die besten Tauchmöglichkeiten der Region gibt es in der Umgebung des Cape Leewin mit der Hamelin Bay südlich von Busselton, an der Cowramup Bay südwestlich von Bussleton, dem Prevally Park weiter südlich und den Canal Rocks, außerdem an den diversen Riffs rund um St. Alouran Island etwa 4 km vor der Küste von Augusta.

Esperance:

Kleine Hafenstadt an der Südküste des Bundesstaates, östlich von Perth.

Tauchplätze:

Gute Tauchgebiete befinden sich im Recherche Archipelago südlich der Stadt, einer Gruppe von mehr als hundert Granitfelsen etwa 50 km vor der Küste, außerdem beim Esperence Jetty, im Cape Le Grande National Park am Südwestende der Esperance Bay mit dem Frenchman Peak an der zerklüfteten Küstenlinie. Weitere Tauchmöglichkeiten liegen in der Duke of New Orleans Bay, 50 km östlich vom Cape Le Grande.

Fauna:

Schnapper, Kaiserfische, Grouper, Haie, Octopusse, Krabben, Krebse, Muscheln, Schwämme, Gorgonien, Anemonen, Korallen, Seeschlangen.

Perth, Fremantle:

Die beiden Nachbarstädte bilden zusammen das Zentrum der Westküste, beide liegen im Mündungsgebiet des Swan River. Die Stadtzentren sind nur etwa 20 km voneinander entfernt, rechts und links der Küste liegen endlose Sandstrände. Perth ist die sonnenreichste Großstadt Australiens.

Tauchgebiete:

Es gibt hervorragende Tauchregionen bei den der Küste vorgelagerten Kleininseln und Felsenriffs, so bei Rottnest Island, 20 km vor Fremantle Harbour, bei den Transit Reefs, den Carnac Islands, am Pocillopora Reef, am Horseshoe Reef, am West End, bei Dyers Island sowie nördlich der Longreach Bay. Alle guten Tauchplätze sind von einem Boot aus anzusteuern. Das einzige küstennahe Tauchgebiet findet sich im Marmion Marine Park unmittelbar vor dem Hillary Boat Harbour in der Leewin-Strömung. Etwa 25 km südlich von Fremantle liegt die kleine Hafenstadt Rockingham mit einigen guten Tauchplätzen, so in der Region der Penguin Islands, der Seal Islands und südlich des Ortes an der Shoalwater Bay. Hier finden sich mehrere Riffs sowie Kleininseln. Außerdem bestehen gute Möglichkeiten in der Geographe Bay an den dortigen Bommies. Tauchgänge vom Strand aus sind in der Gegend von Mantura südlich von Rockingham beispielsweise am Point Peron möglich.

Wracks:

City of York (Bark in 8 m in der gleichnamigen Bucht), Orizaba (bei der Five Fathom Bank), Lancier und Sedora (beide Wracks liegen südlich von Straggles Rock in niedrigen Wassertiefen), Sepia (das Wrack liegt vor Carnac Island in 18 bis 20 m), Macedo (Dampfer), Gem (Kutter), Janet (Schoner), Denton Holme Bark, (alle vier Wracks liegen bei den Transit Rocks in etwa 8 m Tiefe, zumeist sind nur noch wenige Überreste der Wracks zu sehen), Mira Flores (Bark in 40 m bei Narrow Neck), Raven und Lady Elisabeth (die beiden Wracks liegen bei Dyers Island südöstlich von Rottnest Island in geringen Tiefen), Carlisle Castle (westlich von Penguin Island an der Five Fathom Bank).

Fauna:

Schnapper, Kaiserfische, Grouper, Haie, Octopusse, Krabben, Krebse, Muscheln, Schwämme.

Balcatta-Perth 6061 WA
Owner: Diving Academy
Hugh Morrison
283 Wanneroo Rd.
Tel: + 61 9 93441562 Fax: + 61 9 9347844
E-Mail: dive@perthdiving.com.au
Website: www.perthdiving.com.au
Organisation: NASDS, CMAS
Language: English
Season: 01.11. - 31.03.

Fremantle-Perth 6160 WA

Dolphin Dive Fremantle
Owner: Mark Fergeson
1 Cantonment Street
Tel: + 61 9 3358292 Fax: + 61 9 3353271
E-Mail: dolphin@iinet.net.au Website: www.iinet.net.au/~dolphin/scuba
Organisation: 5*PADI
Language: English
Established: 1992 Season: 01.10. - 31.05.

North Fremantle-Perth 6159 WA

Perth Diving Academy
Owner: Martin Jones
6 Rous Hoad Road
Tel: + 61 8 94306300 Fax: + 61 8 94306544
E-Mail: martin@perthdiving.com.au
Website: www.perthdiving.com.au
Organisation: NASDS, CMAS
Language: English
Established: 1978 Season: 01.11. - 31.03.

Perth 6160 WA

Barrakuda Dive Perth
Owner: Jacki Healey
150 William Street
Tel: + 61 9 3213724 Fax: + 61 93213746
Organisation: PADI
Language: English
Season: 01.01. - 31.12.

Perth 6010 WA

Austalasian Diving Centre
259 Stirling HWY Claremont
Tel: + 61 9 3843552 Fax: + 61 93833307
Organisation: NASDS
Language: English
Season: 01.01. - 31.12.

South Fremantle 6162 WA

Scuba Diving
Owner: Ed Izyderski
384 South Terrace
Tel: + 61 8 94305130 Fax: + 61 89 4305641
E-Mail: diving@dventures.com.au
Website: www.brimstonecom.au/divingv
Organisation: PADI
Language: English
Established: 1982 Season: 01.01. - 31.12.

Exmouth:

Die kleine Stadt liegt auf einem Kap im äußersten Nordwesten Australiens. In dieser exponierten und abgelegenen Region jenseits der Hauptverkehrswege des Landes gibt es einige der besten Tauchmöglichkeiten im gleichnamigen Golf und an den Riffs rund um das Kap.

Tauchplätze:

Die besten Tauchplätze der Region befinden sich im Ningaloo Reef Marine Park, einem riesigen Riffsystem, das am North-West-Cape beginnt und sich an der Westseite des Kaps über mehr als 250 km Länge erstreckt. Am Südende des Nationalparks liegt die Coral Bay mit einigen hervorragenden Spots. Weitere Tauchmöglichkeiten bestehen beim Bundegi Reef, am Vlaming Head und vor Point Murat, außerdem bei den Montebello Islands etwa 130 km westlich von Dampier im Norden von Exmouth.

Wracks:

Rapid, südlich von Exmouth, Fynd, Walfänger im Flachwasser südlich von Fraser Island in der Norwegian Bay.

Fauna:

Süßlippen, Schmetterlingsfische, Clownsfische, Grouper, Kofferfische, Drückerfische, Skorpionfische, Trompetenfische, Muränen, Rochen, Makrelen, Zackenbarsche, Haie, Barrakudas, Octopusse, Muscheln, Krebse, Krabben, Seesterne, Korallen, Gorgonien, Anemonen, Schwämme, Federsterne und Seeschlangen, außerdem verschiedene Walarten.

Exmouth 6707 WA

Exmouth Diving Centre
Owner: Rick Hall
Payne Street or PO Box 573
Ph: + 61 8 99491201 Fax: + 61 8 99491680
E-Mail: whaleshark@exmouthdiving.com.au
Website: www.exmouthdiving.com.au
Organisation: PADI
Language: English
Established: 1989 Season: 01.01. - 31.12.

Exmouth 6707 WA

Ningaloo Deep
Owner: Peter Lake
21 Walters Way Exmouth
Ph: + 61 8 99491663 Fax: + 61 8 99491663
E-Mail: ningaloodeep@nwe.net.au
Website: www.ningaloodeep.com.au
Organisation: PADI
Language: English
Established: 1989 Season: 01.01. - 31.12.

Broome:

Die Stadt liegt an der Nordwestküste Australiens ca. 1600 km nördlich von Perth.

Tauchplätze:

Die wichtigste Tauchregionen sind die Rowley Shoals, drei voneinander unabhängige Korallenatolle etwa 300 km westlich vor der Küste von Broome mit dem Mermaid Reef, dem Clerke Reef und dem Imperieuse Reef, an allen drei Riffs gibt es hervorragende Drop Offs.

Fauna:

Süßlippen, Clownsfische, Haie, Kofferfische, Drückerfische, Trompetenfische, Muränen.

Broome 6725 WA

NORTH STAR CHARTERS
Owner: C. Howson
Shop 2 /25 Carnarvon St
Ph: + 61 8 91921829 Fax: + 61 8 91921830
E-Mail: truenorthwa@bigpond.com.au
Web: www.users.bigpond.com/truenorthwa
Language: English
Established: 1987 Season: 01.01. - 31.12.

Broome 6725 WA

Workline Divers Supply, Short Street
Peter Trembath
Ph: + 61 91 922233 Fax: + 61 91 935839
Organisation: PADI, IANTD
Language: English
Established: 1980 Season: 01.01. - 31.12.

N
W
E
S
50 km
Timor Sea
Wyndham
Indian Ocean
Broome
Port Hedland
Dampier
Exmouth
Ningaloo
West Australia
Carnarvon
Meekatharra
Abrolhos Islands
Geraldton
Kalgoorlie
Yanchep
Norseman
Perth
Fremantle
Rockingham
Great Australian Bight
Bunbury
Esperance
Busselton
Augusta
Walpole
Albany

Hauptstadt Hobart
Einwohner 175.000
Flughafen Hobart (HBA)

Informationen Tasmanian
Travel Center
80 Elizabeth St.
Hobart Tas.
Tel: 00 61 30 02 05

Tasmania Online
www.tas.gov.au

Tauchregionen:
Tasmanien
Wynyard
Bass Strait
Hebe Reef
Cape Naturaliste
Giant Kelp

Zeitverschiebung: MEZ + 9
Fläche: 67.800 km^2
Einwohner: 456.000

Geographische Lage:
Das Territorium Tasmanien umfasst die gleichnamige Insel, 240 km südlich der Südostspitze Australiens und einige umliegende Kleininseln, die vom Festland durch die Bass Strait getrennt sind. Die Landschaft ist bergig und zumeist mit Büschen bestanden oder Kulturland. Mehrere Kleininseln sind vorgelagert, u.a. King Island im Nordwesten und Flinders Island im Nordosten.

Klima:
Die Sommer sind trocken und warm, die Winter feucht und kalt mit Schneefall im Gebirge.

Verkehr:
Gut ausgebautes Straßennetz, Bahnverbindung Hobart-Stanley, Fährverbindungen zum Festland, Flugverkehr via Hobart (HBA).

Tasmanien:
liegt an der Grenze des Südindischen Ozeans und der Tasmansee.

Tauchplätze:
Gute Tauchmöglichkeiten finden sich besonders an der Nordküste sowie in der Region um Hobart und an den umliegenden Kleininseln. Schöne und empfehlenswerte Tauchplätze sind u.a. Hebe Reef, Cape Naturaliste, Giant Kelp Forests, The Castle, Bird Rock, Tasman Arch, Adventure Bay, Deep Glen Bay und Waterfall Bay. Eine herausragende Tauchregion ist auch die Gegend um Wynyard, u.a. mit den Pinnacles.

Wracks:
Southern Cross an der Nordküste bei Wynyard, Nord (in 45 m Tiefe bei Hobart), Eden Holm (in 6 m Tiefe), Karitane (bei Squally Cove), Bulli (in 20 m bei Erith Island in der Kent Group). Diverse Wracks rund um King Island, u.a. British Admiral, Loch Leven, Blencathra, Brahmin, Netherby, Cataraqui und bei den Flinders Islands, u.a. Cambridgeshire und City of Edinborough. Außerdem Karitane (Dampfer in 7 m im Squally Cove südlich von Deal Island), Annie Taylor (Walfänger in 20 m bei Kelly's Rocks südlich der Recherche Bay), Katherine Sharer (Frachter in 18 m bei Port Esperance im D'Entrecasteaux Channel zwischen Tasmanien und Bruny Island), George III (Überreste eines Gefangenentransporters in 5 bis 10 m nordwestlich von Actaeon Island) und Wallace (Dreimast-Bark in 3 m Tiefe südlich von Sterile Island).

Fauna:
Diverse Kleinfischarten, Seehunde, Fächerkorallen, Schwämme, Haie.

Bicheno 7215 TAS
Bicheno Dive Center
Owner: Tomy Douglas
Ph: + 61 3 63751138 Fax: + 61 3 63751504
Organisation: NASDS
Language: English
Established: 1983 Season: 01.01. - 31.12.

East Wynyard 7325 TAS
Scuba Centre
Owner: Mr. Jason/Scott
62 Old Bass Highway
Ph: + 61 044 22247 Fax: + 61 044 22623
Organisation: PADI, SSI
Language: English
Season: 01.11. - 01.04.

Hobart 7000 TAS
The Dive Shop
Owner: Frank Godleman
42 Bathurst Street
Ph: + 61 3 62343428 Fax: + 61 3 62343428
E-Mail: divehop@netspace.net.au
Organisation: PADI
Language: English
Established: 1984 Season: 01.01. - 31.12.

LAUNCESTON 7250 TAS
CHARLTON'S Sports Store
Owner: Joohn Munro
155-157 BRISBANE STREET
Ph: + 61 3 6331 8322 Ph: + 61 3 6331 6080
Organisation: NASDS
Language: English
Established: 1967
Season: 01.01. - 31.12.

Rosny Park 7018 TAS
TASMANIAN SUB- AQUA CLUB
PO Box 181
Organisation: CMAS
Language: English
Season: 01.01. - 31.12.

Sorell 7172 TAS
Eaglehawk Dive Center
Owner: Gary Myors
178 Pirates Bay Drive, Eaglehawk Neck
Ph: + 61 3 6265 3566 Fax: + 61 3 6265 2251
E-Mail: eaglehawk@southcom.com.au
Website: www.southcom.com.au/~eaglehawk
Organisation: PADI
Language: English
Established:1991 Season: 01.01. - 31.12.

Hobart 7000 TAS
Southern Tasmanian Divers NASDS
Owner: Murray Conlan
212 Elizabeth Street
Ph: + 61 02347243
Organisation: NASDS
Language: English
Season:01.01. - 31.12.

Launceston 7250 TAS
Charltons Scuba Education Services
Steve Harvey
155-157 Brisbane St.
Ph: + 61 03316080 + 61 03316080
Organisation: NASDS
Language: English

Kingsmeadow 7249 TAS
Scuba & Tackle
120 Hobart Road
Ph: + 61 3 449411 Fax: + 61 3 449411

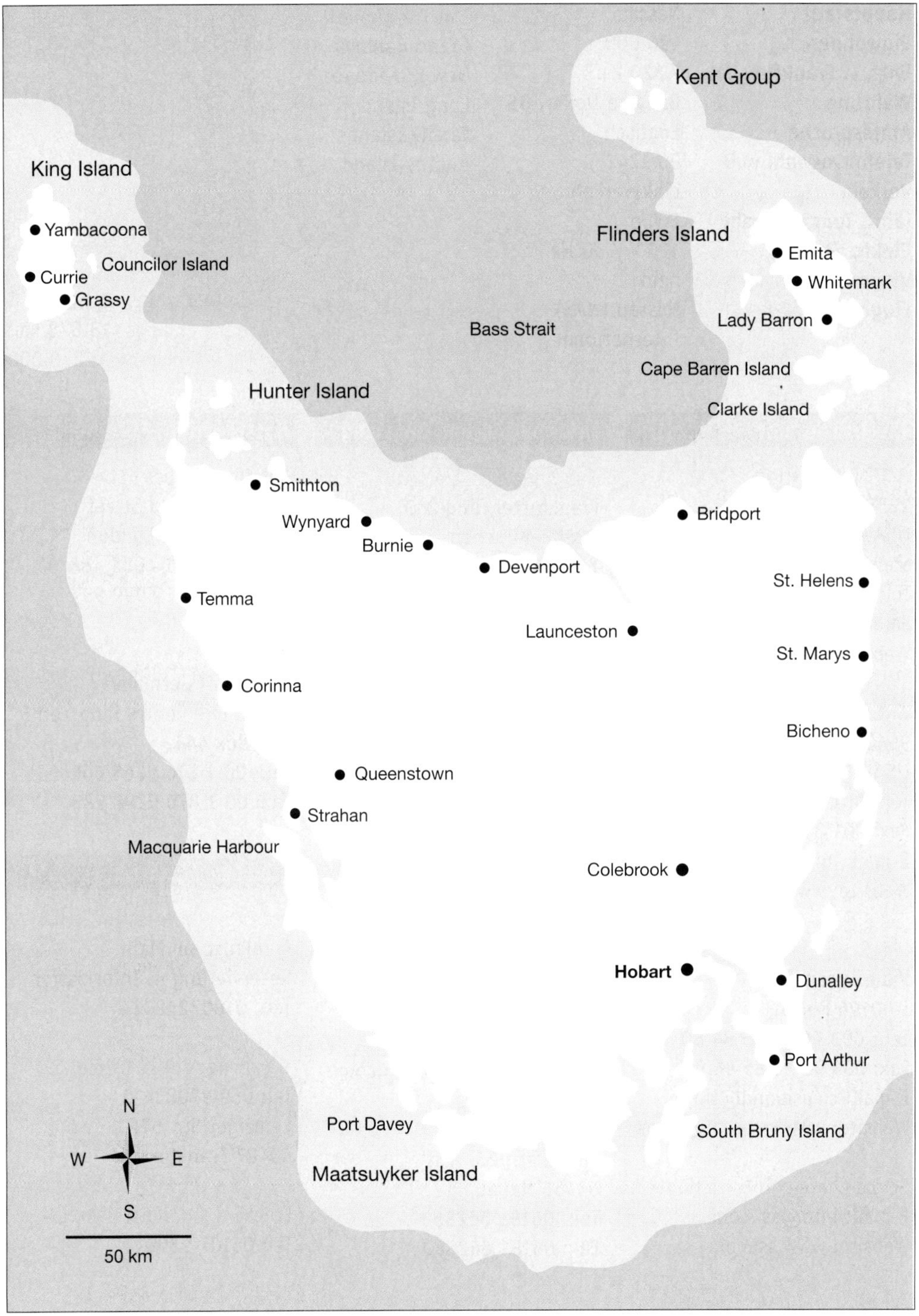
Kent Group
King Island
Yambacoona
Currie
Councilor Island
Grassy
Flinders Island
Emita
Whitemark
Lady Barron
Bass Strait
Cape Barren Island
Clarke Island
Hunter Island
Smithton
Wynyard
Burnie
Devenport
Bridport
St. Helens
Temma
Launceston
St. Marys
Corinna
Bicheno
Queenstown
Strahan
Macquarie Harbour
Colebrook
Hobart
Dunalley
Port Arthur
N
W
E
S
Port Davey
South Bruny Island
Maatsuyker Island
50 km

Bahamas

Hauptstadt	Nassau
Einwohner	190.000
Entf. v. Frankfurt/M.	7.620 km
Währung	Bahama Dollar, B$
Amtssprache	Englisch
Telefonvorwahl v. D	00 1242
Verkehr	Linksverkehr
jährl. Touristenzahl	2 Mio.
Elektr. Strom	120 V / 60 Hz
Visum	nein
Flughafen	Nassau (NAS) International

Tauchregionen:
Grand Bahama
New Providence
Long Island
Family Islands
Andros Island

Zeitverschiebung: MEZ - 6
Fläche: 13.878 km^2
Einwohner: 270.000

Tauchsicherheit

PADI International
1251 East Dyer Road
USA-CA 92705-5605
Santa Ana
Tel: 001 714 5 40 72 34
Fax: 001 714 5 40 26 09
Website: www.padi.com

NAUI Worldwide
9942 Currie Davis Drive
USA-33619-2667 Tampa, FL
Tel: 001 813 6 28 62 84
Fax: 001 813 6 28 82 53
E-mail: info@naui.com
Website: www.naui.com/

CMAS
Viale Tiziano 74
I-00196 Roma
Tel.: 003 96 36 85 84 80
Fax: 003 96 36 85 84 90
E-mail: cmasmond@tin.it
Website: www.cmas.org/cmas

Scuba Schools International
E-mail: info@ssi.com
Website: www.ssi.com

Information und Beratung

Sub Aqua Sportreisen
Frankfurter Ring 243
80807 München
Tel: 089 32379888
Fax: 089 32379661
tauchreisen@sub-aqua.de
Website: www.sub-aqua.de

Tauchreisen Roscher
Achenerstr. 695a
50226 Frechen
Tel: 02234 967096
Fax: 02234 967097
www.tauchreisen-roscher.de

Schöner Tauchen
Hastedter Heerstr. 211
28207 Bremen
Tel: 0421 450010
Fax: 0421 450080
www.schoener-tauchen.com

Karibia
Fliederstr. 25
63456 Hanau
Tel: 06181 662860
Fax: 06181 662860

Botschaften

Bahamas House
10 Chesterfield Street
W1X 8AH, GB London
Tel: 00 44 71 4084 488
Fax: 00 44 71 4999 937

Embassy
Repulic of Germany
Island Life Centre Kingston 5
P.O. Box 444
Tel: 00 1 876 9265 665
Fax: 00 1 876 9298 282

Fluggesellschaften

American Airlines Inc.
Frankfurt am Main
Reservierung u. Information
Tel: 01803242324

Bahamas Tourist Office
Tel: 069 970834-0
Leipziger Str. 67D
60487 Frankfurt

Condor Flugdienst G.m.b.H.
Tel: 06107 939-0

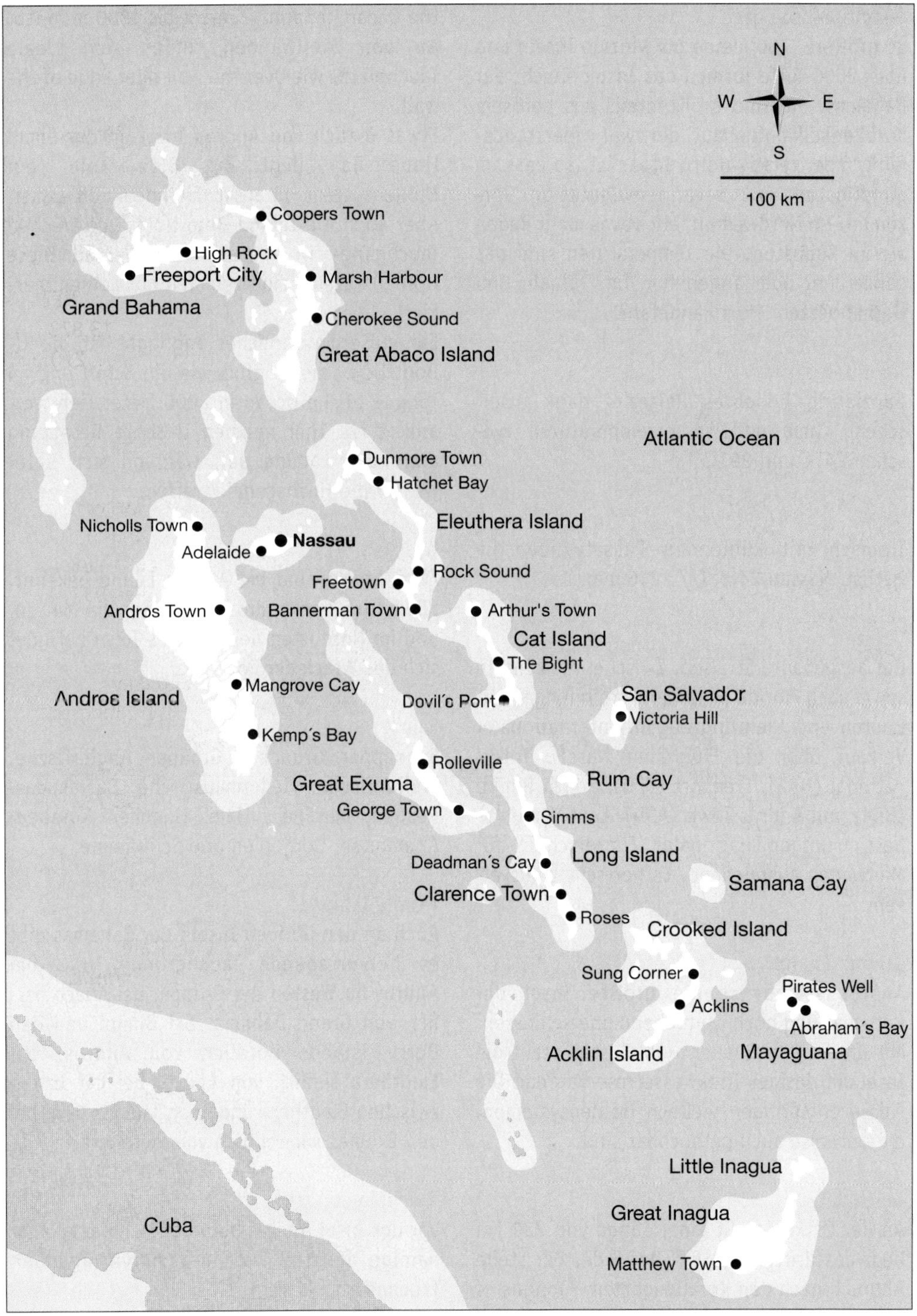
N
W
E
S
100 km
Coopers Town
High Rock
Freeport City
Marsh Harbour
Grand Bahama
Cherokee Sound
Great Abaco Island
Atlantic Ocean
Dunmore Town
Hatchet Bay
Eleuthera Island
Nicholls Town
Nassau
Adelaide
Rock Sound
Freetown
Andros Town
Bannerman Town
Arthur's Town
Cat Island
The Bight
Mangrove Cay
Andros Island
Devil´s Point
San Salvador
Victoria Hill
Kemp´s Bay
Rolleville
Rum Cay
Great Exuma
George Town
Simms
Deadman´s Cay
Long Island
Samana Cay
Clarence Town
Roses
Crooked Island
Sung Corner
Pirates Well
Acklins
Abraham´s Bay
Acklin Island
Mayaguana
Little Inagua
Great Inagua
Cuba
Matthew Town

Geographische Lage:

30 größere, 700 kleine bis winzige Inseln und über 2000 Riffe formen das Inselgeflecht der Bahamas. Sie sind größtenteils aus porösem Korallenkalk aufgebaut, der zwar widerstandsfähig, aber relativ unfruchtbar ist, so dass im günstigsten Fall Savannenvegetation vorkommt. Im Nordwesten fällt etwas mehr Regen als im Südosten. Die Temperaturen sind das ganze Jahr über angenehm. Im Frühjahr und Herbst besteht Hurrikangefahr.

Hauptreisezeit:

Ganzjährig beliebtes Reiseziel dank tropischem Klima mit Wassertemperaturen zwischen 24°C und 29°C.

Klima:

Tropisch mit kühlenden Passatwinden im Herbst. Nassau 24,3°C / 1216 mm.

Verkehr:

Gut ausgebaute Straßen. Zwischen den Inseln sowie nach Florida bestehen Verbindungen mit Booten und Kleinflugzeugen. Internationaler Verkehr über die Flughäfen Nassau International (NAS), Freeport (FPO), South Bimini (BIM) und Andros Town (ASD). Laut Verkehrsbestimmungen nationaler Führerschein für Mietwagen ausreichend. Es herrscht Linksverkehr.

Andros Island:

Andros Island ist die größte Insel der Bahamas und noch weitgehend unerschlossen. Mit unzähligen Quellen und Flüssen stellt die Insel ein riesiges Trinkwasserreservoir dar. Die Flüsse entspringen vielfach Höhlensystemen, die teilweise auch betauchbar sind.

Tauchplätze:

An der Ostküste mit einer Länge von 230 km liegt das drittgrößte Riff der Erde. Der steile Abbruch nach den Korallengärten – Tongue of the Ocean genannt – reicht bis 1800 m hinab. An den Steilwänden finden sich ideale Tauchplätze wie Over the wall oder Edge of the wall.

Etwas östlich von Andros Town an der Small Hope Bay liegt Big Blue Hole, ein Höhlensystem mit ausströmendem Süßwasser. Aber auch die Inland Blue Holes versprechen Tauchgänge in kristallklarem Wasser. Diese Höhlensysteme sind zum Teil mit Leinen markiert.

Ein außergewöhnliches Highlight ist die U-Boot-Boje, die so groß wie ein Schiff und im Tongue of the Ocean in 2000 Meter Tiefe verankert ist. Hier nehmen U-Boote Besatzung und neue Ladung auf, während sich unter Wasser die Hochseehaie treffen.

Wracks:

Zwei Wracks sind bei Andros Island bekannt. Südöstlich von Andros Town liegt die Marion, und im Nordosten bei Nicholl's Town befindet sich das Wrack der Potomac.

Fauna:

Schnapper, Grundeln, Grouper, Anglerfische, Pfeifenfische, Fledermausfische, Barrakudas, Rochen, Muränen, Haie, Hummer, Korallen, Anemonen, Gorgonien und Schwämme.

Family Islands:

Auch an den übrigen Inseln der Bahamas gibt es hervorragende Tauchgründe, u.a. bei Andros im Westen der Gruppe, bei Abaco östlich von Grand Bahama, bei Bimini und den Berry Islands nördlich von Andros, bei Eleuthera südlich von Abaco, bei Cat Island zwischen Eleuthera und Long Island sowie bei den Exumas südwestlich von Eleuthera.

Tauchplätze:

Vor der Insel Andros befindet sich das gleichnamige Barrier Reef mit hervorragenden Tauchmöglichkeiten.

Interessante Tauchplätze finden sich außerdem bei Abaco (Pelican Cays National Park, Providence Channel), bei Berry Islands (Mama Rhoda Rock, Bond's Cay), bei Bimini (Bimini Wall, Victoria Cay), bei Cat Island (Columbus Point, Devil's Table, Tartar Bank), bei Eleuthera (Split Reef, Current Cut), bei Great Exuma (Ocean Rock, Iron Curtain und Thunderball Grotte – eine Höhle bei Staniel Cay, Location für den gleichnamigen Bond-Film).

Wracks:

Bei Andros: LCN (Landungsboot), bei Abaco: USS Adirondack (Kriegsschiff von 1862), bei Berry Islands: U-Boot im Bond's Cay, bei Bimini: Sapona, bei Eleuthera: Wrack im Yankee Channel in 4 m Tiefe sowie das Train Wreck (Barkasse mit einer Lokomotive als Ladung bei Devil's Blackbone).

Fauna:

Schnapper, Grundeln, Grouper, Anglerfische, Pfeifenfische, Tümmler, Fledermausfische.

Grand Bahama:

Insel im Norden des Archipels mit der Stadt Freeport. Von West End sind es nur wenige Seemeilen nach West Palm Beach ('Florida') auf dem amerikanischen Festland.

Tauchplätze:

Mehrere gute Möglichkeiten in den vorgelagerten Riffs, u.a. am Treasure Reef. Tradition hat das Dolphin Diving z.B. an der Sanctuary Bay auf Grand Bahama. Eine weitere Besonderheit bietet Ben's Cavern, ein kristallklares Höhlensystem auf der Insel. Organisierte Haifütterungen können Taucher beim Shark Junction erleben.

Wracks:

Das bekannteste Wrack ist Theo's Wreck, ein 70 m langer Frachter, der in 33 m Tiefe bei Freeport-Lucaya liegt. Der Tauchplatz befindet sich westlich des Bell Channel, zwischen Silver Point und Xanadu Point.

Fauna:

Schnapper, Grundeln, Grouper, Anglerfische, Pfeifenfische, Tümmler, Barrakudas, Rochen, Muränen, Haie, Hummer, Korallen, Anemonen, Gorgonien, Schwämme und Fledermausfische.

Long Island:

Schmale, lang gestreckte Insel östlich der Exumas und nordwestlich von Crooked Island mit dem Hauptort Clarence Town sowie Millerton und Deadman's Cay. Nordöstlich liegen die Kleininseln Cat Island, Rum Cay und San Salvador.

Tauchplätze:

Hervorragende Tauchmöglichkeiten im Norden der Insel, besonders an der Long Island North Wall, der Long Island North West Wall und der Long Island East Wall mit unzähligen Riffs, u.a. Poseidon's Point, Grouper Valleys, Deep Heads, Mystery Heads, Columbus Point, Devil's Table, Exuma Big Reef und Exuma Grotto (Mischung aus Blue Hole und Höhle), Deep Mountain Reef, Shark Ledge, Blue Tongue Reef, Old Deep Reef, New Deep Reef, Stella Maris Shark Reef sowie am Blue Hole.
Weitere gute Plätze an den umliegenden Kleininseln, u.a an der Columbus Wall bei San Salvador, außerdem am South Hampton Reef – dort liegen 150 Wracks, an der Conception Island Wall bei Conception Island sowie am Pinder's Pinnacle und am Summer Point Reef bei Rum Cay.
Auf Cat Island ist The hole in the wall der einzige bekannte Tauchplatz.

Wracks:

M.V. Comberbach (Frachter an der Long Island North West Wall nahe bei Cape St. Maria Beach in 35 m Tiefe), HMS Conqueror (Segelschiff in

8 bis 10 m Tiefe im Südwesten von Rum Cay), Frascate (bei San Salvador), ein namenloses Wrack am South Hampton Reef bei Conception Island).

Fauna:
Schnapper, Grundeln, Grouper, Anglerfische, Pfeifenfische, Tümmler,, Barrakudas, Rochen, Muränen, Haie, Hummer, Korallen, Anemonen, Gorgonien, Schwämme und Fledermausfische.

New Providence:
Nordöstlich von Andros gelegene kleine Insel mit der Hauptstadt Nassau und dem nördlich vorgelagerten Paradise Island.

Tauchplätze:
Herausragende Tauchgebiete sind Lost Blue Hole 10 km vor der Ostküste, eine 60 m tiefe und 30 m breite Öffnung im Ozeanboden, Delaporte Point, Angel Fish Reef, Barracuda Shoals, Cannonball Reef, Thunderball Reef an der Nordostküste (Drehort des gleichnamigen James-Bond-Films), Tongue of the Ocean – ein Graben an der Nordwestküste und Filmort für "Flipper" , Fish Hotel, The Wall, Trinity Caves – ein Höhlensystem in 13 m Tiefe, Travelers Rest Wall im Westen der Insel, Piece Of Cake und White Hole.
Vor Paradise Island liegt der Tauchplatz Graveyard mit vier Wracks, die zwischen 10 und 33 m Tiefe liegen. Die Barracuda Shoals sind eine dreieckige Riff-Formation, die lediglich 8 m unter der Wasseroberfläche viel marines Leben bietet. Sharks Wall liegt ganz in der Nähe von Tongue of the Ocean und ist fast eine Garantie auf eine Hai-Begegnung.

Wracks:
Mahony (Wrack aus dem 18. Jh. in 8 m Tiefe), Tears of Allah (Frachter in 13 m Tiefe im Tongue of the Ocean), S.S. PLP (30 m Tiefe), Miranda (15 m Tiefe), LTC (Barkasse in 6 m), Grennen (16 m Tiefe), B.J. (Frachter in 13 m), De La Salle (Frachter in 20 m), Haitian Sloop in der Nähe der De La Salle, Chessna (16 m), außerdem Ana Lise (Frachter), Helena C, Bahama Shell sowie ein Cargo-Schiff, alle in 25 m Tiefe im sogenannten Shipyard.

Fauna:
Schnapper, Grundeln, Grouper, Anglerfische, Pfeifenfische, Fledermausfische, Barrakudas, Rochen, Muränen, Haie, Hummer, Korallen, Anemonen, Gorgonien und Schwämme.

Abaco Island Abaco Island
Brendal's Dive Shop
Owner: Brendal Stevens
Green Turtle Cay
Ph: + 1 242 3654411 Fax: + 1 242 3654411
E-Mail: brendals@sy-com.au
Website: www.brendals.com
Organisation: NAUI, CMAS, SSI
Language: English
Established: 1985 Season: 01.01. - 31.12.

Cockburn Town San Salvador
Club Med Columbus Isle
Owner: Club Med
Ph: + 1 242 3312000
Fax: + 1 242 3312222
Organisation: PADI, NAUI, CMAS
Language: English, German, French
Established: 1992 Season: 01.01. - 31.12.

Coral Harbour Nassau New Providence
Nassau Scuba Centre
Ranfurley Drive or P.O. Box CB 11863
Ph: + 1 242 3621 964 Fax: + 1 242 3621 198
E-Mail: dive@nassau-scuba-centre.com
Website: www.nassau-scuba-centre.com
Organisation: PADI

Language: English
Established: 1993
Season: 01.01.- 31.12

Freeport Grand Bahama
Grand Bahama Scuba
Owner: Fred Friger
Ocean Reef Yacht Club
Ph: + 1 242 373 3217 Fax: + 1 242 3739791
E-Mail: friger@batelnet.bs
Organisation: PADI Language: English
Season: 01.01. - 31.12.

Freeport Grand Bahama
Xanadu Undersea Adventures
Owner: Kurt Huber
P.O. Box F - 40118
Ph: + 1 242 352 3811 Fax: + 1 242 352 4731
E-Mail: divexan@batelnet.bs
Website: www.xanadudive.com
Organisation: PADI, SSI, NSS
Language: German, English, Spanish
Established: 1979
Season: 01.01. - 31.12.

Harbour Island Eleutherai
Valentine's Dive Center
Owner: Rosan Liva
Bay Street
Ph: + 1 242 333 2142 Fax: + 1 242 333 2309
E-Mail: vdc@batelnet.bs
Website: www.valentinesdive.com
Organisation: PADI, SSI
Language: English
Established: 1971
Season: 01.01. - 31.12.

Long Island Long Island
Stella Maris Resort Club
Stella Maris or P.O. Box Li 3o.105
Ph: + 1 242 3382051 Fax: + 1 242 3382052
E-Mail: longisl@ix.netcom.com
Website: www.stellamarisresort.com
Organisation: PADI, SSI
Language: German, English, French
Established: 1965

Nassau CB 13137 New Providence
Stuart Cove's Dive South Ocean
Owner: Stuart Cove
South, West Bay St.
Ph: + 1 242 3624171 Fax: + 1 242 3625227
E-Mail: info@stuartcove.com
Website: www.stuartcove.com
Organisation: 5*PADI, NAUI, SSI
Language: French, English, German
Established: 1979
Season: 01.01. - 31.12.

Nassau New Providence
Bahama Divers Ltd.
Wast Bay Street or P.O. Box 5004
Ph: + 1 242 393 6054 Fax: + 1 242 393 6078
E-Mail: bahdiver@bahamas.net.bs
Organisation: 5*PADI
Language: English
Season: 01.01.-31.12.

Freeport Grand Bahama
Unexso - Underwater Explorers Society
Owner: John Englander, Barry Taylor
P.O. Box F42433
Ph: + 1 242 3731244 Fax: + 1 242 3738956
Organisation: PADI

Bahrain

Hauptstadt	Manama
Einwohner	140.000
Entf. v. Frankfurt/M.	4.440 km
Währung	Bahrain-Dinar
Amtssprache	Arabisch
Telefonvorwahl v. D	00 973
Verkehr	Rechtsverkehr
jährl. Touristenzahl	200.000
Elektr. Strom	220 V / 50 Hz
Visum	ja
Flughafen	Bahrain Muharraq International (BAH)

Tauchregionen:
Persischer Golf
Bahrain

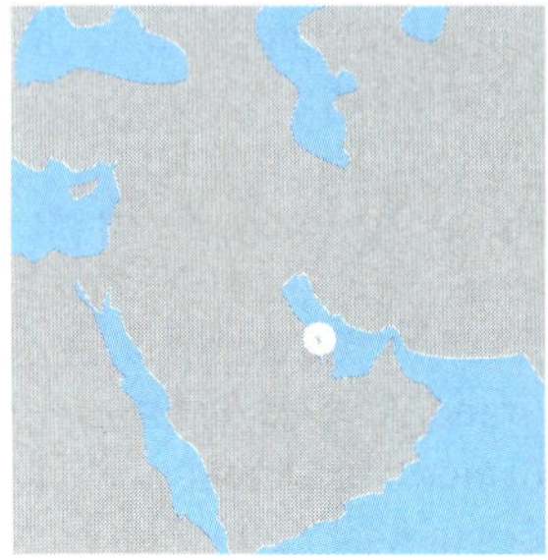

Zeitverschiebung: MEZ + 2
Fläche: 688 km²
Einwohner: 570.000

Tauchsicherheit

National Association of Scuba
Diving Schools 1012S. Yates
38119 Memphis USA
Tel: 001 901 767 7265
Fax: 001 901 767 2798
E-Mail: info@nasds.com
Website: www.nasds.com

PADI International USA
1251 East Dyer Road
CA 92705-5605 Santa Ana
Tel: 001 714 5 40 72 34
Fax: 001 714 5 40 26 09
E-Mail: info@padi.com
Website: www.padi.com

NAUI Worldwide USA
FL 33619-2667 Tampa
Tel: 001 813 6 28 62 84
Fax: 001 813 6 28 82 53
E-Mail: info@naui.org
Website: www.naui.com

DAN: Divers Alert Network
Website: www.dan-dive.com
24-hour
Emergency medical hotline
Tel: + 1 919 684 8111

Information und Beratung

Schöner Tauchen
Hastedter Heerstr. 211
28207 Bremen
Tel: 0421 450010
Fax: 0421 450080
www.schoener-tauchen.com

Extratour Tauchreisen
Bühlstr. 18
37073 Göttingen
Tel: 0551 42664
Fax: 0551 44077
E-mail: extradive@aol.com

Volkert Touristik GmbH
Freizeitzentrum Roßmühle
97782 Gräfendorf
Tel: 09357 97490
Fax: 09357 1055
info@volker-touristik.de
Web: www.volker-touristik.de

Diver's Guide Tauchreisen
Dockenhudener Str. 14
22587 Hamburg
Tel: 040 8660670
Fax: 040 86606777
E-mail: diversg@aol.com

Botschaften

Deutsche Botschaft:
Manama, Alhasan Building Sh.
Hamad Causeway
Building No. 668 Diplomatic
Area 317 Manama
Tel: 00973 530210
Fax: 00973 536282

Botschaft Bahrain
Plittersdorfer Str. 91
53173 Bonn
Tel: 0228 957610
Fax: 0228 9576199

Fluggesellschaften

Gulf Air
Dir. u. Verk. Tel: 069 719112-0
Reservierung:
Fax: 069 719112-11

Saudi Arabian Airlines
Direktion
Tel: 069 695014-0
Fax 069 695014-44
Frankfurt Airport-Center
60549 Frankfurt

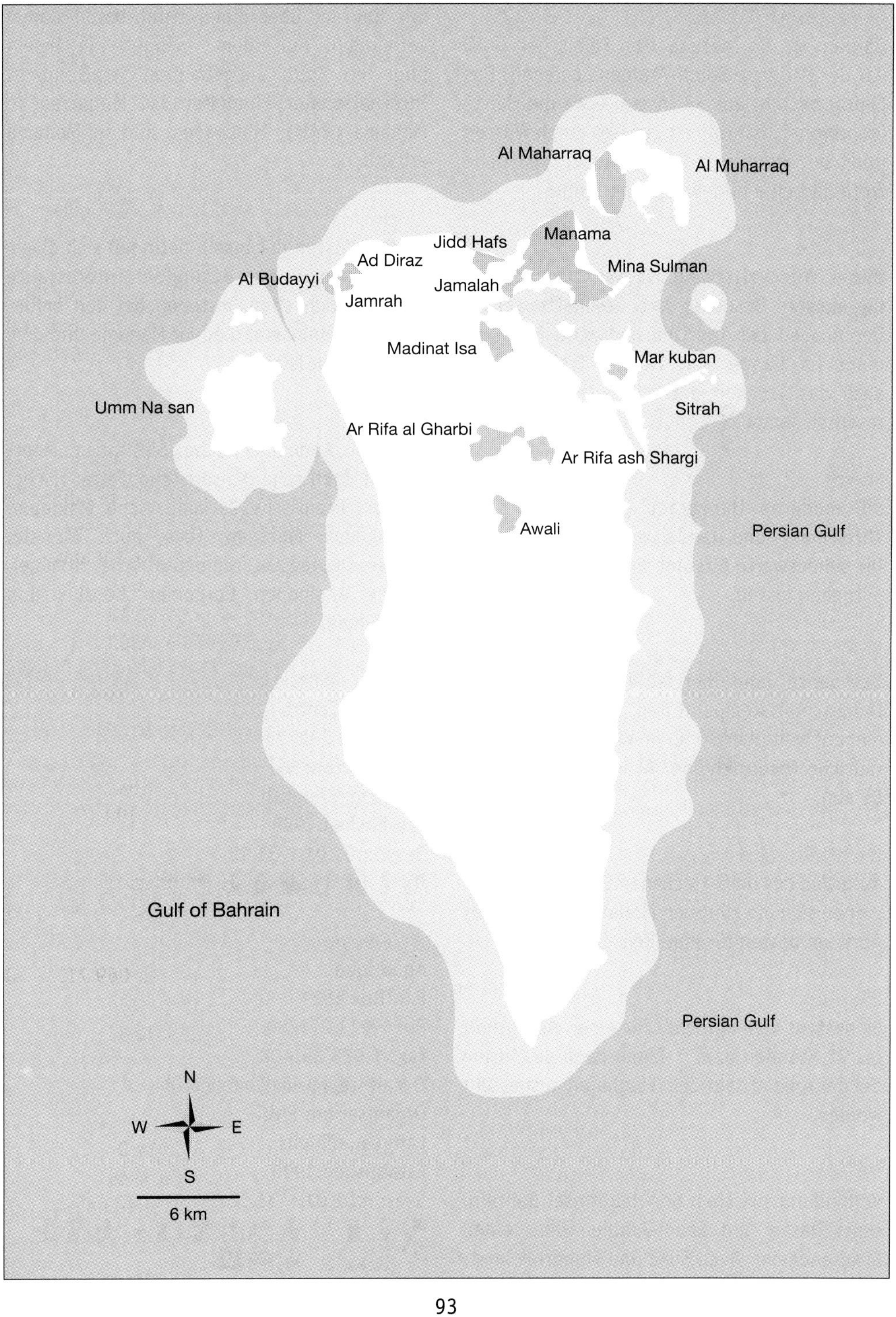
Al Maharraq
Al Muharraq
Jidd Hafs
Manama
Ad Diraz
Mina Sulman
Al Budayyi
Jamalah
Jamrah
Madinat Isa
Mar kuban
Umm Na san
Sitrah
Ar Rifa al Gharbi
Ar Rifa ash Shargi
Awali
Persian Gulf
Gulf of Bahrain
Persian Gulf
N
W
E
S
6 km

Bahrain

Geographische Lage:
Bahrain ist ein Inselstaat im Persischen Golf, vor der Ostküste Saudi-Arabiens gelegen. Das Emirat besteht aus 33 Inseln, etwa die Hälfte ist bewohnt. Bahrain ist geprägt durch Wüsten und Salzsümpfe, anspruchslose, spärliche Flora und eine hügelige Topographie.

Tourismus:
Dieser Wirschaftszweig ist wenig entwickelt, die meisten Besucher sind Geschäftreisende. Der Ausbau der Tourismusindustrie ist allerdings im Gange, mit Hotels, Freizeitparks, auch das Tauchen entwickelt sich in einem rasanten Tempo.

Manama:
die moderne Haupstadt (Al-Manamah) ist Wirtschafts- und Handelszentrum des Landes. Die sehenswerte Altstadt sollten Sie sich nicht entgehen lassen.

Klima:
Das ganze Jahr über ist es feuchtheiß, die Durchschnittstemperaturen steigen im Sommer auf weit über 30°C, im Winter gibt es sporadische Niederschläge. Al Manama 26,5°C / 85 mm.

Hauptreisezeit:
Aufgrund des heiß-trockenen Subtropenklimas eignen sich die kühleren Monate November bis April am besten für eine Reise.

Einreise:
Es besteht Visumpflicht. Für einen Aufenthalt bis 72 Stunden bzw. 7 Tagen kann das Visum bei der Ankunft auf dem Flughafen ausgestellt werden.

Verkehr:
Verbindung zwischen der Hauptinsel Bahrain, Umm Nasan und Saudi-Arabien über einen Straßendamm. Auch Sitra und Muharrak sind mit Bahrain über einen befahrbaren Damm verbunden. Außerdem verfügen die Inseln über ein gut ausgebautes Straßennetz. Internationaler Flughafen ist Muharraq in Manama (BAH). Mietwagen sind in Manama erhältlich.

Tauchplätze:
An den Küsten der Inseln befinden sich diverse Tauchregionen. Besonders interessante Tauchmöglichkeiten bestehen bei den umliegenden Kleininseln, u.a. vor Manama und dem Umm Na San Island.

Fauna:
Füsiliere, Anemonenfische, Süßlippen, Meerbarben, Igelfische, Kaiserfische, Falter-fische, Rochen, Thunfische, Zackenbarsche, Makrelen, Barrakudas, Muränen, Haie, auch Walhaie, Sepien, Octopusse, Trompetenfische, Hummer, Krebse, Anemonen, Gorgonien, Korallen und Schwämme.

Manama Bahrain
Waterlife Centre
Ph: + 973 732773
Organisation: SSI
Language: English
Established:1993
Season:01.01. - 31.12.

Ritta Bahrain
Aquatique
P.O. Box 5521
Ph: + 973 271780
Fax: + 973 251408
E-Mail: talamruk@batelco.bh
Organisation: PADI
Language:English
Established:1995
Season:01.01. - 31.12.

Hauptstadt	Bridgetown
Einwohner	100.000
Entf. v. Frankfurt/M.	7.345 km
Währung	Barbados-Dollar
Amtssprache	Englisch
Telefonvorwahl v. D	00 1 246
Telefonvorwahl n. D	00 1 49
Verkehr	Linksverkehr
jährl. Touristenzahl	500.000
Elektr. Strom	110 V / 50 Hz
Visum	nein
Flughafen	Barbados Grantley Adams (BGI)

Tauchregionen:
Atlantischer Ozean
Westküste

Zeitverschiebung: MEZ - 5
Fläche: 430 km²
Einwohner: 265.000

Tauchsicherheit

PADI International USA
1251 East Dyer Road
CA 92705-5605 Santa Ana
Tel: 001 714 540 7234
Fax: 001 714 540 2609
Website: www.padi.com

NAUI Worldwide
9942 Currie Davis Drive
USA-33619-2667 Tampa FL
Tel: 001 813 628 6284
Fax: 001 813 628 8253
info@www.naui.org
Website: www.naui.org

CMAS
Viale Tiziano 74
I-00196 Roma
Tel: 0039 6 3685 8480
Fax: 0039 6 3685 8490
cmasmond@tin.it
Website: www.cmas.com

NASDS USA
National Association of
Scuba Diving Schools USA
info@nasds.com
Website: www.nasds.com

Information und Beratung

Sun and Fun
Franz-Joseph-Str. 43
80801 München
Tel: 089 380 14124
Fax: 089 346 644
sunundfun@t-online.de

Diver's Guide Tauchreisen
Dockenhudener Str. 14
22587 Hamburg
Tel: 040 866 0670
Fax: 040 866 06777
tauchen@divers-guide.de
www.divers-guide.de

Dive & Fun
Katharinenstr. 48
31135 Hildesheim
Tel: 05121 130 320
Fax: 05121 134 037

Schöner Tauchen
Hastedter Heerstr. 211
28207 Bremen
Tel: 0421 450 010
Fax: 0421 450 080
info@schoener-tauchen.com
www.schoener-tauchen.com

Botschaften

Botschaft/Embassy
Am Karlsbad 11
10785 Berlin
Tel: 030 25 46 70

Embassy of the Federal Republic of Germany
P.O. Box 828
Port of Spain
Trinidad W.I
Tel: 001 868 628 1630
Fax: 001 868 628 5278

Fluggesellschaften

BWIA International
Frankfurt
Tel: 069 96 21 64 10

Condor
Am Grünen Weg 3
65451 Kelsterbach
Tel: 0 6107 9390

LTU
Parsevalstr. 7b
40468 Düsseldorf
Tel: 0211 941808

Geographische Lage:
Barbados liegt östlich der Kleinen Antillen im Karibischen Meer, ca. 170 km von St. Vincent entfernt. Die Insel besteht aus Korallen und ist durch eine hügelige Landschaft mit Zuckerrohrplantagen und einigen Wäldern geprägt. Die Westküste bietet Sandstrände, während an der Ostküste steile Klippen vorherrschen.

Klima:
Subtropisch, feuchtwarm mit kühlenden Passatwinden.
Bridgetown 26,3°C / 1276 mm.

Hauptreisezeit:
Zwar herrscht auf der Insel wegen des ausgeglichenen Klimas ganzjährig Reisezeit, die Hauptsaison findet aber von Mitte Dezember bis Mitte April statt.

Einreise:
Für einen Aufenthalt bis zur Dauer von sechs Monaten ist kein Visum erforderlich (D/A/CH); der Reisepass muss vom Zeitpunkt der Einreise ab jedoch noch mindestens sechs Monate gültig sein.

Verkehr:
Auf der Insel bestehen Verbindungen mit zahlreichen Buslinien. Die Verbindung zu den übrigen Karibikinseln wird durch Fähren und Flugzeuge gewährleistet.
Die internationale Anbindung erfolgt über den Flughafen Grantley Adams (BGI) in Bridgetown sowie über eine Schifffahrtslinie von Bridgetown nach England.
Für Mietautos ist ein örtlicher Führerschein nötig; er wird gegen Vorlage des nationalen Führerscheins ausgestellt. Die Höchstgeschwindigkeit beträgt innerorts nur 32 km/h, auch sonst muss auf der Insel langsam gefahren werden, nämlich 48 km/h. Auf Barbados gilt Linksverkehr.

Westküste-Barbados:
Die besten Tauchgebiete finden sich ausnahmslos an der West- und Südwestküste zwischen Maycocks Bay im Norden und South Point im Süden. Während die übrigen Küsten der Brandung des Atlantiks ausgesetzt sind, ist das Meer auf dieser Seite der Insel sehr ruhig.
Die Hauptstadt Bridgetown liegt im Süden der Westküste, weitere Städte sind Garrison Savannah, Holetown und Speightstown.

Tauchplätze:
Wer schöne Riff-Tauchplätze sucht, ist im Norden der Westküste an der Maycocks Bay genau richtig. Weiter südlich in der Gegend von Speightstown liegen die Tauchgebiete Brightledge, Greatledge, Spawnee und Tropicana. Bei Holetown befinden sich Fisherman's Dottins, Little Sandy Lane und Johnson's.
Am Küstenabschnitt nördlich von Bridgetown gibt es Bell Buoy, Silver Bank und Sharks' Bank. Südlich der Hauptstadt liegen Beagle, Old Fort, Lobster Reef, Castle Bank, Asta, Fork Reef, Caribbeen und Muff.

Wracks:
Stavronikita (ein großes Segelschiff in etwa 40 m Tiefe nördlich von Bridgetown), Lord Combermere (in 20 m in der Nähe des Wracks der Stavronikita), Berwyn (Schlepper in 6 m), C Trek (in 12 m Tiefe), Eillon (14 m tief gelegen) und Fox (in 12 m), vier Wracks in der Carlisle Bay vor dem Hafen der Hauptstadt, Pamir (in 20 m im Norden der Westküste), Friar's Craig (Frachter in 15 m vor der Südwestküste).

Fauna:
Diverse Riff-Fische, Schnapper, Muränen, Fledermausfische, Krötenfische, Rochen, Barrakudas, Seepferdchen, Haie, Krabben, Korallen, Anemonen, Gorgonien und Schildkröten.

Bridgetown Barbados
Coral Isle Divers
Owner: Kip Blumenshein
Cavans Lane
Tel: + 1 246 434 8377 Fax: + 1246 431 9068
E-Mail: colaris@caribnet.net
www.barbados.org/diving/coralisle.htm
Organisation: PADI, NAUI, SSI, BSAC
Language: English
Established: 1995
Season: 01.01. - 31.12.

Christ Church Barbados
Exploresub Barbados Ltd.
Owner: Michael Seale
St Lawrence Gap
Tel: + 1 246 435 6542 Fax: + 1 246 435 8214
E-Mail: x-sub@caribsurf.com
Website: www.skyviews.com/x-sub
Organisation: PADI, BS-AC
Language: English, Spanish
Established: 1988
Season: 01.01. - 31.12.

St. Michael Barbados
Hightide Watersports
Owner: Willie Hewitt
37 Clerpark
Tel: + 1 246 432 0931 Fax: + 1 246 432 0931
E-Mail: hightide@sunbeach.net
Website: www.hightide.com
Organisation: PADI
Language: English
Established: 1993
Season: 01.01. - 31.12.

St. Michael Barbados
Underwater Barbados
Bay Street
Carlisle Bay Centre
Tel: + 1 246 426 0655
Fax: + 1 246 4260655

Bridgetown Barbados
Dive Barbados
Bridgetown Harbour
Tel: + 1 246 432 7090

Christ Church Barbados
Young Diving Ltd.
St. Lawrence Cusp
Tel: + 1 246 428 7308

St. James Barbados
Blue Reef Watersports
Hotel Royal Pavillon
Tel: + 1 246 422 3133

St. Michael Barbados
Willies Watersports Ltd.
Cunard Paradise Village Club
Tel: + 1 246 425 1060

Belgien

Hauptstadt	Brüssel
Einwohner	990 000
Entf. v. Frankfurt/M.	287 km
Währung	Belgischer Franc
Amtssprache	F/NL/D
Telefonvorwahl v. D	00 32
Telefonvorwahl n. D	00 49
Verkehr	Rechtsverkehr
jährl. Touristenzahl	3 Mio.
Elektr. Strom	220 V / 50 Hz
Visum	nein
Flughäfen	Brüssel (BRU) Antwerpen (ANR)

Tauchregionen:
Süßwasserseen
Nordsee

Zeitverschiebung: MEZ + 0
Fläche: 30.519 km²
Einwohner: 10 Mio.

Tauchsicherheit

Federation Belge d'Activites
Sous-Marines Rue Jules
Broerenstraat 40-42- B 10
1070 Bruxelles - Belgium
Tel: 0032 2 524 1560
Fax: 0032 2 524 2576

Belgische Federatie voor Onderwater Sport
Avenue Jules Colle 5
B1410 Waterloo Belgium

PADI Europe
Oberweilerstrasse 3
CH-8442 Hettlingen
Tel: 0041 52 304 1414
Fax: 0041 52 3041499
E-Mail: info@padi.com
Website: www.padi.com

CMAS:
World Underwater Federation
CMAS - Viale Tiziano 74
00196 Roma Italy
Tel: 0039 6 3685 8480
Fax: 0039 6 3685 8490
E-Mail: cmasmond@tin.it
Website: www.cmas.org

Information und Beratung

Belgisches Verkehrsamt
Berliner Allee 47
40212 Düsseldorf
Tel: 0211 86484-0
Fax: 0211 34285

Martin Moxter Tauchreisen
An der Theisenmühle 1
63303 Dreieich
Tel: 06103 65492
Fax: 06103 65491
Emailmoxter@moxter.de
Web: www.moxter.de

Pro-Dive Center
Gänsestück 1
57299 Burbach
Tel: 02736 491515
Fax: 02736 491516
Email: prodives@aol.com

Sportwelt Hermanns GmbH
Jakobshöhe 68
41066 Mönchengladbach
Tel: 02161 60616
Fax: 02161 604441
info@acktivsport.com
Web: www.acktivsport.com

Botschaften

Botschaft/Embassy
Kaiser-Friedrich-Str. 7
53113 Bonn
Tel: 2028 212001

Embassy of the Federal Republic of Germany
Avenue de Tervueren 190
B-1150 Brüssel
Tel: 0032 2 774 1911
Fax: 0032 2 772 3692

Fluggesellschaften

Sabena
Am Hauptbahnhof 6
60329 Frankfurt
Passagebüro 069 69033 371
Flughafen

Lufthansa Frankfurt am Main
Reservierung u. Information
Tel: 069 2552-55

Information im Flughafen
Tel: 069 696-94433

N
W
E
S
30 km
Netherlands
North Sea
Knokke Heist
Ostende
Brugge
Veurne
Gent
Antwerp
Turnhout
Lommel
Bree
Mechelen
Gemany
Leper
Bruxelles (Brussel)
Leuven
Menen
Tongeren
Liege
Eupon
Namur
Mons
Charleroi
Dinant
Bastogne
Ardennes Forest
Luxemburg
Arlon
France

Geographische Lage:
Belgien liegt im Westen Mitteleuropas an der Nordsee. Im Norden grenzt es an die Niederlande, im Osten liegen Deutschland und Luxemburg, im Süden bildet Frankreich die Grenze, im Westen die Nordseeküste.
Die Landschaft ist geprägt durch hügeliges, waldreiches Mittelgebirge, landwirtschaftlich genutzte Marschregionen und einzelne Geestgebiete.

Klima:
Das Klima ist kontinental feucht mit ausgeprägten Jahreszeiten, kalten Wintern und milden Sommern. Brüssel 9,9°C / 817 mm, Ostende 9,9°C / 579 mm.

Hauptreisezeit:
Für den Tauch-Urlaub an der Nordsee eignen sich die Sommermonate Juni bis August am besten; Städtereisen ganzjährig, wegen der zahlreichen Stadtfeste sind Frühjahr und Sommer besonders empfehlenswert.

Einreise:
Gültiger Personalausweis bzw. Reisepass; ein Visum ist grundsätzlich nicht erforderlich (D) bzw. erst ab dreimonatiger Aufenthaltsdauer (CH, A).

Verkehr:
Hervorragend ausgebautes Eisenbahn- und Straßennetz. Fährverkehr besteht über die Nordsee (von Ostende und Zebrügge nach England und Skandinavien). Bedeutender internationaler Flughafen ist Brüssel Zaventem (BRU), weitere Flughäfen sind Gent St. Denijs-Westrem (GNE), Antwerpen Deurne (ANR) und Lüttich Bierset (LGG).

Tauchplätze:
In Belgien gibt es unzählige Tauchmöglichkeiten in Süßwasserseen, die wichtigsten seien hier erwähnt.

Barges bei Tournai:
max. Tiefe 45 m, Objekte: Häuser, Autowracks, Schienen.

Cornet:
ebenfalls in der Gegend von Tournai gelegen, maximale Tiefe 30 m, Objekte: einige Bootswracks.

La Croisette bei Philippeville:
max. Tiefe 32 m, Objekte: Schienen, außerdem Möglichkeiten zum Höhlentauchen.

La Gombe bei Liège:
Esneux, maximale Tiefe 31 m, Objekte: Autowracks, Bootswracks, außerdem mehrere Grotten.

Lessines:
beim gleichnamigen Ort, max. Tiefe 54 m, Objekte: ein Autowrack und mehrere Häuser. Lillé bei Sprimont, max. Tiefe 27 m, Objekte: Bootswracks und ein Fahrrad.

Maffle:
bei Ath, max. Tiefe 31 m, Objekte: Häuser und eine Grotte.

Opprebais:
bei Jodoigne, max. Tiefe 27 m, Objekte: Flugzeugwrack, Autowrack, Häuser sowie eine Jukebox.

Rochefontaine:
bei Philippeville-Franchimont, maximale Tiefe 50 m, Objekte: Bootswracks und ein Kran.

Scouffleny:
bei Ecaussines, max. Tiefe 40 m, Objekte: ein Autowrack, ein Bulldozer und ein Wohnwagen.

Traigneaux bei Philippeville:
Villers Deux Eglises, max. Tiefe 28 m, Objekte: Bootswrack, Autowrack und Schienen.

Vodelée bei Philippeville:

Vodelée, max. Tiefe 40 m, Objekte: Flugzeugwrack, Bootswracks, eine Telefonzelle, eine Statue und ein Fahrrad.

L'Eau d'Heure bei Philippeville:

Plate Taille, max. Tiefe 43 m mit einem Autowrack.

Weitere Süßwasserseen in Belgien:

Haute Sûre bei Isenborn-Lultzhausen, max. Tiefe 32 m, Barrage à Butgenbach bei Eupen, max. Tiefe 18 m, Barrage à Robertville beim gleichnamigen Ort, max. Tiefe 27 m, Lac de Stier bei St.Niklaas, max. Tiefe 15 m, Lac à Uitbergen, Lac Zilvermeer bei Mol, max. Tiefe 12 m, Lac Zonnevijver bei Rekem-Lanaken, max. Tiefe 9 m, Lac Berlare-Overmere bei Nieuwdonk, max. Tiefe 20 m, Lac Blaarmeersen bei Gent, max. Tiefe 15 m, Lac Muysbroeck bei Ekeren, max. Tiefe 18 m, sowie Lac de Nekker bei Mechelen, max. Tiefe 15 m.

Aalst 9300 Oost Vlaanderren

divecenter I.O.S Belgium
Owner: Van Den Abeele Georges
Tramstraat 2 A
Ph: + 32 53 778686 Fax: + 32 53 778686
Organisation: PADI

Aartselaar B-2630 Antwerpen

Duikcentrum Bubbels
Owner: Diederik de Wilde
Populierenlaan 18
Ph: + 32 3 8774156
Fax: + 32 3 8774156
Website:
www.club.euronet.be/rommaris/bubbels
Organisation: PADI
Language: German, English
Established: 1996
Season: 01.01. - 31.12.

Antwerpen 2100 Antwerpen

Aquasport
Owner: F. Desmet
De Couwelaarlei 58
Ph: + 32 33240989 Fax: + 32 33260716
Organisation: CMAS
Language: Dutch, German, French, English
Season: 01.04.- 01.11.

Brussel 1180 Vlaarms Brabant

Globe Marine
Owner: Elisabeth van der Cruyssen
Stallestraat 9
Ph: + 32 23763346 Fax: + 32 23762907
Organisation: PADI, CMAS,
Language: French, Dutch, English

Brussel 1030 Vlaarms Brabant

Diving Surf Marine
Owner: Mireille Xhignesse
Rue G. Raeymaeckerstraat 47-53
Ph: + 32 22158496 Fax: + 32 22163733
Organisation: PADI
Language: Dutch, English, French
Season: 01.01. - 31.12.

Lessines 7860 Hainaut

LA. Plongee
Owner: Jean-Pierre Mortier
30 Porte D'ogy
Ph: + 32 68 332046 Fax: + 32 68 332046
Organisation: PADI, CMAS
Language: French, German, English
Established: 1979 Season: 01.01. - 31.12.

Mechelen 2800 Antwerpen
Dezeeman
Owner: Vandandries, Lov
Jubellaan 54
Ph: + 32 15 430131
Fax: + 32 15 430135
E-Mail: de.zeeman@pmg.be
Organisation: PADI, CMAS, IANTD
Language: Dutch, French, English

Weyelgem 8560 W-YL
Abyss Dive Center
Owner: Vrijghem Philippe
Toekomststraat 5
Ph: + 32 56 424081
Fax: + 32 56 257223
Organisation: IDD, CEDIP, IDEA, DAN, ACVC, SSI, VDST, CMAS
Language: German, English, Dutch, French
Season: 01.04. - 31.10.

Antwerpen 2018 Antwerpen
Exclusive Diver Training
Appelmannsstraat 25
Ph: + 32 32 334 722

Antwerpen 2000 Antwerpen
Auqa Diver Shop
De Vrierestraat 38
Ph: + 32 32 375 658
Fax: + 32 32 375 658
Organisation: 5*PADI

Brussel 1180 Vlaarms Brabant
Globe Marine
9 Rue De Staile
Ph: + 32 23 763 346 Fax: + 32 23 762 907
Organisation: PADI

Buggenhout 2140 Oost Vlaanderren
Beldive Antwerpen
Owner: Bas Duives
Stenen Brug 128
Ph: + 32 32 711 282
Language: French

Buggenhout 9255 Oost Vlaanderren
Aeros
Gendhof 25
Ph: + 32 52 214 046 Fax: + 32 52 211 638
Organisation: PADI

Deurne 2100 Antwerpen
Aquasport Watersport Centrum
Te Couwelaarlei 58
Ph: + 32 33 260 716

Mechelen 2800 Antwerpen
Belgian Diving Centre
73 Lakenmackerstraat
Ph: + 32 15 556 171 Fax: + 32 15 556 171
Organisation: 5*PADI

Mechelen 2800 Antwerpen
Duikcentrum Ludwig Neef
Antwerpsesteenweg 285
Ph: + 32 15 218 811
Fax: + 32 15 218 828
Organisation: 5*PADI

Ostende 8400 West Vlaanderren
Duikpunt
Molenaarsstraat 18
Ph: + 32 59 800 951 Fax: + 32 59 807 806
Organisation: 5*PADI

Schilde 2979 Antwerpen
Duikschool Diothron
Swaenebeeklaan 35
Ph: + 32 33 84138 Fax: + 32 33 84138
Organisation: IDD

Hauptstadt	Belmopan
Einwohner	4.000
Entf. v. Frankfurt/M.	9.060 km
Währung	Belize-Dollar, Bz-$
Amtssprache	Englisch
Telefonvorwahl v. D	00 501
Telefonvorwahl n. D	00 149
Verkehr	Rechtsverkehr
jährl. Touristenzahl	250.000
Elektr. Strom	110, 220 V / 60 Hz
Visum	nein
Flughafen	Belize City (BZE)

Tauchregionen:
Karibisches Meer
Barrier Reef
Lighthouse Reef

Zeitverschiebung: MEZ - 7
Fläche: 22.965 km^2
Einwohner: 200.000

Tauchsicherheit

PADI International USA
1251 East Dyer Road
CA 92705-5605 Santa Ana
Tel: 001 714 540 7234
Fax: 001 714 540 2609
E-Mail: info@padi.com
Website: www.padi.com

NAUI Worldwide
9942 Currie Davis Drive
USA-33619-2667 Tampa FL
Tel: 00 1 813 628 6284
Fax: 00 1 813 628 8253
E-mail: info@naui.org
Website: www.naui.org

CMAS
Confederation Mondiale des Activites Subaquatiques
World Underwater Federation
Viale Tiziano 74
00196 Roma Italy
Tel: 0039 6 3685 8480
Fax: 0039 6 3685 8490
E-mail: cmasmond@tin.it
Website: www.cmas.org

Information und Beratung

Diver's Guide Tauchreisen
Dockenhudener Str. 14
22587 Hamburg
Tel: 040 866 0670
Fax: 040 866 06777
tauchen@divers-guide.de
Website: www.divers-guide.de

Schöner Tauchen
Hastedter Heerstr. 211
28207 Bremen
Tel: 0421 450 010
Fax: 0421 450 080
www.schoener-tauchen.com

Karibik Inside
Lockwitztalstr. 20
01259 Dresden
Tel: 0351 2055 915
Fax: 0351 2055 915
E-mail: karibikins@aol.com

Tauchreisen Roscher
Achenerstr. 695a
50226 Frechen
Tel: 02234 967 096
Fax: 02234 967 097
www.tauchreisen-roscher.de

Botschaften

Botschaftskanzlei
22 Harnoncourt House
19 Cavendish Square
London WIM 9AD
Tel: 0044 (0) 71 499 9728
Fax: 0044 (0) 71 491 4139

Embassy of the Federal Republic of Germany
Island Life Centre
6 St. Lucia Avenue
Kingston 5
P.O. Box 444
Kingston 10/Jamaica
Tel: 001 876 926 5665
Fax: 001 876 929 8282

Honorary Consul of the Federal Republic of Germany
Tel: 00501 2 35940
Fax: 00501 2 35413

Fluggesellschaften

Es gibt Direktflüge von einigen amerikanischen Flughäfen u.a. mit Maya Air, TACA, Tropic Air.

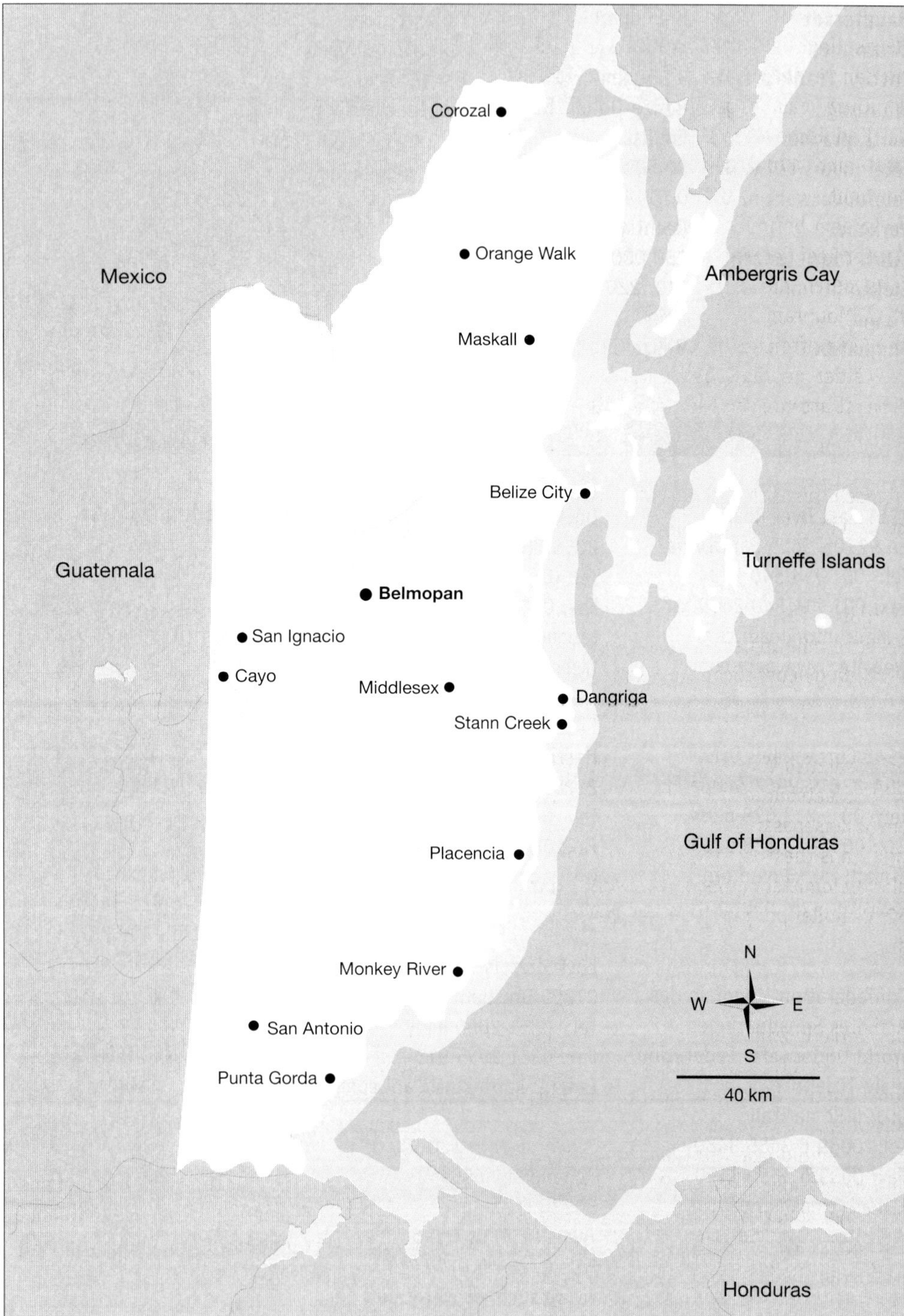
Corozal
Orange Walk
Mexico
Ambergris Cay
Maskall
Belize City
Turneffe Islands
Guatemala
Belmopan
San Ignacio
Cayo
Middlesex
Dangriga
Stann Creek
Placencia
Gulf of Honduras
N
W
E
S
40 km
Monkey River
San Antonio
Punta Gorda
Honduras

Geographische Lage:

Belize liegt in Mittelamerika und grenzt im Norden an Mexiko, im Westen und Süden ist es von Guatemala eingeschlossen. Im Osten liegt das Karibische Meer. Dem Festland vorgelagert sind rund 170 Inseln. Diese sind teilweise bewohnt.
Außerdem befindet sich hier das zweitgrößte Barrier Reef der Welt. Die Landschaft ist einerseits durch die tropischen Regenwälder der Maya Mountains und zum anderen durch flache sumpfreiche Regionen und Mangrovenwälder geprägt. Belize verfügt über eine äußerst artenreiche Fauna und Flora.

Klima:

Tropisch bis subtropisch, heiß und feucht. Belize City 25,6 °C / 1893 mm.

Hauptreisezeit:

Frühjahr bis Hochsommer (Trockenzeit); Besuche im Spätsommer nicht empfehlenswert, da gelegentliche Hurrikans.

Einreise:

Grundsätzlich Visumzwang für A und CH, deutsche Staatsbürger benötigen aber lediglich einen Reisepass; bei Anreise über die USA dortige Transitbestimmungen beachten; Nachweis über Geldmittel im Gegenwert von mindestens 50 US-Dollar pro Tag des Aufenthaltes notwendig.

Verkehr:

Der Verkehr zwischen dem Festland und den Inseln erfolgt mit Fähren und Kleinflugzeugen, auf dem Festland selbst mit Buslinien.
Es gibt eine große Nord-Süd-Verbindung über die Fernstraße Corazal-Punta Gorda sowie nach San Ignacio, ansonsten nur Pisten. Der internationale Luftverkehr erfolgt über den Flughafen Belize City Philip S. W. Goldson (BZE).

Barrier Reef von Belize:

Das zweitgrößte Barrier Reef der Welt erstreckt sich entlang der gesamten Küste von der mexikanischen Grenze im Norden bis nach Honduras im Süden.

Tauchplätze:

Interessante Tauchgebiete gibt es am Ambergris Cay, einer kleinen Insel im Norden des Barrier Reefs an der Grenze zu Mexiko. Hauptort ist San Pedro. Die Insel ist das Tauchmekka von Belize, nördliche Nachbarinsel ist Deer Cay. Ein weiteres Highlight ist das Lighthouse Reef (dem Barrier Reef vorgelagertes Außenriff) mit dem Blue Hole (Riffabbruch, rundes Loch im Riff mit Tropfsteinsäulen (Stalagtiten) mit einer Tiefe von 45 m).

Northern Reef Drop Off:

Weitere hervorragende Tauchplätze befinden sich am Northern Reef Drop Off, einer Steilwand, die in 10 m abbricht und bis auf über 800 m Tiefe abfällt sowie beim Glovers Reef südlich des Lighthouse Reefs mit dem Tauchplatz Grouper Gulley. Außerdem gibt es Tauchgelegenheiten am Caye Caulcker sowie am St. Georges Caye, am Turneffe Reef, am Half Moon Cay, am Laughing Bird Cay, am Long Cay, an den Silver Caves, im The Aquarium, bei Cabata und am Big Cay Bokel vor Turneffe Island.

Fauna:

Glasfische, Schnapper, Kaiserfische, Adlerrochen, Zackenbarsche, Haie, Flötenfische, Muränen, Mantas, Weichkorallen, Gorgonien, Schwämme, Quallen und Delfine.

Ambergris Caye San Pedro

Gaz Cooper's Dive Belize
Owner: Gaz Cooper
P.O. Box 96, San Pedro Town
Ph: + 501 26 2108 Fax: + 501 26 2892

E-Mail: gaz@btl.net
Website: www.divebelize.com
Organisation: PADI
Established: 1990

Belize City

Lighthouse Reef Resort
Owner: Jack Black
P.O. Box 255
Ph: + 501 4396 600
Fax: + 501 941 4392118
E-Mail: reservations@scubabelize.com
Website: www.scubabelize.com
Organisation: PADI
Language: Engish
Established: 1990
Season: 01.01. - 31.12.

Belize City

Seasport Belize
Owner: John W. Searle
Newtown Barracks or P.O. Box 244
Ph: + 501 235 505 Fax: + 501 2 75213
E-Mail: seasprtsbz@btl.net
Website: www.seasportsbelize.com
Organisation: PADI
Established: 1996

Belize City

Frenchies Diving Services
P.O. Box 1812
Ph: + 501 222 234 Fax: + 501-22-2234
Website: www.belizenet.com/frenchies.html
Organisation: PADI
Language: English
Established: 1990
Season: 01.01. - 31.12.

Placencia Barrier Reef

Rum Point Divers
Owner: George Bavier
Ph: + 501 623 239 Fax: + 501 6 23240
E-Mail: rupel@btl.net
Website: www.rumpoint.com
Organisation: PADI, NAUI
Language: English, Spanish
Established: 1974
Season: 01.01. - 31.12.

San Pedro Barrier Reef

Submariner Belize
Owner: Thomas Niedermair
Ambergris Caye
Ph: + 501 265 018 Fax: + 501 265017
E-Mail: tehcaye@btl.net
Website: www.cayeresortbelize.com
Organisation: PADI, NAUI, IANTD
Language: English, German
Established: 1995
Season: 01.01. - 31.12.

Ambergris Caye San Pedro

Ramon's Village
Owner: Rick Sutherland
Coconut Drive
Ph: + 501 262071 Fax: + 501 262214
Organisation: SSI, PADI
Language: English
Season: 01.01. - 31.12.

Ambergris Caye San Pedro

Submariner Belize
P.O. Box 81
Ph: + 501 2 63600 Fax: + 501 2 63602
Organisation: 5*PADI

Hauptstadt	Hamilton
Einwohner	6.000
Entf. v. Frankfurt/M.	6.185 km
Währung	Bermuda-Dollar, BD$
Amtssprache	Englisch
Telefonvorwahl v. D	001 809
Telefonvorwahl n. D	011 49
Verkehr	Linksverkehr
jährl. Touristenzahl	650 000
Elektr. Strom	110 V / 50 Hz
Visum	nein
Flughafen	Bermuda Kindley Field (BDA)

Tauchregionen:
Atlantischer Ozean
Great Bermuda

Zeitverschiebung: MEZ - 5
Fläche: 53,3 km²
Einwohner: 63.000

Tauchsicherheit

PADI International USA
1251 East Dyer Road
CA 92705-5605 Santa Ana
Tel: 001 714 540 7234
Fax: 001 714 540 2609
E-Mail: info@padi.com
Website: www.padi.com

NAUI Worldwide
9942 Currie Davis Drive
USA-33619-2667 Tampa FL
Tel: 00 1 813 628 6284
Fax: 00 1 813 628 8253
E-mail: info@naui.org
Website: www.naui.org

CMAS
Confederation Mondiale des Activites Subaquatiques
World Underwater Federation
Viale Tiziano 74
00196 Roma Italy
Tel: 0039 6 3685 8480
Fax: 0039 6 3685 8490
E-mail: cmasmond@tin.it
Website: www.cmas.org

Information und Beratung

Diver's Guide Tauchreisen
Dockenhudener Str. 14
22587 Hamburg
Tel: 040 866 0670
Fax: 040 866 06777
tauchen@divers-guide.de
www.divers-guide.de

Schöner Tauchen
Hastedter Heerstr. 211
28207 Bremen
Tel: 0421 450 010
Fax: 0421 450 080
info@schoener-tauchen.com
www.schoener-tauchen.com

Karibik Inside
Lockwitztalstr. 20
01259 Dresden
Tel: 0351 2055 915
Fax: 0351 2055 915
karibikins@aol.com

Karibia
Fliederstr. 25
63456 Hanau
Tel: 06181 662 860
Fax: 06181 662 860

Botschaften

Honorary Consul of the Federal Republic of Germany
c/o Gibbons Management Services Ltd., 21, Reid Street
Hamilton HM 11 Bermuda
Tel: 001 809 292 6994
Fax: 001 809 295 1040

Bermuda
Tourism GmbH
Herzogspitalstr. 5
80331 München
Tel: 089 267874

Fluggesellschaften

Aus den USA gibt es unzählige Verbindungen mit verschiedenen Fluggesellschaften, u.a.

American Airlines Inc.
Frankfurt am Main
Reservierung u. Information
Tel: 01803242324

BWIA International Airways
Frankfurt am Main
Tel: 069 962164-10

Geographische Lage:

Die Republik Bermuda besteht aus etwa 150 Koralleninseln im Westatlantik, von denen 20 bewohnt sind. Die Hauptinsel ist Great Bermuda, im Westen liegt Somerset Island mit der gleichnamigen Stadt, im Nordosten St. Davids Island und St. George Island. Die Inselgruppe liegt rund 1000 km östlich der amerikanischen Küste. Die Inseln sind hügelig mit rosa Stränden an den Süd- und Westküsten. Sie zeichnen sich durch eine artenreiche Flora aus. Die Fauna hingegen besteht lediglich aus Vögeln und Wassertieren.

Klima:

Subtropisch, reich an Niederschlägen, Hurrikane sind in dieser Gegend keine Seltenheit. Temperatur: Januar 17°C, Juni 26°C, Niederschläge: 1400 mm von Oktober bis März.

Verkehr:

Zwischen den Inseln gibt es Fährverbindungen und Verkehr durch Kleinflugzeuge. Internationale Anbindung besteht über den Flughafen Kindley Field auf St. Davids Island (BDA), außerdem gibt es Linienschiffe von Hamilton Harbour nach New York. Die Bermudas sind zudem ein wichtiger Anlaufpunkt für Kreuzfahrtschiffe auf dem Atlantik.

Great Bermuda:

Die Hauptinsel ist auch die wichtigste Tourismushochburg des Staates, außerdem das kulturelle und politische Zentrum.

Tauchplätze:

Die Bermuda Inseln sind von weitläufigen Korallenriffs umgeben. Es gibt sehr lohnende Tauchziele, wobei besonders die diversen Wracks in dieser Region interessant sind. Gute Tauchplätze sind u.a. Southwest Breaker, ein Riff im Südwesten von Great Bermuda, das von einem Tunnel durchzogen ist.

Weitere Tauchmöglichkeiten sind The Caves, The Catacombs (bei Virginia Merchant), Warwick Long Bay, Smuggler's Notch und Champagne Breaker.

Wracks:

Es gibt in den Gewässern um Bermuda unzählige Wracks, von denen viele sehenswert sind. Ihr Tauchschule kann Ihnen nähere Auskünfte dazu erteilen.

Fauna:

Verschiedene Riff-Fische, Grouper, Barrakudas, Makrelen, Rochen, Haie, Korallen, Anemonen, Krebse und Muscheln.

Southamton Somerset Bridge

Blue Water Divers & Watersport
Owner: Michael Burke
Elbow Beach Hotel and Mapriotts Castle
Ph: + 1 441 2341 034 Fax: + 1 441 2343 670
E-Mail: bwdivers@ibl.bm
Website: www.divebermuda.com
Organisation: PADI, NAUI, SSI
Language: English
Established: 1983
Season: 01.01. - 31.12.

Darrel's Wharf

Fantasea Diving
Owner: Graham Allan
1 Harbour Road Paget PG01
Ph: + 1 441 2366 339 Fax: + 1 441 2368 926
E-Mail: info@fantasea.bm
Website: www.fantasea.bm
Organisation: PADI , NAUI
Language: English, French
Established: 1987
Season: 01.01. - 31.12.

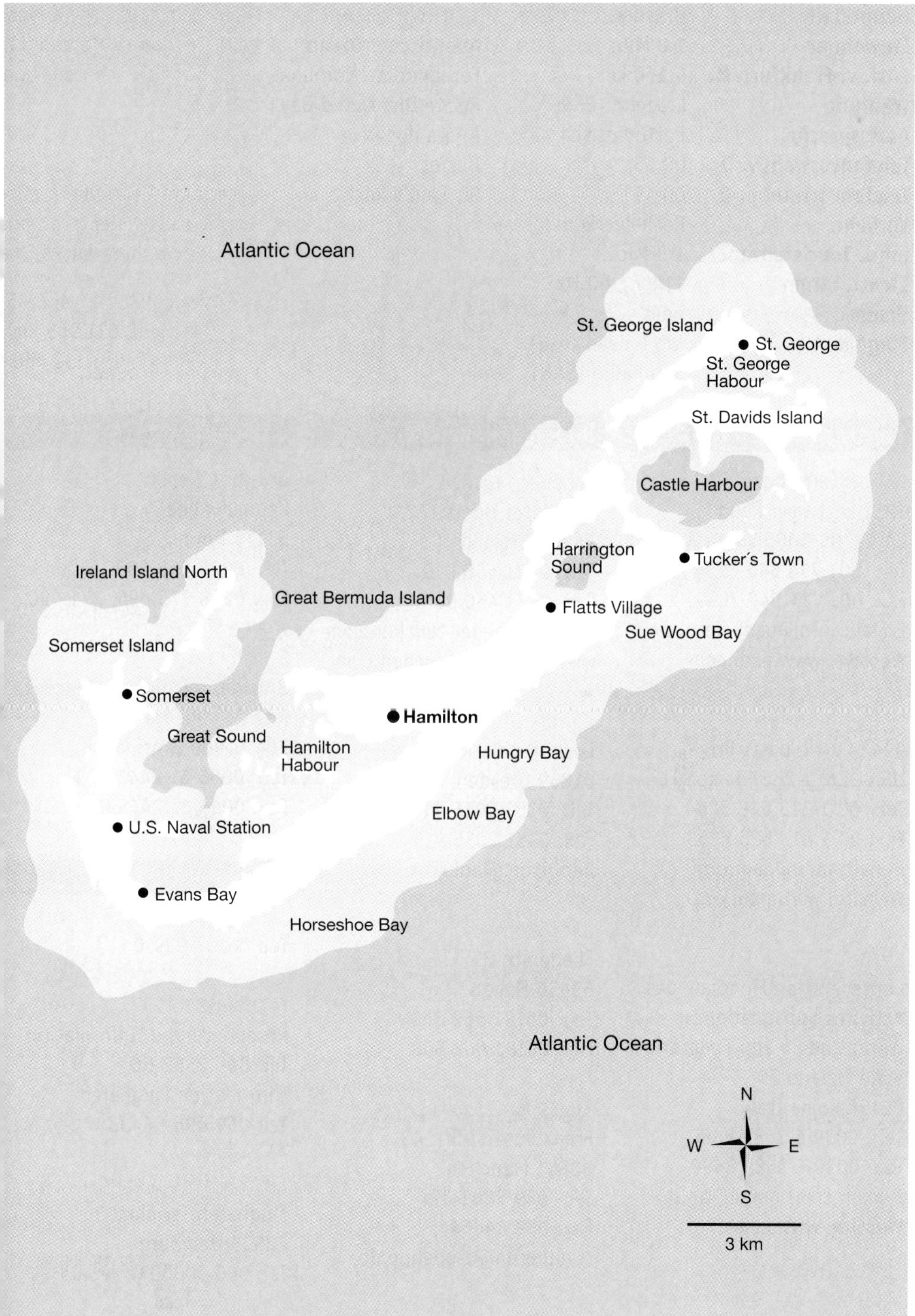
Atlantic Ocean
St. George Island
St. George
St. George Habour
St. Davids Island
Castle Harbour
Harrington Sound
Tucker´s Town
Ireland Island North
Great Bermuda Island
Flatts Village
Sue Wood Bay
Somerset Island
Somerset
Hamilton
Great Sound
Hamilton Habour
Hungry Bay
Elbow Bay
U.S. Naval Station
Evans Bay
Horseshoe Bay
Atlantic Ocean
N
W
E
S
3 km

Brasilien

Hauptstadt	Brasilia
Einwohner	1,8 Mio.
Entf. v. Frankfurt/M.	9.160 km
Währung	Cruzeiro, CR$
Amtssprache	Portugiesisch
Telefonvorwahl v. D	00 55
Telefonvorwahl n. D	00 49
Verkehr	Rechtsverkehr
jährl. Touristenzahl	1,3 Mio.
Elektr. Strom	110 V / 60 Hz
Visum	nein
Flughäfen	Rio Galeao (GIG) San Paulo (SAN)

Tauchregionen:
Atlantischer Ozean
Fernando de Noronha
Recife Ilha Grand Bay
Angra dos Reis
Buzios
St. Paul's Rock

Zeitverschiebung: MEZ - 5
Fläche: 8.511.965 km^2
Einwohner: 152 Mio.

Tauchsicherheit

PADI International USA
1251 East Dyer Road
CA 92705-5605 Santa Ana
Tel: 001 714 540 7234
Fax: 001 714 540 2609
E-Mail: info@padi.com
Website: www.padi.com

NAUI Worldwide
9942 Currie Davis Drive
USA-33619-2667 Tampa FL
Tel: 00 1 813 628 6284
Fax: 00 1 813 628 8253
E-mail: info@naui.org
Website: www.naui.org

CMAS
Confederation Mondiale des
Activites Subaquatiques
World Underwater Federation
Viale Tiziano 74
00196 Roma Italy
Tel: 0039 6 3685 8480
Fax: 0039 6 3685 8490
E-mail: cmasmond@tin.it
Website: www.cmas.org

Information und Beratung

Schöner Tauchen
Hastedter Heerstr. 211
28207 Bremen
Tel: 0421 450 010
Fax: 0421 450 080
info@schoener-tauchen.com
www.schoener-tauchen.com

Karibik Inside
Lockwitztalstr. 20
01259 Dresden
Tel: 0351 2055 915
Fax: 0351 2055 915
karibikins@aol.com

Karibia
Fliederstr. 25
63456 Hanau
Tel: 06181 662 860
Fax: 06181 662 860

Sun & Fun Sportreisen
Franz-Joseph-Str. 43
80801 München
Tel: 089 38014124
Fax: 089 346644
sunundfun@t-oneline.de

Botschaften

Brasilien Republik
Kennedyallee 74
53175 Bonn
Tel: 0228 959 230
Fax: 0228 373 696, 371 490

Brasilien
Brasilia, Avenida des Nacees,
lote 25, Quadra 807
70415-900 Brasilia-DF
Tel: 0055 61 2447 273
Fax: 0055 61 244 6063

Fluggesellschaften

Condor Flugdienst G.m.b.H.
Tel: 06107 939-0

Lufthansa
Reservierung u. Information
Tel: 069 2552-55
Information Flughafen
Tel: 069 696-94433

LTU Touristik GmbH
Flughafen Terminal 3
22335 Hamburg
Tel: 040 5000031

Surinam
Guyana
Atlantic Ocean
Boa Vista
Macapa
Belem
Manaus
Santarem
Sao Luis
Fortaleza
Natal
Recife
Porto Velho
Rio Branco
Maceio
Salvador
Peru
Cuiaba
Brasilia
Goiania
Bolivia
Belo Horizonte
Vitoria
Campos
Paraguay
Sao Paulo
Rio de Janeiro
Chile
Curitiba
Pacific Ocean
Atlantic Ocean
Porto Alegre
Argentina
Rio Grande
N
W
E
S
Uruguay
1000 km

Geographische Lage:

Brasilien ist das größte Land Südamerikas und das fünftgrößte der Erde. Es nimmt fast den gesamten nördlichen Ostteil des Halbkontinents ein. Im Norden grenzt Brasilien an Venezuela, Guyana, Surinam und Französisch-Guyana, im Westen und Süden an Kolumbien, Peru, Bolivien, Paraguay, Argentinien und Uruguay. Die westliche Begrenzung wird durch die fast 7500 km lange Atlantikküste gebildet. Topographisch dominieren das Amazonasbecken mit seinen endlosen Wasserwegen, Sümpfen und tropischen Wäldern, dem größten zusammenhängenden Regenwaldgebiet der Erde, sowie das Brasilianische Bergland. Außerdem gibt es Regionen mit Hügelland, Steppe und Pampa. Die Besiedlungsdichte nimmt von den Küstenregionen zum Inland kontinuierlich ab.

Klima:

Vorwiegend tropisch und subtropisch, das ganze Jahr über heiß und feucht, nur im Süden kalte Winter.
Brasilia 21,2°C / 1595 mm, Manaus 26,9°C / 1897 mm, Rio de Janeiro 22,7°C / 1093 mm.

Verkehr:

Der Inlandsverkehr wird außerhalb der Küstengebiete vorwiegend durch Flugzeuge geleistet, es gibt nur wenige wichtige Fernverbindungsstraßen und Schiffsverkehr auf dem Amazonas und vielen seiner Zuflüsse.
Im Osten existieren gute Straßenverbindungen zwischen den Großstädten. Hier gibt es auch Eisenbahnstrecken. Der internationale Flugverkehr wird wesentlich über die Großflughäfen von Rio de Janeiro Galeao (GIG) und Sao Paolo Guarulhos (GRU) abgewickelt.

Ilha Grand Bay, Angra dos Reis:

Etwa 50 km südlich von Rio de Janeiro liegen diese Badeorte in einer Region, die einmalige Überreste eines Regenwaldes unmittelbar an der Atlantikküste aufweist.

Tauchplätze:

In der Bucht gibt es mehr als 300 Inseln, an denen hervorragende Tauchmöglichkeiten bestehen.

Recife:

Hafenstadt im Nordosten des Landes. Die viertgrößte Stadt Brasiliens verfügt über hervorragende Strände (Boa Viagem). In der Nähe liegt Olindam, eine historische Stadt, die heute eine Künstlerkommune beherbergt.

Tauchplätze:

Das interessanteste Tauchgebiet ist das etwa 200 km vor der Küste gelegene vulkanische Inselarchipel Fernando de Noronha. Weite Teile der Inseln umfassen ein Naturreservat mit besonderen Schutzzonen für Delfine (Bay of Dolphins) und Schildkröten (Cabeco Submarino). Überwacht werden diese Regionen durch die IBAMA. Die Unterwasserlandschaft ist ebenso zerklüftet wie die Inseloberfläche.
Gute Tauchmöglichkeiten bestehen in der Region um die Bay of Dolphins, einem Schutzgebiet mit der größten bekannten Delfin-Population der Erde. Weitere hervorragende Tauchgebiete sind außerdem die Laje dos Dois Irmãos (zwei Felsspitzen, die aus dem Meer ragen) an der Westküste der Hauptinsel, Pedras Secas (ein zerklüfteter Canyon), Ponta da Sapata (eine 40 m hohe Felsformation mit Steilabbrüchen), Cavernas da Sapata (ein betauchbares Unterwasserhöhlensystem mit einem bis zu 12 m hohen Hohlraum und einem Süßwasserraum, der durch einen Kamin erreichbar ist).

Wracks:

Vor Recife befinden sich unzählige Wracks, u.a. Pirapama (Dampfer) und Vapor de Baixo

(WW II-Dampfer in 27 m). Bei Fernando de Noronha liegt die Ipiranga, eine Corvette vor den Sapata Rocks in 52 m Tiefe.

Fauna:
Rochen, Grundeln, Barrakudas, Makrelen, Haie, Delfine, Hummer und Schildkröten.

Fernando de Noronitha 53990-000 PE
Aguas Claras Fernando de Noronitha
Owner: Leonardo Fritzsche
Alameda po Boldro, S/N o
Ph: + 55 81 6191225
Fax: + 55 81 6191225
E-Mail: aclaras@elogica.com.br
Website: www.aguasc-fn.com.brlaras
Organisation: PADI, NAUI, SSI, PDIC
Language: English, French, German
Established: 1986
Season: 01.01. - 31.12.

Rio De Janeiro 22470-200 Rio De Janeiro
Diver's Quest
Owner: C. Brandileone
Rua Maria Angelica 171
Ph: + 55 21 5391268
Fax: + 55 21 2862513
E-Mail: info@diversquest.com
Website: www.diversquest.com
Organisation: PADI, HSA, SBMA
Language: English, French
Established: 1991
Season: 01.01. - 31.12.

Sao Paulo 04548002
Acqua Marina Dive Shop
Owner: G. Nieto
Av. Cardoso de Melo, 363
Ph: + 55 11 8668466
Fax: + 55 11 8201473
E-Mail: acqua@aol.com.br
Organisation: SSI, AND, PDIC
Language: Portuguese
Season: 01.11. - 30.05.

Sao Paulo 01417-010
Diving College
Owner: Gabriel Ganme
Rua Dr. Melo Alves, 700, C. Cesar
Ph: + 55 11 30611453
Fax: + 55 11 2828801
E-Mail: sugestao@divingcollege.com
Website: www.divingcollege.com
Organisation: PADI, FDI, IANTD
Language: Spanish, English, German

Sao Paulo 01403-020 Sao Paulo
Koka Sub Dive Center
Al. Ferwan Cardim 139
Ph: + 55 11 2880499 Fax: + 55 11 2785707
E-Mail: info@kokasub.com.bz
Website: www.kokasub.com.bz
Organisation: PADI
Language: Portugese, English
Established: 1990
Season: 01.11. - 30.04.

Sao Paulo 05448000
Atm Diver
Rua Nazare Paulista, 380
Ph: + 55 11627097 Fax: + 55 1118710083
Organisation: PADI
Language: Portugese, English
Established: 1990
Season: 01.11. - 30.04.

British Virgin Islands

Hauptstadt	Road Town
Einwohner	4.000
Entf. v. Frankfurt/M.	7.257 km
Währung	US-Dollar
Amtssprache	Englisch
Telefonvorwahl v. D	001 284
Telefonvorwahl n. D	011 49
Verkehr	Linksverkehr
jährl. Touristenzahl	k. A.
Elektr. Strom	110 / 220 V / 60 Hz
Visum	nein
Flughafen	Tortola Beef Island (EIS)

Tauchregionen:
Karibisches Meer
British Virgin Islands

Zeitverschiebung: MEZ - 5
Fläche: 131 km²
Einwohner: 18.000

Tauchsicherheit

PADI International USA
1251 East Dyer Road
-CA 92705-5605 Santa Ana
Tel: 001 714 540 7234
Fax: 001 714 540 2609
http://www.padi.com/

NAUI Worldwide
9942 Currie Davis Drive
USA-33619-2667 Tampa FL
Tel: 001 813 628 6284
Fax: 001 813 628 8253
info@www.naui.org.
http://www.naui.org.

CMAS
Viale Tiziano 74
I-00196 Roma
Tel: 0039 6 3685 8480
Fax: 0039 6 3685 8490
cmasmond@tin.it
www.cmas.com

NASDS USA
National Association of
Scuba Diving Schools USA
info@nasds.com
www.nasds.com

Information und Beratung

British Virgin Islands
Tourist Board
Wallstr. 56
40878 Ratingen
Tel: 02102 711183
Fax: 02102 21177

Schöner Tauchen
Hastedter Heerstr. 211
28207 Bremen
Tel: 0421 450 010
Fax: 0421 450 080
info@schoener-tauchen.com
www.schoener-tauchen.com

Karibik Inside
Lockwitztalstr. 20
01259 Dresden
Tel: 0351 2055 915
Fax: 0351 2055 915
karibikins@aol.com

Karibia
Fliederstr. 25
63456 Hanau
Tel: 06181 662 860
Fax: 06181 662 860

Botschaften

Generalkonsulat:
Embassy of the Federal
Republic of Germany
P.O. Box 828
Port-of-Spain
Trinidad, W.I.
Tel: 001 868 6281 630
Tel: 001 868 6288 532
Fax: 001 868 6285 278

Fluggesellschaften

Es gibt von deutschen Flughäfen keine Direktflüge zu den British Virgin Islands. Die Anreise erfolgt via Puerto Rico oder St. Thomas US Virgin Islands, dann Weiterflug mit Kleinflugzeugen, u.a. von Fly BVI.

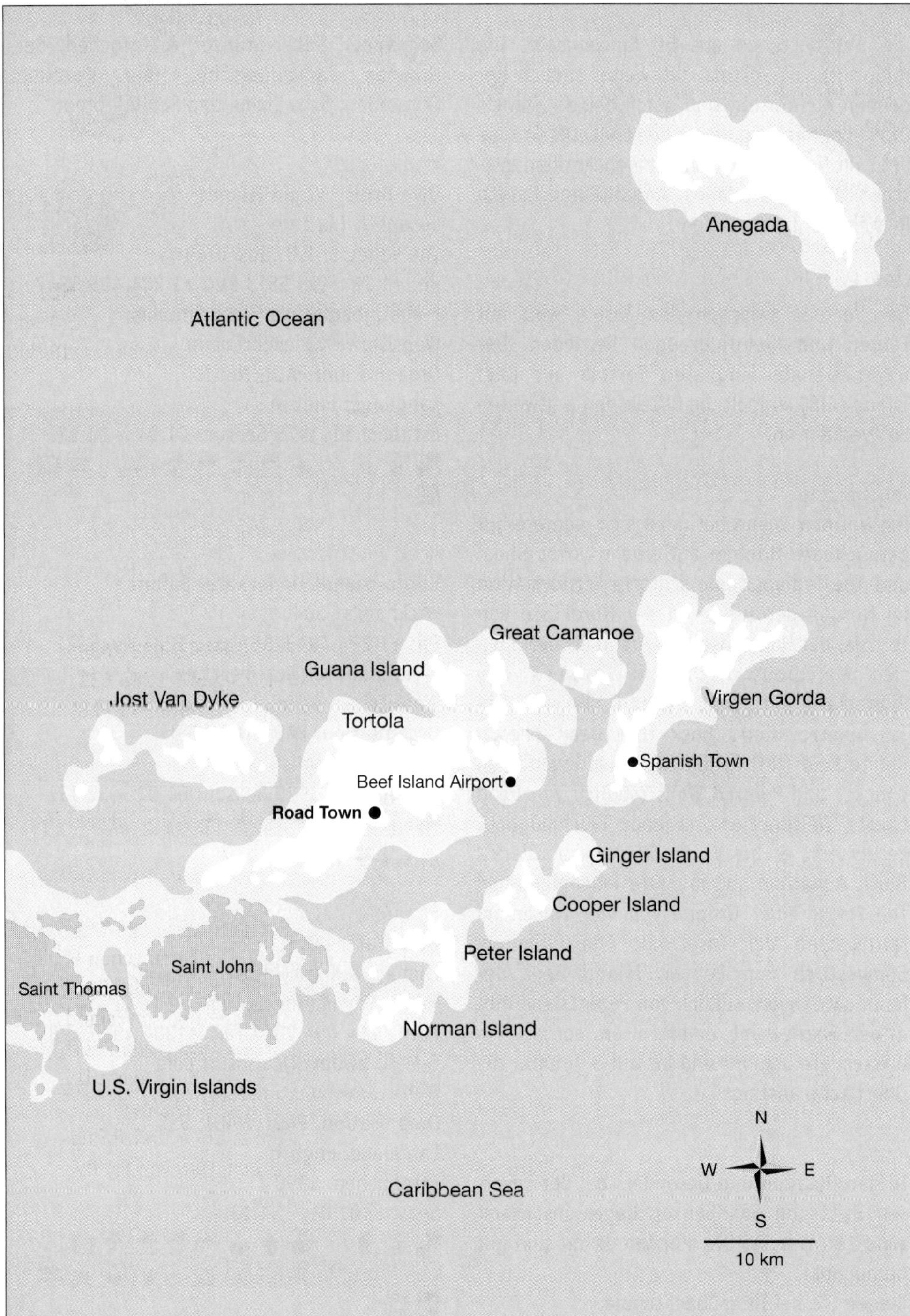
Anegada
Atlantic Ocean
Great Camanoe
Guana Island
Jost Van Dyke
Tortola
Virgen Gorda
Spanish Town
Beef Island Airport
Road Town
Ginger Island
Cooper Island
Peter Island
Saint John
Saint Thomas
Norman Island
U.S. Virgin Islands
Caribbean Sea
N
W
E
S
10 km

Geographische Lage:

Die BVI bestehen aus 50 Einzelinseln. Die Hauptinsel ist Tortola, die weiter südlich liegenden Kleininseln sind durch den Sir Francis Drake Channel von dieser getrennt. Die Gruppe liegt im Nordwesten der Kleinen Antillen zwischen US Virgin Islands, Anguilla und Puerto Rico im Karibischen Meer.

Verkehr:

Der Verkehr zwischen den Inseln wird mit Fähren und Kleinflugzeugen betrieben. Der internationale Flughafen Tortola auf Beef Island (EIS) koppelt die BVI an den weltweiten Luftverkehr an.

Tauchplätze:

Bei Norman Island befinden sich mehrere gut betauchbare Höhlen, außerdem Carrot Shoal und The Indians, eine schroffe Felsformation im Norden der Insel. An der Nordküste von Tortola, der Hauptinsel des Archipels befinden sich Mercurous Rock und Brewer's Bay Pinnacle. Bei Salt Island liegen die Tauchplätze Blond Rock (bei Dead Chest), Rhone Reef (Riff in der Nähe des legendären Wracks) und Painted Walls (südlich von Dead Chest). Weitere hervorragende Tauchmöglichkeiten gibt es bei Virgin Gorda: u.a. Black's Bluff, Aquarium und mehrere Tauchplätze bei The Dogs, einer Gruppe von vier Felsen im Nordwesten der Insel mit The Chimney. Südwestlich von Pelican Island liegt der Rainbow Canyon, südlich von Peter Island gibt es den Shark Point, einen Felsen, der in 27 m Wassertiefe beginnt und bis auf 3 m unter die Oberfläche ansteigt.

Wracks:

In den Buchten und besonders bei den diversen Riffs und Sandbänken liegen insgesamt rund 150 Wracks. Die meisten davon sind gut betauchbar.
Fragen Sie bei Ihrer Tauchschule.

Fauna:

Schnapper, Silber-Grunzer, Adlerrochen, Barrakudas, Zackenbarsche, Haie, Korallen, Gorgonien, Schwämme und Schildkröten.

Virgin Gorda

Dive British Virgin Islands
Joseph T. Giacinto
The Valley or P.O. Box 1040
Ph: +1 284 495 5513 Fax: +1 284 495 5347
E-Mail: joegiacinto@devebri.com.
Website: www.devebri.com.
Organisation: PADI, NAUI
Language: English
Established: 1975 Season: 01.01. - 31.12.
M AE

Road Town Tortula

Virgin Islands Underwater Safaris
Wickham's Cay ll
Ph: +1 284 4943235 Fax: +1284 4945322
E-Mail: undsaf@caribsurf.com
Website: www.underwatersafaris.com
Organisation: PADI, NAU, SSI
Language: English
Established: 1979 Season: 01.01. - 31.12.
M AE

Roadtown Tortola Virgin Islands

Blue Water Divers
Michael & Keith Royle
Nanny Cay Marine Center
Ph:+1 284 494 2847 Fax: +1284 494 0198
E-Mail: bwdbvi@caribsurf.com
Website: www.ultimatebvi.com/bluewater
Organisation: PADI, NAUI, SSI
Language: English
Established: 1990
Season: 01.01. - 31.12.
M AE

Hauptstadt	Sofia
Einwohner	1,2 Mio.
Entf. v. Frankfurt/M.	1.388 km
Währung	Lew
Amtssprache	Bulgarisch
Telefonvorwahl v. D	00 359
Telefonvorwahl n. D	00 49
Verkehr	Rechtsverkehr
jährl. Touristenzahl	4 Mio.
Elektr. Strom	220V / 50Hz
Visum	ja
Flughafen	Sofia Vrajdebna (SOF)

Tauchregion:
Schwarzes Meer

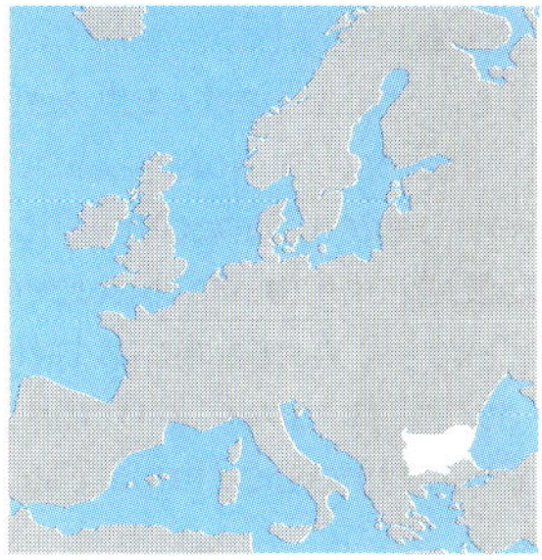

Zeitverschiebung: MEZ + 1
Fläche: 110.912 km²
Einwohner: 8,4 Mio.

Tauchsicherheit

Federation Bulgare de Sports
Sous-Marins 18 Bd. Christo
Botev B.P. 440
1000 Sofia, Bulgarie
Fax: 00 359 (0)2 988 5921

PADI Europe
Oberweilerstrasse 3
CH-8442 Hettlingen
Tel: 0041 52 3041414
Fax: 0041 52 3041499
E-Mail: info@padi.com
Website: www.padi.com

CMAS:
World Underwater Federation
CMAS - Viale Tiziano 74
00196 Roma Italy
Tel: 0039 6 3685 8480
Fax: 0039 6 3685 8490
E-Mail: cmasmond@tin.it
Website: www.cmas.org

DAN: Divers Alert Network
24-hour emergency medical hotline Ph: 001 919 684 8111
E-Mail: info@dan-dive.com
Website: www.dan-dive.com

Information und Beratung

Bulgarisches Fremdenverkehrsamt
Eckenheimer Landstraße 101
60318 Frankfurt/M
Tel: 069 2952 84-85
Fax: 069 2952 86
Mo-Fr 9.00-18.00 Uhr

Die Taucher
Wilhelmstr. 27
71034 Böblingen
Tel: 07031 225904
Fax: 07031 226754
www.dietaucher.com

Grenzenlos Reisen
Burchardstraße 8
20095 Hamburg
Tel: 040 323 551
Fax: 040 324 696
Website: www.grenzenlos.de

Schöner Tauchen
Hastedter Heerstr. 211
28207 Bremen
Tel: 0421 450010
Fax: 0421 450080
www.schoener-tauchen.com

Botschaften

Außenstelle der Botschaft und Fremdenverkehrsamt
Mauerstraße 11
10117 Berlin
Tel: 030 201 0922
Fax: 030 208 6838
Mo-Fr 08.30-17.30 Uhr

Botschaft von Deutschland
Ulica Joliot Curie 25
Casa postale 869
1113 Sofia
Tel: 00359 (0) 2 9634 518
Fax: 00359 (0) 2 9631 658

Fluggesellschaften

Balkan Bulgarian Airlines
Stephanstr. 1-3
60313 Frankfurt
Tel: 069 295 167
Fax: 069 295 168

Lufthansa
Frankfurt am Main
Reservierung u. Information
Tel: 069 2552-55

Geographische Lage:

Der Staat liegt auf dem Balkan zwischen Rumänien im Norden, Serbien und Mazedonien im Westen, Griechenland und der Türkei im Süden und dem Schwarzen Meer im Osten. Das Land ist durch die Mittelgebirge des Balkan, das Rilagebirge, die Donauhügel, die Marcia-Ebene und die Thrakische Niederung geprägt.

Klima:

Das Klima ist mediterran bis kontinental mit ausgeprägten Jahreszeiten, warmen Sommern und kühlen Wintern. Sofia 10,4°C / 622 mm, Varna 12,1°C / 474 mm.

Hauptreisezeit:

Für einen Badeurlaub am Schwarzen Meer eignet sich am besten die Zeit zwischen Juni und Oktober, für das Landesinnere (abgesehen von den Bergregionen, die im Sommer sehr heiß sind) Frühsommer oder Herbst; Wintersport in den Rodopi von Dezember bis April möglich.

Verkehr:

Bulgarien verfügt über ein gutes Straßen- und Eisenbahnnetz sowie über mehrere Flughäfen. Der für den internationalen Verkehr wichtigste ist Sofia Vrajdebna (SOF). Sowohl Personen- als auch Güterschifffahrt wird auf dem Schwarzen Meer und der Donau betrieben.

Flugverkehr:

Innerbulgarischer Flugverkehr besteht zwischen der Hauptstadt Sofia und den Städten Burgas, Russe, Silistra, Targoviste und Varna.

Hotels und Restaurants:

Die Hotels und das Unterhaltungsangebot sind ausgezeichnet. Der Sonnenstrand ist ideal für Familienurlaub für Taucher mit Kindern. Die Auswahl an Restaurants und Mehanas (einheimische Tavernen) ist in ganz Bulgarien groß. Charakteristisch für die lebhaften Bulgaren sind die freundliche Bedienung, das hervorragende Essen und der ausgezeichnete Wein. Das »Zelt des Khan« am Sonnenstrand ist einen Besuch wert, ebenso der Gorski-Zar (»Waldkönig«) in Albena.

Das Schwarze Meer:

Die Urlaubsorte am Schwarzen Meer eignen sich hervorragend für Familienferien. Die Küste besteht aus kilometerlangen Sandstränden; hinter einladenden Buchten erheben sich dichtbewaldete Berge. Viele Urlaubsorte sind ideal für Kinder, weil es keine Gezeiten gibt und der Strand flach abfällt. Selbst 150 m vom Ufer entfernt erreicht das Wasser oft nur Schulterhöhe. Wo es Strömungen gibt, sind diese am Strand deutlich gekennzeichnet. Das Schwarze Meer ist eines der klarsten und saubersten Gewässer der Welt, und der Salzgehalt ist nur halb so hoch wie im Mittelmeer. Badestellen für Kinder sind mit Spielplätzen ausgestattet. In den meisten Urlaubsgegenden werden alle möglichen Wassersportarten angeboten darunter auch Scuba Diving. 15 km von Varna entfernt liegt der Goldstrand, zweitgrößter Urlaubsort am Schwarzen Meer.

Tauchbasen:

Underwater Federation Bulgare de Sports

Sous-Marins 18 Bd. Christo Botev B.P. 440
1000 Sofia, Bulgarie
Fax: 00 359 (0) 2 988 5921

Varna 9010

Dive Center Golden Sands
Owner: Todor Harbaliev
P.O. Box 101
Ph: + 359 52 884854 Fax: + 359 52 884854
Organisation: PADI
Language: English, German
Season: 01.05 . - 31.10.

N
W
E
S
Rumania
50 km
Vidin
Lom
Ruse
Tolbukhin
Mikhaylovgrad
Pleven
Shumen
Varna
Kazanluk
Gabrovo
Sofia
Durgas
Stara Zagora
Yambol
Black Sea
Pazardzhik
Plowdiw
Khaskovo
Turkey
Greece
Aegean
Sea
Turkey

Cayman Inseln

Hauptstadt	Georgetown
Einwohner	13.000
Entf. v. Frankfurt/M.	8.373 km
Währung	Cayman-Dollar, CI-$
Amtssprache	Englisch
Telefonvorwahl v. D	001 345
Telefonvorwahl n. D	011 49
Verkehr	Linksverkehr
jährl. Touristenzahl	k. A.
Elektr. Strom	k. A.
Visum	nein
Flughafen	Grand Cayman Owen Roberts (GCM)

Tauchregionen:
Karibisches Meer
Grand Cayman
Little Cayman
Cayman Brac

Zeitverschiebung: MEZ - 6
Fläche: 259 km²
Einwohner: 26.000

Tauchsicherheit

PADI International
1251 East Dyer Road
USA-CA 92705-5605
Santa Ana
Tel: 001 714 5 40 72 34
Fax: 001 714 5 40 26 09
Website: www.padi.com

NAUI Worldwide
9942 Currie Davis Drive
USA-33619-2667 Tampa FL
Tel: 001 813 6 28 62 84
Fax: 001 813 6 28 82 53
E-mail: info@naui.com
Website: www.naui.com

CMAS
Viale Tiziano 74
I-00196 Roma
Tel.: 003 96 36 85 84 80
Fax: 003 96 36 85 84 90
E-mail: cmasmond@tin.it
Website: www.cmas.org/cmas

DAN: Divers Alert Network
24-hour emergency medical hotline Tel: 001 919 684 8111
Website: www.dan-dive.com

Information und Beratung

Sub Aqua Sportreisen
Frankfurter Ring 243
80807 München
Tel: 089 32379888
Fax: 089 32379661
tauchreisen@sub-aqua.de
Website: www.sub-aqua.de

Tauchreisen Roscher
Achenerstr. 695a
50226 Frechen
Tel: 02234 967096
Fax: 02234 967097
www.tauchreisen-roscher.de

Schöner Tauchen
Hastedter Heerstr. 211
28207 Bremen
Tel: 0421 450010
Fax: 0421 450080
info@schoener-tauchen.com
www.schoener-tauchen.com

Karibia
Fliederstr. 25
63456 Hanau
Tel: 06181 662860
Fax: 06181 662860

Botschaften

Embassy of the Federal Republic of Germany
Island Life Centre
6 St. Lucia Avenue
Kingston 5
P.O. Box 444
Kingston 10/Jamaica
Tel: 001 876 926 5665
Fax: 001 876 929 8282

Fluggesellschaften

Verbindungen zwischen den Inseln und in die Nachbarstaaten u.a. mit Cayman Airways und Island Air.

Von Europa:
British Airways Frankfurt
Flugreservierung Flüge
Tel: 0180 3340340

Lufthansa
Frankfurt a. Main
Reservierung u. Information
Tel: 069 2552-55

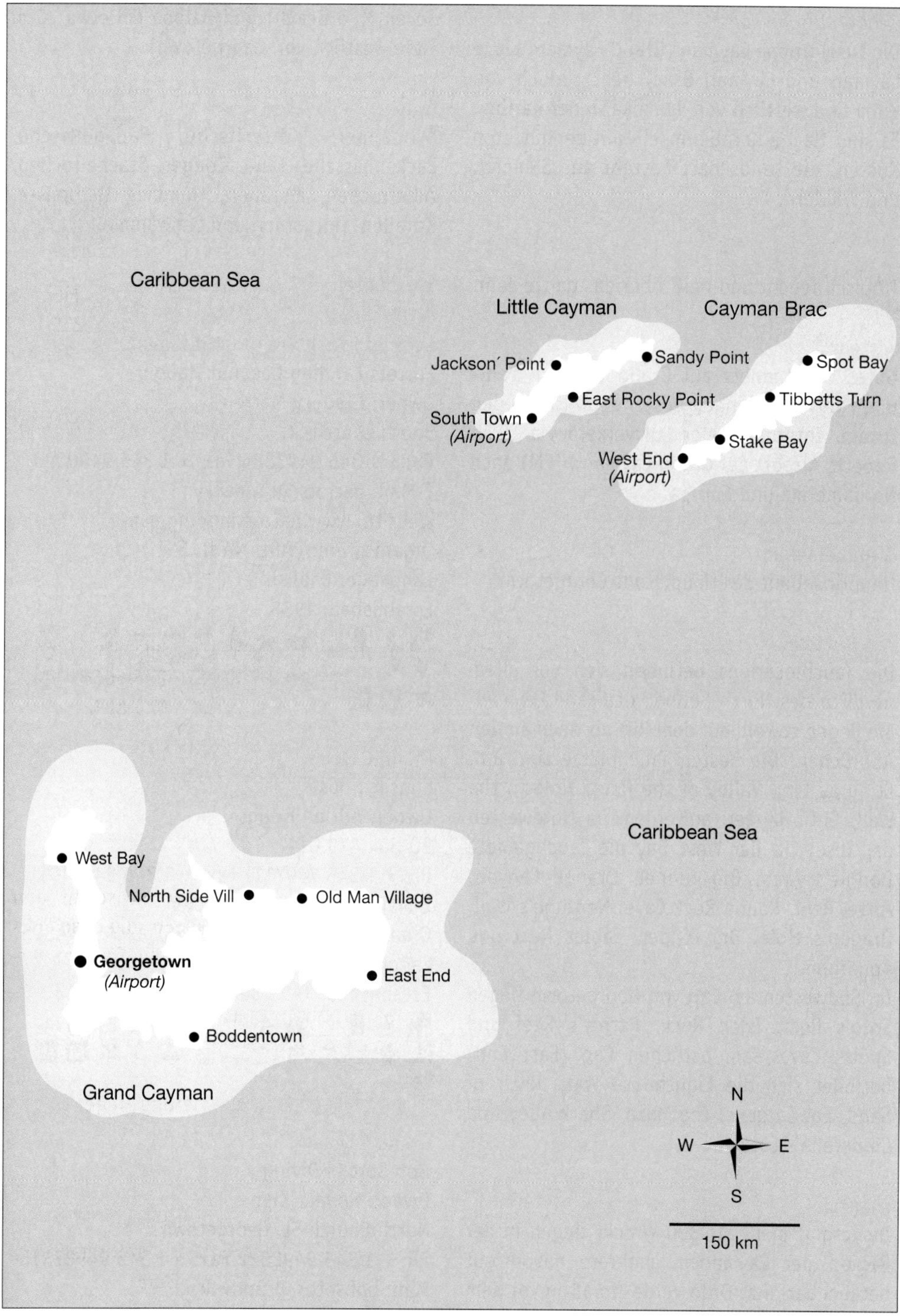
Caribbean Sea
Little Cayman
Cayman Brac
Jackson´ Point
Sandy Point
Spot Bay
East Rocky Point
Tibbetts Turn
South Town
(Airport)
Stake Bay
West End
(Airport)
Caribbean Sea
West Bay
North Side Vill
Old Man Village
Georgetown
(Airport)
East End
Boddentown
Grand Cayman
N
W
E
S
150 km

Geographische Lage:

Die Inselgruppe Cayman (Grand Cayman, Little Cayman und Cayman Brac) liegt südlich von Kuba und westlich von Jamaika in der Karibik. Es sind flache Koralleninseln mit zerklüfteten Küsten, die Landschaft besteht aus Sümpfen und Wäldern.

Klima:

Tropisch feucht und heiß über das ganze Jahr.

Verkehr:

Gutes Straßennetz auf Grand Cayman, Fähr- und Flugverbindungen bestehen zwischen den Inseln. Internationaler Luftverkehr via Owen Roberts Airport auf Grand Cayman (GCM) nach Nordamerika und Europa.

Grand Cayman:

Hauptinsel mit der Hauptstadt Georgetown.

Tauchplätze:

Die Tauchlocations befinden sich vor allem nördlich des North Sound vor Grand Cayman. Sie liegen sowohl auf dem Riff als auch an den Abbrüchen. Die besten Tauchplätze sind u.a. Stingray City, Valley of the Rays, Hole in the Wall, Cliff Hanger, außerdem im Nordwesten der Insel in der West Bay die Tauchgebiete Bonnie's Arch, Big Tunnel, Orange Canyon, Angel Reef, Round Rock Cave, Neptune's Wall, Dragon's Hole, Big Dipper, Eagles Nest und Aquarium.
Im Südwesten am Cap von Georgetown liegen Soto's Reef, Eden Rock, Parrot's Reef und Spotts Caves, am östlichen Cap (East End) befindet sich die Lighthouse Wall, River of Sand, Eel Gardens, The Maze, Shark Alley und Cinderella's Castle.

Wracks:

Insgesamt mehr als 300 Wracks liegen in der Region der Caymanen, mehrere davon gut betauchbar, u.a. Ordo Verde (in 15 m vor dem Seven Mile Beach) und Balboa (in etwa 10 m Tiefe westlich von Georgetown).

Fauna:

Schnapper, Kofferfische, Papageifische, Zackenbarsche, Haie, Conger, Stachelrochen, Adlerrochen, Muränen, Hummer, Octopusse, Korallen, Gorgonien und Schwämme.

Tauchbasen:

Georgetown 1995 Grand Cayman

Parrots Landing Coconut Habour
Owner: Gregory Merren
South Church St.
Ph: + 1 345 9497884 Fax: + 1 345 9490295
E-Mail: parrots@candw.ky
Website: www.parrotslanding.com
Organisation: PADI, NAUI, SSI
Language: English
Established: 1988

Grand Cayman

Sunset House
Owner: Adrien Briggs
PO Box 479 GT
Ph: + 1 345 7497111 Fax: + 1 345 9497101
E-Mail: phototours@aol.com
Organisation: PADI, NAUI, SSI, CMAS, NASDS
Language: English
Established: 1958 Season: 01.01. - 31.12.

Grand Cayman

Bob Soto´s Diving
Owner: Ronald Kipp
North Church St, Georgetown
Ph: + 1 345 9492022 Fax: + 1 345 9498731E-Mail: bobsotos@candw.ky

Organisation: PADI, NAUI, SSI
Language: English Established: 1957

Grand Cayman

Eden Rock Diving Center Ltd.
Owner: Stuart Freeman
South Church Street
Ph: + 1 345 9497243 Fax: + 1 345 9490842
E-Mail: edenrock@canow.ky
Organisation: PADI, NAUI, SSI, BSAC
Language: English
Established: 1983 Season: 01.01. - 31.12.

Grand Cayman

Divers Down
Owner: Steve Surrey
Georgetown
Ph: + 1 345 9451611 Fax: + 1 345 9451611
E-Mail: andyp@candw.ky
Organisation: PADI
Language: English
Established: 1996

Grand Cayman

Treasure Island Resort
Seven Mile Beach
Ph: + 1 345 9494456 Fax: + 1 345 9497125
E-Mail: tidivers@netrunner.net
Website: www.deepedge.com/tidivers
Organisation: PADI
Language: English
Established: 1987

Grand Cayman

Ambassador Divers
Owner: Alan Ritson
South Church St or P.O. Box 2396
Ph: + 1 345 9498839 Fax: + 1 345 9458838
E-Mail: ambadive@candw.ky
Organisation: PADI, BSAC
Language: Italian, English
Established: 1994 Season: 01.01. - 31.12.

Grand Cayman

Bob Soto´s Diving
Owner: Ronald Kipp
Soto´s Coconut
Ph: + 1 345 9492022 Fax: + 1 345 9498731
E-Mail: bobsotos@candw.ky
Organisation: PADI, NAUI, SSI
Language: English
Established: 1957

Grand Cayman

Divers ‘n Stuff
Seven Mile Beach
Ph: + 1 345 9496033 Fax: + 1 345 9459207
Organisation: PADI
Established: 1996

Grand Cayman

Divetech
Owner: Nancy Romanica
NW Point Road or Box 31435 SMB
Ph: + 1 345 9491700 Fax: + 1 345 9491701
E-Mail: divetech@candw.ky
Website: www.divetech.com
Organisation: PADI, NAUI, SSI, CMAS, IANTD,
Language: English, German, Spanish
Established: 1985 Season: 01.01. - 31.12.

Seven Mile Beach Grand Cayman Islands BWI
Fisheye of Cayman
Owner: Martin J. Sutton
West Bay Rd. or P.O. Box 30076
Ph: + 1 345 945 4209 Fax: + 1 345 945 4208
E-Mail: fisheye@candw.ky
Website: www.fisheye.com
Organisation: PADI, NAUI, SSI, CMAS
Language: English
Established: 1982 Season: 01.01. - 31.12.

Cayman Brac:
Nordöstlichste der drei Cayman Inseln.

Tauchplätze:
Die meisten Tauchmöglichkeiten befinden sich am westlichen Cap (West End), u.a. Grunt Valley, Buccaneer, Cemetery, Airport Wall, The Hobbit, Anchor Wall, Angel Reef, Bat Cave und Manta Canyon.

Wracks:
Prince Frederick (an der Südküste), East Chute und Kissamee (beide am westlichen Kap).

Fauna:
Haie, Conger, Stachelrochen, Adlerrochen, Muränen, Hummer, Octopusse, Korallen.

Little Cayman:
Nördliche Nachbarinsel von Grand Cayman mit der südlich vorgelagerten Kleininsel Owen Island und einem eigenem Flugfeld.

Tauchplätze:
Vorwiegend Wall Dives am Außenriff an der Nordküste und vor Owen Island. Exzellente Tauchplätze sind u.a. Cascades, Mike's Mount, Meadows, Donna's Delight, Ringer Wall, Coconut Walk Wall, Charlie's Chimneys und The Edge.

Wracks:
Soto Trader südlich von Owen Island.

Fauna:
Schnapper, Kofferfische, Papageifische, Zackenbarsche, Haie, Conger, Stachelrochen, Adlerrochen, Muränen, Hummer, Octopusse, Korallen, Gorgonien und Schwämme.

Tauchbasen:

Little Cayman
Pirates Point Resort
Owner: Gladys Howard
Breston Bay
Ph: + 1 345 948 1010 Fax: + 1 345 948 1011
Organisation: PADI, NAUI, SSI
Language: English
Established: 1986 Season: 01.01. - 31.12.

Little Cayman
Reef Divers At Little Cayman
Owner: Dan Tibbetts
Little Cayman Beach Resort
Ph: + 1 345 9481033 Fax: + 1 345 9481040E-Mail: Reefseas@aol.com
Website: www.braclittle.com
Organisation: PADI, IANTD
Language: English
Established: 1993 Season: 01.01. - 31.12.

Little Cayman
Diving Lodge
Owner: Sam Mc Coy
Ph: + 1345 948 4526 Fax:+ 1 345 948 4526
Organisation: PADI

Hauptstadt	Santiago de Chile
Einwohner	4,5 Mio.
Entf. v. Frankfurt/M.	12.104 km
Währung	Chilenischer Peso
Amtssprache	Spanisch
Telefonvorwahl v. D	00 56
Telefonvorwahl n. D	00 49
Verkehr	Rechtsverkehr
jährl. Touristenzahl	800.000
Elektr. Strom	220 V / 50 Hz
Visum	nein
Flughafen	Santiago de Chile (SCL)

Tauchregionen:
Pazifischer Ozean

Zeitverschiebung: MEZ - 5
Fläche: 756.945 km²
Einwohner: 14 Mio.

Tauchsicherheit

FEDESUB Federación Chilena de Desportes Submarinos
Av. Vicuna Mackenna 44
Casilla 188
Santiago de Chile
Tel: 0056 2 22 0385

PADI International
1251 East Dyer Road
USA-CA 92705-5605
Santa Ana
Tel: 001 714 5 40 72 34
Fax: 001 714 5 40 26 09
Website: www.padi.com

NAUI Worldwide
9942 Currie Davis Drive
USA-33619-2667 Tampa FL
Tel: 001 813 6 28 62 84
Fax: 001 813 6 28 82 53
Website: www.naui.com

CMAS
Viale Tiziano 74
I-00196 Roma
Tel.: 003 96 36 85 84 80
Fax: 003 96 36 85 84 90
Website: www.cmas.org

Information und Beratung

Servicio Nacional de Turismo
Avenida Providencia 1550
Casilla 14082
Santiago de Chile
Tel: 00 56 (0)2 236 1420.
Fax: 00 56 (0)2 236 1417

Diver's Guide Tauchreisen
Dockenhudener Str. 14
22587 Hamburg
Tel: 040 866 0670
Fax: 040 866 06777
tauchen@divers-guide.de
Website: www.divers-guide.de

Schöner Tauchen
Hastedter Heerstr. 211
28207 Bremen
Tel: 0421 450 010
Fax: 0421 450 080
info@schoener-tauchen.com
www.schoener-tauchen.com

Chile Informationsbüro
Frauenstr. 3-7
48143 Münster
Tel: 0251511402

Botschaften

Botschaft der Republik Chile
Kronprinzenstraße 20
53173 Bonn
Tel: 0228 955 840

Konsularabteilung:
Tel: 0228 955 8430
Fax: 0228 955 8442

Generalkonsulate mit Visumerteilung
Berlin Tel: 030 2044990
Frankfurt/M. Tel: 069 550194
Hamburg Tel: 040 457585
München Tel: 089 222011

Fluggesellschaften

Lan Chile Airlines
Liebfrauenstr. 1-3
60313 Frankfurt
Tel: 069 298 001-33
Passagierabfertigung
Tel: 069 6907 3334
Flughafen 60549 Frankfurt

Lufthansa
Reservierung u. Information
Tel: 069 2552-55

Geographische Lage:

Chile liegt an der südamerikanischen Westküste und grenzt im Norden an Peru und im Osten an Bolivien und Argentinien. Zum Hoheitsgebiet gehören die Juan-Fernández-Inseln, die Osterinsel sowie die Islas de los Desventusados und die Isla Salay Gómez.
Chile ist 4329 km lang und im Schnitt 180 km breit, die breiteste Ost-West-Ausdehnung ist 450 km bei Antofagasta. Durch ganz Chile erstrecken sich die Anden bis zu 6880 m Höhe (Vulkan Ojos del Salado), zum Meer hin fallen sie stufenförmig ab. Die unterschiedliche Bodenbeschaffenheit und extremen Klimaunterschiede machen sich in der Bevölkerungsdichte und in der jeweiligen Wirtschaft der unterschiedlichen Regionen bemerkbar. Chile kann man in fünf Zonen einteilen. Der Norden besteht aus regenloser heißer Wüste mit einigen wenigen Oasen. Das Gebiet südlich von Copiapó ist Halbwüste. Südlich von Llapel bis Conceptión leben die meisten Einwohner Chiles. Farmen und Weinberge zeichnen dieses Gebiet aus. Die 4. Zone zwischen Conceptión und Puerto Montt ist sehr bewaldet und hat viele Seen und Flüsse; hier regnet es die meiste Zeit des Jahres. Der ganze Süden, von Puerto Montt bis Kap Horn, ist nur gering bevölkert. Hier dominiert die Natur mit Wäldern, Gletschern, Fjorden und zahlreichen Inseln.

Klima:

Das Klima ist regional sehr unterschiedlich, teilweise subtropisch heiß und feucht, teilweise heiß und sehr trocken, im Süden subpolar. Santiago 14,0°C / 361 mm, Iquique 17,9°C / 21 mm, Punta Arenas 6,7°C / 447 mm.

Verkehr:

An der Küste Fährverbindungen, sonst Inlandsflugverkehr. Es existiert ein teilweise gut ausgebautes Straßennetz zwischen den Großstädten.
Internationale Verbindungen über mehrere Großflughäfen, am bedeutendsten sind Santiago de Chile Comodoro Arturo Merino Benitez (SCL) und Punta Arenas Presidente C. I. del Campo (PUQ).

Der Norden:

Arica liegt an der Grenze zu Peru und ist ein attraktives Ferienzentrum mit herrlichen Stränden. Die Hafenstadt Antofagasta wird von zahlreichen Schiffen angelaufen. Weiter südlich befindet sich der Ort Coquimbo mit einem der besten Häfen der Westküste. Ganz in der Nähe liegt der Badeort Los Vilos, von dem man die nahegelegene Insel La Reine mit dem Boot erreichen kann.

Mittlere Region und Inseln:

Valparaíso ist die größte Hafenstadt des Landes mit vielen Sehenswürdigkeiten. Nur acht Kilometer nördlich liegt Viña del Mar, Chiles größter und exklusivster Urlaubsort.

Der Süden:

Die in mehrere Inseln und Inselchen aufgesplitterten Magellanes und die spektakuläre Landschaft der chilenischen Teile Patagoniens bieten im Sommer ein ganz besonderes Naturerlebnis.

Santiago de Chile 1549 Vitacura

Cressi Sup
Avenida Padre Hurtado
Ph: + 56 2 2013766 Fax: + 56 2 2013766
Organisation: PADI
Language: Spanish, English
Season: 01.10. - 31.05.

Santiago de Chile 188 Casilla FEDESUB

Federaiòn Chilena de Submarinos
Av. Vicuna Mackenna 44
Ph: + 56 2 220385

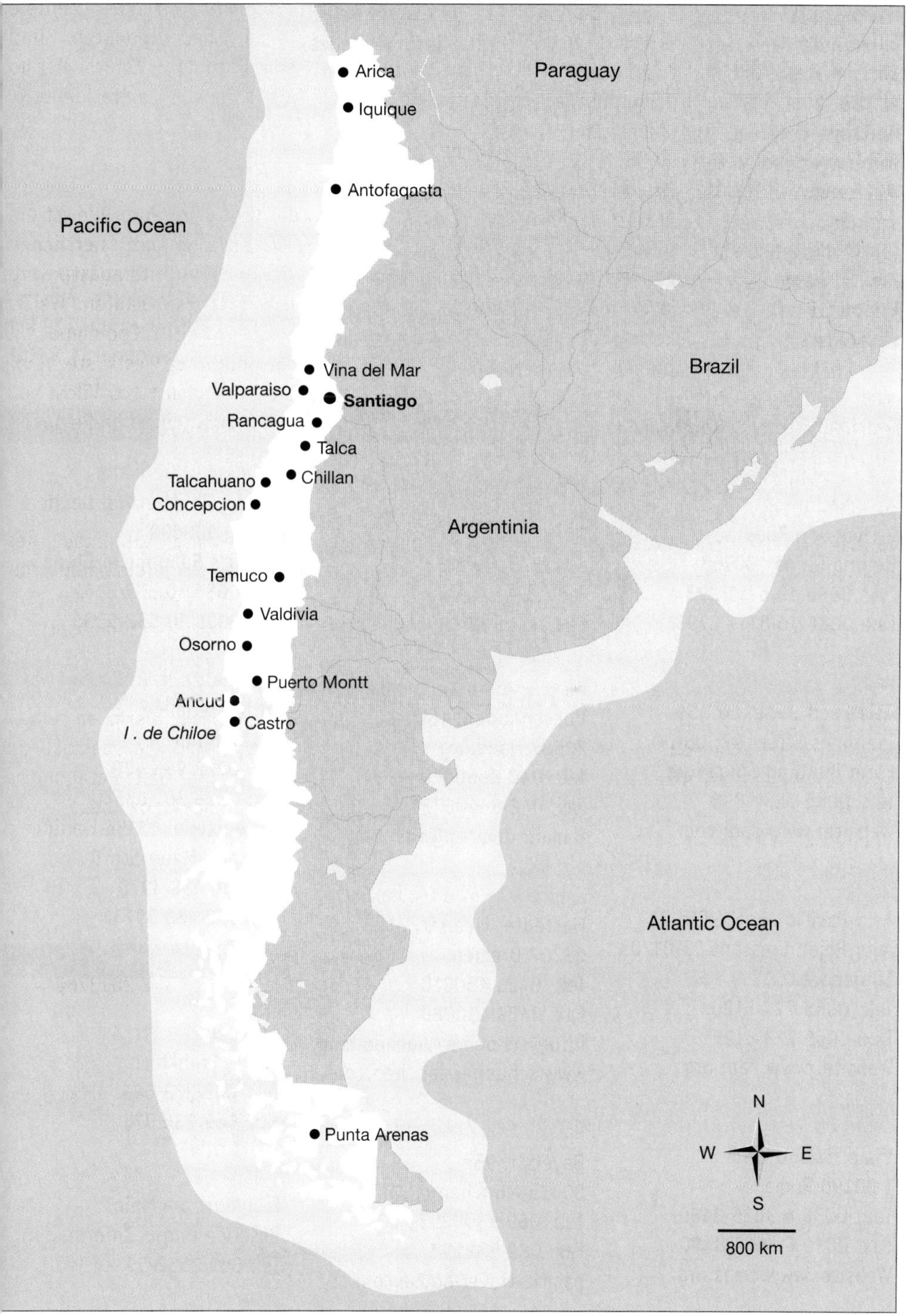
Arica
Iquique
Paraguay
Antofaqasta
Pacific Ocean
Vina del Mar
Brazil
Valparaiso
Santiago
Rancagua
Talca
Talcahuano
Chillan
Concepcion
Argentinia
Temuco
Valdivia
Osorno
Puerto Montt
Ancud
Castro
I . de Chiloe
Atlantic Ocean
N
W
E
S
800 km
Punta Arenas

China

Hauptstadt	Peking (Beijing)
Einwohner	11 Mio.
Entf. v. Frankfurt/M.	7.775 km
Währung	Renminbi Yuan
Amtssprache	Chinesisch
Telefonvorwahl v. D	00 86
Telefonvorwahl n. D	00 49
Verkehr	Rechtsverkehr
jährl. Touristenzahl	9 Mio.
Elektr. Strom	220 V / 50 Hz
Visum	ja
Flughafen	Peking (PEK) Hainan

Tauchregionen:
Südchinesisches Meer: Hainan

Zeitverschiebung: MEZ + 7
Fläche: 9.560.779 km²
Einwohner: 1,2 Mrd.

Tauchsicherheit

A.A.S.C. Chinese Underwater Association
9 Tiyuguan Road
Beijing China 100763
Tel: 0086 10 6711 223
Fax: 0086 10 6711 2793

PADI
Asia Pacific Pte. Ltd. 39
Tampines Street 92, 05-00
Form Building Singapore
Tel: 0065 785 9896
Website: www.padi.com

NAUI
Asia-Pacific Service Ctr. 71
Ayer Rajah Crescent 03-01/03
Singapore 0513
Tel: 0065 777 5120
Fax: 0065 773 6125
Website: www.naui.org

CMAS
Viale Tiziano 74
I-00196 Roma
Tel: 0039 6 3685 8480
Fax: 0039 6 3685 8490
Website: www.cmas.org

Information und Beratung

Fremdenverkehrsamt der Volksrepublik China
Ilkenhansstr. 6
60433 Frankfurt
Tel: 069 520 135
Fax: 069 528 490

Diver's Guide Tauchreisen
Dockenhudener Str. 14
22587 Hamburg
Tel: 040 8660670
Fax: 040 86606777
E-mail: diversg@aol.com

Schöner Tauchen
Hastedter Heerstr. 211
28207 Bremen
Tel: 0421 450010
Fax: 0421 450080
info@schoener-tauchen.com
www.schoener-tauchen.com

Pacific Travel House
Bayerstr. 95
80335 München
Tel: 089 5309293
Fax: 089 532152
pacific-travel-house.com

Botschaften

Embassy of Germany
5 Dong Zhi Men Wai Da Jie
Peking 100600
People's Republic of China
Tel: 0086 10 532 2161
Fax: 0086 10 532 5336

Botschaft der VR China
Kurfürstenallee 12
53177 Bonn
Tel: 0228 955 970
Fax: 0228 361 635
Außenstelle: 13156 Berlin
Heinrich-Mann-Str. 9
Tel: 030 488 3970
Fax: 030 488 39731

Fluggesellschaften

Air China
Düsseldorfer Str. 4
60329 Frankfurt
Tel: 069 233 083
Fax: 069 236 976

Lufthansa
Frankfurt am Main
Reservierung u. Information
Tel: 069 2552-55

Russia
Mongolia
Harbin
Urumqi
Shenyang
Jinzhou
N.Korea
Peking (Beijing)
Lüda
Tianjin
S.Korea
Yantai
Taiyuan
Singtau
Yellow Sea
Lanzhou
Nanjing
Shanghai
Chengdu
Lhasa
Wenzhou
Chongqing
Fuzhou
Kunming
Schantou
Taiwan
Bangla Desh
Guangzhou (Canton)
Hong Kong
India
Macau
Burma
Vietnam
Gulf of Bengal
Haikou
Laos
Hainan
N
Thailand
W
E
South China Sea
Cambodia
S
500 km

Geographische Lage:

China umfasst den größten Teil Ostasiens. Die Volksrepublik grenzt im Norden an Kirgisien, Kasachstan, Russland, Nordkorea und die Mongolei, im Westen an Afghanistan, Pakistan, Nepal, Bhutan und Indien, im Süden an Myanmar (das ehemalige Burma), Laos und Vietnam. Im Osten wird das Land durch den Pazifischen Ozean mit dem Gelben Meer, dem Ostchinesischen und dem Südchinesischen Meer begrenzt. Der Küste vorgelagert sind mehrere Inseln. Hier liegen unter anderem Taiwan, die portugiesische Kolonie Macao und Hong Kong, das 1997 von Großbritannien an China zurückgegeben wurde. Während der gesamte Osten mit einer Vielzahl von Millionenstädten extrem dicht besiedelt ist, gibt es im Westen nur gering oder vollständig unbesiedelte Wüsten, Steppen und Gebirgsregionen. China ist das bevölkerungsreichste Land der Erde. Einige Regionen sind für Touristen nicht zugänglich.

Klima:

China umfasst mehrere Klimazonen, vom Kontinentalklima im Norden und Westen mit heißen Sommern und kalten Wintern über Regionen mit Wüsten- und Steppenklima sowie subtropischem Klima im Süden und tropischem auf der Insel Hainan. Im Südosten gibt es Taifune.

Verkehr:

Während im Osten ein weit verzweigtes Straßen- und Eisenbahnnetz die dicht besiedelten Regionen durchzieht, gibt es im Westen nur spärliche Verkehrswege. Einige Teile des Landes sind verkehrstechnisch vollständig unerschlossen. Motorisierte Individualverkehrsmittel sind relativ selten, es dominiert das Fahrrad. An der Küste gibt es mehrere wichtige Hochseehäfen, der Bedeutendste ist Shanghai, und einen regen küstennahen Schiffsverkehr. Außerdem werden die großen Flüsse, vor allem der Jangtsekiang und der Huang-he, stark befahren. Der Luftverkehr erfolgt über die internationalen Flughäfen Peking (PEK) und Shanghai Hongqiao (SHA) sowie über eine Vielzahl von regionalen Flughäfen.

Hainan:

ist die größte chinesische Insel und liegt südwestlich von Hong Kong und südlich der Halbinsel Haikang in der Region Guangdong im Osten des Golfs von Tonking. Größte Stadt der Insel ist Hai-Kou.

Tauchplätze:

Die besten Tauchgebiete Chinas befinden sich im Südchinesischen Meer, vor allem die Insel Hainan hat sich zu einem Tauchzentrum entwickelt mit einigen schönen Tauchplätzen an der Südküste in der Region der Stadt Sanya. Lohnende Locations sind u.a. Tianyiahaijiao, Dongdao und Xidao in der Bucht von Sanya sowie Dongzhou, Xizhou und Xipai in der Bucht von Yalong etwas weiter östlich.

Fauna:

Grouper, Skorpionfische, Drachenköpfe, Engelsfische, Soldatenfische, Leopardenfische, Trompetenfische, Krabben, Garnelen, Seesterne, Korallen, Gorgonien, Anemonen, Schwämme.

529265 Guangdong Dao Tai Shan District

China Aqua Sport SSI Centre
Tang Ao Liudong Yumin
Tel: + 86 852480 5912 Fax + 86 85 2480 5912

A.A.S.C. Chinese Underwater Association

9, Tiyuguan Road
Beijing 100763
Tel: 0086 10 6711 223
Fax: 0086 10 6711 2793

Hauptstadt	Hong Kong, VR China
Einwohner	1,3 Mio.
Entf. v. Frankfurt/M.	9.140 km
Währung	Hong Kong-Dollar,
Amtssprache	Chinesisch, Englisch
Telefonvorwahl v. D	00 852
Telefonvorwahl n. D	00 149
Verkehr	Linksverkehr
jährl. Touristenzahl	k. A.
Visum	ja
Flughafen	Hong Kong International (HGK)

Tauchregionen:
Südchinesisches Meer, Hong Kong

Zeitverschiebung: MEZ + 7
Fläche: 1.144 km²
Einwohner: 6 Mio.

Tauchsicherheit

A.A.S.C. Chinese Underwater Association
9 Tiyuguan Road
Beijing China 100763
Tel: 0086 10 6711 223
Fax: 0086 10 6711 2793

PADI
Asia Pacific Pte. Ltd. 39
Tampines Street 92, 05-00
Form Building Singapore
Tel: 0065 785 9896
Website: www.padi.com

NAUI
Asia-Pacific Service Ctr. 71
Ayer Rajah Crescent 03-01/03
Singapore 0513
Tel: 0065 777 5120
Fax: 0065 773 6125
Website: www.naui.org

CMAS
Viale Tiziano 74
I-00196 Roma
Tel: 0039 6 3685 8480
Fax: 0039 6 3685 8490
Website: www.cmas.org

Information und Beratung

Fremdenverkehrsamt der Volksrepublik China
Ilkenhansstr. 6
60433 Frankfurt
Tel: 069 520 135
Fax: 069 528 490

Diver's Guide Tauchreisen
Dockenhudener Str. 14
22587 Hamburg
Tel: 040 8660670
Fax: 040 86606777
Email: diversg@aol.com

Schöner Tauchen
Hastedter Heerstr. 211
28207 Bremen
Tel: 0421 450010
Fax: 0421 450080
info@schoener-tauchen.com
www.schoener-tauchen.com

Pacific Travel House
Bayerstr. 95
80335 München
Tel: 089 5309293
Fax: 089 532152
pacific-travel-house.com

Botschaften

Embassy of Germany
5 Dong Zhi Men Wai Da Jie
Peking 100600
People's Republic of China
Tel: 0086 10 532 2161
Fax: 0086 10 532 5336

Botschaft der VR China
Kurfürstenallee 12
53177 Bonn
Tel: 0228 955 970
Fax: 0228 361 635
Außenstelle: 13156 Berlin
Heinrich-Mann-Str. 9
Tel: 030 488 3970
Fax: 030 488 39731

Fluggesellschaften

Air China
Düsseldorfer Str. 4
60329 Frankfurt
Tel: 069 233 083
Fax: 069 236 976

Lufthansa
Frankfurt am Main
Reservierung u. Information
Tel: 069 2552-55

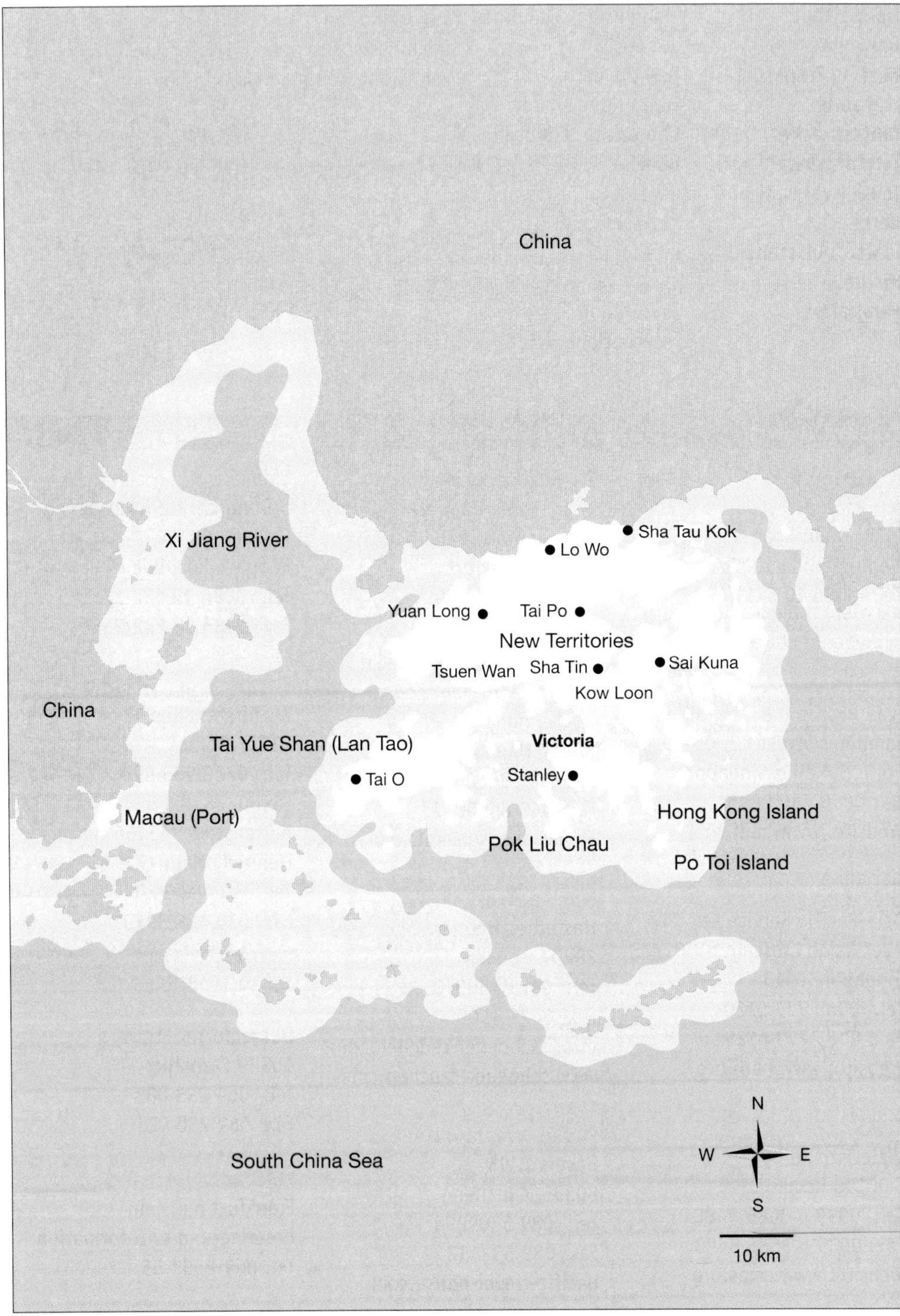
China
Xi Jiang River
Sha Tau Kok
Lo Wo
Yuan Long
Tai Po
New Territories
Tsuen Wan
Sha Tin
Sai Kuna
Kow Loon
China
Tai Yue Shan (Lan Tao)
Victoria
Tai O
Stanley
Macau (Port)
Hong Kong Island
Pok Liu Chau
Po Toi Island
South China Sea
N
W
E
S
10 km

Geographische Lage:

Hong Kong liegt auf einer Halbinsel, den New Territories und mehreren vorgelagerten Inseln mit den Hauptinseln Hong Kong und Lan Tau im äußersten Südosten Chinas und ist vom Südchinesischen Meer umgeben. Das Gebiet befindet sich unweit der Mündung des Xi Jiang Flusses. Die ehemalige britische Kronkolonie gehört seit 1997 wieder zur Volksrepublik China und ist z. Z. eine autonom verwaltete Zone.

Klima:

Das Klima ist subtropisch, mit feuchtheißen Sommern und kühlen Wintern.

Verkehr:

Hong Kong verfügt über ein sehr gutes Straßennetz. Eine Eisenbahnlinie verbindet die Provinz mit Kanton. Fährverbindungen existieren nach Macao, Taiwan und in verschiedene chinesische Regionen, außerdem zwischen den Inseln und dem Festland mit ständigem Linienverkehr. Der internationale Flugverkehr läuft über den Flughafen Lan Tau.

Tauchplätze:

Einige der populärsten Tauchplätze in der Region der ehemaligen britischen Kronkolonie befinden sich u.a. am Breaker Riff, in der Mirs Bay und am Crooked Island, weitere Locations sind Leung Shuen Wan bei Sai Kung, Long Ke Wan sowie mehrere Plätze in dem Gebiet um Round Island. Schließlich gibt es Tauchmöglichkeiten bei Tai Long Wan sowie bei Pedro Blanco, einem kleinen Felsriff 80 km östlich von Hong Kong. Die Sichtweiten sind zumeist nicht besonders gut, außerdem findet man selten Großfische.

Fauna:

Clownsfische, Rochen, Barrakudas, verschiedene Haiarten, Meeraale, Kraken, Octopusse, Garnelen, Krabben, Nacktschnecken, Korallen.

Aberdeen Hong Kong

Mandarin Divers Marine Services Ltd
Unit 201, Aberdeen Marina Tower
8 Shum Wan Rd
Ph: + 852 2554 7110 Fax: + 852 2554 7121
Organisation: PADI
Language: English

AE

North Point Hong Kong

Scuba Centre
Owner: O. Kitchell
G/F, 27 Whitfield Road
Ph: + 852 28877922
Fax: + 852 28878680
Organisation: PADI, NAUI, CMAS, DAN
Language: English
Season: 01.04. - 31.10.

AE

Ap LE1 Chau Hong Kong

Yoy Marine & Scuba Centre
G/F 110 Ap LE1 Chau Main Street
Ph: + 852 25524185
Fax: + 852 58731839
Organisation: PADI
Language: Chinese, English
Established: 1990
Season: 01.01. - 31.12

VISA M

3-5 Staion Lane Hong Kong

Hong Kong Institute of Scuba Training
Owner: K. K. Li
Flat B 1/F Rammon Mansion
3-5 Station Land
Ph: + 852 23347543 Fax: + 852 27746717
Language: English
Season: 01.01. - 31.12.

AE

Costa Rica

Hauptstadt	San José
Einwohner	280.000
Entf. v. Frankfurt/M.	9.345 km
Währung	Costa-Rica Colon, C
Amtssprache	Spanisch
Telefonvorwahl v. D	00 506
Telefonvorwahl n. D	00 49
Verkehr	Rechtsverkehr
jährl. Touristenzahl	400 000
Elektr. Strom	110V / 60Hz
Visum	nein
Flughafen	San Jose Juan Santamaria (SJO)

Tauchregionen:
Pazifischer Ozean
Cocos Island

Karibisches Meer:
Guanacaste
Cahuita

Zeitverschiebung: MEZ - 7
Fläche: 51.100 km²
Einwohner: 3,3 Mio.

Tauchsicherheit

DIWA: Costa Rica
World Association
Apto. 137 5000 Liberia
Tel: 00506 666 1972
Website: www.diwa.net

PADI International
1251 East Dyer Road
USA-CA 92705-5605
Santa Ana
Tel: 001 714 5 40 72 34
Fax: 001 714 5 40 26 09
Website: www.padi.com

NAUI Worldwide
9942 Currie Davis Drive
USA-33619-2667 Tampa FL
Tel: 001 813 6 28 62 84
Fax: 001 813 6 28 82 53
E-mail: info@naui.com
Website: www.naui.com

CMAS
Viale Tiziano 74
I-00196 Roma
Tel.: 003 96 36 85 84 80
Fax: 003 96 36 85 84 90
Website: www.cmas.org

Information und Beratung

Costa Rica Tourismusbüro
Kartäusergasse 26
50678 Köln
Tel: 0221 310 1842

Tauchen International
Bernardstr. 73
63067 Offenbach
Tel: 069 823 535
Fax: 069 800 3399

Karibik Inside
Lockwitztalstr. 20
01259 Dresden
Tel: 0351 205 5915
E-Mail: karibikins@aol.com

Reisecenter Federsee
Schussenriederstr. 26
88422 Bad Buchau
Tel: 07582 3551
Fax: 07582 3252

Karibia
Fliederstr. 25
63456 Hanau
Tel: 06181 662 860
Fax: 06181 662 860

Botschaften

Botschaft Deutschland
San Jose´ Barrio Rohrmoser de la residencia del B Embajador de España, 200 m al norte y 50 m al Oeste
San Jose´
Tel: 00506 232 5533
Fax: 00506 231 6403

Republik Costa Rica
Langenbachstraße 19
53113 Bonn
Tel: 0228 540 040
Fax: 0228 549 053

Fluggesellschaften

Condor Flugdienst G.m.b.H.
Kelsterbach
Frankfurt am Main
Te: 06107 939-0

LTU Touristik GmbH
Flughafen
22335 Hamburg
Tel: 040 5000031
Fax: 040 5000032

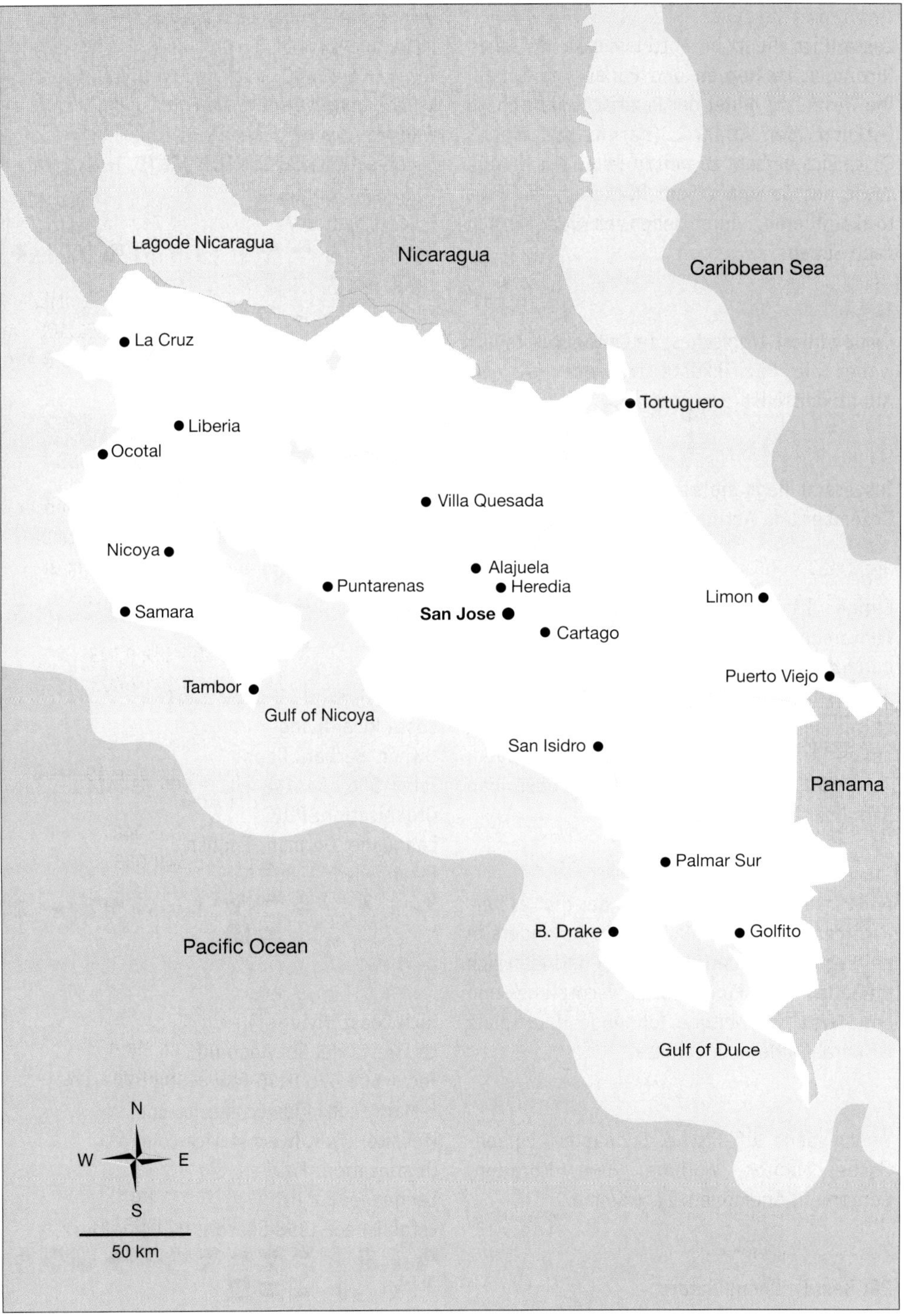
Lagode Nicaragua
Nicaragua
Caribbean Sea
La Cruz
Tortuguero
Liberia
Ocotal
Villa Quesada
Nicoya
Alajuela
Puntarenas
Heredia
Limon
Samara
San Jose
Cartago
Puerto Viejo
Tambor
Gulf of Nicoya
San Isidro
Panama
Palmar Sur
B. Drake
Golfito
Pacific Ocean
Gulf of Dulce
N
W
E
S
50 km

Geographische Lage:

Costa Rica liegt in Mittelamerika zwischen Nicaragua im Norden und Panama in Süden. Die Westküste bildet der Pazifische Ozean, die Ostküste der Atlantik (Karibisches Meer). Costa Rica besteht zu weiten Teilen aus Urwald sowie aus Savanne. Sein Rückgrad, die Zentralkordilleren, durchziehen es von Norden nach Süden.

Klima:

Es dominiert tropisches, feuchtheißes Klima, wobei die Pazifikküste trockener als die Atlantikküste ist. San José 20,4°C / 1944 mm.

Hauptreisezeit:

Insgesamt liegt die beste Reisezeit zwischen Dezember und April.

Verkehr:

Einige Straßen und eine Bahnlinie von Puntarenas über San José nach Puerto Limon durchziehen das kleine Land. Nach Nicaragua gibt es nur eine einzige Straßenverbindung. Es gibt Schifffahrt in den Küstengebieten und einige Flugverbindungen mit Kleinflugzeugen. Der internationale Flughafen ist San José Juan Santamaria (SJO).

Tauchplätze:

Auch an der Nordküste des Landes gibt es hervorragende Tauchmöglichkeiten, besonders in der Region von Guanacaste. Hier befinden sich die Tauchplätze Punta Gorda, Escorpiones und Los Meros. Ein weiterer lohnender Tauchplatz ist Coral Garden bei Cahuita.

Fauna:

Verschiedene Riff-Fische, Schnapper, Lippenfische, Mantas, Walhaie, Haie, Korallen, Gorgonien, Anemonen, Schwämme.

Guanacaste 5019

Bill Beard's Diving Safaris
Owner: Earl Gibbs
Playa del Coco
Tel: + 506 6720012 Fax: + 506 672 023
E-Mail: diving@sol.racsa.co.cr
Website: www.diving-safaris.com
Organisation: PADI, NAUI, IANTD, HSA, CMAS
Language: English
Established: 1972

Guanacaste 5019

Diving Safaris De Costa Rica
El Octal Hotel Playa Del Coco
Tel: + 506 670 0321 Fax: + 506 670 0083
E-Mail: elocotal@sol.racsa.co.cr
Organisation: PADI
Language: English
Established: 1998

Playa Potrero 5111 Guanacaste

Costa Rica Diving
Owner: Barbara Deppe
Tel: + 506 6544148 Fax: + 506 6544148
Organisation: PDIC
Language: German, English
Established: 1985

Playas Del Coco 5019

Rich Coast Diving
La Puerta del Sol Apdo 005
Tel: + 506 670 0176 Fax: + 506 670 0176
E-Mail: scuba@divecostarica.com
Website: www.divecostarica.com
Organisation: PADI
Language: English
Established: 1998 Season: 01.01. - 31.12.

Hauptstadt	Kopenhagen
Einwohner	1,4 Mio.
Entf. v. Frankfurt/M.	670 km
Währung	Dänische Krone, dkr
Amtssprache	Dänisch
Telefonvorwahl v. D	00 45
Telefonvorwahl n. D	00 49
Verkehr	Rechtsverkehr
jährl. Touristenzahl	1,4 Mio.
Elektr. Strom	220 V / 50 Hz
Visum	nein
Flughafen	Kopenhagen Kastrup (CPH)

Tauchregionen:
Ostsee
Kleiner Belt
Kattegat
Alborg

Zeitverschiebung: MEZ - 0
Fläche: 43.076 km^2
Einwohner: 5,1 Mio.

Tauchsicherheit

Dansk Sportdykker Forbund
Idraettens Hus Brondby
Stadion 20 DK-2605 Brondby
Tel: 0045 43 262560
Fax: 0045 43 262561

PADI Europe
Oberwilerstr. 3
CH-8442 Hettlingen
Tel: 0041 52 304 1414
Fax: 0041 52 304 1499
Website: www.padi.com

VDST: Verband Deutscher Sporttaucher e.V.
Tannenstr. 25
D-64546 Möhrfelden
Tel: 0049 6105 961 302
Fax: 0049 6105 961 345
E-mail: vdst.ev@t-online.de
Website: www.vdst.de

Scuba Schools International
Otto-Hahn Str. 1c
D-69190 Walldorf
Tel: 0049 622 71030
Fax: 0049 622 71037
Website: www.ssi.com

Information und Beratung

Dänisches Fremdenverkehrsamt
Hamburg Tel: 040 32021-0
Dänisches Fremdenverkehrsamt
Berlin Tel: 030 54376733

Diver's Guide Tauchreisen
Dockenhudener Str. 14
22587 Hamburg
Tel: 040 866 0670
Fax: 040 866 06777
tauchen@divers-guide.de
www.divers-guide.de

Dive & Fun
Katharinenstr. 48
31135 Hildesheim
Tel: 05121 130 320
Fax: 05121 134 037

Schöner Tauchen
Hastedter Heerstr. 211
28207 Bremen
Tel: 0421 450 010
Fax: 0421 450 080
info@schoener-tauchen.com
www.schoener-tauchen.com

Botschaften

Embassy Republic of Germany
Stockholmsgade 57
Postfach 2712
DK-2100 Kopenhagen
Tel: 0045 35 261622
Fax: 0045 35 267105

Königreich Dänemark
Pfälzer Str. 14, 53111 Bonn
Tel: 0228 72991-0
Fax: 0228 7299131
Außenstelle:
Wichmannstr. 5, 10787 Berlin
Tel: 030 250010
Fax: 030 25001190

Fluggesellschaften

SAS Scandinavian Airlines
Saonestr. 3
60528 Frankfurt
Tel: 069 66446-130
Website: www.sas.se

Lufthansa
Frankfurt am Main
Reservierung u. Information
Tel: 069 2552-55
Website: www.lufthansa.de

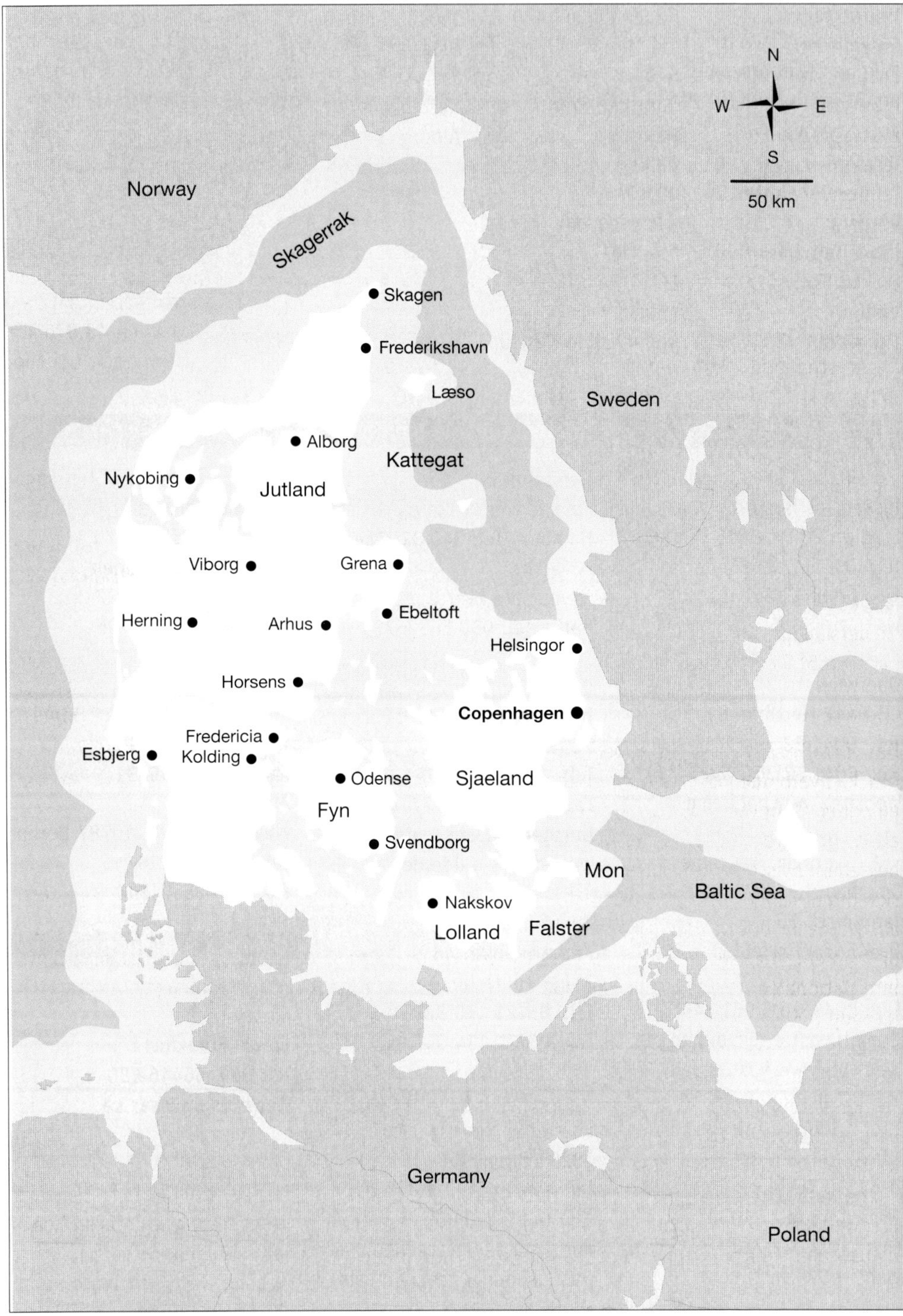
N
W
E
S
50 km
Norway
Skagerrak
Skagen
Frederikshavn
Læso
Sweden
Alborg
Kattegat
Nykobing
Jutland
Viborg
Grena
Herning
Arhus
Ebeltoft
Helsingor
Horsens
Copenhagen
Fredericia
Esbjerg
Kolding
Odense
Sjaeland
Fyn
Svendborg
Mon
Baltic Sea
Nakskov
Lolland
Falster
Germany
Poland

Geographische Lage:
Dänemark gehört zu Skandinavien und liegt im Norden Zentraleuropas. Das Königreich grenzt im Süden an Deutschland, der übrige Teil ist von Nordsee, Ostsee, Skagerak und Kattegat umgeben.
Zu Dänemark gehören mehrere Inseln, u.a. Seeland mit Kopenhagen, Lolland, Fünen, Bornholm sowie die autonomen Regionen Grönland und Färöer im Nordatlantik. Die Region Jütland ist geprägt durch Dünenlandschaften, Marschgebiete, Watt und Steilküsten an der Ostsee.
Dänemark ist weitgehend flach, im Osten leicht hügelig mit Wäldern und Seen. Wichtigste Städte sind Kopenhagen, Odense auf der Insel Fünen, Arhus und Alborg in Jütland.

Klima:
Milde Winter, warme Sommer, mäßige Niederschläge über das ganze Jahr. Kopenhagen 8,5°C / 603 mm.

Verkehr:
Das Straßennetz ist sehr gut ausgebaut, Brücken verbinden die wichtigsten Inseln miteinander. Bahnverbindungen gibt es zwischen allen größeren Städten, Fährverbindungen bestehen zwischen den Inseln und mit allen skandinavischen Ländern, außerdem natürlich auch nach Deutschland, Polen und Großbritannien. Wichtigster Flughafen mit vielen internationalen Anschlüssen ist Kopenhagen Kastrup (CPH).

Ostküste:
In der Verbindung vom Skagerak im Norden und der Ostsee im Südosten befindet sich das Kattegat zwischen der Westküste Jütlands (Dänemark) und der Ostküste Hallands (Schweden), die Grenze zur Ostsee bilden die dänischen Inseln Seeland, Lolland, Falster und Mon.

Tauchplätze:
Die besten Tauchmöglichkeiten bestehen bei Skagens Horn an der Nordspitze Dänemarks, das die Grenze zum Skagerak darstellt. Weitere Tauchgebiete befinden sich etwas weiter südlich vor Frederikshavn sowie bei der Insel Laeso.

Wracks:
Mehrere betauchbare Wracks, u.a. Kronprinz Wilhelm, ein Passagierschiff, das später zu einem WW I-Kriegsschiff umgebaut wurde und heute in 44 m vor Stora Middelgrund ruht sowie U-251, ein WW II-U-Boot in 32 m südöstlich von Laeso.

Fauna:
Barsche, Dorsche, Flundern, Butt, Meeresforellen, Aale, Seesterne, Seeigel, Skorpionfische, Krabben, Krebse, Blumentiere und verschiedene Quallenarten.

Kleiner Belt:
Die Meerenge zwischen dem dänischen Festland und der Insel Fünen. Auf der Ostseite der Insel liegt der Große Belt. Beide Wasserstraßen verbinden die Ostsee mit dem Kattegat.

Tauchplätze:
Am Festland in der Region von Kolding gibt es lohnende Tauchplätze, u.a. Gamle Albo (am gleichnamigen Camping) und Middelfahrt, eine Steilwand, die in zwei Stufen bis in 60 m abfällt.

Wracks:
Das Wrack des Schnellboots S 103 liegt vor der Insel Alsen bei Mommark, ein U-Boot und der Frachter Koronowo befinden sich vor Bornholm, außerdem gibt es ein versenktes Schwimmdock bei Sonderborg im Hafenbecken, der Einstieg zu diesem Tauchplatz ist beim Kajak Club.

Aalborg 9100

Dykkersport
Owner: Ole Skjaerbaek
Vesterbro 15 or P.O. Box 501
Ph: + 45 98 104100 Fax: + 45 98 104200
E-Mail: info@dykkersport.dk
Website: www.dykkersport.dk
Organisation: 5*PADI
Language: German, English, Danish, Swedish, Norwegian, Finnish
Established: 1991 Season: 01.01. - 31.12.

Abyhoj /Arhus 8230 Kattegat

Sosport Watersport
Owner: A.Sadler
Silkeborgvej 232
Ph: + 45 86155521 Fax: + 45 86155521
Organisation: PADI , CMAS
Language: English, Danish, German
Established: 1984 Season: 01.01. - 31.12.

Arhus C 8100

Quatre Force
Owner: Carten Moller
Malaccavej 1
Ph: + 45 86 122038 Fax: + 45 86 122003
E-Mail: qf@quatre-force.dk
Website: www.quatre-force.dk
Organisation: 5*PADI, NAUI, CMAS
Established: 1991 Season: 01.01. - 31.12.

Arhus V 8120 Jylland

Aquatic Marine A/S
Owner: Knud Aagaard
Bredskiftevej
Ph: + 45 86243233 Fax: + 45 86243277
E-Mail: mail@aquatic.dk
Website: www.aquatic.dk
Organisation: PADI Language: German, English
Established: 1971

Copenhagen 1165

Dykkercentret
Owner: Renè Nielsen
Noerregade 38
Ph: + 45 33120303
Organisation: PADI
Language: Danish, English
Season: 01.01. - 31.12.

Mariager 9550

NDC Mariager Fjord Center
Owner: Soeren Pouelsen
Vinthersvet 1 Assens
Ph: + 45 98584000
Organisation: PADI
Language: Danish, Swedish, German, English

Odense C FYN 5000

Diving 2000A/S
Asylgade 16
Ph: + 45 66130049 Fax: + 45 66142540
Website: www.diving2000.dk
Organisation: 5*PADI
Language: German, English Established: 1986

Odense C 5000 Fyns

Fyns Dykker Center Skibhusvej 47
Owner: Chri Stensen
Ph: + 45 40252581 Fax: + 45 63150336
E-Mail: mash@post8.tele.dk
Organisation: 5*PADI Language: German

Hauptstadt	Berlin	Tauchregionen:	
Einwohner	3,3 Mio.	Ostsee	
Währung	Deutsche Mark DM	Hemmoor	
Amtssprache	Deutsch	Salzgittersee	
Verkehr	Rechtsverkehr	Oker-Talsperre	
jährl. Touristenzahl	19 Mio.	Banter See	
Elektr. Strom	220V / 50Hz	Hohendeicher See	
Flughäfen in Deutschland	Frankfurt Rhein-Main (FRA), Düsseldorf Rhein-Ruhr (DUS), Berlin Tegel (TXL) München (MUC)	Edersee Laacher See Bodensee Siehe auch unter Bundesländer	

Fläche: 356.945 km²
Einwohner: 80,8 Mio.

D-Tauchorganisationen

VDST Verband Deutscher Sporttaucher e.V.
Tannenstr. 25
6454 Mörfelden-Walldorf
Tel: 06105 961302
Fax: 06105 961345
E-Mail: vdst.ev@t-online.de
Internet: www.vdst.de

VETL Verband Europäischer Tauchlehrer VETL e.V.
Geschäftsstelle
Möllendorfstraße 45
10367 Berlin
Tel: 030 5541883
Fax: 030 5541883
Internet: www.vetl.de

Handicapped Scuba Association HSA Deutschland
Fürstenwall, 40215 Düsseldorf
Tel: 0211 9383931
Fax: 0211 9383938
Redderkoppel 11, 24159 Kiel
Tel: 0431 39 77 81
Fax: 0431 39 77 81
E-Mail: info@hsa-germany.de
Internet: www.hsa-germany.de

D-Tauchorganisationen

Barakuda International Aquanautic Club
Borbeckerstr. 238
45355 Essen
Tel: 0201 670049
E-Mail: info@barakuda.de.
Internet: www.barakuda.de.

VIT-VERBAND INTERNATIONALER TAUCHSCHULEN
Zeno-Kern Str. 33
83527 Haag
Tel: 08072 373760
Fax: 08072 373761
E-Mail: VIT-MUC@t-online.de
Internet: www.dive-vit.com

IDA International Diving Association
Dorfstr. 267, 24147 Klausdorf
Tel: 0431 7992577
Fax: 0431 7992577
E-Mail: ida.kiel@t-online.de
Internet: www.ida-online.com

VIST Verband Internationaler Sport-Taucher
Oberenden 5, 21769 Lamstedt

D-Tauchorganisationen

Tel: 04773 8149
Fax: 04773 892211
Internet: www. vist-ev.de

VDTL Verband Deutscher Tauchlehrer
Pressebüro Moislinger Allee 8
23558 Lübeck
Tel: 0451 861117
Fax: 0451 84083
E-Mail: info@vdtl.de
Internet: www.vdtl.de

SSI Germany
Scuba Schools International
Otto-Hahn-Str. 1c
69190 Walldorf
Tel: 06227 1030
Fax: 06227 1037
Internet: www.ssi.com

VEST Verband Europäischer Sporttaucher
Hörner Esch 68
26215 Wiefelstede
Tel: 04402 69939
Fax: 04402 60631
Internet: www.vest-dive.de

Geographische Lage:

Deutschland liegt in Mitteleuropa, im Norden grenzt es an Dänemark, im Osten an Polen und die Tschechische Republik, im Süden an Österreich und die Schweiz, im Westen an die Niederlande, Belgien, Luxemburg und Frankreich. Deutschland hat Küsten zur Nordsee im Nordwesten und zur Ostsee im Nordosten, außerdem Anteil am Bodensee im Südwesten. Die Landschaften sind vielfältig, von der Norddeutschen Tiefebene über Mittelgebirge und Hochebenen, die durch große Flusstäler u.a. Rhein, Main, Donau, voneinander getrennt werden, bis zu den Voralpen im Süden. Neben den großen Ballungsgebieten sind weite Teile land- oder forstwirtschaftlich genutzt. Es gibt mehrere große, zusammenhängende Waldgebiete und seenreiche Regionen im Nordosten und Süden. Den Küsten sind mehrere Inseln vorgelagert, u.a. Rügen und Fehmarn in der Ostsee, die Nordfriesischen (mit Sylt) und Ostfriesischen Inseln sowie Helgoland in der Nordsee.

Klima:

Das Klima ist kontinental mit milden Sommern und kühlen Wintern. Niederschläge fallen das ganze Jahr.

Verkehr:

Deutschland verfügt über ein sehr gut ausgebautes Straßen- und Eisenbahnnetz, es hat direkte Verkehrsverbindungen mit allen europäischen Regionen. Von den Häfen an Nord- und Ostsee (Kiel, Bremerhaven, Lübeck, Rostock sowie Hamburg) bestehen diverse Fährverbindungen nach Skandinavien, Finnland und England. Alle größeren Flüsse (u.a. Rhein, Main, Elbe, Donau und Neckar) werden befahren.

Die internationalen Flughäfen:

stellen Anschlüsse zu allen wichtigen Zielen weltweit her. Die bedeutendsten sind Frankfurt Rhein-Main (FRA), Berlin Tegel (TXL), München Franz Josef Strauß (MUC), Düsseldorf Rhein-Ruhr (DUS), Hamburg Fuhlsbüttel (HAM), Stuttgart Echterdingen (STR), Hannover Langenhagen (HAJ) und Köln/Bonn Konrad Adenauer (CGN). Zudem gibt es einen intensiven innerdeutschen Flugverkehr über weitere Kleinflughäfen.

Tauchregionen nach Bundesländern:

Die Tauchregionen sind alphabetisch nach Bundesländern sortiert und haben eine eigene Startseite. Die Regionen sind innerhalb des Bundeslandes auch alphabetisch angeordnet. Die Tauchschulen und -basen haben wir den jeweiligen Tauchregionen zugeordnet. Am Ende der Deutschland-Sektion finden Sie zusätzlich noch Adressen von Tauchorganisationen, Tauchreiseveranstaltern und eine Liste von Dekompressionskammern.

Denmark
Baltic Sea
Sylt
Westerland
Amrum
Flensburg
Eckernförde
Fehmarn
Burg
Rügen
Altenkirchen
Bergen
Husum
Nordsee (North Sea)
Kiel
Stralsund
Rendburg
Lübeck
Rostock
Ostfriesische Inseln
Cuxhaven
Hemmoor
Schwerin
Norden
Wilhelmshaven
Hamburg
Waren
Emden
Bremerhaven
Lüneburg
Oldenburg
Netherlands
Poland
Bremen
Uelzen
Eberswalde
Celle
Brandenburg
Berlin
Fürstenwalde
Postdam
Frankfurt
Rheine
Osnabrück
Wedemark
Hannover
Braunschweig
Minden
Bielefeld
Hildesheim
Magdeburg
Münster
Cottbus
Bochum
Dortmund
Karlshafen
Göttingen
Halle
Leipzig
Duisburg
Essen
Kassel
Düsseldorf
Edertal
Dresden
Görlitz
Eisenach
Erfurt
Weimar
Köln
Aachen
Marburg
Bad Hersfeld
Chemnitz
Bonn
Gera
Bad Honnef
Fulda
Meiningen
Lahn
Plauen
Koblenz
Schweinfurt
Hof
Czech Republic
Wiesbaden
Frankfurt
Büchenbeuren
Bingen
Mainz
Aschaffenburg
Bamberg
Bad Kreuznach
Darmstadt
Trier
Würzburg
Weiden
Kaiserslautern
Mannheim
Saarbrücken
Heidelberg
Ansbach
Nürnberg
Fürth
Bruchsal
Karlsruhe
Heilbronn
Regensburg
Ludwigsburg
Backnang
Stuttgart
Ingolstadt
Baden-Baden
Böblingen
Esslingen
Tübingen
Ulm
Passau
Rottenburg
Augsburg
Landshut
France
Freising
Emmendingen
Fürstenfeldbruck
München
Freiburg
N
W
E
S
Bad Tölz
Rosenheim
Konstanz
Friedrichshafen
Basel
Lindau
Füssen
Garmisch-Partenkirchen
Switzerland
Austria
75 km

Deutschland/Baden-Württemberg, Bodensee

Hauptstadt	Stuttgart
Flughäfen	Echterdingen Friederichshafen
Anz. Tauchschulen	94 Schulen/Basen
Tourismus-Informationen	Tourismus-Verband Baden-Württemberg Esslinger Str. 8 70182 Stuttgart Tel: 0711 238580 Fax: 0711 2385899 Bodensee Oberschwaben Tel: 07531 9099490

Tauchregionen:
Bodensee
Büchenauer See
Dietenheimer See
Eggensteinersee
Epplesee
Nagoldtalsperre
Rheinauer See
Sinninger See
St. Leoner See
Streitköpfle
Waidsee Weinheim

Fläche: 35.751 km²
Einwohner: 10,32 Mio.

Geographische Lage:
Im Südwesten von Deutschland gelegenes Bundesland mit Grenzen zu Frankreich im Westen, Hessen im Norden, Bayern im Osten sowie der Schweiz und Österreich im Süden. Die wichtigsten Städte sind Stuttgart (Landeshauptstadt), Mannheim, Karlsruhe, Heilbronn, Tübingen, Überlingen, Reutlingen und Freiburg. Baden-Württemberg verfügt über eine sehr abwechslungsreiche Landschaft, z.B. den Schwarzwald, die Schwäbische Alb, die Hohenloher Ebene und das Bodenseegebiet.

VDST-Landesverband Baden-Württemberg:
Herr Jürg Peter Pieschka, Zum Seebühl 28
D-78315 Radolfzell-Güllingen
Tel: 07732 911804 Fax: 07732 911804
E-Mail: j.pieschka@t-online.de

Bodensee:
Das Schwäbische Meer ist der größte Binnensee Deutschlands. Der See liegt auf einer Höhe von 396 m mit Maximaltiefen von 254 m, im Grenzgebiet zwischen Deutschland, Österreich und der Schweiz und ist unterteilt in Ober-, Unter- und Überlinger See. Letzterer liegt im Nordwesten, ist bis zu 150 m tief und die wichtigste Tauchregion des Bodensees. In diesem Bereich befindet sich auch die Insel Mainau. Die wichtigsten Orte auf deutscher Seite sind Friedrichshafen, Konstanz, Überlingen und Meersburg.

Grundlegend:
An alle der Hinweis: Seit 3 Jahren ist es Pflicht, am Bodensee den Tauchplatz beim Tauchen vom Land aus mit der Flagge "A" der internationalen Flaggenordnung (Doppelstander, deren Hälfte am Stock weiß und die andere Hälfte blau ist) zu kennzeichnen. Die Flagge muss eine Mindestgröße von 60 cm x 60 cm haben. Beim Tauchen vom Wasser aus muss die Flagge am Boot oder an einer Boje angebracht werden. (Bodenseeschifffahrtsordnung Art. 3.13). Dies soll der Sicherheit der Taucher dienen, da sich Schiffe der Flagge nicht mehr als 50 m nähern dürfen.

Marienschlucht:
Besonders interessant ist die Marienschlucht am Südufer des Überlinger Sees. Teilweise überhängende Steilwand, die bis auf 80 m hinabreicht.

Dingelsdorf:
Dingelsdorf liegt am Überlinger See. Fahren Sie von Konstanz aus Richtung Litzelstetten, Dettingen, dann zum Campingplatz und Strandbad Klausenhorn.

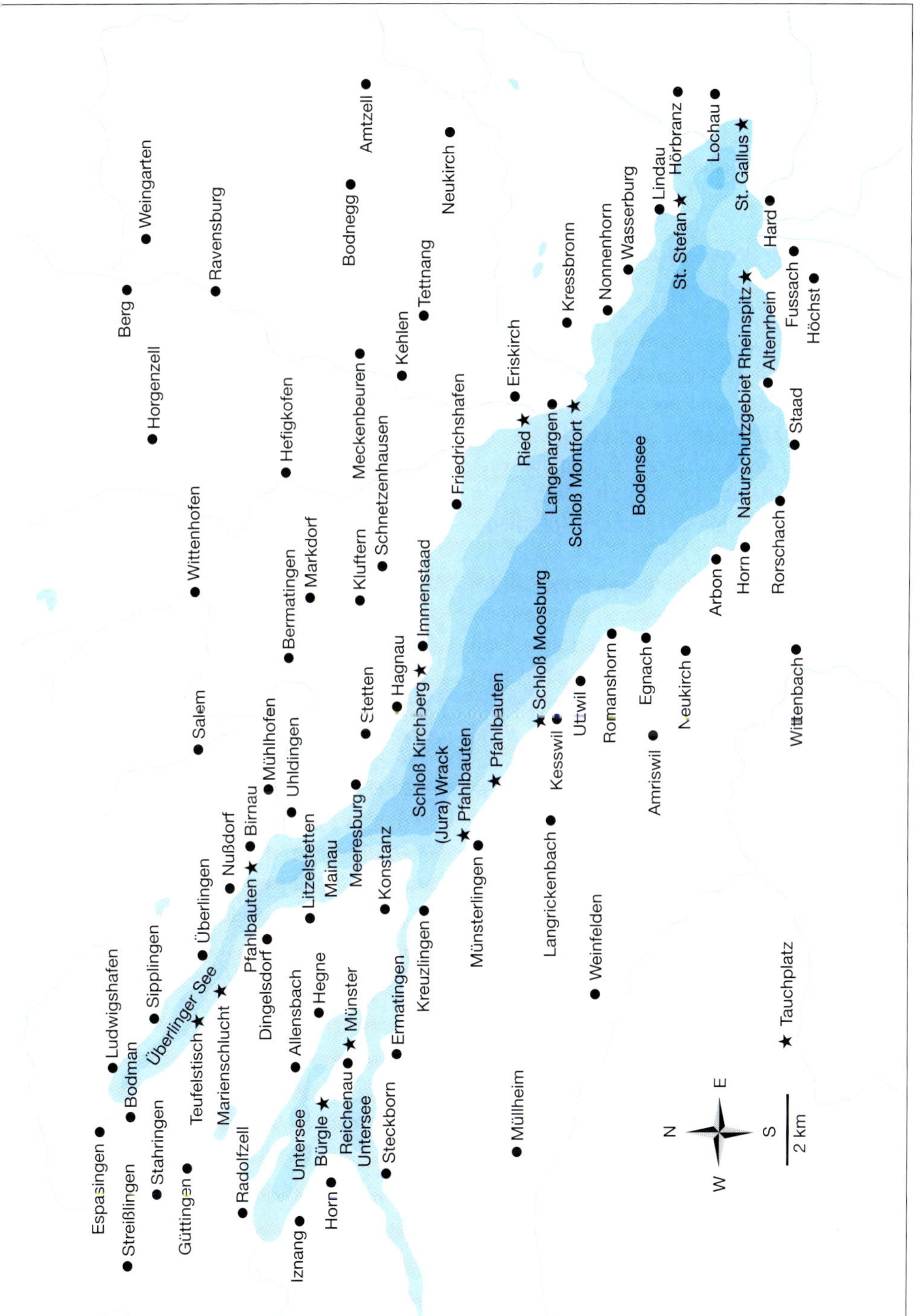
Weingarten
Berg
Ravensburg
Amtzell
Neukirch
Bodnegg
Horgenzell
Wittenhofen
Hefigkofen
Meckenbeuren
Kehlen
Tettnang
Schnetzenhausen
Friedrichshafen
Eriskirch
Kressbronn
Nonnenhorn
Wasserburg
Lindau
Hörbranz
Lochau
St. Gallus
St. Stefan
Hard
Fussach
Höchst
Naturschutzgebiet Rheinspitz
Altenrhein
Staad
Ried
Langenargen
Schloß Montfort
Bodensee
Rorschach
Horn
Arbon
Bermatingen
Markdorf
Kluftern
Immenstaad
Hagnau
Schloß Kirchberg
Stetten
Salem
Mühlhofen
Uhldingen
Meersburg
(Jura) Wrack
Pfahlbauten
Schloß Moosburg
Kesswil
Utwil
Romanshorn
Egnach
Neukirch
Amriswil
Wittenbach
Birnau
Nußdorf
Überlingen
Pfahlbauten
Litzelstetten
Mainau
Konstanz
Münsterlingen
Langrickenbach
Weinfelden
Kreuzlingen
Ermatingen
Münster
Hegne
Allensbach
Dingelsdorf
Marienschlucht
Teufelstisch
Überlinger See
Sipplingen
Ludwigshafen
Bodman
Espasingen
Stahringen
Streißlingen
Güttingen
Radolfzell
Untersee
Bürgle
Reichenau
Untersee
Steckborn
Iznang
Horn
Müllheim
Tauchplatz
N
E
S
W
2 km

Tauchplatz:

Abfallende Halde bis 40 m, Temperatur je nach Jahreszeit ab 4°C, Sichtweiten von 1-10 m. Am Strandbad bis zum Seezeichen 21 herauslaufen, dann steilabfallende Halde mit Felsen. Ab 40 m soll die Steilwand anfangen.

Meersburg:

liegt direkt am Bodensee zwischen Friedrichshafen und Überlingen.

Tauchplatz:

Von der Einstiegsstelle in Richtung Seemitte erreicht man tauchend bei einer Tiefe von ca. 4–5 m die Kante einer Steilwand, die mit einem Absatz bei 8 m bis ca. 20 m abfällt. Hier beginnt eine Halde, der man bis 40 m folgen kann. Auf dieser Tiefe soll sich ein Motorboot-Wrack befinden.

Nach Nordwesten Richtung Steilwand zurück tauchend, erreicht man bei ca. 27 m einen einzeln auf der Halde stehenden Felsblock, von hier aus sieht man die Steilwand. Taucht man in Richtung Einstiegspunkt zurück, sollte man das Tauchgebiet verlassen, wenn die Wand wieder eine glatte Struktur annimmt, da man ansonsten Gefahr läuft, in die Fährstraße zu tauchen.

Sowohl Wand wie auch der "Findling" sind recht stark mit Fischen besiedelt. Die Struktur der Wand ist sehr interessant mit vielen Spalten, Überhängen und sogar kleinen Höhlen. Tiefe: 40 m, Temperatur, ca. 6-8°C Sichtweiten an der Oberfläche um 1 m, ab 6 m besser werdend, in 20 m Tiefe ca. 10 m.

Sipplingen:

Auf halber Strecke zwischen Ludwigshafen und Überlingen liegt Sipplingen. Im dortigen Segelhafen-Ost entdeckt man unzählige Pfahlbaustümpfe. Von Ludwigshafen aus besteht am Hafen eine gute Einstiegsmöglichkeit, die in Richtung Westen in 20 m Tiefe zu einer gut erhaltenen Lädine führt.

Teufelstisch bei Überlingen:

Von Stuttgart aus fährt man auf der A 81 Richtung Singen bis AK Singen, dann weiter A 98 Richtung Stockach bis zum Ende der Autobahn, weiter Richtung Friedrichshafen bis Überlingen. In Überlingen gibt es zwei vielbesuchte Tauchstellen.

Tauchplatz:

Beim Tennisplatz vom Ufer aus langsam abfallender Hang, gut für Anfänger und Prüfungen. An der Tauchstelle Tennisplatz liegt bei etwa 43 m das Wrack eines kleinen Segelboots. Es ist relativ leicht zu finden, wenn man links neben dem Pfahl im rechten Winkel zum Ufer lostaucht. Ab 10--15 m kann man eine Rinne im Hang erkennen, die mit zunehmender Tiefe größer wird. In dieser Rinne liegt das Boot.

Taucht man weiter die Rinne entlang (diese fällt sehr steil ab), erreicht man bei ca. 50 m den Boden, eine Kombination aus Halde und Steilwand. Beachten Sie Ihre Tarierung!

Tauchplatz:

Einstiegsstelle nordwestlich des Parkplatzes. Dort fängt zwischen 30 und 40 m eine richtige Steilwand mit Überhängen an. Die Wand besitzt in ca. 40 m Tiefe einen recht beachtlichen Überhang, der sehr interessant ist, aber auch zu Problemen führen kann. Man sollte sich darauf einstellen, daß beim schnellen Abtauchen die Wand "plötzlich weg" ist, beim Auftauchen sollten Sie auch mal nach oben schauen, um sich nicht den Kopf anzustoßen. Unter dem Überhang sind viele Aale und Quappen zu finden.

Temperatur, 4°C ab ca. 30 m Tiefe (auch im Hochsommer!), Oberflächenwasser, 2°–20°C je nach Jahreszeit, die Sichtweiten betragen von 10–20 m. Ab 30 m Wassertiefe sind Lampen erforderlich.

Oberflächenwasser: Sichtweiten von 1–10 m je nach Jahreszeit, in den Sommermonaten eingeschränkte Sicht.

Konstanz-Seerhein:
An der Fachhochschule Konstanz sind einige Parkplätze, hier kann man sich ungestört umziehen und das Auto stehenlassen, dann, je nach Kondition, Lust und Laune, aufwärts zum Konstanzer Trichter gehen und von dort strömungstauchend zum Ausgangspunkt zurück gelangen. Die Strömungsgeschwindigkeit ist abhängig vom Wasserstand. An jeder Stelle ist ein Abbruch des Tauchganges möglich. Beachten sollte man die Privat- und Berufsschifffahrt. Nachts sind sehr viele Aale, Hechte, Barsche und Trüschen zu sehen. Tiefen von 15–20 m Temperatur je nach Jahreszeit, ab 4°C, Sichtweiten von 2–5 m.

Ludwigshafen:
liegt zwischen Singen und Überlingen an der B31. Parken ist auf einem großen Schotterparkplatz beim Bahnhof möglich. Temperatur am Grund zwischen 6 und 10 Grad (Sommer) Die Sichtweiten an der Oberfläche um 1 m, ab 6 m besser werdend. Vom Parkplatz aus sind es etwa 100 m Fußmarsch nach rechts über einen Bahnübergang. Einstieg links neben dem eingezäunten Gelände eines Surfclubs. Am besten schnorchelnd zur rechten, seeseitigen Ecke eines Bojenfeldes (im Bojenfeld selbst ist Tauchverbot!). An dieser Boje abtauchen auf ca. 17 m. Der Halde auf 20 m Tiefe folgen. Dann nach rechts. Immer auf 20 m bleibend, erreicht man nach etwa 50 m das ca. 10 m lange und 3 m breite Wrack eines Lehmfrachters (ohne Aufbauten). Das Gebiet hat ansonsten leider keine großen Attraktionen zu bieten.

Wracks:
Wer Schiffswracks antaucht, muss sich darüber im Klaren sein, dass er/sie es unter Umständen mit historisch bedeutsamen Quellen zu tun hat, die unter das Denkmalschutzgesetz fallen. An Wracks muss das erste Gebot für alle Taucher sein: Nichts wegnehmen, nichts berühren! Systematisches Nachsuchen, etwa mit Metallschutzgeräten, ist verboten! Im See befinden sich mehrere kleine Boote, u.a. ein Motorboot-Wrack beim Fähranleger in Meersburg, ein Segelboot am Tennisplatz in Überlingen, Sonja, ein Lehmfrachter in 40 bis 60 m vor der Uferpromenade von Überlingen) und noch ein Lehmfrachter beim Surfclub Ludwigshafen.

Die Jura:
Ein Wrack in der Nähe von Bottighofen. Ausfahrten zu diesem Wrack werden von verschiedenen Veranstaltern angeboten. Tiefe von 36–38 m, Temperatur ca. 6°C. Die Jura ist ein alter Raddampfer aus Holz, der vor über 130 Jahren (1864) von einem Schweizer Schiff, der "Stadt Zürich", im Bodensee etwa 1 km vor Bottighofen im Nebel gerammt und versenkt wurde.
Das Schiff ist leider in keinem guten Zustand mehr, da durch unachtsames Ankern von Tauchschiffen große Teile des sehr schönen Wracks stark beschädigt wurden. Man kann aber dennoch viele Einzelheiten des damals für den Bodensee typischen Raddampfers erkennen. Zu erreichen ist das Wrack nur vom Wasser aus. Man taucht vom Boot aus an der Ankerleine im Freiwasser ca. 36 m in die Tiefe ab. In dieser Tiefe dringt nur an wenigen Tagen im Jahr, an denen es die Sichtweiten zulassen, Tageslicht bis zum Wrack vor. Daher sollte man sich in aller Regel wie auf einen Nachttauchgang vorbereiten. Ein Tauchgang an die Jura ist unbedingt nur erfahrenen Tauchern zu empfehlen. Die besten Jahreszeiten für Tauchgänge zu diesem Schiff sind das Frühjahr und der Spätsommer bis in den Winter hinein.

Fauna:
Karpfen, Aale, Hechte, Forellen, Barsche, Scherlen, Groppen, Elritzen, Saiblinge, Waller, Felchen, Trüschen, Muscheln und Schwämme.

Anmerkungen zum Bodenseetauchen:

Wer in Überlingen an den Steilwänden taucht, dem werden von den ortsansässigen Tauchern folgende Sicherheitsmaßnahmen dringend angeraten: Nehmen Sie zwei komplette Lungenautomaten, vereisungssicher, die entweder an einer Flasche mit Doppelabgang oder jeweils an einer Flasche hängen, mit; dazu wird eine Notflasche an der Tarierweste empfohlen, für Tiefen unter 30 m ist unbedingt eine Handlampe mitzunehmen. Es gibt jedes Jahr schwere und tödliche Tauchunfälle in Überlingen, die möglicherweise, wie auch beim Bodensee-Teufelstisch, zu einem Tauchverbot führen werden. Die meisten Unfälle sind auf menschliches Versagen zurückzuführen (Kälte, Dunkelheit und Überschätzung der eigenen Fähigkeiten). Im See befinden sich verschiedene für Taucher interessante Gegenstände und Fundstücke, darunter auch mehrere Anker.

Dogern 79804 BWL

Tauchsport
Owner: Manfred Lang
Hauptstr. 22
Ph: + 49 7751 4485 Fax: + 49 7751 70387
E-Mail: info@Tauchsport-Lang.de
Website: www.Tauchsport-Lang.de
Organisation: GOOD
Language: German, English
Established: 1989
Season: 01.01. - 31.12.

Freiburg 79100 BWL

Worldwide Diving
Owner: Manfred Seitz
Helligstr. 2
Ph: + 49 761 74050 Fax: + 49 761 796963
E-Mail: worldwidediving@t-online.de
Website: www.worldwidediving.de
Organisation: PADI
Language: German
Established: 1993
Season: 01.01. - 31.12.

Freiburg 79106 BWL

Taucherkiste Freiburg
Owner: Steffen Blume
Eschholzstr. 61
Ph: + 49 761 289976 Fax: + 49 761 289970
E-Mail: taucherkiste@t-online. de
Website: www.taucherkiste-freiburg.de
Organisation: 5* PADI
Language: German, English, Turkish
Established: 1993
Season: 01.01. - 31.12.

Freiburg 79115 BWL

Amphora Tauchstudio
Owner: Ebbinghaus
Markgrafenstr. 51
Ph: + 49 761 44757 Fax: + 49 761 44757
Organisation: PADI, CMAS
Language: German, English
Established: 1987
Season: 01.01. - 31.12.

Freiburg 79115 BWL

Blue Ocean Wassersport
Owner: Michael Berger and Heike Ostowski
Schönbergstr. 1
Ph: + 49 761 4537072 Fax: + 49 761 4537073
E-Mail: info@blue-ocean-wassersport.com
Website: www.blue-ocean-wassersport.com
Organisation: CMAS, IDA
Language: German, English
Established: 1996

Season: 01.01. - 31.12.

Lörrach 79539 BWL

Barakuda-Club, Dreiländereck
Owner: Kurt Feierabend
Dorfstr. 61 d
Ph: + 49 7621 10684 Fax: + 49 7621 10684
Organisation: CMAS, Barakuda
Language: German
Established: 1976
Season: 01.01. - 31.12.

Meersburg 88709 BWL

Barakuda Club Bodensee
Owner: Oliver Mielke
Von Lassbergstr. 1
Ph: + 49 7532 9277 Fax: + 49 7532 1535
E-Mail: tauchschule.meersburg@t-oneline.de
Website: www.tauchschule-meersburg.de
Organisation: CMAS, VDST, SSI, VDTL, Cedip
Language: German, English, French
Established: 1982
Season: 01.01. - 31.12.

Radolfzell 78315 BWL

Tauchsport pro marine
Owner: Scholz und Meyer
Karl Buecheler Str. 4
Ph: + 49 7732 10798 Fax: + 49 7732 7751
E-Mail: promarine@pro marine.de
Website: www.promarine.de
Organisation: 5*PADI
Language: German, English, Italian
Established: 1994 Season: 01.01. - 31.12.

Reichenau 78479 BWL

Tina`s Tauchschule
Owner: Martina Banholzer
Im Estlikofen 18
Ph: + 49 7534 1530 Fax: + 49 7534 1530
Website: http://home.t-line.de/home/mlthu-mann/tina.htm
Organisation: VDTL
Language: German, English
Established: 1991
Season: 01.01. - 31.12.

Rheinfelden 79618 BWL

VIT Tauchschule Dinkelberg
Owner: Reinhard Börner and Markus Müller
Maienplatz 2
Ph: + 49 7623 7215 0
Fax: + 49 7623 721530
E-Mail: landgasthaus-hotel.maien@t-online.de
Organisation: VIT, VDST, CMAS
Language: German, English
Established: 1997
Season: 01.01. - 31.12.

Überlingen 88662 BWL

Tauchcenter Adventure Diving
Owner: Jürgen Eössner
Bahnhofstr. 42
Ph: + 49 7551 916444
Fax: + 49 7551 916445
E-Mail: tauchsport@adventure-diving.de
Website: www.adventure-diving.de
Organisation: PADI
Language: German, English
Established: 1995
Season: 01. 01. - 31.12.

Büchenauer See:

Zu erreichen von Karlsruhe aus, auf der A 5 in Richtung Frankfurt kurz nach dem Dreieck Karlsruhe. Der See liegt am Ortsende von Buchenau Richtung Untergrombach.

Tauchplatz:

Das Gewässer ist sehr fischreich, was zu Problemen mit den Anglern führen kann. Es ist seit Oktober '99 darum auch für die Ausbildung gesperrt. Wenigstens ist deshalb nicht so viel los. Seit Mitte Mai gibt es einen beschilderten Taucherein- und Ausstieg. Wenn möglich, bei der Mehrzweckhalle parken und nicht auf der Wendeschleife am anderen Ende des Sees. Die Tiefe beträgt ca. 20 m, Temperatur von 4–12° C, Sichtweiten: 0–15 m. Vom 15.09. bis 31.03. besteht ein Tauchverbot.

Fauna:

Forellen, Karpfen und Schleien.

Eggensteiner Baggersee:

Der See liegt nördlich von Karlsruhe. Von der Bundestraße 36 Ausfahrt Industriegebiet Neugereut abfahren, dann Schildern folgen. Sehr versteckt gelegener See, dadurch nur relativ wenig Tauchbetrieb. Im Sommer allerdings viele Badegäste. Noch keine Tauchbeschränkung, guter Parkplatz direkt neben Einstiegsstellen. Große Baumstämme, relativ viele Krebse (Kamberkrebse) und Muscheln, Flachwasser zum Teil schön bewachsen. Die Tiefe beträgt ca. 25 m, Temperatur: 4–24°C, Sichtweiten: 1–20 m. Im Herbst und Winter beeindruckende Sichtweiten.

Wracks:

Im hinteren Teil des Sees liegt das Wrack eines Motorrades.

Fauna:

Diverse Krebse und Muscheln, Süßwassermedusen und Süßwasserschwämme.

Epplesee:

In der Nähe von Rheinstetten-Silberstreifen bei Karlsruhe. Die Tiefe beträgt ca. 40 m, Temperaturen von 4–12°C. Die Sichtweite beträgt 0–10 m. Vor dem See liegt ein großer, ausgeschilderter Parkplatz. Der See wird intensiv von Tauchschulen und Vereinen zur Tauchausbildung genutzt. Im tieferen Bereich können die Unterwasserlandschaft und Überreste aus dem Baggerbetrieb begutachtet werden.

Wracks:

Im See liegen einige Überreste der ehemaligen Kiesbaggeranlagen.

Fauna:

Krebse, Muscheln, Süßwassermedusen und Süßwasserschwämme.

Asperg 71679 BWL

Dive College
Owner: Patrick Kammerer
Möglinger Str. 14
Ph: + 49 7141 660505 Fax: + 49 7141 660555
E-Mail: info@dive-college.de
Website: www.dive-college.de
Organisation: PADI
Language: German, English
Established: 1997 Season: 01.01. - 31.12.

Backnang 71522 BWL

Tauchsportcenter Backnang
Owner: Mike Bluthardt
Lechstr. 5
Ph: + 49 7191 84657 Fax: + 49 7191 84880
E-Mail: tsc-backnang@t-online.de
Website: www.tauchsportcenter.de
Organisation: PADI
Language: German, English, French
Established: 1991

Ditzingen 71254 BWL
Action Sport
Owner: Marcel Kohler
Wilhelmstr. 2
Ph: + 49 7156 939036 Fax: + 49 7156 939037
Website: www.action-sport.de
Organisation: PADI
Language: German, English
Established: 1995 Season: 01.01. - 31.12.

Edingen 68535 BWL
Seahorse
Owner: L. Jensen
Mannheimer Str. 17
Ph: + 49 6203 81033 Fax: + 49 6203 81033
E-Mail: seahorse@t-online
Website: www.seahorse-tauchshop.com
Organisation: PADI
Language: German. English
Established: 1990 Season: 01.01. - 31.12.

Eisingen bei Pforzheim 75239 BWL
Tauchschule Aquillo
Owner: Lutz Schäfer
Amselstrasse 16
Ph: + 49 7232 81593 Fax: + 49 7232 80066
Organisation: VIT
Language: German
Established: 1985 Season: 01.01. - 31.12.

Ettlingen 76275 BWL
Dive Center Ettlingen
Owner: Bernd Müller
Beim Runden Plom 1
Ph: + 49 7243 90418 Fax: + 49 7243 90417
E-Mail: divecenter-ettlingen@t-online.de
Organisation: VDST
Language: German, English
Established: 1995 Season: 01.01. - 31.12.

Freiberg 71691 BWL
Tauchschule Freiberg
Owner: Rudi Kurz
Grossingersheimer Weg 2
Ph: + 49 7141 71149 Fax: + 49 7141 707822
E-Mail: tauchschule-freiberg.@t-online.de
Website: www.tauchschule-freiberg.de
Organisation: VDST, CMAS, VDTL
Language: German, English
Established: 1994 Season: 01.01. - 31.12.

Heilbronn 74076 BWL
Aqualand
Owner: M. Kuch
Weinsberger Str. 64
Ph: + 49 7131 941494 Fax: + 49 7131 941495
E-Mail: aqualand@t-online.de
Organisation: SSI, Barakuda, CMAS
Language: German, English
Established: 1989 Season: 01.01. - 31.12.

Karlsruhe 76133 BWL
Tauchcenter Karlsruhe
Owner: Jürgen Rittschke
Herrenstr.31
Ph: + 49 721 23239 Fax: + 49 721 21489
Website: www.tauchcenter-karlsruhe.de
Organisation: SSi
Language: German
Established: 1993 Season: 01.01. - 31.12.

Karlsruhe-Durlach 76227 BWL
Tauchsportstudio Dive in
Owner: Tanya Steudle
Pforzheimer Str. 15 a
Ph: + 49 721 401022 Fax: + 49 721 407401
E-Mail: tauxhsport@aol.com

Organisation: PADI
Language: German, English
Established: 1990 Season: 01.01. - 31.12.

Ketsch 68775 BWL

Tauchschule easy divers
Owner: Marc Braun
Körnerstr. 1a
Ph: + 49 6202 61381 Fax: + 49 6202 609650
E-Mail: ed.mbaum@rhein-neckar.netsurf.de
Website: www.easy-divers.com
Organisation: 5.*PADI
Language: German, English
Established: 1998
Season: 01.01. - 31.12.

Leonberg 71229 BWL

Scuba-Fun
Owner: Burkhard Moritz
Rutesheimer Str. 63
Ph: + 49 7152 25022 Fax: + 49 7152 22166
Organisation: SSI, CMAS, cedip, PDIC
Language: German, English
Established: 1996
Season: 01.01. - 31.12.

Ludwigsburg 71634 BWL

Divers In
Owner: Wolfgang Kursch
Lindenstr. 16
Ph: + 49 7141 923261 Fax: + 49 7141 926299
E-Mail: divers-in@t-online.de
Organisation: SSI
Language: German, English
Established: 1992 Season: 01.01. - 31.12.

Ludwigshafen 67071 BWL

Aqua Nau Tec
Owner: Keller
Speyerer Str. 40
Ph: + 49 621 679160 Fax: + 49 621 679160
Organisation: VDST, CMAS, IDA
Language: German, French, English
Season: 01.01. - 31.12.

Mannheim 68165 BWL

Achims Tauchoase
Owner: Achim Benz
Stresemannstr. 6
Ph: + 49 621 412418 Fax: + 49 621 4183028
E-Mail: achim benz@tauch-oase.de
Website: www.tauch-oase.de
Organisation: 5*PADI
Language: German, English
Established: 1994
Season: 01.01. - 31.12.

Mannheim 68161 BWL

Splash Tauchen & Reisen
Owner: Ute Taldrik
U3, 1 im Herschelbad
Ph: + 49 621 102277 Fax: + 49 621 102270
E-Mail: splasht@t-online.de
Organisation: PADI, Barakuda, CMAS
Language: German, English
Established: 1995
Season: 01.01. - 31.12.

Pforzheim 75172 BWL

Rainbow Divers
Owner: Holger Zweigart
Westliche Karl Str. 104
Ph: + 49 7231 351033 Fax: + 49 7231 351044
Organisation: PADI, CMAS, HSA

Language: German, English
Established: 1992
Season: 01.01. - 31.12.

Schönau - HD 69250 BWL

Active Sport
Owner: M. Schmitt
Bahnhofstr. 14
Ph: + 49 6228 1858 Fax: + 49 6228 1785
Organisation: PADI CMAS, VDST, Barakuda
Language: German, English
Established: 1979 Season: 01.01. - 31.12.

Schwetzingen 68723 BWL

Phanta Sea
Owner: Hans Drexler
Clementine Bassermannstr. 15
Ph: + 49 6202 26187 Fax: + 49 6202 21449
E-Mail: phantasea@t-online.de
Website: www.kws.de/phantasea
Organisation: PADI, DIWA, CMAS, TDI
Language: German, English
Established: 1995
Season: 01.01. - 31.12.

Waldbronn 76337 BWL

Marlin Tauchservice
Owner: Ingo Vollmer
Fabrikstr. 94
Ph: + 49 7243 69016 Fax: + 49 7243 69017
E-Mail: marlins@aol.com
Website: www.marlin.de
Organisation: CMAS, VDST, ANDI
Language: German, English, French
Established: 1979 Season: 01.01. - 31.12.

Walldorf 69190 BWL

Tauchladen Astoria
Owner: Klaus-J. Kempf
Erzbergerstr. 6
Ph: + 49 6227 30163 Fax: + 49 6227 30163
Organisation: SSI
Language: German
Established: 1993

Weinheim 69469 BWL

Sun Diver
Owner: Ronald Barthel
Olbrichtstr. 19
Ph: + 49 6201 185533 Fax: + 49 6201 65961
E-Mail: Sun-diver@sun-diver.de
Website: www.sun-diver.de
Organisation: PADI, RAB
Language: German, English, Italian
Established: 1994
Season: 01.01. - 31.12.

Rheinauer See:

liegt zwischen Mannheim-Rheinau und Brühl-Rohrhof. Von Rheinau kommend in Richtung Rohrhof kurz vor dem "Sport-Inn" links abbiegen, dann durch die neugebaute Reihenhaussiedlung, dabei rechts halten. Der beste Einstieg liegt an der großen Liegewiese gegenüber vom "Sport-Inn". Die Tiefe beträgt max. 24 m, die Sichtweite liegt bei 5 m (im Sommer). Es gibt im Bereich von 3–8 m eine sehr reichhaltige Fauna und Flora, sehr schöner Bewuchs mit den unterschiedlichsten Pflanzen. Es wurden große Karpfen, viele Hechte, Flussbarsche, Krebse und auch einige andere Fische gesehen. Auf dem See befindet sich auch eine Wasserski-Anlage, in deren Nähe selbstverständlich nicht getaucht werden sollte. Das ist aber auch uninteressant, da sich diese im tiefen Bereich des Sees befindet. Dort ist es relativ langweilig und kalt.

St. Leoner See:

Liegt an der Autobahn A 5, Abfahrt Walldorf oder auf der Bundesstraße B 3, Abzweigung St.Leon-Malsch. Die Tiefe beträgt max. 25 m. Temperaturen von 4–18 °C. Die Sichtweiten, je nach Jahreszeit und Wetter, zwischen 1–10 m. Der See teilt sich in zwei Bereiche auf, einen 15 ha großen See für Surfer und Angler und einen von 11 ha für Taucher und Badegäste. Der reichliche und kontrollierte Fischbesatz mit Hechten, Karpfen, Brassen, Zandern, Forellen und Aalen macht das Gewässer auch zu einem zweiten Angelrevier. Im Juni, Juli und August kann von 7.00 Uhr–21.00 Uhr getaucht werden, im April, Mai und September von 8.00–20.00 Uhr. In den restlichen Monaten von 9.00–16.00 Uhr. Für Taucher ist ein Brevet Grundtauchschein sowie das Mitführen eines Kompasses erforderlich. Mehr Auskunft über das Tauchen erhalten Sie unter der Telefonnummer 06227-59009.

Fauna:

Hechte, Karpfen, Brassen, Zander, Forellen und Aale.

Streitköpfle:

Von Karlsruhe aus fahren Sie über die B 36 in Richtung Mannheim, Abfahrt Linkenheim, in Richtung Linkenheim. Von dort ist der Weg beschildert (Badesee). In den Sommermonaten ist die Schranke zum See meist offen, so dass eine direkte Zufahrt möglich ist. Sollte sie geschlossen sein, können die Fahrzeuge bei der Schranke abgestellt werden, es sind dann ca. 100 m zum See. In der Zeit zwischen dem 1. 10. und dem 31. 3. ist Tauchverbot.

Tauchplatz:

Das Streitköpfle fällt flach zum Teil in leichten Stufen bis auf ca. 15 m Tiefe ab. Bei ca. 8 bis 9 m spürbare Sprungschicht. Die durchschnittliche Tauchtiefe beträgt 8–11 m. Der See zeichnet sich aus durch sehr gute Sichtverhältnisse, vielfältigen Bewuchs und einig große Bäume und Baumreste. Enorm groß Karpfen und eine Menge Kleinfisch-Schwär men lassen Tauchfreude aufkommen. An Badestrand einsteigen, den See in der Breit zum gegenüberliegenden Ufer durchtauchen Auf der anderen Seite angekommen, links a und die Seehälfte umrunden. Da auf den gegenüberliegenden Waldgelände keine Bade gäste sind, hat man bei dieser Route wohl di beste Sicht. Die Tauchzeit beträgt dann j nach Geschwindigkeit 35 bis 50 Minuten. Vo Freitag bis Sonntag sind sehr viele Taucher a dem beliebten See unterwegs. Zum Teil finde dort auch Ausbildung statt. Dadurch verkrü meln sich die Fische, und die Sicht schrumpft Wer die Möglichkeit hat, sollte die Wochentag nutzen.

Fauna:

Viele verschiedene Fischarten, u.a. Karpfen.

Waidsee-Weinheim:

Der See liegt im Süden von Weinheim, 25 kr von Heidelberg. Am Weinheimer Kreuz auf de A 5 abfahren und in Weinheim der Beschi derung zum Miramar folgen.

Tauchplatz:

Die Tiefe in der Seemitte beträgt über 30 m Flache Uferbereiche ca. 3–5 m. Die Tempera turen ab ca. 4°C je nach Jahreszeit. Sichtwei ten 1–8 m, je nach Jahreszeit. Im Winter is die Sicht am besten. Da im Somme Badebetrieb herrscht, ist die Sicht sehr einge schränkt. Der See verfügt über einen große Fischreichtum, viele große Hechte, Barsche Flusskrebse etc.; nachts sind auch Aale z sehen. Der Tauchklub hat im See mehrer Plattformen und "Unterwasserhäuser" (luftge füllte, unten offene Behälter) errichtet. Di genaue Lage kann man dort erfrager Achtung, in den Unterwasserhäusern extre verbrauchte Luft, nicht einatmen!

Nagoldtalsperre:
Die Nagoldtalsperre ist ein Talsperre bei Freudenstadt, sie ist über die B 28 Nagold, Altensteig zu erreichen.

Tauchplatz:
Die Tiefe beträgt max. 25 m. Die Sichtweite liegt bei ca. 5–15 m. Im Winter besteht auch die Möglichkeit des Eistauchens. Der Fischbestand ist eher schlecht. Im oberen Bereich des Sees gibt es auf Höhe des letzten Parkplatzes eine Ruine, Mühle genannt. Eine Lampe ist empfehlenswert. Der See ist auch zum Kompasstauchen ideal. Für Anfänger ist der See geeignet, man sollte aber nur mit einem erfahrenen Partner tauchen. Die Mühle befindet sich oberhalb des zweiten Parkplatzes des Hauptsees. Die Tiefe beträgt ca. 18 m.

Sinninger See:
Liegt zwischen Ulm und Memmingen, an der BAB Ausfahrt Altenstadt. Durch Altenstadt Richtung Sinningen bis zu Campingplatz fahren.

Tauchplatz:
Die Tiefe beträgt max. 15 m. Die Temperatur liegt jahreszeitlich bedingt zwischen 4°C und ca. 20°C Grad. Die Sichtweiten betragen im Frühjahr zwischen 5–10 m. Der See hat eine Größe von ca. 10 ha. Die Unterwasserlandschaft ist hügelig mit mäßigem Bewuchs. Die Einstiegsstelle ist flach und befindet sich beim großen Parkplatz. Der See wird verwaltet vom dortigen Tauchclub. Eine Genehmigung und Auskunft bei Herrn Rainer Lang, Floesserweg 10, 88586 Sinningen,Ph: 07354-8542. Bitte rechtzeitig (ca. 1 Woche vorher) beantragen. Da auch ein Campingplatz angeschlossen ist, besteht die Möglichkeit, zu duschen und am Kiosk seinen Hunger und Durst zu stillen.

Dietenheimer See:
Fahren Sie auf der BAB von Ulm-Kempten, Richtung Dietenheim, dort gibt es einen Wegweiser zum Dietenheimer See.

Tauchplatz:
Der Dietenheimer See ist ein kleiner Badesee mit Restauration. Durch seine geringe Tiefe ist er stark verkrautet. Tauchen ist nur in der Zeit von 6.00 Uhr bis 10.00 Uhr morgens erlaubt. Es sind nur einige Parkplätze vorhanden. Die Tiefe liegt bei max. 7 m. Die Temperatur bei 4–20°C, jahreszeitlich bedingte Sichtweiten: mäßig bis schlecht ab Mitte Juni (ca. 1 m).

Böblingen 71034 BWL
Die Taucher
Owner: Waltraud Binanzer
Wilhelmstr. 27
Ph: + 49 7031 225904 Fax: + 49 7031 226754
E-Mail: dietaucher@dietaucher.com
Website: www.dietaucher.com
Organisation: PADI, CMAS,
Language: German, English
Established: 1983 Season: 01.01. - 31.12.

Böblingen 71034 BWL
Diver's Paradise
Owner: Hans Buck
Hauptstr. 7
Ph: + 49 7031 674555 Fax: + 49 7031 674678
E-Mail: info@divers-paradise-bb.de
Website: www.divers-paradise-bb.de
Organisation: PADI, VDST, CMAS
Language: German, English, French, Spanish
Established: 1995 Season: 01.01. - 31.12.

Calw 75365 BWL
Shark Divers Calw
Bahnhofstr. 41 a
Ph: + 49 7051 70449 Fax: + 49 7051 78302

Organisation: PADIU
Language: German

Erlangen 91056 BWL
Action Sport Erlangen
Owner: Stefan Görlitz
Willi-Grasser-Str. 21
Ph: + 49 9131 993040 Fax: + 49 9131 993070
E-Mail: action-tauchsport-center@t-online.de
Website: www.action-sport.de
Organisation: PADI
Language: German, English
Established: 1992 Season: 01.01. - 31.12.

Esslingen 73728 BWL
Tauchsportcenter Esslingen
Owner: Frank Opp
Kollwitzstr. 1
Ph: + 49 711 918 3222
Fax: + 49 711 918 3223
E-Mail: info@tsc-esslingen.de
Website: www.tsc-esslingen.de
Organisation: 5*PADI. CMAS
Language: German, English
Established: 1985 Season: 01.01. - 31.12.

Nürtingen 72622 BWL
Happy Bubbles
Owner: Bernd Fischer
Neuffenerstr. 9
Ph: + 49 7022 37500 Fax: + 49 7022 37065
Organisation: PADI
Language: German, English
Established: 1994
Season: 01.01. - 31.12.

Nürtingen 72622 BWL
Tauchcenter Nürtingen
Owner: H.Göttel and J. Henzler
Metzingerstr. 41/3
Ph: + 49 7022 32195 Fax: + 49 7022 32594
E-Mail: tcn@goettel.com
Website: www.goettel.com/tcn
Organisation: 5*PADI
Language: German
Established: 1989 Season: 01.01. - 31.12.

Reutlingen 72770 BWL
Dolphin Tauch Service
Owner: Helmut Frey
Bahnstr. 20
Ph: + 49 7121 5153570 Fax: + 49 7071 5153579
E-Mail: DOLPHIN.Reutlingen@t-online.de
Website: www.dolphin-reutlingen.de
Organisation: PADI
Language: German, English, Spanish
Established: 1998 Season: 01.01. - 31.12.

Rottenburg 72108 BWL
Tauchschule Mergener
Owner: H. Mergener
Schuhstr. 72
Ph: + 49 7472 23414 Fax: + 49 7472 23463
E-Mail: hmergner@t-online.de
Organisation: PADI
Language: German, English
Established: 1991 Season: 01.01. - 31.12.

Schwaigern-Stetten 74193 BWL
Tauch-Treff-Stetten
Owner: Ralf Stoll
Hauptstr. 14

Ph: + 49 7138 67627 Fax: + 49 7138 67756
E-Mail: info@tauch-treff-stetten.de
Website: www.tauch-treff-stetten.de
Organisation: SSI
Language: German, English
Established: 1990 Season: 01.01. - 31.12.

Stuttgart 70563 BWL

Manta Diving
Owner: Ute Berker
Seerosenstr. 43
Ph: + 49 711 9018755 Fax: + 49 711 9018754
Website: www.mantadiving.de
Organisation: PADI
Language: German, English
Established: 1987
Season: 01.01. - 31.12.

Stuttgart 70435 BWL

Blue Dolphin
Owner: W. Franz
Colmerer Str. 8
Ph: + 49 711 8790985 Fax: + 49711 8790907
E-Mail: divecenter.blue.dolphin@t-online.de
Website: www.divecenter.bluedolphin.de
Organisation: PADI
Language: German
Established: 1995 Season: 01.01. - 31.12

Stuttgart 70439 BWL

Pulbo Sportclub
Owner: Peter Bächtle
Wollinstr.11
Ph: + 49 711 8262901 Fax: + 49 711 8262900
Organisation: CMAS, VIT
Language: German
Established: 1970

Tübingen 72070 BWL

Aquamarin
Owner: Paul Kehrer
Stöcklestr. 5
Ph: + 49 7071 43326 Fax: + 49 7071 44558
Organisation: PADI
Language: German, English
Established: 1990
Season: 01.01. - 31.12.

Bayern

Hauptstadt München
Flughafen München
Tourismusverband-Tauch-Informationen

Bayerischer Tourismusverband
Prinzregentenstr. 18
80538 München
Tel: 089 21239730
Fax: 089 293582

Tourismusverband
81243 München
Tel: 089 8292180
Fax: 089 82921828

VDST- Bayern
Paul Lachenmeir
Georg Brauchle Ring 93, 80992 München
Tel: 089 15702332
Fax: 089 1596257
paul.lachenmeir@t-online.de

Tauchregionen:
Echinger Weiher
Ilsesee
Langwieder
Pullinger
Rottachsee
Starnberger See
Tegernsee
Walchensee

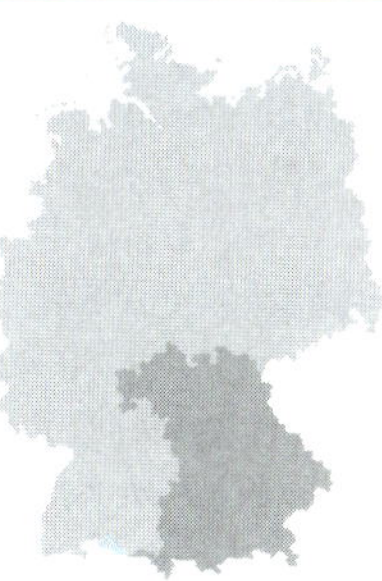

Fläche: 70.545 km^2
Einwohner: 11,99 Mio.

Geographische Lage:

Das Bundesland umfasst den Südosten des Bundesgebietes von der Mainebene bis zu den Alpen im Süden und ist unterteilt in Ober-, Mittel- und Unterfranken, Oberpfalz, Schwaben sowie Ober- und Niederbayern. Wichtigste Städte sind München (Landeshauptstadt) Nürnberg, Würzburg, Augsburg, Kempten, Ulm, Aschaffenburg, Landshut, Regensburg, Passau und Fürstenfeldbruck.

Echinger Weiher:

Liegt an der A 9 München-Nürnberg; fahren Sie bis Ausfahrt Eching, weiter Richtung Eching und dann an der ersten Ampel rechts Richtung Günzenhausen. Nach der zweiten Brücke ist auf der rechten Seite eine Einfahrt.

Tauchplatz:

Die Tiefe liegt bei max. 9 m. Wassertemperaturen von 9°C bis 16°C im Juli. Die Sichtweiten betragen 10–30 m. Die Seehöhe liegt bei 460 m. Der Echinger Weiher ist ein Grundwassersee, der im Winter zwar nie zufriert, aber sich im Sommer auch nicht besonders erwärmt. Er wartet mit normalerweise sehr guten Sichtweiten auf und hat einen schönen Unterwasserbewuchs. Der See hat rundherum ausreichende Liegeflächen. Für nähere Information Telefonansage: 089 3174555.

Fauna:

Rotaugen, Weißfische, Karpfen, Forellen und Saiblinge.

Der Langwieder See:

Liegt ganz nahe der A 8 westlich von München. Die einstige Kiesgrube ist eines der beliebtesten Naherholungsziele der bayerischen Landeshauptstadt. Wenn die Monate kühler werden, verdrängen Taucher die Badegäste.

Tauchplatz:

Die beste Einstiegsmöglichkeit ist am Nordwestufer in der Nähe des Parkplatzes eine Rasthauses. Weitere gute Varianten sind di Liegewiese beim Bootsverleih und am Südufe östlich der Wasserwachtstation.

Fauna:

Karpfen, Hechte, Zander, Aale, Forellen.

Pullinger Weiher:

Liegt an der B 11 München-Freising (Ausfahr Freising Süd auf der A 92 Deggendorf München), in Achering links abbiegen Richtung Pulling, nach ca. 3–4 km rechts abbiege zum See (Schild Imbiss am See).

Tauchplatz:

Der Pullinger Weiher befindet sich in eine Kiesgrube. Die Tiefe beträgt max. 14 m. Di Temperaturen liegen zwischen 14°C und 21° Die Sichtweiten liegen bei ca. 5 m. Die Seehöhe beträgt 460 m.

Die Unterwasserformationen, die durch de Kiesabbau enstanden sind, sehen aus wi Hügel und Täler, daher sehr schön zu betauchen. Der Grund ist mit einer Wiese au Armleuchteralgen bedeckt. Man kann unterschiedliche Fischarten und viel "Krabbelgetier sehen. Bei Nachttauchgängen kann man seh viele Aale beobachten. Eine Tauchgenehmigung ist offiziell erforderlich. Sie is erhältlich im Kiosk „Imbiß am See". Der Prei beträgt DM 15,-.

Starnberger See:

Der See ist der zweitgrößte See in Oberbayer und liegt ca. 25 km südwestlich von Münche auf einer Höhe von 465 m, am Nordufer lieg Starnberg. Die maximale Tiefe beträgt 125 m.

Tauchplätze:

Die für Taucher zugelassenen Gebiete sind di Badeplätze Paradies in Possenhofen un Seelaich in Pöcking, die Erholungsgebiet Ambach und Kempfenhausen, die Region un die Dampferstege Leoni und Ammerland sowie die Steilwand bei Allmannshausen am Ostufer des Sees. Den Tauchplatz erreicht man von der Seeseite her. Der zerklüftete Steilabfall mit Überhängen fällt senkrecht bis auf 120 m Tiefe ab.

Steilwand bei Allmannshausen:

Allmannshausen liegt auf der östlichen Seite vom Starnberger See. Wenn Sie von Berg (Ortschaft vor Allmannshausen) kommen, müssen Sie etwa 350 m nach dem Ortseingangsschild rechts abbiegen. Jetzt fahren Sie die Straße gerade aus (Achtung: bitte 30 km/h fahren, nicht schneller!!) bis ein Schild kommt: Für Fahrzeuge Durchfahrt verboten. Links und rechts stehen große Laubbäume, bei denen Sie später auch Ihr Auto parken können. Auf den folgenden 500 m Straße gibt es unzählige Einstiegsplätze. Meiner Meinung nach sind die beiden Besten: 1. Steilwand bei der Wasserwacht, 2. Einstieg bei der kleinen Kapelle "Das Kreuz".

Tauchplatz Wasserwacht:

Die Wasserwacht liegt direkt an der Steilwand d.h. die Steilwand beginnt in 13 m und fällt schnell stark ab. Dazwischen befinden sich immer wieder kleine Absätze, die meist nicht mehr als ein bis zwei Meter breit sind. Die Tiefe des Tauchplatzes wird auf ca. 30–100 m geschätzt. Für normale Sporttaucher ist bei einer Tiefe von 40 m Schluss.

Gehen Sie direkt bei der Wasserwacht ins Wasser, tauchen Sie dann leicht links schräg nach unten bis auf 15 m. Da angekommen, halten Sie die Tiefe und tauchen links, das heißt parallel zum Ufer entlang. Nach ca. 3–5 Minuten kommt die Steilwand. Vergessen Sie ihre Lampe nicht, da bei 20 m nur noch wenig Licht da ist.

In den vielen Felsritzen kann man einige Aale und auch Aalrutten sehen. Überall schwimmen Flussbarsche und ein paar Rotfedern. Seltener sind Forellen. Die sogenannte Dreikantmuschel sieht man überall, Flussmuscheln dagegen sind sehr selten geworden.

Nun kommen Sie wieder an die obere Kante der Steilwand. Tauchen Sie etwas unterhalb der Kante zurück, bis diese wieder nach unten abbricht. Wenn Sie sich beim Zurücktauchen immer etwas unter der Kante halten, können Sie tolle Überhänge und schöne Muschelkolonien sehen.

Etwa bei 14–16 m aus der Wand heraustauchen und bei 5 m einen Sicherheitsstopp machen, dann noch etwas höher gehen, ca. auf 3 m, und nun zurück zum Einstiegsort. Sie können sich recht gut daran orientieren, dass rechts eine schiefe Plattform kommt, von dort noch 5 m gerade aus und dann auftauchen.

Das Kreuz:

Sie sind jetzt an der Weggabelung unten am See. Fahren Sie noch ca. 150 m die Straße entlang und lassen Sie die Seeburg links liegen. Es kommt dann ein kleiner Rechtsknick in der Straße und etwa 150 m weiter rechts die Wasserwacht und links ein etwas größeres Haus. Der Einstieg ist, wenn man auf das Wasser schaut, rechts von der Wasserwacht. Also Gepäck ausladen und Auto wegfahren.

Tauchplatz Das Kreuz:

Wie schon beim Tauchplatz "Wasserwacht" beschrieben, taucht man in die Steilwand ein, nur taucht man jetzt, wenn die Steilwand erreicht ist, nicht links sondern rechts. Jetzt gehen Sie auf etwa 40 m Tiefe und tauchen immer rechts (Die Wand ist auf der rechten Seite). Sie müssen die Tiefe genau einhalten, da das Kreuz auf 39,5 m liegt. Wie Sie an den Tiefen erkennen können, ist das kein Tauchgang für Anfänger.

Vergessen Sie auch nicht, die Nullzeit und den Luftvorrat ständig zu kontrollieren. Nach etwa 3–5 Minuten kommt die Steilwand, von oben abfallend, auf ca. 40 m. In diesem Dreieck sieht man das Kreuz. Es ist umgekippt, so dass es auf der Seite liegt und ein bißchen wie ein "Achtung Bahnübergang"-Schild aussieht. Das Kreuz ist aus Holz und in der Mitte mit einer Schnur zusammengebunden. An dieser Stelle wurden schon des öfteren kapitale Aalrutten gesehen. Jetzt tauchen Sie die Steilwandkante aufwärts, also mit der Wand links von Ihnen. Etwa auf 20 m angekommen, gehen Sie aus der Wand heraus und tauchen in Richtung Oberfläche. Nicht vergessen! Sicherheitsstopp auf 5 m.

Ilsesee:

Von München über die Stuttgarter Autobahn (A 8), Abfahrt Dasing, wieder auf der B 300 Richtung Friedberg, in Augsburg-Hochzoll links auf die B 2 Richtung Mering. Nach langer Rechtskurve rechts Richtung Königsbrunn. Bei T-Kreuzung rechts (Lechstraße). Kurz nach der Linkskurve ist rechts ein großer Parkplatz.

Tauchplatz:

Der Einstieg befindet sich an der Südost-Ecke, es darf nur an zwei Stellen ins Wasser gegangen werden. Der See wird als Badeweiher im Erholungsgebiet Lautersee Ilsesee von Nichttauchern benutzt. Er ist auch Übungssee der Augsburger Tauchschulen.

Das Tauchen ist bis zwei Stunden nach Sonnenuntergang erlaubt. Weitere Infos sind auch bei den örtlichen Tauchshops zu haben. Bitte halten Sie diese Verordnung auch ein, denn das Wasserwirtschaftsamt lässt nicht mehr mit sich spaßen. Wenn noch weitere Beschwerden kommen, wird dieser schöne Tauchsee auch noch gesperrt. Es besteht die Möglichkeit, den See im Winter auch zum Eistauchen zu benutzen; es dürfen aber keine Löcher in die Eisdecke geschlagen, sondern nur natürliche Öffnungen benutzt werden. Die Tiefe beträgt ca. 15 m. Die Temperaturen erreichen im Sommer an der Oberfläche bis zu 23°C, am Grund selten über 8–10°C, Sichtweiten: 2–10 m.

Fauna:

Sehr bewachsen mit viel Grün; etwa in der Mitte steht eine "Kiessäule" von 3 m Durchmesser und 3 m Höhe. Hechte, Barsche, Aale, im Frühjahr Kugelalgen.

Rottachsee bei Kempten/Allgäu:

Der Rottachsee liegt ca. 10 km südlich von Kempten. Über Sulzberg (BAB 980 Ausfahrt Durach) gelangt man auf dem ausgeschilderten Weg zu den Freizeitanlagen Moosbach und Petersthal am Rottachsee. Der See ist künstlich angelegt. Die Seefläche beträgt 300 ha. Der See ist ca. 5 km lang, 900 m breit, und sein Wasserspiegel liegt 850 m. ü. Meer. Der Rottachsee ist der größte und höchstgelegene Badesee des Oberallgäus.

Tauchplatz:

Es sind zwei Einstiegsstellen ausgewiesen, die Freizeitanlagen in Moosbach und Petersthal.

Die Sichtverhältnisse im See sind sehr unterschiedlich. In der Regel ist es ab 8–10 m Wassertiefe dunkel. Ohne Lampe ist kein Weiterkommen möglich. Der See wird fischereiwirtschaftlich genutzt. Am Tag machen sich die Fische jedoch rar. In der Dämmerung sind nicht selten Hechte zu sehen. Vereinzelt liegen große Felsbrocken herum. Ein Kompass zur Orientierung ist unbedingt notwendig.

Besonderes:

Die Situation des Tauchsports im Allgäu ist nicht die Beste. Seit einiger Zeit sind Tauchverbote an der Tagesordnung. Ein nicht unerhebliches Verschulden der Nicht-Allgäuer Taucher. Die Allgäuer Vereine (insbesondere die in Kempten) sind sehr froh um diesen nahe gelegenen See. Bitte tragen Sie durch Ihr umsichtiges Verhalten dazu bei, dass uns dieser See auch weiterhin als Tauchgewässer offen steht! Diese dringende Bitte richtet der Autor des Buches an seine Leser.

Tegernsee:

Der See liegt ca. 45 km südlich von München, unweit der österreichischen Grenze zwischen den Ortschaften Gmund, Bad Wiessee, Rottach-Egern und Tegernsee in einer Höhe von 725 m.

Tauchplätze:

Es existieren mehrere Einstiegsstellen und Tauchplätze, u.a. an der Bayersäge bei Bad Wiessee (Ortsteil Holz), bei Rottach-Schorn vom Badestrand aus, an den Bootshütten bei Rottach-Egern, am Hotel Guggemos in Tegernsee sowie am Yachtclub von Bad Wiessee und Tegernsee und auch vom Hotel Guggemos aus.

Wracks:

Im See befinden sich einige Tret- und Ruderboote.

Fauna:

Hechte, Aale, Rutten, Döbel, Forellen, Schleien, Karpfen und Saiblinge.

Walchensee:

Ein sehr tiefer Bergsee, in 800 m Höhe gelegen, bei Kochel am See in der Gegend von Garmisch-Partenkirchen.

Tauchplätze:

Einige interessante Plätze liegen am Walchensee, so die Galerie (Steilwand, die bis auf 200 m abfällt), der Steinbruch (Felsriff zwischen Einsiedel und Niedernach) und die Pioniertafel, ebenfalls eine steil abfallende Uferwand. Der Urfeld-Bootssteg ist eine Unterwasser-Geröllhalde mit zahlreichen Fischen und am Hackl – einem einsteigerfreundlichen Tauchplatz – findet man einen VW-Käfer. In diesem See ist es möglich, Eistauchen zu betreiben.

Wracks:

Mehrere Autowracks liegen u.a. in der Nähe der Galerie.

Fauna:

Aale, Hechte, Flussbarsche und Saiblinge.

Sonstiges:

Der Legende nach sollen im Walchensee umfangreiche Nazi-Schätze vor den Alliierten versteckt worden sein, sie wurden aber bis heute nicht entdeckt.

Hinweis für unsere Leser: Für Bayern haben wir die Tauchschulen/basen nach Postleitzahlen sortiert.

Aschaffenburg 63739 BYL

Tauch & Wassersport
Owner: Ruth Posor
Würzburger Str. 13
Ph: + 49 6021 218977 Fax: + 49 6021 218978
E-Mail: tauchsport.posor@t-online
Website: www.posor.de
Organisation: PADI
Language: German, English
Established: 1996
Season: 01.01. - 31.12.

Grosswallstadt 63868 BYL

H20 Tauchschule
Owner: Peter Kunz, Ernst Stangel
Martinstr. 40
Ph: + 49 6022 654109 Fax: + 49 6022 654109
E-Mail: H20.tauchsport@t-online.de
Website: www.h20.tauchsport.de
Organisation: SSI, CMAS, VDST
Language: German, English
Established: 1994
Season: 01.01. - 31.12.

München 80469 BYL

Tauchschule/Sport Manta
Owner: Günter Würschinger
Fraunhofer Str. 23
Ph: + 49 89 2016839 Fax: + 49 89 2015903
Organisation: CMAS, VIT
Language: German
Established: 1968

München 80636 BYL

Tauchsport Braun
Owner: Hans Braun
Olgastr. 15
Ph: + 49 89 1233337 Fax: + 49 89 1231618
Organisation: PADI, CMAS, VDST
Language: German, French, English
Established: 1975 Season: 01.01. - 31.12.

M AE

München 80807 BYL

Submariner
Owner: Benjamin Altkorn
Leopoldstr. 257
Ph: + 49 89 3597878 Fax: + 49 89 3598152
E-Mail: info@submariner.de
Website: www.submariner.de
Organisation: 5*PADI, CMAS, IANTD
Language: German, English, French
Established: 1983 Season: 01.01. - 31.12.

N VISA M AE

München 80939 BYL

Tauchsport Seepferdchen
Owner: M. König
Freisinger Landstr. 18
Ph: + 49 89 3242102 Fax: + 49 89 3241578
Website: www.tieftauch.aol.com
Organisation: CMAS
Language: German
Established: 1993 Season: 01.04.- 30.11.

VISA M

München 81539 BYL

Hedra Tauchsport
Owner: Helmut Drache
Spitzingplatz 3
Ph: + 49 89 695384 Fax: + 49 89 6912266
Organisation: VIT
Language: German
Established: 1978 Season: 01.01. - 31.12.

M

München 81543 BYL

Tauchen und Reisen
Owner: Dieter Zech
Sommerstr. 20
Ph: + 49 89 658890 Fax: + 49 89 663478
Organisation: CMAS, VDST, VIT
Language: German, English, French, Italian
Established: 1981 Season: 01.01. - 31.12.

München 81829 BYL

Tauchsport Bittl
Owner: Marianne Bittl
Georg Thiele Str. 3
Ph: + 49 89 906273 Fax: + 49 89 907860
E-Mail: tauchsport.bittl@t-online.de
Organisation: PADI, CMAS
Language: German, English
Established: 1978 Season: 01.01. - 31.12.

N M

München 81927 BYL

Fin Up Divers
Owner: H. Eiler
Englschalkinger Str 196
Ph: + 49 89 93930588 Fax: + 49 89 9393074[illegible]
E-Mail: finupdivers@finupdivers.com

Website: www.finupdivers.com
Organisation: 5*PADI
Language: German, English
Established: 1994 Season: 01.01. - 31.12.

Unterhaching 82008 BYL

Diveworld Muenchen
Owner: Manfred Epple
Inselkammerstr. 2
Ph: + 49 89 6144390 Fax: + 49 89 61443999
E-Mail: diveworld.muenchen@planet-inter-kom.de
Website: www.diveworld.net
Organisation: 5*PADI
Language: German, English
Established: 1996 Season: 01.01. - 31.12.

München 82131 BYL

Sea World Wassersport GmbH
Owner: Matthias Lissmann
Heimstr. 12
Ph: +49 89 85661103 Fax: +49 89 85661105
E-Mail: info@seaworld.de
Website: www.seaworld.de
Organisation: CMAS
Language: German, English
Established: 1994 Season: 01.01. - 31.12.

Gauting 82131 BYL

Max Holiday Diving
Owner: Hildegard Moser
Münchener Str. 7
Ph: + 49 89 89305880 Fax: + 49 89 89305881
E-Mail: max.holiday—diving@t-online.de
www.t-online.de/home/max.holiday-diving
Organisation: VDST, CMAS
Language: German, English
Established: 1994 Season: 01.01. - 31.12.

Fürstenfeldbruck 82256 BYL

Tauchsport Seeteufel
Owner: Peter Roiger
Münchner Str. 27
Ph: + 49 8141 42028 Fax: + 49 8141 42029
E-Mail: seeteufel@ffb.de
Website: www.seeteufel-ffb.de
Organisation: CMAS, SSI
Language: German, English, Croatish
Established: 1985 Season: 01.01. - 31.12.

Weilheim 82362 BYL

Wolfi`s Tauch Treff
Owner: Wolfgang Koci
Schützenstr. 1
Ph: + 49 881 63030 Fax: + 49 881 63030
E-Mail: Tauchtreff@t-online.de
Website: http://home.t-online.de/home/tauchtreff
Organisation: VDST
Language: German
Established: 1990 Season: 01.04. - 15.12.

Kochel am See 82431 BYL

Dive College GmbH
Owner: Franco Paravano
Graseckstr. 34
Ph: + 49 8851 1750- Fax: + 49 8851 1750
Organisation: 5* PADI
Language: German, English, Italian
Established: 1991 Season: 01.01. - 31.12.

Trostberg 83308 BYL
Pionier Tauchservice
Owner: F. Hörauf, M. Wieser
Kapser Str. 2
Ph: + 49 8621 64111 Fax: + 49 8621 64112
E-Mail: pionier-tauchservice@t-online.de
Organisation: PADI, CMAS, VIT
Language: German, English
Established: 1994 Season: 01.04. - 31.10.

Bad Reichenhall 83435 BYL
Blue Ring Octopus Tauchcenter
Owner: Wilfried Strauch
Staufenstr. 30
Ph: + 49 8651 5105 Fax: + 49 8651 5105
E-Mail: Blue-Ring- Octopus@t-online.de
Website: www.bro-tct.de
Organisation: 5*PADI
Language: German, English
Established: 1996 Season: 01.02. - 31.12.

Haag 83527 BYL
Tauchschule Haag
Owner: Hans-Ulrich Maus
Reiterstr. 65
Ph: + 49 8072 8566 Fax: + 49 8072 8566
E-Mail: tauchschule-haag.uli.maus.@t-online
Organisation: VIT
Language: German, English, French
Established: 1996 Season: 01.01. - 31.12.

Landshut 84034 BYL
Tauchcenter Delphin
Owner: Brigitte Hackenberg
Bismarckplatz 4
Ph: + 49 871 25401 Fax: + 49 871 23113
E-Mail: hackenberg.brigitte@t-online.de
Website: www.tauchcenterdelphin.de
Organisation: PADI, CMAS, IANTD
Language: German, English
Established: 1984
Season: 01.01. - 31.12.

Kumhausen 84036 BYL
Tauchschule Octopus
Owner: Büttner
Bauhofstr. 6
Ph: + 49 871 73852 Fax: + 49 871 41313
E-Mail: 087141313-0001@t-online.de
Organisation: CMAS, VIT
Language: German, English
Established: 1984

Au i.d. Hallertau 84072 BYL
Dive Definition
Owner: Maximilian Strauß
Dr. Stiegler Str. 8
Ph: + 49 8752 1491 Handy 0171 3876721
Organisation: PADI, SSI
Language: German, English, French
Established: 1995
Season: 01.01. - 31.12.

Ingolstadt 85049 BYL
Tauchbasis Schwerelos
Owner: Helmut Braun and Waldemar Foit
Rathausplatz 1
Ph: + 49 841 35189 Fax: + 49 841 910590
E-Mail: schwerelos@t-online.de
Organisation: PADI, VDST, CMAS, IANTD
Language: German, English
Established: 1991
Season: 01.01. - 31.12.

Ingolstadt 85055 BYL

Tauchsport
Owner: J.W. Demmel
Regensburger Str. 165
Ph: + 49 841 90240 Fax: + 49 841 90242
E-Mail: info@tauchsport-demel.de
Website: www.tauchsport-demel.de
Organisation: SSI, CMAS
Language: German, English
Established: 1982 Season: 01.01. - 31.12.

Manching 85077 BYL

Diving-Travel-Outdoor
Owner: Himar Roth
Georgstr. 2
Ph: + 49 8459 3184 Fax: + 49 8459 3185
E-Mail: ip241@bingo-ev.de
Organisation: VIT, CMAS
Language: German
Established: 1979 Season: 01.01. - 31.12.

Freising 85354 BYL

Freisinger Tauchcenter
Owner: Jürgen Kammer
Kammerhof 5
Ph: + 49 8161 42799 Fax: + 49 8161 42575
E-Mail: freisinger.tauchcenter@t-online.de
Website: www.freisinger.tauchcenter.de
Organisation: PADI, ANDI
Language: German, English
Established: 1993 Season: 01.01. - 31.12.

Augsburg 86165 BYL

Aqua Terra
Owner: Daniel Ludwig
Wankstr. 10
Ph: + 49 821 714341 Fax: + 49 821 714351
E-Mail: aqua-terra@t-online.de
Organisation: VDST
Language: German, English
Established: 1996 Season: 01.01. - 31.12.

Augsburg 86199 BYL

Tauchsportcenter Augsburg GmbH
Owner: Wolfgang Kragler
Goegginger Str.104
Ph: + 49 821 9980804
Fax: + 49 821 9980806
E-Mail: w.kragler@tauchcenter-augsburg.de
Website: www.tauchcenter-augsburg.de
Organisation: PADI, SSI, CMAS
Language: German, English
Established: 1979 Season: 01.01. - 31.12.

Königsbrunn 86343 BYL

TSC Alpha
Owner: Lothar Seiler
Haunstetterstr. 2
Ph: + 49 8231 917081 Fax: + 49 8231 917079
Organisation: PADI, SSI, VDST, CMAS
Language: German
Established: 1990 Season: 01.01. - 31.12.

Merching 86504 BYL

Tauchsport Platzer
Owner: Ursula Platzer
Hauptstr. 18
Ph: + 49 8233 1039 Fax: + 49 8233 31147
E-Mail: tauchsport.platzer@t-online.de
Website: www.tauchsport-platzer.de
Organisation: PADI, SSI, CMAS, Protec
Language: German, English
Established: 1997 Season: 01.01. - 31.12.

Donauwörth 86609 BYL
Sport-Schneller
Owner: Lydia Schneller
Rainer Str. 25
Ph: + 49 906 8072 Fax: + 49 906 1750
E-Mail: Compu Serve:100741,2070
Organisation: PDIC Int.
Language: German, English
Established: 1990 Season: 01.01. - 31.12.

Landsberg 86899 BYL
Dive Fun Tauchsportcenter
Owner: Uwe Bieschke
Max-Planck Str. 2
Ph: + 49 8191 333657 Fax: + 49 8191 333658
Organisation: PADI, SSI, CMAS
Language: German, English
Established: 1998 Season: 01.01. - 31.12.

Kempten 87435 BYL
Tauch and Wassersport
Owner: Thorsten Kucklak
Baeckerstr. 17
Ph: + 49 831 10175 Fax: + 49 831 10175
E-Mail: tauchsport-kucki@t-omline.de
Website: www.tauchsport-kucki.de
Organisation: PADI, VDST
Language: German, English
Established: 1997 Season: 01.01. - 31.12.

Waltenhofen 87448 BYL
Tauchcenter Waltenhofen
Owner: Martin Waluga
Plasenner Str. 30
Ph: + 49 8303 331 Fax: + 49 8303 377
E-Mail: tc.waltenhofen@t-online.de
Website: www.tc-w.de/
Organisation: PADI, SSI, IAHD
Language: German
Established: 1993 Season: 01.01. - 31.12

Füssen 87629 BYL
Tauchstation Edelweiss
Owner: Dragan Ocubina
Schrannenplatz 17
Ph: + 49 8362 940244 Fax: + 49 8362 940244
E-Mail: dobucina@aol.com
Organisation: PADI, CMAS, VIT
Language: German, English
Established: 1994 Season: 01.01. - 31.12.

Westendorf 87679 BYL
TS Strobel
Owner: Robert Strobel
Bauhofstr. 23
Ph: + 49 8344 9740 Fax: + 49 8344 9741
E-Mail: tauchsport.strobel@t-online.de
Organisation: PADI, SSI, CMAS
Language: German, English
Established: 1990 Season: 01.01. - 31.12.

Illerrieden 89186 BYL
Tauchschule Vamo's
Owner: Ilona Fried
Voehringer Str. 24
Ph: + 49 7306 34300 Fax: + 49 7306 2943
Organisation: PADI
Language: German, English
Established: 1993 Season: 01.01. - 31.12.

Senden 89250 BYL
Pauli's Tauchshop
Owner: Markus Paul

Hauptstr. 119
Ph: + 49 7307 32531 Fax: + 49 7307 939228
E-Mail: pauli@paulis-tauchshop.de
Website: www.paulis-tauchshop.de/pauli/de/frames.htm
Organisation: 5* PADI
Language: German, English, French
Established: 1990 Season: 01.01. - 31.12.

Nürnberg 90429 BYL

Aqua Marin
Owner: Bernd Wrba
Fuerther Str. 335
Ph: + 49 911 327452 Fax: + 49 911 327453
E-Mail: aqua-marin-nbg@t-online.de
Organisation: PADI, VDTL, CMAS
Language: German, English
Established: 1992 Season: 01.01. - 31.12.

Nürnberg 90459 BYL

Divers Paradise
Owner: Harald Berger
Alexanderstr. 25
Ph: + 49 911 453791 Fax: + 49 911 443720
E-Mail: ruesselhary@t-online
Website: www.diverparadise.de
Organisation: PADI, CMAS, VDST, SSI, Barakuda
Language: German, English, French
Established: 1990 Season: 01.01. - 31.12.

Zorndorf 90513 BYL

Taucheroase Harlekin
Owner: Baum
Rotestr. 1
Ph: + 49 911 9600930 Fax: + 49 911 9600931
Organisation: CMASVDSTSSI
Language: German
Established: 1995
Season: 01.01. - 31.12.

Fürth 90768 BYL

Sport Franz
Owner: Kai Franz
Sperberstr. 32
Ph: + 49 911 9728989 Fax: + 49 911 9728991
E-Mail: kaifranz@sportfranz.de
Website: www.sportfranz.de
Organisation: 5*PADI, SSI
Language: German, English, Italian
Established: 1978
Season: 01.01. - 31.12.

Erlangen 91056 BYL

Dieter's Tauchsportzentrum
Owner: Dieter Düch
Faust von Steinberg Str. 33
Ph: + 49 9135 729714 Fax: + 49 9135 729715
E-Mail: dieter.duech@fen.bayernnet.de
Website: www.no-limit.com/didi-dive
Organisation: VDST, CMAS
Language: German, English
Established: 1996
Season: 01.01. - 31.12.

Schwabach 91126 BYL

Taucherei Schwabach
Owner: Jörg Barkholz
Walperdorferstr. 4
Ph: + 49 9122 82182 Fax: + 49 9122 82181
E-Mail: taucherei@t-online.de
Website: www.taucherei.de

Organisation: PADI
Language: German, English
Established: 1993 Season: 01.01. - 31.12.

Neustadt/Aisch 91413 BYL
Benno's Tauchshop
Owner: Raber Karl-Heinz
Am Marktplatz 2
Ph: + 49 9161 2980 Fax: + 49 9161 9749
E-Mail: bennos-tauchshop@t-online.de
Organisation: PADI, VDST
Language: German, English
Established: 1982 Season: 01.01. - 31.12.

Uehlfeld 91486 BYL
Freizeit Service Center -PADI -
Owner: Bernhard Pfaller
Kirchenstr. 6
Ph: + 49 9163 607 Fax: + 49 9163 995861
E-Mail: home@Freizeit -Service -Center.de
Website: www.freizeit -service -center.de
Organisation: PADI
Language: German
Established: 1994 Season: 01.01. - 31.12.

Weiden 92637 BYL
Fun Dive
Owner: Wolfgang Käs
Stockerhutweg 22
Ph: + 49 961 21074 Fax: + 49 961 21074
Organisation: PADI
Language: German, English
Established: 1993 Season: 01.01. - 31.12.

Windischeschenbach 92670 BYL
Tauch-Service Ullmann
Owner: Harald Ullmann
Egerländerstr. 4
Ph: + 49 9681 3558 Fax: + 49 9681 2309
E-Mail: tauch-servic@t.online.de
Organisation: PADI
Language: German
Season: 01.01. - 31.12.

Regensburg 93049 BYL
Tauchschule Regensburg
Owner: Frank Sillner
Pruefinger Str. 109 A
Ph: + 49 941 31000 Fax: + 49 941 32828
E-Mail: info@tauchschule-regensburg.de
Website: www.tauchschule-regensburg.de
Organisation: PADI, HSA
Language: German, English
Established: 1996
Season: 01.01. - 31.12.

Passau 94032 BYL
Pritz Globetrotter
Owner: Horst Pritz
Schmiedgasse 17-19
Ph: + 49 851 36220 Fax: + 49 851 35914
E-Mail: pritz.ausruestung@t-online.de
Website: http://home.t-online.de/home/pritz.ausruestung
Organisation: VIT
Language: German
Established: 1978
Season: 01.05.- 31.10.

Hof-Sale 95028 BYL
Nautic Team
Owner: Jürgen Vogeler
Friederichstr. 3
Ph: + 49 9281 3770 Fax: + 49 9281 46680
Website: www.hof.banet.de/~nautic-team

Organisation: SSI, VDST, PDIC
Language: German
Established: 1987
Season: 01.01. - 31.12.

Hof 95028 BYL

Boots- und Tauchsportcenter
Owner: Gerhard Kögler
Luitpoldstr. 5
Ph: + 49 9281 84461 Fax: + 49 9281 85437
E-Mail: 0928184461@t-online.de
Website: http://home.t-online.de/home/0928184461/
Organisation: SSI, VDST, CMAS, VIT
Language: German, English
Established: 1984
Season: 01.01. - 31.12.

Bayreuth 95444 BYL

Action-Sport Bayreuth
Owner: Dirk Wetzel
Carl-Schüller-Str. 5a
Ph: + 49 921 721780 Fax: + 49 921 721781
E-Mail: dirk.wetzel@t-online.de
Website: www.action-sport.de
Organisation: PADI, VDST, CMAS, HSA
Language: German, English, French
Established: 1995
Season: 01.01. - 31.12.

Bamberg 96050 BYL

Aqua Pur
Owner: Klaus Andorfer
Boettgerstr. 6
Ph: + 49 951 1337337 Fax: + 49 951 1337338
E-Mail: kandorfer@aquapur.de
Website: www.aquapur.de
Organisation: 5*PADI, SSI
Language: German, English
Established: 1992
Season: 01.01. - 31.12.

Maineck 96264 BYL

Tauchsport Hilpert
Owner: Elisabeth Hilpert
Mainecker Str. 49
Ph: + 49 9572 831 Fax: + 49 9572 4152
E-Mail: Hilpert.Sport@t-onlinr.de
Organisation: CMAS
Language: German
Established: 1975
Season: 01.01. - 31.12.

Würzburg 97072 BYL

Atlantis Brümmer GmbH
Owner: Michael Hennrich
Arndtstr. 20
Ph: + 49 931 75634 Fax: + 49 931 886391
E-Mail: atlantis.gmbh@t-online.de
Website: www.atlantis-dive.de
Organisation: PADI, CMAS,Barakuda
Language: German, English
Established: 1991 Season: 01.01. - 31.12.

Kist 97270 BYL

TH Tauchtechnik
Owner: Thomas Hinterlang
Vordere Bergstr. 17
Ph: + 49 9306 8543 Fax: + 49 9306 2775
E-Mail: tauchtechnik@t-online.de
Website: www.th.tauchtechnik.de
Organisation: PADI, CMAS
Language: German, English
Established: 1988 Season: 01.01. - 31.12.

Waldbrunn 97295 BYL
Happy Diving
Owner: Jochen Magiera
Am Weinberg 3
Ph: + 49 9306 8270 Fax: + 49 9306 99803
E-Mail: happy-diving@t-online.de
Website: www.happy-diving.de
Organisation: IDD 5*PADI
Language: German, English
Established: 1991
Season: 01.01. - 31.12.

Niederwerrn 97464 BYL
Fränkische Wassersportschulen
Owner: Siegfried Kozlowski
Zimmergasse 6
Tel: + 49 9721 498320
Fax: + 49 9721 498322
E-Mail: wassersportschulen@t-online.de
Website: http://home.t-online.de/home/wassersportschulen
Organisation: PADI, CMAS
Language: German, English
Established: 1979 Season: 01.04. - 30.09.

Bundorf 97494 BYL
Tauchsport Ziedler
Owner: Joachim Zeidler
Sulzdorferstr. 104
Tel: + 49 9763 9229
Fax: + 49 9763 9228
E-Mail: tauchsport.ziedler@t-online.de
Organisation: SSI, CMAS
Language: German, English
Established: 1996
Season: 01.01. - 31.12.

Tauchreiseveranstalter in Bayern:

Reisecenter Federsee
Schussenriederstr. 26
88422 Bad Buchau
Tel: 07582 3551 Fax: 07582 3252

Wet Expedition
Münchener Allee 23A
83435 Bad Reichenhall
Tel: 08651 770811 Fax: 08651 690193
E-Mail: jreiter@best.baynet.de
Website: www.vasia.com/cdiver

Sport Franz
Sperberstr. 32
90768 Fürth-Oberfürberg
Tel: 0911 972 8990 Fax: 0911 972 8991
E-Mail: k.franz@sportfranz.de

Tauchbasis Schwerelos
Rathausplatz 1
8549 Ingolstadt
Tel: 0841 35189
Fax: 0841 910590

Sub Aqua Sportreisen
Frankfurter Ring 243
80807 München
Tel: 089 3237 9888 Fax: 089 3237 9661
tauchreisen@sub-aqua.de
www.sub-aqua.de

Sun & Fun Sportreisen
Franz-Joseph-Str. 43
80801 München
Tel: 089 38014124
sunundfun@t-online.de

Spiro Sub Wassersportreisen GmbH
Rolandseckstr. 9a
81375 München
Tel: 089 7143917
Fax: 089 7193688

Hauptstadt von Deutschland Berlin

Flughafen Berlin-Tegel

Tourist-Informationen Touristik-Center
Friedrichshain
Boxhagener Str. 44
10245 Berlin
Tel: 030 2910649
Fax: 030 2917436

Tauch-Informationen VDST Berlin
Tel: 030 66363285
Fax: 030 66363286

Tauchregionen:
Schlachtensee

Fläche: 889 km²
Einwohner: 3,5 Mio.

Geographische Lage:
Das Bundesland liegt im Osten der Republik; die Bundeshauptstadt Berlin, umgeben vom Bundesland Brandenburg, hat außer hervorragenden Tauchplätzen noch weit mehr zu bieten. Sehenswürdigkeiten sind das Brandenburger Tor, der Platz Gendarmenmarkt mit dem Deutschen und dem Französischen Dom sowie dem Konzerthaus (Schinkels Schauspielhaus), das historisch wiederaufgebaute Nikolaiviertel mit der ältesten Kirche Berlins, der Nikolai-Kirche, die Deutsche Staatsoper Unter den Linden, das Pergamonmuseum, der Berliner Dom, das Zeughaus, die 69 m hohe Siegessäule mit der vergoldeten Viktoria, der Funkturm und der Fernsehturm (365 m, am Alexanderplatz) und das Reichstagsgebäude.

Schlachtensee:
Im Süden Berlins gelegen. Leicht über die Avus, Abfahrt "Spanische Allee" zu erreichen. Dann in der Kurve in die Straße "Am Schlachtensee" einbiegen. Der See liegt zur Linken. Der Einstieg ist leicht über eine Treppe nach 50 m Fußweg zu erreichen. Das Wasser ist sehr klar, und besonders in der Woche bei kühlem Wetter sind auch nicht so viele Leute da. Es ist wirklich schön, mitten in Berlin einen gut betauchbaren See zu haben. Leider trüben im Sommer und Herbst die Algen das Tauchvergnügen. Aber der Fischreichtum ist enorm und mit viel Glück findet man auch historische Artefakte (Säbel etc.).

Berlin 10557
Action Sport am Großen Stern
Owner: Tim Zimmermann
Paulstr. 24
Ph: + 49 30 3930393 Fax: + 49 30 3995383
E-Mail: action-sport-blu@topmeil.de
Website: www.action-sport-blu.de
Organisation: PADI
Language: German, English
Established: 1999
Season: 01.01. - 31.12.

Berlin 10439
Berlin Amphibien
Owner: F. Pohl
Schernberstr. 8
Ph: + 49 30 446 9107 Fax: + 49 30 446 9108
Organisation: VDST, CMAS, VDTL
Language: German, English
Established: 1994
Season: 01.01. - 31.12.

Berlin 10627
City Diver
Owner: Jörg-Olrik Graul
Windscheidstr. 12
Ph: + 49 30 3238343 Fax: + 49 30 3249772
E-Mail: citydiver@gmx.de
Website: www.citydiver.de
Organisation: PADI, NAUI, CMAS, HSA
Language: German, English, French
Established: 1989 Season: 01.01. - 31.12.

Berlin 10629
Scubapro Center Berlin
Owner: Barbara Kloss & Rolf Greve
Griesbrechstr. 16
Ph: + 49 30 3233005 Fax: + 49 30 3236725
Organisation: SSI, CMAS
Language: German, English
Established: 1972 Season: 01.01. - 31.12.

Berlin 10629
Tauch - Partner
Owner: Jay Rosskothen
Leibnizstr. 56
Ph: + 49 30 8811661 Fax: + 49 30 8860665
E-Mail: atlantis-berlin@gmx.de
Organisation: PADI, SSI
Language: German, English
Established: 1977 Season: 01.03.- 31.10.

Berlin 13089
Tauchcenter am Wasserturm
Owner: Horst Anlauf
Berliner Str. 2
Ph: + 49 304730 7541 Fax: + 49 304730 7543
E-Mail: tauchcenter-wasserturm@t-online.de
Website: www.tauchcenter-wasserturm.de
Organisation: PADI
Language: German, English
Established: 1999 Season: 01.01. - 31.12.

Berlin 12203
Tauchen und Reisen Klotz
Owner: Chr. Klotz
Hindenburgdamm 69
Ph: + 49 30 8343010
Fax: + 49 30 8346498
E-Mail: info@tauchen-klotz.de
Website: www.tauchen-klotz.de
Organisation: PADI, CMAS, VDTL
Language: German Established: 1990
Season: 01.01. - 31.12.

Berlin 10367
Tauchsport Tauros
Owner: K. Rohrbach and H. kerber
Möllendorfstr. 45
Ph: + 49 30 5541883 Fax: + 49 30 5541883
Website: www.tauros.de
Organisation: VDST, CMAS
Language: German, English
Established: 1990
Season: 01.01. - 31.12.

Berlin 10963
Tiefenrausch
Owner: Rene' Heider
Anhalterstrasse 1
Ph: + 49 30 26551616 Fax: + 49 30 26551626
Organisation: VDTL
Language: German, English, French
Established: 1991 Season: 01.01. - 31.12.

Hauptstadt Potsdam
Informationen Tourismusverband Brandenburg
Schlaatzweg 1
14473 Potsdam
Tel: 0331 275280
Fax: 0331 2752810
VDST Landesverband Brandenburg
Hans Peter Glöß
Cottbuser Str. 54a
03172 Guben
Tel: 03561 67728
Fax: 03561 67728

Tauchregionen:
Werbellinsee
Stechlinsee
Obersee
Flughafensee
Helenesee
Senftenberger See

Fläche: 29.480 km^2
Eiwohner: 2,54 Mio.

Geographische Lage:
Das Bundesland liegt im Osten der Republik an der Grenze zu Polen und umgibt das Gebiet der Bundeshauptstadt Berlin.

Werbellinsee:
Liegt an der A 11 Berlin-Stettin, Abfahrt Altenhof-Werbellinsee. Der Werbellinsee ist ein fast 10 Kilometer langer Binnensee in reizvoller landschaftlicher Umgebung. Der See bietet eine Reihe von interessanten Tauchplätzen, die jedoch teilweise von Land aus schwer zugänglich sind.

Tauchplätze:
Zu nennen sind: Kap Horn, dort liegen zwei Holzschiffswracks aus dem 19. Jahrhundert mit einer Länge von 30 m in 15 m Tiefe. Der Tauchplatz Mergelrücken hat eine Tiefe von 17–26 m. Die tiefste Stelle des Werbellinsees liegt bei 40 m. Beachten Sie bitte: Tauchen Sie nur mit entsprechender Ausbildung und Ausrüstung. Taucherausfahrten finden jeweils Samstag und Sonntag um 9 Uhr und 13.30 Uhr statt.

Auskunft:
Eberswalder Tauchschule, Eisenbahnstr. 99, 16225 Eberswalde Tel: 03334 281268 od. Internet: http://www.tauchservice.de

Stechlinsee:
Der Stechlinsee ist mit ca. 70 m Tiefe der tiefste Klarwassersee in Brandenburg. Der See ist über die Bundesstraße 96 bis Fürstenberg, Richtung Neuglobsow zu erreichen. Der Stechlin ist umgeben von Buchen, Eichen und immens großen Kiefern. Aufgrund seines klaren Wassers ist der Seeboden fast zur Hälfte mit Wasserpflanzen bewachsen.

Tauchplätze:
Für das Gerätetauchen ist aus Naturschutzgründen nur ein Tauchplatz zugänglich und erlaubt, nämlich die Badebucht vor Neuglobsow mit der Tauchbasis Stechlin. Mit gedachten Linien gezogen, reicht das betauchbare Gebiet in gerader Linie von der Bucht aus zur gegenüberliegenden Halbinsel Ochsenkopf. Je nach Jahreszeit sind die täglichen Tauchgänge auf 32 bis 50 begrenzt. Insbesondere für Schnorchler bietet sich die üppige, grüne Landschaft unter Wasser am Uferrand an. Boots- und Nachttauchgänge sind verboten.

Fauna:
Barsche, Plötzen, Bleie, Karauschen, Aale, Krebse, Hechte, Maränen, Steinbeißer, Stichlinge und Quappen. Reiche Unterwasserpflanzenwelt.

Obersee:

Etwa 40 Autominuten nördlich von Berlin - direkt an der A 11 in Richtung Prenzlau/ Stettin liegt der Obersee. Das mit einer maximalen Tiefe von 9 m eher flache Gewässer besticht vor allem durch seinen Fischartenreichtum. Der See ist eiszeitlichen Ursprungs und grenzt unmittelbar an den südwestlich gelegenen Leipnitzsee.

Tauchplätze:

An der nordöstlichen Seite des Sees liegt ein kleiner Badestrand, der ideal zum Einstieg ist. Nach der sandigen Uferzone geht es schnell auf 4 m Tiefe herunter. Die vielfältige Unterwasserlandschaft lädt zum Schnorcheln ein.

Fauna:

Nur wenige Seen weisen eine solche Artenvielfalt auf wie der Obersee. Teichrosen, Wasserschläuche, Schleien, Kaulbarsche, Hechte, Aale, Plötzen, Steinbeißer und Flusskrebse.

Flughafensee:

Der hübsche, künstlich angelegte See liegt im Waldgebiet Jungfernheide, nördlich des Berliner Flughafens "Otto Lilienthal". Er ist 30 ha groß und bis zu 34 m tief und dient für viele Berliner als Übungswasser. Zum Teil ist die südliche und östliche Uferzone Vogelschutzgebiet. Parkplätze finden sich in der Stekrader und der Betzdorfer Straße. Von dort aus führt ein Weg von 200 m zu dem beliebten, von Wald umgebenen Badesee. Im Sommer sind diese Parkplätze nur für Anwohner zugänglich, dann muss der Tauchfreund zum Parken in die Seidelstraße ausweichen (500 m Fußmarsch zum See).

Tauchplätze:

Zu den schönsten Plätzen gehört die Anglerstelle am Weststrand. Unter Wasser entdeckt man zahlreiche kleinere Gerätschaften wie Anker, Einkaufswagen oder Fahrradteile und sogar ein kleines Wrack, ein Ruderboot namens Geier in 1 m Tiefe. Am Südoststrand unmittelbar vor dem Beginn des Vogelschutzgebietes geht der See bis 30 m in die Tiefe. Lohnend ist auch ein behutsamer Tauchgang entlang der Grenzbojen des Vogelschutzgebietes.

Fauna:

Hechte und verschiedene Barsche.

Helenesee:

Südöstlich von Berlin liegt der Helenesee in den Ufergrenzen einer ehemaligen Braunkohlengrube. Bei einer Sicht von 10 m ist der See beachtliche 80 m tief.

Tauchplätze:

In der sogenannten Taucherbucht liegen eine kleine Holzhütte und eine Übungsplattform auf 8 m. Durch einen Kanal ist der See mit dem Katjasee verbunden, in dem sich ein versunkener Wald befindet. Auch große Hechte kann man beobachten. Die Einstiegsstellen Campingplatz Helenesee oder an der örtlichen Tauchschule sind gebührenpflichtig.

Senftenberger See:

Erreichen Sie über die A 13 - Abfahrt Ruhland. Richtung Brieske in Senftenberg rechts nach Niemtsch abbiegen, weiter der Hauptstraße nach in Richtung Peickwitz, hinter Peickwitz links (von rechts abbiegender Hauptstraße) abfahren, der Straße weiter bis zur Einfahrt zum „Erholungsgebiet Südsee" folgen. Der See hat eine Tiefe von ca. 18 m, bis 10 m herrscht relativ gute Sicht. Die Durchschnittstemperatur während der Tauchsaison liegt in 10 m Tiefe etwa bei 15°C. Im Hochsommer beträgt die Wassertemperatur bei ca. 7 m bis zu 20 °C, bei 12 m sind es noch ca. 16°C. Es gibt zwei Tauchbasen, davon eine unmittelbar am Strand mit eigenem Einstieg; Leihequipment und Füllstation vorhanden.

Information:

Anmeldung ist erwünscht. Tauchbasis Peickwitz Ph: 03573 81444 oder bei der Tauchschule Senftenberg, Ph: 03573 792177; Saisonbetrieb von April bis Oktober. Es gibt außerdem mehrere Badestrände, FKK, Surfen, Surfbrett-Verleih und Schule direkt am großen See, Strand-Volleyball, Rundfahrten auf dem großen See mit dem Passagierschiff. Der Senftenberger See ist ein ehemaliger Braunkohlentagebau, welcher im Jahre 1969 geflutet wurde. Etwa 3 Jahre später wurde der erste Badestrand eingerichtet. Die Wasseroberfläche ist durch eine Insel (Naturschutzgebiet, das Betreten ist verboten!) in zwei Teile unterteilt: dem eigentlichen Senftenberger See und der „Südsee". Tauchen ist aufgrund der Sichtverhältnise und der Logistik nur in der „Südsee" möglich, wo es aber wegen des hohen ph-Wertes des Wassers (sehr sauer) keine Fische gibt.

Wracks:

Ein ehemaliges Passagierschiff liegt in einer Tiefe von 16 m. Eine Plattform für Ausbildungszwecke ist vorhanden.

Potsdam 14467 BBL

Tauchsportservice Postdam
Owner: Bernd Reißland
Benkertstr. 6
Ph: + 49 331 2701613 Fax: + 49 331 2800020
E-Mail: bernd@tauchsportservice.de
Website: www.tauchsportservice.de
Organisation: PADI, SSI
Language: German
Established: 1990 Season: 01.01. - 31.12.

Eberswalde 16225 BBL

Eberswalder Tauchschule
Owner: Kai Dietterle
Eisenbahnstr. 99
Ph: + 49 171 4573791 Fax: + 49 3334 281268
E-Mail: dietterle@tauch-service.de
Website: www.tauchservice.de
Organisation: PDIC
Language: German Established: 1994

Wandlitz 16348 BBL

"Tauch In" Tauchsportzentrum
Owner: Frank Meinschien
Prenzlauer Chaussee 5
Ph: + 49 33397 22558 Fax: + 49 33397 22558
E-Mail: tauchin@nikocity.de
Organisation: PADI
Language: German, English
Established: 1996 Season: 01.01. - 31.12.

Fürstenwalde 15517 BBL

Rath's Tauchshop
Owner: Michael Rath
R.-Strauss Str. 9
Ph: + 49 3361 33603 Fax: + 49 3361 33603
Organisation: CMAS
Language: German, English
Established: 1990 Season: 01.01. - 31.12.

Oranienburg 16515 BBL

Tauchparadies Oranienburg
Owner: Guido Eckardt
André-Pican Str. 9
Ph: + 49 3301 538352
Fax: + 49 3301 538354
E-Mail: tauchparadies-oranienburg@gmx.de
Organisation: PADI, VDTL
Language: German, English, Spanish
Established: 1996 Season: 01.01. - 31.12.

Deutschland/Bremen

Freie und Hansestadt Informationen

Bremen
Touristikzentrale
Finddorfstr. 105
28215 Bremen
Tel: 0421 308000
Fax: 0421 3070030

VDST Landesverband

Bremen
Armin Albin
Am Distelkamp 20
28357 Bremen
0421 274597
0421 274597

Tauchregionen:
Niedersachsen
Hamburg
Nordsee
Ostsee

Fläche: 404 km^2
Einwohner: 679.000

Geographische Lage:
Die Freie und Hansestadt Bremen liegt im Norden von Deutschland an der Wesermündung und ist das kleinste Bundesland der Republik. Leider gibt es in Bremen selbst so gut wie keine Tauchplätze.

Bremen 28203 HB
Huelsmann Wassersport
Owner: Stefan Siefert
Ausser Der Schleifmuehle
Ph: + 49 421 321633 Fax: + 49 421 321634
Mail: tauchen@huelsmann.wassersport.com
Organisation: PADI
Established: 1994
Season: 01.01. - 31.12.

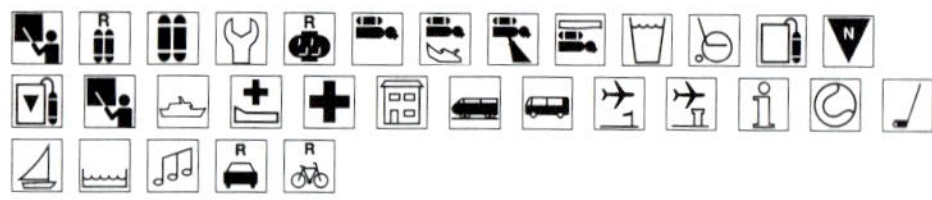

Bremen 28199 HB
Tauchsport-Service
Owner: Junge & Warncken
Industriestr. 18
Ph: + 49 421 51924 Fax: + 49 421 51926
E-Mail: juwatauche@t-online.de
Website: www.jungw-warncken.de
Organisation: SSI, PADI, VDST, DIVA, CMAS
Language: German, English
Established: 1980 Season: 01.01. - 31.12.

Hamburg

Freie und Hansestadt Informationen

Hamburg
Tourismus-Zentrale
Steinstr. 7
20095 Hamburg
Tel: 040 30051 300
Fax: 040 30051 333

VDST Landesverband

Hamburg
Anita Hintz Glitza
Schäferkampsallee 1
20357 Hamburg
Tel: 040 449395
Fax: 040 449395

Tauchregionen:
Niedersachsen
Nordsee
Ostsee
Mecklenburg-Vorpommern

Fläche: 755 km^2
Einwohner: 1,7 Mio.

Geographische Lage:

Die Freie und Hansestadt Hamburg liegt im Norden von Deutschland an der Elbe. Es gibt in Hamburg vereinzelte Tauchgebiete. In den umliegenden Bundesländern wie Niedersachsen, Mecklenburg-Vorpommern und an Nord- und Ostsee gibt es hervorragende Tauchgebiete.

Hohendeicher See:

Im Süden von Hamburg in Moorfleet am Ruschorter Hauptdeich gelegener Süßwassersee. Die Region ist Landschaftsschutzgebiet.

Tauchplatz:

Das zugelassene Tauchgebiet befindet sich im hinteren Teil des Sees und ist durch Bojen markiert.

Fauna:

Barsche, Hechte, Zander, Karpfen, Krebse und Krabben.

Hamburg 20253 HH

BIG Blue 1 Tauchbasis
Owner: Ralph Pulst
Gärtnerstr. 48
Ph: + 49 40 4014941 Fax: + 49 40 4014942
E-Mail: bigblue1@t-online.de
Website: www.tauchbasis-bigblue.com
Organisation: PADI, VDST, CMAS
Language: German, English, Spanish, French
Established: 1995
Season: 01.01. - 31.12.

Hamburg 22765 HH

BIG Blue 2 Tauchbasis
Owner: Felix Kollschlegg
Holstenstr. 184
Ph: + 49 40 3893966 Fax: + 49 40 3893967
Website: www.tauchbasis-bigblue.com
Organisation: PADI, VDST, CMAS
Language: German
Established: 1997 Season: 01.01. - 31.12.

Hamburg 22047 HH

Bleckys Tauch u. Reiseservice
Owner: Bleck
Rosmarinstr. 26
Ph: + 49 40 6955594 Fax: + 49 40 6953656
Organisation: VDST, CMAS
Language: German, English
Established: 1980 Season: 01.01. - 31.12.

Hamburg 22047 HH

Dive Center Hamburg
Owner: Margit Barth
Bramfelder Chaussee 41
Ph: + 49 40 69703470
Fax: + 49 40 69703472
E Mail: dch@divedch.de
Website: www.divedch.de
Organisation: PADI
Language: German
Established: 1989

Hamburg 22089 HH

Dive Point
Owner: Volker Engler and Andreas Prelle
Wandsbecker Chaussee 132
Ph: + 49 40 20978066
Fax: + 49 40 20978068
E-Mail: divepoint@aol.com
Website: www.divepoint.com
Organisation: 5* PADI
Language: German
Established: 1996 Season: 01.01. - 31.12.

Hamburg 20357 HH
Down Under Tauchsport
Owner: T. Piechowiah
Weidenallee 6
Ph: + 49 40 4102002 Fax: + 49 40 4107987
E-Mail: nisande@real-net.de
Website: www.downunder-tauchsport.de
Organisation: PADI, Barakuda
Language: German
Established: 1991

Hamburg 22177 HH
Hermanns Tauchladen
Owner: H. Lindner
Bramfelder Chaussee 71 a
Ph: + 49 40 6929440 Fax: + 49 40 6914629
E-Mail: hermann-lindner@t-online.de
Website: www.tauchladen.de
Organisation: 5*IDD-PADI, PDIC,
Language: German, English, French
Established: 1983
Season: 01.01. - 31.12.

Hamburg 22587 HH
Nitrox Nord
Owner: Gerhard Kubetschek
Falkensteiner Weg 15
Ph: + 49 40 860285
Fax: + 49 40 8664464
E-Mail: nitroxnord@t-online.de
Organisation: IANTD, RAB
Language: German, English
Established: 1995
Season: 01.01. - 31.12.

Hamburg 22525 HH
Tauchcenter Dieter Hagemann
Owner: Herr Dieter Hagemann
Kieler Str. 383 - 385
Ph: + 49 40 544844 Fax: + 49 40 5405858
Organisation: CMAS, VDST, SSI, Barakuda
Language: German, English
Established: 1975 Season: 01.01. - 31.12.

Hamburg 22087 HH
Taucher Zentrum
Papenhuder Str. 40
Ph: + 49 40 2206064 Fax: + 49 40 2273523
Organisation: VDST, CMAS
Language: German

Hamburg 21037 HH
Tauchschule Oceanus
Owner: Maria Brintrup and Peter König
Durchdeich 49
Ph: + 49 40 7374320 Fax: + 49 40 7374320
Organisation: VDST, CMAS, VDTL, CEDIP
Language: German, English
Established: 1985 Season: 01.05. - 15.11.

Hamburg-Harburg 21077 HH
Welle's Taucher Service
Owner: Norbert Welle
Winsenerstr. 194
Ph: + 49 40 7696107 Fax: + 49 40 7696106
E-Mail: info@waabs.de
Website: www.waabs.de
Organisation: PADI, FIT, CEDIP
Language: German
Established: 1990
Season: 01.01. - 31.12.

Hauptstadt Wiesbaden
Flughafen Frankfurt a.Main
Informationen Touristik Service
Abraham-Lincolnstr. 38-42
65189 Wiesbaden
Tel: 0611 778800
Fax: 0611 7788040

VDST Landesverband Egon Pietruschka
Carl v. Weinbergstr. 4
60320 Frankfurt
Tel: 069 568731
Fax: 069 568124
Web: www.vdst.de
E-Mail: egon.pietruschka@t-online.de

Tauchregionen:
Diemelsee
Perf-Stausee
Edersee
Guckai-See
Waidsee
Mönchwaldsee
Bunkeranlage
Giesela

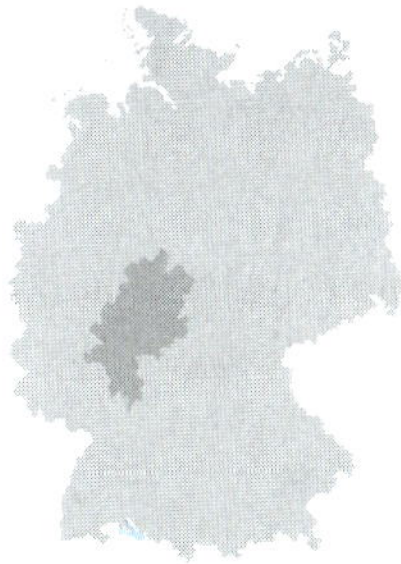

Fläche: 21.114 km^2
Einwohner 6,0 Mio.

Geographische Lage:
Hessen ist ein Binnenland im Zentrum der Republik, östlich von Nordrhein-Westfalen und Rheinland-Pfalz, südlich von Niedersachsen, westlich von Thüringen und Bayern sowie nördlich von Baden-Würtemberg. Wichtigste Städte sind Frankfurt am Main, Wiesbaden und Kassel.

Edertalsperre:
Der Edersee ist das Highlight der hessischen Seen, er liegt ca. 40 km südwestlich von Kassel im nordhessischen Bergland. Der See ist 27 km lang, 994 ha groß und bis zu 40 m tief. Die Sichtweiten liegen bei ca. 1–4 m.

Tauchplätze:
Markierte Tauchplätze befinden sich in der Waldecker Bucht und am Bärentalbach. Die Sichtweiten liegen je nach Jahrezeit zwischen 5 m im Hochsommer und 15 m im Herbst und Winter. Der Grund ist steinig, einige sehr schöne Felsformationen sind hier zu bewundern.

Fauna:
Hechte, Aale, Forellen, Zander, Rotfedern, Brassen, Welse, Schleien und Barsche.

Sonstiges:
Überreste von Ruinen, Dörfern und Brücken.

Weitere Informationen über den See auch im Internet unter www.edersee.com oder bei der DLRG Schulungsstätte Hessen Nord Am Kippenberg 123, 34513 Waldeck Tel: 05623 5452.

Guckai-See:
Der wenig betauchte Guckai-See liegt südöstlich von Fulda bei Poppenhausen-Rotholz in der Rhön. Der See besteht aus zwei Teilen. Der etwas höher gelegene ist für Schwimmer gesperrt, etwas weiter unten liegt der Badesee.

Tauchplätze:
Es gibt mehrere Einstiegsmöglichkeiten. Je nach Jahreszeit und Witterung ändern sich die Sichtverhältnisse. Insgesamt ein ideales Übungsterrain in idyllischer Lage.

Diemelsee:
Zwischen dem sauerländischen Bergrücken und dem Waldecker Upland liegt der Diemelsee mitten in einem Erholungsgebiet. Er hat eine Größe von ca. 166 ha.

Tauchplätze:
Tauchen ist nur in der sogenannten Tauchbucht zwischen Helminghausen und Heringhausen erlaubt. Die maximale Tauchtiefe liegt bei 30 m in einer reizvollen felsigen Unterwasserlandschaft. Durch die unmittelbare

Nachbarschaft zum Edersee, ist dieser See nicht überlaufen.

Fauna:
Schleien, Brassen, Karpfen, Plötzen, Welse, Zander, Barsche, Hechte und Aale.

Waidsee:
Der Waidsee findet sich bei Weinheim im Erholungsgebiet Waidsee westlich von Wetzlar an der Bergstraße. Der See ist 28 m tief und hat ein abgetrenntes Gebiet für maximal 60 brevetierte Taucher.

Tauchplätze:
Es gibt mehrere Unterwasser-Plattformen und einen alten Tank zum Betauchen. Mit einem Handwagen erleichtert man sich den Weg zur Einstiegsstelle. Ideal für Tauchanfänger.

Fauna:
Der Waidsee ist bekannt für seinen großen Fischreichtum. Viele große Hechte, Welse, Glaskarpfen und nachts auch Aale.

Kassel 34119 HEL
Aquasport
Owner: Schumann and Nöding
Goethestr. 30
Ph: + 49 561 711215 Fax: + 49 561 772973
Organisation: 5*PADI
Language: German, English
Established: 1995
Season: 01.01. - 31.12.

Kassel 34123 HEL
Action Sport Kassel
Owner: Andreas Walter
Leipziger Str. 197
Ph: +49 561 9536505 Fax: +49 561 9536506
Organisation: PADI
Language: German, English
Established: 1998
Season: 01.01. - 31.12.

Kassel 34127 HEL
Nemo's Tauchsport
Owner: Bernd Dugnus
Wolfhager Str. 83
Ph: + 49 561 896632 Fax: + 49 561 896632
E-Mail: nemos@t-online.de
Website: www.nemos.de
Organisation: PADI, CMAS
Language: German, English
Established: 1988 Season: 01.01. - 31.12.

Kassel 34128 HEL
Tauchcenter Tümmler
Owner: Michael Stahl
Wolfhager Str. 294
Ph: + 49 561 883423 Fax: + 49 561 883423
Organisation: PADI
Language: German, English
Established: 1984 Season: 01.01. - 31.12.

Kassel 34131 HEL
Tauchschule Kassel
Owner: Vorwerk and Huffnagel
Kunoldstr. 36
Ph: + 49 561 33380 Fax: + 49 561 33355
E-Mail: info@unterwasserladen.de
Website: www.unterwasserladen.de
Organisation: PADI
Language: German, English, French
Established: 1978 Season: 01.01. - 31.12.

Trendelburg 34388 HEL
Vest Ausbildungszentrum
Owner: Udo Schönhut
Am Brunnen 4
Ph: + 49 5675 6149
Organisation: VEST
Language: German
Established: 1994

Waldeck 34513 HEL
Tauchbasis Edersee
Owner: Hartwig Fette
Guldener Ort 8
Ph: + 49 5623 6050 Fax: + 49 5601 965445
E-Mail: tauchbasis.edersee@t-online.de
Organisation: PADI, VDST, VDTL
Language: German, English
Established: 1985 Season: 01.01. - 31.12.

Edertal - Hemfurth 34549 HEL
Unterwasserladen Edersee
Owner: Vorwerk and Huffnagel
Randstr. 4
Ph: + 49 5623 947979
E-Mail: info@unterwasserladen.de
Website: www.unterwasserladen.de
Organisation: PADI
Language: German, English, French
Established: 1999 Season: 01.01. - 31.12.

Münchhausen 35117 HEL
Tauchschule-Shop Noeck
Owner: Harald Heidemann
Am Rödchen
Ph: + 49 6423 926989
Fax: + 49 6423 926990
E-Mail: noeck@gmx.net
Organisation: SSI, DAN
Language: German
Established: 1989
Season: 01.01. - 31.12.

Giessen 35390 HEL
Manatee Diving
Owner: Scherf
Suedanlage 21
Ph: + 49 641 72246 Fax: + 49 641 9716979
E-Mail: manatee-diving@t-online.de
Organisation: PADI
Language: German
Established: 1994
Season: 01.01. - 31.12.

Staufenberg 35460 HEL
Tom's Tauchshop
Owner: Thomas Baier
Kirlenring 8
Ph: + 49 6406 6318 Fax: + 49 6406 905489
E-Mail: Toms.tauchshop@t-online.de
Website: http://home.t-online.de/home/toms.tauchshop
Organisation: VDST, CMAS
Language: German
Established: 1994

Fulda 36037 HEL
Fuldas Tauchertreff
Owner: Reinhard Baum
Leipzigerstr. 80
Ph: + 49 661 65006 Fax: + 49 661 65007
Organisation: 5*PADI Language: German
Established: 1988
Season: 01.01. - 31.12.

Neu Eichenberg/Hebenshausen 37249 HEL

Werratal-Tauchsportladen
Owner: Manfred Claussen
Lange Str. 18
Ph: + 49 5504 8472 Fax: + 49 5504 999858
E-Mail: werratal.tauchsport@lycosmail.com
Organisation: PADI
Language: German, English
Established: 1997 Season: 01.01. - 31.12.

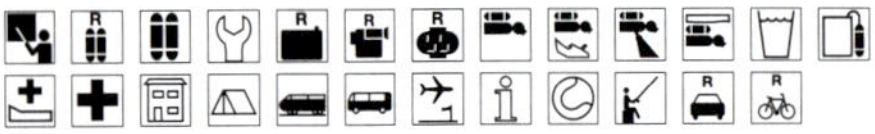

Mönchwaldsee, Kelsterbach:

Der See liegt unweit des Frankfurter Flughafens, selbst unter Wasser sind die startenden und landenden Flugzeuge gut zu hören. Am besten benutzt man auf der A 3 oder A 67 Richtung Köln die Ausfahrt Raunheim-Kelsterbach, fährt dann Richtung Kelsterbach und biegt ca. zwei Kilometer vor dem Ort rechts Richtung Flughafen ab. Nach ca. 100 m gibt es auf der rechten Seite einen Parkplatz im Wald, ca. 200 m vom See entfernt. Dessen Tiefe liegt bei ca. 3–8 m. In der Seemitte gibt es Steilabfälle bis zur maximalen Tiefe von ca. 33 m. Die Temperaturen betragen etwa 4–10°C je nach Jahreszeit. Die Sichtweiten liegen jahreszeitlich verschieden bei 1–10 m.

Besonderheiten:

Hervorzuheben ist der große Fischreichtum, viele Hechte, Barsche, etc., nachts auch Aale. Im südlichen Teil des Sees befindet sich ein Autowrack. Angeblich soll sich aus den Tagen des Sandabbaues auch noch eine Straßenlaterne mit zugehöriger Straße im See befinden. Ein lohnenswerter Tauchgang führt um die kleine Landzunge im nördlichen Teil, auch sehr schön für Nachttauchgänge geeignet.

Achtung:

Aktuelle Meldungen besagen, dass das Tauchverbot seit Juni '99 stark kontrolliert wird. Es werden Strafen von bis zu DM 2.000,- für unerlaubtes Tauchen verhängt. Für weitere Infos: beim Ordnungsamt, Tel: 06107 7731 oder bei der Polizei Mörfelderstaße 33, 65451 Kelsterbach, Tel: 06107 7198-0.

Perf-Stausee:

Bei Biedenkopf-Breidenstein, nordwestlich von Marburg, liegt der ca. 18 ha große Perf-Stausee. Neben der schönen Lage in der hessischen Mittelgebirgslandschaft des oberen Lahntals bietet der Stausee ein vielfältiges Freizeitangebot.

Tauchplätze:

Der durchschnittlich 4–5 m tiefe Perf-Stausee ist ein beliebtes Übungsrevier. Der Einstieg vom Ufer aus ist einfach.

Bunkeranlage Giesela:

Liegt in Gießen, die Tiefe beträgt ca. 3 m. Die Sichtweite ist schwankend. Die Anlage Giesela ist eine alte Wehrmachtsbunkeranlage. Der gesamte Bau umfasst mehrere Bunker, die oberirdisch als Bauernhäuser getarnt sind. Angeblich gab es eine unterirdische Verbindung zwischen den jeweiligen Bunkern, die aber bis heute nicht wieder entdeckt wurde. Die einzelnen Bunker sind identisch aufgebaut und bestehen aus zwei Stockwerken. Das obere Stockwerk ist mit Gummistiefeln zu begehen, das untere ist vollständig überflutet. Dadurch, dass die beiden Stockwerke identische Grundrisse haben, kann man sich vor dem Tauchgang ein sehr gutes Bild über die Verhältnisse im Bunker machen. Der Zugang zum Unterwasserbereich erfolgt über eine Treppe, die in einen Quergang mündet. Dieser Quergang ist ziemlich breit und trennt die Anlage in zwei Hälften. Auf beiden Seiten dieses Ganges kann man auftauchen. Das markante Erkennungszeichen dieses Bereiches sind die Schiebetüren. In den anderen Räumlichkeiten sind alle Türen normal. Von diesem Gang kann man in die weiteren Räume vordringen. Der Vorteil ist, dass man eine Art Rundkurs taucht, man also nicht durch den Schlamm, den man beim Stöbern unweigerlich aufwirbelt, wieder zurück muss. Es befinden sich jeweils vier Räume beiderseits des Querganges, die wie in einem Viereck angeordnet sind. Auf einer Seite befindet sich zusätzlich noch ein kleiner Maschinenraum, der Anlagen zur Luftversorgung u.ä. enthält. Es sind noch einige Anlagenteile, wie Lichtschalter usw. an den Wänden vorhanden. Auf dem Boden liegen Gegenstände verstreut, die die Neugier beflügeln. Es ist einfach interessant, in so einer Umgebung zu tauchen.

Frankfurt 60528 HEL

Subway
Owner: Horst Kowalak
Goldsteinstr. 61-63
Ph: + 49 69 96740735 Fax: + 49 69 67730470
E-Mail: subway-diving@t.online.de
Website: www.subway-diving.de
Organisation: PADI
Language: German, English
Established: 1997 Season: 01.01. - 31.12.

Frankfurt 60594 HEL

Aquanaut Tauchsport
Owner: Sigi Barth
Deutschherrnufer 29-30
Ph: + 49 69 612670 Fax: + 49 69 618206
E-Mail: info@aquanaut.de
Website: www.aquanaut.de
Organisation: PADI, CMAS
Language: German, English
Established: 1975 Season: 01.01. - 31.12.

Offenbach 63303 HEL

Tauchzentrum & Club
Owner: Rainer Wachtel
Bernardstr. 73
Ph: + 49 69 825593 Fax: + 49 69 86777074
Organisation: PADI, SSI, VDST, CMAS
Language: German
Established: 1974

Rödermarkt 63322 HEL

to dive
Owner: Oliver Köhl
Forststr. 2
Ph: + 49 6074 885903 Fax: + 49 6074 885903
E-Mail: todive@compuserve.com
Website: www.todive.com
Organisation: PADI, CMAS, DAN
Language: German, English
Established: 1998 Season: 01.01. - 31.12.

Hanau 63452 HEL

Die Tauchpartner
Owner: Claus Wilknes
Lamboystr. 63
Ph: + 49 6181 182639 Fax: + 49 6181 182649
E-Mail: Die.Tauchpartner@t-online.de
Website: www.dietauchpartner.de
Organisation: PADI, VDST, CMAS
Language: German, English
Established: 1995 Season: 01.01. - 31.12.

Heppenheim 64646 HEL

Tauchen in Frankfurt
Owner: Klaus Spahn
Gabelsberger Str. 13
Ph: + 49 6252 4962 Organisation: CMAS, VDTL
Language: German, English
Established: 1987 Season: 01.01. - 31.12.

Lorsch 64653 HEL

Lorscher Tauchertreff
Owner: Harald Wolf
Nibelungenstr. 60
Ph: + 49 6251 988149 Fax: + 49 6251 987518
E-Mail: lorscher-tauchertreff@t-online.de
Website: www.lorscher-tauchertreff.de
Organisation: 5*PADI
Language: German, English
Established: 1994 Season: 01.01. - 31.12.

Michelstadt 64720 HEL

Odenwälder Tauchshop
Owner: Frank Lampert
Friedrich Ebert Str. 81A
Ph: + 49 6061 5756 Fax: + 49 6061 5756
E-Mail: odwtauchshop@t-online.de
Organisation: PADI
Language: German
Established: 1998 Season: 01.01. - 31.12.

Gross Umstadt 64823 HEL

Tauchschule Octopus
Owner: Walter Saul
Waldstr. 27
Ph: + 49 6078 8474 Fax: + 49 6078 913157
Organisation: DIVA, VIT
Language: German
Established: 199
Season: 01.01. - 31.12.

Wiesbaden 65185 HEL

Tauchsportcenter Easy Diving
Owner: M. Elmasry
Mainzer Str. 119
Ph: + 49 611 713507 Fax: + 49 611 761837
E-Mail: easydiving@aol.com
Organisation: PADI, SSI, CMAS
Language: German, French, English
Established: 1992
Season: 01.01. - 31.12.

Wiesbaden 65189 HEL

Barakuda Club Wiesbaden
Mainzer Str. 103
Ph: + 49 611 9739713 Fax: + 49 611 9739797
E-Mail: barakuda@barakuda-club.de
Website: www.barakuda-club.de
Organisation: CMAS, Barakuda
Language: German, English
Established: 1980
Season: 01.01. - 31.12.

Raunheim 65479 HEL

Die Taucherkiste
Owner: Horst Langguth
Schleusenstr. 1
Ph: + 49 6142 926900 Fax: + 49 6142 926970
E-Mail: info@taucherkiste.de
Website: www.taucherkiste.de
Organisation: PADI
Language: German, English
Established: 1996 Season: 01.01. - 31.12.

Viernheim 68519 HEL

Tauchcentrum Rhein Neckar
Owner: Bernhard Sax
Seegartenstr. 3
Ph: + 49 6204 611113 Fax: + 49 6204 913504
E-Mail: Bernhard.Sax@t-online.de
Organisation: SSI, CMAS, VDST
Language: German, English
Established: 1987
Season: 01.01. - 31.12.

lauptstadt Schwerin

nformationen Tourismusverband Mecklenburg-Vorpommern
Platz der Freundschaft 1
18059 Rostock
Tel: 0381 4030500
Fax: 0381 4030555

DST Landesverband Frank Hartmann
.hartmann@sf.hs-vismar.de
Gerüstbauerring 22
18109 Rostock
Tel: 0381 1214073

Tauchregionen:
Ostsee
Großer Fürstensee
Müritzsee
Tollensesee
Wittwesee

Fläche: 23.170 km²
Einwohner: 1,82 Mio.

eographische Lage:
lecklenburg-Vorpommern hat im Norden eine ange Küstenregion zur Ostsee mit den Hafen-tädten Rostock, Stralsund und Greifswald. rößte Inseln sind Rügen und Usedom. Die Vestbegrenzung des Bundeslandes bilden ichleswig-Holstein und Niedersachsen, im)sten liegt Polen, im Süden Brandenburg und achsen-Anhalt. Die Mecklenburgische und die trelitzer Seenplatte bieten zahlreiche Süß-vassertauchgelegenheiten.

stsee:
ischland-Darß ist eine langgezogene, der stseeküste vorgelagerte Halbinsel. Vor dem arß findet man überwiegend Sandböden mit erstreuten, reich bewachsenen Findlingen nter Wasser. Von Land aus können kaum nehr als 10 m Tauchtiefe erreicht werden.
ie günstigsten Tauchplätze liegen vor der ohen Düne östlich von Prerow sowie vor den uhnenfeldern nördlich von Ahrenshoop. mpfehlenswert sind Tauchausfahrten an die Vestküste der Halbinsel. Dort findet man reich ewachsene Steinfelder und einige Holz-racks.

racks:
lauptattraktion ist neben den Holzwracks der augbagger Sandtrans.

Großer Fürstensee:
Der Große Fürstensee gehört zum Ostteil des Müritz-Nationalparks auf der Mecklenburger Seenplatte. Er ist ein Sandsee mit etwa 20 m Tiefe und befindet sich etwa 10 km südöstlich von Neustrelitz. Das ganze Jahr über bietet der Große Fürstensee angenehme horizontale Sichtweiten von 5 bis 10 m.

Tauchplätze:
Die Badestelle und der Campingplatz liegen direkt am Ufer. Offiziell ist nur den Mitgliedern des Tauchclubs und ihren Gästen das Tauchen im See erlaubt. Gegen Gebühr ist ein Einstieg beim Fischer möglich. Eine verbindliche Regelung gibt es allerdings nicht. Am besten also von der dörflichen Badestelle am Ortsausgang Richtung Wokuhl aus ins Wasser steigen. Ein weiteres Schnorchelrevier liegt vor dem Campingplatz. Alle anderen Uferzonen sind für Taucher gesperrt.

Müritzsee:
Nach dem Bodensee ist der Müritzsee der zweitgrößte Binnensee Deutschlands. Der See liegt etwa 30 km südwestlich von Neubrandenburg und ist Teil der Mecklenburgischen Seenplatte. Bei einer durchschnittlichen Tiefe von 6 m betragen die Sichtweiten am Ostufer 6 bis 10 m. Neben Findlingen aus der letzten Eiszeit

entdeckt der Taucher dort Flugzeugwrackteile von einem nahegelegenen Versuchsgelände. Der Müritzsee ist von einer reichen Fauna belebt.

Tauchplätze:

Neben dem Ostufer und verschiedenen flachen, stark bewachsenen Stellen ist die Sietower Bucht mit dem vorgelagerten Kuckucks Düp ein interessanter Tauchplatz. In den tieferen Bereichen der Müritz muss man mit verstärktem Bootsverkehr rechnen.

Fuana:

Hechte, Barsche, Karpfen, Bleie, Flusskrebse, Aale und Welse.

Kühlungsborn Ostseebad 18225 MVL

Tauchbasis -Baltic-
Owner: Frank Diestel
Tannenstr.
Tel: + 49 172 3913864 Fax: + 49 38292 78294
E-Mail: tb-baltic@t-online.de
www.menbers.aol.com/divebaltic/dive_bas.htm
Organisation: SSI, VDST, CMAS, DIWA, IDA
Language: German, English, Russian
Established: 1991 Season: 01.01. - 31.12.

Neubrandenburg 17036 MVL

Tauchshop Octopus
Owner: Ulf Barthel
Juri-Gagarin-Ring 6
Tel: + 49 395 7790480 Fax: + 49 395 7790480
Organisation: SSI, CMAS
Language: German
Established: 1992
Season: 01.03. - 31.11.

Rerik-Meschendorf 18230 MVL

Tauchbasis Ostseecamp Seeblick
Owner: Frank Diestel
Tel: + 49 38296 70551
Website: www.aquanautic-tauchsport.de
Organisation: CMAS, SSI
Language: German, English
Season: 15.04.- 31.10.

Rostock 18146 MVL

Tauchschule Rostock
Owner: Ulrich Floss
Hannes Meyer Platz 30
Tel: + 49 381 690440 Fax: + 49 381 690440
E-Mail: tauchschule-rostock@de
Website: www.tauchschule-rostock@de
Organisation: SSI, CMAS
Language: German
Established: 1991 Season: 01.01. - 31.12.

Schwerin 19055 MVL

Tauchschule Tauchdepot
Owner: Andreas Munsch
Am Güstrower Tor 1a
Tel: + 49 385 5507429 Fax: + 49 385 550742
E-Mail: diveandreas@t-online.de
Website: www.schwerin-net.de/tauchen
Organisation: VDST Language: German
Established: 1991 Season: 01.01. - 31.12.

Stralsund 18439 MVL

Taucherbasis Dänholm
Owner: Arnhold Dufke
Am Alster Marinehafen 16
Tel: + 49 3831 297090 Fax: + 49 3831 29709
Organisation: OHG, CMAS, DIVA
Language: German, English

Ostsee:

Binnenmeer im Nordosten, das durch Skagerak und Kattegat von der Nordsee getrennt ist. Die Küste verläuft von Flensburg bis Usedom. Größte Inseln sind Fehmarn und Rügen, wichtigste Hafenstädte sind Kiel, Lübeck und Rostock.

Tauchplätze:

Die interessantesten Einstiegsstellen befinden sich in der Region der Insel Rügen, besonders an der Vinetabank, neben dem Campingplatz Dranske, vor Prora, vor Kreptitz, vor Nonnewitz, unterhalb des "Nordhotels" Varnkewitz, am Kap Arkona (Kreideriff), am Seehundriff (vor Granitzer Ort), am Südperd, am Quitzlas-Riff (vor Sellin), am Caravanplatz Drewoldke mit schön bewachsenen Findlingen in Schnorcheltiefe und am Tromper Wieck.

Wracks:

Die wichtigsten Wracks vor der Küste von Mecklenburg-Vorpommern sind die Jan Heweliusz, eine Fähre in 25 m bei Rügen und die MLR-M 14, ein WW II-Minensucher vor Usedom. Weiter liegt bei Vitte/Rügen das wohl 1714 zur Zeit des Nordischen Krieges gesunkene Arkonawrack auf Grund. Bei der Amazone, die in der Nähe von Saßnitz auf Rügen liegt, handelt es sich um einen etwa 30 m langen Segler aus Holz, der 1920 in der Ostsee sank. Die Sandtrans ist ein ehemaliger Frachter, der westlich bei der Halbinsel Darß besatzungslos auf Grund lief.

Fauna:

Aale, Hechte, Schollen, Flundern, Steinbutt, Seeforellen, Plötzen, Dorsche, Barsche, Grundeln, Große Seenadeln, Zander, Seesterne, Seerosen, Seehasen, Seescheiden, Seesterne, Krabben, Krebse, Seeanemonen und Quallen.

Tollensesee:

Der Tollensesee liegt direkt im Süden von Neubrandenburg. Er hat eine Fläche von 17,4 km^2 und eine maximale Tiefe von 34 m. Das beliebte Ausflugsziel diente im 2. Weltkrieg als Torpedoversuchsstation. Die Anlagen sind betauchbar.

Tauchplätze:

Von Klein Nemerov, Augustusbad, Behms Höhe, Gatschek und Wustrow aus kann man den Landeinstieg wählen. Buschort, die tiefsten Seestellen, die Fischerinsel im Süden des Tollensesees und die Torpedoversuchsstation können nur vom Boot aus angefahren werden. Die Stadt Neubrandenburg erlaubt Tauchgänge an der gefährlichen Kriegsruine nur in Begleitung der dort ansässigen beiden Tauchbasen. Die Fischerinsel trennt den Tollensesee von der Lieps, einem anschließenden kleinen Seefortsatz.

Fauna:

Seerosen, Maränen, Güstern, Hechte, Barsche, Karpfen und Aalrutten.

Wittwesee:

Der Wittwesee liegt nordöstlich von Rheinberg inmitten eines schönen Naturschutzgebietes. Der 163 ha große See hat eine maximale Tiefe von 14 m. Er bildet, zusammen mit einer Reihe von anderen Seen, die landschaftlich reizvolle Streelitzer Seenplatte.

Tauchplätze:

Besonders in den Monaten zwischen Juni und Oktober ist Schnorcheln und Tauchen im Wittwesee angesagt. Zu dieser Zeit stehen die einheimischen Wasserpflanzen in voller Pracht. Bei etwa 7 m Tiefe enden die Pflanzenfelder. Mit nächtlichen Tauchgängen wird man auch der scheueren Fischarten im Wittwesee ansichtig.

Fauna:

Aale, Bitterlinge, Hechte und Karpfen.

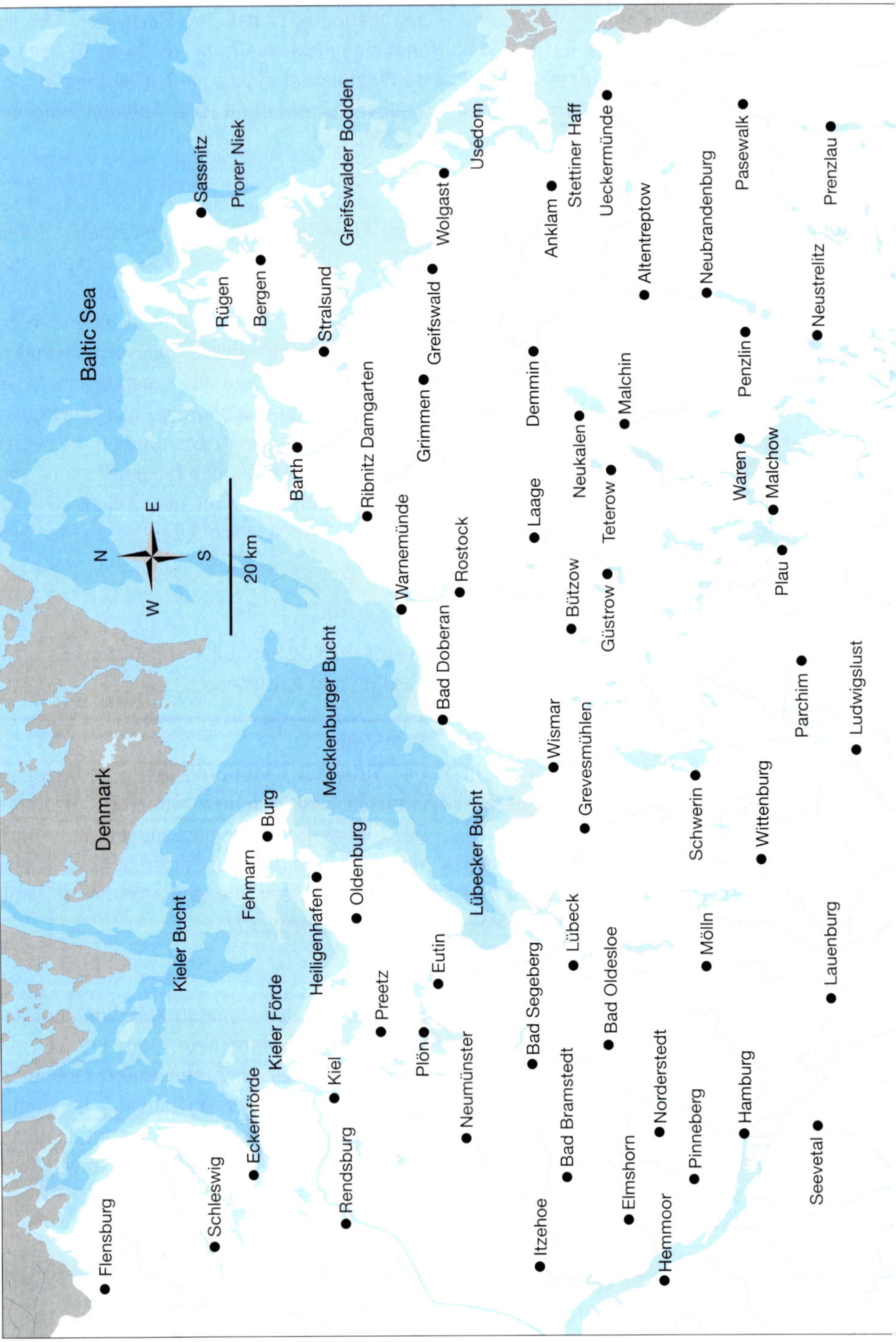
Baltic Sea
Denmark
N
E
S
W
20 km
Sassnitz
Prorer Niek
Greifswalder Bodden
Usedom
Rügen
Bergen
Stralsund
Wolgast
Anklam
Stettiner Haff
Ueckermünde
Greifswald
Altentreptow
Neubrandenburg
Pasewalk
Prenzlau
Barth
Ribnitz Damgarten
Grimmen
Demmin
Malchin
Neukalen
Penzlin
Neustrelitz
Warnemünde
Rostock
Laage
Teterow
Waren
Malchow
Plau
Bad Doberan
Bützow
Güstrow
Mecklenburger Bucht
Wismar
Grevesmühlen
Parchim
Ludwigslust
Burg
Fehmarn
Lübecker Bucht
Schwerin
Wittenburg
Kieler Bucht
Heiligenhafen
Oldenburg
Kieler Förde
Preetz
Eutin
Bad Segeberg
Lübeck
Bad Oldesloe
Mölln
Lauenburg
Eckernförde
Kiel
Plön
Neumünster
Bad Bramstedt
Norderstedt
Hamburg
Flensburg
Schleswig
Rendsburg
Itzehoe
Elmshorn
Hemmoor
Pinneberg
Seevetal

Hauptstadt Hannover

Informationen Tourismusverband
Theodor-Heuss-Platz
30175 Hannover
Tel: 0511 8113569
Fax: 0511 8113549

VDST Landesverband Niedersachsen
Eveline Luscher
Postfach 1642
21416 Wiesen
Tel: 04171 2627
Fax: 04171 62971

Tauchregionen:
Hemmoor
Salzgittersee
Oker-Talsperre
Banter See
Torfmoorsee
Speicherbecken-Lingen

Fläche: 47.609 km²
Einwohner: 7,78 Mio.

Geographische Lage:
Niedersachsen grenzt im Norden an Schleswig-Holstein, im Westen an die Niederlande, im Osten an Mecklenburg-Vorpommern und Sachsen-Anhalt sowie im Süden an Nordrhein-Westfalen, Hessen und Thüringen. Das Bundesland verfügt über ein Küstengebiet zur Nordsee mit mehreren vorgelagerten Inseln. Die wichtigsten Städte sind die Landeshauptstadt Hannover sowie Braunschweig, Osnabrück, Wolfsburg und Wilhelmshaven.

Kreidesee in Hemmoor:
Liegt an der B 73 im Landkreis Cuxhaven, nahe der Stadt Hemmoor. Der See hat eine Größe von 60 ha ist 1,3 km lang und 500 m breit. Die Sichtweiten betragen ca. 8–40 m. Bei dem See handelt es sich um einen alten Tagebau, in dem Kreide gewonnen wurde. Er ist ideales Tauchgebiet für die Taucher aus den umliegenden Bundesländern wie Hamburg, Bremen und Niedersachsen. Das Zelten ist am See kostenlos möglich. Die Tauchsaison ist ganzjährig. Eine Füllstation gibt es direkt am See. Unter Wasser findet man Bauwerke, einzelne Bäume und einen Wald. Es gibt Steilhänge, einen PKW und einen Wohnwagen. Weitere sehenswerte Dinge sind Versteinerungen, eine Brücke, Holztreppen, eine Versorgungsleitung und viele Pflanzen. Die Stufen-Terrassen Bermen bilden in 12 m Abständen Absätze, die sich zur Ausbildung hervorragend eignen. Wichtige Tauchregeln im Kreidesee Hemmoor: Es darf nur mit getrennt absperrbarer Luftversorgung getaucht werden, d.h. zwei komplette Atemregler an getrennt absperrbaren Abgängen. Die Ausrüstung wird kontrolliert. Es darf nur noch bis 45 m Tiefe getaucht werden. Es darf nicht mehr nach 23 Uhr getaucht werden. Es darf bis zu der im Brevet geprüften Tiefe +10 m getaucht werden. Es dürfen keine Alleintauchgänge durchgeführt werden. Es dürfen keine Kompressoren auf dem Gelände betrieben werden. Alle alten Tauchregeln, welche nicht geändert wurden, behalten ihre Gültigkeit. Das Tauchen ohne die Abgabe einer Haftungsausschluss-Erklärung ist untersagt. Weiterhin hat sich der Eintrittspreis auf 15,- DM erhöht. Die o.g. Maßnahmen, insbesondere die Pflicht zu den getrennten Atemreglern, führte zu einer enormen Verbesserung der Sicherheit. Jeder Taucher sollte den Maßnahmen Verständnis entgegenbringen, da diese deutlich sichtbar zur Verbesserung der Sicherheit beitragen (Abnahme der Anzahl von Tauchunfällen). Leider waren die Taucher nicht von allein so vernünftig sich gut auszurüsten und den Regeln Verständnis entgegenzubringen, so dass Kontrollen notwendig wurden, um den See als Tauchsee zu erhalten.

Fauna:

Hechte, Barsche, Stichlinge, Karpfen, Saiblinge und Stinte.

Hemmoor (See) 21745 NL

Dive Station
Owner: Günther Borucki
Hauptstr. 100
Ph: + 49 4771 3031 Fax: + 49 4771 3018
E-Mail: dive-station-hemmoor @t-online.de
Website: www.dive-station-hemmoor.de
Organisation: PADI
Language: German, English
Established: 1993 Season: 01.01. - 31.12.

Banter See:

In Friesland bei Wilhelmshaven gelegener Binnensee mit einer Tiefe von max. 20 m. Das Gewässer ist ein ehemaliger Marinehafen. Die beste Zeit zum Tauchen ist zwischen März und April, da in dieser Zeit die mittleren Sichtweiten 8–10 m betragen.

Beschränkungen:

Was das Tauchen im See betrifft, gibt es keine. Nachttauchgänge sind erlaubt und sehr reizvoll, da nachts besonders viele Fische zu sehen sind. Durch den leichten Salzgehalt des Gewässers ist etwas mehr Blei mitzuführen. Da es sich um einen alten Marinehafen handelt, sind noch einige Gegenstände aus dem Zweiten Weltkrieg zu finden. An manchen Stellen sind noch die gesprengten U-Bootanlagen zu besichtigen und zu betauchen. In größeren Tiefen ist eine gute Lampe von Vorteil. Im Winter kann bei ausreichender Eisstärke auch unter Eis getaucht werden. Außerdem befindet sich direkt am Banter See der "UWC Manta". Ein Tauchclub mit einer langjährigen Geschichte. Der "UWC Manta" hat vor seinem Gelände einen Unterwasser-Iglu, den man nach Absprache auch betauchen kann.

Wilhelmshaven 26384 NL

Tauchcenter Profi Dive
Owner: Rainer Siebers
Hildesheimer Str. 1
Ph: + 49 4421 303633 Fax: + 49 4421 304104
E-Mail: profi-dive@t-online.de
Organisation: IANTD
Language: German, English
Established: 1997 Season: 01.01. - 31.12.

Wilhelmshaven 26389 NL

Banterner See
Tauchsport Heinemann
Owner: Holger Heinemann
Helmholzstr. 3-11
Ph: + 49 4421 201294 Fax: + 49 4421 201294
Organisation: PADI, SSI, VEST
Language: German, English
Established: 1994 Season: 01.01. - 31.12.

Emden 26721 NL

Tauchcenter Emden
Owner: Astur GmbH
Ringstr. 32 b
Ph: + 49 4921 29262 Fax: + 49 4921 29262
Organisation: VDST
Language: German, English
Established: 1987 Season: 01.01. - 31.12.

Emden 26721 NL

Tauchsport Heinemann
Owner: Andree Heinemann
Große Str. 44
Ph: + 49 4921 24780 Fax: + 49 4921 24780
Organisation: PADI
Language: German
Established: 1991

Oldenburg 26123 NL
Tauchertreff Dekostop
Owner: Martin Schlifski
Nadorster Str. 73
Ph: + 49 441 885114 Fax: + 49 441 885104
E-Mail: taucherol@aol.com
Organisation: CMAS, VDST, SSI, DAN
Language: German, English
Established: 1983 Season: 01.01. - 31.12.

Papenburg 26871 NL
Tauch Sport Zentrale
Owner: Klaus Tennie
Friederikenstr. 85
Ph: + 49 4961 4096 Fax: + 49 4961 4160
E-Mail: tennie-papenburg@t-online.de
Website: www.pens-powerline.de/tennie
Organisation: VDST, CMAS
Language: German, English, Dutch
Established: 1977
Season: 01.01. - 31.12.

Salzgittersee:

In Salzgitter im Stadtteil SZ-Lebenstedt gelegener See, zu erreichen über die A 39 AB-Dreieck Salzgitter-Braunschweig, Abfahrt Lichtenberg oder Salzgitter-Süd, der Beschilderung zum See folgen, dort das unbebaute Westufer aufsuchen. Parkmöglichkeiten sind vorhanden.

Tauchplatz:

Der Salzgittersee ist ein Baggersee, in dem bis vor ca. 15–20 Jahren Kies abgebaut wurde. Schon als noch das Kieswerk stand, wurde der See am Ostufer intensiv zum Baden und für den Wassersport genutzt. Die Stadt Salzgitter betrieb einen sorgfältigen Ausbau zum Naherholungsgebiet. Um den See herum befinden sich Telefonzellen und Notrufsäulen, eine DLRG-Wachstation am dem Einstieg gegenüber liegenden Seeufer, Krankenhaus am See, nächster RTH und die nächste Druckkammer in Hannover. Vorsicht beim Auftauchen, außerhalb der Taucherzone herrscht sehr intensiver Surf- und Segelbetrieb! Taucht man vom Einstieg rechts weg, dann findet man ein schön bewachsenes Gebiet mit sanften Hügeln und Kuhlen. Links weg hingegen stellt sich die Landschaft ganz anders dar. Hier taucht man an einer Felsenkette entlang, vereinzelt finden sich noch rostige Zeugen aus alten Industriezeiten. Ein neuer Taucheinstieg wurde oberhalb des gerade beschriebenen angelegt. Am Ortsausgang Fredenberg rechts auf den grossen Parkplatz (Weststrand), von dort ans Ufer. Taucht man nach links, so kommt man zu der oben beschriebenen Stelle. Am neuen Taucheinstieg stehen ausreichend Parkplätze, sowie Toiletten zur Verfügung (Toiletten neben dem Kiosk). Der alte Taucheinstieg kann weiterhin benutzt werden, nur ist der Fußmarsch dorthin jetzt etwas länger. Dies wird von einigen Tauchern durch Handwagen ausgeglichen, mit denen das Gerät transportiert wird. Die Tiefe im ausgewiesenen Taucherbereich liegt bei ca. 15 m. Die Sichtweiten betragen durchschnittlich etwa 5–8 m, jahreszeitlich schwankend.

Fauna:

Flussbarsche, Zander, Aale, Hechte, Karpfen, Krebse, und Teichmuscheln.

Hannover 30161 NL
Tauchbasis am Weissenkreuzplatz
Owner: Dirk Preusse
Eckerstr. 3
Ph: +49 511 388 6363 Fax: +49 511 388 6363
Organisation: PADI
Language: German
Established: 1997 Season: 01.01. - 31.12.

Hannover 30169 NL
Tauch-Center TCT
Owner: M. Dehm and and K. Lohmann
Goethestr. 32
Ph: + 49 511 131016 Fax: + 49 511 18549
E-Mail: tct-tauchsportartikel@t-online.de
Organisation: 5*PADI, IAHD
Language: German, English French
Established: 1996 Season: 01.01. - 31.12.

Hannover 30451 NL
Der kleine Tauchladen
Owner: Thorsten Stahl
Velberstr. 10
Ph: + 49 551 447144 Fax: + 49 551 4583889
E-Mail: info@derkleinetauchladen.de
Website: www.derkleinetauchladen.de
Organisation: PADI
Language: German, English
Established: 1994 Season: 01.01. - 31.12.

Hildesheim 31135 NL
Dive and Fun
Owner: Andreas Wackerohr
Katharinenstr. 48
Ph: + 49 5121 130320 Fax: + 49 5121 134037
E-Mail: diveundfan@t-online.de
Organisation: PADI
Language: German, English
Season: 01.01. - 31.12.

Braunschweig 38100 NL
Tauchsport Hartwig
Owner: Rainer Hartwig
Fallersleber Str. 29
Ph: + 49 531 2406919 Fax: + 49 531 2406920
E-Mail: tauchsport.hartwig@t-online.de
Website: www.tauchsport-hartwig.de
Organisation: VDST, CMAS, Barakuda
Language: German, English
Established: 1981 Season: 01.01. - 31.12.

Helmstedt 38358 NL
Diving Center
Owner: Dirk Hattenbach
An der Beiche 14
Ph: + 49 5351 31013 Fax: + 49 5351 31013
E-Mail: Dirk.Hattenbach@t-online.de
Organisation: SSI, Fit
Language: German
Established: 1987 Season: 01.01. - 31.12.

Oker-Talsperre:
Die Talsperre liegt an der B 498 zwischen Oker und Altenau im Harz.

Tauchvorschriften:
Jede Tauchgruppe ist eigenverantwortlich zuständig für die Erstellung eines Notfallplans, die Absicherung der Tauchstelle (Boje) und die Einhaltung der allgemein anerkannten Regeln des Tauchsports. Die Oker-Talsperre wurde 1956 fertiggestellt und dient dem Hochwasserschutz, der Energiegewinnung und der Erholung. Sie ist im Besitz der Harzwasserwerke. Der TLN und LTVB haben mit den Harzwasserwerken einen Gestattungsvertrag geschlossen, der den Mitgliedern dieser Landesverbände das Tauchen in der Oker-Talsperre ermöglicht, Mitglieder anderer Landesverbände dürfen auch als Gäste eines berechtigten Vereins nicht in der Oker-Talsperre tauchen. Beim Tauchen ist u. a. Folgendes zu beachten: Tauchgruppen müssen unter Nennung von Namen und Telefonnummer des Gruppenführers die Zahl der Taucher, und Datum des Tauchgangs im voraus unter Tel 0511-789603 anmelden.

Der Gruppenführer muss mindestens CMAS** und 5 TG bzw CMAS* und 10 TG in der Oker-Talsperre nachweisen können. Alle Mitglieder der Gruppe müssen nachweisen, dass sie den Gestattungsvertrag zur Kenntnis genommen haben. Die Einhaltung dieser Regeln wird von den Harzwasserwerken überprüft! Die Oker-Talsperre ist aufgrund der natürlichen Gegebenheiten (Dunkelheit und Kälte) ein sehr anspruchsvolles Gewässer! Ein sehr guter Kälteschutz ist das ganze Jahr über erforderlich. Zwei getrennt absperrbare, relativ vereisungsfeste Automaten und eine gute Lampe sind für das sichere Tauchen in der Oker-Talsperre ebenfalls zwingend notwendig.

Tauchplatz:

Die Höhe der Staumauer beträgt 67 m, die Größe der Talsperre 225 ha. Die Sichtweite liegt bei ca. 2–10 m, die Tauchsaison ist ganzjährig. Beim Tauchen in der Oker-Talsperre findet man noch Fundamente bzw. Keller von Häusern sowie Brücken und Straßen aus der Zeit vor der Überflutung. Auch erkennt man noch verschiedene Flussbetten (z. B. Oker, Weißes Wasser) sowie einige der Triebgräben und Stollen, die dem Betrieb des Kraftwerks im ehemaligen, versunkenen Schulenberg dienten. Je nach Jahreszeit bzw. Wasserstand und Ziel des Tauchgangs werden Tiefen von 25–40 m erreicht.

Fauna:

Barsche und Gründlinge, gelegentlich auch Forellen.

Northeim 37154 NL

Action Sport
Owner: Michael Glombitza
Breslauerstr. 6
Ph: + 49 5551 911058 Fax: + 49 5551 911254
E-Mail: action-sport-northeim@t-online.de
Website: www.action-sport.de
Organisation: 5*PADI, CMAS
Language: German
Established: 1995

Nienburg 31582 NL

Aquarelax Diving Center
Owner: Kai Bokeloh
Celler Str. 43
Ph: + 49 5021 910022 Fax: + 49 5021 925099
E-Mail: aquarelax@t-online.de
Organisation: 5*PADI
Language: German, English
Established: 1994 Season: 01.01. - 31.12.

Hann. Muenden 34346 NL

Tauchen und Mehr
Owner: Schüßler
Hermannshäger Str.20
Ph: + 49 5541 5518 Fax: + 49 5541 5518
Organisation: SSI, CMAS, VDTL, FIT
Language: German, English
Established: 1995 Season: 01.01. - 31.12.

Holzminden 37603 NL

Holger's Tauchschule
Owner: Oetjen
Fuerstenbergerstr. 51
Ph: + 49 5531 140159 Fax: + 49 5531 140131
E-Mail: meister.holgi@t-online.de
Language: German, English
Established: 1994 Season: 01.01. - 31.12.

Göttingen 37081 NL

tts Göttingen
Owner: Bettina Droste

Posthof 2
Ph: + 49 551 68842 Fax: + 49 551 68843
E-Mail: info@tts-goettingen.de
Website: www.tts-goettingen.de
Organisation: SSI, VDST, CMAS, DAN
Language: German, English, Italian, French
Established: 1986
Season: 01.01. - 31.12.

Vechta 49377 NL

Tauchsportzentrum Vechta
Owner: Georg von der Wellen
Oldenburger Str. 14
Ph: + 49 4441 852209 Fax: + 49 4441 852209
Organisation: PADI, SSI
Language: German, English
Established: 1995
Season: 01.01. - 31.12.

Vetze 31311 NL

C. Dive
Owner: Dr. Christian Wehrenberg
Föhrenring 33
Ph: + 49 5173 922907 Fax: + 49 5173 922908
E-Mail: c.dive@t-online.de
Website: http://home.t-online.de/home/c.dive
Organisation: SSI
Language: German, English
Established: 1990 Season: 01.01. - 31.12.

Osnabrück 49086 NL

The Dive Agent
Owner: York Wegener
Sandforter Str. 54
Ph: + 49 541 37391 Fax: + 49 541 385572
Organisation: PADI
Language: German, English, French
Established: 1993
Season: 01.01. - 31.12.

Meppen-Holthausen 49716 NL

Tauchschule Dankern
Owner: Helga and Jürgen Thiemontz
Osterfeldstr. 11
Ph: + 49 5931 20659 Fax: + 49 5931 29841
E-Mail: juergen.thiemontz@t-online.de
Organisation: VDST
Language: German, English
Established: 1996 Season: 01.01. - 31.12.

Torfmoorsee bei Hörstel:

Anfahrt über die A 30, Abfahrt Rheine Kanal hafen, weiter Richtung Hörstel, von da an aus geschildert. Am See am besten vor de Parkplätzen rechts abbiegen, ca. 1,5 km gera deaus fahren, bis links eine Straße abgeht Auf dieser Straße dann weiter, bis der Se links wieder auftaucht. Hier ist eine gute Ein stiegsstelle.

Tauchplatz:

Ein See mit Klippe bis zu 20 m tief. Das Wasse ist sehr dunkel, so dass die Klippe, obwohl si nicht sehr groß ist, sehr bedrohlich wirkt, d man den Boden nicht sehen kann. Ohne ein Lampe ist im Torfmoorsee nichts zu erkenner

Speicherbecken Lingen:

Anfahrt über die B 70 bis Lingen, der See is von der Bundesstraße aus sichtbar. Der Ein stieg ist flach. Wie wir erfahren haben, ist da Tauchen dort für Tauchschulen nur gege Gebühr und vorige Anmeldung möglich. Di Kontaktperson des TCH Lingen ist Rolan Hollmann, Ph: 0591-59555.

lauptstadt	Düsseldorf	**Tauchregionen:**
nformationen	Landesverkehrsverb.:	Adolfosee
	Friedensplatz 3	Agger-Talsperre
	44135 Dortmund	Auesee
	Tel: 0231 527506	Bevertalsperre
	Fax: 0231 524508	Biggetalsperre
'DST Landesverband	Nordrhein Westfalen	Bruchertalsperre
	Axel Stibbe	Buddenkuhle
	Friedrich Alfredstr. 25	Fühlinger See
	47055 Duisburg	Henne-Talsperre
	Tel: 0203 7381677	Möhne-Talsperre
	Fax: 0203 7391678	Rursee
	tsvnrw@t-online.de	

Fläche: 34.075 km²
Einwohner: 17,89 Mio.

;eographische Lage:

)as bevölkerungsreichste und am dichtesten ›esiedelte Bundesland liegt an der Grenze zu len Niederlanden und Belgien im Westen)eutschlands. Es verfügt über keine Küsten-;ebiete. Wichtige Städte sind Köln, Düsseldorf Landeshauptstadt), Essen, Dortmund, Bonn,)uisburg und Bochum.

\dolfosee:

)er See liegt bei Hückelhoven-Ratheim (Nähe leinsberg). Die Tiefe beträgt ca. 11 m. Die ;ichtweiten sind im allgemeinen gut. Es gibt :ine Tauchplattform in 7 m.

;onstiges:

'achtgewässer von Grupi Aachen, Ansprech-›artner ist Herr Wolfgang Breuner Tel. 0241 ·892 E-Mail: grupi.achen@t.online.de.

ggertalsperre:

)ie Talsperre liegt im Oberbergischen Kreis bei ;ergneustadt in der Nähe von Gummersbach.)ie Städte Bergisch Gladbach, Siegen und lagen liegen auf einem Kreis mit einem ;adius von ca. 44 km von der Aggertalsperre ntfernt. Köln ist ca. 50 km entfernt. Von dort ;t die Aggertalsperre über die A 4, AS Gum-ıersbach-Wiehl, L 321 und die B 55 Rich-tung ;ergneustadt erreichbar.

Tauchplatz:

Die Aggertalsperre ist ca. 30–40 m tief, je nach Wasserstand. Die Temperatur beträgt zwischen 4°–18°C, je nach Tiefe und Jahreszeit. Auch die Sichtweiten schwanken jahreszeitlich und liegen zwischen 2–10 m.
Es kann nicht zu jeder Zeit in der Agger getaucht werden. Zuwiderhandlungen werden durch Aufsichten, wie z.B. den Talsperrenwärter, zur Anzeige gebracht. Es darf auch nur der Einstieg am westlichen Ufer benutzt werden. Auch zu beachten ist, dass Sie sich unter der oben angegebenen Rufnummer anmelden sollten. Sie müssen Mitglied im VDST oder in der CMAS sein.
Bezüglich der Verbandszugehörigkeit versucht die IG AGGERTALSPERRE eine Öffnung zu erreichen, die allen Tauchern den Zugang ermöglichen soll. Sollten die Vertragsänderungen mit dem Aggertalsperrenverband greifen, werden wir unverzüglich die Änderungen hier aufnehmen.
Der Tauchgang kostet DM 10,-. Zwei Tauchgänge kosten DM 15,-. Von diesem Betrag muss die Interessengemeinschaft Aggertalsperre allein DM 5,- pro Tauchgang an den Aggerverband bezahlen. Die Kosten sind demnach also minimal kalkuliert. Getaucht wird ausschließlich an Wochenenden ca. 50 m von der Staumauer entfernt. Auf der gegenüberlie-

genden Seite befindet sich in ca. 10–25 m Tiefe (Wasserstand 30 m) der "Brecher", ein Stahlbetongerüst, das zur Zerkleinerung des gebrochenen Steines und zu dessen Abtransport diente. In diesem Stahlbetongerüst, ein Bild hängt in der Wachstation, steht ein ca. 50 Zentimeter langer, standorttreuer Zander.
Weiterhin befindet sich im rechten Arm eine kleine Brücke auf ca. 30 m. An dieser Stelle liegt auch der Steinbruch mit seinen Steilhängen. Der Nachteil ist, dass die Agger erst durchquert werden muss, um an diesen Bereich zu gelangen. Vorteil: Die Sichtweiten sind relativ gut, weil Anfänger dort nicht tauchen.
Pro Tauchgruppe ist nur ein Bronze-Taucher erlaubt. Es gilt die Äquivalenzliste des VDST.

Tauchbedingungen:
Die Tauchbedingungen finden Sie in Gänze unter http://www.bubis.com/xarifa. Sie sollten diese unbedingt lesen, da für ein sicheres Tauchen in der Aggertalsperre einige wichtige Regelungen getroffen wurden, die bei Nichterfüllung die Versagung des Tauchganges zur Folge haben. Neben den Tauchbedingungen finden Sie dort auch ein Bild des Brechers, der Aggertalsperre in gefülltem und leerem Zustand sowie ein Lagebild des Tauchgebietes. Bei den Tauchbedingungen finden Sie auch Angaben über die Tauchsaison.

Wracks:
Brecher sowie diverse Überreste einer Kiesförderanlage.

Fauna:
Verschiedene Fischarten, u.a. Zander.

Auesee:

Zu erreichen über die A 3 bis Abfahrt Wesel, weiter auf der B 57 nach Wesel, ab dort ist der Auesee ausgeschildert.

Tauchplatz:
Die Tiefe liegt bei ca. 12 m. Die Sichtweite sind sehr stark jahreszeitabhängig. Nur ei kleiner Teil des Sees ist für Taucher zugäng lich, der Rest ist Naturschutzgebiet bzw Freibad. Zum Einstieg steht eine Plattforn und eine Slipanlage zur Verfügung. Der See is für Anfänger gut geeignet. Im See ist noc eine Plattform durch einen ortsansässige Verein installiert worden, Tiefe ca. 7 m. Di Plattform ist durch eine Boje gekennzeichne und befindet sich rechts von der Einstiegs stelle.

Informationen:
Unter der Telefonnummer: 0281 27229. Hie können Sie auch Nachttauchgänge anmelden

Bevertalsperre:

Die Bevertalsperre liegt in Hückeswagen in de Nähe von Remscheid.

Tauchplatz:
Die Temperatur beträgt je nach Jahreszeit zwi schen 4° und 18°C. Die Sichtweiten schwan ken zwischen 2–10 m. Die Unterwasser-Opti reicht von Pflanzen bis zu steil abfallende Felsenwänden. Sie finden hier ein intakte Tauchgebiet vor.
Der Betreiber der Tauchbasis auf dem Geländ achtet sehr auf vernünftiges Auftreten alle Taucher. Flaschen können teilweise für ein Gebühr vor Ort ausgeliehen werden. Fehlend oder vergessene Ausrüstung kann vor Or gestellt werden. Ausbildung steht durch pro fessionelles Personal vor Ort zur Verfügung Zudem wird die Ausbildung durch staatlic anerkannte Tauchlehrer überwacht. Die Basi wird durch die Besitzer Inge und Joachi geleitet.

Informationen:
Nautico Tauchbasis Bevertalsperre, Tel: 017 8203673.

Biggetalsperre:
Aus Richtung Köln fahren Sie über die A 4 bis AB-Kreuz Olpe-Süd und dann auf die A 45 Richtung Olpe, nächste Abfahrt Richtung Attendorn zum Biggesee.

Tauchplatz:
Es gibt zwei Einstiegsstellen. Die erste und interessantere ist der Steinbruch "Kraghammer Sattel". An der Einstiegsstelle werden die Papiere kontrolliert (Tauchpass und Logbuch) Tauchtiefen bis 38 m sind möglich. Die maximale Tiefe bei Vollstau beträgt 49 m. Die Temperatur je nach Jahrezeit 4°–16°C. Die Sichtweiten liegen bei 5–15 m.

Tauchplatz:
Weuste, unweit vom Steinbruch entfernt, max. 23 m tief. Dies ist ein Anfängergebiet, da die Uferformationen nicht so steil sind.
Es gibt zwei Einstiegsmöglichkeiten, einmal den "oberen" Einsteig in Verlängerung der Landzunge an der rechten Seite und einmal am alten "Keller". Nachttauchgänge sind leider verboten.

Fauna:
Flussbarsche, Hechte, Aale, Karpfen, Muscheln.

Bruchertalsperre:
Marienheide bei Gummersbach.

Tauchplatz:
Die Tiefe liegt bei ca. 20 m. Die beste Jahreszeit zum Tauchen ist hier der Winter, da die Sichtweite dann sehr, sehr gut ist. Allerdings ist das Tauchen in der Bruchertalsperre verboten und wird nur in Ausnahmefällen über eine Sondergenehmigung durch den Wupperverband, Zur Schafbrücke 6, 42283 Wuppertal, Tel: 0202 583-0 erlaubt.
Diese Erlaubnis wird in der Regel nur eingetragenen Tauchsportvereinen erteilt.

Buddenkuhle:
Liegt nahe Lengerich, von dort ab weiter in Richtung Ladbergen. Auf halber Strecke biegen Sie zum Campingplatz Buddenkuhle ab. Die Tiefe des Sees beträgt ca. 13 m. Die Buddenkuhle gehört zum gleichnamigen Campingplatz und Naherholungsgebiet.

Tauchplatz:
Der im Durchmesser ca. 400 m große See wird ebenfalls durch Boote, Angler und Schwimmer genutzt. Die Unterwasserlandschaft ist größtenteils sandig oder bewachsen.

Fauna:
Überdurchschnittlicher Fischreichtum bis hin zu kapitalen Hechten.

Fühlinger See:
Beim gleichnamigen Ort nördlich von Köln in einem Naherholungsgebiet gelegener Badesee mit Regattastrecke.

Tauchplatz:
Der einzige Tauchplatz befindet sich am Badesee beim Parkplatz der DLRG Station. Die Tiefe beträgt ca. 13–18 m.

Sonstiges:
Um in diesem See zu tauchen, bedarf es einer Taucherlaubnis. Diese ist am Ticketschalter im Eingangsbereich des Bezirksrathauses Chorweiler, Pariser Platz 1, 50765 Köln-Chorweiler erhältlich.

Henne-Talsperre:
Im Sauerland südlich von Meschede gelegener Stausee. Der Parkplatz oberhalb des Sees ist ausgeschildert.

Tauchplätze:
Die größte Tiefe beträgt ca. 35 m. Nur eine Stelle des Sees ist für das Tauchen erlaubt. Dies ist ein alter Steinbruch, dessen Steil-

wände die Attraktion des Tauchplatzes darstellen. Abhängig vom Wasserstand fällt der Grund in zwei bis drei Stufen jeweils senkrecht auf ca. 35 m ab.
Der Tauchplatz ist durch eine Boje gekennzeichnet, deren Verankerungsleine man gut zum Abtauchen nutzen kann.

Sonstiges:
Eine Anmeldung der Tauchgänge ist erforderlich. Rufnummer 0291 8991.

Möhne-Talsperre:
Ein Stausee zwischen Arnsberg und Soest im Sauerland.

Tauchplätze:
Die einzige Tauchregion ist eine Bucht bei Delecke. Direkt am Parkplatz befindet sich der Einstieg. Es gibt mehrere betauchbare Steilhänge in diesem Gebiet.

Sonstiges:
Tauchgänge sollten unter der Telefonnummer 0231 4422460 angemeldet werden.

Rursee:
Die Talsperre liegt in der Eifel im Südwesten des Bundeslandes in der Nähe von Schmidt-Nideggen und Eschauel.

Tauchplätze:
Das Tauchgebiet befindet sich bei Eschauel. Es gibt zwei Tauchplätze: Der erste befindet sich an einem Bergrücken mit Felsüberhängen, der zweite an einer Steilwand, je nach Stauung bis zu 50 m tief. Im See liegen auch zwei Bootswracks.

Sonstiges:
Die Voraussetzung um in diesen Gewässern überhaupt tauchen zu dürfen, ist eine vier Sterne (CMAS) Tauchtauglichkeits-Bescheinigung.

Die Adressen NRW sind nach PLZ sortiert.

Minden 32425 NRW
Tauchsport Zoerb
Owner: Christa Zoerb
Dessauerstr. 28
Tel: + 49 571 63300 Fax: + 49 571 63301
E-Mail: tauchen@zoerb.de
Website: www.zoerb.de
Organisation: CMAS, VIT, ANDT, DAN
Language: German
Established: 1987 Season: 01.01. - 31.12.

Löhne 32584 NRW
Tauch Treff Löhne
Owner: Gerd Hummelt
Lübbecker Str. 226
Tel: + 49 5732 740711 Fax: + 49 5732 5246
E-Mail: tauch-treff@t-online.de
Organisation: CMAS, VDST. SSI
Language: German, English, French
Established: 1990 Season: 01.01. - 31.12.

Lemgo 32657 NRW
Tauchsport Aktiv
Owner: Dieter Neumann
Weststr. 51
Tel: + 49 5261 6251 Fax: + 49 5261 68864
Organisation: VDST, CMAS
Language: German, English
Established: 1988
Season: 01.01. - 31.12.

Salzkotten 33154 NRW
Delphi's Tauchteam
Owner: G. Hönekop
Ziegelei-Töpker-Str. 10
Tel: + 49 5258 933300 Fax: + 49 5258 933303

:-Mail: webmaster@delphis-tauchteam.de
Vebsite: www.delphis-tauchteam.de
)rganisation: SSI, ICMC, CEDIP
.anguage: German, English
:stablished: 1992
;eason: 01.01. - 31.12.

3ielefeld 33602 NRW

)ive Box
)wner: Frank Freese
'iktoriastr. 53
'el: + 49 521 62433 Fax: + 49 521 62433
)rganisation: PADI
.anguage: German
:stablished: 1994

Hilden 40721 NRW

Iouse of Diving
)wner: Erich Lemke
;erresheimer Str. 1
'el: + 49 2103 32044 Fax: + 49 2103 32044
:-Mail: house-of-diving.@t-online.de
)rganisation: PADI, CMAS, VEST
.anguage: German
;eason: 01.01. - 31.12.

Mönchengladbach 41066 NRW

'auch-Sport Poseidon
)wner: Horst Corn
)ünnerstr. 44
'el: + 49 2154 429290 Fax: + 49 2154 427442
:-Mail: coun@dip.de
Vebsite: www.tsr-poseidon.de
)rganisation: PADI, CMAS, VDTL, Barakuda
.anguage: German, English
:stablished: 1995 Season: 01.01. - 31.12.

Wassenberg 41849 NRW

Peter's Dive Shop
Owner: Birgit Hilgers
Johannes-Gehlen-Str. 10
Tel: + 49 2432 2510 Fax: + 49 2432 5539
E-Mail: peters.dive.shop@t-online.de
http://home.t-online.de/home/peters.dive
Organisation: VDST, CMAS
Language: German
Established: 1995

Wuppertal 42103 NRW

TCW Tauchsport Center
Owner: Hans Drees
Hofkamp 138-140
Tel: + 49 202 444551 Fax: + 49 202 444698
Organisation: PADI, CMAS, VDST, SSI
Language: German, English, French
Established: 1996
Season: 01.01. - 31.12.

Wuppertal 42107 NRW

Tauchen und Freizeit
Owner: Derichs Palm
Neuenteich 2a
Tel: + 49 202 444041 Fax: + 49 202 444052
E-Mail: tuf@tuf.wtal.de
Website: www.tuf-online.de
Organisation: CMAS, Barakuda
Language: German
Established: 1997
Season: 01.01. - 31.12.

Wülfrath 42489 NRW

Tauchbasis Blaue Lagune GmbH
Owner: Heiko Jürgen
Buchenweg 9
Tel:+ 49 0172 2007733 Fax:+ 49 2833 601448

Organisation: VDST. FST
Language: German, English
Established: 1995
Season: 01.01. - 31.12.

Hückeswagen 42499 NRW

Nautico Hückeswagen
Owner: Joachim Siedlatzek
Bevertalsperre Im Zelt Campingplatz 2
Tel: + 49 172 8203673 Fax: + 49 2273 954924
E-Mail: naticodiv@aol.com
Organisation: PADI, NAUI, SSI, VDST, DIVA
Language: German, English
Established: 1995
Season: 01.01. - 31.12.

Solingen 42719 NRW

Tauchcenter Solingen
Owner: Andreas Göttling
Obenitterstr. 21
Tel: + 49 212 2309250 Fax: + 49 212 2309260
E-Mail: tauchcentersolingen@t-online.de
Organisation: PADI, CMAS
Language: German, English
Established: 1998 Season: 01.01. - 31.12.

Dortmund 44149 NRW

Barakuda Tauchsport Schneider
Owner: Christian Schneider
Am Hartweg 171
Tel: + 49 231 173950 Fax: + 49 231 173890
Organisation: PADI, CMAS, Barakuda
Language: German, English, French
Season: 01.01. - 31.12.

Bochum 44803 NRW

Tauch Terminal Bochum
Owner: Erwin Niebuhr
Gorch Fock Str. 17
Tel: + 49 234 9357070 Fax: + 49 234 9357072
E-Mail: tauchterminal-bochum @t-online.de
Website: www.tauchterminal-bochum.com
Organisation: PADI
Language: German, English
Established: 1990
Season: 01.01. - 31.12.

Bochum 44805 NRW

Adolph Tauchtechnik
Owner: Harald Adolph
Harpener Hellweg 188
Tel: + 49 234 234451 Fax: + 49 234 233523
Organisation: DIVA, CMAS, Barakuda
Language: German, English
Established: 1976 Season: 01.01. - 31.12.

Essen 45130 NRW

Tauchsport Langhoff
Owner: Mara Langhoff
Demrathkamp 32
Tel: + 49 201 792364 Fax: + 49 201 721601
Organisation: CMAS, Barakuda, PADI
Language: German, English
Established: 1966 Season: 01.01. - 31.12.

Essen 45145 NRW

TAIS-Tauch Service
Owner: Tais GBR
Kölnerstr. 69
Tel: + 49 201 763098 Fax: + 49 201 755802
E-Mail: tais@cityweb.de
Website: www.tais.de
Organisation: 5*PADI
Language: German, English
Established: 1993 Season: 01.01. - 31.12

Essen 45355 NRW
Tauchschule-Shop-Essen
Owner: Klemens Haiduk
Klopstockstr. 20
Tel: + 49 201 670203 Fax: + 49 201 670203
Organisation: CMAS
Language: German, English
Established: 1985
Season: 01.01. - 31.12.

Duisburg 47058 NRW
Dive Center Aquarius
Owner: Oliver and Gabi Priegnitz
Hansastr. 40
Tel: + 49 203 338935 Fax: + 49 203 338938
E-Mail: ddc_aquarius@t-online.de
Organisation: 5*PADI
Language: German, English
Established: 1991
Season: 01.01. - 31.12.

Duisburg 47169 NRW
SGV Jasinski
Owner: Frank Jasinski
Friedrich-Engels-Str. 19
Tel: + 49 203 4061644 Fax: + 49 203 4061708
Organisation: CMAS, SSI
Language: German, English
Established: 1992

Duisburg 47279 NRW
Barakuda-Club Duisburg-Wedau
Owner: Franz Laufenberg
Wedauer Markt 8
Tel: + 49 203 719393 Fax: + 49 203 997284
Organisation: Barakuda, CMAS
Language: German, English
Established: 1990
Season: 01.01. - 31.12.

Krefeld 47800 NRW
Pro Ocean Tauchsport Fun&Dive
Owner: Max Reubert
Uerdinger Str. 725
Tel: + 49 2151 435161 Fax: + 49 2151 435163
E-Mail: proocean@t-online.de
Organisation: VDST, CMAS, PADI, Barakuda
Language: German, English
Established: 1993 Season: 01.01. - 31.12.

Krefeld 47802 NRW
Life'n Dive
Owner: C. Kreuels
Leydelstr. 26
Ph: + 49 2151 564351 Fax: + 49 2151 495494
E-Mail: Kreuels@egk.de
Organisation: VDST Language: German
Established: 1999
Season: 01.01. 31.12

Willich 47877 NRW
Tauch Sport Reisecenter Poseidon
Owner: Monika Covn
Anrather Str. 18
Ph: + 49 2154 429290 Fax: + 49 2154 427442
E-Mail: coun@dip.de
Website: www.poseidon.de
Organisation: PADI, VDST, CMAS, VDTL
Language: German, English
Established: 1995 Season: 01.01. - 31.12.

Telgte 48291 NRW
Horst`s Diving Center - Tauchschule
Owner: Horst-Dieter Christ

Heidkamp 2
Ph: + 49 2504 88259 Fax: + 49 2504 88259
E-Mail: HorstsDivingCenter@hdchrist.de
Organisation: CMAS, VDST, Barakuda
Language: German
Established: 1992
Season: 01.01. - 31.12.

M

Rheine 48431 NRW

Tauchsportzentrum Rheine
Owner: C. Mayer
Poststr. 15
Tel: + 49 5971 13838 Fax: + 49 5971 13839
Organisation: PADI, IVT
Language: German, English
Established: 1993
Season: 01.01. - 31.12.

Kerpen 50170 NRW

Nautico Kerpen
Owner: Joachim Siedlatzek
Heppendorferstr. 5
Tel: + 49 2273 954133 Fax: + 49 2273 954924
E-Mail: naticodiv@aol.com
Organisation: PADI, NAUI, SSI, VDST, DIVA, Barakuda
Language: German, English
Established: 1995
Season: 01.01. - 31.12.

Brühl 50321 NRW

Scubaworld
Owner: Bodo Ziemainz
Kölnstr. 67
Tel: + 49 2232 942939 Fax: + 49 2232 942949
E-Mail: scubaworld@aol.com
Organisation: PADI
Language: German
Season: 01.01. - 31.12

Hürth 50354 NRW

Tropical Dive
Owner: Hermann Stupp
Kochstr. 52
Tel: + 49 2233 67755 Fax: + 49 2233 67755
Organisation: 5*PADI
Language: German, English
Established: 1995
Season: 01.01. - 31.12

Erftstadt 50374 NRW

Waterworld Tauchschule
Owner: Lothar Klein
Daimlerstr. 13-15
Tel:+ 49 2235 955200 Fax:+ 49 2235 9552020
E-Mail: waterworld-germany@t-online.de
Organisation: PADI, NAUI, CMAS
Language: German, English
Established: 1998
Season: 01.01. - 31.12.

Köln 50733 NRW

TTS Tauch-Technik Service
Owner: Panos Hadjinicolaou
Hartwichstr. 102-104
Tel: + 49 221 724590 Fax: + 49 221735814
E-Mail: tts-koeln@t-online.de
Website: www.tts-koeln
Organisation: SSI, PADI, CMAS
Language: German, English
Established: 1984
Season: 01.03. - 30.11.

AE

Köln 50765 NRW
3lue Planet Köln
)wner: Thomas Pietschker
-leinrich Zille Str. 3
'el: + 49 221 9592471 Fax: + 49 221 9592471
:-Mail: blue-planet@netcologne.de
)rganisation: IDD
.anguage: German, English
:stablished: 1997
;eason: 01.01. - 31.12.

‹öln 50939 NRW
:ologne Divers
)wner: Reiner Hartenberger
?ennebergstr. 19
'el: + 49 211 446199 Fax: + 49 211 415050
)rganisation: 5*PADI
.anguage: German, English
;eason: 01.01. - 31.12.

:öln 51067 NRW
)olphin Divers Tauchcenter
)wner: Bulda and Peters
3erg.-Gladbacher Str. 440a
el: + 49 221 9636034 Fax: + 49 221 6320631
)rganisation: PADI, VDST
.anguage: German
:stablished: 1992
;eason: 01.01. - 31.12.

:öln 51147 NRW
:und ums Tauchen
)wner: Doris Korczak
)ffenburger Str. 2
el: + 49 2203 962324 Fax: + 49 2203 962325
:-Mail: Rund_ums_Tauchen@t-online.de
)rganisation: PADI, VDST
.anguage: German, English
Established: 1995
Season: 01.01. - 31.12.

Aachen 52062 NRW
Grupi Diving
Owner: Wolfgang Breuner
Heinrichsallee 41
Tel: + 49 241 48929 Fax: + 49 241 29993
E-Mail: Grupi.Achen@t.online.de
Organisation: PADI, CMAS, VDST, SSI
Language: German, English
Established: 1990 Season: 01.01. - 31.12.

Bonn 53225 NRW
Divemaster Bonn Tauchsport
Konrad Adenauer Platz 1
Tel: + 49 228 468811 Fax: + 49 228 468813
E-Mail: divemaster-bonn.t-online.de
Website: www.divemaster-bonn.de
Organisation: 5*PADI
Language: German, English, Spanish
Established: 1995

ad Honnef 53604 NRW
Divecenter pro AQUA
Linzerstr. 12 b
Tel: + 49 2224 961666 Fax: + 49 2224 961677
E-Mail: proaqua@jp-systems.de
Website: www.jp-systems.de/proaqua/
Organisation: PADI
Language: German, English
Season: 01.01. - 31.12.

Troisdorf-Oberlar 53842 NRW
TSS Siegburg Tauchsportschule

Owner: Ulrich Zinburg
Singlarer Str. 154-156
Tel: + 49 2241 946123 Fax: + 49 2241 946124
E-Mail: Ulrich.Zinburg.Tauchsport@t-online.de
Website: www.tauchen.de/homepage/tauchs-port-center-siegburg
Organisation: CEDIP, CMAS
Language: German, English
Established: 1983
Season: 01.01. - 31.12.

Siegen 57074 NRW

Tauchsportcenter Siegen
Owner: Kaein Becker and Werner Schult
Leimbachstr. 215
Tel: + 49 271 332438 Fax: + 49 271 2380530
E-Mail: TSC.SIEGEN@t-online.de
Organisation: PADI, SSI, VDST, TDI
Language: German, English
Established: 1992
Season: 01.01. - 31.12.

Olpe 57462 NRW

Tauchservice Biggesee
Owner: Matthias Koch and H. Holderberg
Am Sonderner Kopf 3
Tel: + 49 2761 63214 Fax: + 49 2761 61468
E-Mail: tauchschule@t-online.de
Website: www.tauchschule.in-dpe.de
Organisation: PADI, CMAS, VDST, ANDI
Language: German, English, Spanish
Established: 1993
Season: 01.01. - 31.12.

Hagen 58095 NRW

Tauchen und Reisen
Owner: Roman Duda
Humboldstr. 10
Tel: + 49 2331 924114 Fax: + 49 2331 14449E-Mail: Tauchen.und.Reisen.@t-online.de
Website: www.tauchen-reisen.de
Organisation: DIVA, CMAS
Language: German, English, French
Established: 1995
Season: 01.01. - 31.12.

Meinerzhagen 58540 NRW

Dive-Sport-Travel
Owner: Uwe Hausmann
Zur Alten Post 4B
Tel: + 49 2354 5028 Fax: + 49 2354 5028
E-Mail: dive-sport-travel@t-online.de
Website: www.oceanlinie.de/index.html
Organisation: PADI
Language: German, English, Thai
Established: 1990
Season: 01.01. - 31.12.

Plettenberg 58840 NRW

Tauchsport Zehelein
Owner: Peter Zehelein
Herscheider Str. 112
Tel: + 49 239110745 Fax: + 49 239110230
E-Mail: ts-zehelein@t-online.de
Organisation: CMAS, VDST, VDTL
Language: German, English
Established: 1978
Season: 01.01. - 31.12.

Hamm 59075 NRW

Sports Hickmann
Owner: Georg E. Hickmann
Oswaldstrasse 29-31
Tel:+ 49 2381 970870
Fax:+ 49 2381 9708777

:-Mail: TauchCenter@hickmann.de
vww.hickmann.de/divecenter/diveframe.html
)rganisation: PADI, VDST
.anguage: German, English
:stablished: 1992
;eason: 01.01. - 31.12.

\hlen 59227 NRW

)cean Corperation
)wner: Thomas Hasselmann
'röbelstr. 8
'el: + 49 2528 12130
'ax: + 49 2528 121311
:-Mail: tttttttt@gmx.de
Vebsite: www.thomas.hasselmann.de
)rganisation: SSI, CMAS, DIWA, Vit
.anguage: German
:stablished: 1979
;eason: 01.01. - 31.12.

)elde 59302 NRW

Auk's Taucherland
)wner: Karin Schweighofer
.indenstr. 5
'el: + 49 2522 81141 Fax: + 49 2522 3408
:-Mail: shop@muks-taucherland.de
Vebsite: www.muks-taucherland.de
)rganisation: SSI, CMAS, VIT
.anguage: German, English, Spanish
:stablished: 1995
;eason: 01.01. - 31.12.

Jnna 59425 NRW

Vassersport-Freizeit Mader
)wner: Heinz Mader
(ornstr. 24
'el: + 49 2303 16514 Fax: + 49 2303 16513
auchsport-zentrale.mader@t-online.de

Organisation: CMAS, VDST
Language: German, English, French
Established: 1997
Season: 01.01. - 31.12.

Holzwickede 59439 NRW

Scuba Comp
Owner: Harald Greven
Natorperstr. 59
Tel: + 49 2301 12808 Fax: + 49 2301 123956
Organisation: SSI
Language: German, English
Established: 1995
Season: 01.01. - 31.12.

Holzwieckede 59439 NRW

Dive Corner
Owner: Wilfried Beinhauer
Nordstr. 39
Tel: + 49 2301 13400 Fax: + 49 2301 14652
E-Mail: info@divcorner.de
Website: www.divcorner.de
Organisation: IDD
Language: German, English
Established: 1995
Season: 01.01. - 31.12.

Medebach 59964 NRW

Barakuda-Club Tauchsport Shop
Owner: Axel Schönbier
Schützenstr. 12
Tel: + 49 2982 922942 Fax: + 49 2982 922941
Organisation: CMAS, Barakuda
Language: German, English
Established: 1990
Season: 01.01. - 31.12.

Hauptstadt Mainz

Informationen Touristik Centrale
Brückenturm am Rathaus
55116 Mainz
Tel: 06131 286210

VDST: Landesverband Rheinland Pfalz
Herta Bassauer
Postfach 516
5529 Bad Kreuznach
Tel: 0671 44366
Fax: 0671 44362
lvst.bassauer@tonline.de

Tauchregionen:
Baggersee Diez
Hagenbacher See
Laacher See
Baggersee Taläcker

Fläche: 19.845 km
Einwohner: 3,97 Mio

Geographische Lage:
Rheinland-Pfalz grenzt im Westen an Belgien und Luxemburg, im Norden an Nordrhein-Westfalen, im Osten an Hessen und Baden-Württemberg sowie im Süden an Frankreich. Das Bundesland wird von Süden nach Norden vom Rhein durchzogen, wichtigste Städte sind Mainz (Landeshauptstadt), Ludwigshafen, Koblenz und Trier.

Baggersee Diez:

Liegt in der Nähe von Limburg, der See ist nach der BAB-Ausfahrt Diez ausgeschildert.

Tauchplatz:
Der Baggersee hat gute Sichtverhältnisse , die Temperatur liegt zwischen 13°–15°C. Er ist max. 18 m tief. Sie können in dem See einen VW Käfer ohne Getriebe und Motor sehen. Darüber hinaus kann man noch durch eine Röhre tauchen, die 10 m lang ist und einen Durchmesser von 1,3 m hat; in der Mitte der Röhre geht es (ähnlich wie bei einem U-Boot) für ca. 1 m nach oben, wo eine Glasplatte abdichtet. Beide „Attraktionen" sind auch für ungeübte Taucher leicht zu finden, da ein dünnes Drahtseil die Navigation erleichtert.

Sonstiges:
Es werden maximal 35 Taucher in den See gelassen. Eine Anmeldung ist ganzjährig erforderlich. Informationen bei der Tauchschule Heberling, Tel. 06432 83308.

Hagenbacher See:

Der See liegt am Ortsende von Hagenbach (bei Karlsruhe).

Tauchplatz:
Es handelt sich hier um einen stillgelegten Baggersee. Im Herbst und im Frühjahr ist die Sicht am besten. Wenn man gut sucht, kann man Karpfen finden. Ansonsten gibt es sehr viele Krebse. Zwei Abstiegsleinen ermöglichen ein sicheres Abtauchen. Im See sind zwei Plattformen versenkt. Hier kann man seine Tauchfertigkeiten trainieren.

Informationen:
Die Genehmigungen erteilt die Tauchschule Cullmann, Tel. 0631 26241.

Laacher See:

Der See liegt umrahmt von kleinen Bergen und Wäldern zwischen Mendig und Burgbrohl, 5 km nach Mendig (beim Campingplatz).

Tauchplatz:
Die Tiefe reicht bis 51 m hinab. Die Temperaturen liegen bei ca. 5°–8°C. Das Ufer fällt vor

ca. 1 m stetig ab. Man erreicht schnell eine große Tiefe.
Bis 9 m Tiefe erstreckt sich ein schöner Schilfgürtel, in dem zahlreiche Fische Schutz suchen. Häufig sind auch große Hechte anzutreffen. Weiter unten ist der ganze Boden mit einer ca. 1,5 m dicken Moderschicht bedeckt.

Sonstiges:

Auf dem Campingplatz befindet sich eine Wachstation der DLRG. An dieser Stelle darf bei erteilter Genehmigung getaucht werden. Eine Genehmigung erhält man bei der Bezirksregierung in Koblenz Tel. 0261 120-0.

Baggersee Taläcker:

Der See liegt in der Nähe der Gemeinde Kuhardt in Rheinland Pfalz.

Tauchplatz:

Der See hat einen Umfang von nur 1.900 m und eine Tiefe von ca. 11–12 m. Die durchschnittliche Tauchtiefe beträgt nur 8–9 m. Durch die Baggerarbeiten ist er sehr zerklüftet und mit mehr oder weniger interessanten Gräben durchzogen. Die Vegetationsgrenze liegt im Uferbereich bei ca. 5–6 m. In der Seemitte ist nur gelegentlich geringe Vegetation vorhanden, sonst Kies, Sand und Schlamm. Die nicht in Parzellen eingeteilte und verpachtete nordöstliche Seehälfte hat eine bessere Sicht, einen schöneren Bewuchs und einen größeren Fischbestand. Man sollte daher an dieser Seite einsteigen und den See in der Breite bei maximaler Tiefe durchtauchen, dann im Uferbereich den Rückweg in etwa 5–7 m Tiefe antreten und dabei die nordöstliche Wölbung des Sees umrunden.

Sonstiges:

Um eine Gewässerüberlastung zu vermeiden, ist es notwendig, eine Tauchgenehmigung zu haben. Da die zur Pacht stehenden Parzellen sehr beliebt und wohl nicht mehr zu bekommen sind, sollte man sich bei der örtlichen Basis eine Tauchgenehmigung besorgen. Die Kontaktbasis finden Sie bei den nachfolgenden Adressen.

Die Adressen von Rheinland-Pfalz sind nach Postleitzahlen sortiert.

Hausen 53547 RPL

Tauchcenter Wiedtal
Owner: Günter Hoffmann
Hofstr. 1 a
Ph: + 49 26385570 Fax: + 49 26386157
Organisation: CMAS, Barakuda
Language: German
Established: 1982

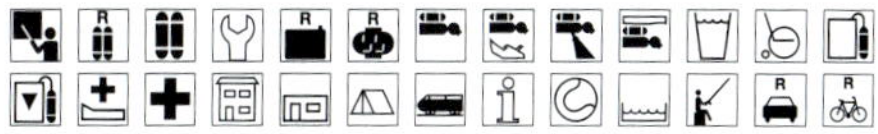

Trier 54293 RPL

Tauchsport-Krämer
Owner: Rüdiger Adam
Steinbrückstr. 15
Ph: + 49 651 65702 Fax: + 49 651 65482
Organisation: SSI, CMAS
Language: German, English
Established: 1992 Season: 01.01. - 31.12.

Nierstein 55283 RPL

Jürgens Taucher Stubb
Owner: Jürgen Lenort
Mainzer Str. 34
Ph: + 49 6133 60181 Fax: + 49 6133 927421
E-Mail: jue.rgens.taucherstubb@t-online.de
Web: www.members.tripod.com/taucherstubb
Organisation: PADI
Language: German, English
Established: 1994
Season: 01.01. - 31.12.

Sulzheim 55286 RPL
Taucher Treff Dekokammer
Owner: Ralf Reinehr
Im Wiesegrund 16
Ph: + 49 6732 7200 Fax: + 49 6732 7200
Organisation: CMAS, VDST
Language: German, English
Established: 1987 Season: 01.01. - 31.12.

Bingen 55411 RPL
Outdoor Paradise
Owner: Helmut Renner
Buergermeister Neff Platz
Ph: + 49 6721 16326 Fax: + 49 6721 10785
E-Mail: outdoor-paradise@t-online.de
Organisation: PADI
Language: German, English
Established: 1991
Season: 01.01. - 31.12.

Büchenbeuren 55491 RPL
Der Tauchlehrer
Owner: Wolfgang Mende
Im Wiesengrund 13
Ph: + 49 6543 4592 Fax: + 49 6543 4592
Organisation: IDD, DAN, DLRG
Language: German
Established: 1989
Season: 01.01. - 31.12.

Altenbamberg 55585 RPL
Tauchschule Dobiasch
Owner: Thomas Dobiasch
Burgstr. 6
Ph: + 49 6708 660013 Fax: + 49 6708 660015
E-Mail: dobi-@t.online.de
Organisation: VIT
Language: German, English
Established: 1992
Season: 01.01. - 31.12.

Koblenz 56073 RPL
Pro Diving Tauchcenter
Owner: Hans Gillensen
Moselweißer Str. 60
Ph: + 49 261 408060 Fax: + 49 261 408030
E-Mail: prodiving@aol.com
www.members.aol.com/prodiving/de.htm
Organisation: PADI
Language: German
Established: 1988

Hillscheid 56204 RPL
Adventure Diving
Owner: Stefan Nickolaus and Andreas Günter
In den Gaerten 3
Ph: + 49 2624 3066 Fax: + 49 2624 3066
Organisation: PADI
Language: German, English
Established: 1996 Season: 01.01. - 31.12.

Herschbach 56249 RPL
Tauchschule Westerwald-Taunus
Owner: Manueala Stendebach
Dr. Hans Bruell Str. 8
Ph: + 49 2626 17525 Fax: + 49 2626 7103
E-Mail: stendebach@t-online.de
Website: www.touristikbo.de
Organisation: CMAS, Barakuda
Language: German, English
Established: 1991
Season: 01.01. - 31.12.

Neuwied 56564 RPL

Diving Center Neuwied
Owner: H. Gatz
Junkerstr. 1
Ph: + 49 2631 32161 Fax: + 49 2631 32263
Organisation: PADI
Language: German, English
Established: 1991
Season: 01.01. - 31.12.

Altenkirchen 57610 RPL

Tauch - Center
Owner: Werner Berg
Kölnerstr. 10
Ph: + 49 2681 7105 Fax: + 49 2681 7776
E-Mail: werner-berg@t-online.de
Organisation: PADI
Language: German
Established: 1985
Season: 01.05.- 30.10.

Diez 65582 RPL

Tauchshop Heberling
Owner: Fritz Heberling
Bagger Diez, In der Au 40
Ph: + 49 6432 83308 Fax: + 49 6432 83308
E-Mail: tauchschule_heberling@gmt.de
Organisation: CMAS, IDA
Language: German
Established: 1980
Season: 01.03. - 30.11.

Pirmasens 66954 RPL

Freds Tauchshop
Owner: Fred Zimmermann
Windsberger Str. 23
Ph: + 49 633194228 Fax: + 49 633194235
Organisation: VDST, PADI, CMAS, SSI
Language: German, English
Established: 1974 Season: 01.01. - 31.12.

Ludwigshafen 67067 RPL

Gerd's Tauchladen
Owner: Gerd Bissdorf
Hilgundstr. 26
Ph: + 49 6215 42790 Fax: + 49 6215 455372
Organisation: Barakuda, CMAS
Language: German
Established: 1986 Season: 01.01. - 31.12.

Ludwigshafen 67071 RPL

Bulli's Tauch-Treff
Owner: Dieter Alisch
Comeniusstr. 30
Ph: + 49 621 675493 Fax: + 49 621 679293
Organisation: CMAS, VDTL, cedip
Language: German, French
Established: 1982 Season: 01.01. - 31.12.

Speyer 67346 RPL

Tauchladen Speyer
Owner: Günther Köster
Eseldamm 38
Ph:+ 49 6232 620907 Fax:+ 49 6232 620899
E-Mail: guenther,koester@t-online.de
Organisation: PADI, CMAS
Language: German Season: 01.01. - 31.12.

Worms 67549 RPL

Tauchsport Reisecenter Oceanic
Owner: Stefan Kranich
Holderbaumstr. 15
Ph: + 49 6241 55812 Fax: + 49 6241 971961
E-Mail: Stefan.Kranich@basf.og.de.

Website: www.oceanic.com
Organisation: IDA, CMAS
Language: German, English
Established: 1993
Season: 01.01. - 31.12.

Kaiserslautern 67655 RPL

Tauchsport Cullmann
Owner: Heike Cullmann
Pariser Str. 91
Ph: + 49 631 26241 Fax: + 49 631 25333
Organisation: 5*PADI
Language: German, English
Established: 1997 Season: 01.01. - 31.12.

Enkenbach 67677 RPL

Easy Dive
Owner: Petra Schwartz
Schillerstr. 3
Ph: + 49 6303 4811 Fax: + 49 6303 7033
E-Mail: ts-easydive@t-online.de
Website: www.easydive.de
Organisation: PADI, SSI
Language: German, English, French
Established: 1995 Season: 01.01. - 31.12.

Landau 76829 RPL

Sport Prinz Barakuda-Club
Owner: Bernhard Prinz
Oberwiesenstr. 3
Ph: + 49 6341 53698 Fax: + 49 6341 55169
E-Mail: info@sport-prinz.de
Website: www.sport-prinz.de
Organisation: CMAS, SSI, Barakuda
Language: German, English
Established: 1989 Season: 30.05. - 30.10.

Saarland

Hauptstadt Saarbrücken

Informationen Saarland Touristik
Postfach 101031
66010 Saarbrücken
Tel: 0681 35376
Fax: 0681 35841

VDST: Landesverband Saarland
Eich Sämann
Postfach 2267
66294 Friedrichsthal
Tel: 06897 98140
Fax: 06897 981440
www.vdst.de

Tauchregionen:
Stausee Bosen
Losheimer Stausee
Nonnweiler Stausee

Fläche: 2.570 km²
Einwohner: 1,08 Mio.

Geographische Lage:

Das Saarland liegt westlich von Rheinland-Pfalz und nördlich von Frankreich, wichtigste Städte sind Saarbrücken (Landeshauptstadt), Saarlouis und Völklingen.

Stausee Bosen:

Ist erreichbar über A1 Abfahrt Primstal.

Tauchplatz:

Der Bostalsee ist der größte der zur freien

Verfügung stehenden saarländischen Gewässer, welcher für Übungstauchgänge (Kompassübungen) und Seminare relativ gute Voraussetzungen hat. Die Tiefe liegt bei ca. 15 m, die Sichtweite beträgt ca. 1–3 m.

Losheimer Stausee:

Der See liegt direkt bei dem Ort Losheim.

Tauchplatz:

Wegen seiner unmittelbaren Nähe zu Losheim ist dieser relativ kleine Stausee ein Anziehungsort für Wassersportler jeder Art. In der dort ansässigen DLRG Station kann man auch die Pressluftflaschen füllen lassen.

Der See selbst ist in der Hauptsaison sehr trüb, bedingt durch die geringe Tiefe und das große Aufkommen von Surfern und Tretbootfahrern. Die maximale Tiefe beträgt etwa 12 m. Ein bequemes Einsteigen ist an einer Slip-Anlage des dortigen Segelvereines möglich. Der See besitzt auch einen kleinen naturgeschützten Teil, in dem kein Wassersport betrieben werden darf.

Den Tauchclubs dient er vor allem für Übungstauchgänge. Eine Taucherplattform ist in einer Tiefe von 10 m vorhanden. An der Plattform ist eine gelbe Boje angebracht. An dieser Boje ist an einer Kette eine Taucherflagge befestigt, die bei Übungen zu setzen ist. Die Segelboote halten dann 10 m Abstand.

Nonnweiler Stausee:

Der See liegt unweit von dem gleichnamigen Ort Nonnweiler.

Tauchplatz:

Die Tauchgänge in diesem Gewässer erfolgen unter Aufsicht eines Tauchlehrers und werden auf Wunsch auch begleitet. Der See selbst hat Tiefen bis zu 45 m und ist aus diesem Grund recht gut für weitergehende Ausbildungen und Prüfungen zu gebrauchen. Er ist das klarste aller saarländischen Gewässer. Die mittlere Sichtweite beträgt (je nach Saison) 5–15 m.

Sonstiges:

Der Nonnweiler Stausee ist zeitweilig für jeden Wassersport gesperrt, da nach einer neuen Anordnung auf Seen, die als Trinkwasserreservoir dienen, kein Wassersport mehr ausgeübt werden darf. Es besteht aber die Möglichkeit, den See zu festgelegten Terminen zu betauchen. Diese Termine werden vom Saarländischen Tauchsportbund (STSB Tel: 06897 98140) verwaltet und sind auf Anfrage zu erhalten. Für jeden dieser Termine muss eine persönliche Anmeldung erfolgen. Eine Bitte des Autors: Achten Sie darauf, dass Umweltschutz nicht nur eine hohles Wort bleibt.

Saarbrücken 66113 SAL

Garusa Sportartikel GmbH
Owner: Gerhard Ruloff
Bliesweg 4 a
Ph: + 49 681 751010 Fax: + 49 681 71180
Organisation: CMAS, SSI, Barakuda
Language: German, English
Established: 1990 Season: 01.01. - 31.12.

Kirkel 66459 SAL

Tauchsport Schmidt
Auf der Windschnorr 47
Ph: + 49 6841 981041 Fax: + 49 6841 981060
Organisation: VDST
Language: German
Season: 01.01. - 31.12.

Saarlouis Roden 66740 SAL

Scuba Tauchsport
Lindenstr. 46
Ph: + 49 6831 8847 / Fax: + 49 6831 892961
Organisation: PADI, VDST
Established: 1990

Hauptstadt	Dresden
Informationen	Landesfremden-verkehrsverband Friedrichstraße 24 01067 Dresden Tel: 0351 491700 Fax: 0351 4969306
VDST: Landesverband	Sachsen Dr. K. Bauernfeind Schwimmhalle 04109 Leipzig Tel: 0341 9731763 Fax: 0341 9731763

Tauchregionen:
Haustein-Steinbruchsee
Kirchberg Steinbruch
Die Muskauer Seen
Kulkwitzer See

Fläche: 18.411 km²
Einwohner: 4,56 Mio.

Geographische Lage:
Das Bundesland liegt im Nordosten von Deutschland, es grenzt im Norden an Brandenburg, im Süden an Thüringen und im Osten an die Tschechische Republik.

Haustein Steinbruchsee bei Steina:
Liegt in der Nähe von Bautzen-Pulsnitz.

Tauchplatz:
Der 1970 stillgelegte Granitsteinbruch hat eine Tiefe von ca. 32 m, die Sichtweiten betragen etwa 3–8 m. Seit 1990 betreibt die Tauchschule Dresden direkt am Gewässer ihre Tauchbasis, DAN-Notfallausrüstung ist vorhanden.

Informationen:
Tauchschule Dresden, Steinbruch "Haustein", 01920 Steina, Tel: 035955-42593.
Es gibt auch Unterkünfte direkt am Gewässer, eine Bestellung bei der Tauchschule ist jedoch erforderlich.

Fauna:
Krebse, Hechte, Zander, Aale, Karpfen, Welse.

Kirchberg Steinbruch:
Liegt in der Nähe von Zwickau und Wilkau-Haßlau.

Fauna:
Hechte, Welse, Aale, Barsche und Karpfen.

Information und Anmeldung:
TC "Neptun" Kirchberg e.V., Bernd Eißmann, Ernst-Schnellerstr. 22, 08107 Kirchberg-Sachsen, Tel: 037602 64770 od. 64396 Übernachtungsmöglichkeiten für ca. 20 Personen sind vorhanden, Bestellung erforderlich.

Die Muskauer Seen:
Liegen in der Nähe von Bautzen und Weißwasser.

Tauchplätze:
Die Gewässer sind zum Teil Teiche oder stillgelegte Braunkohlegruben.

Information und Anmeldung:
Es gibt in Bad Muskau-Koebeln eine Tauchsportschule, G. Sprigade, Forster Straße 20, Bad Muskau-Koebeln, Tel: 035771 50545 Sie erhalten hier alle Informationen zum Tauchen.

Der Kulkwitzer See:
Liegt zwischen Chemnitz im Süden und Leipzig im Norden.

Tauchplatz:
Der ca. 150 Hektar große und 34 m tiefe See

ist mit seinem klaren Wasser und seiner üppigen Flora und Fauna eines der schönsten Tauchgewässer in Mitteldeutschland. Er bietet jahreszeitenabhängige Sichtweiten von zum Teil weit über 10 m. Sie finden hier abgestorbene Bäume, die gespenstisch aus der Sprungschicht herausragen.

Fauna:

Welse, Hechte, Karpfen, Schleien, Plötzen, Aale und Teichmuscheln.

Chemnitz 09125 LSN

Grupi Diving Taucher Service
Owner: Heiko Wetzel
Annaberger Str. 479
Ph: + 49 371 518985 Fax: + 49 371 519141
E-Mail: Grupi.Chem@aol.com
Website: www.myweb.de/tauchen-chemnitz
Organisation: PADI
Language: German, English
Established: 1995 Season: 01.01. - 31.12.

Chemnitz 09126 LSN

Tauchschule Sachenluft
Owner: Erwin Biefang
Zschopauer Str. 249 A
Ph: + 49 371 517272 Fax: + 49 371 5905168
Organisation: PADI, VDTL, VDST, CMAS
Language: German, English
Season: 01.01. - 31.12.

Dresden 01159 LSN

Tauchschule Dresden
Owner: Harald Spallek
Kesselsdorfer Str. 55
Ph: + 49 351 4162304 Fax: + 49 351 4162332
E-Mail: Taucschule-Dresden@t-omline.de
Organisation: Barakuda, CMAS, PADI
Language: German
Established: 1990
Season: 01.01. - 31.12.

Horka 01920 LSN

Tauchbasis Aqua Pur
Owner: Klaus Andorfer
Am Steinbruch 9
Ph: + 49 172 4655522 Fax: + 49 951 1337338
E-Mail: tauchbasis@aquapur.de
Website: www.aquapur.de
Organisation: PADI, SSI
Language: German, English
Established: 1999 Season: 01.01. - 31.12.

Meissen 01662 LSN

Tauchshop Meissen
Owner: Karsten Wiche
Grossenheiner Str. 26
Ph:+ 49 3521 734647 Fax:+ 49 3521 734647
Organisation: PADI
Language: German, English
Established: 1996
Season: 01.01. - 31.12.

Senftenberg 01968 LSN

Action Sport
Owner: H. Hartmann
Thälmannstr. 61
Ph: + 49 3573 792177 Fax: + 49 3573 792177
E-Mail: Tauchschule-SFB@T-ONLINE .DE
Organisation: PADI, CMAS
Language: English, German
Established: 1995 Season: 01.01. - 21.12.

Hauptstadt Magdeburg

Informationen Sachsen-Anhalt e.V.
Tourismusverband
Gr. Diesdorferstr. 12
39108 Magdeburg
Tel: 0391 7384300
Fax: 0391 7384302

VDST: Landesverband Sachsen Anhalt
Herr Max Neubauer
Grüne Str. 7d
38871 Ilseburg
Mail: info@vdst.de
Web: www.vdst.de

Tauchregionen:
Schachtseen Löbejün
Steinbruchseen
Prezien
Süplinger Canyon
Förstergrube
Sandersdorf

Fläche: 20.445 km
Einwohner: 2,72 Mio

Geographische Lage:
Das Bundesland Sachsen-Anhalt liegt im Nordosten von Deutschland, es grenzt nordöstlich an Brandenburg, im Süden an Thüringen und im Osten an Sachsen, sowie an Niedersachsen im Westen.

Schachtseen Löbejün:

Liegen ca. 20 km nördlich von Halle. 500 m nach dem Ortseingang von Löbejün biegen Sie links in einen Feldweg ab; von dort sind die Gewässer bereits zu sehen.

Tauchplätze:
Es handelt sich um drei ehemalige Steinbrüche, die nach dem Abstellen der Pumpen vollgelaufen sind. Der vordere See ist der größte und mit 18 m auch der tiefste, der mittlere ist nur sehr schwer zugänglich und lohnt weniger, der hintere See ist der kleinste aber interessanteste.
Allen dreien ist ein recht reicher Fischbestand gemein. Viele Krebse haben sich dort angesiedelt. Beim Tauchen kann man außerdem viele abgestorbene Bäume, alte Loren und Gleise und auch zwei Pumpenhäuschen und einen alten Grabstein entdecken. Die Steilwände geben auch unter Wasser ein eindruckvolles Panorama ab.
Seit 1998 werden Eintrittspreise verlangt.

Steinbruchsee Prezien:

Das Gewässer liegt in Prezien bei Magdeburg.

Tauchplätze:
Es handelt sich hier um einen alten Steinbruchsee, der jetzt aus drei Seen besteht: Steinbruchsee, Blauer See, Tiefer See. Nach unseren Informationen sind diese Gewässer schöne Tauchplätze. Leider gibt es keine Fische, aber dafür sehr viele andere Objekte. Die Temperaturen liegen zwischen 7°–10°C.

Informationen:
Es gibt eine Tauchbasis, die sich direkt am See befindet. Diese wird vom Aqua Sport Center Magdeburg verwaltet. Tel: 0391 6224809. Die sehr schöne Basis liegt im Wald.

Süplinger Canyon:

Das namenlose Gewässer liegt in der Nähe von Magdeburg-Olvenstedt unweit von Haldensleben. Von Haldensleben ist Süplingen ausgeschildert. In Süplingen dann die letzte Straße vor der Ortsgrenze links einbiegen und immer geradeaus, bis Sie rechts den Parkplatz sehen.

Informationen:
Der See ist auf keiner Landkarte zu finden, und er hat keinen Namen, wird aber von den Tauchern „Süplinger Canyon" genannt. Der

See selbst ist im Schnitt ca. 12–15 m tief. Die Sichtweiten betragen ca. 8 m.

Tauchplatz:
Segelboot mit Trailer, Moped, große Kabeltrommel, großer Tannenbaum, Fahrrad, ein kleines Wäldchen und eine Plattform auf 9 m Tiefe. Dazu kann man vor Ort eine kleine Karte mit Kompasskursen erwerben. Eine gute Möglichkeit, UW-Navigation mit entsprechendem Erfolgserlebnis zu üben. Es darf übrigens auch gezeltet werden (kein Campingplatz!), eine Bautoilette ist vorhanden (Zustand: eher na ja). Wassertemperatur im Juni: ca.10°C in 10 m Tiefe.

Fauna:
Die Fischwelt ist eher uninteressant.

Die Förstergrube bei Sandersdorf:
Wer mal nach Löbejün kommt und keine Lust hat, sich in die Heerscharen von Tauchern einzureihen, der sollte lieber das Kleinod bei Sandersdorf betauchen. Man fährt einfach unter der A 9 durch (Abfahrt 13, Bitterfeld, Zörbig, Köthen) Richtung Bitterfeld. Die letzte Möglichkeit vor Sandersdorf nach links (zum Schwimmbad), die Gleise überqueren und dann rechts in den Waldweg.

Tauchplatz:
Die Einstieg kommt dann auf der linken Seite! Nicht so tief, aber zur richtigen Jahreszeit, vor dem Badebetrieb ein sehr schöner Platz mit vielen Wasserpflanzen und Fischen, ein paar Schnüre von Anglern schwimmen auch noch umher, in denen man sich verheddern kann. Die Angler nehmen es gelassen, wenn man ihnen dafür den entscheidenden Tipp zum Fischfang gibt. Besonders die sehr großen und zahlreichen Schleien sind auffällig. Auf dem Campingplatz gibt es eine Tauchbasis mit Gasteinstieg und Füllservice.
Unter Tel. 03493 822599 (Hr. Preuß) kann man rechtzeitig nachfragen, ob dann auch jemand da ist. Eine Flaschenfüllung sollte man sich hier nicht entgehen lassen, schon allein wegen des antiquarischen Kompressors (was für ein Dinosaurier!).

Halle 06116 LSA
Scuba Tauchertreff Silberhöhe
Owner: Volker Smirek
Berlinerstr. 200
Ph: + 49 345 5635510 Fax:+ 49 345 5635511
E-Mail: scuba.halle@t-online.de
Organisation: PADI, CMAS, VDST, SSI
Language: German
Season: 01.01. - 31.12.

Halle 06110 LSA
TTS -Halle -Scuba Doo-
Owner: Peter Köppchen
Wörmlitzer Str. 98
Ph: + 49 345 1201340 Fax: + 49 345 1200643
E-Mail: tts-halle@t-onlinr.de
Website: www.tts-halle.de
Organisation: PADI, SSI, CMAS
Language: German, English
Established: 1994 Season: 01.01. - 31.12.

Magdeburg 39122 LSA
Tauchcenter Magdeburg
Owner: Andrea Schumacher
Unterhorstweg 26
Ph: + 49 391 4014630 Fax: + 49 391 4014629
E-Mail: Tauchcenter.Magdeburg@t-online.de
Organisation: 5*PADI
Language: German, English
Established: 1994
Season: 01.01. - 31.12.

Hauptstadt	Kiel	
Informationen	Tourist Information Niemannsweg 31 24105 Kiel Tel: 0431 5600100 Sophienblatt 30 24103 Kiel Tel: 0431 679100 Fax: 0431 675439	
VDST: Landesverband Website: www.vdst.de	Schleswig Holstein 0170 5244670 0451 4993399 nc.amm@t-online.de	

Tauchregionen:
Ostsee
Eckernförde
Falkenstein
Fehmarn
Katharinenhof
Flensburger Förde
Eckernförder Bucht
Strande
Kieler Förde

Fläche: 15.738 km^2
Einwohner: 2,72 Mio.

Geographische Lage:
Schleswig-Holstein grenzt im Norden an Dänemark, im Westen an die Nordsee, im Osten an die Ostsee und Mecklenburg-Vorpommern sowie im Süden an Hamburg und Niedersachsen. Die wichtigsten Städte sind die Landeshauptstadt Kiel sowie Lübeck, Flensburg und Schleswig, die allesamt an der Ostseeküste liegen.

Ostsee:
Das Binnenmeer bildet die Ostbegrenzung Schleswig-Holsteins von Flensburg bis Lübeck und ist durch Skagerak und Kattegat von der Nordsee getrennt. Größte Insel ist Fehmarn, wichtigste Hafenstadt ist Kiel.

Tauchplätze:
Es gibt eine Vielzahl lohnender Tauchplätze entlang der Küste. In den Gewässern um Fehmarn gibt es Tauchmöglichkeiten an der Fehmarn-Sundbrücke, bei Staberhuk, Clausdorf und Katharinenhof. Weitere Möglichkeiten befinden sich am Süd- und Weststrand zwischen Bojendorf und Wallnau, am Falkensteiner Strand und bei Hohenfelde, außerdem bei Glücksburg der Tauchplatz Howacht, in Noer an der Eckernförder Bucht und schließlich in Osterholz an der Flensburger Außenförde sowie in Strande an der Kieler Förde. Zu den Highlights der Insel Fehmarn zählen die Strömungstauchgänge unter der Fehmarn-Sund-Brücke, die Steilküsten Katharinenhof und Staberhuk im Osten (Vorsicht! Außerhalb der Netzbereiche bleiben). Am Ostufer der Kieler Förde liegt Kitzeberg, ein ideales Trainingsrevier, auch für erste Wracktauchgänge zu einer 4 m tief liegenden Betonschute.

Eckernförde:
Eckernförde bietet ein optimales Tauchrevier. Die besten Einstiegsstellen sind am Hauptstrand und ca. 1 Gehminute vom nächsten Parkplatz entfernt. Eine der einfachsten Einstiegsstellen in Eckernförde befindet sich am Steg der DLRG Station. Die Wassertiefe nimmt hier nur langsam zu und erreicht eine maximale Tiefe von 8–10 m. Die Sichtweiten betragen je nach Jahreszeit 10–15 m. Besonderes gibt es hier in Strandnähe nicht zu sehen, aber der Platz eignet sich sehr gut zur Anfängerausbildung oder zum Orientierungstauchen mit Kompass, da es viele markante Punkte an Land gibt.

Falkenstein:
Liegt an der Kieler Förde. Am Falkensteiner Strand muss man 50 m vom Parkplatz bis zur Wassergrenze gehen. Die Tauchplätze sind

durch Bojen abgegrenzt und markieren eine Tiefe von ca. 6 m. In südlicher Richtung liegt der Friedrichsorter Leuchturm. Dieser Tauchplatz ist ideal für Macrofotografie. Die nächste Tauchschule ist das Baltic Dive Center.

Fehmarn/Katharinenhof:

Der Katharinenhof liegt auf Fehmarn, Tiefen von 7–8 m sind schnell erreicht, die Sichtweiten betragen ca. 6 m. Dieser Tauchplatz ist von Land aus gut zu erreichen. Eine Tauchbasis und ein Campingplatz sind auch in der Nähe.

Flensburger Förde:

Die Tiefe liegt hier bei ca. 15–25 m. Das Gebiet ist für Wracktaucher interessant, besonders wegen des Wracks des dänischen Kümo "Inger Klit", das hier im März 1980 versank. Man erreicht die "Inger Klit" am besten per Boot. Auskünfte hierzu erteilt die Crew des Tauchcenter Eckernförde Tel: 04351 - 5664.

Eckernförder Bucht:

Die Eckernförder Bucht erreichen Sie über die Bundesstr. 76 in Richtung Kiel, von dort aus biegen Sie auf die Bundesstraße 503 in Richtung Kiel-Holtenau, Surendorf, Aschau ab. Nach ca. 7 km erreicht man die Ortschaft Noer und biegt nach links in diese ab. Der Beschilderung folgend erreichen Sie den Tauchplatz.

Tauchplatz:

Am Einstieg feiner Sandstrand, der in ausgedehnte, dichte Seegraswiesen übergeht. Flache, langsame Tiefenzunahme, für Anfänger (Ausbildung) absolut geeignet, für Fortgeschrittene mit Lust an marinem Leben ein ruhiges, interessantes, ergiebiges Tauchgebiet (UW-Fotografie!). Große, bewachsene Betonklötze bieten Unterschlupf für diverse Fischarten und ihre Brut. Wegen der geringen Unterströmung, findet man hier auch im Hochsommer noch immer ausgedehnte Seegraswiesen mit ihrem typischen Leben.

Information:

Tauchcenter Eckernförde, Jungfernstieg 69, Tel: 04351 5664. Hier werden auch begleitete Tauchgänge in die Umgebung angeboten!

Osterholz:

Osterholz liegt nahe Langballig an der Flensburger Außenförde.

Tauchplatz:

Das Tauchgebiet "Osterholz" bietet schon ab dem Flachwasserbereich einige interessante Eindrücke. Das Flachwasser beginnt mit mehreren kleinen Steinen/Felsen und Seegraswiesen, die sich bis in eine Tiefe von ca. 5 m fortsetzen. Ab einer Tiefe von 2–8 m sind dann auch viele größere Felsen/Findlinge (mannshoch) zu finden. Durch den immer wechselnden Grund ist die Lebensvielfalt an Fischen und Pflanzen größer als an anderen Stellen der Flensburger Außenförde, so dass auch Unterwasserfotografen immer ein passendes Motiv finden. Da der Grund sehr langsam abfällt, ist eine gute Kondition von Vorteil; man muss eine Strecke von mehreren 100 m zurücklegen, um eine Tiefe von 8 m zu erreichen.

Strande, Kieler Förde:

Strande liegt zwischen dem Olympiahafen Schilksee und dem Strander Sportboothafen. Dort kann man auch als Anfänger bequem ins Wasser steigen, was das Revier auch für die ortsansässigen Tauchschulen attraktiv macht.

Wracks:

Die wichtigsten Wracks der Ostsee sind die Inga Klint, ein Frachter in 15–24 m Tiefe in der Flensburger Förde, das WW II-Minenräumboot R 401 vor Kappeln in 21 m, ein WW II-Schnellboot in 35 m im Kleinen Belt, das

Wachboot Kayt in der Eckernförder Bucht in der Nähe der Fahrrinne, 19 m tief gelegen und das Mittelgrund-Wrack, ein namenloses Schiff in 17 m Tiefe am Ausgang der Eckernförder Bucht bei Meschendorf in der gleichnamigen Region. Wahrscheinlich eine Prahm, die 1945 durch englische Bomben versenkt wurde. Außerdem liegen in der Bucht von Neustadt mehrere Wrackteile, u.a. von den Dampfern Deutschland und Brunsbüttel sowie dem Lotsenschiff Krause. Von Fehmarn aus ist die Stentrans zu erreichen, ein ziemlich überwachsener Saugbagger. Weiter liegen dort der 1969 gesunkene hölzerne Fischkutter "Heimwärts" in 22 m und der 1955 auf Grund gelaufene Kutter "Falke" in 21 m Tiefe.

Fauna:

Aale, Hechte, Schollen, Flundern, Butterfische, Steinbutt, Seeforellen, Plötzen, Dorsche, Barsche, Grundeln, Große Seenadeln, Seesterne, Seerosen, Seehasen, Seescheiden, Seesterne, Krabben, Krebse, Seeanemonen und Quallen.

Burg i. Dithm. 25712 SM

Bela's Tauchschule
Owner: Bela Haraszti
Beim Hamberg 7
Ph: + 49 4825 9147 Fax: + 49 4825 9148
E-Mail: bela.haraszti@t-online.de
Website: www.haraszti.de
Organisation: VDST
Language: German, English
Established: 1996 Season: 01.01. - 31.12.

Eckernförde 24340 SM

Tauchcenter Eckernförde
Owner: Thomas Kamm
Jungfernstieg 69
Ph: + 49 4351 5664 Fax: + 49 4351 5717
E-Mail: tauchcenter@gmx.de
Website: http://come.to./tauchen
Organisation: PADI
Language: German, English
Established: 1982 Season: 01.01. - 31.12.

Elmshorn 25336 SM

Tauch und Schnorchelcenter Elmhorn
Owner: Rainer Kirschberg
Morthorstr. 48
Ph: + 49 4121 492207 Fax: + 49 4121 492206
Organisation: CMAS
Language: German
Established: 1996 Season: 01.01. - 31.12.

Flensburg 24941 SM

Förde Tauchschule Kopsch
Owner: Peter Kopsch
Holzkrugweg 6
Ph: + 49 461 9402371 Fax: + 49 461 67332
Organisation: VDST, CMAS
Language: German, English
Established: 1990 Season: 01.01. - 31.12.

Flensburg - Harrislee 24955 SM

Wal Tauchsport
Owner: Detleff Witte
Wassersleben 29
Ph: + 49 461 7700774 Fax: + 49 461 7700778
E-Mail: wal-tauchsport@t-online.de
Organisation: PADI, CMAS, IDA, HSA
Language: German, English, Turkish
Established: 1995 Season: 01.01. - 31.12.

Grevebroich Kapellen 41516 SM

Ambient Dive
Owner: Preuss and Somet
Josef Thienen Str. 7-9

Ph: + 49 2182 17256 Fax: + 49 2182 17345
E-Mail: tauchen@ambient-dive.de
Website: www.ambient-dive.de
Organisation: PADI, CMAS
Language: German, English
Established: 1995 Season: 01.01. - 31.12.

Heiligenhafen 23774 SM
Tauchshop Calypso
Am Hafen
Ph: + 49 4362 7577 Fax: + 49 4362 4311
Language: German

Katharinenhof 23769 SM
Tauchbasis Katharinenhof
Owner: Hans Christian Tiedgen
Dorfstr. 27
Ph: + 49 4371 5493 Fax: + 49 4371 6468
Organisation: PADI
Language: German
Established: 1985 Season: 01.04. - 31.10.

Kiel 24147 SM
DIA Tauchsport Kiel
Owner: Karsten Reimer
Dorfstr. 267
Ph: + 49 431 7992577 Fax: + 49 431 7992577
E-Mail: IDA.Kiel@t-online.de
Website: www.ida-online.com
Organisation: CMAS, IDA
Language: German, English
Established: 1986 Season: 01.01. - 31.12.

Kiel 24116 SM
H & H Tauchshop
Eckernförder Str. 76
Ph: + 49 431 553344 Fax: + 49 431 553403
Organisation: IDA
Language: German

Kiel 24149 SM
Dieter's Tauchshop
Owner: Dieter Schlechtweg
Hertzstr. 74
Ph: + 49 431 2099633 Fax: + 49 431 2099633
Organisation: SSI, DIWA
Language: German, English
Established: 1995 Season: 01.01. - 31.12.

Kiel 24159 SM
Baltic Dive Center
Owner: O. Wolf
Redderkoppel 11
Ph: + 49 431 397781 Fax: + 49 431 397781
E-Mail: HSA-GERMANY@t-online.de
Website: www.hsa-germany.com
Organisation: IDA
Language: German
Established: 1995 Season: 01.01. - 31.12.

Kiel 24118 SM
Actief-Sport
Owner: Heinz Bojahr
Holzkoppelweg 33
Ph: + 49 431 547282 Fax: + 49 431 547282
Organisation: CMAS
Language: German, English
Established: 1981 Season: 01.01. - 31.12.

Lübeck 23562 SM
Aqua Zoom
Owner: Erich Hemeter
Friedrichstr. 1
Ph: + 49 451 56926 Fax: + 49 451 598472

Organisation: PADI
Language: German, English, French
Established: 1994 Season: 01.01. - 31.12.

Lübeck 23556 SM
Yacht and Tauchshop Schefferling
Owner: E. Pfahl
Taschenmacherstr. 2
Ph: + 49 451 8799623 Fax: + 49 451 8799670
E-Mail: service@schefferling.com
Website: www.schefferling.com
Organisation: PADI
Language: German, English, Swedish
Established: 1879 Season: 01.01. - 31.12.

Neumünster 24539 SM
Tauchschule Scubalu
Owner: Adrian. F. Werner
Klosterstr. 20-24
Ph: + 49 4321 42224 Fax: + 49 4321 42286
E-Mail: tauchen@scubalu.de
Website: www.scubalu.de
Organisation: SSI, VIT
Language: German
Established: 1995 Season: 01.01. - 31.12.

Rellingen 25462 SM
MC DIVE
Owner: Klaus Neumann
Hauptstr. 74
Ph: + 49 4101 22544 Fax: + 49 4101 20444
E-Mail: info@madive
Website: www.madive.de
Organisation: PADI
Language: German, English
Established: 1992 Season: 01.01. - 31.12.

Thüringen

Hauptstadt	Erfurt
Informationen	Landesfremden-verkehrsverband Tschaikowskistr. 11 99096 Erfurt Tel: 0361 3735468 Fax: 0361 3735464
VDST: Landesverband	Thüringen c/o Sven Trunk
Website: www.vdst.de E-Mail: sven.trunk@t-online.de	Am Anger 8 07381 Pößneck Tel: 03647 420745

Tauchregionen:
Lütsche-Stausee

Fläche: 16.171 km
Einwohner: 2,5 Mio

Geographische Lage:
Der Freistaat Thüringen grenzt im Norden an Sachsen Anhalt und Niedersachsen, im Westen an Hessen, im Osten an Sachsen und im Süden an Bayern. Die wichtigsten Städte sind die Landeshauptstadt Erfurt, Jena, Oberhof, Eisenach, Tabarz, Ilmenau, Suhl und Gera.

Lütsche-Stausee:
Der See liegt bei der Ortschaft Frankenhain a

der B 88 zwischen Ohrdruf und Ilmenau. Er ist in Frankenhain ausgeschildert.

Tauchgebiet:

Die Tiefe bei voller Füllung der Talsperre im Frühjahr und Herbst beträgt ca. 27 m. Im Winter ca. 24 m. Die Sichtweiten sind jahreszeitabhängig, im Winter liegen sie bei 10 m, normal bei 6–8 m. Der Lütsche-Stausee liegt in einem der schönsten Teile Thüringens. Oberhof, Tabarz, Ilmenau, Eisenach und Suhl sind leicht erreichbar. Direkt am See befindet sich ein Campingplatz. Die Tauchbasis liegt direkt an der Zufahrtsstraße von Frankenhain kurz nach der Staumauer. Ideale Bedingungen zum Ein- und Ausstieg. Gute Möglichkeiten zum Umziehen. Für nicht tauchende Begleiter steht eine Liegewiese in Südlage zur Verfügung. Aufgrund der geordneten Verhältnisse an der Tauchbasis besteht ein gutes Einvernehmen mit dem ansässigen Angelverein und der Camping- und Talsperrenverwaltung.

Information:

Anmeldungen und Informationen erhalten Sie bei der Tauchbasis oder beim Tauchshop Korsten Tel: 03691 75275 Fax: 03691 75275 Anmeldungen sind erwünscht. Die Tauchbasis ist generell sonntags von 11:00 bis 17:00 Uhr sowie an Samstagen nach vorheriger Absprache besetzt. Abweichende Termine können vereinbart werden. Ausrüstung kann gestellt werden. Kompressor und Notfallausrüstung (Wenoll-System) ist vorhanden. Im See befindet sich bei 7 m eine Übungsplattform. Im alten Flussbett sind zwei Brücken erhalten.

Eistauchen:

Bei geschlossener Eisdecke sind Eistauchgänge möglich, die von einem erfahrenen Team vorbereitet und gesichert werden sollten, Eistauchen ist für manche ein Highlight.

Fauna:

Barsche, Zander, Hechte, Schleien, Aale und Karpfen.

Gera-Langenberg 07552 THL

Tauchpartner Gera
Bärbel Stenmetzger
Zeitzer Str. 45
Ph: + 49 365 4229539
Fax: + 49 365 438671
E-Mail: tauchpartner-gera@t-online.de
Website: www.tauchpartner-gera.de
Organisation: PADI, SSI, DIWA
Language: German, English, Russian
Established: 1994
Season: 01.01. - 31.12.

Eisnenach 99817 THL

Tauchschule und Freizeitshop, Korsten
Owner: Detlef Korsten
Katharinenstr. 169
Ph: + 49 3691 75275 Fax: + 49 3691 75275
Organisation: SSI
Language: German, English
Established: 1996
Season: 01.01. - 31.12.

Eckartsberg Zittau 02763 THL

Tauchschule
Owner: Volkmar Elfert
Am Steinbruch 12
Ph: + 49 3583 794472 Fax: + 49 3583 794472
Organisation: DIWA
Language: German
Established: 1993
Season: 01.01. - 31.12.

Inter- und Nationale Tauchorganisationen:

PADI Europe Switzerland
Oberweilerstrasse 3, 8442 Hettlingen
Tel: 0041 (0)52 304 14 14
Fax: 0041 (0)52 3041499
E-Mail: info@padi.com
Website: www.padi.com

NAUI
Brunngasse 6, 8400 Winterthur Schweiz
Tel: 0041(0)52 213 0380
Fax: 0041(0)52 213 0382
E-Mail: naui@naui.ch
Website: www.naui.com

NASDS: National Association of Scuba Diving Schools USA
1012S. Yates 38119 Memphis, Tennessee
Tel: 001 (0)901 767 7265
Fax: 001 (0)901 767 2798
E-Mail: info@nasds.com
Website: www.nasds.com

A.U.F. Australian Underwater Federation
P.O. Box 225 6014 Perth WA Australia
Tel: 0061 8 9387 6969
Fax: 0061 8 9383 7180
crak@wantree.com.au

UDI&TSVÖ Tauchsport Verband Österreich
Tel: 0043(0) 911 448 268 Fax: 446 7973

American Nitrox Divers International
ANDI Germany
Fabrikstr. 94, 76337 Waldbronn-Neurod
Tel: 07243 69016 Fax: 07243 69017
Website: www.marlin.de

IANTD: Germany - Austria - Switzerland
Leopoldstr. 257 80807 München
Tel: 089 359 78780 Fax: 89 359 8152
E-Mail: info@submariner.de
Website: www.iantd.com

TDI - Germany
Hauptstr. 139, 69488 Birkenau
Tel: 06201 390043 Fax: 06202 390083

CMAS Confederation Mondiale des Activite Subaquatiques - World Underwater Federatio
CMAS - Viale Tiziano, 74, 00196, Roma, Italy
Tel: 0039 6 368 58480
Fax: 0039 6 36 85 84 90
E-Mail: cmasmond@tin.it
Website: www.cmas.org

Instructor Dive Development IDD Netherland
Nieuwpoortkade 1055 RX Amsterdam
Tel: 0031(0)20 6815148
Fax: 0031(0)20 6880397
E-Mail: pde@iddworld.com
Website: www.iddworld.com

N.Z.U.A. New Zealand
New Zealand Underwater Association
Cnr. Shaw and Collins Streets
P.O. Box 875 Auckland - New Zealand
Tel: 0064 9 849 5896 Fax: 0064 9 849 7051

SUSV-Schweizer Unterwasser Sport Verband
Pavillonweg 3, 3012 Bern Switzerland
Tel: 0041 (0) 31 3014343
Fax: 0041 (0) 31 8395555
E-Mail: ADMI@SUSV.CH

PADI International
1251 East Dyer Road
CA 92705-5605 Santa Ana USA
Tel: 001 (0) 714 5 40 72 34
Fax: 001 (0) 714 5 40 26 09
E-Mail: info@padi.com
Website: www.padi.com

NAUI Worldwide
FL 33619-2667 Tampa USA
Tel: 001 (0) 813 6 28 62 84
Fax: 001 (0) 813 6 28 82 53
Website: www.naui.com

DAN: Divers Alert Network USA
P.O. Box 3823 , 27710 Durham North Carolina
E-Mail: info@dan-dive.com
Website: www.dan-dive.com

Notfalladressen in Deutschland:

Institut für Hyperbare Medizin und Tauchmedizin
Orthopädischen Polyklinik Freien Universität
Clayallee 223, 14195 Berlin
Tel: 030 810 041

Druckkammerzentrum Hamburg
Allgemeinen Krankenhaus Barmbeck
Rüthenkamp 148, 22307 Barmbeck
Tel: 040 632 73434
24-Stunden-Bereitschaft Tel.: 040 288 24777

DTL Druckkammer-Therapiezentrum Lüneburg
Käthe-Krüger-Str. 10, 21337 Lüneburg
Tel: 04131 860 066

Zentrum für Tauch- und Überdruckmedizin
Ermlandstr. 55, 28777 Bremen
Tel: 0421 600 7577
24-Stunden-Bereitschaft Tel.: 0172 4297484
e-mail: hbobremen@aol.com

Schiffahrtmedizinisches Institut
Marine Druckkammeranlage Hydra 2000
Kopperpahler Allee 120,
24119 Kronshagen
Tel: 0431 540 91714
24-Stunden-Bereitschaft
Tel.: 0431 540 91715

Druckkammerzentrum Lübeck Gmbh
Am Marienkrankenhaus Parade 3,
23552 Lübeck
Tel: 0451 140 7750

Druckkammerzentrum Hannover
Institut für hyperbare Sauerstofftherapie
Lister Krankenhaus Lister Kirchweg 4
30163 Hannover, Tel: 0511 965610
24-Stunden-Bereitschaft
Tel.: 0511 19222

Druckkammerzentrum Kassel
Rotes-Kreuz-Krankenhaus, Hansteinstrasse 23
34121 Kassel Tel: 0561 932 4700
Notfallrufnummer: Tel: 0561 308 6361

Druckkammerzentrum Mönchengladbach
Ev.Krankenhaus Bethesda
Ludwig-Weber-Str. 15
41061 Mönchengladbach Tel: 02161 890630
24-Stunden-Bereitschaft
Tel: 02161 981-0

Tauchmed Dortmund, Zentrum für Hyperbare Sauerstofftherapie und Forschung
Hoher Wall 9-11, 44137 Dortmund
Tel: 0231 721 4437

Tauchmed Essen, Zentrum für Hyperbare Sauerstofftherapie und Forschung
Kruppstr. 92, 45145 Essen
Tel: 0201 221 025

St. Joseph-Hospital Duisburg-Laar
Zentrum für Hyperbare Medizin
Ahrstr. 100
47138 Duisburg
Tel.: 0203 800 1620
Dienstzeit 8^{00}-16^{00}Uhr)
24-Stunden-Bereitschaft Tel: 0203 80010

Zentrum für hyperbare Medizin Moers
Josefstraße 22, 47441 Moers
Tel: 02841 93720
24-Stunden-Bereitschaft Tel: 02841 1070

Druckkammerzentrum Köln
Ev. Krankenhaus Weyertal 76
50931 Köln
Tel: 0221 420 1051

24-Stunden Bereitschaft - Feuerwehr Tel: 112

HBO-Zentrum Euregio Aachen
Uni- Klinik Aachen Kackertstrasse 12
52072 Aachen
Tel: 0241 84044
24-Stunden Notruf 0180 523 4234
Email: HBO-Aachen@t-online.de

Universitätsklinik Mainz Institut für Anästhesiologie
Langenbeckstr. 1, 55131 Mainz
Tel: 06131 177 366

Druckkammerzentrum Hagen St.-Marien Hospital
Bergstr. 56, 58095 Hagen
Tel: 02331 91519
24-Stunden Bereitschaft - Feuerwehr Tel: 112

HBO-Zentrum Rhein-Main Hofheim
Reifenbergerstr. 6, 65719 Hofheim
Tel: 06192 5062
24-Stunden-Bereitschaft Tel: 06192 5095

Druckkammerzentrum Homburg GmbH
Universitätskliniken des Saarlandes
Gebäude 10, Kirrberger Str.
66424 Homburg / Saar
Tel: 06841 167550
Bei Notfällen: 0681 19222

HBO Zentrum Stuttgart
König-Karl-Strasse 66
70372 Stuttgart
Tel: 0711 509 4453

DCS-1 Druckkammer Centrum Stuttgart
Heilbronner Straße 300
70469 Stuttgart
Tel: 0711 851 032

HBO-Zentrum Neckar/Franken Heilbronn
Talheimer Str. 32, 74223 Flein
Tel: 07131 59670

Hyperbares Sauerstoff-Zentrum
Karlstr. 42 80333 München
Tel: 089 548 2310
24-Stunden-Bereitschaft Tel.: 0171 355 658

Hyperbare Medizin Technischen Universität
Branddirektion München-Feuerwache 5
Anzinger Str. 41 81671 München
Tel: 089 406655

Krankenhaus Traunstein Überdruckkammer
Cuno-Niggl-Str. 3, 83278 Traunstein
Tel: 0861 7051317

Städtisches Krankenhaus Überlingen
Härlenweg 1, 88662 Überlingen
Tel: 07551 990 Notruf: 19222

Überdruckmedizin
Bundeswehrkrankenhaus Ulm
Oberer Eselsberg 4, 89081 Ulm
Tel: 0731 171 2285

Institut für Überdruckmedizin Regensburg
Gewerbepark A45, 93059 Regensburg
Tel: 0941 466 140

Tauchveranstalter:

Aarbergen 65324
Discover Mexico Diving Postfach 2135
Tel: 06120 90520 Fax: 06120 4446
Email: dmd-discover@t-online.de
Web: www.dmd.reisen.de

Bad Buchau 88422
Reisecenter Federsee, Schussenriederstr. 26
Tel: 07582 3551 Fax: 07582 3252

Bad Reichenhall 83435
Wet Expedition Münchener Allee 23A
Tel: 08651 770811 Fax: 08651 690193
Email: jreiter@best.baynet.de
Web: www.vasia.com/cdiver

Tauchreise-Veranstalter Deutschland A-Z

Bietigheim 74321
Spillmann Reisen GmbH
Bahnhofsplatz
Tel: 07142 978814 Fax: 07142 978897
Email: reisen@spillmann.de
Web: www.spillman.de

Böblingen 71034
Die Taucher Tauchreisen
Wilhelmstr. 27
Tel: 07031 225904 Fax: 07031 226754
Email: dietaucher@dietaucher.com

Bremen 28207
Schöner Tauchen Hastedter Heerstr. 211
Tel: 0421 450010 Fax: 0421 450080
Web: www.schoener-tauchen.com

Buchholz 53567
Sülo Diving Center
Hanftalstr. 6a
Tel: 02683 967108 Fax: 02683 967108
Email:Uwe.Gielow@t-onlinc.de

Büdingen 63654
Asia Holiday
Göttingenstr. 10
Tel: 06048 3628 Fax: 06048 1866
Web: www.media-pointe.de/asiaholiday.de

Burbach 57299
Pro-Dive Center
Gänsestück 1
Tel: 02736 491515 Fax: 02736 491516
Email: prodives@aol.com
Web: www.worldservice.com/pro-dive

Dreieich 63303
Martin Moxter Tauchreisen
An der Theisenmühle 1
Tel: 06103 65492 Fax: 06103 65491
Web: www.moxter.de

Dresden 01259
Karibik Inside
Lockwitztalstr. 20
Tel: 0351 2055915 Fax: 0351 2055915
Email: karibikins@aol.com

Frechen 50226
Tauchreisen Roscher
Achenerstr. 695a
Tel: 02234 967096 Fax: 02234 967097
E-Mail: info@tauchreisen-roscher.de
Website: www.tauchreisen-roscher.de

Fürth-Oberfürberg 90768
Sport Franz
Sperberstr. 32
Tel: 0911 9728990 Fax: 0911 9728991
Email: k.franz@sportfranz.de

Göttingen 37073
Extratour Tauchreisen
Bühlstr. 18
Tel: 0551 42664 Fax: 0551 44077
Email: extradive@aol.com

Gräfendorf 97782
Volkert Touristik GmbH
Freizeitzentrum Roßmühle
Tel: 09357 97490 Fax: 09357 1055
Web: www.volker-touristik.de

Hamburg 22587
Diver's Guide Tauchreisen GmbH
Dockenhudener Str. 14
Tel: 040 8660670 Fax: 040 86606777
Email: diversg@aol.com

Hamburg 22391
Poseidon Diving Tours
Classenstieg 21
Tel: 040 5366091
Fax: 040 5363754

Hanau 63450
Tauch & Sunrise Touristik
Hospital Str. 7
Tel: 06181 255007 Fax: 06181 255007

Hanau 63456
Karibia, Fliederstr. 25
Tel: 06181 662860 Fax: 06181 662860

Hanau 63456
Dream Tours Touristik GmbH Schachwaldstr. 28a Tel: 06181 659794 Fax: 06181 661250

Hattersheim 65795
Dive Travel GmbH Südring 3 B
Tel: 061 901603 Fax: 061 901603
Website: www. divetrevel.de

Hennef 53773
Sub Venture Bellinghausen & Claußen
In der Fuchskaule 15
Tel: 02242 7357 Fax: 02242 7357

Hildesheim 31135
Dive & Fun Katharinenstr. 48
Tel: 05121 130320 Fax: 05121 134037

Ingolstadt 8549
Tauchreisen-Tauchschule Schwerelos
Rathausplatz 1
Tel: 0841 35189 Fax: 0841 910590
Email: schwerelos@t-online.de

Maintal 63477
austel & ciani oHG
Die Sporttaucher Mozartstr. 3
Tel: 06181 492367
Fax: 06181 45065
Website: www.sporttaucher.com

Mainz 55124
Uni Sun CPI Deutschland An der Fahrt 13
Tel: 06131 968516 Fax: 06131 968511
Website: www.unisun.de

Maital 63477
Hawaii Holiday Service GmbH Bücherweg 13a
Tel: 06181 494771 Fax: 06181 494623
Webseite: www.Hawaii-Holiday-Service.de

Mönchengladbach 41066
Sportwelt Hermanns, Jakobshöhe 68
Tel: 02161 60616 Fax: 02161 604441
Web: www.acktivsport.com

München 80807
Sub Aqua Sportreisen, Frankfurter Ring 243
Tel: 089 32379888 Fax: 089 32379661
Email: tauchreisen@sub-aqua.de
Website: www.sub-aqua.de

München 80801
Sun & Fun Sportreisen Franz-Joseph-Str. 43
Tel: 089 38014124 Fax: 089 346644
sunundfun@t-online.de

München 81375
Spiro Sub Wassersportreisen GmbH
Rolandseckstr. 9a
Tel: 089 7143917 Fax: 089 7193688

München 80335
Pacific Travel House Bayerstr. 95
Tel: 089 5309293 Fax: 089 532152
www.pacific-travel-house.com

Nürnberg 90431
Alpha Tours & Travel Leyherstr. 52
Tel: 0911 4597328 Fax: 0911 4597329

Stuttgart 70435
Travel Service Kern Herr Kern Burenstr. 17
Tel: 0711 822809 Fax: 0711 8264954
Email: travel-sk@t-online.de

Stuttgart 70378
Sport- & Kulturreisen Seitennäckerstr.16
Tel: 0711 9534020 Fax: 0711 9534021
Webseite: www.sk.partner.de

Handicap Diving HSA-Tauchschulen und Tauchlehrer in Deutschland - Österreich - Schweiz

Tauchschule Lutz Kamski
Georg-Schumann-Str. 59,
04155 Leipzig,
Tel: 0341 5906456
Fax: 0341 5906456
Handy: 0171 3825618
E-mail: tauchschule.kamski@t-online.de

Heiko Schwarze
Gudvangerstr. 44
10439 Berlin

City Diver
Jörg-Olrik Graul
Winscheidstr. 12
10627 Berlin
Tel: 030 3238343

Ute Füllmann
Alt-Britz 37b
12359 Berlin
Tel.+ Fax 030 6078827

Siegfried Handke
Handicap Tauchsport Club Potsdam e. V.,
Brandenburger Str. 16
14467 Potsdam
Tel: 0331 2801281

Magdi N. Aziz LÜNEdive
Sültenweg 20
21339 Lüneburg
Tel: 04131 44333
Fax: 04131 44 323
e-mail: magdiaziz@aol.com

Divemaster:
Frau Stefanie Tegeler
Ebstorfer Str. 1c
21406 Melbeck

Markus Fleischmann, c/o Toben
Holstenstr. 68
22767 Hamburg
Tel: 040 387849
Fax: 040 43258755

HSA-Instructor Training
Oliver Wolf
Baltic Dive Center,
Redderkoppel 11, 24159 Kiel
Tel: 0431 397781
Fax: 0431 397781
e-mail: TauchWolf@oal.com

Frau Nadja Kummer
24229 Strande
Tel: 04349 1882

Eren Erol
Trögelsbyer Weg 99
24943 Flensburg
Tel: 0461 63509
e-mail 1: e.erol@danfoss.de
e-mail 2: wal-tauchsport@t-online.de

WAL Tauchsport
Detleff Witte
Wassersleben 29
24955 Harrislee
Tel: 0461 7700774
Fax: 0461 7700778
e-mail: wal-tauchsport@t-online.de

Detleff Witte
Forsteck 5, 24955 Harrislee
Tel: 0461 7700771
e-mail 1: inatec@t-online.de
e-mail 2: wal-tauchsport@t-online.de

Gerald Schüll
Rudolf-Diesel-Str. 3
25889 Niebüll
Tel: 04661 6354
Fax: 04661 6355

Hülsmann Wassersport GmbH
Antje Müller-Menckens
Außer der Schleifmühle 29
28203 Bremen
Tel: 0421 321633

Bernd Klemm
Eichstraße 22
30161 Hannover
Tel: 0511 3360547
mobil: 0171 8272771
e-mail: bklemm@erbe-med.de

Peter Nehmer (Divemaster)
Aussiger Wende 7a
30559 Hannover
Tel: 0511 9526295
e-mail: peter_nehmer@spiesshecker.com

Aquasport Kassel
Dirk Nöding
Pferdemarkt 14,
34117 Kassel
Tel: 0561 711215
Fax: 0561 772973

Frau Henrike Aust
Fürstenwall 228
40215 Düsseldorf,
Tel: 0211 9383931
Fax: 0211 9383938
e-mail: henrike@studio-aust.com

Tauchcenter am Ring
Horst Kleindiek
Kaiserring 10 a
46483 Wesel
Tel: 0281 27224
Fax: 0281 29176
e-mail: info@tauchcenter.de

Team Technic: Gunther Bär
Frangenheimstr. 17
50931 Köln
Tel: 0221 9402121
Fax: 0221 9402123
e-mail: gunther@baer.k.uunet.de

Roman Piwetzki
50939 Köln
Tel: 0221 622742
e-mail: piwetzr0@uni-koeln.de

Michael Schmitz
Am Hühnerberg 12
51381 Leverkusen
Tel: 0221 51495

Peter König
Bauerngasse 7
55116 Mainz
Tel: 06131 22047

Dr.Rolf Udo Neuhaus
Alter Hundemweg 2
57399 Kirchhundem
Tel: 02723 2049
Fax: 02723 2936

Andreas Volz
Licherstraße 29
60389 Frankfurt
Telefon: 069 461844
E-mail: andreas.volz@t-online.de oder
die.tauchpartner@t-online.de

Claus Wilkens Die Tauchpartner
HSA-Instructor Training Center
Lamboystraße 63, 63452 Hanau
Tel: 06181 182639
e-mail: Die.Tauchpartner@t-online.de
www.dietauchpartner.de

Cornelia Kaiser, c/o Die Tauchpartner
Lamboystraße 63
63452 Hanau
Tel: 06181 182639
e-mail: Die.Tauchpartner@t-online.de

Jörg Blättermann
61130 Nidderau Tel: 0177 2936211
E-mail: jblaettermann@indocdv.com

Johannes Kern
Wilhelmstr. 55, 63741 Aschaffenburg
Tel: 06021 48724

Gerd Kleemann vo Easy Dive
Hauptstraße 29, 66877 Ramstein
Tel: 06371 5 22 11
E-mail: easy.dive@t-online.de

Kaißlings Tauchschule
Andreas Kaißling
Schulstr. 1, 67697 Otterberg
Tel: 06301 30947 Fax: 06301 30947

Jürgen Mittermaier
Frauenpfad 31, 69221 Dossenheim
Tel: 06221 862910

Sebastian Winkler
Platanenweg 53, 72770 Reutlingen

Wolfgang Döther, Pinguin Diving,
Pillauer Str.4, 75181 Pforzheim
Telefon: 07231 63575 Fax: 07231 67347
mobil: 0171/3111672
e-mail: pinguin@doether.com

Thomas Bögl Diving Groove
Petelgasse 6, 82362 Weilheim
Tel: 0881 5064, Fax: 0881 6 34 34
e-mail: diving-groove@t-online.de

Matthias Hoster, Tauchschule Fluke
Badstr. 13, 91301 Forchheim
Tel: 09191 703973 Fax: 09191 703974

Frank Sillner, Tauchschule Regensburg
Prüfeninger Straße 109a, 93049 Regensburg
Tel: 0941 31000 Fax: 0941 32828
frank.sillner@tauchschule-regensburg.de

Östereich:

Peter Desbalmes
Franz-Mika-Weg 3-8-3, A-1100 Wien
Tel: 0043 1 689 8240

Edith Altrichter
Tauchsportcenter Alte Donau Wien
Huberg 6, A-1160 Wien
Tel: 0043 1 406 9858
e-mail: altrichter@tauchsportcenter.at

Alexander Mayrhofer
Pilzgasse 36/3/25, A-1210 Wien
Tel: 0043 1 278 9252
e-mail: alex.mayrhofer@xpoint.at

Schweiz:

Thedens Laurent
9 Rue Perdtemps, St.Prex,Schweiz
Tel: 0041 21 806269

Thomas Wiser
Hohenaxstr. 2 CH 8610 Uster
Tel: 0041 1 941 2030

Rene Burri
Untermatt 12 CH 8805 Richterswil
Tel: 0041 1 784 5595

Jolanda Moret
Rosstr. 47 CH 8832 Wollerau
Tel: 0041 1 784 5595

Roman Müller
Hublerweg 2 CH 8952 Schlieren
Tel: 0041 1 731 0993

Informationen:
Divers International Publishing Informationen und Links zu mehr wie 1000 Tauchschulen/Basen weltweit!
Website: http://www.diver-network.com
E-Mail: dip@diver-network.com

Dominica

Hauptstadt	Roseau
Einwohner	16.500
Entf. v. Frankfurt/M.	7.287 km
Währung	Ostkaribischer $
Amtssprache	Englisch
Telefonvorwahl v. D	001767
Telefonvorwahl n. D	01149
Verkehr	Linksverkehr
jährl. Touristenzahl	45 000
Elektr. Strom	220/240V / 50Hz
Visum	nein
Flughafen	Dominica Melville Hall, Roseau (DOM)

Tauchregionen:
Karibisches Meer
Dominica

Zeitverschiebung: - 5
Fläche: 751 km
Einwohner: 71.00

Tauchsicherheit

DIWA: Costa Rica
World Association
Apto. 137 5000 Liberia
Tel: 00506 666 1972
www.diwa.net

CMAS
Viale Tiziano 74
I-00196 Roma
Tel: 0039 6 368 58480
Fax: 0039 6 368 58490
E-Mail: info:@cmas.org
Website: www.cmas.org

PADI International USA
1251 East Dyer Road
CA 92705-5605 Santa Ana
Tel: 001 714 540 7234
Fax: 001 714 540 2609
E-Mail: info@padi.com
Website: www.padi.com

NAUI Worldwide USA
9942 Currie Davis Drive
33619-2667 Tampa, FL
Tel: 001 813 628 6284
Fax: 001 813 628 8253
Website: www.naui.org

Information und Beratung

Reisecenter Federsee
Schussenriederstr. 26
88422 Bad Buchau
Tel: 07582 3551
Fax: 07582 3252

Karibik Inside
Lockwitztalstr. 20
01259 Dresden
Tel: 0351 2055915
karibikins@aol.com

Karibia
Fliederstr. 25
63456 Hanau
Tel: 06181 662860
Fax: 06181 662860

Dive Travel GmbH
Südring 3 B
65795 Hattersheim
www. divetrevel.de

Sun & Fun Sportreisen
Franz-Joseph-Str. 43
80801 München
Tel: 089 38014124
sunundfun@t-online.de

Botschaften

Embassy Republic of Germany
P.O. Box 828
Port-of-Spain
Trinidad W.I.
Tel: 001809 628-1630
Fax: 001809 628 5278

Trinidad und Tobago
High Commission of
Trinidad and Tobago
42 Belgrave Square
London SW 1 X 8 NT
Tel: 0044 171 2459351
Fax: 0044 171 8231065

Fluggesellschaften

Es bestehen keine direkten Flugverbindungen von Europa nach Dominica, ein Zwischenstop in Puerto Rico, St. Maarten, Antigua oder einer anderen größeren Karibikinsel ist erforderlich. Von dort fliegen Kurzstreckenmaschinen nach Domenica, z.B.

BWIA International Airways
Tel: 069 962164-10.

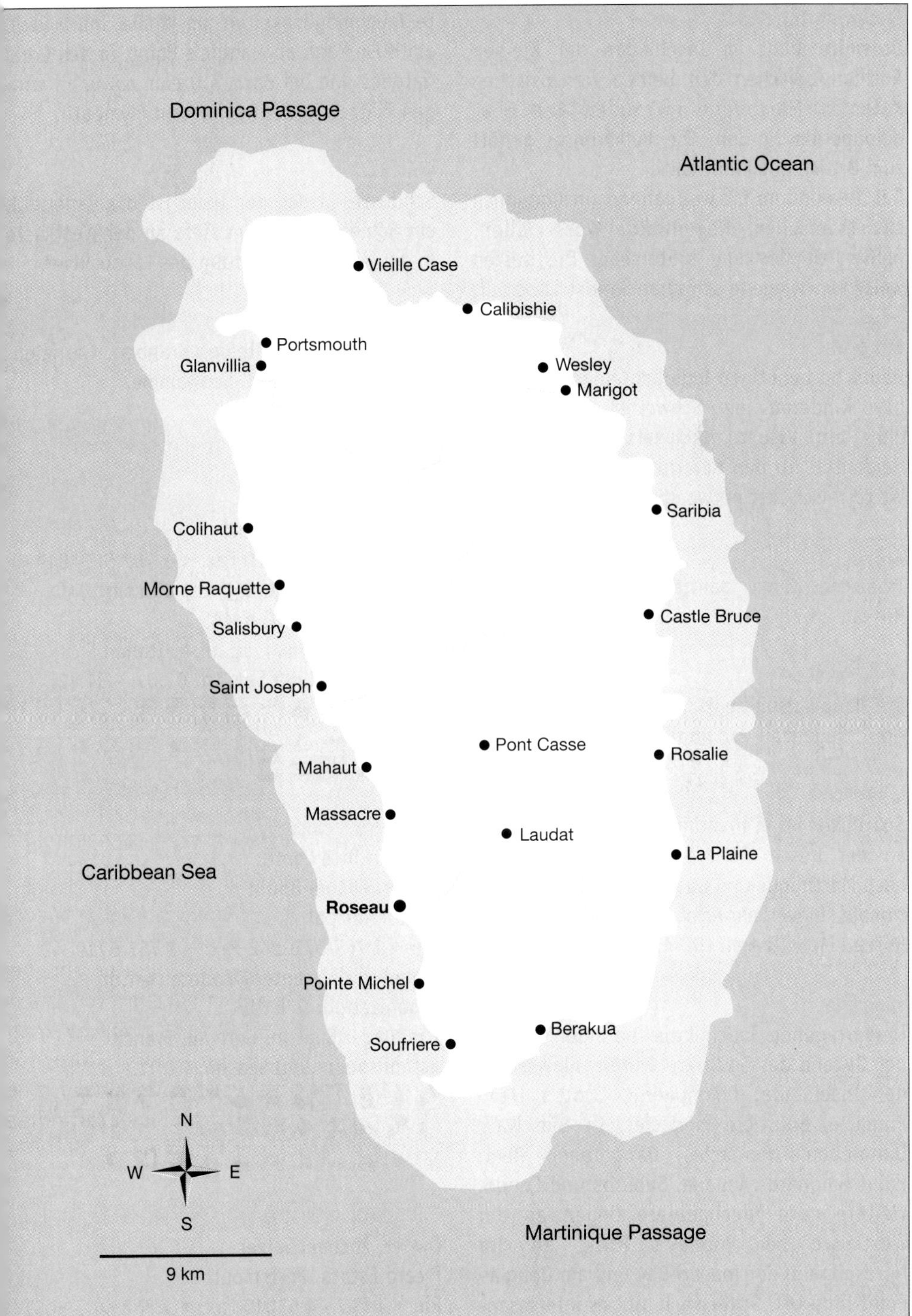
Dominica Passage
Atlantic Ocean
Vieille Case
Calibishie
Portsmouth
Glanvillia
Wesley
Marigot
Saribia
Colihaut
Morne Raquette
Salisbury
Castle Bruce
Saint Joseph
Pont Casse
Rosalie
Mahaut
Massacre
Laudat
La Plaine
Caribbean Sea
Roseau
Pointe Michel
Berakua
Soufriere
N
W
E
S
Martinique Passage
9 km

Dominica

Geographische Lage:

Dominica liegt im Inselbogen der Kleinen Antillen zwischen den beiden französischen Kolonien Martinique im Süden und Guadeloupe im Norden. Die Vulkaninsel gehört zum British Commonwealth.
Das Inselinnere ist weitgehend unzugänglich mit tropischem Regenwald, Wasserfällen, heißen Quellen und Kraterseen. Die Küsten weisen vorwiegend schwarze Sandstrände auf.

Einreise:

Deutsche benötigen lediglich einen Reisepass bzw. Kinderausweis, Schweizer und Österreicher ein Visum. Nachweis ausreichender Geldmittel für den Aufenthalt und Rück- bzw. Weiterreiseticket notwendig.

Klima:

Tropisches Klima, ganzjährige Niederschläge. Roseau 26,7°C / 1979 mm.

Hauptreisezeit:

Die Hauptsaison liegt zwischen Dezember und April; Regenzeit von Juni bis Oktober.

Verkehr:

Spärliche Straßenverbindungen vorwiegend an der Küste. Fährverbindungen bestehen nach Martinique und Guadeloupe. Der internationale Flugverkehr erfolgt über den Flughafen Roseau Melville Hall (DOM).

Tauchplatz:

Hervorragende Tauchplätze befinden sich in der Gegend des Soufriere Craters südwestlich der Insel, u.a. Champagne, Scott's Head Pinnacle, Soufriere Pinnacles, La Bim Wall, Dangleben's Pinnacles, Dangleben's Reef, Point Guignard , Village, Suburbs und Condo. Weitere gute Tauchgebiete liegen an der Westküste bei Rodney's Rock, an der Nordspitze in der Toucari Bay und am Douglas Point Drop Off. Schließlich gibt es interessante Tauchmöglichkeiten am Whale Shark Reef, am Nose Reef, an Maggie's Point, in den Coral Gardens und bei Barry's Dream sowie an einigen Plätzen in der Region von Plymouth.

Wracks:

Schönstes Wrack der Insel ist die Canefield, ein Schlepper in 24 m Tiefe an der Westküste in der Nähe der Mündung des Layou-River.

Fauna:

Soldatenfische, Walhaie, Krabben, Garnelen, Korallen, Anemonen, Schwämme.

Boca Chica

Treasure Divers
Owner: Peter Lorenz
Don Juan Beach Resort
Ph: + 1 767 5235320 Fax: + 1 767 5234819
E-Mail: trasuredivera@hotmail.com
Organisation: PADI, CMAS
Language: German, Spanish, Italian
Established: 1989 Season: 01.01. - 31.12.

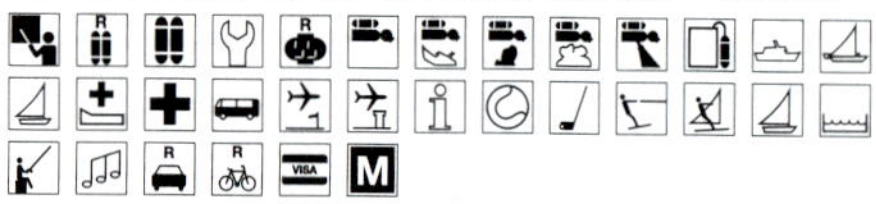

Cabarete - Sosua

Dolphin Dive Center
Owner: Michel Bonin
Calle Principal
Ph: + 1 767 5710842 Fax: + 1 767 5710842
E-Mail: d.divecenter@codetel.net.do
Organisation: 5*PADI
Language: English, German, French
Established: 1990 Season: 01.01. - 31.12.

Cabrits Dive Centre

Owner: Michael Salzer
Picard Estate, Portsmouth
Ph: + 1 767 44 53010 Fax: + 1 767 44 5 3011

E-Mail: cabritsdive@cwom.dm
Website: www.cabritsdive.com
Organisation: 5* PADI
Language: English, German
Established: 1996
Season: 01.01. - 31.12.

Juan Dolio

Calypso Diving Center
Hotel Punta Garza
Ph: + 1 767 526 2127 Fax: + 1 767 526 2127
Organisation: PADI
Language: German, French, English
Established: 1996 Season: 01.01. - 31.12.

Las Terrenas, Samana

Aqua Dive
Owner: A. Abbas
Calle Potillo # 12
Ph: + 1 767 2406616 Fax: + 1 767 2406617
E-Mail: aqua_dive@hotmail.com
Organisation: PADI, VDST, CMAS, IDA
Language: German, English, Spanish
Established: 1996

Roseau

Dive Dominica
Owner: Dorek Perryman
Castle Comfort Lodge or P.O. Box 2253
Ph: + 1 767 4482188 Fax: + 1 767 4486088
E-Mail: dive@cwdom.dm
Website: www.divedominica.com
Organisation: PADI, NAUI, NASDS
Established: 1984
Season: 01.01. - 31.12.

Roseau

East Carib Dive
Owner: Guenther Glatz
P.O. Box 483
Ph: + 1 767 4496575 Fax: + 1767 4496575
E-Mail: ecd@cwdom.dm
Website: www.eastcaribdive.dm
Organisation: PADI, CMAS
Language: German, English
Established: 1989
Season: 01.10. - 31.07.

Higuey

Dressel Divers Club
Iberostar Bavaro Resort, Arena Gorda
Ph: + 1 767 2216500 Fax: + 1 767 6886186
Organisation: PADI
Language: German, English
Established: 1989

Higuey

R.E.D. Coral Buceo Y Pesca SA
Bavaro Beach Resort, Punta Cana
Ph: + 1 767 6870827 Fax: + 1 767 6870827
Organisation: 5*PADI
Language: English
Established: 1989 Season: 01.01. - 31.12.

Puerto Plata

Big Blue Swiss
Diving School
Sosua
Ph: + 1 767 95712534 Fax: + 1 767 95713534
Organisation: PADI
Language: English
Established: 1989
Season: 01.01. - 31.12.

Dominikanische Republik

Hauptstadt	Santo Domingo
Einwohner	2,1 Mio.
Entf. v. Frankfurt/M.	7.633 km
Währung	Dominikanisch: Peso
Amtssprache	Spanisch
Telefonvorwahl v. D	001809
Telefonvorwahl n. D	011 49
Verkehr	Linksverkehr
jährl. Touristenzahl	1,3 Mio.
Elektr. Strom	220V / 50Hz
Visum	nein
Flughäfen	Santo Domingo SDQ Puerto Plata POP

Tauchregionen
Karibisches Meer
Atlantik

Zeitverschiebung: MEZ - 5
Fläche: 48.442 km
Einwohner: 7,7 Mio

Tauchsicherheit

PADI International USA
1251 East Dyer Road
CA 92705-5605 Santa Ana
Tel: 001 714 540 7234
Fax: 001 714 540 2609
Website: www.padi.com

NAUI Worldwide
9942 Currie Davis Drive
USA-33619-2667 Tampa FL
Tel: 001 813 628 6284
Fax: 001 813 628 8253
info@www.naui.org.
Website: www.naui.org

CMAS
Viale Tiziano 74
I-00196 Roma
Tel: 0039 6 3685 8480
Fax: 0039 6 3685 8490
cmasmond@tin.it
Website: www.cmas.com

NASDS. USA
National Association of
Scuba Diving SchoolsUSA
info@nasds.com
Website: www.nasds.com

Information und Beratung

Schöner Tauchen
Hastedter Heerstr. 211
28207 Bremen
Tel: 0421 450 010
Fax: 0421 450 080
info@schoener-tauchen.com
www.schoener-tauchen.com

Diver's Guide Tauchreisen
Dockenhudener Str. 14
22587 Hamburg
Tel: 040 866 0670
Fax: 040 866 06777
tauchen@divers-guide.de
www.divers-guide.de

Tour Active
Michael Hille
Waldstr. 11
56459 Rotenhain
Tel: 02661 206192

Karibik Inside
Lockwitztalstr. 20
01259 Dresden
Tel: 0351 2055 915
Fax: 0351 2055 915
karibikins@aol.com

Botschaften

Santo Domingo, Condominio
Plaza Intercaribe
5to Piso Esq. Lope de Vega
con Rafael Aug. Sanchez
Ensanche Naco
Tel: 001809 565 8811
Fax: 001809 5675014

Dominikanische Republik
Burgstr. 87
53177 Bonn
Tel: 0228 364956
Fax: 0228 352576

Fluggesellschaften

Condor Flugdienst
Kelsterbach
Frankfurt am Main
Te: 06107 939-0
Website: www.condor.de

LTU Touristik GmbH
Steinweg 7
60313 Frankfurt am Main
Tel: 069 297 7815
Fax: 069 691466
Website: www.ltu.de

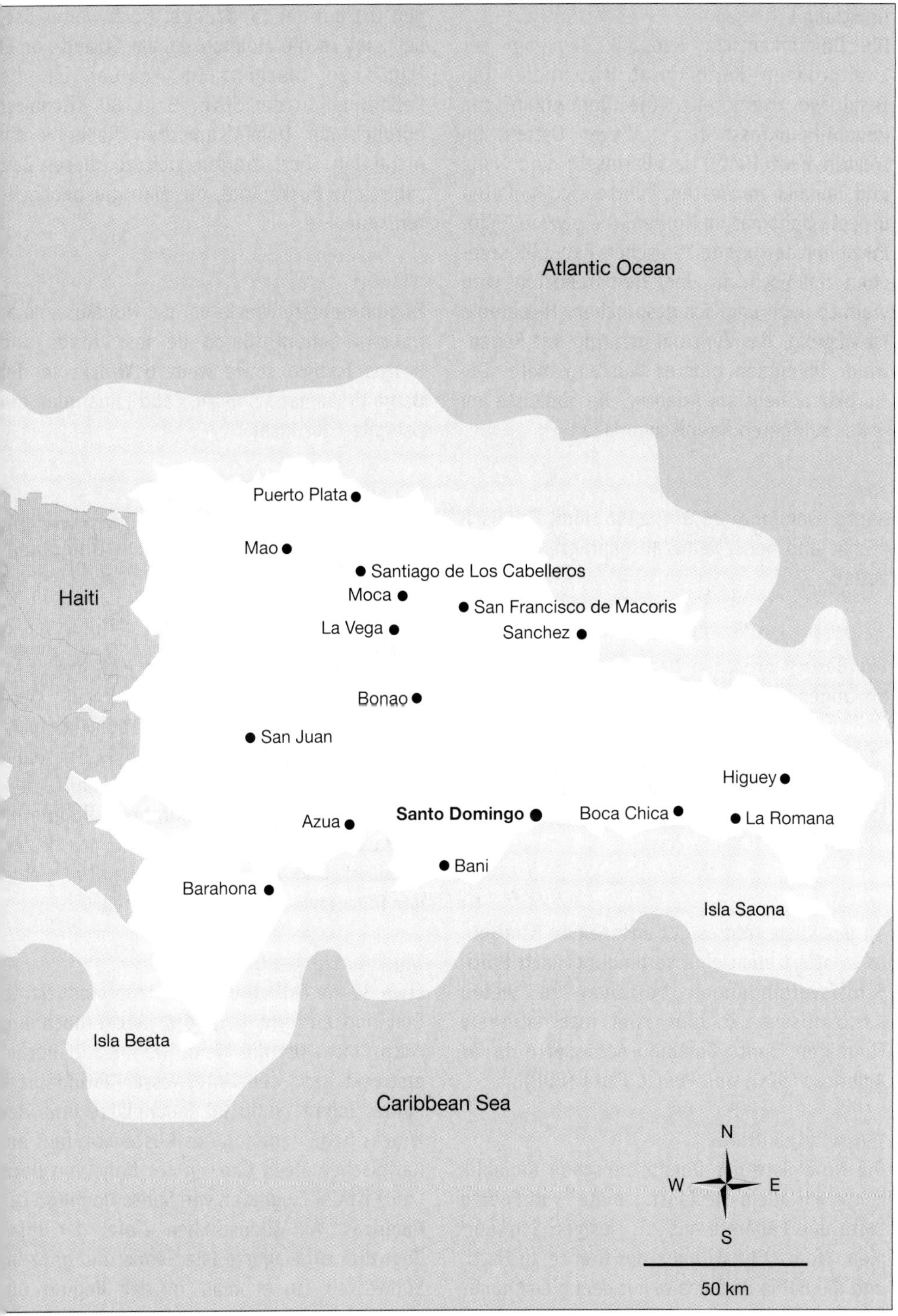
Atlantic Ocean
Puerto Plata
Mao
Santiago de Los Cabelleros
Haiti
Moca
San Francisco de Macoris
La Vega
Sanchez
Bonao
San Juan
Higuey
Azua
Santo Domingo
Boca Chica
La Romana
Bani
Barahona
Isla Saona
Isla Beata
Caribbean Sea
N
W
E
S
50 km

Geographische Lage:

Die Dominikanische Republik liegt auf der zweitgrößten Karibikinsel Hispaniola. Die Insel ist zweigeteilt. Die Dominikanische Republik umfasst den größeren Ostteil, im Westen liegt Haiti. Nachbarinseln sind Kuba und Jamaika im Westen, Puerto Rico im Osten und die Bahamas im Norden. Die etwa 7,7 Mio. Eiwohner der Dominikanischen Republik sprechen Spanisch, in den Touristenorten wird vielfach auch Englisch gesprochen. Hispaniola ist hügelig, das Zentrum gebirgig mit Regenwald. Im Süden gibt es Wüstengebiete. Die Nordküste liegt am Atlantik, die Südküste am etwas ruhigeren Karibischen Meer.

Klima:

Santo Domingo 25,6°C/1386 mm. Tropisch feucht und heiß, keine ausgeprägten Jahreszeiten.

Hauptreisezeit:

Ein Besuch zwischen Dezember und April ist am angenehmsten.

Einreise

Für die Einreise sind Reisepass und Touristenkarte (ausgestellt u. a. von Konsulaten) erforderlich, jedoch keine Visa.

Verkehr:

An der Küste gibt es gut ausgebaute Straßen, es existiert auch eine Verbindung nach Haiti. Schiffsverbindungen bestehen zu vielen Karibikinseln. Es gibt zwei internationale Flüghäfen: Santo Domingo Aeropuerto de las Americas (SDQ) und Puerto Plata (POP).

Tauchplätze Atlantik:

Die Nordküste der Dominikanischen Republik kennt vor allem die Tauchgebiete von Puerto Plata und Cabarete mit z.T. riesigen Schwämmen, Monte Christi nahe der Grenze zu Haiti, und die Bahia de Samaná mit dem gleichnamigen Ort auf der Landzunge. Noch weiter östlich gibt es die Möglichkeit am Strand vor El Macao zu tauchen. Im Februar ist die Kalkformation der Silver Bank 80 Kilometer nördlich der Dominikanischen Republik die Attraktion. Dort treffen sich zu dieser Zeit zahlreiche Buckelwale, die man gut beobachten kann.

Wracks:

Es gibt mehrere Wracks vor der Nordküste, u.a. Nuestra Senora, Barco de los Vidrios und Restos Isabela sowie weitere Wracks in der Bahia de Samaná und am Cabo Engano an der Ostspitze der Insel.

Fauna:

Diverse Riff-Fische, Schnapper, Muränen, Haie, Hummer, Korallen, Gorgonien, Schwämme, Buckelwale.

Sonstiges:

An der Samana Bay gibt es die Möglichkeit an Whale-Watching Touren teilzunehmen. Vom Boot aus kann nicht mit den Walen getaucht werden. Die Bootstouren zur Silver Bank sind streng reglementiert. Nur wenige Schiffe dürfen nahe an die Wale heranfahren. Bei diesen Ausfahrten allerdings kann mit den Walen getaucht und geschnorchelt werden. Dauer der Tour: etwa ein bis zwei Wochen.

Tauchplätze Karibisches Meer:

Etwa 30 km östlich von der Hauptstadt Santo Domingo entfernt liegt die Taucherhochburg Boca Chica. Um die kleine Hafenstadt herum erstreckt sich der Unterwasser-Nationalpark Punta Goleta. Rund 20 Tauchplätze und viele Wracks liegen entlang des Küstenstreifens am Karibischen Meer. Ganz in der Nähe von Boca Chica ist der Flughafen von Santo Domingo Las Americas. Am südöstlichen Zipfel der Insel liegt die vorgelagerte Isla Saona und ganz im Südwesten findet man in der Region um

Barahona noch einige Tauchplätze. Südöstlich liegt die Insel Catalina mit einer Steilwand im Osten und geeigneten Tauchplätzen auf der Westseite. Der bedeutendste Tauchplatz der Region ist das Riff Angelis Revine. Das Riffdach zeigt verschiedenste Hornkorallen und viele kleine Höhlen. La Boya ist ein parallel zur Küste verlaufendes Riff in ca. 10 m Tiefe. Es wird von zahlreichen Sandkanälen durchzogen.

Wracks:

Das berühmteste Wrack dieser Region ist die Hickory, ein 1984 gesunkenes Schiff einstiger Schatzsucher. Weitere Wracks sind die RP 14, auch Limon genannt, die Ocean Spring und die 40 m tief liegende Capitain Alsina. Südwestlich von Santo Domingo lief die Diómedes Imperial auf Grund.

Fauna:

Feilenfische, Schwarze Drücker, Kreolenlippfische, Zackenbarsche, Langusten, Muränen, Soldatenfische, Virginia Grunzer, Trompetenfische, Stachelrochen, Glasfische, Weich-, Hart- und Lederkorallen, Gorgonien, Walhaie, Ammenhaie und Riffhaie.

Guyacanes / Boca Chica

SeaWorld Scuba Center Owner: M. Lissmann
Hotel Playa Esmeralda
Ph: + 49 89 73296753 Fax: + 49 89 85661105
E-Mail: info@seaworld.de
Website: www.seaworld.de
Organisation: PADI, CMAS
Language: German, English
Established: 1998 Season: 01.01. - 31.12.

Juan Dolio, San Pedro De Macoris

Neptuno Dive Center
Owner: Klaus Luka
Juan Dolio Nillas del Mar, Hotel Talauquera
Ph: + 1 809 526 1660 Fax: + 1 809 526 2538
E-Mail: coltrop@codetel.do
Website: www.neptunodive.com
Organisation: 5*PADI
Language: German, English, Spanish
Established: 1990 Season: 01.01. - 31.12.

Playa Bonita

Las Terrenas Divers Owner: Helmut Zierow
Hotel Acaya & Costa Las Ballenas
Ph: + 1 809 240 6161 Fax: + 1 809 240 6070
Organisation: PADI, SSI, CMAS Barakuda
Language: German, English, French
Established: 1996 Season: 01.01. - 31.12.

Playa Las Terrenas

Las Terrenas Divers Owner: Alexander Gil
Kanesh Beach Hotel
Ph: + 1 809 240 6187 Fax: + 1 809 240 6070
Organisation: PADI, SSI, CMAS Barakuda
Language: German, English, French
Established: 1996 Season: 01.01. - 31.12.

First Calss Divers-Kontakt Florida USA

Owner: Marco Zubrod
Ph: + 1 809 696 2857 Fax: + 1 809 970 7622
E-Mail: firstclass@codetel.net.do
Website: www.dive-domrep.de
Organisation: 5*PADI, SSI, IDA
Language: Spanish, German, English

Ecuador und Galapagos-Inseln

Hauptstadt	Quito
Einwohner	1,2 Mio.
Entf. v. Frankfurt/M.	9.819 km
Währung	Sucre
Amtssprache	Spanisch
Telefonvorwahl v. D	00 5 93
Telefonvorwahl n. D	00 49
Verkehr	Rechtsverkehr
jährl. Touristenzahl	300.000
Elektr. Strom	110 V / 60 Hz
Visum	nein
Flughäfen	Quito Mariscal (UIO)

Tauchregionen:
Pazifischer Ozean
Galapagos-Inseln

Zeitverschiebung: MEZ - 7
Fläche: 283.560 km
Einwohner: 11 Mio

Tauchsicherheit

PADI International USA
1251 East Dyer Road
CA 92705-5605 Santa Ana
Tel: 001 714 540 7234
Fax: 001 714 540 2609
Website: www.padi.com

NAUI Worldwide
9942 Currie Davis Drive
USA-33619-2667 Tampa FL
Tel: 001 813 628 6284
Fax: 001 813 628 8253
info@www.naui.org
Website: www.naui.org

CMAS
Viale Tiziano 74
I-00196 Roma
Tel: 0039 6 3685 8480
Fax: 0039 6 3685 8490
cmasmond@tin.it
Website: www.cmas.com

NASDS. USA
National Association of
Scuba Diving SchoolsUSA
info@nasds.com
Website: www.nasds.com

Information und Beratung

Diver's Guide Tauchreisen
Dockenhudener Str. 14
22587 Hamburg
Tel: 040 866 0670
Fax: 040 866 06777
Website: www.divers-guide.de

Schöner Tauchen
Hastedter Heerstr. 211
28207 Bremen
Tel: 0421 450 010
Fax: 0421 450 080
info@schoener-tauchen.com
www.schoener-tauchen.com

Karibik Inside
Lockwitztalstr. 20
01259 Dresden
Tel: 0351 2055 915
Fax: 0351 2055 915
karibikins@aol.com

Die Taucher Tauchreisen
Wilhelmstr. 27
71034 Böblingen
Tel: 07031 225904
Fax: 07031 226754
dietaucher@dietaucher.com

Botschaften

Ecuador Republik
Koblenzer Str. 37
53173 Bonn
Tel: 0228 352544 od. 45
Fax: 0228 361765

Botschaft von Deutschland
Edificio Banco de Colombia
58 piso Avenida Patria y 9 de
Octubre, Quito
Tel: 00 593 2 225660
Fax: 00 593 2 563697

Fluggesellschaften

Iberia
Westendstr. 12
60325 Frankfurt
Tel: 069 716 6111
Fax: 069 716 6149
Website: www.iberia.com

Lufthansa via Bogota
Frankfurt am Main
Reservierung und Information
Tel: 069 2552-55
Website: www.lufthansa.de

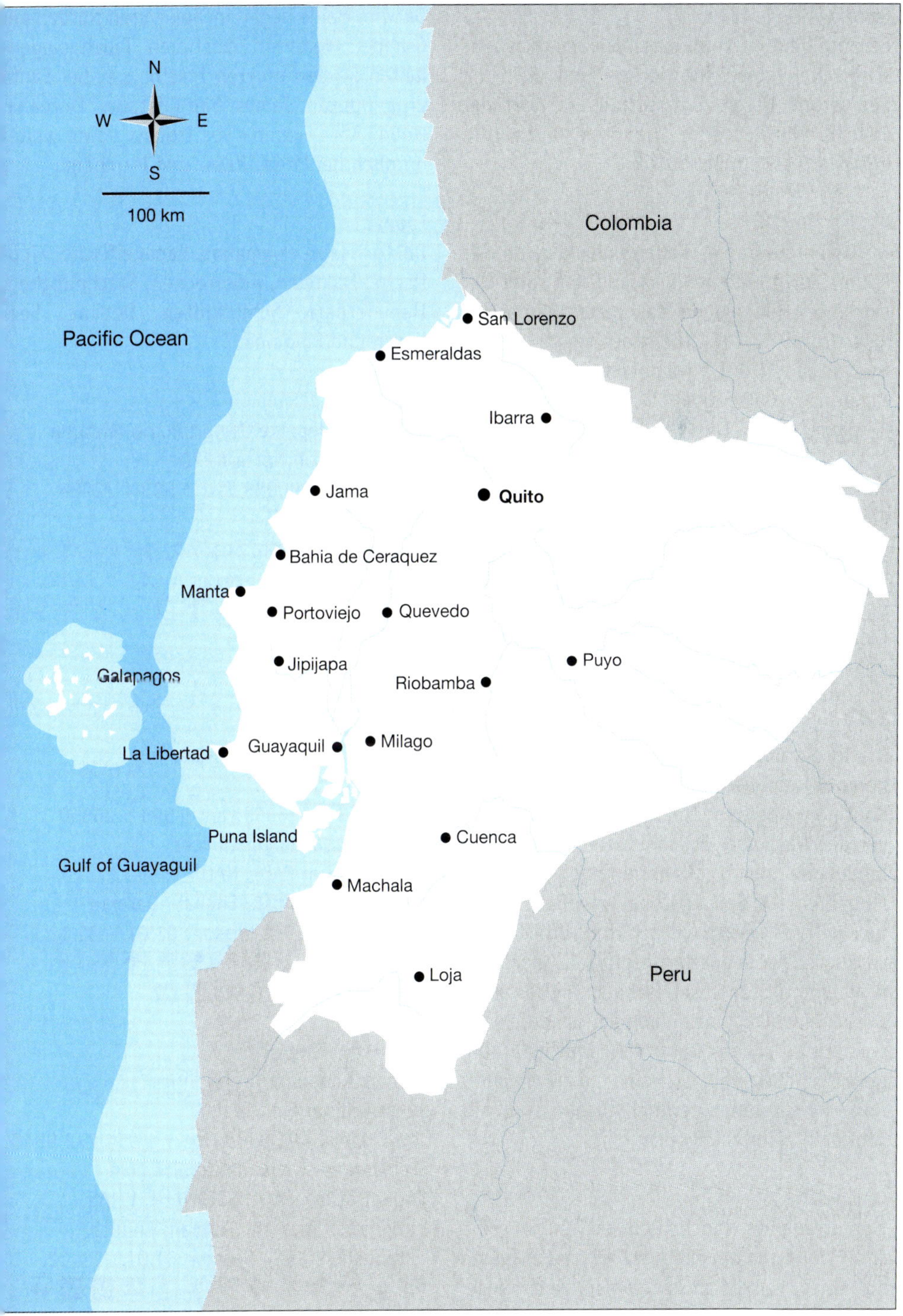
N
W
E
S
100 km
Colombia
Pacific Ocean
San Lorenzo
Esmeraldas
Ibarra
Jama
Quito
Bahia de Ceraquez
Manta
Portoviejo
Quevedo
Jipijapa
Puyo
Galapagos
Riobamba
La Libertad
Guayaquil
Milago
Puna Island
Cuenca
Gulf of Guayaguil
Machala
Loja
Peru

Geographische Lage:
Ecuador liegt im Nordwesten Südamerikas zwischen Kolumbien im Norden und Peru im Süden und Osten. Die Westküste bildet der Pazifik. Zu Ecuador gehören auch die Galapagos-Inseln im Pazifik.

Klima:
Im Osten tropisches Regenwaldklima, an der Küste feuchtheiß, im Bergland aufgrund der extremen Höhenlagen das ganze Jahr über kalt. Quito 13,0°C, Niederschlag 1250 mm, Guayaquil 24,9°C, Niederschlag 843 mm, Baquerizo (Galapagos) 24,0°C, Niederschlag 288 mm.

Verkehr:
Eine Eisenbahnlinie führt von Guayaquil und Cuenza im Süden bis nach Imbabura. Straßenverbindungen gibt es fast ausschließlich im Westen. Es bestehen Verbindungen mit Kleinflugzeugen. Internationaler Flugverkehr über Quito Mariscal Sucre (UIO).

Galapagos-Inseln:
Die Inselgruppe mit 13 größeren und 17 kleineren Inseln liegt im Pazifik außerhalb der Kontinentalplatten Amerikas, etwa 1000 km vor der Westküste Ecuadors. Die Verkehrsverbindungen zum Festland erfolgen über die Flughäfen auf San Cristobal und Baltra. Von hier geht es weiter mit Schiffen. Größter Ort ist Puerto Ayora auf der Insel Santa Cruz, östlich der größten Insel Isabela. Die jährliche Besucherzahl auf dem Archipel ist durch die ecuadorianischen Behörden limitiert. Die gesamte Region ist ein ausgewiesenes Naturschutzgebiet, einige Inseln sind für Touristen nicht zugänglich.

Tauchplätze:
Hervorragende Tauchmöglichkeiten um die Insel Wolff und bei The Arch, einem Felsbogen auf einem Felsriff an der Nordspitze der Insel Darwin. Beide liegen im äußersten Norden der Gruppe. Weiterhin existieren Tauchgelegenheiten an den inneren Inseln, u.a. bei Santa Cruz, Duncan, James, San Cristobal, Floreana, Hood, Roca Redona vor Isabela sowie weiter nördlich bei Pinta, Tower und Marchena.

Fauna:
Doktorfische, Pompanos, Papageifische, Lippfische, Makrelen, Adlerrochen, Stachelrochen, Hammerhaie, Schildkröten, Delfine, Seelöwen und Pinguine.

Urdesa Guayaquil
Subacqua Deporte Owner: Mario Miraglia
Circunvalacion Norte #220
Ph: + 593 4 290088 Fax: + 593 4 322887
Organisation: SSI
Language: English, Spanish
Established: 1991 Season: 01.01. - 31.12.

Isla Santa Cruz Galapagos Galapagos
Galapagos Sub Aqua
Owner: Fernando Zambrano
Charles Darwin Av.
Ph: + 593 5 526350 Fax: + 593 5 26350
E-Mail: subaqua@ga.pro.ec
Organisation: PADI, NAUI
Language: Spanish, English, German
Established: 1991 Season: 01.01. - 31.12.

Motorship Tropic Sun
Owner: Aquanaut Cruise Lines
Kontakt über Florida USA
Ph: + 1 954 491 0333 Fax: + 1 954 772 9340
Website: www.aquanautcruise.com
Organisation: PADI, SSI, NAUI, CMAS
Language: Spanish, German, English
Established: 1984 Season: 01.01. - 31.12.

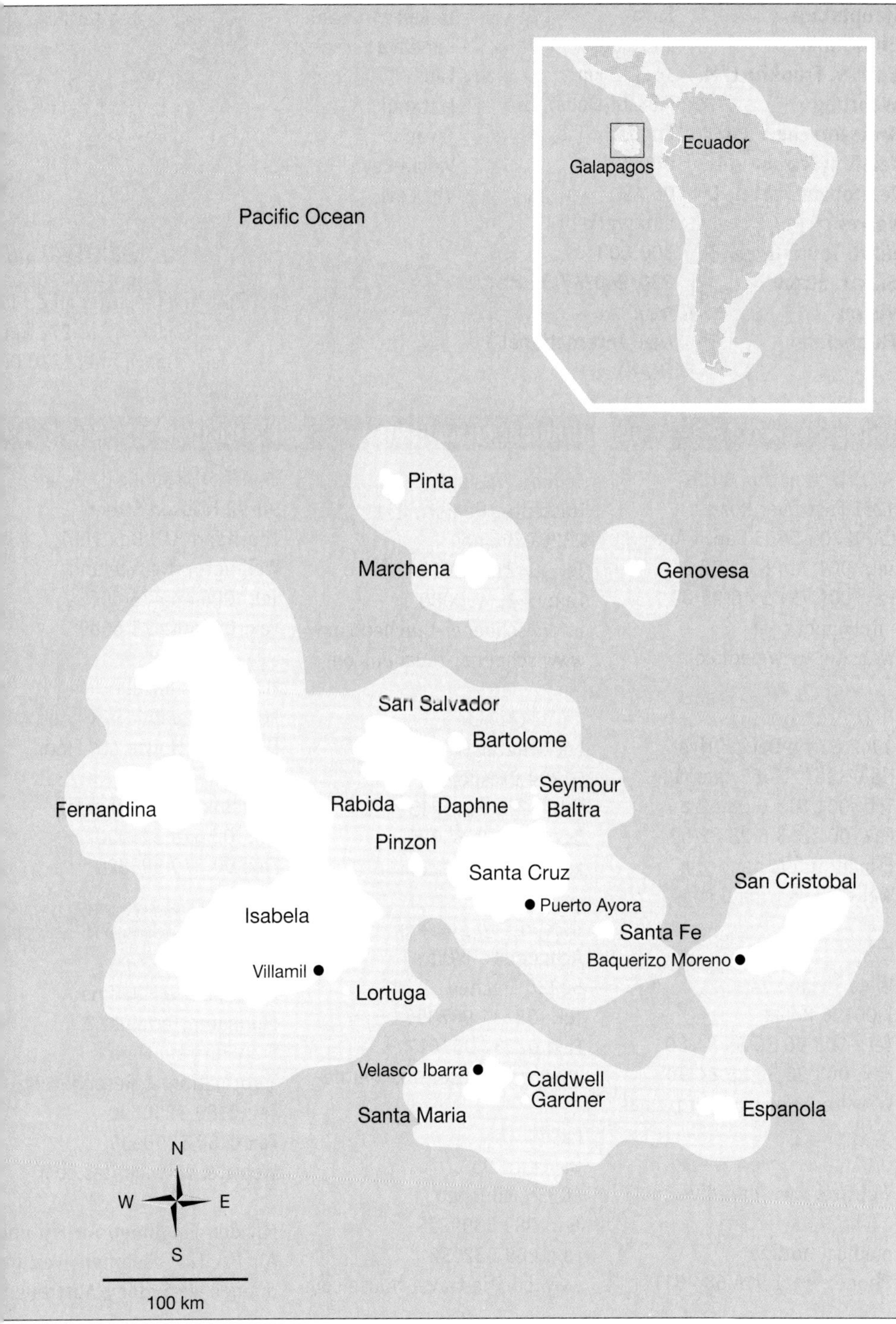
Ecuador
Galapagos
Pacific Ocean
Pinta
Marchena
Genovesa
San Salvador
Bartolome
Seymour
Baltra
Fernandina
Rabida
Daphne
Pinzon
Santa Cruz
San Cristobal
Puerto Ayora
Isabela
Santa Fe
Baquerizo Moreno
Villamil
Lortuga
Velasco Ibarra
Caldwell
Gardner
Santa Maria
Espanola
N
W
E
S
100 km

Fiji-Inseln

Hauptstadt	Suva
Einwohner	140 000
Entf. v. Frankfurt/M.	16.332 km
Währung	Fidschi-Dollar, $F
Amtssprache	Englisch, Fidschi
Telefonvorwahl v. D	00 679
Telefonvorwahl n. D	05 49
Verkehr	Linksverkehr
jährl. Touristenzahl	300.000
Elektr. Strom	230/240 V / 50 Hz
Visum	nein
Flughafen	Nadi International (NAN)

Tauchregionen:
Kandavu
Lau
Matangi
Taveuni
Vanua Levu
Viti Levu

Zeitverschiebung: MEZ +1
Fläche: 18.272 km
Einwohner: 770.0

Tauchsicherheit

PADI International USA
1251 East Dyer Road
CA 92705-5605 Santa Ana
Tel: 001 714 5 40 72 34
Fax: 001 714 5 40 26 09
info@padi.com
Website: www.padi.com

NAUI Worldwide
9942 Currie Davis Drive
USA-33619-2667 Tampa FL
Tel: 001 813 6 28 62 84
Fax: 001 813 6 28 82 53
E-mail: info@naui.com
Website: www.naui.com

CMAS
Viale Tiziano 74
I-00196 Roma
Tel.: 003 96 36 85 84 80
Fax: 003 96 36 85 84 90
Website: www.cmas.org/cmas

DAN: Divers Alert Network
Website: www.dan-dive.com
24-hour Emergency
medical hotline
Phone: ++ 1 919 684 8111

Information und Beratung

Schöner Tauchen
Hastedter Heerstr. 211
28207 Bremen
Tel: 0421 450010
Fax: 0421 450080
info@schoener-tauchen.com
www.schoener-tauchen.com

Karibik Inside
Lockwitztalstr. 20
01259 Dresden
Tel: 0351 2055915
Fax: 0351 2055915
karibikins@aol.com

Tauchreisen Roscher
Achenerstr. 695a
50226 Frechen
Tel: 02234 967096
Fax: 02234 967097
www.tauchreisen-roscher.de

Pacific Travel House
Bayerstr. 95
80335 München
Tel: 089 5309293
Fax: 089 532152
www.pacific-travel-house.com

Botschaften

Embassy Republic of Germany
90-92 Hobson Street
Thorndon P.O. Box 1687
Wellington Neuseeland
Tel: 0064 4 473 6063
Fax: 0064 4 473 6069

Honorary Consul of the
Federal Republic of Germany
Dominion House 4th Floor
Thomson Street
P.O. Box 12007 Suva Fiji
Tel: 00 679 315000
Fax: 00 679 303820

Fluggesellschaften

Qantas Airways Ltd.
Australische Fluglinie
Flughafen Terminal 2
Frankfurt am Main
Information u. Reservierung
Tel: 0180 3250630
Fax 0180 5250639
Website: www.qantas.com

Mit den Fluglinien Air-Fiji und Air-Pacific bestehen Verbindungen via Sydney/Australien

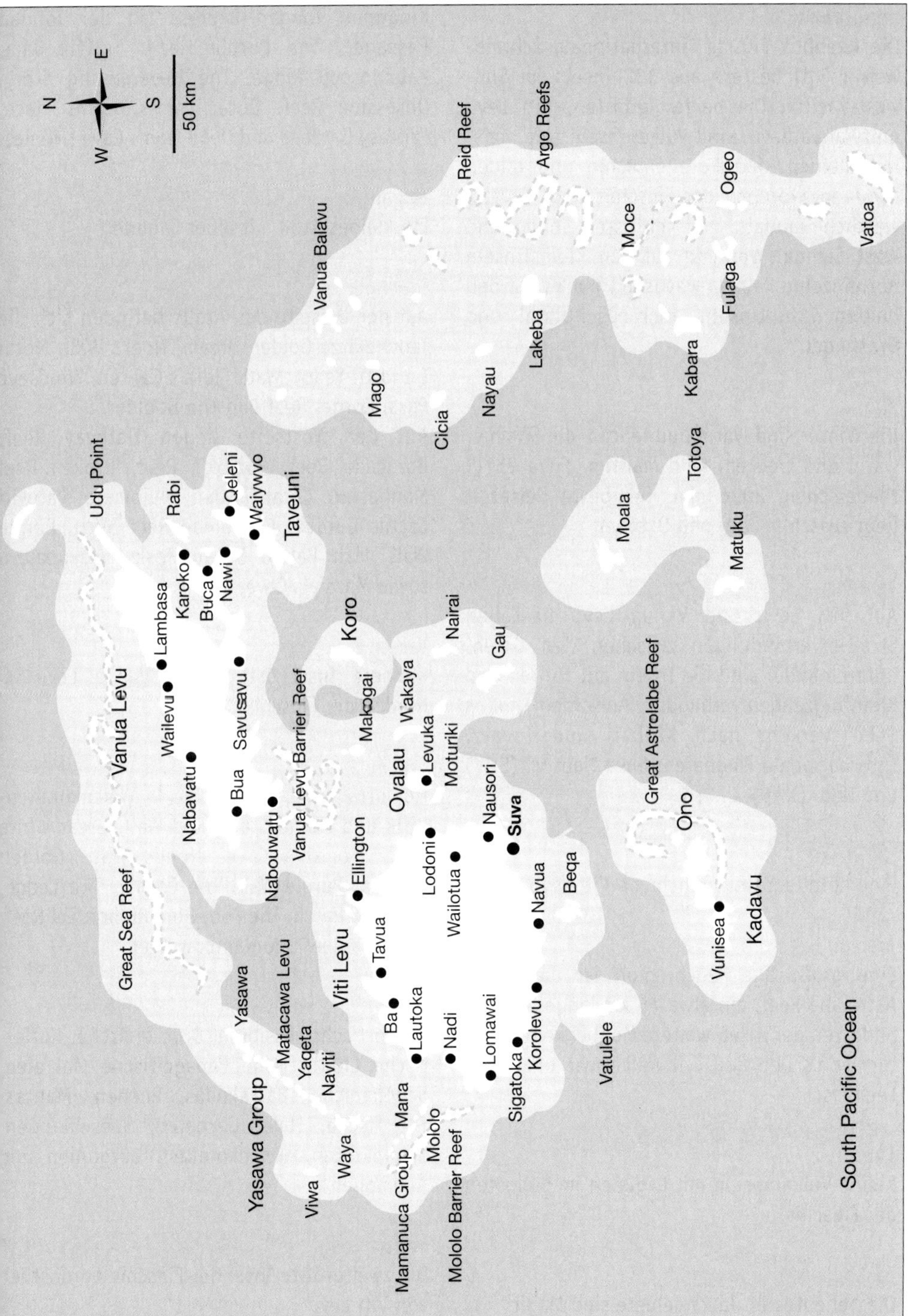
N
E
S
W
50 km
Vanua Levu
Udu Point
Rabi
Qeleni
Waiywvo
Taveuni
Karoko
Nawi
Buca
Lambasa
Wailevu
Savusavu
Nabavatu
Bua
Nabouwalu
Vanua Levu Barrier Reef
Great Sea Reef
Koro
Makogai
Wakaya
Nairai
Gau
Ovalau
Levuka
Moturiki
Viti Levu
Ellington
Tavua
Ba
Lautoka
Nadi
Lomawai
Sigatoka
Korolevu
Navua
Suva
Nausori
Lodoni
Wailotua
Beqa
Vatulele
Yasawa
Yasawa Group
Matacawa Levu
Yaqeta
Naviti
Waya
Viwa
Mana
Mololo
Mamanuca Group
Mololo Barrier Reef
Vanua Balavu
Reid Reef
Argo Reefs
Mago
Cicia
Nayau
Lakeba
Moce
Ogeo
Fulaga
Kabara
Vatoa
Totoya
Moala
Matuku
Great Astrolabe Reef
Ono
Kadavu
Vunisea
South Pacific Ocean

Geographische Lage:
Die Republik Fidschi (internationale Schreibweise: Fiji) besteht aus 332 Inseln im Südwest-Pazifik. Die beiden größten, Viti Levu und Vanua Levu, sind Vulkaninseln. Die meisten kleinen sind Koralleninseln und bilden Lagunen. Nördlich der Fidschiis liegt Tuvalu, westlich Vanuatu und im Osten Tonga und West Samoa. Während auf den Kleinstinseln nur einzelne Palmen wachsen, gibt es auf den beiden Hauptinseln auch Dschungel und Grashügel.

Klima:
Die Winter sind warm und feucht, die Sommer warm und trocken, mild-maritim. Suva 25°C, Niederschlag 2096 mm. Die beste Reisezeit liegt zwischen Juni und Oktober.

Verkehr:
Auf Viti Levu und Vanua Levu bestehen Straßenverbindungen zwischen den Orten, untereinander sind die Inseln mit Fähren und Kleinflugzeugen verbunden. Außerdem gibt es Schiffsverkehr nach Kiribati und Tuvalu. Internationale Flughäfen: Suva Nausori (SUV) und Nadi (NAN).

Kandavu:
Eine Koralleninsel südlich von Viti Levu.

Tauchplätze:
Eine großartige Tauchregion ist das Great Astrolabe Reef, ein etwa 45 km langes Riff im Südosten der Insel, weitere Möglichkeiten bieten Lion's Den und Evil Wall sowie unzählige Felsriffs.

Lau:
Kleine Vulkaninseln mit Lagunen im Südosten der Fidschis.

Tauchplätze:
Die beliebtesten Tauchgebiete sind Magic Kingdom, Tongan Express (in der Tongan Passage), The Purple Haze, Traffic Jam, Kaleidoscop Ridge, The Neverending Story, Obsession Reef, Outer Limits, Cori's Place, Fantasy Gardens und Dead Man's Cave (Höhle).

Matangi:
Ein kleines Atoll mit einer Lagune.

Tauchplätze:
Auf der Ostseite des Atolls befinden sich die Tauchplätze Golden Dream, Noel's Wall, Motui I und II, Yellow Wall, Flora's Garden, Windseye Pass, Corner Reef und The Boulder.
Auf der Westseite liegen Halfway Reef, Baracuda Reef, Robert's Reef, Broken Reef Manhattan, Coral Garden, Mulomulo, Vatuviri Cactus Garden, Gorgonian Reef Sucu, Purple Wall, Fish Patch, Seven Peaks, Nukubalavu sowie Maraia's Cave.

Taveuni:
Kleinere Insel östlich von Vanua Levu im Norden der Fidschis gelegen.

Tauchplätze:
Hervorragende Tauchplätze in Weichkorallen-Riffs und Höhlen, u.a. Red Wall, Great White Wall, Moriah's Cave, Noel's Wall, Golden Dreams, Purple Wall, The Corner, The Ledge, Cabbage Patch, The Zoo, Blue Ribbon Eel Reef, Robert's Reef und Rainbow Reef.

Fauna Fiji Islands:
Doktorfische, Füsiliere, Drückerfische, Kofferfische, Clownsfische, Papageifische, Makrelen, Sägebarsche, Barrakudas, Rochen, Mantas, Thunfische, Haie, Garnelen, Seeschlangen, Schildkröten, Weichkorallen, Gorgonien und Anemonen.

Vanua Levu:
Die zweitgrößte Insel der Fidschis nordöstlich von Viti Levu.

Tauchplätze:
Die herausragenden Tauchplätze befinden sich in einiger Entfernung in den Channels des Namena Reef. Nahegelegene Einstiegsstellen sind Shark Alley, Grotto und Hole in the Wall.

Viti Levu:
Hauptinsel und flächenmäßig größte der Fidschi-Inseln.

Tauchplätze:
Die besten Tauchmöglichkeiten befinden sich an den Riffs der Südküste (Coral Coast), u.a. The Aisles, Cavity Reef und Rosie's Drop Off. Weitere hervorragende Möglichkeiten liegen bei der Insel Beqa, einer südlich vorgelagerten Vulkaninsel, u.a. Cutters Passage, Caesar's Rocks, Coral Gardens, Side Street, Frigate Shoals, Sulphur Passage, Soft Coral Grotto. Außerdem gibt es interessante Tauchplätze bei den Mamanuca Inseln, 13 Kleininseln vor der Westküste, u.a. Mamanuca Wall, The Pinnacle und Japanese Cavern sowie bei den Inseln Wakaya und Namale Savusavu. Schließlich gibt es einige hervorragende Einstiegsstellen im Bligh Channel nordöstlich von Viti Levu, u.a. Mount Mutiny und E6.

Fauna:
Doktorfische, Füsiliere, Drückerfische, Kofferfische, Clownsfische, Papageifische, Makrelen, Sägebarsche, Barrakudas, Rochen, Mantas, Thunfische, Haie, Garnelen, Seeschlangen, Schildkröten, Weichkorallen, Gorgonien und Anemonen.

Wracks:
Bei der südlich gelegenen Insel Vatulele liegt in 18–24 m ein gut betauchbares Wrack.

Lami Lami Island
Mollie Dean Cruises
Owner: Greg Lowlok P.O. Box 3256
Ph: + 679 361171 Fax: + 679 361137
E-Mail: sere@is.com.fj
Website: www.sere.com.fj
Organisation: PADI
Established: 1982

Lautoka 1626 Malolo Lai Lai
Sub Surface Owner: T. Cottrell
Musket Cove Malolo Lai Lai
Ph: + 679 669955 Fax: + 679 666738
E-Mail: subsurface@is.com.fj
Website: www.fijidiving.com
Organisation: PADI
Language: English
Established: 1986 Season: 01.01. - 31.12.

Lautoka Malolo Lai Lai
Subsurface P.O. Box 1626
Ph: + 679 666738 Fax: + 679 669955
E-Mail: subsurface@is.com.fj
Website: www.fijidiving.com
Organisation: PADI, ANDI Established: 1986

NADI Viti Levu
Aqua Trek
Shop 2/465 Queens Road
Ph: + 679 702 413 Fax: + 679 702 412
E-Mail: aquatrek@is.com.fi
Website: www.aquatrek.com
Organisation: PADI Language: English
Established: 1986 Season: 01.01. - 31.12.

Nadi Viti Levu
AQUA Trek- Nadi Town P.O. Box 10215

Ph: + 679 702413 Fax: + 679 702413
Organisation: 5*PADI
Language: English
Established: 1990 Season: 01.01. - 31.12.

Nadi 2544 Viti Levu
Sonaisali Island Resort Owner: Aaron Marath
Ph: + 679 706011 Fax: + 679 706092
E-Mail: aaron@sonaisali.com
Website: www.sonaisali.com
Organisation: PADI Language: English
Established: 1993 Season: 01.01. - 31.12.

Nadi Airport Viti Levu
AQUA Trek P.O. Box 10215
Ph: + 679 702413 Fax: + 679 702413
E-Mail: aquatrek@is.com.fj
Website: www.aquatrek.com.
Organisation: 5*PADI Language: English
Season: 01.01. - 31.12.

Nadi Airport Viti Levu
Castaway Island Diving Owner: Geoff Shaw
Castaway Island Resort
Ph: + 679 661233 Fax: + 679 665753
E-Mail: castawayfiji@is.com.fj
Website: www.castawayfiji.com
Organisation: PADI
Language: English
Established: 1970 Season: 01.01. - 31.12.

Suva - Savu Viti Levu
Cousteau Fiji Islands Resort
Owner: Gary Alford
P.M.B.Post Office
Ph: + 679 850188 Fax: + 679 850340
E-Mail: laventurefiji@is.com.fj
Organisation: PADI
Language: English
Established: 1995
Season: 01.01. - 31.12.

Taveuni Island Taveuni
Qamea Beach Resort
Owner: JD Ann Kloss
P.A. Matei
Ph: + 679 880220 Fax: + 679 880092
E-Mail: qamea@is.com.fj
Organisation: PADI
Language: English

Vaileka Nananv, Vaileka
Ra Divers Fiji
Owner: Sport Diving Fiji
Nananv 1 RA Island or PO Box 417
Ph: + 679 694 511 Fax: + 679 694 611
E-Mail: ra@15.com.fj
Website: www.radivers.com
Organisation: PADI, NAUI
Language: English
Established: 1992 Season: 01.01. - 31.12.

Vunisea Kadavu
Dive Kadavu PO Box 8 Vunisea
Ph: + 679 311780 Fax: + 679 303860
E-Mail: divekadavu@is.com.fj
Website: www.divekadavu.com
Organisation: PADI
Language: English
Established: 1981 Season: 01.01. - 31.12.

Hauptstadt	Helsinki
Einwohner	500.000
Entf. v. Frankfurt/M.	1.514 km
Währung	Finnmark, Fmk
Amtssprache	Finnisch, Schwedisch
Telefonvorwahl v. D	00 358
Telefonvorwahl n. D	99 049
Verkehr	Rechtsverkehr
jährl. Touristenzahl	1 Mio.
Elektr. Strom	220 V / 50 Hz
Visum	nein
Flughafen	Helsinki Vantaa HEL

Tauchregionen:
Ostsee
Åland-Inseln
Schären

Zeitverschiebung: MEZ + 1
Fläche: 338.145 km^2
Einwohner: 5 Mio.

Tauchsicherheit

Finnish Diver's Association
Radiokatu 20 FIN-00093 SLU
Tel: + 358 9 3481 2258
Fax: +358 9 3481 2516
E-mail: susl@susl.fi
Website: www.susl.fi

PADI International USA
1251 East Dyer Road
CA 92705-5605 Santa Ana
Tel: 001 (0) 714 5 40 72 34
Fax: 001 (0) 714 5 40 26 09
E-Mail: info@padi.com
Website: www.padi.com

NAUI Worldwide
FL 33619-2667 Tampa USA
Tel: 001 (0) 813 6 28 62 84
Fax: 001 (0) 813 6 28 82 53
Website: www.naui.com

CMAS Underwater Federation
CMAS - Viale Tiziano 74
00196 Roma, Italy
Tel: 0039 6 368 58480
Fax: 0039 6 36 85 84 90
Website: www.cmas.org

Information und Beratung

Diver's Guide Tauchreisen
Dockenhudener Str. 14
22587 Hamburg
Tel: 040 866 0670
Fax: 040 866 06777
tauchen@divers-guide.de
www.divers-guide.de

Schöner Tauchen
Hastedter Heerstr. 211
28207 Bremen
Tel.: 0421 450 010
Fax.: 0421 450 080
info@schoener-tauchen.com
www.schoener-tauchen.com

Poseidon Diving Tours
Classenstieg 21
22391 Hamburg
Tel: 040 5366091
Fax: 040 5363754

Dive & Fun
Katharinenstr. 48
31135 Hildesheim
Tel: 05121 130320
Fax: 05121 134037

Botschaften

Deutsche Botschaft
Helsinki, Krogiuksentie 4b
Tel: 003589 458 580
Fax: 003589 458 58258

Botschaft Republik Finnland
Friesdorfer Str. 1
53173 Bonn
Tel: 0228 382 98-0,
Fax: 0228 382 9857
Außenstelle: Lützowufer 26
10787 Berlin-Tiergarten
Tel: 030 261 3029
Fax: 030 261 2602

Fluggesellschaften

FINNAIR
Taunusstr. 52 -60
60329 Frankfurt
Reservierung 01803 346624

Lufthansa
Frankfurt am Main
Reservierung u. Information
Tel: 069 2552-55
Website: www.lufthansa.de

Norway
Sweden
Russia
Ivalo
Rovaniemi
Kemi
Hailuoto
Oulu
Raahe
Kajaani
Gulf of Bothnia
Kokkola
Iisalmi
Vaasa
Kuopio
Joensuu
Jyvaskyla
N
W
E
S
Mikkeli
Pori
Tampere
100 km
Raums
Lahti
Lappeenranta
Somero
Åland
Turku
Kotka
Espoo
Helsinki
Hangö
Gulf of Finland
Baltic Sea

Geographische Lage:

Finnland liegt in Nordeuropa, im Norden grenzt der Staat an Norwegen, im Osten an Russland, im Westen an Schweden. Die südliche und südwestliche Begrenzung bildet die Ostsee. Die Landschaft besteht vorwiegend aus Wäldern und Seen, Mooren und Hügelland. Während der Süden relativ dicht besiedelt ist, gibt es im nördlichen Teil nur wenige Siedlungen. Die Ostseeküste ist reich an Fjorden und Inseln.

Klima:

Die Sommer sind warm und feucht, die Winter kalt und trocken, besonders im Norden. Helsinki 4,8°C / 692 mm, Inari -1,3°C / 405 mm, Oulu 2,3°C / 514 mm.

Verkehr:

Das Schienen- und Straßennetz ist im Süden des Landes sehr gut ausgebaut. Zu den skandinavischen Staaten sowie nach Deutschland bestehen regelmäßige Fähverbindungen (auch Autofähren). In Helsinki gibt es den internationalen Flughafen Vantaa (HEL). Außerdem verfügt Finnland über mehrere kleinere Flughäfen für den Verkehr im Inland und ins benachbarte Ausland.

Verkehrsbestimmungen:

ührerschein und Fahrzeugschein sind ausreichend; Tempolimit außerhalb von Ortschaften e nach Beschilderung, auf Landstraßen 0–100 km/h, auf Autobahnen 80–120 km/h. Die Promillegrenze beträgt 0,5. Die Straßenbahn hat immer Vorfahrt.

Åland-Inseln, Schären:

Die Inselgruppe besteht aus über 6.000 leininseln und einigen größeren zwischen der Ostsee im Süden und dem Bottnischen Meerbusen im Norden vor der Südwestküste Finnlands. Vom schwedischen Festland ist sie durch die Südhvakr getrennt. Sie verfügt über einen eigenen Flughafen und Fährverbindungen nach Turku und Stockholm, Schweden.

Tauchplätze:

Die Inseln vor der Südwestküste sind das beliebteste Tauchrevier des Landes, es bestehen unzählige Möglichkeiten in dem weitläufigen Territorium, das sich von der Region Turku bis vor die schwedische Ostküste erstreckt. Ebenfalls sehr beliebt ist die Region um die Kleinstadt Hanko auf einer Halbinsel im äußersten Süden des Landes.

Wracks:

Mehrere Wracks befinden sich in der Region der Åland-Inseln, u.a. die Plus in 25 m Tiefe.

Süßwasserseen:

Weitere Tauchmöglichkeiten gibt es in den mehr als 60.000 Seen des finnischen Binnenlandes. Südfinnland ist besonders seenreich. Sie erhalten weitere Informationen bei der:

Finnish Sport Diver's Association

Radiokatu 20, SLU 00093
Ph: + 358 9 34842258 Fax: + 358 9 34812516
E-Mail: office@susl.slu.fi
Website: www.susl.fi
Organisation: CMAS
Language: Finish, Swedish, English
Established: 1956

Espoo 02150

Dive Chartes Oy
Owner: Risto Rajala
Servinkuya 2
Ph: + 358 462871 Fax: + 358 4550654
Organisation: PADI, CMAS
Language: English, Swedish, German
Season: 01.01. - 31.12.

Espoo 02210
Diving Club Sukellusseura H20 R.Y.
Owner: Risto Sajaniemi Kuutamokatu 8 A 2
Ph: + 358 8879450 Fax: + 358 08039489
Organisation: CMAS
Language: Finnish, Swedish, English

Hämeen Linna 13500
Diving Club Ahveniston Vesipedot Ry
Owner: Korelin
Lehdokintie 20
Ph: + 358 6381062
Organisation: CMAS
Language: Finnish, English
Season: 01.05. - 31.08.

Kovvola 45100
Sukellussevra Vesikot Ry.
Owner: Heidi Nevander
Kivimiehenkatu 7 A
Ph: + 358 513711131
Organisation: CMAS
Language: Finnish, English
Season: 15.04. - 15.10.

Marieham 22100
Ålands Dykcenter
Owner: Richard Johansson
Skinadsgatan 61
Ph: + 358 18 17080 Fax: + 358 18 17080
E-Mail: richard@dykcenter.aland.fi
Website: www.aland..net/dykcenter
Organisation: PADI
Language: German, English
Established: 1993 Season: 01.05. - 31.10.

Pori Fl-28130
West Coast Diving Center
Owner: Laaksonen Jutia
Rautatienpuistokatu 14
Ph: + 358 2 6338100 Fax: + 358 2 6338100
E-Mail: wcoastdc@netti.fi
Website: www.netti.fi/wcoastdc
Organisation: PADI, CMAS
Language: Finnish, Swedish, English
Established: 1997 Season: 01.01. - 31.12.

Raahe 92100
Mursut Ry.
Owner: Mursut
Kannuskatu 4 A 8
Ph: + 358 40 5873962 Fax: no reply
Organisation: CMAS
Language: English, German
Established: 1974

Saimaanharjv 54915
Wedenalainen Weljeskunta Ry.
Owner: Anssi Muvkkoner
Ankkurikaali 28 B3
Ph: + 358 4143204
Organisation: CMAS
Language: Finnish, Swedish, English, German
Season: 01.06. - 01.10.

Somero 31400
Iku-Turso Ry.
Owner: Soini Matti
Hirveläntte 3
Ph: + 358 7487502 Fax: + 358 441005
Organisation: CMAS
Language: English, Finnish, Swedish
Season: 01.05. - 30.10.

Hauptstadt	Paris
Einwohner	9 Mio.
Entf. v. Frankfurt/M.	480 km
Währung	Französischer Franc
Amtssprache	Französisch
Telefonvorwahl v. D	00 33
Telefonvorwahl n. D	19 49
Verkehr	Rechtsverkehr
jährl. Touristenzahl	50 Mio.
Elektr. Strom	220 V / 50 Hz
Flughäfen	Paris Charles de Gaulle (CDG) Marseille (MRS)

Tauchregionen:
Atlantischer Ozean
Bretagne
Mittelmeer
Korsika
Iles d'Hyères
Cote d'Azur
Les Calanaques

Zeitverschiebung: MEZ+/-0
Fläche: 543.965 km²
Einwohner: 57,7 Mio.

Tauchsicherheit

Federation francaise d'etudes et de sports sous-marins FFESSM
24 Quai de Rive Neuve
F-13007 Marseille
Tel: 0033 91 339931
E-mail: ffessm@vif.fr

PADI Europe Switzerland
Oberweilerstrasse 3, 8442 Hettlingen
Tel: 0041 (0)52 304 14 14
Fax: 0041 (0)52 3041499
Website: www.padi.com

CMAS World Underwater Federation
CMAS - Viale Tiziano. 74
00196, Roma, Italy
Tel: 0039 6 368 58480
Fax: 0039 6 36 85 84 90
Website: www.cmas.org

NAUI Worldwide
FL 33619-2667 Tampa USA
Tel: 001 (0) 813 6 28 62 84
Fax: 001 (0) 813 6 28 82 53
Website: www.naui.com

Information und Beratung

Französisches Verkehrsamt
Frankfurt am Main
Tel: 0190 570025
Fax: 0190 599061

Martin Moxter Tauchreisen
An der Theisenmühle 1
63303 Dreieich
Tel: 06103 65492
Fax: 06103 65491
E-mai: lmoxter@moxter.de
Website: Web: www.moxter.de

Spillmann Reisen GmbH
Bahnhofsplatz
Bietigheim 74321
Tel: 07142 978814
Fax: 07142 978897
E-mai: info@spillman.de
Website: www.spillman.de

Die Taucher Tauchreisen
Wilhelmstr. 27
71034 Böblingen
Tel: 07031 225904
Fax: 07031 226754
dietaucher@dietaucher.com
Website: www.dietauche.de

Botschaften

Deutsche Botschaft
13/15 Avenue Franklin D. Roosevelt, B F-75008 Paris
Tel: 0033 1 538 34500
Fax: 0033 1 435 97418

Französische Republik
An der Marienkapelle 3
53179 Bonn
Tel: 0228 955 600-0
Außenstelle:
Französische Str. 23
10117 Berlin
Tel: 030 204 3990

Fluggesellschaften

Air France
Friedensstr. 11
60311 Frankfurt
Tel: 0180 830830
Website: www.airfrance.fr

Condor Flugdienst G.m.b.H.
Kelsterbach
Frankfurt am Main
Tel: 06107 939-0
Website: www.condor.de

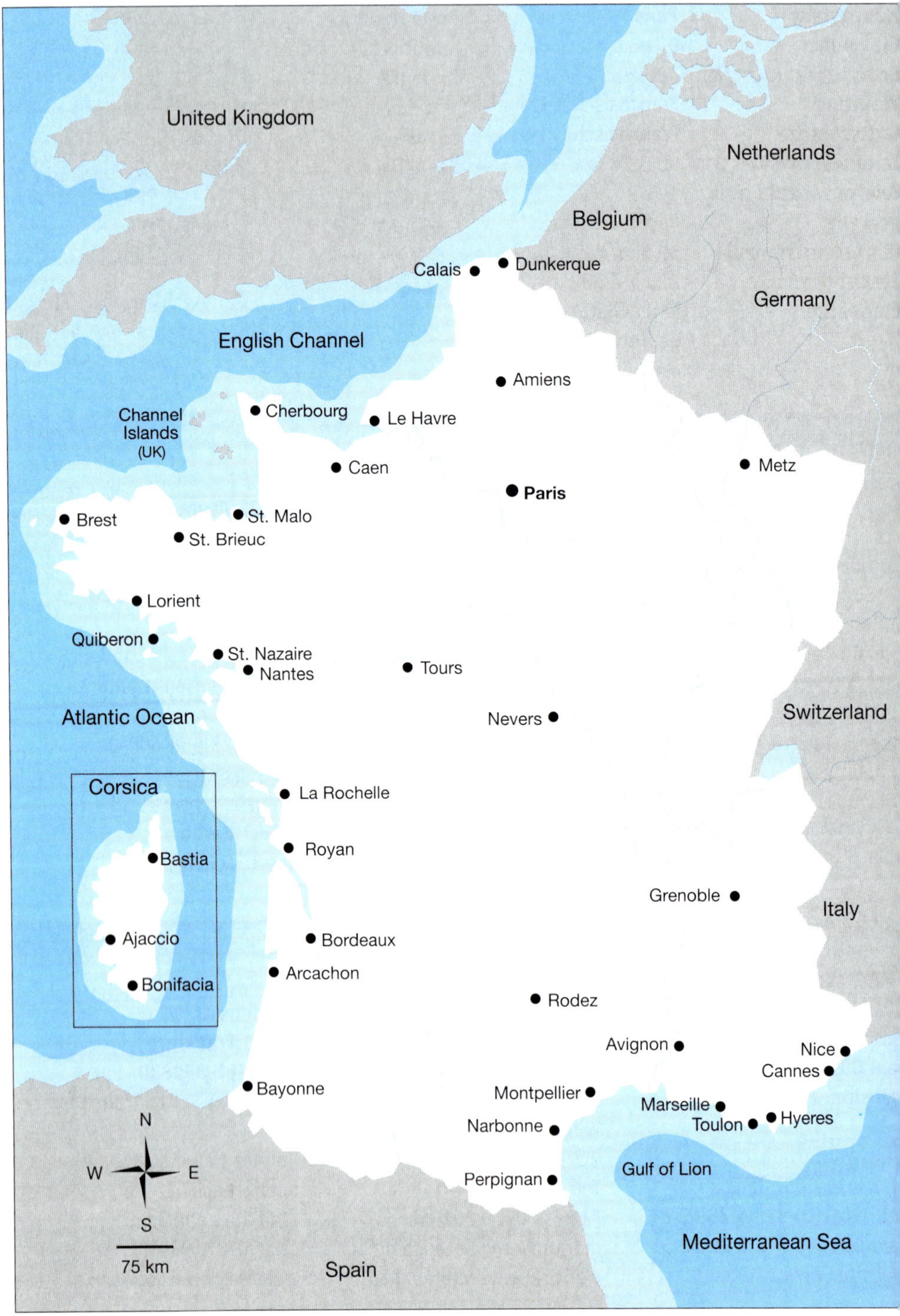
United Kingdom
Netherlands
Belgium
Germany
Calais
Dunkerque
English Channel
Amiens
Channel Islands (UK)
Cherbourg
Le Havre
Caen
Metz
Paris
Brest
St. Malo
St. Brieuc
Lorient
Quiberon
St. Nazaire
Nantes
Tours
Atlantic Ocean
Nevers
Switzerland
Corsica
Bastia
Ajaccio
Bonifacia
La Rochelle
Royan
Grenoble
Italy
Bordeaux
Arcachon
Rodez
Avignon
Nice
Cannes
Bayonne
Montpellier
Marseille
Toulon
Hyeres
Narbonne
N
W
E
S
Gulf of Lion
Perpignan
Mediterranean Sea
75 km
Spain

Geographische Lage:
Frankreich liegt im Westen Europas mit einer langen Küstenlinie zum Ärmelkanal und zum Atlantik. Im Norden grenzen Belgien und Luxemburg an, im Osten Deutschland, die Schweiz und Italien, im Süden Spanien, Andorra und Monaco. Die Landschaft ist weitgehend hügelig sowie durch mehrere Gebirge, die Westalpen, die Pyrenäen, die Vogesen, die Ardennen und das Massive Central, geprägt. Dazwischen liegen weitläufige Flusstäler und Becken. Zu Frankreich gehören die Mittelmeerinsel Korsika und mehrere Kleininseln sowie diverse überseeische Hoheitsgebiete und Departements (TOM und DOM). Die Metropole des Landes ist Paris, weitere wichtige Städte sind Lyon, Marseille, Bordeaux, Toulon, Strasbourg, Nantes und St. Etienne.

Klima:
Im Süden herrscht mediterranes Klima, trockene, heiße Sommer und kühle, feuchte Winter. In Zentralfrankreich und im Norden sind die Sommer niederschlagsreicher, die Winter kälter.
Paris 10,9°C / 585 mm, Bordeaux 12,3°C / 900 mm, Lyon 11,4°C / 813 mm, Marseille 14,2°C / 546 mm.

Hauptreisezeit:
Bei insgesamt relativ mildem Klima bietet Frankreich zu jeder Jahreszeit lohnende Ziele. Zum Beispiel an der Riviera herrscht ganzjährig ein angenehmes Klima.

Verkehr:
Frankreich verfügt über hervorragende Verkehrssysteme, ein gutes Straßen- und Schienennetz sowie beste Verbindungen in alle europäischen Länder, unter anderem durch den neuen Bahntunnel (Eurotunnel, mit Autoverladung) unter dem Ärmelkanal auch nach England. Zudem gibt es eine Vielzahl von Fährverbindungen sowohl von Calais, Cherbourg, Roscoff und Le Havre über den Kanal als auch von den Häfen Marseille, Toulon, Sète und Nizza im Mittelmeer aus. Von Bordeaux und Le Havre gehen Schiffe zu den französischen Überseedepartements. Die großen Flüsse (Seine, Rhone, Loire, Garonne) werden intensiv beschifft. Es gibt mehrere internationale Flughäfen: Paris Charles de Gaulle (CDG), Paris Orly (ORY), Marseille Marignane-Provence (MRS), Lyon Bron (LYN), Nizza Cote d'Azur (NCE), Strasbourg Entzheim (SXB) und Bordeaux Merignac (BOD).

Verkehrsbestimmungen:
Führerschein und Fahrzeugschein obligatorisch, Internationale Grüne Versicherungskarte empfehlenswert. Innerorts Höchstgeschwindigkeit 50 km/h; auf Autobahnen gilt ein Tempolimit von 130 km/h, ansonsten außerhalb geschlossener Ortschaften 90 km/h bzw. auf Straßen mit zwei Fahrstreifen in jeder Richtung 110 km/h. Wer seinen Führerschein noch kein ganzes Jahr besitzt, darf höchstens 90 km/h fahren. Die Autobahnen sind überwiegend in privatem Besitz und gebührenpflichtig. Die Promillegrenze beträgt 0,8. Abblendlicht ist bei Regen- und Schneefall vorgeschrieben. Gelbe Streifen am Fahrbahnrand bedeuten Parkverbot.

Bretagne:
Eine weitläufige Halbinsel im Nordwesten Frankreichs mit dem Ärmelkanal und dem Golf von St. Malo im Norden sowie dem Atlantik im Süden. Größte Städte der Region sind Brest, St.-Brieuc und Quimper. Nördlich der Halbinsel liegen die zu Großbritannien gehörenden Channel Islands.

Tauchplätze:
An der Halbinsel befinden sich mehrere Tauchgebiete mit einer Vielzahl von Tauchplätzen. Bemerkenswert ist die Region um Lorient mit der Ile de Groix. Hervorragende

Möglichkeiten gibt es auch an der Cote des Abers et du Léon und der Crozon, einer Landzunge südlich von Brest mit dem Hauptort Camaret-sur-mer. Besonders die Felsriffs am Cap de la Chèvre (u.a. mit dem Tauchplatz Sec du Taureau) bieten interessante Möglichkeiten, außerdem der Hafen von Morgat und die Bucht von Kador. Gute Tauchplätze befinden sich auch auf den Inseln Glénans, Ile d'Quessant, Belle-Ile und Ile d'Yeu mit schönen Einstiegen an den felsigen Küstenabschnitten, u.a. Pierre Tremplant und Gouffre d'Emfer.

Wracks:

Insgesamt rund 25 Wracks liegen alleine im Gebiet um Crozon. Außerdem befindet sich das Wrack der Amoco Cadiz vor der Küste der Bretagne, ein Öltanker, der 1978 vor Portsall gesunken ist. Weitere betauchbare Wracks sind die Colombian (Segel-Dampfschiff in 62 m vor der Insel Quessant an der Westspitze der Halbinsel), U-171 (U-Boot in 40 m Tiefe zwischen Lorient und der Isle de Groix), U-263 (WW II-U-Boot in 27 m vor La Rochelle), U-390, Jussen Maru (Frachter), Marseille (Dampfer in 15 m vor Ile d'Yeu) sowie mehrere Schiffe in der Bucht von Douarnenez, u.a. die Meuse, die Perle und die Castelmeure, alle in etwa 30 m Tiefe.

Fauna:

Dorsche, Brassen, Hornhechte, Conger, Lippenfische, Meerjunker, Hummer, Langusten, Krabben, Muscheln, Anemonen und Gorgonien.

Audierne 29113 Bretagne

Centre de Plongèe Audierne
Owner: Evenat
9 Rue Victor Hugo
Ph: + 33 987 00390 Fax: + 33 977 01572
Organisation: CMAS, F.F.E.S.S.M.
Language: French, English
Established: 1980 Season: 01.05. - 15.10.

Brest 29200 Bretagne

Groupe Manche Attantique de Plongèe
Owner: Gamp 1 er Eperon
Ph: + 33 984 31511 Fax: + 33 984 46880
Organisation: CMAS
Language: French, English
Season: 01.01. - 31.12.

Brest 29200 Bretagne

11 Rue Massillin E. Leclerc Plomgee
Owner: Domimique Jacolot
Ph: + 33 298 445100 Fax: + 33 298 431764
Language: French, English

Concarneau 29183 Bretagne

Centre Internatioal de Plongèe des Glenans
Owner: Weigele
Ile St. Glenans BP 525
Ph: + 33 989 72119
Organisation: CMAS Language: French
Season: 01.05. - 30.09.

Douarnenez 29100 Bretagne

Douarnenez Aqua Club, Villa Cornic
Owner: Assoiation Autogenee
Square E.Lamsyer Villa Cormic
Ph: + 33 987 41736
Organisation: CMAS, FFESSM
Season: 01.06. - 01.09.

Morlaix, Bretagne 29204

Groupe Subaquatique
2 Rue Kersiant-Gilly, BP 145
Ph: + 33 2 987 95095

Organisation: CMAS
Language: French, English
Established: 1961 Season: 01.04. - 31.10.

Quiberon Port Maria 56170 Bretagne

Ecole Frangaise de Plongèe
Owner: Rivier Guy
3 Quai de Houat
Ph: + 33 2 97 500098 Fax: + 33 2 97 500098
Organisation: EFP
Language: French, English, Spanish
Season: 01.04. - 31.10.

Trebeurden 22560 Bretagne

Centre Activites Plongèe
Owner: Lauvenr Boyer
BP 13 Corniche de Goas. Trez
Ph: + 33 96236671 Fax: + 33 96235689
Organisation: CMAS
Language: French, English
Season: 01.04. - 01.11.

Cote d'Azur:

Das südöstlichste französische Departement mit einem schroffen Küstengebiet und mehreren vorgelagerten Inseln. Hauptorte der Region sind Nizza, Cannes, Antibes und Menton an der Grenze zu Italien.

Tauchplätze:

Gute Möglichkeiten an der Cote Esterel zwischen Cannes und St. Raphael, u.a. Enfer de Dante, sowie bei den vorgelagerten Iles Lerins.

Wracks:

Togo (Frachter in 40 m vor St. Tropez), Rubis (U-Boot in 40 m vor St. Tropez), Lockheed P-38 (WW II-Kampfflugzeug bei La Ciotat zwischen Marseille und Toulon). Me 109 (WW II-Jagdflugzeug in 45 m an der Ile Planier südlich von Marseille).

Cannes 06400

Plongèe Club de Cannes
Owner: Patrick Hubert
46 rue Georges Clemenceau
Ph: + 33 493 386757 Fax: + 33 493 380091
E-Mail: sylpa@wanadoo.fr
Organisation: PADI, CMAS, FFESSM
Language: French, English, German, Italian
Season: 01.04. - 01.12.

Mandelieu 06590

Centre de Plongèe Owner: Armand Ferrand
Port de la Rague BP915
Ph: + 33 4 934 97433 Fax: + 33 4 934 94406
Website: www.pageszoom.com/ferrand
Organisation: PADI, CMAS
Language: French, English, German, Spanish
Season: 01.04. - 11.11.

Menton 06506

CIP Menton Owner: Germaut
3 Promenade de la Mer BP 226
Ph: + 33 933 59583 Fax: + 33 932 82127
Organisation: PADI, CMAS, SSI
Language: French, English, Italian
Season: 01.03. - 01.12.

Nice 06300

L'Exploration Sous-Marine
Owner: Etqurneau
14 Quai des Docks

Ph: + 33 938 94244 Fax: + 33 9 3891269
Organisation: FFESSIM
Season: 01.01. - 31.12.

Nice 06300
Sub Marine Locaventure
Owner: Stephane Pinier
14 Bd. de Ruquier
Ph: + 33 938 98463 Fax: + 33 935 67572
Organisation: PADI, CMAS
Language: English, German, French
Season: 01.01. - 31.12.

Saint Raphael 83700
Club Sous I`Eau
Owner: Claude Lucquin
Port de Santa Lucia
Ph: + 33 949 59033 Fax: + 33 949 55396
Organisation: FFESSM, CMAS
Language: French, English

Iles d'Hyères:

Mehrere Inseln und eine Halbinsel (St. Mandrier) vor der Mittelmeerküste am Rade d'Hyères bei der gleichnamigen Stadt östlich von Toulon. Größte Insel der Gruppe ist die Ile de Porquerolles.

Tauchplätze:

Verschiedene gute Tauchplätze befinden sich im Unterwasser-Nationalpark Port Cros vor der Halbinsel Giens und der Insel Porquerolles. Weitere gute Tauchgebiete liegen rund um die Hauptinsel St. Mandrier. Besonders die Wracks in dieser Region sind lohnend.

Wracks:

Le Donator (Frachter in etwa 50 m), Le Grec (Frachter in 48 m), Michel C. (Frachter in 40 m vor der Ile du Grand Ribaud), Ariane (U-Boot in 20–30 m), Ville de Grasse (Raddampfer in 50 m), Puissante (in 15 m), Arroyo (Zisternen-schiff in 18–35 m), Barge aux Congres nörd-lich der Ile de Bagaud, Cimentier (3–12 m tief), Cimentier (Betonschiff bei Porquerolles in 12 m Tiefe), Dornier 24 (Wasserflugzeug in 41–46 m bei St. Mandrier), Mustang P-51 (WW II-Flugzeug in 56 m), Wildcat (Jagdflugzeug in 53 m bei Le Lavandou).

Fauna:

Muränen, Grundeln, Barsche (auch Zacken-barsche), Meeraale, Seeigel, Korallen, Gorgonien, und Muscheln.

Hyeres 83400 Iles d'Hyeres
Ulysse Club, La Madrague de Giers
Owner: C. Desix
Port de la Madrague Giers
Ph: + 33 945 82507 Fax: + 33 945 81114
Organisation: CMAS
Language: French, English
Season: 01.01. - 31.12.

Hyeres/ Giens 83400 Iles d'Hyeres
Espace Mer.
Owner: Patrick Despinoy
ch du Bouvet - La Tour Fondue
Ph: + 33 945 89494 Fax: + 33 945 89431
Organisation: VDST, PADI, CMAS
Language: German, English, French
Season: 01.04. - 01.11.

Hyeres Les Palmiers 83400 Iles d'Hyeres
U.C.P.A.Le Sylvamare
Owner: Coduri
Quartier de la Bergerie
Ph: + 33 945 82429 Fax: + 33 945 82429

Organisation: CMAS
Language: French, English

Hyeres/Giens/Cote d'Azur 83400 Iles d'Hyeres
Club Calypso
Owner: Franz Wetzel
Bd. d'Alsaca Lorraine
Ph: + 33 945 82004 Fax: + 33 945 81105
Organisation: CMAS, VIT-Vest
Language: English, German, French,
Season: 01.01. - 31.12.

Les Calanaques:
Kleine Felsinseln in Küstennähe.

Tauchplätze:
Die schönsten Tauchmöglichkeiten an diesen Kleininseln liegen am Cap Cacao. Einen weiteren lohnenden Tauchplatz stellt die Höhle von Sourmiou dar. Sie endet in einer Luftblase mit Steinzeichnungen.

Wracks:
Die interessantesten Wracks in der Region von Planier sind die Chaouen, die Dalton, außerdem eine Messerschmitt 109, ein WW II-Flugzeug in 42 m Tiefe. Vor Maire liegt der Dampfer Liban in 36 m Tiefe.

Fauna:
Drachenköpfe, Brassen, Mönchsfische, Meerjunker, Kanari, Octopusse, Korallen, Schwämme und Delfine.

Bandol 83150 South France
Scuba Shop France
Owner: Halewyck de Heusch
Ile de Bendor
Ph: + 33 494295512 Fax: + 33 494298334
Organisation: PADI
Language: French, English
Season: 01.01. - 31.12.

Bandol 83150 South France
Sea Way
Owner: Arzillier
Ile de Bendor
Ph: + 33 94295512 Fax: + 33 94298334
Organisation: CMAS
Language: French, English
Season: 01.01. - 31.12.

Cannes la Bocca 06150 South France
Instructor Training College
Owner: Daniela Goldstein
95 Ave du Dr. Picaud
Ph: + 33 4 93470482 Fax: + 33 4 93480774
E-Mail: itcolleg@aol.com
Website: www.worldservice.com/it.college
Organisation: 5*PADI, IAHD
Language: German, English, French, Dutch
Established: 1994 Season: 01.01. - 31.12.

Marseille 13008 South France
Palm Beach Plongee
Owner: Brissac Patrick
2, Promenade de la Plage
Ph: + 33 491 221038 Fax: + 33 491 221038
E-Mail: airdive@enprovence.com
Website: www.airdive-provence.com
Organisation: PADI, CMAS
Language: English, French
Season: 01.03. - 30.11.

Marseille 13008 South France
Evasion Sport
Owner: Di. Wacera

75 Av. de Montredon
Ph: + 33 91736573 Fax: + 33 91736090
Organisation: PADI, CMAS
Language: French, English, Italian
Season: 01.01. - 31.12.

Biarritz:

Die wilde Schönheit der atlantischen Strände, der betörende Duft blühender Hortensien, der goldene Glanz der immer noch spürbaren Belle-Epoque und die Schlichtheit baskischer Kultur machen Biarritz zu einer ganz besonderen Stadt. Hier werden Besucher mit offenen Armen empfangen.

Klima:

Die Atlantikküste ist außergewöhnlich sonnig: Die Sonne scheint hier mehr als 2000 Stunden pro Jahr. Die schönsten Tage sind von Mai bis September, wenn die Durchschnittstemperatur des Wassers in Strandnähe ca. 20°C beträgt. Im August liegen die durchschnittlichen Lufttemperaturen bei warmen 25°C. In den Wintermonaten gibt es in der Gegend um Biarritz außerdem häufig Schönwetterperioden mit Temperaturen bis zu 20°C.

Tauchplatz:

Atlantischer Ozean, Golf von Biscaya.

Saint Jean de Luz 64500 Biarritz

Le Breton Formations Plongee
Owner: Le Breton
26 Av. Bessclère-Cibourz
Ph: + 33 59472195
Organisation: EFP, PADI
Language: French, English
Season: 01.01. - 31.12.

Information:

Bei den folgenden Tauchbasen, wurde uns di[e] Region von den Besitzern leider nicht mitge[-]teilt, wir bitten um Ihr Verständnis.

Banyuls Sur Mer 66650

Rederis Dive Center
Owner: Gerard Puig
Espace Mediteranèe BP 34
Ph: + 33 68883166 Fax: + 33 68881779
Organisation: CMAS, VDST
Language: French, Spanish, English
Season: 15.03. - 15.11.

Bourmes les Mimosas 83230

Club de plongee de La Faviere
Owner: Roland Blanc
Port de Bormes
Ph: + 33 94716243 Fax: + 33 94150378
Organisation: PADI, CMAS

Crozon/Morgat 29160

Centre de Plongee
Owner: Marcel Collon
Port de plaisance Morgat, BP 46
Ph: + 33 98270500 Fax: + 33 98262576
Organisation: CMAS
Language: French,German, English
Season: 01.04. - 30.09.

Le Lavandou 83980

CIP Lavandou Owner: Duval Sur le Port
Ph: + 33 94715457 Fax: + 33 94151309
Organisation: PADI, NAUI, CMAS

'aris 75015
'longespace
)wner: Thierry le Borgne
;0 Rue Balard
'h: + 33 145576011 Fax: + 33 145572747
)rganisation: PADI, NAUI, CMAS, BSAC
.anguage: French, Italian, English, Spanish

'ort Argeles 66700
)tarie Club Beuchat Diving Center
)wner: Patrick Hubent
' Rue des Mavelots
'h: + 33 68816384 Fax: + 33 68370261
)rganisation: CMAS
.anguage: French, English
Season: 01.04. - 15.11.

Port Argeles 66700
Suba Club Antares Owner: Melle Vinas
Quai Marco Polo
Ph: + 33 4 68814630 Fax: + 33 4 68814890
Organisation: CMAS
Language: French, English, Spanish
Season: 01.03. - 01.12.

Port Vendres 66660
Club de Plongee Loup de Mer
Owner: Macia Renè
Chemin du Port la Jeteè
Ph: + 33 68820028 Fax: + 33 68980413
Organisation: FFESSM
Language: French
Season: 01.01. - 31.12.

Korsika

auptstadt	Ajaccio und Bastia
inwohner	45.000 und k. A.
ntf. v. Frankfurt/M.	810 km
ährung	Französischer Franc
mtssprache	Französisch
elefonvorwahl v. D	334
erkehr	Linksverkehr
hrl. Touristenzahl	ca. 80.000
lektr. Strom	220 V / 50 Hz
lughafen	Bastia (BIA)

Tauchregionen:
Korsika-Mittelmeer

Zeitverschiebung: MEZ+/-0
Fläche: 8.680 km²
Einwohner: 250.000

eographische Lage:
ie französische Insel Korsika ist die dritt- rößte Insel (nach Sardinien und Sizilien) des estlichen Mittelmeers. Sie liegt am südlichen and des Ligurischen Meers, 170 km von rankreich entfernt. Korsika ist ein Gebirge im eer.

Tauchplätze:
Es gibt mehrere lohnende Tauchgebiete in der Nähe der Insel , vor allem auf den Iles Cerbicale sowie am Toro bei Porto Vecchio im Südosten der Insel mit den Tauchplätzen Haut Fond NASO und Les Arcs.

Die Westküste:
Strahlt durch die Vielfältigkeit und die Schönheit ihrer Küstenabschnitte einen ganz besonderen Charme aus. Bei Kennern der Insel erfreut sich dieser Küstenabschnitt einer ganz besonderen Beliebtheit. Das Wasser rund um Korsika gehört zu den saubersten der ganzen Mittelmeerregion.

Tauchgebiet Lavezzi-Inseln:
Felsen von La Vacca. Hier können Sie die meisten und die größten Drachenköpfe in Korsikas Unterwasserwelt sehen. Gespenstisch ruhen sie mit gespreizten Giftstacheln auf Felsvorsprüngen. Für Abwechslung sorgen auch die hier in großer Zahl vorkommenden Leoparden-Nacktschnecken.

Haut fond Naso:
Hier ist die Sicht ausgezeichnet. Die Tiefe liegt bei ca. 12–35 m, ein Riffblock mitten im Meer mit viel Bewuchs und vielen verschiedenen Fischarten.

Wracks:
Die beliebtesten Wracks in den Gewässern um Korsika sind u.a. Prunete (68 m langes WW II-Schiff in 34 m), Pecorella (Frachter in 12 m am Porto Vecchio), B-17 (WW II-Bomber in 27 m in der Bucht von Calvi), B-25 Mitchell (WW II-Flugzeug in 20 m vor Aléria) und eine Thunderboldt (WW II-Flugzeug).

Fauna:
Drachenköpfe, Seeteufel, Barsche, Dorsche, Conger, Muränen, Rochen, Seespinnen, Seesterne, Muscheln, Gorgonien, Schwämme und Nacktschnecken.

Ajaccio 20090 Corse
C.p.a. Port des l'Amiraute
Owner: Zaragoza
Port de l'Amiraute
Ph: + 33 95232109 Fax: + 33 95202008
Organisation: C.p.a. , C.I.P
Language: French, Spanish
Season: 01.06.- 30.09.

Calcatoggio 20111 Corse
Centre Nautique La Liscia
Owner: Berthold Blaschek
Ph: + 33 4 95523026 Fax: + 33 4 95523026
Website: www.action-sport.de
Organisation: PCMAS, VDST, SSI, PDA
Language: French, English, German
Season: 01.05.- 30.10.

Porto Vecchio 20137 Corse
Barakuda Club La Chiappa
Owner: Jean-Phlippe Crivello
Ph: + 33 95700031 Fax: + 33 95700770
Organisation: Barakuda
Language: French, German, Italian, English

San Nicolao 20230 Corse
Tauchschule Club Corsicana
Ph: + 33 953 88644
Organisation: CMAS
Language: French
Established: 1993 Season: 01.01. - 31.12.

Solenzara 20145 Corse
Zara Sports
Owner: Bouttesuse Ch. RN 198
Ph: + 33 95574229 Fax: + 33 95574751
Organisation: CMAS
Language: French, English, Italian
Season: 01.06. - 30.09.

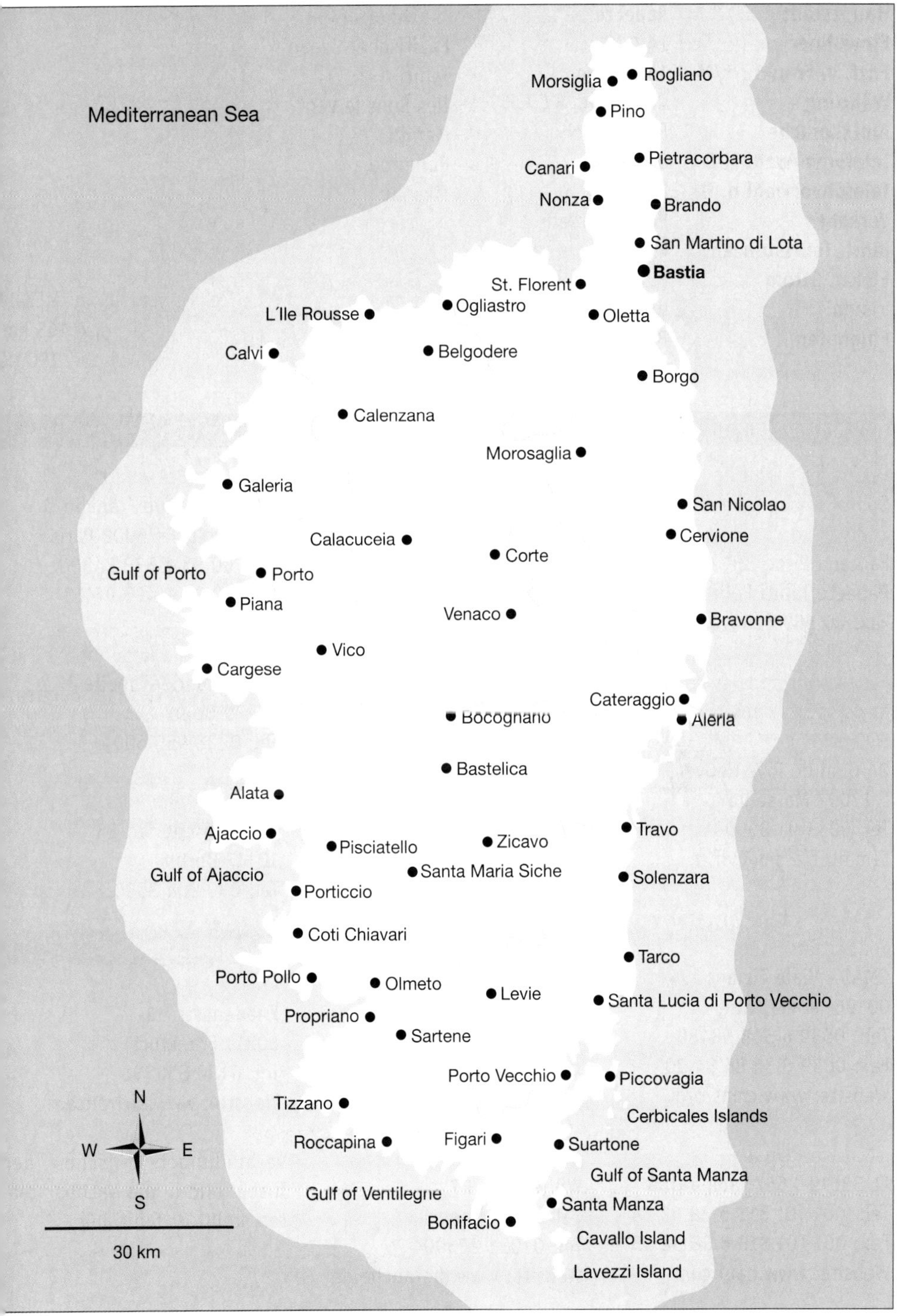
Mediterranean Sea
Morsiglia
Rogliano
Pino
Pietracorbara
Canari
Nonza
Brando
San Martino di Lota
Bastia
St. Florent
L´Ile Rousse
Ogliastro
Oletta
Calvi
Belgodere
Borgo
Calenzana
Morosaglia
Galeria
San Nicolao
Calacuceia
Cervione
Corte
Gulf of Porto
Porto
Piana
Venaco
Bravonne
Vico
Cargese
Cateraggio
Bocognano
Aleria
Bastelica
Alata
Ajaccio
Travo
Pisciatello
Zicavo
Gulf of Ajaccio
Santa Maria Siche
Solenzara
Porticcio
Coti Chiavari
Tarco
Porto Pollo
Olmeto
Levie
Santa Lucia di Porto Vecchio
Propriano
Sartene
Porto Vecchio
Piccovagia
Tizzano
Cerbicales Islands
N
W
E
S
Roccapina
Figari
Suartone
Gulf of Santa Manza
Gulf of Ventilegne
Santa Manza
Bonifacio
Cavallo Island
30 km
Lavezzi Island

Französisch-Polynesien

Hauptstadt	Papeete
Einwohner	24.000
Entf. v. Frankfurt/M.	15.895 km
Währung	CFP-Franc, F C.F.P.
Amtssprache	Französisch
Telefonvorwahl v. D	00 689
Telefonvorwahl n. D	k. A.
Verkehr	Rechtsverkehr
jährl. Touristenzahl	k. A.
Elektr. Strom	k. A.
Visum	nein
Flughafen	Papeete Faaa (PPT)

Tauchregionen:
Pazifischer Ozean
Tahiti
Iles Sous le Vent
Manihi
Rangiroa
Tikehau

Zeitverschiebung: MEZ-11
Fläche: 4.165 km
Einwohner: 190.00

Tauchsicherheit

Federation Tahitienne des Sports Subaquatiques de Competition
Fantaua Pirae B.P. 650
Papeete Tahiti Polinesia
Fax: 00 689 420410

Federation francaise d'etudes et de sports sous-marins FFESSM
24 Quai de Rive Neuve
F-13007 Marseille
Tel: 0033 91 339931
E-mail: ffessm@vif.fr

CMAS World Underwater Federation
CMAS - Viale Tiziano. 74
00196, Roma, Italy
Tel: 0039 6 368 58480
Fax: 0039 6 36 85 84 90
Website: www.cmas.org

NAUI Worldwide
FL 33619-2667 Tampa USA
Tel: 001 (0) 813 6 28 62 84
Fax: 001 (0) 813 6 28 82 53
Website: www.naui.com

Information und Beratung

Diver's Guide Tauchreisen
Dockenhudener Str. 14
22587 Hamburg
Tel: 040 866 0670
Fax: 040 866 06777
tauchen@divers-guide.de
Website: www.divers-guide.de

Schöner Tauchen
Hastedter Heerstr. 211
28207 Bremen
Tel: 0421 450 010
Fax: 0421 450 080
info@schoener-tauchen.com
www.schoener-tauchen.com

Sun & Fun Sportreisen
Franz-Joseph-Str. 43
80801 München
Tel: 089 38014124
Fax: 089 346644
sunundfun@t-online.de

Die Taucher Tauchreisen
Wilhelmstr. 27
71034 Böblingen
Tel: 07031 225904
Website: www.dietauche.de

Botschaften

Deutsche Botschaft
13/15, Avenue Franklin D. Roosevelt, F-75008 Paris
Tel: 00 33 1 538 34500
Fax: 00 33 1 435 97418

Französische Republik
An der Marienkapelle 3
53179 Bonn
Tel: 0228 955 600-0

Außenstelle:
Französische Str. 23
10117 Berlin
Tel: 030 204 3990

Fluggesellschaften

Air France
Friedensstr. 11
60311 Frankfurt
Tel: 0180 830830
Website: www.airfrance.fr

Verbindungen zwischen der Inseln und in die Nachbarstaaten stellt Air Tahiti her.

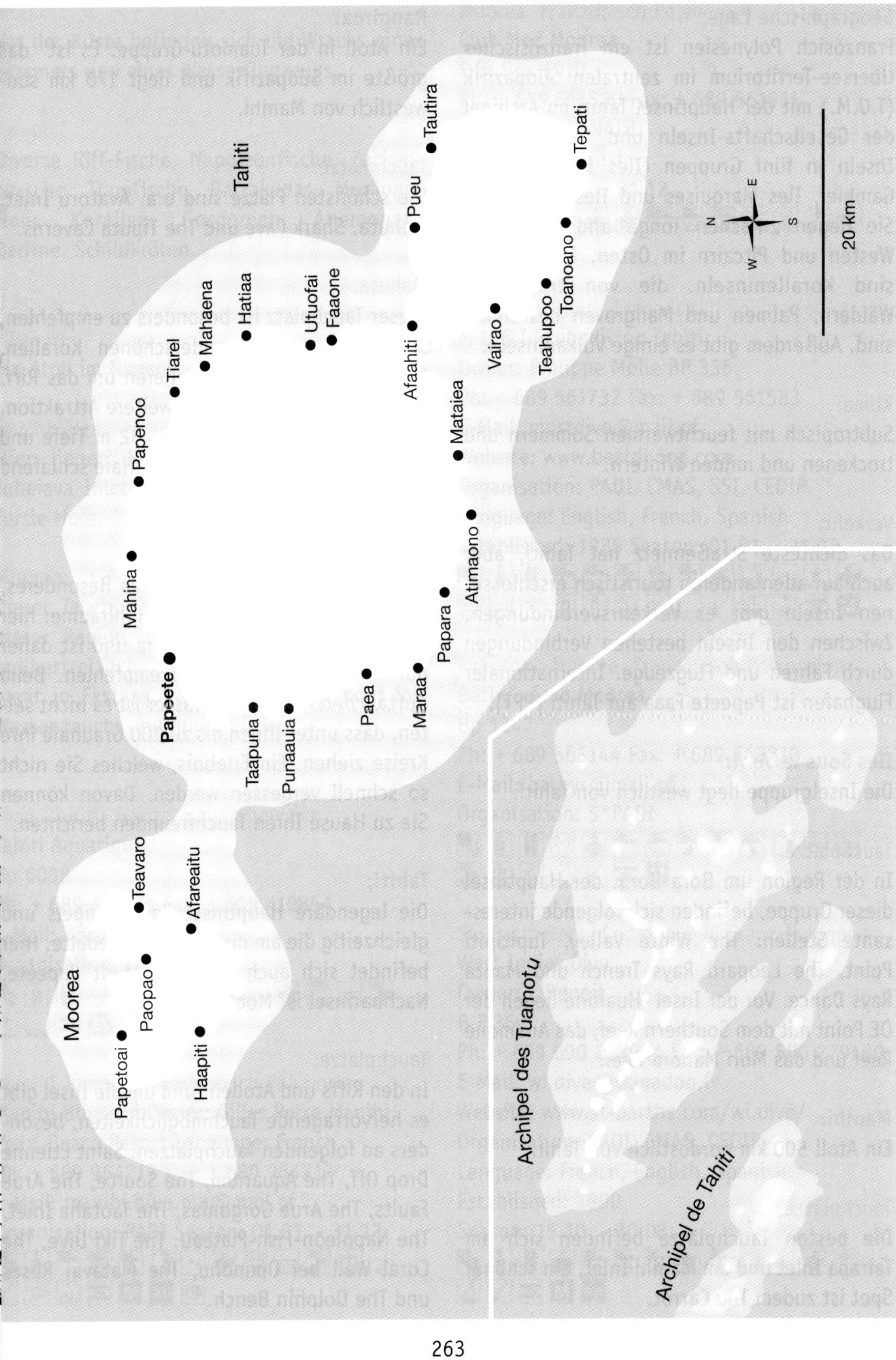
Moorea
Papetoai
Paopao
Teavaro
Haapiti
Afareaitu
Tahiti
Mahina
Papenoo
Tiarel
Mahaena
Hatiaa
Papeete
Taapuna
Punaauia
Utuofai
Faaone
Paea
Maraa
Papara
Atimaono
Mataiea
Afaahiti
Pueu
Tautira
Vairao
Teahupoo
Toanoano
Tepati
N
E
S
W
20 km
Archipel des Tuamotu
Archipel de Tahiti

Grenada

Hauptstadt	St. George's
Einwohner	4.500
Entf. v. Frankfurt/M.	7.583 km
Währung	Ostkaribisch- Dollar
Amtssprache	Englisch
Telefonvorwahl v. D	001 473
Telefonvorwahl n. D	011 49
Verkehr	Linksverkehr
jährl. Touristenzahl	K. A.
Elektr. Strom	220/240 Volt
Visum	nein
Flughafen	Grenada (GND) Point Saline International

Tauchregionen:
Karibisches Meer
Grenada
Flamingo Bay
Molinier Bay Reef

Zeitverschiebung: MEZ -!
Fläche: 344 km
Einwohner: 92.00

Tauchsicherheit

PADI International USA
1251 East Dyer Road
CA 92705-5605 Santa Ana
Tel: 001 714 540 7234
Fax: 001 714 540 2609
Website: www.padi.com

NAUI Worldwide
9942 Currie Davis Drive
USA-33619-2667 Tampa, FL
Tel: 001 813 628 6284
Fax: 001 813 628 8253
info@www.naui.org.
Website: www.naui.org.

CMAS
Viale Tiziano 74
I-00196 Roma
Tel: 0039 6 3685 8480
Fax: 0039 6 3685 8490
cmasmond@tin.it
Website: www.cmas.com

NASDS. USA
National Association of
Scuba Diving SchoolsUSA
info@nasds.com
Website: www.nasds.com

Information und Beratung

Sun and Fun
Franz-Joseph-Str. 43
80801 München
Tel: 089 380 14124
Fax: 089 346 644
sunundfun@t-online.de

Diver's Guide Tauchreisen
Dockenhudener Str. 14
22587 Hamburg
Tel: 040 866 0670
Fax: 040 866 06777
tauchen@divers-guide.de
Website: www.divers-guide.de

Schöner Tauchen
Hastedter Heerstr. 211
28207 Bremen
Tel: 0421 450 010
Fax: 0421 450 080
www.schoener-tauchen.com

Karibik Inside
Lockwitztalstr. 20
01259 Dresden
Tel: 0351 2055915
Fax: 0351 2055915
karibikins@aol.com

Botschaften

Botschaft Grenada
123, Rue de Laeken, 1er
Etage, B-1000 Brüssel
Tel: 0032 2 223 7303
Fax: 0032 2 223 7307

Touristen Informationsbüro
c/o Marketing Service
Liebigstr. 8
60323 Frankfurt
Tel: 069 726 342

Fluggesellschaften

British Airways
Flugreservierung, Flüge
Tel: 01803340340
www.british-airways.com

British-American Tobacco
Frankfurt am Main
Kundend. 069 500017-18

Condor Flugdienst G.m.b.H.
Kelsterbach
Frankfurt am Main
Tel: 06107 939-0
Website: www.condor.de

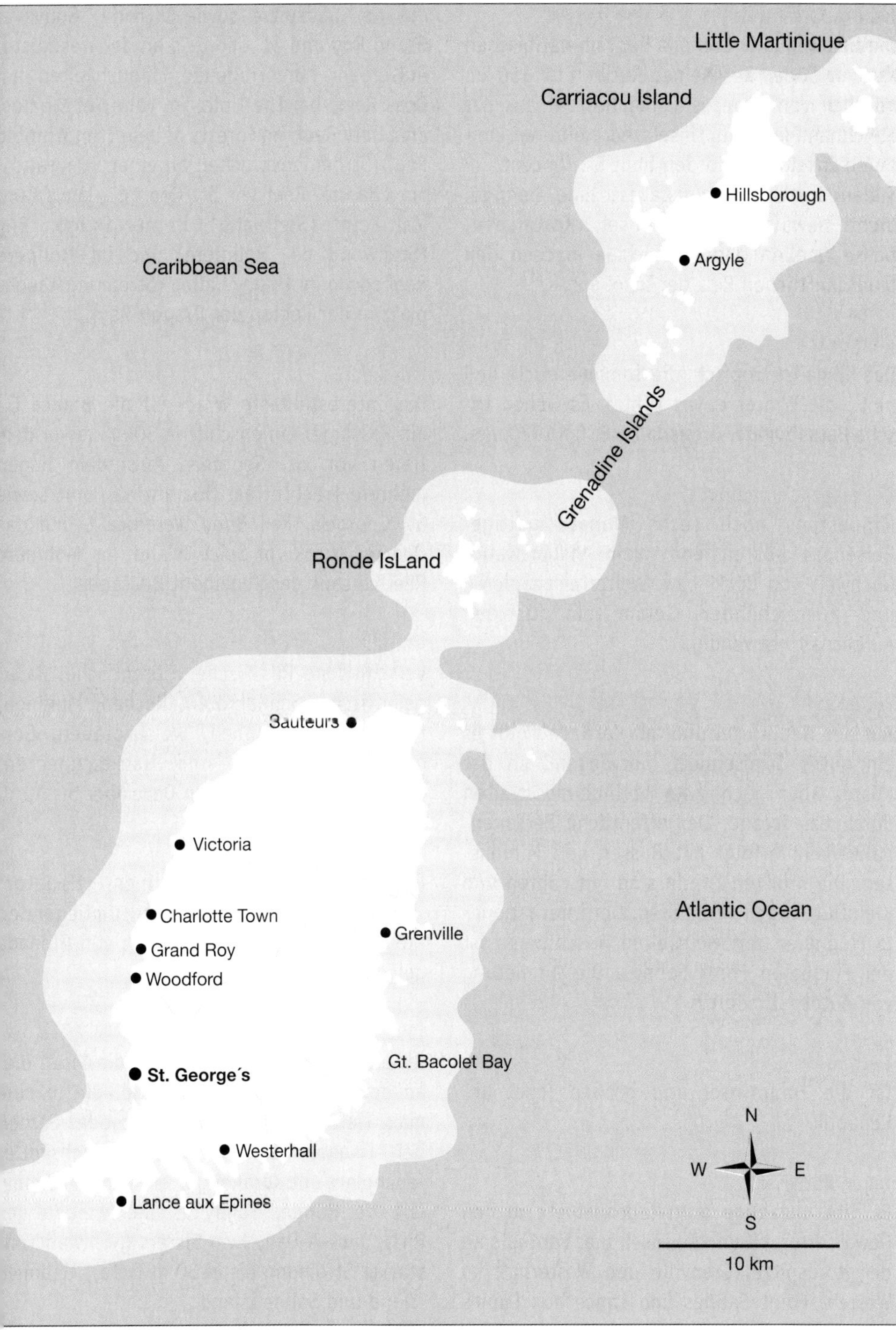
Little Martinique
Carriacou Island
Hillsborough
Argyle
Caribbean Sea
Grenadine Islands
Ronde IsLand
Sauteurs
Victoria
Charlotte Town
Grenville
Grand Roy
Woodford
Atlantic Ocean
St. George´s
Gt. Bacolet Bay
Westerhall
Lance aux Epines
N
W
E
S
10 km

Geographische Lage:

Die Inselrepublik Grenada liegt im Karibischen Meer im Süden der kleinen Antillen ca. 150 km nördlich von Venezuela und besteht aus der gleichnamigen Hauptinsel und mehreren kleineren Inseln. Im Norden liegt St. Vincent, im Süden Trinidad. Grenada ist eine bergige, dicht bewaldete Vulkaninsel. Kraterseen, heiße Quellen und Wasserfälle machen den landschaftlichen Reiz der Insel aus.

Klima:

Das Klima ist tropisch, die Sommer feucht und heiß, die Winter etwas kühler. Es wehen frische Passatwinde. Grenada 26,8 °C / 1920 mm.

Einreisebestimmung:

Mindestens noch sechs Monate gültiger Reisepass ausreichend, kein Visumzwang; Nachweis von Rück- bzw. Weiterreisepapieren und ausreichenden Geldmitteln für den Aufenthalt notwendig.

Verkehr:

Auf der Hauptinsel und auf Carriacou gibt es ein gutes Straßennetz, vorwiegend an der Küste, aber auch zwei Verbindungsstraßen durch das Inland. Der öffentliche Personennahverkehr erfolgt mit Bussen und Minibussen. Die größten Inseln sind mit Fähren und Kleinflugzeugen verbunden. Der internationale Flughafen mit weltweiten Anschlüssen ist der Flughafen Point Salines. Die Anmietung von Autos ist möglich.

Grenada:

Ist die Hauptinsel und größte Insel der Republik.

Tauchplätze:

Es gibt unzählige gute Tauchgebiete in den Gewässern rund um die Insel, u.a. Sauteurs an der Nordspitze, Grenville und Westerhall im Westen, Point Salines und Lance aux Épines auf der Südspitze sowie Victoria, Gouyave, Grand Roy und St. George's an der Westküste. Außerdem hervorragende Möglichkeiten am Boss Reef, bei The Hole, im Valley of Whales, am Shark Reef, im Forests of Dean, am Whibble Reef (Strömungstauchen an einer Steilwand), am Channel Reef vor St. George's, am Grand Mal Point (Steilwand), in der Dragon Bay (Steilwand bei Molinière) und im Molinère Reef sowie im Happy Valley (Strömungstauchplatz in der Region der Dragon Bay).

Wracks:

Das interessanteste Wrack ist die Bianca C., ein Passagier-Linienschiff in 30–45 m vor dem Hafen von St. George's. Außerdem liegen mehrere Frachter am Quarantine Point sowie St. George's, Red Buoy, Veronica L und das Quarter Wreck vor Spice Island, am Molinière Reef versank das Segelboot Buccaneer.

Fauna:

Verschiedene Riff-Fische, Flötenfische, Papageienfische, Schildkröten, Rochen, Muränen, Hammerhaie, Krabben, Weichkorallen, Gorgonien, Anemonen und Nacktschnecken, außerdem Buckelwale von Dezember bis April

Carriacou:

Größte Insel der Grenadinen (Hauptort Hillsborough) mit mehreren umliegenden Kleinstinseln und Riffs, nördlich von Grenada gelegen.

Tauchplätze:

Diverse Tauchlocations rund um die Insel, u.a an den Sister Rocks (Steilwand, die in eine max. Tiefe von 30 m abfällt), Pagodas Garden bei Frigate Island, ein anspruchsvolle Tauchplatz mit Korallengarten, Kick Em Jenny, Isle de Ronde, Sandy Island (weitläufiges Riff), Jack-A-Dan, Twin Sisters (Steilwand mit starker Strömung bis in 50 m Tiefe), Mabouya Island und Saline Island.

Hilsborough West Indies
Carriacou Silver Diving Owner: Werner Nagel
Main Street
Ph: + 1 473 443 7882 Fax: + 1 473 443 7882
E-Mail: scubamax@caribsurf.com
Website: www.scubamax.com
Organisation: PADI, SSI
Language: German, English
Established: 1990 Season: 01.01. - 31.12.

Mount Hartmann Bay West Indies
Secret Harbour Owner: Gerlinde Seupel
Club Mariner Resort
Ph: + 1 473 444 4548 Fax: + 1 473 444 1127
E-Mail: spicedive@caribsurf.com
Website: www.spicedives.com
Organisation: PADI
Language: German, English, French
Established: 1998 Season: 01.01. - 31.12.

St George's West Indies
Grand Anse Aquatics Owner: Randy Bolt
Coyaba Beach Resort
Ph: + 1 473 4441046 Fax: + 1 473 4444808
Organisation: PADI Language: English

St. George's West Indies
Ecodive Owner: David Coe
Coyaba Beach Resort
Ph: + 1 473 444 1111 Fax: + 1 473 444 4808
E-Mail: davidcoe@caribsurf.com
Website: www.scubadivegrenada.com
Organisation: PADI
Language: English
Established: 1991 Season: 01.01. - 31.12.

St George's West Indies
Dive Grenada P.O. Box 771
Owner: Stephan d. Kaser
Ph: + 1 473 4441092 Fax: + 1 473 4446699
E-Mail: webmasher@divegrenada.com
Website: www.divegrenada.com
Organisation: PADI
Language: German, English
Established: 1989 Season: 01.11. - 31.05.

St George's West Indies
Scuba World Grenada Owner: Bob Dunn
Rex Grenadian Hotel
Ph: + 1 473 444 3333 Fax: + 1 473 444 1111
Language: English, French, German
Organisation: PADI Established: 1993

St. George's West Indies
Sanvic's Scuba P.O. Box 84
Owner: Victor Thompson
Ph: + 1 473 444 4753 Fax: + 1 473 444 5227
E-Mail: sanvics@caribsorf.com
Organisation: PADI Language: English
Established: 1992 Season: 01.01. - 31.12.

St George's West Indies
La Source Pink Gin Beach or P.O. Box 852
Ph: + 1 473 4442556 Fax: + 1 473 4442561
E-Mail: lasource@caribsurf.com
Website: www.lasource.com.gd
Organisation: PADI
Language: English, Spanish, German
Established: 1993

Geographische Lage:

Im Südosten Europas auf der Balkanhalbinsel gelegen, umfasst Griechenland neben dem Festlandteil und der Halbinsel Peloponnes auch eine Vielzahl von Mittelmeerinseln, die in sechs Gruppen eingeteilt werden: Ionische Inseln, Saronische Inseln, Nördliche Sporaden, Kykladen, Nordostägäische Inseln und Dodekanes, zudem die großen Inseln Kreta und Euböa. Die Ionischen Inseln liegen vor der Westküste im Ionischen Meer, Kreta im Libyschen Meer, alle übrigen in der Ägäis. Griechenland grenzt im Norden an Albanien, Jugoslawien und Bulgarien, im Osten an die Türkei. Das Festland und der Peloponnes sind bergig, einige Regionen karg, andere dicht bewaldet. Auf den Inseln findet man eine Vielzahl mediterraner Landschaftsformen. Wichtigste Städte des Landes sind neben der Hauptstadt Athen vor allem Thessaloniki, Iraklion auf Kreta und die Hafenstadt Piräus bei Athen.

Klima:

Auf den Inseln und an der Küste ist das Klima mediterran mit heißen, trockenen Sommern und milden, feuchten und stürmischen Wintern. In den nördlichen Provinzen sind die Winter kalt und regenreich.

Verkehr:

Auf allen erschlossenen Inseln und auf dem Festland gibt es ein gut ausgebautes Straßennetz. Außerdem besteht ein intensiver Fähr- und Flugverkehr zwischen den Inseln und dem Festland, aber auch nach Italien und in andere Nachbarländer. Athen ist zudem an das europäische Eisenbahnnetz angeschlossen. Es gibt eine Vielzahl internationaler Flughäfen, die von Chartergesellschaften aus den meisten europäischen Ländern frequentiert werden. Die wichtigsten sind Athen Hellinikon (ATH), Thessaloniki Mikra (SKG), Iraklion auf Kreta (HER), Rhodos Diagoras (RHO), Santorini Thira (JTR), Kos Island (KGS), Kavalla (KVA) und Chania auf der Insel Kreta (CHQ).

Information

In Griechenland sind die Tauchregionen reglementiert. In welchen Gebieten Gerätetauchen gestattet ist und welche Vorschriften zu beachten sind, teilen die Fremdenverkehrsämter oder die Griechische Unterwasser-Federation H.F.U.A. GRECE Eoydaatk Post Office of West Air Terminal GR 166 04 -GRECE Tel: 0030 (0) 1 982 3840 mit.

Peloponnes:

Halbinsel südwestlich von Athen.

Tauchplätze:

Tauchen kann man östlich vom Kap Steno, in der Bucht von Kalamata, bei Bouka und Lambiri Argolis.

Fauna:

Sardinen, Muränen, Stachelrochen, Octopusse, Sepien, Garnelen, Krebse, Seeigel, Muscheln.

Nea Smyrni, Athens 17122 Athens

Vithos Sub El. Benizelou 50
Ph: + 30 19333260 Fax: + 30 19356341
Organisation: 5*PADI, CMAS
Language: Greek, English
Established: 1981 Season: 01.01. - 31.12.

Pireaus 18533 Peloponnes

Greek Diving Center Owner: Kostas Nizamis
Vas Pavlou 26, Kastella
Ph: + 30 1 4121708 Fax: + 30 1 4119207
Organisation: PADI, CMAS, TDI
Language: English
Established: 1980 Season: 01.01. - 31.12.

Glyfada/Athens 16674 Peloponnes

Aegean Dive Center
Owner: Ilse Stroud
Zamanou 31&Pandoras
Ph: + 30 1 8945409 Fax: + 30 1 8981120
E-Mail: aegean_d@hol.gr
Website: www.padi.gr./adc
Organisation: PADI,
Language: German, English, French, Greek
Established: 1982 Season: 01.01. - 31.12.

Piraeus TK 18533 Peloponnes

Nicos Tzanoudakis
Owner: Tzanoudakis
Vasileos Pavlou 25 A
Ph: + 30 14118909 Fax: + 30 14119967
Organisation: PADI, CMAS
Language: English, French, Italian
Season: 01.03. - 30.10.

Athens Ilissia Peloponnes

College of Diving Education
Owner: Vangelis Sotiriou
Taxilou St. 33
Ph: + 30 17754740 Fax: + 30 17755070
Organisation: CMAS
Language: English, German, Greek
Season: 01.01. - 31.12.

Halandri Athens 15232 Peloponnes

Sea and Sport
Owner: Dimitrij Alatserakis
Fil. Litsa 42
Ph: + 30 1 6840787 Fax: + 30 1 6840787
Organisation: PADI
Language: English
Established: 1981 Season: 01.01. - 31.12.

Korfu :

Gut erschlossene Insel an der Grenze zu Albanien im äußersten Nordwesten des Landes.

Tauchplätze:

Gerätetauchen ist gestattet zwischen Kap Roda und Drastis, zwischen Paleokastritis und Kap Arkoudoula sowie zwischen Kap Agni und Kountouri. Ausgenommen ist die Region zwischen Kap Agios Georgios und Kap Alogomandra. Schöne Tauchplätze liegen an der Westküste, besonders Monopetra, Wave Rock, Bobby Rock, St. Georges, Liapades Reef, Marathea Reef, Skidi (an der Insel Prasoudi) und Round Room (vor Pendanissia), weitere befinden sich vor der Ostküste, u.a. Nissaki Bay, Four Rock Point, Tripa und Danilia. Außerdem gibt es gute Möglichkeiten bei den Inseln Meganissi in der Balou Bucht und Paxi.

Fauna:

Barsche, Brassen, Muränen, Octopusse, Nacktschnecken, Krebse.

Dassia / Korfu

Ionian Divers Owner: Harry Allgeier
Grecotel Daphnila Bay or P.O.Box 27
Ph: + 30 661 95174 Fax: + 30 661 95174
E-Mail: Ionian Divers@aol.com
Organisation: PADI, CMAS, CEDIP
Language: German, English
Established: 1995 Season: 01.04. - 31.10.

Ipsos, 49100 Korfu Waterhoppers

Owner: Costas Revis Agios Marcos
Ph: + 30 661 93867 Fax: + 30 661 93867
Organisation: CMAS, BSAC Language: English
Established: 1978 Season: 01.03. - 31.10.

Kreta:

Große Insel im Süden Griechenlands, Hauptstadt ist Iráklion.

Tauchplätze:

Tauchen ist gestattet zwischen Afrata und Megalou Sfakou, am Kap Korakios, westlich von Panormos sowie östlich von Panagea. Gute Tauchplätze gibt es auch in der Region von Iráklion in der Bucht von Fodele oder Agia Pelagia, am Kap Diakori und bei Chersonissos, u.a. Poseidon's Garden, Stingray Point, Fillippos Point, Green Rocks Point, Green Lagoon, Island Valley, Three Heads und Anchors Point (insgesamt acht Anker in 30 m). Außerdem liegt hier eine Vielzahl gut betauchbarer Höhlen, u.a. Poseidons Grotte, Big Blue Grotte, El Greco.

Fauna:

Meerbarben, Drachenköpfe, Sepien, Kraken, Krebse, Garnelen, Seeigel, Seesterne, Nacktschnecken und Schwämme.

Sonstiges:

Capsis Rock ist ein Tauchplatz mit Ruinen antiker Hafenanlagen.

Agia Pelagia, Iraklion 71202 Kreta

Divers Club Owner: Drakos Dimitris
Marıueli 11
Ph: + 30 81 243604 Fax: + 30 81 243604
E-Mail: ces@travel-greece.com
Website: www.travel-greece.com/
Organisation: PADI, CMAS
Language: English, German, Dutch
Season: 01.01. - 31.12.

Kreta 74060 Kreta

Phoenix Dive Club Owner: Isabella Papadaki
Plakias-Rethymnon
Ph: + 30 832 31206 Fax: + 30 832 31206
Organisation: PADI,
Language: German, English, Greek, Dutch
Season: 01.05. - 31.10.

Elounda 72053 Kreta

Barakuda Club Blue Dolphin
Owner: Apostolos
Ph: + 30 84141003 Fax: + 30 841411535
Organisation: PADI, CMAS, SSI, Barakuda
Language: Greek, German, English
Season: 01.04.- 30.10.

Chersonissos, Iraklion 70014 Kreta

Creta Maris Dive Center Hotel Creta Maris
Owner: Barbara, Petersen
Ph: + 30 897 22122 Fax: + 30 897 21944
E-Mail: dive-creta-maris@hrs.forthnet.gr
Organisation: PADI
Language: German, English, Greek
Established: 1994 Season: 01.04. - 31.10.

Mykonos:

Kleine Touristeninsel mit gleichnamigem Hauptort im Nordosten der Inselgruppe.

Tauchplätze:

In den Gewässern der Insel befinden sich mehrere lohnende Gneis- und Granitriffs, die zumeist keine Strömungen aufweisen und Sichtweiten bis zu 50 m bieten, u.a. das Kapodhia Reef. Zudem gibt es diverse betauchbare Höhlen, u.a. vor Dhragonisi.

Wracks:

Anna II (Frachter in der Bucht von Kalafati in 20–33 m), Peloponnessos (in 50 m Tiefe gelegener Dampfer am Kap Evros) sowie ein Wrack bei der Nachbarinsel Dhragonisi und zwei weitere in der Bucht von Kalo Livadi.

Fauna:
Seescheiden, Garnelen, Sepien, Octopusse, Anemonen und Mönchsrobben.

Aegion 25100 Mykonos
Lucky Scuba Divers
Owner: Crisanthas Politopoulos
Artemidos Kalafatis Beach
Ph: + 30 69121849 Fax: + 30 69121331
Organisation: PADI, NAUI, CMAS, VDST
Language: English, German, French
Season: 01.05. - 31.10.

Mykonos 84600 Mykonos
Mykonos Psarou Diving
Owner: Galanos Stati
Psarou Beach
Ph: 3028924808 Fax: + 30 28924808
Organisation: PADI
Language: English, French, German, Italian

Anno Mera Mykonos 84600 Mykonos Island
Int Divecnter Schwerelos
Owner: Helmut Braun
Kalafati Beach
Ph: + 30 2897 1677 Fax: + 30 2897 1677
E-Mail: schwerelos@t-online.de
Organisation: PADI, VDST, CMAS, IANTD
Language: German, English, Greek
Established: 1992
Season: 01.05. - 31.10.

Zakynthos:
Ist die südlichste der sieben Ionischen Inseln an der griechischen Westküste. Mit 38 km Länge und 20 km Breite zählt sie zu den großen Inseln Griechenlands.

Tauchplätze:
Gerätetauchen ist nur in der Bucht von Laganas gestattet. Höhlentauchen ist eine der Besonderheiten in Zakynthos. Die meisten der Höhlen sind auch für unerfahrene Taucher leicht zu erforschen. Hier empfiehlt es sich, eine UW Lampe mitzuführen, um auch die gesamte Schönheit der Höhlen und Unterwasserlandschaften erleben zu können.

Zakynthos
Barakuda Club Zakynthos
Owner: Peter Mohr
Limni Keriou
Ph: + 30 69533352 Fax: + 30 69533342
Organisation: CMAS, Barakuda
Language: Greek, German, English
Season: 01.03. - 30.12.

Milos:
Ist eine von vielen Inseln in der Gruppe der Kykladen. Eine ungewöhnliche und geheimnisvolle Insel. Sie ist nur 161 km^2 groß.

Milos 84800 Milos
Scuba-Shop Milos Ltd.
Pelekouda Pollonia
Ph: + 30 287 41 347 Fax: + 30 287 41 340
E-Mail: Scuba-Shop@scubashop.ch
Website: www.scubashop.ch
Organisation: PADI, CMAS, VDST, VIT, IAHD
Language: French, German, Greek, English
Season: 01.04. - 01.11.

Großbritannien

Hauptstadt	London
Einwohner	7 Mio.
Entf. v. Frankfurt/M.	640 km
Währung	Pfund Sterling, £
Amtssprache	Englisch
Telefonvorwahl v. D	0044
Telefonvorwahl n. D	01049
Verkehr	Linksverkehr
jährl. Touristenzahl	17 Mio.
Elektr. Strom	220 V / 50 Hz
Visum	nein
Flughafen	London Heathrow (LHR), London

Tauchregionen:
Atlantischer Ozean
Cornwall
Iles of Scilly
Schottland (Westk.)
Irische See:
Nordirland
Wales
Isle of Man
Schottland (Ostk.)
Farne Island
Süßwasserseen

Zeitverschiebung: MEZ - 1
Fläche: 241.751 km²
Einwohner: 58 Mio.

Tauchsicherheit

British Sub Aqua Club (BSAC)
16 Upper Woburn Place
GB-WC1H 0QW London
Tel: 0044 (0)1 387 9302

PADI United Kingdom
Unit 7 St Philips Central
Albert Road St Philips
Bristol BS2 0PD
Te: 0044 (0) 117 300 7234
Fa: 0044 (0) 117 971 0400
E-Mail: general@padi.co.uk
Website: www.padi.com

NAUI United Kingdom
Cambrian Watersports
Newbridge-on-Wye
Powys LD1
Tel: 00 (0) 159 786 0681
Fax: 00 (0) 159 786 0682
Website: www.naui.org

Scuba Schools International
7 Capricorn Centre
Cranes Farm Road
GB-SS14 3JJ Basildon
Tel: 0044 (0) 26 827 2272
Website: www.ssi.com

Information und Beratung

Sun and Fun
Franz-Joseph-Str. 43
80801 München
Tel: 089 380 14124
Fax: 089 346 644
sunundfun@t-online.de

Diver's Guide Tauchreisen
Dockenhudener Str. 14
22587 Hamburg
Tel: 040 866 0670
Fax: 040 866 06777
tauchen@divers-guide.de
www.divers-guide.de

Dive & Fun
Katharinenstr. 48
31135 Hildesheim
Tel: 05121 130 320
Fax: 05121 134 037

Schöner Tauchen
Hastedter Heerstr. 211
28207 Bremen
Tel: 0421 450 010
Fax: 0421 450 080
info@schoener-tauchen.com
www.schoener-tauchen.com

Botschaften

Vereinigtes Königreich
London 23 Belgrave Square
London SW1X8PZ B
Tel: 0044 (0) 171 824 1300
Fax: 0044 (0) 171 824 1435

Vereinigtes Königreich
Friedrich-Ebert-Allee 77
53113 Bonn
Tel: 0228 9167-0
Außenstelle:
Unter den Linden 32/34
10117 Berlin
Tel: 030 201840
Fax: 030 20184158

Fluggesellschaften

British Airways
Flugreservierung, Flüge
Tel: 01803340340
www.british-airways.com

Lufthansa
Frankfurt am Main
Reservierung u. Information
Tel: 069 2552-55
info@lufthansa.de
Website: www.lufthansa.de

Shetland Islands
Atlantic Ocean
Orkney Islands
Durness
Wick
North Sea
Ullapool
Lewis
Fraserburgh
Portree
Kyle
Inverness
Aberdeen
Scotland
Perth
Glasgow
Edinburgh
Campbeltown
Ayr
Ballycastle
Girvan
Dumfries
Newcastle
Londonderry
Stranraer
Carlile
Northern Ireland
Belfast
Whithorn
Middlesbrough
England
Ardglass
Isle of Man
Preston
Hull
Irish Sea
Liverpool
Grimsby
Colwyn Bay
Porthmadog
Ireland
Norwich
Birmingham
Wales
Cardigan
Cardiff
London
Swansea
Bristol
Dover
N
Southampton
Briston
W
E
Bridport
Poole
Portsmouth
Plymouth
Paignton
Falmouth
English Channel
S
St. Martins
Wolf Rock
Bishop Rock
Isles of Scilly
France
100 km
Channel Islands

Geographische Lage:
Großbritannien ist ein Inselstaat im Westen Europas, bestehend aus England, Schottland und Wales. Der Staat bildet zusammen mit Nordirland das Vereinigte Königreich (United Kingdom of Great Britain and Northern Ireland). Die Inseln liegen im Nordwestatlantik, die Ostküste Englands und Schottlands geht zur Nordsee und zum Ärmelkanal, die Westküste zur Irischen See und zum Atlantischen Ozean. Die kürzeste Verbindung zum europäischen Festland ist die zwischen Dover und Calais in Frankreich (50 km). Den Küsten vorgelagert sind mehrere Inseln, u.a. die Channel Islands, die Isle of Man, die Isle of Wight, die Shetland Islands, die Orkney Islands und die Hebriden. Mehrere Kolonien, darunter Gibraltar an der Südspitze der Iberischen Halbinsel (siehe unter 'Spanien') gehören zum Königreich. Der Norden und Westen Englands sowie Schottlands sind bergig mit zahlreichen Seen und, besonders im Norden, ausgedehnten Wäldern. Im Süden Englands schließen sich Moorgebiete an. Wales ist hügelig und waldreich. Vor allem die Westküste ist zerklüftet und reich an Fjorden und Buchten.

Klima:
Das ganze Jahr über feucht, an der Westküste milde Winter, an der Ostküste heiße Sommer. London 10,7°C / 593 mm, Edinburgh 8,7°C / 676 mm, Belfast (Nordirland) 9,1°C / 845 mm, Plymouth 10,8°C / 950 mm.

Verkehr:
In England und auch in weiten Teilen Schottlands, Wales und Nordirlands besteht ein sehr gut ausgebautes Straßen- und Bahnnetz. Verbindung zum europäischen Festland besteht durch den neuen Eurotunnel (Dover-Calais) und durch eine Vielzahl von Fährlinien nach Frankreich, Belgien, Holland, Deutschland, Spanien und Skandinavien, außerdem nach Nordirland, der Republik Irland und den umliegenden Inseln. Zwischen Southampton und New York (USA) gibt es eine Linienschiffsverbindung mit der Queen Elisabeth 2. Zu allen wichtigen Zielen weltweit bestehen Flugverbindungen. Großbritannien verfügt über mehrere Großflughäfen, darunter der internationale Flugverkehrsknotenpunkt London Heathrow (LHR). Weitere internationale Airports sind London Gatwick (LGW), Liverpool Speke (LPL), Manchester Ringway (MAN), Glasgow Abbotsichn (GLA) und Belfast Aldergrove (BFS).

Cornwall / Devon:

Region im äußersten Südwesten Großbritanniens, wichtigste Städte sind Plymouth, Exeter und Falmouth. In den gefährlichen Gewässern vor Cornwall strandeten schon viele Schiffe.

Tauchplätze:
Die interessantesten Tauchgebiete dieser Region sind Vase Rock, Manacles, Pouthoustrock (bei Falmouth), Kynance Cliff, Stag Rocks und der Lizard Point, gleichzeitig der südlichste Punkt Englands.

Wracks:
Die beliebtesten Wracks vor der Küste Cornwalls sind: Hera (Barkasse in 17 m), SS Mohegan (Dampfer bei den Manacles Rocks), Royal Anne, Bay of Panama, Stanwood (Dampfschiff in 30 m), HMS Warspite (in der Mounts Bay), Schiedam (im Gunwalloe Cove), Cattewater (bei Plymouth), Coronation (am Penlee Point), St. Anthony (in der Mounts Bay), Volnay (Dampfschiff in 20 m bei Falmouth) sowie mehrere Teile von WW II U-Booten (eins unmittelbar vor Gyllingvase, weitere bei Pendennis in der Gegend von Falmouth), außerdem Iona, Carmen Filomena, The Earl of Jersey, Ethel, The Heroine, Robert und Montagu.

Fauna:
Octopusse, Krebse, Krabben, Hummer, im Sommer auch Haie.

Devon EX15 3DA Cornwall / Devon
Scuba World Dive Centre
Owner: John Knight
Langlands Business Park, Uffculme, Cullompton
Ph: + 44 1884840001 Fax: + 44 1884841770
Organisation: PADI, SSI, BSAC, IANTD
Language: English
Season: 01.01. - 31.12.

Falmouth, Cornwall TR11 4SN Cornwall
Maenporth Scuba School
Aqua House, 23 Tregonigge Estate
Ph: + 44 1326 378878 Fax: + 44 1326 378776
Organisation: PADI
Language: English Season: 01.01. - 31.12.

Falmouth, Cornwall TR11 4BN Cornwall
Cornish Diving Bar Road
Owner: Steve Mc Ewen
Ph: + 44 1326 311265 Fax: + 44 1326 311265
E-Mail: cdsdiving@aol.com
Website: www.cornishdiving.co.uk
Organisation: 5*PADI, IANTD, TDI, BSAC
Language: English
Established: 1980 Season: 01.01. - 31.12.

Paignton, Devon TQ32BT Cornwall
Venture Sports Owner: Geoff Sharp
371 Torquay Road
Ph: + 44 1803 523023 Fax: + 44 1803 523023
Organisation: PADI, BSAC
Language: English, French
Established: 1965 Season: 01.05. - 15.09.

Penzance, Cornwall TR20 8HX Cornwall
Undersea Adventures 15A Cuxhaven Way
Ph: + 44 1736 333040 Fax: + 44 1736 333214
E-Mail: undersea@compuserve.com
Website: www.undersea.co.uk
Organisation: 5*PADI
Language: English
Established: 1989 Season: 01.01. - 31.12.

Plymouth, Devon PLI 3 BT Cornwall
Sandford and Down 24 Pier Street, West Hoe
Owner: G. Sandford
Ph: + 44 1752 266248 Fax: + 44 1752 22631
Language: English Established: 1966

The Harbour Paignton, Devon Cornwall
Nautique South Quay, Owner: S. Inger
Ph: + 44 1803550278 Fax: + 44 1803550278
Organisation: PADI, BSAC
Language: English Season: 01.01. - 31.12.

Wales:
Staat im Südwesten der Insel Großbritannien. Das Inland ist durch die Cambrian Mountains geprägt, die Westküste bildet die Cardigan-Bay zum St.-Georges-Channel. Die wichtigsten Städte, Cardiff, Swansea, Newport und Rhondda, liegen an der Südküste.

Tauchplätze:
Gute Tauchplätze finden Sie in den Menai Straits bei Bangor, u.a. Swillies, Perch Rock und The Hole. Außerdem vor der Insel Anglesey im Nordwesten von Wales, u.a. am

North Stack und South Stack sowie im Hafen bei Holyhead, vor Skerries, in der Red Wharf Bay, bei Puffin Island, in der Treaddur Bay und in der Cable Bay. Weitere Möglichkeiten bestehen bei Skomer Island. Schließlich liegen Broad Haven, Little Haven, Dale, Geliswick, Martins Haven, St. Brides und The Skerries im Norden von Wales.

Wracks:

Die beliebtesten Wracks der Region sind Lucy (bei Skomer Island), Mary (vor Anglesey) und die B 17, ein WW II-Bomber in 20 m Tiefe am North Stack vor Anglesey.

Anglesey LL652LP Wales

Anglesey Diving Training College
Owner: Martin Sampson
Porth Defarch Road Holyhead
Ph: + 44 1407 764545 Fax: + 44 1407 764545
E-Mail: mcsangleseydiver@enterprise.net
Organisation: BSAC, IANTD, CMAS
Language: English
Established: 1989 Season: 01.01. - 31.12.

Caerphilly, Mid Glam CF8 1LF Wales

Caerphilly Diver Training Poplar Rd
Ph: + 44 122 2860416 Fax: + 44 122 2889194
Organisation: 5*PADI

Dyfed SA62 6QT Wales

St. Davids Scuba Dive Center
Owner: Cindy Pearce
Caerfai Rd, St Davids
Ph: + 44 1437 721788 Fax: + 44 1437 721342
E-Mail: clive@divewales.com
Website: www.divewales.com
Organisation: PADI BSAC, IANTD
Language: English
Established: 1983 Season: 01.01. - 31.12.

Pembrokeshire SA 623 SJ Wales

West Wales Diving Centre Owner: C. I. Whitby
Hasguard Cross, Little Haven
Ph: + 44 143 7781457 Fax: + 44 143 7781168
Organisation: PADI, BSAC Language: English
Established: 1980 Season: 01.04. - 30.09.

Isle of Man, Irische See:

Kleine Insel zwischen Irland und Großbritannien, Hauptstadt ist Douglas.

Tauchplätze:

Lohnende Stellen finden sich vor allem im Süden der Insel, u.a. am Port Erin, am Port St. Mary, in der Fleshwick Bay, am Dreswick Point bei Langness, bei Head Gullet an St. Michael's Island und vor Castletown.

Wracks:

Interessante Wracks in den Gewässern der Isle of Man sind u.a. die SS Florence südlich der Insel, die The Jurby Targets und die Fire King am Point of Ayre.

Fauna:

Conger, Riesenhaie, Leierfische, Seesterne, Hummer und Krabben.

Douglas, Isle of Man

Diving Air Services Ltd.
Fort Anne
South Quay
Ph: + 44 62 428123 Fax: + 44 62 428123
E-mail: general@padi.co.uk
Website: www.padi.com/padi/offices/
Organisation: PADI Language: English

Isles of Scilly:

Mehrere kleine Inseln vor Land's End, dem südwestlichsten Punkt Englands.

Tauchplätze:

Die beliebtesten Tauchplätze bei den Inseln sind u.a. Bishop Rock, Old Town Bay (bei St. Mary's mit Kelpwäldern), Wingletang, Shipman Head bei Bruyher, Inner Gilstone, Lifeboat Slip, Newfoundland Point, Cannon Site (vor Menawethan Island) sowie Flat Ledge, South Chapel Rock, Hard Lewis Rocks, Round Island, East Withan Rock, Merrick Ledge und South Tean Sound bei St. Martins.

Wracks:

Unzählige betauchbare Wracks liegen in den Gewässern der Isles of Scilly, u.a. Colossus (am Southward Well Reef), Torrey Canyon (Tanker bei Seven Stones), Hollandia (Frachter am Gunner Rock), Schiller (Dampfer bei Retarrier Ledges am Bishop Rock), Palinurus (Barkasse am Lion Rock bei St. Martin), ein Kriegsschiff bei Gilstone an den Western Rocks, Aksai (Dampfer bei White Island), Italia (Dampfer bei St. Agnes am Pidney Brow), Plympton und Hathor (zwei Dampfer bei St. Agnes am Lethegus Reef), Minnehaha (Barkasse bei St. Mary's), Pinnacles (am Newfoundland Point), Blazer (Schlepper vor Garrison Hill) und Gnomes V (vor Eastern Isle). Außerdem gibt es mehrere Schiffe bei Bryher am Scilly Rock, u.a. Brinkburn, Zelda (Dampfer), Eric Rickmans (Segelschiff), Isabo und Maipu.

St. Martin's, Isle of Scilly TR 250 QL

Maclins Diving School Owner: Maclins
Ph: + 44 1720 422848 Fax:+ 44 1720 422848
E-Mail: general@padi.co.uk
Website: www.padi.com
Organisation: BSAC Language: English
Established: 1988 Season: 01.04. - 30.10.

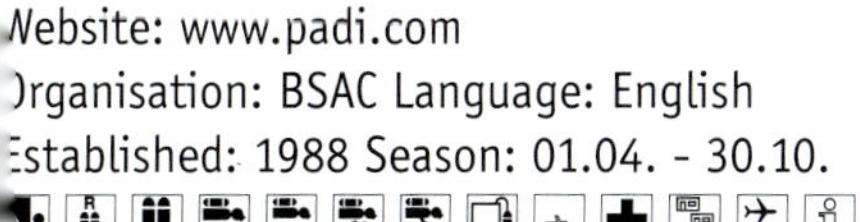

Schottland: (Ostküste)

Das Land umfasst den Nordteil der Insel Großbritannien.

Tauchplätze:

Beste Tauchgebiete sind der St. Abbs and Eyemouth Marine Naturpark und die St-Kilda-Rocks, vier kleine Felseninseln, die größte ist Hirta.

Wracks:

Im Scapa Flow südlich der Orkney Inseln liegen 74 WW I- und WW II-Wracks, teilweise gut betauchbar, weitere, häufig sehr alte in der Region von Eyemouth.

Fauna:

Seeteufel, Seewölfe, Katzenhaie, Seeigel, Seesterne, Quallen, Krabben, Lederkorallen und Seedahlien.

Schottland (Westküste):

Extrem fjord- und inselreiche, zerklüftete Küste im Nordwesten der Insel Großbritannien.

Tauchplätze:

Die interessantesten Tauchgebiete befinden sich vor allem in den unzähligen Fjorden, u.a. am Sound of Mull und Loch Linnhe, in der Region von Arisaig und Mallaig sowie bei den vorgelagerten Inseln, u.a. den Orkneys, den Inneren und Äußeren Hebriden sowie den Inseln Jura, Islay (mit Frenchman's Rocks) und Arran.

Wracks:

Das berühmteste Wrack der Region ist die Hispania (Frachter in 30 m), außerdem Thesis und Ronda, zwei Schiffe in 50 m Tiefe bei Oban im Sound of Mull. Weitere Wracks befinden sich bei den Summer Isles. Mehrere WW I-Schiffe liegen in 20–50 m im Scapa Flow südlich der Orkney Insel Mainland, u.a. James

Barrie, König, Brummer, Karlsruhe, Markgraf, Köln und Dresden. Im Nordwesten der Isle of Skye, die zu den Hebriden gehört, findet man außerdem die Apollo und die Chadwick .

Fauna:

Octopusse, Krebse, Seehunde, Robben, Delfine.

Berwickshire TD14 5NB Scotland

Scoutscroft Diving Centre
Owner: Peter Clement
St Abbs Road, Coldingham
Ph: + 44 18907 71338 Fax: + 44 18907 71746
E-Mail:
pete@divescoutscroft.freeservice.co.uk
Website:
www.divescoutscroft.freeservice.co.uk
Organisation: PADI
Language: English
Established: 1972 Season: 01.04. - 30.10.

Glasgow 411 1JB Scotland

Aquatron Dive Locker
Owner: M. Young
30 Stanley St, Kinning Park
Ph: + 44 141 4295902 Fax: + 44 141 4295364
E-Mail: info@aquatron.co.uk
Website: www.aquatron co.uk
Organisation: 5*PADI, IANTD
Language: English
Established: 1969
Season: 01.01. - 31.12.

Inverness-Shire Ph33 GL2 Scotland

The Underwater Centre Ltd. Fort William
Owner: Stenmar Group
Ph: + 44 1397 703786 Fax: + 44 1397 703969
E-Mail: jriodell@stenmar.com
Website: www.stenmar.com
Organisation: PADI
Language: English Established: 1996

Isle Of Skye IV55 8GD Scotland

Hebridean Diving Services
Owner: Gordon Mackay
Shorepark, Lochbay, Waternish
Ph: + 44 1470 592219 Fax: + 44 1470 592219
E-Mail: gordon07@globalnet.co.uk
Organisation: PADI, HSE
Established: 1986 Season: 01.01. - 31.12.

Oban, Argyll PA34 4QM Scotland

Puffin Dive Centre
Gallanach Port, Gallanach
Ph: + 44 1631 566088 Fax: + 44 1631 564142
E-Mail: 10670.1572@compuserve.com
Organisation: 5*PADI, TDI
Language: English Established: 1988

Rothesay Isle of Bute PA 209 ET Scotland

Agnes Patrick House Ascog
Owner: Randal Walton
Ph: + 44 1700 505271 Fax:+ 44 1700 505271
Organisation: PADI Language: English
Established: 1989 Season: 01.01. - 01.12.

Süßwasserseen in England:

Neben den Küstenregionen gibt es in Groß-britannien auch mehrere Binnenseen, di regelmäßig betaucht werden. Im Folgende führen wir einige der beliebtesten auf.

Tauchplätze:

Nord-England: Capernwray Quarry (be Carnforth), Wast Water (bei Cumbria)

Armstrong Quarry (bei Worksop), die Holme Bank Chert Mine bei Bakewell und im Astbury Water Park. Midlands: Swithland Wood Quarry, Charnwood Forest, Stoney Cove und Hill-Hole/Marshfield bei Leicester sowie Dosthill bei Tamworth.

Ost-England:

(Norfolk, Suffolk, Essex): Hellesdon Mill bei Norwich, Alton Water bei Ipswich, Horstead Mill in North Norfolk und Gildenburgh bei Peterborough.

Südost-England:

Crystal Waters bei Aveley, Littleton Lane Pit in Western London, Blue Lagoon bei Bletchley, Northam Pit, Grays Thurrock, Bewl Waters bei Tonbridge Wells und Dinton Pastures bei Reading.

Südwest-England:

Barrow Tanks und Waterlip in der Gegend von Bristol.

Wales:

In der Region von Bangor gibt es einige gut betauchbare Süßwasserseen, u.a. Dali's Hole, Dorethea Quarry (mit einer maximalen Tiefe von 130 m), Vivian Quarry, Deiniolen Quarry, Brin Hall, Fron und das Upper Lliw Reservoir.

Bei den folgenden Adressen wurde uns von den Besitzern die Region leider nicht mitgeteilt.

Congleton, Cheshire CW1Z 4HL Cheshire

Astbury Dive Centre Owner: K. Pickford
Astbury Lake, New Castle Rd
Ph: + 44 1260 298207 Fax: + 44 1260 298207
Organisation: PADI Established: 1994

Devon PL9 0AB Devon

Fort Bovisand Underwater Ft Bovisand,
Plymouth Owner: George Gradon
Ft Bovisand, Plymouth
Ph: + 44 1 752408021 Fax: + 44 1752 481952
E-Mail: george@bovisand.co.uk
Website: www.bovisand.force9.co.uk.
Organisation: 5*PADI, BSAC, IANTD
Established: 1970

Didcot, Oxfordshire OX11 8AE Oxfordshire

Aquarius Diving 82 Broadway
Owner: Colin Harrison
Ph: + 44 1235 512056 Fax: + 44 1235 815352
E-Mail: sales@aquatoo.demon.co.uk
Website: www.aquarius-diving.co.uk
Organisation: PADI, TDI, BSAC
Language: English, French, Spanish
Established: 1990 Season: 01.01. - 31.12.

East Sussex, Newhaven BN9 9BY East Sussex

Newhaven Scuba Centre
Owner: Margarett Stally
Nsc Yacht Harbour, West Quay
Ph: + 44 1273 612012 Fax: + 44 1273 612013
E-Mail: M.Stally@newhaven-scuba.co.uk
Website: www.newhaven-scuba.co.uk/nsc
Organisation: 5*PADI IDC
Language: English
Established: 1992 Season: 01.01. - 31.12.

Hamworthy Dorset BW15 4LZ Poole - Dorset

Diving Leisure Unlimited Owner: Steve Axtell
Rockley Park Napier Road, Hamworthy
Ph: + 44 1202 680898 Fax: + 44 1202 680898
E-Mail: steve.axtell@btinternet.com
Website: www.divingleisure .co.uk
Organisation: PADI

Language: English
Established: 1985 Season: 01.03. - 30.09.

Heckmondwike WF16 9BJ West Yorks

Robin Hood Watersports
Owner: SM. Findlow
152 Leeds Road, Heckmondwike
Ph: + 44 1924 444888 Fax: + 44 1924 474529
E-Mail: dive@roho.co.uk
Website: www.roho.uk
Organisation: PADI, BSAC
Established: 1981

Houghtg Regis LU5 5BQ Bedfordshire

Divetrain
Owner: B. Mellor
Unit 8 Iuinghoe Center Blackburb Rd.
Ph: + 44 1582 670796 Fax: + 44 1582 662362
E-Mail: Divetrain@dial.piex.com
Organisation: BSAC
Language: English
Established: 1989 Season: 01.01. - 31.12.

Leicestershire LE9 4DW Leicestershire

Stoney Cove Marine Trial Lto
Sapcote Rd, Stoney Stanton
Ph: + 44 1455 273089 Fax: + 44 1455 274646
E-Mail: stoneycove@compuserve.com
Organisation: PADI
Language: English
Established: 1980 Season: 01.01. - 31.12.

London E83QF London

Collins & Chambers 197-199 Mare Street
Owner: Tony Marshall
Ph: + 44 181 9850752 Fax: + 44 181 9853123
Organisation: BSAC, CMAS
Language: English
Established: 1962 Season: 01.01. - 31.12.

North Yorkshire HG1 1DB North Yorkshire

Dive Time, Ltd.
Owner: Neil R Spiers
13 Cheltenham Parade, Harrogate
Ph: + 44 1423 530504 Fax: + 44 1423 530507
E-Mail: divetime@ibm.net
Organisation: 5*PADI
Established: 1995

Portland Port DT5-1PA Dorset

Fathoms & Blues
Owner: Nigel Mary
Unit 545, Portland Port
Ph: + 44 1305 826789 Fax: + 44 1305 826788
E-Mail: fathomandblues@clara.net
Website: www.fathom-and-blues.co.uk
Organisation: PADI, IANDT
Language: English
Established: 1995 Season: 01.01. - 31.12.

Rotherham, South Yorkshire S60 2XL South Yorkshire

Namron Scuba Diving
Owner: Norman Smith
Canklow Meadow Ind.Est., West Bawtry Road
Ph: + 44 1709 838382 Fax: + 44 1709 36729
E-Mail: sales@scubauk.com
Website: www.scubauk.com
Organisation: PADI
Language: English
Established: 1966 Season: 01.01. - 31.12.

Somerset Tai 1NX Somerset
Taunton Scuba Centre Owner: Andi Fifield
58 Station Road, Taunton
Ph: + 44 1823 288724
Fax: + 44 1823 288724
Website: www.tauntonscuba.com
Organisation: PADI, IANTD
Established: 1995

Teignmouth TQ14 8ER Devon
Teign Diving Centre Quay Road
Owner: Mark Layton
Ph: + 44 1626 773965 Fax: + 44 1626 879010
E-Mail: teign.tiving.centre@bt.internet.com
Organisation: PADI
Language: English
Established: 1992
Season: 01.01. - 31.12.

Worcester WR5 1BN Worcester
Seastyle Unit 21 Three Spring Traiding Estate
Vincent Road Owner: Elwyn Harper
Ph: + 44 1905 351528
Fax: + 44 1905 763776
E-Mail: diving@seastyle.co.uk
Website: www.seastyle.co.uk
Organisation: PADI, TDI
Language: English
Established: 1976
Season: 01.01. - 31.12.

Jersey

Hauptstadt	St. Helier
Einwohner	80.000
Währung	Pfund Sterling, £
Amtssprache	Englisch
Telefonvorwahl v. D	00 44
Telefonvorwahl n. D	00 49
Verkehr	Linksverkehr
jährl. Touristenzahl	k. A.
Elektr. Strom	k. A.
Visum	nein
Flughafen	Jersey (JER)

Tauchregionen:
Ärmelkanal
Jersey

Fläche: 208 km^2
Einwohner: 146.000

Geographische Lage:
Im Ärmelkanal zwischen England und Frankreich vor der Bucht von St. Malo gelegene Inseln. Die drei größten sind Jersey, Guernsey und Alderney, außerdem gibt es mehrere Kleininseln. Jersey und Guernsey haben eigene Regierungen. Sie sind Lehen der britischen Krone. Die Landschaft ist hügelig, an den Küsten gibt es weite Sandstrände und Klippen.

Klima:
Durch den Golfstrom geprägt, daher sehr mild, die Winter sind regenreich.

Verkehr:
Flugverkehr zwischen den Inseln durch die Gesellschaft Aurigny, nach Großbritannien und zum europäischen Festland über die drei Flughäfen Alderney (ACI), Guernsey (GCI) und Jersey (JER), außerdem Fährlinien. Auf den

Inseln selber gibt es ein dichtes und gut ausgebautes Straßennetz.

Isle of Jersey:

Die größte und südlichste der Kanalinseln mit der Hauptstadt St. Helier liegt südöstlich von Guernsey. Die Gewässer um die Insel haben mit 12 m einen extrem hohen Tiedenhub.

Tauchplätze:

Einstiege von der Küste aus sind in der St. Catherine's Bay an der Ostküste der Insel, in der Portelet Bay, der St. Brelard's Bay im Südwesten, der Bonne Nuit Bay und der Bouley Bay an der Nordküste möglich.

Wracks:

Die interessantesten Wracks der Region sind die La Mauve, ein Schiffswrack, das als künstliches Riff in der Bouley Bay in 22 m versenkt wurde und die Schokland, ein WW II-Fracher am Noirmont Point.

Fauna:

Brassen, Meeräschen, Conger, Schellfisch, Barsche, Krabben, Langusten, Hummer, Garnelen, Korallen und Anemonen.

Isle of Sark:

Die viertgrößte der Kanalinseln liegt ca. 10 km östlich von Guernsey. Die Küste der etwa 5 km langen Insel ist äußerst zerklüftet.

Tauchplätze:

Mehrere Höhlen an verschiedenen Stellen der Küste, außerdem gibt es einige WW II-Wracks.

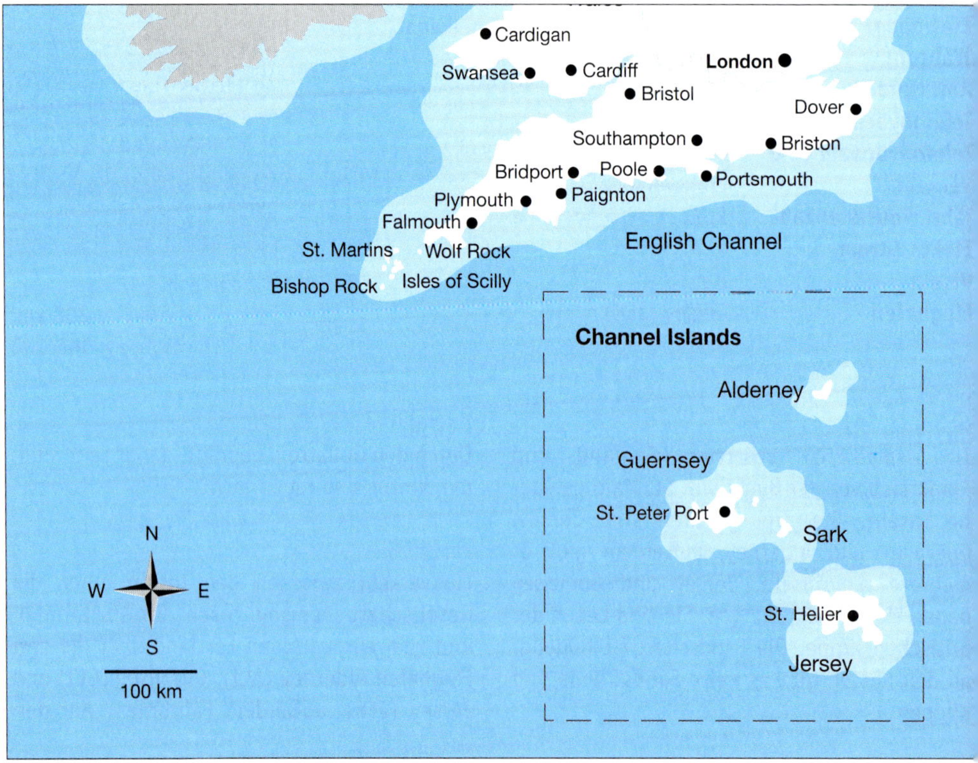

Hauptstadt	Basse-Terre
Einwohner	18.000
Entf. v. Frankfurt/M.	7.255 km
Währung	Französischer Franc
Amtssprache	Französisch
Telefonvorwahl v. D	00 590
Telefonvorwahl n. D	00 49
Verkehr	Rechtsverkehr
jährl. Touristenzahl	k. A.
Elektr. Strom	220 V / 50 Hz
Visum	nein
Flughafen	Pointe-a-Pitre Le Raizet (PTP)

Tauchregionen:
Karibisches Meer
Pigeon Island

Zeitverschiebung: MEZ - 5
Fläche: 1.704 km^2
Einwohner: 420.000

Tauchsicherheit

PADI International USA
1251 East Dyer Road
CA 92705-5605 Santa Ana
Tel: 001 (0) 714 5 40 72 34
Fax: 001 (0) 714 5 40 26 09
E-Mail: info@padi.com
Website: www.padi.com

NAUI Worldwide
FL 33619-2667 Tampa USA
Tel: 001 (0) 813 6 28 62 84
Fax: 001 (0) 813 6 28 82 53
Website: www.naui.com

Confederation Mondiale des Activites Subaquatiques
CMAS - Viale Tiziano 74
00196, Roma, Italy
Tel: 0039 6 368 58480
Fax: 0039 6 36 85 84 90
Website: www.cmas.org

DAN: Divers Alert Network
P.O. Box 3823 , 27710 Durham
North Carolina
E-Mail: info@dan-dive.com
Website: www.dan-dive.com

Information und Beratung

Reisecenter Federsee
Schussenriederstr. 26
88422 Bad Buchau
Tel: 07582 3551
Fax: 07582 3252

Karibik Inside
Lockwitztalstr. 20
01259 Dresden
Tel: 0351 2055915
Fax: 0351 2055915
karibikins@aol.com

Diver's Guide Tauchreisen
Dockenhudener Str. 14
22587 Hamburg
Tel: 040 866 0670
Fax: 040 866 06777
tauchen@divers-guide.de
www.divers-guide.de

Sun & Fun Sportreisen
Franz-Joseph-Str. 43
80801 München
Tel: 089 38014124
Fax: 089 346644
sunundfun@t-online.de

Botschaften

Deutsche Botschaft
13/15, Avenue Franklin D. Roosevelt, B F-75008 Paris
Tel: 00 33 1 538 34500
Fax: 00 33 1 435 97418

Französische Republik
An der Marienkapelle 3
53179 Bonn
Tel: 0228 955 600-0
Außenstelle:
Französische Str. 23
10117 Berlin
Tel: 030 204 3990

Fluggesellschaften

Air France
Friedensstr. 11
60311 Frankfurt
Tel: 0180 830830
www.airfrance.fr

Condor Flugdienst G.m.b.H.
Kelsterbach
Frankfurt am Main
Tel: 06107 939-0
www.condor.de

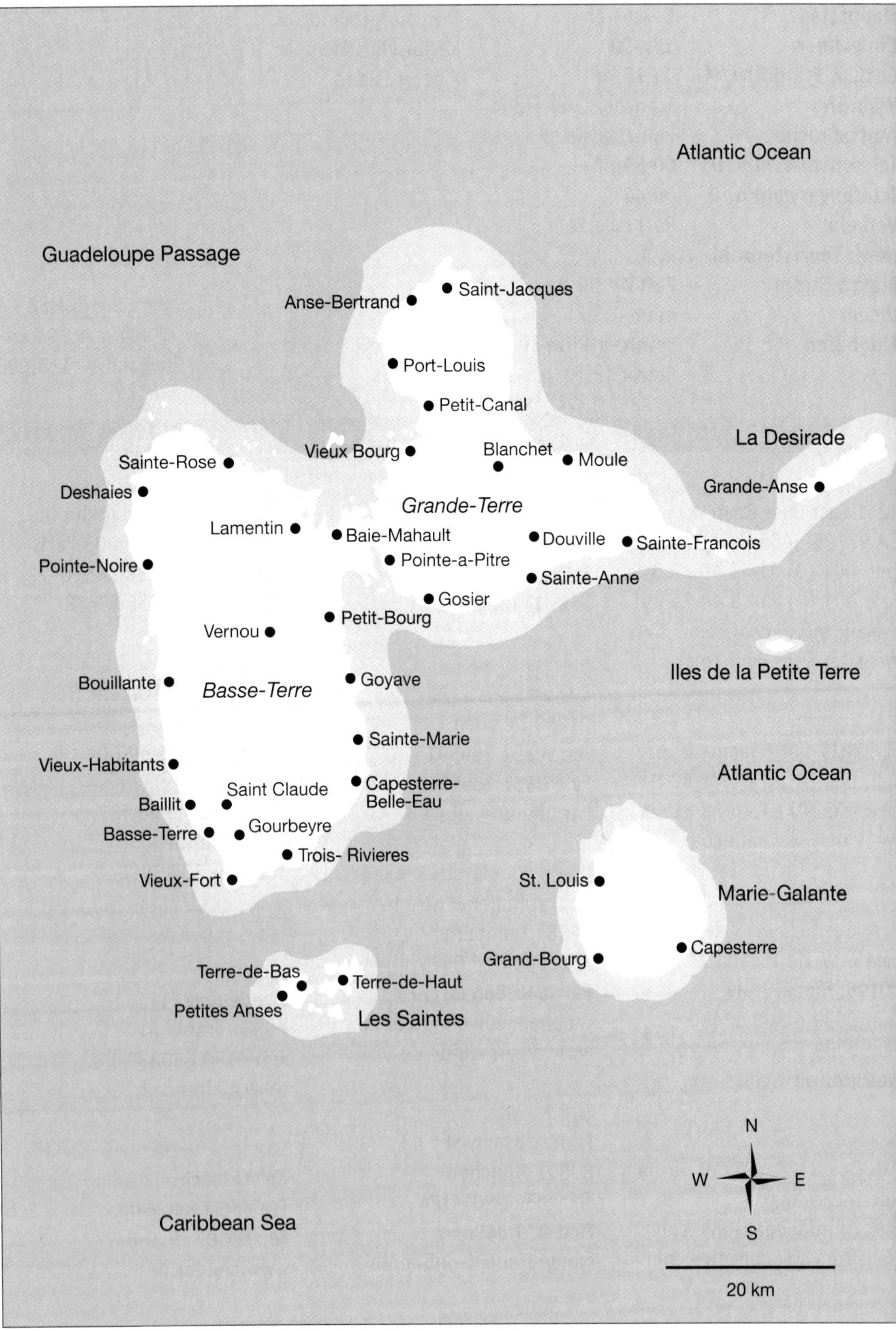
Atlantic Ocean
Guadeloupe Passage
Saint-Jacques
Anse-Bertrand
Port-Louis
Petit-Canal
La Desirade
Vieux Bourg
Blanchet
Moule
Sainte-Rose
Grande-Anse
Deshaies
Grande-Terre
Lamentin
Baie-Mahault
Douville
Sainte-Francois
Pointe-Noire
Pointe-a-Pitre
Sainte-Anne
Gosier
Petit-Bourg
Vernou
Iles de la Petite Terre
Bouillante
Basse-Terre
Goyave
Sainte-Marie
Vieux-Habitants
Atlantic Ocean
Saint Claude
Capesterre-
Belle-Eau
Baillit
Basse-Terre
Gourbeyre
Trois- Rivieres
Vieux-Fort
St. Louis
Marie-Galante
Capesterre
Grand-Bourg
Terre-de-Bas
Terre-de-Haut
Petites Anses
Les Saintes
N
W
E
S
Caribbean Sea
20 km

Geographische Lage:
Guadeloupe liegt im Bogen der Kleinen Antillen, nördlich von Domenica und südlich von Montserrat und ist ein französisches Überseedepartement (D.O.M.), das neben den Hauptinseln Grand Terre und Basse Terre auch noch mehrere kleine Inseln umfasst. Grande-Terre und Basse-Terre sind durch die Mangrovenregion Rivière Salée voneinander getrennt. Die Inseln sind zumeist dicht bewaldet. Im Inland von Basse-Terre gibt es mehrere Vulkane. Die kleinen Inseln sind trocken und nur mit Kakteen bestanden.

Klima:
Heiß und feucht über das ganze Jahr, ohne große jahreszeitliche Unterschiede.

Verkehr:
Straßen gibt es auf den großen Inseln vor allem an den Küsten. Die Verkehrswege sind gut ausgebaut. Verbindungen zwischen den Inseln und zu den Nachbarinseln bestehen durch Fähren und Flugzeuge. Grande-Terre und Basse-Terre sind durch eine Brücke miteinander verbunden. Außerdem gibt es den internationalen Flughafen Pointe-à-Pitre Le Raizet auf Grande-Terre (PTP).

Pigeon Island:
Die Insel besteht aus den beiden Teilen Nord- und Süd-Pigeon vor der Westküste von Basse-Terre. Die Kleininseln gehören zum Cousteau Marine Sanctuary. Es sind schroffe, felsige Gebirge im Meer, die von riesigen Korallenriffs umgeben sind.

Tauchplätze:
Zu den besten Tauchgebieten in dieser Region gehört das North Side Reef vor Nord-Pigeon mit sehr guten Sichtweiten. Hervorragende Möglichkeiten bestehen vor allem an den Steilwänden des Außenriffs. Ebenso großartig sind die Tauchplätze am West Side Reef mit steilen Abbrüchen. Ein weiteres Highlight ist das North East Reef vor der gleichen Insel. Das Außenriff fällt hier bis auf mehr als 40 m ab, wobei ein Absatz bei etwa 20 m liegt. Auch bei den Iles Des Saintes gibt es gute Tauchmöglichkeiten, sehr lohnend vor allem die Rock Canyons mit den dicht bewachsenen Steilwänden.

Fauna:
Riff-Fische, Schnapper, Muränen, Trompetenfische, Garnelen, Korallen, Schwämme, Gorgonien, Anemonen.

Deshaies 97126 Guadeloupe
Plongéenote Bleoe Cafeiere
Owner: Denvelle Thiebavlt
Ph: + 590 5374 Fax: + 590 285689
Website: www.hetelhga.com.en7diving.hth
Organisation: CMAS ANHP
Language: French, English
Season: 01.01. - 31.12.

Deshaies GUM 97123 Guadeloupe
Tropical Sub Hotel Fort Royal Bavent
Owner: Jean Pierre Concaud
Ph: + 590 255000 Fax: + 590 285348
E-Mail: tropisub@outremes.com
Website: www.tropicalsub.gp
Organisation: CMAS, PADI, CEDIP
Language: French, English
Season: 01.10. - 31.08.

Pigeon - Bouillante 97132 Guadeloupe
Archipel Plongée Plage De Malendure
Owner: Rene jasor
Organisation: CMAS
Ph: + 590 989393 Fax: + 590 989928
Language: English, French, German

Guam und Nördliche Marianen

Hauptstadt	Agana
Einwohner	8 000
Entf. v. Frankfurt/M.	11.746 km
Währung	US-Dollar, US-$
Amtssprache	Englisch
Telefonvorwahl v. D	00 671
Telefonvorwahl n. D	01 149
Verkehr	Rechtsverkehr
jährl. Touristenzahl	k. A.
Elektr. Strom	110 V / 60 Hz
Visum	k. A.
Flughafen	Guam (GUM)

Tauchregionen:
Pazifischer Ozean
Guam

Zeitverschiebung: MEZ +
Fläche: 541 kr
Einwohner: 135.0C

Tauchsicherheit

PADI International
1251 East Dyer Road
CA 92705-5605 Santa Ana
USA
Tel: 001 (0) 714 5 40 72 34
Fax: 001 (0) 714 5 40 26 09
E-Mail: info@padi.com
Website: www.padi.com

NAUI Worldwide
FL 33619-2667 Tampa USA
Tel: 001 (0) 813 6 28 62 84
Fax: 001 (0) 813 6 28 82 53
Website: www.naui.com

DAN: Divers Alert Network
P.O. Box 3823 , 27710 Durham
North Carolina, USA
E-Mail: info@dan-dive.com
Website: www.dan-dive.com

NASDS: Diving Schools USA
1012S. Yates
38119 Memphis, Tennessee
Tel: 001 (0)901 767 7265
Fax: 001 (0)901 767 2798
info@www.nasds.com
Website: www.nasds.com

Information und Beratung

Sun and Fun
Franz-Joseph-Str. 43
80801 München
Tel: 089 380 14124
Fax: 089 346 644
sunundfun@t-online.de

Diver's Guide Tauchreisen
Dockenhudener Str. 14
22587 Hamburg
Tel: 040 866 0670
Fax: 040 866 06777
tauchen@divers-guide.de
www.divers-guide.de

Dive & Fun
Katharinenstr. 48
31135 Hildesheim
Tel: 05121 130 320
Fax: 05121 134 037

Schöner Tauchen
Hastedter Heerstr. 211
28207 Bremen
Tel: 0421 450 010
Fax: 0421 450 080
info@schoener-tauchen.com
www.schoener-tauchen.com

Botschaften

Deutsche Botschaft
4645 Reservoir Road, N. W.
Washington, D.C. 20007
Tel: 001 202 298 8141
Fax: 001 202 298 4249

Botschaft USA
Deichmanns Aue 29,
53170 Bonn
Tel: 0228 339 1

Außenstelle
Neustädtische Kirchstr. 4-5
10117 Berlin
Tel: 030 238 5174

Fluggesellschaften

Singapore Airlines Ltd.
Frankfurt am Main
Reservierungen
Tel: 069 7195 200
www.singapore-airlines.com

Airlines Information
Guam erreicht man von Euro über ostasiatische Flughäf wie Hong Kong, Tokyo, Ban kok und Singapur.

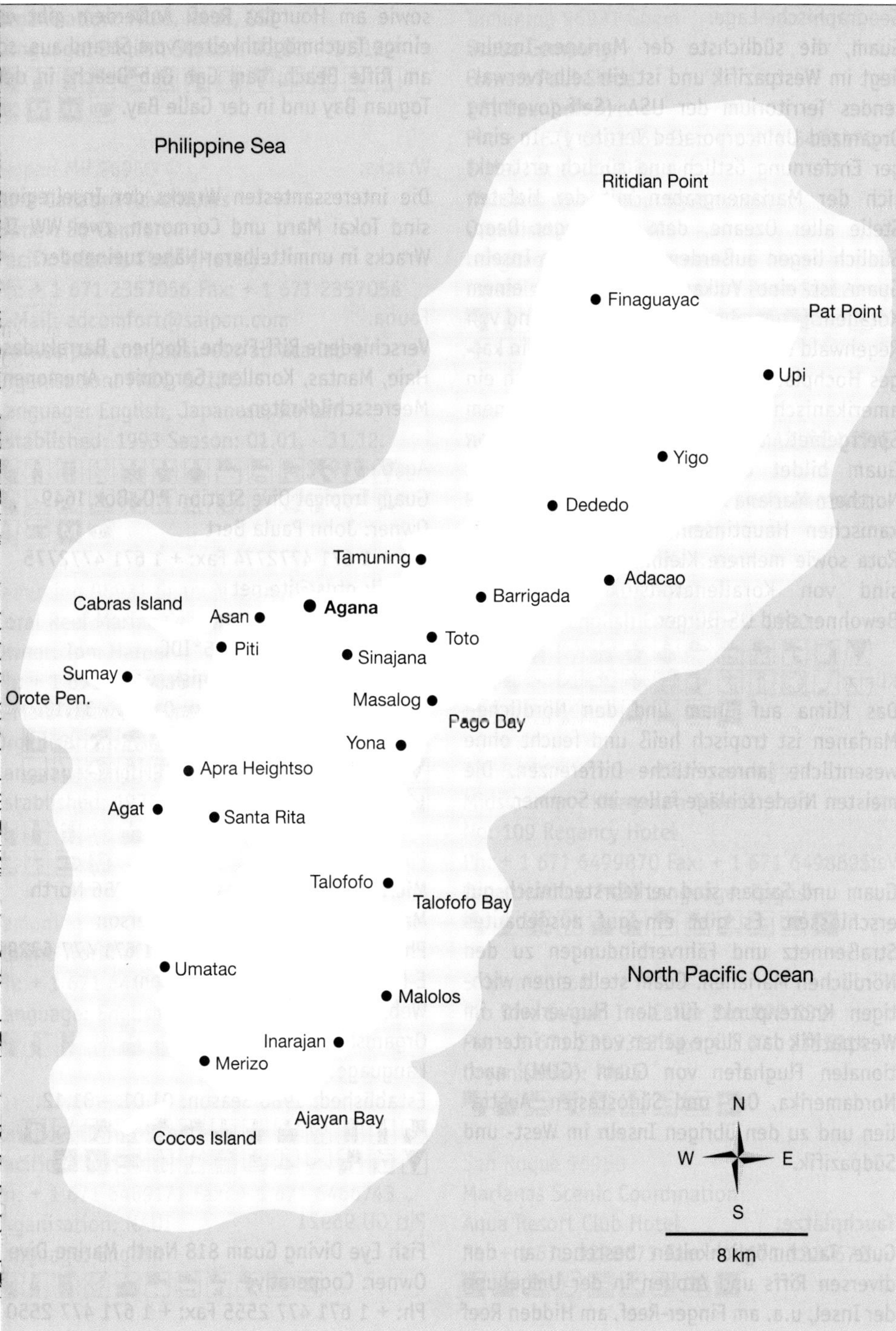
Philippine Sea
Ritidian Point
Finaguayac
Pat Point
Upi
Yigo
Dededo
Tamuning
Adacao
Barrigada
Cabras Island
Asan
Agana
Toto
Piti
Sinajana
Sumay
Orote Pen.
Masalog
Pago Bay
Yona
Apra Heightso
Agat
Santa Rita
Talofofo
Talofofo Bay
Umatac
North Pacific Ocean
Malolos
Inarajan
Merizo
Ajayan Bay
Cocos Island
N
W
E
S
8 km

Honduras

Hauptstadt	Tegucigalpa
Einwohner	720.000
Entf. v. Frankfurt/M.	9.218 km
Währung	Lempira, L
Amtssprache	Spanisch
Telefonvorwahl v. D	00 504
Telefonvorwahl n. D	00 49
Verkehr	Rechtsverkehr
jährl. Touristenzahl	230.000
Elektr. Strom	110V / 60Hz
Visum	nein
Flughäfen	Toncontin (TGU), La Ceiba (LCE)

Tauchregionen:
Karibisches Meer
Islas de la Bahai
Roatan Island

Zeitverschiebung: MEZ -
Fläche: 112.088 km
Einwohner: 5,5 Mio

Tauchsicherheit

PADI International USA
1251 East Dyer Road
CA 92705-5605 Santa Ana
Tel: 001 (0) 714 5 40 72 34
Fax: 001 (0) 714 5 40 26 09
E-Mail: info@padi.com
Website: www.padi.com

NAUI Worldwide
FL 33619-2667 Tampa USA
Tel: 001 (0) 813 6 28 62 84
Fax: 001 (0) 813 6 28 82 53
Website: www.naui.com

DAN: Divers Alert Network
P.O. Box 3823 , 27710
Durham North Carolina USA
E-Mail: info@dan-dive.com
Website: www.dan-dive.com

CMAS:
World Underwater Federation
Viale Tiziano 74
00196 Roma, Italy
Tel: 0039 6 368 58480
Fax: 0039 6 36 85 84 90
E-Mail: cmasmond@tin.it
Website: www.cmas.org

Information und Beratung

Diver's Guide Tauchreisen
Dockenhudener Str. 14
22587 Hamburg
Tel: 040 866 0670
Fax: 040 866 06777
tauchen@divers-guide.de
www.divers-guide.de

Schöner Tauchen
Hastedter Heerstr. 211
28207 Bremen
Tel: 0421 450 010
Fax: 0421 450 080
www.schoener-tauchen.com

Karibik Inside
Lockwitztalstr. 20
01259 Dresden
Tel: 0351 2055915
Fax: 0351 2055915
karibikins@aol.com

Tauchreisen Roscher
Achenerstr. 695a
50226 Frechen
Tel: 02234 967096
Fax: 02234 967097
www.tauchreisen-roscher.de

Botschaften

Deutsche Botschaft Honduras
Tegucigalpa, Edificio Paysen
Boulevard B Morazan
Tel: 00504 2323151
Fax: 00504 2329518

Botschaft Honduras Republik
Ubierstr. 1, 53173 Bonn
Tel: 0228 356394
Fax: 0228 351981

Konsulat Honduras
Humboldtstr. 35
14193 Berlin
Tel: 030 8924044-5

Fluggesellschaften

Die Anreise nach Hondura erfolgt von Frankfurt aus übe die USA (Miami oder Houston meist müssen Sie eine Über nachtung einplanen.

American Airlines Inc.
Frankfurt am Main
Reservierung u. Information
Tel: 0180 3242324

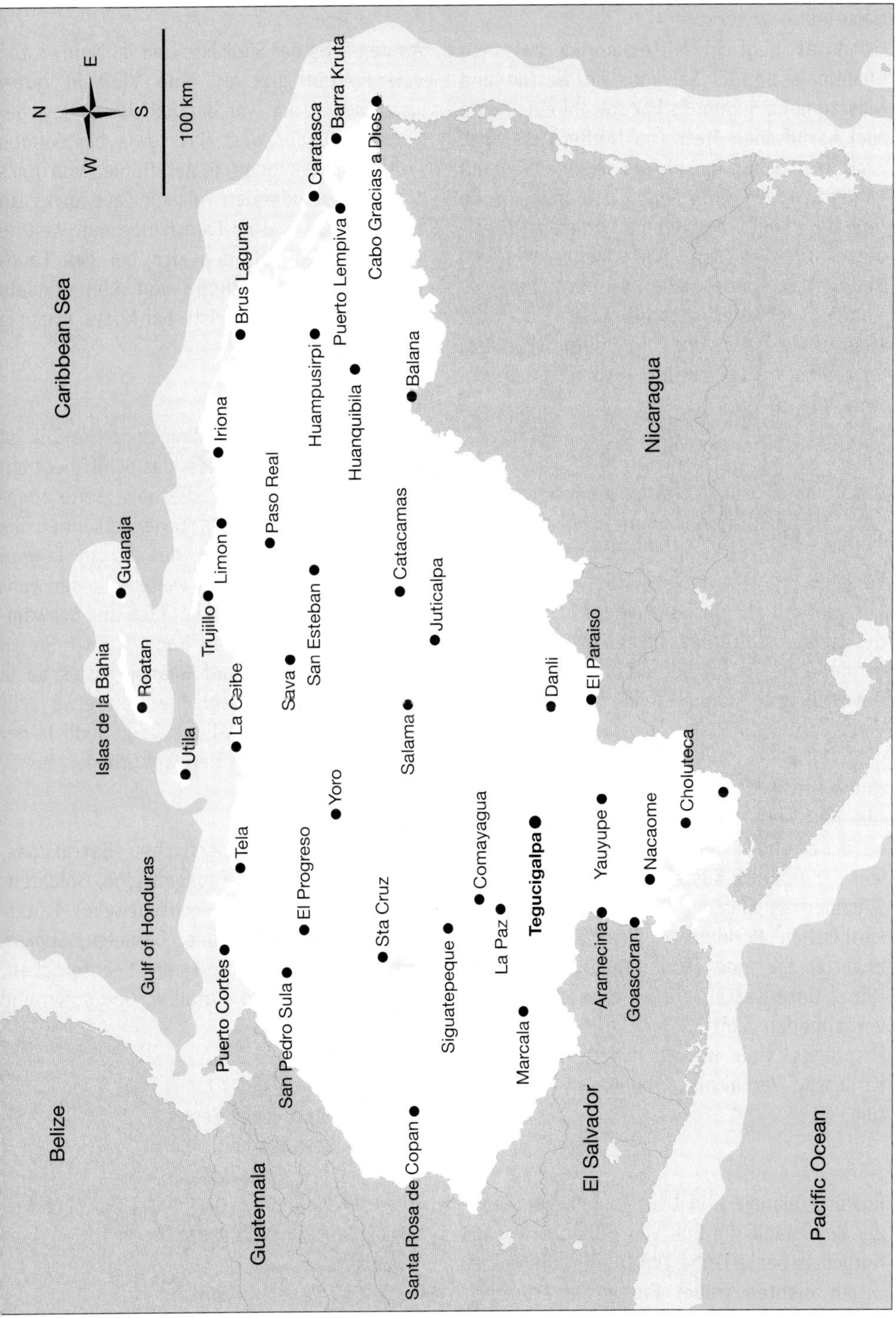
N
S
W
E
100 km
Caribbean Sea
Islas de la Bahia
Gulf of Honduras
Belize
Guatemala
El Salvador
Nicaragua
Pacific Ocean
Guanaja
Roatan
Utila
Trujillo
Limon
Iriona
Brus Laguna
Caratasca
Barra Kruta
Cabo Gracias a Dios
Puerto Lempiva
Huampusirpi
Huanquibila
Balana
Paso Real
San Esteban
Catacamas
Juticalpa
Sava
La Caibe
Tela
Puerto Cortes
San Pedro Sula
El Progreso
Yoro
Salama
Sta Cruz
Siguatepeque
Comayagua
La Paz
Marcala
Tegucigalpa
Danli
El Paraiso
Yauyupe
Aramecina
Goascoran
Nacaome
Choluteca
Santa Rosa de Copan

Geographische Lage:

Honduras liegt in Mittelamerika zwischen Guatemala und El Salvador im Westen und Nicaragua im Süden. Es hat sowohl eine Küste zum Karibischen Meer (im Norden) als auch zum Pazifischen Ozean (ein schmaler Zugang im Südwesten) mit langen Stränden. Weite Teile des Landes sind gebirgig, zumeist bewaldet, wobei im Nordosten Regenwald, im Nordwesten Nadelwälder vorherrschen. Zu Honduras gehören mehrere Inseln, u.a. die Islas de la Bahai und die unbewohnte Isla Santanilla in der Karibik sowie die Isla del Tigre im Pazifik.

Klima:

Das Klima ist tropisch bis subtropisch feucht-warm. Temperaturen, Januar 19 °C, Juli 23 °C.

Verkehr:

Ein Straßennetz gibt es vorwiegend im Westen des Landes, außerdem bestehen Inlandsflugverbindungen, auch auf die Islas de la Bahai. Der wichtigste Flughafen mit internationalem Verkehr ist Tegucigalpa Toncontin (TGU).

Korallenriff Atlantik-Küste:

Die Inselwelt vor der Küste von Honduras gehört zu einem riesigen Korallenriff, das sich von der Atlantik-Küste Mexikos bis zur Küste Südamerikas hinzieht. Über 95 Prozent aller karibischen Korallen kommen hier vor. Es erwartet Sie eine faszinierende, fast unberührte Unterwasserwelt mit Wracks aus längst vergangenen Zeiten. Höhlen vulkanischen Ursprungs, viele bizarre Kanäle und ein für karibische Verhältnisse immenser Fischreichtum.

Islas de la Bahai:

Roatán, Guanaja und Utila bilden die Gruppe der Bay Islands im Golf von Honduras vor der Nordküste bei La Ceibe und Trujillo. Die kleinen Inseln dienten früher Piraten als Versteck.

Tauchplätze:

An den Riffs der Südküste und im Nordwesten von Roatán gibt es eine Vielzahl guter Tauchplätze, u.a. vor der Half Moon Bay, der Sandy Bay, der West Bay sowie bei Cohoon Ridge, bei Oak Ridge, in den Höhlen von Jim's Silver Lodge oder den Vulcanic Cave Rocks, an Dixon's Cove und im French Harbour. Weitere Möglichkeiten befinden sich bei den Cayos Cochinos, einer Gruppe von Kleinstinseln unmittelbar vor der Küste bei Nueva Armenia südlich von Roatán.

Wracks:

Eines der beliebtesten Wracks der Karibik ist Jado Trader in 35 m Tiefe, das Schiff liegt auf Sandgrund und ist auf die linke Seite abgekippt. Bereits beim Abtauchen erkennen Sie deutlich die Konturen des 80 m langen Transporters. Schon von weitem ist der wunderschöne Bewuchs mit Korallen und Schwämmen zu sehen. Die Jado Trader finden Sie an der Southwest Bay auf Guanaja, Islas de la Bahai. Das Schiff liegt hier seit etwa acht Jahren. Die Prince Albert liegt südlich der Insel Roatán in 30 m Tiefe auf Grund.

Fauna:

Zackenbarsche, Kaiserfische, Barrakudas, Grundeln, Muränen, Papageifische, Soldatenfische, Glasfische, Eidechsenfische, Falterfische, Ritterfische, Haie, Garnelen, Sepien, Seespinnen, Röhrenwürmer, Seepferdchen, Seefedern, Krabben, Korallen, Gorgonien und Schwämme.

French Harbour Bay Islands

Fantasy Island Beach Resort
Owner: Albert Jackson
100 French Harbour Roatan
Ph: + 504 455 5222 Fax: + 504 455 5268
E-Mail: fantasy@globalnet.hn
Organisation: SSI
Language: English, Spanish

Established: 1990 Season: 01.01. - 31.12.

Roatan Bay Islands

Ocean Divers
Owner: Philip Stevens
Sunset Inn, West End
Ph: + 504 445 1925 Fax: + 504 445 1925
E-Mail: oceandivers@globalnet.hn
Website: www.roatanet.com/sunset_inn
Organisation: PADI, NAUI, TDI, BSAC
Language: English, German, Spanish
Established: 1992 Season: 01.01. - 31.12.

Roatan Bay Islands Sandybay

Anthony's Key Resort Owner: Julio Galindo
Ph: + 504 929 0090 Fax: + 504 922 7478
E-Mail: ahr@gate.net
Website: www.anthonyskey.com
Organisation: PADI

Utila 34201 Bay Islands

Cross - Creek Owner: Ronald Janssen
Ph: + 504 425 3134 Fax: + 504 425 3234
E-Mail: scooper@hondutel.hn
Website: www.ccreek.com
Organisation: PADI
Language: Spanish, English
Established: 1986 Season: 01.01. - 31.12.

Utila Bay Island

Bay Island College Of Diving
Owner: Jim Engel
Ph: + 504 425 3143 Fax: + 504 425 3209
E-Mail: bicdive@hodutel.hn
Organisation: PADI
Established: 1994

UTILA 34021 Bay Islands

Ecomarine
Owner: Roland Dietrich
Sandybay
Ph: + 504 4253350 Fax: + 504 4253350
E-Mail: ecomar@ hondutel.hn
Website: www.riconet.com/ecomarine
Organisation: PADI,
Language: English, German, French
Established: 1990 Season: 01.01. - 31.12.

French Harbour, Roatan Bay Islands

Dockside Dive Center at Coco View Resort
Owner: Patty Grier and Robert Mansfield
Coco View Reosrt
Ph: + 504 455 5505 Fax: + 504 455 5505
E-Mail: docsite@hondutel.hn
Organisation: 5*PADI, SSI
Language: Spanish, English
Established: 1995 Season: 01.01. - 31.12.

Utila Bay Islands Bay Islands

Laguna Beach Resort
Ph: + 504 668 8452 Fax: + 504 451005
Organisation: PADI

Roatan Bay Islands Bay Islands

West End Divers
Organisation: PADI
Ph: + 504 445 1531 Fax: + 504 455 1531
E-Mail: online@globalnet.hn

Indonesien

Hauptstadt	Jakarta
Einwohner	7,5 Mio.
Entf. v. Frankfurt/M.	11.097 km
Währung	Rupiah, Rp.
Amtssprache	Bahasa Indonesia
Telefonvorwahl v. D	00 62
Telefonvorwahl n. D	00 49
Verkehr	Linksverkehr
jährl. Touristenzahl	2,5 Mio.
Elektr. Strom	220V / 50Hz
Visum	nein
Flughäfen	Jakarta Soeka (CGK) Denpasar, Bali (DN)

Tauchregionen:

Java Sea:
Bali
Java

Celebes Sea:
Sulawesi
Sangalakki und Kakaban
Sipadan und Mabul

Zeitverschiebung: MEZ + (
Fläche: 1.919.443 km
Einwohner: 190 Mio

Tauchsicherheit

World Underwater Federation
CMAS Viale Tiziano, 74
00196 Roma, Italy
Tel: 0039 6 368 58480
Fax: 0039 6 36 85 84 90
E-Mail: cmasmond@tin.it
Website: www.cmas.org

PADI International USA
1251 East Dyer Road
CA 92705-5605 Santa Ana
Tel: 001 (0) 714 5 40 72 34
Fax: 001 (0) 714 5 40 26 09
E-Mail: info@padi.com
Website: www.padi.com

NAUI Worldwide
FL 33619-2667 Tampa USA
Tel: 001 (0) 813 6 28 62 84
Fax: 001 (0) 813 6 28 82 53
info@naui.org
Website: www.naui.org

DAN: Divers Alert Network
P.O. Box 3823 , 27710
Durham North Carolina
E-Mail: info@dan-dive.com
Website: www.dan-dive.com

Information und Beratung

Martin Moxter Tauchreisen
An der Theisenmühle 1
63303 Dreieich
Tel: 06103 65492
Website: www.moxter.de

Schöner Tauchen
Hastedter Heerstr. 211
28207 Bremen
Tel: 0421 450010
www.schoener-tauchen.com

Sun & Fun Sportreisen
Franz-Joseph-Str. 43
80801 München
Tel: 089 38014124
sunundfun@t-online.de

Tauchreisen Roscher
Achenerstr. 695a
50226 Frechen
Tel: 02234 967096
www.tauchreisen-roscher.de

Travel Service Kern
Burenstr. 17 70435 Stuttgart
Tel: 0711 822809
Website: www.travel-sk.de

Botschaften

Deutsche Botschaft in Indonesien
Jalan M. H. Thamrin Nr.1
Jakarta 10310
Tel: 0062 21 3901750
Fax: 0062 21 3901757

Botschaft der Republik Indonesien
Bernkasteler Str.2
53175 Bonn
Tel: 0228 382990
Fax: 0228 311393

Fluggesellschaften

Garuda Indonesia
Holzhecke 29
60528 Frankfurt
Tel: 069 6702088
www.garudaindonesia.de

Singapore Airlines Ltd.
Frankfurt am Main
Reservierungen
Tel: 069 7195-200
www.singapore-airlines.com

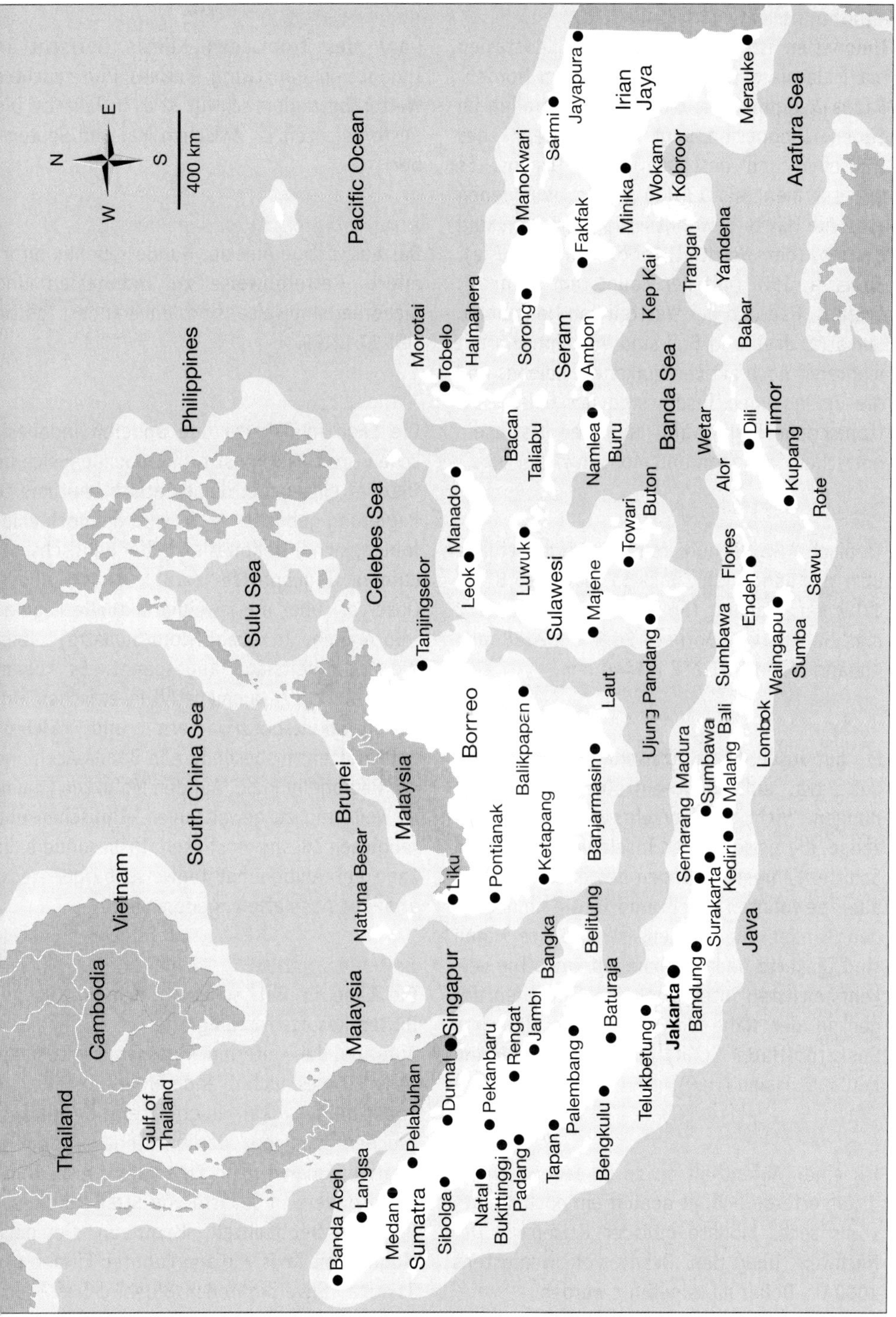
N
E
S
W
400 km
Pacific Ocean
Philippines
Sulu Sea
Celebes Sea
South China Sea
Vietnam
Cambodia
Thailand
Gulf of Thailand
Malaysia
Brunei
Malaysia
Natuna Besar
Singapur
Sumatra
Banda Aceh
Langsa
Medan
Pelabuhan
Sibolga
Dumai
Natal
Pekanbaru
Bukittinggi
Padang
Rengat
Jambi
Tapan
Palembang
Bengkulu
Baturaja
Telukbetung
Bangka
Belitung
Jakarta
Bandung
Java
Surakarta
Semarang
Kediri
Madura
Sumbawa
Malang
Bali
Lombok
Liku
Pontianak
Ketapang
Banjarmasin
Balikpapan
Tanjingselor
Laut
Ujung Pandang
Sulawesi
Majene
Luwuk
Leok
Manado
Towari
Buton
Sumbawa
Sumba
Waingapu
Endeh
Flores
Sawu
Kupang
Rote
Alor
Timor
Dili
Wetar
Banda Sea
Buru
Namlea
Taliabu
Bacan
Morotai
Tobelo
Halmahera
Sorong
Seram
Ambon
Kep Kai
Babar
Trangan
Yamdena
Fakfak
Manokwari
Minika
Wokam
Kobroor
Sarmi
Jayapura
Irian Jaya
Merauke
Arafura Sea

Geographische Lage:

Indonesien ist ein Inselstaat in Südostasien mit Malaysia und den Philippinen im Norden, Papua-Neuguinea im Osten und Australien im Süden. Indonesien liegt an der Grenze des Indischen und des Pazifischen Ozeans. Es umfasst mehr als 13.000 Inseln, von denen etwa die Hälfte bewohnt ist. Die größten sind Borneo (der Nordteil gehört zu Malaysia), Sumatra, Java (mit der Hauptstadt Jakarta), Celebes, Bali und der Westteil von Neuguinea. Sumatra, Java und Bali sind Vulkaninseln mit mehreren noch aktiven Vulkanen. Celebes und die umliegenden Inseln sind bewachsen mit tropischem Regenwald, auf den Ostinseln herrschen Savannen und Monsunwälder vor.

Klima:

Tropisch, warm und feucht, Niederschläge über das ganze Jahr. Jakarta (Java) 26,8°C / 1799 mm, Padang (Sumatra) 26,6°C / 3172 mm, Balikpapan (Borneo) 26,1°C / 2228 mm, Kupang (Timor) 27,2°C / 1440 mm.

Verkehr:

Ein gut ausgebautes Straßennnetz gibt es nur auf Java, außerdem einzelne Bahnverbindungen. Wichtigste Verkehrsmittel sind Flugzeuge, die zwischen den Inseln verkehren, und Schiffe. Fährverbindungen bestehen zwischen allen bewohnten Inseln und in die umliegenden Länder Südostasiens. Wichtigste Häfen sind Djakarta und Surabaja auf Java. Die verkehrsreichsten internationalen Flughäfen liegen in der Nähe der Hauptstadt: Djakarta Soekarno-Hatta (CGK) und Djakarta Halim Perdanakusuma (HLP).

Einreise:

Für einen Aufenthalt bis zu 60 Tagen ist kein Visum erforderlich, es genügt ein noch mindestens sechs Monate gültiger Reisepass. Der Nachweis über den Besitz von wenigstens 1000 US-Dollar muss geführt werden.

Hauptreisezeit:

Dank des tropischen Klimas herrscht in Indonesien ganzjährig warmes und feuchtes Wetter, besonders schwül ist es in Jakarta. Die beste Reisezeit ist zwischen Mai und September.

Informationen zu Indonesien:

Das auswärtige Amt der Bundesrepublik informiert. Reisehinweise zu Indonesien und Sicherheitshinweise sind unverändert gültig seit 17.12.99.

Aktuelle Lage:

Die Lage in Jakarta und anderen indonesischen Großstädten ist ruhig, nachdem sich im Oktober eine neue, demokratisch legitimierte Regierung gebildet hat. Es wird dennoch empfohlen, sich in Indonesien in der englischsprachigen Tagespresse (z.B. Jakarta Post Observer) über die jeweilige aktuelle Lage zu informieren. In Aceh (Nord-Sumatra) bleibt die Sicherheitslage angespannt. Es kommt weiterhin zu Zusammenstößen zwischen Unabhängigkeitsbefürwortern und Sicherheitskräften, insbesondere in Banda Aceh und der Region um Pidie. Auf den Molukken kommt es weiterhin zu gewaltsamen ethnischen und religiösen Zusammenstößen. Insbesondere die Lage auf Ambon hat teilweise bürgerkriegsähnliche Ausmaße angenommen.

Bali und Lombok:

Die Lage in Bali sowie in dem Gebiet de Bintan Resorts ist ruhig.
Aufgrund der weiterhin angespannten sozialen Lage kann es auch in anderen Landesteilen zu spontanen, lokal begrenzten Gewaltausbrüchen kommen. Darüber hinaus ist eine relative Zunahme von Eigentumsdelikten und insbesondere in Jakarta von Straßenkriminalität zu beobachten. Benutzen sie nach Möglichkeit Taxis von anerkannten Firmen (in Jakarta: Silverbird oder Bluebird-Taxis) und

vermeiden sie unnötige Fahrten bei Nacht. Insgesamt sind die Risiken einer Reise nach Indonesien bei Beachtung einiger Grundregeln nicht größer als bei Reisen in vergleichbaren Schwellenländern.

Indonesische Inselwelt:

Das indonesische Inselreich ist bekannt für spektakuläre Tauchplätze, wir können Ihnen hier nur einige der Besten nennen.

Java:

Hauptinsel Indonesiens mit der Hauptstadt Jakarta zwischen dem Indischen Ozean in Süden, Sumatra im Nordwesten, der Javasee im Norden und Bali im Osten gelegen.

Tauchplätze:

Die interessantesten Tauchgebiete liegen im Westen in der Straße von Penietan, weiter nördlich bei Rakata und Sertung zwischen Java und Sumatra sowie im Archipel Pulau-Pulau Seribu im Nordwesten. Sehr interessant ist die Insel Krakatau (Unterwasservulkan).

Jakarta 12014 Java

Laut Dive Indo Club House Centre
Owner: Jono Sugiyanto, Organisation: SSI
JITB Simatupang, Arteri Cilandak
Ph: + 62 21 7891920 Fax: + 62 21 7803010
Language: English
Season: 01.01. - 31.12.

Jakarta 10710 Java

PT Diveindo Sindhutama
Owner: Andre Pribadi, Organisation: CMAS
3.d. floor East Wing Hotel Inter-Coninental
Ph: + 62 23 805555 Fax: + 62 23 703333
Language: English
Season: 01.01. - 31.12.

Jalan Gatot Soebroto Java

Divermasters Indonesia, Organisation: PADI
Indonesian Bazaar Shop #31
Ph: + 62 21 417412 Fax: + 62 21 4204842
Language: English Season: 01.01. - 31.12.

Pusaat D.K.I. 10270 Java

Stingray Dive Centre, Organisation: PADI
Ph: + 62 21570 0272 Fax: + 62 215700272
Language: English
Season: 01.01. - 31.12.

Bali (Die Insel der Götter):

Insel zwischen Java im Westen und Lombok im Osten mit aktiven Vulkanen, Hauptort ist Denpasar im Süden. Besonders die Südküste ist sehr gut erschlossen.

Tauchplätze:

Die besten Tauchmöglichkeiten finden sich in den Riffs der nördlich vorgelagerten Insel Menjangan, besonders am Northwest Reef im Menjangan National Park, die am besten von Lovina aus zu erreichen sind. Weitere hervorragende Tauchplätze liegen bei Candi Dasa, in der Pandang Bay, bei Pemuteran, Nusa Dua und Samur, vor den Inseln Penida und Lembongan sowie bei Tulamben und Cemeluk im Nordosten von Bali.

Wracks:

Die interessantesten Wracks sind die USS Liberty (in 18–29 m Tiefe) und die Merchantman, beide in der Tulamben Bay.

Fauna:

Röhrenaale, Seefedern, Sepien, Panda-Falterfische, Zwergkorallenwächter, Papageifische, Rochen, Haie, Korallen, Gorgonien, Schwämme, Haarsterne, Seescheiden, Röhrenwürmer, Nacktschnecken und Muscheln.

Benoa 80001 Bali

Bali Hai Divind Adven.
Owner: Michael Comenbach
Benoa Harbour or. P.O. Box 3548
Ph: + 62 361 720331 Fax: + 62 361 720334
E-Mail: diverse@mega.net.id
Organisation: PADI, NASDS
Language: English, German
Established: 1991 Season: 01.01. - 31.12.

Denpasar Bali 80238 Bali

BALI MARINE SPORTS
Owner: Made Wirawan
5L. Bypass Ngr. Rai SANUR
Ph: + 62 361 289308 Fax: + 62 361 287872
E-Mail: bmsdive@indosat.net.id
Website: www.indo.com/diving/bms
Organisation: PADI
Language: Indonesian, English, German
Established: 1978 Season: 01.01. - 31.12.

Denpasar Bali 80227 Bali

Ena Dive Center
Owner: Ketut Ena Partha
Jl. Tirta Ening. No. 1 Sanur or P.O. Box 3798
Ph: + 62 361 288829 Fax: + 62 361 287945
E-Mail: enadive@denpasar.wasantara.net.id
Website: www.indo.com/diving/ena/
Organisation: PADI
Language: English
Established: 1993 Season: 01.01. - 31.12.

Denpasar Bali 80225 Bali

Ambitious Diving Center
Owner: Wayan Gede Panca
Jl. Tukad Pakerisan 98, Panjer
Ph: + 62 361 241428 Fax: + 62 361 241421
E-Mail: adc@indo.net.id
Website: www.indo.com/diving/ambitious
Organisation: PADI, Language: English
Established: 1995 Season: 01.01. - 31.12.

Denpasar Bali 80228 Bali

Dive and Dive's
Jl By Ng. Path Rai 23,
Ph: + 62 361 288052 Fax: + 62 361 289309
Organisation: PADI
Language: English Season: 01.01. - 31.12.

Denpasar Bali 80001 Bali

Pt. Baruna Watersports
Owner: B. Maengkom
Kol.1. Gusti Ngurah Rai
Ph: + 62 361 753820 Fax: + 62 361 753809
Organisation: PADI, SSI, CMAS
Language: English
Season: 01.01. - 31.12.

Denpasar Bali 80228 Bali

Amfibi Bali Scuba Diving
Owner: Ingo Schulz
Jl. Pasar No. 10 Sindhu , Sanur
Ph: + 62 361 289408 Fax: + 62 361 288500
Organisation: PADI
Language: English Season: 01.01. - 31.12.

Denpasar Bali Bali

Citra Bali Dive Center
Jl. By Pass.I Gusti Ngueah Rai 171
Ph: + 62 361 286788 Fax: + 62 361 264827
Organisation: PADI
Language: English Season: 01.01. - 31.12.

Denpasar Bali 80277 Bali
Bali Diving Perdana Marine
Jl. Danau Poso Gang Tunjung No. 30
Ph: + 62 361 286493
Organisation: PADI
Language: English Season: 01.01. - 31.12.

Denpasar Bali 80238 Bali
Bali Pesona Bahari
Owner: I. Made Wirawan
Jalan By Pass Ngurah Rai Blanjong-Sanur
Ph: + 62 361 289308 Fax: + 62 361 287872
E-Mail: bmsdive@indosat.net.id
Website: www.indo.com/diving/bms
Organisation: 5* PADI
Language: Indonesian, German, English
Established: 1976 Season: 01.01. - 31.12.

Denpasar Bali 80034 Bali
Baruna Water Sports
Owner: Bagus John Sujayana
Jalan By Pass Ngurah Rai 300B
Ph: + 62 361 753820 Fax: + 62 361 753809
E-Mail: baruna@indosat.net.id
Website: www.baruna.com
Organisation: PADI, CMAS
Language: English
Established: 1978 Season: 01.01. - 31.12.

Kalibukbuk, North Bali Bali
Malibu Dive Center
Owner: Jack Darmawan
Lovina Beach
Ph: + 62 362 41225 Fax: + 62 362 41225
E-Mail: malibu@sinaraja.wasantara.net.id
Organisation: PADI
Language: Indonesian, English
Established: 1996 Season: 01.01. - 31.12.

Kedongaanan, Tuban 80362 Bali
Sea Lovers
Owner: Pieter Black
Jl. Bypass I Gusti Ngurah Rai No 82 C
Ph: + 62 361 288192 Fax: + 62 361 703 263
E-Mail: sealovers@hotmail.com
Organisation: PADI
Language: English Established: 1992

KUPANG 85000 Bali
DIVE Trek East
Owner: G. Whitford
Jl. Untung Surapati No. 32
Ph: + 62 361 24833 Fax: + 62 361 24833
Organisation: PADI
Language: English
Season: 01.03. - 31.12.

Nusa Dua Bali Bali
Waterworld Marine Bali
Owner: Stefanus Winokon
Jalan By Pass Ngurah Rai Km
Ph: + 62 361 772781 Fax: + 62 361 7774350
E-Mail: wtrworld@mdosat.net.id
Organisation: PADI
Language: English
Season: 01.01. - 31.12.

Sanur 80228 Bali
Bali Club Diver, Organisation: PADI
Jl. Donau Tamblingan 110
Ph: + 62 361 287263 Fax: + 62 361 287263
E-Mail: bcddiver.indosat.net.id
Language: English, German, French

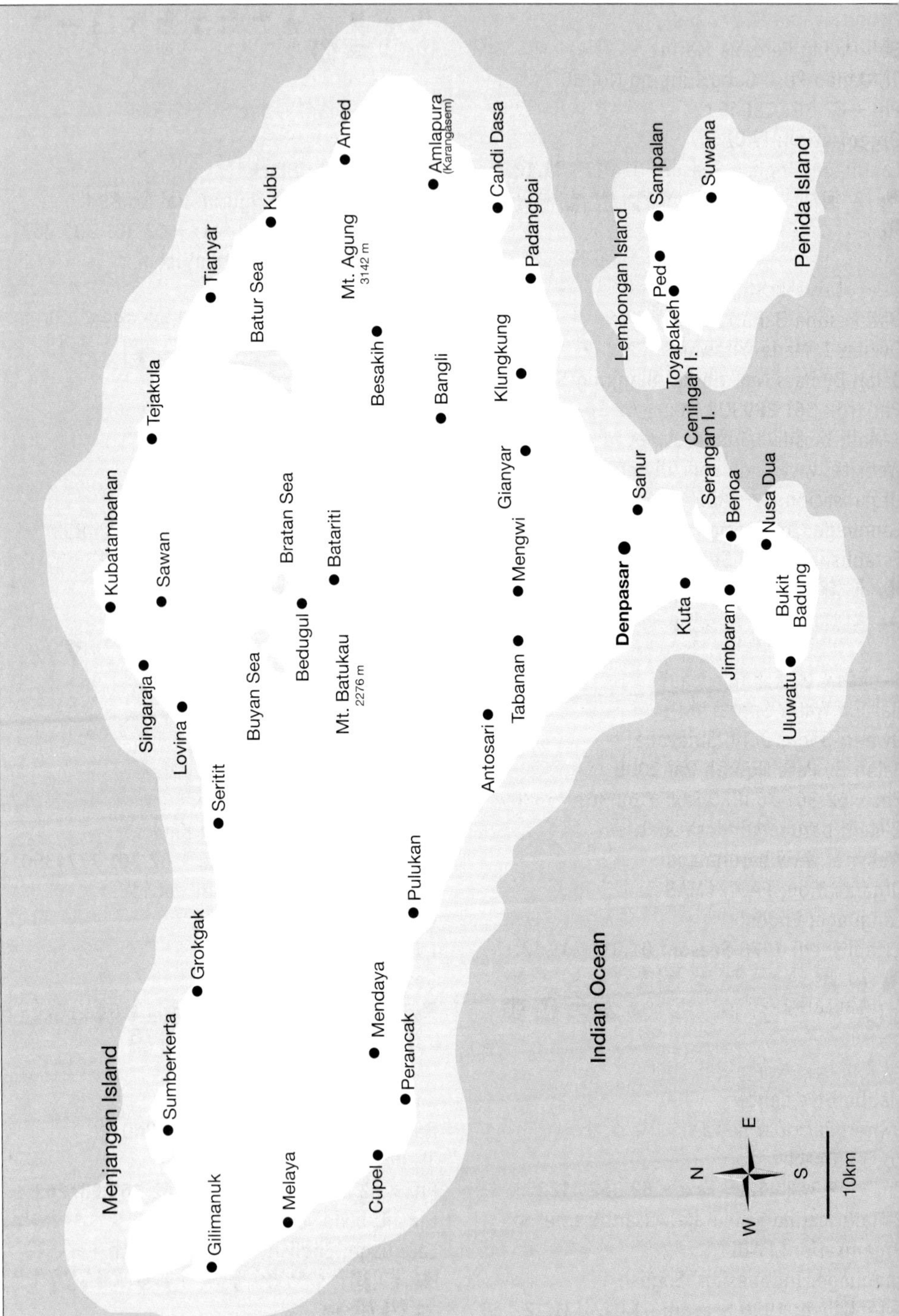
Menjangan Island
Gilimanuk
Melaya
Cupel
Sumberkerta
Grokgak
Perancak
Mendaya
Pulukan
Seritit
Lovina
Singaraja
Kubatambahan
Sawan
Tejakula
Tianyar
Kubu
Amed
Buyan Sea
Bratan Sea
Batur Sea
Bedugul
Batariti
Mt. Batukau
2276 m
Mt. Agung
3142 m
Besakih
Bangli
Amlapura
(Karangasem)
Candi Dasa
Padangbai
Klungkung
Gianyar
Mengwi
Tabanan
Antosari
Denpasar
Sanur
Kuta
Jimbaran
Benoa
Nusa Dua
Bukit
Badung
Uluwatu
Serangan I.
Ceningan I.
Lembongan Island
Toyapakeh
Ped
Sampalan
Suwana
Penida Island
Indian Ocean
N
E
S
W
10km

Sulawesi (Celebes):

Insel östlich von Borneo und südlich der Philippinen mit den größten Städten Manado auf der Nordspitze und Makassar im Süden.

Tauchplätze:

Der Norden bietet schöne Tauchgebiete, vor allem in der Region von Manado auf der Nordspitze mit den Inseln Montehage, Manado Tua, Bunaken, Nain und Siladen. Die schönsten Tauchplätze sind Lekuan I-III, Celah, Alungbanua, Mandolin Point, Tengah Point, Fukui Point, Bunaken Timur, Raymond Point, Mike's Point, Sachiko Point, East Timur, Tanjung Kopi, Batu Kapal und Barrakuda. Andere lohnende Tauchregionen befinden sich bei Gorontola weiter südwestlich auf der Halbinsel sowie bei Palu, Butusuya, Empu und Donggala.

Wracks:

Vor den Küsten der Insel liegen mehrere Wracks, u.a. in der Bucht von Dongala und bei Manado, wo sich auch ein WW II-Frachter befindet.

Fauna:

Verschiedene Riff-Fische, Barsche, Barrakudas, Rotfeuerfische, Fledermausfische, Doktorfische, Krokodilsfische, Rochen, Gorgonien, Haie und Korallen.

Manado 95001 Sulawesi

Nusantara Dive Centre Molas Beach
Owner: M. Locky
Ph: + 62 431 862889 Fax: + 62 431 854668
E-Mail: ndc@mdo.mega.net.id
www.mdo.mega.net.id/ndc/cover/htm
Organisation: PADI, NAUI
Language: English
Established: 1975 Season: 01.01. - 31.12.

Manado 95010 Sulawesi

Indo Pacific Divers
Owner: Massimo Boyer
Jl. Piere Tendean 89
Ph: + 62 431 855701 Fax: + 62 431 861100
E-Mail: ipd@kudalaut.com
Website: www.kudalaut.com
Organisation: PADI
Language: Italian, English, Spanish
Established: 1996 Season: 01.01. - 31.12.

Manado, Sulut 95263 Sulawesi

Manado Seagarden Adventures
Owner: Thommy Lantang
Jl. Raya Tanahwangko, MalalayDua
Ph: + 62 431 825511 Fax: + 62 431 865086
E-Mail: msa-dve@manado.wasantara.net.id
Website: www.manadodive.com
Organisation: PADI
Language: English, Danish, Dutch
Established: 1993 Season: 01.01. - 31.12.

Utara 95500 Sulawesi

Kungkungan Bay Resort Bitung or PO Box 16
Owner: Mark Ecenbarger
Ph: + 62 438 30300 Fax: + 62 438 31400
E-Mail: resort@kungkungan.com
Website: www.kungkungan.com
Organisation: PADI Established: 1994

83352 Lombok

Reefseekers Dive Center N-W of Lombok
Owner: Ernst Lewandowski
Ph: + 62 370 641 008 Fax: + 62 370 641 005
Website: www.reefseekers.net
Organisation: PADI

Irland

Hauptstadt	Dublin
Einwohner	480.000
Entf. v. Frankfurt/M.	1.087 km
Währung	Irisches Pfund
Amtssprache	Englisch
Telefonvorwahl v. D	00 353
Telefonvorwahl n. D	00 49
Verkehr	Linksverkehr
jährl. Touristenzahl	2,5 Mio.
Elektr. Strom	220V / 50Hz
Visum	nein
Flughäfen	Dublin (DUB) Galway (GWY)

Tauchregionen:
Atlantischer Ozean
County Kerry
County Clare
County Galway
County Mayo
County Donegal
Irische See
County Cork

Zeitverschiebung: MEZ - 1
Fläche: 70.284 km^2
Einwohner: 3,6 Mio.

Tauchsicherheit

I.U.C. IRLANDE
78A, Patrick Street
Dun Laoghaire
Tel: 00353 1 284 4601
Fax: 00353 1 284 4602
Email : scubairl@indigo.ie
www.indigo.ie/scuba.irl

PADI International Ltd.
United Kingdom
Unit 7 St Philips Central
Albert Road St Philips
Bristol BS2 OPD
Tel: 0044 117 300 7234
Fax: 0044 117 971 0400

NAUI Worldwide
FL 33619-2667 Tampa USA
Tel: 001 (0) 813 6 28 62 84
Fax: 001 (0) 813 6 28 82 53
Website: www.naui.org

DAN: Divers Alert Network USA
P.O. Box 3823 , 27710
Durham North Carolina
E-Mail: info@dan-dive.com
Website: www.dan-dive.com

Information und Beratung

Sun and Fun
Franz-Joseph-Str. 43
80801 München
Tel: 089 380 14124
Fax: 089 346 644
sunundfun@t-online.de

Diver's Guide Tauchreisen
Dockenhudener Str. 14
22587 Hamburg
Tel: 040 866 0670
Fax: 040 866 06777
tauchen@divers-guide.de
www.divers-guide.de

Schöner Tauchen
Hastedter Heerstr. 211
28207 Bremen
Tel: 0421 450 010
Fax: 0421 450 080
info@schoener-tauchen.com
www.schoener-tauchen.com

Reisecenter Federsee
Schussenriederstr. 26
88422 Bad Buchau
Tel: 07582 3551
Fax: 07582 3252

Botschaften

Botschaft von Irland
Godesberger Allee 119
53175 Bonn
Tel: 0228 959290
Fax: 0228 373500

Botschaft von Deutschland
Dublin, 31 Trimleston Avenue
Booterstown
B. Blackrock Co. Dublin
Tel: 003531 2693011
Fax: 003531 2693946

Information:
www.auswaertiges-amt.de

Fluggesellschaften

Lufthansa
Frankfurt am Main
Reservierung u. Information
Tel: 069 2552-55
Web: www.lufthansa.de

British Airways
Frankfurt am Main
Flugreservierung Flüge
Tel: 0180 3340340
Web: www.british-airways.com

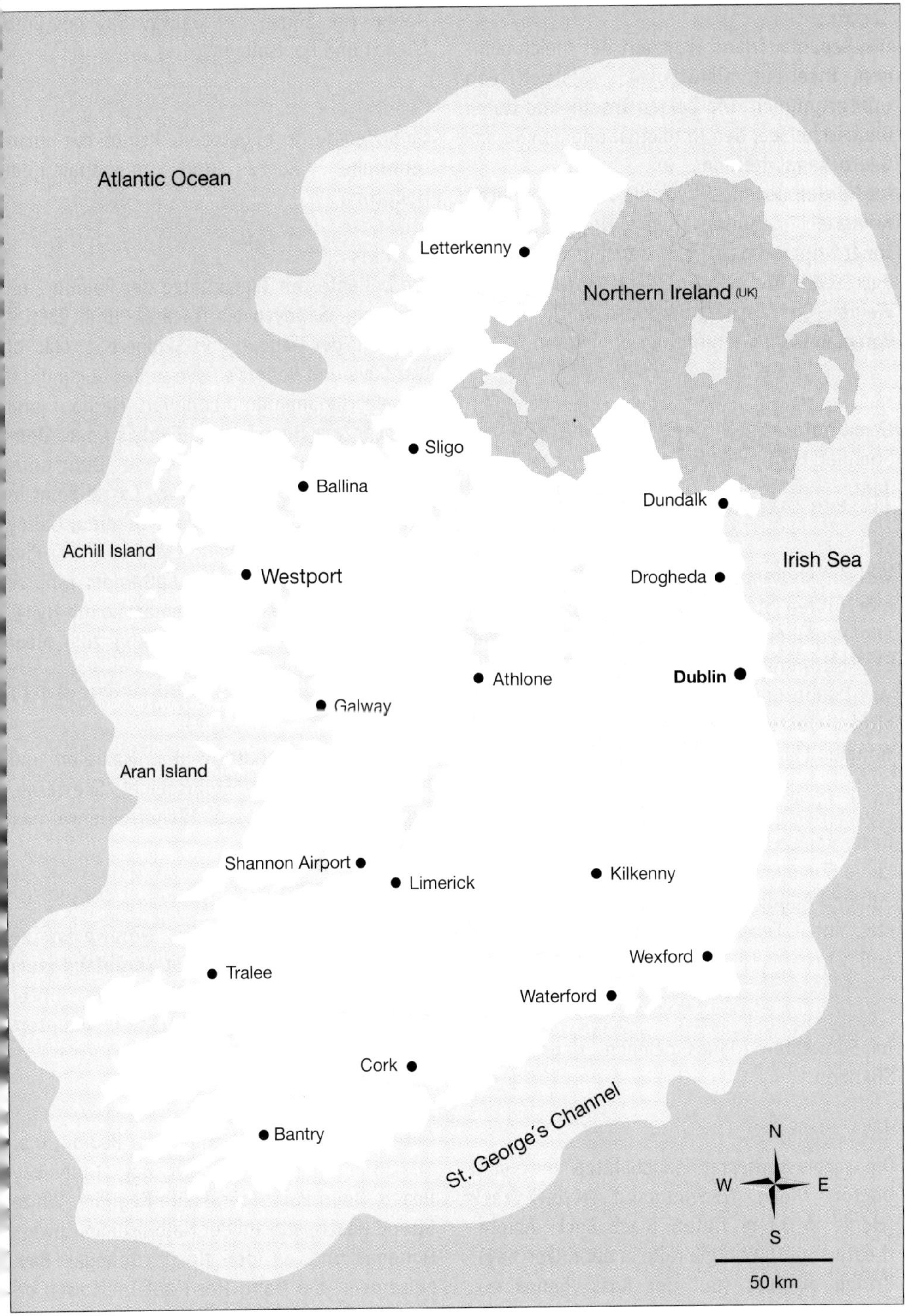
Atlantic Ocean
Letterkenny
Northern Ireland (UK)
Sligo
Ballina
Dundalk
Achill Island
Westport
Drogheda
Irish Sea
Athlone
Dublin
Galway
Aran Island
Shannon Airport
Limerick
Kilkenny
Tralee
Wexford
Waterford
Cork
St. George´s Channel
Bantry
N
W
E
S
50 km

Geographische Lage:
Die Republik Irland liegt auf der gleichnamigen Insel im Ostatlantik, westlich von Großbritannien. Die beiden Inseln sind durch die Irische See, den Nordkanal und den Sankt-Georg-Kanal getrennt.
Im Norden der Insel liegt die zum Vereinigten Königreich gehörige Provinz Nordirland. Das Innere der grünen Insel besteht vorwiegend aus Seen und Moorgebieten, Wiesen und Weiden. Die Küste ist fjordreich, mit mehreren vorgelagerten Kleininseln.

Klima:
Gemäßigtes Klima, die Winter sind mild, die Sommer kühl, Niederschläge über das ganze Jahr.

Verkehr:
Verkehrsknotenpunkt Irlands ist Dublin. Von hier führen Straßen und Eisenbahnlinien in alle Regionen des Landes. Zur Nachbarinsel Großbritannien bestehen Fährverbindungen von Dublin und Rosslare. Cork ist ein bedeutender Überseehafen. Den einzigen internationalen Flughafen gibt es in Dublin (DUB).

Hauptreisezeit:
Beste Reisezeit von Mai bis Anfang September; kühle Sommer (Durchschnittstemperaturen im Juli und August 15 °C und milde Winter (kältester Monat Februar: Durchschnittstemperatur 4–6 °C).

County Clare:
Im Südwesten Irlands gelegen, Hauptort ist Shannon.

Tauchplätze:
Die interessantesten Tauchplätze hier sind Doctor's Rock, Newfoundout, Myles Creek (Höhle in 33 m Tiefe), Black Rock, Amphitheater, South Georgia (alle in der Kilkee Bay), Bridge of Ross (auf der Ross Peninsula), Doolin (im Süden der Galway Bay bei Crab Island) und Poulsallagh.

County Cork:
Im Süden der Insel gelegene Region mit buchtenreicher Küste und gleichnamigem Hauptort.

Tauchplätze:
Die beliebtesten Tauchplätze der Region sind Tralagoh, Sandycove, Tracarta und Castlehaven in der Gegend von Skibbereen, Man of War Cove und Robert's Cove in der Gegend um Kinsale, Cloonaghlin, Lonehart Harbour und Gobbeen am Beer Island, Canty's Cove, Doneen North und South sowie Dunmanus Harbour in der Dunmanus Bay, Castle Point in der Toormore Bay sowie Nisky Landing, Galley Cove, Dunlough Pier, Vaud Creek und Toor Pier auf der Mizen Peninsula. Außerdem gibt es mehrere gute Einstiegsstellen am Lough Hyne, einem Salzwassersee mit Zugang zum Meer östlich von Skibbereen.

Fauna:
Verschiedene Fischarten, u.a. Makrelen und Kabeljau, außerdem Steinseeigel, Seesterne, Seepocken, Wachsrosen, Fächerröhrenwürmer und Nacktschnecken.

County Donegal:
Die Region umfasst die Nordwestspitze Irlands. Nachbar im Osten ist Nordirland (zum United Kingdom gehörig, siehe unter 'Großbritannien und Nordirland'). Hauptort ist Donegal.

Tauchplätze:
Gute Möglichkeiten im Süden der Region, u.a. St. John's Point, Fintragh Bay, Glen Bay Beach, Doon Point Pier, Malin Beg Pier, White Strand Beach, alle auf der Halbinsel Southwest Donegal und an der North Donegal Bay, außerdem bei Malin Head auf Inishowen an

der äußersten Nordspitze der Insel mit zwei betauchbaren Höhlen. Standard ist, nur mit einem Bodie zu tauchen! Sicherheitsleine und ein gute Lampe sind selbsverständlich.

County Galway:

An der irischen Westküste gelegene Region mit gleichnamigem Hauptort.

Tauchplätze:

Die beliebtesten Plätze sind Salt Lake (südlich von Clifden), Rosroe (im Killary Harbour) und Glassilaun (in der Killery Bay).

County Kerry:

Die stark zerklüftete Region umfasst die Südwestspitze der Insel, Hauptort: Killarney.

Tauchplätze:

Die Region weist mehrere lohnende Tauchgebiete auf, u.a. Bishop's Beach, Castlecove Pier (bei Castlecove), Lamb's Head Pier (auf der Spitze von Lamb's Head), Rath Strand, Wave Crest, Glenberg (östlich von Lamb's Head), Abbey Island Strand (in der Derrynana Bay), Derrynana Harbour (westlich von Abbey Island), Knightsworth Pier, Loop, Glanlean Beach (auf Valentina Island), Ballymore, Dingle Harbour, Coon Pier, Brandon Creek, Clogher, Kilvickadowning (an der Halbinsel Dingle) sowie Plätze auf den Skellig Islands.

Fauna:

Heringe, Sardellen, Conger, Krebse, Steinfische, Hummer, Krabben, Muscheln, Seeanemonen, Seehunde und Haie.

County Galway County Galway

Scubadive West, Lettergesh, Renvyle
Owner: Shawe Gray
Ph: + 353 95 43922 Fax: + 353 95 43923
E-Mail: scuba@anu.ie
Website: www.scubadivewest.com
Organisation: PADI, CMAS Language: English
Established: 1974 Season: 01.01. - 31.12.

Kinsale, County Cork County Cork

Kinsale Dive Centre
Owner: Maritime Tourism Ltd.
Castlepark
Ph: + 353 21 774959 Fax: + 353 21 774958
E-Mail: maritime@indigo.ie
Website:
www.indigo.ie/ipress/net/welcome.htm
Organisation: PADI
Language: English Established: 1996

Dun Laoghaire, County Dublin County Dublin

Oceantec Ltd
10-11 Marine Terrace
Ph: + 353 12 801083 Fax: + 353 12 843885
E-Mail: oceantec@indigo.ie
Organisation: 5*PADI
Language: English
Established: 1989 Season: 01.05. - 30.09.

Dublin 2 County Dublin

Great Outdoors
Owner: Leslie Lawrence
Chatham Street
Ph: + 353 16 794293 Fax: + 353 1 6 794554
E-Mail: greatod@iwdigo.ie
Organisation: PADI, CMAS
Language: English Established: 1976

Co. Kerry County Kerry

Merlin Diving
Owner: Mike Beniton
Ventry Tralee
Ph: + 353 6659876 Fax: + 353 6659876

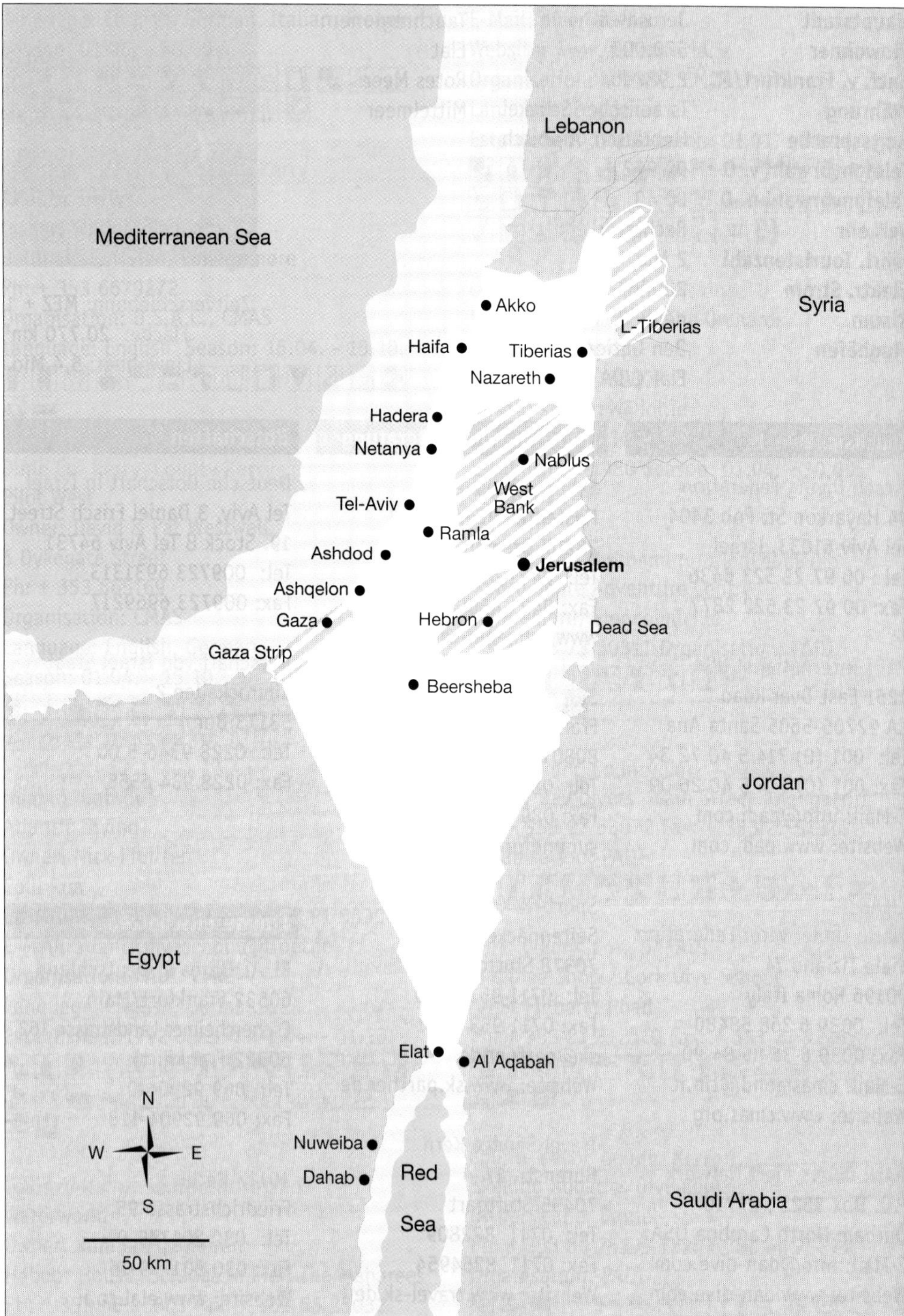
Lebanon
Mediterranean Sea
Syria
Akko
L-Tiberias
Haifa
Tiberias
Nazareth
Hadera
Netanya
Nablus
West Bank
Tel-Aviv
Ramla
Ashdod
Jerusalem
Ashqelon
Gaza
Hebron
Dead Sea
Gaza Strip
Beersheba
Jordan
Egypt
Elat
Al Aqabah
N
W
E
S
Nuweiba
Dahab
Red Sea
Saudi Arabia
50 km

Geographische Lage:

Israel liegt im Osten des Mittelmeers, nördlich der zu Ägypten gehörenden Sinai-Halbinsel und südlich des Libanons. Im Westen grenzt Israel an Jordanien, Syrien und Palästina. Israel hat neben der Mittelmeerküste noch einen Zugang zum Toten Meer und im Süden bei Eilat zum Roten Meer.

Der Süden besteht aus der Wüste Negev, die Mittelmeerküste aus fruchtbarem Flachland. Die Küste zum Toten Meer liegt unter dem Meeresspiegel.

Klima:

Milde Winter und besonders im Süden heiße Sommer. Niederschläge gibt es vorwiegend im Küstengebiet. Haifa 21,4°C / 668 mm, Jerusalem 17,6°C / 533 mm, Elat 24,8°C / 37 mm.

Hauptreisezeit:

Beste Reisezeit von April bis Juni und September/Oktober; im Hochsommer ist es, abgesehen von der Küste, sehr heiß.

Einreise:

Außer für Deutsche, die vor dem 1.1.1928 geboren wurden, ist kein Visum erforderlich; Einreisegenehmigung/Stempel bei Ankunft. Nachweis von Rück- bzw. Weiterreisepapieren und ausreichenden Geldmitteln für den Aufenthalt notwendig. Will man in arabische Länder weiterreisen, darf kein israelischer Stempel im Pass sein: Ausgabe auf gesondertem Blatt möglich. Es ist auch möglich einen zweiten Reisepass mitzuführen.

Verkehr:

Israel verfügt über ein dichtes Verkehrsnetz im Küstengebiet, im Inland gibt es nur wenige Verkehrswege. Diverse Fährverbindungen von den Mittelmeerhäfen Tel-Aviv und Haifa. Internationale Flughäfen sind Tel Aviv Ben Gurion (TEL), Jerusalem Atarot (JRS), Ovda Elat (VDA) und Haifa (HFA).

Rotes Meer, Elat:

Südlichste Stadt Israels am schmalen Zugang zum Roten Meer (Jordanzufluss) am Golf von Aqaba im äußersten Nordosten der Sinai-Halbinsel. Elat ist eine Stadt zwischen Orient und Okzident, mitten im Dreiländereck Jordanien, Ägypten und Israel gelegen. Der zwölf Kilometer lange Sand- und Kiesstrand am Coral Beach erlaubt unter Wasser Sichtweiten von bis zu 30 m auf eine riesige Arten- und Farbenvielfalt. Der Autor empfiehlt diesen Tauchplatz besonders.

Tauchplätze:

Die schönsten Tauchplätze in diesem Küstenabschnitt befinden sich am North Beach, am Coral Beach, bei Coral Island, an den Jordanian Reefs, am Moses Rock und am Japanischen Garten.

Wracks:

Ein beliebtes Wrack in der Region ist die Soufa, ein Schnellboot in 25 m Tiefe unmittelbar vor dem Coral Beach. Weiter finden sich in umittelbarer Nähe die Wracks der Cedar Pride und der Yatouche. Sie wurden eigens für Taucher versenkt.

Fauna:

Schwarzspitzen-Riffhaie, Graue Riffhaie, Hammerhaie, Stachelmakrelen, Barrakudas, Schwarztupfen-Süßlippen, Korallenwächter, Juwelen, Zackenbarsche, Riesenmuränen, Wimpelfische, Drückerfische, Clownsfische, Kaiserfische, Schmetterlingsfische, Fahnenbarsche, Papageifische, Seenadeln, Kugelfische, Kofferfische, Rotfeuerfische, Flötenfische, Großdornhusarn und Meeresschildkröten.

Sonstiges:

Am Dolphin Reef vor dem South Beach befindet sich eine Forschungsstation mit einem Delfinarium, in dem getaucht werden kann.

88103 Eilat
Red Sea Sports Club
Ph: + 97 2 7 637 6569 Fax: + 972 7 6370655
E-Mail: info10@redseasports.co.il
Website: www.redseasports.co.il
Organisation: PADI, NAUI, CMAS

88104 Eilat
Coral Sea Divers
Carlton Hotel, Coral Beach
Ph: + 97 2 7 370 337 Fax: + 972 7 6370486
E-Mail: coral_c@netvision.net.il
Organisation: PADI
Language: English, German, French
Established: 1994 Season: 01.01. - 31.12.

88102 Eilat
Aqua Sport, P.O. Box 300
Owner: Craig Budden
Ph: + 972 7 633 4404 Fax: + 972 7 6333771
E-Mail: info@aqua-sport.com
Website: www.aqua-sport.com
Organisation: 5*PADI, NAUI, CMAS, BSAC
Language: English
Established: 1962 Season: 01.01. - 31.12.

88102 Eilat
Aquasport int Coral Beach or P.O. Box 300
Owner: Craig Budden
Ph: + 97 2 7 633 4404 Fax: + 972 7 6333771
E-Mail: info@aqua-sport.com
Website: www.aqua-sport.com
Organisation: PADI, NAUI, IAHD
Language: English, German, Dutch, French
Established: 1960 Season: 01.01. - 31.12.

80000 Eilat
Red Sea Surveyor, P.O. Box 552
Owner: Gabriela Moaa
Ph: + 97 2 7 637 1670 Fax: + 972 7 6325057
Organisation: PADI
Language: German, English
Established: 1991 Season: 01.01. - 31.12.

88103 Eilat
S/Y Poolster Kings Wraf No. 2 Beach
Ph: + 97 2 7 379 685 Fax: + 972 7 6378163
Organisation: PADI

Eilat 88000 Eilat
Siam Divers, Coral Beach or P.O. Box 1020
Owner: Elat Steklov
Ph: + 97 2 7 637 0581 Fax: + 972 7 6371033
E-Mail: siamdive@netvision.net.il
Website: www.siam.co.il
Organisation: PADI, NAUI, SSI, CMAS, ACUC
Language: French, Spanish, English, German
Established: 1991 Season: 01.01. - 31.12.

Nahalat Shiva 88000
Jerusalem Divers, 7 Yoel Salomon St
Owner: Elat Steklov
.Ph: + 97 2 2 6234 724 Fax: + 972 2 625780
Organisation: PADI, NAUI, SSI, CMAS, ACUC
Language: English
Established: 1989 Season: 01.01. - 31.12.

Hauptstadt	Rom
Einwohner	2,7 Mio.
Entf. v. Frankfurt/M.	960 km
Währung	Italienische Lira
Amtssprache	Italienisch
Telefonvorwahl v. D	00 39
Telefonvorwahl n. D	00 49
Verkehr	Rechtsverkehr
jährl. Touristenzahl	27 Mio.
Elektr. Strom	220 V / 50 Hz
Visum	nein
Flughafen	Milano Malpensa (MXP)

Tauchregionen:
Thyrrenisches Meer
Sardinien
Elba
Monte Argentario
Pontische Inseln
Kalabrien
Ligurien
Adriatisches Meer
Apulien

Zeitverschiebung: MEZ
Fläche: 301.268 km²
Einwohner: 58 Mio.

Tauchsicherheit

FEDERAZIONE ITALIANA PESCA SPORTIVA E ATTIVITA SUBA
F.I.P.S.A.S. Italy
Viale Tiziano, 70
00196 -Roma
Tel: 0039 6 3685 8238
Fax: 0036 6 3685 8109

COMITATO ITALIANO C.I.R.S.S. RICERCHE STUDI SUBAQUEI
Via Principe Umberto 5/B C.P. 3
35042 PADOVA-ITALIE
Tel: 0039 429 602954
Fax: 0039 429 3030

PADI International USA
1251 East Dyer Road
CA 92705-5605 Santa Ana
Tel: 001 (0) 714 5 40 72 34
Fax: 001 (0) 714 5 40 26 09
E-Mail: info@padi.com
Website: www.padi.com

DAN: Divers Alert Network
P.O. Box 3823 , 27710
Durham North Carolina USA
E-Mail: info@dan-dive.com
Website: www.dan-dive.com

Information und Beratung

Sun & Fun Sportreisen
Franz-Joseph-Str. 43
80801 München
Tel: 089 38014124
Fax: 089 346644
sunundfun@t-online.de

Dive Travel GmbH
Südring 3 B
65795 Hattersheim
Tel: 061901603
E-Mail: info@divetrevel.de
Website: www. divetrevel.de

Sport&Kulturreisen
Seitennäckerstr.16
70378 Stuttgart
Tel: 0711 9534020
Fax: 0711 9534021
Website: www.sk.partner.de

Schöner Tauchen
Hastedter Heerstr. 211
28207 Bremen
Tel: 0421 450 010
Fax: 0421 450 080
info@schoener-tauchen.com
www.schoener-tauchen.com

Botschaften

Deutsche Botschaft in Italien
Via San Martino delle Bartaglia 4
I-00195 Roma
Tel: 0039 6 884741
Fax: 0039 6 8547956
Genua GK
Tel: 0039 (0)6 492131

Botschaft der Republik Italien
Karl-Finkelnburg-Str. 51
53173 Bonn
Tel: 0228 822-0
Fax: 0228 822-169

Fluggesellschaften

Alitalia
Frankfurt Airport-Center
Tel: 069 6950 5233
www.alitalia.it/

Condor Flugdienst G.m.b.H.
Kelsterbach
Frankfurt am Main
Tel: 06107 939-0
www.condor.de

Germany
Switzerland
Austria
France
Bolzano
Cervignano
Trieste
Milan
Venezia
Chioggia
Parma
Porto Tolle
Genova
Savona
Ravenna
La Spezia
San Remo
Imperia
Rimini
Pisa
San Marino
Ligurian Sea
Livorno
Ancona
Capraia
Piombino
Porteferraio
Grosseto
Adriatic Sea
Elba
Orbetello
Pescara
Corsica
(France)
Giglio
Vasto
Roma
Termoli
Vieste
Foggia
Barletta
Terracina
Gaeta
Bari
Olbia
Napoli
Porto Torres
Sassari
Alghero
Taranto
Agropoli
Sardinia
Gallipoli
Sapri
Oristano
Arbatax
Corigliano
Tyrrhenian Sea
Cosenza
Crotone
Carbonia
Cagliari
San Pietro
Catanzaro
Ustica
I. Eolie
Vibo Valentia
Roccella Ionica
Messina
Reggio
Trapani
Palermo
Mediterranean Sea
Marsala
Sicily
Catania
Agrigento
Augusta
Licata
Siracusa
Noto
N
Pantelleria
W
E
S
Tunisia
100 km

Geographische Lage:

Italien liegt auf einer Halbinsel in Südeuropa am Mittelmeer. Im Nordwesten grenzt Frankreich an, im Norden Österreich und die Schweiz, im Nordosten Slowenien. Die Halbinsel hat im Osten Küsten zum Adriatischen und Ionischen Meer sowie im Westen zum Ligurischen und Tyrrhenischen Meer. Zu Italien gehören die Inseln Sizilien (südlich), Sardinien (westlich) und einige Kleininseln. Die Südalpen bilden den Nord- und Nordwestabschluss des Landes, südlich davon liegt die Poebene. Sie besteht aus fruchtbarem Flachland. Das Inland der Halbinsel ist bergig, von Norden nach Süden wird es von den Apenninen durchzogen.

Klima:

Mediterran, heiße Sommer und kühle Winter, Niederschläge gibt es vorwiegend im Herbst und Winter. Beste Reisezeit für den Tauchurlaub in Norditalien ist von Mitte April bis September.

Verkehr:

Das Straßen- und Eisenbahnnetz ist gut ausgebaut, mit umfangreichen Anschlüssen an die Nachbarländer. Außerdem gibt es eine Vielzahl von Fähr- und Schiffsverbindungen nach Spanien, Griechenland, Frankreich und zu allen wichtigen Häfen des Mittelmeers sowie zu den italienischen Inseln. Mehrere internationale Flughäfen sind vorhanden, die wichtigsten sind Rom Leonardo da Vinci / Fiumicino (FCO), Mailand Malpensa (MXP), Turin Caselle (TRN), Venedig Marco Polo (VCE), Genua Cristoforo Colombo (DOA) und Rimini (RMI).

Elba:

Insel an der Küste der Toskana bei Piombino mit steilen Felsküsten und schroffen Felsriffs, nur ein paar Kilometer vom Festland entfernt. Hauptort ist Portoferraio mit Fährverbindungen zum Festland nach Piombino.

Tauchplätze:

Die besten Tauchgebiete sind Stella, Fonza, Punta Galera, Remaiolo, San Andrea, Capo Caldo und das Gebiet am Morcone Riff.

Wracks:

Interessantestes Wrack ist die Elviscot, ein Frachter in 20 m Tiefe bei Pomonte.

Fauna:

Brassen, Barsche, Conger, Mönchsfische, Meerjunker, Goldstriemen, Drachenköpfe, Seeteufel, Grundeln, Muränen, Sepien, Octopusse, Pulpos, Langusten, Gorgonien und Schwämme.

Ligurien:

Die Region liegt im Nordwesten Italiens zwischen Genua und der französischen Küste mit der Riviera di Poniente und der Riviera Levante im Golf von Genua. Wichtigste Stadt und Mekka des Tourismus in der Region ist San Remo, weitere Orte sind Imperia, Albenga, Finale Ligure und Savona.

Tauchplätze:

Gute Möglichkeiten besonders in der Region zwischen Finale Ligure und Savona, u.a. am Secca del Corallo Nero bei Noli.

Wracks:

Schönstes Wrack der Region ist die Tiffy, ein Frachter in 40 m vor Loano.

Fauna:

Lippfische, Conger, Muränen, Drachenköpfe, Nacktschnecken, Seespinnen, Langusten, Korallen, Seescheiden, Krabben, und Schwämme.

Capoliveri/Elba 57031 Elba

Bernd's Tauchbase

Owner: Bernhard Fein

Loc. Madonna d. Grazie/Casa Hintz
Ph: + 39 565 939124 Fax: + 39 565939148
Organisation: vit
Language: German
Established: 1990 Season: 01.04. - 01.10.

Capraia Isola/Elba 57032 Elba
Capraia Diving Service
Owner: A. Pettarin
Via Assunzione 72
Ph: + 39 586 905137 Fax: + 39 586 905137
E-Mail: cds@omnimedia.it
Website: www.globus1.omnimedia.it/~cds/
Organisation: PADI, SSI, CMAS
Language: Italian, English
Established: 1984 Season: 01.03. - 30.11.

Marina di Campo, Elba 57034 Elba
Spiro-Sub Diving Center
Owner: Pitt Gsell
Loc. La Foce 27
Ph: + 39 335 333345 Fax: + 39 565 976424
E-Mail: gsell@elbalik.it
Website: www.elbalik.it/diving/spiro-sub
Organisation: PADI, CMAS
Language: English, German, Italian
Established: 1977

Porto Azzurro 57036 Elba
Sub Maldive Pio Azzurro Lungomare De Gasperi
Owner: Fabio Valenti
Ph: + 39 565 920239 Fax: + 39 565 920239
E-Mail: submaldive@iol.it
Website: www.submaldive.com
Organisation: PADI, SSI, CMAS
Language: Italian, English, French
Established: 1989 S
Season: 01.04. - 30.10.

Porto Azzurro/Elba 57063 Elba
Subex Internationales Tauchsportzentrum
Owner: Walti Guggenbühl
Loc. Barbarossa 23
Ph: + 39 565 95628
Organisation: CMAS
Language: Italian, German, French
Season: 01.05. - 30.09.

Isola Del Giglio 58012 Grosseto
Deep Blue Diving College
Owner: Ado Baffigi
Via Provinciale 30
Ph: + 39 564 804190 Fax: + 39 564 804016
E-Mail: deepblue@nevib.it
Organisation: PADI, CMAS
Language: German, English, Italian
Season: 01.01. - 31.12.

Campese Isola del Giglio
Giglio Diving Club A.S.
Owner: Mario Napoleone
Della Torre
Ph: + 39 564 804065 Fax: + 39 564 804065
E-Mail: gigliodiving@hotmail.com
www.geocities.com/pipeline/slope/1515
Organisation: SSI
Language: Italian, English
Season: 01.01. - 31.12.

Isola del Gigilio Porto Isola del Gigilio
Blu Sport Diving Division Via del Sarace 21
Owner: Vittorio Bianchini
Ph: + 39 564809460 Fax: + 39 564809460
Organisation: PADI, SSI Language: Italian

Grosseto 58019 Toscana
Cala Galera Diving Center Pza. Del Valle 12
Owner: Stefano Donnini
Ph: + 39 564 810145 Fax: + 39 564 810145
E-Mail: diving@ouverture.it
Website: www.ouverture.it/diving
Organisation: SSI, HSA
Language: Italian, English, French
Established: 1990 Season: 01.01. - 31.12.

Isola del Giglio, Porto 58013 Toscana
Dimensione Mare Via Thaon De Revel 12
Owner: Stefano Baieri
Ph: + 39 564 809096 Fax: + 39 564 809558
Organisation: PADI, SSI
Language: Italian, English, French
Established: 1986 Season: 01.01. - 31.12.

Portoferraio Capoliveri 57037 Toscana
Talas Diving Center Ioc. Lido
Owner: Carlo Diatto
Ph: + 39 565 933572 Fax: + 39 565 963482
E-Mail: talas@elbalink.it
Website: www.elbalink.itTmare/om/html
Organisation: 5*PADI, NAUI, IANTD, SSI
Language: Italian, German, English, French
Established: 1994 Season 01.02. - 31.12.

Spotorno 17028 Ligurien
Diving Center Service Nereo Sub
Via Aurelia 29
Owner: Catania Salvatore
Ph: + 39 19 741434 Fax: + 39 19 741434
Organisation: SSI, SWSI
Language: Italian, English
Established: 1991 Season: 01.02. - 31.12.

Santa Margherita Ligure 16038 Ligurien
The European D.C. Via Milite Ignoto 2
Owner: Antonio Pizzo
Ph: + 39 185 293017 Fax: + 39 185 293017
E-Mail: eurodc@promix.it
Website: www.europeandc.com
Organisation: PADI, IDC
Language: German, English, Spanish, French
Established: 1995 Season: 01.01. - 31.12.

Thyrrenisches Meer:

Monte Argentario ist eine Halbinsel in der Südtoskana südlich von Grosseto. Auf der Landzunge befinden sich die Orte Port Ercole und Orbetello. Der Küste in dieser Region vorgelagert sind einige umliegende Inseln, u.a. die Isola del Giglio, die Isola di Giannutri, die Isola di Montechristo, die Isola di Planosa und die Formiche di Grosseto.

Tauchplätze:

Schöne Tauchgelegenheiten bestehen vor allem an den Steilküsten der Halbinsel, u.a. Scoglio dei Coralli (zwei Gräben, von denen einer in einen 50 m langen Tunnel übergeht, mit roten Korallen in den Felslöchern), Capo Duomo und Punta Finestre (Grotte mit einer Luftblase). Weitere hervorragende Tauchplätze befinden sich an der Isola di Giglio, einer kleinen Insel westlich der Halbinsel und südlich von Elba gelegen. Lohnend sind u.a. der Ankerplatz im Hafen von Giglio Porto und der Allume-Felsen. Außerdem gibt es interessante Einstiegsstellen bei der weiter südlich liegenden Isola di Giannutri, vor allem sind hier die Möglichkeiten an der Punta S. Francesco und der Punta Secca zu nennen.

Wracks:
Die schönsten Wracks in der Region sind die Anna Bianca, ein Küstenmotorschiff in 40 m Tiefe in der Bucht von Cala und die Nasim, eine Fähre in der Cala Maestra in 45–60 m. Beide befinden sich vor der Isola di Giannutri. In der näheren Umgebung liegen außerdem mehrere Autowracks.

Fauna:
Seezungen, Barsche, Conger, Meeraale, Dorsche, Brassen, Petermännchen, Lippfische, Schermesserfische, Drachenköpfe, Meerbarben, Himmelsgucker, Meerjunker, Muränen, Barrakudas, Octopusse, Sepien, Garnelen, Langusten, Hummer, Krebse, Fadenschnecken, Seepferdchen, Muscheln, Röhrenwürmer, Seescheiden, Anemonen, Gorgonien und Schwämme. In manchen Regionen gibt es auch verschiedene Haiarten.

Sonstiges:
Auf der Isola Argentarola befindet sich eine Tropfsteinhöhle mit einem 17 m tiefen, betauchbaren Gewölbe im Süßwasser.

Kalabrien:
Die Region im äußersten Süden des italienischen Festlandes, östlich von Sizilien, das durch die Straße von Messina vom Festland getrennt ist. Wichtigste Stadt ist Reggio di Calabria.

Tauchplätze:
Die besten Tauchplätze der Region sind Mpaddata, eine Steilwand, die bis in 42 m Tiefe abfällt, Le Ombrine, eine Steilwand bis in 40 m Tiefe, La Grotticella, ein Felsriff vor dem Hafen von Scilla, Il Muro (Drop Off), La Pietra Alloia, Felstürme, die aus 15 m Tiefe aufragen und die Steilwand Cento Cipolle.

Wracks:
Relitto di Lazzaro (Frachter in 45 m).

Fauna:
Zackenbarsche, Lippfische, Drachenköpfe, Muränen, Garnelen, Octopusse, Krebse, Seescheiden, Korallen, Anemonen und Gorgonien.

Thyrrenisches Meer, Pontische Inseln :
Etwa 50 km von der Küste entfernte Inselgruppe auf der Höhe von Neapel. Die Hauptinsel ist Ponza mit gleichnamigem Hauptort, weitere Inseln sind Zannone, Palmarola und Ventotene.

Tauchplätze:
Die beliebtesten Tauchplätze sind Punta Madonna auf Ponza, Secca Varo und Scoglio Rosso auf Zannone, Scogli Le Conciglie und Punta del Arco auf Ventotene. Außerdem liegen Secca Tramontana mit den Felsen von Scuncillo und Mezzogiorno mit kleinen Höhlen auf Palmarola in dieser Region.

Wracks:
Mehrere Wracks in etwa 20 m Tiefe, u.a. die Liberti bei Ponza.

Fauna:
Sepien, Barsche, Muränen, Garnelen, Langusten, Seepferdchen, Seespinnen, Fadenschnecken, Muscheln und Gorgonien.

Sonstiges:
Punta del Papa ist eine 30 m lange Höhle vor der Nordwestküste Ponzas.

Süßwasserseen in Italien:
Der Posta Fibreno, ein etwa 15 m tiefer Binnensee, liegt bei Frosinone in der Region Chiociaria zwischen Rom und Neapel. Auf dem See befindet sich eine schwimmende Insel, La Rota. Außerdem steht ein großes Kreuz im Zentrum des Sees. Das Gewässer weist hervorragende Sichtweiten auf.

Fortsetzung auf Seite 353

Der Herrausgeber bedankt sich hier noch einmal für die gute Zusammenarbeit mit den nationalen und internationalen Tauchorganisationen.

- Professional Association of Diving Instructors
- Confederation Mondiale des Activites Subaquatiques
- Verband Deutscher Sporttaucher e.V.
- NAUI Worldwide
- Scuba Schools International
- Europe Coordinations Office
- Verband Internationaler Tauchschulen
- Verband Internationaler Sport-Taucher
- European Committee of Professional Diving Instructors
- International Aquanautic Club
- Schweizer Unterwasser Sport Verband
- Instructor Dive Development
- Handicapped Scuba Association
- United Diving Instructors
- Erster Österreichischer Berufstauchlehrer Verband
- Verband Europäischer Sporttaucher
- International Diving Association
- American Nitrox Divers International
- DIVERS ALERT NETWORK
- Verband Deutscher Tauchlehrer

Ganz klar, der Spass im Team und die ungetrübte Freude an einer intakten Unterwasserwelt machen Tauchen zur faszinierenden Erfahrung. Genau dies mit einer überzeugenden Kompetenz zu kombinieren, ist für uns PADI-Tauchlehrer das Mass aller Dinge. Und deshalb setzen wir auf die Devise:
MORE THAN DIVING! HAVE FUN AND SAVE THE SEA!
PADI IN EUROPA 1996: 199'152 ZERTIFIZIERUNGEN!
Willst Du näheres über PADI erfahren? So frag ganz einfach nach unserem Dive-Center-Verzeichnis!
Damit die Unterwasserwelt in ihrer natürlich faszinierenden Form erhalten bleibt.
PADI
A.W.A.R.E
PADI EUROPE OBERWILERSTR. 3 CH-8442 HETTLINGEN TEL. +41-52-304 14 14 FAX +41-52-304 14 99
PADI®

ERSTER ÖSTERREICHISCHER BERUFSTAUCHLEHRER-VERBAND
1.ÖBV
Erster ÖNORM-zertifizierter Verban
★ moderne Ausbildungsmethoc
★ vom Beginner bis zum Tauchleh
★ individueller Kursbeg
★ Tauchausrüstung auf d
letzten Stand der Tech
★ praxisbezogene theoretis
und praktische Ausbild
★ Spezialkurse aller
Zentrale: Sonja Binder, Petermühlweg 1, A-8073 Feldkirchen, Tel. + Fax: 0043 (0) 316/29 14

UDI
United Diving · Instructors
siche
schne
professione
ÖNORM-zertifizie
Abenteuer Tauchen -
Das Tauch-Lehrbuch für
Schüler, Jugend und
Junggebliebene. ➜
ABENTEU
TAUCHE
Geschäftsstelle Österreich: Sonja Binder, Petermühlweg 1, A-8073 Feldkirchen, Tel. + Fax: 0043 (0) 316/29 14 24
Geschäftsstelle Deutschland: Peter Dolezyk, Gugelstr. 112, D-90459 Nürnberg, Tel. 0049 (0) 911/44 82 68 Fax 44 67 973

IDD zeigt Dir den Weg in die Unterwasserwelt.
Tauchen lernen bei IDD.
INTERNATIONAL LICENCE INSTRUCTOR DIVE DEVELOPMENT
Advanced Openwater Diver
INTERNATIONAL LICENCE INSTRUCTOR DIVE DEVELOPMENT
Rescue Diver
INTERNATIONAL LICENCE INSTRUCTOR DIVE DEVELOPMENT
Multi Level Diver
SPECIALTY
INTERNATIONAL LICENCE INSTRUCTOR DIVE DEVELOPMENT
Master Diver
INTERNATIONAL LICENCE INSTRUCTOR DIVE DEVELOPMENT
Dive Master
IDD hat einen große Anzahl von Tauchlehrer/innen die Dir auf einen professionelle und entspannende Weise die Grundbegriffe des Tauchsportes lehren können. Jede/r Tauchlehrer/in benutzt weltweit das gleiche Ausbildungsmateriel sowie das gleiche modulare Ausbildungssystem, so das jeder Schüler die gleiche Ausbildung bekommt.
Wer kann in den Genuss einer IDD Ausbildung kommen?
Ein IDD Ausbildung ist für jede person die sich wünscht, die schöne Unterwasserwelt kennen zu lernen. IDD bietet Ausbildungen in jeder stufe wie Open Water Diver, Advanced Open Water Diver, Rescue Diver, sowie auch sonderausbildungen wie UW Navigation, Nachttauchen, Tieftauchen, Nitrox Tauchem, usw.
Divemaster
Die Divemaster Ausbildung wurde für Taucher entwickelt, die daran Interesse zeigen, das Sporttauchen auf eine Professionelle Art und Weise auszuüben. Während der Divemaster Ausbildung werden Kenntnisse, Vertigkeiten und Erfahrungen aus früheren Ausbildungen einbezogen und auf eine höhere Stufe gebracht.
Der Open Water Instructor
Ein Tauchlehrer muß in der Lage sein dieser Kenntnisse und Vertigkeiten an die Schüler weiterzugeben. Ein Instructor von Instructor Dive Development (IDD) hat erlernt, wie er den Schülern auf einfachste und angenehmste Art und Weise ermöglicht das Tauchen zu erlernen.
IDD unterrichtet die Tauchleher/ innen in diesen Fertigkeiten, in einem speziellen Kurs, dem Instructor Training Course (ITC). Dies ist ein Lernprozess in dem alle Fertigkeiten, die ein Tauchlehrer braucht, bohandelt werden.
IDD bürgt für eine hohe Qualität der Ausbildungsmaterialien; dadurch akzeptieren bzw.respektieren uns die Taucher und Tauchlehrerkollegen auf der ganzen Welt!
Für mehr Informationen, kontaktieren Sie:
IDD Head Office
Nieuwpoortkade 16
NL-1055 RX Amsterdam
Holland
Tel: +31 - (0)20 - 6815148
Fax: +31 - (0)20 - 6880397
E-mail: pde@iddworld.com
INSTRUCTOR DIVE DEVELOPMENT IDD WORLDWIDE DIVING EDUCATION
Safe Diving Always in Harmony with Nature.
Auch IDD ist sehr Umweltbewußt. Sorg auch Du dafür, das andere Taucher weltweit die "Spielregeln" beim Tauchen einhalten! Oftmals werden beim Tauchen durch Unwissenheit mehr zerstört als es eigentlich notwendig ist. Benutzte darum immer wenn es nötig ist, das "Peace on Reef" Zeichen!
IDD PEACE ON REEF
INSTRUCTOR DIVE DEVELOPMENT
LOOK DON'T TOUCH

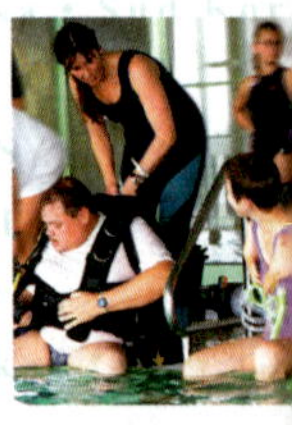

vit
VERBAND INTERNATIONALER TAUCHSCHULEN e. V.
Seit über 20 Jahren
Tauchausbildung
auf höchstem Niveau!
Ein Blick in unsere
Internetseite lohnt sich!
www.dive-vit.com
VERBAND INTERNATIONALER TAUCHSCHULEN
Zeno-Kern-Str. 33 D-83527 Haag
one: (+49) 08072.373760 - Fax: 373761 - Email: VIT-MUC@t-online.de
©by armin leeb / vit

Wir über uns

DER VERBAND
EUROPÄISCHER SPORTTAUCHER e.V.
STELLT SICH VOR

Der VEST ist 1990 vom jetztigen Präsidenten Rolf Sandkuhl und dem Vizepräsidenten Wolfgang Schneider gegründet worden.
Der VEST ist der einzige Tauchsportverband Deutschlands mit Sitz in Norddeutschland (Wiefelstede).
In der Vereinsgeschichte ist es dem Verband gelungen, schon mehr als 20.000 Personen das Tauchen nahe zu bringen und ihnen eine fundierte Ausbildung geben zu können.
Beginnend von absoluten Tauchanfängern, bis hin zu Ausbildern für Tauchlehrer werden alle Tauchsportbegeisterten in den Reihen des VEST ausgebildet.
Dabei wird ein besonders großer Wert auf eine fundierte theoretische Grundausbildung gelegt, immer dringender brauchen wir den professionellen Tauchlehrer.
Gut ausgebildet, mit pädagogischem und sozialem Gespür sowie ausgeprägtem Verantwortungsgefühl.
VEST Tauchlehrer sind eine Gruppe von Instructoren die bestens ausgebildet ein fachliches Programm in Clubs, Vereinen und Schulen bieten.
Viele unserer Tauchlehrer haben sich auch in ausländischen Tauchbasen niedergelassen.
So können wir, von uns ausgebildeten Tauchern, einen „nahtlosen" Übergang in zum Teil sehr attraktiven und fischreichen wärmeren Gewässern im Mittelmeer und Roten Meer anbieten.

Unsere Homepage.: www.vest-dive.de
Unsere eMail.: vest.ev @t – online.de

Rolf Sandkuhl
Präsident VEST e.V.

Abkühlung gefällig?
BEUCHAT
VX.10
VX 10
Iceberg

Dive Expeditions

Monique Walker
Dive Expedition

SS Thorfinn - Truk Lagoon/Mikronesien

Wracktauchen der Superlative

Es ist ein unvergleichliches Erlebnis, die legendäre Geisterflotte von Truk Lagoon zu betauchen. Erforschen Sie die Bordküchen, Cockpits, Steuerhäuser, Lade- und Maschinen-Räume dieses fantastischen Unterwasser-Museums. Angenehme Tauchbedingungen, ein gut organisierter Tauchablauf und der zuvorkommende Service auf der komfortablen SS Thorfinn machen das Wrackabenteuer perfekt. Einmal jährlich legt die SS Thorfinn ab zur Tauchfahrt "Voyage of Discovery" und kreuzt durch die entlegendsten Atolle im pazifischen Ozean.

MV Ocean Hunter - Palau/Mikronesien

Schwimmende "Garten-Inseln"

Palau wird als eines der sieben Unterwasser-Weltwunder gerühmt. In überdurchschnittlich klaren Wasserverhältnissen erwarten Sie üppig bewachsene Riffe und eine spektakuläre Vielfalt an Meereslebewesen.

Die MV Ocean Hunter kreuzt durch beeindruckende Insellandschaften und bietet Ihnen einen erlebnisreichen Tauchurlaub in angenehmer und individueller Atmosphäre.

MV Golden Dawn - Papua Neu Guinea

Unter & über Wasser - einfach Einzigartig

Für Grossfische oder seltene Meereslebewesen – die Gewässer von Papua Neu Guinea erscheinen dem Taucher wie eine Schatztruhe. Auch dieVielfältigkeit des Landes und seiner Bewohnern sind unübertroffen.
Die grosszügig und bequem eingerichtete MV Golden Dawn bringt Sie zu den besten und entlegendsten Tauchplätzen. Diese Tauchkreuzfahrten sind bekannt für Qualität, Sicherheit und das Wohlbefinden der Passagiere.

MV Baruna Adventurer - Indonesien

Unterwasserparadies für Makrofotografen

Die Gewässer Indonesien's beeindrucken durch ihre Fülle und Konzentration an Wirbellosen. Auf Kreuzfahrt mit der MV Baruna Adventurer werden Sie nicht nur tolle Tauchgänge machen, sondern in den entferntesten Hafenstädtchen auch lebensfrohen Indonesiern begegnen oder auf Komodo einem der berüchtigten Varane Auge in Auge gegenüberstehen.

Monique Walker Dive Expeditions
D-65929 Frankfurt · Tel: +49 (0) 69 - 30 41 51 · info@dive-expeditions.com · www.dive-expeditions.com

Monique Walker
Dive Expeditions

MW-Fotoworkshops

Tauchen & Fotografieren mit den Profis

Für Unterwasserfotografen und solche die es werden möchten! Unter technischer Betreuung und Beratung von René Aumann widmen wir uns intensiv der Unterwasserfotografie und befassen uns mit Marko-, Weitwinkel-, Wrack-, Action- und Modell-Fotografie. Durch das tägliche Entwickeln der Filme, Begutachten der Resultate und Besprechen eventueller Probleme, verbessern und perfektionieren Sie Ihre fotografischen Ergebnisse in lockerer und sympatischer Atmosphäre.

Mit freundlicher Unterstützung von: FUJIFILM I&I-Imaging & Information

Der Buchtip

MALEDIVEN
Tauchen - Sehen - Erleben

Der unentbehrliche Sachbildband für Taucher, Schnorchler, meeresbiologisch Interessierte oder Malediven-Reisende. Nach einer kurzen Grundinformation über Land und Leute beinhaltet er einen umfassenden Querschnitt der Meeresbiologie.
Durch klare, unkomplizierte Darstellungen und Informationen wird das komplexe Gebiet der Meeresfauna und -flora jederman zugänglich gemacht. Diese einzigartige Kombination aus beeindruckenden Farbfotos, Illustrationen und meeresbiologisch Wissenswertem macht aus diesem Buch einen faszinierenden Bildband und ein interessantes Nachschlagewerk für jeden Taucher.

184 S. mit 250 Farbfotos und
52 farbigen Aquarell-Illustrationen,
Format 21 x 29.7 cm, Leinen
zzgl. DM 10,- Porto & Verpackung

Auszeichnung als "Bester Unterwasserführer" beim Festival Mondial de l'image Sous-Marine 1995, Antibes, Frankreich

Sonderauflage nur DM 39,80

Monique Walker Dive Expeditions
D-65929 Frankfurt · Tel: +49 (0) 69 - 30 41 51 · info@dive-expeditions.com · www.dive-expeditions.com

Taucht Was !
Taucht was!
Außergewöhnliche Sportartikel
Qualitätsprodukte namhafter Hersteller
zu besten Konditionen!
SEAC SUB
IQ
Seemann Sub
Water Proof.
Kostenlosen Katalog abrufen.
aucht Was ! Tel: 0611 18361-134 Fax: 0611 18361-333 - Versandlager: D-65197 Wiesbaden, Holzstrasse
rmensitz: D-85406 Zolling-Gerlhausen, Sonnenweg 4 - Internet:
http://www.tauchtwas.de

www.paulis-tauchshop.de
Ständig neue Angebote
z.B.
SUUNTO Octopus 199,00
SUUNTO EON/SK6 749,00
SPYDER lieferbar!!!
SCUBAPRO MK20/M50 499,00
Solange Vorrat reicht!
IDC im März und Mai 98
Nitrox-Kurse jeden Monat
Weitere Kurse auf Anfrage.
Schulung vom Beginner bis zum Tauchlehrer
Beratung
Verkauf
Verleih
Reisen
Service
Hauptstr. 119 • 89250 Senden
Tel. (07307) 951131 • Fax 939228
PAULI'S TAUCHSHOP
PADI
★★★★★
5 STAR IDC

auna:
arpfen, Aale und Forellen.

driatisches Meer, Apulien:
ie südwestlichste Region Italiens, auf einer albinsel gelegen. Die wichtigsten Städte sind rindisi und Lecce.

auchplätze:
ie besten Tauchgebiete befinden sich an der estküste der Halbinsel zwischen Taranto und allipoli, gute Tauchplätze liegen vor allem ahe an der Küste in den unzähligen Grotten nd Kavernen.

auna:
ippfische, Conger, Schwämme, Anemonen, eepferdchen, Moostierchen, Drachenköpfe.

arloforte/Cagliari 09014 Cagliari
la Diving SAS C. so Battellieri 21
wner: Ornella Girosi
h: + 39 781 855634 Fax: + 39 781 856534
-Mail: isladive@tim.it
ebsite: www.space.tim.it/sport/ogirosi
rganisation: PADI
anguage: English, Italian
stablished: 1996 Season: 01.04. - 31.10.

. Antioco/Cagliari 09017 Cagliari
Sub S. Antioco/Deep Vibration
ellagio Capo Sperone
h: + 39 6 68808129 Fax: + 39 6 9333229
rganisation: PADI

uglieri 09073 Cuglieri
alu Entu D S'Archittu
h: + 39 78538352 Fax: + 39 78538352
rganisation: SSI, PADI
anguage: Italian, English
eason: 01.04. - 31.10.

Lamezia Terme 88046 Eatanzaro
Orca Diving School
Via Processione Stocco 81
Ph: + 39 968 22289 Fax: + 39 968 28067
Organisation: PADI
Language: German, English
Season: 01.01. - 31.12.

Genova 16167 Genova
PUFFO SPORTS Via G. Oberdan 126 R
Ph: + 39 10 322237 Fax: + 39 10 3728296
E-Mail: mzarafa@geitline.it
Organisation: 5*PADI, DAN
Language: Italian, English, Spanish
Established: 1990
Season: 01.01. - 31.12.

Milano 20146 Milano
Venta Diving Via Del Gracch 35
Owner: Giani Petrnogari
Ph: + 39 2 467 54968 Fax: + 39 2 467 54568
E-Mail: ventadiving@ventaglio.com
Organisation: 5*PADI
Language: Italian, French, English
Season: 01.05. - 31.10.

Castell Aquato, Piacenza 29010 Piacenza
Orso Diving Club, Loc. Paolini Di Bacedasco 1
Ph: + 39 789 99001 Fax: + 39 789 99468
Organisation: PADI
Language: Italian, English, French
Season: 01.04. - 30.11.

Porto San Paolo 07020 Porto San Paolo

Centro Sub Tavolara
Via Molara 4
Ph: + 39 789 40360 Fax: + 39 789 40186
E-Mail: uwphoto@mbox.vol.it
Organisation: PADI
Language: Italian, English
Established: 1985
Season: 01.03. - 30.11.

Portoferraio 57037 Portoferraio

Sirena Diving Center LDC, Enfola
Owner: Pedroni Gianfrancesco
Ph: + 39 336 452105 Fax: + 39 565 918938
E-Mail: sirena@elba.it
Website: www.elbalink.it/aziende/sirena
Organisation: PADI, SSI, FIAS
Language: Italian

Rimini 47037

Scuba Doo San Marino Nautica 2 s.r.l.
Owner: Marco Rinausi
Via Destra Del Porto 93
Ph: + 39 54128600 Fax: + 39 54128600
Organisation: SSI
Language: Italian, English
Season: 25.05.- 30.09.

Follonica 00055

Dolphin D.C./Torado Sub Via Odescachi 33
Owner: Enzo Freddi
Ph: + 39 699 46008 Fax: + 39 699 223545
Organisation: PADI Established: 1995

Roma 00136

Il Gruppo del Leone Marino
Owner: Paolo Ferrazza
Via L. Rizzo 83
Ph: + 39 6 39722074 Fax: + 39 6 39722074
E-Mail: leomar@miranet.it
Website: www.miranet.it/leomarino
Organisation: SSI, PADI
Language: Italian, English
Season: 01.01. - 31.12.

Roma 00165

C. Sub Via Teodoro Valfre 16-18
Ph: + 39 66381554 Fax: + 39 66381554
Organisation: 5*PADI, CMAS, SSi
Language: Italian, English
Season:01.01. - 31.12.

Roma 00183

Super Sub
Owner: Bruno Cherubini
Via Astura 2
Ph: + 39 6 77204394 Fax: + 39 6 77204394
E-Mail: supersub.roma@flashnet.it
Website: www.flashnet.it/user/en028616
Organisation: CMAS, SSI
Language: Italian, English, French
Established: 1994
Season: 01.01. - 31.12.

Roma 00141

Sangro Sub
Owner: Bruno Cherubini
Via Val Padana 44
Ph: + 39 68104938 Fax: + 39 68104938
Organisation: CMAS, SSI
Language: Italian, English, French
Season: 01.01. - 31.12.

Roma 00136 Roma
Pellicano Mare
Owner: Pierfranco Bozzi
Via Della Balduina 64 Fig
Ph: + 39 6 35450053 Fax: + 39 6 35498478
E-Mail: pellican@micanet.it
Organisation: 5*PADI, NAUI, SSI, CMAS,
Language: English

Pantelleria 91010 Sizillia
Centro Immersioni Pantelleria
Owner: Maria Ghelia
Contrada Madonna delle Grazie
Ph: + 39 23918193
Organisation: PADI, SSI
Language: Italian, English, French
Season: 01.04. - 31.10.

Terrasini, Sicilia 90049 Sicilia
Scuola Sub Companie
Owner: Gunnar Steinke
Via Luigi Einaudi 45
Ph: + 39 338 453182 Fax: + 39 91 868 7500
E-Mail: divecomp@cyberworld.it
Website: www.cyberworld.it/divecomp
Organisation: PADI
Language: German, English, Italian, French
Established: 1977 Season: 01.04. - 30.11.

S. Flavia Palermo 90017 Sizillia
Piclub Diving Center Via Nazionale 77
Owner: S. Powte
Ph: + 39 91903077 Fax: + 39 91902417
Organisation: PADIn
Language: Italian, English, French
Season: 01.06. - 30.09.

Terracina 04019
Nautica Mori s.n.c. Via C. Colombo 10/18
Owner: Oberdan Mori
Ph: + 39 773 727254 Fax: + 39 773 727257
E-Mail: pa2080@panservice.it
Organisation: PADI, NAUI, IANTD
Language: Italian, English, German
Established: 1947 Season: 01.01. - 31.12.

Giavera del Montello 31040 Treveso
Montello Sub, Via della Vittoria 7
Owner: Pagooto Ivan
Ph: + 39 422 776012 Fax: + 39 422 883889
Organisation: PADI, IANTD, SSI

Ventimiglia 18039
Pianeta Blu Via Roma n. 32/A
Ph: + 39 184 239273 Fax: + 39 184 239273
E Mail: pianetablu@rosenet.it
Organisation: PADI, CMAS
Language: Italian, French, English

Bei den folgenden Adressen wurde uns das Bundesland von der Tauchschule nicht mitgeteilt.

Aglientu (SS) 07020
Vignola Sports DC
Owner: Wolfgang Klausing
c/o Camping Baia Blu La Tortuga
Ph: + 39 335 6533047 Fax: + 39 79 602040
E-Mail: vignolasports@tiscalinet.it
Website: www.tiscalinet.it
Organisation: 5*PADI Season: 01.05. - 31.10.
Language: German, Italian, English, French

Alghero 07041
Karibu Diving Club, Maristella
Ph: + 39 55 8549170 Fax: + 39 79 946535
E-Mail: karibu@ze-cirque.it
Website: www.le-cieque.it/karibu
Organisation: PADI
Language: English Season: 01.04. - 31.10.

Antigwano LI 57128
Diving Project Hotel Rex
Owner: Marizio Corvrri PADI#900577
Via del Littorle 164
Ph: + 39 586 580400 Fax: + 39 586 509586
Organisation: PADI
Language: Italian English, French, German

Arma di Taggia 1803810
Polo SubSanremo Snc
Owner: Vincenzo Russelo
Via Lungomare 1, Darsena Del Ports
Ph: + 39 184 535335 Fax: + 39 184 462136
E-Mail: polosub@onw.net
Website: www.polosubsanremo.com
Organisation: 5*PADI
Language: Italian, French, English
Season: 01.03. - 31.10.

Bergamo 24100
Associazione Subacquea Ippocampo
Owner: Lauracristini
Via Pinamonte da Brembate 1/A
Ph: + 39 35 577577 Fax: + 39 35 577577
Organisation: PADI
Language: Italian, English
Season: 01.01. - 31.12.

Bolzano 39100
Sport Diver D.C.
Owner: Roland Ranzi
Via Duca D'Aosta Allee 28
Ph: + 39 471 276087 Fax: + 39 471 276087
E-Mail: sportdiver@sportdiver.it
Website: www.sportdive.it
Organisation: ID 5* PADI
Language: German, Italian
Season: 01.01. - 31.12.

Capoliveri, Livorno 57031
Blue Submarine Costa Del Gabbiani
Owner: Barbara Maria Fortunati
Loc. Ripalte
Ph: + 39 565 855602 Fax: + 39 565 855602
E-Mail: bluesub@infol.it
Website: www.bluesubmarine.it
Organisation: PADI
Language: Italian, English
Season: 01.05. - 30.11.

Civitavecchia 00053
Sopra E Sotto Il Mare s.a.s.
Owner: Spadaro Alessandro
Via Nazario Sauro 8
Ph: + 39 766500654 Fax: + 39 766500654
Organisation: PADI, SSI
Language: Italian, English

Fermo Posta Gozfo Aranci 07026
Atlantica Scuba Club
Owner: Paulo Lo Cicero
Yachting Club Porto Marana
Ph: + 39 789 32186
Fax: + 39 789 32186
E-Mail: atlantic@tin.it

Organisation: PADI
Language: Italian, English
Established: 1995 Season: 15.05. - 15.10.

Lecco, Como 22053

Acquasport sas di Rota, Via Risorgimento 46
Owner: Emilio Rota
Ph: + 39 341285918 Fax: + 39 341283577
Organisation: PADI, SSI
Language: Italian, English
Season: 15.03. - 15.11.

Mandello Lario-Lecco 22826

Winter & Summer, Via Statale 99/B
Owner: P. Meroni
Ph: + 39 341 700300 Fax: + 39 341 735215
Organisation: 5*PADI, SSI, PSA
Language: Italian, English
Season: 01.01.-31.12.

Porto Ercole 58018

Sub Company
Owner: Bernd Linge, Petra Köster
Lungomare A. Doria 78
Ph: + 39 564832651 Fax: + 39 564832651
Organisation: CMAS, VDST
Language: German, English, Italian
Season: 01.01. - 31.12.

S. Margherita (GE) 16038

D & WS Scuba Service Via Domizio Gosta 12
Owner: L. Tassara
Ph: + 39 185 282587 Fax: + 39 185 295763
E-Mail: dws@tigullio.net.it
Website: www.dwsscubaservice.com
Organisation: PADI, NAUI, SSI, CMAS, PSA,
Language: English, French
Season: 01.01. - 31.12.

Stromboli 98050

Le Sirenetta Diving Club
Via Marina 33
Ph: + 39 90 986025 Fax: + 39 90 986025
E-Mail: gorgonia.@mbox.vol.it
Website: www.qviaffari.it/scuba
Organisation: PADI, SSI

Venturina, Livorno 57029

Blue Submarine Agridiving
Owner: Barbara Maria, Fortunati
Via Delle Caldanelle 14
Ph: + 39 565 855602 Fax: + 39 565 855602
E-Mail: bluesub@infol.it
Website: www.bluesubmarine.it
Organisation: PADI, HSA
Language: German, English, Italian
Season: 01.01. - 31.12.

Vicenza 36100

Willy Shark srl
Owner: Richard Galley
Via Saviabona 249
Ph: + 39 444 300823 Fax: + 39 444 300823
E-Mail: willy_shark@hotmail.com
Organisation: 5*PADI, IDC
Language: Italian, English
Established: 1986

Hauptstadt	Rom
Entf. v. Frankfurt/M.	1.220 km
Währung	Italienische Lira,
Amtssprache	Italienisch
Elektr. Strom	220 V / 50 Hz
Visum	nein
Flughafen	Cagliari (CAG) Elmas

Tauchregionen:
Thyrrenisches Meer
Sardinien

Zeitverschiebung: MEZ
Fläche: 24.090 km²
Einwohner: 1,6 Mio.

Sardinien:

Die zweitgrößte italienische Insel liegt südlich von Korsika. Die wichtigsten Orte sind Sassari im Norden und Cagliari im Süden.

Tauchplätze:

Die besten Tauchplätze befinden sich an der Costa Smeralda, u.a. die Isola Tavolara im Hafen von Olbia, die Isola Mortoriotto und die Isola Rotondo vor Porto Rotondo sowie das Capo Figari. Außerdem gibt es hervorragende Tauchgebiete am Capo Testa, am Capo Teulada, am Capo Caccia (mit schönen Steilwänden), bei La Maddalena, in der Region um die Lavezzi-Inseln, an der Isola Palmaiola und der Isola Cerboli östlich von Cavo, bei der Isola Scoglietto vor Portoferraio, bei der Isola di Sant' Antioco und im Norden bei Santa Teresa.

Fauna:

Makrelen, Muränen, Conger, Mönchsfische, Barsche, Brassen, Sardinen, Sepien, Octopusse, Garnelen, Langusten, Bärenkrebse, Korallen, Gorgonien, Schwämme, Seesterne, Röhrenwürmer.

Secca delle Colonne:

Der klassische Tauchgang ins tiefe Blau! Etwa 2 km nordöstlich des Leuchtturms, ungeschützt in der offenen See liegt dieser Platz, der mit Sicherheit zu den eindrucksvollsten dieser Region gehört, aber leider auch zu den schwierigsten. Freier Fall in kristallklarem Wasser auf 37 m Tiefe, und wir stehen am Fuße von gewaltigen Granitblöcken, die sich bis auf 16 m unter die Oberfläche empor recken. Fast überall ist der Fels mit großen, roten und farbwechselnden Gorgonien bewachsen, unterbrochen von Teppichen gelber Krustenanemonen. Eine Explosion der Farben! Die Gorgonienwälder versperren teilweise den Weg durch engere Canyons. Schwärme von Brassen, Seriolas, Mönchsfischen und Fahnenbarschen leben hier. Als abschließendes Highlight findet man einen 4 m großen Anker, der mit Gorgonien bewachsen, aufrecht an einem Felsen lehnt. Dieser Tauchplatz bleibt den wirklich geübten Tauchern vorbehalten, da dort immer stärkere Strömung herrscht. Die Tiefen liegen zwischen 16 und 45 m.

Secca di Maestrale:

Etwas nordwestlich des Leuchtturms befindet sich dieser schöne und anspruchsvolle Platz. Eine Untiefe, bestehend aus einem Gebirgszug mit mehreren Gipfeln, die bis auf 12 m unter die Oberfläche hinauf ragen. Herrlich bewachsen mit vielen roten Gorgonien und besiedelt mit allem was dazugehört. Durchschnittliche Tauchtiefe 22 m. Leichte Strömung.

Alghero 07041 Sardinia
Blue Services Via Lido 18 Beach Center
Owner: Michaela Sanna
Ph: + 39 79 987 197 Fax: + 39 79 979 250
Organisation: PADI
Language: Italian, English, Scandinavian
Season: 01.04. - 31.10.

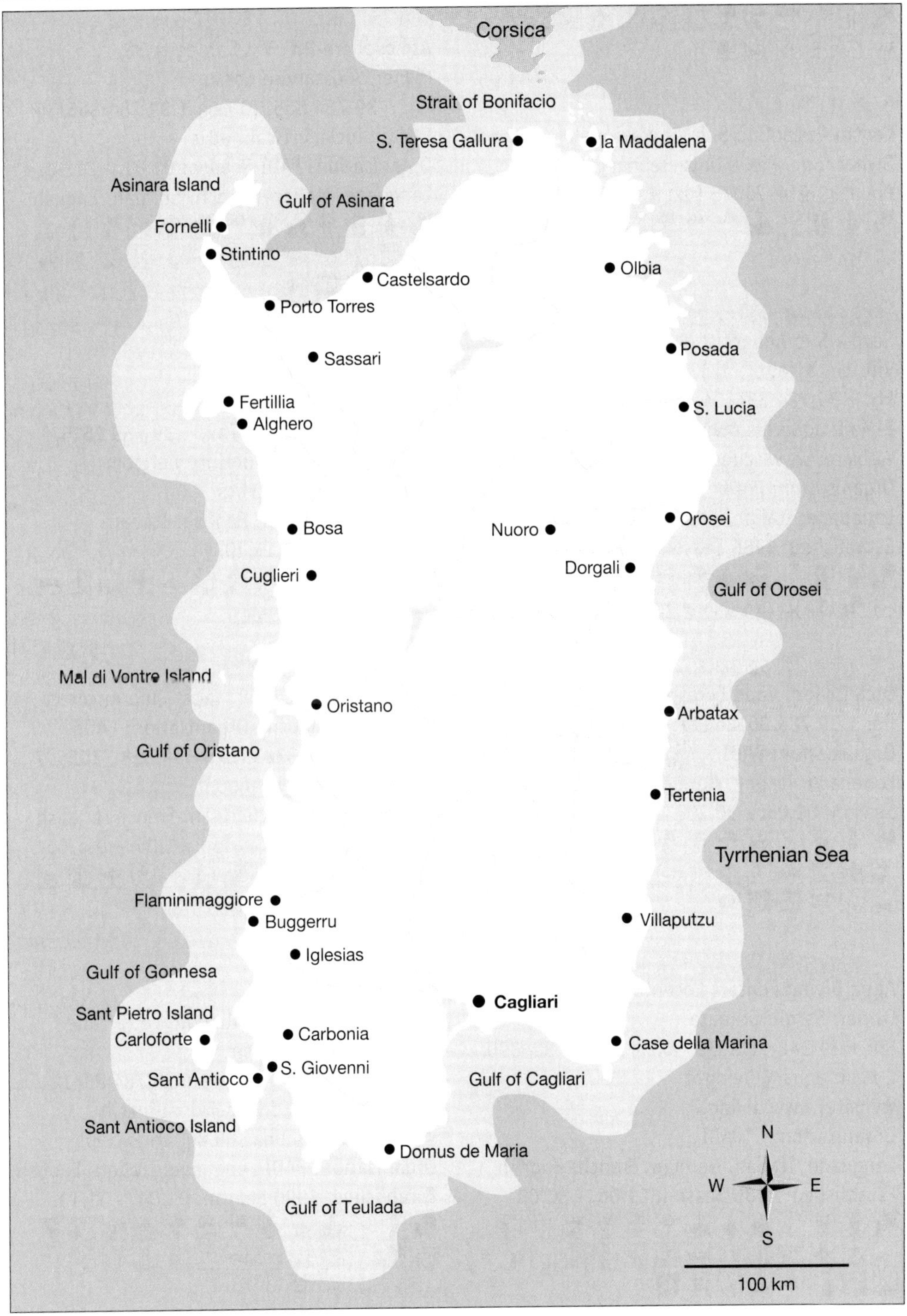
Corsica
Strait of Bonifacio
S. Teresa Gallura
la Maddalena
Asinara Island
Gulf of Asinara
Fornelli
Stintino
Castelsardo
Olbia
Porto Torres
Sassari
Posada
Fertillia
Alghero
S. Lucia
Bosa
Nuoro
Orosei
Cuglieri
Dorgali
Gulf of Orosei
Mal di Vontre Island
Oristano
Arbatax
Gulf of Oristano
Tertenia
Tyrrhenian Sea
Flaminimaggiore
Buggerru
Villaputzu
Iglesias
Gulf of Gonnesa
Cagliari
Sant Pietro Island
Carloforte
Carbonia
Case della Marina
S. Giovenni
Sant Antioco
Gulf of Cagliari
Sant Antioco Island
Domus de Maria
Gulf of Teulada
N
W
E
S
100 km

Caprioli Sardinia
Centro Pesciolino Sub Via Nazionale
Owner: Soc. Pielle Organisation: CMAS
Ph: + 39 974976075 Fax: + 39 974976190

Coda Cavallo 08020 Sardinia
Scuola Sub Aquarius
Vill. Le Farfalle
Ph: + 39 784 834124 Fax: + 39 365 502132
E-Mail: aquarius.diving@tiscalinet.it
Website: www.scuba.sub.aquarius.com
Organisation: PADI
Language: Italian, English
Established: 1985 Season: 01.01. - 31.12.

Olbia 07026 Sardinia
Orca Diving, Capo Ceraso Hotel Li Cuncheddi
Ph: + 39 789 36126 Fax: + 39 789 36194
Organisation: PADI
Language: Italian, German, English
Season: 01.05. - 30.10.

S. Teodoro NV 08020 Sardinia
Aqua Diving Centers Localita Puntaldia
Owner: Sergio Granata
Ph: + 39 348 5112333 Fax: + 39 784 864390
E-Mail: aqua@diving.it
Website: www.diving.it
Organisation: 5*PADI
Language: Italian, German, French, English
Established: 1985 Season: 01.06. - 30.09.

VISA M AE

San Teodoro (NU) 08020 Sardinia
Atmosphere D.C. Via Sardegna 38
Owner: Alessandro Cossu
Ph: + 39 784 865130 Fax: + 39 784 865130
E-Mail: lucki@tiscalinet.it
Organisation: PADI Season: 01.01. - 31.12.
Language: Italian, French, German, English

VISA M AE

Santa Teresa Gallura 07028 Sardinia
Scuola Sub Capo Testa
Owner: Joschi Kiesel
Ph: + 39 789 751519 Fax: + 39 789 751519
E-Mail: joschi@gallurainternet.com
Organisation: vit, CMAS
Language: German, English, Italian
Season: 01.05. - 15.10.

Stintino 07040 Sardinia
Asinara Diving Center Yacht Clup Ancora
Owner: Elio Bottino Organisation: PADI
Ph: + 39 79 523223 Fax: + 39 368 7205697
E-Mail: eliodive@yahoo.it
Language: Italian, German, French, English
Established: 1997 Season: 01.04. - 01.10.

Teodoro 08020 Sardinia
Scuba Sub Aquarius Villaggio Le Farfalle
Owner: Grazani Bavise
Ph: + 39 784 834124 Fax: + 39 784 834124
E-Mail: aquarius.diving@tiscalinet.it
Website: www.scuba.sub.aquarius.com
Organisation: PADI Language: Italian, English
Established: 1990 Season: 01.04. - 31.10.

VISA

Hauptstadt	Kingston
Einwohner	600.000
Entf. v. Frankfurt/M.	8.162 km
Währung	Jamaika-Dollar
Amtssprache	Englisch
Telefonvorwahl v. D	001809
Telefonvorwahl n. D	01149
Verkehr	Linksverkehr
jährl. Touristenzahl	800.000
Elektr. Strom	110 / 220 V / 50 Hz
Visum	nein
Flughafen	Kingston Norman Manley (KIN)

Tauchregionen:
Karibisches Meer
Montego Bay
Westmoreland
Negril
St. Anns
Runaway Bay

Zeitverschiebung: MEZ - 6
Fläche: 10.991 km²
Einwohner: 2,5 Mio.

Tauchsicherheit

PADI International USA
1251 East Dyer Road
CA 92705-5605 Santa Ana
Tel: 001 (0) 714 5 40 72 34
Fax: 001 (0) 714 5 40 26 09
E-Mail: info@padi.com
Website: www.padi.com

NAUI Worldwide
FL 33619-2667 Tampa USA
Tel: 001 (0) 813 6 28 62 84
Fax: 001 (0) 813 6 28 82 53
Website: www.naui.org

DAN: Divers Alert Network
P.O. Box 3823 , 27710
Durham North Carolina USA
E-Mail: info@dan-dive.com
Website: www.dan-dive.com

NASDS: National Association of Scuba Diving Schools USA
1012S. Yates
38119 Memphis, Tennessee
Tel: 001 (0)901 767 7265
Fax: 001 (0)901 767 2798
E-Mail: info@nasds.com
Website: www.nasds.com

Information und Beratung

Reisecenter Federsee
Schussenriederstr. 26
88422 Bad Buchau
Tel: 07582 3551

Karibik Inside
Lockwitztalstr. 20
01259 Dresden
Tel: 0351 2055915
karibikins@aol.com

Karibia
Fliederstr. 25
63456 Hanau
Tel: 06181 662860
Fax: 06181 662860

Sun & Fun Sportreisen
Franz-Joseph-Str. 43
80801 München
Tel: 089 38014124
sunundfun@t-online.de

Diver's Guide Tauchreisen
Dockenhudener Str. 14
22587 Hamburg
Tel: 040 8660670
Email: diversg@aol.com

Botschaften

Deutsche Botschaft in Jamaika
Kingston, 10 Waterloo Road
Kingston 10 B
Tel: 001876 926 5665
Fax: 001876 929 8282

Botschaft von Jamaika
Am Kreuter 1
53177 Bonn
Tel: 0228 934590
Fax: 0228 361890

Fluggesellschaften

Condor Flugdienst G.m.b.H.
Kelsterbach
Frankfurt am Main
Tel: 06107 939-0
Website: www.condor.de

LTU Touristik GmbH
Flughafen Terminal 3
22335 Hamburg
Tel: 040 5000031
Fax: 040 5000032
Website: www.ltu.de

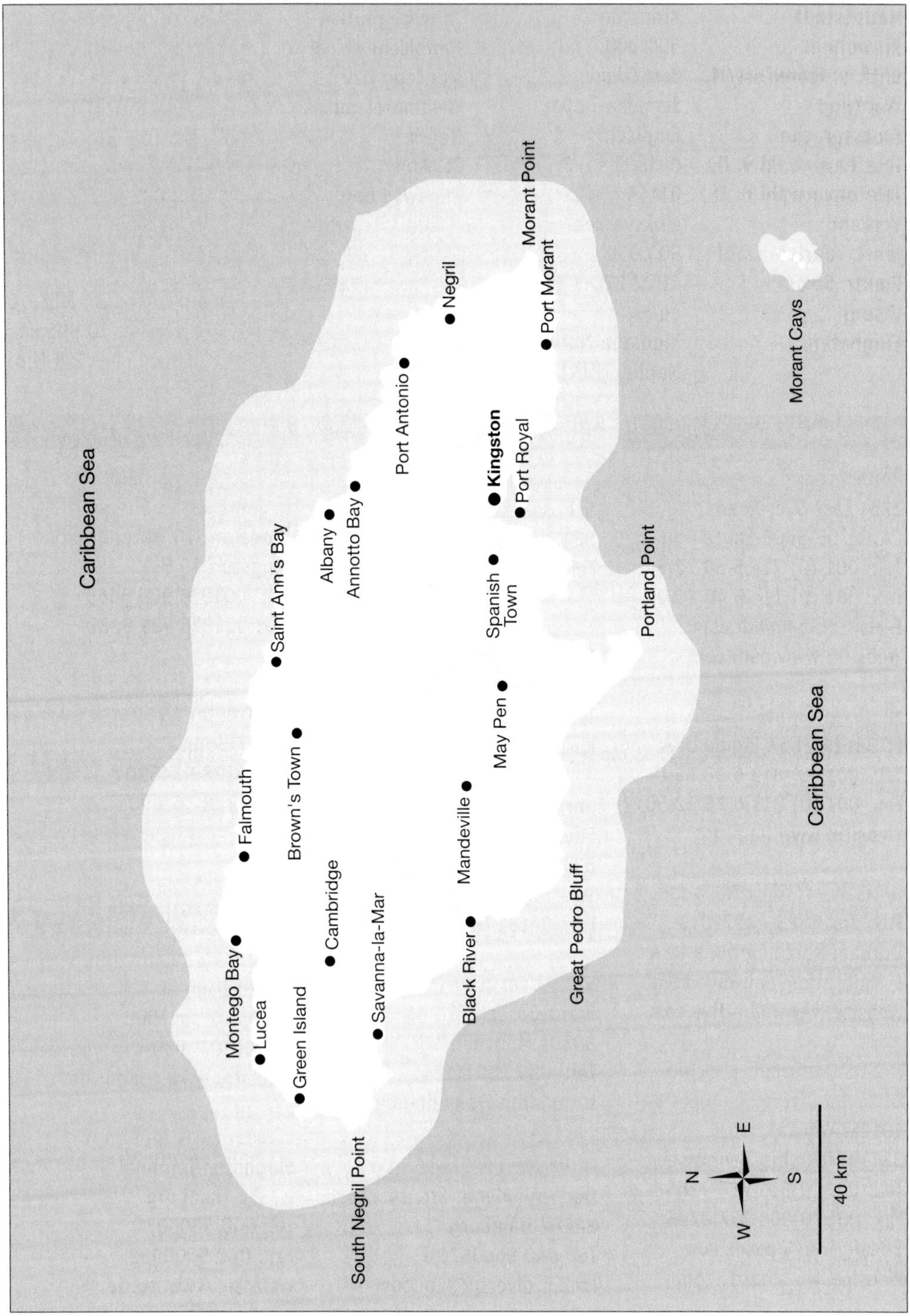
Caribbean Sea
Morant Point
Port Morant
Negril
Morant Cays
Port Antonio
Kingston
Port Royal
Annotto Bay
Albany
Saint Ann's Bay
Spanish Town
Portland Point
May Pen
Brown's Town
Caribbean Sea
Mandeville
Falmouth
Cambridge
Great Pedro Bluff
Savanna-la-Mar
Black River
Montego Bay
Lucea
Green Island
South Negril Point
N
E
S
W
40 km

Geographische Lage:
Jamaika liegt südlich von Kuba und westlich von Haiti (Hispaniola) im Karibischen Meer. Die Insel gehört zu den großen Antillen. Sie ist bergig und wird von Westen nach Osten von den Blue Mountains durchzogen. Weite Teile sind mit Dschungel und Seen bedeckt.

Klima:
Feuchtheiß, tropisch, mit kühlen Passatwinden an den Küsten. Es gibt kaum jahreszeitliche Unterschiede. Kingston 27,1°C / 811 mm.

Verkehr:
Verkehrswege gibt es vorwiegend an der Nord- und Südküste mit gut ausgebautem Straßen- und Bahnnetz. Fähr- und Flugverbindungen bestehen zu anderen Karibikinseln. Internationale Flughäfen sind Kingston Norman Manley (KIN) und Montego Bay Sangster (MBJ).

Hauptreisezeit:
Beste Reisezeit ist Dezember bis April, insgesamt gleichmäßiges Klima mit viel Sonnenschein und Regen relativ hohe Luftfeuchtigkeit zwischen Mai und Oktober.

Einreise:
Bei Aufenthalt bis zu drei Monaten kein Visumzwang; der Reisepass muss mindestens noch sechs Monate gültig sein; Nachweis von Rück- bzw. Weiterreisepapieren und ausreichenden Geldmitteln für den Aufenthalt notwendig.

Tauchplätze:
Die besten Tauchgebiete befinden sich an der Nordküste in der Discovery Bay mit The Canyons (Canyon 1 und 2), The Wall, Bottom und Peer Tree, der Blue Lagoon bei Port Antonio sowie in der Bucht von Montego Bay. Weitere Möglichkeiten im Westen der Insel sind u.a. das Shangri-La Drop Off und Coral Gardens. In der Bucht von Kingston an der Südküste liegt das Airport Reef und Morgan Harbour. Weitere hervorragende Riff- und Steilwandtauchplätze sind The Window und Duppy's Hole, eine Steilwand in Küstennähe mit einem Fenster und Durchgang in eine Höhle, The Arena, The Classroom, Garden of Eels, Basket Reef, Black Coral Alley, The Point, Widowmakers Cave und Chatham Reef. Die Pedro Bank liegt offshore südlich der Insel. Zumeist bieten die Tauchplätze hervorragende Sichtweiten von bis zu 50 m.

Wracks:
Die interessantesten Wracks der Region sind die Finn, ein Segelboot in 24 m Tiefe sowie ein Wrack in der Bucht von Kingston und ein Flugzeugwrack bei Montego Bay.

Fauna:
Diverse Riff-Fische, Schnapper, Muränen, Haie, Hummer, Korallen, Gorgonien und Schwämme.

Port Royal, Kingston
Buccaneer Scuba Club
Owner: Gary Casson
Morgan's Harbour Hotel
Ph: + 1 876 967 8073 Fax: + 1 876 967 8073
E-Mail: buccaneer@tojy.com
Organisation: PADI Language: English

Montego Bay
Dive Seaworld Rose Hall or P.O. Box 610
Owner: Roy Watkin
Ph: + 1 876 953 2180 Fax: + 1 876 952 2550
E-Mail: diveseaworld@cwjamsica.com
Website: www.jamsicaway.com
Organisation: PADI Language: English
Established: 1984 Season: 01.01. - 31.12.

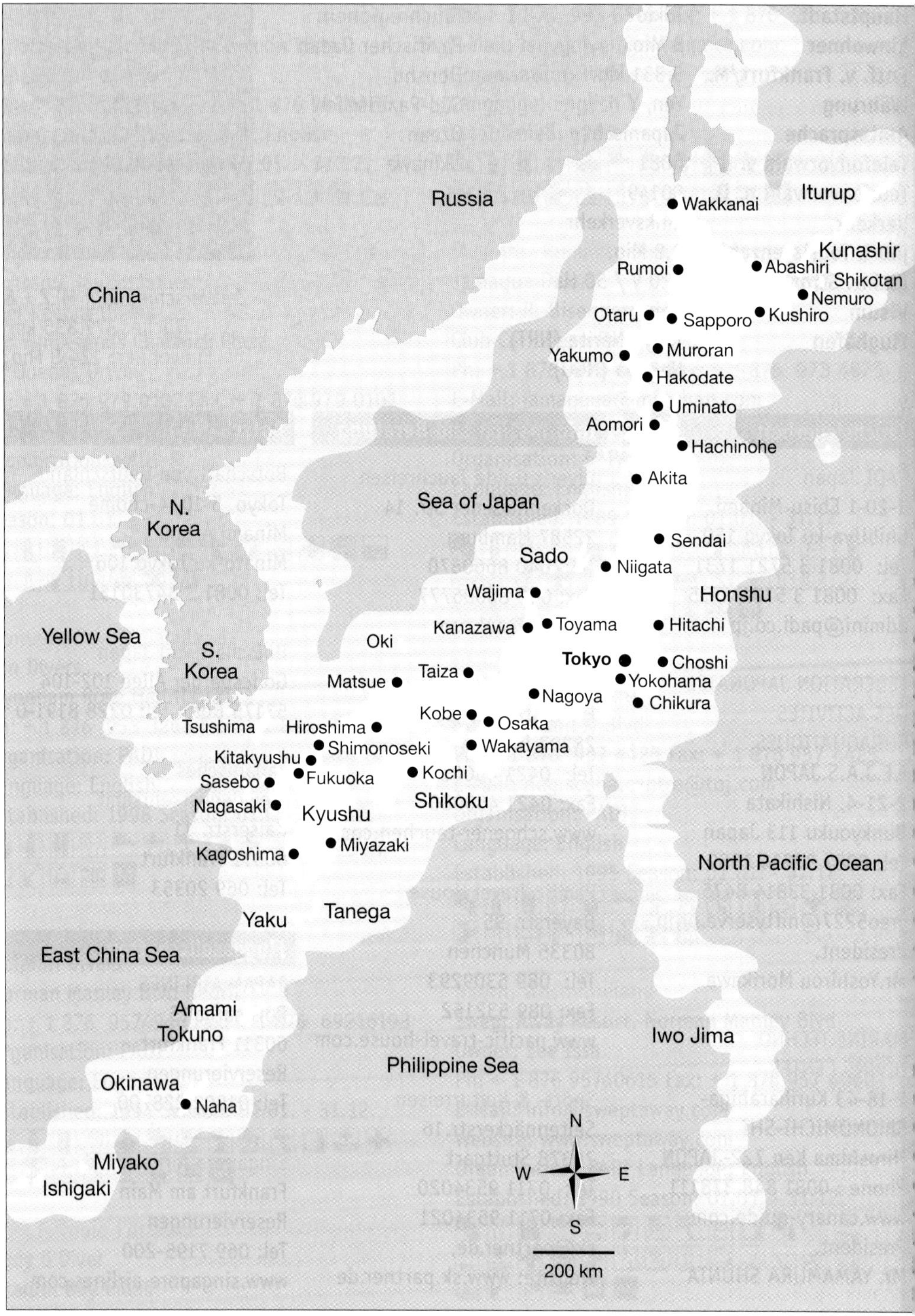
Russia
Iturup
Wakkanai
Kunashir
Rumoi
Abashiri
Shikotan
China
Nemuro
Otaru
Sapporo
Kushiro
Muroran
Yakumo
Hakodate
Uminato
Aomori
Hachinohe
Akita
Sea of Japan
N.
Korea
Sendai
Sado
Niigata
Wajima
Honshu
Kanazawa
Toyama
Hitachi
Yellow Sea
Oki
S.
Korea
Tokyo
Choshi
Taiza
Matsue
Yokohama
Nagoya
Chikura
Kobe
Osaka
Tsushima
Hiroshima
Shimonoseki
Wakayama
Kitakyushu
Kochi
Fukuoka
Sasebo
Shikoku
Nagasaki
Kyushu
Kagoshima
Miyazaki
North Pacific Ocean
Tanega
Yaku
East China Sea
Amami
Tokuno
Iwo Jima
Philippine Sea
Okinawa
Naha
N
W
E
S
Miyako
Ishigaki
200 km

Geographische Lage:

Japan ist ein Inselstaat in Ostasien mit Küsten zum Pazifik im Osten zum Japanischen Meer im Westen und zum Ostchinesischen Meer im Süden. Nachbarn sind Nord- und Südkorea im Westen sowie Russland im Westen und Norden. Die Monarchie besteht aus fast 4000 Inseln, wobei die Hauptinseln, Honshu, Hokkaido, Kyushu und Shikoku mehr als 90% der Fläche umfassen. Weite Teile des Landes sind dicht bewaldet und gebirgig. Es gibt zahlreiche Vulkane. Außerdem verfügt Japan über einige der am dichtesten besiedelten Metropolen der Welt. Hierzu gehören die Regionen Tokyo / Yokohama, Osaka / Kobe und Nagoya, alle auf Honshu gelegen. Japan ist extrem erdbebengefährdet, im Süden gibt es Taifune.

Klima:

Hokkaido hat subpolares Klima mit kalten Wintern, Honshu vorwiegend mildes, mediterranes. Im Süden liegen subtropische Regionen. Tokio 14,7°C / 1562 mm, Sapporo 7,6°C / 1134 mm, Nagasaki 16,5°C / 1958 mm, Naha (Okinawa) 22,1°C / 2223 mm.

Hauptreisezeit:

Beste Reisezeit sind Frühjahr (Kirschblüte) und Herbst (Laubfärbung); Regenzeit im Juni/Juli; die Sommermonate sind überwiegend heiß und schwül. Wegen großer Nord-Süd Ausdehnung ganzjährig Tauchsaison.

Verkehr:

Japan verfügt über ein modernes, sehr gut ausgebautes Straßennetz, besonders zwischen den Metropolen. Moderne Eisenbahnlinien führen entlang den Küsten. Es gibt eine Vielzahl von Fährverbindungen zwischen den Inseln, intensiven Inlandsflugverkehr und mehrere internationale Flughäfen, u.a.: Tokyo Narita (NRT), Osaka Kansai (KIX), Nagoya Komaki (NGO) und Sapporo Chitose (SPK).

Information:

Anmerkung des Autors zu Tauchen in Japan. Ein Tauchgang z.B. in Okinawa kostet durchschnittlich 400–600 US$. Viele Japaner gehen daher lieber in die umliegenden Länder wie Thailand, Indonesien oder die Philippinen.

Honshu:

Die Hauptinsel Japans, hier liegen die wichtigsten Städte des Königreichs (Tokyo, Osaka, Yokohama, Nagoya, Kyoto und Kobe).

Tauchplätze:

Izu Motikosi: Die Halbinsel liegt etwa 120 km südwestlich der Metropolen Tokyo und Yokohama sowie südlich des Fujiyama an der Südküste der Insel Honshu. Weiter südlich sind mehrere Kleininseln vorgelagert. Die Region gehört zu den herausragenden Tauchgebieten in Japan, die besten Möglichkeiten befinden sich im Izu Oceanic Park mit seinem Lavagrund und den Tauchplätzen The Rock, Sandy Beach und Very Dynamic Drop Off. Weitere Tauchregionen auf der Halbinsel sind Shimoda, Ajiro, Kamazu und Atami. Der Halbinsel südlich vorgelagert sind mehrere Inseln, u.a. Izu Shoto mit Oshima und Miyake sowie Ogasawara Shoto 500 km südlich von Tokyo mit Chichi, Yome und Haha. An diesen Kleininseln gibt es einige hervorragende Tauchplätze, zumeist mit starken Strömungen, u.a. Shark Hole und Tuna Hole.

Fauna:

Barrakudas, Grouper, Kofferfische, Fledermausfische, Kardinalfische, Falterfische, Skorpionfische, Rochen, Makrelen, Thunfische, Mantas, Haie, Krebse, Garnelen, Hummer, Korallen und Anemonen.

Aomori Honshu

Diving Shop Seagull
70-8 Uramahi-Okuno Aomori-Shi
Ph: + 81 17 722 7223 Fax: + 81 17 722 7223

Organisation: NAUI

Okinawa
Diving Spot
4-18-6 Shiroma Urazoe-Shi
Ph: + 81 98 876 6655 Fax: + 81 98 876 6455
Organisation: NAUI

Okinawa
Holiday Divers
2-36 Yamashita, Naha-Shi
Ph: + 81 98 857 6422 Fax: + 81 98 857 6421
Organisation: NAUI

Okinawa
Marine House Okinawa
1-15-2 Izumizaki Naha-Shi
Ph: + 81 98 867 4109 Fax: + 81 98 867 4112
Organisation: NAUI

Okinawa
Marine House Seas
71 Aza Aka Samami-Mura, Shimajiri-Gun
Ph: + 81 98 887 2670 Fax: + 81 98 887 2671
Organisation: NAUI

Okinawa 0
Moon Beach
1203 Kanzhisa Onnason
Ph: + 81 98 965 1020 Fax: + 81 98 965 1022
Organisation: NAUI

Okinawa 906
Time Marine Miyako-Jima PADI
1123 Shimosato, Hirara-Chi
Ph: + 81 9807 30483 Fax: + 81 9807 26761

Okinawa
Tom Sawyer Marine Club
2-41 Tonoshiro Ishigakishi
Ph: + 81 98 783 4677 Fax: + 81 98 783 4679

Okinawa 906
Umidoraku Organisation: PADI
516 Shimosato, Hirara-Shi
Ph: + 81 98 073 5060 Fax: + 81 98 073 6154

Tokyo 105
Aquavit Corp. Owner: Masashi Hirai
3-17-7 Toranomon, Minato-Ku
Ph: + 81 3 34310673 Fax: + 81 3 34310704
E-Mail: aquavit@pc.highway.ne.jp
Website: www6.a-net.co.jp/aquavit
Organisation: PADI Established: 1996

Osaka ZIP-544-0003
Pro Dive Southern Cross
Owner: Hideaki Okamoto
2-3-23 Shojihigashi, Ikuno-Ku, Osaka-Shi
Ph: + 81 6 67530361 Fax: + 81 6 67530361
E-Mail: southern@highway.ne.jp
Website: www.2p.bigblue.ne.jp/infopark/sou-thern/temp/homenew.html
Organisation: PADI Language: Japanese
Established: 1995 Season: 01.01. - 31.12.

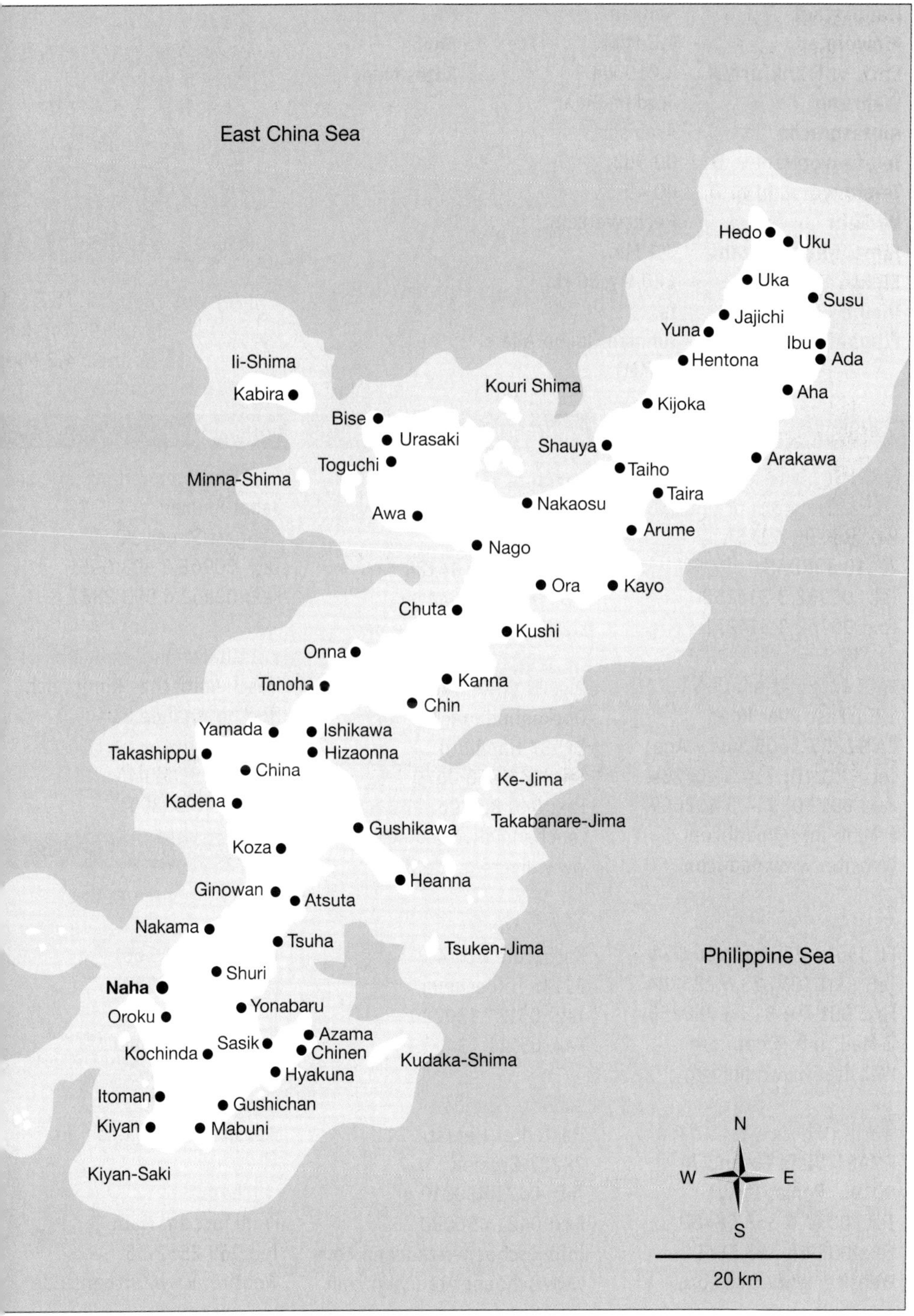
East China Sea
Hedo
Uku
Uka
Susu
Jajichi
Yuna
Ibu
Ada
Hentona
Ii-Shima
Kabira
Kouri Shima
Aha
Kijoka
Bise
Urasaki
Shauya
Arakawa
Toguchi
Taiho
Minna-Shima
Taira
Awa
Nakaosu
Arume
Nago
Ora
Kayo
Chuta
Kushi
Onna
Tanoha
Kanna
Chin
Yamada
Ishikawa
Takashippu
Hizaonna
China
Ke-Jima
Kadena
Gushikawa
Takabanare-Jima
Koza
Heanna
Ginowan
Atsuta
Nakama
Tsuha
Tsuken-Jima
Philippine Sea
Shuri
Naha
Yonabaru
Oroku
Azama
Sasik
Chinen
Kochinda
Kudaka-Shima
Hyakuna
Itoman
Gushichan
Kiyan
Mabuni
N
W
E
S
Kiyan-Saki
20 km

Jordanien

Hauptstadt	Amman
Einwohner	1,3 Mio.
Entf. v. Frankfurt/M.	3.015 km
Währung	Jordan-Dinar
Amtssprache	Arabisch
Telefonvorwahl v. D	00 962
Telefonvorwahl n. D	00 49
Verkehr	Rechtsverkehr
jährl. Touristenzahl	3,1 Mio.
Elektr. Strom	220 V / 50 Hz
Visum	ja
Flughafen	Amman Queen Alia (AMM)

Tauchregionen:
Aqaba
Rotes Meer

Zeitverschiebung: MEZ + 1
Fläche: 97.740 km²
Einwohner: 4,2 Mio.

Tauchsicherheit

Royal Jordanian Marine Sports Federation – RJMSF
P.O. Box 96 AQABA
77110 JORDAN
Tel: 00962 3 316250
Fax: 00962 3 314271

PADI International USA
1251 East Dyer Road
CA 92705-5605 Santa Ana
Tel: 001 (0) 714 5 407234
Fax: 001 (0) 714 5 402609
E-Mail: info@padi.com
Website: www.padi.com

NAUI Worldwide
FL 33619-2667 Tampa USA
Tel: 001 (0) 813 6 286284
Fax: 001 (0) 813 6 288253
E-Mail: info@naui.org
Website: www.naui.org

World Underwater Federation
CMAS - Viale Tiziano 74
00196, Roma, Italy
Tel: 0039 6 368 58480
Fax: 0039 6 368 58490
Website: www.cmas.org

Information und Beratung

Sun and Fun
Franz-Joseph-Str. 43
80801 München
Tel: 089 380 14124
Fax: 089 346 644
sunundfun@t-online.de

Diver's Guide Tauchreisen
Dockenhudener Str. 14
22587 Hamburg
Tel: 040 866 0670
Fax: 040 866 06777
tauchen@divers-guide.de
www.divers-guide.de

Dive & Fun
Katharinenstr. 48
31135 Hildesheim
Tel: 05121 130320
Fax: 05121 134037

Schöner Tauchen
Hastedter Heerstr. 211
28207 Bremen
Tel: 0421 450010
Fax: 0421 450080
info@schoener-tauchen.com
www.schoener-tauchen.com

Botschaften

Deutsche Botschaft in Jordanien
Jabal Amman
Bengasi Street 31
Tel: 00962 6 593 0351
Fax: 00962 6 593 2887

Botschaft von Jordanien
Haschemitisches Königreich
Beethovenallee 21
53173 Bonn
Tel: 0228 357046
Fax: 0228 353951

Fluggesellschaften

Royal Jordanian Airlines
Berlin
Tel: 030 211 5661
Fax: 030 211 5607

Frankfurt am Main
Tel: 069 231853
Fax: 069 234802
Website: www.rja.com.jo

Lufthansa
Frankfurt am Main
Tel: 069 2552-55
Website: www.lufthansa.de

Lebanon
Syria
Iraq
L-Tiberias
Irbid
Al Mafraq
As Salt
Amman
El Azraq
Madaba
Mushash Hudruj
Dead Sea
Mazra
Qatrana
Al Karak
Israel
Tafila
Hasa
Abu el Jurdhan
Ma'an
Gharandal
Saudi Arabia
El Quweira
Al Kabid
Aqaba
Ar Ramlah
Almudawwara
Red Sea
N
W
E
S
50 km

Geographische Lage:

Jordanien liegt nördlich von Saudi-Arabien, östlich von Israel und Palästina, südlich von Syrien und westlich des Irak im Nordwesten der Arabischen Halbinsel. Bei Aqaba hat es einen schmalen Zugang zum Roten Meer und im Westen eine Küste zum Toten Meer. Das Königreich ist ein Wüstenstaat, lediglich im Nordwesten, dem Jordantal, gibt es ausgeprägte Vegetation. Das übrige Land ist karg und hügelig.

Klima:

Trocken und heiß über das ganze Jahr.
Amman 17,4°C / 279 mm.

Verkehr:

Verkehrsknotenpunkt des Landes ist Amman. Von hier führen Straßen in alle wichtigen Städte der Region. Es gibt eine Eisenbahnlinie von Amman nach Aqaba und nach Saudi Arabien. Aqaba hat auch einen Hafen zum Roten Meer. Internationale Flughäfen sind Amman Queen Alia (AMM) und Aqaba (AQJ). Die am weitesten südlich gelegene jordanische Stadt befindet sich unmittelbar am Roten Meer, wenige Kilometer östlich von Elat (Israel).

Tauchplätze:

An der Küste südlich der Stadt gibt es insgesamt 30 Tauchplätze, die zumeist vom Strand aus zu erreichen sind.

Wracks:

Die bei Tauchern beliebtesten Wracks sind Cedar Pride in 9–25 m Tiefe, 10 km südlich von Aqaba direkt vor der Küste und Bride of the Sea, ebenfalls in Küstennähe bei Aqaba.

Fauna:

Kaiserfische, Kofferfische, Riffbarsche, Drückerfische, Glasfische, Orangefeuerfische, Korallen, Gorgonien, Anemonen, Haie.

Aqaba 77110

Red Sea Dive Centre King Hussein Street
Owner: Mohammed Al-Momany
Ph: + 962 3 2022323 Fax: + 962 3 2018969
E-Mail: rsdiving@go.com.jo
Organisation: PADI Language: English, Arabic
Established: 1992 Season: 01.01. - 31.12.

Aqaba 77110

ROYAL DIVING CENTRE
Owner: Aqaba Region Authority
P.O. Box 21
Ph: + 962 3 2017035 Fax: + 962 3 2017097
Organisation: BS-AC, CMAS, PADI
Language: English, Arabic
Established: 1986 Season: 01.01. - 31.12.

Aqaba

Sea Star Watersports P.O. Box 392
Owner: William Sawalha
Ph: + 962 3 2014131 Fax: + 962 3 2014133
E-Mail: alcsea@alcazar.com.jo
Website: www.seastar-watersports.com
Organisation: PADI, BSAC
Language: English, German, French, Spanish
Established: 1988 Season: 01.01. - 31.12.

Aqaba

AQUAMARINA Hotel Alkurnaish
Owner: S. Khoney
Ph: + 962 316250 Fax: + 962 314271
Organisation: PADI, CMAS
Language: English, French, German
Established: 1976 Season: 01.01. - 31.12.

lauptstadt	Ottawa
inwohner	320.000
ntf. v. Frankfurt/M.	5.980 km
Vährung	Kanadischer Dollar
mtssprache	Englisch, Französisch
elefonvorwahl v. D	001
elefonvorwahl n. D	01149
erkehr	Rechtsverkehr
ährl. Touristenzahl	15 Mio.
lektr. Strom	110 / 120 V / 60 Hz
isum	nein
lughafen	Ottawa (YOW) Uplands International

Tauchregionen:
British Columbia
Vancouver Island
Nova Scotia
Ontario
Labrador

Zeitverschiebung: MEZ - 9
Fläche: 9.970.610 km²
Einwohner: 29,1 Mio.

auchsicherheit

Q.A.S. Canada
545 Avenue Pierre de Coubertin
P 1000 Succursale M
1V 3R2 Quebec-Canada
el: 001 514 252 3009
ax: 001 514 254 1363
/ebsite: www.cmas.org

anadian Underwater Association
010 Stanley Road SW
2S 2P4 Alberta-Canada
el: 001 403 243 5467
ax: 001 403 243 5467
/ebsite: www.cmas.org

ADI International USA
251 East Dyer Road
A 92705-5605 Santa Ana
el: 001 (0) 714 5 407234
ax: 001 (0) 714 5 402609
-Mail: info@padi.com
/ebsite: www.padi.com

AUI Worldwide
L 33619-2667 Tampa USA
el: 001 (0) 813 6 286284
ax: 001 (0) 813 6 288253
/ebsite: www.naui.org

Information und Beratung

Sun and Fun
Franz-Joseph-Str. 43
80801 München
Tel: 089 380 14124
Fax: 089 346 644
sunundfun@t-online.de

Diver's Guide Tauchreisen
Dockenhudener Str. 14
22587 Hamburg
Tel: 040 866 0670
Fax: 040 866 0677
Website: www.divers-guide.de

Stuttgart 70378
Sport- & Kulturreisen
Seitennäckerstr.16
Tel: 0711 953 4020
Fax: 0711 953 4021
Website: www.sk.partner.de

Schöner Tauchen
Hastedter Heerstr. 211
28207 Bremen
Tel: 0421 450010
Fax: 0421 450080
info@schoener-tauchen.com
www.schoener-tauchen.com

Botschaften

Deutsche Botschaft in Kanada
Ottawa 1 Waverley Street
Ottawa Ont. KZP 0T8
Tel: 001 613 232 1101
Fax: 001 613 594 9330

Botschaft von Kanada
Friedrich-Wilhelm-Str. 18
53113 Bonn
Tel: 0228 968-0

Außenstelle:
Friedrichstr. 95
10117 Berlin
Tel: 030 261 1161

Fluggesellschaften

Air Canada
Frankfurt am Main
Tel: 069 27115-111
Fax: 069 27115-112
Website: www.air-canada.com

Lufthansa
Frankfurt am Main
Tel: 069 2552-55
E-Mail: info@lufthansa.de
Website: www.lufthansa.de

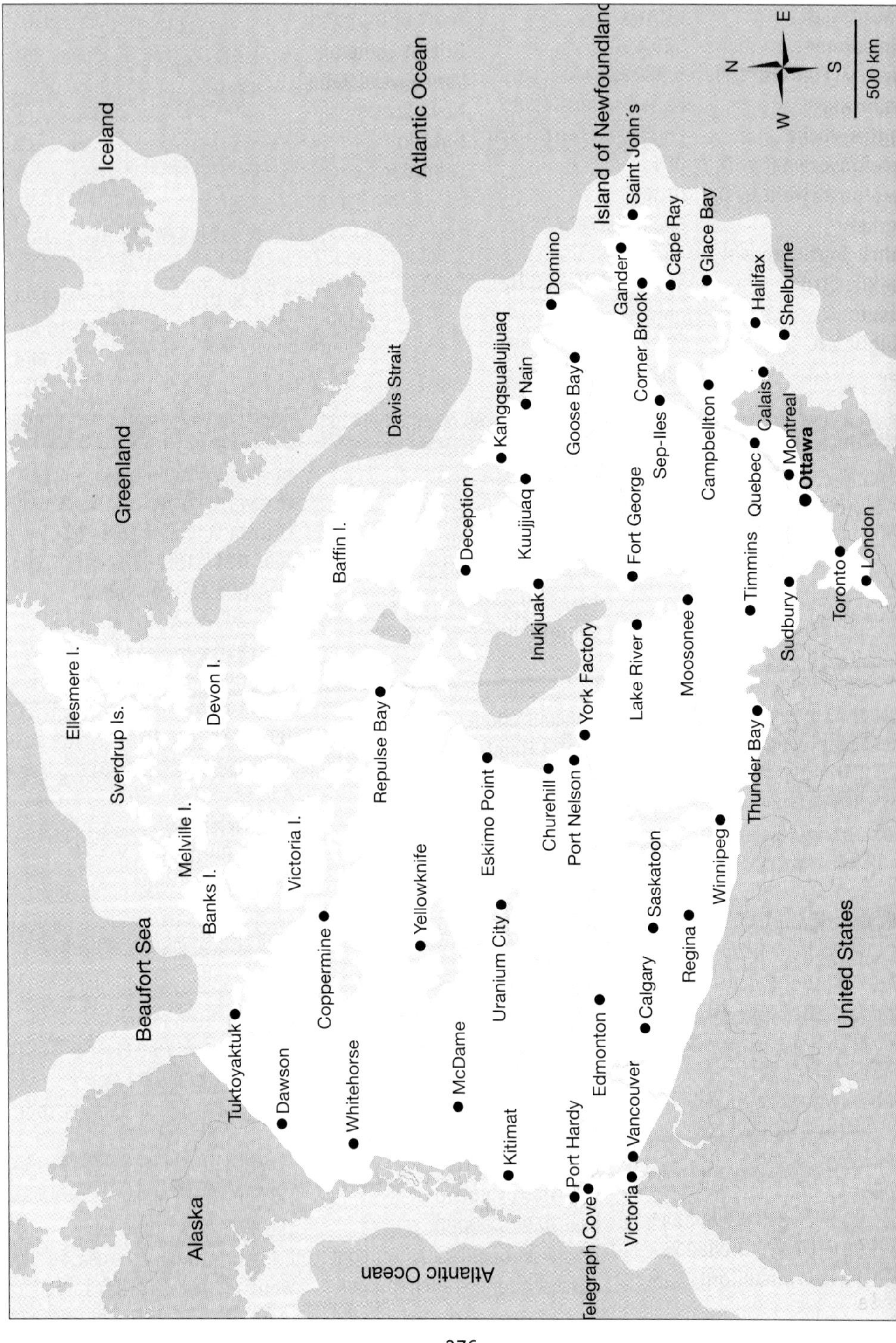
Iceland
Greenland
Atlantic Ocean
Davis Strait
Baffin I.
Ellesmere I.
Sverdrup Is.
Devon I.
Melville I.
Banks I.
Victoria I.
Beaufort Sea
Alaska
Atlantic Ocean
United States
Island of Newfoundland
Saint John's
Cape Ray
Glace Bay
Gander
Domino
Corner Brook
Halifax
Shelburne
Kangqsualujjuaq
Nain
Goose Bay
Sep-Iles
Campbellton
Calais
Quebec
Montreal
Ottawa
Deception
Kuujjuaq
Fort George
Timmins
London
Toronto
Sudbury
Inukjuak
Moosonee
Lake River
York Factory
Repulse Bay
Eskimo Point
Churehill
Port Nelson
Thunder Bay
Winnipeg
Saskatoon
Regina
Yellowknife
Uranium City
Coppermine
Calgary
Edmonton
Tuktoyaktuk
Dawson
Whitehorse
McDame
Kitimat
Port Hardy
Vancouver
Victoria
Telegraph Cove
N
S
W
E
500 km

eographische Lage:
anada umfasst den größten Teil des nördli-hen Nordamerikas. Im Süden grenzt das ächenmäßig zweitgrößte Land der Erde an ie USA, im Nordwesten an den US-Bundes-taat Alaska, im Norden liegt das Nordpolar-eer, im Westen der Pazifik, im Osten der tlantische Ozean. Zu Kanada gehört die riesi-e Inselwelt des Kanadischen Archipels im orden, Neufundland und Nova Scotia im sten sowie eine Vielzahl größerer und kleine-r Inseln an der Westküste. Kanada ist eprägt durch die Hochgebirgslandschaft der ocky Mountains im Westen, die Prärien der reat Plains, die Tundra mit riesigen Wäldern nd zahllosen Seen. Im Osten trifft man auf igeliges Mittelgebirge, die nördlichen Aus-ufer der Appalachen.

ima:
weiten Teilen des Landes herrschen warme ommer und kalte Winter vor. Niederschläge llen vor allem an der West- und Ostküste im erbst und Winter, das übrige Land ist nieder-hlagsarm. Im Norden gibt es Dauerfrost. tawa 5,7°C / 73 mm, Whitehorse -0,7°C / 57 mm, Vancouver 10,2°C / 1044 mm, innipeg 2,5°C / 517 mm.

auptreisezeit:
e beste Reisezeit für Taucher liegt zwischen ai und Oktober.

nreise:
in Visumzwang, Reisepass/Kinderausweis ist sreichend, Nachweis von Rück- bzw. Weiter-isepapieren und ausreichenden Geldmitteln r den Aufenthalt notwendig.

rkehr:
n dichtesten ist das Verkehrsnetz am St. renz-Strom und in der Region der Großen en. Hier gibt es ein gut ausgebautes raßen- und Bahnnetz. Außerdem werden diese Gewässer intensiv beschifft. Straßen- und Bahnverbindungen bestehen auch zwischen der Westküste und den Zentren des Ostens sowie in die Großstädte Calgary und Edmonton im kanadischen Binnenland. Alle wichtigen Verkehrsverbindungen verlaufen im Süden Kanadas, im Norden gibt es nur einzelne Fernverbindungsstraßen. Hier sind Kleinflugzeuge und Schifffahrt auf den Seen und der Hudson Bay die wichtigsten Verkehrsmittel. Internationale Verbindungen bestehen über Land mit den USA und über die internationalen Flughäfen Montreal Mirabel (YMX), Montreal Dorval (YUL), Toronto Lester B. Pearson (YYZ), Vancouver (YVR), Quebec (YQB) und Ottawa Macdonald-Cartier (YOW).

Verkehrsbestimmungen:
Neben dem nationalen Führerschein und ggf. der Zulassung Mitnahme des internationalen Führerscheins empfehlenswert. Es besteht Haftpflichtversicherungszwang (vor der Einreise abschließen). Für Kfz-Anmietung ist eine Kreditkarte unbedingt ratsam. Tempolimit innerorts 50 km/h, sonst 80–100 km/h. Motorräder müssen auch tagsüber mit Licht fahren. Anmietung von Pkws und Campmobilen sollte möglichst schon im Heimatland vorgenommen werden, es ist erheblich günstiger.

British Columbia / Vancouver Island:

Insel im äußersten Süden der kanadischen Westküste bei Vancouver. Sie ist durch eine fjord- und inselreiche Wasserstraße vom Festland getrennt, Hauptort ist Victoria. Fährverbindungen bestehen mit B.C. Ferries nach Vancouver und in andere größere Städte an der Westküste.

Tauchplätze:
Im Gebiet rund um Vancouver Island gibt es unzählige hervorragende Kaltwasser-Tauch-

plätze. Einige der interessantesten befinden sich bei Port Hardy im Norden, u.a. Browning Wall, Hunt Rock, Seven Tree Islands, Snowflake Island, Hussar Point, God's Pocket Bay und Snowball Rock.
Weitere lohnende Tauchplätze sind im Barkley Sound an der Westküste: Hornby Rocks (exponierte Stelle am Eingang des Barkley Sound), Tyler Rock, Chup Point, Renate's Reef (12 m hoher Felsturm in der Mitte des Imperial Eagle Channel) und Pill Point, im Lower Mainland: Whytecliff, Lookout Point, Passage Island Reef, Caufield Cove, Kelvin Grove, Porteau Cove, Whiskey Cove, North Indian Arm Reef, Best Point, South West Indian Arm und Sasamat Lake, an der Sunshine Coast: Tuwanek Pt., Cooper's Green und Francis Peninsula, bei Powell River: Mermaid Cove, Octopus City und Grief Point sowie am Seymore Inlet die Tauchplätze Turncoat, Bremner Island, Cotton Channel, Butress Island, Lou's Hole, Turret Rock, Outer Narrows und Cliffhanger. Außerdem gibt es gute Möglichkeiten in der Walker Group am Fantasy Island, in der Deserters Group bei Toy Boy Gap, in der Ripple Passage vor Barry Island und an einigen weiteren Plätzen in der Gordon Group. Auch in der Region um die Inselhauptstadt Victoria befinden sich einige exzellente Tauchmöglichkeiten, u.a. in der South Side Area die Tauchplätze Ogden Point Breakwater, San Jose Cresent, Clover Point, McMicking Bay sowie in der Arbutus Ridge Area bei der University of Victoria die Tauchplätze Smugglers Cove, Ten Mile Point, Spring Bay, Telegraph Bay und Spindrift Cove.
Schließlich die Tauchplätze im Saxe Point Park bei Esquimalt, Deep Cove, Henderson Point und McKenzie Bight im Saanich Inlet Shore, Dodd Narrows und 4 Fathom Reef bei Nanaimo, Copper Cliffs, Steep Island, Row and Be Damned und Whiskey Point am Campbell River sowie Coon Bay, North Galiano Government Wharf, Virago Point, Active Pass, Georgina Shoals bei den Southern Gulf Islands.

Wracks:

Mehrere betauchbare Wracks liegen in d
Strait of Georgia, u.a. HMCS Chaudie
(Zerstörer an der Sunshine Coast), Mineswe
per (in der Bedwell Bay, Lower Mainland
HMCS Mackenzie (Zerstörer vor Sidney bei de
Southern Gulf Islands), G.B. Church (Fracht
vor Sidney) und die W 3, eine Fähre in 12 m

Fauna:

Lachse, Kabeljau, Barsche, Steinfische, Ha
Seewölfe, Clownsfische, Drachenköpfe, Ch
mären, Octopusse, Garnelen, Seeanemone
Schwämme, Weichkorallen, Gorgonien, An
monen, Seesterne, Seeigel, Krabben, Se
pocken, Nacktschnecken, Röhrenwürmer, D
fine, außerdem Kelpwälder. Im Somm
besteht die Möglichkeit von Walbeobachtun

Langley B.C. V2Y 1A2 British Columbia

The Diving Locker Langley
Owner: Mr. Locker
#900 - 6339 200th St
Ph: + 1 604 514 8190
Fax: + 1 604 514 8170
E-Mail: gregk@kochersdiving .com
www.medianetcom.com/divinglocker/
Organisation: 5*PADI
Language: English
Season: 1.1. - 31.12.

New Westminster V3L 5B5 British Columbia

B&L Dive and Sea Sports 825 McBride Blvd,
Ph: + 1 604 524 1188 Fax: + 1 604 525 348
Organisation: 5*PADI
Language: English
Established: 1990
Season: 1.1. - 31.12.

'arksville BC V9P 2H5 British Columbia
'acific North Scuba Diving 240 Dogwood St
'h: + 1 250 248 9681 Fax: + 1 250 248 9681
rganisation: 5*PADI
anguage: English Season: 01.01. - 31.12.

ort Coquitlam B.C. V3B 5Y9 British Columbia
he Diving Locker Coquitlam
wner: Mr. Kocher
0 - 2755 Lougheed Hwy
h: + 1 604 942 4838 Fax: + 1 604 941 4837
-Mail: gregk@kochersdiving .com
ww.medianetcom.com/divinglocker/
rganisation: 5*PADI
anguage: English Season: 01.01. - 31.12.

echelt BC V0N 3A0 British Columbia
ocher´s Diving Locker, 5567 Dolphin Street
wner: Mr. Kocher
h: + 1 604 885 9830 Fax: + 1 604 885 9854
-Mail: gregk@kochersdiving .com
ww.medianetcom.com/divinglocker/
rganisation: 5*PADI
anguage: English Season: 01.01. - 31.12.

M AE

urry BC V3R 8X8 British Columbia
cean Pro Divers, #2-3189 King George Hwy
wner: Pierre J. Gagnon
h: + 1 604 538 5608 Fax: + 1 604 535 3695
Mail: pierre@oceanpro.net
ebsite: www.oceanpro.net
ganisation: PADI, IANTD
nguage: English, French
tablished: 1992 Season: 01.01. - 31.12.

AE

Surry V3R 8X8 British Columbia
The Great Pacific Diving Co Ltd.
10020 152ND Street
Ph: + 1 604 583 1700 Fax: +1 604 583 8508
Organisation: 5*PADI
Language: English Season: 01.01. - 31.12.

M AE

Vancouver BC V6J 3Y2 British Columbia
Idc Diving Centre 2572 Arbutus Street
Ph: + 1 604 736 2541 Fax: + 1 604 736 2549
E-Mail: diveidc@msn.com
Organisation: 5*PADI
Language: English Season: 01.01. - 31.12.

M AE

Vancouver V6H 3S4 British Columbia
Rowand's Reef Scuba Shop
Owner: Jean-Michel Auzoux
1512 Duranleau Street
Ph: + 1 604 6693493 Fax: + 1 604 6697854
E-Mail: bcdiver@intergate.bc.ca
Website: www.rowandsreef.com
Organisation: PADI, IANTD
Language: French, English, Spanish
Established: 1971 Season: 01.01. - 31.12.

M AE

Vancouver B.C. V6K 1P9 British Columbia
The Diving Locker Vancouver
Owner: Mr. Locker
2745 West 4th Avenue
Ph: + 1 604 736 2681 Fax: + 604 736 2320
E-Mail: gregk@kochersdiving .com
www.medianetcom.com/divinglocker/
Organisation: 5*PADI
Language: English Season: 01.01. - 31.12.

M AE

Vancouver North V7P 1T2 British Columbia
The Great Pacific Diving Co Ltd.
1236 Marine Dive
Ph: + 1 604 986 0302 Fax: +1 604 986 4646
E-Mail: gpacdive@istur.ca
Organisation: 5*PADI
Language: English Season: 01.01.-31.12.

Atlantischer Ozean, Nova Scotia:

Halbinsel im Nordosten Kanadas, zum Bundesstaat Neufundland gehörig. Südlich schneidet die Fundybay tief in das Land, weiter nördlich liegt Cape Breton Island, nordwestlich Prince Edward Island. Jenseits der Cabot Strait an der Mündung des St.-Lorenz River liegt die Insel Neufundland. Wichtigste Stadt und bedeutendster Hafen auf Nova Scotia (dtsch.: Neuschottland) ist Halifax.

Tauchplätze:

Es gibt unzählige Wracks in der Region von Nova Scotia. Einige liegen im Hafen von Halifax und sind von der Küste aus zu erreichen, so z.B. am Tauchplatz Sisters bei Sambro Island, wo die Reste mehrerer Warcks liegen. Andere Schiffe befinden sich in einiger Entfernung zur Küste. Außerdem gibt es hervorragende Tauchmöglichkeiten an den Felsriffs und Kleinstinseln vor den Küsten. Die wichtigsten Tauchgebiete befinden sich bei Cape Breton Island, vor allem Neil's Harbour, Green Cove, The Garden, Englishtown, Bird Islands, Scaterie Island, Gooseberry Cove und Louisbourg Harbour.

Wracks:

Einige der beliebtesten Wracks in der Region sind: SS Atlantic; das Wrack des Passagier-Linienschiffs liegt zwischen Terence Bay und Prospect in Tiefen von 6 bis 22 m beim Halifax Harbour, HMS La Tribune, Costarican Trader, Solarno und Deliverance. Die Schiffe liegen im Hafen von Halifax in der Region zwische Purcell's Cove To Halibut Bay. Außerdem di Isleworth und die A.W. Perry. Die beide Wracks liegen in 35 m bei Chebucto Head i Westen von Halifax Harbour. Ebenfalls in die ser Region am Bear Cove zwischen Portugues Cove und Ketch Harbour befinden sich di Letitia und die Humboldt. Interessante Wrack sind weiterhin die S.S. Clare Lilley, ein WW I Munitionstransporter in 12–17 m Tiefe a Portuguese Cove vor Halifax Harbour, d HMCS Saguenay in Tiefen von 10–21 m v Lunenburg sowie die Arrow, ein Tankschiff v Cape Breton Island in 12–25 m. Bei Prin Edward Island im südlichen St. Lawrence Gu liegen folgende Wracks: Fabiola, Ann Falconer, Florence, Manola und Olive Branc Weitere interessante Wracks befinden sich der Region um St. Paul's Island vor d Nordküste von Cape Breton Island.

Darthmouth NS B2Y 1M1 Nova Scotia
Dive Master 77 Prince Albert Road
Ph: + 1 902 465 2526
Organisation: 5*PADI Language: English
Season: 01.01.- 31.12.

Halifax B3L 1A3 Nova Scotia
Nautilus Auatics & Hobbies, 6164 Quinpool
Owner: Michael Chambers
Ph: +1 902 4544296 Fax: + 1 9024230007
Organisation: SSI, NASDS
Language: English, French
Established: 1973 Season: 01.01. - 31.12.

Halifax NS B3K 2A5 Nova Scotia
Scuba Experts 6189 Yong Street
Ph: + 1 902 455 3483 Fax: + 1 902 455 348
E-Mail: shipwrecked@ns.sympatico.ca
Organisation: 5*PADI
Language: French, English

Established: 1997 Season: 01.01. - 31.12.

Halifax NS B3K 2A5 Nova Scotia

Splash Water Sports
Owner: Terry Dwyen
6189 Young Street
Ph: + 1 902 455 3483 Fax: + 1 902 455 3482
E-Mail: shipwrecked@ns.sympatico.ca
Organisation: PADI Language: English
Established: 1999 Season: 01.01. - 31.12.

Lunenburg NS B0J 2C0 Nova Scotia

Jo's Dive Shop 296 Lincoln Street
Ph: + 1 902 634 3443 Fax: + 1 902 634 9466
E-Mail: jodive@tallships.istar.ca
Organisation: 5*PADI

Ontario Great Lakes:

Die Grenze zwischen der kanadischen Provinz Ontario und den USA im Süden verläuft über weite Strecken durch die Great Lakes: Superior, Huron, Erie und Ontario.

Tauchplätze:

Wichtigste Tauchziele in den Seen sind die unzähligen Wracks, man schätzt ihre Anzahl insgesamt auf 6.000 bis 10.000.

Wracks:

Einige der interessantesten sind u.a. die Tasmania, ein Viermast-Schoner südlich vom Point Pelee im Lake Erie und die Willis in 22 m im Lake Erie, siehe auch 'USA - Great Lakes'.

Ontario / Labrador St. Lawrence River:

Der Fluss verbindet den Ontariosee im gleichnamigen kanadischen Bundesstaat mit dem Atlantischen Ozean. Er bildet die Grenze zwischen Kanada und den USA und mündet südlich von Labrador in den St. Lorenz Golf. Die wichtigsten Städte am Strom sind Montreal und Quebec.

Tauchplätze:

Vor allem im Lower St. Lawrence River zwischen Kingston am Nordende des Lake Ontario und Montreal im Bundesstaat Quebec gibt es hervorragende Möglichkeiten zum Strömungstauchen an den Granitsteilwänden, u.a. bei den Thousand Islands sowie bei Gananoque, Rockport, Brockville und Prescott, außerdem an den diversen Wracks.

Wracks:

Interessante Wracks sind die George A. Marsh (Schoner in 25 m bei Kingston), Wolfe Islander II (Frachter in 23 m), weitere Wracks bei Tobermory im Fatham Five Marine Park vor der Bruce Pennisula sind u.a. Arabia Sweepstakes, City of Grand Rapids, Cascaden, China, John Walters, James C. King, Philo Scoville, Marion L. Breck, W.L. Wetmore, Newaygo und Forest City.

Burlington ON L7T 2E5 Ontario

Float N´Flag Sport & Dive,
564 Plains Road East
Ph: + 1 905 333 3483 Fax: + 1 905 637 3483
Organisation: 5*PADI Language: English
Established: 1991 Season: 01.01. - 31.12.

Gravenhurst ON P1P 1H6 Ontario

Scuba Shack
141 Hotchkiss Street
Ph: + 1 705 687 5879 Fax: + 1 705 687 8251
Organisation: 5*PADI Language: English
E-Mail: scuba@shark.com
Season: 01.01. - 31.12.

Kanata ON K2L 2E9 Ontario
Kanata Diving Supply
215 Terance Mathews Crec Unit 2
Ph: + 1 613 592 9169 Fax: + 1 613 592 1832
E-Mail: kandive@meumes.com
Organisation: 5*PADI Language: English
Season: 01.01. - 31.12.

London ON N6B 2H7 Ontario
Deep Three Enterprises 262 Richmond Street
Ph: + 1 519 672 9180 Fax: + 1 519 672 9994
E-Mail: deep3@vettron.com
Organisation: 5*PADI IDC Language: English
Established: 1989 Season: 01.01. - 31.12.

Richmond Hill ON L4C 1T7 Ontario
The Wet Shop 10077 Yonge Street
Ph: + 1 905 884 7951 Fax: + 1 905 884 7984
E-Mail: dive@wetshop.com
Website: www.wetshop.com
Organisation: 5*PADI Language: English
Season: 01.01. - 31.12.

Richmond Hill L4B 4K3 Ontario
Scuba 2000 The Wet Shop
9033 Leslie Street
Ph: + 1 905 771 1500 Fax: + 1 905 771 1597
E-Mail: dive@scuba2000.com
Website: http://www.scuba2000.com
Organisation: 5*PADI Language: English
Established: 1995 Season: 01.01. - 31.12.

Toronto ON M5M 4A3 Ontario
Waterline Sports 1953 Avenue Road
Ph: + 1 416 488 6000 Fax: + 1 416 488 6026
Organisation: 5*PADI Language: English
Season: 01.01. - 31.12.

Nova Scotia B0E3J0 Cape Breton
Marlin Diving Owner: Ingo Vollmer
Sanrin's Island or PO Box 53
Ph: + 1 902 226 1507 Fax: + 1 902 226 9853
Website: www.marlin.de
Organisation: SSI, CMAS, VIT, ANDI
Language: German, English, French
Established: 1988 Season: 01.07. - 31.10.

Regina S4NSB1 Saskatchewan
Johnson's Scuba Services 1440 Fleury Street
Owner: Brad Johnson
Ph: + 1 306 586 4457 Fax: + 1 306 586 4470
Website: www.scuba.sask.com
Organisation: PADI, IANTD
Language: English Established: 1959

Calgary AB T2T 4Z6 Alberta
Aqua Sport Scuba Center
3411 20TH Street SW, #101
Ph: + 1403 686 6166 Fax: + 1403 686 6166
Organisation: 5*PADI Language: English
Established: 1988 Season: 01.01. - 31.12.

Calgary AB T3B 0M8 Alberta
Sunfish Scuba Diving, Inc.
4630 16TH Avenue NW
Ph: + 1 403 288 7427 Fax: + 1 403 288 4753
E-Mail: sunfish@canvision
Organisation: 5*PADI Language: English
Established: 1992 Season: 01.01. - 31.12.

Hauptstadt	Praia auf Santiago
Einwohner	62.000
Entf. v. Frankfurt/M.	4.865 km
Währung	Kap-Verde-Escudo
Amtssprache	Portugiesisch
Telefonvorwahl v. D	00 238
Telefonvorwahl n. D	00 49
Verkehr	Rechtsverkehr
jährl. Touristenzahl	k. A.
Elektr. Strom	220 V 50 Hz
Visum	ja
Flughafen	Sal Almilcar Cabral (SID)

Tauchregionen:
Ilha do Sal
Tarrafal Island

Zeitverschiebung: MEZ - 2
Fläche: 4.033 km²
Einwohner: 385.000

Tauchsicherheit

F.P.A.S. Portugal
Rua Frei Manuel Cardoso 39
1700 Portugal
Tel: 00351 1 8460174
Fax: 00351 1 8460174
fpas@mail.telepac.pt

PADI International USA
1251 East Dyer Road
CA 92705-5605 Santa Ana
Tel: 001 (0) 714 5 40 72 34
Fax: 001 (0) 714 5 40 26 09
E-Mail: info@padi.com
Website: www.padi.com

World Underwater Federation
CMAS - Viale Tiziano 74
00196 Roma Italy
Tel: 0039 6 368 58480
Fax: 0039 6 368 58490
E-Mail: cmasmond@tin.it
Website: www.cmas.org

DAN: Divers Alert Network
P.O. Box 3823 , 27710
Durham North Carolina USA
E-Mail: info@dan-dive.com
Website: www.dan-dive.com

Information und Beratung

Sun and Fun
Franz-Joseph-Str. 43
80801 München
Tel: 089 380 14124
sunundfun@t-online.de

Eden Roc Reiseservice
Pflugweg 23
58454 Witten
Tel: 02302 47902
Fax: 02302 48824

M&M Inselreisen
Fürstenstr. 15b
66111 Saarbrücken
Tel: 0681 398098
Fax: 0681 3905060

Dream Tours
Schachenwaldstr. 28a
63456 Hanau
Tel: 06181 659794
Fax: 06181 661250

Reiseladen
Celtesgasse A-1190 Wien
Tel: 0043 (0) 1 476505
Fax: 0043 (0) 1 4765030

Botschaften

Botschaft von Kap Verde
Fritz-Schäffer-Straße 5
53113 Bonn
Tel: 0228 265002
Fax: 0228 265061

Generalkonsulat
Ost-West-Straße 70
20457 Hamburg
Tel: 040 37888286-87

Konsulat Kap Verde
Marienstr. 43
70178 Stuttgart
Tel: 0711 6071558

Fluggesellschaften

Air Portugal *tap*
Frankfurt (E)
Waldschmidtstr, 39
Telephone
Tel: 069 40579100
www.TAP-AirPortugal.p

Cabo Verde Airlines TACV
fliegt wöchendlich von
Frankfurt nach Kap Verde.

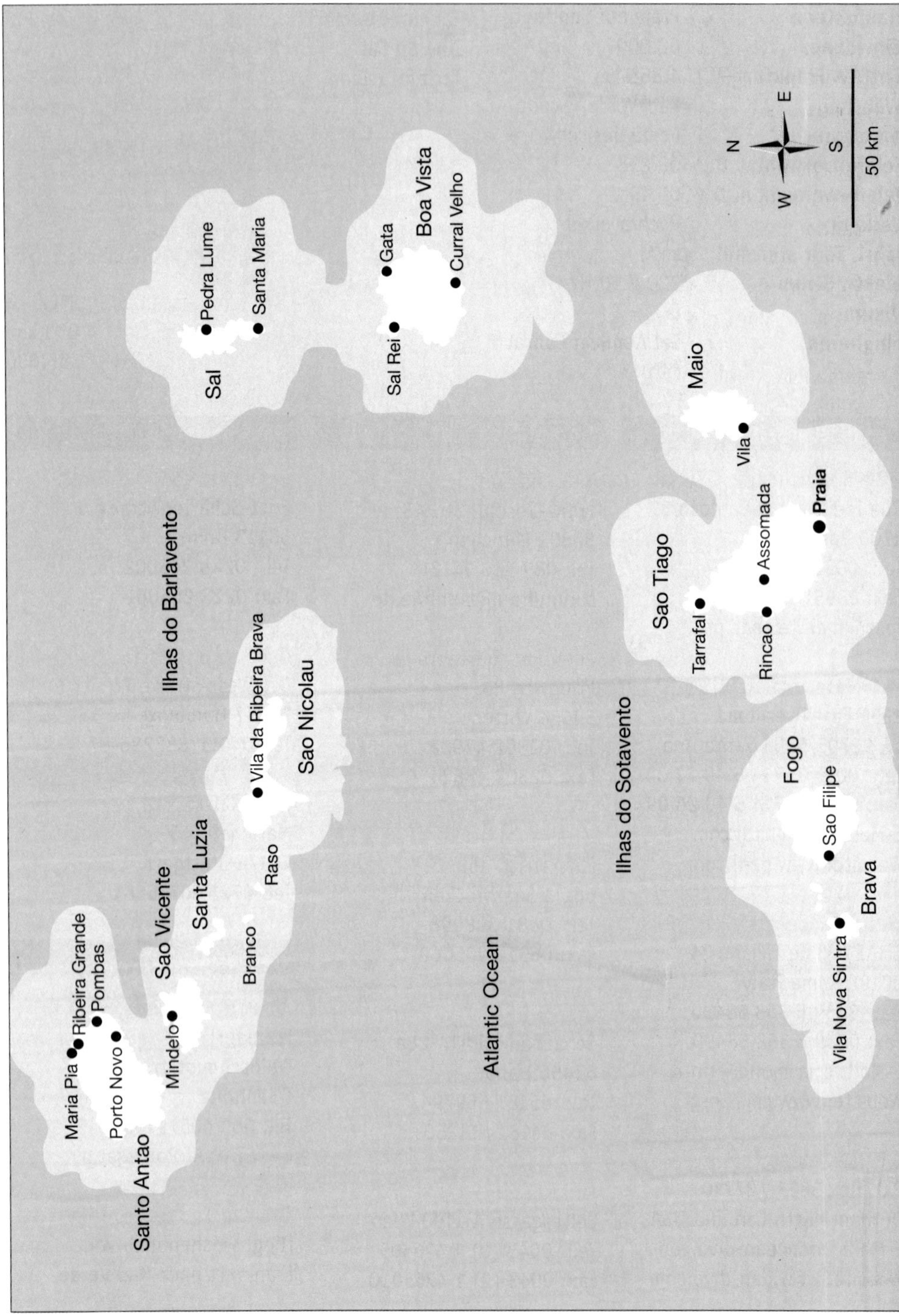
Santo Antao
Maria Pia
Ribeira Grande
Pombas
Porto Novo
Sao Vicente
Mindelo
Santa Luzia
Branco
Raso
Vila da Ribeira Brava
Sao Nicolau
Ilhas do Barlavento
Sal
Pedra Lume
Santa Maria
Boa Vista
Gata
Curral Velho
Sal Rei
Atlantic Ocean
Ilhas do Sotavento
Sao Tiago
Tarrafal
Rincao
Assomada
Praia
Maio
Vila
Fogo
Sao Filipe
Brava
Vila Nova Sintra
N
E
S
W
50 km

Geographische Lage:

Die Inselrepublik Kap Verde besteht aus zehn größeren und vier kleinen Vulkaninseln und liegt etwa 450 km vor der afrikanischen Westküste auf der Höhe von Dakar, Senegal im Atlantischen Ozean. Die Hauptstadt Praia, einzige größere Stadt der Republik, befindet sich auf Santiago. Weitere größere Inseln sind Boa Vista im Nordosten und die noch weiter nördlich gelegene Insel Sal sowie Santo Antao im Nordwesten und Fogo im Südwesten der Hauptinsel. Alle sind sehr bergig mit tief einschneidenden, weitgehend ausgetrockneten Flusstälern. Die Landschaft ist zumeist karg, teilweise mit Plantagen kultiviert. Die Küstengebiete weisen sowohl lange Sandstrände als auch felsige Steilküsten auf.

Klima:

Tropisches Klima mit geringen jahreszeitlichen Temperaturschwankungen. Beste Reisezeit im Frühjahr und Sommer (bis Ende Juli).

Einreise:

Visum erforderlich; der Reisepass muss noch mindestens sechs Monate über die geplante Aufenthaltsdauer gültig sein.

Verkehr:

Die Dörfer und Ortschaften sind durch gut ausgebaute Straßen miteinander verbunden. Zwischen den Inseln bestehen einige Schiffsverbindungen. Internationale Flughäfen sind Sal Almilcar Cabral (SID) und Praia Francisco Mendes (RAI).

Ilha do Sal:

Die Insel mit dem gleichnamigen kleinen Hauptort bietet kilometerlange Sandstrände und felsige Abschnitte.

Tauchplätze:

Die meisten Tauchplätze befinden sich an Steilwänden mit großartigen Drop Offs. Es existieren z. Z. 16 Tauchplätze an der Ost- und Westküste der Insel, u.a. Rocha de Seli und Chuklas. Außerdem gibt es noch viele unbetauchte Regionen. Die Gewässer der Kapverdischen Inseln weisen teilweise starke Strömungen auf.

Fauna:

Schnapper, Brassen, Soldatenfische, Papageifische, Doktorfische, Muränen, Mondfische, Igelfische, Scorpionsfische, Thunfische, Barrakudas, Wahoos, Stachelrochen, Mantas, Haie (u.a. Hammerhaie, Tigerhaie und Walhaie), Trompetenfische, Sepien, Octopusse, Langusten, Krabben, Krebse, Anemonen, Nacktschnecken und Schildkröten.

Informationen:

Tourismus-Büro Cabo Verde
c/o Hansjörg Schön
Westendstr. 52, 60325 Frankfurt
Tel: 069 723 145 Fax: 069 724 1261

Santa Maria CP 63 Iles du Sal

Stingray Dive Center
Owner: Michael Josuttis
Hotel Belorizonte
Ph: + 238 421 134 Fax: + 238 421 381
Organisation: PADI, VDTL
Language: German, English, French
Established: 1996 Season: 01.01. - 31.12.

Tarrafal Island Sao Tiago

Dive Center „Blue Adventure“
C/O Hotel Baia Verde
Ph: + 238 661880 Fax: + 238 661880
Organisation: SSI, CMAS
Language: Portuguese
Established: 1995
Season: 01.01. - 31.12.

Kenia

Hauptstadt	Nairobi
Einwohner	1,5 Mio.
Entf. v. Frankfurt/M.	6.306 km
Währung	Kenia-Schilling,
Amtssprache	Suaheli
Telefonvorwahl v. D	00 254
Telefonvorwahl n. D	00 49
Verkehr	Linksverkehr
jährl. Touristenzahl	900 000
Elektr. Strom	220 V / 50 Hz
Visum	nein
Flughafen	Mombasa Moi (MBA)

Tauchregionen:
Mombasa
Diani Beach
Galu Reef
Tiwi Wall
Mwanamochi Drift
Kipanga Drift
Maweni Drift
Kikadini Reef
Shimoni Reef
Kitungamue Reef

Zeitverschiebung: MEZ + 2
Fläche: 582.600 km
Einwohner: 26 Mio.

Tauchsicherheit

PADI International USA
1251 East Dyer Road
CA 92705-5605 Santa Ana
Tel: 001 (0) 714 5 40 72 34
Fax: 001 (0) 714 5 40 26 09
E-Mail: info@padi.com
Website: www.padi.com

NAUI Worldwide
FL 33619-2667 Tampa USA
Tel: 001 (0) 813 6 28 62 84
Fax: 001 (0) 813 6 28 82 53
Website: www.naui.org

DAN: Divers Alert Network
P.O. Box 3823 , 27710
Durham North Carolina USA
E-Mail: info@dan-dive.com
Website: www.dan-dive.com

CMAS
World Underwater Federation
Viale Tiziano, 74
00196, Roma, Italy
Tel: 0039 6 368 58480
Fax: 0039 6 36 85 84 90
E-Mail: cmasmond@tin.it
Website: www.cmas.org

Information und Beratung

Diver's Guide Tauchreisen
Dockenhudener Str. 14
22587 Hamburg
Tel: 040 866 0670
Fax: 040 866 06777
tauchen@divers-guide.de
Website: www.divers-guide.de

Schöner Tauchen
Hastedter Heerstr. 211
28207 Bremen
Tel: 0421 450 010
Fax: 0421 450 080
www.schoener-tauchen.com

Sport- & Kulturreisen
Seitennäckerstr.16
70378 Stuttgart
Tel: 0711 9534020
Fax: 0711 9534021
Website: www.sk.partner.de

Travel Service Kern
Herr Kern Burenstr. 17
70435 Stuttgart
Tel: 0711 822809
Fax: 0711 8264954
Website: www.travel-sk.de

Botschaften

Deutsche Botschaft in Kenia
Williamson House Nairobi
4th Ngong Avenue B
Tel: 002542 712527
Fax: 002542 714886

Botschaft von Kenia
Villichgasse 17
53177 Bonn
Tel: 0228 935 800

Verkehrsbüro Kenia
Neue Mainzer Str. 22
60311 Frankfurt
Tel: 069 232017
Fax: 069 23201

Fluggesellschaften

Condor Flugdienst G.m.b.H.
Kelsterbach
Frankfurt am Main
Tel: 06107 939-0
Website: www.condor.de

LTU International Airways
Köln
Tel: 02203 40-2151
Website: www.ltu.de

Sudan
Dawa
Ethiopia
Lake Turkana
Moyale
Lodwar
Marsabit
Uganda
Wajir
Somalia
Kitale
Kisumu
Nanyuki
Kericho
Garissa
Nyeri
Thika
Nairobi
Kiunga
Lamu
Kilima Simba
Malindi
Watamu
Voi
Kilifi
Indian Ocean
Mombasa
Ukunda
Shimoni
N
W
E
S
Tanzania
150 km

Geographische Lage:
Kenia liegt in Ostafrika und grenzt im Norden an Äthiopien und den Sudan, im Westen an Uganda, im Süden an Tansania sowie im Osten an Somalia. Im Osten liegt Kenias Küste zum Indischen Ozean, im Westen zum Viktoriasee. Die Landschaft ist vielfältig, es gibt Savannen und Waldgebiete im Hochland, Regenwälder im Westen, Sümpfe im Nordosten, Mangroven im Küstengebiet, Hochgebirgsregionen, Vulkane und Salzseen.

Klima:
Im Westen gemäßigt, sonst tropisch heiß und feucht mit Regenzeiten von November bis März. Das übrige Jahr ist trocken. Temperaturen, Januar 18°C, Juli 16°C.

Verkehr:
Verkehrsverbindungen gibt es vor allem im Westen und Süden, das übrige Land ist kaum erschlossen. Fährverbindungen bestehen über den Viktoriasee zu den übrigen Anrainerstaaten. Internationale Flughäfen mit Verbindungen in alle Welt sind Mombasa Moi (MBA) und Nairobi Jomo Kenyatta (NBO).

Indischer Ozean, Mombasa:

Die Hafenstadt ist der Verkehrsknotenpunkt der kenianischen Küste und die von den Touristen am meisten besuchte Stadt. Die etwa 450 km lange Küste ist auch der Ausganspunkt der Taucher. Außerdem gibt es einige kleine Inseln in dieser Region, Saumriffe liegen dicht vor der Küste.

Tauchplätze:
Schöne Tauchmöglichkeiten gibt es in der Gegend südlich von Mombasa an der Grenze zu Tansania, vor allem in den Riffs vor Diani Beach mit dem Galu Reef, Tiwi Wall, Mwanamochi Drift, Kipanga Drift, Tiwi Drift, Twiga Drift, Maweni Drift und Kikadini Reef sowie am Nyulli Reef. Außerdem gibt es lohnende Plätze bei Shimoni im Kisite-Park am Shimoni Reef und am Kitungamue Reef. In der Region nördlich von Mombasa liegen die hervorragenden Tauchplätze Shark Point, Riverwall, Barracuda Reef, Coral Garden, Manta Point, Fishtable, Horseshoe, Sandplace, Ubongo, Caves und Paradise. Etwas weiter nördlich gibt es interessante Stellen in den Riffs des Kilifi Creek, bei Malindi im Malindi-Watamu-Park mit Canyon, Deep Place und Dolphin Corner, bei Lamu an der Grenze zu Somalia im Kiunga-Park sowie am Bamburi Beach. Weitere gute Möglichkeiten befinden sich südlich vor der Küste Tansanias in den Riffs um die Inseln Pemba, vor allem an der Westseite im Pemba Channel (u.a. am Manta Point, am Uvinji Gap und bei der Insel Fundu). Schließlich gibt es hervorragende Tauchmöglichkeiten vor Sansibar, besonders interessant sind die Nord- und Ostküste mit ihren Steilwänden und mehreren küstennahen Tauchplätzen sowie die Einstiegsstellen bei den vorgelagerten Inseln Bat, Grave und Snake.

Wracks:
Das interessanteste Wrack ist die HMS Hildsay, ein Minensuchboot in 22 m Tiefe. In der Mündung des Mida Creeks liegt die Shakwe, ein Kutter in 12 m Tiefe.

Fauna:
Schnapper, Napoleonfische, Rotfeuerfische, Krötenfische, Drückerfische, Süßlippen, Doktorfische, Falterfische, Anemonenfische, Kugelfische, Muränen, Skorpionfische, Fledermausfische, Schaukelfische, Pfeifenfische, Makrelen, Barrakudas, Zackenbarsche, Mantas, Haie (auch Walhaie), Korallen, Gorgonien, Schwämme, Garnelen, Muscheln, Krebse, Nacktschnecken, Seegurken, Seepferdchen, Schildkröten und Delfine.

Kikambala/Mutwapa
Mombasa Watersports

P.O. Box 120
Ph: + 254 11485862 Fax: + 254 11485862
Organisation: PADI Language: English
Season: 01.01. - 31.12.

Mombasa Ukunda
Baracuda Kenia
Owner: W. Starzoch
P.O. Box 82169
Ph: + 254 11 485721 Fax: + 254 11 485453
Organisation: PADI, CMAS, VDST, VDTL
Language: German, English
Established: 1987 Season: 01.01 . - 31.12.

Ukunda
Diani Diving
Owner: Thee Vermeuten
P.O. Box 353
Ph: + 254 1273122 Fax: + 254 1273122
Organisation: VDST, CMAS, NAUI
Language: English
Season: 01.01. - 31.12.

Ukunda
Diani Marine
Owner: T. Sollaeher
P.O. Box 320 S. Kenia
Ph: + 254 127 2367 Fax: + 254 127 3452
Organisation: PADI. NAUI, CMAS
Language: English
Established: 1979 Season: 01.10. - 30.04.

Ukunda Diani Beach Mombasa
Diving ´ The Crab´
Owner: Mario Scianna
Diani Beach or P.O. Box 5011
Ph: + 254 127 3400 Fax: + 254 127 2003
E-Mail: thecrab@africanline.co.ke
Website: www.kenyabeach.com/thecrab.html
Organisation: PADI
Language: English, German, Italian
Established: 1985 Season: 01.11. - 30.04.

Watamu Kilifi
Scuba Diving Kenya
Owner: Lorenz Riedl
Watamu & Malindi
Ph: + 254 122 32099 Fax: + 254 122 32430
E-Mail: scuba-riedl@from-netcom.ke
Organisation: VDST, Vit, PADI
Language: English German, French
Established: 1995 Season: 15.10. - 30.04.

Watamu Turtle Bay
Scuba Diving Centre
PO. Box 10
Ph: + 254 122 32622 Fax: + 254 122 32268
Organisation: PADI
Language: English
Established: 1990 Season: 01.01. - 31.12.

Watamu Coast
Diving Aquaventures
P.O. Box 275
Ph: + 254 122 32420 Fax: + 254 122 32266
Organisation: PADI
Language: English
Established: 1992 Season: 01.01. - 31.12.

Kroatien

Hauptstadt	Zagreb
Einwohner	700.000
Entf. v. Frankfurt/M.	725 km
Währung	Kuna
Amtssprache	Kroatisch
Telefonvorwahl v. D	00 385
Telefonvorwahl n. D	99 49
Verkehr	Rechtsverkehr
jährl. Touristenzahl	k. A.
Elektr. Strom	220 V / 50 Hz
Visum	nein
Flughäfen	Zagreb Pleso (ZAG), Dubrovnik (DBV)

Tauchregionen:
Dalmatinische Inseln
Kvarner Bucht
Rijeka
Istrien
Krk
Cres
Losinj
Unije
Dugi Otok
Brac
Solta

Zeitverschiebung: MEZ
Fläche: 55.536 km²
Einwohner: 4,8 Mio.

Tauchsicherheit

CROATIAN DIVING FEDERATION
Dalmatinska 12
10 000 HRVATSKA
Tel: 385 1 4849765
Fax: 385 1 4849119
E-Mail: hrscdf@zg.tel.hr
Website: www.diving-hrs.hr

PADI International USA
1251 East Dyer Road
CA 92705-5605 Santa Ana
Tel: 001 (0) 714 5 40 72 34
Fax: 001 (0) 714 5 40 26 09
E-Mail: info@padi.com
Website: www.padi.com

World Underwater Federation CMAS
Viale Tiziano, 74,
00196, Roma, Italy
Tel: 0039 6 368 58480
Fax: 0039 6 36 85 84 90
Website: www.cmas.org

DAN: Divers Alert Network
P.O. Box 3823 , 27710
Durham North Carolina USA
E-Mail: info@dan-dive.com
Website: www.dan-dive.com

Information und Beratung

Sun and Fun
Franz-Joseph-Str. 43
80801 München
Tel: 089 380 14124
Fax: 089 346 644
sunundfun@t-online.de

Diver's Guide Tauchreisen
Dockenhudener Str. 14
22587 Hamburg
Tel: 040 866 0670
Fax: 040 866 06777
tauchen@divers-guide.de
Website: www.divers-guide.de

Schöner Tauchen
Hastedter Heerstr. 211
28207 Bremen
Tel: 0421 450 010
Fax.: 0421 450 080
www.schoener-tauchen.com

Travel Service Kern
Herr Kern Burenstr. 17
70435 Stuttgart
Tel: 0711 822809
Fax: 0711 8264954
Website: www.travel-sk.de

Botschaften

Deutsche Botschaft in Kroatien
Uliza grada Vukovar 64,
HR-10000 Zagreb B
Tel: 003851 6158105
Fax: 003851 6158103

Botschaft von Kroatien
Rolandstr. 45
53179 Bonn
Tel: 0228 95342-0

Zentrale für Tourismus
Karlsruher Str. 18
60329 Frankfurt/M.
Tel: 069 258535-0

Fluggesellschaften

Condor Flugdienst G.m.b.H.
Kelsterbach
Frankfurt am Main
Tel: 06107 939-0
Website: www.condor.de

LTU International Airways
Tel: 02203 40-2151
Website: www.ltu.de

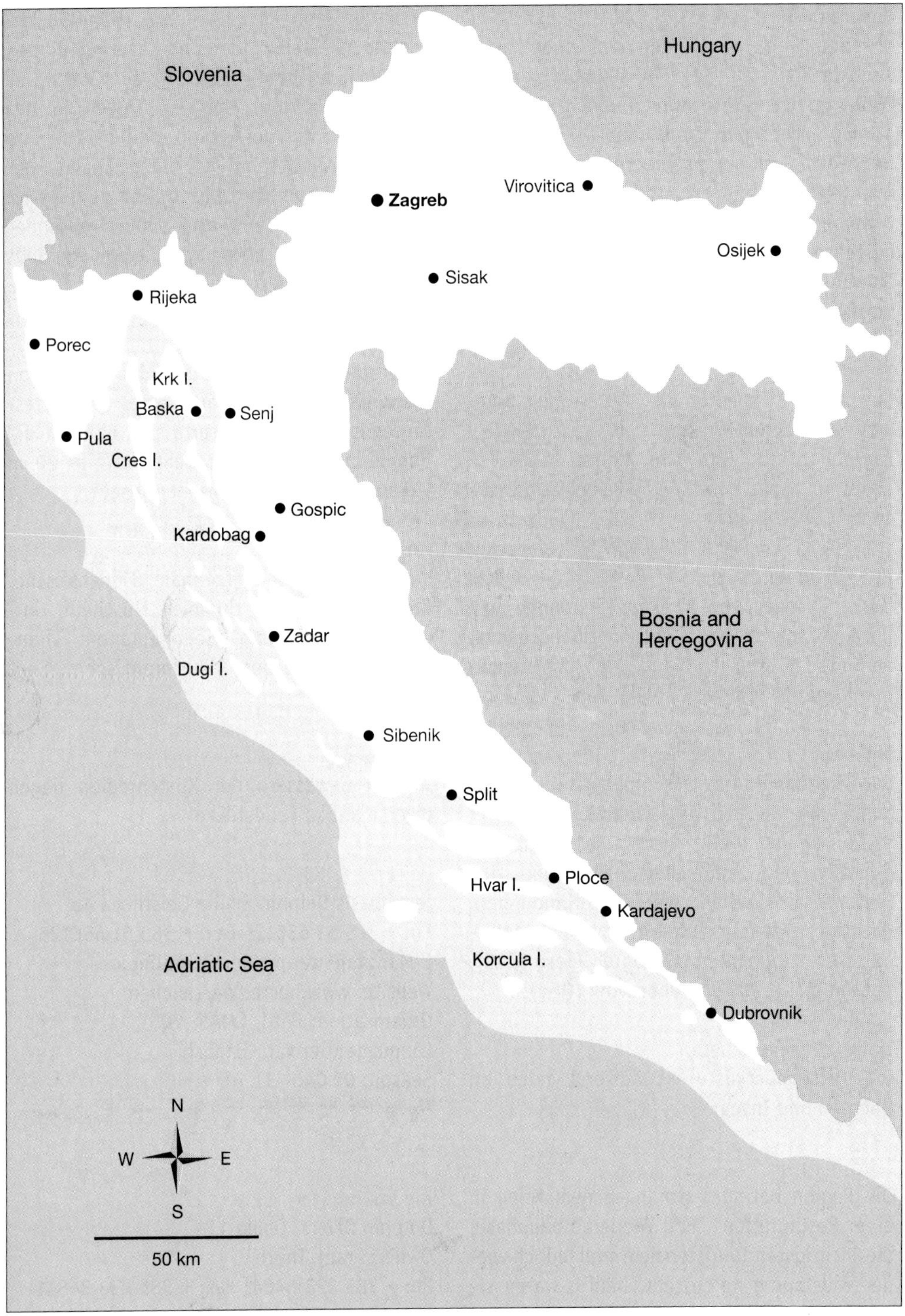
Slovenia
Hungary
Virovitica
Zagreb
Osijek
Sisak
Rijeka
Porec
Krk I.
Baska
Senj
Pula
Cres I.
Gospic
Kardobag
Bosnia and Hercegovina
Zadar
Dugi I.
Sibenik
Split
Ploce
Hvar I.
Kardajevo
Korcula I.
Adriatic Sea
Dubrovnik
N
W
E
S
50 km

Geographische Lage:

Kroatien liegt im Norden des ehemaligen Jugoslawiens an der Mittelmeerküste. Im Osten grenzt es an Serbien, Bosnien-Herzegowina und Ungarn, im Norden an Slowenien. Der Westen ist geprägt durch die insel- und buchtenreiche Adriaküste mit den Dalmatinischen Inseln. Der größte Teil des Landes besteht aus hügeligem Bergland, die Region Slawonien im Norden besteht aus dem Tiefland der Drava und der Sava.

Klima:

Das Klima ist mediterran mit warmen Sommern und kühlen Wintern.
Zagreb 11,6°C / 864 mm, Rijeka 14,3 °C / 1548 mm, Split 16,1°C / 816 mm, Dubrovnik 16,3 °C / 1298 mm.

Hauptreisezeit:

Beste Reisezeit von April bis September; im Norden Kroatiens herrscht Kontinentalklima, im Süden Mittelmeerklima. Durchschnittstemperaturen im Sommer 22 - 30 °C.

Verkehr:

Das Eisenbahn- und Straßennetz ist relativ gut ausgebaut, auch wenn der Zustand der Verkehrswege nicht immer sehr gut ist. Zwischen den zahlreichen Inseln und zum Festland gibt es mehrere Fährverbindungen. Wichtige Häfen sind Rijeka und Split. Internationale Flughäfen sind Zagreb Pleso (ZAG), Split Kastel (SPU) und Dubrovnik (DBV).

Dalmatinische Inseln:

Die Mittelmeerküste ist äußerst reich an Buchten und Inseln.

Tauchplätze:

Die Region befindet sich nach dem Krieg in einer Restaurations- und Wiederaufbauphase, die wichtigsten Touristenziele sind jedoch wieder vollständig hergestellt, häufig waren sie auch nur indirekt betroffen. Schöne Tauchgebiete mit Steilwänden und Kavernen gibt es vor allem an den Felsküsten der Dalmatinischen Inseln u.a. bei den Inseln in der Kvarner Bucht in der Region von Rijeka südlich der Halbinsel Istrien, Krk, Cres, Losinj oder Unije, außerdem vor Dugi Otok in der Gegend von Zadar, um die weiter südlich anschließenden Kornaten oder in der Region von Split bei den vorgelagerten Inseln Brac und Solta.

Wracks:

Unter den diversen Wracks in der kroatischen Inselwelt befindet sich auch eines der interessantesten des Mittelmeerraums, nämlich die Baron Gautsch, ein Passagierschiff in 20 m Tiefe nördlich der Brionischen Inseln.

Fauna:

Meeraale, Conger, Katzenhaie, Mönchsfische, Krebse, Langusten, Hummer, Muscheln, Gorgonien, Schwämme, Seeanemonen, Thunfische, Meerbarben, Skorpionfische, Seescheiden.

Sonstiges:

In den Gewässern der Küstenregion liegen diverse antike Fundstücke.

Ba'ska / Krk 51523

Tauchbasis Delphin Emilia Geistlicha 46
Ph: + 385 51 656126 Fax: + 385 51 656126
E-Mail: guenter.pichler@t-online.de
Website: www.hectec.de/tauchen
Organisation: PADI, CMAS, VDST
Language: German, English
Season: 01.04. - 31.10.

Biograd na Maru Croatia 23210

Dolphin Divers, Obala 1
Owner: Frank Thorn
Ph: + 385 233 84841 Fax: + 385 233 84841

E-Mail: dolphins.croatia@t-online.de
www.ims-kirrweiler.com/dolphins/index.htm
Organisation: 5*PADI
Language: German, English, French
Established: 1997 Season: 01.04. - 31.10.

Crihvenica 51260

Diving Center Mihuric Hrusta III/1
Ph: + 385 51 241851 Fax: + 385 51 241851
E-Mail: mihuric@ri.tel.hr
Website: www.mihuric.hr
Organisation: PADI
Language: English, German, Dutch
Established: 1995 Season: 01.01. - 31.12.

Koropati

Seaworld Koropati Owner: Eric Seesam
Ph: + 385 23 377167 Fax: + 385 23 377167
Website: www.seaworld.de
Organisation: PADI Language: German, English
Established: 1996 Season: 15.03. - 30.11.

Medulin, Pula 52203

Kl Sub doo Pula Diving Center Liznjan 186
Owner: Laslo Lehotkai
Ph: + 385 52 216759 Fax: + 385 52 216759
Organisation: 5*PADI, CMAS, IANTD
Language: English, German, Italian
Season: 01.01. - 31.12.

Porei 51440

Manta Diving, Owner: J. Schulz
Stortcenter Plava Laguna
Ph: + 385 52 451822 Fax: + 385 52 451044
Organisation: PADI
Language: German, English
Season: 01.05. - 31.10.

Pula HR-52100

Gratsch Diving Center Pula
Owner: Reinhard Gratsch
Verudela b.b.
Ph: + 385 98 335763 Fax: + 385 52 505 994
www.members.eunet.at/franz.gratsch/tauchen
Organisation: ÖBV, UDI, DIWA, CEDIP
Language: German, English, Italian
Established: 1997 Season: 01.05. - 31.12

Rijeka 51000

Diver Sport Center, Set.XIII divizije 28
Owner: Drazen Valerijev
Ph: + 385 51 219 111 Fax: + 385 51 216 258
E-Mail: diver@pro.hr
Website: www.pro.hr/diver
Organisation: SSI, PADI, CMAS
Language: English, Italian
Established: 1990 Season: 01.01. - 31.12.

Sibenik 22000

Neptun-Sub, Draga 5, Owner: D. Bujas
Ph: + 385 22 331 444 Fax: + 385 22 331 444
Website: www.neptun-sub.hr
Organisation: SSI, CMAS
Language: German, English, Italian
Established: 1996 Season: 01.05. - 31.10.

Kuba

Hauptstadt	Havanna
Einwohner	2,2 Mio.
Entf. v. Frankfurt/M.	8.128 km
Währung	Kubanischer Peso
Amtssprache	Spanisch
Telefonvorwahl v. D	0053
Telefonvorwahl n. D	Fernamt
Verkehr	Rechtsverkehr
jährl. Touristenzahl	750.000
Elektr. Strom	220 V / 50 Hz
Visum	ja
Flughafen	Havanna Jose Marti (HAV)

Tauchregionen:
Isla de la Juventud
Canarreos-Riff
Isla de Pinos
Cayo Largo,
Riffs Varadero
Clara Boyas
Playa Coral
Faro Luna
Santa Lucía
Santiago de Cuba
Guardalavaca

Zeitverschiebung: MEZ - 6
Fläche: 110.861 km²
Einwohner: 11 Mio.

Tauchsicherheit

F.C.A.S. Federacion Cubana de Actividades Subacuaticas
Calle B No. 310 entre 15 y 13
Vedado - La Habana - Cuba
Certal de Reservas Puertosol
Tel: 0053 7 33 35 40
Fax: 0053 7 33 31 56

CMAS Confederation Mondiale des Activites Subaquatiques
Viale Tiziano 74
00196 Roma Italy
Tel: 0039 6 368 58480
Fax: 0039 6 36 85 84 90
Website: www.cmas.org

PADI International USA
1251 East Dyer Road
CA 92705-5605 Santa Ana
Tel: 001 (0) 714 5 40 72 34
Fax: 001 (0) 714 5 40 26 09
Website: www.padi.com

DAN: Divers Alert Network USA
P.O. Box 3823
27710 Durham North Carolina
E-Mail: info@dan-dive.com
Website: www.dan-dive.com

Information und Beratung

Kubanisches Staatliches Touristikunternehmen
An der Hauptwache 7
60313 Frankfurt
Tel: 069 28 83 22

Sun and Fun
Franz-Joseph-Str. 43
80801 München
Tel: 089 380 14124
Fax: 089 346 644
sunundfun@t-online.de

Diver's Guide Tauchreisen
Dockenhudener Str. 14
22587 Hamburg
Tel: 040 866 0670
Fax: 040 866 06777
tauchen@divers-guide.de
Website: www.divers-guide.de

Schöner Tauchen
Hastedter Heerstr. 211
28207 Bremen
Tel: 0421 450 010
Fax: 0421 450 080
info@schoener-tauchen.com
www.schoener-tauchen.com

Botschaften

Deutsche Botschaft in Kuba
Calle B No. 652 Esquina a13
Vedado B La Habana
Tel: 0053 7 332569

Botschaft der Republik Kuba
Kennedyallee 22-24
53175 Bonn
Tel: 0228 309-0

Außenstelle:
Kuckhoffstr. 69
13156 Berlin
Tel: 030 9164551
Fax: 030 9164553

Fluggesellschaften

Cubana de Aviacion
An der Hauptwache 7
60313 Frankfurt
Tel: 069 913098-0
Fax: 069 91309840
Website: www.cubana.cu

Condor Flugdienst G.m.b.H.
Frankfurt am Main
Tel: 06107 939-0
Website: www.condor.de

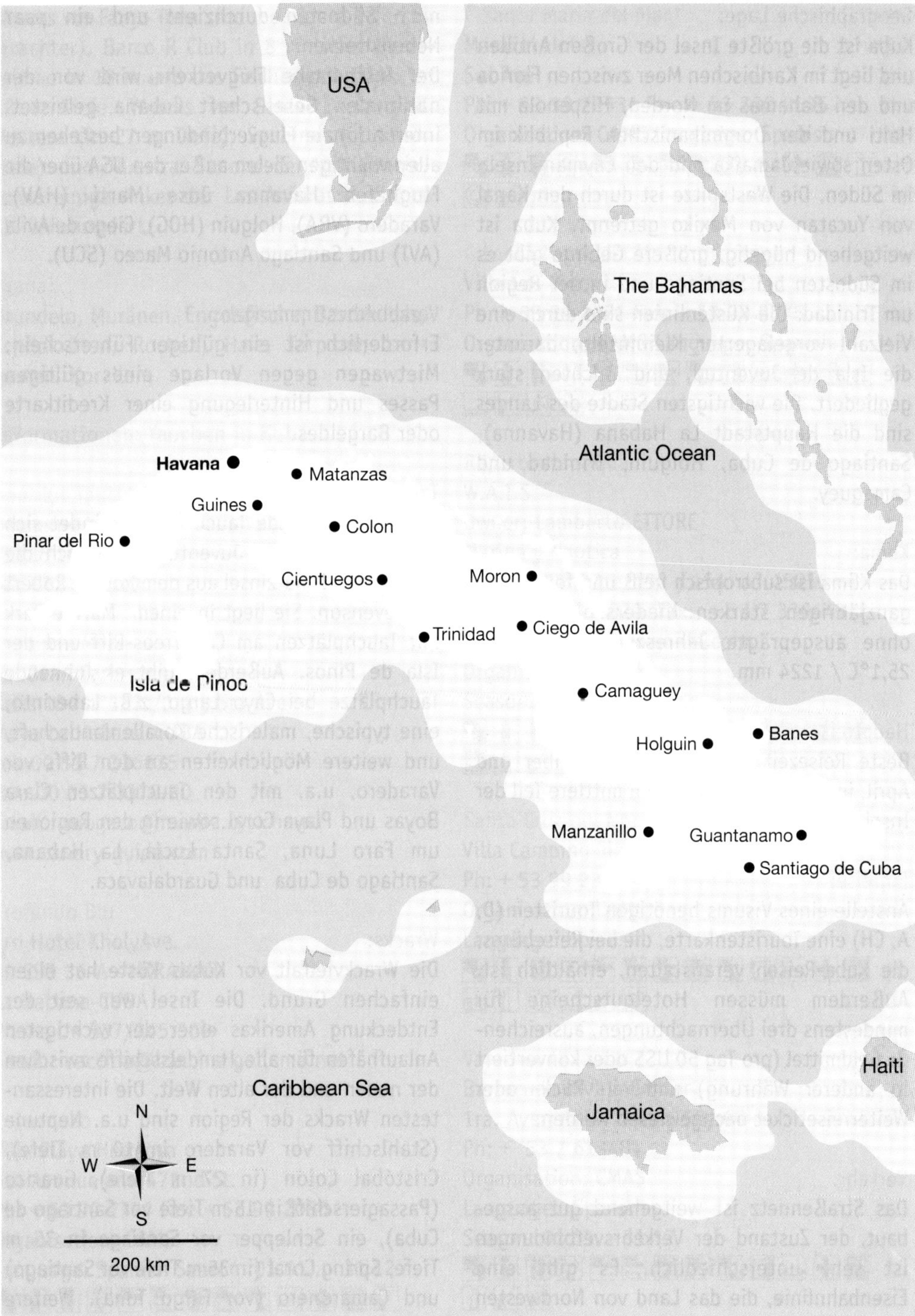
USA
The Bahamas
Atlantic Ocean
Havana
Matanzas
Guines
Colon
Pinar del Rio
Cientuegos
Moron
Trinidad
Ciego de Avila
Isla de Pinoc
Camaguey
Holguin
Banes
Manzanillo
Guantanamo
Santiago de Cuba
Haiti
Caribbean Sea
Jamaica
N
W
E
S
200 km

Malawi

Hauptstadt	Lilongwe
Einwohner	400.000
Entf. v. Frankfurt/M.	7.530 km
Währung	Malawi-Kwacha
Amtssprache	English u. Chewa
Telefonvorwahl v. D	00265
Telefonvorwahl n. D	10149
Verkehr	k. A.
jährl. Touristenzahl	120.000
Elektr. Strom	220V/50Hz
Visum	D-nein, A u.CH ja
Flughafen	Blantryre (BLZ)

Tauchregionen:
Lake Malawi

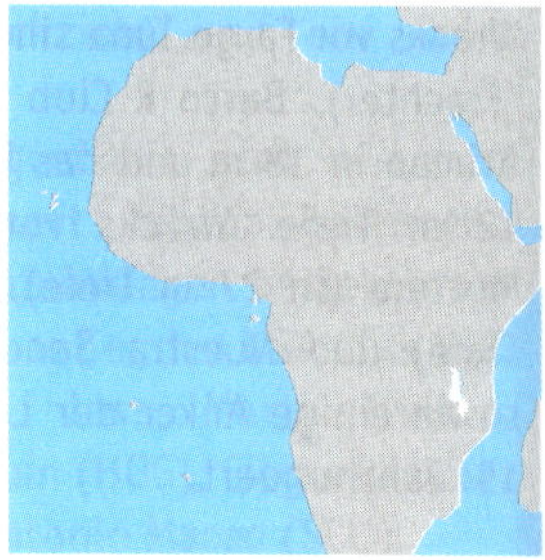

Zeitverschiebung: MEZ + 1
Fläche: 118.484 km^2
Einwohner: 10,8 Mio.

Tauchsicherheit

PADI International USA
1251 East Dyer Road
CA 92705-5605 Santa Ana
Tel: 001 (0) 714 5 40 72 34
Fax: 001 (0) 714 5 40 26 09
E-Mail: info@padi.com
Website: www.padi.com

NAUI Worldwide
FL 33619-2667 Tampa USA
Tel: 001 (0) 813 6 28 62 84
Fax: 001 (0) 813 6 28 82 53
Website: www.naui.org

DAN: Divers Alert Network
P.O. Box 3823 , 27710
Durham North Carolina USA
E-Mail: info@dan-dive.com
Website: www.dan-dive.com

CMAS
World Underwater Federation
Viale Tiziano, 74
00196, Roma, Italy
Tel: 0039 6 368 58480
Fax: 0039 6 36 85 84 90
E-Mail: cmasmond@tin.it
Website: www.cmas.org

Information und Beratung

Diver's Guide Tauchreisen
Dockenhudener Str. 14
22587 Hamburg
Tel: 040 866 0670
Fax: 040 866 06777
tauchen@divers-guide.de
Website: www.divers-guide.de

Schöner Tauchen
Hastedter Heerstr. 211
28207 Bremen
Tel: 0421 450 010
Fax: 0421 450 080
www.schoener-tauchen.com

Travel Service Kern
Herr Kern Burenstr. 17
70435 Stuttgart
Tel: 0711 822809
Fax: 0711 8264954
Website: www.travel-sk.de

Sport- & Kulturreisen
Seitennäckerstr.16
70378 Stuttgart
Tel: 0711 9534020
Fax: 0711 9534021
Website: www.sk.partner.de

Botschaften

Deutsche Botschaft in Malawi
P.O. Box 30046
Lilongwe 3 Malawi
Tel: 00 265 782 555
Fax: 00 265780250

Botschaft der Republik Malawi
Mainzer Str. 124
53179 Bonn
Tel: 0228 943 350
Fax: 0228 943 3537

Fluggesellschaften

British Airways
Frankfurt am Main
Flugreservierung und Flüge
Tel: 0180 3340340

AIR FRANCE
Flughafen Frankfurt
Reservierung u. Info
Tel: 069 2566-222
Verkauf
Tel: 069 2566-316

N
W
E
S
100 km
Zambia
Tanzania
Chitipa
Karonga
Rumphi
Mzuzu
Chintheche
Mzimba
Lake Nyasa
Mozambique
Nkhota Kota
Kasungu
Salima
Lilongwe
Monkey Bay
Dedza
Mangochi
Lake Amaramba
Lake Malombe
Lake Chiuta
Mozambique
Zomba
Lake Chilwa
Blantyre
Mulanje
Chiromo
Zimbawe

Malawi

Geographische Lage:

Der Ostafrikanische Graben bestimmt maßgeblich die Landesnatur von Malawi. Vom Niassasee (Malawi-See), der die Grabensenke ausfüllt, steigt die westliche Randaufwölbung bis über 1000 m an. Einzelne Tafelberge überragen diese Plateaus und erreichen Höhen im Norden von rund 2600 m, im äußersten Südosten von 3000 m.

Klima:

Lilongwe 19,9°C / 845 mm, Karonga 24,5°C / 1081 mm, Blantyre 22,0°C / 834 mm.

Hauptreisezeit:

Subtropisches Klima mit angenehmen Temperaturen; Hauptregenzeit Ende November bis März; kühle Jahreszeit von Juni bis September; beste Reisezeit in der Trockenzeit zwischen Mai und Oktober.

Einreise:

Erforderlich für einen Aufenthalt bis zu 90 Tagen ist ein gültiger Reisepass. Bei der Einreise sind ausreichende Geldmittel sowie die nötigen Rück- oder Weiterreisepapiere nachzuweisen.

Verkehrsmittel:

Relativ gut ausgebaute Hauptstraßen; zu den Hauptorten ins Landesinnere führen ungeteerte Allwetterstraßen. Regelmäßiger Busverkehr zwischen allen größeren Städten. Es gibt auch einen Schiffsverkehr auf dem Malawi See. Charterverkehr zu verschiedenen kleinen Landeplätzen im Landesinnern, internationaler Flughafen Kamuzu International (25 km von Lilongwe).

Malawi See:

Der See ist einer der größten Süßwasser-Seen der Welt. Es ist 560 km lang und 80 km breit und hat eine Tiefe von ca. 700 m. Er bildet die östliche Grenze zu Mozambique.

Fauna:

Der See zeichnet sich durch eine unglaubliche Vielfalt an Fischarten aus. Forscher haben über 500 verschiedene Arten identifiziert.

Mangochi

Scuba Blue, Private Bag 18
Owner: Klub Makokola
Ph: + 254 584576 Fax: + 254 584576
E-Mail: clubmak@malawi.net
Website: www.clubmak.com
Organisation: PADI, NAUI Language: English
Established: 1993 Season: 01.01. - 31.12.

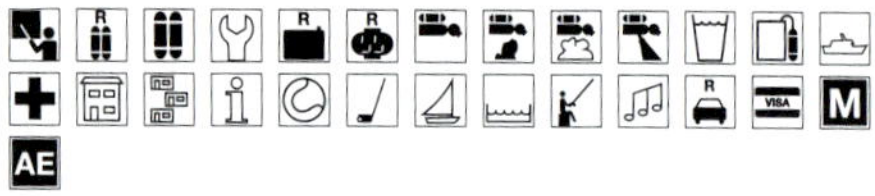

Monkey Bay

Cape Maclear, Scuba Shack P.O. Box 176
Ph: + 265 584782 Fax: + 265 584782
Organisation: PADI Language: English
Established: 1994 Season: 01.01. - 31.12.

Monkey Bay

Kayak Africa, P.O. Box 48
Ph: + 254 584456 Fax: + 254 584456
Organisation: PADI, NAUI Language: English
Established: 1996
Season: 01.01. - 31.12.

Monkey Bay

Lake Divers, P.O. Box 182
Owner: Mario E. Bode
Ph: + 254 584528 Fax: + 254 584528
E-Mail: lakedivers@malawi.net
Organisation: PADI
Language: German, English
Season: 01.01. - 31.12.

Hauptstadt	Kuala Lumpur
Einwohner	1,1 Mio.
Entf. v. Frankfurt/M.	9.948 km
Währung	Malaysischer Ringgit, RM
Amtssprache	Malaiisch
Telefonvorwahl v. D	0060
Telefonvorwahl n. D	007 49
Verkehr	Linksverkehr
jährl. Touristenzahl	7,2 Mio.
Elektr. Strom	220 V / 50 Hz
Visum	nein
Flughafen	Kuala Lumpur (KUL) Subang

Tauchregionen:
Südchinesisches Meer
Pulau Tioman
Pulau Redang
Perhentian Inseln
Ostmalaysia
Andaman Sea
Pulau Langkawi

Zeitverschiebung: MEZ + 7
Fläche: 329.758 km²
Einwohner: 19,5 Mio.

Tauchsicherheit

PADI Asia Pacific Pty. Ltd.
39 Tampines Street
9205-00 Form Building
Singapore 52883
Tel: 0065 7 859896
Fax: 0065 7 8581 68
Website: www.padi.com

NAUI Asia-Pacific Service Ctr.
71 Ayer Rajah Crescent 03-01
Singapore 0513
Tel: 0065 7 775120
Fax: 0065 7
736125Website:www.naui.org

DAN: Divers Alert Network USA
P.O. Box 3823
27710 Durham North Carolina
E-Mail: info@dan-dive.com
Website: www.dan-dive.com

World Underwater Federation
CMAS
Viale Tiziano 74
00196 Roma Italy
Tel: 0039 6 368 58480
E-Mail: cmasmond@tin.it
Website: www.cmas.org

Information und Beratung

Volkert Touristik GmbH
Freizeitzentrum Roßmühle
97782 Gräfendorf
Tel: 09357 97490
Fax: 09357 1055
Web: www.volker-touristik.de

Schöner Tauchen
Hastedter Heerstr. 211
28207 Bremen
Tel: 0421 450010
Fax: 0421 450080
info@schoener-tauchen.com
www.schoener-tauchen.com

Uni Sun CPI Deutschland
An der Fahrt 13
55124 Mainz
Tel: 06131 968516
Fax: 06131 968511
Website: www.unisun.de

Sun and Fun
Franz-Joseph-Str. 43
80801 München
Tel: 089 380 14124
Fax: 089 346 644
sunundfun@t-online.de

Botschaften

Deutsche Botschaft in Malaysia
No. 3 Jalan U Thant
55000 Kuala Lumpur
Tel: 00603 242 9666
Fax: 00603 241 3943

Botschaft von Malaysia
Mittelstr. 43
53175 Bonn
Tel: 0228 308030
Fax: 0228 376584

Fremdenverkehrsbüro von Malaysia
Roßmarkt 11, 60311 Frankfurt
Tel: 069 283782-3

Fluggesellschaften

Malaysian Airline
Information
An der Hauptwache 7
60313 Frankfurt
Tel: 069 138719-10

Singapore Airlines Ltd.
Frankfurt am Main
Reservierungen
Tel: 069 719 5200
www.singapore-airlines.com

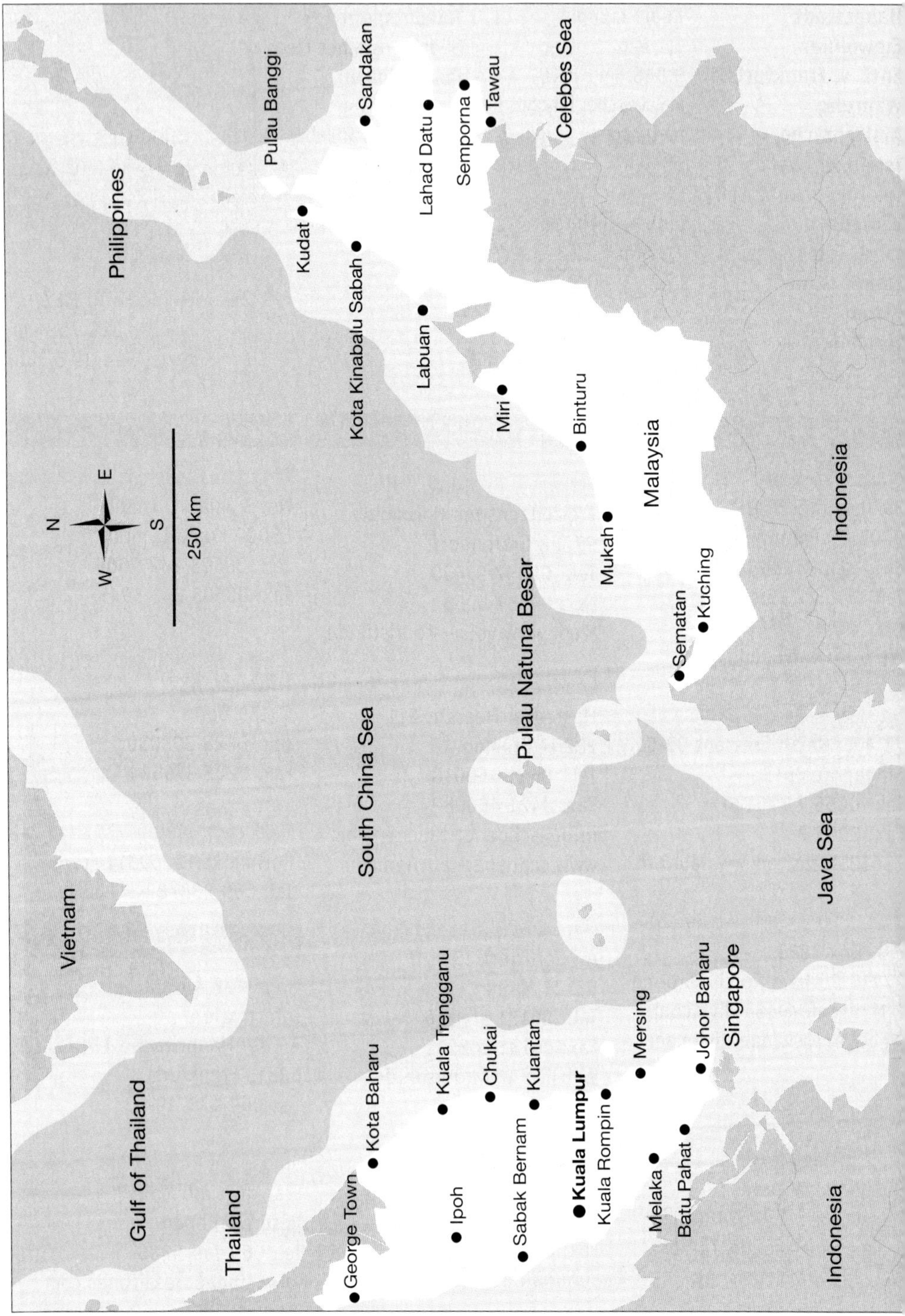
Thailand
Gulf of Thailand
Vietnam
South China Sea
Philippines
Pulau Banggi
Sandakan
Kudat
Kota Kinabalu Sabah
Labuan
Lahad Datu
Semporna
Tawau
Celebes Sea
Miri
Binturu
Mukah
Malaysia
Sematan
Kuching
Indonesia
Pulau Natuna Besar
Java Sea
N
E
S
W
250 km
George Town
Kota Baharu
Kuala Trengganu
Chukai
Kuantan
Ipoh
Sabak Bernam
Kuala Lumpur
Kuala Rompin
Mersing
Melaka
Batu Pahat
Johor Baharu
Singapore
Indonesia

Geographische Lage:

Malaysia liegt in Südostasien und besteht aus zwei Teilen. Der Westteil liegt auf der Südspitze des hinterindischen Subkontinents; er grenzt im Norden an Thailand, im Süden an Singapur. Das Inland ist bergig, die Küstenregionen sind flach. Der Ostteil umfasst den Norden der Insel Borneo. Auch dort dominiert Bergland. Der Südteil dieser Insel gehört zu Indonesien, im Nordosten liegen die Philippinen, im Nordwesten das Sultanat Brunei. Beide Regionen beherbergen weitläufige Regenwaldgebiete. Malaysia bildet die Südbegrenzung des Südchinesischen Meeres. Die Westküste liegt am Andamanischen Meer. Zum Staatsgebiet gehören unzählige Inseln.

Klima:

Tropisch, warm und feucht, Niederschläge über das ganze Jahr. Kuching (Borneo) 27,0°C / 3905 mm, Penang 27,6°C / 2736 mm, Kuala Terengganu 26,6°C / 2918 mm, Malakka 26,9°C / 2205 mm

Hauptreisezeit:

Bei Temperaturen zwischen 22°C und 32°C mit hoher Luftfeuchtigkeit liegt die beste Reisezeit zwischen Frühjahr und Sommer.

Einreise:

Erforderlich ist ein bei Ankunft noch mindestens 6 Monate gültiger Reisepass (D, A, CH), außerdem der Besitz von Rück- oder Weiterreisedokumenten und der Nachweis ausreichender Geldmittel.

Verkehr:

Der Westteil hat ein gut ausgebautes Straßennetz und zwei Bahnlinien, die von der thailändischen Grenze bis nach Singapur im Süden verlaufen. Ostmalaysia ist verkehrstechnisch wenig erschlossen. Der Verkehr zwischen den beiden Landesteilen erfolgt durch Fähren und Flugzeuge. Der internationale Flughafen Malaysias ist Kuala Lumpur Peninsular Subang (KUL).

Verkehrsbestimmmungen:

Für die Teilnahme am Straßenverkehr ist ein internationaler Führerschein erforderlich. Es herrscht Linksverkehr. Der Abschluss einer Haftpflichtversicherung ist vorgeschrieben.

Ostmalaysia:

Der nördliche Teil der Insel Borneo (malayisch Sabah). Diese ist die größte der Sundainseln und liegt nördlich von Java und südlich der Philippinen.

Tauchplätze:

Schöne Tauchmöglichkeiten befinden sich im Nordwesten bei Tawau und Semporna mit der vorgelagerten Kleininsel Sipadan. Bemerkenswert sind u.a. die Turtle Cave sowie mehrere Plätze rund ums Außenriff bei Puang Gaya.

Weitere Möglichkeiten befinden sich im Nordosten bei Kula Kinabalu und Bandar Seri Begawan mit der Insel Labuan, außerdem bei Layang-Layang, einer kleinen künstlichen Insel 300 km nordwestlich von Borneo, u.a. mit den Tauchplätzen East Point, D-Wall, Gorgonian Forest, The Valley und Wrasse Strip.

Wracks:

Vier Wracks liegen südlich von Labuan: Salute (Minensucher in 18–33 m), Mabini Padre (in 35 m), Tung Hwang (Frachter in 30 m) und SS de Klerk (Frachter in 21 bis 33 m). Ein weiteres befindet sich westlich von Gaya im Tunku Abdul Rahman National Park.

Pulau Tioman:

Insel vor der Ostküste der malayischen Halbinsel, die von mehreren umliegenden Kleininseln umgeben ist. Diese sind zumeist unbewohnt und mit tropischem Regenwald bewachsen.

Tauchplätze:
Gute Rifftauchplätze u.a. bei Chebeh Island, Renggis Island, Tulai Island, Coral Island, Golden Reef, Tiger Reef, Fantastic Reef, Endless Reef, Malang Rocks, in der Kadar Bay sowie am Salang Beach.
Weitere hervorragende Tauchgelegenheiten bestehen im Johor Marine National Park besonders bei Pulau Besar (nicht zu verwechseln mit der gleichnamigen Insel in der Straße von Malacca) und Pulau Tinggi.

Fauna:
Makrelen, Napoleonfische, Kaiserfische, Doktorfische, Schnapper, Anemonenfische, Papageifische, Fledermausfische, Wimpelfische, Lippfische, Skorpionfische, Gelbsaum-Drücker, Stachel- und Blaupunktrochen, Kugelfische, Grundeln, Meerbarben, Mantas, Barrakudas, Haie, Zackenbarsche, Thunfische, Sepien, Korallen, Gorgonien, Anemonen und Schildkröten.

Pulau Langkawi:
Eine Insel, vor der Küste im Nordwesten des Landes an der Grenze zu Thailand gelegen, mit mehreren südlich vorgelagerten Kleininseln.

Tauchplätze:
Einige hervorragende Tauchplätze gibt es im Marine Park bei Pulau Payar und den umliegenden Kleinstinseln Kala, Lembu und Segantang südlich von Langkawi.

Fauna:
Verschiedene Riff-Fische, Geisterpfeifenfische, Korallen, Anemonen, Gorgonien, Federsterne, und Krabben.

Pulau Redang und Perhentian Inseln:
Zwei Inselgruppen im Nordwesten der malayischen Halbinsel in einem Marine Park vor der Küste von Terengganu gelegen.

Tauchplätze:
Einige sehr schöne Tauchplätze liegen bei Pulau Redang, vor allem Mini Mount, Keringan und Pulau Ling im Osten der Insel sowie im Norden in der Turtle Bay. Bei den Perhentian Islands gibt es mehrere schöne Plätze rund um die Inseln, u.a. Stingray Point, Point No. 22 bei Perhentian Kechil und Rock Tiga bei Perhentian Besar.

Sangalakki und Kakaban:
Zwei Kleininseln im Nordosten Borneos.

Tauchplätze:
Vor Sangalakki gibt es einige exzellente Tauchplätze, u.a. Manta Run, Manta Avenue, Manta Parade und Cuttlefish Bay. Weitere Möglichkeiten gibt es in den Gewässern um die Nachbarinsel Kakaban. Hier sind vor allem die Wall Dives am Außenriff von Bedeutung.

Fauna:
Makrelen, Barrakudas, Fledermausfische, Schnapper, Glasfische, Papageifische, Skorpionfische, Steinfische, Muränen, Mantas, Krebse, Krabben, Garnelen, Seeigel, Korallen, Anemonen, Schildkröten, außerdem Quallen im See von Kakaban.

Sonstiges:
Auf Kakaban Island gibt es einen betauchbaren Süßwassersee, der über die Hälfte der Inseloberfläche ausmacht und nur unwesentlich über dem Meeresspiegel liegt.

Tauchplätze:
Mehrere interessante Tauchplätze in den Riffen im Gebiet der beiden Kleininseln, u.a. Barrakuda-Point und Kapalai.

Sonstiges:
Für Malaysia haben wir die Adressen nach Bundesländern sortiert, bitte beachten Sie die großen Entfernungen in diesem Land.

Johore Bahru 80350 Bahru
Dive Consult Mpjp Swimming Pool, Jalan Sentosa, Larkin Mahru
Ph: + 60 7 331 7550 Fax: + 60 7 331 7550
Organisation: PADI Language: English
Established: 1995 Season: 01.01. - 31.12.

Labuan 87018 Borneo Labuan
Ocean Sports Divers Owner: Mr. Lim
134 Jln. Okk Awang Besar
Ph: + 60 87415389 Fax: + 60 87415697
Organisation: NAUI Language: English
Season: 01.01. - 31.12.

Labuan FT-87016 Borneo Labuan
Borneo Divers Waterfront Marina
Ph: + 60 87 415867 Fax: + 60 87 413454
E-Mail: bdssbn@po.jaring.mx
Website: www.jaring.my/bdivers
Organisation: PADI, TDI Language: English
Established: 1984 Season: 01.03. - 30.11.

Petaling Jaya Selangor 47400
Borneo Divers and Sea Sports
127M. Jalan SS21/37 Damansara Utama
Ph: + 60 3 717 3066 Fax: + 60 3 718 4303
E-Mail: bdsskl@po.jaring.my
Organisation: 5*PADI Language: English
Established: 1994 Season: 01.01. - 31.12.

Petaling 47300 Jaya Selangor
Scuba Point No. 135 Jalan SS2/24
Ph: + 60 3 774 7288 Fax: + 60 3 775 4288
Organisation: 5* PADI Language: English
Established: 1994 Season: 01.01. - 31.12.

Petaling Jaya Selangor 47500 Jaya Selangor
Global Scuba Adventures
34 Jalan SS 15/8 Subang Jaya
Ph: + 60 3 737 6722 Fax: + 60 3 737 6822
E-Mail: divegsa@tm.net.my
Organisation: 5* IDC PADI
Language: English
Established: 1993 Season: 01.01. - 31.12.

47800 Jaya Selangor
Seatlantis Dive Centre
S38-A, 1 Utama Shopping Centre
Lebuh Bandar Utama
Ph: + 60 3 7193554 Fax: + 60 3 7172758
Organisation: PADI
Language: English
Established: 1997 Season: 01.01. - 31.12.

Johor Bahru Johore 80150 J
ADN Diving 6A Jalan Sulam Taman Sentosa
Ph: + 60 7 3317216 Fax: + 60 7 331 1920
E-Mail: info@adn-diving.ch
Website: www.adn-diving.ch
Organisation: PADI Language: English
Established: 1997 Season: 01.01. - 31.12.

07000 Langkawi
Pro Dive Langkawi Lot 974 Pantai Cenang
Ph: + 60 4 955 3739 Fax: + 60 4 955 3475
Organisation: 5*IDC PADI
Language: English
Established: 1993 Season: 01.01. - 31.12.

Kedah 07000 Langkawi

Pro Dive Langkawi
Lot 974, Pantai Cenang, Langkawi
Ph: + 60 4 9553739 Fax: + 60 4 9553475
Organisation: 5*PADI

Pahang 86807 Mersing Johore

Tioman Resort Seasport Centre
Owner: Michal Lee
Tioman Island Resort Sdn Bhd
Ph: + 60 9 4145445 Fax: + 60 9 4145718
Organisation: PADI Language: English
Season: 01.03. - 31.10.

Pahang 86800

B & J Diving Centre
Kampung Salang #48, Pulau Tioman
Ph: + 60 9 419 5555 Fax: + 60 9 419 5554
Organisation: 5*PADI Language: English
Established: 1993 Season: 01.01. - 31.12.

Semporna Sabah Pandanan Island

Pandanan-Semporna Island Resort
Pandanan Island
Ph: + 60 11 814429 Fax: + 60 18 8858600
E-Mail: mdive@tm.net.my
Organisation: PADI Language: English
Established: 1996 Season: 01.01. - 31.12.

Hillside, 11200 Penang

Pro Dive 18 Jalan Pakawali Owner: Esther Lim
Ph: + 60 48903919 Fax: + 60 48903919
Organisation: SSI Language: English
Season: 01.01. - 31.12.

Kota Kinabalu 88999 Sabah

Borneo Divers & Sea Sports
Locked Bag 194
Ph: + 60 88 222 226 Fax: + 60 88 221 550
E-Mail: bdivers@po.jaring.my
Organisation: 5*IDC PADI Language: English
Established: 1990 Season: 01.01. - 31.12.

Sabah 88300 Sabah

Seaventures Tours & Travel Sdn Bhd
4th Floor, Room 422-424,
Wisma Sabah, Kota Kinabalu
Ph: + 60 88 261669 Fax: + 60 88 251667
Organisation: PADI Language: English
Established: 1998 Season: 01.01. - 31.12.

Kota Kinabalu 88000 Sabah

Sipadan Mabul Resort
2nd Floor, Lot 8, Block B, Jalian Padas
Segama Complex. Owner: Robert Lom
Ph: + 60 88 230006 Fax: + 60 88 242003
E-Mail: mabul@po.jaring.my
www.infosabah.com.my/sipandan-mabul
Organisation: 5*PADI Language: English
Established: 1993 Season: 01.01. - 31.12.

Miri, Sarawak 98000 Sarawak

Scuba Sarawak Lobby Arcada Royal Hotel
Owner: Michael Thong
Ph: + 60 85 428225 Fax: + 60 85 428227
E-Mail: webmaster@scubasa.com
Website: www.scubasa.com
Organisation: PADI Language: English
Established: 1994 Season: 01.04. - 31.10.

Kota Kinabalu Sabah 88829 Sipadan
Abdillah Sipadan Paradise
P.O. Box 12626
Ph: + 60 88 258105 Fax: + 60 88 235055
E-Mail: jworld@po.jaring.my
Organisation: PADI
Language: English
Established: 1993 Season: 01.01. - 31.12.

Kota Kinabalu, Sabah 88000 Sipadan
Sipadan Dive Centre Sdn Bhd
A1103, 11th Floor, Wisma Merdeka
Jl Tun Razak
Ph: + 60 88 240584 Fax: + 60 88 240415
E-Mail: sipadan@po.jaring.my
Organisation: 5*PADI Language: English
Established: 1990 Season: 01.01. - 31.12.

Tawau Sabah 91007 Sipadan
Pulau Sipadan Resort & Tours Sdn Bhd
484 Block P, Bandar Sabindo
Ph: + 60 89 765200 Fax: + 60 89 763575
Organisation: PADI
Established: 1990 Season: 01.01. - 31.12.

Terengganu Kuala Besut 22300 Terengganu
Turtle Bay Divers
Pasir Panjang, Pulau Perhentian Kecil
Ph: + 60 3 758 2527 Fax: + 60 3 756 0472
E-Mail: juarezp@tm.net.my
Organisation: PADI
Language: English
Established: 1991 Season: 01.01. - 31.12.

21010 Terengganu
Pro Dive Pantai Peranginan Merang, Setiu
Ph: + 60 9 6242495 Fax: + 60 9 6242495
Organisation: 5*PADI
Established: 1990 Season: 01.01. - 31.12.

Kuala Terengganu 20000 Terengganu
Redamg Aquatic Adventure
Palau Redang
Ph: + 60 11 972909 Fax: + 60 11 972908
E-Mail: liumuk@tm.net.my
Organisation: PADI Language: English
Established: 1992 Season: 01.01. - 31.12.

Tioman Island Pahang Tioman Island Pahang
Dive Asia Tioman Island
Kampong Tekek
Ph: + 60 11 71 6783 Fax: + 60 7 799 4099
Organisation: 5*PADI Language: English
Established: 1997 Season: 01.01. - 31.12.

Malediven

Hauptstadt	Malé
Einwohner	60.000
Entf. v. Frankfurt/M.	7.870 km
Währung	Rufiyaa, Rf
Amtssprache	Divehi, Englisch
Telefonvorwahl v. D	00960
Telefonvorwahl n. D	649
Verkehr	Rechtsverkehr
jährl. Touristenzahl	280.000
Elektr. Strom	220 V / 50 Hz
Visum	ja
Flughafen	Malé (MLE) Hulule

Tauchregionen:
Thudufushi Atoll
Vakarufahli Atoll
Halaveli Atoll
Halaveli Resort
Kanifinolhu Atoll
Lhaviyani Atoll
Lhaviyani Atoll
Magugalolhu Atoll
Male Atoll
South Male Atoll
Thulagiri Atoll

Zeitverschiebung: MEZ +
Fläche: 299 km
Einwohner: 230.00

Tauchsicherheit

PADI International USA
1251 East Dyer Road
CA 92705-5605 Santa Ana
Tel: 001 (0) 714 5 40 72 34
Fax: 001 (0) 714 5 40 26 09
E-Mail: info@padi.com
Website: www.padi.com

NAUI Worldwide
FL 33619-2667 Tampa USA
Tel: 001 (0) 813 6 28 62 84
Fax: 001 (0) 813 6 28 82 53
Website: www.naui.org

DAN: Divers Alert Network
P.O. Box 3823 , 27710
Durham North Carolina USA
E-Mail: info@dan-dive.com
Website: www.dan-dive.com

CMAS World
Underwater Federation
Viale Tiziano 74
00196, Roma, Italy
Tel: 0039 6 368 58480
Fax: 0039 6 36 85 84 90
E-Mail: cmasmond@tin.it
Website: www.cmas.org

Information und Beratung

Diver's Guide Tauchreisen
Dockenhudener Str. 14
22587 Hamburg
Tel: 040 866 0670
Fax: 040 866 06777
tauchen@divers-guide.de
www.divers-guide.de

Schöner Tauchen
Hastedter Heerstr. 211
28207 Bremen
Tel: 0421 450 010
Fax: 0421 450 080
info@schoener-tauchen.com
www.schoener-tauchen.com

Charly M.V. GmbH
Postfach 1153
90531 Wendenstein
Tel: 09129 3837
Fax: 09129 3837
www.tauch-safari.de

Reisecenter Federsee
Schussenriederstr. 26
88422 Bad Buchau
Tel: 07582 3551
Fax: 07582 3252

Botschaften

Honorargeneralkonsul
Herr Gottfried Mücke
Konsularbezirk, Bundesgebiet
Republik Malediven
Immanuel Kant-Straße 16
61350 Bad Homburg v.d.H.
Tel: 06172 867833
Fax: 06172 85833

Fremdenverkehrsamt
Malediven
Münchnerstr. 48
60329 Frankfurt
Tel: 069 274 0440
Fax: 069 274 04422

Fluggesellschaften

Condor Flugdienst G.m.b.H.
Kelsterbach
Frankfurt am Main
Tel: 06107 939-0
www.condor.de

LTU International Airways
Köln
Tel: 02203 40-2151
Website: www.ltu.de

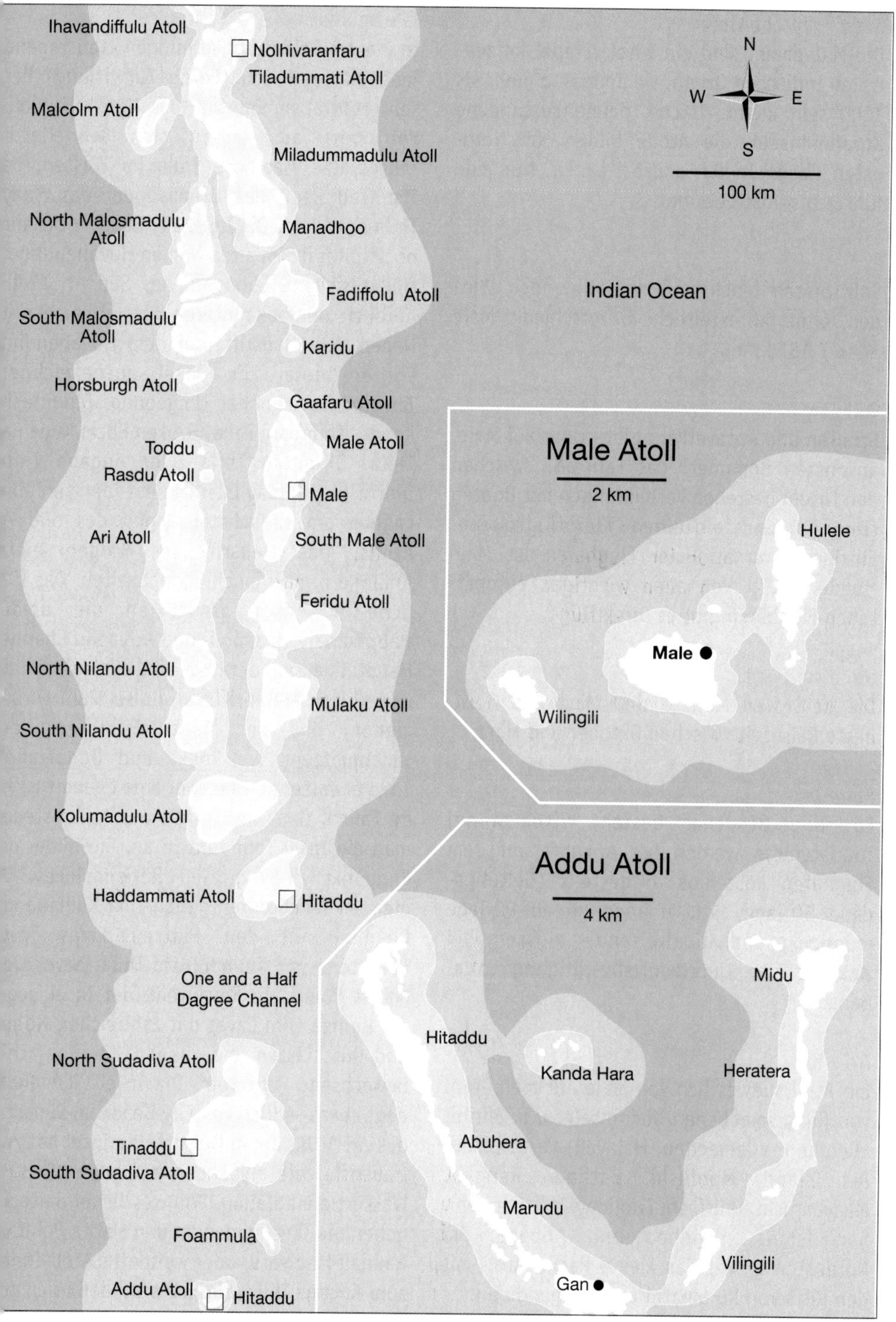
Ihavandiffulu Atoll
Nolhivaranfaru
Tiladummati Atoll
Malcolm Atoll
Miladummadulu Atoll
North Malosmadulu Atoll
Manadhoo
Fadiffolu Atoll
South Malosmadulu Atoll
Karidu
Horsburgh Atoll
Gaafaru Atoll
Toddu
Male Atoll
Rasdu Atoll
Male
Ari Atoll
South Male Atoll
Feridu Atoll
North Nilandu Atoll
Mulaku Atoll
South Nilandu Atoll
Kolumadulu Atoll
Haddammati Atoll
Hitaddu
One and a Half Dagree Channel
North Sudadiva Atoll
Tinaddu
South Sudadiva Atoll
Foammula
Addu Atoll
Hitaddu
N
W
E
S
100 km
Indian Ocean
Male Atoll
2 km
Hulele
Male
Wilingili
Addu Atoll
4 km
Midu
Hitaddu
Kanda Hara
Heratera
Abuhera
Marudu
Vilingili
Gan

Geographische Lage:
Die Malediven, sind ein Inselarchipel im zentralen Indischen Ozean, sie umfassen mehr als 1000 sehr kleine, flache, palmenbestandene Koralleninseln, die Atolle bilden. Im Nordosten liegen Indien und Sri Lanka. Nur jede fünfte Insel ist bewohnt.

Klima:
Subtropisch feuchtheiß mit kühlenden Winden, ohne jahreszeitliche Unterschiede. Malé 30°C / 1870 mm.

Verkehr:
Straßen und Autoverkehr gibt es nur auf Male, ansonsten dominiert das Fahrrad. Zwischen den Inseln bestehen Verbindungen mit Booten (Dhonis) und einzelnen Kleinflugzeugen. Einziger internationaler Flughafen ist Male Hulule (MLE). Von allen wichtigen europäischen Flughäfen gibt es Direktflüge.

Hauptreisezeit:
Die heißesten Monate sind März und April, beste Reisezeit zwischen Oktober und März.

Einreise:
Für alle Besucher besteht Visumzwang; Touristenvisa werden bei Ankunft auf dem Flughafen kostenlos ausgestellt (Geltungsdauer 30 Tage; evtl. Verlängerung auf 90 Tage möglich); Individualreisende müssen bei Ankunft eine Unterkunftsbestätigung vorlegen.

Ari Atoll:
Ein Atoll südwestlich von Male mit mehreren, von Riffs umgebenen Kleininseln, u.a. Mirihi, Ellaidhoo, Vilamendhu, Halaveli, Varu, Fesdu, Avi Island, Moofushi, Bathala, Rangali, Maayaafushi, Dhiffushi (Holiday Is.), Gangehi, Sun Island, Velidhoo und Angaga. Im Nordosten grenzt das kleine Rasdu Atoll mit den Riffs von Kuramathi und Vlingandu an.

Tauchplätze:
In diesem Gebiet liegen einige herausragend Tauchplätze. Fesdu (Fesdu Fun Island) lieg sehr zentral im Inneren des Nord Ari Atolls Von dort aus lassen sich schnell di Tauchplätze Maalhoss Thila im Westen, da Fishhead Reef, das Orimas oder das Maay Thila erreichen. Die Insel Lily Beach – bekann noch unter ihrem alten Namen Huvahendhoo findet sich im Südosten des Süd Ari Atolls nördlich der bekannteren Insel Vilamendhu Neben dem Hausriff und dem Huvahendho Corner bietet die Insel ausgezeichnet Tauchplätze in naher Umgebung: Dhigurash Kandu, Thinfushi Thila, Broken Rock, Kuda Ra Thila, Dhigurah Thila oder Angaga Thil Dhiffushi (Holiday Island) liegt inmitten ein Lagune am südlichsten Zipfel des Süd A Atolls. Das Hausriff im Norden biet Anfängern gute Tauchmöglichkeiten. Das sü liche Außenriff grenzt an die beide Hauptkanäle Maamigili und Ariyadhu Channe Hauptattraktion der Insel sind die Walhaie, d unweit des Außenriffs in großer Zahl vorbe ziehen, und der Manta Point. An de Tauchplätzen Five Rocks und Bodofinho Thila erwartet den Taucher eine beeindrucke de Fauna. Ganz im Westen des Atolls steue man die Insel Thundufushi an. Sie bildet de Endpunkt eines großen Riffkomplexes. D meisten Tauchtouren gehen zum Kalhahand Channel mit den Plätzen Emas Thil Panettone und Thundufushi Thila, bevorzug Manta Points. In Reichweite der Insel lieg die Bulhaa Lohi Caves mit zahlreichen Höhl und Durchlässen und das mit Korallen sch bewachsene Rehi Reef. Die Insel Vilamend liegt etwas südlich von Lily Beach im Südost des Ari Atolls am Außenriff. Die Insel hat zw Hausriffe, die allmählich auf etwa 25–30 Wassertiefe abfallen. Von westlicher Seite a gehen die Tauchgänge an den Manta Point v Rangali Madivaru, oder weiter ins Atoll-Inne zum Angaga Thila. Südlich erschließt sich de

Taucher das Unterwasser-Naturschutzgebiet
des Kuda Rah Thila. Im Norden der Insel sind
die attraktivsten Plätze Nurse Shark Point,
Jack Fish Channel und das Hammerhead Reef,
außerdem Fish Head Reef, Hudhoo Kuda Tila,
Madivaru Kuda Tila, bei Rasdhoo-Madivaru,
Machchafushi Tila, Kandholhudhoo Tila,
hinfushi Tila, Ellaidhoo Tila, Halaveli Tila,
und Madivaru Manta Point. Um die Insel
uramathi im Rasdu Atoll nordöstlich des
Atolls liegt das Madivaru-Riff. Dort trifft man
häufig auf Hammerhaie.

Vracks:

)ie beliebtesten sind das Ellaidhoo-Wrack in
5 m Tiefe im gleichnamigen Riff, das 30 m
ange künstlich versenkte Fesdu-Wrack im
lord Ari Atoll und das Halaveli-Wrack im
Halaveli-Riff, ein 40 m langes Stahlschiff, das
enkrecht auf dem Grund steht. Ganz in der
Nähe der Insel Vilamendhu liegt das Wrack der
andhi 11. Seit März 1999 liegt bei
Machchafushi am südöstlichen Zipfel des
toll-Innern das mit 52 m größte Wrack der
Malediven, die Kudhimaa, auf Grund. Der
tahlfrachter wurde unter großer TV-
eteiligung künstlich versenkt.

auna:

chnapper, Makrelen, Füsiliere, Fledermaus-
ische, Steinfische, Octopusse, Rochen,
Mantas, Zackenbarsche, Napoleonfische,
iffhaie, Barrakudas, Delfine, Rotfeuerfische,
rachenköpfe, Weichkorallen, Gorgonien und
childkröten.

ri Atoll South Male

alypso Diving Center Holiday Island,
hiffushi
h: + 960 450011 Fax: + 960 450022
rganisation: PADI
anguage: German, English

Ari Atoll Ari Atoll South Male

Club Vacanze-Rennvell Vilingirvaru Ari Atoll
Ph: + 960 450570 Fax: + 960 450523
Organisation: 5*PAD
Language: German, English, French

Ari Atoll Thudufushi

The Crab
Thudufushi Resort
Ph: + 960 450583 Fax: + 960 450515
E-Mail: info@scuba.it
Website: www.scuba.it
Organisation: PADI, SSI
Language: German, English
Season: 01.01. - 31.12.

South Male Ari Atoll Vakarufahli

Vakarufahli Pro Divers Island Resort
Owner: Staffan Hansson
Ph: + 960 450004 Fax: + 960 450007
E-Mail: info@prodivers.com
Website: www.prodivers.com
Organisation: 5*PADI
Language: German, English, French
Established: 1994 Season: 01.01. - 31.12.

Felidu Atoll:

Das Felidu Atoll liegt südlich des South Male Atolls. Die bekanntesten Riff-Inseln des noch großenteils unerforschten Atolls sind im Osten Dhiggiri, Alimantha, Tinadhu, Felidu, Keadhu, Fotteyo, Bodofushi, im Westen Fulidu und Kunavashi. Rakeedhu und das durch den Wataru Channel etwas abgetrennt liegende Wataru Reef bilden den südlichen Zipfel des Atolls.

Tauchplätze:
Fotteyo und Rakeedhu zählen zu den Top-Spots des Atolls. Fotteyo ist bekannt für seine schönen Höhlen und Grotten, so etwa die 30 m tiefen Cherry Caves und die etwas höher liegende Large Cave. Rakeedhu ist die südlichste Insel des Felidu Atoll. Eine terrassenförmige Riffkante reicht bis in große Tiefe hinab. Von dort aus lassen sich kleine Abstecher zu ursprünglich bewachsenen, unbewohnten Inseln machen.

Wracks:
Ein unbenanntes Wrack liegt vor der lang gezogenen südöstlichen Küste des Atolls.

Fauna:
Riffhaie, Adlerrochen, Stachelmakrelen, Peitschenkorallen, Spiralkorallen, Weichkorallen, Blaustreifenschnapper, Wimpelfische, Gorgonien, Napoleonfische, Barrakudas und Schildkröten.

Gaafaru Atoll:

Zwischem dem North Male Atoll und dem Lhaviyani Atoll liegt der Riffkomplex Gaafaru Atoll. Streng genommen ist es kein Atoll, sondern das größte Einzelriff der Malediven. Es bietet drei Zugänge ins Riffinnere, die für Schiffe passierbar sind. Die Lagune ist ein beliebter Ankerplatz für Tauch-Safariboote. Der Gaafaru Channel trennt im Süden die Riffgruppe vom North Male Atoll, der Kasshidoo Channel bildet die nördliche Riffgrenze.

Das besondere Markenzeichen des Gaafaru Atolls ist die Häufung von Wracks, die ansonsten auf den Malediven sehr weit auseinander liegen. Gleich vier gesunkene Schiffe liegen vor den Außenriffs auf Grund.

Tauchplätze:
Die Tauchplätze um das Gaafaru Atoll eignen sich weniger für Anfänger. Im Wesentlichen wird nach den bekannten Wracks getaucht, di alle jenseits der 30-Meter-Grenze liegen. Di einzige bewohnte Insel heißt Gaafaru mit de kleinen Dorf Gaafaru Village am östliche Laguneneingang.

Speziell an der Nordseite des Riffs wandel sich das anfänglich seichte Gefälle in eine fas senkrechte Wand, die steil abfällt. Hier aller dings versprechen zahlreiche Höhlen un Ausbuchtungen ein spannendes Tauchver gnügen. Die raren Tauchplätze des Atoll erreicht man entweder auf einer Tauchkreuz fahrt mit einem Safariboot oder von den nörd lichen Inseln des North Male Atolls aus, z.B Helengeli oder Eriyadhu.

Wracks:
Das relativ flache Riff ist bei stürmischer Se für Schiffe kaum zu erkennen. Das macht da Gaafaru-Atoll zu einer Schiffsfalle. Sech Schiffsverluste sind dokumentiert, jedoch nu von vier Wracks ist die genaue Lage bekann Die Crusader kenterte 1905 am Gaafaru Falh im Osten des Riffkomplexes. Das ursprünglic 120 m lange Handelsschiff besteht nurmeh aus Wrackteilen, von denen nicht alle eindeu tig zugeteilt werden können.

Bereits 1895 sank die deutsche Erlangen. Da Dampfschiff war auf dem Heimweg in Richtun Hamburg, als es am nördlichen Riffzugan Iruvai Kandu strandete. Ganz in der Nähe etwa 1000 m westlich davon, liegt die Sea Gu auf Grund. Das englische Frachtschiff war 92 lang und kam aus ungeklärtem Grund 187 von seinem Kurs ab.

Die Lady Christine – ein 50 m langes Fo schungsschiff einer Ölgesellschaft – scheiter 1974 am Gaafaru Riff. Das Wrack liegt etw 300 m westlich des Hulhangu Kandu, der wes lichen Kanaleinfahrt in die Lagune.

Fauna:
Schnapper, Füsiliere, Doktorfische, Süßlippe Glasfische, Papageifische, Walhaie.

Lhaviyani Atoll:

Nördlich des North Male Atolls liegt dieses Archipel mit mehreren Riffs. Hierzu gehört u.a. das Kuredu Tila ganz im Norden des Atolls. Am besten touristisch erschlossen sind im Lhaviyani Atoll die Inseln Kuredu und Komandoo. Die meisten anderen Tauchplätze sind noch unberührt.

Tauchplätze:

Auch in diesem Gebiet befinden sich diverse lohnende Tauchmöglichkeiten an den einzelnen Korallenriffs. Das Highlight vor Kuredu sind die Kuredu Caves am Außenriff. In Inselnähe verspricht das Tauchen in der Strömung des Kuredu Express Begegnungen mit Großfischen wie Haie, Adlerrochen und Mantas.
Die Kunhuraa Corner im Nordosten des Atolls, direkt am Eingang Maavaaru Channel, bieten ebenfalls lohnende Tauchgänge. Etwas weiter südlich liegt Fushifaru Thila, ein Unterwasser-Naturschutzgebiet, in dem getaucht werden darf. Unweit der Nordseite der kleinen Insel Felivaru verspricht der Felivaru Kandu Begegnungen mit Haien.

Wracks:

In den Gewässern östlich von Madewaru im Wracktauchplatz Shipyard befinden sich zwei Wracks.

Fauna:

Schnapper, Füsiliere, Doktorfische, Süßlippen, Glasfische, Papageifische, Napoleonfische, Riffbarsche, Barrakudas, Stachelrochen, Harlekingarnelen, Korallen.

Island Lhaviyani Atoll
Kuredu Pro Divers, Island Resort
Owner: Staffan Hansson
Ph: + 960 230343 Fax: + 960 230344
E-Mail: info@prodivers.com
Website: www.prodivers.com
Organisation: 5*PADI
Language: German, English, French, Spanish
Established: 1988 Season: 01.01. - 31.12.

Island Lhaviyani Atoll
Kommandoo Pro Divers, Island Resort
Owner: Staffan Hansson
Ph: + 960 231010 Fax: + 960 2311
E-Mail: Kommandoo@prodivers.com
Website: www.prodivers.com
Organisation: 5*PADI
Language: German, English, Spanish
Established: 1998 Season: 01.01. - 31.12.

Nilandu North Atoll:

Das kleine Nilandu North Atoll liegt etwa 10 Kilometer südlich des Ari Atolls. Einige größere Inseln wie Hekara, Nipafuri und Feartu im Osten sowie Hemiti im Westen und auch Ari Faro an der nördlichen Spitze bieten einige Tauchgelegenheiten. Durch den Ariyaddu Channel wird das kleine Atoll vom großen Ari Atoll getrennt.

Tauchplätze:

Zahlreiche Tauchplätze finden sich an den Außenriffs der Inseln. Im Nilandu South Atoll ist Vela Varu als Taucherinsel erschlossen. Das Hausriff der Insel Filitheyo ist noch fast unberührt.

Fauna:

Schnapper, Makrelen, Füsiliere, Fledermausfische, Steinfische, Octopusse, Rochen, Mantas, Zackenbarsche, Napoleonfische, Riffhaie, Barrakudas, Delfine, Rotfeuerfische.

North Male Atoll:

Ein Atoll im Norden der Hauptinsel, das aus mehreren Kleininseln und Korallenriffs besteht. Diese sind u.a. Thulhagiri, Ihuru, Full Moon, Helengeli, Asdu, Baros, Bandos, Giravaru, Vabbinfaru, Meeru, Summer Islands, Kanifinolhu, Kuda Huraa, Veligandi Hura, Makunudu, Eriyadhu, Nakatchafushi und Ziyaaraifushi.

Tauchplätze:

Das Atoll besteht aus einer Vielzahl von Kleininseln, die von Riffs umgeben sind. Zumeist verfügen die Inseln mit Tauchbasen über lohnende Einstiegsstellen am Hausriff, so bei Giravaru, einer Insel am südwestlichen Zipfel des Atolls. Von dort aus sind Tauchausflüge zum Vaadhoo Channel möglich, der das North Male Atoll vom South Male Atoll trennt. Das Tauchen in den Naturschutzgebieten Rasfari, Kuda Faru, Lions Head oder Hans Hass Place bietet außergewöhnliche Erlebnisse. Meeru – auch Meerufenfushi genannt – ist die größte Insel im North Male Atoll und am Außenriff oder den nördlichen zwei Kanaleingängen Thulaagiri und Kassan Faru Channel bieten sich sehr gute Tauchgelegenheiten mit klassischen Thila- und Kanaltauchplätzen. Die Insel liegt an der östlichen Ausbuchtung des Atolls und bildet zusammen mit der Einheimischeninsel Dhiffushi den Riffkomplex Dhiffushi Falhu. An der langgezogenen Insel Reethi Rah – oder auch mit altem Namen Medhufinolhu – auf der Westseite des Atolls finden sich viele Spitzentauchplätze, die auch von anderen Inseln aus angesteuert werden. Madigaa, Boduhiti Thila, Ihga, Madivaru, Kuda Thila und Makanudhoo Channel sind dabei sicher die bekanntesten. Das Taj Coral Reef Resort ist die frühere Insel Hembadhu. Sie liegt etwa 3 Kilometer von Reethi Rah entfernt im Innern des Atolls. Hauptattraktion ist das auch für Anfänger zu betauchende Wrack eines alten Hafenschleppers. Am Außenriff und in den Naturschutzgebieten im Inneren des Atolls gibt es zahlreichen Tauchgelegenheiten. Thulhagiri ist eine kleine Insel mit rund 300 m Durchmesser nördlich der Hauptstadt Male. Die sehr beliebte Insel bildet zusammen mit Ihuru im Westen, Vabbinfaru im Osten und Baros im Süden das paradiesische Taucher-Rechteck des North Male Atolls. Gute Tauchgelegenheiten gibt es am Banana Reef mit der berüchtigten "Waschmaschine", am HP-Reef, bei Nassimo und Okobe Thila oder am Back Faru und am Manta Point. Am Außenriff der Insel Makunudu im nördlichen Atoll Inneren bieten der Saddle, Shark Point oder Ohama Valley gute Tauchspots. Richtung Süden sind die Plätze Madi Gaa oder Madivaru Beyruh mit kilometerlanger Steilwand schnell zu erreichen. Noch weiter südlich liegt der Manta Point. Full Moon gehört zu den traditionellsten Malediveninseln und liegt am Südrand des North Male Atolls. Von hier aus lassen sich das Banana Reef, der Hans Hass Place und Lions Head erreichen. In der nächsten Umgebung finden sich allerdings bereits ausreichend Tauchplätze wie die Höhlen von Maagiri Caves, Hannes Reef, Furana North und South oder das Back Faru. Ganz im Westen etwas ins Atoll-Innere verlagert, befindet sich die Taucheinsteiger-Insel Nakatchafushi. Shallow Point, Nakatcha Thila mit seinen Höhlen und Überhängen und Mas Thila sind die begehrten Plätze speziell für Tauchanfänger. Das Unterwasser-Naturschutzgebiet von Rasfaree ist etwas nordwestlich schnell erreicht und nördlich liegen im Hithi Channel die Tauchgebiete The Peak und Bodu Hithi Thila. Eriyadu ist die nördlichste Taucherinsel des North Male Atolls. Am Hausriff liegen die vielversprechenden Plätze Blaue Grotte, Gorgonien-Wald und Shark Sleeping Place. Etwas weiter befinden sich mit Lucky Express, Werners Special und Fingerpoint weitere gute Tauchgelegenheiten.

Wracks:

Eines der beliebtesten Wracks der Malediven ist die Maledive Victory. Sie liegt in einer Tiefe von 8–30 m vor der Nordküste der Hauptinsel Male bei Hulule im Vadhoo-Kanal. Das 22 m lange Hembadhu Wrack liegt bei der gleichnamigen Insel (heute Taj Coral Reef Resort genannt) im Westen des Atolls. Bei der Insel Kuda Huraa liegt ein kleines Wrack in 13 m Tiefe.

Fauna:

Schnapper, Füsiliere, Doktorfische, Süßlippen, Glasfische, Papageifische, Napoleonfische, Riffbarsche, Barrakudas, Stachelrochen, Harlekingarnelen, Thunas, Korallen, Gorgonien, Federsterne, Schildkröten, Walhaie, Riffhaie, Adlerrochen, Geigenrochen und Mantas.

Male Atoll

Baraabaru Diving Safaris, H. Eggamuge 06/14
Owner: W. Müller
Ph: + 960 32 9446 Fax: + 960 32 9446
E-Mail: walti_meggi@hotmail.com
Organisation: PADI

Male Atoll

Delphis Diving Centers, Taj Lagoon Resort
Owner: Riet Wubs
Ph: + 960 444451 Fax: + 960 445925
E-Mail: ddctaj@delphis.com.mv
Website: www.delphis.com.mv
Organisation: 5*PADI, SSI
Language: English, French, German, Dutch
Established: 1986 Season: 01.01. - 31.12.

Male Atoll

Sea Explorers Ameene Magu
Ph: + 960 316172 Fax: + 960 316783
E-Mail: seaexplo@dhivehinet.net.mv
Website: www.seamaldives.com.mv
Organisation: PADI Established: 1993
Language: English, German, Dutch

Male Atoll

Delphis Diving Centers Fun Island Resort
Owner: Riet Wubs
Ph: + 960 444558 Fax: + 960 443958
E-Mail: ddctfun@delphis.com.mv
Website: www.delphis.com.mv
Organisation: 5*PADI, SSI, BSAC
Language: English, French, German, Dutch
Established: 1984 Season: 01.01. - 31.12.

Male Atoll

Delphis Diving Centers
Owner: Riet Wubs
Paradise Island Resort or PO Box 2073
Ph: + 960 440011 Fax: + 960 440022
E-Mail: ddctpar@delphis.com.mv
Website: www.delphis.com.mv
Organisation: 5*PADI, SSI, BSAC
Language: English, French, German, Dutch
Established: 1995 Season: 01.01. - 31.12.

Eriyadu - Vilamendhoo North Male Atoll

Diving Center Eriyadu Owner: Werner Lau
Ph: + 960 444487 Fax: + 960 445926
Organisation: PADI, CMAS
Language: German, English, French
Season: 01.01. - 31.12.

North Male Atoll

Subex Diving Center
Owner: René Galster
Fiha Lhohi Tourist Resort
Ph: + 960 442903 Fax: + 960 443803

Organisation: CMAS, SUSV
Language: German, English, French
Established: 1984 Season: 01.01. - 31.12.

North Male Atoll

Four Seasons Resort Maldives at Kuda Huraa
North Male Atoll, Kuda Huraa
Ph: + 960 444888 Fax: + 960 441188
E-Mail: fsrmdive@dhivehinet.net.mv
Website: www.fourseasons.com
Organisation: PADI, NAUI, IANTD
Language: English, German
Established: 1996 Season: 01.01. - 31.12.

Eriyadu - Vilamendhoo North Male Atoll

Eriyadu Diving Center
Ph: + 960 444487 Fax: + 960 445926
Language: English Season: 01.01. - 31.12.

North Male Atoll

Subex- Diving Center Malediven
Owner: Viktor Kammermann
Fhiha-Lhohi
Ph: + 960 442903 Fax: + 960 443803
Organisation: VDST, CMAS, SUSV
Language: English Season: 01.01. - 31.12.

North Male Atoll

Lohifushi Divingbase
Lohifushi Island Resort or PO Box 20109
Ph: + 960 443451 Fax: + 960 441908
E-Mail: lohifush@dhivehinet.net.mv
Website: www.lohifushiilandresort.com
Organisation: PADI, CMAS
Language: German, English
Established: 1979 Season: 01.01. - 31.12.

South Male Atoll

Ventadiving Rannalhi
Rannalhi Island
Ph: + 960 442688 Fax: + 960 442035
Organisation: 5*PADI
Language: English
Season: 01.01. - 31.12.

Villi Varu & Biyadoo Is. South Male Atoll

J. Schägger's Diving World
Owner: Jürgen Schägger
Ph: + 960 447171 Fax: + 960 447272
Organisation: PADI
Language: German, English, French
Established: 1982 Season: 01.01. - 31.12.

South Male Atoll

Schaeger Diving World, Biyadoo Island Resor
Owner: Mariana Adventures
Ph: + 960 44 7171 Fax: + 960 44 7272
E-Mail: jswd@biyadoo.co.mv
Website: www.divingworld-maledives.com
Organisation: 5*PADI
Language: German, English, French, Italian
Established: 1983 Season: 01.01. - 31.12.

South Male Atoll:

Ein Atoll unmittelbar südlich der Hauptins mit mehreren Riffs, u.a. Cocoa, Biyadho Mafushi, Oluveli, Villi Varu, Rannaalhi, Bol fushi, Kandoma Fushi, Fiha Lhohi, Dhigu finolhu, Fun Island, Embudu Village.

Tauchplätze:

In dieser Region befinden sich einige der herausragenden Tauchplätze des Inselstaates, u.a. der Manta-Point am Velingandu-Außenriff sowie diverse weitere interessante Plätze an den zahlreichen Riffs dieses Atolls. An der Südostseite befindet sich der Guradhoo Channel, der das Atoll-Innere mit dem offenen Meer verbindet. Dort gibt es große Chancen auf eine Begegnung mit Großfischen.
An der Kanalsüdseite des Embudhoo Channel trifft man am Embudhoo-Express ebenso auf Haie. Die Insel Dhigufinolhu bildet zusammen mit den zwei Eilanden Veligandhu Huraa und Bushy Island einen Dreierverband. Die Inseln sind über Holzstege miteinander verbunden und liegen im Osten des Atolls.
Südlich davon befinden sich die Inseln Vamafushi und Maafushi mit herausragenden Tauchgelegenheiten. Die Lage der Inselgruppe in der Nähe des Außenriffs des Atolls verspricht begeisternde Tauchgänge. Miyaru Faru, Dhigu Thila und die Maafushi Caves – ein bequem zu betauchender Höhlengang – empfehlen sich ebenso wie die weiter südlich gelegenen Plätze Cocoa Corner, die Höhlen von Kandooma Caves und das Naturschutzgebiet des Guraidhu Channel.

Wracks:

Im South Male Atoll befindet sich das Veligandu-Wrack bei dem gleichnamigen Riff. Bei der Insel Dhigufinolhu im Südosten des South Male Atoll liegt das sehr gut erhaltene Wrack der Kuda-Giri. Mit 42 m ist der künstlich versenkte Frachter das zweitgrößte Wrack der Malediven.

Diggiri

Diggiri Diving Base, Tourist Resort
Ph: + 960 323214 Fax: + 960 323186
Organisation: PADI
Language: English
Season: 01.01. - 31.12.

Halaveli

Maldives Diving Centers
Owner: Giuseppe D'Amato
Halaveli Holiday Village
Ph: + 960 450559 Fax: + 960 450564
E-Mail: halaveli.maldives@dial.it
Website: www.dial.it/halaveli.maldives
Organisation: PADI
Language: Italian, English, German
Established: 1983 Season: 01.01. - 31.12.

Magugalolhu

Eurodivers M/S Atoll Explorer
Makhumaage Faashanaa Kilege
Ph: + 960 314467 Fax: + 960 314467
Organisation: 5*PADI Language: English
Established: 1996
Season: 01.01. - 31.12.

Meerufenfushi

Eurodivers Organisation: 5*PADI
Ph: + 960 443157 Fax: + 960 445946
Language: English Season: 01.01. - 31.12.

Thulagiri

T G I Maldives Dive Center Thulagiri Resort
Ph: + 960 445960 Fax: + 960 445939
Organisation: PADI Language: English

Vielen Dank an Tim Godfrey für die Unterstützung und die Informationen zum Thema.
-Buchtipp- Tauchen auf den Malediven
Zu bestellen unter: www. tauch-safari.de

Martinique

Hauptstadt	Fort-de-France
Einwohner	100.000
Entf. v. Frankfurt/M.	7.324 km
Währung	Französischer Franc
Amtssprache	Französisch
Telefonvorwahl v. D	00 596
Telefonvorwahl n. D	00 49
Verkehr	Rechtsverkehr
jährl. Touristenzahl	k. A.
Elektr. Strom	k. A.
Visum	nein
Flughafen	Fort-de-France Le Lamentin (FDF)

Tauchregionen:
St. Pierre
Le Prêcheur
Caravelle Halbinsel
Pointe du Gang

Zeitverschiebung: MEZ - 5
Fläche: 1.082 km²
Einwohner: 360.000

Tauchsicherheit

CMAS Confederation Mondiale des Activites Subaquatiques -
Viale Tiziano 74
00196 Roma Italy
Tel: 0039 6 368 58480
Fax: 0039 6 36 85 84 90
E-Mail: cmasmond@tin.it
Website: www.cmas.org

PADI International USA
1251 East Dyer Road
CA 92705-5605 Santa Ana
Tel: 001 (0) 714 5 40 72 34
Fax: 001 (0) 714 5 40 26 09
E-Mail: info@padi.com
Website: www.padi.com

NAUI Worldwide
FL 33619-2667 Tampa USA
Tel: 001 (0) 813 6 28 62 84
Fax: 001 (0) 813 6 28 82 53
E-Mail: info@naui.org
Website: www.naui.org

DAN: Divers Alert Network
P.O. Box 3823 , 27710
Durham North Carolina USA
Website: www.dan-dive.com

Information und Beratung

Karibia
Fliederstr. 25
63456 Hanau
Tel: 06181 662860
Fax: 06181 662860

Karibik Inside
Lockwitztalstr. 20
01259 Dresden
Tel: 0351 2055915
Fax: 0351 2055915
karibikins@aol.com

Reisecenter Federsee
Schussenriederstr. 26
88422 Bad Buchau
Tel: 07582 3551
Fax: 07582 3252

Sun & Fun Sportreisen
Franz-Joseph-Str. 43
80801 München
Tel: 089 38014124
Fax: 089 346644
sunundfun@t-online.de

Sun & Fun Sportreisen in Ulm
Tel: 0731 927970

Botschaften

Französische Republik
An der Marienkapelle 3
53179 Bonn
Tel: 0228 955 600-0
Fax: 0228 955 6055-56

Außenstelle:
Französische Str. 23
10117 Berlin
Tel: 030 204 3990
Fax: 030 204 3999

Fluggesellschaften

AIR FRANCE
Flughafen 6Frankfurt
Reservierung u. Info
Tel: 069 2566-222
Website: www.airfrance.com

Condor Flugdienst G.m.b.H.
Kelsterbach
Frankfurt am Main
Tel: 06107 939-0
www.condor.de

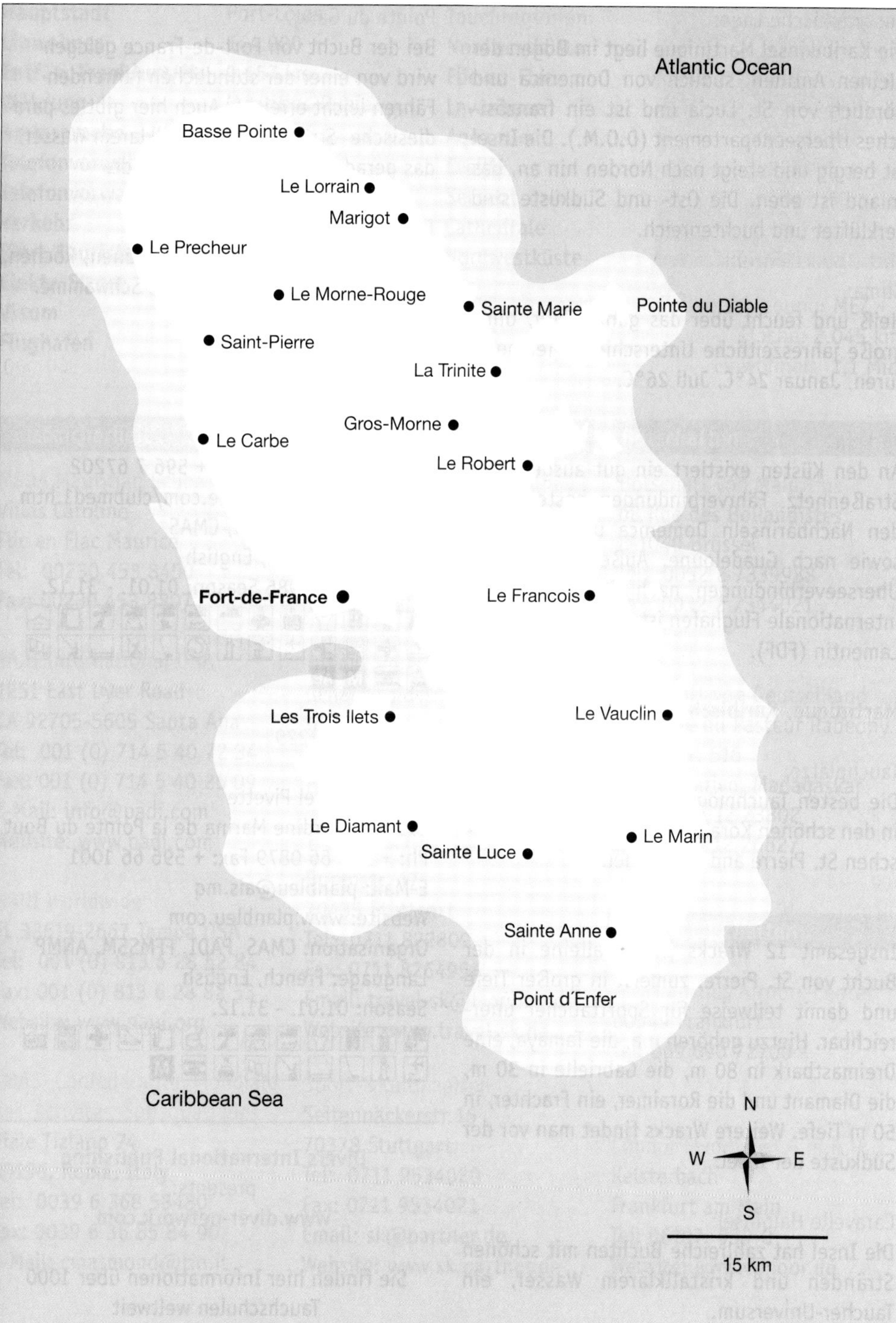
Atlantic Ocean
Basse Pointe
Le Lorrain
Marigot
Le Precheur
Le Morne-Rouge
Sainte Marie
Pointe du Diable
Saint-Pierre
La Trinite
Gros-Morne
Le Carbe
Le Robert
Fort-de-France
Le Francois
Les Trois Ilets
Le Vauclin
Le Diamant
Le Marin
Sainte Luce
Sainte Anne
Point d´Enfer
Caribbean Sea
N
W
E
S
15 km

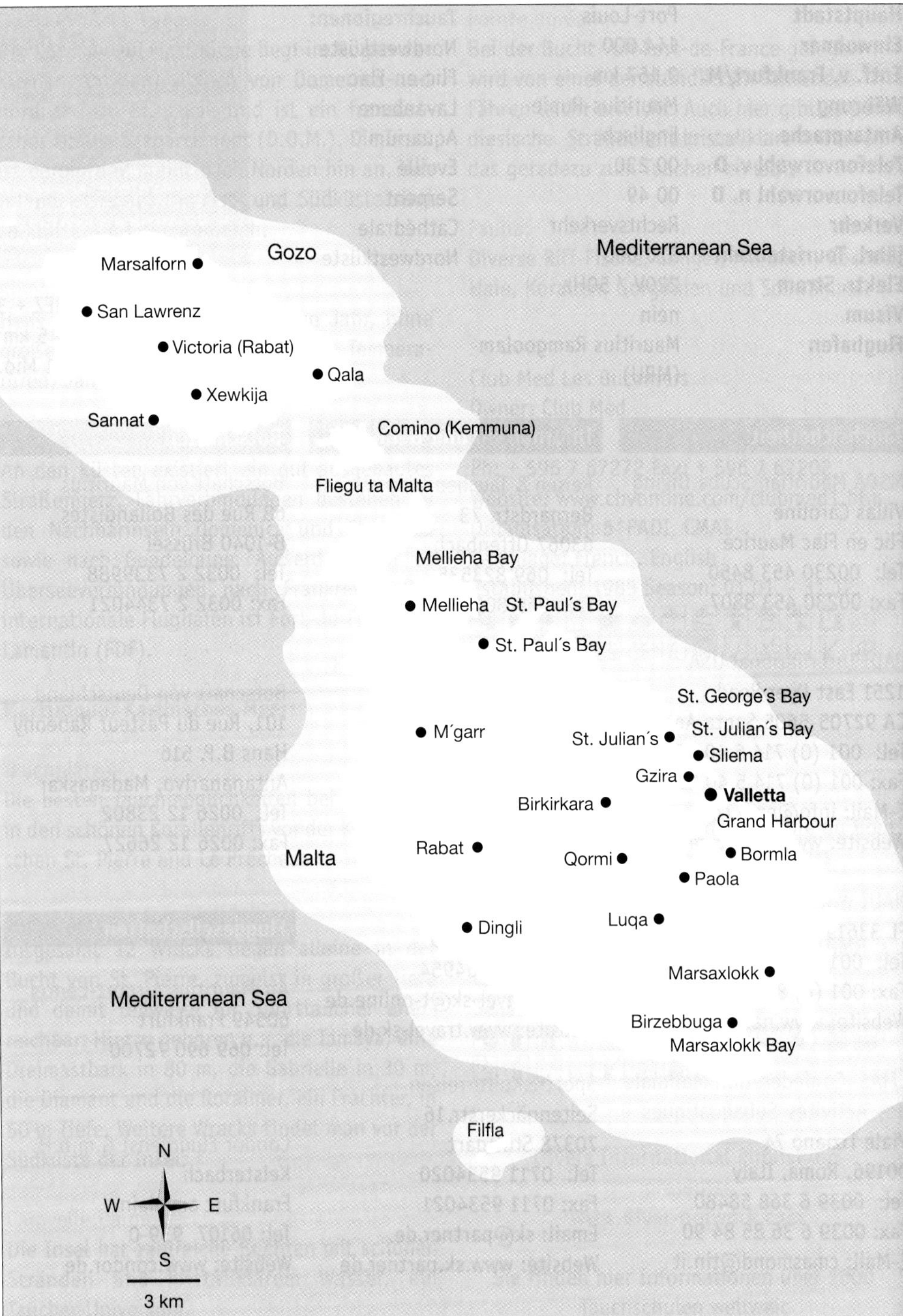
Gozo
Mediterranean Sea
Marsalforn
San Lawrenz
Victoria (Rabat)
Qala
Xewkija
Sannat
Comino (Kemmuna)
Fliegu ta Malta
Mellieha Bay
Mellieha
St. Paul´s Bay
St. Paul´s Bay
St. George´s Bay
St. Julian´s Bay
M´garr
St. Julian´s
Sliema
Gzira
Valletta
Birkirkara
Grand Harbour
Rabat
Malta
Qormi
Bormla
Paola
Dingli
Luqa
Marsaxlokk
Mediterranean Sea
Birzebbuga
Marsaxlokk Bay
Filfla
N
W
E
S
3 km

Geographische Lage:

Mauritius ist eine Inselrepublik im südwestlichen Indischen Ozean. Neben der Hauptinsel umfasst der Staat noch die Inseln Rodriguez, St. Brandon, die Agalega Islands und diverse kleinere Eilande. Die Hauptinsel ist vulkanisch, im Süden sehr bergig, reich an Wäldern und von einem Korallenriff umgeben.

Klima:

Das Klima ist subtropisch, warm, mit sehr regenreichen Sommern. Es weht ein ständiger Südostpassat. Außerdem treten häufig auch Zyklone auf. Temperaturen und Niederschlag Rodrigues Island 24,7°C / 1324 mm.

Hauptreisezeit:

Tropisches Seeklima von November bis April, subtropisch von Mai bis Oktober; die Jahreszeiten sind den europäischen entgegengesetzt; beste Reisezeit von April bis Juni und von September bis November.

Einreise:

Erforderlich für einen Aufenthalt bis maximal 3 Monate ist ein bei Ankunft noch mindestens 6 Monate gültiger Reisepass, außerdem ausreichende Geldmittel und die nötigen Rück- oder Weiterreisepapiere.

Verkehr:

Das Straßennetz auf der Hauptinsel ist gut ausgebaut, hier liegt auch der internationale Flughafen Sir Seewoosagur Ramgoolam. Zwischen den Inseln bestehen Fähr- und Flugverbindungen, in Port Louis gibt es einen Überseehafen. Verkehrsbestimmungen: Erforderlich ist ein internationaler Führerschein; es herrscht Linksverkehr.

Tauchplätze:

Hervorragende Tauchmöglichkeiten gibt es vor allem in der Bucht von Flic-en-Flac, einem Ort, der auf der Lavaebene Black River gelegen ist. Hier befinden sich die Tauchplätze Aquarium, Eveillé, Serpent und Cathédrale. Unzählige weitere Möglichkeiten bestehen entlang der Nordwestküste.

Wracks:

Das interessanteste Wrack ist die Tug 2, ein Schlepper vor Flic-en-Flac.

Fauna:

Pfauenaugenbutt, Kaiserfische, Drachenköpfe, Meerbarben, Gelbstreifen, Husaren, Zackenbarsche, Rochen, Muränen, Winkelfalterfische, Anemonenfische und verschiedene Korallenarten.

Belle Mare

Aquarius Diving Ltd Coco Beach Hotel
Ph: + 230 253 4997 Fax: + 230 451 5357
E-Mail: frederic@intnet.mu
Website: www.aquarius-diving.com
Organisation: PADI Language: English, French
Established: 1995 Season: 01.01. - 31.12.

Cap Malheureux

Sindbad, Royal Road, Owner: N. Kux
Ph: + 230 262 8836 Fax: + 230 2627407
E-Mail: kuxville@bow.intnet.mu
Organisation: CMAS, MSDA
Language: English, German, French
Established: 1989 Season: 01.01. - 31.12.

Flic-En-Flac

Exploration Sous Mative , Villas Carolire
Owner: S. Picrre
Ph: + 230 453 8450 Fax: + 230 4538807
Organisation: CMAS Language: English

United States
Gulf of Mexico
Gulf of Campeche
Pacific Ocean
Pacific Ocean
Tijuana
San Felipe
Ciudad Juarez
Isla Cedros
Hermosillo
Guaymas
Punta Abreojos
Santa Rosalia
Topolobampo
Culiacan
Torreon
Nuevo Laredo
Monterrey
Matamoros
Ensenada
La Paz
Cabo San Lucas
Mazatlan
Tres-Marias Is.
San Luis Potosi
Tampico
Leon
Guadalajara
Manzanillo
Isla Benedicto
Isla Socorro
Isla Clarion
Mexico City
Veracruz
Coatzacoalcos
Oaxaca
Acapulco
Salina Cruz
Progreso
Merida
Isla Contoy
Isla Mujeres
Cancun
Isla Cozumel
Banco
Chinchorro
Belize
Honduras
Guatemala
N
E
S
W
500 km

Geographische Lage:

Mexiko umfasst den nördlichen Teil des mittelamerikanischen Subkontinents. Im Norden grenzt der Staat an die USA. Grenzfluss im östlichen Teil ist der Rio Grande. Im Süden gibt es Grenzen zu Belize und Guatemala. Die Westküste geht zum Pazifischen Ozean und zum Golf von Kalifornien, die Ostküste zum Golf von Mexiko, der Osten der Halbinsel Yucatan zum Karibischen Meer. Zu Mexiko gehören diverse Inseln, u.a. Cedros, Guadalupe, die Magdalena-Inseln, die Tres Marias Inseln, die Revilla Gigedo Inseln, alle im Pazifik, sowie Cozumel und Cancun im Karibischen Meer. Außerdem liegen mehrere Kleininseln vor der Ostküste im Golf von Mexiko und im Golf von Kalifornien. Das Land ist von zwei Gebirgen durchzogen, der Sierra Madre Oriental im Osten und der Sierra Madre Occidental im Westen. Dazwischen liegt das Mexikanische Hochland. Im Süden gehen die Gebirgszüge über in die Sierra Madre del Sur. Die Gebirgsausläufer zu den Küsten und das Hochland sind bewaldet. Der Norden und die Halbinsel Baja California bestehen weitgehend aus Wüste, die Halbinsel Yucatan aus Regenwald.

Klima:

Im Hochland und im Gebirge gemäßigtes Kontinentalklima mit warmen, trockenen Sommern und kalten Wintern. An den Küsten ist es tropisch, feuchtheiß. Die Ostküste ist Hurrikan-Gebiet. Temperaturen und Niederschlag: Mexico City 15,9°C / 748 mm, La Paz 24,2°C / 227 mm.

Hauptreisezeit

Von Oktober bis April herrscht Trockenzeit. Die besten Reisemonate sind Oktober und Februar, wenn es relativ kühl ist; im Hochland können dann allerdings Nachtfröste auftreten. In den Badeorten ist im Winter Hochsaison, v. a. an Wochenenden sind die Strände überlaufen.

Einreise:

Kein Visumzwang für einen Aufenthalt bis zu 90 Tagen; erforderlich ist ein noch mindestens sechs Monate gültiger Reisepass (auch für Kinder empfehlenswert) und eine Touristenkarte (Ausstellung durch Fluggesellschaften und Konsulate), die für weitere 90 Tage vor Ort verlängert werden kann. Nachweis von Rück- bzw. Weiterreisepapieren und ausreichenden Geldmitteln für den Aufenthalt notwendig.

Verkehr:

An den Küsten und im Hochland ist das Straßen- und Eisenbahnnetz gut ausgebaut. Neben mehreren Bahnverbindungen gibt es intensiven Fernbusverkehr. Fähren verbinden die vorgelagerten Inseln mit dem Festland. Außerdem existiert eine Vielzahl nationaler Flughäfen mit regem Inlandsflugverkehr. Darüber hinaus gibt es mehrere internationale Airports; die wichtigsten sind: Mexico City Benito Juarez (MEX), Acapulco General Juan N. Alvarez (ACA), Monterrey Aeropuerto Internacional del Norte (NTR), Puerto Vallarta Lic. Gustavo D. Ordaz (PVR) und Cancun (CUN).

Verkehrsbestimmungen:

Nationaler Führerschein und ggf. Zulassung ausreichend, internationaler Führerschein aber zusätzlich ratsam; kein Haftpflichtversicherungszwang, Haftpflicht- und Kaskoversicherung aber dringend zu empfehlen. Tempolimit innerorts 40 km/h, sonst 70 km/h, auf Schnellstraßen und Autobahnen 110 km/h; es herrscht absolutes Alkoholverbot. Blinker wird selten gebraucht, Gefahr von Auffahrunfällen; für im Land gemeldete (Miet-) Wagen gelten an bestimmten Wochentagen Fahrverbote.

Cozumel:

Mexikos größte Insel vor der Ostküste der Halbinsel Yucatan. Hauptstadt ist San Miguel. Von hier aus besteht eine Verbindung zum Festland, dem Playa del Carmen. Die Insel ist

45 Kilometer lang und 15 Kilometer breit. Diese Region ist auch das Taucher-Paradies von Mexiko.

Tauchplätze:

Die interessantesten Tauchplätze befinden sich in den Riffs vor der Westküste und der Südspitze der Insel. Diese sind Paradiso Reef North and South, Bolones de Chankanaab, Galapago Reef, San Francisco Reef, Yucab Reef, Punta Tunish, Palancar Reef, Colombia Shallows, Punta Sur Reef, Santa Rosa Reef, Tormentos Reef und Maracaibo. Außerdem gibt es mehrere Tauchmöglichkeiten an der Festlandküste in dieser Region bei Xcaret, Puerto Aventuras und Akumal.

Fauna:

Schnapper, Drückerfische, Kofferfische, Papageifische, Engelsfische, Muränen, Zackenbarsche, Adlerrochen, Haie, Eidechsenfische, Korallen, Trompetenfische, Langusten, Hummer, Schwämme, Gorgonien und Schildkröten.

Quintana Roo 77500 Cozumel

Akumal Dive Center, P.O. Box 714, Akumal
Ph: + 52 987 59025 Fax: + 52 987 59025
E-Mail: arturo@akumaldivecenter.com
Website: www.akumaldivecenter.com
Organisation: PADI
Language: Spanish, English
Established: 1990 Season: 01.01. - 31.12.

Quintana Roo 77600 Cozumel

Aqua Safari, Cozumel
Ph: + 52 987 20101 Fax: + 52 987 20661
E-Mail: dive@aquasafari.com
Website: www.aquasafari.com
Organisation: 5*PADI, NAUI, CMAS, NASDS

Quintana Roo 77500 Cozumel

Aqua World Cancun
Km. 15.3, Kukulkan Blvd, Zona Hotelera,
Ph: + 52 988 52288 Fax: + 52 988 52299
E-Mail: awscuba@cancun.novenet.com.mx
Organisation: 5*PADI
Language: Spanish, English
Established: 1993 Season: 01.01. - 31.12.

Quintana Roo 77500 Cozumel

Cedam Dive Center, P.O. Box 1
Club Aventuras Akumal, Puerto Vallarta
Ph: + 52 987 35147 Fax: + 52 987 35129
E-Mail: mmaden@cancun.rce.com.mx
Organisation: 5*PADI
Language: Spanish, English
Established: 1996 Season: 01.01. - 31.12.

Quintana Roo 77600 Cozumel

Cozumel Custom Aquatics
198 Por Adolfo Road
Ph: + 52 987 25566 Fax: + 52 987 25566
E-Mail: prodive@cozumel.czm.com.mx
www.islacozumel.net/diving/custom/index.htm
Organisation: PADI, ACUC
Language: English, Spanish, French
Established: 1990

Quintana Roo 77600 Cozumel

Del Mar Aquatics
Carretera Chankanab, Km 4, Cozumel
Ph: + 52 98 760983 Fax: + 52 98 721833
E-Mail: delmaraq@cozumnet.rce.com.mx
Organisation: PADI
Language: Spanish, English

Quintana Roo 77600 Cozumel
Dive Palancar, P.O. Box 488
Carr. Sn Fco Plancar, Cozumel
Ph: + 52 987 23443 Fax: + 52 987 25094
E-Mail: divetours@aol.com
Organisation: 5*PADI
Language: English, German, Spanish
Established: 1993 Season: 01.01. - 31.12.

Quintana Roo 77600 Cozumel
Dive Paradise, 601 Rafael Melgar
Ph: + 52 987 21007 Fax: + 52 987 21061
E-Mail: appledp@cozumel.czm.com.mx
Organisation: 5*PADI
Language: English, German, Spanish
Established: 1991 Season: 01.01. - 31.12.

Quintana Roo 77710 Cozumel
Excursiones Akumal, Km 104, Akumal
Ph: + 52 987 59032 Fax: + 52 987 59033
E-Mail: akumal@cancun.rce.com.mx
Organisation: 5*PADI
Language: Spanish, English

Quintana Roo 77500 Cozumel
Scuba Cancun K.M. 5 Kukulkan Avenue
Ph: + 52 988 31011 Fax: + 52 988 42336
E-Mail: scuba@cancun.com.mx
Website: www.scuba-cancun.com.mx
Organisation: 5*PADI
Language: Spanish, English
Established: 1992 Season: 01.01. - 31.12.

Quintana Roo 77600 Cozumel
Scuba Cozumel AV. R. Melgar S.Prol.1251
Ph: + 52 987 20627 Fax: + 52 987 21977
scubacozumel@conzu.net.finred.com.mx
Organisation: 5*PADI Language: English
Established: 1976 Season: 01.01. - 31.12.

Quintana Roo 77600 Cozumel
Seafari Diving, Owner: Francisco Lasa
5A Avenida #270, Entre Rosado S. Y 3 Sur,
Ph: + 52 98 851447 Fax: + 52 98 852171
E-Mail: seafari@spin.com.mx
Website: www.seafariweb.com.mx
Organisation: PADI, NAUI, SSI
Language: Spanish, English, German
Established: 1991 Season: 01.01. - 31.12.

Cancun und Isla Mujeres:

Die Stadt Cancun liegt im mexikanischen Festland auf einem Cap südlich der Nordspitze der Halbinsel Yucatan. Der Küste vorgelagert sind die Isla Mujeres und die Isla Contoy.

Tauchplätze:

Die Isla Mujeres ist eine kleine, etwa 8 km lange und nur wenige hundert Meter breite Insel nordöstlich von Cancun mit mehreren lohnenden Tauchlocations, u.a. Manchones Reef, Bandera Reef, Sleeping Shark Cave, Horseshoe Reef, Chitales, Cuevonnes und El Jilguero. Im Gebiet vor Cancun befinden sich diverse Rifftauchplätze in den Gewässern vor dem Cap Aristos, u.a. San Miguel, La Herradura, El Reloj, San Toribio, El Grampin, El Tunel, Los Pargos, Chintales, El Bajito und Cuevones. Weitere interessante Tauchmöglichkeiten bietet das Nizuc Reef weiter südlich. Alle Plätze weisen einen grossen Fischreichtum auf, z.B. Lemon Shark Rochen, Schildkröten.

Wracks:
Nordöstlich der Insel liegt der Frachter El Frio in 33 m Tiefe, außerdem befinden sich einige Überreste von Wracks vor der Südspitze.

Sonstiges:
Auf der Halbinsel Yucatan befinden sich mehrere kleine Süßwasser-Kraterseen (Cenotes) mitten im Urwald. Diese Binnengewässer weisen teilweise Höhlen und Stalagtiten auf und bieten interessante Tauchmöglichkeiten bei zumeist hervorragenden Sichtweiten.

Höhlentauchen in Yucatan

Actun Ha:
Diese Höhle (Cenote) bietet eine wunderschöne, große Cavernzone, die – das ist die Kehrseite der Medaille – allerdings auch entsprechend stark frequentiert ist. Das Höhlensystem selbst besticht besonders durch seine Vielseitigkeit (interessante Felsformationen) und eine hohe Anzahl an Restrictions, die bei der Zeitplanung entsprechend berücksichtigt werden müssen. Wer es schafft, den "jump" durch ein unauffälliges Loch in den "Room of Tears" zu finden, wird belohnt mit dem Anblick von Tausenden weißer Stalaktitennadeln, die so schön sind in ihrer Zerbrechlichkeit, dass man an ein Wunder glaubt.

Vaca Ha:
Die Höhle ist 1,5 m lang, 1 m breit und im Gebüsch versteckt, so dass man hier kaum den Eingang zu einem Höhlensystem vermuten würde, das seinesgleichen sucht. Der Einstieg ist leicht und es ist kein Problem, die Permanent Line zu finden, da diese bereits am unteren Ende der Leiter befestigt ist. Zu sehen gibt es große, braune Stalakmiten und Stalaktiten, die da stehen wie zusammengewachse Bäume in einem Wunderwald, spitze Stalaktitennadeln hängen wie Blätter von der Höhlendecke herab. Ab jetzt braucht man nur noch der Permanent Line durch diese Zauberwelt zu folgen, keine Restrictions, echtes Easy Cave Diving dafür nimmt man auch gerne einen kurzen Dekostopp nach dem Tauchgang in Kauf.

La Tortuga:
Ist ein kleines, kreisrundes, grünes Loch – wie ein "Mini-See" – mit einem Durchmesser von nicht mehr als 5 m. Auch hier ist die Permanent Line direkt an einem Ast oberhalb der Einstiegsleiter befestigt und leicht zu finden. Die Höhle selbst ist relativ dunkel aufgrund hoher und weiter Räume mit dunklen, zum Teil auch zweifarbigen Stalaktiten und Stalagmiten. Unangenehm ist, dass man sich auf weiten Strecken entlang der Permanent Line immer zwischen die Haloclines begeben muss – schöner ist es, eine Abzweigung zu nehmen, die in den tiefer gelegenen Salzwasserbereich der Höhle führt, der mit helleren Felsformationen dekoriert ist. Auch hier ist eine Dekopause zu Ihrem Nutzen.

Grand Cenote / Sistema Sac Actun:
Diese Höhle zieht aufgrund ihrer landschaftlich schönen Lage unterhalb einer Felsklippe auch viele "normale" Besucher wie Badegäste oder Schnorchler an. Die Cavern-Zone gehört zu den schönsten Höhlen zusammen mit Carwash und Ponderosa. Das Höhlensystem selbst erscheint – je tiefer man eindringt – wie ein im Traum erdachtes Unterwasser-Disneyworld mit seinen weißen, "verspielten" Stalaktiten, Torbögen und Durchgängen, Türmchen, kleinen Schlössern und steingewordenen Märchenlandschaften. Ein besonderer Vorteil ist zudem die geringe Tiefe dieses Höhlensystems (ca. 12 m), das den Taucher umso länger in dieser steingewordenen Märchenwelt verweilen läßt. Ein "Muss" und Herausforderung für alle höhlentauchenden Unterwasserfotografen!

77500 Cancun Quintana Roo
Blue Peace Diving, Kukulkan Blvd km 16.25
Cancun Quintana Roo, Owner: Schaap-Jasper
Ph: + 52 98 851447 Fax: + 52 98 852179
E-Mail: bluepeace@mail.caribe.net.mx
Organisation: PADI, NAUI, SSI, CMAS
Language: Spanish, Italian, German, English
Established: 1994 Season: 01.01. - 31.12.

Chetumal, Q Roo 77000 Cancun-Isla Mujeres
Costa de Cocos, Kl.52- Xcalak-Majawall
Owner: David Randall
Ph: + 52 983 10110 Fax: + 52 983 10110
E-Mail: ccocos@astro.net.mx
Website: www.costadecocos.mx
Organisation: 5*PADI,
Language: English, Spanish
Established: 1989 Season: 01.01. - 31.12.

66267 Garza García
Escafandra Dive Center, Los Pinos 106 Colonia
Santa Engracia
Owner: Mr. Richardo Arevalo
Ph: + 52 8 378-0839 Fax: + 52 8 378-0839
E-Mail: rarevlo@intercable.net
Website: www.escafandra.com
Organisation: 5*PADI
Language: Spanish, English
Established: 1992 Season: 01.01. - 31.12.

Jalisco Puerto Vallarta
Chico's Dive Shop, 772 Diaz Ordaz, Puerto
Vallarta, Owner: Rodolfo De Lamprecht
Ph: + 52 32 221895 Fax: + 52 32 221875
E-Mail: chicoss@acnet.net
Website: www.chicos-diveshop.com
Organisation: 5*PADI, NAUI
Language: English, German, Spanish
Established: 1968 Season: 01.01. - 31.12.

Puerto Vallarta 48354 Jalisco
Vallarta Divers, Marina Del Rey 17, Marina
Vallarta, Owner: Mario A. Zornoza
Ph: + 52 32 210492 Fax: + 52 322 10492
E-Mail: vatdiver@tag.acnet.net
Website: www.gozmexico.com
Organisation: PADI
Language: Spanish, English, French
Established: 1992 Season: 01.01. - 31.12.

Puerto Vallarta 48354 Jalisco
Vallarta Adventure
Owner: Ricardo Farkas
Edificio Marina Golf L-BC Calle Mastil s/n
Ph: + 52 32 210657 Fax: + 52 322 12845
E-Mail: adventure@acnet.net
Website: www.vallarta-adventures.com
Organisation: PADI

76050 Queretaro
Gv Scuba, Colombia #50 Plaza De Las Americas
Ph: + 52 42 131064 Fax: + 52 42 130846
Organisation: 5*PADI
Language: Spanish, English
Established: 1996 Season: 01.01. - 31.12.

Guaymas 85400 Sonora
Club Med Sonora Bay
Owner: Club. Med. INC.
Playa De Los Algodides 198
Ph: + 52 622 60166 Fax: + 52 622 60070
Website: www.clubmed.com

Organisation: PADI; NAUI, SSI, CMAS
Language: French, German, English, Spanish
Established: 1984 Season: 01.10. - 31.03.

Sonora San Carlos

El Mar Diving Center - Mexico
263 Creston, San Carlos
Ph: + 52 62 260404 Fax: + 52 62 260404
E-Mail: elmar@dancris.com
Website: www.dancris.com
Organisation: 5*PADI
Language: Spanish, English
Season: 01.01. - 31.12.

Pazifischer Ozean, Baja California:

Eine lang gestreckte Halbinsel im Nordwesten Mexikos. Die Westküste geht zum Pazifik, die Ostküste zum Golf von Kalifornien mit der Cortez Sea. Wichtigste Städte sind Tijuana an der US-Grenze, Ensenada etwas weiter südlich und La Paz auf der Südspitze.

Tauchplätze:

Bemerkenswerte Tauchplätze befinden sich im Süden der Halbinsel bei Cabo San Lucas, u.a. im Unterwassercanyon La Anegada, am Whales Head, bei Chileno Bay, Gordon Banks, Cabo Pulmo Reef und in der Seelöwenkolonie. Weitere schöne Gebiete liegen bei San José del Cabo und am Cabo Acuadeportes, u.a. The Pinnacle, Gorda Banks, Conch Reef, Pelican Rock, Chileno Reef, Punta Pamilla und Sand Falls. Außerdem gibt es interessante Plätze in der Region um La Paz in der Cortez Sea, vor allem bei den Islas Las Animas, Los Islotes, El Baja sowie vor den Islas Revillagigedo.

Wracks:

Der Frachter Salvatierra liegt im Kanal von Lorenzo in 20 m Tiefe.

Fauna:

Skorpionfische, Kugelfische, Schnapper, Barsche, Kofferfische, Dornenkronen, Seeigel, Langusten, Muränen, Makrelen, Thunfische, Marlin, Mantas, Haie (auch Walhaie), Korallen, Gorgonien, Seelöwen, Delfine sowie verschiedene Walarten. Die Paarungszeit der Wale ist im Januar und Februar.

Cabo San Lucas B.C.S. 23410 Baja California

Underwater Diversions De Cabo, Plaza Marina Locales F5-7, Marina Blv
Owner: Dustin Lohrman
Ph: + 52 114 34004 Fax: + 52 114 34004
E-Mail: divecabo@sure.net
Website: www.divecabo.com
Organisation: 5*PADI
Language: English, Spanish
Established: 1994 Season: 01.01. - 31.12.

Cabo San Lucas B.C.S. 23410 Baja California

Pacific Coast Adventures
Plaza Las Glorias Hotel, Local H-6
Ph: + 52 114 31070 Fax: + 52 114 31560
E-Mail: pcatemo@cabonet.net.mx
Organisation: 5*PADI
Language: Spanish, English
Established: 1990 Season: 01.01.-31.12.

La Paz 23101 Baja California

The Cortez Club Carretera A Pichlingue Km 5
Owner: James Curtiss
Ph: + 52 112 16120 Fax: + 52 112 16123
E-Mail: jcurtiss@cortezclub.com
Website: www.cortezclub.com
Organisation: PADI Language: English
Established: 1996 Season: 01.01. - 31.12.

Hauptstadt	Kolonia auf Pohnpei
Einwohner	6.300
Entf. v. Frankfurt/M.	12.940 km
Währung	US-Dollar, US-$
Amtssprache	Englisch
Telefonvorwahl v. D	00691
Telefonvorwahl n. D	01149
Verkehr	Rechtsverkehr
jährl. Touristenzahl	k. A.
Elektr. Strom	110/220 V / 60 Hz
Visum	nein
Flughäfen	Pohnpei (PNI), Kolonia Yap (YAP)

Tauchregionen:
Pazifischer Ozean
Truk Lagoon
Kosrae
Pohnpei
Yap

Zeitverschiebung: MEZ + 9
Fläche: 728 km²
Einwohner: 107.000

Tauchsicherheit

PADI International USA
1251 East Dyer Road
CA 92705-5605 Santa Ana
Tel: 001 (0) 714 540 7234
Fax: 001 (0) 714 540 2609
E-Mail: info@padi.com
Website: www.padi.com

CMAS World Underwater Federation
CMAS - Viale Tiziano 74
00196 Roma Italy
Tel: 0039 6 36 858480
Fax: 0039 6 36 858490
E-Mail: cmasmond@tin.it
Website: www.cmas.org

NAUI Worldwide USA
FL 33619-2667 Tampa
Tel: 001 (0) 813 6 286284
Fax: 001 (0) 813 6 288253
E-Mail: info@naui.org
Website: www.naui.org

DAN: Divers Alert Network
P.O. Box 3823 , 27710
Durham North Carolina USA
E-Mail: info@dan-dive.com
Website: www.dan-dive.com

Information und Beratung

Dive Expeditions
Monique Walker
Hostatostrasse 9
65929 Frankfurt am Main
Tel: 069 304151
Fax: 069 30092460
mobile: 0177 444 0344
www.dive-expeditions.com

Pacific Travel House
Bayerstr. 95
80335 München
Tel: 089 5309293
www.pacific-travel-house.com

Dive Travel GmbH
Südring 3 B
65795 Hattersheim
Tel: 061 901603
Fax: 061 901603
Website: www. divetrevel.de

Schöner Tauchen
Hastedter Heerstr. 211
28207 Bremen
Tel: 0421 450 010
Fax: 0421 450 080
www.schoener-tauchen.com

Botschaften

Es gibt keine Botschaft oder sonstige Niederlassungen von Mikronesien in Deutschland.

Fluggesellschaften

Japan Airlines
Roßmarkt 15
60311 Frankfurt
Tel: 01802 228700
www.japan-airlines.com

Garuda Indonesia
Düsseldorfer Str. 14
60329 Frankfurt
Reservierung
Tel: 069 23806 88

Cathay Pacific
Feuerbachstrasse 26,
60325 Frankfurt.
Tel: 69 710 08740
Fax: 69 710 08287
www.cathaypacific.com

Continental Micronesia
Tel: (00 18 00) 9 00 76 57

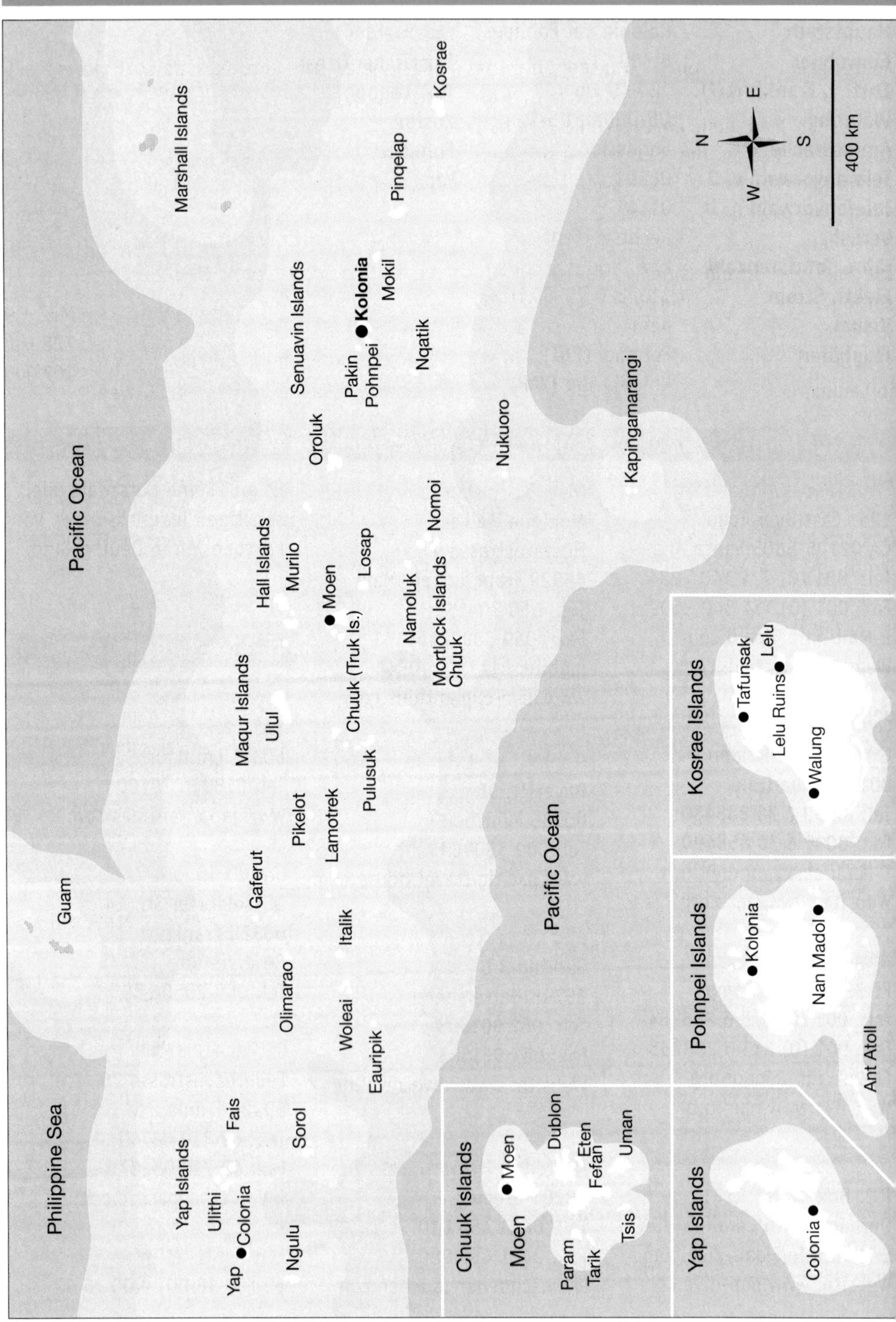
Philippine Sea
Pacific Ocean
Marshall Islands
Guam
Kosrae
Pinqelap
Mokil
Kolonia
Pohnpei
Pakin
Senuavin Islands
Nqatik
Oroluk
Nukuoro
Kapingamarangi
Hall Islands
Murilo
Losap
Moen
Chuuk (Truk Is.)
Nomoi
Namoluk
Mortlock Islands
Chuuk
Maqur Islands
Ulul
Pulusuk
Pikelot
Lamotrek
Gaferut
Italik
Olimarao
Woleai
Eauripik
Pacific Ocean
Yap Islands
Ulithi
Fais
Yap
Colonia
Sorol
Ngulu
N
S
W
E
400 km
Chuuk Islands
Moen
Moen
Dublon
Eten
Fefan
Uman
Param
Tarik
Tsis
Yap Islands
Colonia
Pohnpei Islands
Kolonia
Nan Madol
Ant Atoll
Kosrae Islands
Tafunsak
Lelu
Lelu Ruins
Walung

Geographische Lage:

Mikronesien ist ein Staatenbund im Westpazifik. Im Norden liegen Guam und die Nördlichen Marianen, im Osten die Marshall-Inseln, im Süden die Solomon-Inseln und Papua-Neuguinea. Die Föderation setzt sich zusammen aus den mehr als 600 Inseln der Staaten Pohnpei, Chuuk, Yap und Kosrae.
Die meisten Inseln sind vulkanischen Ursprungs. Sie sind häufig mit Regenwald bewachsen und teilweise sehr bergig. Außerdem sind sie von Korallenriffs umgeben und liegen in Lagunen.

Klima:

Auf allen Inseln ist das Klima tropisch heiß und feucht. Die Winter sind kühler, die Sommer niederschlagsreicher. In der zweiten Jahreshälfte gibt es Taifune. Pohnpei 27,0°C / 4460 mm.

Hauptreisezeit:

Am angenehmsten ist es zwischen Dezember und Februar; von Juli bis November ist mit Taifunen (Wirbelstürmen) zu rechnen.

Einreise:

Grundsätzlich besteht Visumzwang (Ausstellung bei der Einreise möglich), für Österreicher reicht der Pass zur Einreise. Nachweis von Rück- oder Weiterflugticket und ausreichenden Geldmitteln für den Aufenthalt nötig.

Verkehr:

Auf den größeren Inseln gibt es einzelne Straßen und Pisten. Zwischen den etwa 100 bewohnten Inseln bestehen Verbindungen mit Booten und Kleinflugzeugen. Drei internationale Flughäfen ermöglichen Verbindungen in die umliegenden Inselstaaten sowie nach Ostasien, Australien und Nordamerika: Yap International (YAP), Chuuk International auf Weno Island (TKK) und Pohnpei International (PNI).

Verkehrsbestimmungen:

Nationaler und internationaler Führerschein sind gültig.

Truk Lagoon:

Das Atoll der Inseln Moen (Weno), Pata Tol, Fefan, Dublon, Polle, Udot, Uman und mehrerer Kleininseln, heute Chuuk genannt, liegt zentral im Staatenbund Mikronesiens.

Tauchplätze:

Die Lagune ist berühmt für ihre Wracktauchplätze, vielleicht die Besten der Welt.

Wracks:

Etwa 60 Wracks von japanischen WW II-Kriegsschiffen und Flugzeugen liegen in den Gewässern der Truk Lagoon, die meisten davon bei den Inseln Dublon und Eten, u.a. die Seiko Maru in 40 m, das Flugboot Emily in 15 m, die Heian Maru in 32 m, der Frachter Nagano Maru, die Kinyo Maru und Nippo Maru sowie ein Betty Bomber in 20 m Tiefe. Nördlich von Fefan befinden sich die Kiyosumi Maru, ein Kreuzer in 12 m Tiefe und der Frachter Yamamagiri Maru in 35 m, südlich der Insel befinden sich die Yubae in 6 m Tiefe, die Dai Ni Hino Maru, die Taiho Maru und der Frachter Amagisan Maru in 32 m Tiefe. Östlich von Uman liegt die Gosei Maru sowie das ehemalige Passagierschiff Rio de Janeiro Maru in 15 m Tiefe. Der Frachter Sankisan Maru liegt westlich von Uman in 15 m Tiefe. An der Südspitze von Moen liegt das U-Boot I-169 in 38 m Tiefe, die Fujisan Maru, ein Tanker befindet sich südöstlich von Moen in 35 m Tiefe.
Zwischen Udot und Param liegt die Shinkoku Maru in 10–30 m Tiefe, weiter nördlich findet man die Zerstörer Fuji und Fumitsuki Maru, letzterer in 35 m Tiefe. Der Frachter Hanakawa Maru liegt östlich von Pata Tol in 17 m Tiefe.

Fauna:

Füsiliere, Schnapper, Engelsfische, Barrakudas, Thunfische, Mantas, Grau-, Weiß- und Schwarzspitzenhaie, Garnelen, Octopusse, Korallen, Delfine und Schildkröten.

Yap:

Die Insel ist der westlichste Staat Mikronesiens. Hauptstadt ist Colonia.

Tauchplätze:

Die besten Tauchlocations dieser Region liegen an der Südspitze der Hauptinsel. Hierzu zählen vor allem die Lionfish Wall und Magic Kingdom. Weitere lohnende Möglichkeiten befinden sich im Norden der Insel im Mil Channel und im Gofnuw Channel.

Fauna:

Füsiliere, Schnapper, Engelsfische, Barrakudas, Thunfische, Mantas, Grau-, Weiß- und Schwarzspitzenhaie, Garnelen, Octopusse.

Pohnpei:

Hauptinsel und auch größte des Staatenbundes mit der Hauptstadt Colonia im Norden.

Tauchplätze:

Gute Tauchmöglichkeiten befinden sich nur am Außenriff, u.a. am Pelang Pass an der Westküste und am Ant Atoll im Südwesten der Insel.

Kosrae:

Eine Insel vulkanischen Ursprungs im Osten des Staatenbundes. Sie wird von einem Korallenriff umsäumt, das ca. 70 km lang um die Insel herum verläuft.

Tauchplätze:

Es bestehen mehrere hervorragende Möglichkeiten bei Kosrae Village.

Shark Island:

Ein Steilwandtauchplatz mit starken Strömungen, dieser Tauchplatz hat eine Tiefe von bis zu 25 m. Unterwasser-Fotografen kommen hier voll auf ihre Kosten.

Walung Coral:

Auch hier handelt es sich um einen Steilwandtauchplatz der bis auf ca. 20 m hinab reicht, wenn Sie über die Wand hinaus tauchen, werden sie einige Haie sehen können.

Hiroshi Point

Dieser Tauchplatz ist vom Strand aus leicht zu erreichen und daher auch für Anfänger ideal. Die Spitze des Riffs liegt nur wenige Meter tief und besteht aus sehr grossen, harten Korallen. Es gibt unzählige Eagle Rays zu sehen.

Fauna:

Füsiliere, Schnapper, Engelsfische, Barrakudas, Thunfische, Mantas, Grau-, Weiß- und Schwarzspitzenhaie, Garnelen, Octopusse, Korallen, Delfine und Schildkröten.

Moen Truk Chuuk 96942 Chuuk Truk

Sundance Tours and Dive Shop
Owner: Mrs. Martina Osawa
P.O. Box 85
Ph: + 691 3304234 Fax: + 691 3304451
Organisation: PADI
Language: English
Established: 1995
Season: 01.01. - 31.12.

Truk 96942 Chuuk Truk Lagoon

Micronesia Aquatics INC.
Owner: Clark Grahem
P.O. BOX 57 Truk Lagoon (Chuuk)
Ph: + 691 3304096 Fax: + 691 3304096
E-Mail: cgrahem@mail.fm
www.padi.com/divemicronesia/home.htm
Organisation: PADI
Language: English

Established: 1979 Season: 01.01. - 31.12.

Weno Chuuk 96942 Chuuk Truk Lagoon

Sea Ward Holidays
Owner: L. Higgs
P.O. Box 1086 or. S.S. Thorfinn
Ph: + 691 330 3040 Fax: + 691 330 4253
E-Mail: seaward@mail.fm
Website: www.thorfinn.net
Organisation: PADI, NAUI
Language: English
Established: 1983 Season: 01.01. - 31.12.

Kosrae 96944 Kosrae

Kosrae Village
Owner: Resort Kosrae Village Ltd.
Resort Kosrae Village or. P.O. Box 399
Ph: + 691 370 3483 Fax: + 691 370 5839
E-Mail: info@KosraeVillage.com
Website: http://www.kosraevillage.com/
Organisation: 5* PADI Language: English
Established: 1990 Season: 01.01. - 31.12.

Kolonia Pohnpei 96941 Pohnpei

Phoenix Marine Sports Club
P.O. Box 387Ph: + 691 3205678
Organisation: PADI NAUI
Language: English
Established: 1994 Season: 01.01. - 31.12.

Pohnpei FM 96941 Pohnpei

The Village, P.O. BOX 339 / Kolonia
Owner: U. Cospomatior
Ph: + 691 320 2797 Fax: + 691 320 3797
E-Mail: thevillage@mail.fm
Website: www.eguam.com/97/11/village
Organisation: PADI, NUAI
Language: English
Established: 1971
Season: 01.01. - 31.12.

Yap FM 96943 Yap

Manta Ray Bay
Owner: Mr. Bill Acker P.O. Box MR
Ph: + 691 3502300 Fax: + 691 3504507
E-Mail: yapdivers@mataray.com
Website: www.yapdivers-mataray.com
Organisation: PADI
Language: English
Established: 1990 Season: 01.01. - 31.12.

Colonia Yap 96943 Yap

Beyond the Reef ChartersP.O. Box 609
Ph: + 691 3503733 Fax: + 691350 3733
E-Mail: beyondthereef@mail.fm
Organisation: PADI
Language: English
Established: 1990 Season: 01.01. - 31.12.

Colonia 96943 Yap

Nature's Way
P.O. Box 238
Ph: + 691 305 3407 Fax: + 691 305 3407
Organisation: PADI
Language: English
Established: 1995 Season: 01.01. - 31.12.

Informationen:

www.diver-network.com
Sie finden hier Informationen über 1000 Tauchschulen weltweit

Neukaledonien

Hauptstadt	Nouméa
Einwohner	65.100
Entf. v. Frankfurt/M.	16.352 km
Währung	CFP-Franc, C.F.P.
Amtssprache	Französisch
Telefonvorwahl v. D	00687
Telefonvorwahl n. D	k. A.
Verkehr	Rechtsverkehr
jährl. Touristenzahl	k. A.
Elektr. Strom	k. A.
Visum	nein
Flughafen	Nouméa (NOU) La Tontouta

Tauchregionen:
Pazifischer Ozean
Grande Terre
Iles Loyauté
Ile des Pins

Zeitverschiebung: MEZ + 1(
Fläche: 18.576 km
Einwohner: 178.00(

Tauchsicherheit

PADI International USA
1251 East Dyer Road
CA 92705-5605 Santa Ana
Tel: 001 (0) 714 5 40 72 34
Fax: 001 (0) 714 5 40 26 09
E-Mail: info@padi.com
Website: www.padi.com

NAUI Worldwide USA
FL 33619-2667 Tampa
Tel: 001 (0) 813 6 28 62 84
Fax: 001 (0) 813 6 28 82 53
E-Mail: info@naui.org
Website: www.naui.org

DAN: Divers Alert Network
P.O. Box 3823 , 27710
Durham North Carolina USA
E-Mail: info@dan-dive.com
Website: www.dan-dive.com

CMAS World Underwater Federation
CMAS - Viale Tiziano 74
00196 Roma Italy
Tel: 0039 6 368 58480
Fax: 0039 6 36 85 84 90
E-Mail: cmasmond@tin.it
Website: www.cmas.org

Information und Beratung

Pacific Travel House
Bayerstr. 95
80335 München
Tel: 089 5309293
Fax: 089 532152
www.pacific-travel-house.com

Schöner Tauchen
Hastedter Heerstr. 211
28207 Bremen
Tel: 0421 450 010
Fax: 0421 450 080
info@schoener-tauchen.com
www.schoener-tauchen.com

Dive Travel GmbH
Südring 3 B
65795 Hattersheim
Tel: 061 901603
Fax: 061 901603
Website: www. divetrevel.de

Sun and Fun
Franz-Joseph-Str. 43
80801 München
Tel: 089 380 14124
Fax: 089 346 644
sunundfun@t-online.de

Botschaften

Deutsche Botschaft
13/15, Avenue Franklin D.
Roosevelt, B F-75008 Paris
Tel: 00 33 1 538 34500

Französische Republik
An der Marienkapelle 3
53179 Bonn
Tel: 0228 955 600-0
Außenstelle:
Französische Str. 23
10117 Berlin
Tel: 030 204 3990

Fluggesellschaften

AOM French Airlines
Frankfurt am Main
Tel: 069 920045-14

Air France
60313 Frankfurt
Tel: 069 2566-222
Fax: 069 2566-330

Qantas Airways Ltd.
Flughafen Terminal 2
Information u. Reservierung
Tel: 0180 3250630

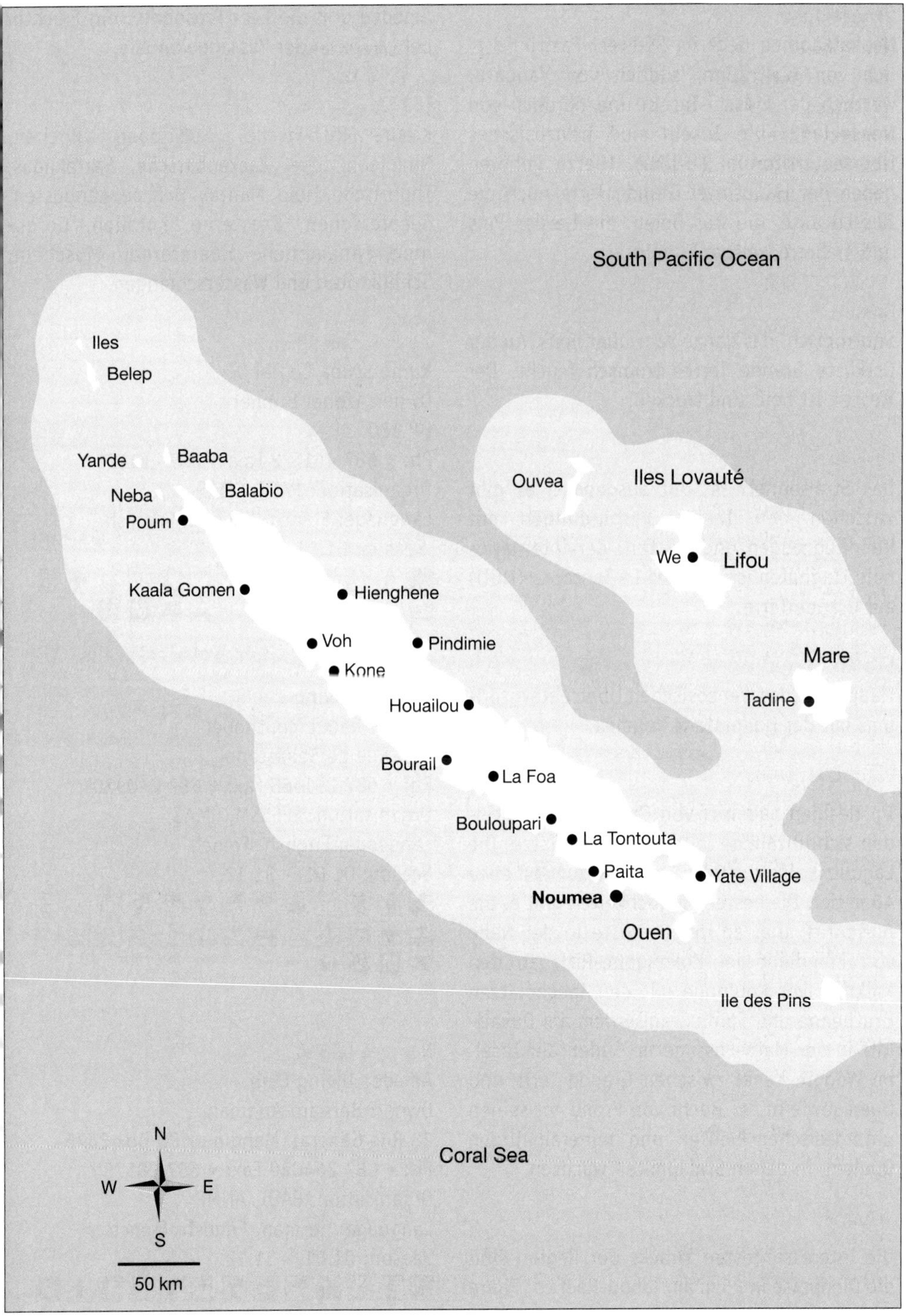
South Pacific Ocean
Iles
Belep
Yande
Baaba
Neba
Balabio
Poum
Ouvea
Iles Lovauté
We
Lifou
Kaala Gomen
Hienghene
Voh
Pindimie
Kone
Mare
Houailou
Tadine
Bourail
La Foa
Bouloupari
La Tontouta
Paita
Yate Village
Noumea
Ouen
Ile des Pins
Coral Sea
N
W
E
S
50 km

Geographische Lage:
Neukaledonien liegt im Südwest-Pazifik, östlich von Australien, südlich von Vanuatu, westlich der Fidschi-Inseln und nördlich von Neuseeland. Die Inseln sind französisches Überseeterritorium (T.O.M.). Hierzu gehören neben der Hauptinsel Grande Terre noch die Iles Loyauté, die Iles Bélep, die Ile des Pins und mehrere weitere Kleininseln.

Klima:
Subtropisch, das ganze Jahr über heiß. An der Ostküste Grande Terres tropisch feucht. Der Westen ist heiß und trocken.

Verkehr:
Das Straßennetz ist gut ausgebaut, es gibt zwischen den Inseln Verbindungen mit Kleinflugzeugen und Booten, der internationale Flughafen ist Nouméa La Tontouta (NOU) auf Grande Terre.

Grande Terre:
Hauptinsel des französischen Überseeterritoriums mit der Hauptstadt Nouméa.

Tauchplätze:
Im riesigen Saumriff von Grande Terre befinden sich unzählige lohnende Tauchplätze. Die Lagune ist bis zu 40 km breit und zumeist etwa 40 m tief. Die besten Möglichkeiten gibt es am Außenriff, u.a. an der Ostküste in der Nähe von Poindimié im Kokongone-Riff, an den Kalkriffs vor Koulnoue mit den Tauchplätzen Bruthenne und Sphinx, außerdem am Dukati-Riff in der Mato-Passage im Süden der Insel, im Woogin-Kanal zwischen Grande Terre und Ouen sowie in der Bucht von Prony mit seinen unterseeischen heißen und mineralhaltigen Quellen, in denen Stalagmiten wachsen.

Wracks:
Die interessantesten Wracks der Region sind die Dieppoise in 25 m am Tabou-Reef vor Phare Amédée und die Ever Prosoerity, ein Frachter bei La Foa in der Passage von Isie.

Fauna:
Kleine Riff-Fische, Süßlippen, Rochen, Napoleonfische, Zackenbarsche, Barrakudas, Thunfische, Haie, Mantas, Delfine, Langusten, Seepferdchen, Seesterne, Korallen, Gorgonien, Anemonen, Haarsterne, Muscheln, Schildkröten und Wasserschlangen.

Ile des Pins 98832
Kunie Scuba Center
Owner: Lionel Bonnet
BP 180
Ph: + 687 461122 Fax: + 687 461122
Organisation: PADI, CMAS
Language: French, English, Spanish
Season: 01.01. - 31.12.

Noumea 98845
Noumea Diving
Owner: Raoul Monthouel
79, Rue de Sebastopol
Ph: + 687 251688 Fax: + 687 240970
Organisation: FFESSM, CMAS,
Language: English, French
Season: 01.01. - 31.12.

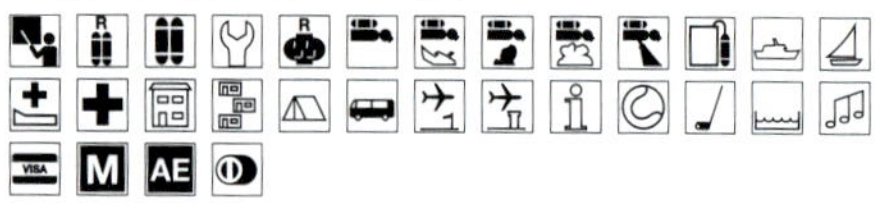

Noumea 98846
Amedee Diving Club
Owner: Bernard Andreani
28 Rue General, Mangin or PO Box 2675
Ph: + 687 264029 Fax: + 687 285755
Organisation: PADI, ANMP
Language: German, English, French
Season: 01.01. - 31.12.

Hauptstadt	Wellington
Einwohner	151.000
Entf. v. Frankfurt/M.	18.547 km
Währung	Neuseeland-Dollar, NZ$
Amtssprache	Englisch
Telefonvorwahl v. D	0064
Telefonvorwahl n. D	0049
Verkehr	Linksverkehr
jährl. Touristenzahl	1,2 Mio.
Elektr. Strom	230 V / 50 Hz
Visum	Ja - am Flughafen
Flughäfen	Auckland (AKL) Christchurch

Pazifischer Ozean:
Paihia, North Cape
Coromandel
Hawke Bay
Canterburry
Dunedin
Stewart Island
Cook Island
New Plymouth
Wellington
Nelson
Southland

Zeitverschiebung: MEZ + 11
Fläche: 269.900 km²
Einwohner: 3,5 Mio.

Tauchsicherheit

New Zealand Underwater
P.O. Box 875 Auckland
Tel: 0064 9 849-5896
Fax: 0064 9 849-3526
E-mail: nzu@iconz.co.nz
www.users.iconz.co.nz/nzu

CMAS DIVING INSTRUCTORS CLUB OF NEW ZEALAND
PO. Box 4137 Kamo Auckland
Tel: 0064 9 435 1688
Fax: 0064 9 438 4505
Email: cmas-nz@usa.net

CMAS: World Underwater Federation
Viale Tiziano 74
00196 Roma Italy
Tel: 0039 6 368 58480
Fax: 0039 6 36 85 84 90
E-Mail: cmasmond@tin.it
Website: www.cmas.org

DAN: Divers Alert Network
P.O. Box 3823 , 27710
Durham North Carolina USA
E-Mail: info@dan-dive.com
Website: www.dan-dive.com

Information und Beratung

New Zealand Tourism Board
Roßmarkt 11
60311 Frankfurt
Tel: 069 971 211-0
Fax: 069 971 211-13

BW Austral Asian Tours
An der Hollerstaude 21
63674 Altenstadt
Tel: 06047 6051
Fax: 06047 2948
Email: info@bw-aat.de
Website: www.bw-aat.de

Chamäleon Reisen
Charlottenburger Ufer 6
10587 Berlin
Tel: 030 348 2236
Fax: 030 341 9731
info@chamaeleonreisen.de
www.chamaeleonreisen.de

Adventure Holidays
Wacholderbergstr.29
90587 Veitsbronn bei Nürnberg
Tel: 0911-9799555
Fax: 0911-9799588
www.adventure-holidays.com

Botschaften

Deutsche Botschaft in Neuseeland
Wellington B Thorndon
90-92 Hobson Street
Tel: 00644(0)47 36063
Fax: 00644(0)47 36069

Botschaft von Neuseeland
Bundeskanzlerplatz 2-10
53113 Bonn
Tel: 0228 228070
Fax: 0228 221687

Informationen unter:
www.auswaertiges-amt.de

Fluggesellschaften

Air New Zealand
60325 Frankfurt
Reservierung
Tel: 0180-5494366
europe.info@airnz.co.nz

Qantas Airways
Frankfurt Airport Center
Terminal 2 6.Stock
Reservierung
Tel: 01805 250620

Te Hapua
Ahipara
Waimamaku
Whangarei
North Island
Te Kopuru
Whitianga
Auckland
Tasman Sea
Hamilton
Tauranga
Te Araroa
Rotorua
Gisborne
New Plymouth
Napier
Wanganui
Palmerston North
Collingwood
Wellington
Nelson
Blenheim
Westport
Greymouth
Kaikoura
Hokitika
Cheviot
Christchurch
Haast
Akaroa
Timaru
South Island
Dunedin
Invercargill
Waikawa
Pacific Ocean
Stewart Island
N
W
E
S
150 km

Geographische Lage:

Neuseeland liegt im Südpazifik südöstlich von Australien und südlich von Neukaledonien, Vanuatu und den Fidschi-Inseln. Die beiden Hauptinseln North-Island und South-Island sind durch die Cook-Straße getrennt. Mehrere Kleininseln gehören zum Staatsgebiet, u.a. die Cook-Islands im Südpazifik. Die größte ist Stewart-Island vor Invercargill an der Südküste von South Island. Die Westküsten gehen zur Tasmansee, die Ostküsten zum Pazifischen Ozean. Die Nordinsel besteht aus gebirgigen Regionen mit einigen Vulkanen.
Die Südinsel ist hügelig, weite Teile sind wald- und seenreich. Im Nordwesten gibt es das Hochgebirge der Punakaiki Pancakes. Das Land verfügt über insgesamt 32.000 km Küstenlinie.

Klima:

Auf der Nordinsel subtropisch heiß und feucht, auf der Südinsel gemäßigt mit milden Sommern und kalten Wintern.

Hauptreisezeit:

Die beste Reisezeit liegt in den Sommermonaten zwischen Dezember und April. Für den Wintersport sind die Monate von Juli bis September empfehlenswert. Schnee gibt es hauptsächlich auf der Südinsel, auf der Nordinsel herrscht subtropisches Klima.

Einreise:

Reisende (D, CH, A) mit einem Reisepass, der noch drei Monate über den beabsichtigten Aufenthalt hinaus gültig ist, benötigen für einen Aufenthalt bis zu drei Monaten kein Visum.

Verkehr:

Neuseeland verfügt über ein gut ausgebautes Straßen- und Eisenbahnnetz, ein gutes Busverkehrsnetz und mehrere nationale Flughäfen mit regem Inlandsflugverkehr. Schiffsverbindungen bestehen zwischen den beiden Hauptinseln (auch Autofähren), nach Australien sowie zu einigen umliegenden Inseln. Anschlüsse an den weltweiten Luftverkehr stellen die internationalen Flughäfen von Wellington (WLG), Auckland (AKL) und Christchurch (CHC) her.

Verkehrsbestimmungen:

Nationaler Führerschein bis zu einem Aufenthalt von drei Monaten ausreichend, internationaler Führerschein empfohlen. Für das Mieten eines Fahrzeugs Mindestalter von 21 Jahren. In Neuseeland herrscht Linksverkehr. In ländlichen Gebieten haben Schafe Vorfahrt.

Paihia, North Cape:

Die Stadt Paihia liegt auf der Nordinsel an der Bay of Islands in einer fjordreichen Bucht südlich des North Cape. Das Kap befindet sich am Ende einer schmalen Landzunge an der nördlichsten Stelle des neuseeländischen Festlands einige Kilometer östlich des Cape Reinga am Nordende des Ninety Mile Beach. In dieser Region treffen die Tasmansee und der Pazifische Ozean zusammen.

Tauchplätze:

Die am weitesten nördlich gelegene Region Neuseelands sind die Kermadec Islands inmitten des größten Marine Park des Landes etwa 1000 km nordöstlich der Nordinsel in einer subtropischen Region. Etwa 60 km nordwestlich von Cape Reinga liegen die Three Kings Islands, eine Inselgruppe bestehend aus 13 Inseln und mehreren Felsriffs mit mehreren Tauchplätzen in strömungsreichen Gewässern. Eine Vielzahl weiterer Inseln und Inselgruppen liegt zwischen dem North Cape und Paihia an der Ostküste, u.a. die Flat Islands und der Cone Rock vor der Taupo Bay.
Weiter südlich liegt die Whangaroa Bay, östlich vor der Küste befinden sich die Cavalli Islands,

nördlich dieser Region liegt auf einer Landzunge das Cape Karikari am Nordende der Matai Bay. Auch in diesem Gebiet gibt es hervorragende Tauchplätze.

Vor der Stadt Paihia befindet sich die Bay of Islands, die im Norden durch die Purerua Peninsula begrenzt wird. An dieser Landzunge gibt es einige gute Einstiegsmöglichkeiten, weitere befinden sich an den in der Bay gelegenen Red Head Area Islands sowie auf der Südseite der Bucht am White Reef, am Urupukapuka Island und auf der Spitze der Halbinsel Cape Brett mit unzähligen Höhlen und einer vorgelagerten Kleininsel. Hier liegen die Tauchplätze Cathedral Cave, Motutara Rock, Hole in the Wall, Deep Water Cove, Waiwiri Rock, Blue Maomao Reef und Whangamumu. Weitere Möglichkeiten in diesem Gebiet gibt es an der Wakapae Bay, der Karerarera Bay, im Rawithi Channel und bei Piercy Island.

Südlich dieser Region befindet sich die Bland Bay und die Helena Bay mit schönem Drop Off am Danger Rock. Diese Buchten werden im Süden durch die Mimiwhangata Halbinsel begrenzt. Hier gibt es einige schöne Tauchplätze an der vorlgelagerten Insel. Ganz in der Nähe befindet sich das Elizabeth Reef, weitere Möglichkeiten bestehen in der Matapouri Bay und der Whale Bay.

Etwa 20 km vor der Küste bei Tutukaka liegt die Gruppe der Poor Knights Islands, einigen Vulkaninseln, die in einer subtropischen Strömung liegen. Dieses Gebiet ist eines der schönsten Tauchgebiete der Welt, in einem Marine Park gelegen, mit hervorragenden Tauchplätzen. Hervorzuheben sind Red Baron Arches und Nursery Cove sowie weitere Möglichkeiten am South Harbour.

Wracks:

Eines der interessantesten Wracks im Norden Neuseelands ist die Rainbow Warrior, das ehemalige Greenpeace-Schiff, in 27 m Tiefe.

Fauna:

Diverse Riff-Fische, Kaiserfische, Grouper, Barrakudas, Barsche, Flundern, Schnapper, Rochen, Muränen, Octopusse, Haie, Schwämme, Anemonen und Federsterne, außerdem gibt es in diesem Gebiet (u.a. bei den Cavalli Islands) verschiedene Walarten.

Mt Eden North Island

Stirlings Dive Shop, 349 Dominion Rd
Owner: N. Walker
Ph: + 64 9 6300178 Fax: + 64 9 6315900
E-Mail: nwalker@xtra.co.nz
Organisation: 5*PADI Language: English
Season: 01.01. - 31.12.

Whakatane North Island

Sportsworld Whakatane, 186 The Strand
Owner: Tony Bonne
Ph: + 64 7 3070714 Fax: + 64 7 3070765
E-Mail: sportsworldwhk@xtra.co.nz
Organisation: PADI Language: English
Established: 1960 Season: 01.10. - 30.04.

Whangerei North Island

Aqua Action, Marina Rd. Tutukaka, RD3
Owner: David Allan
Ph: + 64 9 4343867 Fax: + 64 9 4343884
E-Mail: aquaaction@xtra.co.nz
Website: www.aquaaction.com
Organisation: PADI Language: English
Established: 1993 Season: 01.11. - 30.05.

Manukau City North Island

Dive College, 12 Puhinui Rd
Owner: A. Ferguson
Ph: + 64 9 2776888 Fax: + 64 9 2777712
E-Mail: petemes@ihvg.co.nz
Organisation: 5*PADI, IANTD

Language: English Established: 1995

Paihia Bay of island North Island

Paihia Dive, Williams Rd
Owner: G. Moss
Ph: + 64 9 4027551 Fax: + 64 9 4027110
E-Mail: divepaihia@xtra.com.nz
Website: www.divenz.com
Organisation: PADI Language: English
Established: 1980 Season: 01.01. - 31.12.

Kaitaia North Island

Far North Sports 106 Commerce Street
Ph: + 64 9 408 0622 Fax: + 64 9 408 0622
Organisation: DINZ, PADI
Language: English Established: 1990

Kerikeri North Island

Matauri Kat Charters, Matauri Bay, Holiday Park
Owner: Gary Gillbanks
Ph: + 64 9 4050525 Fax: + 64 9 4050525
Organisation: PADI Language: English
Season: 01.01. - 31.12.

Kerikeri North Island

Bay Dive, Shop B Kerkeri Road 63
Ph: + 64 9 407 5585 Fax: + 64 9 407 5591
Organisation: PADI Language: English
Established: 1985 Season: 31.10. - 01.04.

Tutukaka North Island

Dive Tutukaka, Marina Rd
Owner: Jeroen Jongejans
Ph: + 64 9 4343867 Fax: + 64 9 4343884
E-Mail: dvie@diving.co.nz
Website: www.diving.co.nz
Organisation: PADI, NAUI, SSI
Language: English, Dutch, German
Established: 1990 Season: 01.01. - 31.12.

Auckland:

Die größte Stadt der Nordinsel liegt auf dem schmalen Landstreifen im Norden der Insel zwischen der Tasmansee und dem Hauraki Gulf und hat zu beiden Meeren je einen Hafen.

Tauchplätze:

Die besten Tauchmöglichkeiten befinden sich in der weitläufigen Bucht am Hauraki Gulf. Hier liegt u.a. das Waiheke Island etwa 25 km vor der Stadt, das mit seinen diversen Höhlen und Kavernen ein hervorragendes Revier darstellt, u.a. mit Spray Rock, Garden Cove, Gannet Rock und den Ahaaha Rocks. Außerdem gibt es gute Möglichkeiten am Lavafelsen The Nose und bei den Rangitoto Islands. Im Norden der Bucht liegen Kawau Island und die umliegenden Felsriffs, u.a. Maori Rock, Fairchild Reef, Flat Rock, Nelson Rock und Motuora Island. Die Nordbegrenzung der Bucht bildet die Halbinsel mit Cape Rodney an der Spitze. Hier befinden sich mehrere Einstiegsstellen vom Strand aus sowie Möglichkeiten am Leigh Reef im Südosten des Kaps. Die Whangapraoa Peninsula ist eine schmale Landzunge, die im Nordteil der Insel ins Meer ragt und gute Tauchplätze am Wellington Reef, Shearer Rock, Shag Rock und Huaroa Point aufweist. Außerhalb der Bucht, 70 km nordöstlich von Auckland, liegen die beiden Inseln Great Barrier und Little Barrier mit hervorragenden Tauchmöglichkeiten im vulkanischen Gebiet. Südöstlich von Whangarel befinden sich die sieben Inseln der Hen and Chickens Group mit den Plätzen Tara Rocks, Coppermine Point, Lighthouse Point und West

Chicken. Bei Great Barrier Island liegen die Wracks Wairarapa und die Wiltshire.

Albany North Island
Albany Underwater Centre
G 121 Rosedale Rd.
Ph: + 64 9 478 3418 Fax: + 64 9 478 3418
E-Mail: albanyuw@marrserv.com
Organisation: PADI Language: English
Established: 1997 Season: 01.01. - 31.12.

Auckland North Island
Junktion Underwater, 136 Greenlane Rd
Owner: Mike Wiggins
Ph: + 64 9 5246701 Fax: + 64 9 5207302
E-Mail: info@junktion.co.nz
Website: www.juntion.co.nz
Organisation: PADI, SSI Language: English
Established: 1988 Season: 01.01. - 31.12.

Auckland Browns Bay North Island
Bays Scuba Centre 17 Glen Road
Ph: + 64 9 478 3359 Fax: + 64 9 4783 359
Organisation: PADI Language: English
Established: 1996 Season: 01.10. - 30.04.

Auckland Howiek North Island
Ferg's Fish & Dive Sport
The Marina, Half Moon Bay
Ph: + 64 9 534 9083 Fax: + 64 9 537 3942
Organisation: PADI Language: English
Established: 1992 Season: 31.10. - 30.04.

New Lynn Auckland North Island
Scuba Centre Ltd, 7 Crum Avenue
Ph: + 64 9 8271415 Fax: + 64 9 8274135
Organisation: PADI Language: English

Panmure North Island
Panmure Underwater Centre, 178 Queens Road
Owner: John Wright
Ph: + 64 9 5709841 Fax: + 64 9 5272327
E-Mail: john@puc.co.nz
Organisation: 5*PADI Language: English
Established: 1981 Season: 01.01. - 31.12.

Remuera North Island
Orakei Scuba Center, 234 Orakei Road
Owner: Rex Gilbert
Ph: + 64 9 5242117 Fax: + 64 9 5246268
E-Mail: tinang@divetravel.co.nz
Website: www.divetravel.co.nz
Organisation: PADI Language: English
Established: 1970 Season: 01.01. - 31.12.

Takapuna Auckland North Island
Dive Centre Ltd. 128 Wairau Road
Ph: + 64 9 4447698 Fax: + 64 9 4446948
Organisation: 5*PADI Language: English

Whangamata North Island
Whangamata Seasports, 703 Port Road
Ph: + 64 78658500
Organisation: PADI Language: English

Whangarei North Island
Sub Aqua Surf &Dive Centre, 41 Clyde Street
Owner: Carol Huntington
Ph: + 64 9 4381075 Fax: + 64 9 4300854
E-Mail: subaqua.dive@clear.net.nz
Organisation: SSI Language: English

:stablished: 1975 Season: 01.01. - 31.12.

Vhangarei North Island

'he Dive Connection , 140 Lower Cameron St
)wner: Peter Hope
'h: + 64 9 430 0818 Fax: + 64 9 430 0562
:-Mail: diveconn@xtra.co.nz
)rganisation: 5*PADI Language: English
:stablished: 1993 Season: 01.10. - 31.05.

Vhangarei North Island

he Dive Shop Water Street
'h: + 64 943 83521 Fax: + 64 943 83521
)rganisation: 5*PADI Language: English
eason: 01.01. - 31.12.

oromandel:

ie Halbinsel Coromandel ist eine Landzunge üdöstlich des Hauraki Gulf und Aucklands.

auchplätze:

'or der Ostküste befinden sich mehrere Inseln nd Inselgruppen, die mit guten Tauchrevieen aufwarten. Die nördlichsten sind die lercury Islands mit guten Tauchplätzen an en umliegenden Felsriffs, u.a. Whale Rock, ichards Rock, Castle Rock, Never Fail Rock, anger Rocks, Black Rocks, Twins, South Sunk ock, Muhurangi Island, Red Mercury und der pito Bay. Südlich der Inseln liegt das Whangnui-A-Hei Marine Reserve in der Bucht vor /hitlanga. Südöstlich befindet sich die Tairua rea mit mehreren betauchbaren Gebieten um ie diversen Inseln und Felsriffs vor Pauanui, .a. Watchman Rock, King Rock, Penguin Isnd, Dogger Reef, Sugar Rocks, Castle Rock, at Rock und Rabbit Island. An den Alderman Islands, 40 km nordöstlich von Tauramga, liegt das Tuhua Marine Reserve rund um Mayor Island mit mehreren guten Tauchplätzen an Drop Offs und in Höhlen, u.a. am Cathedral Bay, am Tahua Reef, beim Twenty Fathom Reef, am Crater Bay, am Western Bay und am Bait Pond. An der Küste bei Taurange gibt es Möglichkeiten am Karewa Island und bei Motiti Island. 48 km nördlich von Whakatane im Pazifischen Ozean liegt White Island, ein aktiver Vulkan. Die besten Tauchgebiete an dieser Insel sind Club Rock, Volkner Rock und Laison's Reef. Dicht vor der Küste liegt Rurima Island, etwa 20 km von Whakatane entfernt mit mehreren betauchbaren Felsriffs, Drop Offs und Kavernen. Das Wrack der Tasman befindet sich bei White Island.

Hamilton North Island

R&R Sport, 943 Victoria Street
Ph: + 64 7 839 3755 Fax: + 64 7 834 0234
Organisation: PADI Language: English
Established: 1989 Season: 01.01. - 31.12.

Hamilton North Island

Blue H20 Dive and Watersports Ltd
Corner Norton Road & Commerce
Ph: + 64 7 847 2220 Fax: + 64 7 842 2720
Organisation: 5*PADI Language: English
Established: 1980
Season: 31.10. - 30.04.

Hamilton North Island

Waikato Dive Centre, 451 Te Rapa Rd
Owner: Katja Jawe
Ph: + 64 7 849 1922 Fax: + 64 7 849 1942
E-Mail: waikoto.dive@xtra.co.nz
Organisation: 5*PADI Established: 1995

Mt. Maunganui North Island

Mount Dive Shop, 34 Victoria Road
Owner: Rodney de Candove
Ph: + 64 7 575 4418 Fax: + 64 7 575 4418
Organisation: PADI Language: English
Established: 1982

Paeroa North Island

Academy Divers International
60A Belmont Road
Ph: + 64 7 862 7456 Fax: + 64 7 862 6668
E-Mail: divc-adi@wave.co.nz
Organisation: 5*PADI Language: English
Established: 1980 Season: 01.11. - 31.05.

Rotorua North Island

Johns Dive Centre 281 Tutanekai Street
Ph: + 64 7 348 0750 Fax: + 64 7 348 0750
Organisation: PADI Language: English
Established: 1987

Tairua North Island

Tairua Dive, The Esplanade, Paku Boat Ramp
Owner: Dave Earley
Ph: + 64 7 864 8054 Fax: + 64 7 864 8054
Organisation: PADI Language: English
Established: 1984 Season: 01.01. - 31.12.

Tauranga North Island

The Dive Shop 213 Cameron Rd
Ph: + 64 7 578 4050 Fax: + 64 7 578 4050
E-Mail: dive@tauranga.net.nz
Organisation: PADI Language: English
Established: 1985 Season: 01.11. - 31.05.

Hawke Bay:

Die weitläufige Bucht liegt an der Ostküst vom Northern Island. Die wichtigsten Orte de Region sind Napler, Wairoa und Gisborne.

Tauchplätze:

Die Nordbegrenzung der Bucht bildet di Mahai Peninsula. An dieser Halbinsel befinde sich einige gute Tauchmöglichkeiten, u.a. da Black Reef (Tauchplatz im Südosten), der Bu Rock und Kini Kini (mit Felstürmen un Kavernen). Die Südbegrenzung der Bay bilde Cape Kidnappers. Unmittelbar südlich schließ der Waimarama Beach an, diesem vorgelage ist Bare Island. Innerhalb der Hawke Ba direkt vor dem Ort Napier liegen einige Riff u.a. das Whirinaki Reef, das Tom Reef und da Napier Wharf Reef. Zwei Tauchplätze befinde sich nördlich der Bucht in der Gegend de Stadt Gisborne, zum einen das Ariel Reef un zum anderen die Penguin Rocks. Das Wrac Tongariro liegt bei der Mahai Peninsula.

Hastings North Island

Hannah Surf & Dive, 709 North Karamu Rd
Ph: + 64 6 878 8831 Fax: + 64 6 878 8831
Organisation: DINZ Language: English

Napier Onekawa North Island

Dive Center Hawkes Bay, 37 Austin Street
Ph: + 64 6 8439074 Fax: + 64 6 8433195
E-Mail: divedon@issl.co.nz
Organisation: PADI Language: English
Established: 1989 Season: 31.10. - 30.04.

New Plymouth:

Die Stadt liegt auf der Nordseite einer große Halbinsel im Südwesten von North Island.

auchplätze:

ie Sugar Loaf Islands befinden sich nur weni-
e Kilometer vor Port Taranaki. Weitere
auchmöglichkeiten gibt es an einigen Riffs
us vulkanischem Gestein vor dem Oakura
each. Im Norden der Bucht von New
lymouth liegt der Tiria Point mit dem vorge-
agerten Tokamapuna Reef und dem Priritoki
eef; vor dem Waikawau Beach befindet sich
as Papa Reef.

auna:

chnapper, Barsche, Conger, Gorgonien,
nemonen, Seelöwen und Delfine.

onstiges:

m Waikato River gibt es nördlich der Stadt
aupo im Inland Möglichkeiten zum Strö-
ungstauchen. Die beliebtesten Einstiegsstel-
en liegen in der Region des Lake Taupo.

ew Plymouth North Island

lue Line Dive, 151 St. Aubyn Street
wner: All Butt
h: + 64 6 7583100 Fax: + 64 6 7583100
rganisation: SSI Language: English
stablished: 1989 Season: 01.10. - 31.05.

ew Plymouth North Island

ew Plymouth Underwater, 16 Hobson St
h: + 64 6 7583348 Fax: + 64 6 7583348
-Mail: npuw@xtra.co.nz
rganisation: PADI Language: English
stablished: 1993 Season: 01.10. - 31.05.

ellington:

ie Hauptstadt Neuseelands liegt auf der
ädwestspitze von North Island. Der Hafen
efindet sich an der Südküste in einer weit-
ufigen Bucht.

Tauchplätze:

In der Hafenregion und bei den umliegenden Stränden und Buchten sowie an den vorgelagerten Felsriffs gibt es unzählige Tauchmöglichkeiten, u.a. in der Princess Bay, der Lyall Bay, der Breakers Bay, am Cheese Rock, in der Island Bay und der Owhiro Bay. Östlich der Hafenbucht liegt die Palliser Bay, eine große Bucht im Zentrum der Südküste mit den besten Tauchgebieten an den Riffs im Gebiet um Fisherman's Rock. Außerdem gibt es exzellente Tauchplätze am Turakirae Head, Pencarrow Head, Pencarrow Lighthouse, Baring Head und Hobart Rock. Am Kap südwestlich von Wellington befinden sich die Tauchplätze Tongue Point, Karori Lighthouse, Cape Terawhiti sowie der Pipinui Point vor dem Makara Beach. Im Nordwesten der Stadt liegt die Titahi Bay mit Green Point, weiter nördlich die Rocky Bay, und Mana Island 8 km vor der Küste. Außerdem liegt Plimmerton in dieser Region, mit Einstiegsmöglichkeiten vom Strand am Te Rewarewa Point und dem Wairaka Point bei Pukerua. Das Kapiti Island Marine Reserve umfasst eine kleine Insel und das umliegende Meeresgebiet 7 km vor der Südküste der Nordinsel bei Paraparauma nordwestlich von Wellington. Interessant sind vor allem der Norden und Westen der Insel. Gute Tauchplätze sind u.a. Hole-in-the-Wall, Tokahaki Reef, Boulder Rank, Rangatira Point, Passage Rocks, West Point, Taharirimongo Point, Arapawaiti, Onepoto und Kaiwharawhara. Südlich der Insel liegt die Hunter Bank, ein Felsriff auf halbem Wege Richtung Mana Island. Das Wracks Sinclair Head befindet sich im Hafengebiet.

Wellington Island Bay North Island

Island Bay Divers, 353 The Parade
Owner: T. Walshe
Ph: + 64 4 3836778 Fax: + 64 4 3836073
E-Mail: ibdivers@xtra.co.nz
Website: www.voyager.co.nz/~divenz

Organisation: PADI, NAUI, CMAS
Language: English
Established: 1985 Season: 01.11. - 31.03.

Wellington North Island

The Dive Spot, 5 The Esplanade, Mana
Ph: + 64 4 2338238 Fax: + 64 4 2338238
Organisation: PADI Language: English
Established: 1985
Season: 01.10. - 31.05.

Palmerston North North Island

Manawatu Dive Centre, 664 Tremaine Ave
Ph: + 64 6 355 1464 Fax: + 64 6 355 1464
E-Mail: sanzum@clear.net.nz
Organisation: PADI Language: English
Established: 1990 Season: 30.9. - 30.04.

Süßwasserquellen:

Auf der Nordinsel befinden sich mehrere Süßwasserquellen, die kleine Seen bilden und bei extrem guten Sichtweiten von bis zu 60 m lohnende Tauchziele darstellen.

Tauchplätze:

Einige beliebte Quellseen sind die Waikorupupu Springs (Quellsystem bei Takaka westlich von Nelson), die Hamurana Springs (insgesamt 15 Quellen, nördlich von Rororua am gleichnamigen See im Hamurana Natural Park gelegen), die Taniwha Springs, die Riwaka (östlich von Takaka in einer Höhle) und die Rainbow Springs. Fauna: Forellen und andere Süßwasserfische.

Nelson:

Die Stadt liegt am tiefsten Punkt einer großen Bucht an der Nordküste von South Island südwestlich des Marlborough Sound mit seine hunderten Kleininseln und Buchten.

Tauchplätze:

Die Region des Marlborough Sound, die in Norden durch die Cook Strait begrenzt wird, is ein hervorragendes Tauchgebiet. Besonders ir Norden von Kokomohua Island (im gleichna mige Marine Reserve), am Allports Island un Long Island am Eingang des Charlotte Soun gibt es hervorragende Tauchmöglichkeiten Diese Region ist reich an lohnenden Riffs. Ir Nordwesten des Sound liegt D'Urville Islan mit den umliegenden Kleininseln Stepher Trio, Rangitoto und French Pass. In diese Region finden sich sehr gute Drop Offs. Ar nördlichen Eingang des Marlborough Soun liegt Cape Koamaru mit guten Plätzen; solch finden sich auch am Eingang des Peloru Sounds mit den Riffs bei Forsyth Island, Ti Island, Chetwood Island, Wiatui Bay un Duffers Reef. Im Südosten grenzt das Gebie an den Pazifischen Ozean. Hier befinden sic der Tory Channel mit mehreren betauchbare Höhlen vor der Küste bei Cape Koamaru außerdem die Perano Heads und Robertso Point. Hervorragende Tauchplätze in diese Region gibt es auch bei den Brother Island am Cook Rock und bei den Awash Rock Nordwestlich von Nelson vor der Halbins Takaka liegt das Tonga Island Marine Reserv mit guten Tauchmöglichkeiten im Norden.

Wracks:

Die schönsten Wracks der Region sind d Mikhail Lermontov (Kreuzfahrtschiff in 36 am Cape Jackson), die Hippalos (Bark in 10 ebenfalls bei Cape Jackson) und die K (Wrack in 12 m im Charlotte Sound).

Nelson South Island

Richmond Sports and Dive, 213 Queen St
Ph: + 64 3 544 8290 Fax: + 64 3 544 1765
Organisation: PADI Language: English

Established: 1990
Season: 31.10. - 30.04.

Nelson South Island
Stirling Sports Nelson 191 B Trafalgar St
Ph: + 64 3 548 3974 Fax: + 64 3 548 3974
Organisation: PADI Language: English
Established: 1990 Season: 31.10. - 31.05.

Dunedin:

Die Stadt liegt auf einem Kap im Südosten von South Island zwischen den Southern Alps und der Pazifikküste.

Tauchplätze:

Der Hafen von Dunedin befindet sich in einer Bucht im Norden der Halbinsel. In dieser Region liegen auch die besten Tauchplätze der Stadt, u.a. Harrington Point, The Beacons, The Mole unmittelbar an der Hafeneinfahrt und Wellers Rock. Weitere hervorragende Tauchmöglichkeiten gibt es in der näheren Umgebung der Stadt, u.a. bei Green Island und White Island. Beide liegen etwa 5 km vor Brighton Beach. Die besten Einstiegsstellen in dieser Region sind Cape Saunders (Drop Off), Seal Point (Felsriff mit Kelpwäldern), Tow Rock sowie das Akatore Reef (Felsriff mit Pinnacle) südlich der Halbinsel, 5 km vor Taieri Mouth. Nördlich von Dunedin liegen einige Tauchplätze vor Moerakin, u.a. der Spot C und der Shag Point, ein Drop Off. Einige kleinere Schiffe und Boote liegen am Hafeneingang in der Nähe von The Mole.

Christchurch:

Die größte Stadt des Südinsel liegt nördlich der Banks Peninsula in einer weitläufigen Bucht an der Pazifikküste.

Tauchplätze:

In der Region der Halbinsel mit ihrer zerklüfteten, buchtenreichen Felsküste befinden sich die besten Tauchplätze, besonders an der Südseite, u.a. mit Tumbledown Bay, Magnet Bay, Flea Bay, Damon's Bay, Tokoroa Bay und Te Oka Bay sowie bei Pompey's Pillar, außerdem am Adderley Head, in der Pigeon Bay, bei Sumners Head und Godleys Head. Kaikoura liegt 100 km nördlich, auch hier gibt es gute Tauchplätze.

Kaikoura South Island
Kaikoura Allsports Ltd, 31 West End
Ph: + 64 3 3195370 Fax: + 64 3 3195370
Organisation: PADI Language: English

Kaikoura South Island
Kaikoura Dive Yarmouth Street
Ph: + 64 3 319 6444 Fax: + 64 3 319 6444
Organisation: PADI Language: English
Established: 1990
Season: 31.10. - 30.04.

Invercargill South Island
H & J' Outdoor World, 27 Tay Street
Ph: + 64 3 3195370 Fax: + 64 3 3195370
Organisation: PADI Language: English
Established: 1991
Season: 30.10. - 30.04.

Invercargill South Island
R&R Sport, 33 Tay Street
Ph: + 64 3 2184859 Fax: + 64 3 2184859
Organisation: PADI Language: English
Established: 1990 Season: 30.10. - 30.04.

Niederländische Antillen/Curaçao

Hauptstadt	Willemstad
Einwohner	43.550
Entf. v. Frankfurt/M.	8.092 km
Währung	Antillen-Gulden, NAf
Amtssprache	Niederländisch
Telefonvorwahl v. D	00 599
Telefonvorwahl n. D	01 149
Verkehr	Rechtsverkehr
jährl. Touristenzahl	k. A.
Elektr. Strom	110/220 V, 60 Hz.
Visum	nein
Flughäfen	Curaçao Hato (CUR)

Tauchregionen:
Giant Sponge
Spaanse Put Baai
Mikes Place
Playa Lagoen
Playa Kalki
Playa Canoa
Jan Thiel
Lost Anchor
Punt'i Piku
Santu Pretu
Black Coral Gardens

Zeitverschiebung: MEZ -
Fläche: 444 kn
Einwohner: 155.00

Tauchsicherheit

PADI International USA
1251 East Dyer Road
CA 92705-5605 Santa Ana
Tel: 001 (0) 714 5 40 72 34
Fax: 001 (0) 714 5 40 26 09
E-Mail: info@padi.com
Website: www.padi.com

NAUI Worldwide
FL 33619-2667 Tampa USA
Tel: 001 (0) 813 6 28 62 84
Fax: 001 (0) 813 6 28 82 53
Website: www.naui.org

DAN: Divers Alert Network
P.O. Box 3823 , 27710
Durham North Carolina USA
E-Mail: info@dan-dive.com
Website: www.dan-dive.com

CMAS Confederation Mondiale des Activites Subaquatiques -
Viale Tiziano 74
00196, Roma, Italy
Tel: 0039 6 368 58480
Fax: 0039 6 36 85 84 90
E-Mail: cmasmond@tin.it
Website: www.cmas.org

Information und Beratung

Fremdenverkehrsamt von Curaçao
Arnulfstraße 44,
D-80335 München
Tel: 089 598490
Fax: 089 592391
britta.c@inter-connect-marting.de
www.curacao-tourism.com

Karibia
Fliederstr. 25
63456 Hanau
Tel: 06181 662860
Fax: 06181 662860

Karibik Inside
Lockwitztalstr. 20
01259 Dresden
Tel: 0351 2055915
Fax: 0351 2055915
karibikins@aol.com

Reisecenter Federsee
Schussenriederstr. 26
88422 Bad Buchau
Tel: 07582 3551
Fax: 07582 3252

Botschaften

Königreich Niederlande
Sträßchensweg 10, 53113 Bonn
Tel: 0228 5305-0

Außenstelle:
Friedrichstr. 95, 10117 Berlin
Tel : 030 201 2023

Deutsche Botschft
Den Haag, Groot
Hertoginnelaan 18- 20 B
NL- 2517 EG Den Haag
Tel: 003170 342 0600
Fax: 003170 3651957

Fluggesellschaften

Fluggesellschaft ALM (LM).
der NA heißt ALM (LM).

LTU
Fliegt Curaçao von Düsseldor
nonstop an. www.ltu.de

KLM Royal Dutch Airlines
Reservierung/Informationen
Tel: 01805 214201 Täglich vo
Amsterdam nach Curaçao.
http://nederland.klm.com

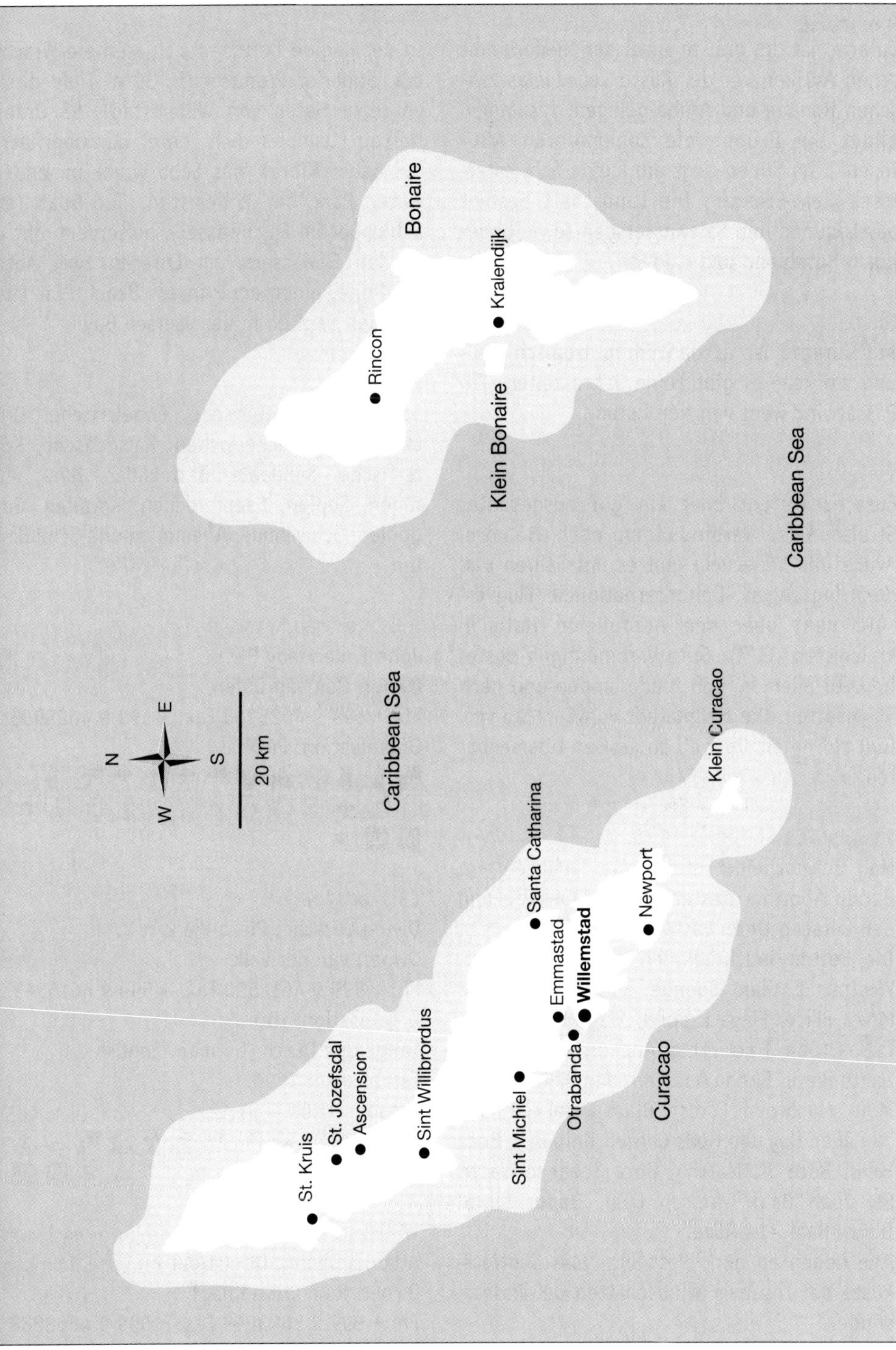
Bonaire
Rincon
Kralendijk
Klein Bonaire
Caribbean Sea
N
E
S
W
20 km
Caribbean Sea
Klein Curacao
Santa Catharina
Newport
Emmastad
Willemstad
Otrabanda
Curacao
Sint Michiel
Sint Willibrordus
Ascension
St. Jozefsdal
St. Kruis

Geographische Lage:

Curaçao ist die größte Insel der Niederländischen Antillen vor der Küste Venezuelas zwischen Bonaire und Aruba gelegen, zusammen bildet die Gruppe die sogenannten ABC-Inseln. Im Süden liegt die kleine Schwesterinsel Klein-Curaçao. Die Landschaft besteht aus Lagunen und Salzwasserseen sowie hügeligem Buschland und Kakteen.

Klima:

Auf Curaçao ist es ganzjährig tropisch heiß und trocken, es gibt keine Jahreszeiten. Ein Passatwind weht von Nordosten.

Verkehr:

Curaçao verfügt über ein gut ausgebautes Straßennetz, Verbindungen nach Bonaire, Aruba und Venezuela gibt es mit Fähren und Kleinflugzeugen. Der internationale Flugverkehr geht über den Aeropuerto Hato in Willemstad (CUR). Gute Verbindungen bestehen vor allem zu den Niederlanden und nach St. Maarten. Die Hauptstadt von Curaçao verfügt außerdem über einen großen Überseehafen.

Tauchplätze:

Man unterscheidet drei große Tauchzentren: Bandu Abou im Westen, Zentral Curaçao und den Curaçao-Unterwasserpark.

Die besten Tauchregionen sind Noordpunkt, Westpunkt, Giant Sponge, Spaanse Put Baai, Mikes Place, Playa Lagoen, Playa Kalki, Playa Canoa, Jan Thiel, Lost Anchor, Punt'i Piku, Santu Pretu, Banda Abou mit den Plätzen Wata Mula, Mushroom Forest, Black Coral Gardens, San Juan Bay und Hells Corner. Knip Bay, Boca Hulu, Boca St. Martha, Boca Spaanse Water, St. Juan Baai, Vaersen Baai, Bapor Kibra, Blauw Baai, Cas Abao.

Alle liegen an der West-Süd- und Südwestküste der Insel im Windschatten der Passatwinde.

Wracks:

In der Region befinden sich mehrere Wracks u.a. Superior Producer (in 30 m Tiefe direk vor dem Hafen von Willemstad), SS Oranj Nassau (Dampfer dicht unter der Oberfläch bei Bapor Kibra), das Saba Wrack im Underwater Park bei Willemstad, Tug-Boat (ei Schlepper im Flachwasser), außerdem gibt e in den Gewässern um Curaçao zwei Autofriedhöfe, einen am Princess Beach (Car Pile und den zweiten in der Vaersen Bay.

Fauna:

Schnapper, Kugelfische, Engelsfische, Drückerfische, Stachelrochen, Kaiserfische, Kofferfische, Sandaale, Barrakudas, Haie, Muränen, Sepien, Seepferdchen, Korallen, Gorgonien, Schwämme, Anemonen und Schildkröten.

2133 Curaçao Seascape

John F. Kennedy Blv.
Owner: Ben van Dalen
Ph: + 599 9 4625905 Fax: + 599 9 4625905
Organisation: PADI

Curaçao, Toucan

Diving Curacao, Plaza Pia 2/n
Owner: van der Valk
Ph: + 599 9 4612500 Fax: + 599 9 4616543
Organisation: IDD
Language: Dutch, German, English
Established: 1990
Season: 01.01. - 31.12.

Willemstad LP 11 Curaçao

Atlantis Diving, Drielstraat 6
Owner: Roland De Knegt
Ph: + 599 9 5603099 Fax: + 599 9 4658288

E-Mail: diving@cura.net
Website: www.atlantisdiving.com
Organisation: PADI, IDD
Language: Dutch, English, German, Spanish
Established: 1992
Season: 01.01. - 31.12.

Piscaderabay Curaçao
Seascape
Owner: Eva van Dalen
Curaçao Casino Resax -P.O. Box 2133
Ph: + 599 9 4625000 Fax: + 599 9 4625905
Website: www.ccresort.com
Organisation: VDST, DIVA, CMAS
Language: Spanish, German, English
Established: 1968

WTC Curaçao N.A 6121 Curacao
Atlantis Diving 2
Owner: Ed Motjee
John F. Kennedyl BLVD 2n
or P.O. Box 6121 ITC
Ph: + 599 9 462 6200 Fax: + 599 9 462 8099
E-Mail: atlantis@cura.net
Organisation: PADI
Language: English
Established: 1996
Season: 01.01. - 31.12.

Niederländische Antillen/Bonaire

Hauptstadt	Kralendijk
Einwohner	1.700
Entf. v. Frankfurt/M.	8.092 km
Währung	Antillen-Gulden, NAf
Amtssprache	Niederländisch
Telefonvorwahl v. D	00 599
Telefonvorwahl n. D	01 149
Verkehr	Rechtsverkehr
jährl. Touristenzahl	k. A.
Elektr. Strom	110/220 V, 60 Hz.
Visum	nein
Flughäfen	Flamingo Airport (BON)

Tauchregionen:
Lighthouse Reef
Red Slave
Town Pier
Ebo's Reef
Bonaire Marine Park
Angel City
Boca Slagbaai
Alice in Wonderland

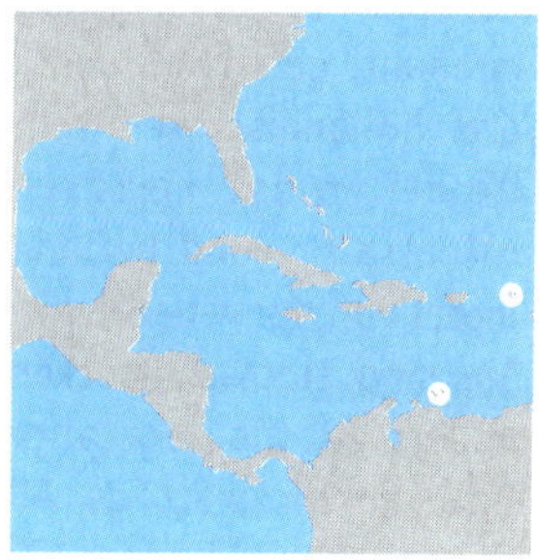

Zeitverschiebung: MEZ - 5
Fläche: 288 km^2
Einwohner: 14.190

Geographische Lage:
Bonaire ist die östlichste Insel der Niederländischen Antillen, etwa 100 km von der Küste Venezuelas entfernt. Sie ist die am dünnsten besiedelte Insel der Gruppe. Südwestlich vorgelagert ist Klein-Bonaire.

Klima:
Ganzjährig tropisch heiß und trocken, es gibt keine Jahreszeiten.

Verkehr:
Bonaire verfügt über ein gut ausgebautes Straßennetz. Verbindungen nach Aruba, Curaçao und Venezuela gibt es mit Fähren und Kleinflugzeugen. Gute Verbindungen bestehen außerdem zu den Niederlanden und nach St. Maarten. Die nationale Fluggesellschaft heißt ALM (LM). Die niederländische Fluggesellschaft KLM fliegt dreimal wöchentlich von Amsterdam nach Bonaire.

Informationen, Bonaire Tourist Office

Visseringlaan 24, 2288 ER Rijswijk
Tel: 0031(0)70 395 4444. Fax: 00 31 (0)70 336 83 33. E-Mail: interrep@interrep.demon.nl
(Für Deutschland, Österreich und Schweiz zuständig).

Tourism Corporation Bonaire

Kaya Libertador Simon Bolivar 12, Kralendijk
Tel: 00599 7 86 49. Fax: 00599 7 84 08.
E-mail: tcbinfo@bonairelive.com
Internet: http://www.bonaire.org

Dive Travel

Südring 3B 65795 Hattersheim Germany
Tel: 06190 1603 Bonaire: 00599 7 2278 info @divetravel.de Website: www.divetrevel.de

Bonaire:

Die kleine Insel Bonaire neben Aruba und Curaçao, zusammen auch die "ABC-Inseln" genannt, gehört zu den kleinen Antillen. Die drei holländischen Inseln liegen "unter dem Winde" – das heißt unterhalb des Nordostpassats – und befinden sich nur 80 Kilometer von der venezolanischen Küste entfernt. Sie sind tropisch trocken und entsprechend anders ist die Vegetation: Kakteen, Agaven und die dickblättrige Aloe, deren Blattsaft Sonnenbrand lindert. Tausende Flamingos hüllen ihre heile Welt auf der Insel Bonaire in einen rosaorangefarbenen Schleier. Rosa, grün und orange sind die Farben der Häuser von Kralendijk, des gepflegten, sehr holländisch anmutenden Hauptstädtchens.
Auf Bonaire regelt sich das Leben noch ohne Ampeln oder Animateure: Hektik und Hast des 20. Jahrhunderts haben die im Windschatten von Aruba und Curaçao liegende Insel noch nicht erreicht. Die Insel hat eine Reihe von Naturstränden, Mangrovenwälder, eine rauhe Felsküste mit bizarren Buchten, eine Tiefebene im Süden und steile Hügellandschaften im Norden mit dem 241 m hohen Berg Brandaris. Die Unberührtheit der Natur zeigt sich vor allem in dem 6000 Hektar großen Naturpartk "Washington-Slagbaai", ein Muss für jeden Naturliebhaber. Die Landessprache auf Bonaire ist Holländisch; es wird jedoch auch Spanisch, Englisch, Deutsch und Papiamento gesprochen. Die Gesamtbevölkerung beträgt nur 12.000 Einwohner.

Tauchplätze:

Die großartigen Tauchgebiete der Insel liegen allesamt vor der Südwestküste. Hierzu gehören u.a. das Lighthouse Reef in der Nähe des Leuchtturms auf der Ostspitze. Ganz in der Nähe befindet sich der interessante Tauchplatz Red Slave. Beide bieten Korallenriffs und teilweise starke Strömungen. Weitere Möglichkeiten befinden sich am Town Pier von Kranlendijk sowie bei der südlich vorgelagerten Insel Klein-Bonaire, u.a. mit Ebo's Reef und 1000 Steps. Alle Tauchplätze liegen im Gebiet des Bonaire Marine Parks. Empfehlenswert sind weiter die Tauchplätze Angel City – ein kleiner Riffhang mit dichtem Korallenbewuchs – und Boca Slagbaai. Beeindruckende Steilwände mit teilweise üppigem Bewuchs an Gorgonien und Korallen bietet Rappel. Im Doppelriff Alice in Wonderland leben vielerlei Röhrenaale und Stachelrochen.

Wracks:

Das beliebteste Wrack der Insel ist die als künstliches Riff vor der Westküste versenkte Hilma Hooker in 30 m Tiefe. Weitere Wracks sind die Tilisa del Mar in etwa 40 m beim Lighthouse Reef im Osten der Insel und die Mary Bahn, ein Windjammer in 60 m Tiefe.

Fauna:

Schnapper, Kugelfische, Drückerfische, Stachelrochen, Kaiserfische, Kofferfische, Sandaale, Barrakudas, Haie, Röhrenaale, Muränen Sepien, Seepferdchen, Korallen, Gorgonien Schwämme, Anemonen und Schildkröten.

Bonaire
Carib Inn, J A Abraham Blvd 46
Owner: Bruce Bowker
Ph: + 599 7 8819 Fax: + 599 7 5295
E-Mail: bruce@caribinn.com
Organisation: PADI Language: English
Established: 1980 Season: 01.01. - 31.12.
VISA M AE

Kralendijk Bonaire
Captain Don's Habitat, Kaya Gob.N.Debest
Owner: Morey Ruza, Jack Chalk
Ph: + 599 78290 Fax: + 599 78240
E-Mail: nick@habitatdiveresorts.com
Website: www.habitatdiveresort.com
Organisation: SSI, PADI, NAUI
Language: Dutch Established: 1974
VISA M AE

Kralendijk Bonaire
Sunset Beach Dive Center, Kaya Gob de Brot
Owner: Anton v.d.Heetkamp
Ph: + 599 7 8330 Fax: + 599 7 8330
E-Mail: sunsetdive@bonairenet.com
Organisation: PADI, SSI
Language: Dutch, English, German
Established: 1987 Season: 01.01. - 31.12.
VISA M AE

Kralendijk Bonaire
Bon Bini Divers Bonaire
Kaya Gobernador North Debrot, #90
Ph: + 599 7 5425 Fax: + 5999 7 4425
E-Mail: bonbinidiver@aol.com
Organisation: PADI
Language: English, German, French
Established: 1990 Season: 01.01. - 31.12.
VISA M AE

Kralendijk Bonaire
Buddy Dive Resort, Kaya Gob Debrot
Owner: Jopp Rauwers
Ph: + 599 7 5080 Fax: + 599 7 8647
E-Mail: marketing@buddydive.com
Website: www.buddydive.com/
Organisation: PADI
Language: Dutch, German, English, Spanish
Established: 1987 Season: 01.01. - 31.12.
VISA M AE

Kralendijk Bonaire
Toucan Diving Bonaire Plaza Resort J.A.
Abraham Boulevard 80 Owner: van de Valk
Ph: + 5999 72500 Fax: + 5999 77133
Organisation: IDD Language: Dutch, English
Established: 1990 Season: 01.01. - 31.12.
VISA M AE

Kralendijk Bonaire
Great Adventure Bonaire P.O. Box 312
Owner: Coral Bay Resort
Ph: + 5999 7 7500 Fax: + 5999 7 7507
E-Mail: harbourvil@aol.com
Website: www.harbourvillage.com
Organisation: PADI, NAUI, SSI
Language: English, Dutch, German
Established: 1990 Season: 01.01. - 31.12.
VISA M AE

Playa Lechi Bonaire
Black Durgon Inn, P.O. Box 200
Owner: Al Catalfumo
Ph: + 599 7 5736 Fax: + 599 7 8846
E-Mail: bkdurgon@bonairelive.net
Organisation: PADI, Language: English, Dutch
Established: 1986

Niederländische Antillen/Sint Maarten

Hauptstadt	Philipsburg
Einwohner	36.408
Entf. v. Frankfurt/M.	7.192 km
Währung	Antillen-Gulden, NAf
Amtssprache	Niederländisch
Telefonvorwahl v. D	00 599
Telefonvorwahl n. D	01 149
Verkehr	Rechtsverkehr
jährl. Touristenzahl	k. A.
Elektr. Strom	110/220 V, 60 Hz.
Visum	nein
Flughäfen	Sint Maarten (SXM)

Tauchregionen:
Little Bay Reef
Lobster Point
Pelican Key
Simpson Reef

Zeitverschiebung: MEZ - 5
Fläche: 34 km²
Einwohner: 36.408

Tauchsicherheit

PADI International USA
1251 East Dyer Road
CA 92705-5605 Santa Ana
Tel: 001 (0) 714 5 40 72 34
Fax: 001 (0) 714 5 40 26 09
E-Mail: info@padi.com
Website: www.padi.com

NAUI Worldwide
FL 33619-2667 Tampa USA
Tel: 001 (0) 813 6 28 62 84
Fax: 001 (0) 813 6 28 82 53
Website: www.naui.org

DAN: Divers Alert Network
P.O. Box 3823 , 27710
Durham North Carolina USA
E-Mail: info@dan-dive.com
Website: www.dan-dive.com

CMAS Confederation Mondiale des Activites Subaquatiques -
Viale Tiziano 74
00196, Roma, Italy
Tel: 0039 6 368 58480
Fax: 0039 6 36 85 84 90
E-Mail: cmasmond@tin.it
Website: www.cmas.org

Information und Beratung

St. Maarten Tourist Board
Walter Nisbeth Road 23, 3rd Floor, Philipsburg
Tel: 00599 2 2337.
Fax: 00599 2 2734.
Website: www.st-maarten.com

Schöner Tauchen
Hastedter Heerstr. 211
28207 Bremen
Tel: 0421 450010
Fax: 0421 450080
info@schoener-tauchen.com
www.schoener-tauchen.com

Karibik Inside
Lockwitztalstr. 20
01259 Dresden
Tel: 0351 2055915
Fax: 0351 2055915
karibikins@aol.com

Reisecenter Federsee
Schussenriederstr. 26
88422 Bad Buchau
Tel: 07582 3551
Fax: 07582 3252

Botschaften

Königreich Niederlande
Sträßchensweg 10, 53113 Bonn
Tel: 0228 5305-0

Außenstelle:
Friedrichstr. 95, 10117 Berlin
Tel : 030 201 2023

Deutsche Botschft
Den Haag, Groot Hertoginnelaan 18- 20 B
NL- 2517 EG Den Haag
Tel: 003170 342 0600
Fax: 003170 3651957

Fluggesellschaften

Fluggesellschaft ALM (LM).
der NA heißt ALM (LM).

LTU
Fliegt Curaçao von Düsseldorf nonstop an. www.ltu.de

KLM Royal Dutch Airlines
Reservierung/Informationen
Tel: 01805 214201 Täglich von Amsterdam nach Curaçao.
http://nederland.klm.com

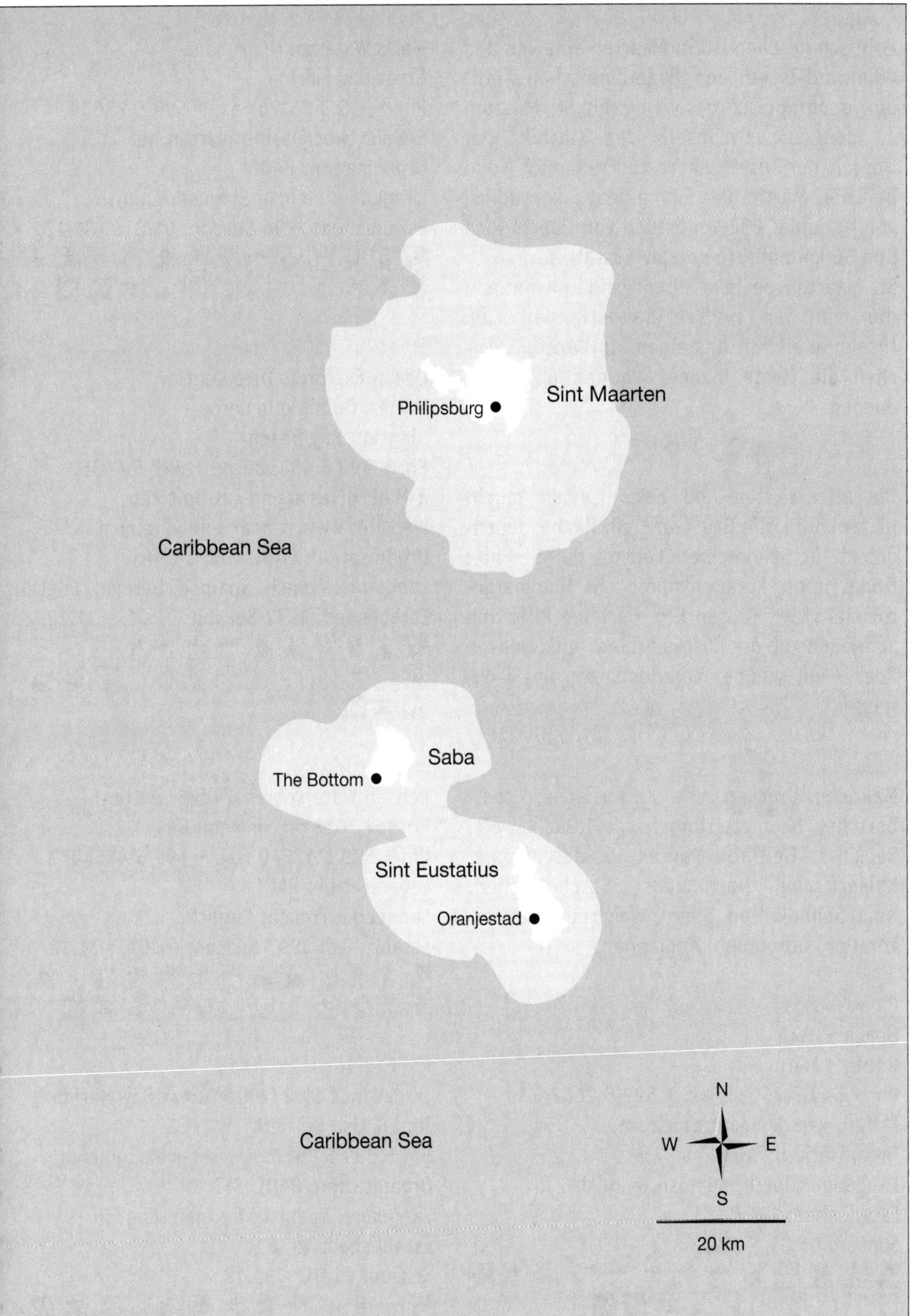
Sint Maarten
Philipsburg
Caribbean Sea
Saba
The Bottom
Sint Eustatius
Oranjestad
Caribbean Sea
N
W
E
S
20 km

Geographische Lage:

Politisch gesehen ist St. Maarten eine von drei Windward-Inseln der Niederländischen Antillen; geographisch gesehen zählt St. Maarten zu den Leeward-Inseln der Karibik. Der Norden der Insel gehört zu Frankreich und heißt St. Martin. Das Eiland liegt 8 km südlich von Anguilla, 232 km östlich von Puerto Rico und 56 km nördlich von St. Eustatius.

St. Maarten besteht aus bewaldeten Bergen, die von den weißen Sandstränden zum Inselinneren hin ansteigen. Im Westen weichen die Berge blauen Lagunen und Salzebenen.

Tauchplätze:

Die attraktivsten und bekanntesten Tauchplätze sind Little Bay Reef – ein flaches Tauchgebiet für Schnorchler, Lobster Point – hier findet unter Korallenköpfen ein Hummergetummel statt, Pelican Key – schöne Riffe und Schwämme an der Küste entlang und Simpson Reef – ein schöner Korallengarten im Flachwasser.

Fauna:

Makrelen, Drückerfische, Kaiserfische, Meerbarsche, Schmetterlingsfische, Buckelwale, Seekühe, Delfine, Mantas, Soldatenfische, Kaiserfische, Barrakudas, Stachelrochen, Haie, Schildkröten, Stein-, Weich- und Fächerkorallen, Gorgonien, Anemonen.

Philipsburg St. Maarten
Beach Safaris
Bobby's Marina
Ph: + 599 5 26024 Fax: + 599 5 26024
E-Mail: kass@megatropic.com
Organisation: PADI
Language: Dutch, Spanish, English
Established: 1993
Season: 01.01. - 31.12.

Philipsburg St. Maarten
Maho Watersport
Great Bay Marina
Ph: + 599 5 75176 Fax: + 599 5 23605
E-Mail: twdc@saintmaarten.net
Organisation: PADI
Language: French, Spanish, English
Established: 1996 Season: 01.01. - 31.12.

St. Maarten St. Maarten
Ocean Explorers Dive Centre
Owner: Dominique Leroy
Simpson Bay Beach
Ph: + 599 5 45252 Fax: + 599 5 44357.
E-Mail: divesm@megatropic.com
Website: www.stmaartendiving.com
Organisation: PADI, NAUI, CMAS
Language: French, Spanish, German, English
Established: 1977 Season: 01.01. - 31.12.

St. Maarten St. Maarten
Pelican Watersports & Dive Centre
PO Box 3012 or. Simpson Bay
Ph: + 599 5 42640 Fax: + 599 5 42640
Organisation: PADI
Language: French, English
Established: 1997 Season: 01.01. - 31.12.

Philipsburg St. Maarten
Tradewinds Dive Center Great Bay Marina
Tom & Lisa Burnett
Ph: + 599 5 75176 www.st-maarten.com/
Organisation: PADI, SSI
Language: Spanish, German, English
Established: 1972
Season: 01.01. - 31.12.

Hauptstadt	The Bottom
Einwohner	k. A.
Entf. v. Frankfurt/M.	7.192
Währung	Antillen-Gulden, NAf
Amtssprache	Niederländisch
Telefonvorwahl v. D	00 599
Telefonvorwahl n. D	01 149
Verkehr	Rechtsverkehr
jährl. Touristenzahl	k. A.
Elektr. Strom	110/220 V, 60 Hz.
Visum	nein
Flughäfen	Saba, Juanch Yrausquin (SAB)

Tauchregionen:
Tedran Reef
Tent Reef
Hot Springs
Porites Point
Tent Reef Wall
Ladder Labyrinth
Third Encounter
Torrens Point
Diamond Rock
Shark Shoal
Big Rock

Zeitverschiebung: MEZ - 5
Fläche: 13 km^2
Einwohner: 1.130

Geographische Lage:

Die beiden Inseln gehören zu den Niederländischen Antillen. Sie liegen südlich von Anguilla und St. Maarten sowie nordwestlich von St. Christopher & Nevis im Karibischen Meer. Beide sind vulkanischen Ursprungs und sehr bergig. Saba, die westlichere, besteht aus dem Mt. Scenery (898 m) und ist mit etwa 13 km^2 die kleinste Insel der Niederländischen Antillen. St. Eustatius – auch Statia genannt –, liegt östlich und wird vom Berg Quill Hill dominiert. Sie hat eine Ausdehnung von 21 km^2.

Klima:

Das Klima ist trocken und mild ohne ausgeprägte Jahreszeiten. Im Sommer treten häufig Orkane auf.

Verkehr:

Auf Saba gibt es lediglich eine Straße, die den Flughafen und die vier Orte der Insel miteinander verbindet. Schiffsverkehr existiert zwischen den Inseln und nach St. Maarten. Es gibt zwei Flughäfen für innerkaribische Verbindungen mit Kleinflugzeugen: Saba Juanch Yrausquin (SAB) am Flat Point und St. Eustatius F. D. Roosevelt (EUX).

Tauchplätze:

Die Insel ist vom Saba Marine Park umgeben, einem Naturschutzgebiet, das von der Saba Conservation Foundation überwacht wird. Tauchgänge sind nur vom Boot aus möglich, denn es gibt keine Strände. Man findet insgesamt 26 ausgewiesene Tauchmöglichkeiten, die meisten davon in der Region von The Bottom, u.a. Tedran Reef, Tent Reef, Hot Springs, Porites Point, Babylon, Tent Reef Wall und Ladder Labyrinth, die exzellenten Stellen Third Encounter, Outer Limits und Twilight Zone – ein Unterwasserberg mit zahlreichen Überhängen und Löchern – liegen offshore vor der Westküste.
In der Gegend des Torrens Point befinden sich Otto Limits, Man of War Shoals, Diamond Rock und Shark Shoal. Außerdem gibt es im Südosten der Insel die Plätze Big Rock Market, Giles Quater Shallow und Hole in the Corner. Weitere exzellente Plätze sind St. John und The Pinnacles, dort ragen unglaublich bunt bewachsene Felsnadeln empor. Im Norden der Insel findet sich Green Island, an der Ostküste liegt Core Cut.

Fauna:

Kaum eine Insel der Karibik weißt eine solche Artenvielfalt auf wie Saba. Makrelen, Drückerfische, Kaiserfische, Schmetterlingsfische, Meerbarsche, Buckelwale, Seekühe, Delfine, Mantas, Soldatenfische, Kaiserfische, Barrakudas, Stachelrochen, Haie, Schildkröten, Stein-, Weich- und Fächerkorallen, Gorgonien, Anemonen.

Tauchplätze:

Es gibt zahlreiche lohnende Riffs, u.a. Doobie's Crack, ein spektakuläres Riff in dem Schildkröten leben, und Caroline's Reef oder The Wall. Sehr gut betauchbar sind noch The Drop Off – ein imposanter Steilabfall, Nurse shark edge – ein Riff mit Überhängen und zahlreichen Ammenhaien und Stingray Reef, dort trifft der Taucher häufig auf Rochen. Big Aquarium ist ein klares Flachwasser-Tauchgebiet. Empfehlenswert sind ebenso Coral Garden, Hangover Reef und Valley of sponges.

Wracks:

In der Region um St. Eustatius liegen mehr als 200 Wracks, viele davon sind betauchbar. Am bekanntesten ist das Dubble Wreck – zwei antike Schiffsrümpfe bilden ein natürliches Riff mit Fischschwärmen.

Fauna:

Makrelen, Drückerfische, Kaiserfische, Meerbarsche, Schmetterlingsfische, Buckelwale, Seekühe, Delfine, Mantas, Soldatenfische, Kaiserfische, Barrakudas, Stachelrochen, Haie, Schildkröten, Stein-, Weich- und Fächerkorallen, Gorgonien, Anemonen.

Saba Saba

Saba Deep Dive Center
P.O. Box 22 or. Fort Bay
Ph: + 599 46 3347 Fax: + 599 46 3397
Website: diving@sabadeet.com
Organisation: PADI
Language: Dutch, English, French
Established: 1990 Season: 01.01. - 31.12.

Saba Saba

Saba Reef Divers
Windwardside
Ph: + 599 4 62541 Fax: + 599 4 62653
E-Mail: sabadive@aol.com
Organisation: PADI
Language: Dutch, English, French
Established: 1996 Season: 01.01. - 31.12.

Saba Saba

Sea Saba Adventure Dive Center
Windwardside P.O. Box 598
Ph: + 599 46 2246 Fax: + 599 46 2362
E-Mail: seasaba@aol.com
Organisation: PADI
Language: Dutch, English, French
Established: 1992 Season: 01.01. - 31.12.

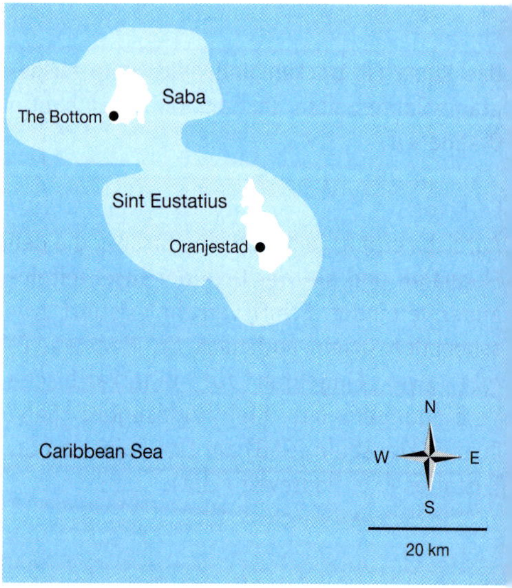

Hauptstadt	Amsterdam
Einwohner	720.000
Entf. v. Frankfurt/M.	365 Km
Währung	Holländische Gulden
Amtssprache	Niederländisch
Telefonvorwahl v. D	00 31
Telefonvorwahl n. D	00 49
Verkehr	Rechtsverkehr
jährl. Touristenzahl	3,5 Mio.
Elektr. Strom	220 V / 50 Hz
Visum	nein
Flughafen	Amsterdam Schiphol (AMS)

Tauchregionen:
Westküste
Zeeland
Rotterdam

Zeitverschiebung: MEZ
Fläche: 41.864 km²
Einwohner: 15,4 Mio.

Tauchsicherheit

Dutch Uuderwater Federation
N.O.B. HOLLANDE
Nassaustraat12
3583 XG HOLLANDE
Tel: 0031/30/2517.014
Fax: 0031/30/2510.773
Email : info@nob-nl.nl
Website: www.nob-nl.nl

PADI International USA
1251 East Dyer Road
CA 92705-5605 Santa Ana
Tel: 001 (0) 714 5 40 72 34
Fax: 001 (0) 714 5 40 26 09
E-Mail: info@padi.com
Website: www.padi.com

NAUI Worldwide
FL 33619-2667 Tampa USA
Tel: 001 (0) 813 6 28 62 84
Fax: 001 (0) 813 6 28 82 53
Website: www.naui.org

DAN: Divers Alert Network
P.O. Box 3823 , 27710
Durham North Carolina USA
E-Mail: info@dan-dive.com
Website: www.dan-dive.com

Information und Beratung

Sun and Fun
Franz-Joseph-Str. 43
80801 München
Tel: 089 380 14124
Fax: 089 346 644
sunundfun@t-online.de

Diver's Guide Tauchreisen
Dockenhudener Str. 14
22587 Hamburg
Tel: 040 866 0670
Fax: 040 866 06777
tauchen@divers-guide.de
www.divers-guide.de

Dive & Fun
Katharinenstr. 48
31135 Hildesheim
Tel: 05121 130320
Fax: 05121 134037

Schöner Tauchen
Hastedter Heerstr. 211
28207 Bremen
Tel: 0421 450010
Fax: 0421 450080
info@schoener-tauchen.com
www.schoener-tauchen.com

Botschaften

Deutsche Botschaft in Niederlande
Niederlande Den Haag
Groot Hertoginnelaan 18-20
NL-2517 EG Den Haag
Tel: 003170 3420600

Amsterdam
de Lairessestraat 172
Amsterdam- Z GK
Tel: 003120 6736245-47

Botschaft in Deutschland
Niederlande Königreich
Sträßchensweg 10
53113 Bonn
Tel: 0228 5305-0
Fax: 0228 238621

Fluggesellschaften

KLM Royal Dutch Airlines
Frankfurt am Main
Tel: 0180 5214201
www.nederland.klm.com

Lufthansa
Frankfurt am Main
Tel: 069 2552-55
Website: www.lufthansa.de

N
W
E
S
30 km
North Sea
West Frisian Islands
Wadden Sea
Eemshaven
Delfzijl
Groningen
Harlingen
The Helder
Enkhuizen
Urk
Haarlem
Amsterdam
Noordwijk
Hilversum
Leiden
Enschede
The Hague
Europoort
Arnhem
Rotterdam
Zierikzee
Germany
Breda
Vlissingen
Eindhoven
Terneuzen
Belgium

Geographische Lage:

An der 280 km langen Nordseeküste mit den vorgelagerten Inseln erstrecken sich Küstendünen, an die sich landeinwärts große Marsch- und Geestgebiete anschließen. Die Niederlande sind ein sehr niedrig gelegenes Land, das im Marschland häufig unter Normalnull liegt. Seit Jahrhunderten führen die Niederländer den Kampf gegen das Wasser, um sich vor Überschwemmungen des Meeres und der Flüsse zu schützen und um Land zu gewinnen. Weite Tiefländer mit eingelagerten Moorgebieten bestimmen das Landschaftsbild. Im Südwesten des Landes bilden sanft gewellte Moränen ein Hügelland. Das gemäßigte Klima wird durch die Nähe zum Meer beeinflusst. Die Trockenlegung der Zuidersee ist das größte Landgewinnungsunternehmen an Küsten in der Welt.

Klima:

Das Klima ist kontinental feucht mit ausgeprägten Jahreszeiten, kalten Wintern und milden Sommern. Utrecht 9,3°C / 765 mm, Vlissingen 9,9°C / 689 mm.

Hauptreisezeit:

Von Mai bis September, Blumenblüte Anfang Mai, Hochsaison in den Küstenorten der Nordsee im Juli und August; warme trockene Sommer mit auffrischenden Winden, nasskalte Winter mit wenig Schneefall.

Einreise:

Es genügt der Personalausweis oder Reisepass. Für Kinder unter 16 Jahren wird der Kinderausweis oder der Eintrag im Elternausweis anerkannt.

Verkehr:

Das Straßen- und Eisenbahnnetz ist sehr gut ausgebaut und mit den Nachbarländern verbunden. Neben der küstennahen Schifffahrt, u.a. zu den Inseln und Fähren nach England, werden auch die diversen Flüsse intensiv befahren. Rotterdam Europoort ist der wichtigste Hafen Europas. Bedeutendster Flughafen des Landes mit Anbindung an den internationalen Flugverkehr ist Amsterdam Schiphol (AMS).

Verkehrsbestimmungen:

Führerschein und Fahrzeugschein erforderlich, empfohlen wird die Mitnahme der internationalen Grünen Versicherungskarte. Tempolimit außerorts 80 km/h, auf fast allen Autobahnen 120 km/h, Kfz über 3,5 t auf allen Straßen niedrigere Geschwindigkeit. Die Promillegrenze beträgt 0,5. Straßenbahnen haben an Kreuzungen mit gleichberechtigten Straßen Vorfahrt, Parken an gelben oder schwarzweißen Bordsteinkanten ist verboten. Auf mit "B" beschilderten Straßen dürfen nur Fahrzeuge bis max. 2,20 m Breite fahren. Übernachten im PKW ist auf öffentlichen Parkplätzen nicht erlaubt.

Oosterschelde Westküste:

Eingedeichtes Gebiet im Süden der niederländischen Nordseeküste, nördlich vom Duiveland, mit dem wichtigsten Ort Zieriksee und südlich durch das Beveland begrenzt. Durch eine 3 Kilometer lange, hydraulische Wehranlage lässt sich die Verbindung zur Nordsee bei Sturmflut schließen.

Tauchplatz:

Mehrere Einstiegsstellen sowohl im Norden als auch an der Südküste des Gewässers.

Fauna:

Flundern, Schollen, Seezungen, Aale, Schwarzgrundeln, Garnelen, Krabben, Fadenschnecken, Muscheln, Nacktschnecken, Seepocken und Anemonen.

Grevelingenmeer, Zeeland:

Eingedeichtes Meer südlich vom Overflakkee

und nördlich vom Duiveland in der Provinz Zeeland. Das Gewässer ist zumeist durch eine Schleuse von der Nordsee abgeriegelt, lediglich zum Wasseraustausch werden die Wehre gelegentlich geöffnet. Im Meer liegen mehrere Inseln, die durch Eindeichung gewonnen wurden und nun allesamt als Naturschutzgebiete ausgewiesen sind.

Tauchplatz:
Gute Einstiegsstellen befinden sich u.a. an der Mole im Hafen von Den Osse, in der Region von Scharendijke sowie am Deich bei Geul von Bommenede. Zu beachten ist, dass das Gewässer für die Schifffahrt benutzt wird.

Fauna:
Vorwiegend Krebse und Krabben, außerdem Seesterne.

Wracks:
Im See liegen ein Kutter, der an der Seite offen ist, und ein Ruderboot.

Rotterdam Oostvoorner Meer:

Ein Salzwassersee in der Nähe von Rotterdam ohne Gezeitenhub.

Tauchplatz:
Die wichtigsten Attraktionen des Sees sind die beiden Wracks.

Die Adressen für die Niederlande wurden alphabetisch nach Städten sortiert.

Amsterdam 1013 TG
Divecenter Thalassa
Owner: S. Gerritsen
Spaarndammerstraat 149
Ph: + 31 20 6843775 Fax: + 31 20 6812564E-Mail: thalassa@xs4all.nl
Website: www.xs4all.nl/~thalassa
Organisation: 5*PADI
Language: Dutch, English
Established: 1989
Season: 01.01. - 31.12.

Amsterdam 1075 XM
Holland Diving
Owner: Renè Huisman
Amstelveenseweg 136
Ph: + 31 20 6712031 Fax: + 31 20 6763800
E-Mail: office@holdive.nl
Organisation: PADI, SSI, CMAS
Language: Dutch, English
Established: 1968 Season: 01.01. - 31.12.

Amsterdam 1101 TZ
Shadow Diving Nederland
Owner: Andrè Koppelaar
Prins Hendrikkade 176-40
Ph: + 31 206235066 Fax: + 31 206244055
Organisation: PADI, IDD
Language: Dutch, English, German, French
Season: 01.01. - 31.12.

Apeldorn 7325 WK
Scuba Diving Blue Lagoon
Westkreek 2
Ph: + 31 55422156
Organisation: PDIC
Language: Dutch, English, Italian, German
Season: 15.03. - 15.10.

Arnhem 6825 HK
Holland Diving
Owner: Fred Schippee
Meddachtensingel 137
Ph: + 31 26 3636307 Fax: + 31 20 4977076
E-Mail: office@holdive.nl

Organisation: PADI, SSI
Language: Dutch, German, English
Established: 1991 Season: 01.01. - 31.12.

BG Spijk/ Groningen 9909

Duikschool Jan Verhagen
Owner: Jan Verhagen
Zwarteweg 13
Ph: + 31 59691906 Fax: + 31 59691906
Organisation: VDTL
Language: German, Dutch
Season: 01.01. - 31.12.

Breda 4817 MA

Total Diving
Owner: Joe Heenen
Teteringsedijk 39
Ph: + 31 76 5213636 Fax: + 31 76 5206061
E-Mail: totaldiving@wxs.nl
Organisation: PADI, SSI

Brielle 3232 AR

Duikschool Brielle
Owner: Daan van der Ende
Von der Fuyckstraat 78
Ph: + 31 181 413374 Fax: + 31 181 413374
Organisation: IDD
Language: Dutch, German, English, Spanish
Season: 01.04. - 30.11.

Delft 2612 CR

Wet Dreas Dive Equipment & Training
Owner: R. Bolman
Haagweg 125b
Ph: + 31 15 2121377 Fax: + 31 15 2121109
E-Mail: shop@wetoceans.nl
Website: www.wetoceans.nl
Organisation: IDD
Language: German, English, Dutch, French
Established: 1996 Season: 01.01. - 31.12.

Den Bosch 5253 CR

Aqua Diving
Owner: M. Katte
Rivierenplein 2
Ph: + 31 73 6123040 Fax: + 31 73 6123113
E-Mail: info@fins.nl
Organisation: IDD, PADI
Language: Dutch, German, English
Established: 1999 Season: 01.01. - 31.12

Dordrecht 3314GH

Dive College International
Owner: Tom den Boen
Dubbeldamseveg 75
Ph: + 31 78350028 Fax: + 31 78134128
Organisation: PADI, CMAS
Lanquage: Dutch, English, German
Season: 01.01. - 31.12.

Eersel 5520 AE

Professional Diving Unti
Owner: Cees v. Herp
P.O. BOX. 211
Ph: + 31 497 517704 Fax: + 31 40 2540077
E-Mail: pro1her@pi.net
Organisation: SSS
Language: Dutch, German, English
Season: 01.01. - 31.12.

Gilze 5126 TA

Toucan Diving Niederland
Owner: van de Walk

Established: 1989
Season: 01.01. - 31.12.

Utrecht/Hoogland 3828 AE

Trilaras Diving
Owner: S. Szabo
Hamseweg 52
Ph: + 31 33 4808398 Fax: + 31 33 4650011
Organisation: IDD
Language: French, German, English
Established: 1996 Season: 01.01. - 31.12.

V H Venlo 5922 VH Limburg

Duikschool Manta
Owner: J. Willerbrands
Smelienstr. 2
Ph: + 31 77 3873650 Fax: + 31 77 3873650
Organisation: IDD
Language: Dutch, English, German

Vlymen 5251 JB

Technical Diving School Lionel Crabb
Owner: Stan de Haas
Nassanlaan 79
Ph: + 32 73 5130229 Fax: + 32 73 5130232
E-Mail: info@aquaventure.nl
Organisation: IDD, CMAS

Voorschoten 2251CH

Duikschool Tibia, Christiaan Huygensstraat 1
Owner: G. Keijzer
Christiaan Huygensstraat 10C
Ph: + 31 71 5612121 Fax: + 31 71 5612121
E-Mail: info@tibia.nl
Website: www.tibia.nl
Organisation: 5*PADI
Language: Dutch, English, German
Established: 1990
Season: 01.01. - 31.12.

Wermeldinge 4424 BB

Duikshop Octopussy, Wilhelminastraat 43
Owner: F.C. Mayaard
Ph: + 31 113 622260 Fax: + 31 113 622260
E-Mail: octopussy@compuserve.com
Organisation: PADI, CMAS
Language: English, Dutch, German
Established: 1984 Season: 01.04. - 30.11.

Woerdense Verlaat 3653 LD

Seahorse Diving, Woerdense Verlaat 6
Owner: Koos Schaareman
Ph: + 31 17249424 Fax: + 31 17249280
Organisation: CMAS, PDIC
Language: Dutch, English, German
Season: 01.01. - 31.12.

Zaandam 1506 AD

Duikcentrum AQUAWORLD, Hogendijk 79
Owner: R.M. Alkema
Ph: + 31 75311719 Fax: + 31 75311518
Organisation: PADI Season: 01.01. - 31.12.

Zeist 3701 JG

Duikcentrum Esko, Voorheuvel 64
Owner: J. Vygen
Ph: + 31 3069 25088 Fax: + 31 3069 23179
Organisation: 5*PADI, CMAS
Language: Dutch, German, English French

Hauptstadt	Oslo
Einwohner	480.000
Entf. v. Frankfurt/M.	1.099 km
Währung	Norwegische Krone, nkr
Amtssprache	Norwegisch
Telefonvorwahl v. D	00 47
Telefonvorwahl n. D	095 49
Verkehr	Rechtsverkehr
jährl. Touristenzahl	2 Mio.
Elektr. Strom	220 V / 50 Hz
Visum	nein
Flughafen	Oslo (FBU) Fornebu

Tauchregionen:
Sorlandet
Narvik
Salstraumen
Lofoten
Stroemslandet

Zeitverschiebung: MEZ
Fläche: 323.878 km²
Einwohner: 4,3 Mio.

Tauchsicherheit

N.D.F. Norvege
serviceboks 1 ullevaal stadion
0840 Norvege
Tel: 0047 21 029740
Fax: 0047 21 029741
Email: dykking@nif.idrett.no
Website: www.ndf.no

PADI International USA
1251 East Dyer Road
CA 92705-5605 Santa Ana
Tel: 001 (0) 714 540 7234
Fax: 001 (0) 714 540 2609
E-Mail: info@padi.com
Website: www.padi.com

CMAS World Underwater Federation
CMAS - Viale Tiziano 74
00196 Roma Italy
Tel: 0039 6 36 858480
Fax: 0039 6 36 858490
Website: www.cmas.org

NAUI Worldwide USA
FL 33619-2667 Tampa
Tel: 001 (0) 813 6 286284
Fax: 001 (0) 813 6 288253
Website: www.naui.org

Information und Beratung

Norwegisches Fremdenverkehrsamt
Hamburg
Tel: 040 227108-10
Fax: 040 227108-15

Diver's Guide Tauchreisen
Dockenhudener Str. 14
22587 Hamburg
Tel: 040 866 0670
www.divers-guide.de

Argonautic Unterwasser
Heideweg 7
63263 Neu-Isenburg
Tel: 069 69590316
Fax: 069 69590317

Air Aqua Reisen GmbH
Rüttenscheider Str. 14
45128 Essen
Tel: 0201 786596

Schöner Tauchen
Hastedter Heerstr. 211
28207 Bremen
Tel: 0421 450 010
Fax: 0421 450 080
www.schoener-tauchen.com

Botschaften

Deutsche Botschaft in Norwegen
Oscarsgate 45
N- 0258 Oslo 2
Tel: 0047 22552010

Botschaft in Deutschland
Norwegen Königreich
Mittelstr. 43
53175 Bonn
Tel: 0228 819970

Außenstelle:
Rauchstr. 11
10787 Berlin
Tel: 030 2641722

Fluggesellschaften

SAS Scandinavian Airlines System
Saonestr. 3
60528 Frankfurt
Tel: 069 69032221
Fax: 069 66446131
Website: www.scandinavian.net

Lufthansa
Frankfurt am Main
Tel: 069 2552-55
Website: www.lufthansa.de

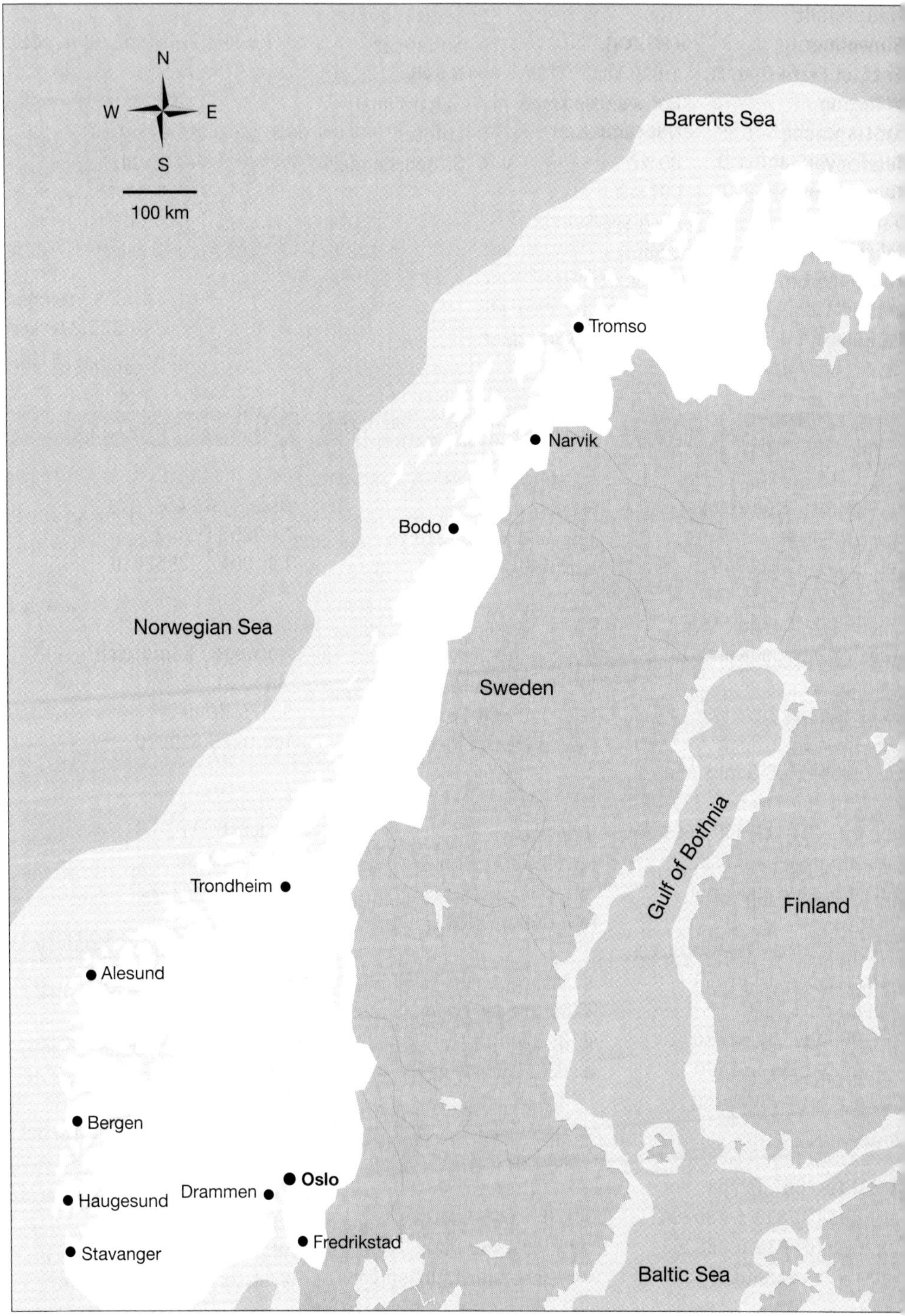
N
W
E
S
100 km
Barents Sea
Tromso
Narvik
Bodo
Norwegian Sea
Sweden
Gulf of Bothnia
Finland
Trondheim
Alesund
Bergen
Oslo
Drammen
Haugesund
Fredrikstad
Stavanger
Baltic Sea

Geographische Lage:

Norwegen liegt in Nordeuropa im Westen Skandinaviens und grenzt im Osten an Schweden, im Nordosten an Finnland und Russland. Im Norden hat der Staat eine Küste zur Bartentsee, im Süden zum Skagerrak und zur Nordsee sowie im Westen zum Europäischen Nordmeer. Die Küste Norwegens ist extrem zerklüftet und reich an Fjorden und vorgelagerten Inseln. Das Land ist sehr bergig und fällt zumeist mit Steilküsten ins Meer ab. Im Inland gibt es Hochebenen. Das Nordkap ist der nördlichste Punkt Europas.

Klima:

Die Sommer sind warm und feucht, die Winter kalt und trocken; extrem niedrige Temperaturen im Norden. Oslo 5,9°C / 740 mm, Lofoten 5,2°C / 893 mm, Trondheim 5,0°C / 870 mm, Bergen 7,8°C / 1958 mm.

Hauptreisezeit:

Beste Reisezeit ist von Ende Mai bis Mitte September, für Nordnorwegen Anfang Juni bis Mitte Juli; für den Wintersport Mitte Februar bis Mitte April.

Verkehr:

Wichtigstes Verkehrsmittel Norwegens ist das Schiff. Die gesamte Küste wird befahren, es gibt Linienverkehr von Bergen bis Kirkenes. Außerdem verkehren Fähren von Oslo, Stavanger, Larvik oder Christiansand nach Dänemark, Schweden, Deutschland, Großbritannien und in die Niederlande sowie auf einigen Seen. Ein Straßennetz besteht nur im Südteil. Nach Norden gibt es eine einzelne Straße, die sich durchs Bergland schlängelt. Von Oslo existieren Bahnverbindungen nach Trondheim, Bergen, Schweden und bis nach Bobo im Nordwesten. Neben regem Inlandsflugverkehr gibt es auch den internationalen Flughafen Oslo Fornebu (FBU) mit weltweiten Verbindungen.

Verkehrsbestimmungen:

Erforderlich sind Führerschein und Fahrzeugschein, Tempolimit innerorts 50 km/h, außerorts 80 km/h, auf Autobahnen 90 km/h. Die Promillegrenze liegt bei 0,5. Auch tagsüber muss mit Abblendlicht gefahren werden, Straßenbahnen haben immer Vorfahrt. Vorsicht: Rentiere oder Elche überqueren häufig die Fahrbahn. An einigen Stellen werden Straßengebühren verlangt.

Sorlandet:

Die Region liegt in Südnorwegen zwischen Flekkefjord und Larvik, größte Stadt und wichtigster Hafen ist Kristiansand.

Tauchplätze:

Gute Tauchmöglichkeiten bestehen in den Fjorden der Region um Korshamn Rorbuerdas am Kap Lindesnes, dem südlichsten Punkt Norwegens mit hervorragenden Sichtweiten. Desweiteren gibt es schöne Tauchgebiete bei Mandal, Tregde, Egersund, der Insel Jomfrudland und den der Küste vorgelagerten Schären.

Wracks:

Es gibt unzählige Wracks in dieser Region, u.a. die DS Elise Schulte (WW II-Schiff bei Troms in 15–40 m) und die Dresden (Passagierschiff vor Karmoy in Tiefen zwischen 30 und 52 m).

Fauna:

Flundern, Schollen, Butte, Seelachse, Stichlinge, Dorsche, Lengfische, Lumpfische, Seewölfe, Seeteufel, Lippfische, Muscheln, Krabben, Taschenkrebse, Blumentiere, Seenadeln, Seesterne, Hummer und Quallen, außerdem Tangwälder bis in etwa 30 m Tiefe.

Narvik:

Eine kleine Hafenstadt im Norden des Landes, östlich der Lofoten. Es besteht eine Bahnverbindung nach Kiruna in Schweden.

Tauchplätze:
Mehrere Einstiege im Hafengebiet, besonders interessant sind die Wracks in dieser Region.

Wracks:
Eidsvold und Norge, zwei norwegische Panzerkreuzer sowie 18 weitere WW II-Wracks liegen im Hafen von Narvik in Tiefen zwischen 20 und 30 m, u.a. die Georg Thiele (WW II-Zerstörer in 15 m Tiefe), die Hermann Künne (Kriegsschiff in 10 –40 m) sowie ein WW II-Wasserflugzeug vom Typ Dornier DO 26 VI „Seeadler“ in einer Tiefe von ca. 20 m.

Saltstraumen:

Der Fjord befindet sich in der Region Nordland südöstlich der Lofoten. Auf der Nordspitze liegt die Stadt Bodo.

Tauchplätze:
Es bestehen mehrere Möglichkeiten in der Gegend um Bodo, zumeist von Land aus zu erreichen.

Fauna:
Rotbarsche, Flundern, Seezungen, Dorsche, Köhler, Seehasen, Seeanemonen, Schwämme, Borstenwürmer, Seesterne, Seeigel, Muscheln und Seetangwälder.

Lofoten:
Zerklüftete, fjordreiche, bergige Inselgruppe westlich von Narvik, deren Küsten in Steilabbrüchen ins Meer abfallen.

Tauchplätze:
Es gibt mehrere gute Möglichkeiten zwischen den Inseln, die alle nur mit dem Boot zu erreichen sind.

Wracks:
In der Region liegt das U-711, ein WW II-U-Boot in 50 m Tiefe bei Kilbotn, in der Gegend von Harstad auf der Insel Hinnöy.

Stroemslandet:

Fjordreiche Küstenregion in Nordnorwegen i der Finnmark. In diesem Gebiet liegt auch de nördlichste Punkt Europas, das Nordkap au der Insel Mageröy. Wichtigste Stadt de Gebiets ist Hammerfest.

Tauchplätze:
Hervorragendes Tauchgebiet im Freiwasser is der Tviberg. Steilwandtauchgänge sind an de Veggen (bis in 30 m Tiefe) und am Soldate (bis auf 50 m Tiefe) sowie am Storflesa (Fels riff, 100 m lang, 10 m tief) möglich. Außerdem Möglichkeiten zum Strömungstauchen im Storstraumen (15 m tief) und im Lissstraume (8 m tief). Die Wassertemperaturen sind auf grund der Ausläufer des Golfstroms in de Sommermonaten (Juni bis August) erträglich

Wracks:
D/S Blaafjeld (schönes Wrack in 35 m), D/S Sekstant (in 55 m), D/S Nerva (in 45 m) un D/S Jarl (in 20 m).

Fauna:
Verschiedene nordatlantische Fischarten un Krabben.

Aalesund 6004 Aalesund
Aalesund Dykkercenter
Owner: Svein Wollstad
Brunholmgt 2, Sentrum
Ph: + 47 70123424 Fax: + 47 70125146
Organisation: 5*PADI
Language: Norwegian, English, German
Established: 1990
Season: 01.05. - 30.09.

Arendal 4800
Sorr Dykk Arendal, Langbryggevei 17B
Ph: + 47 370 27630 Fax: + 47 37024405
Organisation: 5*PADI

Language: Norwegian, English, German

Bergen 5003 Bergen
Dive Shop A/S, Nye Sandviksvei 20
Ph: + 47 55961230 Fax: + 47 55961291
E-Mail: diveshop@iogin.eu.net.no
Organisation: 5*PADI,
Language: Norwegian, English
Season: 30.04. - 31.08.

Bodoe 8001
Polardykk AS, Sneveien 11
Owner: Erik Ellingsen
Ph: + 47 755 60922 Fax: + 47 755 62752
E-Mail: erelling@sn.no, Organisation: PADI
Language: Scandinavian, English, German
Established: 1963
Season: 01.01. - 31.12.

Kristiansand 4614
Dykkeren AS, Dvekgsnestangen Senter
Ph: + 47 3805 8620 Fax: + 47 3804 0426
E-Mail: dykkeren@dykkeren.no
Website: www.dykkeren.no
Organisation: 5*PADI
Language: Norwegian, English, German
Established: 1998
Season: 01.01. - 31.12.

Kristiansund 6501
Barmans Dykkesenter, Langveien 72b
Owner: Eirik Barman
Ph: + 47 71676511 Fax: + 47 716772849
Organisation: CMAS Language: English
Season: 01.04. - 31.10.

Oslo 0550
Hydra Dykkesenter AS, Thorvald Meyersgate 89
Owner: Tore Aglen
Ph: + 47 223 74100 Fax: + 47 223 50234
E-Mail: hydra@hydra.no
Website: www.sol.no/hydra
Organisation: 5*PADI, IANTD
Language: Norwegian, English, German
Season: 01.01. - 31.12.

Oslo 0101
Norges Dykkerhøyskole AS
Tollbugata 3, Sentrum
Ph: + 47 22336262 Fax: + 47 22426456
E-Mail: ndh@sn.no
Organisation: 5*PADI
Language: Norwegian, English, German
Established: 1989 Season: 01.01. - 31.12.

Oslo 0473
Poseidon Service, Sandakerveien 10 c
Owner: Vangen
Ph: + 47 22356113 Fax: + 47 22373768
Organisation: PADI, NAUI, CMAS
Language: Norwegian, English

Oslo 0186
A/S Dykkersport, Chr. Krohgsgate 14
Ph: + 47 220 50533 Fax: + 47 220 50543
Organisation: 5*PADI
Language: Norwegian, English, German
Established: 1992 Season: 31.05. - 30.09.

Sandnes 4300
Jaeren Dykkersenter
Oalsgate 12
Ph: + 47 51667606 Fax: + 47 51671493

Organisation: 5*PADI
Language: Norwegian, English, German

Soreidgrend 5060
Nemo Classic Diving As, Grimstadveien 93
Ph: + 47 551 25860 Fax: + 47 55125735
Organisation: 5*PADI
Language: Norwegian, English, German

Stavanger 4008
Dive In Stavanger A/S
Owner: Ranoi Olden, Madlaveien 5
Ph: + 47 51529900 Fax: + 47 51529912
Organisation: 5*PADI
Language: Norwegian, English, German
Established: 1986 Season: 01.01. - 31.12.

Stavanger 4013 Stavanger
Jaeren Dykkesenter Stavanger
Owner: B. M. Ficsdal, Oalsvag 19
Ph: + 47 51890506 Fax: + 47 51890565
E-Mail: post@jdykk.no
Website: www.jdykk.no
Organisation: 5*PADI
Language: Norwegian, English, German

Tjöme N-3179
Tjöme & Nötteröy Diving Club, Rödsgt. 11
Owner: Dag Deberitz
Ph: + 47 330 47274 Fax: + 47 330 74719
E-Mail: dag.deberitz@czi.net
Website: www.home.sol.no/~tndk
Organisation: PADI, CMAS
Language: Norwegian, English, German

Tonsberg 3111
Vestfold Froskemannskole
Owner: Jirka Posejpal
Farmmannsveien 6
Ph: + 47 33312301 Fax: + 47 33312301
E-Mail: vfrosk@online.no
Organisation: PADI, HSA
Established: 1963

Tromsoe 9008
Vidar Karlsen DP, Hansjordonegate 7
Owner: Vidar Karlsen
Ph: + 47 77 685390 Fax: + 47 77 685392
Organisation: PADI, CMAS
Language: Norwegian, English, Danish
Established: 1984 Season: 01.01. - 31.12.

Trondelag 7900
Naeroy Dykk
Owner: Sivert Wicklund
Fikkan, Rorvik
Ph: + 47 74 394471 Fax: + 47 74 394471
E-Mail: ndykk@namdalsnett.no
Website: www.ndive.no
Organisation: PADI
Language: English
Established: 1988
Season: 01.02. - 30.11.

Trondheim 7011 Trondheim
s Dykkersport Avd. Trondheim
Kjopmannsgaten 41
Ph: + 47 735 11846 Fax: + 47 735 09412
Organisation: 5*PADI
Language: Norwegian, English
Established: 01.05.- 30.09.

Hauptstadt	Maskat (Masqat)
Einwohner	85.000
Entf. v. Frankfurt/M.	5.192 km
Währung	Rial Omani, R.O.
Amtssprache	Arabisch
Telefonvorwahl v. D	00968
Telefonvorwahl n. D	0049
Verkehr	Rechtsverkehr
jährl. Touristenzahl	150.000
Elektr. Strom	220 V / 50 Hz
Visum	ja
Flughafen	Muscat (MCT) Seeb

Tauchregionen:
Mirbat
Muscat
Salah
Dibba
Ras Limah
Ras Dillah
Kuria-Muria-Inseln

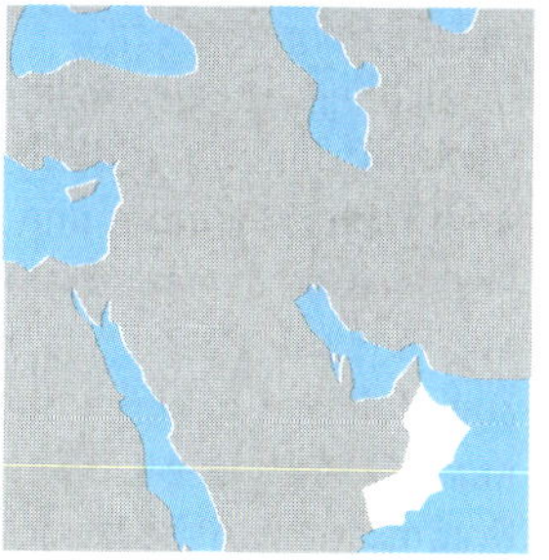

Zeitverschiebung: MEZ + 3
Fläche: 212.457 km^2
Einwohner: 2,1 Mio.

Tauchsicherheit

Oman Diving Federation
P.O. Box 199
Medinat Qaboos 115
Sultamat d'Oman
Tel: 00968 950261
Fax: 00968 315469

PADI International USA
1251 East Dyer Road
CA 92705-5605 Santa Ana
Tel: 001 (0) 714 5 407234
Fax: 001 (0) 714 5 402609
E-Mail: info@padi.com
Website: www.padi.com

NAUI Worldwide USA
FL 33619-2667 Tampa
Tel: 001 (0) 813 6 286284
Fax: 001 (0) 813 6 288253
Website: www.naui.org

CMAS World Underwater Federation
CMAS - Viale Tiziano 74
00196 Roma Italy
Tel: 0039 6 36 858480
Fax: 0039 6 36 858490
E-Mail: cmasmond@tin.it
Website: www.cmas.org

Information und Beratung

Tauchreisen Roscher
Achenerstr. 695a
50226 Frechen
Tel: 02234 967096
Fax: 02234 967097
www.tauchreisen-roscher.de

Diver's Guide Tauchreisen
Dockenhudener Str. 14
22587 Hamburg
Tel: 040 8660670
Fax: 040 86606777
Email: diversg@aol.com

Schöner Tauchen
Hastedter Heerstr. 211
28207 Bremen
Tel: 0421 450 010
Fax: 0421 450 080
info@schoener-tauchen.com
www.schoener-tauchen.com

Uni Sun CPI Deutschland
An der Fahrt 13
55124 Mainz
Tel: 06131 968516
Fax: 06131 968511
Website: www.unisun.de

Botschaften

Deutsche Botschaft in Oman
Near Al-Nahda Hospital
Stadtteil Ruwi
Maskat
Tel: 00968 702482

Botschaft in Deutschland
Oman Sultanat
Lindenallee 11
53173 Bonn
Tel: 0228 357031-34
Fax: 0228 357045

Fluggesellschaften

Gulf Air
Feuerbachstr. 26
60325 Frankfurt
Tel: 069 719112-0

Lufthansa
Frankfurt am Main
Tel: 069 2552-55
Website: www.lufthansa.de

LTU Touristik GmbH
Flughafen Terminal 3
22335 Hamburg
Tel: 040 5000031

Geographische Lage:

Oman liegt auf der Ostspitze des Arabischen Subkontinents, südlich der Vereinigten Arabischen Emirate und östlich von Saudi Arabien und Jemen. Die Ostbegrenzung bildet der Indische Ozean mit dem Golf von Oman. Zum Sultanat gehören die Inseln Masirah und Kuria-Muria sowie die Region Hormuz auf der Nordostspitze der arabischen Halbinsel. Oman ist ein bergiger Wüstenstaat mit einem Hochland im Inneren und einer fruchtbaren Ebene in der Region der Nordküste.

Klima:

Das Klima ist das ganze Jahr über heiß und trocken, im Sommer extrem heiß. Im Hochland subtropisch mit Monsunregen. Maskat 28,4°C / 106 mm, Salalah 25,6°C / 94 mm.

Hauptreisezeit:

Die für Europäer erträglichste Reisezeit liegt zwischen Oktober und April, in den übrigen Monaten heiß-schwüles Klima.

Einreise:

Erforderlich ist ein Visum; Visaanträge sind bei den konsularischen Vertretungen von Oman im Ausland erhältlich; Aufenthaltsdauer maximal vier Wochen. Bei Ankunft sind die erforderlichen Rück- oder Weiterreisetickets vorzulegen.

Verkehr:

Straßenverbindungen existieren in der Ebene im Norden und im Hochland. Außerdem gibt es Verbindungen in die Nachbarstaaten. Der Oman verfügt über einige nationale Flughäfen und die internationalen Airports Muscat Seeb (MCT) und Salalah (SLL). Erforderlich ist ein internationaler Führerschein. Es gilt absolutes Alkoholverbot.

Mirbat:

Küstenregion im Süden des Landes an der Grenze zum Jemen mit einigen geeigneten Tauchgebieten. Touristisch ist diese Region noch wenig erschlossen.

Tauchplätze:

Die besten Möglichkeiten bieten sich in den Buchten der Steilabbrüche des Dhofargebirges westlich von Mirbat und in der Region um Salalah mit diversen Rifftauchplätzen. Außerdem gibt es einige gute Möglichkeiten vor Dibba, u.a. am Ras Limah und Ras Dillah sowie bei den Kuria-Muria-Inseln.

Fauna:

Anemonenfische, Süßlippen, Meerbarben, Igelfische, Kaiserfische, Beilbauchfische, Falterfische, Rochen, Thunfische, Zackenbarsche, Makrelen, Barrakudas, Muränen, Haie, auch Walhaie, Sepien, Octopusse, Trompetenfische, Hummer, Gorgonien, Korallen und Schwämme. Es finden sich mehrere endemische Arten in den Gewässern des Oman.

Muscat PC 113

Bluzone Watersports
Marina Bander Al Rowdha
Owner: Christine Harrison
Ph: + 968 737293 Fax: + 968 737293
E-Mail: bluzone@gto.net.om
Website: www.angelfire.com/bizz/bluzone
Organisation: PADI
Language: English, French, Arabic
Established: 1996 Season: 01.01. - 31.12.

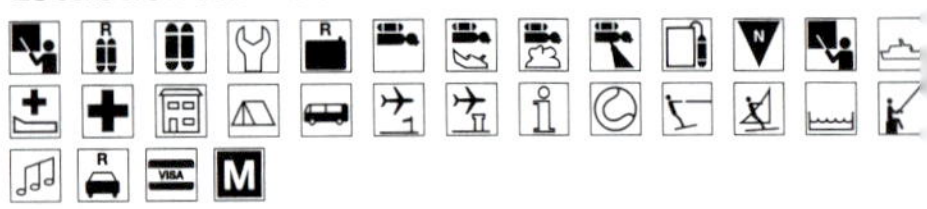

Madinat Sultan Qaboos 115

Oman Dive Centre, P.O. Box 199
Ph: + 968 950261 Fax: + 968 799600
Organisation: PADI 5* IDC
Language: English, German, French, Dutch
Established: 1991 Season: 01.01. - 31.12.

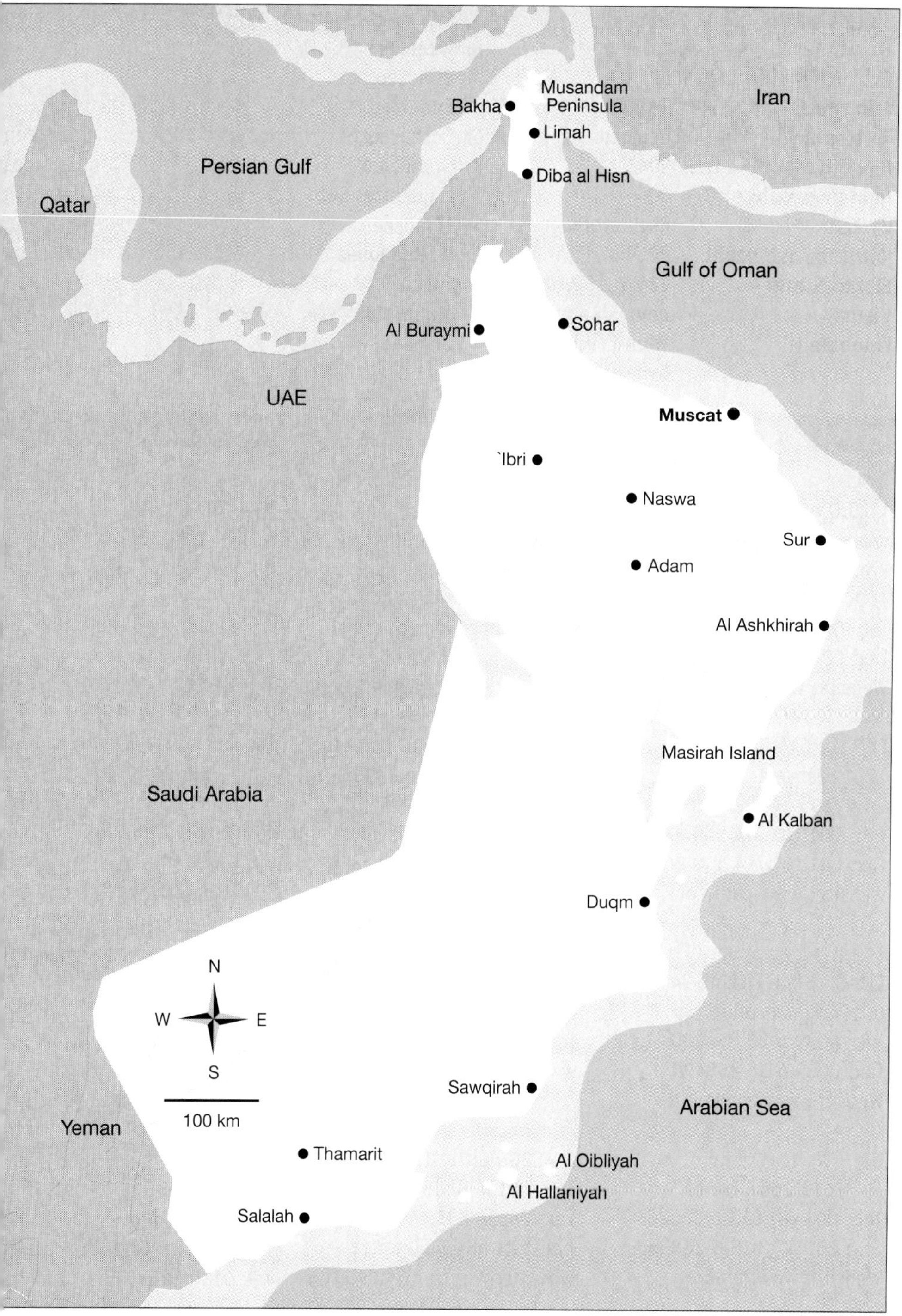
Musandam
Peninsula
Bakha
Limah
Diba al Hisn
Iran
Persian Gulf
Qatar
Gulf of Oman
Al Buraymi
Sohar
UAE
Muscat
`Ibri
Naswa
Sur
Adam
Al Ashkhirah
Masirah Island
Saudi Arabia
Al Kalban
Duqm
N
W
E
S
100 km
Sawqirah
Arabian Sea
Yemen
Thamarit
Al Oibliyah
Al Hallaniyah
Salalah

Österreich

Hauptstadt	Wien
Einwohner	1,5 Mio.
Entf. v. Frankfurt/M.	596 km
Währung	Schilling
Amtssprache	Deutsch
Telefonvorwahl v. D	0043
Telefonvorwahl n. D	0049
Verkehr	Rechtsverkehr
jährl. Touristenzahl	20 Mio.
Elektr. Strom	220 V / 50 Hz
Visum	nein
Flughafen	Wien (VIE) Schwechat

Tauchregionen:
Attersee
Blindsee
Erlaufsee
Gosausee
Grundlsee
Hallstätter See
Mondsee
Wolfgangsee
Uri-See
Traunsee
Plansee

Zeitverschiebung: MEZ
Fläche: 83.857 km²
Einwohner: 8 Mio.

Tauchsicherheit

Tauchsportverband Österreichs
T.V.S.Ö Autriche
c/o M. Johann Dworak
Fischergasse 21
4600 Autriche
Tel: 0043 1 724244617
Fax: 0043 1 981618556
Website: www.tsvoe.or.at

PADI International USA
1251 East Dyer Road
CA 92705-5605 Santa Ana
Tel: 001 (0) 714 540 7234
Fax: 001 (0) 714 540 2609
Website: www.padi.com

CMAS World Underwater Federation
CMAS - Viale Tiziano 74
00196 Roma Italy
Tel: 0039 6 36 858480
Fax: 0039 6 36 858490
Website: www.cmas.org

NAUI Worldwide USA
FL 33619-2667 Tampa
Tel: 001 (0) 813 6 286284
Fax: 001 (0) 813 6 288253
Website: www.naui.org

Information und Beratung

Tourismusverband Attersee
A-4864 Attersee
Tel: 07666 7719
Fax: 07666 7719-19
info.attersee@netway.at
www.tiscover.com/attersee

Tourismusverband Mondseeland
Dr.-Franz-Müller-Str. 3
Postfach 96 A-5310 Mondsee
Tel: 06232 2270, 4270
Fax: 06232 4470
E-mail: info@mondsee.org
Website: www.mondsee.org

Tourismusverband Gosau
A-4824 Gosau am Dachstein
Tel: 06136 8295
Fax: 06136 8255
tourismus@gosau.gv.at
www.tiscover.com/gosau

Tourismusverband Hallstatt
A-4830 Hallstatt an See
Tel: 06134 8208
Fax: 06134 8352
hallstatt-info@EUnet.at
www.tiscover.com/hallstatt

Botschaften

Deutsche Botschaft in Österreich
Metternichgasse 3
A-1030 Wien
Tel: 0043 1 71154

Botschaft der Republik Österreich
Johanniterstr. 2
53113 Bonn
Tel: 0228 530060

Außenstelle
Wilhelmstr. 64
10117 Berlin
Tel: 030 2290565

Fluggesellschaften

Lauda-Air
Rosental 8
80331 München
Tel: 089 236607-0
Fax: 0180 3240066

Austrian Airlines
Gutleutstr. 32
60329 Frankfurt
Reservierung
Tel: 0180 5258576

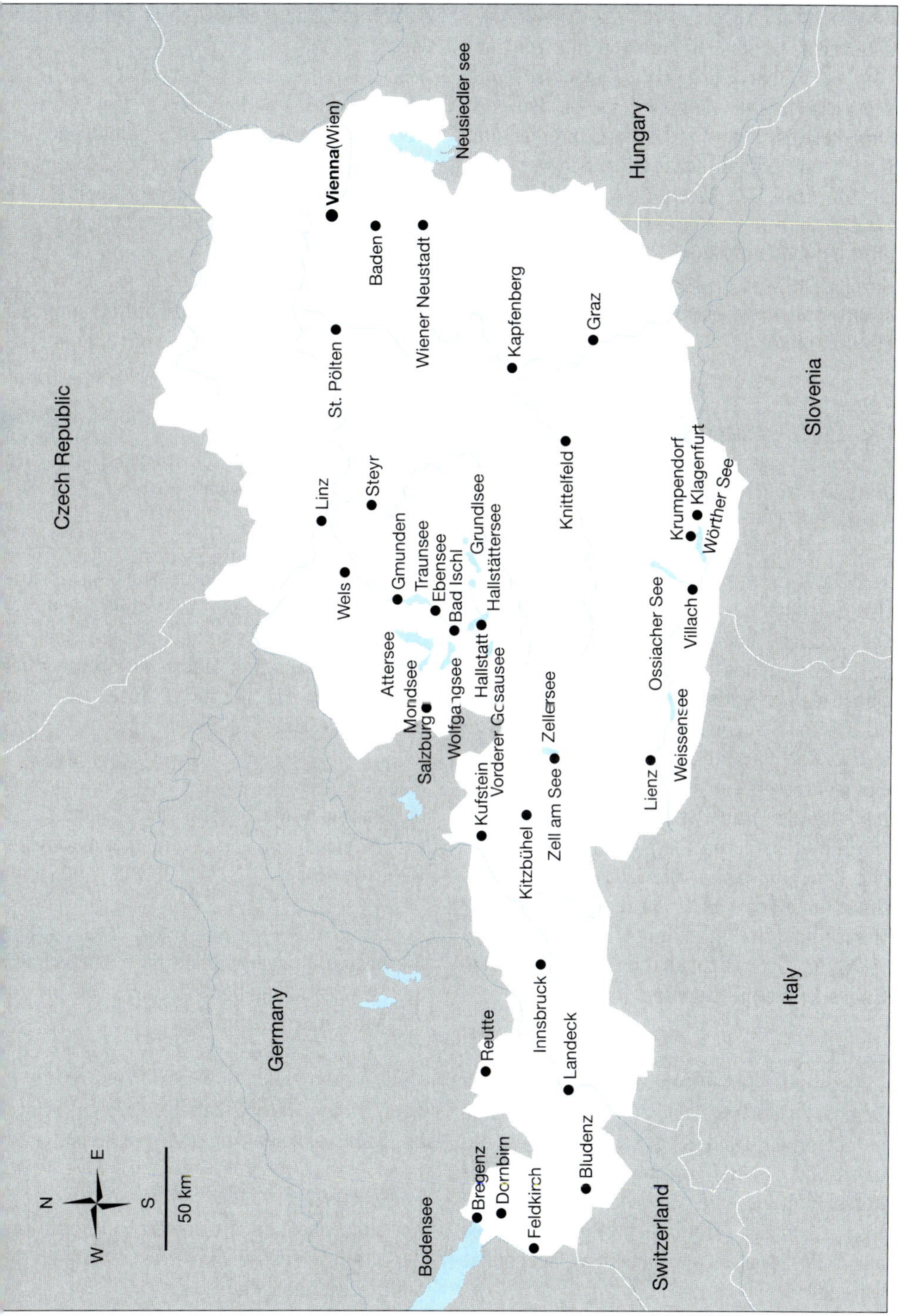
Czech Republic
Vienna(Wien)
Neusiedler see
Hungary
Baden
Wiener Neustadt
St. Pölten
Kapfenberg
Graz
Slovenia
Linz
Steyr
Knittelfeld
Krumpendorf
Klagenfurt
Wörther See
Wels
Gmunden
Traunsee
Ebensee
Bad Ischl
Grundlsee
Hallstättersee
Attersee
Mondsee
Salzburg
Wolfgangsee
Hallstatt
Vorderer Gosausee
Zellersee
Ossiacher See
Villach
Weissensee
Lienz
Kufstein
Kitzbühel
Zell am See
Germany
Innsbruck
Reutte
Landeck
Italy
Bludenz
Bregenz
Dornbirn
Feldkirch
Bodensee
Switzerland
N
E
S
W
50 km

Geographische Lage:

Österreich ist ein Binnenland im Zentrum Europas. Es hat Grenzen zu Deutschland und der Tschechischen Republik im Norden, der Slowakei und Ungarn im Osten, Slowenien und Italien im Süden sowie der Schweiz und Liechtenstein im Westen. Weite Teile des Landes sind durch die Ostalpen geprägt, die nach Osten hin ins Alpenvorland auslaufen. Im Nordosten liegt die Donauebene. Die Landschaft hat vorwiegend Hoch- und Mittelgebirgscharakter.

Klima:

Das Land ist geprägt durch kontinentales Klima mit warmen Sommern und kalten Wintern, wobei aufgrund der extremen Gebirgslagen die jeweilige Höhe relevant ist.

Verkehr:

Österreich hat ein dichtes, sehr gut ausgebautes Straßen- und Eisenbahnnetz. Personenschifffahrt gibt es auf der Donau durch die Donau-Dampf-Schifffahrts-Gesellschaft. Über Straße und Schiene bestehen Verbindungen zu allen Nachbarländern. Es gibt mehrere Tunnelstrecken durch die Alpen, die teilweise bedeutende Transitverbindungen zwischen Nord- und Südeuropa darstellen.
Mit den Flug-häfen Wien Schwechat (VIE), Graz Thalerhof (GRZ), Salzburg (SZG), Linz Horsching (LNZ) und Innsbruck Kranebitten (INN) ist Österreich an den internationalen Flugverkehr angeschlossen.

Der Tauchsport:

In Österreich gibt es zahlreichen Seen, die für Taucher interessant sind. In keinem anderen europäischen Land sind so viele Seen das ganze Jahr über betauchbar. Eine vorherige Anmeldung bei einer örtlichen Tauchbasis ist jedoch zumeist erforderlich. Hier kann man auch die jeweils freigegebenen Tauchplätze erfragen.
Im Winter ist in vielen Seen Eistauchen möglich.

Kärnten:

Das südlichste Bundesland der Alpenrepublik, liegt südlich von Salzburg und der Steiermark, östlich von Osttirol sowie nördlich von Italien und Slowenien. Hauptstadt ist Klagenfurt.

Freibach-Stausee:

Die Talsperre enstand durch die Stauung der Drau und liegt westlich von Klagenfurt. Größter Ort am See ist Völkermarkt.

Tauchplätze:

Im hinteren See, der Einstieg befindet sich beim Gasthof Stauseewirt.

Sonstiges:

Im See befinden sich die Überreste eines ehemaligen Sägewerks, außerdem mehrere Baumstämme. Weitere betauchbare Seen in Kärnten sind u.a. der Freibacher Stausee, der Turner See, der Koralm Stausee und der Linsendorfer See.

Klopeinersee:

Im Jauntal in der Gegend von Klagenfurt auf 446 m gelegener Badesee mit einer maximalen Tiefe von 48 m.

Tauchplätze:

Die besten Einstiegsstellen befinden sich vor der ÖWR Station an den Plateaus sowie bei der ehemaligen Straßenbrücke.

Fauna:

Aale, Waller, Hechte, Zander, Karpfen, Schleien, Barsche, Reinanken und Weißfische.

Millstätter See:

Am gleichnamigen Ort unweit von Spittal an der Drau gelegener Binnensee. Weiterer Ort am Ufer ist Seeboden.

Tauchplätze:

Im gesamten See kann getaucht werden. Gute Einstiegsmöglichkeiten gibt es in Seeboden am Strandhotel Pichler bei der Tauchbasis des Tauchvereins Alpen Adria Aquanauten, außerdem am Zopfdenkmal zwischen Millstadt und Seeboden, am Tauchplatz Jungfernsprung bei Döbiach am Schiffsanleger sowie bei der Tauchbasis in Millstadt.

Fauna:

Hechte, Barsche, Schleien und Welse.

Ossiacher See:

Liegt 7 km nördlich von Villach in 500 m Höhe mit einer maximalen Tiefe von 52 m. Der See hat einen südlichen Abfluss zur Drau.

Tauchplätze:

Verschiedene Einstiegsmöglichkeiten in den Strandbädern rund um den See. Einige Taucher sollen dort auch schon Waffen gefunden haben.

Weissensee:

Liegt auf einer Höhe von 930 m und ist ein Bergsee. Maximale Tiefe 100 m. Hauptort ist Techendorf.

Tauchplätze:

Der See weist mehrere Tauchplätze auf, u.a. am Westufer an der Brücke Techendorf, im Strandbad Techendorf, am Restaurant Dolomitenblick, und an der Lakawand, außerdem am Ostufer in der Nähe der Schiffsanlegestellen Paterzipf, am Ronacher Fels und der Kleinen Steinwand. Eine Tauchbasis befindet sich im Hotel Haus am See. Im östlichen Teil des Sees befinden sich Reste von überschwemmten Wäldern.

Fauna:

Hechte, Schleien, Barsche, Rotaugen, Zander, Karpfen, Forellen, Saiblinge und Krebse.

Klagenfurt 9020 Kärnten

Diver's World
Owner: Markus Kuchar
Feldirschnerstr. 36
Ph: + 43 463 598859
Fax: + 43 463 598859
E-Mail: office@diversworld
Website: www.diversworld.at
Organisation: PADI

Krumpendorf 9201 Kärnten

Tauchschule Atlantis
Owner: Christel Gerald
Koschatweg 69 a
Ph: + 43 4229 3205 Fax: + 43 4229 2778
Organisation: ÖBV, UDI
Language: German, English
Season: 01.05. - 30.09.

Villach 9500 Kärnten

Campingwelt GmbH
Owner: Martin Falle
Maria Gailer Str. 59
Ph: + 43 4242 32540 Fax: + 43 4242 31463
Organisation: PADI, CMAS
Language: German, English
Season: 01.05. - 30.09.

Weissensee Kärnten

Tauchszentrum Weissensee
Owner: Willi Fladerer
Weissensee 73
Ph: + 43 47132222 Fax: + 43 47132222-8
Organisation: CMAS , VDST , SSI , VIT
Language: German English
Season: 10.05. - 15.10.

Salzkammergut / Oberösterreich:

Das Salzkammergut liegt nördlich des Dachstein und des Tennengebirges und umfasst den Norden des Bundeslandes Salzburg, den Nordwesten der Steiermark und die Südspitze von Oberösterreich. In dieser Grenzregion liegen insgesamt 76 kleinere und größere Seen die zumeist gut betauchbar sind.

Attersee:

Der Attersee liegt in Oberösterreich, 50 km westlich von Salzburg und ist der größte See des Salzkammerguts. Tiefen bis zu 170 m. Lage: Autobahn Salzburg-Wien, Ausfahrt St. Georgen. Fläche: 46,72 km^2, Seehöhe: 440 m.

Tauchplätze:

In einigen Gebieten (Fischzucht, Pfahlbauten) herrscht Tauchverbot. Tauchplätze sind u.a. die Schwarze Brücke, eine Steilwand, die bis auf 55 m hinabführt und das Steilufer am Wandl in Burgau. Die Sichtweiten oberhalb der Sprungschicht sind manchmal relativ gering und betragen nur zwischen 5 und 10 m. Von Dezember bis März hat man bessere Sichtweiten bis 20 m.
Weitere Informationen erhalten Sie unter www.tiscover.com/attersee.

Gosausee:

Stausee in 960 m Höhe (Bergsee) im Gebiet des Dachstein, südwestlich von Hallstadt im Salzkammergut gelegen. Der See ist unterteilt in Vorderen und Hinteren Gosausee und maximal 65 m tief.

Tauchplätze:

Tauchen ist nur in einem kleinen Abschnitt im vorderen Bereich des Sees gestattet, und zwar zwischen dem Gasthof Gosausee und den Schiffshütten. Der Einstieg befindet sich am Bootsanleger, von dort sollte man nach links tauchen.

Fauna:

Barsche, Forellen, Elritzen und Schnecken, außerdem Bergmolche.

Grundlsee:

In der Gegend von Bad Aussee in 712 m Höhe gelegener 68 m tiefer See. Es besteht ein Zufluss vom Toplitzsee.

Tauchplätze:

Eine Taucherglocke ist in der Nähe der Füllstation der Wasserwehr in 9 m Wassertiefe auf einer Felsnadel befestigt, die in 18 m beginnt. Um die Felsnadel herum finden sich mehrere Gegenstände im Wasser, u.a. eine Statue. Weitere Tauchplätze gibt es beim Gasthof Rostiger Anker und am Hechtfelsen. Außerdem bestehen Tauchmöglichkeiten an folgenden Tauchplätzen: Rößler zwischen Parkplatz "Umkehr" und Surfplatz Gaiswinkel, Kreuz von der gleichnamigen Kapelle bis zum Gasthof Ladner, Gößl von der Dampferhütte bis zum öffentlichen Landungssteg, Wienerin an der Südseite des Grundlsees (nur mit Boot erreichbar) sowie am Einlauf des Toplitzbaches.

Fauna:

Hechte, Barsche, Aalrutten und Elritzen.

Hallstätter See:

Im Salzkammergut in einer Höhe von 500 m südöstlich von Salzburg gelegen. Die maximale Tiefe beträgt 125 m. Hauptorte sind Bad Goisern und Hallstatt. Es besteht ein Zufluss des Gosaubachs vom Gosausee kommend.

Tauchplätze:

Gerätetauchen ist in folgenden Regionen gestattet: Am Gosauzwang im Gebiet von den sogenannten Öfen bis zur Einmündung des Gosaubaches in den See und am Hunsort südlich des Hoislfelds. In Hallstatt gibt es Einstiegsmöglichkeiten zwischen der Einmündung des Waldbaches in den See und dem Südende der Badeinsel, an der Freizeitanlage Kessel vom Kesselträunl bis zum Totenbachl, in Obertraun von der Einmündung des Wasenbaches bis zur Edlingerhütte sowie bei Letten am Untersee von der Einmündung des Zlambaches in den Hallstätter See bis zum Ruderbrunnwald bzw. Rotengraben. Im See befinden sich mehrere Autowracks.

Fauna:
Hechte, Barsche, Forellen, Aalrutten, Weißfische und Süßwasserpolypen.

Sonstiges:
Es wird über Funde von Keramik, Vasen, Werkzeugen und einem Klavier berichtet. Die Fundsachen sind teilweise antik.
Außerdem sind im Hallstätter See Höhlentauchgänge im Frischwasser an der Riesenkarstquelle möglich, einem Gangsystem, das in die Gerhard-Zauner-Halle mündet. Mehr Informationen unter: www.tiscover.com/hallstatt.

Mondsee:
Östlich von Salzburg im Salzkammergut gelegen. Der See hat eine Verbindung zum Attersee und liegt in einer Höhe von 80 m bei einer Tiefe von 68 m.

Tauchplätze:
Es gibt mehrere betauchbare Steilwände, u.a. am Kreuzstein, einem kleinen Felsen mit Kreuz am Seeufer sowie an der Kienbergwand (Tauchplatz 1 vor den Tunneln, Tauchplatz 2 hinter den Tunneln). Eine Felswand in dieser Region reicht bis in 30 m Tiefe.
Außerdem bestehen lohnende Tauchmöglichkeiten an der Harnischwand zwischen Scharfling und Plomberg. Es befinden sich mehrere Autowracks in der Region der Kienbergwand. Mehr Informationen unter: www.mondsee.org.

Fauna:
Barsche, Hechte und Welse.

Traunsee:
Im Salzkammergut zwischen Gmunden im Norden und Ebernsee im Süden in einer Höhe von 422 m gelegen und an der tiefsten Stelle 191 m tief.

Tauchplätze:
Es gibt mehrere gute Tauchgebiete am See mit hervorragenden Möglichkeiten vor allem für versierte Taucher, wie z. B. in der Region Gmunden/Altmünster südlich des Strandbades Altmünster bis zum Hollereck, Altmünster Traunkirchen im Gebiet zwischen Pühret und dem Hotel Traunkirchen sowie Traunkirchen Ebensee Ostufer in der Region vom südlichen Ortsende Traunkirchen über Ebensee, entlang des östlichen Traunsee-Ufers bis nach Gmunden. Zu den schönsten Einstiegsstellen gehört u.a. die Madonna. Der Einstieg befindet sich bei der Madonnenstatue an der Traunseestraße mit einer Steilwand, die bis zu einem Plateau auf 20 m Tiefe hinabführt. Von dort fällt eine Steilwand bis in 120 m ab. Am Hotel Traunsee befinden sich zwei Übungsplattformen in 5 und 10 m Tiefe. Weitere lohnende Einstiegsstellen befinden sich außerdem am Franz-Josef-Tunnel, an der Strecke Traunkirchen-Ebensee unmittelbar nach dem ersten Tunnel.

Wolfgangsee:
In einer Höhe von 540 m östlich von Salzburg gelegen; die maximale Tiefe beträgt 114 m. Hauptort ist St. Wolfgang. Tauchplätze befinden sich in der Fürbergbucht und in Lueck bei St. Gilgen.

Hallstatt 4830 Oberösterreich
Tauchschule Zauner
Owner: Gerhard Zauner
Seestrasse 113

Ph: + 43 6134 8286 Fax: + 43 6134 82865
E-Mail: scuba@ping.at
Web: www.interaktive.com/hotels/hallberg
Organisation: CMAS, VDST, PDIC, SSI, VIT
Language: German, English
Established: 1974 Season: 01.01. - 31.12.

Linz 4020 Oberösterreich

Delphin Tauchshop, Wienerstrasse 227
Ph: + 43 732 336628 Fax: + 43 732 336628
Organisation: 5*PADI
Language: German, English
Established: 1995 Season: 01.01. - 31.12.

Linz 4020 Oberösterreich

Tauchsport Kroh, Wienerstrasse 5
Ph: + 43 732 665689 Fax: + 43 732 650674
Organisation: 5*PADI
Language: German, English
Established: 1990 Season: 01.01. - 31.12.

Traunkirchen / Ebensee 4802 Oberösterreich

Wassersport-Zentrum Traunsee
Owner: Peter Gigl
Strandbadstrasse 12
Ph: + 43 61336381 Fax: + 43 61336381
Organisation: VDTL, ÖBV, UDI
Language: German, English
Season: 01.01. - 31.12.

Unterach am Attersee 4766 Oberösterreich

Austrian Divers
Owner: Andreas Pacher
Kaplanstr. 2
Ph: + 43 7665 8524 Fax: + 43 7665 8524
E-Mail: info@austrian-divers.at
Website: www.austrian-divers.at
Organisation: PADI
Language: German, English
Established: 1989 Season: 01.01. - 31.12.

Weißenbach/Attersee 4854 Oberösterreich

Tauchbasis Attersee
Unterburgbau 5
Ph: + 43 7663 520 Fax: + 43 7663 520
Organisation: PADI
Language: German, English
Established: 1990 Season: 01.01. - 31.12.

Hallein 5400 Salzburg

Tauchsport Kaisermayr
Owner: Hans Kaisermayr
Postgasse 1-3
Ph: + 43 6245 82661 Fax: + 43 6245 82661
E-Mail: kaisermayr@tauchschule.com
Website: www.tauchschule.com
Organisation: SSI, CMAS, TSVÖ
Language: German, English, French
Established: 1992
Season: 01.01. - 31.12.

Zell am See 5700 Salzburg

Tauchsport SCHOLZ
Owner: Hugo Scholz
Bahnhofstr. 13
Ph: + 43 65422606 Fax: + 43 65422613
Organisation: VIT, ÖBV
Language: German, English
Season: 01.06. - 15.09.

Graz 8045 Steiermark
Adria Sport
Owner: Robert Horvath
Keplerstr. 43
Ph: + 43 316 681102 Fax: + 43 316 671537
E-Mail: adria.sport@telekom.at
Organisation: PADI
Language: German, English
Established: 1996 Season: 01.01. - 31.12.

Graz 8020 Steiermark
Tauchsport Pazifik
Owner: G. Jurecek Keg
Feuerbachgasse 128
Ph: + 43 316 776417 Fax: + 43 316 776417
Organisation: PADI, SSI, VDST, CMAS
Language: German, English
Season: 01.01. - 31.12.

St. Sebastian 8630 Steiermark
IDC Center Harry´s Tauchshop
Owner: Harald Teltschik
Neukoglerweg 2
Ph: + 43 2783 7747 Fax: + 43 2783 7158
Organisation: PADI
Language: German
Established: 1975
Season: 01.05. - 31.10.

Niederösterreich:

Grenzt im Westen an Oberösterreich, im Süden an die Steiermark, im Osten an das Burgenland sowie im Norden an Tschechien und Slowenien. Landeshauptstadt ist Wien. Der Neufelder See liegt im Süden Wiens beim gleichnamigen Ort. Die maximale Tiefe beträgt 23 m. Der Neufelder See ist ein Flachlandsee.

Tauchplätze:

Mehrere Plattformen im See, von denen aus gute Einstiegsmöglichkeiten bestehen. Es gibt mehrere betauchbare Bootswracks.

Tirol, Blindsee:

Die Lage: Über Garmisch-Partenkirchen oder Reutte-Tirol in Richtung Fernpass. Am Ende der zweiten zweispurigen Überholstrecke nach Lermoos geht rechts ein Waldweg zum Blindsee. Dieser Abzweig ist direkt am Ende der Überholspur. An der Einfahrt befindet sich eine Schranke und ein kleiner Holzunterstand. Der Holzunterstand ist schon in der Kurve sichtbar und steht ca. 300 m nach der Ausfahrt nach Biberwier in Richtung Fernpass. Seehöhe: ca. 1000 m, Tiefe: ca. 20 m, Temperatur: 20°C/4°C, Sichtweiten: 10–15 m.

Information:

Für den See ist eine Tauchgenehmigung vom Besitzer erforderlich. Wenden Sie sich bitte an Mohr Life Diving, Tel: +43 (0) 5673 2362.

Tauchplätze:

Eine gute Einstiegsstelle befindet sich am Parkplatz an der Forststraße. Folgt man dem Ufer rechter Hand findet man viele Bäume, die durch Lawinen oder Muren von den Berghängen in den See gerissen wurden. Sie liegen im See oft kreuz und quer durch- und übereinander und sind sehr schön zu um-, durch-, über- und untertauchen. Sehr viele Weißfische halten sich in diesem Bereich auf. Man findet im Verlauf auch immer wieder schöne Steilwände. In der Nähe der Bucht liegt ein dicht bewachsener Flachwasserbereich, in dem man sehr viele, auch größere Fische beobachten kann. Der See ist sehr kalt. Hat man an der Oberfläche noch einigermaßen Badetemperatur, befindet sich etwa bei 3 m eine Sprungschicht. Die schöne Lage des Sees und seine Unterwasserlandschaft sind sehr zu empfehlen.

Fauna:
Weißfische, Barsche und Schleien.

Fernsteinsee und Sameranger See:
Zwei Seen beim Hotel Schloss Fernsteinsee in der Nähe der Ortschaft Nassereith an der Südseite des Fernpasses. Beide Seen sind Privatbesitz der Hoteliers und nur für Hotelgäste zugänglich.

Tauchplätze:
Sie zählen zu den schönsten Tauchgebieten des Alpenraums und weisen großartige Sichtweiten auf.

Fauna:
Forellen, Barsche, Hechte und Schleien.

Plansee:
Der Bergsee liegt in 980 m Höhe westlich von Innsbruck. Die größte Tiefe beträgt 84 m.

Tauchplätze:
Die interessantesten Tauchplätze sind u.a. der Königsbrunnen (Einstieg bei den Garagen auf dem Parkplatz) und am Hotel Forelle im Gebiet zwischen dem Badestrand und dem Bachbett, außerdem am Campingplatz Seealpe. Die notwendige Tauchgenehmigung gibt es im Hotel Forelle oder am Campingplatz Seealpe. Im See liegen mehrere Bootswracks sowie eine versenkte Kutsche.

Fauna:
Forellen, Krebse, Saiblinge, Barsche, Renken, Karpfen und Pfrillen.

Tirol, Uri-See:
Tirol liegt im Westen von Österreich, zwischen Vorarlberg und Salzburg. Der See befindet sich westlich von Innsbruck im Gebiet des Fernpasses in 930 m Höhe. Der vordere See (25 m tief) ist vom hinteren See (38 m tief) durch die Urifalle getrennt.
Die erlaubten Einstiegsstellen sind die Urischlucht, eine Steilwand, die bis auf 38 m abfällt, und der Urigraben, eine Höhle im Berg. Tauchgenehmigung erteilt das Sporthotel Uri-See.

Fauna:
Forellen, Karpfen, Barsche, Schleien und Muscheln.

Ebenfurth 2490 Niederösterreich
Tauchsport Lorenc, Wr. Neustädterstr. 37
Owner: Günter Lorenc
Ph: + 43 2624 52700 Fax: + 43 2624 52755
E-Mail: ts-lorenc@ping.at
Website: www.dive.at
Organisation: PADI
Language: German, English
Established: 1979 Season: 01.04. - 30.11.

Hirtenberg 2552 Niederösterreich
Wayang SD, Leobersdorfer Str. 12
Owner: Marcus Heuberger
Ph: + 43 2256 81383 Fax: + 43 2256 81382
E-Mail: wayang@wayang.at
Website: www.wayang.at
Organisation: 5*PADI
Language: German, English
Established: 1995
Season: 01.04. - 30.11.

Traismauer 3133 Niederösterreich
Harry's Tauchshop, Florianigasse 1
Owner: Harald Teltschik
Ph: + 43 2783 7747 Fax: + 43 2783 7158
Organisation: PADI Language: German
Season: 01.05. - 31.10.

Tulln 3430 Niederösterreich
Tauchschule Tulln, Frauentorg. 9-13
Owner: Reinhard Gratsch
Ph: + 43 663 9223327 Fax: + 43 2272 654 78
www.members.eunet.at/franz.gratsch/tauchen
Organisation: ÖBV, UDI, DIWA, CEDIP
Established: 1987 Season: 01.01. - 31.12.

Wien 1100 Niederösterreich
Dive Company, Jaeger Str. 23
Owner: Christian Timmermann
Ph: + 43 1 3309335 Fax: + 43 1 3309335
E-Mail: divecompany@netway.at
Website: www.divecompany.com
Organisation: 5* PADI
Language: German, English
Established: 1989 Season: 01.01. - 31.12.

Wien 110 Niederösterreich
Tauchprofi,Quellenstr. 128
Owner: Joachim Luttenberg
Ph: + 43 1 602 7200 Fax: + 43 1 607 1031
E-Mail: tauchprofi@aon.at
Organisation: 5*PADI Language: German

Wien 1210 Niederösterreich
Tauchzentrum Wien, Anton Böck Gasse 20
Owner: Sigi Joham
Ph: + 43 1 2921480 Fax: + 43 1 2921480-22
E-Mail: info@tauchzentrum.at
Website: www.tauchzentrum.at
Organisation: PADI, RAB, Language: German
Established: 1981 Season: 01.01. - 31.12.

Breitenwang Tirol
Tauchstation Edelweiß, Am Plannsee
Owner: Dragan Obucina
Ph: + 43 8362 940244 Fax: + 43 8362 940244
E-Mail: dobucina@aol.com
Organisation: PADI, CMAS, VIT
Language: German, English
Established: 1999 Season: 01.01. - 31.12.

Innsbruck 6020 Tirol
Tauchen In Tirol, Geystr. 51
Owner: Dieter Kuchling
Ph: + 43 512 393484 Fax: + 43 512 39348410
E-Mail: dieter.kuchling@uibk.ac.at
Website: www.tauchen-in-tirol.at
Organisation: PADI, VDTL, CEDIP
Language: German, English, Italian
Established: 1980 Season: 01.01. - 31.12.

Kufstein 6330 Tirol
Tauchsport und Diver's Connection
Owner: Rheinhard Ott, Anton-Karg Str. 28
Ph: + 43 664 3254500 Fax: + 43 5372 63930
E-Mail: taucott@netway.at.
Website: www.sports.privatweb.at/tauchsport
Organisation: 5*PADI
Language: German, English, French
Established: 1990 Season: 01.01. - 31.12.

Lermoos 6631 Tirol
Mohr Life Diving, Innsbrucker Str. 4
Owner: Martin Waluga
Ph: + 43 5673 2552 Fax: + 43 5673 20020
E-Mail: contact@mohr-resort.at
Website: www.mohr-resort.at
Organisation: PADI, IAHD, Language: German
Established: 1990 Season: 01.01. - 31.12.

Palau

Hauptstadt	Koror	
Einwohner	10.500	
Entf. v. Frankfurt/M.	11.810 km	
Währung	US-Dollar, $	
Amtssprache	Palauisch, Englisch	
Telefonvorwahl v. D	00 680	
Telefonvorwahl n. D	00 49	
Verkehr	Rechtsverkehr	
jährl. Touristenzahl	45.000	
Elektr. Strom	230 V / 60 Hz	
Visum	ja	
Flughafen	Koror (ROR) Airai	

Tauchregionen:
Koror
Blue Hole
Blue Corner
Big Drop Off
New Drop Off
Ulong Channel
Ngemelis Drop
Turtle Cove
Rock Island
Chandelier Cave
German Channel

Zeitverschiebung: MEZ + 9
Fläche: 458 km²
Einwohner: 17.200

Tauchsicherheit

PADI International USA
1251 East Dyer Road
CA 92705-5605 Santa Ana
Tel: 001 (0) 714 5 407234
Fax: 001 (0) 714 5 402609
E-Mail: info@padi.com
Website: www.padi.com

NAUI Worldwide USA
FL 33619-2667 Tampa
Tel: 001 (0) 813 6 286284
Fax: 001 (0) 813 6 288253
E-Mail: info@naui.org
Website: www.naui.org

CMAS World Underwater Federation
CMAS - Viale Tiziano 74
00196 Roma Italy
Tel: 0039 6 36 858480
Fax: 0039 6 36 858490
E-Mail: cmasmond@tin.it
Website: www.cmas.org

DAN: Divers Alert Network
P.O. Box 3823 , 27710
Durham North Carolina USA
E-Mail: info@dan-dive.com
Website: www.dan-dive.com

Information und Beratung

Diver's Guide Tauchreisen
Dockenhudener Str. 14
22587 Hamburg
Tel: 040 866 0670
Fax: 040 866 06777
tauchen@divers-guide.de
Website: www.divers-guide.de

Schöner Tauchen
Hastedter Heerstr. 211
28207 Bremen
Tel: 0421 450010
Fax: 0421 450080
www.schoener-tauchen.com

Die Taucher Tauchreisen
Wilhelmstr. 27
71034 Böblingen
Tel: 07031 225904
Fax: 07031 226754
dietaucher@dietaucher.com

Martin Moxter Tauchreisen
An der Theisenmühle 1
63303 Dreieich
Tel: 06103 65492
Fax: 06103 65491
Website: www.moxter.de

Botschaften

Manila 6/F Solidbank Building
777 Paseo de Roxas
6F Solidbank-Bldg Makati
1226 Metro Manila
Tel: 00632 892 4906
Fax: 00632 810 4703
Deutschland unterhält keine diplomatische Vertretung in Palau, zuständig ist die Botschaft auf den Philippinen

Republik Palau (Belau)
Belau Visitors Authority
PO Box 256 Koror Palau PW 96940
Tel: 00680 488 2793
Fax: 00680 488 1453
Website: www.visit-palau.com

Fluggesellschaften

Singapore Airlines
Frankfurt am Main
Tel: 069 7195-200
www.singapore-airlines.com

Cathay Pacific Airways
Frankfurt am Main
Tel: 069 95096-479
Fax: 069 7100 8289
www.cathaypacific.com

Kayangel Islands
Ngajangel
Kayangel Reef
Ngariungs
N
W
E
S
20 km
Kossol Reef
Cormoran Reef
Ngaregur
Konrei
Philippine Sea
Ngardmau Bay
Galap
Ngardmau
Keklau
Aiwokako Reef
Namai Bay
Melekeok
Babelthuap
Mukeru
Goikul
Arakabesan
Airai
Madalai
Koror
Korak
Garusuun
Koror
Aulong
Auluptagel
Ngobasangel
Apurashokoru
Urukthadel
Orukuizu
Eli Malk
Ngeregong
Ngemelis Islands
Ngergoi
Ngesebus
Kongauru
Omaok
Ngardololok
North Pacific Ocean
Peleliu
Saipan
Angaur

Geographische Lage:

Palau ist die westlichste Ansammlung von sechs größeren Inselgruppen, die insgesamt als Caroline-Inseln bekannt sind und 1000 km östlich der Philippinen liegen.
Die über 650 km lange Inselgruppe erstreckt sich vom Kayangel-Atoll bis hin zur kleinen Tobi-Insel. Palau besteht aus über 200 Inseln, von denen acht bewohnt sind. Mit Ausnahme von drei Inseln liegen alle auf einem einzigen Riff, das aus zwei geologischen Formationen gebildet ist. Die größeren Inseln sind vulkanischen Ursprungs mit schroffen Küsten und Dschungel im Inneren und großen Grasterrassen. Die Felseninseln bestehen aus Kalkstein. Die nördlichste Insel ist Kayangel, ein typisches Korallenatoll. Auf der südlichen Insel Angaur finden sich herrliche Sandstrände.

Klima:

Tropisch heiß und feucht, in der zweiten Jahreshälfte Taifune. Koror 27,0°C / 3860 mm.

Hauptreisezeit:

Die beste Reisezeit ist von Februar bis Juni, die trockensten Monate sind Februar, März und April; die Monsunzeit mit andauernden Regenfällen beginnt im Juli und endet im Oktober.

Einreise:

Die Einreise ist visumfrei für einen Aufenthalt bis zu 30 Tagen (D, A, CH). Dafür erforderlich sind jedoch ein gültiger Reisepass und der Nachweis einer Hotelbuchung und eines Rückflugtickets.

Verkehr:

Straßen findet man auf den größeren Inseln an den Küsten, sie werden durch Kleinflugzeuge und Boote miteinander verbunden. Flugverbindungen nach Guam bestehen via Koror (ROR) und Mejit (MJB).

Koror:

Die größte und am stärksten besiedelte Insel des Staates mit der gleichnamigen Hauptstadt. Die Insel war während der japanischen Besatzungszeit Sitz der japanischen Südseeverwaltung. Auch heute noch sind Panzer, Schiffs- und Flugzeugwracks, von Urwald bzw. Korallen überwachsen, auf den Inseln und in den Lagunen zu sehen. Palau ist der Traum eines jeden Tauchers, denn Sichtweiten von ca. 30 m und mehr machen das Tauchen zum reinen Vergnügen.

Tauchplätze:

Die Lagune von Palau gilt als eines der besten Tauchgebiete weltweit mit exzellenten Sichtweiten und angenehmen Wassertemperaturen über das ganze Jahr. Hervorragende Möglichkeiten gibt es südlich der Insel Koror, u.a. an den Tauchplätzen Blue Hole, Blue Corner, Big Drop Off, New Drop Off, Ulong Channel, Devilfish City, Ngemelis Drop Off, Peleliu Express, Turtle Cove, Rock Island, Chandelier Cave, German Channel, Soft Coral Arch, Short Drop Off und Giant Clam City. Es gibt in Palau auch einige (Live aboard) Taucher-Schiffe, die Rundreisen über mehere Tage durch die Inselwelt anbieten.

Wracks:

In der Region liegen einige gut betauchbare WW II-Wracks, u.a. der Tanker Sata.

Fauna:

Füsiliere, Schnapper, Engelsfische, Barrakudas, Thunfische, Mantas, Grau-, Weiß- und Schwarzspitzenhaie, Garnelen, Octopusse, Korallen, Delfine und Schildkröten.

Koror 96940

Carp. Palau Diving Center
Owner: Johnny Kishighwa
Carp Island Resort or P.O. BOX 5
Ph: + 680 488 2978 Fax: + 680 488 3155

E-Mail: carpcop@palaunet.com
Organisation: PADI, NAUI, CMAS
Language: English, Japanese
Established: 1992
Season: 01.01. - 31.12.

Koror 96940
Fish'N Fins Dive Palau
Owner: Francis Toribiong
P.O. Box 142
Ph: + 680 488 2637 Fax: + 680 488 5418
E-Mail: fishnfin@palaunet.com
Website: www.fishnfin.com
Organisation: PADI
Language: German, English
Established: 1972 Season: 01.01. - 31.12.

Koror 96940
Ocean Hunter Live aboard, P.O. Box 964
Owner: Tova Harel
Ph: + 680 488 2637 Fax: + 680 488 5418
E-Mail: ocean.hunter@palaunet.com
Website: www.oceanhunter.com
Organisation: PADI
Language: English
Season: 01.01. - 31.12.

Koror 96940
Sam`s Dive Tours
Owner: Samuel Scott
Malakal Harbor or P.O. BOX 428
Ph: + 680 488 1062 Fax: + 680 488 5003
E-Mail: samstour@palaunet.com
Website: www.samstours.com
Organisation: PADI, TDI
Language: English
Established: 1990
Season: 01.01. - 31.12.

Koror 96940
Splash
Owner: Shallom Etpison
P.O. Box 847
Ph: + 680 488 2600 Fax: + 680 488 1741
E-Mail: splash@palaunet.com
Organisation: 5*PADI, 5*IDC, IANTD
Language: English, Japanese
Established: 1986 Season: 01.01. - 31.12.

Koror 96940
Neco Marine Pro Dive Shop
Ph: + 680 488 1755 Fax: + 680 488 1294
E-Mail: necomarin@palaunet.com
Organisation: PADI
Language: English
Established: 1997 Season: 01.01. - 31.12.

Panama

Hauptstadt	Panama-Stadt
Einwohner	620.000
Entf. v. Frankfurt/M.	9.109 km
Währung	Balboa, B/.
Amtssprache	Spanisch
Telefonvorwahl v. D	00 507
Telefonvorwahl n. D	00 49
Verkehr	Rechtsverkehr
jährl. Touristenzahl	330.000
Elektr. Strom	110 V / 60 Hz
Visum	nein
Flughafen	Panama City (PTY)

Tauchregionen:
Pearl Islands
San Blas Islands

Zeitverschiebung: MEZ - 6
Fläche: 77.082 km²
Einwohner: 2,6 Mio.

Tauchsicherheit

PADI International USA
1251 East Dyer Road
CA 92705-5605 Santa Ana
Tel: 001 (0) 714 5 407234
Fax: 001 (0) 714 5 402609
E-Mail: info@padi.com
Website: www.padi.com

NAUI Worldwide USA
FL 33619-2667 Tampa
Tel: 001 (0) 813 6 286284
Fax: 001 (0) 813 6 288253
E-Mail: info@naui.org
Website: www.naui.org

CMAS World Underwater Federation
CMAS - Viale Tiziano 74
00196 Roma Italy
Tel: 0039 6 36 858480
Fax: 0039 6 36 858490
E-Mail: cmasmond@tin.it
Website: www.cmas.org

DAN: Divers Alert Network
P.O. Box 3823 , 27710
Durham North Carolina USA
E-Mail: info@dan-dive.com
Website: www.dan-dive.com

Information und Beratung

Diver's Guide Tauchreisen
Dockenhudener Str. 14
22587 Hamburg
Tel: 040 866 0670
Fax: 040 866 06777
tauchen@divers-guide.de
Website: www.divers-guide.de

Schöner Tauchen
Hastedter Heerstr. 211
28207 Bremen
Tel: 0421 450010
Fax: 0421 450080
www.schoener-tauchen.com

Die Taucher Tauchreisen
Wilhelmstr. 27
71034 Böblingen
Tel: 07031 225904
Fax: 07031 226754
dietaucher@dietaucher.com

Martin Moxter Tauchreisen
An der Theisenmühle 1
63303 Dreieich
Tel: 06103 65492
Fax: 06103 65491
Website: www.moxter.de

Botschaften

Deutsche Botschaft in Panama
Calle 50y 53 esquina
Edificio "Bancomer" Piso 6
El Obarrio Panama
Tel: 00507 263 7733
Fax: 00507 223 6664

Botschaft der Repulik Panama in Deutschland
Lützowstr. 1
53173 Bonn
Tel: 0228 361 036-37
Fax: 0228 363 558

Fluggesellschaften

American Airlines Inc.
Frankfurt am Main
Reservierung u. Information
Tel: 01803242324
Website: www.metrocast.com

British Airways
Frankfurt am Main
Flugreservierung Flüge
Tel: 0180 3340340
Web: www.british-airway.com

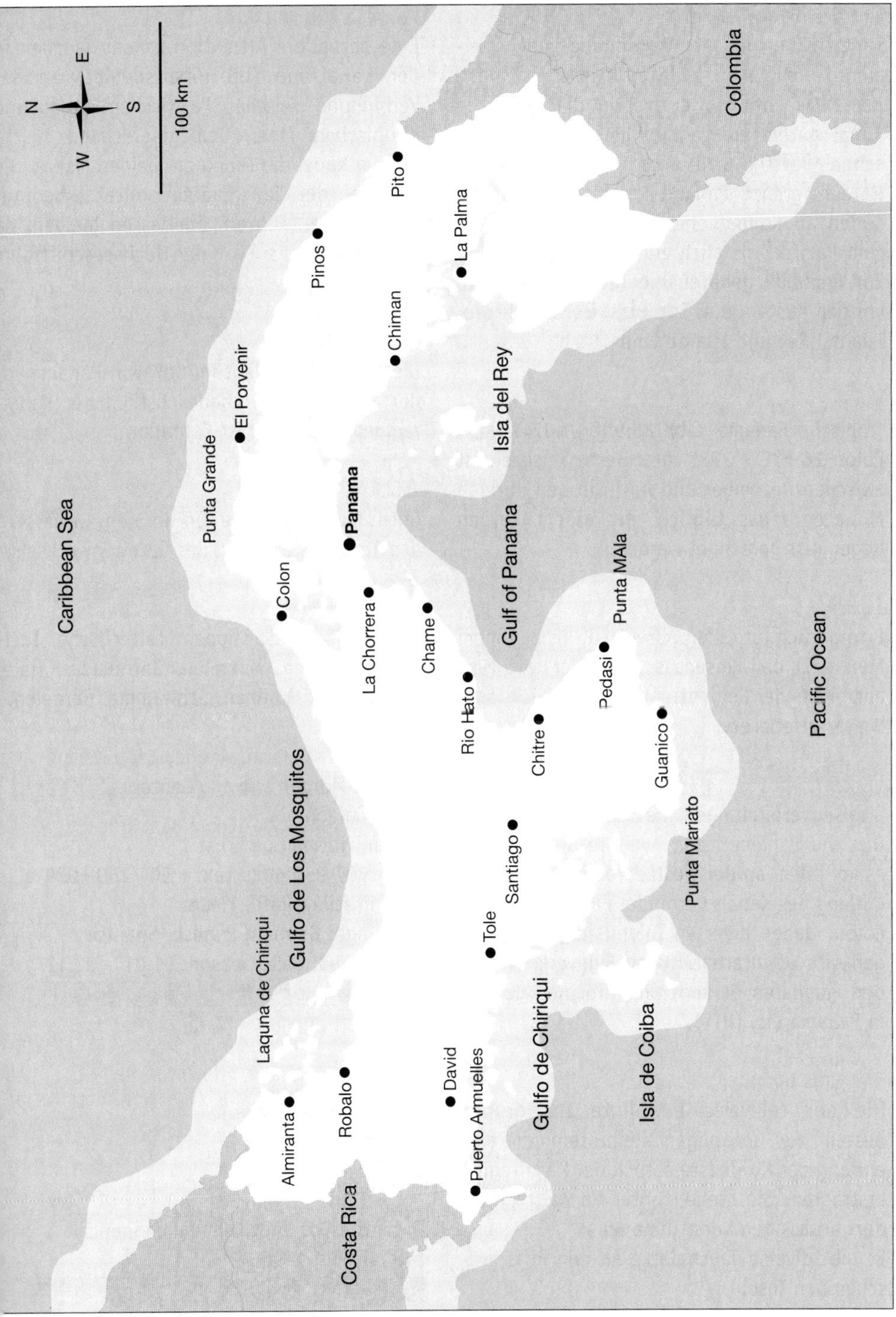
N
E
S
W
100 km
Caribbean Sea
Colombia
Pito
Pinos
La Palma
Chiman
El Porvenir
Isla del Rey
Punta Grande
Panama
Gulf of Panama
Colon
La Chorrera
Chame
Punta MAla
Pacific Ocean
Pedasi
Rio Hato
Chitre
Guanico
Gulfo de Los Mosquitos
Punta Mariato
Santiago
Tole
Laquna de Chiriqui
Gulfo de Chiriqui
Isla de Coiba
David
Robalo
Almiranta
Puerto Armuelles
Costa Rica

Geographische Lage:
Panama liegt auf der Verbindung von Mittelamerika mit dem südamerikanischen Kontinent. Das Land wird durch den gleichnamigen Kanal geteilt, der eine Schiffspassage zwischen Pazifik und Atlantik darstellt. Im Norden grenzt Panama an Costa Rica, im Süden an Kolumbien. Es hat Küsten sowohl zum Pazifik als auch zum Karibischen Meer. Zur Republik gehören mehrere kleine Inseln vor den Küsten, u.a. San Blas, Bocas del Toro, Isla del Rey und Isla de Coiba.

Klima:
Tropisch, Panama City 26,9°C / 1747 mm, Colón 26,6°C / 3285 mm. Beste Reisezeit ist zwischen Dezember und April, in den übrigen Monaten muss täglich mit einem kurzen Regenguss gerechnet werden.

Einreise:
Erforderlich für einen Aufenthalt bis zu einem Monat ist der Reisepass sowie der Nachweis ausreichender Geldmittel und eines Rück- oder Weiterreisetickets.

Verkehr:
Straßenverbindungen bestehen nach Costa Rica via Panamericana, weitere Straßen gibt es vor allem an der Westküste. Eine Bahnlinie entlang des Kanals verbindet Panama-City und Colon. Neben diversen Inlandsflugverbindungen gibt es internationalen Flugverkehr über den Flughafen General Omar Torrijos Herrara in Panama City (PTY).

San Blas Islands:
Die nur teilweise bewohnte Inselgruppe besteht aus unzähligen Kleininseln, die sich entlang der Nordküste östlich der Kanalregion erstrecken. Sie stehen unter Verwaltung der dort ansässigen Kuna-Indianer.
Es gibt diverse Tauchplätze an den Riffs zwischen den Inseln.

Panama Tauchplätze:
Eine besondere Attraktion ist das Tauchen in der Kanalzone (US-Hoheitsgebiet) an der Verbindung zwischen Pazifischem Ozean und Karibischem Meer. Dementsprechend mischt sich im Kanal die Fauna der beiden Meere. Die Auswahl der Tauchplätze sollte unbedingt ortskundigen Führern überlassen bleiben, da der Kanal intensiv von der Hochseeschifffahrt genutzt wird.

Pearl Islands:
Die Inselgruppe liegt im Golf von Panama vor der Südküste des Landes östlich der Kanalregion, Hauptinsel ist Contadora.

Tauchplätze:
Gute Tauchmöglichkeiten in den Gewässern des Archipels während des Gezeitenwechsels.

Fauna:
Papageifische, Süßlippen, Falterfische, Igelfische, Rochen, Makrelen, Barrakudas, Haie, Kugelfische, Muränen, Schwämme, Garnelen.

Paitilla Isla Contadora Apdo 55-0398
Captain Morgan's Diving Center
Playa Galeon
Owner: Norman de Ernst
Ph: + 507 250 4029 Fax: + 507 250 4029
Organisation: PADI, YMCA
Language: German, English, Spanish
Established: 1990 Season: 01.01. - 31.12.

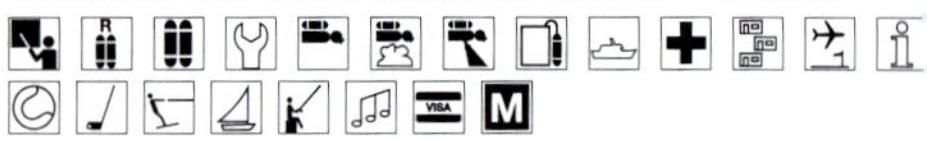

Panama City 666
SCUBA PANAMA, Ave.
6 Norte y Calle 62A
Owner: Rene Gomez
Ph: + 1 507 614064 Fax: + 1 507 619586
Organisation: PADI Language: Spanish
Established: 1990

Hauptstadt	Port Moresby
Einwohner	195.000
Entf. v. Frankfurt/M.	14.096 km
Währung	Kina, K
Amtssprache	Englisch
Telefonvorwahl v. D	00 675
Telefonvorwahl n. D	04 49
Verkehr	Linksverkehr
jährl. Touristenzahl	70.000
Elektr. Strom	240 V / 50 Hz
Visum	ja
Flughafen	Port Moresby (POM) Jackson

Tauchregionen:
Madang
New Britain
New Ireland
Milne Bay

Zeitverschiebung: MEZ + 9
Fläche: 462.840 km²
Einwohner: 4,2 Mio.

Tauchsicherheit

PADI International USA
1251 East Dyer Road
CA 92705-5605 Santa Ana
Tel: 001 (0) 714 5 407234
Fax: 001 (0) 714 5 402609
E-Mail: info@padi.com
Website: www.padi.com

NAUI Worldwide USA
FL 33619-2667 Tampa
Tel: 001 (0) 813 6 286284
Fax: 001 (0) 813 6 288253
E-Mail: info@naui.org
Website: www.naui.org

CMAS World Underwater Federation
CMAS - Viale Tiziano 74
00196 Roma Italy
Tel: 0039 6 36 858480
Fax: 0039 6 36 858490
E-Mail: cmasmond@tin.it
Website: www.cmas.org

DAN: Divers Alert Network
P.O. Box 3823 , 27710
Durham North Carolina USA
E-Mail: info@dan-dive.com
Website: www.dan-dive.com

Information und Beratung

Diver's Guide Tauchreisen
Dockenhudener Str. 14
22587 Hamburg
Tel: 040 866 0670
Fax: 040 866 06777
tauchen@divers-guide.de
www.divers-guide.de

Schöner Tauchen
Hastedter Heerstr. 211
28207 Bremen
Tel: 0421 450 010
Fax: 0421 450 080
www.schoener-tauchen.com

Böblingen 71034
Die Taucher Tauchreisen
Wilhelmstr. 27
Tel: 07031 225904
Fax: 07031 226754
dietaucher@dietaucher.com

Mainz 55124
Uni Sun CPI Deutschland
An der Fahrt 13
Tel: 06131 968516
Fax: 06131 968511
Website: www.unisun.de

Botschaften

Deutsche Botschaft in Papua-Neuguinea
Port Moresby
2nd Floor Pacific View
Apartments, Pruth Street 3
Mile Hill Port Moresby
Tel: 00675 2352971
Fax: 00675 3251029

Botschaft in Deutschland
Papua-Neuguinea
Moltkestr. 44-46
53173 Bonn
Tel: 0228 935610
Fax: 0228 375103

Fluggesellschaften

Air Niugini & Papua Neuguinea
Kaiserstr. 47
60329 Frankfurt
Tel: 069 634095
Fax: 069 6313332

Qantas Airways
Frankfurt am Main
Tel: 01803250630
Fax: 01805250639
www.qantas.com

South Pacific Ocean
Salomon slands
Solomon Sea
Coral Sea
Bismarcksee
Gulf of Papua
Torres Strait
Australia
Mussau Island
Loliang
New Hanover
Lorangau
Manus Island
Meterran
Kavieng
New Ireland
Silom
Namatanai
Rabaul
Lambon
Pondo
Sampun
Buku Island
Sohano
Kieta
Hoskins
Kimbe
Gasmata
Waku
Gloucester
Umboi
Manam I.
Bogia
Madang
Wewak
Vanimo
Mount Hagen
Kundiawa
Goroka
Lae
Wau
Kerema
Manau
Baimuru
Kikori
Balimo
Sewerimabu
Daru
Popondetta
Port Moresby
Cap Rodney
D'Entrecasteaux Islands
Alotau
Suau
Samarai
Tagula Islands
N
S
W
E
200 km

Geographische Lage:
Papua-Neuguinea umfasst den Ostteil der Insel Neuguinea sowie etwa 600 kleinere Inseln vor den Küsten. Das Gebiet erstreckt sich bis zu den westlichen Salomonen. Die Westhälfte der Hauptinsel gehört zu Indonesien. Sie liegt im Südpazifik, 150 km nördlich von Australien und besteht vorwiegend aus tropischem Regenwald, dem Zentralgebirge mit aktiven Vulkanen und Sumpfgebieten im Süden. Bei den umliegenden Inseln handelt es sich vorwiegend um Korallenriffs.

Klima:
Es ist tropisch heiß und feucht, Niederschläge fallen das ganze Jahr über. Rabaul 27,5°C / 2256 mm, Mandang 27,3°C / 3484 mm. Bei Reisen nach Papua-Neuguinea besteht ein erhöhtes Sicherheitsrisiko. Von einem Besuch wird jedoch nicht dringend abgeraten.

Hauptreisezeit:
In den Monaten Mai bis Juni und September bis Oktober sind die Niederschläge am geringsten.
Regenzeit ist von Dezember bis Anfang Mai, entlang der Küste fällt der meiste Regen zwischen November und März, an der Nordküste zwischen April und Oktober.

Einreise:
Es besteht Visumzwang, Touristen können für einen Aufenthalt bis zu 30 Tagen ein Visum bei Ankunft am Flughafen Port Moresby erhalten; Einreisende müssen im Besitz ausreichender Geldmittel für den Aufenthalt und der erforderlichen Rück- oder Weiterreisetickets sein.

Verkehr:
Straßen gibt es nur unmittelbar an der Küste, ins Inland führt lediglich eine Straße von Lae nach Mount Hagen. Der Inlandsverkehr, auch zu den kleineren Inseln, wird durch Flugzeuge bestritten, zwischen den Inseln gibt es zudem diverse Schiffs- und Bootsverbindungen. Neben einer Vielzahl von lokalen Flugplätzen gibt es einen internationalen Flughafen in Port Moresby (POM) mit Verbindungen nach Australien sowie nach Singapore, Hong Kong und Manila.

Verkehrsmittel:
Die Straßenverhältnisse sind schlecht, im Landesinnern fast nur Schotterstraßen, die in der Regenzeit Allradantrieb erfordern. Regelmäßiger Busverkehr auf dem Highlands Highway von Lae über Kainantu nach Goroka, Mount Hagen, Mendi und Wabag, keine Eisenbahn. Nahezu alle Orte sind mit kleineren Flugzeugen zu erreichen, internationaler Flughafen Jackson Airport 8 km von Port Moresby. Bootsausflüge und Bootstouren sind ohne Schwierigkeiten möglich.

Madang:
Im Nordosten Neuguineas an der Bismarck Sea liegt die Hafenstadt Madang, dort befinden sich mehrere schöne Korallenriffs.

Tauchplätze:
In der Nähe von Madang befinden sich mehrere hervorragende Riff-Tauchplätze, u.a. Planet Rock, Magic Passage, Banana Rock, Eel Gardens, Barracuda Point, Le Jean Point, Pig Point, Rasch Passage, Chimney, Sek Passage und Pig Passage. Weitere interessante Tauchplätze liegen in den Lagunen an der Nordküste, u.a. Lighthouse Point, Quarry, Blow Hole und Hole in the Wall.

Wracks:
In den Gewässern vor Madang liegen unzählige Wracks, von denen einige gut betauchbar sind, u.a. Henry Lieth (Frachter in 18 m), Coral Queen (Frachter in 32 m), Sepik Reliance (in 35 m), Ninsa II (Frachter in 15–25 m), Kopal (Frachter in 30 m), die USS Boston, ein

Philippinen

Hauptstadt	Manila
Einwohner	1,6 Mio.
Entf. v. Frankfurt/M.	10.266 km
Währung	Philippinischer Peso, P
Amtssprache	Tagalog, Englisch
Telefonvorwahl v. D	00 63
Telefonvorwahl n. D	00 49
Verkehr	Rechtsverkehr
jährl. Touristenzahl	1,2 Mio.
Elektr. Strom	220 V / 50 Hz
Visum	D: nein, A-CH: ja
Flughäfen	Manila (MNL)

Tauchregionen:
Batangas
Mindoro
Cebu
Negros
Palawan

Zeitverschiebung: MEZ + 7
Fläche: 300.000 km²
Einwohner: 66,2 Mio.

Tauchsicherheit

PHILIPPINE CMAS INSTRUCTORS ASSOCIATION PCIA
Robelle Mansion, 877 J. P.
Rizal Street 1200 PHILIPPINES
Tel: 0063 2 899 7388
Fax: 0063 2 899 7393
Email : cmas@divephil.com
Website: www.divephil.com

PADI International USA
1251 East Dyer Road
CA 92705-5605 Santa Ana
Tel: 001 (0) 714 5 40 72 34
Fax: 001 (0) 714 5 40 26 09
E-Mail: info@padi.com
Website: www.padi.com

NAUI Worldwide
FL 33619-2667 Tampa USA
Tel: 001 (0) 813 6 28 62 84
Fax: 001 (0) 813 6 28 82 53
Website: www.naui.org

DAN: Divers Alert Network
P.O. Box 3823 , 27710
Durham North Carolina USA
E-Mail: info@dan-dive.com
Website: www.dan-dive.com

Information und Beratung

Schöner Tauchen
Hastedter Heerstr. 211
28207 Bremen
Tel: 0421 450010
Fax: 0421 450080
www.schoener-tauchen.com

Martin Moxter Tauchreisen
An der Theisenmühle 1
63303 Dreieich
Tel: 06103 65492
Fax: 06103 65491
moxter@moxter.de
www.moxter.de

Diver's Guide Tauchreisen
Dockenhudener Str. 14
22587 Hamburg
Tel: 040 8660670
Fax: 040 86606777
Email: diversg@aol.com

Asia Holiday
Göttingenstr. 10
63654 Büdingen
Tel: 06048 3628
Fax: 06048 1866
www.mediapointe.de/asiaholiday.de

Botschaften

Deutsche Botschaftauf den Philippinen
Manila 6/F Solidbank Building
777 Paseo de Roxa
6F Solidbank-Bldg
Makati 1226 Metro Manila
Tel: 00632 8924906
Fax: 00632 8104703

Botschaft der Philippinen in Deutschland
Argelanderstr. 1, 53115 Bonn
Tel: 0228 267990
Fax: 0228 221968

Fluggesellschaften

Singapore Airlines Ltd.
Frankfurt am Main
Reservierungen
Tel: 069 7195-150
www.singapore-airlines.com

Cathaypacific - Stadtbüro
Feuerbachstraße 26
60325 Frankfurt am Main
Tel: 069 71008 - 800
reservierung@cathaypacific.de
www.cathaypacific.com

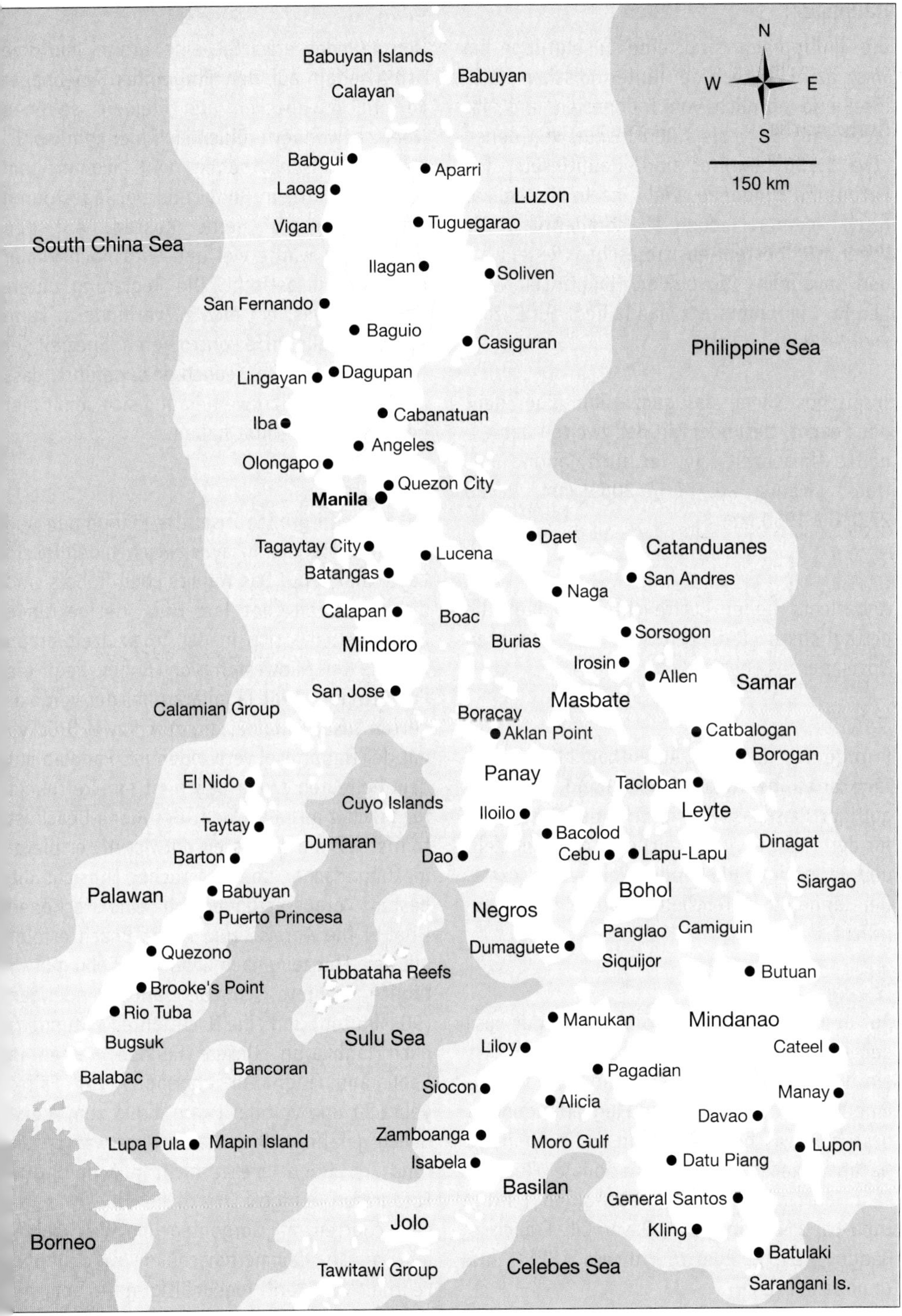
N
W
E
S
150 km
Babuyan Islands
Babuyan
Calayan
Babgui
Aparri
Laoag
Luzon
Vigan
Tuguegarao
South China Sea
Ilagan
Soliven
San Fernando
Baguio
Casiguran
Philippine Sea
Lingayan
Dagupan
Cabanatuan
Iba
Angeles
Olongapo
Quezon City
Manila
Daet
Tagaytay City
Lucena
Catanduanes
Batangas
San Andres
Naga
Calapan
Boac
Sorsogon
Mindoro
Burias
Irosin
Allen
Samar
San Jose
Masbate
Calamian Group
Boracay
Aklan Point
Catbalogan
Borogan
Panay
El Nido
Tacloban
Cuyo Islands
Iloilo
Leyte
Taytay
Bacolod
Dumaran
Dinagat
Barton
Dao
Cebu
Lapu-Lapu
Siargao
Palawan
Babuyan
Bohol
Puerto Princesa
Negros
Panglao
Camiguin
Quezono
Dumaguete
Siquijor
Tubbataha Reefs
Butuan
Brooke's Point
Rio Tuba
Manukan
Mindanao
Bugsuk
Sulu Sea
Liloy
Cateel
Balabac
Bancoran
Pagadian
Siocon
Manay
Alicia
Davao
Lupa Pula
Mapin Island
Zamboanga
Moro Gulf
Lupon
Isabela
Datu Piang
Basilan
General Santos
Jolo
Kling
Borneo
Batulaki
Tawitawi Group
Celebes Sea
Sarangani Is.

Geographische Lage:

Die Philippinen sind eine Inselgruppe im Westpazifik, östlich der hinterindischen Halbinsel und nördlich von Indonesien und Malaysia, mit mehr als 7.000 Inseln, von denen etwa 1.500 bewohnt sind. Hauptinseln sind Luzon und Mindanao. Viele Inseln sind vulkanisch, mehrere liegen in Korallenriffs. Die Vegetation besteht aus tropischem Regenwald und Savannen. Die beiden Hauptinseln sind bergig. Die Hauptstadt Manila liegt auf Luzon.

Klima:

Tropisches Klima, das ganze Jahr über heiß und feucht, besonders in der zweiten Jahreshälfte (Regenzeit), in der auch Taifune auftreten. Manila 26,7°C / 2069 mm, Davao 27,0°C / 1930 mm.

Hauptreisezeit:

Angesichts hoher Luftfeuchtigkeit liegt die erträglichste Reisezeit in den Monaten November bis Februar.

Einreise:

Erforderlich für einen Aufenthalt bis max. 21 Tage ist ein bei Ankunft noch mind. 6 Monate gültiger Reisepass (D, A, CH), der Besitz von für den Aufenthalt ausreichenden Geldmitteln und der nötigen Rück- oder Weiterreisetickets. Bei längeren Aufenthalten besteht Visumspflicht.

Verkehr:

Auf den größeren Inseln gibt es ein gut ausgebautes Straßennetz. Zum selber fahren, ist ein internationaler Führerschein erforderlich. Eine Vielzahl von Fähr- und Flugverbindungen bestehen zwischen den Inseln und auch in die Nachbarstaaten. Der internationale Flugverkehr läuft via Manila Ninoy Aquino (MNL), Lapu-Lapu Mactan (NOP), Davao City Francisco Bangoy (DVO), Puerto Princesa (PPS) und Zamboanga (ZAM).

Tauchen:

Den Taucher erwartet eine große maritime Artenvielfalt auf den Philippinen. Liebhaber von Nacktschnecken und kleinen, seltenen Meeresbewohnern fühlen sich hier sehr wohl. Wer Großfische sehen will, kommt am Tubbataha Riff, in Bohol und bei Tagestouren ab Boracay auf seine Kosten. Auf den Philippinen wurde viel und wird noch immer mit Dynamit gefischt. Die Regierung unternimmt einiges, um dies zu verhindern, kann aber nicht alle Riffe kontrollieren. Speziell der Tauchtourismus hat jedoch dazu geführt, dass die Riffe geschützt werden und sich somit hier besonders gut erholt haben.

Bohol:

Ist die zehntgrößte Insel der Philippinen und liegt im Süden der Visayas zwischen den Inseln Leyte und Cebu. Das Wahrzeichen Bohols sind die bekannten Chocolate Hills, riesige runde Grashügel, die sich in der Trockenzeit braun färben. Im Südwesten von Bohol liegt die Provinzhauptstadt Tagbilaran mit der vorgelagerten Insel Panglao, die durch zwei Brücken mit der Hauptinsel verbunden ist. Panglao mit dem beliebten Alona Beach ist ein Treffpunkt für Taucher aus aller Welt. Der Alona Beach ist touristisch am weitesten entwickelt, er bietet in kulinarischer und sportlicher Hinsicht die besten Voraussetzungen für einen schönen Urlaub. Die Anreise zum Alona Beach erfolgt mit dem Flugzeug nach Cebu. Von Cebu gibt es täglich mehrere schnelle Fährverbindungen (90 Minuten) und eine Nachtfähre (4 Stunden) nach Tagbilaran. Unsere Kunden werden in Cebu am Flughafen abgeholt, zur Fähre gebracht und von der Fähre direkt zum Alona Beach gefahren. Die intakte Unterwasserwelt rund um Bohol bietet nicht nur dem UW-Fotografen einiges: Herrliche Unterwasserlandschaften mit Gorgonien und Weichkorallen, große Hammerhaischulen werden von Februar bis April regelmäßig gesehen. Der

Fisch- und Artenreichtum an den Riffen macht das Tauchen vor Panglao zu einem wunderschönen Erlebnis. Absolut empfehlenswert ist ein Nachttauchgang direkt am Riff.

Fauna:

Skorpionfische, Drückerfische, Kardinalfische, Clownfische, Papageifische, Süßlippen, Zackenbarsche, Krötenfische, Muränen, Drachenköpfe, Thunfische, Mantas, Haie, Sepien, Nacktschnecken, Garnelen, Korallen, Anemonen, Einsiedlerkrebse, Seeigel, Seekobras und Nesselquallen.

Bohol Island

Atlanris Dive Center, Alonabeach, Panglao Is.
Owner: Kurt Bieselmann
Ph: + 63 38 2353007 Fax: no reply
E-Mail: atlantis.gmbh@t-online.de
Website: www.atlantis.de
Organisation: PADI, NAUI, SSI, CMAS
Language: German, English
Season: 01.01. - 31.12.

6340 Bohol Island

Genesis Divers, Alona Beach,
Tawala, Panglao Island
Owner: Giso Stuhldreher
Ph: + 63 918 7708434 Fax: + 63 918 5166075
E-Mail: genesis@cebu.webling.com
Website: www.genesisdivers.com
Organisation: PADI
Language: German, English
Established: 1994 Season: 01.01. - 31.12.

Bohol, Panglao Island

Bohol Beach Club, Panglao Island
Ph: + 63 38 411 5222 Fax: + 63 38 411 5225
E-Mail: bbclub@mozcom.com
Organisation: PADI Language: English
Established: 1989 Season: 01.01. - 31.12.

Boracay Island:

Eines der bekanntesten Reiseziele auf den Philippinen ist die Insel Boracay. Die Anreise nach Boracay erfolgt mit dem Flugzeug von Manila nach Kalibo oder Caticlan auf der Insel Panay. Von Kalibo geht es mit dem Bus nach Caticlan (ca. 90 Minuten) und dann mit dem Auslegerboot zur Insel Boracay. Die kleine, nur 7 km lange und an der schmalsten Stelle nur einen Kilometer breite Insel liegt nördlich der Insel Panay. Einer der schönsten Strände Südostasiens ist der White Beach auf Boracay, dieser kilometerlange, palmenbestandene Strand bietet Nightlife einerseits, auf der anderen Seite findet man aber auch ruhige, beschauliche Plätze. Am Strand von Boracay liegen unzählige Unterkünfte, Restaurants und verschiedene Tauchschulen. Empfehlenswert ist Sonntags ein Tagesausflug nach Caticlan, dann ist Markttag, und es werden Hahnenkämpfe veranstaltet.

Tauchplätze:

Boracay ist nicht das bekannteste Tauchziel der Philippinen, die Touristen kommen hauptsächlich wegen des schönen Sandstrands. Trotzdem waren wir überrascht, dass es bereits wenige Minuten vom Strand entfernt sehenswerte Dinge gibt wie z.B. die große Vielfalt an Nacktschnecken. Der bekannte Yapak Point, am westlichen Zipfel der Insel gelegen, bietet eine schön bewachsene Steilwand, die in ca. 30 m Tiefe beginnt; hier sind Haie und Barrakudas keine Seltenheit.

Fauna:

Skorpionfische, Drückerfische, Kardinalfische, Clownfische, Haie, Papageifische, Süßlippen, Muränen und Nacktschnecken.

Aklan 5608 Boracay Island
Calypso Diving School International
Manggayad, Boracay Island, Malay
Ph: + 63 36 2883206 Fax: + 63 36 2883478
Organisation: 5*PADI Language: English
Season: 01.01. - 31.12.

Aklan Boracay Island
Aquarius Diving
Owner: Andreas Haberl
Balabag, Boracay Island, Malay
Ph: + 63 36 288 3132 Fax: + 63 36 288 3189
E-Mail: aquarius@boracay.i-next.net
Website: www.phildive.com
Organisation: PADI
Language: English, German
Established: 1990 Season: 01.01. - 31.12.

Aklan 5608 Boracay Island
Dive Right Diving Center
Owner: Mark Bush
Boracay Island, Malay
Ph: + 63 36 2883660 Fax: + 63 36 2883660
E-Mail: divepro@yahoo.com
Website: www2.mozcom.com/~diving
Organisation: PADI
Language: German, English
Season: 01.01. - 31.12.

Aklan 5608 Boracay Island
Red Coral Diving School
Owner: Mike R. Labatiao
Baracay Island, Malay
Ph: + 63 36 288 3673 Fax: + 63 36 288 3486
E-Mail: redcoral_boracay@yahoo.com
Organisation: PADI Language: English
Established: 1995 Season: 01.01. - 31.12.

Malay Aklan 5608 Boracay Island
Victory Divers, Boracay Island
Owner: Victor Ocskai
Ph: + 63 2 6342629 Fax: + 63 2 8920357
E-Mail: victory@boracay.i-next.net
Website: www.pny-web.i-next.net/~victory
Organisation: PADI, INTD
Language: German, English
Established: 1992 Season: 01.01. - 31.12.

Malay Aklan 5608 Boracay Island
Aqua Life Divers Academy
Angol Boracay Island
Ph: + 63 2 2639 Fax: + 63 2 92257
Organisation: PADI Language: English
Established: 1990 Season: 01.01. - 31.12.

Malay Aklan Boracay Island
Beach Life Diving Center
Boracay Island
Ph: + 63 36 288 3401 Fax: + 63 36 288 3401
E-Mail: bldive@boracay.wequest.com
Organisation: PADI Language: English
Established: 1994 Season: 01.01. - 31.12.

Manoc Boracay Island Boracay Island
Ocean Deep Boracay
Queens Resort, Manoc
Ph: + 63 36 288 3118 Fax: + 63 72 414 440
Organisation: PADI Language: English
Established: 1996 Season: 01.01. - 31.12.

Cebu Island:

Eine schöne und interessante Insel, westlich von Negros und östlich von Bohol gelegen. Die Tauchgebiete liegen hauptsächlich auf den umliegenden Kleinstinseln.

Tauchplätze:

Die besten Tauchgebiete gibt es bei Mactan unmittelbar südlich von Cebu City und Moalboal. Weitere Möglichkeiten bestehen auf den umliegenden Kleinstinseln, u.a. Olango Islands, Panganan Islands, Caohagan Island, Lassuan Island, Pescador Islands, Badian Islands und Bantayan Islands sowie bei den Inseln Balicasag, Cabilao und Panglao vor Bohol.

Fauna:

Skorpionfische, Drückerfische, Kardinalfische, Clownfische, Papageifische, Süßlippen, Zackenbarsche, Krötenfische, Muränen, Drachenköpfe, Thunfische, Mantas, Haie, Sepien, Nacktschnecken, Garnelen, Korallen, Anemonen, Gorgonien, Einsiedlerkrebse, Seeigel, Anemonenkrabben, Seekobras und Nesselquallen.

Badian Cebu
Badian Diving Center
Badian Island Beach Hotel
Ph: + 63 32 254 6309 Fax: + 63 32 254 7429
Organisation: PADI Language: English
Established: 1990 Season: 01.01. - 31.12.

6032 Cebu
Savedra Resort
Owner: Karl H. Epp
Panagsama Beach, Moalboal
Ph: + 63 32 4740014 Fax: + 63 32 47400137
E-Mail: seas@mazcom.com
Organisation: PADI
Language: German, English, Italian
Established: 1982 Season: 01.01. - 31.12.

6000 Cebu
Liquid Assets
Cebu Grand Hotel Complex, Escario
Ph: + 63 32 254 6359 Fax: + 63 32 231 4980
Organisation: PADI
Language: English
Established: 1993 Season: 01.01. - 31.12.

Lapu City 6015 Cebu
Scotty's Dive Center
Shangri-La's Mactan Island Resort
Ph: + 63 32 231 0288 Fax: + 63 32 231 5075
E-Mail: scotty@mozcom.com
Organisation: PADI
Language: English
Established: 1993 Season: 01.01. - 31.12.

Lapu Lapu Mactan Island 6015 Cebu
Tambuli Beach Club, Buuong Beach
Ph: + 63 32 253 7901 Fax: + 63 32 253 1545
E-Mail: tambuli@mozcom.com
Organisation: PADI Language: English
Established: 1990 Season: 01.01. - 31.12.

Lapu-Lapu City 6015 Cebu
P S Q Diver
c/o Cebu Beach Club , Buyong Maribago
Ph: + 63 912501 3429 Fax: + 63 32 3408034
Organisation: PADI Language: English
Established: 1996 Season: 01.01. - 31.12.

Lapu-Lapu City Cebu 6015 Cebu
Kon Tiki Divers, Maribago Beach
Owner: Manfred F. Langer
Ph: + 63 32 492 3203 Fax: + 63 32 340 9935
E-Mail: 7seas@mazcom.com
Organisation: PADI, NAUI, CMAS, VDST, SSI
Language: English, German
Established: 1980 Season: 01.01. - 31.12.

Mandaue City, Cebu Cebu
Aquaventure Cebu Inc.
Mercedes Commercial Complex
Ph: + 63 32 84565 Fax: + 63 32 84565
E-Mail: aquacebu@skyinet.net
Organisation: PADI Language: English
Established: 1994 Season: 01.01. - 31.12.

Moalboal, Cebu 6032 Cebu
Neptune Diving Unlimited, Panagsama Beach
Owner: Jesper Nykust
Ph: + 63 32 2535531 Fax: + 63 32 2535531
E-Mail: info@neptunediving.com
Website: www.neptunediving.com
Organisation: PADI, IANTD
Language: French, German, English
Established: 1995 Season: 01.01. - 31.12.

Luzon:

Die Hauptinsel mit der Haupstadt Manila liegt im Norden des Archipels. Besonders der Süden der Insel ist sehr stark zerklüftet.

Tauchplätze:

Exzellente Tauchmöglichkeiten bestehen an den Kleininseln und Klippen in der Batangas Bay, u.a. Twin Island, Pico Island, Sombrero Island, Caban Island, Maricaban Island, Mapating Rock, Batalan Rock und Merriel's Rock, außerdem im Cathedral Marine Park Sanctuary und am Mato Point in der Janao Bay.

Wracks:

Reste eines Wracks befinden sich am Fuego Point.

Fauna:

Skorpionfische, Drückerfische, Kardinalfische, Clownfische, Papageifische, Süßlippen, Zackenbarsche, Krötenfische, Muränen, Drachenköpfe, Thunfische, Mantas, Haie, Sepien, Nacktschnecken, Garnelen, Korallen, Anemonen, Gorgonien, Einsiedlerkrebse, Seeigel, Anemonenkrabben, Seekobras und Nesselquallen.

Ermita, Manila Luzon
Whitetip Divers
U-206, Joncor II Bldg. 1362, A. Mabini 81
Ph: + 632 5268190 Fax: + 632 5221165
E-Mail: whitetip@info.com.ph
Website: www.whitetip.com
Organisation: PADI Language: English
Established: 1992 Season: 01.01. - 31.12.

Makati 1203 Luzon
SCUBA WORLD
Owner: Juan Wee
1181 Vito Cruz Ext. Corner Kakarong St
Ph: + 63 2 8953551 Fax: + 63 2 8908982
E-Mail: swidive@copass.com.ph
Website: www.scubaworld.com.ph
Organisation: PADI, NAUI, PDIC
Language: English, German, French
Established: 1988 Season: 01.01. - 31.12.

Makati City Manila 1229 Luzon

Miniloc Island Resort El Nido 2/F Builders Ctr Bldg, 170 Salcedo St, Legaspi Village, Makati
Ph: + 63 2 8945644 Fax: + 63 2 8103620
E-Mail: elnidoresort@mailstation.net
Website: www.elnidoresorts.com
Organisation: PADI Language: English
Established: 1981 Season: 01.01. - 31.12.

Manila Luzon

Asia Divers, Ruerto Galera, 57 Gil Puyat Ave, Unit 3 Vilaflor Bldg, Palawa Maket City
Owner: Allan Nash
Ph: + 63 973 865 252 Fax: + 63 973 865 252
E-Mail: admin@asiadivers.com
Website: www.asiadivers.com
Organisation: 5*PADI, IANTD
Language: English, German, French, Swedish
Established: 1985 Season: 01.01. - 31.12.

Manila/ Ermita Luzon

Phil. commission of Diving
Owner: Miralles
T.M. Kalaw Street RIZAL PARK
Ph: + 63 585857 Fax: + 63 503735
Organisation: CMAS Language: English
Season: 01.01. - 31.12.

Quezon City Luzon

Dive Shoppe
G/F Constancia BLDG 71-B Timog Avenue
Ph: + 63 2 9212020 Fax: + 63 2 4136737
E-Mail: diveshop@skyiner.net
Organisation: PADI Language: English
Established: 1995 Season: 01.01. - 31.12.

Mindoro Island:

Mindoro ist die nächstgrössere Insel südlich von Manila. Nahe der bekannten Hafenstadt Puerto Galera gibt es viele Strände und Unterkunftsmöglichkeiten. Die Anreise erfolgt von Manila mit dem Auto nach Batangas und dann mit dem Schiff nach Mindoro und dauert etwa vier Stunden.

Tauchplätze:

Die besten Tauchplätze befinden sich im Apo Reef National Marine Park sowie bei Puerto Galera, einer Bucht im Norden der Insel, u.a. Escarceo Point, Shark Cave und Canyons. Weitere lohnende Tauchplätze sind Coral Garden, Balesteros Point, Big Rock, Batangas Channel, Monkey Beach und Boulders. Durch die ansässigen Tauchschulen sind die Riffe alle gut geschützt und geben einen anschaulichen Eindruck von dem Artenreichtum der tropischen Unterwasserwelt. Wer genau hinsieht, kann viele verschiedene Nacktschnecken und Anglerfische entdecken. Eine schöne Steilwand, starke Strömung und einige Großfische finden Taucher in Verde Island, dieser Tauchplatz wird regelmäßig auf Tagestouren angefahren.

Fauna:

Skorpionfische, Drückerfische, Kardinalfische, Clownfische, Papageifische, Süßlippen, Zackenbarsche, Krötenfische, Muränen, Drachenköpfe, Thunfische, Mantas, Haie, Sepien, Garnelen, Korallen, Anemonen, Gorgonien, Einsiedlerkrebse, Seeigel, Anemonenkrabben, Seekobras und Nesselquallen.

Puerto Galera, Mindoro

Capt'n Gregg's Dive Shop, Sabang Beach
Ph: + 63 912 3065267 Fax: + 63 912 3065267
Organisation: PADI
Language: English
Season: 01.01. - 31.12.

La Union 2500 Mindoro
Ocean Deep Divers
Owner: Tim Aukshun
km 263 National Hiway San Fernando
Ph: + 63 72 8884440
E-Mail: oceandp@lu.csi.com.ph
Organisation: PADI
Language: English
Established: 1981 Season: 01.01. - 31.12.

Oriental 5203 Mindoro
La Laguna Dive Center
Big La Lagune Beach, Puerto Galera
Ph: + 63 912 3065622 Fax: + 63 2 5212393
Organisation: 5*PADI Language: English
Season: 01.01. - 31.12.

Oriental Mindoro
Big Apple Beach Resort
Sabang Beach, Puerta Galera
Ph: + 63 912308 1120 Fax: + 63 912308 1120
E-Mail: big_apple@ginet.net
Organisation: PADI Language: English
Established: 1990 Season: 01.01. - 01.12.

Puerto Galera 5203 Mindoro
Action Divers, Small Laguna Beach
Owner: Ross M. Thomson
Ph: + 63 973 751968 Fax: + 63 2 5223663
E-Mail: info@actiondivers.com
Website: www.actiondivers.com
Organisation: PADI, IANTD
Language: German, English, French
Established: 1993 Season: 01.01. - 31.12.

Puerto Galera Mindoro 5203
Octopus Divers, in Villa Sabang
Owner: Manfred Schmitt and Peter Hubschmid
Ph: +63 917 5620160 Fax: +63912 313 4486
E-Mail: info@octopusdivers.com.ph
Website: www.octopusdivers.com.ph
Organisation: PADI
Language: German, English, Swedish
Season: 01.01. - 31.12.

Negros:
Insel zwischen der Sulu Sea im Westen und der Visayan Sea im Osten. Östliche Nachbarinsel ist Cebu, Hauptort ist Dumaguete City.

Tauchplätze:
Die besten Tauchplätze befinden sich auf der Ostküste (Negros Oriental) im Sumilon Marine Sanctuary, im künstlichen Riff vor Dumaguete, das aus Autoreifen erstellt wurde, und bei den Inseln Apo, Pamicalan und Siquijor.

Fauna:
Skorpionfische, Drückerfische, Kardinalfische, Clownfische, Papageifische, Süßlippen, Zackenbarsche, Krötenfische, Muränen, Haie, Sepien, Nacktschnecken, Garnelen, Korallen, Anemonen, Gorgonien, Einsiedlerkrebse, Seeigel, Anemonenkrabben, Seekobras und Nesselquallen.

Palawan:
Die Insel Palawan liegt im Südwesten de Philippinen. Neben der Hauptinsel gehörer über 1.000 weitere Inseln zur Provinz Palawan die größten davon sind unter anderem di Calamian Gruppe mit ihren Inseln Busuanga Cuilion, und Coron. Palawan hat noch riesig tropische Regenwälder und gilt bei der

Filipinos als das große unzerstörte Naturreservat. Der Süden Palawans ist noch heute recht unsicher, hier gibt es Piraten und Schmuggler. Die besten Plätze für Taucher sind die nördlichen Inseln rund um Busuanga mit einem der größten Schiffsfriedhöfe unter Wasser, das zu Palawan gehörende Tubbathaha Riff mit den wohl besten Tauchplätzen der Philippinen und die Unterwasserwelt rund um El Nido. In der wunderschönen Bacuit Bay an der nördlichen Spitze Palawans liegt El Nido. Die von kleinen Inseln mit Sandbuchten und unzähligen schroffen Kalksteinfelsen geprägte Landschaft gehört für uns zu den schönsten Plätzen der Erde.

Tauchplätze:

Die schönsten Plätze liegen bei den Inseln und Riffs nördlich von Palawan, u.a. Northwest Rocks, Sail Rocks, Kolokoto Rocks, Dumanpalit Island, Pinnacle Rock, Nanga Rock, Framjee Bank und Brown Rock, außerdem am Malajon Island, Kulion Island, Magallanes Rocks, Tara Island, Debatuc Island, Diuaran Island sowie am Hart Reef. Weitere Möglichkeiten gibt es in der Honda Bay nördlich der Hauptstadt, außerdem an den nordöstlich liegenden Cuyo Islands sowie am Tubbataha Reef (mit Marine Park), am Jessie Beazly Reef und am Basterra Reef, alle offshore in der Sulu Sea gelegen.

Fauna:

Skorpionfische, Drückerfische, Kardinalfische, Clownfische, Papageifische, Süßlippen, Zackenbarsche, Krötenfische, Muränen, Drachenköpfe, Thunfische, Mantas, Haie, Sepien, Nacktschnecken, Garnelen, Korallen, Anemonen, Gorgonien, Einsiedlerkrebse, Seeigel, Anemonenkrabben, Seekobras und Nesselquallen.

Negros Island

Atlantis Divecenter, Negros Island
Owner: Thomas Rheinjans
Ph: + 49 931 75634 Fax: + 49 931 886391
E-Mail: atlantis.gmbh@t-online.de
Website: www.atlantis-dive.de
Organisation: PADI, SSI, CMAS
Language: German, English
Season: 01.01. - 31.12.

C-2000 North Palawan

Dive & Trek
No. 15 Clipper Avenue, Bayview Village, Tambo Paranaque
Ph: + 63 2 833 8021 Fax: + 63 2 833 8020
Organisation: PADI Language: English
Established: 1991
Season: 01.01. - 31.12.

North Palawan

Aquaventure In Pamalican
Pamalican
Ph: + 63 2 816 7233 Fax: + 63 2 813 1967
E-Mail: aqua@skyinet.net
Organisation: PADI
Language: English
Established: 1993 Season: 01.01. - 31.12.

Agoho North Palawan Camiguin Island

Genesis Divers
Owner: Giso Stuhldreher
Cave Resort
Ph: + 63 88 3879063 Fax: + 63 88 3879063
E-Mail: genesisc@skynet.net
Website: www.genesdivers.com
Organisation: PADI
Language: English, German
Established: 1997 Season: 01.01. - 31.12.

Geographische Lage:

Polen liegt in Mitteleuropa und grenzt im Westen an Deutschland, im Norden an die Ostsee und Litauen, im Osten an Russland und die Ukraine sowie im Süden an die Tschechische Republik und die Slowakei. Das Land besteht zu weiten Teilen aus Tiefland mit vielen Seen und Hafflandschaften, nur im Süden gibt es Mittelgebirge.

Klima:

Kontinentalklima mit milden Sommern und kühlen Wintern; Niederschläge fallen das ganze Jahr. Warschau 8,1°C / 502 mm, Suwalki 6,2°C / 594 mm, Posen 8,3°C / 528 mm, Krakau 8,6°C / 645 mm.

Hauptreisezeit:

Beste Reisezeit für die Ostsee bzw. für die Masurische Seenplatte sind die Sommermonate Juli und August mit einem Monatsmittel von 18°C.
Für Wintertouristen empfehlen sich die Gebirge im Süden des Landes, das Monatsmittel im Januar liegt bei 3°C.

Einreise:

Reisepass erforderlich; für Kinder unter 16 Jahren Kinderausweis mit Lichtbild oder Eintrag im Elternpass. Touristen müssen 48 Stunden nach Ankunft bei der Meldebehörde angemeldet sein. Die Anmeldung nehmen die Rezeptionen von Hotels und Campingplätzen vor.

Verkehr:

Das Straßen- und Eisenbahnnetz ist gut ausgebaut, es bestehen Anschlüsse zu den Nachbarländern. Die Schifffahrt auf der Ostsee mit Fährverbindungen zu den Anreinerstaaten geht vor allem von Danzig und Stettin, dem wichtigsten Hafen, aus. Internationale Flugverbindungen via Warschau Okecie (WAW).

Verkehrsbestimmungen:

Erforderlich sind Führerschein, Fahrzeugschein und Internationale Grüne Versicherungskarte; empfohlen wird der Abschluss einer Kurzkasko- und Insassenunfallversicherung. Tempolimit innerorts 60 km/h, außerhalb PKW und Motorräder 90 km/h, auf Autobahnen 110 km/h. Die Promillegrenze beträgt 0,2. Im Umkreis von 100 m vor und nach Bahnübergängen besteht Halteverbot. Vom 1. November bis 31. März muss auch tagsüber mit Abblendlicht gefahren werden.

Tauchgebiet Stettin:

Die Tauchgebiete um Stettin herum umfassen die Ostsee und die Pommersche Seenplatte. Lohnende Tauchplätze sind z.B. Jez Czarnoglowy bestehend aus drei Seen und Jez Miedwie, ein südöstlich von Stettin gelegener See der eine max. Tiefe von ca. 48 m erreicht. Weitere gute Tauchplätze finden Sie an der Ostsee.

Augustów ul. 29 1300

Scuba Diving Club in Poland „AMA“
Owner: Jan Dudzinski
Listopada 14/21
Ph: +48 22 826 38 74 Fax: +48 22 826 38 74
E-Mail: Jan Dudzinski akwaaug@polbox.com
Website: www.ama.z.pl
Organisation: CMAS/KDP
Established: 1999

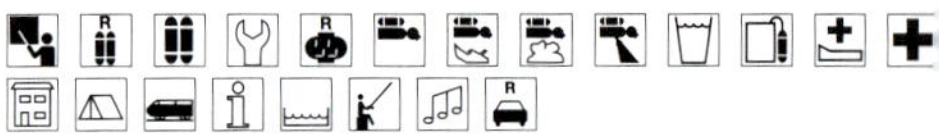

Wroclow 53-227

Ocean Sub, Ul. Inzynierska 17
Ph: + 48 71 632308 Fax: + 48 71 632308
Organisation: PADI
Language: Polish, German, English
Established: 1992
Season: 01.04. - 30.09.

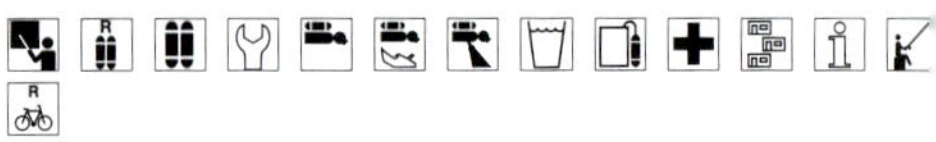

Hauptstadt	Lissabon
Einwohner	690.000
Entf. v. Frankfurt/M.	1.890 km
Währung	Escudo, Esc
Amtssprache	Portugiesisch
Telefonvorwahl v. D	00 351
Telefonvorwahl n. D	00 49
Verkehr	Rechtsverkehr
jährl. Touristenzahl	7 Mio.
Elektr. Strom	220 V / 50 Hz
Visum	nein
Flughafen	Lissabon Portela de Sacavem (LIS)

Tauchregionen:
Atlantischer Ozean
Algarve
Porto
Azoren
Madeira

Zeitverschiebung: MEZ - 1
Fläche: 91.986 km²
Einwohner: 9,9 Mio.

Tauchsicherheit

F.P.A.S. PORTUGUESE UNDER-WATER FEDERATION
Rua Frei Manuel Cardoso, 39
1700 -PORTUGAL
Tel: 00351 1 84.60.174
Fax: 00351 1 84.6 0174
Email : fpas@mail.telepac.pt
ourworld.compuserve.com/homep.

PADI International USA
1251 East Dyer Road
CA 92705-5605 Santa Ana
Tel: 001 (0) 714 5 40 72 34
Fax: 001 (0) 714 5 40 26 09
E-Mail: info@padi.com
Website: www.padi.com

NAUI Worldwide
FL 33619-2667 Tampa USA
Tel: 001 (0) 813 6 28 62 84
Fax: 001 (0) 813 6 28 82 53
E-Mail: info@naui.org
Website: www.naui.org

DAN: Divers Alert Network
P.O. Box 3823 , 27710
Durham North Carolina USA
Website: www.dan-dive.com

Information und Beratung

Portugiesisches Touristik Amt
Schäfergasse 17
60313 Frankfurt
Tel: 069 290549

Diver's Guide Tauchreisen
Dockenhudener Str. 14
22587 Hamburg
Tel: 040 866 0670
Fax: 040 866 06777
tauchen@divers-guide.de
www.divers-guide.de

Schöner Tauchen
Hastedter Heerstr. 211
28207 Bremen
Tel: 0421 450 010
Fax: 0421 450 080
info@schoener-tauchen.com
www.schoener-tauchen.com

AIR AQUA REISEN GmbH
Rüttenscheider Str. 14
45128 Essen
Tel: 0201 790079
Fax: 0201 780750
E-mail: info@airaqua.de
www.atalaia-madeira.com

Botschaften

Deutsche Botschaft
Campo dos Martires
da Patria 38
1000 Lissabon/Portugal
Tel: 003511 8810210

Portugisische Botschaft
Ubierstr. 78
53173 Bonn
Tel: 0228 363011-16

Außenstelle:
Wilhelmstr. 65
10117 Berlin
Tel: 030 229 1388

Fluggesellschaften

Air Portugal (tap)
Frankfurt am Main
Waldschmidtstr, 39
Tel: 069 40579100
www.TAP-AirPortugal.pt

LTU International Airways
Tel: 040 5000031
Fax: 040 5000032
Tel: 02203 40-2151
Website: www.ltu.de

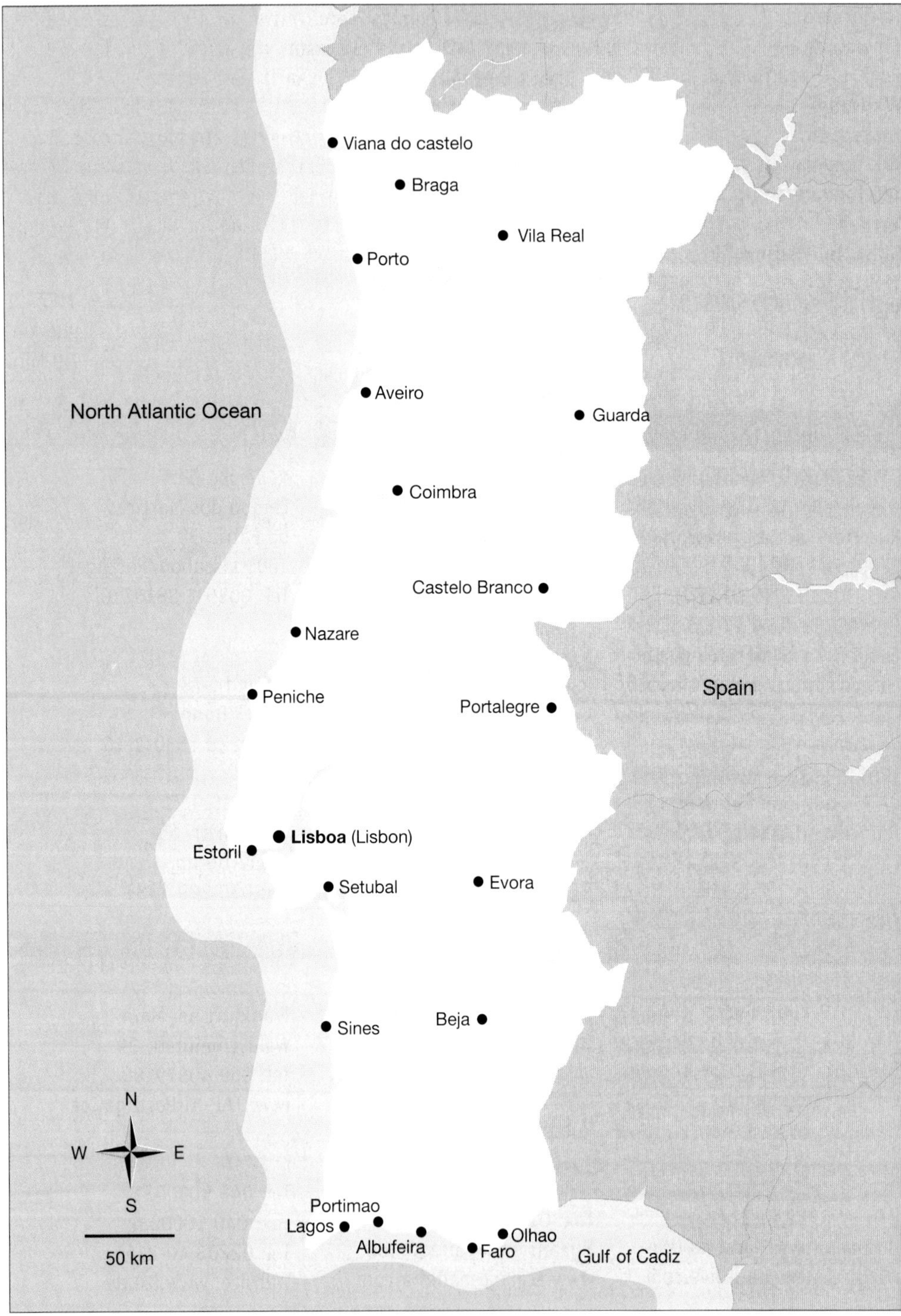
Viana do castelo
Braga
Vila Real
Porto
Aveiro
North Atlantic Ocean
Guarda
Coimbra
Castelo Branco
Nazare
Peniche
Portalegre
Spain
Lisboa (Lisbon)
Estoril
Setubal
Evora
Sines
Beja
N
W
E
S
50 km
Portimao
Lagos
Albufeira
Olhao
Faro
Gulf of Cadiz

Geographische Lage:
Portugal liegt im äußersten Südwesten Europas auf der Iberischen Halbinsel. Im Norden und Osten hat das Land Grenzen zu Spanien, die West- und Südbegrenzung bildet der Atlantische Ozean. Das Landesinnere besteht aus Berg- und Hochland mit Wäldern und landwirtschaftlichen Nutzflächen. Zum Staatsgebiet gehören die Atlantikinseln Madeira und die Azoren. Die größten Städte des Landes sind Lissabon, Porto, Coimbra und Faro.

Klima:
Heiße Sommer und milde Winter, kühlende Westwinde, im Bergland niederschlagsreich.
Lissabon 16,6°C / 708 mm, Porto 14,4°C / 1153 mm, Azoren 17,4°C / 958 mm.

Hauptreisezeit:
Die Algarve und das Gebiet um Lissabon sind aufgrund des milden Klimas ganzjährig Urlaubsziele. Die beste Reisezeit für ganz Portugal liegt in den Monaten April/Mai und September/Oktober.

Einreise:
Gültiger Personalausweis bzw. Reisepass; ein Visum ist für alle Staatsbürger der EU generell nicht erforderlich. Kinder unter 16 Jahren können im Elternpass eingetragen sein oder einen eigenen Kinderausweis mitführen.

Verkehr:
Gut ausgebautes Straßennetz, mehrere Bahnlinien, Verbindungen ins Nachbarland. Schiffsverbindungen auf die Atlantikinseln. Internationale Flughäfen sind Lissabon Portela de Sacavem (LIS), Porto Francisco Sa Carneiro (OPO), Faro (FAO) sowie Funchal auf Madeira (FNC).

Verkehrsbestimmungen:
Führerschein und Fahrzeugschein ausreichend; Mitnahme der Internationalen Grünen Versicherungskarte und Abschluss einer Kurzkasko-Versicherung empfohlen. Tempolimit innerorts 60 km/h, außerorts 90 km/h, auf Autobahnen 120 km/h. Fahrer, die den Führerschein weniger als ein Jahr besitzen, dürfen höchstens 90 km/h fahren. Motorisierte Fahrzeuge haben immer vor Radfahrern und Fuhrwerken Vorfahrt. Die Promillegrenze beträgt 0,5.

Atlantischer Ozean, Algarve:

Südküste mit langen Sandstränden im Osten und Steilküsten im Westen am Golf von Cadiz. Wichtigste Orte sind Faro, Lagos und Sagres auf dem Capo Sao Vicente.

Tauchplätze:
Die besten Tauchgebiete liegen im Westteil der Küste am Golf von Cadiz, am Capo Sao Vicente, bei Ponta di Piedade (mehrere betauchbare Höhlen) sowie bei Albufeira.

Wracks:
Drei Wracks in der Gegend von Praiada Luz.

Fauna:
Drückerfische, Rochen, Conger, Dorsche, Muränen, Hummer, Langusten, Garnelen, Krebse, Seepferdchen, Gorgonien, Schwämme, Nacktschnecken, Röhrenwürmer und Delfine.

Albufeira 8200 Algarve
Atlantic Diving, Praia Dos Averiros Lote 29
Owner: Mike Wall
Ph: + 351 89 587479 Fax: + 351 89 562026
Organisation: PADI, CMAS, BSAC
Language: German, English, Portuguese
Established: 1992 Season: 01.03. - 30.11.

Albufeira 8200 Algarve
Atlantic Diving, Lote 29, Praia dos Aveiros
Owner: Nigel Birelt

Ph: + 351 89 587479 Fax: + 351 89 567479
E-Mail: atlantic-diving@mail.telepac.pt
Website: www.atlantic-diving.com
Organisation: 5*PADI
Language: German, English, Portuguese
Established: 1992 Season: 01.03. - 30.11.

Lagoa Carvoeiro 8400 Algarve

Divers Cove Portugal, Quinta Do Paraiso
Owner: Stefan Bernhard Fend
Ph: + 351 82 356594 Fax: + 351 82 356589
E-Mail: ehr.dental@mail.telepac.pt
Organisation: PADI
Language: German, English, Portuguese
Established: 1992 Season: 01.01. - 31.12.

Lagos Algarve 8600

Sea Sports Centre Algarve
Owner: Detlef Seeger
Rua Jose' da Conceiçao Conde Praia da luy
Ph: + 351 82 789538 Fax: + 351 82 789538
Organisation: PADI, CMAS
Language: English, Portuguese
Established: 1980 Season: 01.01. - 31.12.

Atlantischer Ozean, Porto:

Wichtigste Hafenstadt des Landes, in Nordportugal an der Mündung des Douro südlich der Costa Verde gelegen.

Tauchplätze:

Die Küste in der Region der Hafenstadt weist mehrere gute Tauchplätze auf, u.a. Prego, ein Felsriff, das in 12 m Wassertiefe beginnt und bis auf 21 m hinabführt, an der Lavda-Sandbank nördlich von Porto gelegen, mit einem Gedenkkreuz für einen verunglückten Taucher, sowie Pelo Negro (Felsformation vor Leca da Palmeira Beach) und Olo (Felsriff bei Leixoes).

Wracks:

Interessant sind Navio do Norte (das Wrack der Tiber, ein Dampfer vor Vila Cha in 34 m Tiefe), Charneca (Schlepper in 12 m vor dem Hafen von Leixoes) und U 1277 (WW II-U-Boot in 30 m auf einer Sandbank am Cabo do Mundo).

Fauna:

Conger, Barsche, Hummer, Octopusse, Anemonen.

4050 Porto

C.C.D. Camara Municipal do Porto
Rua. Alves Redol 292
Ph: + 351 2818210 Fax: + 351 28300697
Organisation: CMAS
Language: German, English, Portuguese
Established: 1990 Season: 31.03. - 31.10.

Peniche, Ilhas da Berlenga:

Peniche ist ein Touristenort nördlich von Lissabon. Die kleinen Berlenga-Inseln liegen zusammen mit den Estelas und Farilhoes einige Kilometer vor der Küste.

Tauchplätze:

Es gibt in diesem Küstenabschnitt und besonders an den Kleininseln zahlreiche Höhlen und Grotten im Granitgestein, die einen Tauchgang lohnen.

1400 Lisboa PADI

Centro Portugues, Rua Alto do Duque 45
Ph: + 351 1 301 6961 Fax: + 351 1 302 0356

Hauptstadt	Ponta Delgada
Einwohner	140.000
Entf. v. Frankfurt/M.	2.254 km
Amtssprache	Portugiesisch
Telefonvorwahl v. D	00 351
Telefonvorwahl n. D	00 49
Verkehr	Rechtsverkehr
jährl. Touristenzahl	100.000
Elektr. Strom	220 V / 50 Hz
Visum	nein
Flughafen	Ponta Delgada (PDL) nordela

Tauchregionen:
Insel Pico
San Caetano
Larjes
Sao Miguel
Ilheu Vila Franca
Ponta Galera
Caloura Cerco
French Plateu
Porto Caloura

Zeitverschiebung: MEZ - 2
Fläche: 2.247 km²
Einwohner: 255.000

Azoren:
Die neun Vulkaninseln liegen im Ostatlantik, etwa 1.500 km von der portugiesischen Küste entfernt. Die größte Insel ist Sao Miguel mit dem Hauptort Ponta Delgada. Die meisten Küstenabschnitte sind sehr steil und bestehen vorwiegend aus Lavagestein.

Tauchplätze:
Hervorragende Tauchmöglichkeiten gibt es an der Südküste der Insel Pico, vor allem in der Bucht von San Caetano und bei Larjes. Außerdem gibt es mehrere Plätze an der Hauptinsel Sao Miguel, u.a. bei Ilheu Vila Franca, mit wunderschönen Höhlen und Tunneln, Tauchtiefen bis 20 m. Ponta Galera Tauchtiefen bis 21 m; Halbinsel Caloura: Cerco Tauchtiefen bis 20 m; French Plateu Tauchtiefen bis 22 m; Halbinsel Caloura: Porto Caloura Tauchtiefen bis 15 m.

Wrack:
Dori 20 m tief, liegt vor Atalhada bei Ponta Delgada.

Fauna:
Thunfische, Makrelen, Conger, Lippfische, Eidechsenfische, Papageifische, Drachenköpfe, Kofferfische, Haie, Barrakudas, Delfine, Grindelwale und Pottwale.

Horta Azores 9900 Azores
Aquaticus Dive Center
Alameda Barao de Roches 24
Ph: + 351 92 32430 Fax: + 351 92 32431
E-Mail: aquaticus@mail.telepac.pt
Organisation: PADI
Language: German, English, Portuguese
Established: 1996 Season: 30.04. - 31.10.

Santa Maria Sal Azores
STINGRAY Dive Centre Hotel Belorizonte
Ph: + 351 238411090 Fax: + 351 238 411479
Organisation: PADI
Language: German, English, Portuguese
Season: 02.03. - 03.01.

Sao Miguel Azores
Atlantic aqua sports Agua de Pau, Lagoa
Owner: John Cockshott
Ph: + 351 96 913739 Fax: + 351 96 913639
Organisation: PADI
Language: German, English, Portuguese
Established: 1998 Season: 01.05. - 31.10.

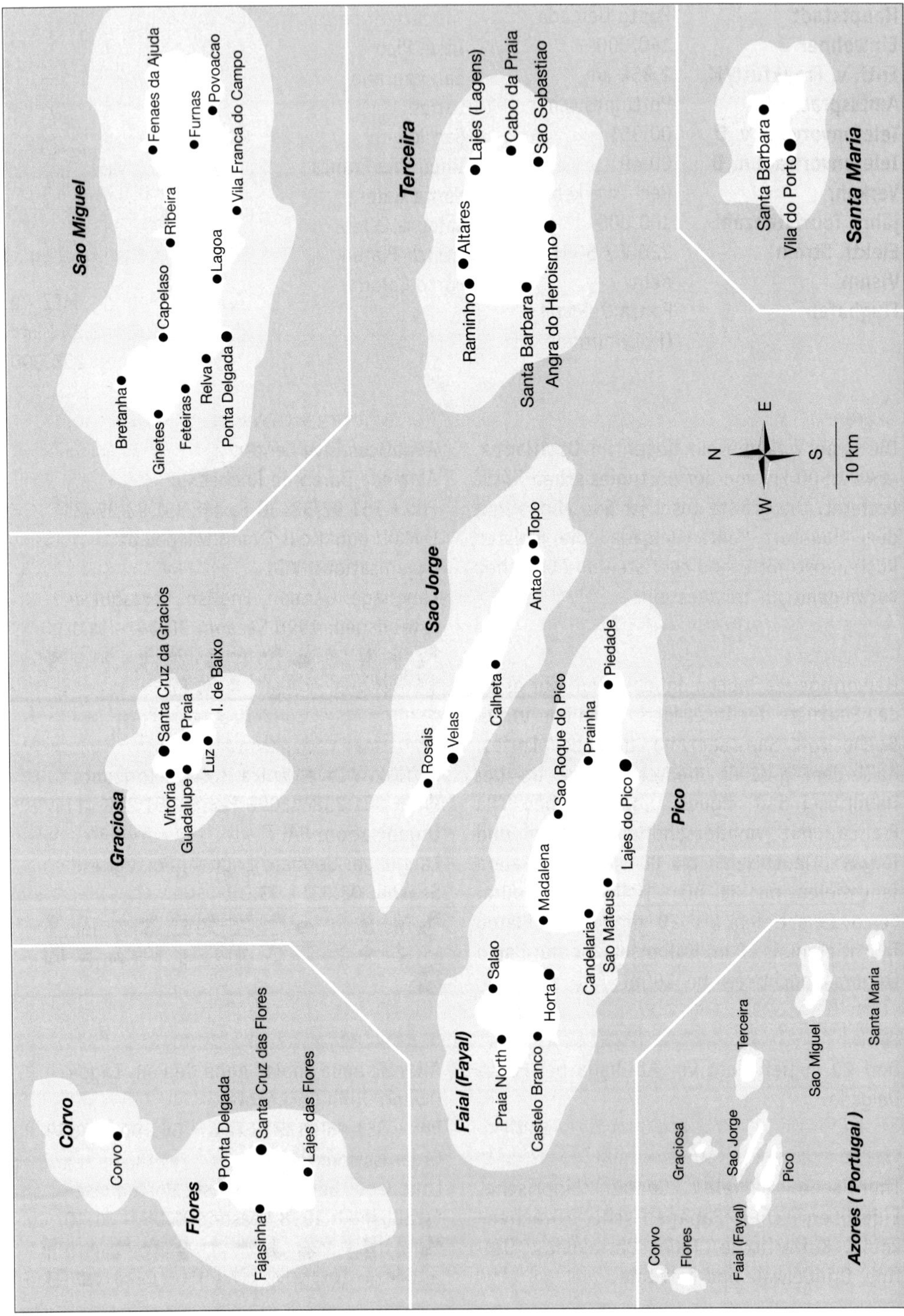
Sao Miguel
Bretanha
Ginetes
Feteiras
Relva
Ponta Delgada
Capelaso
Lagoa
Ribeira
Vila Franca do Campo
Fenaes da Ajuda
Furnas
Povoacao
Terceira
Raminho
Altares
Lajes (Lagens)
Cabo da Praia
Sao Sebastiao
Santa Barbara
Angra do Heroismo
Santa Maria
Santa Barbara
Vila do Porto
N
E
S
W
10 km
Graciosa
Vitoria
Guadalupe
Santa Cruz da Gracios
Praia
Luz
I. de Baixo
Sao Jorge
Rosais
Velas
Calheta
Antao
Topo
Pico
Sao Roque do Pico
Prainha
Piedade
Madalena
Candelaria
Sao Mateus
Lajes do Pico
Faial (Fayal)
Praia North
Castelo Branco
Salao
Horta
Corvo
Corvo
Flores
Ponta Delgada
Santa Cruz das Flores
Lajes das Flores
Fajasinha
Azores (Portugal)
Corvo
Flores
Faial (Fayal)
Graciosa
Sao Jorge
Pico
Terceira
Sao Miguel
Santa Maria

Hauptstadt	Funchal
Einwohner	45.000
Entf. v. Frankfurt/M.	2.858
Amtssprache	Portugiesisch
Telefonvorwahl v. D	00 351
Telefonvorwahl n. D	00 49
Verkehr	Rechtsverkehr
jährl. Touristenzahl	250.000
Elektr. Strom	220 V / 50 Hz
Visum	nein
Flughafen	Funchal (FNC) International

Tauchregionen:
Roca Mar
Canyonriff
Grotte Atalaia
Garajau
T-Riff
Klosterriff
Baixa da Cruz
The Wall

Zeitverschiebung: MEZ - 1
Fläche: 794 km^2
Einwohner: 274.000

Geographischen Lage:

Madeira liegt 450 km von den Kanarischen Inseln , 600 km von Afrika u. 900 km vom portugiesieschen Festland entfernt. Da die Ausläufer des Golfstroms das Klima der Insel bestimmen, ist ewiger Frühling mit einem milden, ausgeglichenem Klima ohne große Temperaturschwankungen angesagt.

Klima:

Januar/Februar bei 18°C Wasser- und 20°C Lufttemperatur, die Höchsttemperaturen bei 23°C Wasser und 27°C Luft im August/September. Es empfiehlt sich, speziell für Berg- und Wanderfreunde, leichte Regenkleidung mitzubringen, da es auch im Sommer in den Bergen (bis 1860 m) öfter regnen kann. Da es auf Madeira keine Sandstrände gibt, haben die Hotels befestigte Strandanlagen und Liegeflächen, sogenannte Lidos, angelegt, die einen leichten Zugang zum Meer gewährleisten.

Tauchplätze:

Bootsfahrten ins Naturschutzgebiet und zu vielen interessanten Tauchplätzen werden überall angeboten. Die Fahrten liegen je nach Entfernung zum Tauchgebiet zwischen 15 und 30 Minuten. Bei ganztägigen Ausfahrten besteht die Möglichkeit zu zwei Tauchgängen. Nacht- und Höhlentauchgänge sind jederzeit möglich. Eigene Lampe nicht vergessen! Die Ausläufer des Golfstroms begünstigen den stark tropischen Charakter der Unterwasser-Fauna. Deshalb gehören Drückerfische, Papageifische, Muränen, Barrakudas, große Zackenbarsche und verschiedene Rochenarten zum normalen Erscheinungsbild. Mit etwas Glück kann man auch Mantas antreffen. Weitere Riffe: Roca Mar, großes Felsenriff, Tauchtiefen von 6 m bis max. 26 m. Canyonriff, Felsriff mit tiefen Canyons und Spalten durchzogen, Riffplatte auf 4 m, max. Tiefe 23 m. Vom Einstieg aus in etwa in sieben Minuten tauchend zu erreichen. Grotte Atalaia, leicht zu betauchende Höhle von etwa 50 m Länge, 20 m Breite, max. Tiefe 15 m, ohne Abzweigungen und einer großen, mit Luft gefüllten Kuppel zum Auftauchen.

Naturschutzgebiet:

Es gibt drei Tauchplätze: 1. Garajau: Gebiet mit dem größten Fischreichtum; große Zackenbarsche, Muränen, Bernsteinmakrelen, Rochen, Schwarmfische, Barrakudas; Tauchtiefe: 10 – 30 m. 2. T-Riff : zwei große, runde, mitten im Sand liegende Felsformationen mit einem Durchmesser von je ca. 40 m, die aus einer Tiefe von 31 m bis auf 9 m aufragen. Große Schwärme von Drückerfischen und

Muränen. 3. Montanha: Tauchgebiet direkt an der Küste, felsiger Untergrund, Tauchtiefen von 3–27 m. Weiterer Tauchplatz: Klosterriff, ca. 300 m langes Riff mit Tauchtiefen zwischen 17 und 36 m.

Baixa da Cruz:
Ein Riff von 4–38 m, ab 30 m bewachsen mit schwarzen Korallen und vereinzelten Peitschenkorallen, Schwarmfische, Barrakudas, Rochen. The Wall, in der Nähe der Küste gelegenes Riff mit einer Steilwand von 16–40 m Tiefe, bewachsen mit schwarzen Korallen; große Conger, Anthiasbarsche und Bärenkrebse.

Caniço de Baixo 9125 Island Madeira

Manta Madeira
Owner: Rainer and G. Waschkewitz
Villa Ventura
Ph: + 351 91 934611 Fax: + 351 91 934680
E-Mail: venturamaderia@mail.pt
www.maderia-web.com/ventura-diving
Organisation: CMAS, VDST
Language: German, English, Portuguese
Season: 01.01. - 31.12.

Caniço de Baixo 9125 Island Madeira

Barakuda Club Atalaia Hotel Roca Mar
Owner: Jörg Braun
Caixa de Correio 403
Ph: + 351 291 934330 Fax: + 351 91 934822
Organisation: PADI, CMAS, Barakuda
Language: German, English, Portuguese
Season: 01.01. - 31.12.

Caniço de Baixo 9125 Island Madeira

Tauchschule Atalaia
Hotel Roca Mar
Ph: + 351 291 934330 Fax: + 351 91 933011
E-Mail: atalaiadiving@mail.telepac.pt
Website: http://www.atalaia-madeira.com/
Organisation: PADI
Language: German, English, Portuguese
Established: 1990 Season: 01.01. - 31.12.

Caniço de Baixo 00351 Island Madeira

Tauchbasis Rainer Waschkewitz
Villa Ventura
Ph: + 351 91 934020 Fax: + 351 91 934680
Organisation: VDST
Language: German, English, Portuguese
Established: 1990 Season: 01.01. - 31.12.

Funchal Madeira 9050 Island Madeira

Tubarao Madeira Mergulho Lda.
Owner: Detlef Charne
Rua do Vale das Neves 73
Ph: + 351 91 794124 Fax: + 351 91 794124
E-Mail: tubarao.madeira@mail.telepac.pt
www.madeira-web.com/tubaraomadeira
Organisation: VDST, SSI, CMAS
Language: German, English, Portuguese
Season: 01.05. - 31.10.

Porto Santo 9400 Island Madeira

Urs Moser Diving Center, Rua J.G. Zarco 5
Owner: Urs Moser
Ph: + 351 91 982162 Fax: + 351 91 982163
Website: www.oliver-witte.de.umdc
Organisation: CMAS, VDST, SUSV
Language: German, English, Portuguese
Established: 1985
Season: 01.05. - 31.10.

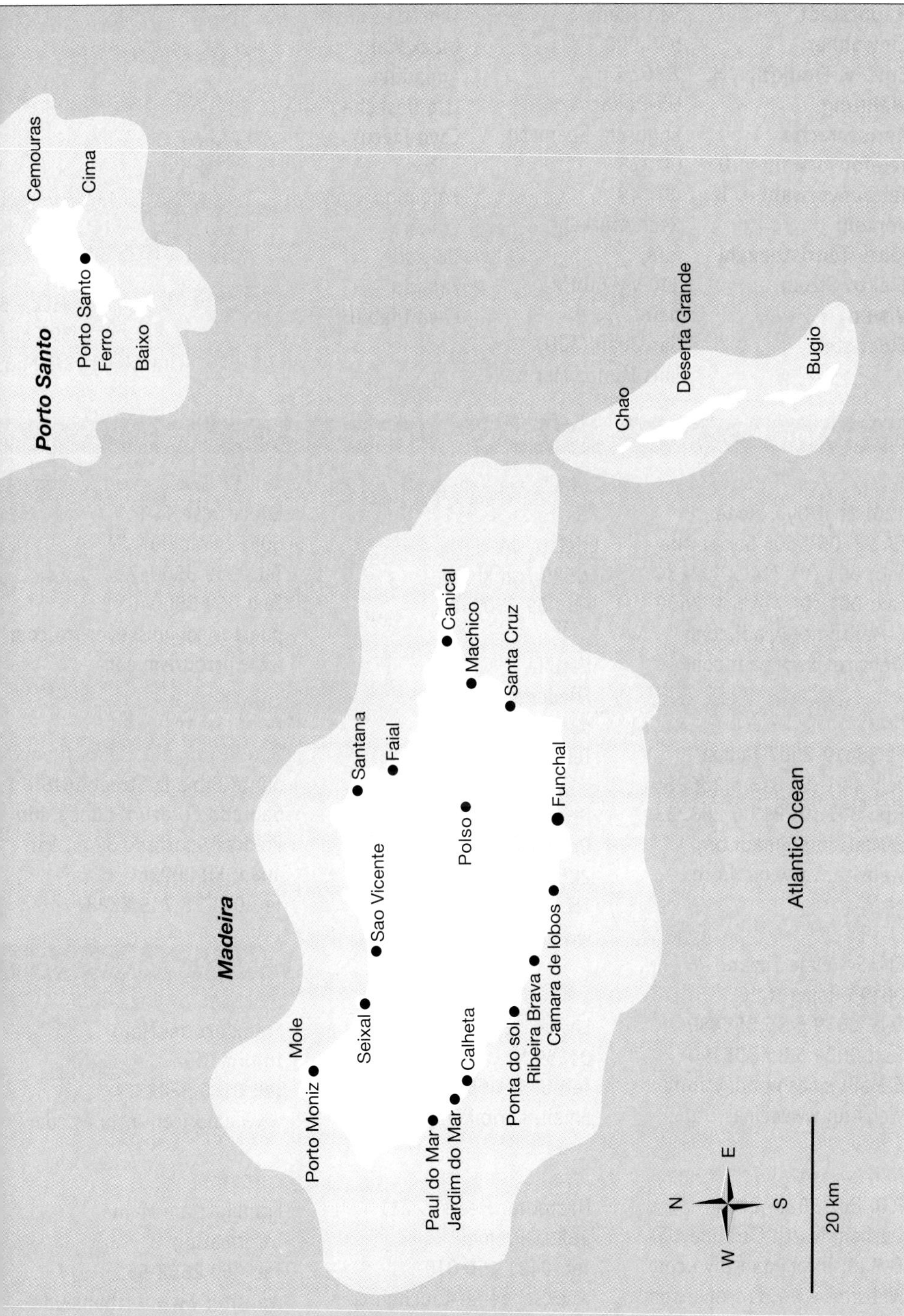
Porto Santo
Cemouras
Cima
Porto Santo
Ferro
Baixo
Deserta Grande
Chao
Bugio
Madeira
Mole
Porto Moniz
Seixal
Sao Vicente
Santana
Faial
Canical
Machico
Santa Cruz
Polso
Funchal
Camara de lobos
Ribeira Brava
Ponta do sol
Calheta
Jardim do Mar
Paul do Mar
Atlantic Ocean
N
E
S
W
20 km

Puerto Rico

Hauptstadt	San Juan
Einwohner	550.000
Entf. v. Frankfurt/M.	7.362 km
Währung	US-Dollar, $
Amtssprache	Englisch, Spanisch
Telefonvorwahl v. D	00 178
Telefonvorwahl n. D	00 149
Verkehr	Rechtsverkehr
jährl. Touristenzahl	k. A.
Elektr. Strom	110 V / 60 Hz
Visum	nein
Flughafen	San Juan (SJU) Luis Munoz Marin

Tauchregionen:
Black Wall
Aguadilla
Isla Desecheo
Cayo Icacos
Lobos
Palomino
Culebra
Dorado
Fajardo
Cayo Diablo

Zeitverschiebung: MEZ - 5
Fläche: 8.897 km²
Einwohner: 3,8 Mio.

Tauchsicherheit

PADI International USA
1251 East Dyer Road
CA 92705-5605 Santa Ana
Tel: 001 (0) 714 5 407234
Fax: 001 (0) 714 5 402609
E-Mail: info@padi.com
Website: www.padi.com

NAUI Worldwide USA
FL 33619-2667 Tampa
Tel: 001 (0) 813 6 286284
Fax: 001 (0) 813 6 288253
E-Mail: info@naui.org
Website: www.naui.org

CMAS World Underwater Federation
CMAS - Viale Tiziano 74
00196 Roma Italy
Tel: 0039 6 36 858480
Fax: 0039 6 36 858490
E-Mail: cmasmond@tin.it
Website: www.cmas.org

DAN: Divers Alert Network
P.O. Box 3823 27710
Durham North Carolina USA
E-Mail: info@dan-dive.com
Website: www.dan-dive.com

Information und Beratung

Fremdenverkehrsamt Puerto Rico
Eifelstr. 14
60529 Frankfurt
Tel: 069 350047

Karibia
Fliederstr. 25
63456 Hanau
Tel: 06181 662860

Diver's Guide Tauchreisen
Dockenhudener Str. 14
22587 Hamburg
Tel: 040 866 0670
www.divers-guide.de

Karibik Inside
Lockwitztalstr. 20
01259 Dresden
Tel: 0351 2055915
Email: karibikins@aol.com

Schöner Tauchen
Hastedter Heerstr. 211
28207 Bremen
Tel: 0421 450 010
www.schoener-tauchen.com

Botschaften

Puerto Rico Tourism Company
Eifelstraße 14A
60529 Frankfurt/M.
Tel: 069 350047
Fax: 069 350040
puertorico@discover-fra.com
www.prtourism.com

Honorarkonsulat der Bundesrepublik Deutschland
Santa Bibiana Street 1618
Sagrado Corazón, Cupey, Rio Piedras Apartado 3746, San Juan, PR 00936
Tel: 001 78 755 8228.

Fluggesellschaften

American Airlines Inc.
Frankfurt am Main
Information
Tel: 0180 3242324
www.american-airlines.com

Lufthansa
Frankfurt am Main
Information
Tel: 069 2552-55
Website: www.lufthansa.de

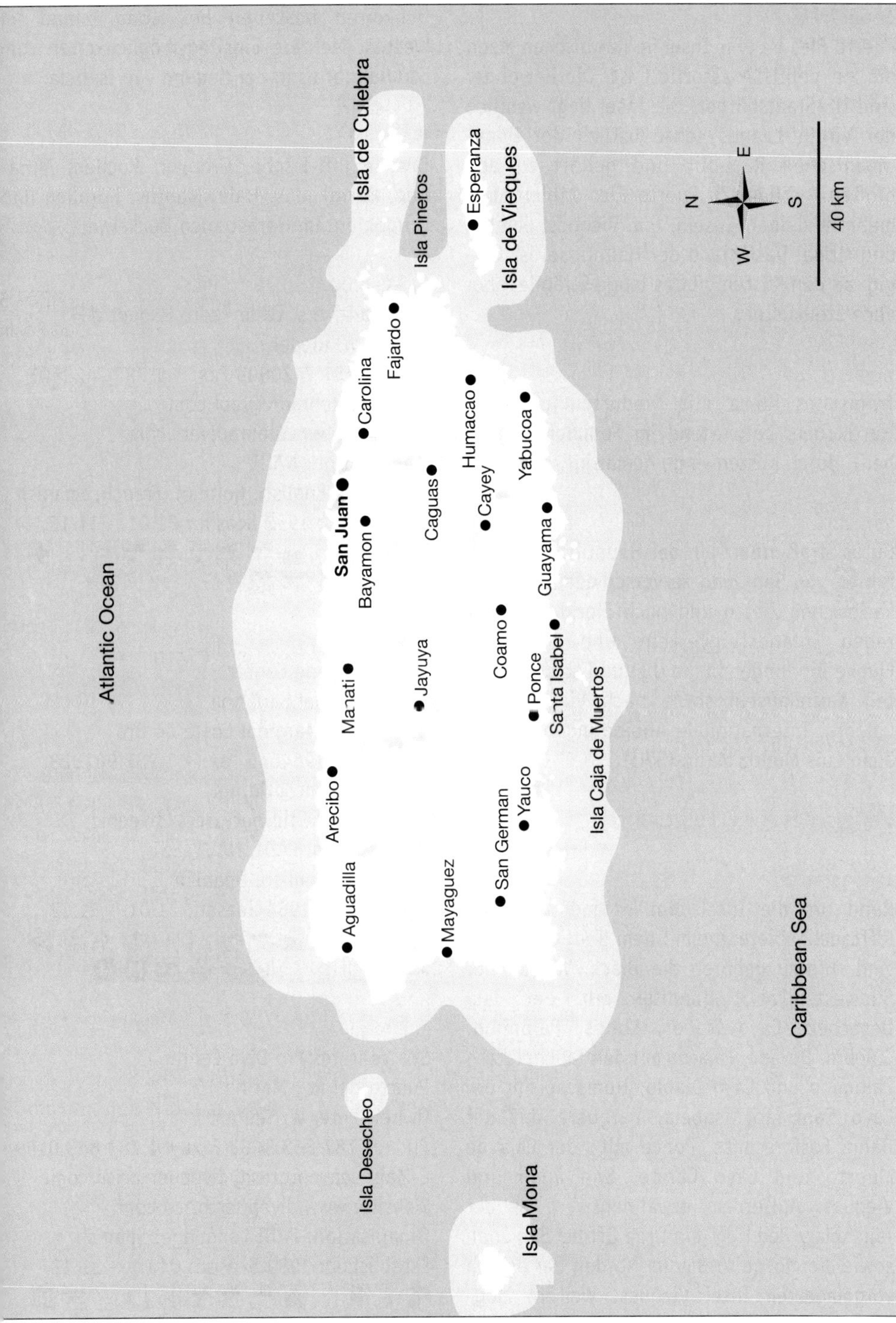
Atlantic Ocean
Isla de Culebra
Isla Pineros
Esperanza
Isla de Vieques
N
E
S
W
40 km
Fajardo
Carolina
Humacao
Yabucoa
San Juan
Caguas
Cayey
Bayamon
Guayama
Coamo
Jayuya
Manati
Ponce
Santa Isabel
Isla Caja de Muertos
Arecibo
Yauco
San German
Aguadilla
Mayaguez
Caribbean Sea
Isla Desecheo
Isla Mona

Geographische Lage:

Puerto Rico ist eine Insel im Karibischen Meer, die mit den USA assoziiert ist. Die Bewohner sind US-Staatsbürger. Die Insel liegt westlich der Virgin Islands sowie östlich der Dominikanischen Republik und gehört zu den großen Antillen. Zu Puerto Rico zählen auch mehrere kleinere Inseln, u.a. Vieques, Culebra und Mona. Das Inland der Hauptinsel ist bergig, an den Küsten gibt es lange Strände, aber auch Steilküsten.

Klima:

Tropisches Klima mit Niederschlägen und Hurrikanen, vorwiegend im Sommer, feuchtheiß, durch Küstenwinde gemäßigt.

Verkehr:

Gutes Straßennetz auf der Hauptinsel. Schiffe fahren von San Juan zu verschiedenen innerkaribischen Zielen und nach Florida. Es gibt regen Inlandsflugverkehr und unzählige Flugverbindungen in die USA und zu den meisten Karibikinseln sowie nach Vieques und Culebra. Internationale Anbindungen via San Juan Luis Munoz Marin (SJU).

Karibisches Meer, Puerto Rico:

Tauchplätze:

Rund um die Insel gibt es mehrere gute Rifftauchgebiete, die mit dem Boot erreichbar sind. Hierzu gehören die Black Wall an der Südwestspitze, Aguadilla mit der Isla Desecheo, Cayo Icacos, Lobos, Palomino, Culebra, Dorado, Fajardo mit den Tauchplätzen Palomino und Cayo Diablo, Humacao mit der Cayo Santiago, Isabela, Parguera mit der Bahía Fosforecente, Ponce mit der Caja de Muerto und Cayo Caribe, San Juan und Vieques. Außerdem erwähnenswert ist der Tauchplatz Red Hog, ein Drop Off bei San Juan sowie die Mosquito Bay im Norden der östlich vorgelagerten Insel Vieques. Weitere Möglichkeiten bestehen bei Mona Island im Westen. Mehrere Einstiegsmöglichkeiten vom Strand gibt es in der Gegend von Isabela.

Fauna:

Diverse Riff-Fische, Grouper, Rochen, Muränen, Barrakudas, Haie, Mantas, Korallen und Gorgonien, im Herbst auch Buckelwale.

Culebra 00775 Puerto Rico

Culebra Divers, Calle Pedro Hsquet # 4
Owner: W. Rieder
Ph: + 1 787 7420803 Fax: + 1 787 7420803
E-Mail: culebradiv@aol.com
Website: www.culebradivers.com
Organisation: NAUI
Language: English, German, French, Spanish
Established: 1990 Season: 01.01. - 31.12.

Dorado 00646 Puerto Rico

Dorado Marine Center
Owner: Miguel Sanabria
B-1 Suite 6 Marginal Costa de Oro
Ph: + 1 787 964645 Fax: + 1 787 967323
E-Mail: divemc@tld.net
Website: www.tld.netTusers/divedmc
Organisation: PADI, NAUI, SSI
Language: English, Spanish
Established: 1984 Season: 01.01. - 31.12.

Fajardo 00738 Puerto Rico

Sea Ventures Pro Dive Center
Puerto Del Rey Marina
Owner: Peter W. Seufert
Ph: + 1 787 863 3483 Fax: + 1 787 863 0199
E-Mail: seaventures@divepuertorico.com.
Website: www.divepuertorico.com.
Organisation: PADI Language: Spanish
Established: 1989 Season: 01.01. - 31.12.

Fajardo 00738 Puerto Rico
Palomino Island Divers
1000 El Conquistador Avenida
Ph: + 1 787 863 1000 Fax: + 1 787 889 3220
E-Mail: ricodi@isppr.com
Organisation: PADI
Language: English
Established: 1990 Season: 01.01. - 31.12.

Humacao 00792 Puerto Rico
Humacao Diver Service Center
Owner: Hans P. Grossen
Ave Font Martelo 15
Ph: + 1 787 8524530 Fax: + 1 787 8504250
Organisation: PADI
Language: English, Spanish, German
Established: 1980 Season: 01.01. - 31.12.

Isla Verde 00929-0043 Puerto Rico
Mundo Submarino
Owner: Luis Torres
Laguna Gardens Shopping Center
Ph: + 1 787 91 5764 Fax: + 1 787 91 5764
E-Mail: mundosub@tld.net
Organisation: 5*PADI
Language: Spanish, English
Established: 1975 Season: 01.01. - 31.12.

Rivera Avenue At Rosales St Puerto Rico
Caribe Aquatic Adventures Radisson
Bormandy Hotel, Owner: Karen Vega
Ph: + 1 787 241882 Fax: + 1 787 236770
Organisation: PADI, NAUI
Language: English, Spanish
Established: 1982

Ponce Playa 00731 Puerto Rico
Gregory's Dive Center
Owner: G. Rivera
Ave Hostos No. 211
Ph: + 1 787 840 6424 Fax: + 1 787 840 6424
Organisation: PADI
Language: English, Spanish
Established: 1993 Season: 01.01. - 31.12.

San Juan 00911 Puerto Rico
Caribbean School Of Aquatics
Owner: Greg Korwek
Taft St. 1 Suite 10 F
Ph: + 1 787 728 6606 Fax: + 1 787 7260848
Organisation: PADI, NAUI, SSI
Language: English, Spanish
Established: 1963 Season: 01.01. - 31.12.

Vieques, PR 00765 Puerto Rico
Blue Caribe Dive Center
Owner: Dennis Johanson
Calle Flamboyan, Esperanza or P.O. Box 1574
Ph: + 1 787 7412522 Fax: + 1 787 7411313
E-Mail: bluecaribe@tropicweb.net
Website: www.enchanted-isle.com
Organisation: PADI, PDIC
Language: English
Established: 1971

Ceiba 00735 Puerto Rico
Ocean Sports
NEX 060-160 Bldg. 467 NS Roosevelt Rd.
Ph: + 1 787 865 4485 Fax: + 1 787 865 4485
Organisation: 5* PADI Language: English
Established: 1990 Season: 01.01.-31.12.

Réunion

Hauptstadt	Saint-Denis
Einwohner	121.952
Entf. v. Frankfurt/M.	9.124 km
Währung	k. A.
Amtssprache	Französisch
Telefonvorwahl v. D	00 262
Telefonvorwahl n. D	00 149
Verkehr	Rechtsverkehr
jährl. Touristenzahl	55.000
Elektr. Strom	240 V / 50 Hz
Visum	nein
Flughafen	Saint Denis de la Reunion Gillot (RUN)

Tauchregionen:
Westküste
Korallenriffe aus
Lavagestein
St. Gilles
St. Leu

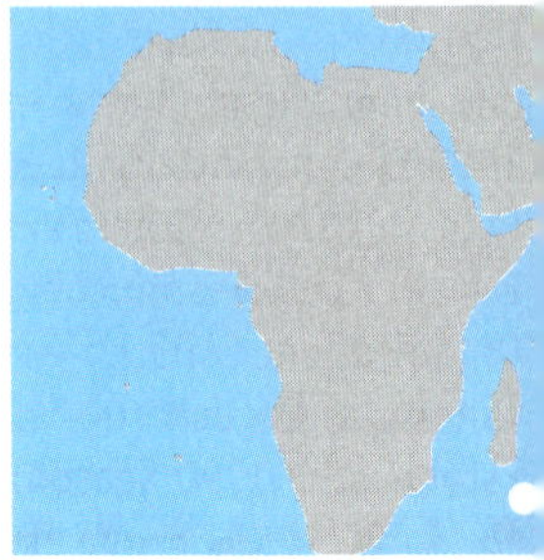

Zeitverschiebung: MEZ + 3
Fläche: 2.513 km²
Einwohner: 654.000

Tauchsicherheit

CMAS Confederation Mondiale des Activites Subaquatiques -
Viale Tiziano 74
00196 Roma Italy
Tel: 0039 6 368 58480
Fax: 0039 6 36 85 84 90
E-Mail: cmasmond@tin.it
Website: www.cmas.org

PADI International USA
1251 East Dyer Road
CA 92705-5605 Santa Ana
Tel: 001 (0) 714 5 40 72 34
Fax: 001 (0) 714 5 40 26 09
E-Mail: info@padi.com
Website: www.padi.com

NAUI Worldwide
FL 33619-2667 Tampa USA
Tel: 001 (0) 813 6 28 62 84
Fax: 001 (0) 813 6 28 82 53
Website: www.naui.org

DAN: Divers Alert Network
P.O. Box 3823 , 27710
Durham North Carolina USA
E-Mail: info@dan-dive.com
Website: www.dan-dive.com

Information und Beratung

Maison de la France
Westendstraße 47
60325 Frankfurt am M
Tel: 069 97580120
Fax: 069 74 55 56
maison_de_la_france@t-online.de
www.maison_de_la_france.com

Diver's Guide Tauchreisen
Dockenhudener Str. 14
22587 Hamburg
Tel: 040 866 0670
Fax: 040 866 06777
www.divers-guide.de

Schöner Tauchen
Hastedter Heerstr. 211
28207 Bremen
Tel: 0421 450 010
Fax: 0421 450 080
www.schoener-tauchen.com

Volkert Touristik GmbH
Freizeitzentrum Roßmühle
97782 Gräfendorf
Tel: 09357 97490
Fax: 09357 1055
Web: www.volker-touristik.de

Botschaften

Deutschland unterhält keine diplomatischen Vertretungen auf Réunion. Zuständig ist:

Deutsche Botschaft
13/15, Avenue Franklin D.
Roosevelt, B F-75008 Paris
Tel: 00 33 1 538 34500
Fax: 00 33 1 435 97418

Botschaft v. Frankreich
Französische Str. 23
10117 Berlin
Tel: 030 204 3990

Fluggesellschaften

AIR FRANCE
Flughafen 6 Frankfurt
Information u. Verkauf
Tel: 069 2566-222
Tel: 069 2566-316
Website: www.airfrance.fr

LTU International Airways
Information u. Verkauf
Tel: 02203 40-2151
Website: www.ltu.de

Geographische Lage:

Das französische Überseeterritorium Réunion liegt östlich von Madagaskar und westlich von Mauritius im Indischen Ozean. Die bergige Vulkaninsel Réunion ist von Korallenriffs umgeben. Die Landschaft besteht aus dichten Wäldern, Savannen und steilen Felsküsten. Die Vegetation ist subtropisch. Es gibt Straßen entlang der Küste und eine Ost-West-Verbindung zwischen St. Benoit und St. Pierre. Internationaler Flugverkehr via Saint Denis de la Reunion Gillot (RUN).

Reunion Westküste:

Tauchen ist nur an der geschützten Westküste möglich. Davor liegen Korallenriffe und Riffe aus Lavagestein wie vor St. Gilles les Bains. Es gibt viele kleine Tauchbasen, die alle zwischen St. Gilles und St. Leu liegen. Weiter nördlich und südlich ist das Meer wieder rauher. Vor St. Gilles gibt es einige Wracks, weitere Tauchmöglichkeiten liegen bei St. Leu. Das Highlight für erfahrene Taucher ist der Tauchplatz Maison verde; hier ist es möglich, bis auf 60 m an einer Steilwand senkrecht hinab zu tauchen, das anschließende Strömungstauchen belohnt die Anstrengung.

Ile De La Reunion F-97424

Malibu Sub, 5 Rue Pere Tabalailler, Pitou St Leu
Ph: + 262 340664 Fax: + 262 340664
Organisation: 5*PADI Language: French, English, Season: 01.01. - 31.12.

Saint Gilles 97434

Corail Plongee, Zone Portuaire
Ph: + 262 243725 Fax: + 262 244638
Organisation: PADI Language: French, English

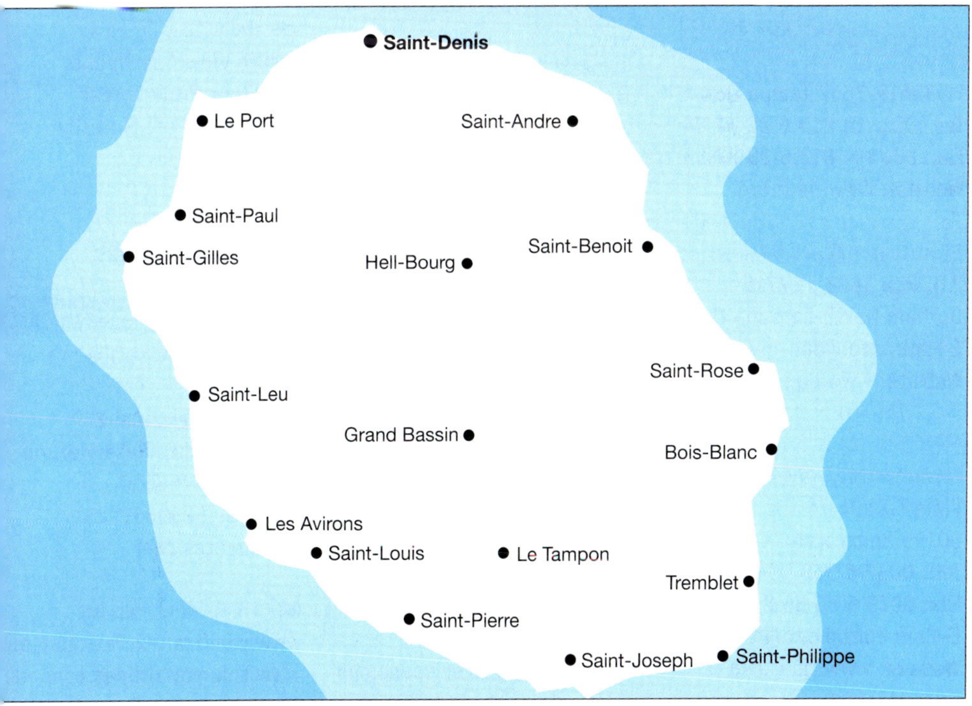

Salomonen

Hauptstadt	Honiara
Einwohner	35.000
Entf. v. Frankfurt/M.	14.769 km
Währung	Salomonen-Dollar
Amtssprache	Englisch
Telefonvorwahl v. D	00 677
Telefonvorwahl n. D	00 49
Verkehr	Linksverkehr
jährl. Touristenzahl	20.000
Elektr. Strom	240 V / 50 Hz
Visum	ja, am Flughafen
Flughafen	Honiara Henderson (HIR)

Tauchregionen:
Coral Sea
New Georgia

Zeitverschiebung: MEZ + 10
Fläche: 27.556 km²
Einwohner: 370.000

Tauchsicherheit

PADI International USA
1251 East Dyer Road
CA 92705-5605 Santa Ana
Tel: 001 (0) 714 5 40 72 34
Fax: 001 (0) 714 5 40 26 09
E-Mail: info@padi.com
Website: www.padi.com

NAUI Worldwide
FL 33619-2667 Tampa USA
Tel: 001 (0) 813 6 28 62 84
Fax: 001 (0) 813 6 28 82 53
Website: www.naui.org

DAN: Divers Alert Network
P.O. Box 3823 , 27710
Durham North Carolina USA
E-Mail: info@dan-dive.com
Website: www.dan-dive.com

CMAS:
World Underwater Federation
Viale Tiziano 74
00196 Roma Italy
Tel: 0039 6 368 58480
Fax: 0039 6 36 85 84 90
E-Mail: cmasmond@tin.it
Website: www.cmas.org

Information und Beratung

Diver's Guide Tauchreisen
Dockenhudener Str. 14
22587 Hamburg
Tel: 040 866 0670
Fax: 040 866 06777
tauchen@divers-guide.de
www.divers-guide.de

Schöner Tauchen
Hastedter Heerstr. 211
28207 Bremen
Tel: 0421 450 010
Fax: 0421 450 080
www.schoener-tauchen.com

Martin Moxter Tauchreisen
An der Theisenmühle 1
63303 Dreieich
Tel: 06103 65492
Fax: 06103 65491
www.moxter.de

Pacific Travel House
Bayerstr. 95
80335 München
Tel: 089 5309293
Fax: 089 532152
www.pacific-travel-house.com

Botschaften

Botschaft der Salomonen
Boulevard Saint Michel 23
P.O. Box 23 B-1040 Brüssel
Tel: 0032 2 732 7085
Fax: 0032 2 732 6895

Deutsche Botschaft
in Papua-Neuguinea
Pacific View Apartments
2nd Floor Pruth Street
3 Mile Hill, Port Moresby
P.O. Box 3631
Boroko/NCD
Tel: 00675 325 2971
Fax: 00675 325 1029

Fluggesellschaften

Solomon via Australia mit
Qantas Airways Ltd.
Flughafen Terminal 2
Information u. Reservierung
Tel: 0180 3250630
Fax 0180 5250639
www.qantas.com

Oder mit den Airlines
www.pacificairexpress.com.au
www.solomonairlines.com.au

Papua New Guinea
Buka
Bougainville
Ontong Java Atoll
Keloma
Kemalu
Pelau
Luangiua
South Pacific Ocean
Roncador Reef
Shortland I.
Fauro
Malevangga
Voza
Ogho
Choiseul
Sasamungga
Panggoe
Treasury Is.
Vella Lavella
Vaghena
Rob Roy
Njoroveto
Gizo
Kukudu
Kolombangara
Suavanao
Ghatere
Dadale
Santa Isabel
Ranongga
Munda
Eghold
Seghe
Vangunu
New Georgia
Kaeranga
Kmagha
Maluu
Ataa
Malaita
New Georgia Islands
Rendova
Nggatokae
San Jorge
Vulavu
Florida Is.
Nggela Sule
Auki
Baunani
Pavuvu
Mbanika
Maravovo
Honiara
Lungga
Rere
Maka
Tarapaina
Walade
Ulawa I.
Guadalcanal
Avuavu
Mbalo
Pio I.
Uki I.
Heuru
Three Sisters Is.
Kirakira
San Cristobal
Hauraha
Santon Ana
Santa Catalina
Solomon Sea
Rennell
Manggautu
Lavanggu
N
E
S
W
100 km

Dhahran 31942 Dhahran
Sharky's Dive Center
Owner: M. Al-Ghanmi
Corniche Road-Alkhobar or P.O. Box 38590
Ph: + 966 3 894 9291 Fax: + 966 3 894 9291
Organisation: 5* PADI
Language: English, Arabic
Established: 1993 Season: 01.05. - 31.12.

Jeddah 21412 Djidda
The Arab Circumnavigator, P.O. Box 4582
Ph: + 966 2 665 1304 Fax: + 966 2 660 8224
Organisation: 5*PADI
Language: English, Arabic
Established: 1993

Jeddah 21432 Djidda
Red Sea Divers Abu Mohsen, P.O. Box 5818
Ph: + 966 2 661 2140 Fax: + 966 2 661 2140
Organisation: 5*PADI Language: English, Arabic
Established: 1994 Season: 01.01. - 31.12.

Jeddah 21492 Djidda
Red Sea Coral Divers
Alkhalidiya Patrol Staion, East Saudi City
Ph: + 966 2 683 1619 Fax: + 966 2 683 7946
Organisation: 5*PADI
Language: English, Arabic
Established: 1992 Season: 01.01. - 31.12.

Jeddah 21462 Djidda
Al Khorayef Diving Center, Medina Rood K9
Owner: Kamale
Ph: + 966 2 6911585 Fax: + 966 2 6914868
Organisation: 5* PADI
Language: English, Arabic
Established: 1990
Season: 01.01. - 31.12.

Jeddah 21499 Djidda
Saudi Divers P.O. Box 40061
Ph: + 966 2 691 7956 Fax: + 966 2 691 7956
Organisation: PADI Language: English, Arabic
Established: 1990 Season: 01.01. - 31.12.

Jeddah 21432 Djidda
Samaco Marine- Happy Divers Box 5968
Ph: + 966 2 6991024 Fax: + 966 26994082
Organisation: PADI
Language: English, Arabic
Established: 1990

Jeddah Djidda
The New Red Sea Divers
Andalus Shopping Centre, Al Hambra District
Ph: + 966 2 660 6368 Fax: + 966 2 660 2064
Organisation: 5*PADI
Language: English, Arabic
Established: 1990

Riyadh Riyadh
Sea & Sun Al Khorayef
Thalatheen Street, Suliemaniya
Ph: + 966 1 403 4376 Fax: + 966 1 403 4376
Organisation: 5*PADI
Language: English, Arabic
Established: 1990

Yanbu Yanbu
Yanbu Divers
Holliday Inn or. P.O. Box 1083
Ph: + 966 4 322 4246 Fax: + 966 4 322 7281
Organisation: PADI Language: English, Arabic
Established: 1991

Hauptstadt	Stockholm
Einwohner	695.000
Entf. v. Frankfurt/M.	1.188 km
Währung	Schwedische Krone
Amtssprache	Schwedisch
Telefonvorwahl v. D	00 46
Telefonvorwahl n. D	00 949
Verkehr	Rechtsverkehr
jährl. Touristenzahl	1 Mio.
Elektr. Strom	220 V / 50 Hz
Visum	nein
Flughafen	Stockholm Arlanda (ARN)

Tauchregionen:
Ostsee
Süßwasserseen

Zeitverschiebung: MEZ
Fläche: 449.964 km²
Einwohner: 8,7 Mio.

Tauchsicherheit

Svenska Sportdykarförbundet
Idrottens Hus S-123 87 Farsta
Tel: 0046 8 605 6375
Fax: 0046 8 605 6372
johan.lampen@sportdykning.rf.se
Website: www.ssdf.se

PADI Nordic
Guilbergs Strandgata 36E
411 04 Goteborg, Sweden
Tel: 0046 31 808840
info@padi.se
www.padi.com

CMAS
World Underwater Federation
Viale Tiziano 74
00196, Roma, Italy
Tel: 0039 6 368 58480
Fax: 0039 6 36 85 84 90
E-Mail: cmasmond@tin.it
Website: www.cmas.org

DAN: Divers Alert Network
P.O. Box 3823 , 27710
Durham North Carolina USA
E-Mail: info@dan-dive.com
Website: www.dan-dive.com

Information und Beratung

Touristik Schweden-Info
Lilienstr. 19
20095 Hamburg
Tel: 040 325513-55
Fax: 040 325513-33

Diver's Guide Tauchreisen
Dockenhudener Str. 14
22587 Hamburg
Tel: 040 866 0670
Fax: 040 866 06777
tauchen@divers-guide.de
www.divers-guide.de

Schöner Tauchen
Hastedter Heerstr. 211
28207 Bremen
Tel: 0421 450 010
Fax: 0421 450 080
info@schoener-tauchen.com
www.schoener-tauchen.com

Poseidon Diving Tours
Frau Claudia Hansen
Classenstieg 21
22391 Hamburg
Tel: 040 5366091
Fax: 040 5363754

Botschaften

Deutsche Botschaft in Schweden
Skarpögatan 9
S- 11527 Stockholm
Tel: 0046 8 6701500

Botschaft von Schweden
Königreich Schweden
Heussallee 2-10 Haus 1
53113 Bonn
Tel: 0228 260020
Außenstelle:
Kurfürstendamm 151
10709 Berlin
Tel: 030 8917091

Fluggesellschaften

SAS SCANDINAVIAN AIRLINES
Am Südpark 10
65451 Kelsterbach
Reservierung u. Information
Tel: 0180 3234023
Website: www.flysas.com

Lufthansa
Frankfurt am Main
Reservierung u. Information
Tel: 069 2552-55
Website: www.lufthansa.de

N
W
E
S
100 km
Norwegian Sea
Kiruna
Lulea
Skelleftea
Umea
Östersund
Sundsvall
Gulf of Bothnia
Finland
Norway
Söderhamn
Gayle
Uppsala
Karlstad
Örebro
Södertälje
Stockholm
Strömstad
Vänersee
Vänersborg
Norköping
Skagerrak
Vättersee
Gotland
Göteborg
Jönkoping
Västervik
Visby
Gotland
Oskarshamn
Borgholm
Halmstad
Kalmar
Öland
Russia
Ängelholm
Hälsingborg
Karlskrona
Sölvesborg
Baltic Sea
Lund
Malmö
Simrishamn
Trelleborg

Geographische Lage:

Schweden liegt in Nordeuropa auf der skandinavischen Halbinsel, östlich von Norwegen und südwestlich von Finnland. Im Süden und Osten grenzt das Königreich an die Ostsee, im Südwesten an das Kattegat, im Nordosten an den Bottnischen Meerbusen. Zu Schweden gehören neben unzähligen Kleininseln wie den Schären vor der Ostküste auch die Ostseeinseln Gotland und Öland. Die Landschaft besteht aus weiten Hochebenen, im Norden mit Mooren und Tundren, die von Flusstälern und Seen zerteilt werden, an der Grenze zu Norwegen entlang zieht sich ein Gebirge, im Süden gibt es seen- und waldreiche Tiefebenen.

Klima:

Die Sommer sind warm und feucht, die Winter kalt und trocken, besonders im Norden wird es sehr kalt. Stockholm 6,6°C / 555 mm, Umea 3,0°C / 601 mm, Göteborg 7,6°C / 670 mm, Malmö 7,9°C / 553 mm.

Hauptreisezeit:

Von Mai bis September in Süd- und Mittelschweden, die Mitternachtssonne in Nordschweden scheint nördlich des Polarkreises von Juni bis Mitte Juli.

Einreise:

Erforderlich sind Personalausweis oder Reisepass (D, A, CH), für Kinder unter 16 Jahren genügen der Kinderausweis oder der Eintrag im Elternpass.

Verkehr:

Schweden verfügt über ein Straßen- und Eisenbahnnetz, das im relativ dicht besiedelten Südschweden sehr gut, in Mittel- und Nordschweden weniger gut ausgebaut ist. Anschlüsse nach Norwegen und Finnland existieren vor allem in den Küstenregionen. Von den großen Hafenstädten Göteborg, Malmö, Stockholm und Helsingborg bestehen Fähr- und Schiffsverbindungen nach Dänemark, Deutschland, Großbritannien, Russland und in die beiden Nachbarländer sowie auf verschiedene Inseln. Auch einige Flüsse und der Göta Kanal, der zwischen Stockholm und Göteborg die Ostsee und die Nordsee verbindet, werden beschifft. Inlandsflugverkehr gibt es über mehrere Flughäfen, internationalen Luftverkehr vor allem via Stockholm Arlanda (ARN) und Göteborg Landvetter (GOT).

Verkehrsbestimmungen:

Erforderlich sind Führerschein und Fahrzeugschein. Tempolimit außerorts entsprechend Beschilderung 70–90 km/h, auf Autobahnen 90–110 km/h. Die Promillegrenze liegt bei 0,2. Auch tagsüber muss mit Abblendlicht gefahren werden, Nebelschlussleuchten verboten; Straßenbahnen haben immer Vorfahrt. Eine durchgehende gelbe Linie am Fahrbahnrand bedeutet Halteverbot.

Tauchplätze:

Die besten Tauchgebiete an der schwedischen Ostseeküste befinden sich in Südschweden in der Region von Malmö, besonders im Oeresund sowie in der Provinz Svealand nördlich von Stockholm im Gebiet der unzähligen Kleininseln, die hier der Küste vorgelagert sind. Eine weitere lohnende Tauchregion ist die Küste südlich von Göteborg am Kattegat (siehe auch den Abschnitt 'Kattegat' unter 'Dänemark').

Binnenseen:

In Schweden gibt es unzählige Binnenseen, die teilweise durchaus lohnende Tauchmöglichkeiten bieten. Die Mehrheit der Bevölkerung Schwedens lebt im Seengebiet, und die Auswahl an Hotels, Campingplätzen und Pensionen auf dem Land ist gut. Ebenen, Wiesen und große Seen bestimmen das Landschaftsbild. Tauchplätze sind auch in den folgenden Orten zu finden: Skara, Karlstad, Lidköping,

Örebro, Askersund, Grythyttan, Rättvik, Leksand, Vadstena, Linköping, Tällberg und Sunne.

Angelholm 262 61

Dyk & Fritid Angelholms Dykarskola
Via Marina 3, Hamnen Skalderviken
Ph: + 46 431 20370 Fax: + 46 431 21651
Organisation: 5*PADI
Language: Scandinavian, German, English
Established: 1992 Season: 01.05. - 31.08.

Boraes 50243

Boras Dykcenter, Brämhultsvägen 14
Owner: Martin Häggström
Ph: + 46 33119902 Fax: + 46 33119902
Organisation: PADI
Language: Swedish, English, Spanish
Season: 01.05. - 01.09.

Boras 50243

Dykkedjan-Boras Dykcenter
Bramhultsvagen 14
Ph: + 46 33 444546 Fax: + 46 33 106101
Organisation: 5*PADI
Language: Scandinavian, German, English
Established: 1992 Season: 01.01. - 31.12.

Gislaved 33233

Tola Sport, Grona Vagen 17
Owner: Tommy Nilsson
Ph: + 46 371 13678 Fax: + 46 371 13678
Organisation: PADI Established: 1985

Göteborg 416 68

Aqualand Diving, Anasvagen 33
Ph: + 46 31 194342 Fax: + 46 31 256095
Organisation: 5*PADI
Language: Scandinavian, German, English
Established: 1990 Season: 01.05. - 30.09.

Göteborg 41252

Kontiki Dykarskola-Tiki Dykcenter
Owner: R. Janemur
Engelbrektsgatan 55
Ph: + 46 31 7111215 Fax: + 46 31 814683
Organisation: 5*PADI
Language: Swedish, English, German, Italian
Season: 01.01. - 31.12.

Hunnebostrand 450 46

Haddock Dive Centre, Södran Strandsatan
Owner: Richard Rabisch
Ph: + 46 521 58813 Fax: + 46 521 67483
E-Mail: haddock.dyk@tilia.com
Organisation: PADI
Language: Swedish, English, German
Established: 1990 Season: 01.05. - 30.09.

Jönköping 55116

Vetterdyk, Oxtor-gatan 20
Owner: Marcus Svenson
Ph: + 46 36165489 Fax: + 46 36166406
Organisation: PADI Season: 01.01. - 31.12.
Language: Swedish, English

Karlstad 653 41

Buddy Divers, Kolvgatan 12
Owner: Henrik Larsson
Ph: + 46 54 186990 Fax: + 46 54 186990
E-Mail: buddy@solstan.com
Website: www.solstan.com/buddy
Organisation: PADI, ANDI

Language: Swedish, English
Established: 1990 Season: 01.01. - 31.12.

Karlstad 652 23

Dykar'n, Hamnpirnsgatan 11
Ph: + 46 54 100180 Fax: + 46 54 100180
E-Mail: info@dykarn.com
Website: www.dykarn.com
Organisation: 5*PADI
Language: Scandinavian, German, English
Established: 1978

Lund 222 25

Lunds Dykarskola, Blekingevagen 2
Owner: Christen Smith
Ph: + 46 46 2119006 Fax: + 46 46 2119006
E-Mail: lundsdyk@settoni.se
Website: www.settoni.se/lundsdyk
Organisation: 5*PADI

Molle 260 42

Blackys Dyk Service, Mollenhassie Camping
Ph: + 46 42 347384 Fax: + 46 42 347729
Organisation: 5*PADI
Language: Scandinavian, German, English
Established: 1990 Season: 01.05. - 31.08.

Ostersund 83127

Z -. Dykesport & AB, Praestgatan 5A
Owner: Per- Anders Bodin
Ph: + 46 63102525 Fax: + 46 63102525
Organisation: 5*PADI
Language: Swedish, English
Season: 01.01. - 31.12.

Skärhamn 471 21

Skärhamns Dykcenter HB
Owner: Johan Groth
Proteviken or Box 34
Ph: + 46 304 674154 Fax: + 46 304 674154
E-Mail: skarhamns-dc@mailbox.calyso.net
Organisation: PADI
Language: Swedish, English
Established: 1992 Season: 01.04. - 30.11.

Solvesborg 29431

Dyk-Ett AB, Hamngatan 1
Owner: Arne Nygren
Ph: + 46 45614166 Fax: + 46 45614160
Organisation: 5*PADI
Language: English, German

Stockholm 11227

Dykhuset
Owner: Olle Sandelin
Kungsgatan 73
Ph: + 46 8 6512233 Fax: + 46 8 6521817
E-Mail: mail@dykhuset.se
Organisation: 5*PADI
Language: Swedish, English , German
Established: 1982 Season: 01.05. - 01.11.

Stockholm 112 21

Scandinavian Scuba Divers
Agnegatan 20
Ph: + 46 8 6504060 Fax: + 46 8 6501046
E-Mail: scubadivers@swipnet.se
Organisation: 5*PADI
Language: Scandinavian, English
Established: 1992
Season: 01.05.-30.09.

Schweiz

Hauptstadt	Bern
Einwohner	130.000
Entf. v. Frankfurt/M.	360 km
Währung	Schweizer Franken, sFr
Amtssprache	D, F, I
Telefonvorwahl v. D	00 41
Telefonvorwahl n. D	00 49
Verkehr	Rechtsverkehr
jährl. Touristenzahl	13 Mio.
Elektr. Strom	220 V / 50 Hz
Visum	nein
Flughafen	Zürich (ZRH)

Tauchregionen:
Bodensee
Zürichsee
Thuner See
Genfer See
Lago Maggiore
Rhein

Zeitverschiebung: MEZ
Fläche: 41.293 km²
Einwohner: 7 Mio.

Tauchsicherheit

SUSV- Schweizer Unterwasser Sport Verband
Pavillonweg 3
3012 Bern
Tel: 0041 (0) 31 3014343
Fax: 0041 (0) 31 8395555
website: www.susc.ch

PADI Europe Switzerland
Oberweilerstrasse 3
8442 Hettlingen
Tel: 0041 (0)52 304 14 14
Fax: 0041 (0)52 3041499
Website: www.padi.com

NAUI Europe
Brunngasse 6
8400 Winterthur
Tel: 0041(0)52 213 0380
Fax: 0041(0)52 213 0382
E-Mail: naui@naui.ch
Website: www.naui.com

DAN: Divers Alert Network
P.O. Box 3823 , 27710
Durham North Carolina USA
E-Mail: info@dan-dive.com
Website: www.dan-dive.com

Information und Beratung

Schweiz Tourismus
Kaiserstraße 23,
60311 Frankfurt a. Main.
Tel: 069 256 0010.
Fax: 069 256 0011-0
www.schweizferien.ch

Die Taucher Tauchreisen
Wilhelmstr. 27
71034 Böblingen
Tel: 07031 225904
Fax: 07031 226754
www.dietaucher.com

Travel Service Kern
Herr Kern Burenstr. 17
70435 Stuttgart
Tel: 0711 822809
Fax: 0711 8264954
Web: www.travel-sk.de

Sport- & Kulturreisen
Seitennäckerstr.16
70378 Stuttgart
Tel: 0711 9534020
Fax: 0711 9534021
sk@partner.de,
Website: www.sk.partner.de

Botschaften

Botschaft der Schweiz
Kirchstraße 13
10557 Berlin
Tel: 030 390 400-0
vertretung@ber.rep.admin.ch

Schweiz Bern
Willadingweg 83,
3006 Bern B
Tel: 0041 31 359 4111

Zürich GK
Kirchgasse 48
8001 Zürich
Tel: 0041 1 265 6565

Fluggesellschaften

Swissair
Am Hauptbahnhof 6
60329 Frankfurt
Tel: 069 24235-213
Website: www.swissair.com

Lufthansa
Frankfurt am Main
Reservierung u. Information
Tel: 069 2552-55
Website: www.lufthansa.de

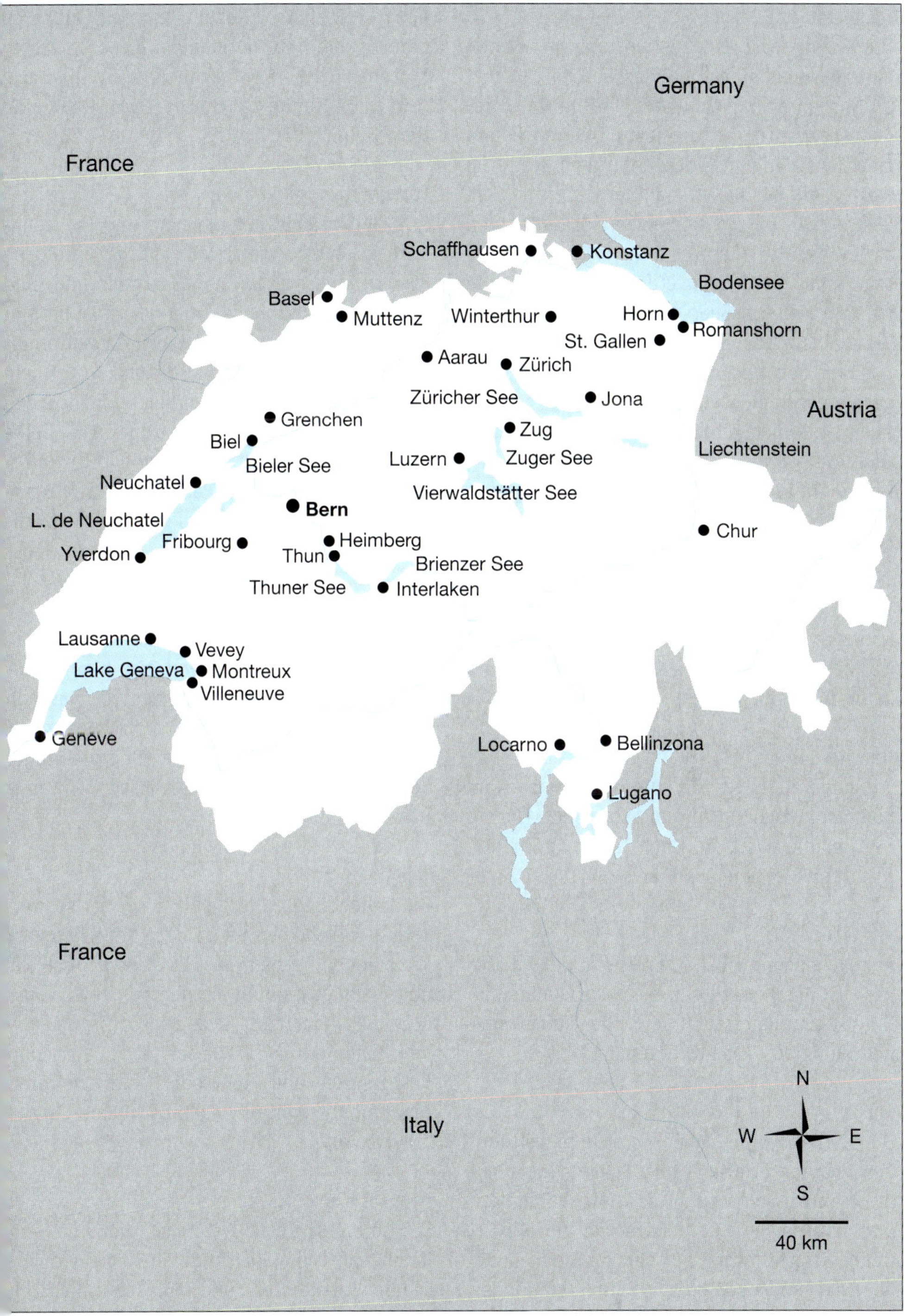
Germany
France
Schaffhausen
Konstanz
Bodensee
Basel
Muttenz
Winterthur
Horn
Romanshorn
St. Gallen
Aarau
Zürich
Züricher See
Jona
Austria
Grenchen
Zug
Biel
Liechtenstein
Bieler See
Luzern
Zuger See
Neuchatel
Vierwaldstätter See
Bern
L. de Neuchatel
Chur
Fribourg
Heimberg
Yverdon
Thun
Brienzer See
Thuner See
Interlaken
Lausanne
Vevey
Lake Geneva
Montreux
Villeneuve
Geneve
Locarno
Bellinzona
Lugano
France
N
W
E
S
Italy
40 km

Geographische Lage:

Die Schweiz ist ein Binnenstaat im Westen Mitteleuropas. Die Eidgenossenschaft grenzt im Norden an Deutschland (die Grenze bildet der Oberrhein), im Osten an Österreich und Liechtenstein, im Süden an Italien sowie im Westen an Frankreich. Im Nordosten hat die Schweiz Anteil am Bodensee, im Südwesten am Genfer See (Lac Leman), im Südosten am Lago Maggiore. Außerdem gibt es eine Vielzahl weiterer Seen wie den Zürichsee, den Vierwaldstätter See, den Zuger See, den Luganer See und den Neuenburger See. Der gesamte Süden des Landes gehört zu den Alpen, nördlich schließen sich das Mittelland und im Nordwesten der Jura an. Es gibt zahlreiche Waldgebiete und landwirtschaftlich genutzte Regionen, der Norden und Südosten ist dicht besiedelt.

Klima:

Kontinental, in den höheren Lagen alpin mit warmen, niederschlagsreichen Sommern und kalten Wintern.

Hauptreisezeit:

Für Tauchtouristen ist die Hauptsaison im Sommer zwischen Mai und September. Für die Taucher die das Eistauchen lieben, ist natürlich der Winter die beste Reisezeit.

Einreise:

Ausreichend sind Personalausweis oder Reisepass (D, A). Kinder unter 16 Jahren können im Elternpass eingetragen sein oder einen eigenen Kinderausweis mitführen.

Verkehr:

Die Schweiz verfügt über ein dichtes, sehr gut ausgebautes Straßen- und Schienennetz mit diversen Anschlüssen zu den Nachbarländern und zahlreichen Tunnelstrecken im Alpenraum. Schiffe fahren auf den größeren Seen, über den Bodensee gibt es Fährverbindungen nach Deutschland. Neben kleineren Flughäfen gibt es die internationalen Airports Zürich Kloten (ZRH), Genf Cointrin (GVA), Basel (BSL), Lausanne-La Blecherette (QLS) und Bern Belp (BRN).

Verkehrsbestimmungen:

Erforderlich sind Führerschein und Fahrzeugschein. Autobahnen und autobahnähnliche Straßen mit weißgrüner Beschilderung sind gebührenpflichtig. Die Promillegrenze beträgt 0,8. Tempolimit innerorts 50 km/h, außerorts 80 km/h, auf Schnellstraßen und in Tunneln mit zwei Fahrspuren gilt in beiden Richtungen 100 km/h, auf Autobahnen 120 km/h. Gelbe Linien am Fahrbahnrand bedeuten Halteverbot, gelbe Kreuze Parkverbot; Schienenfahrzeuge haben innerorts auf gleichberechtigten Straßen Vorfahrt.

Bodensee, Rorschach:

Der Bodensee ist der drittgrößte Binnensee Europas, auf einer Höhe von 396 m mit Maximaltiefen von 254 m im Grenzgebiet zwischen Deutschland, Österreich und der Schweiz gelegen, unterteilt in Ober-, Unter- und Überlinger See. Das wichtigste Tauchgebiet auf schweizer Seite ist Rorschach.

Tauchplätze:

Die beliebtesten Tauchgebiete auf der schweizerischen Seite befinden sich in der Region um Kreuzlingen. Eine gute Einstiegmöglichkeit liegt beim Restaurant Fischerhaus in der Nähe des Campingplatzes, eine andere bei Egnach am Campingplatz Wiedenhorn, zwischen Kreuzlingen und Rohrschach. Zu weiteren Tauchmöglichkeiten am Bodensee siehe 'Deutschland'.

Wracks:

Das interessanteste Wrack ist die Jura, ein Raddampfer mit 42 m Länge, in 38 m Tiefe zwischen Bottighofen und Münsterlingen im

Konstanzer Trichter gelegen. Außerdem gibt es ein Motorboot-Wrack in 20 m Tiefe bei Kreuzlingen.

Fauna:

Karpfen, Aale, Hechte, Barsche, Scherlen, Groppen, Elritzen, Forellen und Saiblinge.

Sonstiges:

Eine Taucherglocke befindet sich bei Kreuzlingen in 15 m Tiefe. Sie ist vom Tauchplatz am Camping erreichbar.

Zürichsee:

Der Süßwassersee liegt in 406 m Höhe und reicht bis ins Stadtgebiet von Zürich hinein. Der größte Teil befindet sich im Südosten der Stadt in den Kantonen Schwyz und St. Gallen.

Tauchplätze:

Folgende interessante Einstiegsstellen seien hier erwähnt: Zum einen die Halbinsel Au bei Wädenswil mit Steilwänden bis 60 m Tiefe, der Einstieg befindet sich an der Steilwand bei der Schiffsanlegestelle, außerdem am Riff Williams in Herrliberg, beim Tauchzentrum Tiefenbrunnen, in Oberrieden am Restaurant Sternen und am Küsnacht Kamin. Hier liegt der Einstieg am Steg der Schiffsanlegestelle. Die Fauna besteht aus Quappen und einigen anderen Fischarten.

Vorderrhein:

Der Fluss entspringt im St. Gotthard-Gebiet am Oberalppass und mündet auf österreichischem Gebiet südlich von Bregenz in den Bodensee. Er bildet die Grenze zwischen der Schweiz und Liechtenstein sowie den Nordteil der Grenze zu Österreich.

Tauchplätze:

Im Vorderrhein gibt es gute Möglichkeiten zum Strömungstauchen, so in Rheinklingen. Hier befinden sich zwei Einstiegsmöglichkeiten, einer bei der Wirtschaft "Schlupf", der zweite am Kinderspielplatz, der Ausstieg befindet sich in Diessenhofen bei der Holzbrücke.

Thuner See:

Der Binnensee liegt im Norden des Berner Oberlands südöstlich der Hauptstadt zwischen den beiden Orten Thun und Interlaken, im Osten gibt es durch die Aare eine Verbindung zum Brienzer See.

Tauchplätze:

Die Einstiegstelle Laengenschachen befindet sich am Südufer nahe bei Spiez, eine andere Einstiegmöglichkeit gibt es im Freibad von Gunten mit einer Steilwand, die bis in 50 m Tiefe führt. Fauna: Barsche und Hechte.

Lago Maggiore:

Ein See an der Grenze zu Italien im Tessin auf 190 m. Wichtigste Orte auf schweizer Seite sind Locarno und Ascona.

Tauchplätze:

Es gibt mehrere Einstiegsstellen am Seeufer.

Sonstiges:

Strömungstauchen: Hervorragende Bedingungen finden sich im Valle Verzasca (bei der Römerbrücke von Lavertezzo) und der Maggia, zwei nördlichen Zuflüssen zum Lago Maggiore. Tauchgänge nur im Sommer und Herbst möglich. Weitere betauchbare Binnenseen in der Schweiz sind der Ägerisee, Bielersee, Brienzersee, Engstlensee, Genfer See, Luganer See, Totensee und Zuger See.

Notfalladressen in der Schweiz:

HBO-Zentrum J. Schmutz Basel
Kleinhüningerstr. 177 CH-4057 Basel
Tel.: (00 41 61) 6 31 30 13

HBO-Zentrum Universität Genf
Rue Micheli-du-Crest 24 CH-1211 Geneve 4

Tel.: (00 41 22) 3 72 81 32
HBO-Zentrum Universität Lausanne
Rue du Bugnon 46 CH-1011 Lausanne
Tel.: (00 41 21) 3 14 16 32 11 11

HBP-Zentrum Universität Bern
Inselspital CH-3010 Bern
Tel.: (00 41 31) 6 32 39 16

HBO-Zentrum Universität Zürich
Rämistrasse 100 CH-8091 Zürich
Tel.: (00 41 1) 2 55 20 36

5702 Aargau

J and W Tauchsport, Dorfrain 10
Owner: Roman Jähn
Ph: + 41 62 892 1350 Fax: + 41 62 8921350
E-Mail: roman.jaehn@bluemail.ch
Organisation: IDD
Language: German, English
Established: 1994 Season: 01.01. - 31.12.

5000 Aargau

Scuba Shop Aarau Badergässli 6
Owner: Jean Lapaire
Ph: + 41 62 8221745 Fax: + 41 62 8242383
E-Mail: lapaire@scubashop.ch
Website: www.scubashop.ch
Organisation: 5*PADI
Language: German, French, English
Established: 1975 Season: 01.01. - 31.12.

Basel 4057

Tauchring Basel, Neuhausstr. 8
Owner: Buny Dold
Ph: + 41 61 6310122 Fax: + 41 61 3610122
E-Mail: tauchringbasel@datacom.ch
Website: www.tauchring.de
Organisation: 5*PADI
Language: German, English

Basel 4058

Zum Taucherheim Kannenfeldplatz 4
Owner: Hans-Rudolf Meier
Ph: + 41 616919218 Fax: + 41 616919208
Organisation: PADI, CMAS, VDST, SSI
Language: German
Season: 01.01. - 31.12.

Belmont/Lausanne 1092

Swissub, Rte Des Chaffeises 18
Owner: M. de Siebenthal
Ph: + 41 217914141 Fax: + 41 217914256
Organisation: PADI, CMAS

Bern 3013

Tauchsport Käser AG, Schulweg 10 / Lorraine
Owner: Heinz Schmid Olga Bingisser
Ph: + 41 313324575 Fax: + 41 313332364
Organisation: PADI, CMAS
Language: German, French, English

Cointrin Geneva 1216

Dive Explorer Cointrin
Owner: Marc Clèment
Ch. des Ailes 39
Ph: + 41 22 7885124 Fax: + 41 22 7851251
E-Mail: mclemenl@charmilles.ch
Organisation: PADI, NAUI, CMAS, ETDS
Language: French, English, German
Established: 1987
Season: 01.01. - 31.12.

Effretikon 8307
Tauch Shop Effretikon, Eschiker Str. 21
Owner: Walli Bollinger
Ph: + 41 52325611 Fax: + 41 52324005
Organisation: PADI

Geneve 1203
Adn Diving, Rue De Lyon 42
Owner: Dominique Neuenschwander
Ph: + 41 22 3404058 Fax: + 41 22 3403211
E-Mail: info@adn-diving.ch
Website: www.adn-diving.ch
Organisation: NAUI, CMAS, CEDIP, VDI
Language: French, English

Geneve 1201
Howald Nautic Selection
Owner: Richard Howald
Rue De La Navigation 19
Ph: + 41 22 7323789 Fax: + 41 22 7380605
Organisation: PADI
Language: German, English, French, Italian
Established: 1961 Season: 01.01. - 31.12.

Geneve Chambèsy 1201
Centre de plongèe du Vengeran
Owner: Richard Howald
Esplanade du Vengeron
Ph: + 41 22 7581391 Fax: + 41 22 7380605
Organisation: PADI Season: 01.05.- 01.10.
Language: French, German, English

Grenchen 2540
Divecenter Bamboo, Solothurnstr. 58
Owner: Didi Meier
Ph: + 41 32 6531411 Fax: + 41 32 6531410
E-Mail: bamboo@tauchsport.ch
Website: www.tauchsport.ch
Organisation: 5*PADI, ANDI
Language: German, English
Established: 1995 Season: 01.01. - 31.12.

Heimberg 3627
Nemo Tauchsport, Stationsweg 6
Owner: J. Müller
Ph: + 41 33370307 Fax: + 41 33377307
Organisation: PADI, CMAS, FUSV
Language: German Season: 01.06.- 30.09.

Hilterfingen 3652 Bern
Tauch Treff Thunersee, Huebelistr. 1
Owner: Ruedi Omlin
Ph: + 41 33 2433333 Fax: + 41 33 2433346
E-Mail: ttt@bluewin.ch
Website: www.tt-thunersee.ch
Organisation: PADI
Language: German
Established: 1998 Season: 01.01. - 31.12.

Horn 9326
Tauch-Shop UhlandSee Str. 19
Owner: Daniel Uhland
Ph: + 41 71 8414184 Fax: + 41 71 8414784
E-Mail: info@tauchshop.ch
Website: www.tauchshop.ch
Organisation: CMAS
Language: German, English

Jona 8645
Scuba Jona, Spinnereistrasse 15
Owner: Chris Ritz
Ph: + 41 552105792 Fax: + 41 552111460

Organisation: PADI
Language: German Season: 01.03. - 01.11.

Lachen 8353

Prod Aqua
Owner: Wadler
Marktstr. 18 o. Postfach 344
Ph: + 41 55 4428240 Fax: + 41 55 4428240
E-Mail: prodaqua@prodaqua.ch
Website: www.prodaqua.ch
Organisation: PADI
Established: 1989

Le Sépey 1863 VD

Scuba-Shop
Owner: Lapaire Jean-Marie
Pied de Crettaz
Ph: + 49 41 24 491 1410 Fax: + 49 41 21 491 2063
E-Mail: Scuba-Shop@scubashop.ch
Website: www.scubashop.ch
Organisation: PADI
Language: French, English, German
Established: 1990 Season: 01.01. - 31.12.

Lugano 6900

Bolle Blu
Owner: Antonis Schmidt
Via Ronchetto 7
Ph: + 41 91 9711040 Fax: + 41 91 9721664
E-Mail: info@bolleblu.ch
Website: www.bolleblu.ch
Organisation: PADI, 5*IDC
Language: Italian, German, English, French
Established: 1993 Season: 01.01. - 31.12.

Luzern 6003

Kempf-Diver Tauchschule, Bahnhofstr. 24
Owner: Hippolyt Kempf
Ph: + 41 41231057 Fax: + 41 41232944
Organisation: CMAS
Language: German, French, English
Season: 01.01. - 31.12.

Maennedorf 8708

Tauch und Wassersport Roby
Owner: Roby Scherwey
Alte Landstr. 358
Ph: + 41 192002 85 Fax: + 41 192002 85
Organisation: 5*PADI Language: German

Muttenz 4132

Neptun Shop, St. Jakobstrasse 30
Owner: Doris Kupferschied
Ph: + 41 61611342 Fax: + 41 614611861
Organisation: CMAS, PADI
Language: German, English
Season: 01.03.- 30.11.

Niederlenz 5702

J & W Tauchsport, Dorfrain 10
Owner: Roman Jaehn
Ph: + 41 62 8921350 Fax: + 41 62 8921350
E-Mail: jaehnroman@bluewin.ch
Organisation: IDD Language: German
Season: 01.01. - 31.12.

Ostermundigen 3072 Kanton Bern

Tauchshop Dawata
Owner: Daniel Wasem
Rütiweg 89A
Ph: + 41 31 9320342 Fax: + 41 31 9320216
Organisation: PADI , CMAS, SSI, SUSV
Language: German, French, English, Italian

Established: 1986

Wädenswil 1 8820

Tauchschule Baer Sport
Owner: Werner Baer
Seestrasse 94
Ph: + 41 17839596 Fax: + 41 17839594
Organisation: PADI
Language: German, English
Season: 01.04. - 01.12.

Winterthur 8400

Scuba Viva
Owner: Norbert Eisenlohr
Wuelflingerstr. 30
Ph: + 41 52 2222228 Fax: + 41 52 2222268
E-Mail: info@scubavia.ch
Website: www.scubavia.ch
Organisation: 5*PADI
Language: German, English, French
Established: 1993 Season: 01.01. - 31.12.

Zürich 8061

Blue Divers
Owner: Thomas Huber
Grosswiesenstr. 155 or PO Box 170
Ph: + 41 1 3220888 Fax: + 41 1 3220817
E-Mail: main@bluedivers.ch
Website: www.bluedivers.ch
Organisation: PADI, ANDI
Language: German, English

Zürich 8050

Tauchbasis Inauen
Owner: Rene Inauen
Jungstrasse 8
Ph: + 41 1 3010011 Fax: + 41 1 3030484
Website: www.tauchbasis.ch
Organisation: PADI, CMAS, RAB
Language: German, English

Zürich 8006

Tauchsport Turicum AG
Owner: Rene Sutter
Stampfenbachstr. 59
Ph: + 41 1 362 8010 Fax: + 41 1 362 8009
E-Mail: turicum@access.ch
www.ourworld.compuserve.com/homepages/flex/
Organisation: PADI, CMAS
Language: German, English, French
Established: 1980 Season: 01.01. - 31.12.

Zug 6300 Argau

Tauchtreff Zug
Owner: Hansjoerg Caspres
Zugerbergstr. 43
Ph: + 41 710 4440 Fax: + 41 710 4477
E-Mail: mail@tauch-treff.ch
Website: www.tauch-treff.ch
Organisation: PADI, NAUI, RAB, SSI
Language: German, English, French
Season: 01.01. - 31.12.

Kappel A. Albis 8926

Scuba Shop Zug
Zur Muehle 12
Ph: + 41 1 7642260 Fax: + 41 1 7642260
Organisation: 5*PADI
Language: German, English, French
Established: 1980 Season: 01.01. - 31.12.

Seychellen

Hauptstadt	Victoria
Einwohner	24.000
Entf. v. Frankfurt/M.	7.547 km
Währung	Seychellen-Rupie, SR
Amtssprache	Französisch, Englisch
Telefonvorwahl v. D	00248
Telefonvorwahl n. D	049
Verkehr	Linksverkehr
jährl. Touristenzahl	110.000
Elektr. Strom	220 V / 50 Hz
Visum	ja, am Flughafen
Flughafen	Seychelles (SEZ) Mahé International

Tauchregionen:

Mahé
Praslin
La Digue
Denis Island
Silhouette Island
Bird Island

Zeitverschiebung: MEZ + 3
Fläche: 455 km^2
Einwohner: 73.000

Tauchsicherheit

PADI International USA
1251 East Dyer Road
CA 92705-5605 Santa Ana
Tel: 001 (0) 714 540 7234
Fax: 001 (0) 714 540 2609
E-Mail: info@padi.com
Website: www.padi.com

NAUI Worldwide
FL 33619-2667 Tampa USA
Tel: 001 (0) 813 628 6284
Fax: 001 (0) 813 628 8253
Website: www.naui.org

DAN: Divers Alert Network
P.O. Box 3823 , 27710
Durham North Carolina USA
E-Mail: info@dan-dive.com
Website: www.dan-dive.com

CMAS World Underwater Federation
Viale Tiziano 74
00196 Roma Italy
Tel: 0039 6 368 58480
Fax: 0039 6 368 58490
E-Mail: cmasmond@tin.it
Website: www.cmas.org

Information und Beratung

Fremdenverkehrsamt der Seychellen
An der Hauptwache 11
60313 Frankfurtam Main
Tel: 069 292064
Fax: 069 296230
E-Mail: seyinfo@aol.com
www.seychelles.uk.com

Reise Consulting infinity
Bayerstr. 95
80335 München
Tel: 089 538 9628
Fax: 089 538 9645
www.infinity-reise-consulting.de

Diver's Guide Tauchreisen
Dockenhudener Str. 14
22587 Hamburg
Tel: 040 866 0670
Fax: 040 866 06777
www.divers-guide.de

Schöner Tauchen
Hastedter Heerstr. 211
28207 Bremen
Tel: 0421 450 010
Fax: 0421 450 080
www.schoener-tauchen.com

Botschaften

Honorarkonsulat der Republik Seychellen
Oeder Weg 43
60318 Frankfurt am Main
Tel: 069 598 262
Fax: 069 597 0166
E-Mail: seychellcon@aol.com

Honorargeneralkonsulat
Hamburg
Tel: 040 346606

Fluggesellschaften

Air Seychelles
An der Hauptwache 11
60313 Frankfurt am Main
Tel: 069 91395610
www.airseychelles.net

Lufthansa
Frankfurt am Main
Reservierung u. Information
Tel: 069 2552-55
Website: www.lufthansa.de

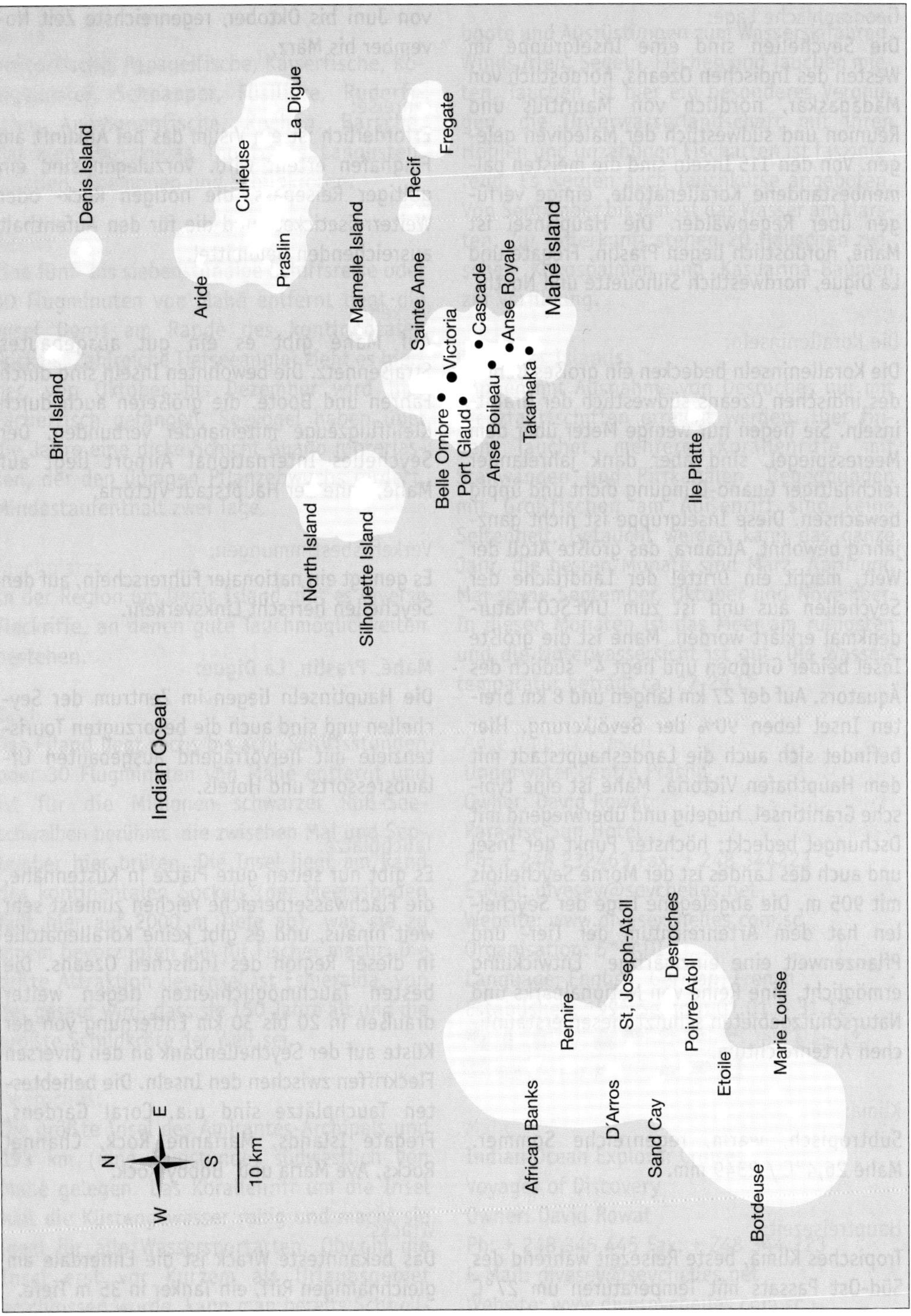
Bird Island
Denis Island
Aride
Curieuse
Praslin
La Digue
Mamelle Island
Recif
Fregate
Sainte Anne
Victoria
Cascade
Anse Royale
Mahé Island
Belle Ombre
Port Glaud
Anse Boileau
Takamaka
Ile Platte
North Island
Silhouette Island
Indian Ocean
N
W
E
S
10 km
African Banks
D'Arros
Sand Cay
Remire
St, Joseph-Atoll
Poivre-Atoll
Desroches
Etoile
Marie Louise
Botdeuse

Organisation: PADI
Language: English, German, French
Established: 1998 Season: 01.01. - 31.12.

Mahe
Le Diable Des Mers
Beau Vllone or P.O. Box 1082
Ph: + 248 247104 Fax: + 248 241776
Organisation: PADI
Language: French, English
Established: 1990
Season: 01.01. - 31.12.

Mahe
Pro Diving Seychelles (PTY)
Owner: Ms. Josette Larue
The Plantation Club Resort 437 Val Mer
Ph: + 248 36 1361 Fax: + 248 36 1333
Organisation: PADI
Language: English, German, French
Season: 01.01. - 31.12.

Praslin
Praslin Underwater Centre
Owner: Mr. Payne
Paradise Sun Hotel Anse Volbert
Ph: + 248 232255 Fax: + 248 232019
Organisation: PADI
Language: French, English
Established: 1990 Season: 01.01. - 31.12.

Silhouette Island
Silhouette Lodge Dive Centre
P.O. Box 608
Ph: + 248 22 4003 Fax: + 248 344178
Organisation: PADI
Language: English, German, French

Victoria Mahè Island
Island Ventures
Owner: Beate Schwarz
Berjaya Beau Vallon Beach Hotel
Ph: + 248 247 141 Fax: + 248 247 943
E-Mail: ivdivesy@seychelles.net
www.seychelles.net/berjaya/Pages/DVENT.htm
Organisation: PADI, NAUI, DAN
Language: English, German, French
Established: 1995 Season: 01.01. - 31.12.

Victoria, Mahe Island
Unterwater Center Seychelles
Owner: David Rowat
Coral Strand Hotel, Beau Vallon Beach
Ph: + 248 354445 Fax: + 248 344223
E-Mail: divesey@seychelles.net
Website: www.seychelles.net/divesey
Organisation: 5*PADI
Language: English, German, French
Established: 1976 Season: 01.01. - 31.12.

SY Wikinger Tauchcenter Subventure
Owner: Mr. Bellinghausen
In der Fuchtskaule 15, 53773 Hennef
Tel: 02242 7357 Fax: 02242 7357
E-Mail: subventure@t-online.de
Auf den Seychellen, Mr. Martin Clußen
Tel: 00 248 519604
Organisation: PADI, CMAS
Language: English, German, French
Established: 1990 Season: 01.01. - 31.12.

Hauptstadt	Singapur
Einwohner	2,5 Mio.
Entf. v. Frankfurt/M.	10.258 km
Währung	Singapur-Dollar, S$
Amtssprache	Englisch, Malaiisch
Telefonvorwahl v. D	00 65
Telefonvorwahl n. D	00 5 49
Verkehr	Linksverkehr
jährl. Touristenzahl	6,9 Mio.
Elektr. Strom	220 V / 50 Hz
Visum	nein
Flughafen	Singapore (SIN)

Tauchregionen:
Great Singapore Wall
Blue Hole

Zeitverschiebung: MEZ + 7
Fläche: 641 km²
Einwohner: 2,8 Mio.

Tauchsicherheit

Singapoure Underwater Federation
S.U.F. SINGAPOUR
100 Guillemard Road Room 5
399718 -Singapour
Tel: 0065 344 4719
Fax: 0065 344 7803
www.asiandiver.com/suf.html

PADI International USA
1251 East Dyer Road
CA 92705-5605 Santa Ana
Tel: 001 (0) 714 540 7234
Fax: 001 (0) 714 540 2609
E-Mail: info@padi.com
Website: www.padi.com

NAUI Worldwide
FL 33619-2667 Tampa USA
Tel: 001 (0) 813 628 6284
Fax: 001 (0) 813 628 8253
Website: www.naui.org

CMAS World Underwater Federation
CMAS - Viale Tiziano 74
00196 Roma Italy
Tel: 0039 6 368 58480
Fax: 0039 6 368 58490
Website: www.cmas.org

Information und Beratung

Singapore Tourismus
Hochstr. 35-37
60313 Frankfurt
Tel: 069 920770-0
Fax: 069 2978922
www.newasia-singapore.com

Diver's Guide Tauchreisen
Dockenhudener Str. 14
22587 Hamburg
Tel: 040 866 0670
Fax: 040 866 06777
Website: www.divers-guide.de

Schöner Tauchen
Hastedter Heerstr. 211
28207 Bremen
Tel: 0421 450 010
Fax: 0421 450 080
info@schoener-tauchen.com
www.schoener-tauchen.com

Volkert Touristik
Freizeitzentrum Roßmühle
97782 Gräfendorf
Tel: 09357 97490
Fax: 09357 1055
Web: www.volker-touristik.de

Botschaften

Deutsche Botschaft in Singapur
545 Orchard Road, Far East
Shopping Centre No. 14-01
Singapore 238882
Tel: 0065 7371355
Fax: 0065 7372653

Botschaft der Republik
Singapur in Deutschland
Südstr. 133
53175 Bonn
Tel: 0228 95103-0
Fax: 0228 9510324

Fluggesellschaften

Singapore Airlines
Frankfurt am Main
Reservierungen
Tel: 069 7195-200
www.singapore-airlines.com

Lufthansa
Frankfurt am Main
Reservierung u. Information
Tel: 069 2552-55
Website: www.lufthansa.de

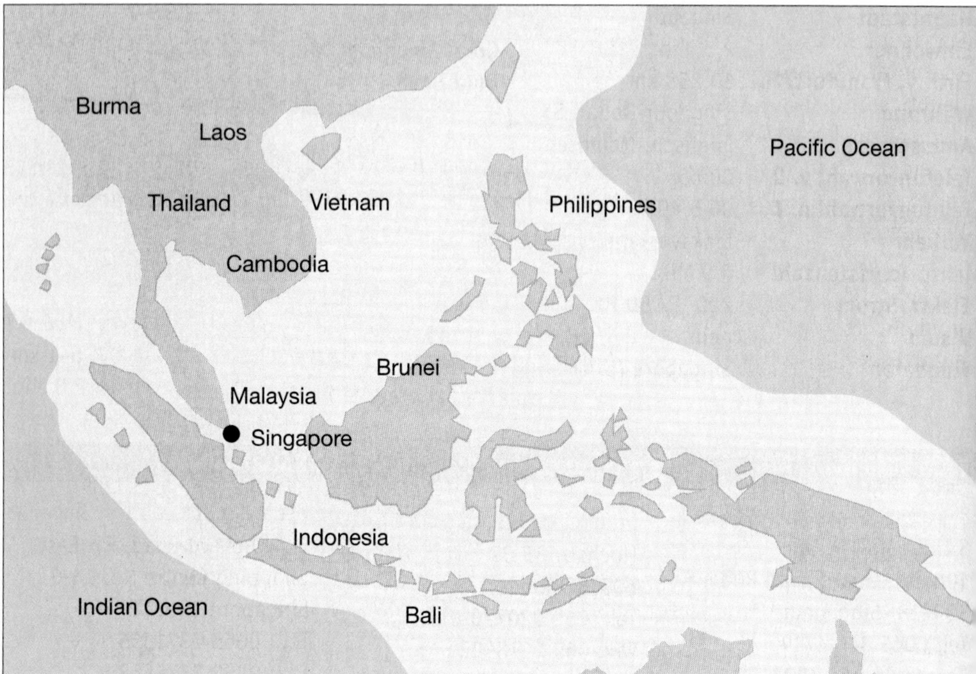
Burma
Laos
Thailand
Vietnam
Cambodia
Philippines
Pacific Ocean
Brunei
Malaysia
Singapore
Indonesia
Indian Ocean
Bali

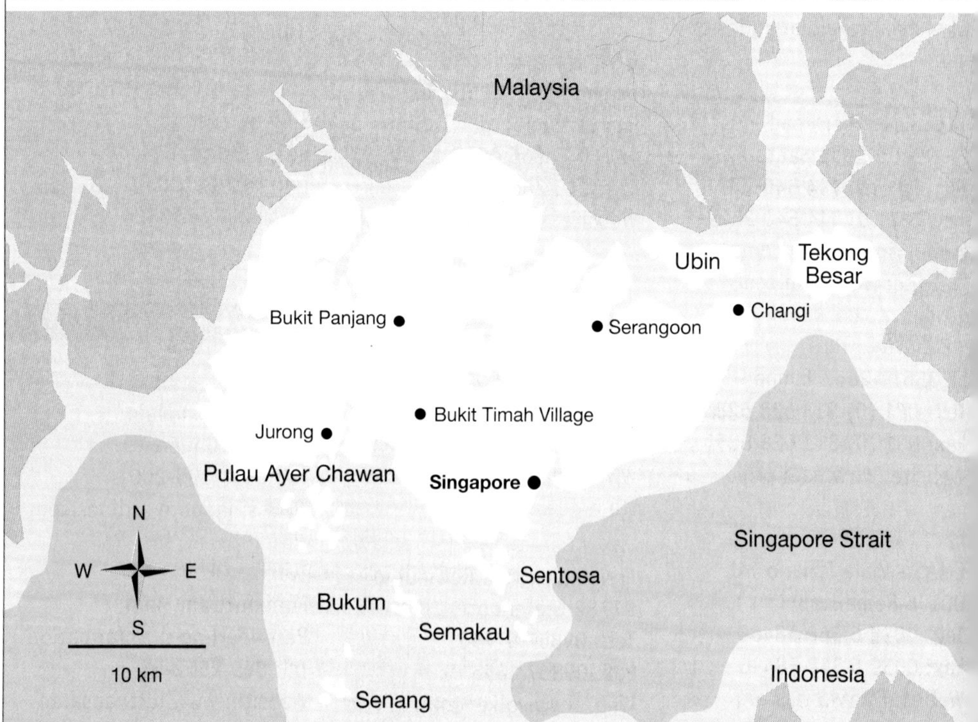
Malaysia
Ubin
Tekong Besar
Changi
Bukit Panjang
Serangoon
Bukit Timah Village
Jurong
Pulau Ayer Chawan
Singapore
N
W
E
S
10 km
Singapore Strait
Sentosa
Bukum
Semakau
Senang
Indonesia

Geographische Lage:
Singapur liegt in Südostasien an der Südspitze der hinterindischen Halbinsel. Es wird aus der Hauptinsel Singapore Island und mehreren kleinen, umliegenden Inseln gebildet, auf denen es noch einige kleinere Sumpf- und Waldgebiete gibt. Ein erheblicher Teil der Hauptinsel ist Siedlungsgebiet.

Klima:
Tropisch, warm und feucht, Niederschläge das ganze Jahr über. Singapur 27°C /2413 mm.

Hauptreisezeit:
Ein Aufenthalt in Singapur ist zu jeder Jahreszeit möglich.

Einreise:
Erforderlich ist ein bei Ankunft noch mindestens 6 Monate gültiger Reisepass, ein Nachweis der erforderlichen Geldmittel sowie der Besitz der nötigen Rück- oder Weiterreisetickets.

Verkehr:
Singapur hat ein sehr gutes Staßennetz. Über die Causewaybrücke besteht eine Bahn- und Straßenverbindung nach Malaysia. Vom Hochseehafen aus gibt es Boots- und Schiffsverbindungen zu den umliegenden Inseln. Der internationale Flughafen Singapore Changi (SIN) ist einer der wichtigsten Asiens.

Verkehrsbestimmungen:
Erforderlich ist ein nationaler und internationaler Führerschein; innerhalb des Stadtgebietes zahlreiche Einbahnstraßen. Wir empfehlen, ein Taxi zu nehmen, was ohnehin sehr preiswert ist.

Tauchplätze:
Die Gewässer zwischen den einzelnen Inseln der Kolonie weisen einige Tauchmöglichkeiten auf. Eine der interessantesten ist wohl der Great Singapore Wall Dive, ein Tauchplatz an einer riesigen Steilwand, die in unbekannte Tiefe hinabführt. Der Tauchgang führt in ein Blue Hole, allerdings gibt es keine nennenswerte Fauna und Flora in dieser Region. Die Taucher aus Singapore bevorzugen die umliegenden Länder wie Indonesien oder Malaysia zum Tauchen.

Singapore 188307
Dive Shop
Owner: Spencer Wong
#35 Selegie Rd #03-22
Ph: + 65 339 9347 Fax: + 65 339 9324
E-Mail: diveshop@pacific.net.sg
Website: www.diveshop-singapore.com
Organisation: PADI
Language: English, Mandarin, Thai
Established: 1994 Season: 01.01. - 31.12.

Singapur 199001
Hydrospace Divers
Owner: Sam Chong
100 Jalan Sultan Plaza #04-46
Ph: + 65 297 1808 Fax: + 65 2342238
E-Mail: hydspc@signet.com.sg
Organisation: IDD, PADI, NAUI
Language: English
Established: 1996 Season: 01.01. - 31.12.

Singapore 459114
Sea Dwellers
Owner: Jimmy Lim
922 East Coast Road
Ph: + 65 443 5503 Fax: + 65 444 7653
E-Mail: seadwell@singnet.com.sg
Organisation: PADI Language: English
Established: 1990 Season: 01.03. - 30.09.

Slowenien

Hauptstadt	Ljubljana
Einwohner	280.000
Entf. v. Frankfurt/M.	622 km
Währung	Tolar
Amtssprache	Slowenisch
Telefonvorwahl v. D	00 386
Telefonvorwahl n. D	99 49
Verkehr	Rechtsverkehr
jährl. Touristenzahl	k. A.
Elektr. Strom	220 V / 50 Hz
Visum	nein
Flughafen	Ljubljana (LJU) Brnik

Tauchregionen:
Inseln Cres
Kornati
Vis
Biàevo
Brusnik
Mljet
Suàac
Nova

Zeitverschiebung: MEZ
Fläche: 20.251 km²
Einwohner: 2 Mio.

Tauchsicherheit

PADI Europe Switzerland
Oberweilerstrasse 3
8442 Hettlingen
Tel: 0041 (0)52 304 14 14
Fax: 0041 (0)52 3041499
E-Mail: info@padi.com
Website: www.padi.com

NAUI
Brunngasse 6,
8400 Winterthur Schweiz
Tel: 0041(0)52 213 0380
Fax: 0041(0)52 213 0382
E-Mail: naui@naui.ch
Website: www.naui.com

CMAS World Underwater Federation
Viale Tiziano 74
00196 Roma Italy
Tel: 0039 6 368 58480
Fax: 0039 6 368 58490
Website: www.cmas.org

DAN: Divers Alert Network
P.O. Box 3823 27710
Durham North Carolina USA
E-Mail: info@dan-dive.com
Website: www.dan-dive.com

Information und Beratung

Slowenisches Fremdenverkehrsamt
Maximiliansplatz 12A
80333 München
Tel: 089 2916 1202
Fax: 089 2916 1273
E-Mail: slowenien.fva@tonline.de
Website: www.uvi.si/slo

Stuttgart 70435
Travel Service Kern
Herr Kern Burenstr. 17
Tel: 0711 822809
Fax: 0711 8264954
Website: www.travel-sk.de

München 80801
Sun & Fun Sportreisen Franz-Joseph-Str. 43
Tel: 089 38014124
Fax: 089 346644
sunundfun@t-online.de

Mainz 55124
Uni Sun CPI Deutschland An der Fahrt 13
Tel: 06131 968516
Website: www.unisun.de

Botschaften

Botschaft von Slowenien
Siegfriedstr. 28
53179 Bonn
Tel: 0228 858031
Fax: 0228 858057
Generalkonsulat in München
Tel: 089 543 9819

Deutsche Botschaft in Slowenien
Laibach Presernowa 27
61000 Ljubljana, B
Tel: 0038 661 216 166
Fax: 0038 661 125 4210

Fluggesellschaften

Lufthansa
Frankfurt am Main
Reservierung u. Information
Tel: 069 2552-55
Website: www.lufthansa.de

Condor Flugdienst G.m.b.H.
Kelsterbach
Frankfurt am Main
Tel: 06107 939-0
www.condor.de

Hungary
Austraia
Italy
Croatia
Adriatic Sea
Maribor
Ptuj
Velenje
Celje
Kamnik
Ljubljana (Laibach)
Grosuplje
Trebnje
Kocevje
Ribnica
Kranj
Kalce
Idrija
Kanal
Sezana
Kozina
Koper
Portoroz
Piran
N
E
S
W
50 km

Geographische Lage:

Slowenien ist ein kleines Land, das von Norden nach Süden und von Osten nach Westen von Transitstraßen durchzogen wird. Im Westen grenzt Slowenien an Italien, im Norden an Österreich, im Nordosten an Ungarn und im Süden an Kroatien. Berge, Wälder und Flüsse bestimmen das abwechslungsreiche Landschaftsbild. Der wichtigste Hafen an der 47 km langen Adriaküste ist Koper.

Klima:

Ljubljana 10,1°C / 1383 mm.

Hauptreisezeit:

Die beste Reisezeit zum Besuch der Adriaküste liegt zwischen April und September.

Einreise:

Gültiger Reisepass bei einem Aufenthalt bis zu 90 Tagen oder Personalausweis bei einem Aufenthalt bis zu 30 Tagen in Verbindung mit einem Passierschein, der an der Grenze ausgestellt wird. Für Kinder unter 16 Jahren genügt ein Kinderausweis (ab 5 Jahre mit Lichtbild) oder der Eintrag im Elternpass.

Verkehrsmittel:

Gut ausgebautes Straßennetz, regelmäßig verkehrende regionale Buslinien; wichtigster Seehafen: Koper, internationaler Flughafen: Ljubljana.

Verkehrsbestimmungen:

Führerschein, Fahrzeugschein und die Internationale Grüne Versicherungskarte sind erforderlich; das Tempolimit für Pkw innerorts beträgt 60 km/h, außerorts 80 km/h, auf Autobahnen 120 km/h. Die Promillegrenze liegt bei 0,5. Während des gesamten Überholvorgangs muss geblinkt werden, Kolonnenspringen ist verboten. Schulbusse dürfen nicht überholt werden, wenn sie zum Ein- oder Ausstieg anhalten.

Koper:

Die Hafenstadt Koper ist der Ausgangspunkt für fast alle Tauchfahrten in die Adria. Die Stadt hat auch heute noch italienisches Flair.

Tauchplätze:

Die besten Tauchplätze befinden sich vor den Inseln Cres, Kornati, Vis, Biàevo, Brusnik, Mljet, Suàac und Nova; es gibt auch ein Wrack, ein Deutsches Transportschiff aus dem Zweiten Weltkrieg, ca. 2 km vor Punta Piran; das Wrack liegt ca. 20 m tief.

Portoroz 6320

DC Sharky
Owner: Lado Celestina
Obala 3 or P.O. Box 53
Ph: + 386 41 635763 Fax: + 386 66 778731
E-Mail: info@dc-sharky.com
Website: www.dc-sharky.com
Organisation: PADI, CMAS, IANTD
Language: German, English, Italian

Kranji 4000

Adrina Dive Center
Tominceva 44
Ph: + 386 609 639306 Fax: + 386 64 326711
Organisation: PADI
Language: German, English, Italian
Established: 1998 Season: 01.05. - 31.10.

Koper 6000

Diving club "Divers Port of Koper"
Vojkovo nabreje 38
Ph: + 386 66 456-401 Fax: + 386 66 456-401
Organisation: PADI, CMAS
Language: German, English, Italian
Established: 1990 Season: 01.05. - 31.10.

Hauptstadt	Madrid
Einwohner	3 Mio.
Entf. v. Frankfurt/M.	1.445 km
Währung	Peseta, Pta
Amtssprache	Spanisch
Telefonvorwahl v. D	00 34
Telefonvorwahl n. D	07 49
Verkehr	Rechtsverkehr
jährl. Touristenzahl	39 Mio.
Elektr. Strom	220 V / 50 Hz
Visum	nein
Flughafen	Madrid (MAD) Barajas

Tauchregionen:
Mittelmeer
Costa Blanca
Costa Brava
Costa Càlida
Costa del Sol

Zeitverschiebung: MEZ
Fläche: 504.750 km²
Einwohner: 39,5 Mio.

Tauchsicherheit

PADI International USA
1251 East Dyer Road
CA 92705-5605 Santa Ana
Tel: 001 (0) 714 540 7234
Fax: 001 (0) 714 540 2609
E-Mail: info@padi.com
Website: www.padi.com

NAUI Worldwide
FL 33619 2667 Tampa USA
Tel: 001 (0) 813 628 6284
Fax: 001 (0) 813 628 8253
Website: www.naui.org

DAN: Divers Alert Network
P.O. Box 3823 , 27710
Durham North Carolina USA
E-Mail: info@dan-dive.com
Website: www.dan-dive.com

CMAS World Underwater Federation
CMAS - Viale Tiziano 74
00196 Roma Italy
Tel: 0039 6 368 58480
Fax: 0039 6 368 58490
E-Mail: cmasmond@tin.it
Website: www.cmas.org

Information und Beratung

Spanisches Fremdenverkehrsamt
60323 Frankfurt am Main
Tel: 069 725033
Fax: 069 725313

Diver's Guide Tauchreisen
Dockenhudener Str. 14
22587 Hamburg
Tel: 040 866 0670
Fax: 040 866 06777
tauchen@divers-guide.de
www.divers-guide.de

Schöner Tauchen
Hastedter Heerstr. 211
28207 Bremen
Tel: 0421 450 010
Fax: 0421 450 080
info@schoener-tauchen.com
www.schoener-tauchen.com

Pro-Dive Center
Gänsestück 1
57299 Burbach
Tel: 02736 491515
Fax: 02736 491516
E-mail: prodives@aol.com
www.worldservice.com/pro-dive

Botschaften

Deutsche Botschaft in Spanien
Calle de Fortuny 8
28010 Madrid
Tel: 0034 91 5579000

Palma de Mallorca
Passeig des Born 1568 K-AS
07012 Palma de Mallorca
Tel: 0034 71 722997
Fax: 0034 71 262731

Spanische Botschaft in Deutschland
Schöneberger Ufer 89
10785 Berlin
Tel: 030 23004484

Fluggesellschaften

Lufthansa
Frankfurt am Main
Reservierung u. Information
Tel: 069 2552-55
Website: www.lufthansa.de

LTU International Airways
Tel: 040 5000031
Fax: 040 5000032
Tel: 02203 40-2151
Website: www.ltu.de

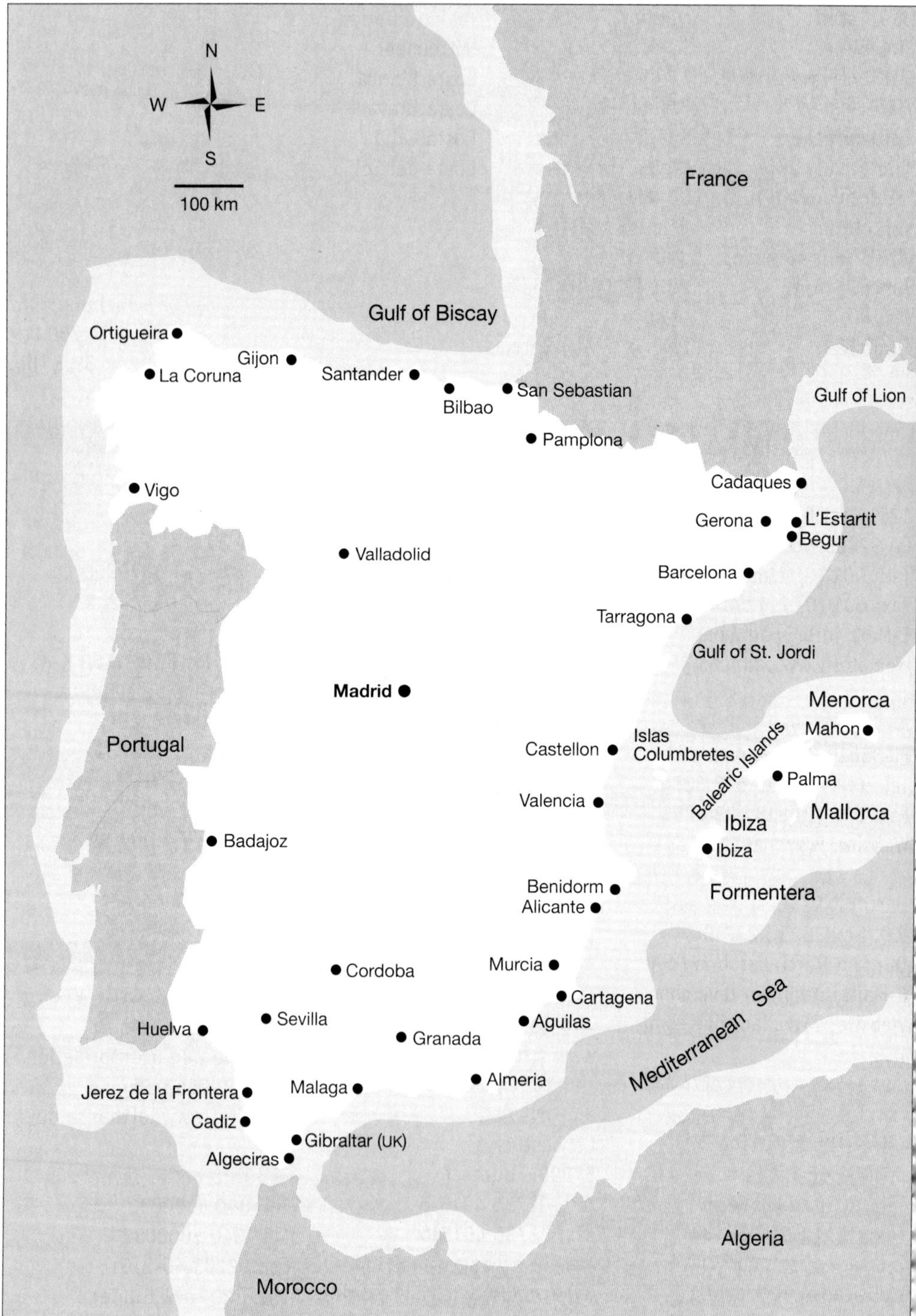
N
W
E
S
100 km
France
Gulf of Biscay
Ortigueira
Gijon
La Coruna
Santander
Bilbao
San Sebastian
Gulf of Lion
Pamplona
Cadaques
Vigo
Gerona
L'Estartit
Begur
Valladolid
Barcelona
Tarragona
Gulf of St. Jordi
Madrid
Menorca
Mahon
Portugal
Castellon
Islas Columbretes
Balearic Islands
Palma
Valencia
Mallorca
Ibiza
Badajoz
Ibiza
Benidorm
Formentera
Alicante
Murcia
Cordoba
Cartagena
Mediterranean Sea
Sevilla
Aguilas
Huelva
Granada
Almeria
Jerez de la Frontera
Malaga
Cadiz
Gibraltar (UK)
Algeciras
Algeria
Morocco

Geographische Lage:

Spanien liegt auf der Iberischen Halbinsel im Südwesten Europas. Im Nordosten grenzt es an Frankreich und Andorra, im Westen an Portugal, der Süden und Osten ist durch das Mittelmeer begrenzt, der Nordostteil durch den Atlantik mit dem Golf von Biscaya. Auf der äußersten Südspitze der Halbinsel liegt die britische Dominion Gibraltar. Zum Königreich gehören neben einigen küstennahen Inseln auch die Balearen im Mittelmeer, die Kanaren im Atlantik vor der marokkanischen Küste sowie mehrere Enklaven an der marokkanischen Mittelmeerküste. Das Land besteht vorwiegend aus weiten Hochebenen, die mit zahlreichen fruchtbaren Flusstälern und diversen Gebirgen durchzogen sind; den Nordostabschluss bilden die Pyrenäen im spanisch-französischen Grenzgebiet. Die Küsten sind reich an Buchten und Sandstränden.

Klima:

Mediterran, heiße Sommer, besonders im Süden, und kühle Winter, speziell im Norden und in den Höhenlagen der Gebirge. Niederschläge fallen vorwiegend im Herbst und Winter.

Madrid 13,9°C / 438 mm, Santander 13,9°C / 1198 mm, Palma de Mallorca 16,8°C / 451 mm, Las Palmas 20,5°C / 233 mm.

Hauptreisezeit:

Beste Reisezeit für Zentralspanien, die Mittelmeerküste und die Balearen sind aufgrund der heißen Sommer die Monate April/Mai und September/Oktober, Kanarische Inseln ganzjährig. Der Nordwesten Spaniens gehört zu den regenreichsten Gebieten Europas; beste Besuchszeit ist der Hochsommer.

Einreise:

Gültiger Personalausweis oder Reisepass; ein Visum ist für Staatsbürger der EU generell nicht erforderlich. Kinder unter 16 Jahren können im Elternpass eingetragen sein oder einen eigenen Kinderausweis mitführen.

Verkehr:

Es gibt ein gut ausgebautes Straßen- und Eisenbahnnetz. Wichtige Anschlüsse nach Frankreich bestehen in Port Bou und in Irún. Zu den Kanaren und Balearen sowie nach Marokko gibt es Flug- und Schiffsverbindungen, außerdem existieren mehrere internationale Flughäfen: Der Aeropuerto Transoceanico de Barcelona (BCN), Madrid Barajas (MAD), Sevilla San Pablo (SVQ), Malaga Pablo Ruiz Picasso (AGP), Alicante (ALC), Jerez de la Frontera (JER), Almeria (LEI), Gerona-Costa Brava (GRO) sowie auf den Balearen die von Palma de Mallorca auf Mallorca (PMI), Mahon auf Menorca (MAH) und Ibiza (IBZ), auf den Kanarischen Inseln die von Las Palmas auf Gran Canaria (LPA), Puerto del Rosario auf Fuerteventura (FUE), Los Rodeos auf Teneriffa (TFN), Arrecife auf Lanzarote (ACE) und Santa Cruz auf La Palma (SPC).

Verkehrsbestimmungen:

Führerschein und Fahrzeugschein ausreichend; Mitnahme der Internationalen Grünen Versicherungskarte und Abschluss einer Kurzkasko-Versicherung empfohlen. Tempolimit außerorts 90 km/h, auf Autobahnen und Schnellstraßen 120 km/h. Überholverbot vor Kuppen. Auf beleuchteten Straßen, außer Autobahnen und Kraftfahrtstraßen, nur mit Standlicht fahren. Abschleppen durch Privatfahrzeuge ist verboten.

Costa Blanca:

Die Küste in der Region von Alicante gehört zu den Touristenhochburgen Spaniens.

Tauchplätze:

Vor Benidorm, etwa 30 km nördlich von Alicante, gibt es ein Felsriff in der Nähe der

Pfaueninsel. Hier liegen einige gute Tauchplätze. Das Riff fällt auf eine Wassertiefe von 30 m ab, im oberen Teil gibt es mehrere betauchbare Höhlen und Kavernen. Weitere Plätze finden sich bei der Pulpoinsel.

Wracks:

Die U-74, ein WW II-U-Boot, liegt vor Cartagena am Kap Palos zwischen der Costa Blanca und der Costa Luminosa.

Fauna:

Brassen, Schleimfische, Sardinen, Mönchsfische, Hornhechte, Rochen, Drückerfische, Muränen, Conger, Sepien und Blumentiere.

Benidorm-Alicante 03500 Costa Blanca

Sub Deportes
Owner: Achim Rausch
Santander Edf. Coblanca xx, Loc. 10
Ph: + 34 966 801784 Fax: + 34 966 801784
E-Mail: prfb@mx3.redestb.es
Organisation: PADI, CMAS, ACVC, Barakuda
Language: Spanish, German, English
Established: 1990
Season: 01.01. - 31.12.

Cadaques-Girona 17488 Costa Blanca

Centro de Buceo Carpe Diem Club
Owner: Volker Eichhorn
Ctra. Cap de Creus s/n
Ph: + 34 972 258131 Fax: + 34 972 258914
Website: www.carpediemclub.de
Organisation: PADI, VDST, CMAS, VDTL
Language: German, English, Spanish

L'Estartit, Girona 17258 Costa Blanca

Calypso Diving
Owner: Peter W. Lane
Carrer del la Cala Pedrosa 1
Ph: + 34 609 8,4178 Fax: + 34 972 751488
E-Mail: calyso@grn.es
Website: www.grn.es/calypso
Organisation: PADI, CMAS, TDI
Language: German, English, Spanish, French
Established: 1983
Season: 01.01. - 31.12.

Girona 17258 Costa Blanca

Les Illes Hotel & Diving
Owner: Genis Dalmav
C/ Illes 55, L'Estartit
Ph: + 34 972 751239 Fax: + 34 972 750086
E-Mail: les_illes@lix.intercom.es
Organisation: PADI
Language: Spanish, English, German, French, Dutch Established: 1985
Season: 01.03. - 15.11.

Roses, Costa Brava 17480 Costa Blanca

Pro Dive Center Cala Joncols
Cala Joncols
Ph: + 49 2736 491515 Fax: + 49 2736 491516
E-Mail: info@pro-dive.de
Website: www.pro-dive.de
Organisation: 5*PADI
Language: German, English, Spanish
Season: 01.03. - 31. 01.

Villajoyosa 03570 Costa Blanca

Neptunus, Partida Mediases 36
Owner: Bernhard Lode
Ph: + 34 96 6850024 Fax: + 34 96 6850024
Organisation: SSI, Barakuda
Language: Spanish, German, Dutch, English
Season: 01.01. - 31.12.

Benidorm 03500 Costa Blanca

Club Poseidon
Owner: Javier Lopez
Calle Santander-Edif,. Sylvia,
Ph: + 34 96 5853227 Fax: + 34 96 5858611
E-Mail: poseidon@xpress.es
Website: www.xpress.es/poseidon
Organisation: PADI , CMAS , VDST , FEDAS
Language: German, English, Spanish, French
Established: 1978 Season: 15.03. - 10.01.

Costa Brava:

Der Küstenabschnitt im Nordosten des Landes zwischen Tarragona und der französischen Grenze in Katalanien ist reich an felsigen Buchten und Riffs vor der Küste.

Tauchplätze:

Ein schönes Tauchgebiet stellt u.a. die Region um Palamas dar. Tauchplätze gibt es an den Felsenriffs vor der Küste, am Tamariu Riff, bei Las Hormigas, an den drei Calella Riffs, am Bagur Riff, bei den Los Ullastres Riffen, in der Buchten von Cala Pedrosa und Cala Joncols mit dem bekannten Tauchplatz Capo Norfeo. Weitere lohnende Plätze liegen in der Gegend um Tossa de Mar, u.a. Banera de las donas und das Santana Riff.

Bei St. Feliu de Guixols befindet sich das große Eden-Rock-Hausriff mit Höhlen und Canyons. Außerdem gibt es interessante Tauchplätze bei den Illes Medes (Meda Gran und Meda Pettita, zwei Inseln vor Punta Salines, Estartit und El Molinet).

Wracks:

Ein lohnendes Wrack ist u.a. die Boreas vor dem Hafen von Palmas in 18–32 m Tiefe.

Fauna:

Makrelen, Conger, Zackenbarsche, Dorsche, Muränen, Mondfische, Sepien, Krebse, Hummer, Langusten, Gorgonien, Fadenwürmer und Nacktschnecken.

Begur, Girona 17255 Costa Brava

Sa Rascassa Diving Center
Owner: Daniel Riera-Hansa
3 Cala Aiguafreda
Ph: + 34 972 624247 Fax: + 34 972 624247
E-Mail: sarascassa@altavista.net
Website: www.sarascassa.net
Organisation: PADI
Language: Spanish, English, French, German
Established: 1994
Season: 01.03. - 31.12.

L'Estartit / Girona 17258 Costa Brava

Unisub L'Estartit, C/Torroella de Montgri 15
Owner: Antony Murray
Ph: + 34 72 751768 Fax: + 34 72 750539
E-Mail: unisub@redesth.es
Website: www.joves.com/unisub/index.htm
Organisation: 5*PADI, CMAS , VIT
Language: English, Spanish, German, French
Season: 01.01. - 31.12.

Tamariu 17212 Costa Brava

Stollis Divebase, Paseo del Mar 26
Owner: Guenter Stolberg
Ph: + 34 972 620245 Fax: + 34 972 620245
E-Mail: stollis_divebase@compuserve.com
Website: www.gu-w.de/stolli
Organisation: CMAS, VDST
Language: German, Spanish, English
Season: 01.04. - 30.10.

Begur, Girona 17255 Girona
Gym Sub Aiguablava, SL
Owner: Jordi Atienza
Cala Begur Aiguablava km 3.6
Ph: + 34 3 4307855 Fax: + 34 3 4307331
E-Mail: aiguablava@gymsub.com
Organisation: 5*PADI
Language: English, French, Spanish, Italian

Calella de Palafrugell 17210 Girona
Poseidon Nemrod Club
Owner: Horst Lindner
Playa Port Pelegri S/N
Ph: + 34 972 615345 Fax: + 34 972 615649
E-Mail: dive_catella@compuserve.com
Website: www.tauchwelt.de
Organisation: PADI, VDST, CMAS, FEDAS
Language: German, English, Spanish, French
Established: 1969 Season: 01.03. - 31.10.

Estartit, Girona 17258 Girona
Xaloc Diving Center
Owner: Ramon Siliceo
Calle Elvissa 1
Ph: + 34 972 752071 Fax: + 34 972 761231
E-Mail: xaloc.diving@pro.servicom.es
Website: www.xbe.es
Organisation: PADI
Language: Spanish, English, French, Italian
Established: 1995 Season: 01.04. - 01.11.

L'Estartit 17258 Girona
Medaqua
Owner: Genis Maldau
Passeig Maritim 13
Ph: + 34 72 752043 Fax: + 34 72 752043
E-Mail: medaqua@intercom.es
Organisation: PADI
Language: German, English, Spanish, French
Established: 1996
Season: 01.03. - 30.11.

St Feliu de Guixols, Girona 17220 Girona
Eden Roc Diving Center
Owner: Manfred Richter
Carrer Punta de Garbi 5
Ph: + 34 972 325387 Fax: + 34 972 833127
E-Mail: info@eden-roc.de
Website: www.eden-roc.de
Organisation: PADI, CMAS
Language: German, English, Spanish, French
Established: 1991
Season: 01.04. - 01.11.

Costa Càlida:
Cartagena, Murcia und Alicante. Bekannt ist diese Region durch das "Mar Menor", das kleine Meer, auch die größte Badewanne Europas genannt. Es wird durch eine schmale, knapp 20 km lange Landzunge vom Mittelmeer getrennt.

Tauchplätze:
Die besten Plätze liegen Offshore einige Kilometer draußen an untermeerischen Riffen. Von Land aus bietet sich einzig die Gelegenheit an der Landspitze Cabo de Palas im Süden La Mangas. Vor der Küste – ideal für Einsteiger – liegt La Laja, ein Riff in der Nähe der Insel Isla Grosa. Zwischen Cabo de Palas und den Islas Hormigas findet man die Bajo de Piles, zwei Erhebungen mit den Namen Primera Cabeza und Segundo Piles. Der Bajo de Dentro ist eine 3 m hohe Felsnadel, die nordwestlich ein 20 m langes Plateau aufweist. Die südliche Spitze fällt steil ab.

Wracks:

Die Isla Gomera (Naranjitu) ist das einzig betauchbare Wrack vor der Küste. In einer maximalen Tiefe von 44 m liegt es auf Grund und eignet sich auch wegen der gelegentlich auftretenden Strömung nur für erfahrene Taucher.

Fauna:

Mönchsfische, Lippfische, Barrakudas, Anemonen, Meerraben, Gorgonien, Zackenbarsche, Gabeldorsche, Conger, Katzenhaie, Mondfische, Seeteufel, Muränen, Brassen, Fahnenbarsche und Bärenkrebse.

Costa del Sol:

Dieser Küstenabschnitt, eine Tourismushochburg im spanischen Südosten, liegt zwischen Almeria und der Südspitze bei Tarifa. Wichtigste Städte in dieser Region sind Malaga, Marbella und Gibraltar. Die Stadt im Süden der Iberischen Halbinsel gehört zu Großbritannien. Sie liegt auf einer Landzunge am Mittelmeer, die nächstgelegene spanische Stadt ist La Linea unmittelbar hinter der Grenze. An der engsten Stelle der Straße von Gibraltar, die das Mittelmeer mit dem Atlantischen Ozean verbindet, liegt Tarifa, der südlichste Punkt und die kürzeste Verbindung nach Marokko.

Tauchplätze:

In der Region um Gibraltar befinden sich einige sehr interessante Tauchmöglichkeiten, u.a. am Europe Point, einem Felsriff innerhalb der Bucht von Gibraltar, am Bottle Grot westlich des Flughafens (hier liegen diverse Fundstücke) und bei Los Pecos, einer Steilwand in der Straße von Gibraltar.

Wracks:

Die interessanten Wracks in der Region sind u.a. SS Rosslyn (Dampfer in 23 m Tiefe), SS Excellent (Schoner in 30 m Tiefe), Inner and Outer (Tauchplatz an einem namenlosen Wrack in 30 m), 428 (Küstenmotorschiff in 17 m), Camp Bay Barges (mehrere Barkassen und Autowracks in einer Bucht in max. 20 m) sowie ein Sherman-Panzer am Europa Point in 7 m Tiefe. Außerdem liegen mehrere Fluzeugwracks in der Region des Flughafens sowie ein weiteres am Hafeneingang von Gibraltar.

Fauna:

Barsche, Thunfische, Rochen, Muränen, Conger, Goldstriemen, Knurrhähne, Himmelsgucker, Skorpionfische, Garnelen, Sepien, Krebse, Korallen, Gorgonien, Röhrenwürmer, Delfine.

Luarca-Asturias 33700 Alicante

Sub Occidente
Owner: Manuel Puerta Amandi
Urb. Villar no 3
Ph: + 34 985 640096 Fax: + 34 985 640096
E-Mail: luarca@mundivia.es
www.asturios.mundivia.es/nawia/juboccidente.htm
Organisation: CMAS, FEDAS, DAN
Language: Spanish
Established: 1998
Season: 01.01. - 31.12.

Calpe Edificio Esmaralda 03710 Alicante

Aqua Gym - Centro De Bucao
Owner: Danny Abe
C/O Ponent 1 Galaria Comercial
Ph: + 34 96 583 4001 Fax: + 34 96 583 1260
E-Mail: giorgio@ctv.es
Organisation: 5*PADI
Language: German, Dutch, English
Established: 1987
Season: 01.01. - 31.12.

El Campello, Alicante 03560
El Gran Azul
Owner: R. Cots
Los Pinos 5
Ph: + 34 96 5631815 Fax: + 34 96 5631815
E-Mail: rcots@lobocom.es
Organisation: 5*PADI, CMAS
Language: Spanish, French, English
Established: 1995 Season: 01.01. - 31.12.

Granada, La Herradura 28697 Costa del Sol
Granada Sub, Paseo de Andres, Segovia 6
Owner: Luis Villavicencio
Ph: + 34 958 640281 Fax: + 34 958 640296
E-Mail: luismi@nedestb.es
Website: www.nedestb/pesonal/mismi
Organisation: PADI, SSI, CMAS
Language: Spanish, English, French
Established: 1992 Season: 01.01. - 31.12.

La Herradura-Granada Costa del Sol
Buceo La Herradura
Owner: Luis Pellejero
Urb. Las Terrazas Punta de La Mona
Ph: + 34 58827083 Fax: + 34 58827312
Organisation: SSI Language: Spanish, English

Malaga 29008 Costa del Sol
Deportes La Trucha, C/Carreteria 100
Owner: Gustavo Maqueda
Ph: + 34 52212203 Fax: + 34 52212203
Organisation: CMAS, SSI
Language: Spanish, English
Season: 01.01. - 30.09

Madrid 28027 Madrid
Aquatrek SL
Owner: NARCISO BORJA
Verdaguer Y Garcia 57-59
Ph: + 34 914045219 Fax: + 34 914045130
E-Mail: aquatrek@mad.servicom.es
Website: www.bluedeep.net/aquatrek
http://multimarket.cajamadrid.es/aquatrek
Organisation: 5*PADI, DAN

Spanien/Kanarische Inseln

Hauptstadt	Las Palmas
Einwohner	370.000
Entf. v. Frankfurt/M.	3.178 km
Währung	Peseta, Pta
Amtssprache	Spanisch
Telefonvorwahl v. D	00 34
Telefonvorwahl n. D	07 49
Verkehr	Rechtsverkehr
jährl. Touristenzahl	39 Mio.
Elektr. Strom	220 V / 50 Hz
Visum	nein
Flughafen	Gran Canaria (LPA)

Tauchregionen:
Teneriffa
Gomera
El Hierro
Fuerteventura

Zeitverschiebung: MEZ - 1
Fläche: 7.273 km²
Einwohner: 1,6 Mio.

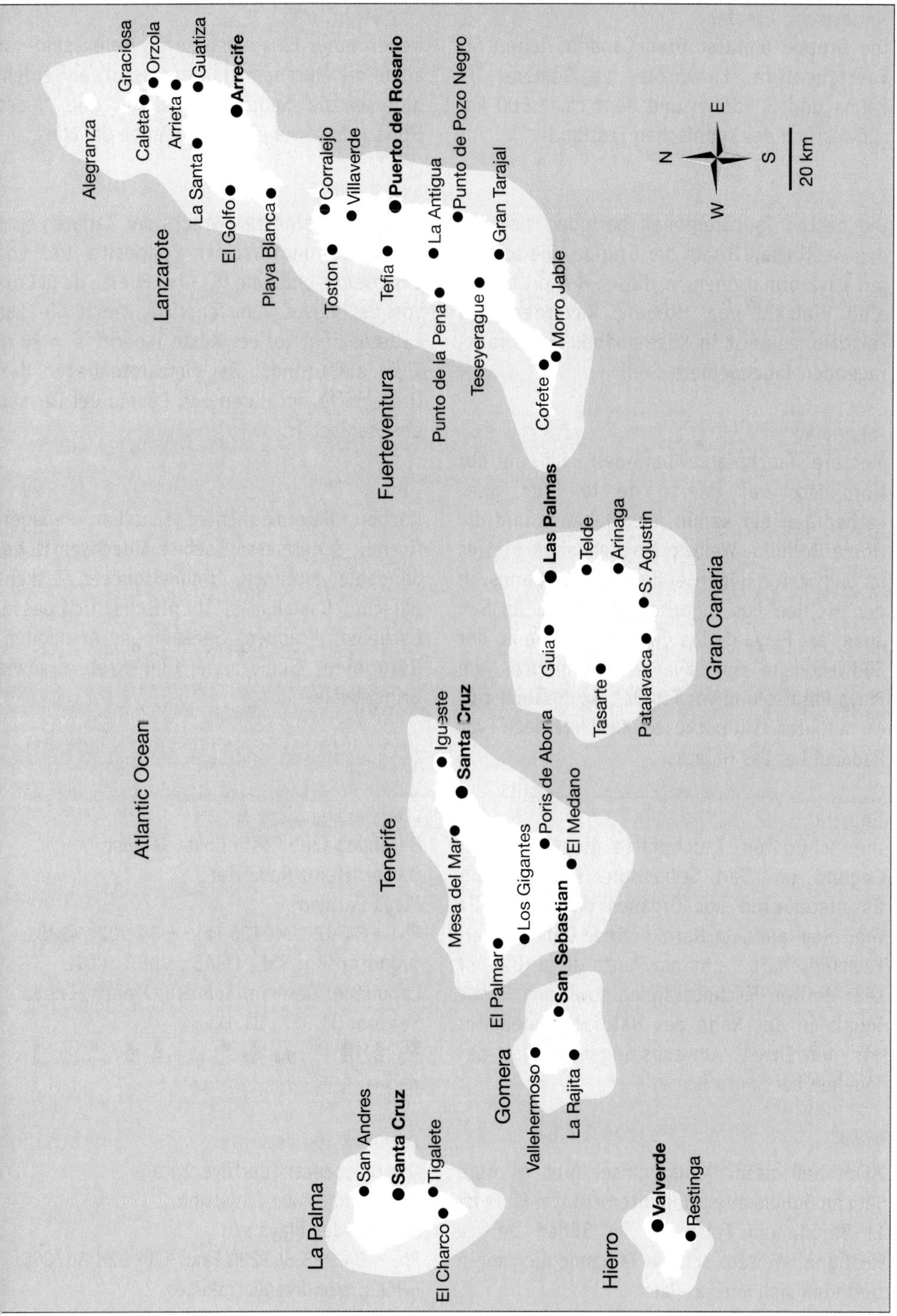
Atlantic Ocean
Alegranza
Graciosa
Caleta
Orzola
Arrieta
Guatiza
La Santa
Arrecife
El Golfo
Playa Blanca
Lanzarote
Corralejo
Villaverde
Toston
Puerto del Rosario
Tefia
La Antigua
Punto de Pozo Negro
Punto de la Pena
Gran Tarajal
Teseyerague
Morro Jable
Cofete
Fuerteventura
N
E
S
W
20 km
Las Palmas
Telde
Arinaga
Guia
S. Agustin
Tasarte
Patalavaca
Gran Canaria
Iguste
Santa Cruz
Poris de Abona
El Medano
Mesa del Mar
Los Gigantes
Tenerife
El Palmar
San Sebastian
Gomera
Vallehermoso
La Rajita
San Andres
Santa Cruz
Tigalete
El Charco
La Palma
Valverde
Restinga
Hierro

Kanarische Inseln:

Die Gruppe umfasst Gran Canaria, Teneriffa, Fuerteventura, Lanzarote, La Gomera, La Palma und El Hierro und liegt ca. 1.500 km südwestlich des spanischen Festlands.

Tauchplätze:

Die besten Tauchregionen befinden sich bei den westlichen Inseln der Gruppe. Die schroffen Lavaformationen in dieser Region bieten eine Vielzahl von Höhlen, Kavernen und Felsriffs, zumeist in Küstennähe. Die herausragenden Tauchgebiete sind:

Teneriffa:

Mehrere Tauchplätze befinden sich an der Nordküste bei Puerto de la Cruz, u.a. Cathedrale, der Kamin, das Bullauge und die Höhle Bollullu. Weitere Möglichkeiten gibt es im Südwesten der Insel bei Los Christianos, in den Höhlen Los Gigantes, am Playa de San Juan, am Playa de los Cristianos sowie an der Südwestküste am Playa de las Americas, am Playa Paraiso und vor Ten Bel. Schließlich gibt es an der Südostküste Tauchgebiete vor Radazul bei Las Galetas.

Gomera:

Die schönsten Tauchplätze liegen in der Gegend um San Sebastian, u.a. an der Basaltsteilwand Los Organos oder am Valle Gran Rey, am Cala Nariz – einer Unterwasser-Felslandschaft – und am Punta de la Gila mit sehr großen Fischbeständen sowie am Roque Iguala in der Nähe des Naturschutzgebietes vor der Insel. Abwechslungsreich ist das Tauchen bei Santa Maria.

El Hierro:

Auch bei dieser Kanareninsel gibt es gute Tauchmöglichkeiten. Ein interessanter Platz ist El Bajón, ein Felsenriff im Süden bei La Restigna. Weitere schöne Tauchmöglichkeiten befinden sich vor La Palma.

Fuerteventura:

Neben einer Einstiegstelle im Hafen sind vor allem die Muränenriffs interessant, außerdem gibt es die Spots Las Salinas und Nuero Horizonte sowie einige lohnende Canyons.

Wracks:

Die interessantesten Wracks der Kanaren sind das Küstenmotorschiff Condecito bei Los Christianos und eine DC 3 bei Puerto de la Cruz vor der Küste von Teneriffa. Auch die Las Calletas liegt vor der Küste Teneriffas in 22 m Tiefe auf Grund. Bei Lanzarote liegen drei Holzschiffe, im Hafen von Puerto del Carmen ein Stahlschiff.

Fauna:

Rochen, Petermännchen, Schollen, Papageifische, Schermesserfische, Eidechsenfische, Sandaale, Muränen, Himmelsgucker, Zackenbarsche, Barrakudas, Thunfische, Octopusse, Garnelen, Krabben, Seespinnen, Anemonen, Gorgonien, Schwämme und Krebse sowie Grindelwale.

Die Tauchbasen sind nach Städten sortiert.

Adeje Kanarische Inseln

Barakuda Club Costa Costa Teguise
Owner: Heinz Scheffler
Playa Paraiso
Ph: + 34 922 740726 Fax: + 34 922 741881
Organisation: SSI , CMAS , VDST , VDTL
Language: German, Spanish, French, English
Season: 01.01. - 31.12.

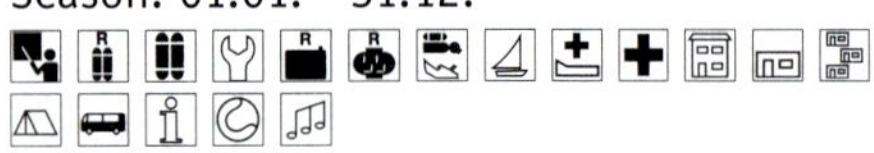

Coralejo/Fuerteventura 35660 Kanarische In.

Trendivecenter Fuerteventura
Owner: Eberhart Christoph
Av. Grandes Playa s/n
Ph: + 34 928 867290 Fax: + 34 928 867290
E-Mail: trendive@arrakis.es

Website: www.arrakis.es/-trendive
Organisation: PADI, VDST, CMAS
Language: German, English, Spanish
Season: 01.01. - 31.12.

Corralejo, Fuertoventura 35660 Kanarische In.
Dive Center Corralejo
Owner: Miguel Abella
Nuestra Sejora del Pino
Ph: + 34 28 866243 Fax: + 34 28 866243
E-Mail: bucesdcc@encomix.es
Website: www.encomix.es/vsers/buceodcc
Organisation: PADI
Language: Spanish, English, German, French
Established: 1979 Season: 01.01. - 31.12.

Costa Calma Kanarische Inseln
Acuarios Jandia S. L. Sotavento
Owner: Arnulf Brozy
Sotavento Club
Ph: + 34 928 547041 Fax: + 34 928 547009
Organisation: CMAS, VDST, PDIC
Language: German, English
Season: 01.01. - 31.12.

Costa Teguise 35509 Kanarische Inseln
Calipso Diving
Owner: Heather Johnson Peter Monk
Calipso Center Local 3
Ph: + 34 928 590879 Fax: + 34 928 590879
E-Mail: calypso@arrakis.es
Website: www.calyrso-diving.com
Organisation: PADI , CMAS , BSAC
Language: English, German, Dutch, French
Established: 1990 Season: 01.01. - 31.12.

Costa Tequise 35509 Kanarische Inseln
Barakuda Club Diving Lanzarote S.L.
Owner: Andreas Blüthgen
Playa de Ias Cucharas
Ph: + 34 928 590407 Fax: + 34 928 592548
Organisation: PADI, ACUC, VIT, CMAS, VDST, CEDIP, VDTL, Barakuda
Language: German, English, Spanish, French, Dutch, Italian
Season: 01.01. - 31.12.

Fuencaliente 38740 Kanarische Inseln
Atlantik28°
Owner: Nora Reichstein
Carretera General 106
Ph: + 34 922 444047 Fax: + 34 922 444047
Website: www.atlantic28.de
Organisation: VDST, PADI, CMAS, FEDAS
Language: German, English, French, Spanish
Season: 01.01. - 31.12.

Grand Canaria 35100 Kanarische Inseln
Diving Center Sun Sub
Owner: Angel Duran
Palza de Ansite Playa Hotel Buenaventura
Ph: + 34 928 778165 Fax: + 34 928 778787
E-Mail: sunsub@canariar-diving.com
Website: www.canarias-diving.com
Organisation: VDST, CMAS, IDA
Language: Spanisch, German, English, Dutch
Season: 01.01. - 31.12.

Jandia 35626 Kanarische Inseln
Tauchschule Felix
Owner: Loni Christiansen Felix Castro
Hotel Casa Atlantica
Ph: + 34 928 541418 Fax: + 34 928 541417
Organisation: CMAS, VDST, VDTL, Barakuda

Language: German, Spanish, English, Danish
Season: 01.01. - 31.12.

La Restinga El Hierro 38915 Kanarische In.
Fan Diving Hierro
Owner: Günter Baumgarten
Avda. Maritima 4
Ph: + 34 922 557085 Fax: + 34 922 557085
E-Mail: fandivingaccesosis.es
Organisation: VDST, SSI
Language: German, English, Spanish
Season: 01.01. - 31.12.

Las Galletas 38631 Kanarische Inseln
Tenesub Marine SL
Owner: Brabant Claude
40 Calle Maria Del Carmen Garcia
Ph: + 34 922 731605 Fax: + 34 922 731605
E-Mail: tenesub@teleline.es
Website: www.canary-guide.com/tf/tenesub
Organisation: PADI, SSI, CMAS, FEDAS
Language: German, English, French, Spanish
Season: 01.01. - 31.12.

Las Galletas, Tenerife 38630 Kanarische In.
Diving Coral Sub
Owner: M.T. Klein
Ten Bel Hotelpark, Ap De Correos 133
Ph: + 34 922 730981 Fax: + 34 922 730981
E-Mail: coral-sub@mail.inocanazias.com
Website: www.canary-guide.com
Organisation: PADI, NAUI, CMAS, IDEA
Language: German, English, French, Dutch
Established: 1990 Season: 01.01. - 31.12.

Morro Jable 35625 Kanarische Inseln
Tauchschule Robinson Club
Owner: Armin Korger
Robinson Club Jandia Playa
Ph: + 34 928 541065 Fax: + 34 928 541065
E-Mail: armin@bitel.es
Organisation: SSI, VDST, CMAS, VDTL
Language: German
Season: 01.01. - 31.12.

Playa de Santiago 38811 Kanarische Inseln
Gomera Dive Resort
Owner: Thpmas Michel
Hotel Jardin Tecina, Edit Fred Olsen 1B
Ph: + 34 922 895519 Fax: + 34 922 895605
E-Mail: gomera@arrakis.es
Website: www.gomera-dive-resort.de
Organisation: PADI, CMAS
Language: German, Spanish, English
Established: 1996
Season: 01.01. - 31.12.

Port d.la Cruz 38400 Kanarische Inseln
Tauchschule Atlantik, El Burgado 1
Owner: Christoph Eberhard
Ph: + 34 922 362801 Fax: + 34 922 364309
E-Mail: atlantik@arrakis.es
Website: www.arrakis.es/~atlantik
Organisation: VDST, PADI, CMAS
Language: German, English, Spanish
Season: 01.01. - 31.12.

Pto. del Carmen 35510 Kanarische Inseln
Barakuda Club Lanzarote
Owner: Klaus Wassmann
Hotel la Genice
Ph: + 34 928 512765 Fax: + 34 928 512765
Organisation: CMAS, SSI, VDST

Language: German, Spanish, English
Established: 1976
Season: 01.01. - 31.12.

Puerto Anfi 35129 Kanarische Inseln
Scuba SUR, Bco. De La Verga.
Owner: David Carcia
Ph: + 34 28 150105 Fax: + 34 28 150105
E-Mail: scubasur@ctv.es
Organisation: PADI
Language: English, French, German, Spanish
Established: 1997 Season: 01.01. - 31.12.

Tinajo, Lanzarote 35560 Kanarische Inseln
La Santa Diving
Owner: Johnny Spure Olsen
Ph: + 34 928 599999 Fax: + 34 928 599990
E-Mail: clublasanta@clublasanta.com
www.clublasanta.com/htmt/diving.htm
Organisation: PADI, NAUI, CMAS, DAN
Language: Spanish, German, English, Danish
Established: 1987
Season: 01.01. - 31.12.

Spanien/Balearen

Hauptstadt	Palma de Mallorca
Einwohner	330.000
Entf. v. Frankfurt/M.	1.220 km
Währung	Peseta, Pta
Amtssprache	Spanisch
Telefonvorwahl v. D	00 34
Telefonvorwahl n. D	07* 49
Verkehr	Rechtsverkehr
jährl. Touristenzahl	39 Mio.
Elektr. Strom	220 V / 50 Hz
Visum	nein
Flughafen	Palma (PM)

Tauchregionen:
La Mola
Panorama Reef
Puerto de Andraitx
Dream Point
Islas Cabrera
Ibiza:
San Miguel
Isla Margaritas
Isla Murada
Menorca:
Pont d'en Gil

Zeitverschiebung: MEZ
Fläche: 5.014 km²
Einwohner: 800.000

Balearen :
Die Inselgruppe liegt östlich von Valencia in einer Entfernung von etwa 250 km zur Küste und umfasst die Inseln Mallorca, Menorca, Ibiza, Formentera, Cabrera und Dragonera sowie mehrere kleine Riffs. Besonders Mallorca und Ibiza sind touristisch hervorragend erschlossen.

Mallorca:
Die interessantesten Tauchregionen sind vor allem die Höhlenbucht Cala Ratjada (mit dem Cap des Freu), das Gebiet zwischen La Mola und Dragonera (mit dem Panorama Reef) und die Region um Puerto de Andraitx (mit dem Dream Point) sowie die Gegend um die Islas Cabrera.

Ibiza:

Eine der schönsten Tauchregionen der Insel ist die Gegend um Puerto San Miguel mit den Tauchplätzen bei der vorgelagerten Isla Margaritas. Außerdem gibt es lohnende Möglichkeiten am Cap Eubarca (Höhlensystem, das bis auf 60 m hinabreicht), in der Lichthöhle (Höhle mit einer Höhe von 20 m, die nur 3 m unter der Wasseroberfläche beginnt), beim Cap Rubio (Steilabbruch bis in 47 m Tiefe), an der Isla Murada (mit mehreren Steilwänden), an der Benirras (Felsnadel, die bis in 35 m Tiefe reicht), bei den Herkulessäulen und bei Caldes (Felsriff mit Canyons und Höhlen).
Außerdem bestehen mehrere Einstiegsmöglichkeiten vom Strand direkt in der Badebucht von Puerto San Miguel. Die Felsinseln Vedra und Vedranell (Cala Vadella) liegen weit vor der Küste und eignen sich für jedermann als Tauchplatz.

Menorca:

Hervorragende Tauchgründe gibt es vor allem an der Südküste mit ihren unzähligen Felsnadeln, Grotten und Höhlen, u.a. an den Tauchplätzen Pont d'en Gil (Einstieg in 12 m), El Campanario de Cap d'en Font und La Cathedral.

Wracks:

Interessant ist die MS Josephine (ein Holzschiff in 31–36 m Tiefe bei Puerto de Andraitx, Mallorca), außerdem sind vor Puerto San Miguel in 40 m Tiefe die Reste eines Wracks zu besichtigen.

Fauna:

Barrakudas, Zackenbarsche, Makrelen, Drachenköpfe, Conger, Muränen, Mondfische, Eidechsenfische, Skorpionfische, Octopusse, Hummer, Langusten, Bärenkrebse, Fadennacktschnecken, Haarsterne, Korallen, Anemonen.

Formentera Balearen

Tauchbasis LA MOLA
Owner: Claudia van Treek
San Francisco Hotel LA MOLA
Ph: + 34 713 27154 Fax: + 34 713 27000
E-Mail: info@tauchen-lamola.com
Website: www.tauchen-lamola.com
Organisation: PADI , CMAS , VDST
Language: German, Spanish, English, French
Season: 01.05. - 30.10.

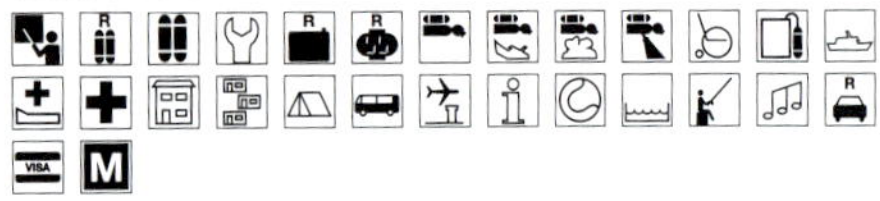

Ibiza Balearen

Subfari, Puerto Portinatx
Owner: Peter-A. Reiserer
Ph: + 34 971 333067
Organisation: VIT , PADI , CMAS
Language: German, English, French
Season: 01.05. - 31.10.

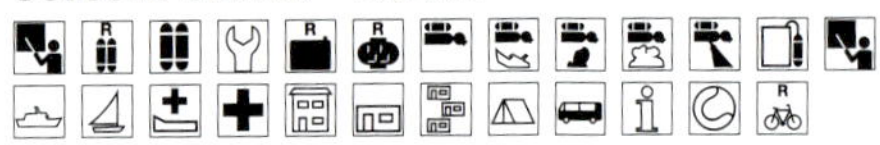

San Antonio 07820 Ibiza Balearen

La Sirena, C/ Balanzat No. 21, bajos
Owner: Antonio F. Moreno
Ph: + 34 971 535816
www.ibizaonline.com/DivingSirena/home.html
Organisation: SSI
Language: Spanish, English, German
Established: 1981
Season: 01.03. - 30.11.

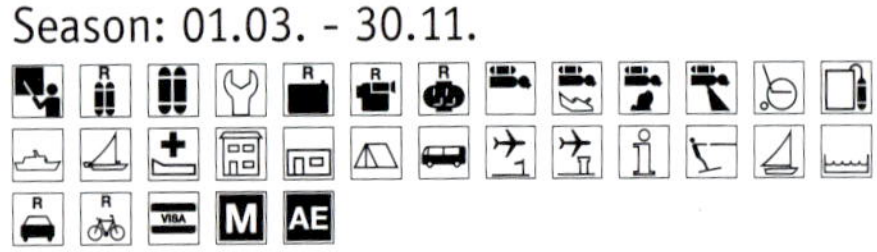

San Miguel 07815 Ibiza Balearen

Taucherschule San Miguel/Ibiza
Owner: Rainer Klingner
Hotel Cartago
Ph: + 34 971 334539 Fax: + 34 971 334539
E-Mail: info@divingcenter-sanmiguel.com
Website: www.divingcenter-sanmiguel.com

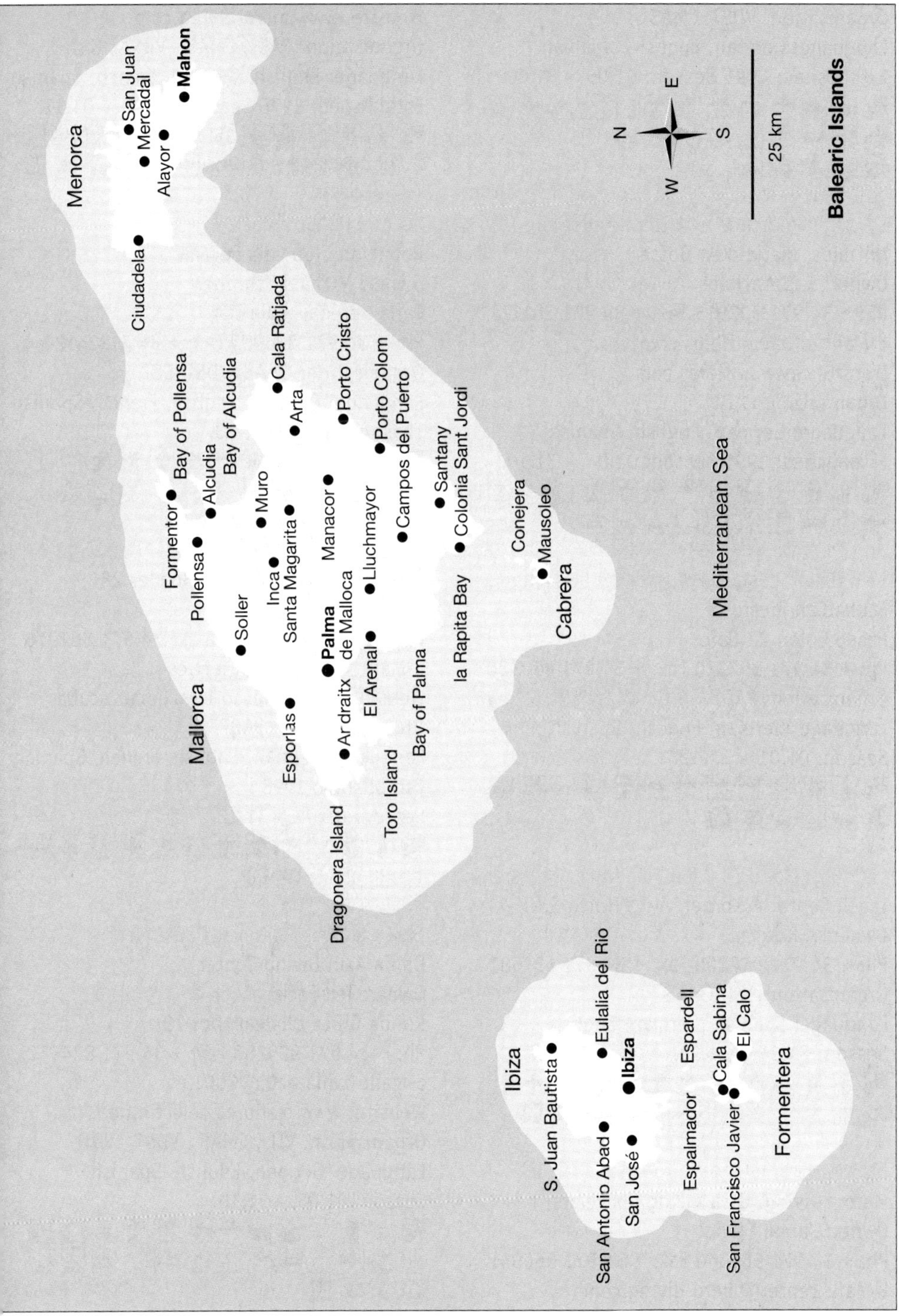
Menorca
Ciudadela
Alayor
Mercadal
San Juan
Mahon
Mallorca
Bay of Pollensa
Bay of Alcudia
Cala Ratjada
Porto Cristo
Arta
Porto Colom
Campos del Puerto
Formentor
Alcudia
Pollensa
Muro
Manacor
Santany
Colonia Sant Jordi
Soller
Inca
Santa Magarita
Lluchmayor
Palma
de Malloca
El Arenal
Ar draitx
Esporlas
Bay of Palma
la Rapita Bay
Toro Island
Dragonera Island
Conejera
Mausoleo
Cabrera
Mediterranean Sea
Ibiza
S. Juan Bautista
Eulalia del Rio
Ibiza
San Antonio Abad
San José
Espardell
Espalmador
Cala Sabina
El Calo
San Francisco Javier
Formentera
N
S
W
E
25 km
Balearic Islands

Organisation: VDST, CMAS
Language: German, English , Spanish
Established: 1995 Season: 01.05. - 31.10.

Sant Jordi Ibiza 07800 Ibiza Balearen
Anfibios, Platja d'en Bossa
Owner: S.L. Anfibios
Ph: + 34 971 303915 Fax: + 34 971 301174
E-Mail: info@anfibios.com
Website: www.anfibios.com
Organisation: PADI
Language: German, English, Spanish
Established: 1995 Season: 01.04. - 31.10.

Ca'n Picaforte Port Pollensa 07458 Mallorca
Scuba Can Picaforte
Paseo Colon 23 Bajos
Ph: + 34 971 852320 Fax: + 34 971 852320
Organisation: PADI
Language: German, English, Spanish
Season: 01.01. - 31.12.

Cala D'or Mallorca 07669 Mallorca, Balearen
Tauch Center A.Korger, Av. S'Horta S.N.
Owner: A.Korger
Ph: + 34 971 657800 Fax: + 34 971 657681
Organisation: SSI, CMAS
Language: Spanish, German, English
Season: 01.04. - 31.10.

Cala Ratjada 07590 Mallorca, Balearen
Mero - Diving, Casa Viking Es Pelats
Owner: Jaime Ferriol
Ph: + 34 971 566040 Fax: + 34 971 566041
E-Mail: center@mero-diving.com
Website: www.mero-diving.com
Organisation: PADI, CMAS , VDST , SSI,
Language: English, German, French, Spanish
Established: 1970 Season: 01.03. - 01.11.

Mallorca 07661 Mallorca, Balearen
Robinson Club Cala Serena
Owner: Michael Schröder
Carla Serena - Cala Dòr
Ph: + 34 971 824035 Fax: + 34 71824120
Organisation: CMAS, VDST, SSI
Language: German, English, French, Spanish
Season: 01.03. - 31.10.

Port Pollensa 07470 Mallorca, Balearen
Scuba Pollentia, Vicente Buades 28
Owner: Matias Ximelis
Ph: + 34 971 867978 Fax: + 34 971 867978
E-Mail: scuba@readysoft.es
Website: www.readysoft.es/home/scuba
Organisation: 5* PADI
Language: German, English, French, Spanish
Established: 1995
Season: 01.01. - 31.12.

Porto Colom Mallorca, Balearen
Bahia Azul Diving Center
Owner: Ted Fecke
Ronda Crucerobalear No. 78
Ph: + 34 971 825280 Fax: + 34 971 824452
E-Mail: bahia-azul@2001.es
Website: www.mallorca-selectin.de
Organisation: VIT , CMAS , VDST , VDTL
Language: German, English, Spanish
Season: 01.05. - 31.10.

Puerto de Andraitx 07157 Mallorca, Balearen

Aqua Marine Diving Mallorca
Owner: Leo Klein
Almirante Riera Alemany 27
Ph: + 34 971 6734376 Fax: + 34 71674493
Organisation: CMAS, VDST, SSI
Language: German
Season: 15.04. - 15.11.

Port De Soller 07108 Mallorca Baleares

Octopus, C/Canonge Oliver 13
Owner: Marc G. Chicano
Ph: + 34 971 633133 Fax: + 34 971 633133
E-Mail: octopus@bitel.es/octopus
Website: www.bitel.es/octopus
Organisation: PADI, CMAS
Language: German, English, Spanish, French
Established: 1994
Season: 01.05. - 30.10.

07711 Menorca Balearen

Cala Torret, 89 Cala Torret, San Lluis
Owner: Joaquin Esesa
Ph: + 34 971 188528 Fax: + 34 971 151502
E-Mail: torret@infotelecom.es
Website: www.infotelecom.es/buceo/torret
Organisation: PADI

San Luis, Manorca 07710 Manorca, Balearen

S'Algar Diving, Paseo Maitimo S/N S'Algar
Owner: Brain Willianson
Ph: + 34 971 150601 Fax: + 34 71 150604
E-Mail: diving@salgardiving.com
Website: www.salgardiving.com
Organisation: 5*PADI, NAUI, CMAS, IDA
Language: Spanish, English, German, French
Season: 01.04.- 01.11.

Cala Galdana Menorca 07750 Menorca, Balearen

Club SUBmorena Divers S.C.
Owner: Horst Peters
Passeig del Riu, Local 7
Ph: + 34 971 154657 Fax: + 34 971 154657
E-Mail: horst@ctv.es
Website: www.submorenadivers.de
Organisation: PADI, CMAS
Language: German, English, Spanish
Established: 1990 Season: 01.05. - 31.10.

Ciutadella 07760 Manorca, Balearen

Tauchsporthotel „Poseidon"
Owner: Dieter Payonk
Cala Santandria Apt.: 467
Ph: + 34 971 382644 Fax: + 34 971 482704
E-Mail: poseidon@moninformatic.com
Website: www.moninformatic.com/poseidon
Organisation: PADI, CMAS
Established: 1999

Ciutadella 07760 Manorca, Balearen

Sub Menorca, Apdo. Correos 661
Owner: Raimund Brysch
Ph: + 34 609 656916 Fax: + 34 971 387069
E-Mail: submenorce@quix.net
Website: www.submenorce.cjb.net
Organisation: VDST, CMAS, PADI
Language: German, English, Spanish
Season: 01.05. - 31.10.

Sri Lanka

Hauptstadt	Colombo
Einwohner	660 000
Entf. v. Frankfurt/M.	8 075 km
Währung	Sri Lanka-Rupie, S.L.Re.
Amtssprache	Singhalesisch
Telefonvorwahl v. D	00 94
Telefonvorwahl n. D	00 49
Verkehr	Linksverkehr
jährl. Touristenzahl	410.000
Elektr. Strom	220 V / 50 Hz
Visum	nein
Flughafen	Colombo Katunayake (CMB)

Tauchregionen:
Great Basses
Little Basses
Felsriff von Hambantota
Tangalle
Weligama
Arippu
Silavaturai
Kandakuliya
Hikkaduwa
Galle

Zeitverschiebung: MEZ + 4:30
Fläche: 65.610 km^2
Einwohner: 18,1 Mio.

Tauchsicherheit

PADI International USA
1251 East Dyer Road
CA 92705-5605 Santa Ana
Tel: 001 (0) 714 540 7234
Fax: 001 (0) 714 540 2609
E-Mail: info@padi.com
Website: www.padi.com

NAUI Worldwide
FL 33619-2667 Tampa USA
Tel: 001 (0) 813 628 6284
Fax: 001 (0) 813 628 8253
Website: www.naui.org

DAN: Divers Alert Network
P.O. Box 3823 , 27710
Durham North Carolina USA
E-Mail: info@dan-dive.com
Website: www.dan-dive.com

CMAS World Underwater Federation
CMAS - Viale Tiziano 74
00196 Roma Italy
Tel: 0039 6 368 58480
Fax: 0039 6 368 58490
E-Mail: cmasmond@tin.it
Website: www.cmas.org

Information und Beratung

Fremdenverkehrsamt von Sri Lanka
Allerheiligentor 2-4
6000 Frankfurt am Main
Tel: 069 288371

Diver's Guide Tauchreisen
Dockenhudener Str. 14
22587 Hamburg
Tel: 040 866 0670
Fax: 040 866 06777
tauchen@divers-guide.de
www.divers-guide.de

Schöner Tauchen
Hastedter Heerstr. 211
28207 Bremen
Tel: 0421 450 010
Fax: 0421 450 080
info@schoener-tauchen.com
www.schoener-tauchen.com

Volkert Touristik
Freizeitzentrum Roßmühle
97782 Gräfendorf
Tel: 09357 97490
Fax: 09357 1055
Web: www.volker-touristik.de

Botschaften

Deutsche Botschaft in Sri Lanka
40 Alfred House Avenue
Colombo 3
Tel: 0094 1 580431-34
Fax: 0094 1 580440

Botschaft von Sri Lanka in Deutschland
Noeggerathstr. 15
53111 Bonn
Tel: 0228 698946
Fax: 0228 694988

Fluggesellschaften

Air Lanka Ltd.
Schwindstr. 3
60325 Frankfurt
Tel: 069 975739-15
Website: www.airlanka.com

LTU International Airways
Tel: 040 5000031
Fax: 040 5000032
Tel: 02203 40-2151
Website: www.ltu.de

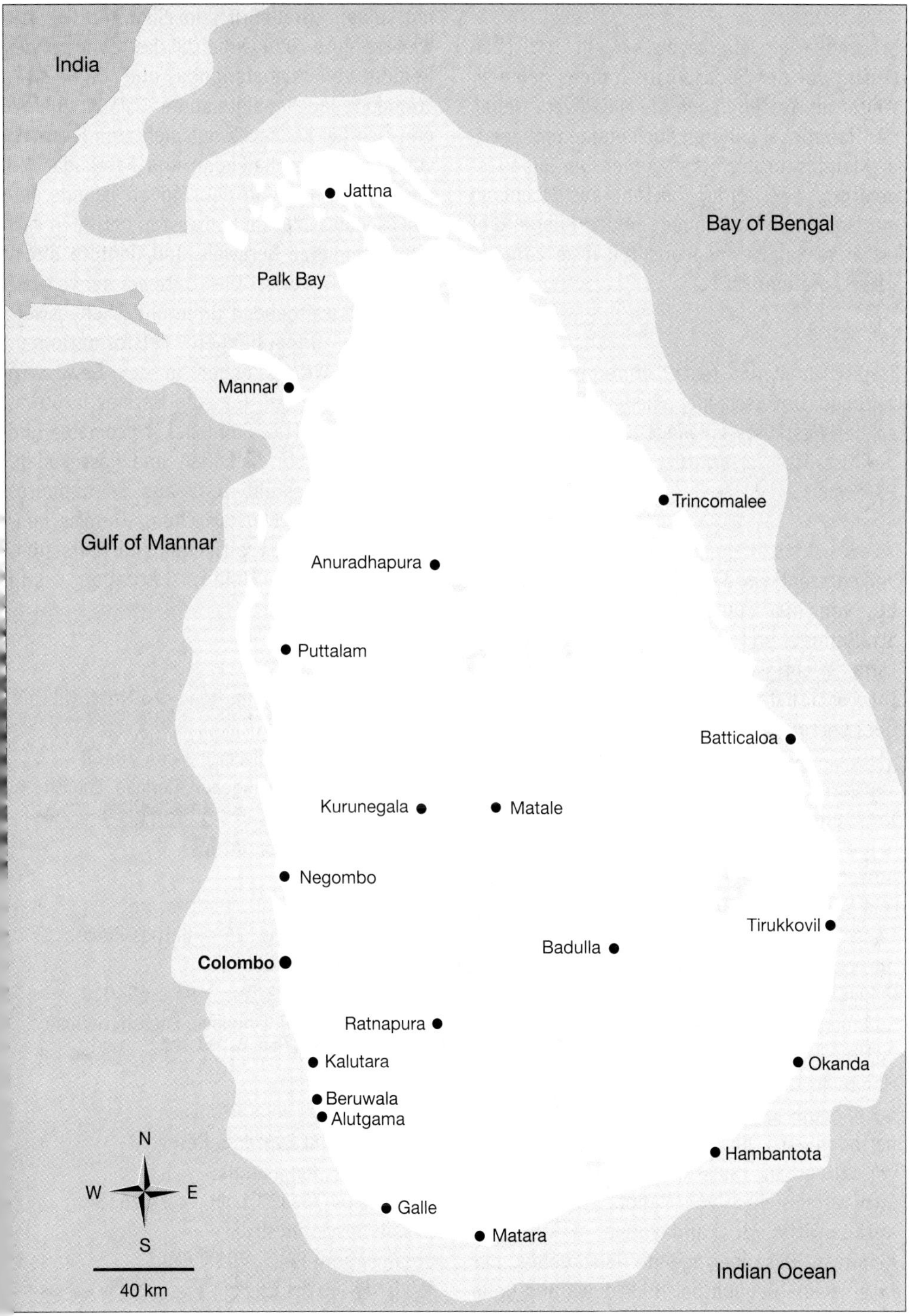
India
Jattna
Bay of Bengal
Palk Bay
Mannar
Trincomalee
Gulf of Mannar
Anuradhapura
Puttalam
Batticaloa
Kurunegala
Matale
Negombo
Tirukkovil
Badulla
Colombo
Ratnapura
Kalutara
Okanda
Beruwala
Alutgama
N
W
E
S
Hambantota
Galle
Matara
40 km
Indian Ocean

Geographische Lage:

Sri Lanka ist ein Inselstaat im Indischen Ozean, vor der Südostküste Indiens gelegen. Weiter im Westen liegen die Malediven. Neben der Hauptinsel gehören auch einige umliegende Kleininseln zum Staatsgebiet. Der Süden ist gebirgig, der Norden besteht aus Flachland mit Urwald und Savannen, an den Küsten gibt es lange Sandstrände und teilweise vorgelagerte Korallenriffs.

Klima:

Tropisch heiß und feucht ohne große jahreszeitliche Unterschiede. Niederschläge fallen an der Westküste vorwiegend im Sommer, an der Ostküste im Winter. Colombo 26,9°C / 2345 mm.

Verkehr:

Verkehrszentrum der Inselrepublik ist Colombo, von hier führen ein gut ausgebautes Straßennetz und einige Bahnlinien durch das Land. Wichtigste Verkehrsmittel sind Busse. Internationale Flugverbindungen erfolgen über Colombo Katunayake (CMB).

Tauchplätze:

Die Tauchmöglichkeiten variieren mit der Jahreszeit. Im Winter bis in den März hinein bestehen die besten Bedingungen an der Süd- und Südostküste. In den Sommermonaten bis Ende September bieten die Tauchgebiete an der Südwest- und Westküste bessere Möglichkeiten. Die attraktivsten Tauchplätze der Südostküste liegen an den Great Basses und Little Basses sowie am Felsriff von Hambantota. Weitere Möglichkeiten bestehen bei Tangalle und Weligama. An der Westküste befinden sich die schönsten Tauchregionen vor allem in den Riffs bei Arippu und Silavaturai südlich von Mannar sowie an den Korallenriffs vor Kandakuliya südlich von Kalpitiya. Das überragende Tauchgebiet der Insel ist die Gegend bei Hikkaduwa und Galle mit seinen Korallenriffs im Süden der Küste. Weitere gute Gelegenheiten bestehen in der Region von Ambalangoda und Balapitiya. Lohnende Tauchgebiete an der Ostküste befinden sich bei Kuchaveli mit mehreren Felsriffs, vor Nilaveli, bei Kalkudah und Pasekudah, in der Arugam Bay, an den Pigeon Islands und bei Trincoma-lee. Im Südwesten befinden sich die Tauchplätze Beruwale und Bentota direkt am Bentota-Fluss. Die Unterwasserwelt ist hier noch weitgehend unberührt. Sehenswert sind die ungaublichen Felsformationen. Unzählige Wracks liegen in den Gewässern rund um die Insel, u.a. die Hermes in 60 m, ein Schiff am Foul Point bei Trincomalee und zwei weitere vor Kalkudah und Passekudah. Die Fauna besteht u.a. aus Schnappern, Doktorfischen, Engelsfischen, Thunfischen, Barrakudas, Papageifischen, Riffbarschen, Stachelrochen, Haien, Korallen und Gorgonien.

Aluthgama 12080

Eden Roc Divers, Galla Road c/o Hotel Nilwala
Owner: Ruedi Klee
Ph: + 94 34 75017 Fax: + 94 34 70408
Organisation: PADI Language: German, English

Colombo 7

Underwater Safaris, 25 c Barnes Place
Owner: Hector Ekanayake
Ph: + 94 1 694012 Fax: + 94 1 694029
Organisation: PADI Language: English, German

Moragella Beruwela Beruwela

Ypsylon Diving Center & Resort
Owner: C. S. Ranasingha
Ph: + 94 34 76132 Fax: + 94 34 76334
E-Mail: ypsylon@slt.lk
Organisation: PADI, VDST, CMAS

Hauptstadt	Basseterre
Einwohner	21.000
Entf. v. Frankfurt/M.	7.220 km
Währung	Ostkaribischer Dollar, EC$
Amtssprache	Englisch
Telefonvorwahl v. D	001869
Telefonvorwahl n. D	011 49
Verkehr	Linksverkehr
jährl. Touristenzahl	95.000
Elektr. Strom	230 V / 60 Hz
Visum	nein
Flughafen	Basseterre Golden Rock (SKB)

Tauchregionen:
Devil's Caves
Korallengrotten
Lavaröhren
Nags Head
Turtle Reef
Shitten Bay
Coconut Reef
Basseterre Bay
Pump Bay
Sandy Point
Monkey Shoals

Zeitverschiebung: MEZ - 5
Fläche: 265 km²
Einwohner: 42.000

Tauchsicherheit

PADI International USA
1251 East Dyer Road
CA 92705-5605 Santa Ana
Tel: 001 (0) 714 540 7234
Fax: 001 (0) 714 540 2609
E-Mail: info@padi.com
Website: www.padi.com

NAUI Worldwide
FL 33619 2667 Tampa USA
Tel: 001 (0) 813 628 6284
Fax: 001 (0) 813 628 8253
Website: www.naui.org

DAN: Divers Alert Network
P.O. Box 3823 , 27710
Durham North Carolina USA
E-Mail: info@dan-dive.com
Website: www.dan-dive.com

CMAS World Underwater Federation
CMAS - Viale Tiziano 74
00196 Roma Italy
Tel: 0039 6 368 58480
Fax: 0039 6 368 58490
E-Mail: cmasmond@tin.it
Website: www.cmas.org

Information und Beratung

Schöner Tauchen
Hastedter Heerstr. 211
28207 Bremen
Tel: 0421 450 010
Fax: 0421 450 080
info@schoener-tauchen.com
www.schoener-tauchen.com

Dresden 01259
Karibik Inside
Lockwitztalstr. 20
Tel: 0351 2055915
Fax: 0351 2055915
Email: karibikins@aol.com

Hattersheim 65795
Dive Travel GmbH
Südring 3 B
Tel: 061 901603
Fax: 061 901603
Website: www. divetrevel.de

Orca Tauchreisen
Steinbökstr. 4
83022 Rosenheim
Tel: 08031 18850
Fax: 08031 188588
Website: www.orca.de

Botschaften

St. Kitts und Nevis, Föderation High Commission for Eastern Caribbean States
10 Kensington Court
GB-London W8 5DL
Tel: 0044 171 9379522

St Kitts & Nevis Ministry of Tourism, Culture and Environment
PO Box 132, Bay Road,
Basseterre, St. Kitts
Tel: 001869 465 4040.
info@stkitts-nevis.com
www.stkitts-nevis.com

Fluggesellschaften

LIAT (LI) und Islands Airways fliegen von Puerto Rico nach Nevis. Einige große europäische Airlines fliegen in die Nähe, z. B. nach Puerto Rico.

British Airways
Frankfurt am Main
Flugreservierung Flüge
Tel: 0180 3340340
www.british-airway.com

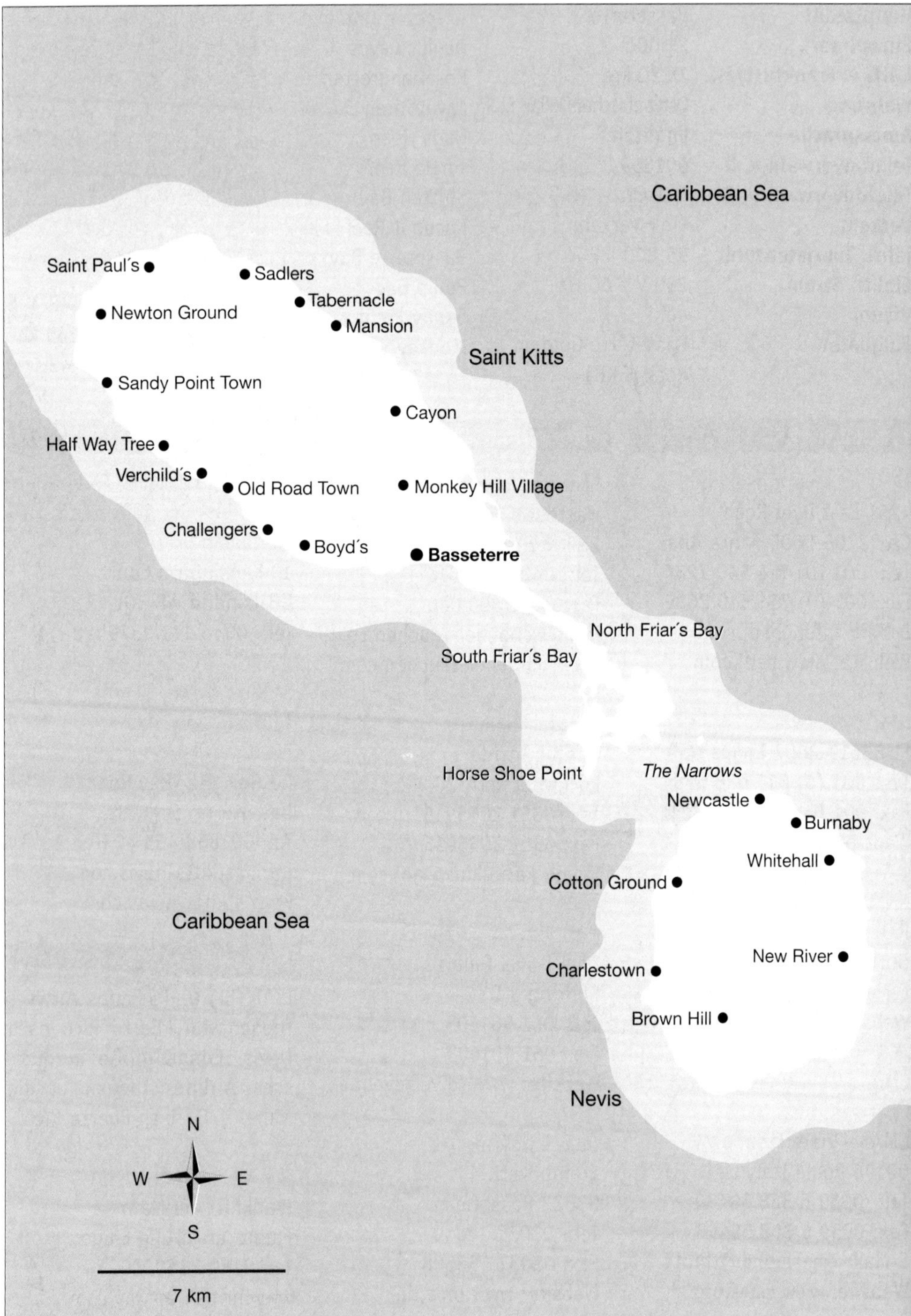
Caribbean Sea
Saint Paul´s
Sadlers
Tabernacle
Newton Ground
Mansion
Saint Kitts
Sandy Point Town
Cayon
Half Way Tree
Verchild´s
Old Road Town
Monkey Hill Village
Challengers
Boyd´s
Basseterre
North Friar´s Bay
South Friar´s Bay
Horse Shoe Point
The Narrows
Newcastle
Burnaby
Whitehall
Cotton Ground
Caribbean Sea
New River
Charlestown
Brown Hill
Nevis
N
W
E
S
7 km

Geographische Lage:
Der Inselstaat St. Christopher & Nevis (teilweise auch als St. Kitts and Nevis bezeichnet) liegt im Norden der kleinen Antillen zwischen Anguilla im Norden, Antigua im Osten und Montserrat im Süden. Sowohl St. Christopher, das im Süden in einer langen Halbinsel mit Salzsee ausläuft, als auch Nevis, die südlichere der beiden Inseln, sind bergige Vulkaninseln.

Klima:
Die Temperaturen schwanken sehr wenig über das Jahr, 25 °C ganzjährig im Mittel. Das Klima ist trocken und mild. Hochsaison ist in den angenehm warmen und meist trockenen Monaten Dezember bis April. St. Kitts 26 °C / 2000 mm.

Einreise:
Erforderlich für einen Aufenthalt bis zu drei Monaten ist ein Reisepass sowie der Nachweis ausreichender Geldmittel und eines Rück- oder Weiterreisetickets.

Verkehr:
Es gibt ein gut ausgebautes Straßennetz auf beiden Inseln. Fährverbindungen bestehen zwischen den Inseln und in die Nachbarstaaten. Der internationale Flugverkehr erfolgt von den beiden Flughäfen Basseterre Golden Rock auf St. Christopher (SKB) und Charlestown Newcastle auf Nevis (NEV) vor allem über die karibischen Nachbarinseln.

Verkehrsbestimmungen:
Gegen Vorlage eines nationalen (empfohlen: auch internationalen) Führerscheins wird von den Polizeibehörden ein örtlicher Besucherführerschein ausgestellt; Linksverkehr.

Tauchplätze:
Die besten Tauchgebiete des Inselstaates befinden sich an beiden Inseln auf der Karibischen Seite, mit Korallenriffs, die im Flachwasser liegen und weiter draußen auf 30 bis 35 m abfallen. Gute Tauchplätze liegen vor allem zwischen den beide Inseln in einem Korallengarten in 7–10 m Tiefe. Außerdem erwähnenswert sind Devil's Caves (Korallengrotten und Lavaröhren an der Westküste von St. Christopher), Nags Head (Felsriff an der Südspitze von St. Christopher vor dem Oualie Beach), Turtle Reef (vor der Shitten Bay), Coconut Reef in der Basseterre Bay und Pump Bay bei Sandy Point sowie Monkey Shaols und Black Coral.

Wracks:
Mehrere Wracks befinden sich in den Gewässern dieser Region, u.a. die MV Talata in der Basseterre Bay und die River Taw, ein Frachter in 20 m Tiefe in der Frigate Bay.

Fauna:
Makrelen, Engelsfische, Barrakudas, Schnapper, Muränen, Brassen, Haie, Octopuse, Hummer, Korallen, Gorgonien, Anemonen, Schwämme.

Nevis
Scuba Safaris, Qualie Beach
Ph: + 869 469 9518 Fax: + 869 469 9619
Organisation: PADI Language: English
Established: 1990
Season: 01.01. - 31.12.

Basseterre St Kitts
St Kitts Scuba
Bird Rock Beach Hotel
Ph: + 869 465 1189 Fax: + 869 465 3696
E-Mail: birdrock@caribbeans.com
Organisation: PADI Language: English
Established: 1993
Season: 01.01. - 31.12.

St. Lucia

Hauptstadt	Castries
Einwohner	55.000
Entf. v. Frankfurt/M.	7.365 km
Währung	Ostkaribischer Dollar, EC$
Amtssprache	Englisch
Telefonvorwahl v. D	001 758
Telefonvorwahl n. D	0 49
Verkehr	Linksverkehr
jährl. Touristenzahl	200.000
Elektr. Strom	220 V / 50 Hz
Visum	nein
Flughafen	St. Lucia (SLU) Hewanorra

Tauchregionen:
Superman's Flight
Piton Wall
Coral Gardens
Anse Chastanet Reef
Turtle Reef
Pigeon Point
Fairy Land
Marigot Bay
Choc Bay
Rodney Bay

Zeitverschiebung: MEZ - 5
Fläche: 616 km^2
Einwohner: 150.000

Tauchsicherheit

PADI International USA
1251 East Dyer Road
CA 92705-5605 Santa Ana
Tel: 001 (0) 714 540 7234
Fax: 001 (0) 714 540 2609
E-Mail: info@padi.com
Website: www.padi.com

NAUI Worldwide
FL 33619-2667 Tampa USA
Tel: 001 (0) 813 628 6284
Fax: 001 (0) 813 628 8253
Website: www.naui.org

DAN: Divers Alert Network
P.O. Box 3823 , 27710
Durham North Carolina USA
E-Mail: info@dan-dive.com
Website: www.dan-dive.com

CMAS World Underwater Federation
CMAS - Viale Tiziano 74
00196 Roma Italy
Tel: 0039 6 368 58480
Fax: 0039 6 368 58490
E-Mail: cmasmond@tin.it
Website: www.cmas.org

Information und Beratung

Fremdenverkehrsamt St.Lucia
In den Dorngärten 25
61381 Friedrichsdorf
Tel: 06172 778013
Fax: 06172 778033
E-mail: stluciads@t-online.de
Website: www.stluciads.com

Schöner Tauchen
Hastedter Heerstr. 211
28207 Bremen
Tel: 0421 450 010
Fax: 0421 450 080
www.schoener-tauchen.com

Hattersheim 65795
Dive Travel GmbH
Südring 3 B
Tel: 061 901603
Fax: 061 901603
Website: www. divetrevel.de

Orca Tauchreisen
Steinbökstr. 4
83022 Rosenheim
Tel: 08031 18850
Fax: 08031 188588
Website: www.orca.de

Botschaften

St. Lucia (High Commission for Eastern Caribbean States)
10 Kensington Court
GB-London W8 5DL
Tel: 0044- 171-9379522
St. Lucia Tourist Board
Pointe Seraphine
P.O. Box 221, Castries
Tel: 001758 452 5968
E-Mail: slutour@candw.lc
Website: www.st-lucia.com
Honorarkonsulat von St. Lucia
Postfach 2304,
61293 Bad Homburg
Tel: 0617 230 2324

Fluggesellschaften

St. Lucia wird direkt von British Airways, und Condor angeflogen.
British Airways
Frankfurt am Main
Flugreservierung Flüge
Tel: 0180 3340340
Condor Flugdienst
Kelsterbach
Frankfurt am Main
Tel: 06107 939-0
www.condor.de

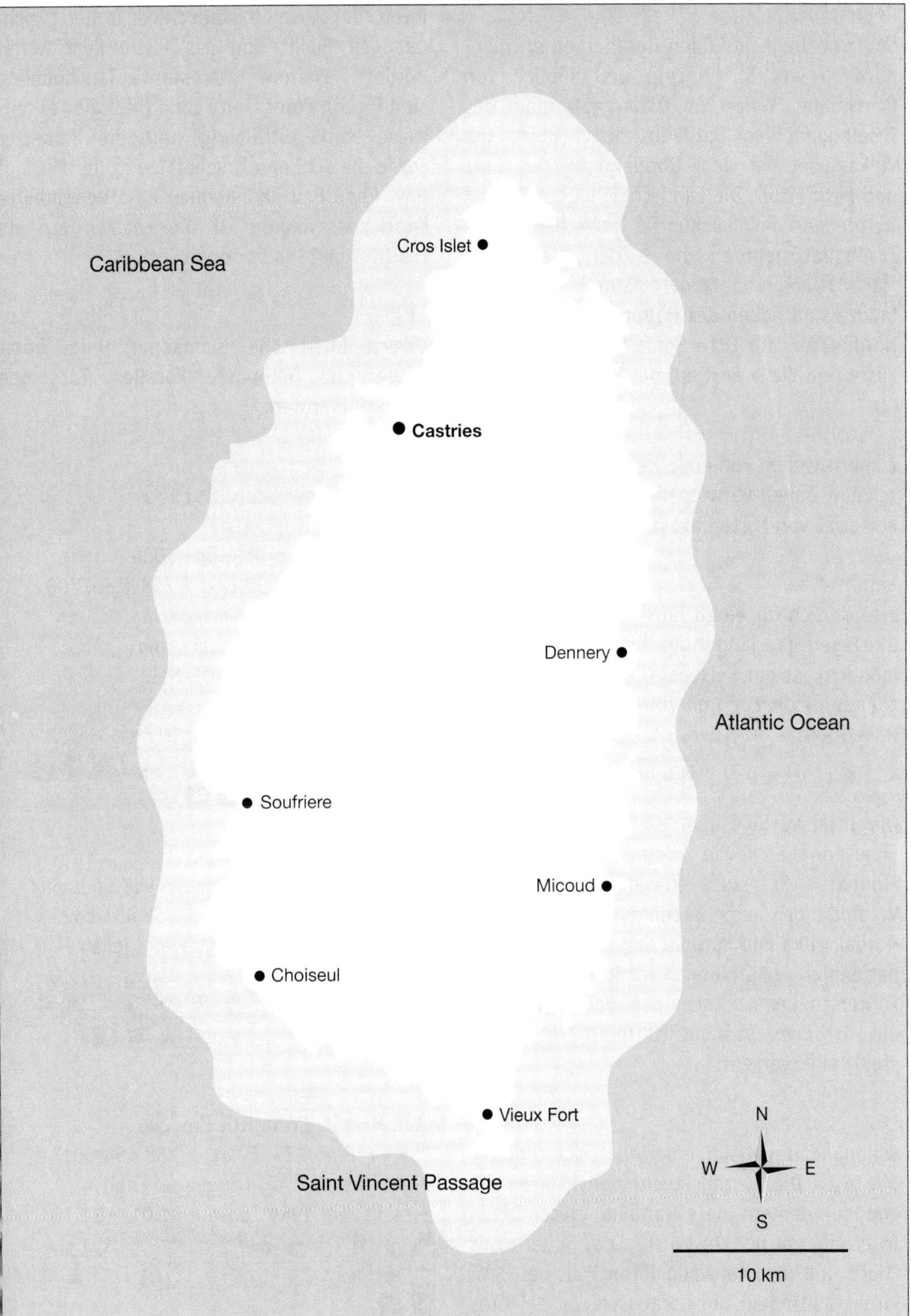
Caribbean Sea
Cros Islet
Castries
Dennery
Atlantic Ocean
Soufriere
Micoud
Choiseul
Vieux Fort
Saint Vincent Passage
N
W
E
S
10 km

St. Lucia

Geographische Lage:

St. Lucia liegt im Süden der kleinen Antillen, nördlich von St. Vincent und südlich von Martinique. Weiter im Osten außerhalb des Inselbogens liegt Barbados. St. Lucia ist eine Vulkaninsel mit dem Doppelgipfel des Gros und Petit Piton. Die Landschaft ist bergig und weitgehend mit Dschungel bewachsen. Zum Inselstaat gehören die beiden Kleininseln Maria Island und Fregate Island. Wichtigste Städte sind neben der Hauptstadt Castries im Nordwesten die Orte Soufrière an der Westküste und Vieux Fort auf der Südspitze.

Klima:

Zumeist wehen kühlende Passatwinde. Niederschläge fallen vorwiegend im Sommer. Beste Reisezeit von Mitte Dezember bis Mitte April.

Einreise:

Erforderlich für einen Aufenthalt bis maximal 28 Tagen (Verlängerung bis zu 6 Monaten möglich) ist ein Reisepass, außerdem ausreichende Geldmittel und ein Rück- oder Weiterreiseticket.

Verkehr:

Die Insel verfügt über ein gut ausgebautes Straßennetz sowie den internationalen Flughafen St. Lucia Hewanorra (UVF) mit Verbindungen in die Nachbarstaaten und nach Nordamerika und Europa. Gegen Vorlage eines nationalen (empfohlen: auch internationalen) Führerscheins wird von den Polizeibehörden ein örtlicher Besucherführerschein ausgestellt; Linksverkehr.

Tauchplätze:

Schöne Rifftauchplätze befinden sich rund um die Insel. Die besten Tauchmöglichkeiten liegen auf der vor der Brandung geschützten Inselseite vor der Westküste, u.a. Superman's Flight und die Steilwand Piton Wall bei Petit Piton, außerdem die Coral Gardens bei Gros Piton, das Anse Chastanet Reef in der gleichnamigen Bucht und das Turtle Reef weiter nördlich. Weitere interessante Tauchgebiete sind Pigeon Point, Fairy Land (hier gibt es teilweise starke Strömung) und die Pinnacles sowie die schönen Tauchplätze in der Marigot Bay, Choc Bay und Rodney Bay. Beliebtestes Wrack der Region ist die Lesleen M., ein Frachter in 25 m vor Anse Cochon.

Fauna:

Diverse Riff-Fische, Schnapper, Haie, Trompetenfische, Octopusse, Korallen, Gorgonien und Schildkröten.

Soufriere West Indies

Anse Chastanet Scuba St Lucia
Owner: Nick Troubetkoy
Old French Rd. or P.O. Box 7000
Ph: + 758 459 7000 Fax: + 758 459 7700
E-Mail: scubastlucia@candw.lc
Website: www.scubastlucia.com
Organisation: PADI, NAUI, SSI
Language: English
Established: 1968 Season: 01.01. - 31.12.

Castries West Indies

Sandals Halcyon P.O. Box GM 910 Choc Bay
Ph: + 758 453 0222 Fax: + 758 451 8435
Organisation: PADI Language: English
Established: 1990 Season: 01.01. - 31.12.

Vieux Fort West Indies

Club Med St. Lucia P.O. Box 246
Ph: + 758 454 6546 Fax: + 758 454 6017
Organisation: PADI Language: English
Established: 1989 Season: 01.01. - 31.12.

Hauptstadt	Kingstown
Einwohner	18.000
Entf. v. Frankfurt/M.	7.452 km
Währung	Ostkaribischer Dollar, EC$
Amtssprache	Englisch
Telefonvorwahl v. D	001 784
Telefonvorwahl n. D	0 49
Verkehr	Linksverkehr
jährl. Touristenzahl	80.000
Elektr. Strom	220 V / 50 Hz
Visum	nein
Flughafen	Kingstown Arnos Vale (SVD)

Tauchregionen:
Dark Head
Bottle Reef
The Forest
The Garden

Bequia
Moon Hole
Coral Garden
Devil´s Table
Cinemon Bay
The Bullet
Turtle Rock

Zeitverschiebung: MEZ - 5
Fläche: 388 km^2
Einwohner: 112.000

Tauchsicherheit

PADI International USA
1251 East Dyer Road
CA 92705-5605 Santa Ana
Tel: 001 (0) 714 540 7234
Fax: 001 (0) 714 540 2609
E-Mail: info@padi.com
Website: www.padi.com

NAUI Worldwide
FL 33619-2667 Tampa USA
Tel: 001 (0) 813 628 6284
Fax: 001 (0) 813 628 8253
Website: www.naui.org

DAN: Divers Alert Network
P.O. Box 3823 , 27710
Durham North Carolina USA
E-Mail: info@dan-dive.com
Website: www.dan-dive.com

CMAS World Underwater Federation
CMAS - Viale Tiziano 74
00196 Roma Italy
Tel: 0039 6 368 58480
Fax: 0039 6 368 58490
E-Mail: cmasmond@tin.it
Website: www.cmas.org

Information und Beratung

Schöner Tauchen
Hastedter Heerstr. 211
28207 Bremen
Tel: 0421 450 010
Fax: 0421 450 080
www.schoener-tauchen.com

Dresden 01259
Karibik Inside
Lockwitztalstr. 20
Tel: 0351 2055915
Fax: 0351 2055915
Email: karibikins@aol.com

Hattersheim 65795
Dive Travel GmbH
Südring 3 B
Tel: 061 901603
Fax: 061 901603
Website: www. divetrevel.de

Tauchertreff Dekostop
Nadorster Str. 73
26123 Oldenburg
Tel: 0441 885114
Fax: 0441 885104
E-mail: taucherOL@AOL.Com
Web. www.friendshipdivers.de

Botschaften

St. Vincent und die Grenadinen (High Commission for Eastern Caribbean States)
10 Kensington Court
GB-London W8 5DL
Tel: 0044- 171-9379522

Konsulat von St. Vincent und den Grenadinen
8 Avenue de Frontenex
CH-1207 Genf
Tel: 0041 (022) 707 6300.
Fax: 0041 (022) 707 63 50.
www.svg/marad.com

Fluggesellschaften

British Airways
nach Barbados
Frankfurt am Main
Flugreservierung Flüge
Tel: 0180 3340340
www.british-airway.com

von Barbados
LIAT (LI)
Mustique Airways

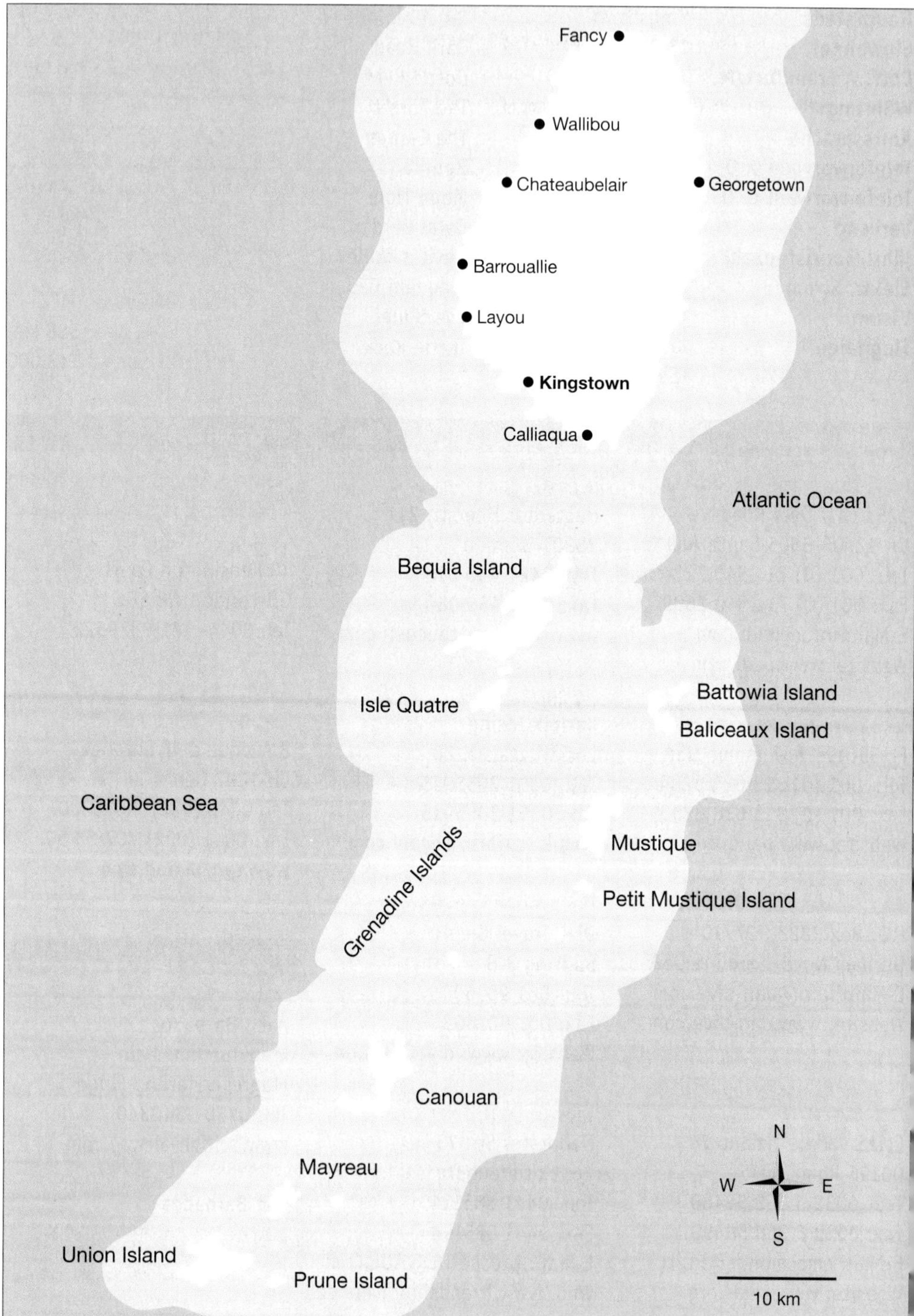
Fancy
Wallibou
Chateaubelair
Georgetown
Barrouallie
Layou
Kingstown
Calliaqua
Atlantic Ocean
Bequia Island
Isle Quatre
Battowia Island
Baliceaux Island
Caribbean Sea
Grenadine Islands
Mustique
Petit Mustique Island
Canouan
Mayreau
Union Island
Prune Island
N
W
E
S
10 km

Geographische Lage:

St. Vincent ist die Hauptinsel des Staates. Die Grenadinen, 32 kleine Inseln, die von Korallenriffs umgeben sind, liegen zwischen St. Vincent im Norden und Grenada im Süden. Weiter nördlich der Hauptinsel liegt St. Lucia. Der nördliche Teil der Insel besteht aus Urwald, der südliche weitgehend aus Kulturland.

Klima:

Tropisch heiß und feucht über das ganze Jahr, ohne große jahreszeitliche Unterschiede.

Verkehr:

Die Hauptinsel besitzt ein gut ausgebautes Straßennetz. Von St. Vincent fahren Boote zu den Grenadines. Vom Flughafen Kingstown Arnos Vale auf St. Vincent (SVD) gehen Flüge zu den umliegenden karibischen Inseln.

Tauchplätze St. Vincent :

Hervorragende Tauchmöglichkeiten gibt es im New Guinea Reef (Petit Byahaut). Weitere lohnende Tauchplätze an der Westküste sind Dark Head, Bottle Reef, The Forest, The Garden, The Wallin und einige Möglichkeiten in der Region um Mustique. In Kingstown Harbour liegen drei betauchbare Wracks, u.a. die Semistrand und ein weiterer Frachter.

Tauchplätze Bequia:

Die nördlichste Insel der Grenadinen, 15 km südlich von St. Vincent ist vulkanischen Ursprungs. Die über 25 verschiedenen Tauchspots um die Insel Bequia werden mit Recht zu den schönsten Tauchgebieten der Karibik gezählt. Neben weitläufigen Korallengärten mit großem Fischbestand (Moon Hole, Coral Garden, Devil´s Table und Cinemon Bay) locken atemberaubende Felsformationen, mit Durchgängen und kleinen Höhlen, wie z.B. Upper Bight, The Bullet und Turtle Rock, genauso wie Steilwände mit Überhängen (West Key, Mainland Wall, Flat Rock). Tauchplätze für Beginner – Swimming Pool, Herbie´s Corner, Moon Hole und Little Shallow – findet man genauso häufig wie anspruchsvolle Drift-Tauchplätze für erfahrene Taucher, wie z.B. Bobby´s Coast. Die Fauna besteht aus Muränen, Trompetenfischen, Barrakudas, Makrelen, Haien, Schwarzen Korallen, Gorgonien, Schwämmen, Buckelwalen und Schildkröten.

Island Bequia

Karibik Dive Paradise, Friendship Bay
Owner: Harald Hess
Ph: + 1 784 4583563 Fax: + 1 784 4583563
E-Mail: gunidive@aol.com
Website: www.paradisequis.com
Organisation: PADI
Language: German, English
Established: 1989 Season: 01.01. - 31.12.

Island Bequia

Friendship Divers Dive and Travel Inc.
Owner: Joerg Groneberg
Friendship Bay
Ph: +1 784 458 3422 Fax: +1 784 458 3422
E-Mail: info@friendshipdivers.de
Website: www.friendshipdivers.de
Organisation: SSI, CMAS, Barakuda
Language: German, English
Established: 1998 Season: 01.01. - 31.12.

St. Vincent

Dive St. Vincent P.O. Box 864
Ph: +1 784 458 4714 Fax: +1 784 458 4714
Website: www.dive-stvincent.com
Organisation: 5*PADI Language: English
Established: 1990 Season: 01.01. - 31.12.

Südafrika

Hauptstadt	Pretoria
Einwohner	524.000
Entf. v. Frankfurt/M.	8.645 km
Währung	Rand, R
Amtssprache	Afrikaans, Englisch
Telefonvorwahl v. D	00 27
Telefonvorwahl n. D	09 49
Verkehr	Linksverkehr
jährl. Touristenzahl	3,4 Mio.
Elektr. Strom	220 V / 50 Hz
Visum	nein
Flughafen	Johannesburg (JNB)

Tauchregionen:
Cowrie Reef
Aliwal Shoal
Anton's Reef
Coral Sands
Nahoon Reef
Coffee Bay
St. Croix
Thunderbolt
Geldis Rock
Justins Cave
Coral Gardens

Zeitverschiebung: MEZ + 1
Fläche: 1.127.200 km²
Einwohner: 41,6 Mio.

Tauchsicherheit

PADI International USA
1251 East Dyer Road
CA 92705-5605 Santa Ana
Tel: 001 (0) 714 540 7234
Fax: 001 (0) 714 540 2609
E-Mail: info@padi.com
Website: www.padi.com

NAUI Worldwide
FL 33619-2667 Tampa USA
Tel: 001 (0) 813 628 6284
Fax: 001 (0) 813 628 8253
Website: www.naui.org

DAN: Divers Alert Network
P.O. Box 3823 , 27710
Durham North Carolina USA
E-Mail: info@dan-dive.com
Website: www.dan-dive.com

CMAS World Underwater Federation
CMAS - Viale Tiziano 74
00196 Roma Italy
Tel: 0039 6 368 58480
Fax: 0039 6 368 58490
E-Mail: cmasmond@tin.it
Website: www.cmas.org

Information und Beratung

Satour–South African Tourism Board
An der Hauptwache 11
60313 Frankfurt/M.
Tel: 069 9291290
Fax: 069 280950
Website: www.satour.de

Schöner Tauchen
Hastedter Heerstr. 211
28207 Bremen
Tel: 0421 450 010
Fax: 0421 450 080
www.schoener-tauchen.com

Spillmann Reisen
Bahnhofsplatz
74321 Bietigheim
Tel: 07142 978814
Fax: 07142 978897
Website: www.spillman.de

Uni Sun CPI Deutschland
An der Fahrt 13
55124 Mainz
Tel: 06131 968516
Fax: 06131 968511
unisun.cpi@t-online.de
Website: www.unisun.de

Botschaften

Deutsche Botschaft in Südafrika
P.O. Box 2023, Pretoria 0001
Tel: 012 4728900
GermanEmbassyPretoria@gonet.co.za

Botschaft der Republik Südafrika
Auf der Hostert 3
53173 Bonn
Tel: 0228 8201-0
www.suedafrika.org
Außenstelle:
Douglasstraße 9
14193 Berlin
Tel: 030 8252711
saemb-berlin@t-online.de

Fluggesellschaften

LTU Touristik
Flughafen Terminal 3
22335 Hamburg
Tel: 040 5000031
Website: www.ltu.de

Lufthansa
Frankfurt am Main
Reservierung u. Information
Tel: 069 2552-55
Website: www.lufthansa.de

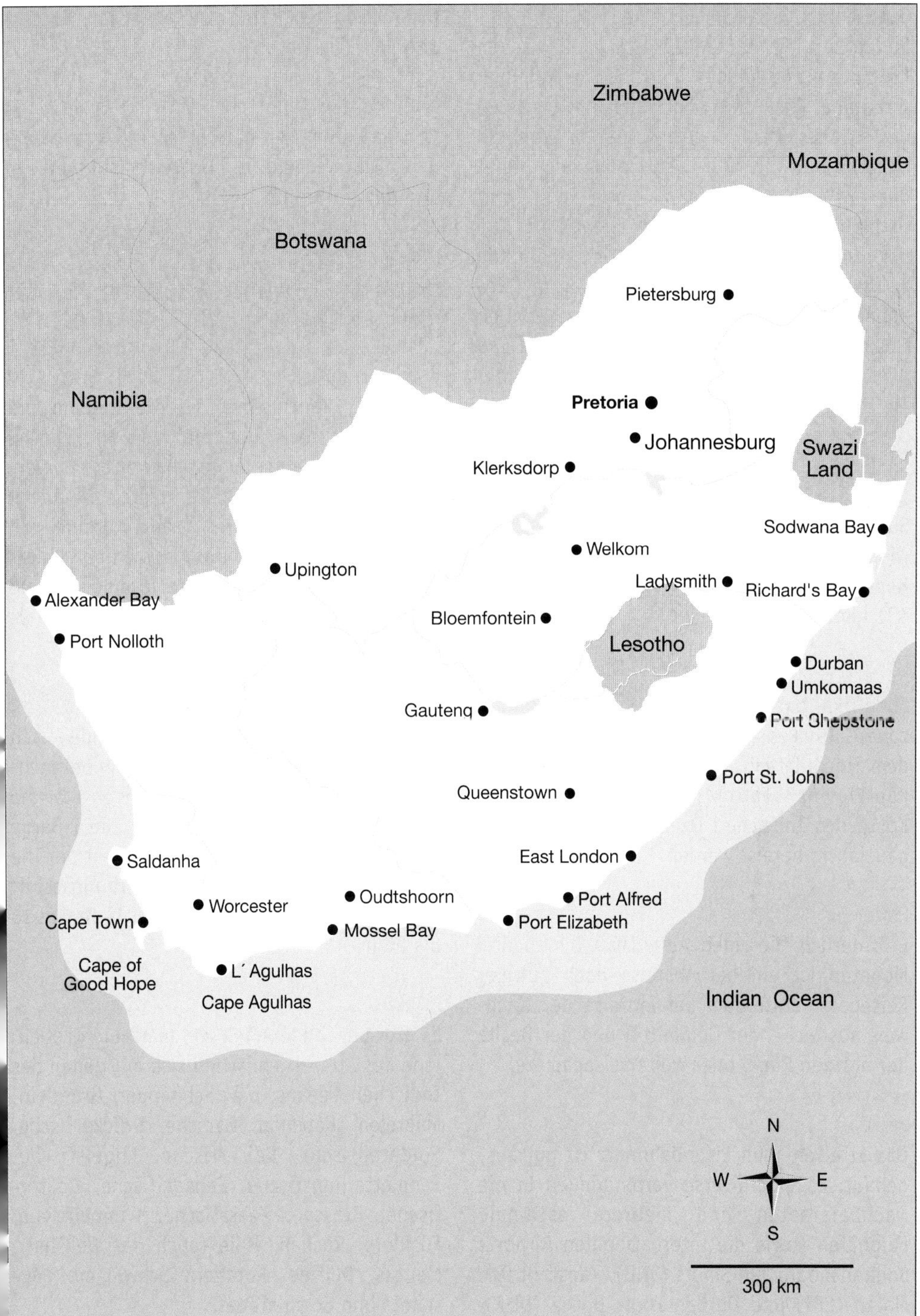
Zimbabwe
Mozambique
Botswana
Pietersburg
Namibia
Pretoria
Johannesburg
Swazi Land
Klerksdorp
Sodwana Bay
Welkom
Upington
Ladysmith
Richard's Bay
Alexander Bay
Bloemfontein
Port Nolloth
Lesotho
Durban
Umkomaas
Gauteng
Port Shepstone
Port St. Johns
Queenstown
East London
Saldanha
Oudtshoorn
Port Alfred
Worcester
Cape Town
Mossel Bay
Port Elizabeth
Cape of Good Hope
L´ Agulhas
Cape Agulhas
Indian Ocean
N
W
E
S
300 km

Geographische Lage:
Südafrika liegt im Süden des afrikanischen Kontinents, im Norden grenzt es an Namibia, Botswana, Zimbabwe und Swaziland. Im Osten des Landes liegt Lesotho, das vollständig umschlossen ist. Die Westbegrenzung bildet der Atlantische Ozean, die Süd- und Ostbegrenzung der Indische Ozean. Am Kap der Guten Hoffnung bei Kapstadt und am Kap Agulhas treffen die beiden Weltmeere aufeinander. Das Land besteht aus küstennahen Gebirgen, einer Hochebene mit Savannen und Wüstengebieten im Inland sowie einer Tiefebene im Westen.

Klima:
Subtropisch heiß und feucht, durch kühlende Südwinde gemäßigt, mit Niederschlägen vorwiegend im Winter. Durban 21,4°C / 1003 mm, Kapstadt 17°C / 506 mm, Kimberley 18,3°C / 431 mm.

Hauptreisezeit:
Südafrika hat stark unterschiedliche Klimazonen, Trockensavannen und Halbwüsten auf dem Hochplateau, mediterranes Klima in der Kap-Provinz, subtropisches Klima entlang der Küste des Indischen Ozeans. Das Land kann ganzjährig bereist werden.

Einreise:
Erforderlich für einen Aufenthalt bis zu drei Monaten ist ein bei Ausreise noch gültiger Reisepass, außerdem bei Einreise der Nachweis ausreichender Geldmittel und der Besitz der nötigen Rück- oder Weiterreisepapiere.

Verkehr:
Das Straßen- und Eisenbahnnetz ist gut ausgebaut, es gibt diverse Verbindungen in die Nachbarstaaten und mehrere nationale Flughäfen sowie die internationalen Airports Johannesburg Jan Smuts (JNB), Kapstadt D.F. Malan (CPT) und Durban Louis Botha (DUR). Die wichtigsten Häfen sind Kapstadt, Durban und Port Elizabeth.

Verkehrsbestimmungen:
Erforderlich ist ein nationaler und internationaler Führerschein; es herrschen Linksverkehr und Alkoholverbot.

Natal:
Region im Nordosten des Landes mit der Hauptstadt Durban.

Tauchplätze:
Ein gutes Tauchgebiet ist die Gegend um Durban mit dem Bloodreef und No.1 sowie dem Cowrie Reef im Südosten. Weitere hervorragende Tauchmöglichkeiten bieten die Aliwal Shoal bei Umkomaas, der St. Lucia Marine Park 300 km nördlich von Durban sowie noch weiter nördlich, nahe der Grenze zu Mosambique, die Sodwana Bay mit den 5-Mile-, 7-Mile- und 9-Mile-Reefs, Anton's Reef und Coral Sands.

Wracks:
Insgesamt etwa 3.000 Wracks befinden sich vor der Küste Südafrikas, viele davon betauchbar. In der Region um Durban liegen u.a. die Fontao bei den Umhlanga Rocks, die T-Barge bei Virginia Airport, die Coopers Light bei The Bluff, die MV Produce, ein Versorgungsschiff vor Illovu sowie die Nebo in einer Tiefe von 15 bis 26 m.

Fauna:
Es gibt unzählige Arten von maritimen Leben; jene des Atlantiks mischen sich mit denen des Indischen Ozeans, u.a. Schnapper, Grundeln, Makrelen, Kabeljau, Barsche, Drückerfische, Soldatenfische, Kaiserfische, Engelsfische, Schmetterlingsfische, Papageifische, Doktorfische, Brassen, Zebrafische, Wimpelfische, Füsiliere, Rochen, Haie (auch der Weißhai), Mantas, Delfine, Korallen, Schwämme, Muscheln und Schildkröten.

Durban 4057 Natal
Trident Diving
Owner: Hans Schick
18 Boatmans Road
Ph: + 27 31 30530813 Fax: + 27 31 3017867
Organisation: NAUI Language: English
Season: 01.01. - 31.12.

AE

Durban 4000 Natal
Durban Undersea Club Addington Beach
Ph: + 27 3681199
Organisation: PADI, NAUI, CMAS
Language: English Established: 1960

M

Durban, Glen Ashley Natal
Meridian Dive Centre
Owner: Barry N. Coleman
Shop 19 Glenmore Centre, Aubrey Drive
Ph: + 27 31 572488 Fax: + 27 31 524711
E-Mail: meridiandive@interkom.co.za
Web: www.home.interkom.com/meridian-dive
Organisation: PADI, NAUI, IANTD
Language: English
Established: 1997 Season: 01.01. - 31.12.

M AE

Kwazulu Natal 3974
Sodwana Bay Scuba Center
Owner: M. White
Sodwana Bay Lodge
Ph: + 27 35 5710117 Fax: + 27 35 5710055
E-Mail: sblsc@icon.co.za
Website: www.icon.co.za~sblsc
Organisation: PADI
Language: English
Season: 01.10. - 31.05.

M AE

Cape Province:

Das Gebiet umfasst die Region östlich des Kaps.

Tauchplätze:

Vor East London liegen das Nahoon Reef, weiter nördlich befindet sich die Coffee Bay. Bei Port Elizabeth sind die interessantesten Tauchplätze u.a. St. Croix, Thunderbolt Reef und Bellboy Reef. Im Tsitsikamma Coastal National Park gibt es einen Tauchpfad. Weitere schöne Plätze sind Robberg und The Point in der Plettenberg Bay sowie Gerikas Reef in der Knysna Bay.

Wracks:

Das Wrack der Harlem liegt in der Bucht von Port Elizabeth, in der Knysna Bay befinden sich die Reste des Segelschiffs Piquata.

Kap der Guten Hoffnung:

Halbinsel südlich der Hafenstadt Kapstadt mit dem Cape Point, dem südlichsten Punkt Afrikas. Hier treffen der Atlantische Ozean und der Indische Ozean zusammen.

Tauchplätze:

Die besten Tauchplätze befinden sich südlich der Stadt unmittelbar vor der Küste an der West- und Ostseite des Kaps. Die interessantesten Einstiegsstellen an der Westseite sind North Point, South Point, Geldis Rock, Justins Cave, Coral Gardens, Volcano Rock und Het Huis.

Wracks:

Vor der Westseite des Kaps liegen die Maori, die Antipodes (Tanker in 12 m) und die Oakburn in 20 m Tiefe, alle an der Nordspitze der Hout Bay. Vor der Ostseite befindet sich das Wrack der Lusitania am Cape Point in 40 m Tiefe.

Fauna: siehe Natal

Paarden Island Cape 7405 Cape Province
Alternative Dive Supply 12 Natal Street
Ph: + 27 21 5115344 Fax: + 27 21 5111740
Organisation: PADI
Language: English

Cape Town 8001 Cape Province
Sensation Dive School
Owner: Jason Martin
Wicht Close Zero House
Ph: + 27 21 4621674 Fax: + 27 21 4621675
E-Mail: sensation@aztec.co.za
Website: www.co.za/sensation
Organisation: 5*PADI, ANDI
Language: English, German
Established: 1994 Season: 01.01. - 31.12.

Cape Town 8002 Cape Province
Table Bay Diving
Quay 5, V+A Waterfront or P.O. Box 51250
Ph: + 27 21 4185806 Fax: + 27 21 4185821
E-Mail: adventures@dockside.co.za
Website: www.robben-island.co.za
Organisation: PADI
Language: English
Established: 1997 Season: 01.10. - 30.04.

Cape Town Cape Province
Underwater World
Zero House, Wicht Close P.O. Box 2584
Ph: + 27 21 4616603 Fax: + 27 21 4616603
E-Mail: zerodive@iafrica.com
Organisation: PADI, NAUI
Language: English
Established: 1965 Season: 01.10. - 30.04.

Gauteng 1739 Gauteng
Africa Adventure Centre
Owner: Cobus Groenewald
27B Ockerse Street, Krugersdorp
P.O. Box 955
Ph: + 27 11 6604031 Fax: + 27 11 6603542
E-Mail: cobus@nix.co.za
Website: www.africanadventure.co.za
Organisation: 5*PADI, CMAS, IDI, IANTD
Language: English, German
Established: 1994 Season: 01.01. - 31.12.

Johannesburg 219 Gauteng
Beneath The Blue
Owner: Stefan Ruperto
82 Rutland Rd, Parkwood
Ph: + 27 11 4471069 Fax: + 27 11 4471817
E-Mail: bblue@iafrica.com
Organisation: 5*PADI Established: 1994

Midrand 4170 Gauteng
The Whaler Dive Centre
19 A Boulders Shop Ctr. Old Pretoria Rd
Ph: + 27 11 315 5370 Fax: + 27 11 315 5372
Organisation: 5*PADI Language: English
Established: 1990 Season: 01.01. - 31.12.

2151 Morning Side
Supascuba
Sandtom Court, Rivonia South Rd.
Ph: + 27 11 7847246 Fax: + 27 11 7842401
E-Mail: supascuba@icon.co.za
Organisation: 5*PADI Language: English
Established: 1994 Season: 01.01. - 31.12.

Hauptstadt	Seoul
Einwohner	10,7 Mio.
Entf. v. Frankfurt/M.	8.551 km
Währung	Won, W
Amtssprache	Koreanisch
Telefonvorwahl v. D	00 82
Telefonvorwahl n. D	00 1 49
Verkehr	Rechtsverkehr
jährl. Touristenzahl	3,4 Mio.
Elektr. Strom	100 V / 60 Hz
Visum	nein
Flughafen	Seoul (SEL)

Tauchregionen:
Pusan
Südküste
Mogpo
Pusan Kleininseln

Zeitverschiebung: MEZ + 8
Fläche: 99.220 km²
Einwohner: 44,6 Mio.

Tauchsicherheit

PADI International USA
1251 East Dyer Road
CA 92705-5605 Santa Ana
Tel: 001 (0) 714 540 7234
Fax: 001 (0) 714 540 2609
E-Mail: info@padi.com
Website: www.padi.com

NAUI Worldwide
FL 33619-2667 Tampa USA
Tel: 001 (0) 813 628 6284
Fax: 001 (0) 813 628 8253
Website: www.naui.org

DAN: Divers Alert Network
P.O. Box 3823 , 27710
Durham North Carolina USA
E-Mail: info@dan-dive.com
Website: www.dan-dive.com

CMAS World Underwater Federation
CMAS - Viale Tiziano 74
00196 Roma Italy
Tel: 0039 6 368 58480
Fax: 0039 6 368 58490
E-Mail: cmasmond@tin.it
Website: www.cmas.org

Information und Beratung

Koreanische Zentrale für Tourismus
Baseler Straße 48
D-60329 Frankfurt/M.
Tel: 069 233226
Fax: 069 253519
E-Mail: info@euko.de
Website: www.koreatour.de

Diver's Guide Tauchreisen
Dockenhudener Str. 14
22587 Hamburg
Tel: 040 866 0670
Fax: 040 866 06777
www.divers-guide.de

Schöner Tauchen
Hastedter Heerstr. 211
28207 Bremen
Tel: 0421 450 010
Fax: 0421 450 080
www.schoener-tauchen.com

Seal Tauchsafaris
Kurmaizerstr. 19
63939 Wörth
Tel: 09372 73797
Fax: 09372 73797
www.seal.tauchsafaris.com

Botschaften

Deutsche Botschaft in Korea
308-5 Dongbinggo-Dong
Yongsan-Ku, Seoul 140-230
CPO Box 1289, Seoul 100-612
Tel: 02 7484114
Fax: 02 7484161

Botschaft der Republik Korea in Deutschland
Schöneberger Ufer 89-91
10785 Berlin
Tel: 030 260650
Fax: 030 2606551

Fluggesellschaften

Lufthansa
Frankfurt am Main
Reservierung u. Information
Tel: 069 2552-55
Website: www.lufthansa.de

Korean Air
60549 Frankfurt
Tel: 069 69503-0
Fax: 069 6950319
E-mail: kalgoke@euke.de
Website: www.koreanaie.com

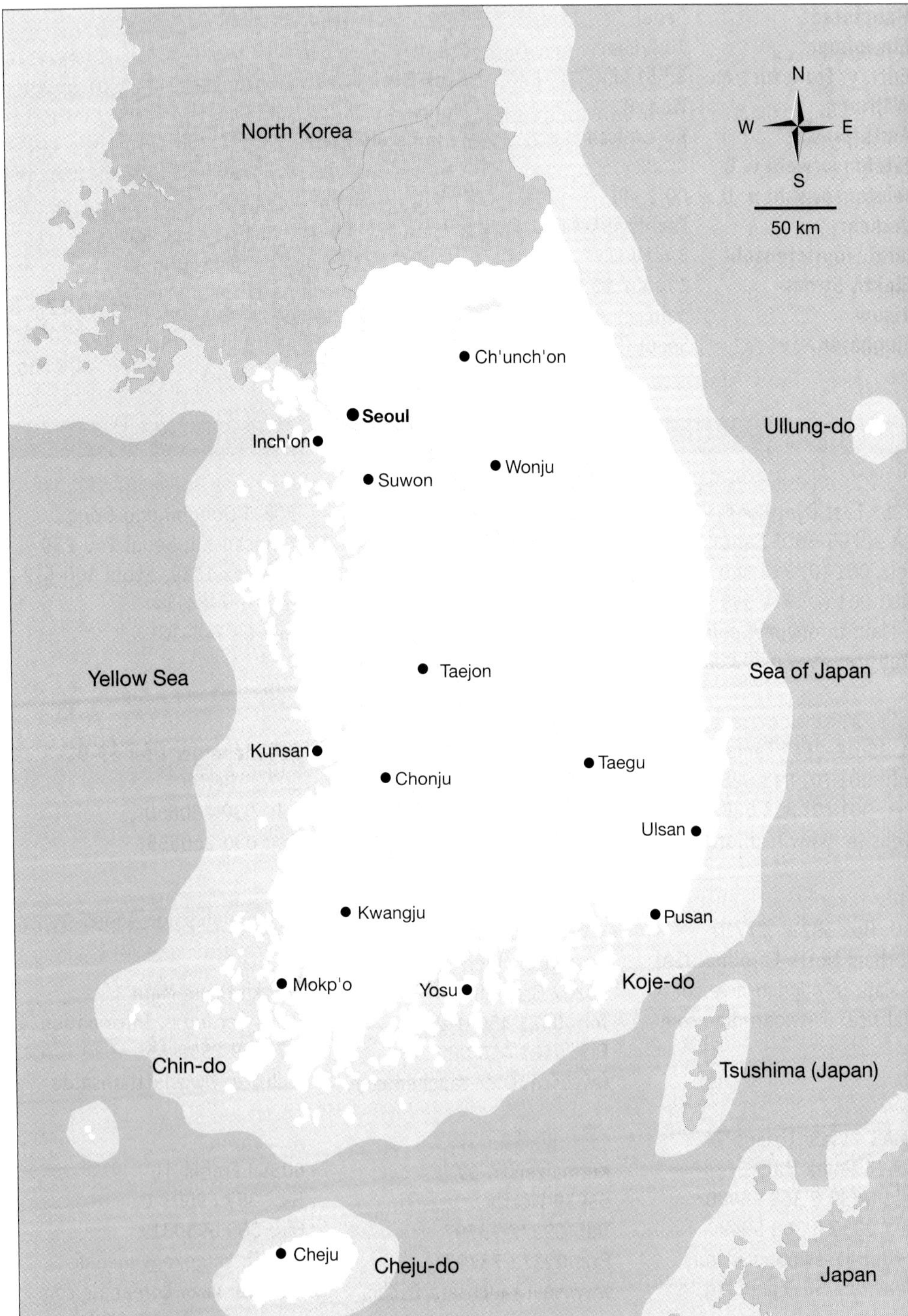
North Korea
N
W
E
S
50 km
Ch'unch'on
Seoul
Inch'on
Suwon
Wonju
Ullung-do
Yellow Sea
Taejon
Sea of Japan
Kunsan
Chonju
Taegu
Ulsan
Kwangju
Pusan
Mokp'o
Yosu
Koje-do
Chin-do
Tsushima (Japan)
Cheju
Cheju-do
Japan

Geographische Lage:
Die Republik Korea liegt in Ostasien im Süden der koreanischen Halbinsel. Nördlicher Nachbar ist die Demokratische Volksrepublik Korea (Nordkorea), östlicher Nachbar ist Japan, die Westbegrenzung bildet das Gelbe Meer, die Südbegrenzung das Ostchinesische Meer und die Ostbegrenzung das Japanische Meer. Während die Ostküste gerade verläuft und gebirgig ist, haben die West- und die Südküste viele Fjorde und Buchten sowie mehr als 3.000 vorgelagerte Inseln, u.a. Jeju im Süden. Weite Teile des Landes sind bewaldet.

Klima:
Gemäßigtes Klima mit ausgeprägten Jahreszeiten, warmen Sommern und kalten Wintern, an der Südspitze heiß und feucht. Seoul 11,1°C / 1258 mm, Pusan 13,8°C / 1383 mm. Die beste Reisezeit liegt in den milden Frühlingsmonaten April und Mai sowie im Herbst von September bis November.

Einreise:
Erforderlich für einen Aufenthalt bis max. 90 Tage ist ein Reisepass, der Besitz der notwendigen Rück- oder Weiterreisetickets und der Nachweis ausreichender Geldmittel. Befindet sich im Reisepass ein Visum oder Einreisestempel Nordkoreas, muss eine Einreisegenehmigung beim Ministry of Justice in Seoul beantragt werden.

Verkehr:
Gut ausgebautes Straßen- und Eisenbahnnetz. Fährverbindungen bestehen zu vielen Inseln sowie nach Japan. Pusan und Seoul sind wichtige Überseehäfen. Es gibt mehrere nationale Flughäfen, internationale Flughäfen sind Seoul Kimpo (SEL) und Pusan Kimhae (PUS).

Verkehrsbestimmungen:
Erforderlich ist ein internationaler Führerschein.

Tauchplätze:
Die besten Tauchgebiete des Landes liegen in den fjord- und buchtenreichen Küstenabschnitten zwischen Busan und Mogpo vor der Südküste sowie im Südwesten an der Küste nördlich von Mogpo. Weitere gute Möglichkeiten befinden sich an den vorgelagerten Kleininseln.

Fauna:
Grouper, Kofferfische, Fledermausfische, Kardinalfische, Falterfische, Skorpionfische, Barrakudas, Makrelen, Thunfische, Mantas, Haie, Korallen, Gorgonien und Anemonen.

Seoul 135-080
Neil Pryde Dive Center
Owner: Won, Seung Hwan
Kang Nam, Yok Sam, 689-1,
Sambon B/D B-203
Ph: + 82 2 5585065 Fax: + 82 2 5558387
E-Mail: neilpryde@netsgo.com
Organisation: PADI, CMAS
Language: English Season: 01.03. - 30.11.

Yungdek-Gun 766-820
J. Diver, NAUI
Owner: Gil Bong Jeon
Samsa 349-6, Kanggu-Myun, Youngdek-Gun
Ph: + 82 564 328884 Fax: + 82 564 7341021
Organisation: PADI Language: English
Season: 01.01. - 31.12.

Pusan 606-91
Research Inst. of Marine Science & Tech.
#1 Dong Sam Dong Yeong Do Ku
Korea Maritime University
Ph: + 82 51 4104323 Fax: + 82 514142475

Taiwan

Hauptstadt	Taipeh
Einwohner	2,6 Mio.
Entf. v. Frankfurt/M.	9.365 km
Währung	Neuer Taiwan-Dollar, NT-$
Amtssprache	Chinesisch
Telefonvorwahl v. D	00886
Telefonvorwahl n. D	002 49
Verkehr	Rechtsverkehr
jährl. Touristenzahl	2,2 Mio.
Elektr. Strom	220 V / 50 Hz
Visum	nein
Flughafen	Taipeh (TPE)

Tauchregionen:
Kenting Nationalpark
Maopitou
Oluanpi
Green Islands
Orchid Islands
Tamsui

Zeitverschiebung: MEZ + 7
Fläche: 36.180 km²
Einwohner: 21 Mio.

Tauchsicherheit

Chinese Taipei Underwater Association
C.T.U.A. Chinese Taipei
5 Fl, NO. 1 Yung-De Roag
Tam-Shui Cheng
251 -Chinese Taipei
Tel: 00886 2 26229992
Fax: 00886 2 26237347
E-mail:bakaii@mslo.hinet.net
Web: diverz@mszz.hinet.net

Chinese Taipei Underwater Federation
C.T.U.F. CHINESE TAIPEI
N°. 25, Lane 258
SEC. 2 Chien-Kuo N. Rd
Chinese Taipei
Tel: 00886 2 5050799
Fax: 00886 2 5059414

PADI International USA
1251 East Dyer Road
CA 92705-5605 Santa Ana
Tel: 001 (0) 714 540 7234
Fax: 001 (0) 714 540 2609
E-Mail: info@padi.com
Website: www.padi.com

Information und Beratung

Fremdenverkehrsamt von Taiwan
Dreieichstraße 59
60594 Frankfurt/M.
Tel: 069 610743
Fax: 069 624518
E-Mail: atc@internet.de
Website: www.tbroc.gov.tw

Diver's Guide Tauchreisen
Dockenhudener Str. 14
22587 Hamburg
Tel: 040 866 0670
Fax: 040 866 06777
www.divers-guide.de

Schöner Tauchen
Hastedter Heerstr. 211
28207 Bremen
Tel: 0421 450 010
Fax: 0421 450 080
www.schoener-tauchen.com

Volkert Touristik
Freizeitzentrum Roßmühle
97782 Gräfendorf
Tel: 09357 97490
Fax: 09357 1055
Web:www.volker-touristik.de

Botschaften

Taipeh Vertretung in der Bundesrepublik Deutschland
Markgrafenstraße 35
10117 Berlin
Tel: 030 203 6112-0
Fax: 030 203 61101

Tourism Bureau (Ministerium)
9th Floor, 280 Chung Shiao
East Road, Sec. 4, Taipei
Tel: 00886 (02) 2349 1635
Fax: 00886 (02) 2773 5487
E-Mail: tbroc@tbroc.gov.tw
Website: www.tbroc.gov.tw

Fluggesellschaften

AIR CHINA Stadtbüro
Düsseldorfer Str. 4
60329 Frankfurt
Tel: 069 233038
Fax: 069 236976
Web:www.china-airlines.com

Lufthansa Frankfurt am Main
Reservierung u. Information
Tel: 069 2552-55
Website: www.lufthansa.de

Geographische Lage:

Die Insel Taiwan, heute zur Volksrepublik China gehörend, liegt in Ostasien im Südchinesischen Meer vor der chinesischen Südostküste. Sie ist vom Festland durch die Taiwanstraße getrennt. Weiter südlich liegen die Philippinen, im Westen Hong-Kong und Macao. Mehrere umliegende Kleininseln gehören zum Staatsgebiet. Der Osten ist durch einen Gebirgszug, der Westen durch eine weite Küstenebene geprägt. Große Teile der Insel sind bewaldet.

Klima:

Tropisch heiß und feucht mit sommerlicher Monsunregenzeit, Taipeh 21,7°C / 2100 mm, Tainan 23,1°C / 1812 mm. Die beste Reisezeit besteht von März bis Mai und September bis November.

Einreise:

Erforderlich für eine Aufenthaltsdauer bis zu max. 14 Tagen ist ein Reisepass, außerdem der Nachweis der notwendigen Rück- oder Weiterreisetickets.

Verkehr:

Ein gut ausgebautes Straßennetz gibt es vor allem im Ostteil. Internationaler Flughafen ist Taipei Chiang Kai (TPE).

Verkehrsbestimmungen:

Erforderlich ist ein internationaler Führerschein. Beschilderung überwiegend in chinesisch und für Europäer schwer verständlich.

Tauchplätze:

Die besten Tauchplätze der Region liegen im Norden von Tamsui im Kenting Nationalpark. Dieser befindet sich in Süd-Taiwan. Weitere hervorragende Tauchmöglichkeiten bietet die Gegend um Maopitou und Oluanpi sowie die Region der Green Islands und der Orchid Islands.

Fauna:

Grouper, Skorpionfische, Drachenköpfe, Engelsfische, Soldatenfische, Trompetenfische, Krabben, Garnelen, Seesterne, Korallen, Anemonen und Schwämme.

40723 Taichung

Sea God Diving, 275-3 Fu-Shing Lane
Owner: Tung Ming Lee
Ph: + 886 4 4517238 Fax: + 886 4 4517365
E-Mail: 516957@ms3.hinet.net
Organisation: 5*PADI Language: English
Established: 1993 Season: 01.01. - 31.12.

Taipei 111 Taipei

Discover Diving Enterprise
No 382 Riverside North Street
Ph: + 886 2 857 1580 Fax: + 886 2 8571094
Organisation: 5*PADI Language: English
Established: 1990 Season: 01.05 . - 31.10.

105 Taipei

East Diving Corporation
38 Pao-ching Street Sung-Shan District
Ph: + 886 2 753 5959 Fax: + 886 2 769 9938
E-Mail: east0999@ms13.hinet.net
Organisation: 5*PADI Language: English

Taipei

Water World Diving Center, Owner: Gary Chang
1F, #14, SEC 5 Min Chuan E. Rd
Ph: + 886 2 7487755 Fax: + 886 2 7628876
E-Mail: eei@ms15.hinet
Website: www.water-world.com.tw
Organisation: PADI Established: 1996
Season: 01.04. - 31.10.

East China Sea
Ma-tsu Tao
China
Tan-shui
Chi-lung
T'ai-chung
Taipei
Hsin-chu
Taiwan Strait
Su-ao
Quemoy
T'ai-chung
Chang-hua
Hua-lien
Penghu
Chia-i
Philippine Sea
T'ai-nan
T'ai-tung
South China Sea
Kao-hsiung
P'ing-tung
Lu Tao
N
W
E
S
Lan Yu
50 km

Hauptstadt	Bangkok
Einwohner	5,6 Mio.
Entf. v. Frankfurt/M.	8.960 km
Währung	Baht, B
Amtssprache	Thai
Telefonvorwahl v. D	00 66
Telefonvorwahl n. D	001 49
Verkehr	Linksverkehr
jährl. Touristenzahl	7 Mio.
Elektr. Strom	220 V / 50 Hz
Visum	nein
Flughäfen	Bangkok (BKK) Phuket (HKH)

Tauchregionen:
Ko Surin
Burma Banks
Mergui Archipel
Richelieu Rock
Similan Islands
Chumphon
Ko Samui
Ko Tao
Phi Phi Islands
Ko Lanta
Ko Chang

Zeitverschiebung: MEZ + 6
Fläche: 513.115 km²
Einwohner: 58,7 Mio.

Tauchsicherheit

Andaman Scubaventrure
114/24 M004 Patak Rd À Muang
83100 Kata Beach
Phuket-Thailand
Tel: 0066 76 331006
Fax: 0066 76 330591
andamanscuba@hotmail.com
Web: www.canary-guide.com

Sea Bees Submarine Diving
83130 Phuket-Thailand
Tel: 0066 76 281765
Fax: 0066 76 381765
Web: www.canary-guide.com

Kata Diving Service
c/o Sra Teresa VodopivecVia F. Filzi19
33100 Udine-ITALIE
Tel: 0039 0432 531536
Fax: 0039 0432 531536
Web: www.canary-guide.com

PADI International USA
1251 East Dyer Road
CA 92705-5605 Santa Ana
Tel: 001 (0) 714 540 7234
Fax: 001 (0) 714 540 2609
Website: www.padi.com

Information und Beratung

Thailändisches Fremdenverkehrs
Bethmannstraße 58
60311 Frankfurt/M.
Tel: 0066 69 1381390
Fax: 00 69 281468
E-Mail: tatfra@t-online.de
Website: www.tat.or.th

Diver's Guide Tauchreisen
Dockenhudener Str. 14
22587 Hamburg
Tel: 040 866 0670
Fax: 040 866 06777
www.divers-guide.de

Schöner Tauchen
Hastedter Heerstr. 211
28207 Bremen
Tel: 0421 450 010
Fax: 0421 450 080
www.schoener-tauchen.com

Tauchreisen Roscher
Achenerstr. 695a
50226 Frechen
Tel: 02234 967096
Fax: 02234 967097
www.tauchreisen-roscher.de

Botschaften

Deutsche Botschaft in Thailand
9 South Sathorn Road
Bangkok 10120
Tel: 0066 2 287 9000
Fax: 0066 2 287 1776

Thailändische Botschaft in Deutschland
Lepsius Straße 64-66
12163 Berlin
Tel: 030 7912266-68
Fax: 030 7912229
thaiber@berlin.snafu.de

Fluggesellschaften

Thai Airways International
Börsenplatz 13 -15
60313 Frankfurt
Reservierung
Tel: 069 92874-444

LTU International Airways
Tel: 040 5000031
Fax: 040 5000032
Tel: 02203 40-2151 - Köln
Website: www.ltu.de

Myanmar
Chiang Saen
Chiang Rai
Mae Hong Son
Chiang Kham
Vietnam
Laos
Chiang Mai
Nan
Lamphun
Phrae
Nong Khai
Ban Tha Song Yang
Uttaradit
Muang Loei
Nakhon Phanom
Tak
Phitsanulok
Phichit
Phetchabun
Khon Kaen
Ban Khemmarat
Nakhon Sawan
Chaiyaphum
Ubon Ratchathani
Chainat
Nakhon Ratchasima
(Korat)
Sangkhla Buri
Surin
Muang Bua
Suphan Buri
Ayutthaya
Ban Sangae
Thon Buri
Bangkok
Aranyaprathet
Ko Si Chang
Chon Buri
Cambodia
Phet Buri
Pattaya
Ko Pai
Rayong
Chanthaburi
Hua Hin
Ko Samet
Ko Chang
Laem Ngop
Prachuap Khiri Khan
Huai Yang
Ko Kut
Andaman Sea
Gulf of Thailand
Chumphon
Ban Sawi
Ko Tao
Ranong
Ko Phangan
Ko Samui
Ko Surin
Kapoe
Don Sak (Ferry)
Suratthani
Ko Similan
Phang Nga
Nakhon Si
Thammarat
Phuket
Krabi
Trang
N
Songkhla
Hat Yai
Pattani
W
E
Satun
Sadao
Narathiwat
S
Ban Betong
Malaysia
150 km

Geographische Lage:
Thailand liegt zwischen Myanmar im Westen sowie Laos und Kambodscha im Osten auf der hinterindischen Halbinsel. Im Süden grenzt das Land an Malaysia, die Westküste geht zum Andamanischen Meer, die Ostküste zum Golf von Thailand. Beiden Küsten sind mehrere Inseln vorgelagert. Die Wichtigsten sind Phuket, Phi Phi und Ko Lanta im Andamanischen Meer. Der Norden und Nordwesten besteht aus Bergland, der Nordosten aus dem kargen Korat-Plateau, dazwischen liegt die fruchtbare Ebene des Chao-Phraya-Deltas. Die südliche Halbinsel ist bergig und mit Regenwäldern bewachsen.

Klima:
Tropisch heiß mit sommerlicher Monsun-Regenzeit, den höchsten Temperaturen im Frühjahr und kühlen Wintermonaten.
Bangkok 28,1°C / 1438 mm, Chiang Mai 25,8°C / 1217 mm, Phuket 27,7°C / 2211 mm.

Hauptreisezeit:
Beste Reisezeit zwischen Oktober und März, weil Nord-Ost Monsun bei relativ geringen Niederschlägen trockene Luft heranführt.

Einreise:
Erforderlich für einen Touristenaufenthalt bis zu max. 30 Tagen ist der Reisepass (D, A, CH), der bei Ankunft noch mind. 6 Monate gültig sein muss, außerdem der Besitz der notwendigen Rück- oder Weiterreisetickets und der Nachweis ausreichender Geldmittel. Bei längeren Aufenthalten muss ein Visum bei den zuständigen thailändischen Vertretungen beantragt werden.

Verkehr:
Thailand hat ein gut ausgebautes Straßen- und Eisenbahnnetz mit Verbindungen in die Nachbarländer. Das dichteste Straßennetz gibt es in der Chao-Phraya-Ebene. Zudem wird der Fluss stark beschifft. Die Insel Phuket ist durch einen Straßendamm mit dem Festland verbunden. Bangkok ist größter und wichtigster Hafen des Landes. Neben einigen Inlandsflughäfen gibt es die drei internationalen Airports: Bangkok Don Muang (BKK), Chiang Mai (CNX) und Phuket (HKT) mit Direktverbindungen u.a. nach Europa.

Verkehrsbestimmungen:
Erforderlich ist ein internationaler Führerschein. Es herrscht Linksverkehr. Straßenschilder außerhalb der Touristenzentren meist in Thai-Schrift.

Pattaya:
Touristenhochburg im Osten Thailands, südwestlich von Bangkok gelegen.

Tauchplätze:
Die besten Tauchgründe befinden sich bei den Outer Islands Ko Phai, Ko Luam Yai, Ko Luam Noi, Ko Hu Chang, Ko Rin, Ko Klung und Ko Man Wichai. Weitere Möglichkeiten bestehen bei den Inner Islands Ko Larn, Ko Sak und Ko Krok.

Wracks:
Die interessantesten Wracks in dieser Region sind u.a. die Petchbury Bremen, ein Frachter in 24 m Tiefe bei Sattahip und das Hardeep Wrack, ein WW II-Schiff in 27 m bei Ko Samaesan.

Fauna:
Diverse Schwarmfische, Barrakudas, Makrelen, Thunfische, Haie, Adlerrochen, Mantas, Korallen, Gorgonien, Krabben, Garnelen, Austern.

Ko Chang:
Nahe der Grenze zu Kambodscha liegt der etwa 240 km² große Unterwasser-Nationalpark von Ko Chang. Neben zalhreichen Tauchmöglichkeiten gibt es hier auch ein Wrack. Um die be-

nachbarte, nur 16 km^2 große Insel Koh Mak, auf der sich eine deutsche Basis – Paradise Divers – befindet, liegen verteilt etwa 20 kleine, unbewohnte Inseln. Auch hier gibt es zahlreiche gute Tauchmöglichkeiten.

Wracks:
Das 1941 versunke Kriegschiff Thonburi liegt in Tiefen um 15 m.

10900 Bangkok
Dive Master Co. Ltd.
Owner: P. Chankajorn
110/63 Ladprao Soi 18
Ph: + 66 2 9384217 Fax: + 66 2 9384218
E-Mail: pornchan@divemaster.net
Website: www.divemaster.net
Organisation: PADI, NAUI
Language: English, Thai
Established: 1992 Season: 01.01. - 31.12.

Bankok, Donmuang 10120
Professional Diver Co.
Owner: Jakrin Kittisarn
112/95 Soi Chinnakhet, Ngamwongwan
Ph: + 66 2 9540010 Fax: + 66 2 9540552
E-Mail: prodive1@ksc.th.com
Website: www.prodive.th.com
Organisation: PADI Language: English, Thai
Established: 1994 Season: 01.01. - 31.12.

Jomtien Beach 20260 Chonburi
Mermaid's Dive Center, Soi Whithouse
Owner: Chris Owen
Ph: + 66 38 232219 Fax: + 66 38 232221
E-Mail: stephenb@mozart.inet.co.th
Organisation: PADI, IANTD
Language: English
Established: 1995 Season: 01.01. - 31.12.

Pattaya 20260 Chonburi
Aquanauts Diving Centres
Owner: Roland Baumgarten
437/17 Soi Yodsak
Ph: + 66 38 361724 Fax: + 66 38 412097
E-Mail: aquanauts@loxinfo.com.th
Website: www.dmatch.com/aquanauts
Organisation: PADI Language: English, German
Established: 1996 Season: 01.01. - 31.12.

Pattaya 20260 Chonburi
Paradise Scuba Divers
Owner: Leander Schulinski
c/o Hotel Siam Bayview, Soi 10
Ph: + 66 38 710567 Fax: + 66 38 423879
Organisation: PADI Language: German, English
Established: 1987 Season: 01.01. - 31.12.

Pattaya 20266 Chonburi
Paradise Scuba
Owner: Leander Schalinski
Siam Bay View Hotel, Pattaya Beach
Ph: + 66 38 710 567 Fax: + 66 38 710 567
Organisation: PADI
Language: English, German, Dutch
Established: 1984 Season: 01.01. - 31.12.

Pattaya Beach Resort 21260 Chonburi
Seafari Diving Center, 359/2 Soi 5
Owner: William Burbridge
Ph: + 66 38 429060 Fax: + 66 38 424708
E-Mail: seafari@loxinfo.co.th

Organisation: PADI
Language: English, German, French
Established: 1972 Season: 01.01. - 31.12.

Chumphon:

Die Tauchmöglichkeiten halten sich in Grenzen. Trotzdem gibt es einige gute Plätze, die weiter draußen im Golf liegen, wo planktonreiches Wasser Wahlhaie anlockt. Die beste Tauchzeit liegt zwischen Mai und Oktober.

Ko Samui:

Die Insel liegt im Südwesten des Golfs bei Surat unweit der Küste.

Tauchplätze:

Die interessantesten Tauchgebiete befinden sich im westlich gelegenen Ang Thong National Marine Park bei Ko Wao und Han Nippon sowie bei den nördlichen Kleininseln Ko Phangan. Die schönsten Tauchplätze in dieser Region sind Ko Mah, Ko Tae Nok, Ko Tae Nai und Sail Rock. Weitere hervorragende Möglichkeiten bestehen bei Ko Tao mit den Felsformationen Ao Leuk, Green Rock, Red Rock, White Rock, Northern Pinnacle und Ko Nang Yuan.

Ang Thong-Unterwasser-Nationalpark:

Der ca. 100 km² große Nationalpark befindet etwa 30 km nordwestlich von Ko Samui. Er besteht aus 41 dicht bewachsenen Inseln verschiedener Größe. Wegen der Mündung des Tapi Phumduang Rivers ist der Korallenbewuchs bescheiden, nur widerstandsfähige Poritkorallen haben sich gegen die Sedimentation durchgesetzt. Touren in den Park werden meist von Ko Samui und Ko Phangan unternommen. Die beste Besuchzeit ist von Februar bis Mai. Zur Fauna gehören auch Walhaie am Northern Pinnacle.

Ko Tao:

Die Insel liegt ca. 60 km nördlich von Ko Samui entfernt.

Tauchplätze:

Bei Ko Tao und Ko Phangan findet man sehr gute, bekannte Tauchplätze, die in weniger als einer Stunde erreichbar sind.Die Plätze um Ko Tao sind mit ihren korallenbewachsenen Schrägen und steilen Felsformationen sehr attraktiv. Schöne Tauchmöglichkeiten bietet auch Ko Phangan, von wo man die Nordseite des Ang-Thong-Unterwasser-Nationalparks schnell erreicht. Beste Tauchzeit von Mai bis Oktober; die Sicht ist dann akzeptabel.

Chaweng - Ko Samui 84320 Surat Thani

Dive Indeep 162/8 Chaweng Beach
Owner: Surasit Khamsamran
Ph: + 66 77 230155 Fax: + 66 77 230157
E-Mail: indeep@samart.co.th
Organisation: PADI Language: English, Thai
Established: 1990 Season: 01.03. - 31.10.

Ko Samui 84140 Surat Thani

B. Taling Ngam Dive School
Owner: Mark Reynolds
295 Moo3, Baan Taling Ngam
Ph: + 66 77 423019 Fax: + 66 77 423220
E-Mail: taling@samart.co.th
Website: www.sawadee.com/samui/meridien
Organisation: PADI
Language: English, French, Thai
Established: 1993 Season: 01.01. - 30.05.

Ko Samui 84320 Surat Thani

Calypso Diving, 27/5 Chaweng Rd
Owner: Peter Lekse
Ph: + 66 77 422437 Fax: + 66 77 422437

E-Mail: info@calypso-diving.com
Website: www.calypso-diving.com
Organisation: 5*PADI
Language: German, English, Thai
Established: 1998 Season: 01.01. - 31.12.

Ko Samui 84340 Surat Thani

Samui Easy Divers Owner: Mr. Loriz
169/3 Moo 4 Market Lamai Beach
Ph: + 66 77 231190 Fax: + 66 77 230486
E-Mail: easydivers@thaidive.com
Website: www.thaidive.com
Organisation: 5*PADI
Language: German, English, Thai
Established: 1990 Season: 01.01. - 31.12.

Ko Tao Island 84280 Surat Thani

Big Blue Diving Center, Mae Haad
Ph: +66 1 213 9440 Fax: +66 1 213 9440
E-Mail: info@bigbluediving.com
Website: www.bigbluediving.com
Organisation: 5*PADI
Language: English, Thai
Established: 1993 Season: 01.01. - 31.12.

Phuket:

Die Insel mit gleichnamiger Hauptstadt liegt vor der Westküste Südthailands und stellt eines der größten Tourismuszentren des Landes dar. Phuket ist auch der Ausgangspunkt für fast alle Tauch-Safaris in die Andaman Sea wie z.B. nach Similan Islands, Burma Banks und zum Mergui Archipel in Burma. Es gibt auf der Insel sehr viele Tauchschulen/basen. Das Nachtleben spielt sich vor allem in Patong ab. Leider zeigt sich auch hier, wie schnell es gehen kann, ein einstmals kleines Fischerdorf in zehn Jahren zu einer Touristikhochburg umzugestalten. Es gibt aber auch schöne Plätze wie z.B. den buddhistischen Tempel Wat Ao Chalong.

Tauchplätze:

Die besten Tauchgebiete für Tagestouren finden sich an den Riffs vor der Westküste und bei den weiter südlich liegenden Kleininseln. Hervorragende Tauchplätze an der Westküste befinden sich vor allem am Surin Beach, am Laem Singh Beach, am Kamala Beach, am Nakalay Beach, am Emerald Beach, am Paradise Beach und am Freedom Beach sowie bei der Kleininsel Ko Pu. Weitere interessante Tauchmöglichkeiten gibt es bei den Inseln Ko Mai Thon, Ko Dok Mai, Ko Rancha Yai und Ko Rancha Noi sowie am Coral Island und am Shark Point.

Ko Similan:

Inselgruppe aus neun unbewohnten Kleininseln 80 km nordwestlich von Phuket im Similan National Marine Park. Auf Ko Miang befindet sich ein Ferienresort. Tauchboote laufen die Inseln von Phuket aus an, die Fahrt dauert ca. 7 Stunden. Es besteht die Möglichkeit, von Thap-Lamu aus in nur vier Bootsstunden die Similans zu erreichen. Buchung bei Sea D. Dive Center Khau Lak, Mr. Peter Mueller, 4/4 T. Khuk Khak Moo 7, Takuapa 82190 Phang Nga Telefon 00 66 1 2292418.

Tauchplätze:

Im Westen von Ko Similan befindet sich das Fantasy Reef. Der Elephant Rock liegt südlich der Insel No. 8. Der Christmas Point bei Ko Bangu liegt im Norden der Gruppe. Weitere hervorragende Rifftauchplätze befinden sich bei den südlicheren Inseln No. 1 bis No. 5. Weiter nördlich, Richtung burmesische Grenze, befinden sich einzelne Inseln und Felsformationen mit überragenden Tauchrevieren, u.a.

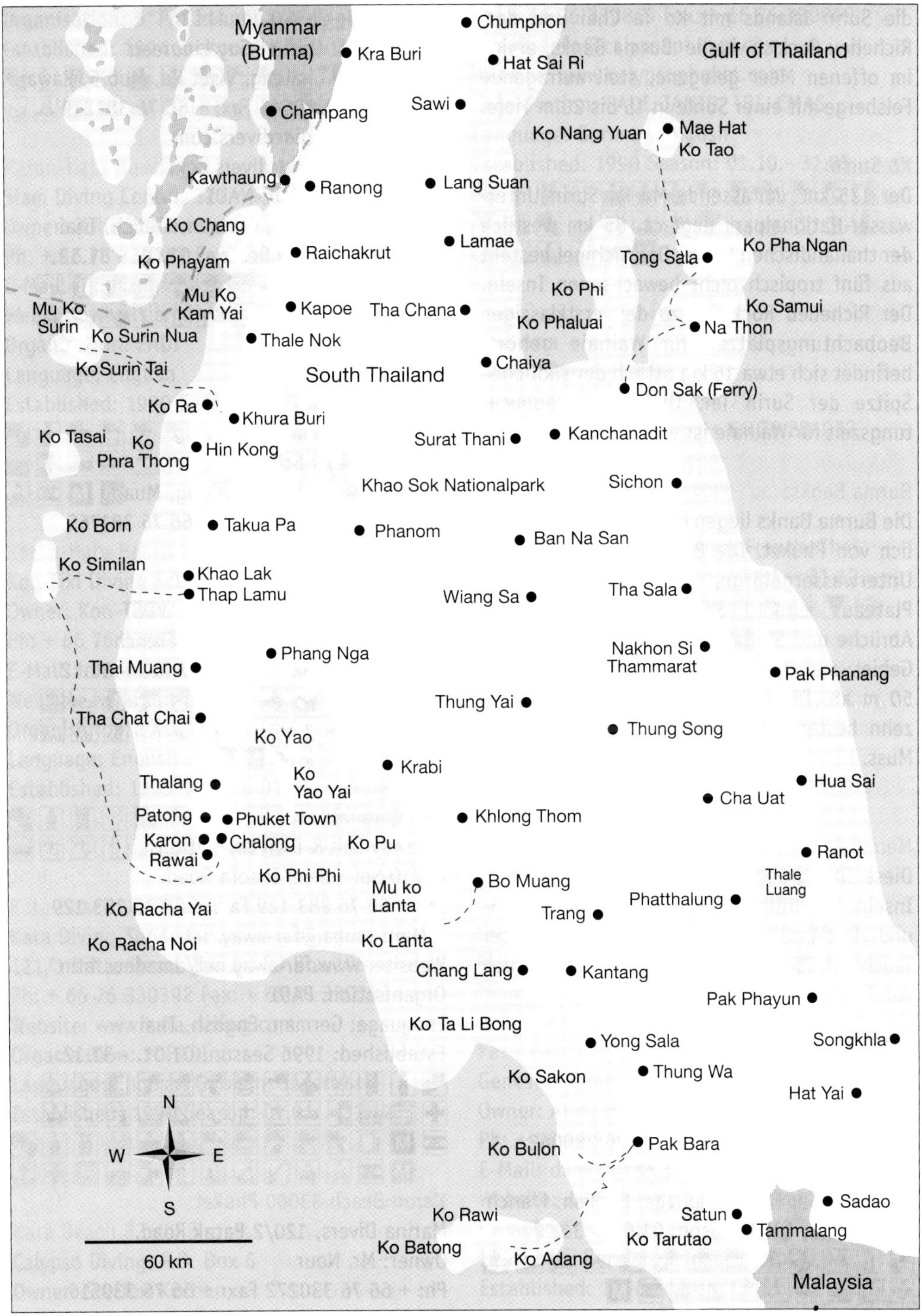
Myanmar
(Burma)
Chumphon
Kra Buri
Hat Sai Ri
Gulf of Thailand
Sawi
Champang
Ko Nang Yuan
Mae Hat
Ko Tao
Kawthaung
Ranong
Lang Suan
Ko Chang
Lamae
Raichakrut
Ko Phayam
Tong Sala
Ko Pha Ngan
Mu Ko
Kam Yai
Mu Ko
Surin
Kapoe
Tha Chana
Ko Phi
Ko Samui
Ko Phaluai
Na Thon
Ko Surin Nua
Thale Nok
Ko Surin Tai
South Thailand
Chaiya
Don Sak (Ferry)
Ko Ra
Khura Buri
Ko Tasai
Ko
Phra Thong
Hin Kong
Surat Thani
Kanchanadit
Khao Sok Nationalpark
Sichon
Ko Born
Takua Pa
Phanom
Ban Na San
Ko Similan
Khao Lak
Thap Lamu
Wiang Sa
Tha Sala
Phang Nga
Nakhon Si
Thammarat
Thai Muang
Pak Phanang
Thung Yai
Tha Chat Chai
Thung Song
Ko Yao
Krabi
Ko
Yao Yai
Thalang
Hua Sai
Cha Uat
Patong
Phuket Town
Khlong Thom
Karon
Chalong
Ko Pu
Rawai
Ranot
Ko Phi Phi
Mu ko
Lanta
Bo Muang
Thale
Luang
Phatthalung
Trang
Ko Racha Yai
Ko Racha Noi
Ko Lanta
Chang Lang
Kantang
Pak Phayun
Ko Ta Li Bong
Yong Sala
Songkhla
Ko Sakon
Thung Wa
Hat Yai
N
W
E
S
Ko Bulon
Pak Bara
Sadao
Ko Rawi
Satun
Tammalang
60 km
Ko Batong
Ko Adang
Ko Tarutao
Malaysia

bei Hin Pae. Hervorragende Plätze bei Phi Phi Ley befinden sich in der Maya Bay im Westen, der Loh Samah Bay im Süden und bei den vorgelagerten Bidah Islands.

Wracks:

Die Fähre King Cruiser liegt am Anemone Reef in der Nähe des Shark Point in 30 m Tiefe.

Ko Lanta:

Zwei Inseln südöstlich von Phuket (Ko Lanta Yai und Ko Lanta Noi) unmittelbar vor der Küste nordwestlich von Trang. Beide sind von Krabi oder Phuket aus zu erreichen. Es ist auch möglich, direkt von Phuket aus mit einem Auto über Trang diese schöne Gegend anzufahren.

Tauchplätze:

Die schönsten Tauchplätze der Region sind Ko Ha, Hin Bida, Hin Deng, Hin Mouang, der Purple Rock, Red Rock und Ko Rok.

Fauna Thailand:

Clownsfische, Lippfische, Anemonenfische, Wimpelfische, Falterfische, Kaiserfische, Füssiliere, Schnapper, Muränen, Rochen, Thunfische, Zackenbarsche, Haie, Krabben, Garnelen, Octopusse, Sepien, Röhrenwürmer, Geisterpfeifenfische, Federsterne, Korallen, Gorgonien, Anemonen und Austern.

Ao Nang-Krabi 81000

Ao Nang Divers 143 Moo 2
Ph: + 66 75 637242 Fax: + 66 75 634246
Organisation: PADI
Language: German, English
Established: 1998
Season: 01.01. - 31.12.

Ko Lanta 81150 Krabi

Ko Lanta Tauchschule
Owner: Christian Mietz
81/1-2 Moo1 Saladan
Ph: + 49 8158 3236 Fax: + 49 8158 3358
E-Mail: christianmietz@t-online.de
Website: www.gamoreisen.com
Organisation: PADI, NAUI, CMAS
Language: German, English
Established: 1991 Season: 01.11.- 31.12.

81000 Krabi

Poseidon Dive Center
Owner: Jürgen Weber
23/1 Moo 2, Ao Nang Beach
Ph: + 66 75 637056 Fax: + 66 75 637264
Organisation: 5*PADI
Established: 1997

Phi Phi Phuket 83000

Scuba Marin Thailand
Owner: Brigitte and Michael Scholtyssek
Phi Phi Island
Ph: + 66 1 2284026 Fax: + 66 1 2284026
E-Mail: b.scholtyssek@t-online.de
Website: www.paradive.de
Organisation: PADI, CMAS
Language: German, English
Established: 1999
Season: 01.01. - 31.12.

Khuk Khak Takuapa 82190 Phuket

Sea Dragon Dive Center
Owner: Peter Muller
4/4 Moo7 T. Khuk Khak
Ph: + 66 1 2292418 Fax: + 66 1 2292418
Organisation: PADI
Language: German, English, Thai
Established: 1993 Season: 01.11. - 15.05.

Hauptstadt	Nuku'alofa
Einwohner	34.000
Entf. v. Frankfurt/M.	16.765 km
Währung	Pa'anga, T$
Amtssprache	Tongaisch, Englisch
Telefonvorwahl v. D	00 676
Telefonvorwahl n. D	09 49
Verkehr	Rechtsverkehr
jährl. Touristenzahl	30.000
Elektr. Strom	220 V / 50 Hz
Visum	ja
Flughafen	Tongatapu (TBU) Fua' amotu

Tauchregionen:
Hakaumama'o-Riff
Vaikona Chasm
King Neptunes
Sea Fan Grotto
Mariners Cave
Clan McWilliam

Zeitverschiebung: MEZ + 12
Fläche: 699 km²
Einwohner: 100.000

Tauchsicherheit

PADI International USA
1251 East Dyer Road
CA 92705-5605 Santa Ana
Tel: 001 (0) 714 540 7234
Fax: 001 (0) 714 540 2609
E-Mail: info@padi.com
Website: www.padi.com

NAUI Worldwide
FL 33619-2667 Tampa USA
Tel: 001 (0) 813 628 6284
Fax: 001 (0) 813 628 8253
Website: www.naui.org

DAN: Divers Alert Network
P.O. Box 3823 , 27710
Durham North Carolina USA
E-Mail: info@dan-dive.com
Website: www.dan-dive.com

CMAS World Underwater Federation
CMAS - Viale Tiziano 74
00196 Roma Italy
Tel: 0039 6 368 58480
Fax: 0039 6 368 58490
E-Mail: cmasmond@tin.it
Website: www.cmas.org

Information und Beratung

Tourism Council of the South Pacific (TCSP) Deutsche Vertretung, Interface International.
Petersburger Straße 94
10247 Berlin
Tel: 030 4225 6026
Fax: 030 4225 6287
Website: www.tcsp.com

Diver's Guide Tauchreisen
Dockenhudener Str. 14
22587 Hamburg
Tel: 040 866 0670
Fax: 040 866 06777
www.divers-guide.de

Schöner Tauchen
Hastedter Heerstr. 211
28207 Bremen
Tel: 0421 450 010
Fax: 0421 450 080
www.schoener-tauchen.com

Volkert Touristik
Freizeitzentrum Roßmühle
97782 Gräfendorf
Tel: 09357 97490
Fax: 09357 1055
Web: www.volker-touristik.de

Botschaften

Deutsche Botschaft in Tonga
P.O. Box 32
Nuku'alofa
Tel: 00676 2 3477
Fax: 00676 2 3154

Botschaft des Königreichs Tonga in Deutschland
(mit Visumerteilung)
Osterbekstraße 90A
22083 Hamburg
Tel: 040 2783 9350
Fax: 040 2790077

Fluggesellschaften

Qantas Airways Ltd.
Australische Fluglinie
Flughafen Terminal 2
Frankfurt am Main
Tel: 0180 3250630
Fax 0180 5250639
Website: www.qantas.com

Royal Tongan Airlines
Private Mail Bag 9
Nuku'alofa, Tonga
Tel: 00676 234-14
Fax: 00676 240-56

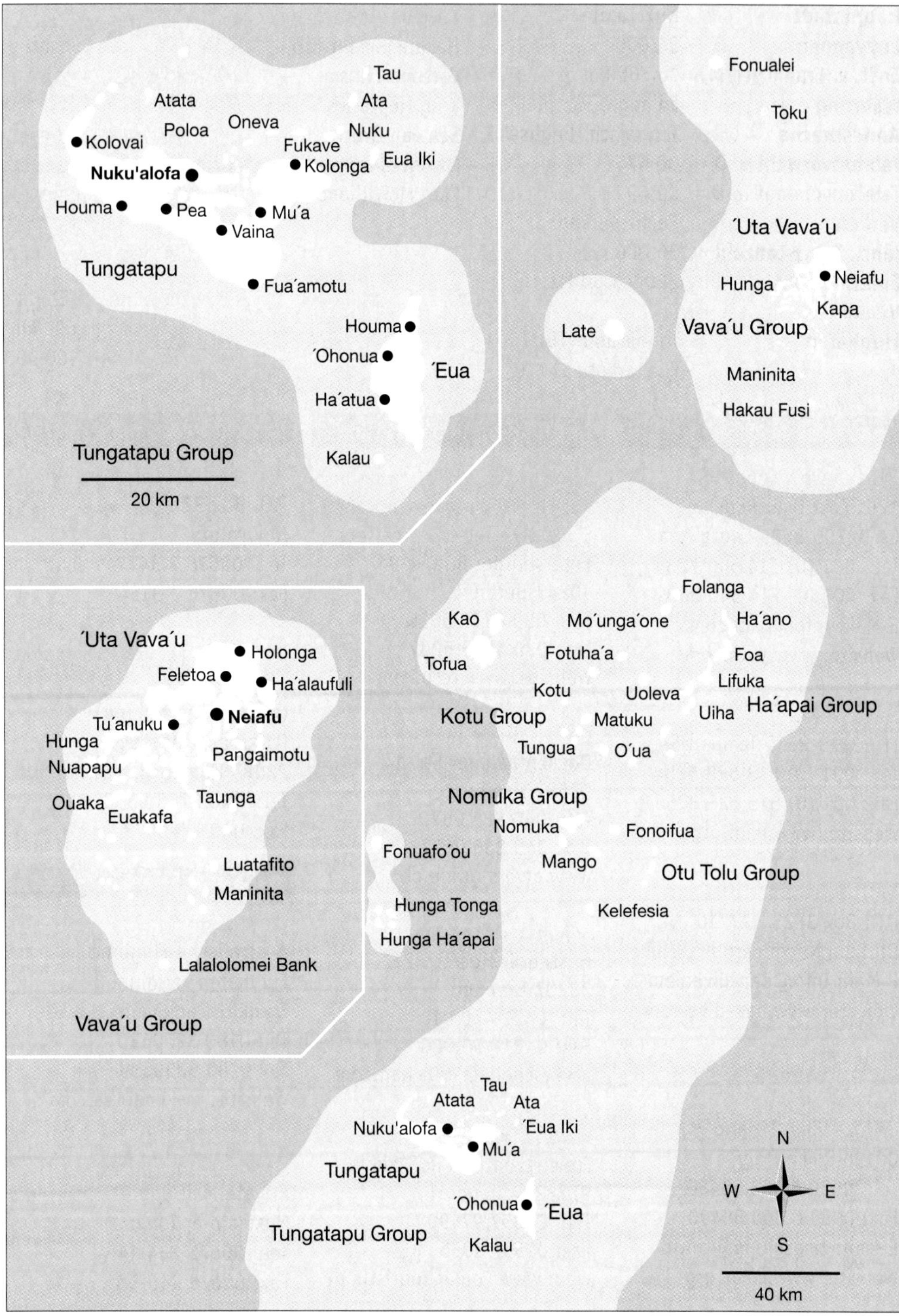
Tau
Atata
Ata
Poloa
Oneva
Nuku
Kolovai
Fukave
Nuku'alofa
Kolonga
Eua Iki
Houma
Pea
Mu´a
Vaina
Tungatapu
Fua´amotu
Houma
´Ohonua
´Eua
Ha´atua
Tungatapu Group
Kalau
20 km
Fonualei
Toku
´Uta Vava´u
Neiafu
Hunga
Kapa
Late
Vava´u Group
Maninita
Hakau Fusi
´Uta Vava´u
Holonga
Feletoa
Ha´alaufuli
Tu´anuku
Neiafu
Hunga
Nuapapu
Pangaimotu
Ouaka
Taunga
Euakafa
Luatafito
Maninita
Lalalolomei Bank
Vava´u Group
Folanga
Kao
Mo´unga´one
Ha´ano
Fotuha´a
Foa
Tofua
Lifuka
Kotu
Uoleva
Kotu Group
Matuku
Uiha
Ha´apai Group
Tungua
O´ua
Nomuka Group
Nomuka
Fonoifua
Fonuafo´ou
Mango
Otu Tolu Group
Hunga Tonga
Kelefesia
Hunga Ha´apai
Tau
Atata
Ata
Nuku'alofa
´Eua Iki
Mu´a
Tungatapu
N
W
E
S
´Ohonua
´Eua
Tungatapu Group
Kalau
40 km

Geographische Lage:

Das Königreich Tonga besteht aus 170 Vulkan- und Koralleninseln und liegt im Südpazifik östlich der Fidschi-Inseln und westlich von Französisch-Polynesien sowie südlich von West Samoa. Die Inseln werden in drei Gruppen eingeteilt: Tongatapu mit der gleichnamigen Hauptinsel, Ha'apai und Vava'u. Sie sind allesamt von Korallenatollen umgeben und mit Dschungel bestanden.

Klima:

Subtropisch, Alofi 24,4°C / 2064 mm. Beste Reisezeit von Mai bis Oktober.

Einreise:

Für einen Aufenthalt von maximal 30 Tagen sind ein gültiger Reisepass, Reisepapiere, bezahlte Rück- oder Weiterreisetickets und der Nachweis ausreichender Geldmittel für den Aufenthalt erforderlich.

Verkehr:

Die Straßen und Pisten auf allen bewohnten Inseln befinden sich zumeist in gutem Zustand. Es gibt auf allen größeren Inseln Fährverkehr und Linienflüge mit Kleinflugzeugen. Der internationale Flughafen ist Nuku' Alofa Fua'Amotu auf Tongatapu (TBU).

Verkehrsbestimmungen:

Über generelle Rücksichtnahme hinaus in der Praxis nicht relevant, da es nur sehr wenige Autos auf Tonga gibt.

Tongatapu:

Die Hauptinsel ist politisches, kulturelles und touristisches Zentrum des Inselstaates. Zu der Inselgruppe gehört u.a. auch Eua. Die Tauchplätze bestehen vor allem am Hakaumama'o-Riff, einem Korallenriff nördlich der Hauptinsel mit diversen exzellenten Tauchplätzen. Weitere hervorragende Gebiete gibt es in der Region von Vaikona Chasm.

Vava'u:

Eine Inselgruppe im Norden des Staates Tonga, die aus etwa 50 Inseln besteht. Die Tauchplätze liegen in den diversen Riffs, an den Steilwänden und Kavernen dieser Inselgruppe. Die besten Tauchplätze der Region sind u.a. King Neptunes Sea Fan Grotto und die Mariners Cave, eine Höhle mit Stalaktiten und einem Durchmesser von 12 m. Das beliebteste Wrack in dieser Inselgruppe ist die Clan McWilliam, ein gut erhaltener Dampfer, der um 1920 gesunken ist. Die Fauna besteht aus Haien, Rochen, Muränen, Korallen, Gorgonien, Anemonen und Delfinen, außerdem gibt es Buckelwale im Zeitraum zwischen Juli und Oktober.

Neiafu, Vava'n Island

Dolphin Pacific Diving, P.O. Box 104
Owner: Brian Sayer
Ph: + 676 70292 Fax: + 676 70292
E-Mail: dive-odi@wave.co.nz
Website: www.diveneszealand.com/acadeny
Organisation: PADI Language: English
Established: 1991 Season: 01.01. - 31.12.

Nuku'alofa Atata Island

Royal Suset Scuba Diving , P.O. Box 960
Owner: David Hunt
Ph: + 676 24923 Fax: + 676 21254
E-Mail: royalsun@ckalia.net
Website: www.kalianet.to/royalsun
Organisation: PADI Language: English
Established: 1986 Season: 01.01. - 31.12.

Nuku'alofa PADI

Deep Blue Tauchcenter Vuna Rd
Ph: + 676 23576 Fax: + 676 23576
E-Mail: deepblue@kalianet.to

Trinidad & Tobago

Hauptstadt	Port-of-Spain
Einwohner	53.000
Entf. v. Frankfurt/M.	7.689 km
Währung	Trinidad&Tobago-Dollar
Amtssprache	Englisch
Telefonvorwahl v. D	001809
Telefonvorwahl n. D	0149
Verkehr	Linksverkehr
jährl. Touristenzahl	250.000
Elektr. Strom	110 / 220 V / 60 Hz
Visum	nein
Flughafen	Port-of-Spain Piarco (POS)

Tauchregionen:
Bookends
Pirates Bay
Arnos Vale
Culloden Bay
The Sisters
Crown Point
Bucco Reef
Black Jack Hole
Black Forest
Kellinston Drain
Cathedral

Zeitverschiebung: MEZ -5
Fläche: 5.128 km²
Einwohner: 1,3 Mio.

Tauchsicherheit

PADI International USA
1251 East Dyer Road
CA 92705-5605 Santa Ana
Tel: 001 (0) 714 540 7234
Fax: 001 (0) 714 540 2609
E-Mail: info@padi.com
Website: www.padi.com

NAUI Worldwide
FL 33619-2667 Tampa USA
Tel: 001 (0) 813 628 6284
Fax: 001 (0) 813 628 8253
Website: www.naui.org

DAN: Divers Alert Network
P.O. Box 3823 27710
Durham North Carolina USA
E-Mail: info@dan-dive.com
Website: www.dan-dive.com

NASDS: National Association of Scuba Diving Schools USA
1012S. Yates 38119 Memphis, Tennessee
Tel: 001 (0)901 767 7265
Fax: 001 (0)901 767 2798
E-Mail: info@nasds.com
Website: www.nasds.com

Information und Beratung

Trinidad &Tobago Tourist Office
Am Schleisweg 16
D-55128 Mainz
Tel: 06131 9933-0
Fax: 06131 73307
E-Mail: BasicServiceGroup@compuserve.com

Schöner Tauchen
Hastedter Heerstr. 211
28207 Bremen
Tel: 0421 450 010
Fax: 0421 450 080
www.schoener-tauchen.com

Dresden 01259
Karibik Inside
Lockwitztalstr. 20
Tel: 0351 2055915
Fax: 0351 2055915
Email: karibikins@aol.com

Stuttgart 70435
Travel Service Kern
Herr Kern Burenstr. 17
Tel: 0711 822809
Fax: 0711 8264954
Web: www.travel-sk.de

Botschaften

Trinidad und Tobago
Port-of-Spain
7-9 Marli Street
Port-of-Spain/ W.I. B
Tel: 001809 6281630
Fax: 0018096285278

Trinidad und Tobago
(High Commission)
42 Belgrave Square
London SW 1 X 8 NT
Tel: 0044 171 245 9351
Fax: 0044 171 823 065

Fluggesellschaften

Condor Flugdienst G.m.b.H.
Kelsterbach Frankfurt a. Main
Tel: 06107 939-0
www.condor.de

BWIA Aviareps
Hessenring 32
64546 Walldorf
Tel: 06105 206 090
Fax: 06105 206-098
cbellinger@aviareps.com
Website: www.bwee.com

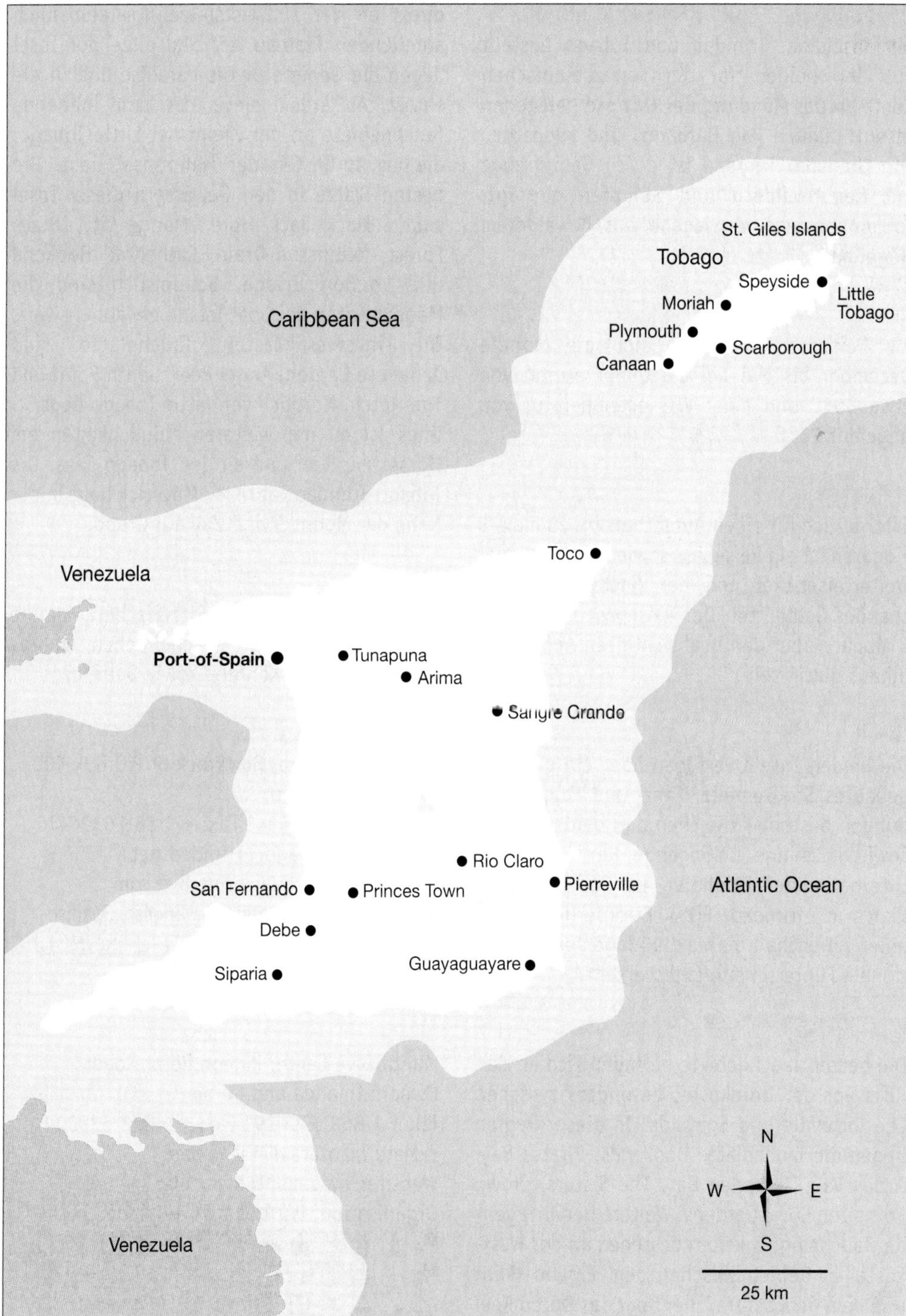
St. Giles Islands
Tobago
Speyside
Little Tobago
Moriah
Caribbean Sea
Plymouth
Scarborough
Canaan
Toco
Venezuela
Port-of-Spain
Tunapuna
Arima
Sangre Grande
Rio Claro
Pierreville
Atlantic Ocean
San Fernando
Princes Town
Debe
Siparia
Guayaguayare
N
W
E
S
25 km
Venezuela

Geographische Lage:

Der Inselstaat Trinidad und Tobago besteht aus den beiden vor der venezuelanischen Küste an der Mündung des Orinoco gelegenen Inseln, südlich von Barbados und südöstlich von Grenada. Trinidad ist durch Gebirgszüge mit Regenwäldern und Sümpfen geprägt, Tobago besteht vorwiegend aus bewaldetem Hügelland.

Klima:

Als Reisezeit empfehlen sich die Monate Dezember bis Mai bei Lufttemperaturen von etwa 30°C und einer Wassertemperatur von ungefähr 26°C.

Einreise:

Erforderlich für einen Aufenthalt bis zu max. 3 Monaten ist ein Reisepass sowie ein Rück- oder Weiterreiseticket und der Nachweis ausreichender Geldmittel. Der Reisepass muss noch 6 Monate über den beabsichtigten Aufenthalt hinaus gültig sein.

Verkehr:

Die beiden Inseln verfügen über ein gut ausgebautes Straßennetz. Fähr- und Flugverbindungen bestehen zwischen den beiden Inseln sowie in einige umliegende Karibikstaaten. Internationaler Flughafen ist Port of Spain Piarco auf Trinidad (POS). Erforderlich ist für einen Aufenthalt bis max. 90 Tage der internationale Führerschein; Linksverkehr.

Tauchplätze:

Die besten Tauchgebiete befinden sich an den Riffs vor der Nordküste, besonders zwischen Charlotteville und Speyside. In dieser Region liegen die Tauchplätze Bookends, Pirates Bay, Arnos Vale, Culloden Bay, The Sisters, Crown Point und Coral Gardens. Weitere hervorragende Tauchmöglichkeiten bestehen an der Westküste im Gebiet zwischen dem Pigeon Point und dem Ort Castara. Hier liegt das Bucco Reef direkt an der Südwestspitze. Am allmählich abfallenden Plateau der Südspitze der Insel liegen die Gebiete Divers Paradise und Divers Thrust. Außerdem bietet das Land lohnende Tauchgebiete an der Kleininsel Little Tobago, die im Nordosten der Hauptinsel liegt. Die besten Plätze in den Gewässern dieser Insel sind Black Jack Hole, Manta City, Black Forest, Kellinston Drain, Cathedral, Bookend und London Bridge. Schließlich sind die Möglichkeiten bei Goat Island erwähnenswert. Die interessantesten Tauchplätze sind Japanese Garden, Angel Reef, South Point und The Notch. Nördlich von Little Tobago liegt St. Giles Island mit weiteren Möglichkeiten am Horseshoe Reef und an den Tobago Cays. Die Tobago-Trinidad Fähre MV Maverick liegt in der Nähe der Mount Irvine Bay auf Grund.

Fauna:

Zahlreiche Arten von Riff-Fischen, einige Großfische, u.a. Haie, Stachelrochen, Mantas und Barrakudas, Korallen sowie Delfine.

Speyside Tobago

Aqua Marine Dive, Blackrock or P.O.Box 402
Owner: Allice Keith
Ph: + 1 868 6604341 Fax: + 1 868 6394416
E-Mail: amdtobago@trinidad.net
Website: www.aquamarinedive.com
Organisation: PADI Language: English, Spanish

Tobago

Manta Dive Cente, Pigeon Point Roadr
Owner: Amanda and Goran
Ph: + 1 868 6390291 Fax: + 1 868 6390291
E-Mail: mantaray@tstt.net.tt
Website: www.mantadive.com
Organisation: PADI, NAUI Language: English

Hauptstadt	Ankara
Einwohner	2,6 Mio.
Entf. v. Frankfurt/M.	2.195 km
Währung	Türkisches Pfund
Amtssprache	Türkisch
Telefonvorwahl v. D	00 90
Telefonvorwahl n. D	00 49
Verkehr	Rechtsverkehr
jährl. Touristenzahl	4 Mio.
Elektr. Strom	220 V / 50 Hz
Visum	nein
Flughafen	Ankara (ANK) Etimisgit

Tauchregionen:
Kadirga
Höhle Kara Burun
Hakci Gelme
Kaya
Ücadalar-Inseln
Deep Cave
Adventure Riff
Canyon Riff
Aquarium Riff
Tekirova

Zeitverschiebung: MEZ + 1
Fläche: 779.452 km^2
Einwohner: 60,8 Mio.

Tauchsicherheit

S.C.S.F. Türkei
Gençlik ve Spor Genel,
Müdürlügü Ulus Is
Hani A. Blok, Türkei
Tel: 0090 312 3104136
Fax: 0090 312 3104136

PADI International USA
1251 East Dyer Road
CA 92705-5605 Santa Ana
Tel: 001 (0) 714 5 407234
Fax: 001 (0) 714 5 402609
E-Mail: info@padi.com
Website: www.padi.com

NAUI Worldwide USA
FL 33619-2667 Tampa
Tel: 001 (0) 813 6 286284
Fax: 001 (0) 813 6 288253
E-Mail: info@naui.org
Website: www.naui.org

CMAS World Underwater Federation
Viale Tiziano 74
00196 Roma Italy
Tel: 0039 6 36 858480
Fax: 0039 6 36 858490
Website: www.cmas.org

Information und Beratung

Sun and Fun
Franz-Joseph-Str. 43
80801 München
Tel: 089 380 14124
Fax: 089 346 644
sunundfun@t-online.de

Diver's Guide Tauchreisen
Dockenhudener Str. 14
22587 Hamburg
Tel: 040 866 0670
Fax: 040 866 06777
www.divers-guide.de

Sülo Diving Center
Hanftalstr. 6a
53567 Buchholz
Tel: 02683 967108
Fax: 02683 967108
Uwe.Gielow@t-online.de

Schöner Tauchen
Hastedter Heerstr. 211
28207 Bremen
Tel: 0421 450 010
Fax: 0421 450 080
info@schoener-tauchen.com
www.schoener-tauchen.com

Botschaften

Deutsche Botschaft in Türkei
Atatürk Bulvari 114
TR-06540 Kavaklidere-Ankara
Tel: 0090 312 4265465
Fax: 0090 312 4266959

Botschaft in Deutschland
Türkei Republik
Utestr. 47, 53179 Bonn
Tel: 0228 953830
Fax: 0228 348877

Fluggesellschaften

Türkisch Airlines
Corneliusstr. 96
40215 Düsseldorf
Tel: 0211 9345468
Fax: 0211 9345461

Lufthansa
Frankfurt am Main
Tel: 069 2552-55
Website: www.lufthansa.de

LTU International Airways
Tel: 040 5000031
Fax: 040 5000032
Tel: 02203 40-2151 Köln
Website: www.ltu.de

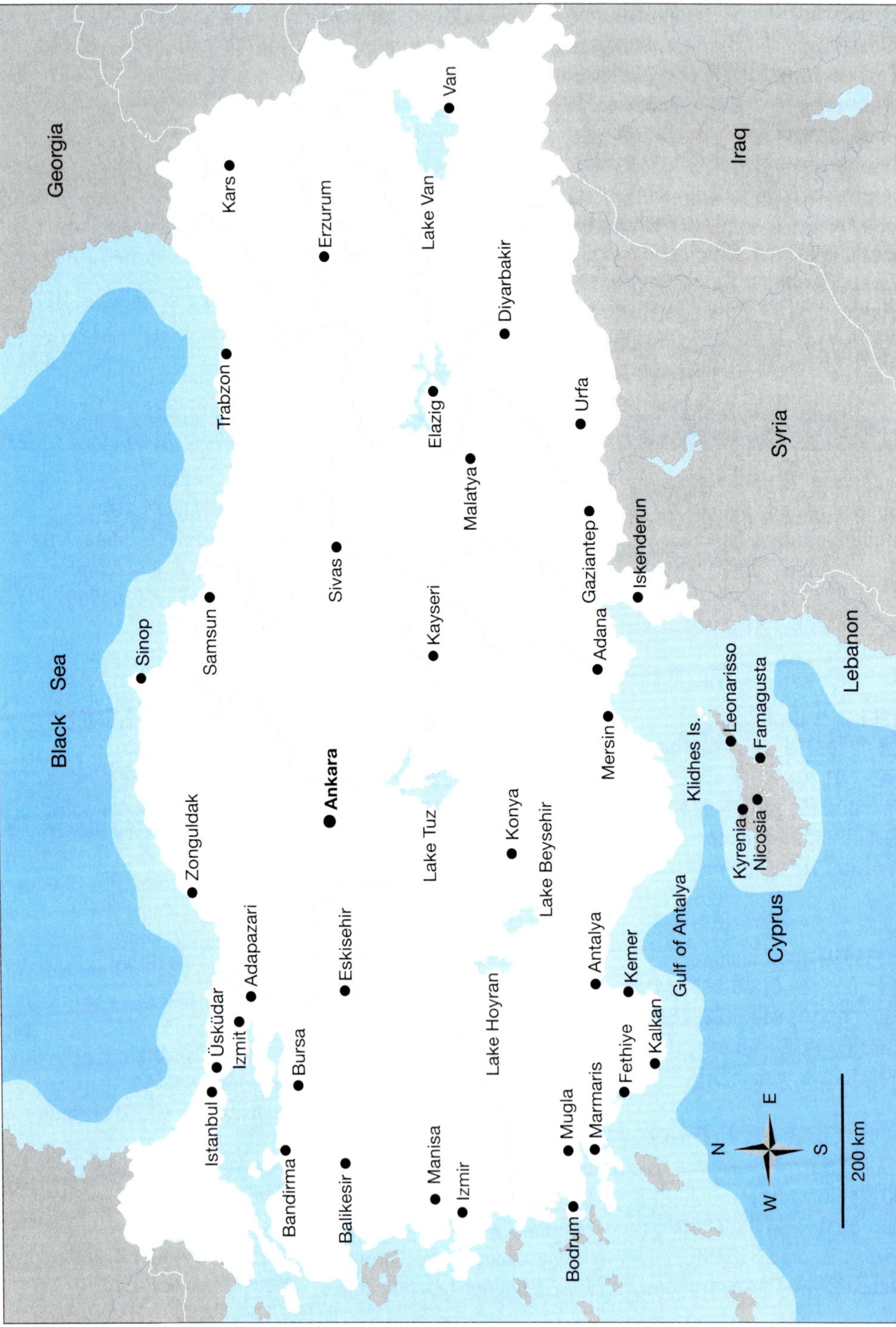
Georgia
Black Sea
Kars
Van
Erzurum
Lake Van
Iraq
Diyarbakir
Trabzon
Elazig
Urfa
Syria
Malatya
Sivas
Gaziantep
Iskenderun
Samsun
Sinop
Kayseri
Adana
Leonarisso
Famagusta
Lebanon
Mersin
Klidhes Is.
Ankara
Lake Tuz
Konya
Kyrenia
Nicosia
Zonguldak
Lake Beysehir
Gulf of Antalya
Cyprus
Adapazari
Eskisehir
Antalya
Kemer
Üsküdar
Izmit
Bursa
Lake Hoyran
Kalkan
Fethiye
Istanbul
Marmaris
Mugla
Bandirma
Manisa
Izmir
Balikesir
Bodrum
N
E
S
W
200 km

Geographische Lage:

Die Türkei liegt auf der Anatolischen Halbinsel im Osten des Mittelmeers in Kleinasien. Der Westteil Istanbuls mit seinem Umland liegt auf der südosteuropäischen Halbinsel Thrakien, die vom übrigen Land durch den Bosporus getrennt ist. Die Meerenge bildet gleichzeitig die Grenze zwischen Europa und Asien und stellt die Verbindung zwischen Mittelmeer und Schwarzem Meer her. Die Türkei hat im Westen lange Küsten zum Ägäischen Meer, im Süden zum Mittelmeer und im Norden zum Schwarzen Meer. Nachbarländer sind Griechenland im Westen mit mehreren Inseln dicht vor der türkischen Ägäisküste, Georgien im Nordosten, Aserbaidschan und der Iran im Osten, Syrien und der Irak im Süden. Der Südküste vorgelagert liegt Zypern. Südlich von Istanbul liegt das Marmarameer, das durch den Bosporus mit dem Schwarzen Meer und durch die Straße von Canakkale mit dem Mittelmeer verbunden ist. Größtes Binnengewässer ist der Vansee im Osten Anatoliens. Die Westküste ist zerklüftet und buchtenreich, die Nord- und Südküsten sind gerade. Die Türkei ist ein gebirgiges Land, der Osten besteht aus einer Hochebene mit Steppen, die weiter östlich in ein Hochgebirge übergeht. Im Westen schließen küstennahe Gebirgszüge an.

Klima:

Im Westen und Süden ist das Klima mediterran mit warmen Sommern und milden Wintern, im Norden feucht und mild. Im Osten des Landes gibt es heiße und trockene Sommer sowie kalte Winter. Tauchsaison am Schwarzmeer und in der Ägäis ist von April bis Oktober.

Einreise:

Bei einem Aufenthalt bis zu 90 Tagen genügt ein Reisepass oder Personalausweis (Personalausweis nur bei Flug, doch kann es hier zu Schwierigkeiten kommen). Kinder unter 16 Jahren können im Elternpass eingetragen sein. Bei einem Kinderausweis ist ab 10 Jahren ein Lichtbild notwendig.

Verkehr:

Der Westteil des Landes hat ein gut ausgebautes Straßennetz, im Ostteil ist es weniger dicht. Bahnverbindungen existieren zwischen Istanbul, Izmir und Ankara sowie in die Nachbarländer. Es gibt diverse Fährverbindungen zu den griechischen Inseln und nach Italien, entlang der Ägäisküste, über das Schwarze Meer nach Bulgarien und Moldawien und über das Marmara Meer. Wichtigste Häfen sind Istanbul und Izmir. Außerdem gibt es hervorragende Busverbindungen zwischen allen größeren Städten sowie in die Nachbarländer und nach Mitteleuropa, mehrere nationale Flughäfen und die internationalen Airports Istanbul Atatürk (IST), Ankara Etimesgut (ANK), Izmir Adnan Menderes (IZM), Antalya (AYT) und Dalaman (DLM).

Verkehrsbestimmungen:

Notwendig sind Führerschein, Fahrzeugschein und die Internationale Grüne Versicherungskarte; empfohlen wird eine Bestätigung der Versicherung, dass die Deckungssumme des Vertrages auch für den asiatischen Teil der Türkei gilt sowie der Abschluss einer Kurzkasko-Versicherung.

Bodrum, Marmaris:

Bodrum ist ein Hafenort an der Westküste auf einer Halbinsel gelegen. Vor der Küste befindet sich die griechische Insel Kos. Die bekannte Hafenstadt Marmaris liegt auf einer Halbinsel südlich von Bodrum. Die Region ist bergig, die Küsten äußerst zerklüftet und reich an kleinen Buchten und vorgelagerten Felsriffs. Von Marmaris ist es nicht weit zur griechischen Insel Rhodos.

Tauchplätze:

Es gibt viele schöne Tauchplätze in den zerklüfteten Buchten. Zu den schönsten zählen u.a. Kadirga in der Region von Kaunos und die weitläufige Höhle Kara Burun, in der sich eine Luftblase befindet.

Fauna:

Zackenbarsche, Drückerfische, Lippfische, Papageifische, Meerjunker, Rochen, Drachenköpfe, Meerbarben, Muränen, Octopusse, Sepien, Krebse, Nacktschnecken, Seespinnen, Haarsterne, Anemonen, Schwämme, Delfine und Schildkröten.

Sonstiges:

Immer wieder stößt man auf Scherben alter, teilweise antiker Amphoren und Teller, die vor der gesamten Küste verteilt sind.

Ortaca - Mugla Mugla

Mare Nostro, Iberotel Sarigerme Park
Owner: Bora Kallem
Ph: + 90 532 2342607 Fax: + 90 262 3221189
E-Mail: ralf.daenzer@7fun.de
Organisation: Barakuda, CMAS
Language: German, English, Turkish
Established: 1991 Season: 01.03. - 30.11.

Pk 55, Kusadasi 09400 Kusadasi

Galethee Dive Center, Kadinlar Denizi
Owner: Koray
Ph: + 90 256 6141410 Fax: + 90 256 6141730
E-Mail: koray71@yahoo.com
Website: www.kusodasi.net
Organisation: PADI, CMAS
Language: English, German, French

Kalkan Kalkan

Barakuda Club Kalkan, Hotel Pivat
Owner: Fatih Tünali
Ph: + 90 242 8443178 Fax: + 90 242 8443183
Organisation: PADI, CMAS
Language: German, English, Turkish
Season: 01.04. - 30.10.

Bodrum 48400 Marmaris

Askin Diving, Sedir Motel, Pasa Tarlasi 3
Owner: A. Cambazoglu
Ph: + 90 252 3163007 Fax: + 90 252 3167158
Organisation: PADI, VDST, CMAS
Language: English, German
Season: 01.04. - 31.10.

Bodrum 48400 Marmaris

Getur Diving Center, Emsan sit No 34
Owner: Caner O`guz
Ph: + 90 252 3167201 Fax: + 90 252 3135260
E-Mail: yachting@arya.com.tr
Organisation: PADI, CMAS, SSI, BSAC
Language: English, German, French
Established: 1987 Season: 01.03.- 30.11.

Marmaris (Mugla) 48700 Marmaris

Vimar SSI Diving Club, Turban Caddesi 73
Owner: V. Ercl
Ph: + 90 252 4124294 Fax: + 90 252 4130623
E-Mail: ssiturkey@superonline.com
Organisation: PADI, CMAS, SSI
Language: German, English, Turkish,
Established: 1992 Season: 01.01. - 31.12.

Bodrum Marmaris

Barakuda Club Bodrum Diving
Owner: Askin Cambazoglu
Hotel Sedir,Kumbahce Mah. Pasa, Tarlasa Meukii

Ph: + 90 2523163007 Fax: + 90 2523167158
Organisation: CMAS, Barakuda
Language: German, English, Turkish
Season: 30.04. - 15.11.

Gümbet/Bodr. 48400 Marmaris
Barakuda Club Gümbet, Hurricane Divers
Owner: Mehmet Demirtas
Metem Holiday Village P.K. 225
Ph: + 90 2523162500 Fax: + 90 2523161500
Organisation: PADI, CMAS, Barakuda
Language: German, English, Turkish
Season: 01.04. - 30.10.

Marmaris (Mugla) Marmaris
SSI Sport& Diving Center
Owner: Peter Rauhut
Ph: + 90 2524120700 Fax: + 90 2524120708
Organisation: CMAS, SSI
Language: German, English, Turkish
Season: 01.04. - 31.10.

Marmaris Marmaris
European Diving Centre
Kenan Evren Bulvari No.39 Igmeler
Ph: + 90 252 4554733 Fax: + 90 252 4554934
E-Mail: europeandiving@ibm.net
Website: www.europeandiving.com.tr
Organisation: 5*PADI,
Language: German, English
Established: 1990
Season: 01.04. - 31.10.

Kas:

Ist eine kleine Hafenstadt auf der touristisch vergleichsweise wenig erschlossenen Halbinsel im Westen der türkischen Südküste. Die Region ist sehr bergig, die Küsten schroff und felsig. Kas stellt ein ideales Tauchrevier dar. Die beste Tauchregion an der türkischen Südküste ist die Halbinsel zwischen Fethiye und Antalya.

In der Region von Kas bieten sich mehrere Einstiegsstellen vom Strand, u.a. am Hakci Gelme. Außerdem gibt es vielfältige Möglichkeiten an den unzähligen Felsriffs in den umliegenden Buchten, u.a. am Üc Kaya. Weitere hervorragende Tauchplätze befinden sich bei den Ücadalar-Inseln.

Wracks:

Das beliebteste Wrack der Region ist die Fener Kudesi, Überreste eines Holzschiffs in 20 m Tiefe vor Kas. In dieser Region liegt außerdem ein betauchbares WW II-Flugzeugwrack.

Tekirova:

Kleiner Küstenort bei Kemer in der Nähe von Phaselis.

Tauchplätze:

Hervorragende Tauchmöglichkeiten befinden sich an den unzähligen Felsriffs und Höhlen in diesem Gebiete, u.a. Deep Cave, eine Höhle mit einem Einstieg in 32 m Tiefe und einem nach oben offenem Kamin. Weitere lohnende Stellen sind das Adventure Riff, das Canyon Riff, das Aquarium Riff, die Kleine Insel mit dem Camel-Felsen sowie die Kleine und die Große Höhle. Alle Tauchplätze befinden sich bei den vorgelagerten Kleininseln. In der Großen Höhle stößt man auf Stalaktiten. Eine interessante Möglichkeit an der Küste bietet sich am Hausriff direkt vor dem Hafen von Tekirova.

Wracks:

Der Frachter Paris liegt in 30 m Tiefe vor dem Yachthafen von Kemer. Unweit davon befindet sich ein Küstenmotorschiff in 32 m Tiefe.

Fauna:

Octopusse, Sepien, Thunfische, Drückerfische, Drachenköpfe, Kaninchenfische, Papageifische, Zackenbarsche, Stachelrochen, Adlerrochen, Flughähne, Drückerfische, Muränen, Delfine und Schildkröten.

Antalya/P.K. 137 Kemer

Azur Tauchschule, P.O. Box 137 Kerner
Owner: Eric Thiery
c/o IFA-Beach Hotel Tekirova
Ph: + 90 242 8215310 Fax: + 90 242 8215310
Website: www.azur.de
Organisation: PADI, NAUI, VDST,CMAS
Language: English, German
Season: 01.04. - 30.11.

Antalya

Sulo Diving Centre
Owner: Süleyman Akman
Palmariva Hotel, Tekirava Kemer
Ph: + 90 242 8246718 Fax: + 90 242 8246718
Organisation: CMAS, Barakuda, PADI
Language: German, English, Turkish
Established: 1991
Season: 01.04. - 31.12.

Antalya Kas

Barakuda Diving Club, P.K. 55
Owner: Gabi and Urgur Eroglu
Ph: + 90 242 8364041
Fax: + 90 242 8362996
E-Mail: barakudakastr@superonline.com
Website: www.baracuda-kas.de
Organisation: CMAS, Barakuda
Language: German, English, Turkish

Antalya Kas

Barakuda Club Kas Hotel Medusa
Owner: Muzaffer Alp
Kücük Gakil Mevki
Ph: + 90 242 8361440
Fax: + 90 242 8361441
Organisation: PADI, CMAS, Barakuda
Language: German, English, Italian

Antalya Kiris, Kemer,

SSI Sports and Diving Center
Owner: Wilhelm Eßer
Magic World Resort
Ph: + 90 252 8246950 Fax: + 90 252 824697(
Organisation: PADI, CMAS, SSI
Language: German, English, Turkish
Season: 01.04. - 01.11.

Antalya, Konakli - Alanya

Walter's Tauchbasis Kastalia Club
Owner: Walter Schmidt
Ph: + 90 532 5742793 Fax: + 90 242 5651349
Organisation: VDST, CMAS, VDTL
Language: German, English
Season: 01.05. - 01.10.

Antalya, Kas 07580

Owner: Erol Öztunali
Liman Sokak 10A
Ph: + 90 242 8362637 Fax: + 90 242 836367
E-Mail: sundiving@superonline.com
Website: www.sundiving.de
Organisation: PADI, CMAS
Language: German, English, Dutch, French
Established: 1995 Season: 01.03. - 30.11.

Hauptstadt	Cockburn
Einwohner	3.000
Entf. v. Frankfurt/M.	7.520 km
Währung	US-Dollar, US$
Amtssprache	Englisch
Telefonvorwahl v. D	01 1649
Telefonvorwahl n. D	k. A.
Verkehr	Linksverkehr
jährl. Touristenzahl	k. A.
Elektr. Strom	k. A.
Visum	nein
Flughafen	Grand Turk (GDT)

Tauchregionen:
West Caicos
North Caicos
South Caicos
Spot Eagle Nest
The Arches
French Cay
Amphitheater
The Library
Black Forest
Gibbs Cay
Salt Cay

Zeitverschiebung: MEZ - 5
Fläche: 430 km²
Einwohner: 14.000

Tauchsicherheit

PADI International USA
1251 East Dyer Road
CA 92705-5605 Santa Ana
Tel: 001 (0) 714 5 407234
Fax: 001 (0) 714 5 402609
E-Mail: info@padi.com
Website: www.padi.com

NAUI Worldwide USA
FL 33619-2667 Tampa
Tel: 001 (0) 813 6 286284
Fax: 001 (0) 813 6 288253
E-Mail: info@naui.org
Website: www.naui.org

CMAS World Underwater Federation
Viale Tiziano 74
00196 Roma Italy
Tel: 0039 6 36 858480
Fax: 0039 6 36 858490
E-Mail: cmasmond@tin.it
Website: www.cmas.org

DAN: Divers Alert Network
P.O. Box 3823 , 27710
Durham North Carolina USA
E-Mail: info@dan-dive.com
Website: www.dan-dive.com

Information und Beratung

Turks & Caicos Islands Touris tBoard
Front Street
PO Box 128, Grand Turk
Tel: 001649 946 2321
Fax: 001649 946 2733
E-Mail: tci.tourism@tciway.tc
www.turksandcaicostourism.com

Karibik Inside
Lockwitztalstr. 20
01259 Dresden
Tel: 0351 2055915
Fax: 0351 2055915
Email: karibikins@aol.com

Diver's Guide Tauchreisen
Dockenhudener Str. 14
22587 Hamburg
Tel: 040 866 0670
Fax: 040 866 06777
Website: www.divers-guide.de

Schöner Tauchen
Hastedter Heerstr. 211
28207 Bremen
Tel: 0421 450 010
Fax: 0421 450 080
www.schoener-tauchen.com

Botschaften

Für die BRD ist die Botschaft in Kingston (s. Jamaika) zuständig.

Deutsche Botschaft in Jamaika
Waterloo Road Kingston 10
Te: 001876 9265665
Fax: 001876 9298282

Jamaikanische Botschaft in Deutschland
Am Kreuter 1 53177 Bonn
Tel: 0228 934590
Fax: 0228 361890

Fluggesellschaften

American Airlines Inc.
Frankfurt am Main
Tel: 01803242324
Fax: 069 23046
www.American-airlines.com

British Airways
Frankfurt am Main
Tel: 01803340340
www.british-airways.com

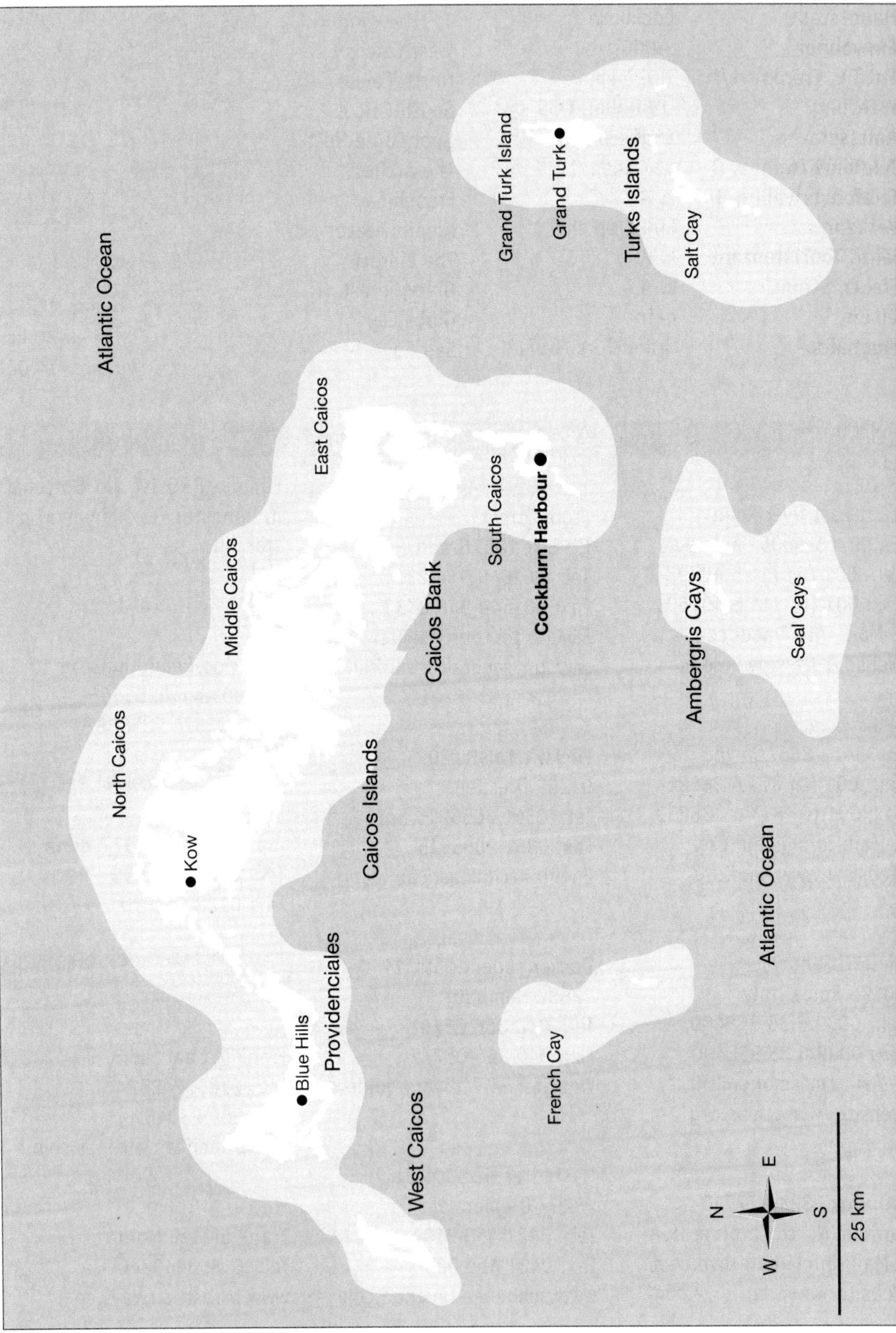
Atlantic Ocean
Grand Turk Island
Grand Turk
Turks Islands
Salt Cay
East Caicos
South Caicos
Cockburn Harbour
Middle Caicos
Caicos Bank
Ambergris Cays
Seal Cays
North Caicos
Kow
Caicos Islands
Atlantic Ocean
Providenciales
Blue Hills
French Cay
West Caicos
N
E
S
W
25 km

Geographische Lage:

Die kleine karibische Inselgruppe Turks & Caicos liegt am Südostende der Bahamas, nördlich von Haiti und der Dominikanischen Republik sowie östlich von Kuba. Die britische Kronkolonie besteht aus etwas mehr als 50 flachen Koralleninseln, die von Riffen umgeben und zumeist mit Palmen, Pinien und Kakteen bestanden sind. Die am dichtesten besiedelten Inseln sind Grand Turk und Providenciales. Das Klima ist tropisch feucht und heiß, keine ausgeprägten Jahreszeiten.

Verkehr:

Auf allen größeren bewohnten Inseln existiert ein gutes Straßennetz. Verbindungen mit Fähren und Kleinflugzeugen bestehen zwischen den wichtigsten Inseln. Internationale Flughäfen Grand Turk (GDT) und Providenciales (PLS).

Caicos:

Die westlich gelegene Inselgruppe ist von den Turks durch die Turks Island Passage getrennt, sie besteht aus den Inseln North-, Middle-, East-, South- und West-Caicos sowie Providenciales und mehreren Kleininseln. Gute Tauchgebiete befinden sich vor allem in der Region um West Caicos und North Caicos. Bei South Caicos gibt es weitere interessante Tauchplätze, u.a. Spot Eagle Nest und The Arches. Außerdem gibt es hervorragende Möglichkeiten an der Nordküste von Providenciales in der Grace Bay, am Pine Cay (Privatinsel) sowie am Northwest Point und am French Cay.

Grand Turk:

Die Hauptinsel der Turks mit der Hauptstadt Cockburn Town. Die besten Tauchgebiete der Region befinden sich an der Westküste. Das Riff beginnt in etwa 10 m Tiefe, an der Riffkante fällt es steil auf mehr als 200 m ab. Die schönsten Tauchplätze sind u.a. Amphitheater mit hochaufragenden Korallensäumen, The Library, Black Forest und Coral Garden. McDonald's ist ein Tauchplatz mit einem riesigen Korallenbogen. Weitere gute Tauchmöglichkeiten befinden sich bei den südwestlich liegenden Kleininseln Gibbs Cay und Salt Cay. Während der Wintermonate besteht die Möglichkeit zum Whalewatching (Buckelwale) in der Grand Turk Passage und bei den Silver Banks. Unter den diversen Wracks in der Region befindet sich auch ein Flugzeugwrack in 15 m Tiefe.

Fauna:

Lippfische, Schnapper, Kaiserfische, Trompetenfische, Grouper, Rochen, Mantas, Makrelen, Barrakudas, Zackenbarsche, Haie, Korallen und Schildkröten.

Grand Turk

Sea Eye Diving of Grand, Duke St
Owner: Celil Ingham
Ph: + 1649 9461407 Fax: + 1649 9461407
E-Mail: ci@caribsurf.com
Website: www.interlog.com/~reefnet/
Organisation: PADI, NAUI
Language: English
Established: 1992 Season: 01.01. - 31.12.

Providenciales Caicos

Dive Provo
Ramada Turquoise Reef Resort
Owner: Alan Jardine
Ph: + 1 649 9465029 Fax: + 1 649 9465936
E-Mail: diving@diveprovo.com
Website: www.diveprovo.com
Organisation: 5*PADI, NAUI, SSI, CMAS
Language: German, English, Dutch
Established: 1990 Season: 01.01. - 31.12.

USA

Hauptstadt	Washington D.C.
Einwohner	585.000
Entf. v. Frankfurt/M.	6.522 km
Währung	US $
Amtssprache	Englisch
Telefonvorwahl v. D	001
Telefonvorwahl n. D	01149
Verkehr	Rechtsverkehr
jährl. Touristenzahl	45 Mio.
Elektr. Strom	110 / 115V / 60Hz
Visum	nein
Flughafen	Washington, D.C. (WAS)

Tauchregionen:
z.B.
Florida
Hawaii
Illinois
Kalifornien
Maine
Maryland
Massachusetts
Michigan
Siehe auch Bundesländer USA von A-Z

Zeitverschiebung: MEZ- 6-1
Fläche: 7.827.620 km
Einwohner: 261 Mio

Tauchsicherheit

PADI International USA
1251 East Dyer Road
CA 92705-5605 Santa Ana
Tel: 001 (0) 714 540 7234
Fax: 001 (0) 714 540 2609
E-Mail: info@padi.com
Website: www.padi.com

NAUI Worldwide
FL 33619-2667 Tampa USA
Tel: 001 (0) 813 628 6284
Fax: 001 (0) 813 628 8253
Website: www.naui.org

DAN: Divers Alert Network
P.O. Box 3823 27710
Durham North Carolina USA
E-Mail: info@dan-dive.com
Website: www.dan-dive.com

NASDS: National Association of Scuba Diving Schools USA
012S. Yates
38119 Memphis, Tennessee
Tel: 001 (0)901 767 7265
Fax: 001 (0)901 767 2798
E-Mail: info@nasds.com
Website: www.nasds.com

Information und Beratung

Tauchreisen Roscher
Achenerstr. 695a
50226 Frechen
Tel: 02234 967096
Fax: 02234 967097
tauchreisen-roscher@t-online.de
www.tauchreisen-roscher.de

Sub Aqua Sportreisen
Frankfurter Ring 243
80807 München
Tel: 089 32379888
Fax: 089 32379661
Website: www.sub-aqua.de

Schöner Tauchen
Hastedter Heerstr. 211
28207 Bremen
Tel: 0421 450010
Fax: 0421 450080
www.schoener-tauchen.com

Sun & Fun Sportreisen
Franz-Joseph-Str. 43
80801 München
Tel: 089 38014124
Fax: 089 346644
sunundfun@t-online.de

Botschaften

Botschaft der USA
Neustädtische Kirchstraße 4,
D-10117 Berlin
Tel: 030 238 5174.
Fax: 030 238 6290.
http://www.us-botschaft.de

Deutsche Botschaft in den USA
4645 Reservoir Road, N. W., B
Washington, D.C. 20007-1998
Tel: 001 202 298 8141
Fax: 001 202 298 4249

Fluggesellschaften

Lufthansa
Frankfurt am Main
Reservierung u. Information
Tel: 069 2552-55
Website: www.lufthansa.de

American Airlines Inc.
Frankfurt am Main
Reservierung u. Information
Tel: 0180 3242324
www.american -airlines.com

Hudson Bay
Canada
L. Superior
L. Huron
L. Michigan
L. Ontario
L. Erie
Atlantic Ocean
Gulf of Mexico
The Bahamas
Cuba
Mexico
Augusta
Portland
Boston
Providence
New York
Philadelphia
Washington D.C.
Buffalo
Cleveland
Baltimore
Norfolk
Raleigh
Warren
Detroit
Chicago
Indianapolis
Milwaukee
Rockford
Moline
St. Louis
Minneapolis
Duluth
Sioux Falls
Omaha
Kansas City
Joplin
Wichita
Tulsa
Oklahoma City
Memphis
Sheridan
Atlanta
Augusta
Brunswick
Jacksonville
Tallahassee
Panama City
Orlando
Tampa
West Palm Beach
Boynton Beach
Miami
Alexandria
Baton Rouge
New Orleans
Dallas
Houston
Austin
Bismarck
Hot Springs
Billings
Denver
Colorado Springs
Albuquerque
El Paso
Salt Lake City
Spokane
Helena
Boise
Tucson
Gilbert
Phoenix
Yuma
Bellingham
Seattle
Portland
North Bend
Medford
Crescent City
Carson City
San Francisco
San Jose
Monterey
Santa Maria
Santa Barbara
Los Angeles
Channel Is.
Avalon
San Diego
N
E
S
W
500 km

Geographische Lage:

Die Vereinigten Staaten von Amerika umfassen die Südhälfte Nordamerikas, im Norden grenzt Kanada, im Süden Mexiko an. Die Westbegrenzung bildet der Pazifische Ozean, die Ostbegrenzung der Atlantische Ozean, im Südosten liegt der Golf von Mexiko. Neben den 48 Staaten zwischen Kanada im Norden und Mexiko im Süden gehören noch Alaska im Nordwesten des nordamerikanischen Kontinents und die Gruppe der Pazifikinseln von Hawaii, etwa 3.500 km von der Westküste entfernt, zu den USA, die somit 50 Bundesstaaten umfassen.

Die Vereinigten Staaten von Amerika sind ein Land der Superlative, das nahezu jede Landschaftsform und jede Vegetations- und Klimazone auf seinem Gebiet vereint. Größte Gebirge sind die Rocky Mountains, die den Westen von Norden nach Süden durchziehen, und die Appalachen im Osten des Landes. Westlich der Rockies liegt die fruchtbare Pazifikküste mit den Staaten Washington, Oregon und California, südlich in Nevada, Arizona und New Mexico gibt es Wüstengebiete und Steppen, dahinter die weiten Ebenen der Great Plains mit endlosen Feldern und Weiden, die bis zum Mississippi reichen. Östlich des Stroms gibt es waldreiche Regionen und dicht besiedelte Staaten; im Südosten, in Florida und Louisiana, findet man Sümpfe und Savannen.

Die wichtigsten Ströme der USA sind der Mississippi, der Missouri und der Colorado. Die größten Seen, nämlich Lake Superior, Lake Michigan, Lake Huron, Lake Erie und Lake Ontario liegen im Nordosten an der Grenze zu Kanada. Detaillierte Angaben finden sie unter den jeweiligen Bundesländern.

Klima:

Die USA umfassen nahezu jede Klimazone, vom subtropischen Südosten über gemäßigtes Kontinentalklima bis zum Hochgebirgsklima und Wüstenklima im Westen. Genauere Angaben siehe unter den jeweiligen Bundesländern. Washington 13,9°C / 1036 mm, Chicago 10,5°C / 843 mm, Los Angeles 18,0°C / 373 mm, Miami 23,9°C / 1520 mm.

Hauptreisezeit:

Die Hauptsaison der amerikanischen Urlauber liegt zwischen Mai und September; dann sind die Feriengebiete sehr voll (Reservierung von Hotels, Motels, Campingplätzen empfehlenswert); im Sommer insbesondere im Südwesten sehr heiß, aber auch an der Ostküste wegen Hitze und hoher Luftfeuchtigkeit anstrengendes Klima. Frühsommer und Herbst sind insgesamt gute Reisemonate (Hawaii, Florida und Kalifornien ganzjährig).

Einreise:

Ein Visum ist nicht erforderlich, es genügt ein mindestens noch sechs Monate gültige Reisepass bzw. Kinderausweis. Nachweis von Rück- bzw. Weiterreisepapieren und ausreichenden Geldmitteln für den Aufenthalt notwendig (diese Bestimmung wird bei de Einreise streng kontrolliert). Bei der Einreise müssen "Nonimmigrant"-Formulare (I-94 W genau ausgefüllt werden (Ausgabe im Flugzeug bzw. bei der Ankunft). Für die Einreise in den amerikanisch-pazifischen Raum müssen Einzelheiten bei einem visabe rechtigten Konsulat eingeholt werden.

Verkehr:

Die USA sind das verkehrsreichste Land de Erde. Sie haben ein hervorragend ausgebautes, dichtes Straßennetz, das den gesamte Halbkontinent überzieht. Weniger dicht ist da Straßennetz in Alaska. Neben dem Auto ist da Flugzeug wichtigstes Verkehrsmittel. Es gib eine Vielzahl von regionalen und nationale Flughäfen mit unzähligen Verbindunger Außerdem ist der Busverkehr auch für Fern verbindungen von Bedeutung. Alle wichtige

Städte sind mit den großen Liniengesellschaften erreichbar. Die Eisenbahn spielt nicht so eine wesentliche Rolle für den Fernverkehr, nichtsdestotrotz gibt es eine Reihe guter Verbindungen. An den Küsten findet sich eine Vielzahl von bedeutenden Hafenstädten, u.a. New York, Los Angeles, San Diego, Miami und Savannah, mit weltweitem Schiffsverkehr. Von New York führt eine regelmäßige Linienschiffverbindung mit der Queen Elizabeth nach Southampton, England. Außerdem bestehen unzählige Verbindungen in die Nachbarstaaten und in viele mittelamerikanische Länder und Inseln. Die wichtigsten Gewässer für Binnenschifffahrt sind der Mississippi, der Missouri und die Großen Seen, die alle durch Kanäle, teilweise auf kanadischem Territorium, miteinander verbunden sind. Die USA verfügen über mehr internationale Flughäfen als jedes andere Land, außerdem gibt es hier die verkehrsreichsten der Welt. Die wichtigsten sind: Chicago O'Hare (ORD), New York John F. Kennedy (JFK), New York La Guardia (LGA), Atlanta Hartsfield (ATL), Los Angeles (LAX), San Francisco (SFO), Dallas / Fort Worth (DFW) und Miami (MIA).

Verkehrsbestimmungen:

Bei Besuch mit dem eigenem Wagen sollte neben der nationalen auch eine internationale Zulassung mitgeführt werden. In den meisten Teilen der USA Haftpflichtversicherungspflicht (vor der Reise abschließen). Für Mietwagen nationaler und internationaler Führerschein notwendig; Mindestalter 21 Jahre; Abschluss einer Kasko- und Insassenunfallversicherung empfehlenswert. Verkehrsregeln je nach Bundesstaaten unterschiedlich, in der Regel gilt, absolutes Alkoholverbot, Anschnallpflicht; die Tempolimits betragen innerorts 25–30 mph (40–48 km/h), sonst 55 mph (89 km/h) bzw. auf Interstates 65 mph (105 km/h), Verstöße gegen das Tempolimit werden mit enormen Bußgeldern geahndet; an roten Ampeln darf rechts abgebogen werden (außer New York City); an haltenden Schulbussen darf auch in Gegenrichtung nicht vorbei gefahren werden. An innerstädtischen Kreuzungen oft "Four-Way-Stops": Wer zuerst kommt, fährt zuerst. Gelegentlich Straßennutzungsgebühr (Toll). Bei Polizeikontrollen im Auto sitzenbleiben und Fenster öffnen.

Es gibt in den USA eine Vielzahl von nationalen und internationalen Tauchorganisationen z.B.

NASDS

National Association of Scuba Diving Schools

1012S. Yates, 38119,Memphis, Tennessee

Tel: 001 901 767 7265Fax: 001 901 767 2798

E-Mail: info@nasds.com www.nasds.com

YMCA SCUBA USA

5825-2A, Live Oak Parkway, 30093, GEORGIA

Tel: 001 770 662 5172 Fax: 001 770 242 9059

scubaymca@aol.com www.ymcascuba.org

U.S.A.U.F UNITED STATES OF AMERICA UNDERWATER FEDERATION

P.O. BOX 13754 FL 32604, Gainsville, USA

Tel: 001 904 3831318 Fax: 001 904 3837812

mnance@digital.net

PADI International

1251 East Dyer Road

CA 92705-5605 Santa Ana USA

Tel: 001 714 540 7234 Fax: 001 714 540 2609

info@padi.com http://www.padi.com

NAUI Worldwide

9942 Currie Davis Drive; Suite H

FL 33619-2667 Tampa-USA

Tel: 001 813 628 6284 Fax: 001 813 628 8253

info@naui.org http://www.naui.com

DAN: Divers Alert Network P.O. Box 3823

27710 Durham North Carolina USA

info@dan-dive.com www.dan-dive.com

Hauptstadt Montgomery **Einwohner** 187.106

Alabama Tourism
Horstheider Weg 106a 33613 Bielefeld
Tel: 0521 986 0414 Fax: 0521 986 0411
E-Mail: ALtourism@aol.com

Alabama Bureau of Tourism and Travel
Suite 126, 401 Adams Avenue Montgomery AL 36104-4927 USA
Tel: 001 334 242 4169 Fax: 001 334 242 4554
E-Mail: info@touralabama.org Website: www.touralabama

Zeitverschiebung: MEZ - 7
Fläche: 135.775 km²
Einwohner: 4,2 Mio.

Gute Website USA : http://www.okobojiscuba.com/divelist.htm

Geographische Lage:
Alabama (AL) liegt am gleichnamigen Fluss westlich von Georgia, südlich von Tennessee und östlich von Mississippi. Im Süden des Staates besteht ein Zugang zum Golf von Mexiko im Gebiet der Alabama-Mündung sowie eine Grenze zu Florida. Wichtigste Städte sind Mobile an der Küste mit gleichnamiger Bay sowie Birmingham und Huntsville im Norden. Im Norden bilden die Ausläufer der Appalachen ein Hügelland.

Tauchgebiet Alabama:
Der Küstenstreifen ist nur etwa 100 km breit und umfasst die Mündung des gleichnamigen Flusses mit der Mobile Bay. Gute Tauchmöglichkeiten bestehen am vorgelagerten Dauphin Island und östlich der Mündung am Orange Beach.

Wracks:
Die interessantesten Wracks der Region sind u.a. die Whiskey (Frachter in 8 m vor Orange Beach, AL) und die Fox (Schlepper in 35 m südlich von Dauphin Island, AL).

Fauna:
Schnapper, Flundern, Barsche, Kofferfische, Fledermausfische, Lippfische, Rochen, Muränen, Haie und Octopusse.

Sonstiges:
Air Force Tower: Südlich von Dauphin Island liegt im Mündungsgebiet des Alabama ein dreibeiniges Förder-Rig, dessen Unterbau einen Tauchgang lohnt. Atlantis: Hervorragende Tauchmöglichkeiten gibt es an der ehemaligen Brücke in 20 m Wassertiefe beim Orange Beach, TX. Ganz in der Nähe liegen einige Tanks der Army in 25 m Tiefe.

Dothan AL 36301 Alabama
Divers Den
3287 South Oates
Ph: + 1 334 794 6555 Fax: + 1 334 794 6555
Organisation: 5*PADI
Language: English
Established: 1986 Season: 01.01. - 31.12.

Mobile 36609 Alabama
Gulf Coast Divers
Owner: Robert Cox
1284 Hutson Drive
Ph: + 1 334 342 2970 Fax: + 1 334 342 2970
Organisation: PADI, SSI, INDI
Language: English
Established: 1972

Hauptstadt Phoenix **Einwohner** 983.403

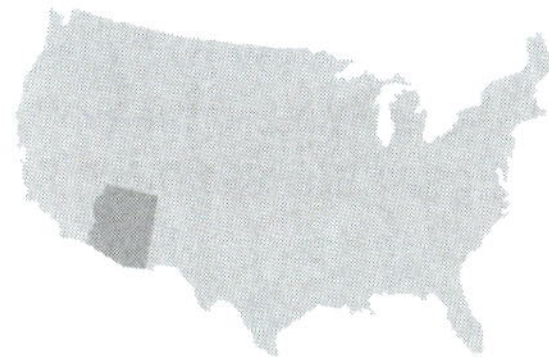

Arizona Office of Tourism c/o Tourism Marketing International
Kardinal-Schulte-Straße 32, D 51429 Bergisch Gladbach
Tel: 02204 8 50 51 Fax: 02204 8 50 63

Arizona Office of Tourism
Suite 4015, 2702 North Third Street, Phoenix AZ 85004 USA
Tel: 001 602 230 7733 Fax: 001 602 240 5475

Phoenix and Valley of the Sun Convention and Visitors Bureau
Suite 600, 1 Arizona Center, 400 East Van Buren Street Phoenix AZ
Tel: 001 602 254 6500 Fax: 001 602 253 4415

Zeitverschiebung: MEZ - 8
Fläche: 295.276 km²
Einwohner: 4,1 Mio.

Geographische Lage:
Die Landschaft von Arizona (AZ) ist beeindruckend, es gibt karge Plateaus, Berge und weite Wüstenebenen. Der berühmte Grand Canyon Painted Desert und Petrified Forest sind drei äußerst sehenswerte Nationalparks. Phoenix, die größte Stadt, hat interessante Museen, Galerien, Parks und Gärten. Tuscon ist ebenfalls von Interesse. Das Suguaro National Monument, das Arizona-Sonora-Wüstenmuseum, der Kaibab-Wald, der Monument Valley Navajo Tribal Park, der Hoover-Staudamm und die Montezuma-Burg sind weitere viel besuchte Touristenattraktionen.

Tauchgebiet Arizona:
An der Grenze zwischen Arizona und Nevada liegt der Lake Mead, eines der besten Tauchreviere im Südosten der USA, der große Stausee befindet sich in der Lake Mead National Recreation Area und ist in mehrere Bereiche unterteilt, im Boulder Basin liegen folgende Tauchplätze: Battleship Rock, Beacon Island, Boulder Islands Dive Park, Bunker Cove, Burro Point, Callville Bay Area, Castle Reef Area, Divers Cave, Fishfinder Cove, Horse Power Cove, Kingman Wash, Rotary Cove, Saddle Island Area, Scuba Park, Sentinel Island und Special Events Sailing Beach. Im Lake Mojave, AZ befinden sich die beiden Tauchplätze Nelsons Landing und Willow Beach, in der Region des Colorado River Zuflusses, im Mittelteil des Sees liegen die Rattle Snake Cove und die Wishing Well Cove. Weitere Tauchmöglichkeiten gibt es u.a. in den Bergseen Colorados, im Lake Tenkiller und Lake Murray.

Gilbert AZ 85234 Arizona
International Instructor Academy
Owner: Jim Williams
852 E.Cullumber St
Ph: + 1 480 892 2222 Fax: + 1 480 892 6608
E-Mail: jim@dancris.com
www.elmar.com/catalog/catalog.html
Organisation: 5*PADI, TDI
Language: English
Established: 1988 Season: 01.01. - 31.12.

Phoenix 85018 Arizona
Aqua Blue Sports In, 4230 E, Indian School Rd.
Owner: Bobbie Nicosia
Ph: + 1 602 9554120 Fax: + 1 9579774
Website: www.aquablue.com
Organisation: SSI Language: English, Spanish

Hauptstadt Little Rock **Einwohner** 175.795

Arkansas Division of Parks and Tourism
1 Capitol Mall Little Rock, AR 72201 USA
Tel: 001 501 682 7777 Fax: 001 501 682 1364

Hot Springs Convention and Visitors Bureau
134 Convention Boulevard P.O. Box K Hot Springs National Park AR 71902
Tel: 001 501 321 2277 Fax: 001 501 321 2136

Little Rock Convention and Visitors Bureau
P.O. Box 3232 Little Rock AR 72203 USA
Tel: 001 501 376 4781 Fax: 001 501 374 2255

Zeitverschiebung: MEZ - 7
Fläche: 137.742 km²
Einwohner: 2,45 Mio.

Geographische Lage:
Arkansas (AR) ist ein Binnenstaat und liegt am Westufer des Mississippi, der die Grenze zum gleichnamigen Nachbarstaat bildet. Im Norden liegt Missouri, im Westen Oklahoma und Texas, im Süden Louisiana. Der Staatsname stammt von einem Fluss, der im Südosten in den Mississippi mündet. Einzige Großstadt ist Little Rock.

Tauchgebiet Arkansas:
Ein interessantes Tauchrevier ist Lake Norfolk im äußersten Norden des Bundesstaates an der Grenze zu Missouri, der See liegt bei Mountain Home südwestlich von West Plains, MO. Schöne Tauchplätze mit Höhlen, Steilwänden und Felsriffs sind Campground Bluff, Cave Dive, Blankenship Point, Walleye Wall, Fish Market, Playground, Sunken Ridge, Dam Corner, Don's Dynamite Shack, Indian Island, Fireplace, Rock of Gibraltar, Hank's Bluff, Thumb Print Homesite, Bunch '0 Boulders, Jerry's Place, Devil's Backbone, Underwater Bluff und White Bluff & Arch.

Wracks:
Mehrere Holzschiffe in der Blue Lagoon bei Huntsville, TX. Im Lake Norfolk befinden sich ebenfalls mehrere Bootswracks und einige Fähren, so der Slo-Poke Cruiser, das Gypsyboat Wreck, das Rickety Wreck und die 1A Wrecks, außerdem ein Schulbus, ein Bulldozer, ein Lastwagen (Tool Truck) sowie mehrere Überreste von Häusern, u.a. bei Farm Site, Moody Homesite und Fruit Cellar.

Sheridan, AR 72150 Arkansas
Papa Smurf's Dive Shop, 108 N. Oak
Owner: Rodney Damron
Ph: + 1 870 942 5675 Fax: + 1 870 942 3932
E-Mail: Damron@seark.net
Website: www.seark.net/~Damron
Organisation: SSI Language: English
Established: 1993

Moutain Home AR 72653-7139 Arkansas
Scuba Doo & Aquatics 6137 Highway 62 East
Ph: + 1 501 492 5300 Fax: + 1 501 492 5303
Organisation: PADI Language: English
Established: 1988 Season: 01.01. - 31.12.

Ft Smith AR 72913-2828 Arkansas 5*PADI
Scuba Services 37TH & Grand, Station A
Ph: + 1 501 785 3483 Fax: + 1 501 785 4525
E-Mail: ssci@aol.com

Hauptstadt Sacramento **Einwohner** 382.816

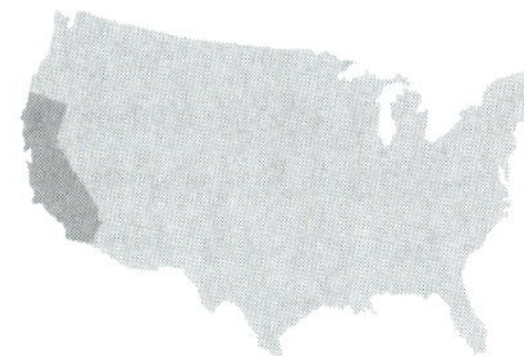

Los Angeles Convention and Visitors Bureau
Suite 6000, 633 West 5th Street Los Angeles CA 90071 USA
Tel: 001 213 624 7300 Fax: 001 213 624 9746

San Diego Convention and Visitors Bureau
Suite 1400, 401 B Street San Diego CA 92101-4237 USA
Tel: 001 619 232 31 01 Fax: 001 619 232 1707

San Francisco Convention and Visitors Bureau
Suite 900, 201 3rd Street San Francisco CA 94103-9850 USA
Tel: 001 415 391 20 00 Fax: 001 415 227 26 02

Zeitverschiebung: MEZ - 9
Fläche: 424.002 km²
Einwohner: 31,4 Mio.

Geographische Lage:
California (CA, Kalifornien), der Golden State, drittgrößter US-Bundesstaat, liegt im Südwesten der USA an der Pazifikküste, südlich von Oregon und westlich von Nevada und Arizona. Im Süden grenzt die Baja California (Mexiko) an. Wichtigste Städte sind Los Angeles mit seinen Vororten, San Francisco, die Hauptstadt Sacramento, Oakland und San Diego. Größte Flüsse sind der San Joaquin und der Sacramento. Die Landschaft ist äußerst abwechslungsreich, vom Hochgebirge der Sierra Nevada im Osten über die fruchtbaren Tiefebenen, die Mojave-Wüste im Süden bis zur hügeligen Küstenregion mit traumhaften Buchten und Sandstränden reicht das Spektrum.

California Central Coast:

Die kalifornische Küste zwischen Monterey und Santa Barbara entlang des Highway No. 1, vorwiegend buchtenreiche Steilküsten. Wichtigste Orte sind Monterey, Big Sur, San Luis Obispo, Santa Maria, Lompoc und Santa Barbara.

Tauchplätze:
Die Region zählt zu den herausragenden Tauchgebieten. Es gibt unzählige Möglichkeiten an den küstennahen Riffs.

Die wichtigsten Tauchregionen Kaliforniens werden im Folgenden kurz vorgestellt.

Monterey:
Schöne Tauchplätze sind u.a. The Shale Beds vor Del Monte Beach, Stillwater Cove südlich von Pescadero Point am Pebble Beach, ganz in der Nähe liegen die Pescadero Point Pinnacles, außerdem Mexican Restaurant, The Breakwater am Strand zwischen Cannery Row und Foam St., McAbee Beach bei Cannery Row Ecke Ocean View Blvd., Point Pinos jenseits des Ocean View Blvd., Spanish Bay im Nordwesten der Bucht, Lover's Point am Ocean View Blvd. und 17th St. in Pacific Grove, Coral Street Beach bei Coral St. und Oceanview Blvd. sowie einige Tauchplätze im Point Lobos State Reserve südlich von Point Lobos, u.a. Whaler's Cove, South San Jose Creek Beach, Malpaso Creek, Yankee Point, Soberanes Point und Devil's Pinnacle, außerdem einige gute Tauchmöglichkeiten vom Boot aus, u.a. Hopkins Deep Reef im Hopkins Marine Life Refuge im Westen der Monterey Bay, ein Granit-Riff ohne Kelp-Bestand, Otter Point vor Lover's Point, Chase Reef (bestehend aus Inner und Outer Chase Reef) vor dem Coral Street Beach, Point Joe vor dem Asilomar Beach sowie im Hopkins Marine Life Refuge vor Hopkins Marine Station.

Carmel:
Hervorragende Möglichkeiten vom Ufer aus sind Copper Roof (beim Scenic Drive am Südende von Carmel Beach), der North San Jose Creek Beach und der Carmel River Beach am Nordufer der Flussmündung. Etwas weiter südlich liegt Butterfly House und Stewart's Point, südlich der Stadt befindet sich der Monastery Beach. Am Cypress Point im Norden der Bucht kann man vom Boot aus tauchen, The Pinnacles liegen zwischen Cypress Point und Pescadero Point, Bluefish Cove befindet sich südlich von Whaler's Cove und ist ebenfalls nur mit dem Boot zu erreichen.

Big Sur:
Dieser berühmte Ort am Highway No. 1 hat einige schöne Tauchgebiete, u.a. Garrapata State Park, Lobos Rocks, Yankee Point, Diablo Pinnacles, Ventura Rocks, alle im Norden, Point Sur direkt am Cap sowie Partington Cove im Julia Pfieffer Burns State Park weiter südlich; San Simeon State Beach: Leffingwell Landing, Stairway, Santa Rosa Creek Beach und Piedras Blancas.

San Luis Obisbo:
Kleinstadt in einiger Entfernung zur Küste an einer kleinen Halbinsel, beste Tauchmöglichkeiten in der Morro Bay an der Nordseite der Halbinsel, am Jade Cove, in Hazards Canyon, am Shell Beach sowie im Montana de Oro State Park. Santa Barbara liegt im Norden von Los Angeles in einem Küstengebiet zwischen San Luis Obisbo und Ventura mit den Tauchplätzen Tajiguas, Arroyo Burro, Mesa Lane und dem Refugio Beach. Ventura liegt zwischen Santa Barbara und Los Angeles und bildet die Grenze zwischen Central und Southern Coast. Gute Tauchplätze gibt es im La Jannelle Park und am Deer Creek. Weitere hervorragende Tauchmöglichkeiten bestehen bei Point Buchon, am Cape San Martin, am Port San Louis, am Embarcadero sowie am Lion Rock.

Fauna:
Flundern, Heilbutt, Barsche, Garibaldis, Makrelen, Thunfische, Barrakudas, Rochen, Muränen, Octopusse, Krebse, Hummer, Korallen, Muscheln, Anemonen, Seesterne und Gorgonien sowie Kelp-Wälder.

California South Coast:
Die Küste südlich von Ventura bis nach San Diego an der mexikanischen Grenze. In diesem Abschnitt liegt die Metropole Los Angeles mit ihren diversen Vororten, u.a. Santa Monica, Torrance, Long Beach, Venice Beach, Huntington Beach und Newport Beach.

Tauchplätze:
An dem südlichen Küstenabschnitt befinden sich unzählige hervorragende Tauchplätze, vor allem bei den Channel Islands. Die Inseln Anacapa, Santa Cruz, Santa Barbara, San Miguel, Santa Rosa, San Nicholas, Santa Catalina und San Clemente liegen vor der Küste zwischen Los Angeles und San Diego. Die rauhen Felsen aus vulkanischem Gestein sind berühmt für ihre riesigen Kelp-Gärten und gute Sichtweiten außerhalb der Planktonblütezeit. In dieser Region fließen die kalte California-Strömung und die wärmere South-California-Strömung zusammen. Die besten Tauchmöglichkeiten befinden sich beim am weitesten südlich liegenden San Clemente Island u.a. am China Hat Cove und Pyrmid Cove im Süden, am Window Pinnacle und Little Flower Reef sowie am Northwest Harbour im Norden und am Tauchplatz The Arches. Außerdem gibt es hervorragende Tauchplätze vor Santa Catalina Island, besonders am Ship Rock mit Steilabbrüchen und Seelöwen, bei der Farnsworth Bank, einem zerklüfteten Felsberg südwestlich vom Ben Weston Point mit Steilwänden, die auf 45 m abfallen, außerdem am Black Rock, am Eagle Reef und am Isthmus Cove mit hervorragendem Drop Off auf mehr als 30 m. Bei Santa Barbara Island

liegen der Sea Lion Rockery am Webster Point, der Cat Rock südlich von West Anacapa Island und der Sutil Rock. Weitere hervorragende Tauchgebiete befinden sich bei San Miguel Island vor allem an Wilson's Rock, an der Tyler Bight mit den Kelp-Wäldern sowie am Wyckoff Ledge mit seiner Steilwand, bei San Nicholas Island am Begg Rock und bei Santa Rosa an den Talcott Shoals. Die Inseln sind nur mit dem Boot zu erreichen. Regelmäßige Verbindungen bestehen von Los Angeles nach Avalon auf Santa Catalina, die Entfernung beträgt etwa 35 km. Weitere Tauchgebiete im Süden der kalifornischen Küste gibt es in der Region von Los Angeles u.a. an folgenden Stränden mit Einstiegsstellen an der Küste: Leo Carillo Beach, El Pescador Beach, El Matador Beach, La Piedra Beach, Paradise Cove, Escondito Creek Park, Latigo Canyon, Christmas Tree Cove auf der Palos Verde Peninsula, am White Point, am Old Redondo Pier, am Point Dume sowie im Redondo's Submarine Canyon beim gleichnamigen Pier. Südlich von Los Angeles in der Region von Orange County befinden sich weitere interessante Tauchmöglichkeiten, u.a. Little Corona am Newport Beach an der Abzweigung Ocean Blvd. und Poppy Ave., Scotsman's Cove im Crystal Cove State Park, Shaw's Cove am Laguna Beach, Rocky Beach (beste Einstiegsstelle an der Cliff Rd. bei Jasmine Street) sowie an der Moss Street. Bei San Diego liegen die Tauchplätze Hospital Point, La Jolla Canyon und La Jolla Cove sowie der Gold Fish Point.

Wracks:

Die interessantesten Wracks vor der Küste sind u.a. die Star of Scotland (Frachter in 25 m vor Santa Monica), Avalon (Stahlschiff in 27 m vor Palos Verdes Point), Olympic II (Fischerboot in 30 m vor dem Hafen von Los Angeles), Moody (ebenfalls nur wenige km vor LA Harbour liegt dieser WW I-Zerstörer in strömungsreichem Gewässer in über 40 m Tiefe), Whinfield Scott (Überreste eines Raddampfers in 8 m vor Anacapa), Newbern (dieses Wrack liegt in 6 m südöstlich vom Long Point an der Palos Verdes Peninsula), Dominator (Frachter vor Palos Verdes Point in 8 m Tiefe), Palawan (Fischerboot in 35 m vor Redondo Beach), Melrose (ein Fischerboot am White Point in 6 m Tiefe, Einstieg am Royal Palms State Park, Gratia (Überreste eines weiteren Fischerboots nördlich vom Palos Verdes Point in wenigen Metern Wassertiefe). Außerdem liegen einige Wracks in der Region der Channel Islands, u.a. Valiant (Yacht in der Descanso Bay am Catalina Island in Tiefen von bis zu 30 m), Gregory (WW II-Zerstörer südöstlich von Mail Point, San Clemente Island unmittelbar unter der Wasseroberfläche), Koka (Schlepper im Osten des Northwest Harbour, San Clemente Island in 5 m Tiefe), Butler (WW II-Zerstörer in 23 m im Northwest Harbour) und die Ruby E (Schiff der Küstenwache in 20 m vor San Diego Harbour).

Fauna:

Flundern, Heilbutte, Barsche, Garibaldis, Makrelen, Thunfische, Barrakudas, Rochen, Muränen, Octopusse, Krebse, Hummer, Korallen, Anemonen, Haie, Seelöwen und Seehunde.

Sonstiges:

Vor der Küste befinden sich einige Ölförderplattformen, vor allem im Bereich der Channel Islands, an deren Unterbau getaucht werden kann, so die Santa Barbara Channel Oil Rigs Hilda und Hazel.

Avalon 90704 California

Argo Diving Services, 314 Metropole
Owner: Jon Hardy
Ph: + 1 510 2208 Fax: + 1 310 510 2337
E-Mail: scubalab1@aol.com
Organisation: PADI, NAUI, Language: English
Established: 1980 Season: 01.01. - 31.12.

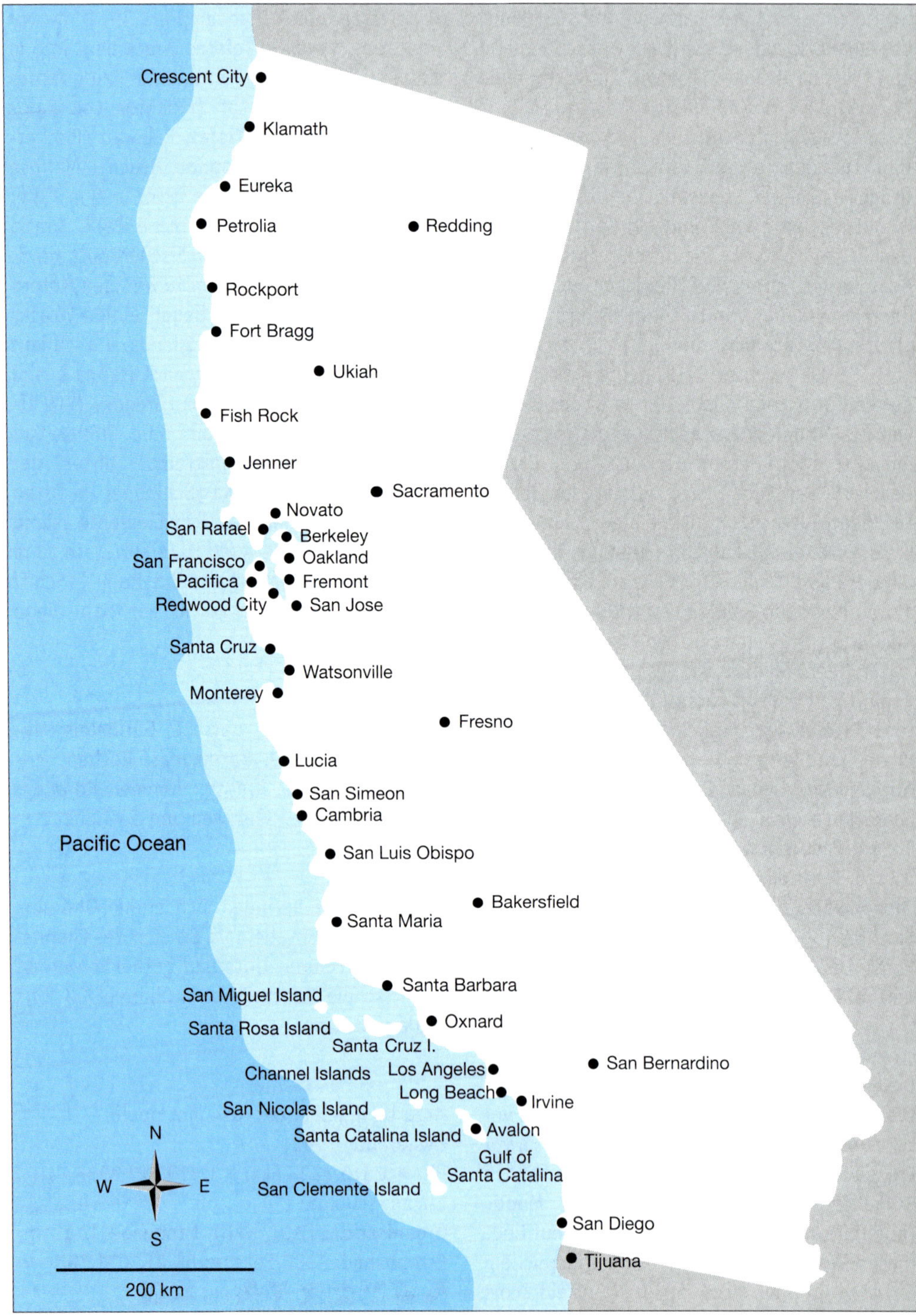
Crescent City
Klamath
Eureka
Petrolia
Redding
Rockport
Fort Bragg
Ukiah
Fish Rock
Jenner
Sacramento
Novato
San Rafael
Berkeley
San Francisco
Oakland
Pacifica
Fremont
Redwood City
San Jose
Santa Cruz
Watsonville
Monterey
Fresno
Lucia
San Simeon
Cambria
Pacific Ocean
San Luis Obispo
Bakersfield
Santa Maria
Santa Barbara
San Miguel Island
Oxnard
Santa Rosa Island
Santa Cruz I.
San Bernardino
Channel Islands
Los Angeles
Long Beach
Irvine
San Nicolas Island
Santa Catalina Island
Avalon
Gulf of
Santa Catalina
N
W
E
S
San Clemente Island
San Diego
Tijuana
200 km

Avalon CA 90704 California
Catalina Dive Resorts, Owner: Robert Kennedy
126 Catalina Ave. or P.O. Box 1017
Ph: + 1 310 510 2616 Fax: + 1 310 510 0821
E-Mail: pr.neptune@aol.com
Website: www.padi.com/scuba_scuba_luv
Organisation: PADI, SSI
Language: English, Spanish
Established: 1986 Season: 01.01. - 31.12.

Avalon CA90704 California
Catalina Scuba Luv,, Owner: Bob Kennedy
126 Catalina Avenue
Ph: + 1 310 510 2350 Fax: + 1 310 510 0821
E-Mail: prnepfune@aol.com
Website: www.padi.com/catalina_swba_luv
Organisation: PADI, TDI Established: 1970

Crescent City CA 95531 California
Pacific Quest Dive Center, 160 Marine Way
Owner: Juan A. Santillan
Ph: + 1 707 464 8753 Fax: + 1 707 465 1120
E-Mail: pacificquestdivecenter@juno.com
Organisation: IDC PADI, NAUI, IANTD, DAN
Language: English Established: 1995

Irvine CA 92604 California
Liburdi's Scuba Center, 15315 Culver Drive
Owner: Joseph Liburdi
Ph: + 1 949 857 6722 Fax: + 1 949 857 2805
E-Mail: liburdi@aol.com
Website: www.liburdisscuba.com
Organisation: 5*PADI
Established: 1972 Season: 01.01. - 31.12.

Mt. View 94040 California
Peninsula Diving Center, 1015 W. El Camino Real
Owner: Doug Lyvere
Ph: + 1 965 2241 Fax: + 1650 965 1424
E-Mail: dlyvere@pendive.com
Website: www.pendive.com
Organisation: PADI, NAUI, SSI
Language: English Established: 1965

RMS CA 90688 California
Divers Discount Supply Owner: Melinda Herndon
30161 Avenida de las Banderas
Ph: + 1 949 459 9400 Fax: + 1 949 459 9900
E-Mail: info@diversdiscount.com
Website: www.diversdiscount.com
Organisation: NAUI Language: English
Established: 1988

San Diego CA 92111 California
Ocean Enterprises, 7710 Balboa Avenue
Owner: Werner Kürn
Ph: + 1 619 565 6054 Fax: + 1 619 565 0717
Website: www.oceanent.com
Organisation: 5*PADI, CDC
Language: German, Spanish Established: 1979

Van Nuys CA 91406 California
West Coast Divers Supply
Owner: Chnrtes Rayer
16931 Sherman Way
Ph: + 1 818 708 8136 Fax: + 1 818 708 5954
E-Mail: divewcds@aol.com
Website: www.wcds-scuba.com
Organisation: PADI, NAUI, YMEA
Language: English
Established: 1981 Season: 01.01. - 31.12.

Hauptstadt Denver **Einwohner** 467.610

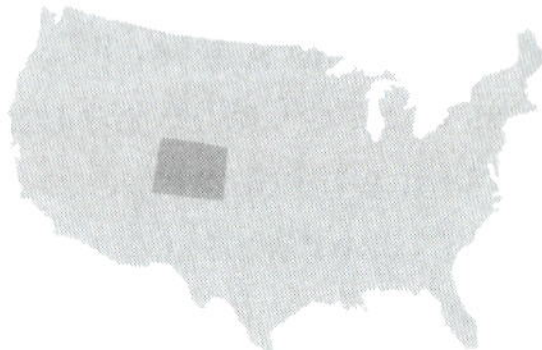

Vail Resort
Alt Erlenbach 25, 60437 Frankfurt/M.
Tel: 06101 4629 Fax: 06101 4524

Denver Metro Convention and Visitors Bureau
Suite 300, 1555 California Street, Denver CO 80202 USA
Tel: 001 303 571 9442 Fax: 001 303 892 1636, Web: www.denver.org

Colorado Travel and Tourism Authority
P.O. Box 3524 , Englewood CO 80155 USA
Tel: 001 303 832 6171 Fax: 001 303 832 6174

Zeitverschiebung: MEZ - 8
Fläche: 269.618 km²
Einwohner: 3,6 Mio.

Geographische Lage:
Colorado (CO) liegt in den Rocky Mountains, die Landschaft ist durch das Hochgebirge geprägt. In der Region entspringen mehrere große Flüsse, sowohl nach Osten Richtung Mississippi und zum Golf von Mexiko als auch nach Westen, u.a. der Arkansas, der Rio Grande und der Colorado. Wichtigste Städte sind Denver, Colorado Springs und Pueblo.

Tauchgebiet Colorado:
Nelsons Landing und Willow Beach in der Region des Colorado River Zuflusses, im Mittelteil des Sees liegen die Rattle Snake Cove und die Wishing Well Cove. Weitere Tauchmöglichkeiten, gibt es u.a. in den Bergseen Colorados.

Arvada CO 80003 Colorado
Coral Reef Scuba Center, 6680 Wadsworth Blvd
Ph: + 1 303 431 5911
E-Mail: creefscuba@aol.com
Organisation: PADI Language: English
Established: 1990 Season: 01.01. - 31.12.

Boulder CO 80301 Colorado
Scuba Joe, 3156 28th Street
Ph: + 1 303 444 7234 Fax: + 1 303 440 8887
E-Mail: scubajoe@rmi.net
www.exposonline.com/scuba/joe.html
Organisation: 5*PADI Language: English
Established: 1979 Season: 01.01. - 31.12.

Colorado Springs CO 80909-2702 Colorado
Scuba Center 1600 North Academy Blvd
Ph: + 1 719 597 8481 Fax: + 1 719 597 0690
E-Mail: angiescuba@aol.com
Organisation: 5*PADI Language: English
Established: 1985 Season: 01.01. - 31.12.

Colorado Springs CO 80918 Colorado
Underwater Connection 4337 North Academy Blvd
Ph: + 1 719 599 3483 Fax: + 1 719 599 0359
Organisation: 5*PADI Language: English
Established: 1980 Season: 01.01. - 31.12.

Lakewood CO 80228 Colorado
Underwater Phantaseas, 160 South Union Blvd
Owner: Jamie Tuckwell
Ph: + 1 303 988 6725 Fax: + 1 303 986 6126
E-Mail: dive@uwphantaseas.com
Website: www.uwphantaseas.com

Hauptstadt Hartford **Einwohner** 139.739

Discover New England Roonstraße 21, D-90429 Nürnberg
Tel: 0911 926 9113 Fax: 0911 926 9301
E-Mail: BussCons@aol.com Website. www.discovernewengland.com

Connecticut Office of Tourism
505 Hudson Street, Hartford CT 06106 USA
Tel: 001 860 270 8080 Fax: 001 860 270 8077

Greater New Haven Visitors Bureau
1 Longwharf Drive, New Haven CT 06511 USA
Tel: 001 203 777 8550 Fax: 001 203 782 7755

Zeitverschiebung: MEZ - 6
Fläche: 14.358 km²
Einwohner: 3,2 Mio.

Geographische Lage:
Connecticut ist einer der Neuengland-Staaten an der Ostküste. Die Landschaft ist malerisch und erinnert sehr an englische Parkanlagen. In Connecticut gibt es sowohl ruhige Kolonialdörfer als auch teure Pendlerstädte für New Yorker Manager; weiter gibt es glasklare Seen in den umliegenden Bergen und Wäldern. Die breiten Sandstrände sind typisch für diesen Bundesstaat.

Tauchplätze:
Hartford ist einer der Ausgangspunkte für Taucher die in dem Long Island Sound tauchen möchten. Es gibt aber auch zahlreiche andere Urlaubsorte und Fischereihäfen von denen man Tauchtrips starten kann. Zudem gibt es in den umliegenden Bergen noch viele Süßwasserseen, in denen im Winter Eistauchen betrieben wird. Auch Gillette Castle Park in Hadly ist einen Besuch wert.

Brookfield CT 06804 Connecticut
The Dive Shop, 265 Federal Rd
Ph: + 1 203 740 9166 Fax: + 1 230 740 9877
E-Mail: diveshop1@aol.co
Organisation: PADI Language: English
Established: 1990 Season: 01.01. - 31.12.

Norwalk CT Connecticut
Rex Dive Center, 144 Water Street
Owner: Jon D. Wilkins
Ph: + 1 203 853 4148 Fax: + 1 203 854 9877
E-Mail: jonwilkins@rexdivecenter.com
Website: www.rexdivecenter.com
Organisation: PADI, NAUI Language: English

Rocky Hill CT 06067 Connecticut
Scuba Shack Rocky
1765 Silas Deane Highway
Ph: + 1 860 563 0119 Fax: + 1 860 563 6520
E-Mail: train@scubashackct.com
Website: www.scubashackct.com
Organisation: 5*PADI Language: English

Tolland CT 06084 Connecticut
Divers Den Of Tolland 223 Merrow Rd
Ph: + 1 860 870 9737 Fax: + 1 860 870 9737
E-Mail: ddot.michelle@juno.com
Website: www.juno.com/divers.den
Organisation: PADI Language: English
Established: 1985 Season: 01.01. - 31.12.

Hauptstadt Dover **Einwohner** 27.630

Discover New England
Roonstraße 21, 90429 Nürnberg
Tel: 0911 926 9113 Fax: 0911 926 9301

Delaware Tourism Office
99 Kings Highway, Dover DE 19901 USA
Tel: 001 302 739 4271 Fax: 001 302 739 5749

Greater Wilmington Convention and Visitors Bureau
Suite 20, 100 West 10th Street, Wilmington DE 19801-1661 USA
Tel: 001 302 652 4088 Fax: 001 302 652 4726

Zeitverschiebung: MEZ - 6
Fläche: 6448 km²
Einwohner: 706.000

Geographische Lage:
Delaware, einer der kleinsten Staaten der USA, liegt an der Ostküste. Wirtschafts- und Verwaltungszentrum ist Wilmington.

Tauchplätze Delaware:
Die herausragenden Tauchgebiete dieser Region sind die Delaware Bay, das Mündungsgebiet des Potomac Rivers an der Grenze zwischen Maryland und Virginia sowie die Insel Long Island im Osten von New York City. Eine besonders interessante Tauchlocation ist der Texas Tower, eine versenkte Radarstation südlich von Long Island. Außerdem sind die unzähligen Wracks als Tauchplätze von großer Bedeutung.

Milford DE 19963 Delaware
Dive Center 900 South Dupont Higway
Ph: + 1 302 424 4312 Fax: + 1 302 284 0155
Organisation: PADI Language: English
Established: 1990
Season: 01.01. - 31.12.

Wilmington DE 19805 Delaware
Poseidon Adventures
The Cannery, 3301 Lancaster Pike, Suite 5 A
Ph: + 1 302 656 2326 Fax: + 1 302 656 9324
E-Mail: poseidon@delanet.com
Organisation: 5*PADI Language: English
Established: 1989 Season: 01.01. - 31.12.

Wilmington Delaware
Blue Planet divers
5 MURPHY ROAD CORNER OF RTS 202 & 141
(BEHIND GULF STATION)
Ph: +1 302 888 2420 Fax: +1 302 888 2420
www.leyvagroup.com/blueplanetdivers/thetitle.gif
Organisation: NAUI Language: English
Season: 01.01. - 31.12.

Dover DE 19901 Delaware
Scuba World
4004-B South Dupon Highway
Ph: + 1 800 861 3483
E-Mail: scuba@dmv.com
Web: www.dmv.com
Organisation: 5*PADI Language: English
Established: 1987 Season: 01.01. - 31.12.

Hauptstadt Tallahassee **Einwohner** 124.773

St. Petersburg/Clearwater Area Convention and Visitors Bureau
Alt Erlenbach 25 D 60437 Frankfurt/M.
Tel: 06101 4 4052 Fax: 06101 4524 Web: www.stpete-clearwater.com

Orlando Tourism Bureau Angelbergstraße 7, D-56076 Koblenz
Tel: 0261 973 0673 Fax: 0261 973 0674.
E-Mail: Rukhsna.timmis@t-online.de Web: www.go2orlando.com

Fremdenverkehrsamt Palm Beach County Scheidswaldstraße 73,
D-60385 Frankfurt/M. Tel: 069 435664 Fax: 069 439631.
E-Mail: info@wiechmann.de Web: www.wiechmann.de

Zeitverschiebung: MEZ - 6
Fläche: 170.314 km²
Einwohner: 13,9 Mio.

Geographische Lage:

Florida (FL) liegt auf einer Halbinsel im Südosten der USA, die Westküste bildet der Golf von Mexiko, die Ostküste der Atlantische Ozean. Der Bundesstaat hat im Norden Grenzen zu Alabama und Georgia. Die wichtigsten Städte sind Miami, Orlando, Tallahassee, Tampa und Jacksonville. Mehrere Inseln sind den Küsten vorgelagert, u.a. die Florida Keys vor der Südspitze (mit Key West), außerdem sind die Bahamas und Kuba nicht weit. Der Staat besteht vorwiegend aus seenreichem Flachland. Die Südspitze der Halbinsel ist von riesigen Sumpfgebieten (Everglades) bedeckt. Im Nordwesten sind der Steilküste Lagunen vorgelagert. Besonders die Küstenregionen sind touristisch hervorragend erschlossen, sie gehören zu den beliebtesten Urlaubsregionen der USA.

Florida, Vero Beach:

Badeort an der Ostküste nördlich von Port St. Lucie und südlich von Palm Bay.

Tauchplätze:

In der Region gibt es mehrere Strandtauchplätze, u.a. Riomar Reef und The Pines. Es gibt auch einige Wracks in diesem Küstenabschnitt z.B. die Spanish Silver Plate Fleet, Überreste von zehn Schiffen der spanischen Armada von 1715.

Vero Beach 32960-5454 Florida
Deep Six Dive Shop, 416 Miracle Mile Plz.
Owner: Fm. Hammlett
Ph: + 1 561 5622883 Fax: + 1 561 5623028
E-Mail: deepbease@vero.com
Website: www.vero.com/deepbease
Organisation: PADI Established: 1980

Florida, Miami und Fort Lauderdale:

Der Küstenabschnitt im Südosten der Halbinsel Floridas zwischen Miami und West Palm Beach ist eine der am höchsten entwickelten Tourismushochburgen weltweit. Die wichtigsten Städte in dieser Region sind (von Süden nach Norden): Miami, Miami Beach, Hialeah, Carol City, Hollywood, Plantation, Fort Lauderdale, Lauderhill, Pompano Beach, Coral Springs, Deerfield Beach, Boca Raton, West Palm Beach und Palm Beach. Das Gebiet liegt nördlich des Biscayne National Parks und nordöstlich der Everglades, der Lake Okeechobee ist nur wenige Kilometer von West Palm Beach entfernt.

Tauchplätze:

Unzählige Rifftauchplätze und Steilwände befinden sich in dieser Region vor der Küste,

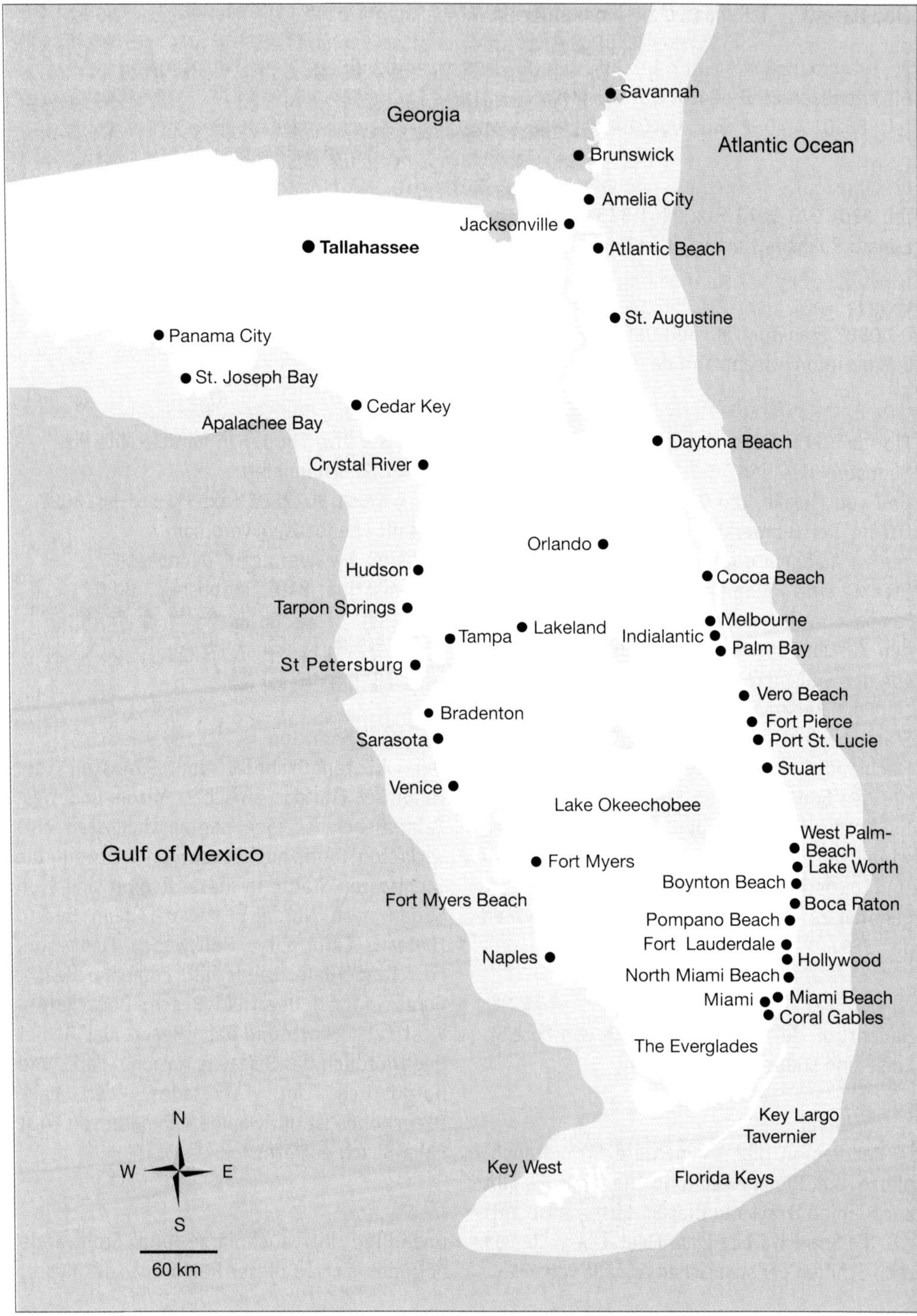
Savannah
Georgia
Brunswick
Atlantic Ocean
Amelia City
Jacksonville
Tallahassee
Atlantic Beach
St. Augustine
Panama City
St. Joseph Bay
Cedar Key
Apalachee Bay
Daytona Beach
Crystal River
Orlando
Hudson
Cocoa Beach
Tarpon Springs
Melbourne
Lakeland
Indialantic
Tampa
Palm Bay
St Petersburg
Vero Beach
Bradenton
Fort Pierce
Sarasota
Port St. Lucie
Stuart
Venice
Lake Okeechobee
West Palm-Beach
Gulf of Mexico
Fort Myers
Lake Worth
Boynton Beach
Fort Myers Beach
Boca Raton
Pompano Beach
Fort Lauderdale
Naples
Hollywood
North Miami Beach
Miami
Miami Beach
Coral Gables
The Everglades
N
Key Largo
Tavernier
W
E
Key West
Florida Keys
S
60 km

u.a. Baracuda Reef und Hammerhead Reef (in der Nähe des John Lloyd Park), The Fish Hole (Krater mit 30 m Durchmesser), Graceland Reef, Larken Reef, Mesa Reef, The Trench, The Wall, Lauderdale Coral Gardens, Orange Reef, Charlie's Grotto, außerdem mehrere Rifftauchplätze in der Gegend von Palm Beach, u.a. Boynton Inlet Reef, Valley Reef, Double Ledges, Breaker's Reef, Cable Crossing, Midway, Horseshoe Reef, Rybovich Reef, Sugar Sands Reef und Genesis Reef.

Wracks:
Die interessantesten Wracks in diesem Küstenabschnitt sind u.a. Mercedes I (Frachter in 25 m), Jim Atria (Frachter in 30 m), Jay Scutti (Schlepper in 20 m; in unmittelbarer Nähe liegen das Segelschiff B.H. Lake, die Moonshot sowie ein weiteres Segelschiff), Tenneco Oil Rigs (Überreste von Ölförderplattformen), Robert Edmister (Küstenwachtschiff in 17 m), Wendy Rossheim (Yacht in 20 m), Sherman (in 20 m), Noula Express (Frachter in 23 m zwischen Broward und Palm Beach), Ancient Mariner (ehemaliges Restaurantschiff in 22 m), Copenhagen (Stahlschiff am Pompano Beach in 5–8 m), Concepcion (Frachter in 20 m vor Sunny Island), Andro (WW II-Schiff bei Miami Beach), C-One (Schlepper in 23 m), Deep Freeze (Frachter in 40 m), Matthew Lawrence (in 35 m), Miss Karline (Frachter), Narwal (Frachter in 40 m), Patricia (Schlepper in 16 m), Police Barge (in 12 m beim Hotel Fountainbleu) und Russian Tug (Schlepper am North Miami Beach). Außerdem liegen folgende Wracks in der Region von Palm Beach, im Jupiter Inlet: Esso Bonaire III (Tanker in 25 m), Ratican (Segelboot in 25 m), Miss Jenny (Barkasse in 27 m), MG111 (Barkasse in 17 m). Im Lake Worth Inlet liegen die Princess Anne (Autofähre in 27 m), Playground (in 40 m), Spearman's Barge (Barkasse in 20 m), Murphy's Barge II (Barkasse in 22 m), Amaryllis (Frachter in 25 m), im Boynton Beach Inlet befinden sich die Skyecliffe (Frachter in 60 m), und die Budweiser Bar (Frachter in 24 m), des Weiteren im Boca Raton Inlet die Sea Emperor (in 17 m) und die Noula Express (Frachter in 20 m) sowie die Amarillys, die Mizpah und die Artificial Reef Site 2 mit mehreren künstlichen Riffs (u.a. einem Rolls Royce). Östlich des Hotels Fountainbleu liegen zwei M-60 (Panzer aus dem Vietnam-Krieg in 14 m).

Fauna:
Diverse Riff-Fische, Barrakudas, Rochen, Mantas, Haie, Muränen, Hummer, Korallen und Schildkröten.

Florida Keys:
Die Florida Keys sind kleine, der Südspitze vorgelagerte Inseln, die untereinander und mit dem Festland durch Straßenbrücken verbunden sind. Sie erstrecken sich von Key Biscayne im Norden mit dem Biscayne National Park bis Key West im Südwesten zwischen Florida Bay und der Straße von Florida, umgeben vom Key Reef. Wichtigste Orte sind Key Largo, Marathon und Key West.

Tauchplätze:
Hervorragende Tauchplätze an den Upper Keys sind u.a. Molasses Reef, Christ of the Deep Statue mit einer 2,5 m hohen Christus-Statue (Nachbildung eines Originals aus Genua) und die Grecian Rocks. Vor Key Biscayne liegen das Emerald Reef, Flamingo Reef, Highway to Heaven, Key Largo National Marine Sanctuary, The Elbow, Key Largo Dry Rocks und Carysfort Reef. An den Middle Keys gibt es mehrere schöne Rifftauchplätze, u.a. Alligator Reef, Coffins Patch (südlich von Grassy Key), Conch Reef, Crocker Wall, Pickles Reef, Sombrero Reef, Coffin's Patch (bei Marathon), Looe Key Reef (bei Big Pine Key), Davis Reef und Pacific Reef. Im Gebiet der Lower Keys und Key West

sind die herausragenden Tauchgebiete u.a. Eastern Dry Rocks, Western Dry Rocks, South Beach Patches, Sand Key und Marquesas Keys.

Wracks:

Die beliebtesten Wracks der Region sind u.a. Thunderbolt (Kabelschiff in 35 m), Eagle (Frachter im Alligator Reef in 35 m Tiefe), Duane (Kutter vor Key Largo in 25 m), San Pedro State Archaeological Site (Wrack aus dem 18. Jh. südlich von Indian Key in 5 m), Blue Fire (Frachter in 32 m bei Fowey Light), Doc DeMilly (Frachter in 40 m beim Pacific Reef), Ivory Coast (Frachter in 3–6 m bei Boot Key), The Eagle (Frachter in 18–32 m vor Islamorada), Cayman Salvage (Frachter in 27 m bei Key West), Benwood (WW II-Frachter) und die Spiegel Grove. Mehrere Wracks befinden sich bei Key Biscayne, u.a. Belzona Triangle (drei dicht beieinander liegende Schlepper), Rio Miami (Schlepper in 18 m), Proteus (Fähre in 25 m), Orion (Schlepper in 27 m), Sheri-Lyn (Frachter in 26 m), Spirit of Miami (Boeing 727 in 25 m), außerdem Belcher Barge, South Seas, Arida, Ultra Freeze, Tarpoon, St. Ann, Blue Fire und mehrere Autowracks.

Eustis FL 32726 Florida

C & N Divers, Inc., 15831 Dora Ave
Owner: Neil Ptterson
Ph: + 1 352 3571200 Fax: + 1 352 3574494
E-Mail: cndivera@gate.net
Website: www.gate.net/~cndivers
Organisation: PADI, NAUI, CMAS, IANTD, TMEA
Language: English
Established: 1985

Tierra Verde FL 33715 Florida

Tierra Verde Scuba, 104 Pinellas Bay Way
Owner: Buck Williams
Ph: + 1 727 864 3483 Fax: + 1 727 864 3483
E-Mail: sabellid@msn.com
Organisation: PADI, NAUI
Language: English
Established: 1994 Season: 01.01. - 31.12.

Islamorada FL 33036 Florida

Holiday Isle Dive Shop
Owner: Kristi Newth
84001 Overseas Highway or P.O. Box 482
Ph: + 1 305 6643483 Fax: + 1 305 6644145
E-Mail: divecenter@divetheisle.com
Website: www.divetheisle.com
Organisation: PADI Established: 1978

Islamorada FL 33036 Florida

Lady Cyana Divers, Mile Marker 85.9, US 1
Owner: Gloria Teaeve
Ph: + 1 305 664 8717 Fax: + 1 305 664 4443
E-Mail: ladycyana@aol.com
Website: www.ladycyana.com
Organisation: PADI, NAUI, CMAS,
Language: English, Spanish
Established: 1982 Season: 01.01. - 31.12.

Key Largo FL 33037 Florida

Atlantis Dive Center, 51 Garden Cove Drive
Captain Spencer Slate
Ph: + 1 305 453 9588 Fax: + 1 305 453 0645
E-Mail: capslate@safari.net
Organisation: PADI, NAUI, SSI

Key Largo FL 33037 Florida

Dixie Divers Of Key Largo
103400 Overseas Hwy Suite 114
Ph: + 1 305 4539588 Fax: + 1 305 4530635
E-Mail: dixdivers@aol.com

Website: www.dixiedivers.com
Organisation: PADI
Language: German, English, Spanish
Established: 1994 Season: 01.01. - 31.12.

Key West FL 33040 Florida

Lost Reef Adventures, 261 Margaret Street
Owner: Mimi Dye
Ph: + 1 305 296 9737 Fax: + 1305 296 6660
E-Mail: webmaster@keywestparadise.com
Website: www.keywestparadise.com/dive.html
Organisation: PADI, NAUI Language: English
Established: 1988 Season: 01.01. - 31.12.

Marathon FL 33050 Florida

Captain Hook's Dive Center
Owner: Kathi Fortmann
11833 Overseas Highway
Ph: + 1 305 7432444 Fax: + 1 305 2891374
Organisation: PADI
Established: 1960 Season: 01.01. - 31.12.

Tavernier FL 33070 Florida

Conch Republic Divers
Owner: Tommy Eckhardt
90800 Overseas Highway #9
Ph: + 1 305 852 1655 Fax: + 1 305 852 0031
E-Mail: ckandtom@fla.net
Website: www.conchrepublicdivers.com
Organisation: PADI Language: English
Established: 1995 Season: 01.01. - 31.12.

Miami Beach FL 33139 Florida

South Beach Divers, 850 Washington Avenue
Owner: Sasha Boulanger
Ph: + 1 305 531 6110 Fax: + 1 305 531 0511
E-Mail: Sasha@southbeachdivers.com
Website: www.southbeachdivers.com
Organisation: PADI
Language: German, English, Spanish
Established: 1995 Season: 01.01. - 31.12.

Boynton Beach FL 33435 Florida

Dive ChartersIntl 700 Casa Loma Blvd
Ph: + 1 561 7343818 Fax: + 1 561 7340353
E-Mail: dci@deeper-dci.com
Website: www.deeper-dci.com
Organisation: 5*PADI, NAUI, SSI, IANTD, TDI
Established: 1987 Season: 01.01. - 31.12.

Fort Lauderdale FL33316 Florida

Pro Dive 801 Seabreeze Blvd,
Bahia Mat Yachting Resort
Owner: Colin Taylor
Ph: + 1 761 3413 Fax: + 1 761 8915
E-Mail: prodive@icanect.net
Website: www.pro-dive.com
Organisation: 5*PADI, TDI, DAN
Language: English
Established: 1975 Season: 01.01. - 31.12.

Pompano Beach 33062 Florida

Lighthouse Dive Center, 2507 North Ocean Blvd
Owner: N. Woodhouse
Ph: + 1 954 782 1100 Fax: + 1 954 782 0297
E-Mail: xprqlla@prodigy.com
Organisation: PADI Language: English
Season: 01.01. - 31.12.

Daytona Beach FL 32127 Florida
Discover Diving Dive Center, 92 Dunlawton Avenue Owner: Jerry Berndt
Ph: + 1 904 7603483 Fax: + 1 904 7604348
E-Mail: diver123@aol.com
Website: www.divefl.com
Organisation: 5*PADI Language: English
Established: 1987 Season: 15.05. - 30.09.

West Palm Beach 33406 Florida
The Scuba Club 4708 Poinsettia Av.
Owner: J. D. Duff
Ph: + 1 561 8442466 Fax: + 1 561 8448256
E-Mail: scubaclub@aol.com
Website: www.thescubaclub.com
Organisation: PADI, NAUI, SSI, TDI
Language: English Established: 1972
Season: 01.01. - 31.12.

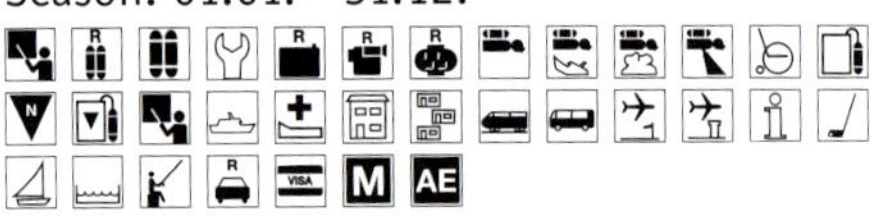

Florida, Panama City:

An der Westküste Floridas gibt es mehrere interessante Tauchgebiete, eines der schönsten ist die Region um Panama City im Nordwesten Floridas, östlich von Pensacola und westlich des Cape Saint George mit einem aufwendigen Artificial-Reef-Programm.

Tauchplätze:

Die besten Tauchplätze liegen an künstlichen Riffs, die extra für Taucher installiert wurden, u.a. Warsaw Hole, Fountainblue, BJ Place, Jap Reef, Twins Spot, Pepper Tree, Davy's Spot 2, Chickasaw, Rockpiles 1 und 2, Loss Pontoon, Glen Bridge Reef, Howard's Spot, Fish Haven und Cement Pier.

Wracks:

Unzählige Schiffe und Flugzeugwracks sowie diverse andere Fahrzeuge und Geräte liegen in der Region, zumeist wurden sie absichtlich versenkt, u.a. Joe Smith Barge, Long Beach Barge, Barge to the East, Twin Barge I/S, Twin Barge O/S, Tarpon, Hathaway Truss 1, 5, 6, 12 und 14, Hathaway Deck 15, 16 und 19, Poseidon, Capt. Anderson, PCMI Barge, Elvira, Holland Barge, und die USS Strength, außerdem ein Helicopter sowie einige Flugzeuge.

Florida North Central Springs:

Der Sunshine State verfügt über mehrere extrem klare Süßwassertauchgebiete im Bereich von Flussquellen; Quellen in der Region zwischen Tallahassee und Jacksonville im Norden Floridas.

Tauchplätze:

Das Ginnie Springs Diving Resort liegt im Norden Floridas 70 km nordwestlich von Gainsville. Es gibt neun Frischwasserquellen im Ginnie Springs Park am Santa Fe River, die aus Höhlensystemen hervortreten. Die Höhlen sind sehr weit verzweigt, der Einstieg ist verwinkelt. Ein zweites bedeutendes Süßwasserquellen-Tauchgebiet Floridas, Devils Spring mit Devils Ear und Devils Eye besteht aus offenen Höhlen ohne Einstiegschwierigkeiten; das System ist sehr weitläufig. Weitere betauchbare Süßwasserquellen sind Alexander Springs, Blue Spring, Forty Fathom Grotto, Blue Grotto Springs, Paradise Springs, High Springs sowie mehrere Möglichkeiten am Suwannee River in der Gegend von Branford und Luravilleauch.

Florida West Coast Springs:

Quellen und Höhlentauchregionen im Bereich der Westküste.

Tauchplätze:

Die bedeutendsten Tauchgebiete liegen am Crystal River, außerdem weiter südlich Chassahowitzka River Springs, Joe's Sink, Edwards Sink, und Crystal Springs und Florida

Panhandle Springs. Auch in dem Gebiet zwischen Pensacola und Tallahassee gibt es mehrere betauchbare Quellen. Einige der beliebtesten Tauchgewässer dieser Region sind die Blue Springs, Vortex Springs, Cypress Springs und die Morrison Springs.

Hudson FL 34667 Florida

Scuba West, 8109 New York Avenue
Owner: Paul Heinerth
Ph: + 1 727 8636911 Fax: + 1 727 8622486
E-Mail: heinerht@gte.net
Organisation: 5*PADI, IANTD
Language: English, French
Established: 1968 Season: 01.01. - 31.12.

Land O' Lakes 34639 Florida

Land O' Lakes Scuba Center 4710 Land O'Lakes Blvd Owner: Joyce Gordy
Ph: + 1 813 9963843 Fax: + 1 813 9963843
Organisation: PADI Language: English
Established: 1982 Season: 01.01. - 31.12.

Lantana 33462 Florida

Dive Locker, 908 South Dixie Highway
Owner: J. Garten
Ph: + 1 561 5473483 Fax: + 1 561 5474024
Organisation: PADI, IANTD
Language: English Established: 1997

Panama City Beach 32407 Florida

Hydrospace Dive Shop, 6422 West Highway 98
Owner: Joel Prather
Ph: + 1 850 234 3063 Fax: + 1 850 233 9657
E-Mail: dive@hydrospace.com
Website: www.hydrospace.com
Organisation: PADI, NAUI, SSI, NASDA
Language: English, German, Spanish
Established: 1974 Season: 01.01. - 31.12.

Crystal River FL 34428 Florida

Crystal Lodge Dive Center 525 N.W. 7th Avenue
Owner: Jarry Hogen
Ph: + 1 352 7956798 Fax: + 1 352 7953129
E-Mail: bwcr@citvu.infi.net
Website: www.seawake.com
Organisation: PADI, SSI, CMAS
Language: English Established: 1978

Tallahassee FL 32304 Florida

Coral Reef Scuba 1362 Lake Bradford Road
Ph: + 1 904 5766268 Fax: + 1 9045744639
Organisation: PADI Language: English
Established: 1988 Season: 01.01. - 31.12.

Tallahassee FL 32301 Florida

The Scuba Discovery 2320 B Apalachee Parkway
Ph: + 1 850 656 7665 Fax: + 1 850 656 7532
Organisation: 5* PADI Language: English
Established: 1988 Season: 01.01. - 31.12.

Tallahassee FL 32308 Florida

Coral Reef Scuba 2783 Capital Circle N E ,#B
Ph: + 1 904 3851323 Fax: + 1 9043853910
Organisation: 5* PADI Language: English
Established: 1984
Season: 01.01. - 31.12.

Hauptstadt Atlanta **Einwohner** 394.017

Georgia Department of Industry, Trade & Tourism
c/o TravelMarketing Romberg, Wallstraße 56, D-40878
Ratingen/Düsseldorf Tel: 02102 711184 Fax: 02102 21177
E-Mail: kleinevorholtc@t-online.de

Department of Industry, Trade & Tourism
Tourist Division, Suite 1000, Marquis Two Tower
285 Peachtree Center Avenue, GA 30303-1230
Tel: 001 404 656 7603 Fax: 001 404 651 9063
E-Mail: gomm@ilsnet.com www.georgia.org oder www.gomm.com

Zeitverschiebung: MEZ - 6
Fläche: 153.952 km^2
Einwohner: 7,05 Mio.

Geographische Lage:
Georgia (GA) liegt nördlich von Florida, östlich von Alabama und südlich von Tennessee, North und South Carolina im Südosten der Vereinigten Staaten. Wichtigste Stadt ist Atlanta, außerdem Columbus, Augusta und Savannah. Georgia bietet eine abwechslungsreiche Landschaft, von den Bergen im Nordosten bis zum geheimnisvollen, tiefliegenden Okefenokee Swamp im Süden. Ebenso wechselt das Klima von geringer Luftfeuchtigkeit in den Blue Ridge Mountains bis hin zu subtropischen Verhältnissen in der südlichen Küstenregion.

Tauchplätze:
In Savannah Beach gibt es einige interessante Tauchstellen. Die Golden Isles sind berühmt für ihre schönen, weißen Sandstrände. Auch bei St. Simons, die die größte Insel mit ausgedehnten Wäldern und ursprünglichen Marschen und Küsten ist, sind schöne Tauchplätze zu finden.

Athens GA 30606 Georgia
Charbon's Dive Center 2597 Atlanta Highway
Ph: + 1 706 548 3483 Fax: + 1 706 353 1802
E-Mail: Charbon@ix.netcom.com
Organisation: PADI Language: English
Established: 1995 Season: 01.01. - 31.12.

Atlanta GA 30309 Georgia
Divers @ Sea 2297 Peachtree Road
Ph: + 1 404 22602150 Fax: + 1 404 467 0917
E-Mail: bquist@diversatsea.com
Organisation: PADI Language: English
Established: 1995 Season: 01.01. - 31.12.

Augusta, GA 30904 Georgia
Neptune Dive & Ski 2305 Redwood Drive
Washington Road at Lake Olmstead
Ph. +706 737 7900 Fax:+ 706 737 4396
info@neptunediveandski.com
www.neptunediveandski.com

Doraville GA 30340 Georgia
Divers Supply 4315 NE Expressway Acces Rd
Ph: + 1 770 939 3483 Fax: + 1 770 939 3891
E-Mail: diving@jaxnet.com
Organisation: PADI Language: English
Established: 1993 Season: 01.01. - 31.12.

Hauptstadt Honolulu **Einwohner** 365.272

Hawaii Visitors & Convention Bureau
Herderstraße 6-8, D-63263 Neu-Isenburg
Tel: 06102 722 411 Fax: 06102 722 409
E-Mail: avmgermany@compuserve.com Website: www.gohawaii.com

Hawaii Tourism Office (DBEDT)
P.O. Box 2359, Honolulu, HI 96813
Tel: 001 808 586 2550 Fax: 001 808 586 2549
www.kumu.icsd.hawaii.gov/tourism

Zeitverschiebung: MEZ - 11
Fläche: 28.313 km^2
Einwohner: 1,17 Mio.

Geographische Lage:
Hawaii (HI), der 50. US-Bundesstaat ist gleichzeitig der östlichste. Eine Inselgruppe vulkanischen Ursprungs mit der gleichnamigen Hauptinsel mitten im Pazifik gelegen, etwa 3.500 km von der kalifornischen Küste entfernt. Nordwestlich befinden sich die Midway-Inseln, im Süden mehrere kleine Atolle und Archipele, u.a. die Christmas Islands, Palmyra und die Johnstone Islands. Die wichtigsten Inseln sind nebem dem Big Island (Hawaii) Oahu mit der Hauptstadt Honolulu, Maui, Kauai, Molokai und Lanai. Die Landschaft besteht aus regenwaldbestandenen Vulkanbergen mit tiefen Schluchten und langen Sandstränden an den Küsten.

Klima:
Tropisch heiß und feucht ohne große Schwankungen über das Jahr.

Verkehr:
Hawaii verfügt über ein sehr gut ausgebautes Straßennetz. Zwischen den Inseln gibt es umfangreiche Flug- und Fährverbindungen. Zum amerikanischen Festland bestehen regelmäßige Flugverbindungen in alle wichtigen Städte, außerdem nach Asien und Australien sowie via USA nach Europa. Die internationalen Flughäfen sind Honolulu (HNL), Keahole-Kona (KOA) und Kailua (OGG). Honolulu ist wichtiger Kreuzfahrthafen.

Hawaii, Big Island:
Größte und südlichste Hawaii-Insel im Osten der zentralen Inseln mit den größten Korallenriffs. Hauptorte sind Hilo (Hauptstadt), Waimea und Kailua-Kona.

Tauchplätze:
Die besten Tauchmöglichkeiten befinden sich an der Westküste (Kona Coast), u.a. Aquarium, Manta Ray Night Dive (vor Keauhou), Turtle Pinnacles, Sixth Hole (bei Mauna Lani), Red Hill (südlich der Keauhou Bay), Wawahiwaa Point, Golden Arches (beide in der Pinetree Area), Kaiwi Point, Amphitheater (eine Lava-Röhre, die nach oben offen ist, mit einem Korallendach), Turtle Pinnacle (nördlich von Kona), Twin Lava Tubes, Three Room Cave (beide am Cavern Point), Pentagon (bei Aaehoomalu Bay, zerklüftete Lavalandschaft) und am Kona Surf Hotel (Nachttauchplatz am Strand). Außerdem gute Möglichkeiten an der Nordküste am Horseshoe Canyon.

Hawaii, Kauai:
Die nordwestlichste der großen Inseln des Archipels mit den Orten Kaumakani, Kapaa und Koloa.

Tauchplätze:

Die besten Tauchplätze befinden sich an der Südküste, u.a. Salt Pond, Port Allen, Camp One, Turtle Bluffs, Beach House, Fast Lanes, Sheraton Caverns, General Store, Brennecke's Ledge, Koloa Landing und im Poipu Beach Park. Außerdem an der Ostküste in der Anahola Bay, dem Lydgate Park, der Santa Claus Cave und bei Shukini Landing. Weitere exzellente Tauchmöglichkeiten liegen vor der Nordküste am Anini Beach, beim Tunnels Reef und in der Kee Lagoon sowie an der Westküste bei Mana Crack, einem Barrier Reef vor der Na Pali Coast. Weitere empfehlenswerte Tauchplätze gibt es bei der westlich vorgelagerten Kleininsel Ni'ihau, u.a. Lehua Rock (mit dem Key Hole Drift und den Lehua Gardens), Ni'ihau Arches und Vertical Awareness. Beliebtestes Wrack ist der Frachter Andrea F. Luckenbach.

Hawaii, Lanai:

Kleine Insel im Südwesten von Maui, südlich von Molokai mit gleichnamigem Hauptort.

Tauchplätze:

Die schönsten Tauchmöglichkeiten gibt es an den aufragenden Lava-Formationen der First und Second Cathedral vor Hulopoe Bay. Hier findet man Lava-Grotten, Tunnel und Bögen. Weitere großartige Locations sind das Lighthouse Reef, die Volkswagen Cave und das Sharkfin Reef.

Hawaii, Maui:

Nordwestlich vom Big Island unmittelbar östlich von Molokai und Lanai, mit denen es einstmals eine Insel bildete, gelegen. Hauptorte sind Hana im Westen sowie Kaupo und Lahai im Osten.

Tauchplätze:

Die schönsten Tauchmöglichkeiten der Insel befinden sich am Molokini Crater, einem Vulkankrater zwischen Maui und Kahoolawe, der leicht aus dem Meer herausragt und in einem State Marine Life Conservation District gelegen ist. Weitere hervorragende Tauchmöglichkeiten gibt es am Reef's End (etwas nordwestlich des Kraters), bei Enenue Side (südöstlich am Molokini), The Backside of Molokini (am Außenrand des Kraters, Drifttauchgang), in der Honolua Bay, am Honokaoo Beach, bei Olawalu (alle drei an der Westküste bei Lahaina, Tauchmöglichkeiten vom Strand aus), am Black Rock (am Kaanapali Beach), am Red Hill sowie Five Graves, Pu'u O'lai und Wailea Point in der Gegend von Kihei an der Südküste.

Hawaii, Oahu:

Die drittgrößte Hawaii-Insel mit der Hauptstadt Honolulu ist sehr dicht besiedelt und eine Tourismus-Hochburg. Hier liegt der weltberühmte Waikiki-Beach. Die Küsten jenseits der Sandstrände bestehen aus Lavaformationen, die mit Korallen bewachsen sind.

Tauchplätze:

Hervorragende Plätze in den Lava-Ausläufern im Küstensaum sind Twin Caves (Höhlen vor der Südwestküste), Kahe Point (am Kahe Beach Park), Makaha Caverns (Lava-Höhlen), Shark's Cove (Höhlensystem vor Pupukea Beach), Three Tables (Überhänge und Bögen weiter südlich) und Turtle Canyon (Riff in etwa 10 m Tiefe). Weitere großartige Tauchmöglichkeiten befinden sich in der Manalau Bay und der Hanauma Bay östlich von Waikiki.

Wracks:

Das beliebteste Wrack in den Gewässern der Insel ist die Jo-257, ein Tanker bei Waikiki in 30 m Tiefe sowie die Mahi, ein Minensuchboot in 28 m Tiefe.

Fauna:

Falterfische, Barsche, Rotfeuerfische, Meeraale, Skorpionfische, Drachenköpfe, Octopusse, Adlerrochen, Mantas, verschiedene Haiarten, u.a. Walhaie, Hummer, Garnelen, Krebse, Korallen, Schwämme, Nacktschnecken, Delfine und Schildkröten, außerdem Grauwale und Buckelwale (von Dezember bis April).

Hilo HI 96720 Big Island Hawaii

Nautilus Dive Center, 382 Kamehameha Avenue
Owner: William De Pooy
Ph: + 1 808 9356939 Fax: + 1 808 9356939
E-Mail: derooy@gte.net
Website: www.downtownhilo.com/nautilus
Organisation: PADI
Language: German, English
Established: 1975

Kailua-Kona 96745 Hawaii

Eco Adventures Owner: Mark Bader
King Kamehameha's Kona Beach Hotel
Ph: + 1 808 3297116 Fax: + 1 808 3297091
E-Mail: mark@eco-adventure.com
Website: www.eco-adventure.com
Organisation: PADI, SSI, TDI, ANDI
Language: English, Dutch, German
Established: 1991
Season: 01.01. - 31.12.

Kihei, Maui HI 96753 Hawaii

Maui Dream Dive co.
Owner: Rachel Domingo
1993 Suth Kihei Rd, #22
Ph: + 1 808 874 5332 Fax: + 1 808 874 5332
E-Mail: info@wedivemaui.com
Website: www.wedivemaui.com
Organisation: 5*PADI
Established: 1999

Kapaa, Kauai 96746 Hawaii Kauai

Dive Kauai Scuba Center
Owner: Michael Gough
976 Kuhio Highway # C
Ph: + 1 808 8220452 Fax: + 1 808 8236515
E-Mail: email@divekauai.com
Website: www.divekauai.com
Organisation: PADI Language: English
Established: 1985 Season: 01.01. - 31.12.

Kapaa, Kauai HI 96746 Hawaii Kauai

Dive Kauai Scuba Center
Owner: Michael Gough
Ph: + 1 808 8220452 Fax: + 1 800 8283483
E-Mail: email@divekauai.com
Website: www.divekauai.com
Organisation: 5* PADI, NAUI
Language: English
Established: 1990 Season: 01.01. - 31.12.

Princeville, Kauai 96722 Hawaii Kauai

Hanalei Watersports
Owner: Paul Frazier
5520 Ka Haku Rd
Ph: + 1 808 8267509 Fax: + 1 808 8267509
Organisation: PADI Established: 1996

Kihei, Maui HI 96753 Hawaii Maui

Dive and Sea Maui Owner: Ron Roth
1975 South Kihei Road
Ph: + 1 808 874 1952 Fax: + 1 808 874 8690
E-Mail: captron@maui.net
Website: www.diveandseamaui.com
Organisation: PADI, NAUI, SSI
Language: English
Established: 1989 Season: 01.01. - 31.12.

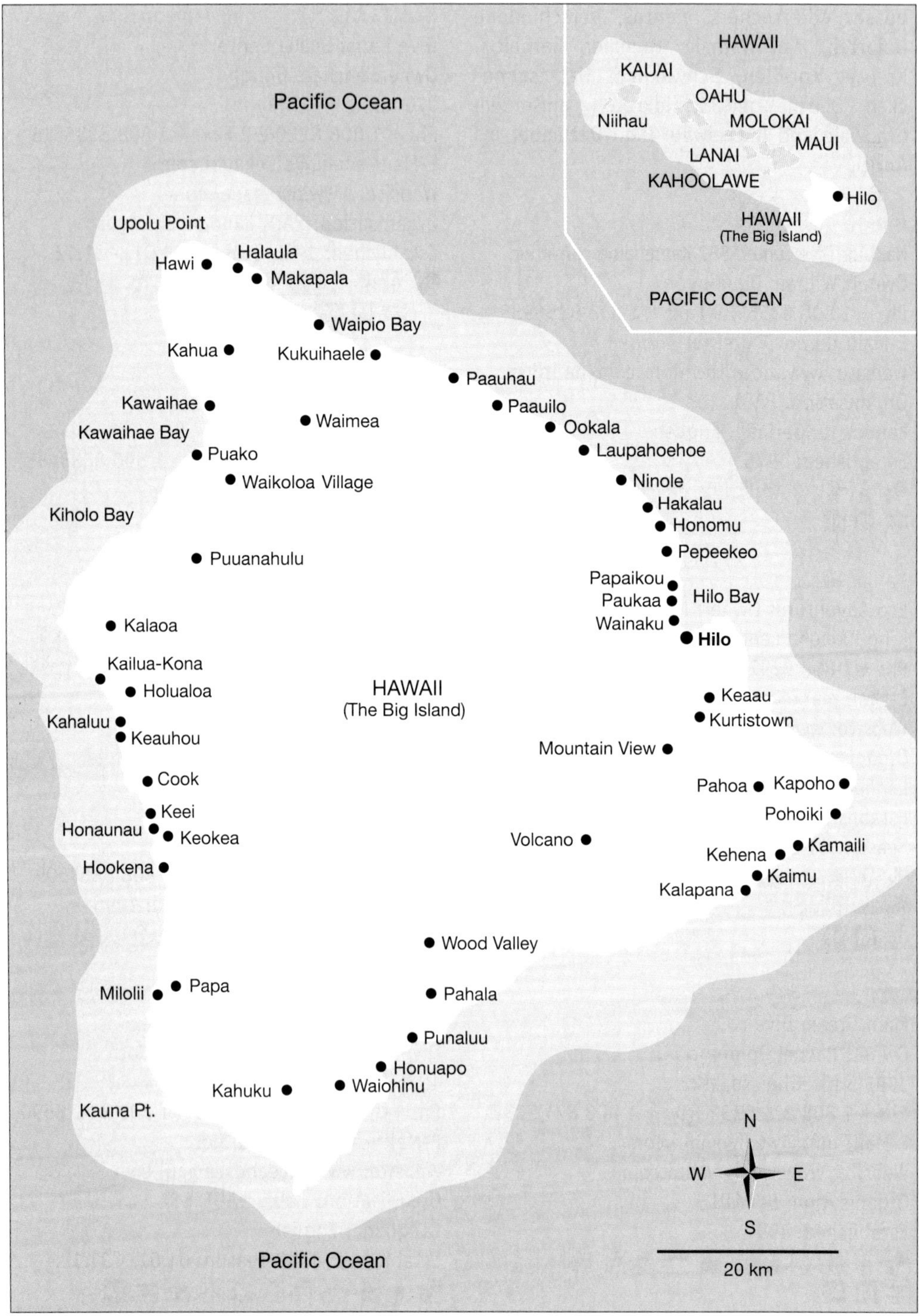
Pacific Ocean
HAWAII
KAUAI
OAHU
Niihau
MOLOKAI
MAUI
LANAI
KAHOOLAWE
Hilo
HAWAII
(The Big Island)
PACIFIC OCEAN
Upolu Point
Halaula
Hawi
Makapala
Waipio Bay
Kahua
Kukuihaele
Paauhau
Kawaihae
Paauilo
Waimea
Ookala
Kawaihae Bay
Laupahoehoe
Puako
Waikoloa Village
Ninole
Hakalau
Kiholo Bay
Honomu
Pepeekeo
Puuanahulu
Papaikou
Paukaa
Hilo Bay
Wainaku
Kalaoa
Hilo
Kailua-Kona
Holualoa
HAWAII
(The Big Island)
Keaau
Kahaluu
Kurtistown
Keauhou
Mountain View
Cook
Pahoa
Kapoho
Keei
Pohoiki
Honaunau
Keokea
Volcano
Kamaili
Kehena
Hookena
Kaimu
Kalapana
Wood Valley
Papa
Milolii
Pahala
Punaluu
Honuapo
Kahuku
Waiohinu
Kauna Pt.
N
W
E
S
20 km
Pacific Ocean

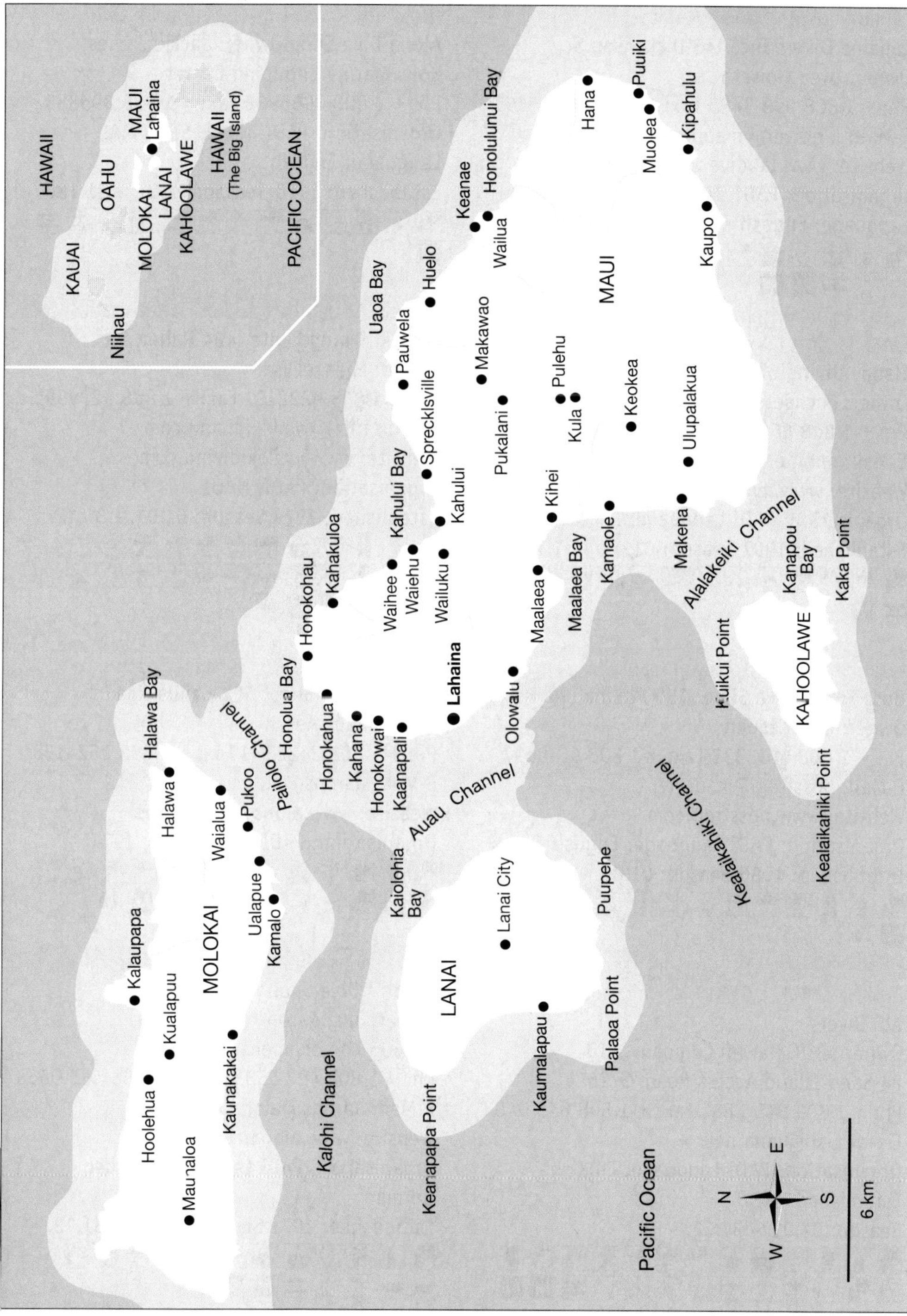
HAWAII
KAUAI
Niihau
OAHU
MOLOKAI
LANAI
KAHOOLAWE
MAUI
Lahaina
HAWAII
(The Big Island)
PACIFIC OCEAN
Halawa Bay
Halawa
Waialua
Pukoo
Pailolo Channel
Ualapue
Kamalo
MOLOKAI
Kalaupapa
Kualapuu
Kaunakakai
Hoolehua
Maunaloa
Kalohi Channel
Kearapapa Point
LANAI
Lanai City
Kaiolohia Bay
Puupehe
Palaoa Point
Kaumalapau
Pacific Ocean
N
E
S
W
6 km
Auau Channel
Honolua Bay
Honokohau
Honokahua
Kahana
Honokowai
Kaanapali
Lahaina
Olowalu
Kahakuloa
Waihee
Waiehu
Wailuku
Kahului Bay
Kahului
Sprecklsville
Pauwela
Uaoa Bay
Huelo
Makawao
Pukalani
Keanae
Wailua
Honolulunui Bay
Hana
Puuiki
Muolea
Kipahulu
Kaupo
MAUI
Pulehu
Kula
Keokea
Ulupalakua
Kihei
Maalaea
Maalaea Bay
Kamaole
Makena
Alalakeiki Channel
Kanapou Bay
Kaka Point
Kuikui Point
KAHOOLAWE
Kealaikahiki Point
Kealaikahiki Channel

Lahaina 96761 Hawaii Maui
Lahaina Divers Inc. 143 Dickenson St.
Owner: Greg Howeth
Ph: + 1 808 998 3483 Fax: + 1 808 661 5195
E-Mail: lahdiver@maui.net.com
Website: www.lahdiver.com
Organisation: PADI, NAUI, SSI
Language: English Established: 1978

Lahaina, Maui 96761 Hawaii Maui
Happy Diving of Maui , 40 Wainee St. # 106
Owner: Michael Miller
Ph: + 1 808 669 0123 Fax: + 1 808 669 7800
E-Mail: mmiller@maui.net
Website: www.maui.net/~mmiller
Organisation: PADI Language: English
Established: 1997 Season: 01.01. - 31.12.

Lahaina, Maui HI Hawaii Maui
Boss Frog's Dive Shop, 150 Ahainaluna Rd
Owner: Dhil Kaspen
Ph: + 1 808 6613333 Fax: + 1 808 6610697
E-Mail: bossfrog@maui.net
Website: www.bossfrog.com
Organisation: PADI Language: English
Established: 1986 Season: 01.01. - 31.12.

Honolulu, Oahu 96819 Hawaii Oahu
Alii Divers
Owner: CHIC Hawaii Company. LTD
24 Sand Island Access Road S/26
Ph: + 1 808 843 2882 Fax: + 1 808 843 0483
E-Mail: ish@laua.net.
Organisation: PADI Language: English
Established: 1990
Season: 01.01. - 31.12.

Honolulu, Oahu HI 96825 Hawaii Oahu
Aloha Dive Shop Owner: Jackie James
Koko Marina Shopping Center
Ph: + 1 808 3955922 Fax: + 1 808 3958882
Organisation: PADI, NAUI, SSI, CMAS
Language: English
Established: 1970 Season: 01.01. - 31.12.

Honolulu, Oahu HI 96815 Hawaii Oahu
Waikiki Diving Cente, 424 Nahua Str
Owner: Michael Tsai
Ph: + 1 808 9222121 Fax: + 1 808 9229595
E-Mail: info@waikikidiving.com
Website: www.waikikidiving.com
Organisation: PADI, NAUI
Established: 1979 Season: 01.01. - 31.12.

Kailua, Oahu HI 96734 Hawaii Oahu
Aaron's Dive Shop, 602 Kailua Road
Owner: Jack Aaron
Ph: + 1 808 2622333 Fax: + 1 808 2624158
E-Mail: aarons@alonma.com
Website: www.aloha.com/ãarons
Organisation: PADI Established: 1971

Pearl City, Oahu 96782 Hawaii Oahu
Aaron's Dive Shop
Owner: Jacj Aaron
98-406 Kamehameha Highway
Ph: + 1 808 487 5533 Fax: + 1 808 486 0658
E-Mail: aarons@aloha.com
Website: www.aloha.com/~aarons
Organisation: PADI Language: English, German
Established: 1971 Season: 01.01. - 31.12.

Hauptstadt Boise **Einwohner** 125.738

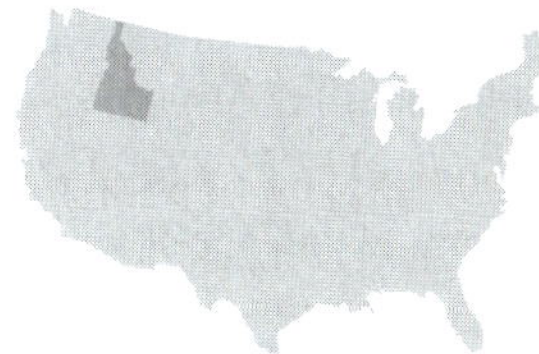

Fremdenverkehrsamt Idaho Rocky Mountain International
c/o Wiechmann Tourism Services, Scheidswaldstraße 73
60385 Frankfurt/M. Tel: 069 405 9573 Fax: 069 43 9631
E-Mail: info@wiechmann.de Website: www.wiechmann.de

Boise Convention & Visitors Bureau
Suite 200, 168 North 9th Street, P.O. Box 2106, Boise, ID 83702
Tel: 001 208 344 7777 Fax: 001 208 344 6236
E-Mail: admin@boisecvb.org Website: www.boise.org

Zeitverschiebung: MEZ - 8
Fläche: 216.456 km²
Einwohner: 1,1 Mio.

Geographische Lage:

Idaho (ID) liegt in den Rocky Mountains. In diesem Bundesstaat befindet sich die tiefste Schlucht Nordamerikas (Hell's Canyon) und im Clearwater Nationalpark der größte Bestand an weißen Kiefern. Das berühmte Urlaubsgebiet Sun Valley bietet sehr viele Süsswasserseen; in allen ist Tauchen möglich. Im Winter ist auch Eistauchen angesagt.

Boise ID 83705 Idaho

Boise Water Sports
Owner: Virginia Davis
244 So. Orchard, Ste. 600
Ph: + 1 208 3421378 Fax: + 1 208 3434982
E-Mail: boisewatersport@msn.com
Organisation: 5*PADI Established: 1981

Boise ID 83714 Idaho

Scuba Diving Company, 4213 Chinden Blvd
Ph: + 1 208 323 2809 Fax: + 1 208 323 2810
E-Mail: scubasdc@juno.com
Organisation: 5*PADI
Language: English
Established: 1995 Season: 01.01. - 31.12.

Coeur D'Alene ID 83814 Idaho

Divers West
1675 West Apple Way
Ph: + 1 208 664 0751 Fax: + 1 208 664 0751
Organisation: 5*PADI
Language: English
Established: 1993 Season: 01.01. - 31.12.

Ketchum ID 83340 Idaho

Ketchum Dive Adventures
971 North Main Street, Suite 2
Ph: + 1 208 726 5424 Fax: + 1 208 726 5424
Organisation: PADI
Language: English
Established: 1994 Season: 01.01. - 31.12.

Twin Falls ID 83301 Idaho

Dive Magic
236 Main Avenue North
Ph: + 1 208 733 8203
Organisation: PADI
Language: English
Established: 1998
Season: 01.01. - 31.12.

Hauptstadt Springfield **Einwohner** 105.227

Springfield Illinois Convention & Visitors Bureau
109 North 7th Street, Springfield, IL 62701
Tel: 001217 789 2360 Fax: 001 217 544 8711
E-Mail: mailbox@springfield.il.us Web: www.springfield.il.us/visit

Great Lakes of North America Travel
Wallstraße 56, D-40878 Ratingen/Düsseldorf
Tel: 02102 71 1191 Fax: 02102 2 1177
E-Mail: heesena@t-online.de www.cglg.org/greatlakestourism

Zeitverschiebung: MEZ - 7
Fläche: 150.007 km²
Einwohner: 11,6 Mio.

Geographische Lage:
Illinois (IL) grenzt im Westen an Iowa und Missouri, die Grenze bildet der Mississippi, im Süden liegt Kentucky, im Osten Indiana sowie im Norden Wisconsin und der Lake Michigan mit Chicago, der Metropole des Mittleren Westens, an seinem südwestlichen Seeufer.

Klima:
Kontinentales Klima, warme Sommer, kalte Winter.

Verkehr:
Der Mittlere Westen der USA verfügt über eines der am dichtesten ausgebauten Straßen- und Eisenbahnnetze. Internationale Flughäfen sind Chicago-O'Hare (ORD), Detroit Wayne County (DTW), Minneapolis-St. Paul Int. (MSP), Cleveland-Hopkins (CLE), Indianapolis Int. (IND), Cincinnati Municipal (LUK), Lansing Capital City (LAN) und Flint Bishop Int. (FNT).

Tauchgebiet Great Lakes:
Praktisch alle Tauchplätze an den Great Lakes befinden sich bei den unzähligen Wracks und sind nur mit dem Boot zu erreichen. An der Küste von Chicago liegen die einzigen erlaubten Tauchplätze am North Ave. Beach, u.a. beim Chess Pavilion.

Lake Michigan:
Im Südwesten Michigans in 176 m Höhe gelegener See, der im Norden eine Verbindung zum Lake Huron hat und die Grenze zu Wisconsin bildet. Im Süden grenzen Indiana und Illinois an den See.

Tauchplätze:
Gute Tauchmöglichkeiten im See befinden sich bei Traverse City im Manitou Preserve und im Sleeping Bear National Lakeshore.

Wracks:
Vor der Küste von Illinois befinden sich mehrere gut betauchbare Wracks, u.a. George Morley (Holzschiffwrack in 3–5 m vor Evanston Beach), David Dows (Fünfmastschoner in 15 m bei den Indiana Shoals unweit von Chicago), Material Service Barge (an der Boje WR10 vor Calumet Harbor in 8 m Tiefe), Car Ferry # 2 (Autofähre in 12 m vor dem Calumet City Lighthouse), Flora M. Hill (Passagierdampfer in 10 m), Iowa (Überreste eines Wracks in 10 m Tiefe etwa 3 km vor dem Chicago Light), Wings Of The Wind (Schoner in 12 m vor Chicago), The Wheeler (ein Dampfer in 8 m östlich von Michigan City), Tacoma (ein Schlepper in 9 m vor 68th Street Crib, Chicago), Pat Herner (Schoner in 8 m vor Michigan City Harbor).

Alsip IL 60803 Illinois

Scuba Emporium, 12003 South Cicero Avenue
Ph: + 1 708 389 9410 Fax: + 1 708 301 0293
E-Mail: scubapat@scubaemporium.com
Organisation: 5*PADI Language: English

Arlington Heights IL 60005 Illinois

Prospect Dive & Sport Shop
870 South Arthur Avenue
Ph: + 1 847 259 0606 Fax: + 1 847 259 0655
E-Mail: engine08@aol.com
Organisation: 5*PADI Language: English
Established: 1995
Season: 01.01. - 31.12.

Champaign IL 61820 Illinois

Midwest Scuba Recreational , 700 South Neil St.
Ph: + 1 217 352 3118 Fax: + 1 217 352 3118
E-Mail: mscbknop@aol.com
Organisation: 5*PADI Language: English
Established: 1998
Season: 01.01. - 31.12.

Chicago IL 60614 Illinois

Adv. in Scuba Riverpoint Center, 1730 West Fullerton
Ph: + 1 773 935 3483 Fax: + 1 773 935 4910
E-Mail: cdpadi@advscuba.com
Organisation: PADI Language: English
Established: 1996
Season: 01.01. - 31.12.

Glenview IL 60025 Illinois

D.D. Dive Shop, 1039 Waukegan Rd
Ph: + 1 847 657 3483 Fax: + 1 847 657 3484
E-Mail: d.d.dive@aol.com
Organisation: 5*PADI Language: English
Established: 1992
Season: 01.01. - 31.12.

Hanover Park IL 60103 Illinois

Sea Lions Dive Center, 1158 West Lake Street
Ph: + 1 630 289 1680 Fax: + 1 630 289 1758
Organisation: 5*PADI
Language: English

Moline IL 61265 Illinois

Sentry Pool and Scuba, 1529 46TH Avenue
Owner: Sharon Hall
Ph: + 1 309 7979721 Fax: + 1 309 797 5748
Website: www.sentryscuba.com
Organisation: 5*PADI
Language: English

Rockford IL 61112 Illinois

Forest City Scuba & Sports, 1894 Daimler Rd
Owner: Phyllis Schewe
Ph: + 1 815 398 7119 Fax: + 1 815 398 7119
E-Mail: pdsscuba@aol.com
Organisation: 5*PADI, IDI, HSA
Language: German, English

Skokie IL 60076 Illinois

Scuba Systems, 3919 Oakton Street
Owner: Larry Boucha
Ph: + 1 847 674 0222 Fax: + 1 847 674 0275
Website: www.scubasystems.com
Organisation: 5*PADI
Language: English

Hauptstadt Indianapolis **Einwohner** 766.538

Great Lakes of North America c/o TravelMarketing Romberg
Wallstraße 56, 40878 Ratingen/Düsseldorf
Tel: 02102 711191 Fax: 02102 21177 www.cglg.org/greatlakestourism

Indiana Tourism Suite 700, Indiana Commerce Center, 1 North Capitol,
Indianapolis, IN 46204-2288 Tel: 001 317 232 8860
Fax: 001 317 233 6887 Website: www.indianatourism.com

Indianapolis Convention & Visitors Suite 100, 1 RCA Dome, Indianapolis,
IN 46225 Tel: 001 317 639 4282 Fax: 001 317 639 5273
E-Mail: icva@indianapolis.org Website: www.indy.org

Zeitverschiebung: MEZ - 6
Fläche: 94.328 km²
Einwohner: 5,7 Mio.

Geographische Lage:

Indiana (IN) liegt im Südosten des Lake Michigan, wichtigste Hafenstadt ist Gary. Im Westen des Bundesstaates liegt Illinois, im Norden Michigan, im Osten Ohio sowie im Süden Kentucky mit dem Grenzfluss Ohio, größte Stadt ist Indianapolis.

Tauchplatz Great Lakes:

Praktisch alle Tauchplätze an den Great Lakes befinden sich bei den unzähligen Wracks und sind nur mit dem Boot zu erreichen. z.B. die J.D. Marshall (Frachter im Indiana Dunes National Lakeshore Park in 9 m Tiefe) In den Great Lakes ist auch Eistauchen möglich.

Noblesville Indiana
Scuba Quest, 2230 Pleasant St
Owner: Tom Witmer
Ph: + 1 317 773 4837 Fax: + 1 317 773 1590
E-Mail: scuba@scubaquest.com
Website: www.scubaquest.com
Organisation: 5*PADI, TDI, HSA, DAN
Language: English Established: 1995

Evansville 47711 Indiana
Divers World, 1271 East Morgan Ave.
Owner: Jackie Schmitt
Ph: + 1812 423 2738 Fax: + 1812 423 3739
Organisation: SSI Language: English
Established: 1979 Season: 01.05. - 31.10.

Carmel IN 46032 Indiana
Divers Supply Indy North, 723 South Rangeline Rd
Ph: + 1 317 848 1320 Fax: + 1 317 848 1336
E-Mail: images@1guest.net
Organisation: 5*PADI Language: English
Established: 1995 Season: 01.05. - 31.10.

Elkhart IN 46514 Indiana
Harty City Scuba, 2200 Cassopolis Street
Ph: + 1 219 264 3528 Fax: + 1 219 264 3528
Organisation: 5*PADI Language: English
Established: 1993 Season: 01.05. - 31.12.

Indianapolis IN 46268 Indiana
Midwest Scuba Center, 4306 West 96th Street
Ph: + 1 317 872 2522 Fax: + 1 317 872 2523
E-Mail: mscdiver@aol.com
Organisation: 5*PADI Language: English
Established: 1997 Season: 01.01. - 31.12.

Hauptstadt Des Moines **Einwohner** 193.187

State of Iowa, Meisengasse 8, D-60313 Frankfurt/M.
Tel: 069 28 3858 Fax: 069 28 1493 E-Mail: iowa_europe@compuserve.com

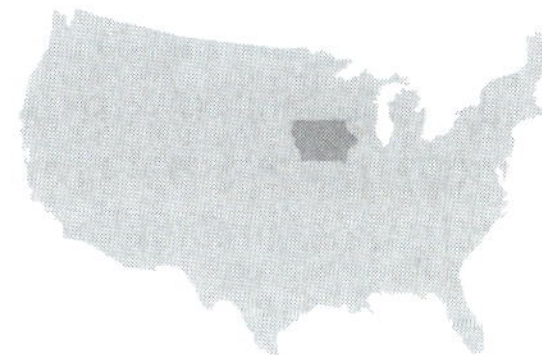

Iowa Division of Tourism, 200 East Grand Avenue, Des Moines, IA 50309
Tel: 001515 242 4705 Fax: 001 515 242 4749
E-Mail: tourism@ided.state.ia.us Web: www.state.ia.us/tourism/

Iowa City/Coralville Convention & Visitors Bureau, 408 First Avenue, Coralville, IA 52241, Tel: 001 319 337 6592 Fax: 001 319 337 9953
E-Mail: cvb@icccvb.org Website: www.icccvb.org

Zeitverschiebung: MEZ - 7
Fläche: 145.754 km²
Einwohner: 2,8 Mio.

Geographische Lage:

Etwa 95% des sanft hügeligen Landes werden landwirtschaftlich genutzt; es gibt interessante Städte, Parks, viele Seen und Freizeitgebiete.

Tauchplätze:

Der West Lake Okoboji ist unter den Tauchern dieser Region sehr beliebt. Er liegt im Big Creek Park, etwa 5 km nördlich von Des Moines und hat eine Fläche von ca. 25 km².

Dubuque IA 52001 Iowa

Dubuque Yacht Basin
1630 East 16th Street
Ph: + 1 319 556 7708 Fax: + 1 319 556 2454
Organisation: 5*PADI Language: English
Established: 1993 Season: 01.01. - 31.12.

Davenport IA 52802 Iowa

Mars Marine & Dive Shop
3929 Rockingham Rd
Ph: + 1 319 324 8771 Fax: + 1 319 326 3613
Organisation: 5*PADI Language: English
Established: 1995
Season: 01.01. - 31.12.

Arnolds Park IA 51331 Iowa

Okoboji Scuba Center
Hwy 71 Maywood Square Mall or. P.O. Box 707
Ph: +1 877 804 3474 Fax: +1 712 332 5054
E-Mail: sfintel@okobojiscuba.com
Website: http://www.okobojiscuba.com
Organisation: PADI, NAUI, CMAS
Language: English, German
Established: 1978 Season: 01.01. - 31.12.

Marion IA 52302 Iowa

Stre's Aquatic Center, 1145 W. 8th Avenue
http://www.okobojiscuba.com/divelist.htm
Organisation: PADI Language: English
Established: 1989 Season: 01.01. - 31.12.

Sioux IA 51105 Iowa

Scuba Shak
2928 Gaodon Drive
Ph: + 1 712 274 0400 Fax: + 1 712 274 0400
Organisation: PADI
Language: English
Established: 1990
Season: 01.01. - 31.12.

Hauptstadt Topeka **Einwohner** 119.883

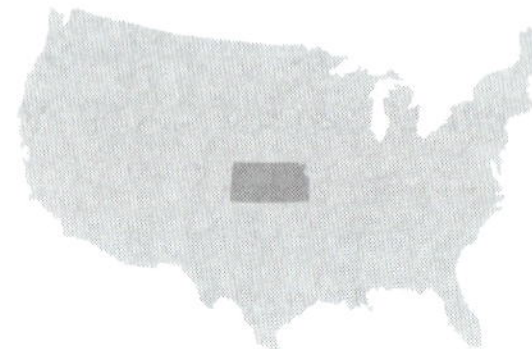

Kansas Travel & Tourism
Suite 1300, 700 SW Harrison Street, Topeka, KS 66603-3712
Tel: 001 785 296 2009 Fax: 001 785 296 6988
E-Mail: travtour@ink.org Website: www.kansascommerce.com

Wichita Convention & Visitors Bureau
Suite 100, 100 South Main, Wichita, KS 67202
Tel: 001 316 265 2800 Fax: 001 316 265 0162
E-Mail: wcvb@wichita-cvb.org Website: www.wichita-cvb.org

Zeitverschiebung: MEZ - 7
Fläche: 213.111 km²
Einwohner: 2,5 Mio.

Geographische Lage:

Kansas (KA) ist ein Binnenstaat im Zentrum der USA und liegt an dem Fluss Arkansas südlich von Nebraska, östlich von Colorado, nördlich von Oklahoma sowie westlich von Missouri. Wichtigste Städte sind Kansas City, Topeka und Wichita.

Tauchplätze:

Der Binnenstaat weist nur wenige Tauchmöglichkeiten auf, es gibt einige gute Plätze in Süßwasserseen, z.B. am El Dorado Lake, ca. 100 km² groß, und am Kansas River.

Lawrence KS 66046-5039 Kansas

Mask-Snorkel-Fin, 1301 East 25th Street
Ph: + 1 785 749 0500 Fax: + 1 785 749 2306
E-Mail: msfinc@masksnorkelfin.com
Organisation: 5*PADI Language: English
Established: 1993
Season: 01.01. - 31.12.

Overland Park KS 66210 Kansas

Midwest Aquatics, 11721 College Blvd
Ph: + 1 913 451 6238 Fax: + 1 913 451 8306
Organisation: 5*PADI Language: English
Established: 1997
Season: 01.01. - 31.12.

Topeka Kansas KS 66607 Kansas

Topeka Dive Shop, 3032 SE 6th Avenue
Ph: + 1 785 233 3483 Fax: + 1 785 233 3483
E-Mail: scuba@topekadive.com
Website: http://topekadive.com/
Organisation: NAUI PADI, DAN, AWWA.
Language: English
Established: 1993
Season: 01.01. - 31.12.

Wichita KS 67208 Kansas

Adventure Sports, 6370 East Central
Ph: + 1 316 689 8051 Fax: + 1 316 689 8051
Organisation: 5*PADI Language: English
Established: 1997 Season: 01.01. - 31.12.

Wichita KS 67207 Kansas

Pro Ski & Scuba, 8029 Peachtree
Ph: + 1 316 684 9738 Fax: + 1 316 684 2897
Organisation: 5*PADI Language: English
Established: 1996 Season: 01.01. - 31.12.

Hauptstadt Frankfort **Einwohner** 25.968

Kentucky Department of Travel, Suite 2200, 500 Mero Street, Frankfort, KY 40601-1968, Tel: 001 502 564 4930 Fax: 001 502 564 5695 E-Mail: travel@mail.tour.state.ky.us www.kentuckytourism.com

Northern Kentucky Convention & Visitors Bureau Suite 100, 50 E Rivercenter Boulevard, Covington, KY 41011 Tel: 001 606 261 4677 Fax: 001 606 261 5135 E-Mail: info@nkycvb.com www.nkycvb.com

Southern/Eastern Kentucky Tourism Development Suite 310, 2292 South Highway 27, Somerset, KY 42501 Tel: 001 606 677 6000 Fax: 001 606 677 6010 E-Mail: info@centertech.com www.centertech.com

Zeitverschiebung: MEZ - 6
Fläche: 104.665 km²
Einwohner: 3,8 Mio.

Geographie:
Kentucky (KY) ist ein Binnenstaat zwischen Tennessee im Süden, Missouri und Illinois im Westen, Indiana und Ohio im Norden sowie Virginia und West Virginia im Osten. Größte Stadt ist Louisville.

Avawam, KY 41721 Kentucky
Avawam Fire & Rescue, Old Highway 80 West
Owner: Logan D. Fields
Ph: + 1 606 436 6855 Fax: + 1 606 436 4797
Organisation: SSI Language: English
Established: 1990 Season: 01.01. - 31.12.

Corbin KY 40701 Kentucky
Laurel Diving Headquaters 414 Master Street
Ph: + 1 606 523 1360 Fax: + 1 606 523 1360
Organisation: 5*PADI Language: English
Established: 1995 Season: 01.01. - 31.12.

Lexington KY 40503 Kentucky
New Horizons Diving Center
2577 Regency Rd
Ph: + 1 606 277 1234 Fax: + 1 606 277 6349
Organisation: 5*PADI Language: English
Established: 1996 Season: 01.01. - 31.12.

Owensboro KY 42303 Kentucky
Dolphin Dive Center
2416 New Hartford Rd
Ph: + 1 502 684 2006
Organisation: 5*PADI
Language: English
Established: 1993 Season: 01.01. - 31.12.

Somerset KY 42501 Kentucky
Divers Den
Owner: Dean Littrell
5454 South Hwy 27
Ph: + 1 606 561 4536 Fax: + 1 606 561 4536
Organisation: PADI Language: English
Established: 1988

Edgewood KY 41017 Kentucky
Central Coast Dive Center, 913 Dudley Road
Ph: + 1 606 426 0020 Fax: + 1 606 426 0023
Organisation: PADI Language: English
Established: 1998 Season: 01.01. - 31.12.

Hauptstadt Baton Rouge **Einwohner** 219.531

Department of Tourism, P.O. Box 94291,
Capitol Station, Baton Rouge, LA 70804-9291
Tel: 001 225 342 8100. Fax: 001 225 342 8390.
E-Mail: free.info@crt.state.la.us Website: www.louisianatravel.com

New Orleans Metropolitan & Visitors Bureau
1520 Sugar Bowl Drive, New Orleans, LA 70112-1259
Tel: 001 504 566 5011 Fax: 001 504 566 504.
E-Mail: sales@neworleans.com Website: www.neworleanscvb.com
E-Mail: swla@laol.net Website: www.visitlakecharles.org

Zeitverschiebung: MEZ - 7
Fläche: 134.2 km²
Einwohner: 4,3 Mio.

Geographische Lage:
Das sumpfige Mississippi-Tal von Louisiana ist eine der landschaftlich ansprechendsten Regionen der USA. New Orleans, die größte Stadt, ist die beliebteste Touristenattraktion.

Baton Rouge LA 70806 Louisiana
Underwater Adventures
678 Jefferson Highway
Ph: + 1 504 927 3483 Fax: + 1 504 927 1932
E-Mail: uwasmith@aol.com
Organisation: PADI Language: English
Established: 1993 Season: 01.01. - 31.12.

Lafayette, LA 70506 Louisiana
Divers Destination of Louisiana
Owner: Greg Hidalgo
201 Guilbeau Rd.
Ph: + 1 318 9844678 Fax: + 1 318 9813483
E-Mail: mbrc.ddl@worldnet.att.net
Organisation: PADI Language: English
Established: 1985

Leesville LA 71446 Louisiana
Strictly Scuba, 1112 North 5TH Street
Ph: + 1 318 238 0709 Fax: + 1 318 463 9981
Organisation: PADI Language: English
Established: 1990 Season: 01.01. - 31.12.

Metairie LA 70005 Louisiana
Caribbean Dive Shop, 1708 Lake Avenue
Ph: + 1 504 831 7017 Fax: + 1 504 831 7017
Organisation: 5*PADI Language: English
Established: 1991 Season: 01.01. - 31.12.

New Orleans LA 70130 Louisiana
Aqua Fun Adventues
Enchanted Isle, Port of New Orleans
Ph: + 1 954 776 1469 Fax: + 1 954 776 6510
Organisation: PADI Language: English
Season: 01.01. - 31.12.

New Orleans LA 70126-1857 Louisiana
The Scuba Company, 7212 Hayne Blvd
Ph: + 1 504 244 6292 Fax: + 1 504 246 1681
Organisation: 5*PADI Language: English
Established: 1989 Season: 01.01. - 31.12.

Hauptstadt Augusta **Einwohner** 21.325

Discover New England, Roonstraße 21, D-90429 Nürnberg
Tel: 0911 926 9113 Fax: 0911 926 9301
E-Mail: BussCons@aol.com Website: www.discovernewengland.com

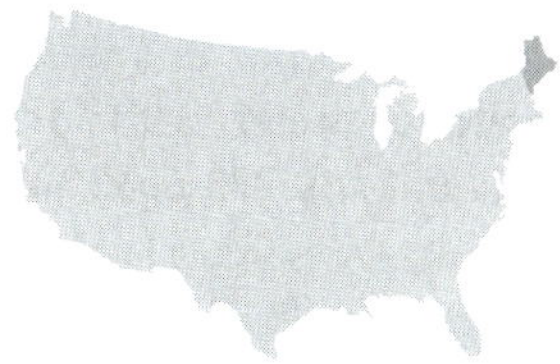

Maine Office of Tourism, 59 State House Station, Augusta, ME 04333
Tel: 001 207 287 5711 Fax: 001 207 287 8070
E-Mail: mpbinfo@mainetourism.com Website: www.visitmaine.com

Greater Portland Convention & Visitors Bureau 305 Commercial Street,
Portland, ME 04101-4641 Tel: 001 207 772 5800 Fax: 001 207 874 9043
E-Mail: info@visitportland.com Website: www.visitportland.com

Zeitverschiebung: MEZ - 6
Fläche: 91.653 km²
Einwohner: 1,2 Mio.

Geographische Lage:

Maine ist ein Staat Neuenglands und hat eine der schönsten Landschaften des Nordens. Etwa 80% des Landes sind bewaldet, es gibt über 2.200 Seen mit malerischen Ufern sowie Berge und Täler.

Maine, Beach bei Newport:

Einer der schönsten Tauchplätze des Bundesstaates ist Nubble Light am York Beach. Das berühmteste Wrack vor der Küste der New England Staaten ist das U-853, ein WW II-U-Boot in 42 m Tiefe nordöstlich von Block Island vor Newport.

Waterville ME 04901 Maine
Aqua City Scuba, 11 Water Street
Ph: + 1 207 873 0266 Fax: + 1 207 877 0417
Organisation: 5*PADI Language: English
Established: 1997 Season: 01.01. - 31.12.

Bass Harbor ME 04653 Maine
Harbor Divers, HCR 33, P.O. Box 40
Ph: + 1 207 244 5751 Fax: + 1 207 244 0301
Organisation: PADI Language: English
Established: 1990 Season: 01.01. - 31.12.

Brunswick ME 04011 Maine
Johnson's Sporting Goods, 206 Cooks Corner
Ph: + 1 207 725 7531 Fax: + 1 207 729 6771
Organisation: PADI Language: English
Established: 1995 Season: 01.01. - 31.12.

Bangor ME 04401 Maine
Maine Divers Scuba Center, 368 Harlow Street
Ph: + 1 207 990 3483 Fax: + 1 207 990 2038
E-Mail: maindvrs@acadia.net
Organisation: 5*PADI Language: English
Established: 1992 Season: 01.01. - 31.12.

York Beach ME 03910 Maine
York Beach Scuba, 19 Railroad Ave.
Owner: David Woods
Ph: + 1 207 363 3330 Fax: + 1 207 363 5040
E-Mail: ybs@biddeford.com
Website: www.gwi.net/~ybs
Organisation: PADI, NAUI, TDI
Language: English Established: 1992
Season: 01.01. - 31.12.

Hauptstadt Annapolis **Einwohner** 33.187

Maryland Office of Tourism Development, 9th Floor, 217 East Redwood Street, Baltimore, MD 21202, Tel: 001 410 767 3400 Fax: 001 410 333 6643 Website: www.mdisfun.org

Annapolis & Anne Arundel County Conference & Visitors, 26 West Street, Annapolis, MD 21401, Tel: 001 410 280 0445 Fax: 001 410 263 9591, E-Mail: info@visit-annapolis.org, www.visit-annapolis.org

Baltimore Area Convention & Visitors Association, 12th Floor, 100 Light Street, Baltimore, MD 21202, Tel: 001 410 659 7300 Fax: 001 410 727 2308 Website: www.baltimore.org

Zeitverschiebung: MEZ - 6
Fläche: 32.134 km²
Einwohner: 5 Mio.

Geographische Lage:
Maryland (MD) ist ein kleiner Bundesstaat zwischen Pennsylvania im Norden, Virginia im Süden und Delaware im Osten sowie einer Westgrenze zu West Virginia mit einem schmalen Zugang zum Atlantischen Ozean. Wichtigste Stadt ist Baltimore.

Tauchplätze:

Es gibt unzählige betauchbare Seen in den beschriebenen Staaten. Gute Möglichkeiten für Süßwasserfreunde bestehen u.a. im Deep Creek Lake in der Nähe von Mayhew Inn, MD. Strömungstauchen kann man u.a. im Havre de Grace am Susquahanna River, Maryland.

Baltimore MD 21234 Maryland

Divers Den, 8105 Horford Rd
Ph: + 1 410 668 6866 Fax: + 1 410 668 1497
E-Mail: diversden@erols.com
Organisation: 5*PADI Language: English
Established: 1998 Season: 01.01. - 31.12.

Columbia MD 21045 Maryland

Columbia Scuba 6695-C Dobbin Rd
Ph: + 1 410 381 1994 Fax: + 1 410 381 4383
E-Mail: cscuba@abs.net
Organisation: 5*PADI Language: English
Established: 1994 Season: 01.01. - 31.12.

Fallston MD 21047 Maryland

Knight Diver 2205-B Bel Air Rd
Ph: + 1 410 893 1636 Fax: + 1 410 893 1638
E-Mail: scubie@erols.com
Organisation: 5*PADI Language: English
Established: 1991 Season: 01.01. - 31.12.

Frederick MD 21701 Maryland

Anchor Scuba Center, 338 East Patrick Street
Ph: + 1 301 663 9363 Fax: + 1 301 694 8947
E-Mail: tbrady@fred.net
Organisation: 5*PADI Language: English
Established: 1994 Season: 01.01. - 31.12.

Gaithersburg MD 20878 Maryland

Atlantis Scuba Center, 213 Muddy Branch Rd
Ph: + 1 301 990 0223 Fax: + 1 301 990 8604
E-Mail: atltedge@aol.com
Organisation: 5*PADI Language: English
Established: 1995 Season: 01.01. - 31.12.

Hauptstadt Boston **Einwohner** 551.675

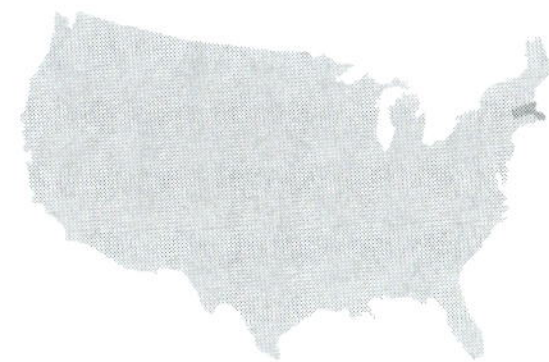

Discover New England
Tel: 0911 926 9113 Fax: 0911 926 9301
E-Mail: BussCons@aol.com Website: www.discovernewengland.com

Massachusetts Office of Travel & Tourism
Suite 4510, State Transportation Building, 10 Park Plaza, Boston
Tel: 001 617 973 8500 Fax: 001 617 973 8525
E-Mail: vacationinfo@state.ma.us Web: www.mass-vacation.com

Zeitverschiebung:MEZ - 6
Fläche: 27.337 km²
Einwohner: 6,04 Mio.

Greater Boston Convention & Visitors Bureau
Website: www.bostonusa.com

Geographie:
Die Berkshire Hills durchziehen den Staat im Westen. Im Osten fällt das Land sanft zum Meer hin ab. Hier liegen die Staatshauptstadt Boston und die Strände der Cape Cod National Seashore. Die beiden Gebiete werden durch das Connecticut River Valley voneinander getrennt.

Tauchplätze:
Vor Cape Ann, einer Halbinsel im Norden des Bundesstaates befinden sich einige lohnende Tauchplätze, u.a. Folly Cove und Cathedral Rocks an der Nordspitze, Loblolly Cove im Südosten. Hervorragende Tauchplätze liegen zudem am Canoe Beach bei Nahant, im Chandler Hovey Park vor Marblehead und am Sandwich Town Beach beim gleichnamigen Ort. Außerdem bestehen gute Möglichkeiten in der Region um Manchester, wie zum Beispiel Norman's Woe und den Magnolia Rocks.

Beverly MA 01915 Massachusetts
Undersea Divers, 42 Water Street
Ph: + 1 508 927 9551 Fax: + 1 508 922 9964
Organisation: PADI Language: English
Established: 1996
Season: 01.01. - 31.12.

VISA M AE

Buzzards MA 02532 Massachusetts
Aquarius Diving Center, 3239 Cranberry Highway
Ph: + 1 508 759 3483 Fax: + 1 508 759 6584
Organisation: 5*PADI Language: English

VISA M AE

South Attleboro 02703-5908 Massachusetts
The Scuba Center1 Highland Avenue
Ph: + 1 508 761 5015 Fax: + 1 508 399 6188
E-Mail: Scubactr@juno.com
Organisation: PADI Language: English

VISA M AE

South Deerfield MA 01373 Massachusetts
Valley Divers6 Sugarloaf Street
Ph: + 1 413 665 8111 Fax: + 1 413 665 3988
E-Mail: valydivers@aol.com
Organisation: 5*PADI Language: English

VISA M AE

West Springfield MA 01089 Massachusetts
Holyoke Underwater, 1353 Riverdale Street
Ph: + 1 413 737 2300 Fax: + 1 413 737 5282
E-Mail: holyoke.underwater@the-spa.com
Organisation: PADI Language: English

VISA M AE

Hauptstadt Lansing **Einwohner** 127.321

Great Lakes of North America c/o Travel Marketing
Romberg, Wallstraße 56, D-40878 Ratingen/Düsseldorf
Tel: 02102 711191 Fax: 02102 21177
E-Mail: heesena@t-online.de www.cglg.org/greatlakestourism

Travel Michigan
2nd Floor, Victor Center, 201 N Washington Square, Lansing
Tel: 001 517 373 0670 Fax: 001 517 373 0059 www.michigan.org

Jackson Convention & Tourist Bureau
Website: www.jackson-mich.org

Zeitverschiebung: MEZ - 6
Fläche: 250.465 km2
Einwohner: 9,49 Mio.

Geographische Lage:
Michigan besteht aus zwei Halbinseln, die durch den Lake Michigan getrennt werden und durch die längste Hängebrücke der Welt miteinander verbunden sind. Vier der Großen Seen (Lake Superior, Lake Huron, Lake Erie und Lake Michigan) liegen zum Teil in diesem Bundesstaat. Die untere Halbinsel besteht hauptsächlich aus Ackerland mit Seen, Wiesen und Sandstränden. Die obere Halbinsel ist zerklüfteter mit Wäldern und weißen Stränden. Es gibt in Michigan unzählige Tauchplätze.

Ann Arbor MI 48104 Michigan
Divers Incorperated, 3380 Washtenaw Avenue
Ph: + 1 734 971 7770 Fax: + 1 734 971 2925
E-Mail: discuba@aol.com
Organisation: 5*PADI Language: English
Established: 1993 Season: 01.01. - 31.12.

Kalamazoo 49002 Michigan
Dive Site, 9125 Portage Rd. # A
Owner: Peter Berger
Ph: + 1 616 323 3700 Fax: + 1 616 323 8766
E-Mail: pberger219@aol.com
Organisation: SSI Language: English
Established: 1988 Season: 01.01. - 31.12.

Lansing, 48912 Michigan
Underwater World, 1806 E. Michigan Ave.
Owner: Ron & Winalee Zeeb
Ph: + 1 517 4853894 Fax: + 1 517 4859081
Organisation: PADI, SSI Language: English

Lincoln Park MI 48146 Michigan
Scuba Centers Of Michigan 3280 Fort Street
Ph: + 1 313 388 3483 Fax: + 1 313 388 2493
E-Mail: info@scubacenters.com
Website: www.scubacenters.com
Organisation: PADI, SSI, NASDS
Language: English Established: 1969

Okemos MI 48864 Michigan
Aquatic Sports, Ltd. 2311 Jolly Rd
Ph: + 1 517 347 4811 Fax: + 1 517 347 4266
Organisation: 5*PADI Language: English
Established: 1997 Season: 01.01. - 31.12.

Shelby Township MI 48317 Michigan
E-Mail: dave@greatlakesdivecenter.com

Hauptstadt St. Paul **Einwohner** 272.235

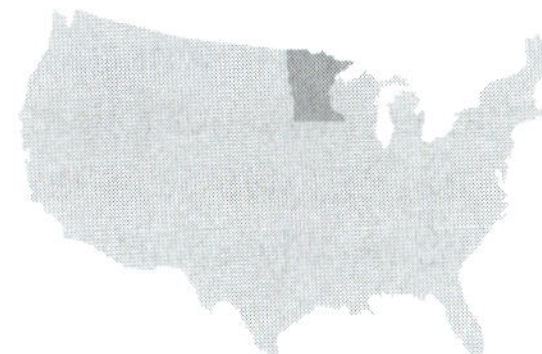

Zeitverschiebung: MEZ - 7
Fläche: 225.182 km²
Einwohner: 4,56 Mio.

Minnesota Office of Tourism
Suite 500, 121 7th Place East, St. Paul, MN 55101-2112
Tel: 001 651 296 5029 Fax: 001 651 296 7095
E-Mail: explore@state.mn.us Website: www.exploreminnesota.com

Greater Minneapolis Convention & Visitors Association
4000 Multifoods Tower, 33 South 6th Street, Minneapolis 55402
Tel: 001 612 661 4700 Fax: 001612 335 5841 www.minneapolis.org

St. Paul Convention & Visitors Bureau
E-Mail: spcvb@pioneerplanet.infi.net Website: http://stpaulcvb.org

Geographische Lage:
Minnesota (MN) liegt an der kanadischen Grenze östlich von North und South Dakota, nördlich von Iowa sowie westlich von Wisconsin und dem Lake Superior, die wichtigsten Städte sind Minneapolis am Mississippi und Duluth am Westufer des Oberen Sees Lake Superior. Er ist der Westlichste der Großen Seen mit einer Verbindung zum Lake Huron im Osten, der Südteil grenzt an Michigan, die Ostküste an Minnesota und Wisconsin, im Norden liegt Kanada. Auch an diesem See sind die unzähligen Wracks die wichtigsten Tauchlocations, außerdem gute Möglichkeiten im Alger County Preserve östlich von Munising.

Brainerd 56401 Minnesota
M N School of Diving, 712 Washington St.
Owner: William Matthies
Ph: + 1 218 829 5953 Fax: + 1 218 828 7909
E-Mail: mnscldiv@uslink.net
Organisation: PADI, SSI Language: English
Established: 1959 Season: 01.01. - 31.12.

Eagan MN 55121 Minnesota
Scuba Center Eagan, 1571 Century Point
Ph: + 1 612 681 8434 Fax: + 1 612 681 84330rganisation: 5*PADI Language: English
Established: 1998 Season: 01.01. - 31.12.

Maplewood MN 55109 Minnesota
Northland Divers, 2017 Woodlyn Avenue
Ph: + 1 612 777 4278 Fax: + 1 612 777 6165
E-Mail: scuba7@concentric.net
Organisation: 5*PADI Language: English
Established: 1989 Season: 01.01. - 31.12.

Minneapolis MN 55419 Minnesota
Scuba Center, 5015 Penn Avenue South
Ph: + 1 612 925 4818 Fax: + 1 612 925 5933
Organisation: 5*PADI Language: English
Established: 1997 Season: 01.01. - 31.12.

Rochester MN 55901 Minnesota
Divecenter, Miracle Mile Shopping Center.
3617th Avenue NW
Ph: + 1 507 288 8802 Fax: + 1 507 252 8853
E-Mail: mdc@millcomm.com
Organisation: 5*PADI Language: English
Established: 1970 Season: 01.01. - 31.12.

USA/Mississippi

Hauptstadt Jackson **Einwohner** 196.637

Natchez Visitors Bureau
640 South Canal, Natchez, MS 39120
Tel: 001 601 446 6345 Fax: 001 601 442 0814
E-Mail: ncvb@bkbank.com Website: www.bkbank.com/ncvb/ncvb

Mississippi Information
Pettenkoferstraße 24, D-80336 München
Tel: 089 538 9777 Fax: 089 538 9789 E-Mail: plauen@global-contact.de

Zeitverschiebung: MEZ - 7
Fläche: 125.443 km²
Einwohner: 2,66 Mio

Geographische Lage:

Mississippi (MS) liegt westlich von Alabama, südlich von Tennessee sowie östlich von Arkansas und Louisiana am Ostufer des unteren Mississippi. Der Staat hat im Süden einen schmalen Zugang zum Golf von Mexiko, östlich des Mississippi-Deltas. Wichtigste Städte sind Jackson und Natchez. Mississippi hat auch weitläufige Waldgebiete und zahlreiche Naturparks. Über 6.400 ha, inklusive der Clarbco- und Percy-Quinn-Staatsparks, werden als Freizeitparks und zum Camping genutzt. Der Tauchplatz bei Biloxi liegt im Golf von Mexiko.

Biloxi MS 39532 Mississippi

Club Caribbean Dive & Travel
Owner: Billy Wise
10470 East Diberville Blvd
Ph: + 1 288 3927830 Fax: + 1 228 3927830
E-Mail: rocbilly@aol.com
Website: www.ccdive.com
Organisation: PADI Language: Spanish
Established: 1993 Season: 01.01. - 31.12.

Gulfport, MS 39507 Mississippi

Sports Unlimited Inc.
Owner: Tony & Tim Deas
0173 Hardy Ct., Shopping Center
Ph: + 1 601 863 5839
Organisation: SSI Language: English
Established: English Season: 01.01. - 31.12.

Pascagoula MS 39567 Mississippi

Wet Set Water Entertainment Corp.
2112 Old Mobile Highway
Ph: + 1 601 762 9388 Fax: + 1 601 769 8156
Organisation: PADI Language: English
Established: 1988 Season: 01.01. - 31.12.

City Jackson 39211

Deep South Scuba
1189 E. County Line Rd. Ste. 1060
Ph: + 1 601-957-3483 Fax: + 1 601-957-3483
Organisation: SSI Language: English
Established: 1992 Season: 01.01. - 31.12.

Hattiesburg MS 39401

Sea Urchins 203 N. 38th Ave.
Ph: +1 601-268-7784 Fax: +1 601-268-7784

Hauptstadt Jefferson City **Einwohner** 33.619

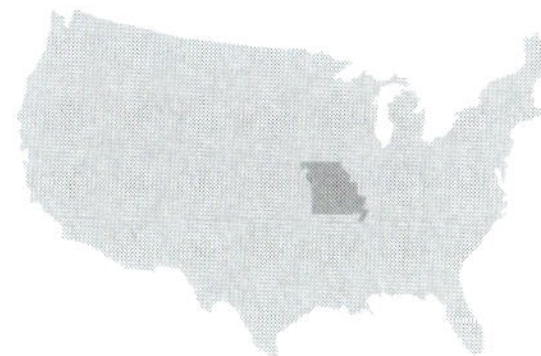

Missouri Division of Tourism
P.O. Box 1055, Jefferson City, MO 65102
Tel: 011 573 526 1553 Fax: 001 573 751 5160
E-Mail: tourism@mail.state.mo.us Website: www.missouritourism.org

St. Louis Convention & Visitors Bureau
Suite 1100, 1 Metropolitan Square, St. Louis, MO 63102
Tel: 001 314 421 1023 Fax: 001 314 421 0394
E-Mail: tourism@st-louis-cvc.com Website: www.st-louis-cvc.com

Zeitverschiebung: MEZ - 7
Fläche: 180.546 km^2
Einwohner: 5,27 Mio.

Geographische Lage:
Missouri (MO) liegt am Zusammenfluss des gleichnamigen Stroms mit dem Mississippi, im Norden grenzt Iowa an, im Westen Nebraska, Kansas und Oklahoma, im Süden Arkansas sowie Illinois und Kentucky im Osten. Größte Städte sind St. Louis, Jefferson City und Springfield.

Tauchplätze:
Der Binnenstaat weist nur wenige Tauchmöglichkeiten auf, allesamt Süßwasserseen. In Missouri befindet sich der Table Rock Lake, ein beliebtes Tauchrevier in der Nähe von Branson mit einigen guten Tauchplätzen. Minentauchen, in der Bonne Terre Mine im Billion Gallon Lake Ressort, Missouri. Etwa 100 km südwestlich von St. Louis kann in einer stillgelegten Mine, die mit Süßwasser vollgelaufen ist, auf 24 Routen unterirdisch getaucht werden. Dabei finden sich alte Werkzeuge und Ausrüstungsgegenstände der Minenarbeiter. Alle Gänge sind beleuchtet.

Bonne Terre, MO 63628 Missouri
Bonne Terre Mine, Park & Allen Street
Ph: + 1 314 731 5003 Fax: + 1 314 895 3160
E-Mail: dg139@aol.com
Website: www.mktg.com/btm
Organisation: SSI Language: English
Established: 1981 Season: 01.01. - 31.12.

Cape Girardeau MO 63701 Missouri
Academy of Scuba Diving
2005 North Kings Highway
Ph: + 1 573 335 0756 Fax: + 1 573 335 1107
Organisation: 5* PADI Language: English
Established: 1983 Season: 01.01. - 31.12.

St Charles MO 63301 Missouri
Great American Diving, 401 North Main Street
Ph: + 1 314 949 0880 Fax: + 1 314 946 5832
E-Mail: tgadc@tgadc.com
Website: www.tgadc.com
Organisation: 5*PADI Language: English
Established: 1980 Season: 01.01. - 31.12.

Independence MO 64052 Missouri
Skin-N-Scuba Dive Shop, 9300 East 35th St.
Ph: + 1 816 358 0855 Fax: + 1 816 358 0855
Organisation: 5* PADI Language: English

Hauptstadt Helena **Einwohner** 24.569

Fremdenverkehrsamt Montana Rocky Mountain International
Wiechmann Tourism
Scheidswaldstraße 73, 60385 Frankfurt/M.
Tel: 069 405 9573 Fax: 069 43 96 31
E-Mail: info@wiechmann.de Website: www.wiechmann.de

Montana Travel Promotion Division
1424 9th Avenue, P.O. Box 200533, Helena, MT 59620-0533
Tel: 001 406 444 2654 Fax: 001 406 444
1800 Website: www.visitmt.com

Zeitverschiebung: MEZ - 8
Fläche: 380.850 km²
Einwohner: 856.000

Geographische Lage:
Montana ist besonders für Naturfreunde interessant. Im Osten bestimmen endlose Prärien das Landschaftsbild und die zerklüfteten Gebirgsketten der westlichen Rocky Mountains suchen ihresgleichen. Es gibt unzählige kristallklare Bergseen, die allesamt zum Tauchen geeignet sind; im Winter ist hier auch Eistauchen möglich.

Billings MO 59101 Montana
Billings Scuba Center, 937 Grand Avenue
Ph: + 1 406 252 0099 Fax: + 1 406 248 4566
E-Mail: farwest@mcn.net
Organisation: PADI Language: English
Established: 19980 Season: 01.01. - 31.12.

Bozeman MO 59715 Montana
Sports Cove 407 1/2 West Main
Ph: + 1 406 585 9926 Fax: + 1 406 585 9926
E-Mail: alpinedvr@aol.com
Organisation: PADI Language: English
Established: 1992 Season: 01.01. - 31.12.

Helena MO 59602 Montana
Mrs J's Scuba, 4855 North Montana Avenue
Owner: Steve Joppa
Ph: + 1 406 442 4334 Fax: + 1 406 443 0218
E-Mail: s_joppa@msn.com
Organisation: PADI Language: English
Established: 1996 Season: 01.01. - 31.12.

Independence MO 64052 Montana
Skin N Scuba Dive Shop 9300 East 35TH St
Ph: + 1 816 358 0855 Fax: + 1 816 358 0858
Organisation: 5*PADI Language: English

Kalispell MO 59901 Montana
Bighorn Divers, 2490 Highway 93 North
Ph: + 1 406 752 4970 Fax: + 1 406 752 4970
Organisation: PADI Language: English
Established: 1990 Season: 01.01. - 31.12.

Kansas MO 64119 Montana
Scuba Adventures 5100 NE Chouteau Trfwy
Ph: + 1 816 455 1492 Fax: + 1 816 455 2398
Organisation: 5*PADI Language: English
Established: 1989 Season: 01.01. - 31.12.

Hauptstadt Lincoln **Einwohner** 191.980

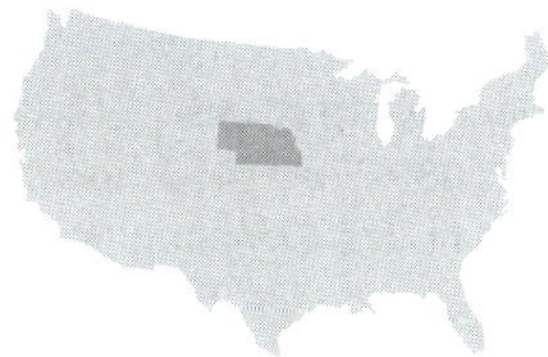

Nebraska Division of Travel and Tourism
P.O. Box 94666
Lincoln NE 68509 USA
Tel: 001 402 471 3796 Fax: 001 402 471 3026

Greater Omaha Convention and Visitors Bureau
Suite 202, 6800 Mercy Road
Omaha NE 68106-2628 USA
Tel: 001 402 444 4660 Fax: 001 402 444 4511

Zeitverschiebung: MEZ - 7
Fläche: 200.360 km²
Einwohner: 1,6 Mio.

Geographische Lage:
Nebraska (NE) liegt südlich von South Dakota, westlich von Iowa, nördlich von Kansas und östlich der Staaten Wyoming und Colorado am Übergang der Rocky Mountains in die Great Plains. Größte Städte sind Omaha und Lincoln. Der Binnenstaat weist nur wenige Tauchmöglichkeiten auf, allesamt Süßwasserseen.

Kearney NE 68847 Nebraska
Heartland Scuba Center, 101 East 24th Street
Ph: + 1 308 237 7943 Fax: + 1 308 237 7943
Organisation: 5*PADI Language: English
Established: 1990 Season: 01.01. - 31.12.

Keystone NE 69144 Nebraska
Watersports Unlimited, Highway 61 & 92
Ph: + 1 308 726 3483 Fax: + 1 308 726 3483
Organisation: PADI Language: English
Established: 1990 Season: 01.01. - 31.12.

Lincoln NE 68510 Nebraska
Heartland Scuba Center, East 237 South 70th St
Ph: + 1 402 488 7774 Fax: + 1 402 488 7774
E-Mail: heartland@inetnebr.com
Organisation: 5*PADI Language: English
Established: 1995 Season: 01.01. - 31.12.

Omaha NE 68154 Nebraska
Heartland Scuba Center Of Omaha
1708 North 120th Street
Ph: + 1 402 492 8844 Fax: + 1 402 492 9978
E-Mail: bastron@msn.com
Organisation: 5*PADI Language: English
Established: 1992 Season: 01.01. - 31.12.

Omaha NE 68134 Nebraska
Midcoast Scuba Center , 8831 Maple Street
Ph: + 1 402 391 1559 Fax: + 1 402 571 2815
E-Mail: hryg84a@prodigy.com
Organisation: 5*PADI Language: English
Established: 1998 Season: 01.01. - 31.12.

Omaha NE 68127 Nebraska
Underwater World 4429 South 84th Street
Ph: + 1 402 339 1884 Organisation: 5*PADI
E-Mail: scubaww@aol.com

Hauptstadt Carson City **Einwohner** 40.443

Las Vegas Convention & Visitors Authority Mangum Management
Herzogspitalstraße 5, D-80331 München
Tel: 089 2366 2130 Fax: 089 260 4009
E-Mail: think@mangum.de Website: www.lasvegas24hours.com

Nevada Commission on Tourism
401 North Carson Street, Carson City, NV 89710
Tel: 001 775 687 4322 Fax: 001 775 687 6779
E-Mail: ncot@travelnevada.com Website: www.travelnevada.com

Zeitverschiebung: MEZ - 9
Fläche: 286.367 km2
Einwohner: 1,45 Mio.

Geographische Lage:
Nevada liegt südlich von Idaho und Oregon, westlich von Utah und östlich von Kalifornien. Der Staat bietet neben Las Vegas auch noch eine Reihe von Naturschönheiten.

Tauchgebiet Süßwasserseen Nevada:
Der Lake Tahoe liegt an der Grenze zu Kalifornien in einem weithin bekannten Bergurlaubsgebiet mit ganzjährigen Sportmöglichkeiten. Die atemberaubende Landschaft lässt sich am besten von einem der Tauchboote bewundern. Tauchfreunde sollten sich auch das beliebte Gebiet am Lake Mead ansehen.

Boulder City NV 89005 Nevada
Boulder City Divers
1637 Nevada Highway, Unit A
Ph: + 1 702 294 5060 Fax: + 1 702 294 5010
Organisation: PADI Language: English
Established: 1995 Season: 01.01. - 31.12.

Elko NV 89801 Nevada
Dawn's High Desert Divers
1250 Lamoille Highway, #205
Ph: + 1 702 777 3483 Fax: + 1 702 777 2483
E-Mail: scuba@sierra.net
Organisation: PADI Language: English
Established: 1995 Season: 01.01. - 31.12.

Las Vegas NV 89115 Nevada
AA1 Neptune Divers, 5831 E. Lake Mead Blvd.
Ph: + 1 702 452 5723 Fax: + 1 702 452 7986
E-Mail: scuba@nevada-scuba.com
Website: www.nevada-scuba.com/
Organisation: PADI Language: English
Established: 1993 Season: 01.01. - 31.12.

Las Vegas NV 89122 Nevada
Desert Divers Supply, 5720 East Charleston Blvd
Owner: A.R. Haugen, Organisation 5*PADI
Ph: + 1 702 438 1000 Fax: + 1 702 438 1010
E-Mail: scubalunev@aol.com
Organisation: 5*PADI Language: English
Established: 1979 Season: 01.01. - 31.12.

Reno NV 89502 Nevada
Sierra Diving Center, 104 East Grove Street
Ph: + 1 702 825 2147 Fax: + 1 702 825 2164
E-Mail: sierradv@concentric.net

Hauptstadt Concord **Einwohner** 36.000

Discover New England Roonstraße 21, D-90429 Nürnberg
Tel: 0911 926 9113. Fax: 0911 926 9301
E-Mail: BussCons@aol.com Website: www.discovernewengland.com

New Hampshire Office of Travel and Tourism
172 Pembroke Road, P.O. Box 1856, Concord, NH 03302-1856
Tel: 001 603 271 2665 Fax: 001 603 271 6784
E-Mail: ottd@dred.state.nh.us Website: www.visitnh.gov
E-Mail: nhlra@tiac.net Website: www. 4seasonresort.com

Zeitverschiebung: MEZ - 6
Fläche: 24.219 km²
Einwohner: 1,13 Mio.

Geographische Lage:
New Hampshire, einer der Staaten Neuenglands, ist berühmt für seine wunderschöne Landschaft, die sich vom Mount Washington in die nördlichen White Mountains und über die Seen bis zu den Atlantikstränden bei Hampton erstreckt.

Tauchplätze:
Am Atlantischen Ozean und am Lake Winnipesaukee gibt es einige gute Tauchmöglichkeiten.

Atkinson NH 03811 New Hampshire
Discover Diving, 17 Main Street
Ph: + 1 603 362 6272 Fax: + 1 603 362 4565
Organisation: 5*PADI Language: English
Established: 1993 Season: 01.01. - 31.12.

Hudson NH 03051 New Hampshire
Aqua Venture Dive Center, 20 Lowell Rd
Ph: + 1 603 598 5100 Fax: + 1 603 598 5100
E-Mail: eburke1@ix.netcom.com
Organisation: PADI Language: English
Established: 1998
Season: 01.01. - 31.12.

Keene NH 03431 New Hampshire
Underwater Sports Of New Hampshire
334 Park Avenue
Ph: + 1 603 357 4430 Fax: + 1 603 357 4436
Organisation: 5*PADI Language: English
Established: 1995
Season: 01.01. - 31.12.

Manchester NH 03104 New Hampshire
Divers Den Dive Shop
730 Mammoth Rd
Ph: + 1 603 627 2536 Fax: + 1 603 627 9079
E-Mail: diversden@worldnet.att.net
Organisation: 5*PADI Language: English
Established: 1996
Season: 01.01. - 31.12.

North Hampton NH 03862 New Hampshire
North Atlantic Scuba Sales 203 Lafayette Rd, Route 1
Ph: + 1 603 964 6335
Organisation: PADI Language: English
Established: 1998
Season: 01.01. - 31.12.

USA/New Jersey

Hauptstadt Trenton **Einwohner** 88.675

Greater Wildwood Tourism Development Authority
P.O. Box 217, Wildwood, NJ 08260
Tel: 001 609 729 9000 Fax: 001 609 523 9350
Website: www.wildwoods.com

New Jersey Office of Travel & Tourism
20 West State Street, P.O. Box 820, Trenton, NJ 08628-0820
Tel: 001 609 292 2470. Fax: 001 609 633 7418
Website: www.state.nj.us/travel
Website: www.atlanticcitynj.com

Zeitverschiebung: MEZ - 6
Fläche: 22.590 km^2
Einwohner: 7,9 Mio.

Geographische Lage:

New Jersey (NJ) liegt an der Atlantikküste, östlich von Pennsylvania und Delaware sowie südlich von New York. Wichtigste Städte sind Newark und Jersey City, westlich von New York City auf der anderen Seite des Hudson River gelegen.

Wracks:

Die interessantesten Wracks sind vor allem die Yankee, ein Dampfer vor dem Jones Inlet, Long Island in 35 m und die Stolt D'Agali, ein Tanker in Tiefen zwischen 18 und 38 m vor der Küste von New Jersey. Weitere New Jersey Wracks sind u.a. Adonis (Schoner) und Rußland (Passagierschiff). Die beiden Wracks liegen in 7 m Tiefe in unmittelbarer Nähe dicht vor der Küste an der Ocean Avenue.

Avon By The Sea NJ 07717 New Jersey

Diver's Two, 1 Main Street
Ph: + 1 732 776 7755 Fax: + 1 732 776 6635
E-Mail: diverstwo@aol.com
Organisation: 5*PADI Language: English
Established: 1996 Season: 01.01. - 31.12.

Edison NJ 08837 New Jersey

Ocean Explorers Aquatic Center 180 Lafayette Avenue
Ph: + 1 732 906 8400 Fax: + 1 732 906 8404
E-Mail: ocean_explorers@compuserve.com
Organisation: 5*PADI Language: English
Established: 1993 Season: 01.01. - 31.12.

Little Ferry NJ 07643 New Jersey

Scuba Learning Center, 169 Main St
Owner: Chris Ventura
Ph: + 1 201 440 4450 Fax: + 1 201 440 6697
E-Mail: slcmaibag@aol.com
Website: www.njbbc.com/slc
Organisation: PADI, SDI, NASDS
Language: English, Spanish
Established: 1996 Season: 01.01. - 31.12.

Northfield NJ 08225-1661 New Jersey

East Coast Diving Supply, 1002 New Rd
Ph: + 1 609 646 5090 Fax: + 1 609 641 5762
E-Mail: eastcst1@aol.com
Organisation: 5*PADI, NAUI, NASDS
Language: English, German
Established: 1995
Season: 01.01. - 31.12.

Hauptstadt Santa Fe **Einwohner** 55.920

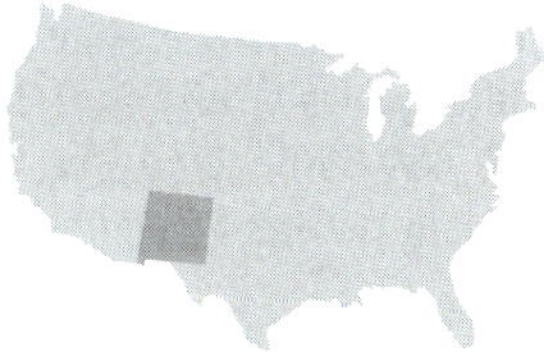

New Mexico Tourism and Travel Division
Lamy Building, 491 Old Santa Fe Trail, Santa Fe, NM 87503
Tel: 001 505 827 7400 Fax: 001 505 827 7402
E-Mail: enchantment@newmexico.org Website: www.newmexico.org

Albuquerque Convention & Visitors Bureau
PO Box 26866, Albuquerque, NM 87125
Tel: 001 505 842 9918 Fax: 001 505 247 9101
E-Mail: media@abqcvb.org Website: www.abqcvb.org
E-Mail: impressions@net.com Website: www.santafe.org

Zeitverschiebung: MEZ - 8
Fläche: 314.945 km^2
Einwohner: 1,65 Mio.

Geographische Lage:
New Mexico (NM) liegt an der Grenze zu Mexico östlich von Arizona, südlich von Colorado und westlich von Texas und Oklahoma. Die Landschaft ist im Westen durch die Mesahochfläche bestimmt, im Osten geht das Land in die Great Plains über. Wichtigste Städte sind Albuquerque und Santa Fe, der Rio Grande durchquert den Bundesstaat von Norden nach Süden. Tauchmöglichkeiten gibt es u.a. im Blue Hole in Santa Rosa, NM.

Alamogordo NM 88310 New Mexico
Divers ll Dive Center, 633 Highway 70 West
Owner: Michele Mauldin
Ph: + 1 505 437 5610 Fax: + 1 505 437 7520
E-Mail: mauldin@zianet.com
Organisation: PADI, IANTD Language: English
Established: 1989 Season: 01.01. - 31.12.

Albuquerque NM 87110 New Mexico
Blue Water Dive & Travel, 4927 Prospect NE
Ph: + 1 505 884 3483 Fax: + 1 505 883 0635
E-Mail: theblueh20@aol.com
Organisation: 5*PADI Language: English
Established: 1996
Season: 01.01. - 31.12.

Farmington NM 87401 New Mexico
School Of Diving, 4010 East Main Street
Ph: + 1 505 325 2728 Fax: + 1 505 326 5204
E-Mail: nmsd@acrnet.com
Organisation: PADI Language: English
Established: 1996 Season: 01.01. - 31.12.

Las Cruces NM 88001 New Mexico
Divers ll Dive Centers, 1105 North Solano
Ph: + 1 505 524 2729 Fax: + 1 505 437 7520
Organisation: PADI Language: English
Established: 1991
Season: 01.01. - 31.12.

Lovington NM 88260 New Mexico
Divers Of New Mexico, 117 North Main Street
Ph: + 1 505 396 3483 Fax: + 1 505 396 6255
Organisation: PADI
Language: English
Established: 1993 Season: 01.01. - 31.12.

Hauptstadt Albany **Einwohner** 101.082

New York Convention & Visitors Bureau Mangum Management
Herzogspitalstraße 5, D-80331 München
Tel: 089 23 66 2149 Fax: 089 260 4009
E-Mail: newyork@mangum.de Website: www.nycvisit.com

New York State Division of Tourism
P.O. Box 2603, Albany, NY 12220-0603
Tel: 001 518 474 4116 Fax: 001 518 486 6416
E-Mail: iloveny@empire.state.ny.us Website: www.iloveny.state.ny.us
Website: www.nycvisit.com Website:www.hanyc.org

Zeitverschiebung: MEZ - 6
Fläche: 141.100 km²
Einwohner: 18,1 Mio.

Geographische Lage:
New York (NY) liegt im Nordosten der USA und grenzt im Norden an Kanada (die Grenze verläuft entlang des Sankt Lorenz Stroms) und den Ontariosee, im Westen an den Erie-See mit den Niagara-Fällen, im Süden an Pennsylvania und New Jersey sowie im Osten an die New England Staaten. Die Küstenregion des Bundesstaates beschränkt sich auf das Gebiet von Long Island. Wichtigste Stadt ist New York City. Die Tauchplätze sind die Insel Long Island im Osten von New York City und Texas Tower, eine versenkte Radarstation südlich von Long Island. Außerdem sind die unzähligen Wracks als Tauchplätze von großer Bedeutung, wie z.B. Yankee, ein Dampfer vor dem Jones Inlet, Long Island in 35 m.

Brooklyn NY 11229 New York
Kings County Divers Corp, 2417 Avenue U
Ph: + 1 718 648 4232 Fax: + 1 718 934 4153
E-Mail: kcdivers@aol.com
Organisation: PADI Language: English
Established: 1993 Season: 01.01. - 31.12.

Lynbrook NY 11563-2922 New York
Dive Inc, 815 A Sunrise Highway
Ph: + 1 516 872 4571 Fax: + 1 516 872 4572
E-Mail: diveincny@aol.com
Organisation: 5*PADI Language: English
Established: 1992 Season: 01.01. - 31.12.

Mineola NY 11501 New York
Scuba Depot, 155 Jerico Turnpike
Ph: + 1 516 739 3483 Fax: + 1 516 739 0024
E-Mail: sdcomments@aol.com
Organisation: 5*PADI Language: English
Established: 1990 Season: 01.01. - 31.12.

NY 10036 New York
Pan Aqua Diving, 460 West 43RD Street
Ph: + 1 212 736 3483 Fax: + 1 212 736 2685
E-Mail: panaqua@aol.com
Website: www.panaqua.com
Organisation: 5*PADI Language: English
Established: 1978 Season: 01.01. - 31.12.

New York City NY 10021
Sea Horse Divers, 1416 2nd Avenue
Ph: + 1 212 517 2055 Fax: + 1 212 517 2157
E-Mail: seahorse1@aol.com

Hauptstadt Raleigh **Einwohner** 250.000

North Carolina Travel & Tourism Mangum Management
Herzogspitalstraße 5, D-80331 München
Tel: (089) 23 66 21 35. Telefax: (089) 260 40 09.
E-Mail: think@mangum.de Website: www.visitnc.com

North Carolina Tourism Office
301 North Wilmington Street, P.O. Box 25249, Raleigh, NC 27601
Tel: 001 919 733 4171 Fax: 001 919 733 8582
Website: www.visitnc.com Website: www.ashevillechamber.org
Website: www.charlottecvb.org

Zeitverschiebung: MEZ - 6
Fläche: 139.397 km²
Einwohner: 7 Mio.

Geographische Lage:
North Carolina (NC) liegt an der Ostküste südlich von Virginia, östlich von Tennessee und nördlich von South Carolina. Die Küste ist in drei Abschnitte unterteilt, die Northern Coast mit einer Vielzahl von Buchten und dem Albemarle und Pamlico Sound, die Central Coast mit dem Cape Lookout und Southern Coast mit unzähligen Inseln. Von den vielen Wracks in der Region sind folgende betauchbar: John D. Gill, Hyde, Morehead City Inshore, W. E. Hutton, Black Sea Bass, Indrea, Theodore Parker, Suloid und Novelty bei Wilmington.

Asheboro NC 27203 North Carolina
Cooper's Scuba Center, 920 South Cox Street
Ph: + 1 336 625 8687 Fax: + 1 336 625 1558
E-Mail: patty@asheboro.com
Organisation: PADI Language: English
Established: 1995 Season: 01.01. - 31.12.

Beaufort NC 28516 North Carolina
Discovery Diving, 414 Orange Street
Owner: Derbby Boyce
Ph: + 1 252 728 2265 Fax: + 1 252 728 2581
E-Mail: dive@discoverydiving.com
Website: www.discoverydiving.com
Organisation: 5*PADI Language: English

Burlinton NC 27215 North Carolina
Burlington Dive Center, 429 Trollinger Street
Ph: + 1 336 229 0793 Fax: + 1 336 229 0819
E-Mail: bdc429@aol.com
Organisation: PADI Language: English
Established: 1994 Season: 01.01. - 31.12.

Charlotte 28203 North Carolina
Paradise Island Divers, 2371 South Blvd.
Owner: Wayne Moose
Ph: + 1 704 5259234 Fax: + 1 704 5259566
Organisation: NASOS, SSI Language: English

Durham NC 27703 North Carolina
Water World , 135 South Miami Blvd
Ph: + 1 919 596 8185 Fax: + 1 919 596 3000
E-Mail: waterworldinc.com
Organisation: PADI Language: English

USA/North Dakota

Hauptstadt Bismarck **Einwohner** 49.500

North Dakota Department of Tourism
2nd Floor, Liberty Memorial Building, 604 East Boulevard,
Bismarck, ND 58505-0820
Tel: 001 701 328 2525 Fax: 001 701 328 4878
E-Mail: tharris@state.nd.us Website: www.ndtourism.com

Greater Grand Forks Convention & Visitors Bureau
4251 Gateway Drive, Grand Forks, ND 58203
Tel: 001 701 746 0444 Fax:001 701 746 0775
E-Mail: jamest@thequest.net Website: www.grandforkscvb.org

Zeitverschiebung: MEZ - 7
Fläche: 183.123 km²
Einwohner: 640.000

Geographische Lage:

North Dakota liegt südlich von Kanada, östlich von Montana und westlich von Minnesota. Es ist eines der ländlichsten Gebiete der USA und für seine reizvolle Landschaft bekannt. Der Binnenstaat weist nur wenige Tauchmöglichkeiten auf, allesamt in Süßwasserseen, z.B. im Lake Robison, Lake Willams und Lake Horsehead. Im Winter ist auch Eistauchen möglich. Das Klima ist kontinental mit heißen Sommern und kalten Wintern.

Mandan ND 58554 North Dakota

Scuba One, 2010 46th Avenue SE
Ph: + 1 701 667 1312 Fax: + 1 701 667 1312
Organisation: 5*PADI Language: English
Established: 1994 Season: 01.01. - 31.12.

Bei folgenden Organisationen können Sie weitere Informationen über North Dakota bekommen.

NASDS:
National Association of Scuba Diving Schools
1012S. Yates, 38119, Memphis, Tennessee
Tel: 001 901 767 7265 Fax: 001 901 767 2798
E-Mail: info@nasds.com www.nasds.com

YMCA SCUBA USA
5825-2A, Live Oak Parkway, 30093, GEORGIA
Tel: 001 770 662 5172 Fax: 001 770 242 9059
scubaymca@aol.com www.ymcascuba.org

U.S.A.U.F - UNITED STATES OF AMERICA UNDERWATER FEDERATION
P.O. BOX 13754 FL 32604, Gainsville, USA
Tel: 001 904 3831318 Fax: 001 904 3837812
mnance@digital.net

PADI International
1251 East Dyer Road
CA 92705-5605 Santa Ana USA
Tel: 001 714 540 7234 Fax: 001 714 540 2609
info@padi.com http://www.padi.com

NAUI Worldwide
9942 Currie Davis Drive; Suite H
FL 33619-2667 Tampa-USA
Tel: 001 813 628 6284 Fax: 001 813 628 8253
info@naui.org http://www.naui.com

Hauptstadt Columbus **Einwohner** 632.910

Great Lakes of North America (GLNA) Travel Marketing Romberg
Wallstraße 56, D-40878 Ratingen/Düsseldorf
Tel: 02102 711193 Fax: 02102 21177
E-Mail: RomberG@t-online.de Website: www.cglg.org/greatlakestourism

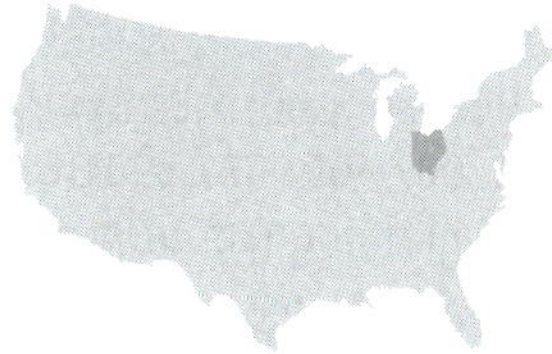

Ohio Division of Travel & Tourism
29th Floor, 77 High Street South, Columbus, OH 43215-6108
Tel: 001 614 466 8844 Fax: 001 614 466 6744
E-Mail: ohiotourism@odod.ohio.gov Website: www.ohiotourism.com
E-Mail: visctr@netwalk.com Website: www.columbuscvb.org

Zeitverschiebung: MEZ - 6
Fläche: 116.103 km²
Einwohner: 11,1 Mio.

Geographische Lage:
Ohio (OH) liegt zwischen Indiana im Westen, Kentucky im Süden sowie West Virginia und Pennsylvania im Osten. Im Norden grenzt der Staat an Michigan und den Lake Erie, am Ufer liegen Cleveland und Toledo, weitere wichtige Städte sind Cincinnati und die Hauptstadt Columbus. Die Sandstrände des Lake Erie markieren die nördliche Grenze des Staates. Insgesamt besitzt Ohio 40.869 km befahrbare Wasserwege, darunter den Ohio, den Mohican und den Tuscarawas River.

Bedford OH 44146 Ohio
Buckeye Diving, 46 Warrensville Center Rd.
Owner: Paul Reynolds
Ph: + 1 440 4393677 Fax: + 1 440 4393678
E-Mail: buckeye@multiverse.com
Website: www.buckeyedive.com
Organisation: PADI, SSI Language: English
Established: 1964 Season: 01.01. - 31.12.

Centerville OH 45459-5617 Ohio
Miami Valley School Of Diving
871 East Franklin Street
Ph: + 1 937 434 3483 Fax: + 1 937 434 4922
E-Mail: mvsd.scuba@juno.com
Organisation: 5*PADI Language: English

Established: 1994 Season: 01.01. - 31.12.

Cincinnati OH 45227 Ohio
Tri State Scuba, 5729 Dragon Way
Ph: + 1 513 271 2800 Fax: + 1 513 271 0025
E-Mail: scubafun@msi.com
Website: www.tristatescuba.com
Organisation: PADI Language: English
Established: 1994 Season: 01.01. - 31.12.

Columbus OH 43229-2417 Ohio
Dive Time Enterprises 961 East Dublin Granville Rd
Ph: + 1 614 785 0950 Fax: + 1 614 785 0192
E-Mail: istdivetme@aol.com
Organisation: PADI Language: English
Established: 1992 Season: 01.01. - 31.12.

Elyria OH 44035 Ohio
Underwater Dive Center, 42551 North Ridge Rd
Ph: + 1 440 324 3434 Fax: + 1 440 324 3457
E-Mail: udc@bright.net
Organisation: 5*PADI Established: 1998

Hauptstadt Oklahoma City **Einwohner** 453.995

Oklahoma Tourism & Recreation Suite 801
15 N Robinson, P.O. Box 52002, Oklahoma City, OK 73152-2002
Tel: 001 405) 521 3981 Fax: 001 405 521 3992
E-Mail: information@travelok.com Website: www.otrd.state.ok.us

Oklahoma City Convention & Visitors Bureau
189 W Sheridan, Oklahoma City, OK 73102
Tel: 001 405 297 8912 Fax: 001 405 297 8888
Website: www.okccvb.org & Website: www.tulsachamber.com
E-Mail: mpcc@webzone.net

Zeitverschiebung: MEZ - 7
Fläche: 181.048 km²
Einwohner: 3,25 Mio.

Geographische Lage:
Oklahoma befindet sich südlich von Kansas, östlich von New Mexico, westlich von Arkansas und Missouri sowie nördlich von Texas, die Grenze bildet der Red River. Wichtigste Städte sind Oklahoma City und Tulsa. Das Klima ist kontinental mit heißen Sommern und kalten Wintern, im Süden Oklahomas gibt es subtropische, regenreiche Regionen. Der Binnenstaat weist nur wenige Tauchmöglichkeiten auf, allesamt Süßwasserseen.

Oklahoma City OK 73131
Adventure Sports, 1101 East Memorial
Ph: + 1 405 478 3637 Fax: + 1 405 478 3620
Organisation: PADI Language: English
Established: 1990
Season: 01.01. - 31.12.

Oklahoma City OK 73139 Oklahoma
Bluewater Divers, 922 Straka Terrace
Ph: + 1 405 631 4433 Fax: + 1 405 631 9196
E-Mail: dale@techdivers.com
Organisation: PADI Language: English
Established: 1992 Season: 01.01. - 31.12.

Oklahoma City OK 73120
Scuba Adventures, 7927 North May Avenue
Ph: + 1 405 840 9218 Fax: + 1 405 840 9218
E-Mail: scubajerry@earthlink.com
Organisation: PADI, Language: English
Established: 1998 Season: 01.01. - 31.12.

Overbrook OK 73453
Great Escape Dive Center, Scenic 77 & Lodge Rd
Ph: + 1 405 223 6494 Fax: + 1 405 223 6494
Organisation: PADI Language: English
Established: 1998 Season: 01.01. - 31.12.

Tulsa OK 74133 Oklahoma
Island Quest Dive Center
7104 South Memorial Suite B
Ph: + 1 918 461 9699 Fax: + 1 918 254 1156
Organisation: 5*PADI Language: English
Established: 1996 Season: 01.01. - 31.12.

Tulsa OK 74105 Oklahoma
Poseidon Adventures, 3916 South Peoria
Ph: + 1 918 749 3483 Fax: + 1 918 749 8696

Hauptstadt Salem **Einwohner** 107.786

Fremdenverkerkehrsamt Oregon c/o Wiechmann Tourism Services
Scheidswaldstraße 73, D-60385 Frankfurt/M.
Tel: 069 405 9574 Fax: 069 439631
E-Mail: info@wiechmann.de Website: www.wiechmann.de

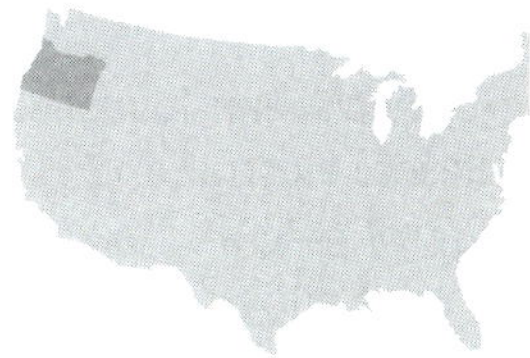

Oregon Tourism Commission
775 Summer Street NE, Salem, OR 97310
Tel: (503) 986 00 00. Telefax: (503) 986 00 01.
Website: www.traveloregon.com & Website: www.pova.com

Zeitverschiebung: MEZ - 9
Fläche: 254.819 km²
Einwohner: 3,08 Mio.

Geographische Lage:
Oregon liegt südlich von Washington an der Pazifikküste. Die wichtigste Stadt ist Portland am Südufer des Columbia River. Oregon hat viele landschaftliche Reize.

Die Hochgebirgsseen Oregons:
In der Region von Eugene liegen der Odell Lake und der Cultus Lake. Der Crater Lake befindet sich im gleichnamigen Nationalpark nordöstlich von Medford, Seehöhe 3.000 m; in der Seemitte liegt ein Hubschrauberwrack. Im Winter friert der See zu und ist zum Eistauchen geeignet.

Eugene OR 97402 Oregon
Eugene Skin Divers Supply, 1090 West 6th
Ph: + 1 541 342 2351 Fax: + 1 541 342 5706
E-Mail: esds@pond.net
Organisation: 5*PADI Language: English
Established: 1990 Season: 01.01. - 31.12.

Florence OR 97439 Oregon
Central Coast Watersports, 1560 2nd Street
Ph: + 1 541 997 1812 Fax: + 1 541 997 5218
E-Mail: h20sport@presys.com
Organisation: PADI Language: English
Established: 1993 Season: 01.01. - 31.12.

Milwaukie OR 97222 Oregon
Steve's Scuba Center 13811 S.E. McLoughlin Blvd
Owner: Steven W. Lowe
Ph: + 1 503 6528860 Fax: + 1 503 6521105
E-Mail: scuba@involved.com
Website: www.involved.com/scuba
Organisation: PADI, NAUI, SSI
Language: English, Spanish, Dutch
Established: 1985 Season: 01.01. - 31.12.

Portland OR 97266-6596 Oregon
Scuba Unlimited, 8450 SE 82nd Avenue
Ph: + 1 503 777 3347 Fax: + 1 503 771 5501
E-Mail: scubaore@band1.bandwidth.net
Organisation: 5*PADI Language: English
Established: 1987 Season: 01.01. - 31.12.

Salem OR 97302 Oregon
Salem Scuba & Travel 1170 Vista SE
Ph: + 1 503 588 3483 Fax: + 1 503 588 1420
Organisation: 5*PADI Season: 01.01. - 31.12.

Hauptstadt Harrisburg **Einwohner** 52.376

Fremdenverkehrsbüro Pennsylvania
c/o Wiechmann Tourism Services
Scheidswaldstraße 73, D-60385 Frankfurt/M.
Tel: 069 448884 Fax: 069 439631
E-Mail: info@wiechmann.de Website: www.wiechmann.de

Pennsylvania Tourism & Visitors Bureau
501 Greenfield Road, Lancaster, PA 17601
Tel: 001 717 299 8901 Fax: 001 717 299 0470
Website: www.padutchcountry.com & Website: www.gettysburg.com

Zeitverschiebung: MEZ - 6
Fläche: 119.291 km²
Einwohner: 12,05 Mio.

Geographische Lage:

Pennsylvania (PA) liegt südlich von New York, östlich von Ohio und West-Virginia, nördlich von Maryland und östlich von New Jersey ohne Zugang zum Atlantischen Ozean, im Nordwesten gibt es einen Zugang zum Erie-See bei der gleichnamigen Stadt.

Tauchplätze:

Es gibt Süßwasserseen, die gut betauchbar sind, u.a. Dutch Springs (Süßwassersee mit einer Vielzahl von Objekten, u.a. einem Chessna-Sportflugzeugwrack, einem Tanklastwagen und einem Feurwehrfahrzeug. Weitere Tauchmöglichkeiten sind die Willow Springs die Bainbridge Quarry und Clover Creek.

Bainbridge PA 17502 Pennsylvania

Bainbridge Scuba Center, 2037 River Road
Ph: + 1 717 426 2114 Fax: + 1 717 426 2657
E-Mail: dax_bsc@msn.com
Organisation: 5*PADI Language: English
Established: 1987 Season: 01.01. - 31.12.

Jersey Shore PA 17740 Pennsylvania

Sunken Treasure Scuba Center Rural Route 4, B. 389
Ph: + 1 717 398 1458 Fax: + 1 717 398 1458
E-Mail: stsc@juno.com
Organisation: 5*PADI Language: English
Established: 1995 Season: 01.01. - 31.12.

Lancaster PA 17602 Pennsylvania

Smokey´s Divers Den, 412 North Duke Street
Ph: + 1 717 393 5333 Fax: + 1 717 393 1833
E-Mail: smokeys@smokeys.com
Organisation: 5*PADI Language: English
Established: 1993 Season: 01.01. - 31.12.

Philadelphia PA 19147 Pennsylvania

Blue Horizons Dive Center
1100 South Delaware
Ph: + 1 215 462 7584 Fax: + 1 215 339 4062
E-Mail: bhdc@voicenet.com
Organisation: 5*PADI Language: English
Established: 1991 Season: 01.01. - 31.12.

Pittsburgh PA 15216-2813 Pennsylvania

Splash Water Sports, 2905 Banksville Road
Ph: + 1 412 531 5577 Fax: + 1 412 531 1960
Organisation: 5*PADI Language: English
Established: 1998 Season: 01.01. - 31.12.

Hauptstadt Providence **Einwohner** 160.728

Discover New England, Roonstraße 21, D-90429 Nürnberg
Tel: 0911 926 9113 Fax: 0911 926 9301
E-Mail: BussCons@aol.com Website: www.discovernewengland.com

USA-Info-Service Schotte Media Partners Postfach 4244,
D-40654 Meerbusch Tel: 0180 531 3531 Fax: 0180 531 35 32.

Rhode Island Tourism Division
1 West Exchange Street, Providence, RI 02903
Tel: 001 401 222 26 01 Fax: 001 401 273 8270
E-Mail: riedc@riedc.com Website: www.visitrhodeisland.com

Zeitverschiebung: MEZ - 6
Fläche: 4010 km²
Einwohner: 997.000

Geographische Lage:
Rhode Island, einer der Staaten Neuenglands und zugleich der kleinste der 50 Bundesstaaten, bietet breite Sandstrände, Parks, interessante Städte und viele historische Gebäude.

Tauchplätze:
Gute Tauchmöglichkeiten gibt es in der Region um Jamestown, u.a. an den Stellen Beavertail Light, Fort Wetherill und The Dumplings sowie am Kings.

Charlestown RI 02813 Rhode Island
Twin Dolphins 60, Sportsman Rd
Ph: + 1 401 322 9171 Fax: + 1 401 364 4090
E-Mail: twindolph97@aol.com
Organisation: PADI Language: English
Established: 1989
Season: 01.01. - 31.12.

East Greenwich RI 02818-1802 Rhode Island
Anderson Dive Center, 5865 Post Rd
Ph: + 1 401 884 1310 Fax: + 1 401 884 2100
Organisation: PADI Language: English
Established: 1985 Season: 01.01. - 31.12.

Jamestown RI 02835 Rhode Island
Ocean State Scuba
79 North Main Rd
Ph: + 1 401 423 1662 Fax: + 1 401 423 3780
E-Mail: oss@scuyak.com
Organisation: 5*PADI Language: English
Established: 1995 Season: 01.01. - 31.12.

Middletown RI 02842 Rhode Island
Island Divers, 999 West Main Rd
Ph: + 1 401 841 9700 Fax: + 1 401 845 9200
Organisation: PADI Language: English
Established: 1994
Season: 01.01. - 31.12.

North Smitfield RI 02896 Rhode Island
The Dive Link Rhode Island
1260 Eddie Dowling Highway
Ph: + 1 401 767 3711 Fax: + 1 401 767 3164
E-Mail: diveinfo@divelink.com
Organisation: 5*PADI Language: English
Established: 1998 Season: 01.01. - 31.12.

Hauptstadt Columbia **Einwohner** 98.052

South Carolina Fremdenverkehrbüro
Herderstraße 6-8, D-63263 Neu-Isenburg.
Tel: 06102 722751-2. Fax: 06102 722409
E-Mail: avmgermany@compuserve.com

South Carolina Tourism Sales Office
Suite 112, 1205 Pendleton Street, Columbia, SC 29201
Tel: 001 803 734 0129 Fax: 001 803 734 1163
E-Mail: rromaine@prt.state.sc.us Website: www.travelsc.com
www.columbiasc.net & www.charlestoncvb.com

Zeitverschiebung: MEZ - 6
Fläche: 82.902 km²
Einwohner: 3,66 Mio.

Geographische Lage:
South Carolina liegt südlich des Schwesterstaates North Carolina sowie nordöstlich von Georgia am Atlantischen Ozean im Südosten der USA. Wichtigste Stadt ist Columbia.

Tauchplätze:
Die besten Tauchplätze befinden sich an den unzähligen Wracks in dieser Region z.B. Dixie Arrow, Alexander Ramsey, Australia, Dionysus, E. M. Clarke, F. W. Abrams, Zane Gray, Hesperides, Keshena und Lancing.

Beaufort SC 29901 South Carolina
Dive Junction, 612 Robert Smalls Parkway
Ph: + 1 803 522 9430 Fax: + 1 803 522 3822
E-Mail: divejunction@llsc.net
Organisation: PADI Language: English
Established: 1998 Season: 01.01. - 31.12.

Charleston SC 29407-7263 South Carolina
Charleston Scuba, 335 Savannah Highway
Ph: + 1 803 763 3483 Fax: + 1 803 571 5441
E-Mail: chsscuba@dycon.com Web. www.dycon.com
Organisation: PADI, Language: English
Established: 1993 Season: 01.01. - 31.12.

Columbia SC 29210 South Carolina
Wateree Dive Center, 1767 Burning Tree Rd
Ph: + 1 803 731 9344 Fax: + 1 803 731 5552
E-Mail: wateree@msn.com
Organisation: 5*PADI Language: English
Established: 1986 Season: 01.01. - 31.12.

Greenville SC 29615 South Carolina
Downunder Dive Center, 21 Rushmore Drive
Ph: + 1 864 244 3373 Fax: + 1 864 244 3373
E-Mail: ddc5star@aol.com

Hilton Head Island SC 29926 South Carolina
Island Scuba Dive & Travel, 1-B Mathews Court
Ph: + 1 803 689 3244 Fax: + 1 803 681 9640
E-Mail: dive@islandscuba.com

North Myrtle Beach SC 29582 South Carolina
Coastal Scuba, L.L.C., 1626 Highway 17 South
Ph: + 1 800 249 9388 Fax: + 1 803 361 0515
E-Mail: coastscuba@aol.com

Hauptstadt Pierre **Einwohner** 12.906

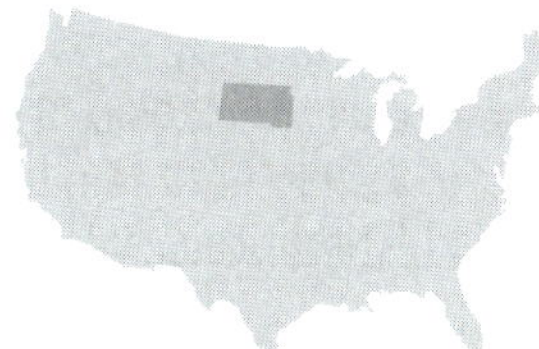

Fremdenverkehrsbüro South Dakota Wiechmann Tourism Services
Scheidswaldstraße 73, D-60385 Frankfurt/M.
Tel: 069 405 9573 Fax: 069 439631
E-Mail: info@wiechmann.de Website: www.wiechmann.de

South Dakota Department of Tourism
711 East Wells Avenue, Pierre, SD 57501-3369
Tel: 001 605 773 3301 Fax: 001 605 773 3256
E-Mail: sdinfo@goed.state.sd.us Website: www.travelsd.com
Website: www.rapidcitycvb.com & www.siouxfalls.org

Zeitverschiebung: MEZ -7- 8
Fläche: 199.744 km^2
Einwohner: 721.000

Geographische Lage:
South Dakota liegt südlich von North Dakota, östlich von Wyoming und westlich von Minnesota. Das Land hat fruchtbare Prärien, alte Pionierstädte und die Black Hills mit Wäldern und Seen. Das Tauchen ist hier auf Süßwasserseen beschränkt wie z.B. Lake Angostura in den Black Hills oder im Lake McConaughy bei Lemoyne.

Sioux Falls SD 57105 South Dakota
Donovan's Hobby & Scuba Center
Owner: Bill Donovan
3813 S. Western Ave.
Ph: + 1 605 338 6945 Fax: + 1 605 338 0577
Organisation: SSI Language: English
Established: 1989
Season: 01.05. - 31.10.

Rapid City SD 57701 South Dakota
Mick's Scuba Center
Owner: Michael Gerhard
1406 W. Rapid Street
Ph: + 1 605 341 6550
Organisation: PADI Language: English
Established: 1990 Season: 01.05. - 31.10.

Rapid City SD 57701 South Dakota
Scuba Supply
1607 West Main Street
Ph: + 1 605 342 1038
Organisation: PADI Language: English
Established: 1993
Season: 01.05. - 31.10.

Bei folgenden Organisationen können Sie weitere Informationen über South Dakota bekommen.

NASDS:
National Association of Scuba Diving Schools
1012S. Yates, 38119, Memphis, Tennessee
Tel: 001 901 767 7265Fax: 001 901 767 2798
E-Mail: info@nasds.com www.nasds.com

YMCA SCUBA USA
5825-2A, Live Oak Parkway, 30093, GEORGIA
Tel: 001 770 662 5172 Fax: 001 770 242 9059
scubaymca@aol.com www.ymcascuba.org

U.S.A.U.F - UNITED STATES OF AMERICA UNDERWATER FEDERATION
P.O. BOX 13754 FL 32604, Gainsville, USA
Tel: 001 904 3831318 Fax: 001 904 3837812
mnance@digital.net

Hauptstadt Nashville **Einwohner** 510.784

Tennessee Tourism
Horstheider Weg 106a, D-33613 Bielefeld
Tel: 0521)986 0410 Fax: 0521 986 0411
E-Mail: TNtourism@aol.com

Tennessee Tourism Office 5th Floor, Rachel Jackson Building
320 Sixth Avenue North, Nashville, TN 37243
Tel: 001 615 741 2158 Fax: 001 615 741 7225
E-Mail: tourdev@mail.state.tn.us Website: www.state.tn.us/tourdev/
Website: www.musiccityusa.com & www.memphistravel.com

Zeitverschiebung: MEZ - 7
Fläche: 109.158 km²
Einwohner: 5,17 Mio.

Geographische Lage:
Tennessee liegt südlich von Kentucky, östlich von North Carolina, nördlich von Mississippi, Alabama und Georgia sowie östlich von Arkansas und Missouri im Binnenland. Wichtigste Städte sind Nashville und Knoxville. Tauchplätze sind die viele Seen, gute Möglichkeiten für Süßwasserfreunde bestehen u.a. am Lake Arkabutla bei Memphis, Lake Guntersville und am Lake Kentucky.

Athens TN 37303 Tennessee
Loch Low-Minn, 116 County Rd
Ph: + 1 423 746 0798 Fax: + 1 423 882 6209
E-Mail: rl2@aol.com
Organisation: PADI Language: English
Established: 1994
Season: 01.01. - 31.12.

Bristol TN 37620 Tennessee
Adventure Diving, 3101 Highway 421
Ph: + 1 423 878 3483
E-Mail: divehere@preferred.com
Organisation: PADI Language: English
Established: 1998
Season: 01.01. - 31.12.

Chattanooga TN 37411-2707 Tennessee
Leisure Time Dive & Ski Center
3520 Brainerd Rd
Ph: + 1 423 622 1335 Fax: + 1 423 622 0900
Organisation: 5*PADI Language: English
Established: 1989
Season: 01.01. - 31.12.

Jefferson TN 37760 Tennessee
Smoky Mountain Divers
114 East Andrew Johnson Highway
Ph: + 1 423 475 4334
E-Mail: bburton@usit.net
Organisation: PADI Language: English
Established: 1987
Season: 01.01. - 31.12.

Knoxville TN 37919 Tennessee
Adventure Swim Scuba & Travel
7664 Northshore Drive
Ph: + 1 423 690 3483 Fax: + 1 423 690 1857
Organisation: 5*PADI Language: English
Established: 1992 Season: 01.01. - 31.12.

Hauptstadt Austin **Einwohner** 465.622

Texas Tourism Office c/o Mangum Management
Herzogspitalstraße 5, D-80331 München
Tel: 089 23 66 2143 Fax: 089 260 4009
E-Mail: think@mangum.de Website: www.traveltex.com

Texas Department of Tourism Suite 200
1700 North Congress P.O.Box 12728, Austin, TX 78711-2728
Tel: 001 512 462 9191 Fax: 001 512 936 0089
Website: www.traveltex.com & www.houston-guide.com
Website: www.sanantoniocvb.com & www.elpasocvb.com

Zeitverschiebung: MEZ - 7
Fläche: 695.676 km²
Einwohner: 18,3 Mio.

Geographische Lage:
Texas, der zweitgrößte US-Bundestaat, liegt im Süden der USA an der Grenze zu Mexiko. Grenzfluss ist der Rio Bravo, im Südosten hat der Staat eine Küste zum Golf von Mexiko, wo es lange Sandstrände gibt; diesen vorgelagert sind die Barriere-Islands. Die Landschaft ist reich an Seen. Die wichtigsten Tauchgebiete liegen bei Corpus Christi, Galvestone und Freeport, der Küste in dieser Region vorgelagert sind die Riffs der Flower Garden Banks West und East sowie der Stetson Rock etwa 200 km südöstlich von Corpus Christi.

Austin TX 78750 Texas
Ocean´s Window, 13376 Research Blvd
Ph: + 1 512 258 8000 Fax: + 1 512 219 0196
E-Mail: owi@airmail.net
Organisation: 5*PADI Language: English
Established: 1993 Season: 01.01. - 31.12.

Belton TX 76513 Texas
Totally Scuba, 602 North I-35
Ph: + 1 254 939 1458 Fax: + 1 254 933 0515
E-Mail: spur2too@juno.com

Houston 77035 Texas
Houston Scuba Academy, 12505 Hillcroft
Owner: Mike Price
Ph: + 1 713 721 7825 Fax: + 1 713 721 1912
E-Mail: houscuba@aol.com
Organisation: SSI Language: English
Established: 1960
Season: 01.01. - 31.12.

Houston TX 77070 Texas
Sea Scuba (Central), 9564 FM 1960 West
Ph: + 1 281 894 4488 Fax: + 1 281 970 0966
E-Mail: ssscuba@flash.net
Organisation: 5*PADI Language: English
Established: 1990 Season: 01.01. - 31.12.

San Antonio TX 78238 Texas
Dive Masters of San Antonio
5421 Grissom Rd.
Owner: Tom Bartley
Ph: + 1 210 6843483 Fax: + 1 210 6843497
E-Mail: diving@flash.net
Organisation: HSA Language: English
Established: 1976 Season: 01.01. - 31.12.

USA/Utah

Hauptstadt Salt Lake City **Einwohner** 159.936

Foremost West - USA Suite B
770 East South Temple, Salt Lake City, UT 84102
Tel: 001 801 532 3113 Fax: 001 801 532 1921
E-Mail: foremostw@aol.com

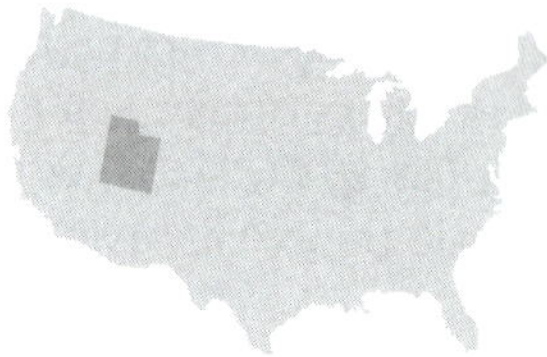

Utah Travel Council, Council Hall
Capitol Hill, Salt Lake City, UT 84114
Tel: 001 801 538 1030 Fax: 001 801 538 1399
Website: www.utah.com & www.saltlake.org
E-Mail: slcvb@saltlake.org

Zeitverschiebung: MEZ - 8
Fläche: 219.902 km²
Einwohner: 1,86 Mio.

Geographische Lage:

Utah liegt westlich von Nevada, südlich von Idaho und Wyoming, westlich von Colorado und nördlich von Arizona im Gebiet der Rocky Mountains mit der Wasatch-Kette. Die Bonneville Seabase in Grantsville, UT bietet in einer künstlichen Biosphäre die Möglichkeit zum Salzwasser-Tauchen im Binnenland, weit weg von der Küste. In dem Bassin befindet sich ein Bootswrack. Hier werden Tauch-Ausbildungen durchgeführt. Tauchen ist auch im Zion National Park am Virgin River möglich.

Clearfield UT 84015 Utah

Sea Topia Pro-Divers, 340 South State Street
Ph: + 1 801 776 3483 Fax: + 1 801 776 3480
E-Mail: prodivers@aol.com
Organisation: 5*PADI Language: English
Established: 1995 Season: 01.01. - 31.12.
VISA M AE

Logan UT 84321 Utah

Divers Choice, 527 South Main Street
Ph: + 1 801 752 1300 Fax: + 1 801 752 5519
E-Mail: scuba@mtuest.net
Organisation: 5*PADI Language: English
VISA M AE

Ogden UT 84401 Utah

Dive Utah-Ogden, 1354 West Hinkley Drive
Ph: + 1 801 394 8842 Fax: + 1 801 394 4203
Organisation: 5*PADI Language: English
Established: 1997 Season: 01.01. - 31.12.
VISA M AE

Salt Lake City UT 84123 Utah

Sportcove Scuba, 6150 South Redwood Rd
Ph: + 1 801 968 7528 Fax: + 1 801 968 7528
Organisation: 5*PADI Language: English
Established: 1975 Season: 01.01. - 31.12.
VISA M AE

Salt Lake City UT 84121-3054 Utah

Scuba Utah, 1942 East 7000 South
Ph: + 1 801 942 2100 Fax: + 1 801 942 5100
E-Mail: scuba.utah@worldnet.att.net
Organisation: 5*PADI Language: English
Established: 1992 Season: 01.01. - 31.12.
VISA M AE

Vernal UT 84078-2506 Utah

PADI Atlantis Divers, 206 West Main Street
Ph: + 1 801 789 3616 Fax: + 1 801 781 2816
VISA M AE

Hauptstadt Montpelier **Einwohner** 8247

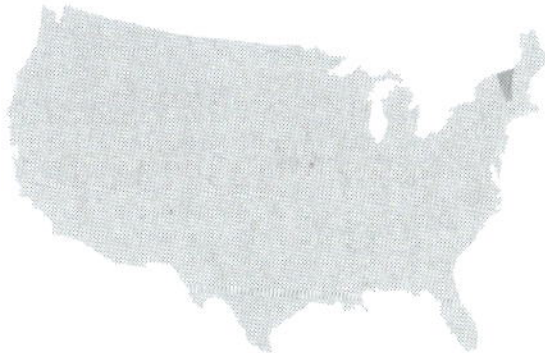

Discover New England
Roonstraße 21, D-90429 Nürnberg
Tel: (0911) 926 91 13. Telefax: (0911) 926 93 01.
E-Mail: BussCons@aol.com Website: www.discovernewengland.com

Vermont Department of Tourism
6 Baldwin Street, Montpelier, VT 05633-1301
Tel: (802) 828 32 36/37. Telefax: (802) 828 32 33.
E-Mail: mturek@gate.dca.state.vt.us & vermont@vermont.org
Website: www.travel-vermont.com & www.vermont.org

Zeitverschiebung: MEZ - 6
Fläche: 24.903 km²
Einwohner: 576.000

Geographische Lage:
Im Norden von Massachusetts liegt Vermont, der einzige Neu-Englandstaat ohne Küste zum Atlantischen Ozean. Die größte Stadt, Burlington, hat viele Sport- und Freizeitanlagen und bietet einen herrlichen Blick über den Lake Champlain. Der See ist auch betauchbar und wird daher von vielen Tauchschulen besucht. Im Winter ist hier auch für die Eistaucher einiges zu sehen.

Burlington VT 05401 Vermont
Waterfront Diving Center, 214 Battery
Ph: + 1 802 865 2771 Fax: + 1 802 865 2759
Organisation: PADI Language: English
Established: 1996 Season: 01.01. - 31.12.

Colchester VT 05446 Vermont
Victory Sports
76 Heineberg Drive, Route 127
Ph: + 1 802 862 0963 Fax: + 1 802 862 0400
Organisation: 5*PADI Language: English
Established: 1992 Season: 01.01. - 31.12.

Rutland VT 05701 Vermont
Great Outdoors Trading Co.
219 Woodstock Avenue
Ph: + 1 802 775 9989 Fax: + 1 802 775 9981
Organisation: PADI Language: English
Established: 1994 Season: 01.01. - 31.12.

Rutland VT 05701 Vermont
Morin´s Dive Centers, 134 Woodstock Avenue
Ph: + 1 802 775 7797 Fax: + 1 802 775 5412
E-Mail: diver@together.net(attn.rich)
Organisation: 5*PADI Language: English
Established: 1995 Season: 01.01. - 31.12.

Weitere Informationen über Tauchschulen in Vermont erhalten Sie bei:

YMCA SCUBA USA
5825-2A, Live Oak Parkway, 30093, GEORGIA
Tel: 001 770 662 5172 Fax: 001 770 242 9059
scubaymca@aol.com
Website: www.ymcascuba.org

U.S.A.U.F - UNITED STATES OF AMERICA UNDERWATER FEDERATION
P.O. BOX 13754 FL 32604, Gainsville, USA
Tel: 001 904 3831318 Fax: 001 904 3837812

Hauptstadt Richmond **Einwohner** 203.056

Fremdenverkehrsamt Virginia
Steinweg 3, D-60313 Frankfurt/M.
Tel: 069 291923 Fax: 069 291904

Virginia Tourism Corporation
901 East Byrd Street, Richmond, VA 23219
Tel: 001 804 786 2051 Fax: 001 804 786 1919
E-Mail: vainfo@vedp.state.va.us
Website: www.virginia.org & www.vgnet.com
Website: www.funside.com & www.virginia-beach.va.us

Zeitverschiebung: MEZ - 6
Fläche: 110.792 km²
Einwohner: 6,5 Mio.

Geographische Lage:
Virginia liegt an der amerikanischen Ostküste östlich von West Virginia und Kentucky, südlich von Maryland sowie nördlich von Tennessee. Die Küste Virginias besteht aus der südlichen Chesapeak Bay und einem Zugang zum Atlantik bei Norfolk und Virginia Beach. Die besten Tauchplätze befinden sich an den unzähligen Wracks in der Region, außerdem gibt es lohnende Stellen am Light Tower Reef beim Chesapeak Light Tower nördlich von Norfolk. Die interessantesten Wracks der Region sind die Chilore und William D. Sanner, zwei WW II-Frachter vor Cape Henry, die Francis E. Powell (Tanker vor Virginia Beach, VA in etwa 28 m Tiefe).

Fairfax 22031 Virginia
The Dive Shop, 3013 Nutley St.
Owner: John Wall
Ph: + 1703 698 7220 Fax: + 1 703 641 9345
E-Mail: thedivshop@aol.com
Website: www.accesstravel.com/thediveshop/
Organisation: SSI Language: English
Established: 1967 Season: 01.01. - 31.12.

Hampton, VA 23666 Virginia
Underwater Advent, 3300/G W. Mercury Blvd.
Owner: Robt. J. Shourot
Ph: + 1 757 8263945 Fax: + 1 757 8267879
E-Mail: scubadive@erls.com
Website: www.underwateradventures.com
Organisation: PADI, NAUI, IANTD,SSI
Language: English
Established: 1962 Season: 01.01. - 31.12.

Harrisonburg VA 22802 Virginia
Kathy´s Scuba, 3430 North Valley
Ph: + 1 540 433 3337 Fax: + 1 540 433 3337
E-Mail: kscuba@rica.net
Organisation: 5*PADI Language: English
Established: 1988 Season: 01.01. - 31.12.

Virginia Beach, VA 23454 Virginia
Lynnhaven Dive Center, 1413 N. Great Neck Rd.
Owner: Mike Hillier
Ph: + 1 757 4817949 Fax: + 1 757 4815630
Website: www.ldcscuba.com
Organisation: PADI, NAI, SSI, TDI
Established: 1988 Season: 01.01. - 31.12.

Hauptstadt Olympia **Einwohner** 27.477

Fremdenverkehrsbüro Washington State c/o Wiechmann Tourism
Scheidswaldstraße 73, D-60385 Frankfurt/M.
Tel: 069 405 9574 Fax: 069 439631.
E-Mail: info@wiechmann.de Website: www.wiechmann.de

Washington State Tourism Division
P.O. Box 42500, Olympia, WA 98504-2500
Tel:001 360 753 5601 Fax: 001 360 753 4470
Website: www.tourism.wa.gov &www.seeseattle.org
Website: www.spokane-areacvb.org

Zeitverschiebung: MEZ - 9
Fläche: 184.672 km2
Einwohner: 5,3 Mio.

Geographische Lage:
Washington ist der nordwestlichste Staat der USA und grenzt im Norden an die kanadische Provinz British-Columbia, im Westen an Idaho und im Süden an Oregon. Eine hervorragende Tauchregion ist das Gebiet der San Juan Islands nördlich des Puget Sound, westlich von Anacortes and Bellingham mit den Tauchplätzen Smallpox Bay, Broken Point, San Juan und Bell Island. Weitere Möglichkeiten bestehen im Pudget Sound u.a. an den Fisheries Fishing Reefs mit dem Tauchplatz West Seattle am Alki Fishing Reef.

Bellingham WA 98225 Washington
Adventures Down Under, 701 East Holly St.
Ph: + 1 800 695 5848 Fax: + 1 360 671 7714
Organisation: 5*PADI Language: English
Established: 1992 Season: 01.01. - 31.12.

Bremerton WA 98310 Washington
Puget Sound Dive Enterprises, 1921 Wheaton Way
Ph: + 1 360 377 0554 Fax: + 1 360 373 3868
E-Mail: tekdiver@hurricane.net
Organisation: 5*PADI Language: English

Friday Harbor WA 98250 Washington
Emerald Seas Diving & Marine
P.O. Box 476 Spring Street Landing
Ph: + 1 800 942 2507 Fax: + 1 360 378 5549
E-Mail: emerald@pacificrim.net
Website: www.emeraldseas.com
Organisation: 5*PADI Language: English
Established: 1991 Season: 01.01. - 31.12.

Shelton 98584 Washington
Hoodsport Dive Center, 27001 N. Hwy. 101
Owner: Ron and Lea Ault
Ph: + 1 360 8776818 Fax: + 1 3608770210
E-Mail: leazdive@hetc.com
Website: www.hoodsportdive.com
Organisation: PADI, NAUI Language: English
Established: 1995 Season: 01.01. - 31.12.

Spokane WA 99212 Washington
Atlantis Aquatics, 4823 East Sprague Avenue
Ph: + 1 509 534 2144 Fax: + 1 509 534 8044
E-Mail: atlantis@ieway.com
Organisation: PADI Language: English
Established: 1994 Season: 01.01. - 31.12.

Hauptstadt Charleston **Einwohner** 57.287

West Virginia Division of Tourism
2101 Washington Street E, Building 17, Charleston, WV 25305-0317
Tel: 001 304 558 2200 Fax: 001 304 558 2956
E-Mail: breintsema@tourism.state.wv.us
Website: www.state.wv.us/tourism

Charleston Convention & Visitors Bureau
200 Civic Center Drive, Charleston, WV 25301
Tel: 001 304 344 5075 Fax: 001 304 344 1241
E-Mail: cvb@citynet.net Website: www.charlestoncvb.com
Website: www.mgtn.com

Zeitverschiebung: MEZ - 6
Fläche: 62.759 km²
Einwohner: 1,82 Mio.

Geographische Lage:
West Virginia liegt östlich von Kentucky und nördlich von North Carolina im Appalachen-Gebirge. Weite Teile des Staates sind Nationalparks, daher fehlen Großstädte. Es gibt viele betauchbare Süßwasserseen wie auch zahlreichen Flüsse. Das Klima ist im Inland kontinental mit heißen Sommern und kalten Wintern, abhängig auch von der Höhenlage.

Beckley WV 25801 West Virginia
Treme Sports, Inc
2978 Robert C Byrd Drive
Ph: + 1 304 255 2664 Fax: + 1 304 252 5150
Organisation: 5*PADI Language: English
Established: 1991
Season: 01.01. - 31.12.

Huntington WV 25705 West Virginia
Huntington Sport & Comm Diving Center
3234 Woodland Drive
Ph: + 1 304 529 6622 Fax: + 1 304 529 6622
E-Mail: carrollc@access.mountain.net
Organisation: 5*PADI Language: English
Established: 1995
Season: 01.01. - 31.12.

Morgantown WV 26505 West Virginia
Interstate Aquatics
827 Fairmont Road, #107
Ph: + 1 304 296 1501
E-Mail: gol@labyrinth.net
Organisation: 5*PADI Language: English
Established: 1994
Season: 01.01. - 31.12.

Princeton WV 24740 West Virginia
Douglas Sporting an Diving Goods
128 Brick Street
Ph: + 1 304 425 8144 Fax: + 1 304 425 6944
Organisation: PADI Language: English
Established: 1990
Season: 01.01. - 31.12.

St. Albans WV 25177 West Virginia
St. Albans Scuba
54 MacCorkel Avenue
Ph: + 1 304 727 2586 Fax: + 1 304 722 5929
Organisation: PADI Language: English
Established: 1997
Season: 01.01. - 31.12.

Hauptstadt Madison **Einwohner** 191.262

Great Lakes of North America TravelMarketing Romberg
Wallstraße 56, D-40878 Ratingen/Düsseldorf
Tel: 0210 711191 Fax: 02102 21177
E-Mail: heesena@t-online.de Website: www.cglg.org/greatlakestourism

Wisconsin Department of Tourism 201 West Washington Avenue
P.O. Box 7976, Madison, WI 53707-7976
Tel: 001 608 266 7621 Fax: 001 608 266 3403
E-Mail: tourinfo@tourism.state.wi.us
Website: www.tourism.state.wi.us & www.visitmadison.com

Zeitverschiebung: MEZ - 7
Fläche: 169.643 km2
Einwohner: 5,08 Mio.

Geographische Lage:
Wisconsin liegt am Ufer des Lake Michigan. In der Region von Milwaukee liegen folgende betauchbare Wracks: Norlond, Lumberman, Edward E. Gillen, Volunteer und Sebastopol (Raddampfer vor dem South Shore Beach), Appomattox (Dampfer), Milwaukee (Autofähre in 35 m), Prins Willem V (Frachter in 25 m), Dredge 906, St. Albans (Dampfer), Dale (Schoner), Josephine (Dampfer), Sumatra (Schoner), EMBA (Schoner) und Hiram R. Bond. Weitere Wracks bei Algoma sind u.a. Daniel Lyons (Schoner), Lakeland (Dampfer), Henry Gust (Schlepper) und Ottawa (Schoner).

Appleton WI 5491-8500 Wisconsin
Mountain Bay, 200 Mall Drive
Ph: + 1 920 731 3652 Fax: + 1 920 731 9145
E-Mail: mtnbaywi@aol.cim
Organisation: 5*PADI Language: English
Established: 1990 Season: 01.01. - 31.12.

Baraboo WI 53913 Wisconsin
Little Devil´s, Dive, South 5780-A Highway 123
Ph: + 1 608 356 5866 Fax: + 1 608 356 0386
E-Mail: 3lidevils@baraboo.com
Organisation: 5*PADI Language: English
Established: 1997 Season: 01.01. - 31.12.

Madison WI 53703 Wisconsin
Fontana Sports Specialties, 251 State Street
Ph: + 1 608 257 5043 Fax: + 1 608 257 8773
E-Mail: juatin@hyperionstudio.com
Organisation: 5*PADI Language: English
Established: 1996 Season: 01.01. - 31.12.

Menomonee WI 53051 Wisconsin
The Underwater Connection
North 87 West 16459 Appleton Avenue
Ph: + 1 414 251 8283 Fax: + 1 414 251 6881
E-Mail: uwconn@execpc.com
Organisation: 5*PADI Language: English
Established: 1991 Season: 01.01. - 31.12.

Sheboygan WI 53081 Wisconsin
Silent World Divecenter, 906 Michigan Avenue
Ph: + 1 920 458 8386 Fax: + 1 920 458 8430
E-Mail: jeff@silentworld.com
Organisation: 5*PADI Language: English
Established: 1994 Season: 01.01. - 31.12.

Hauptstadt Cheyenne **Einwohner** 50.008

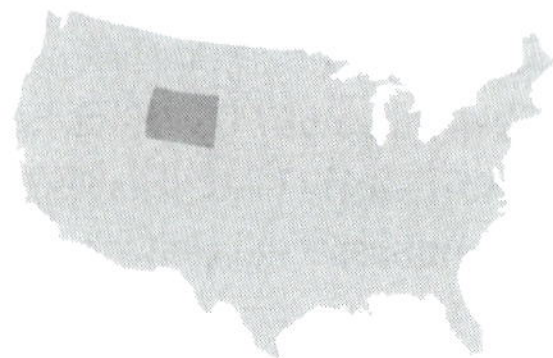

Fremdenverkehrsbüro Wyoming c/o Wiechmann Tourism Service
Scheidswaldstraße 73, D-60385 Frankfurt/M.
Tel: 069 405 9573 Fax: 069 439631
E-Mail: info@wiechmann.de
Website: www.wiechmann.de

Wyoming Tourism Office
I-25 At College Drive, Cheyenne, WY 82002
Tel: 001 307 777 7777 Fax: 001 307 777 6904
Website: www.commerce.state.wy.us/west/ & www.jacksonhole.com

Zeitverschiebung: MEZ - 8
Fläche: 253.349 km²
Einwohner: 476.000

Geographische Lage:
Wyoming besteht aus 11 größeren Bergketten, Prärien, Weideland, Parks, Wäldern, Seen und Flüssen. Der Staat ist etwa so groß wie Großbritannien, jedoch nur sehr dünn besiedelt. Hier kann man noch unberührte Wildnis finden. Der riesige Yellowstone-Nationalpark mit seinen Geysiren, heißen Quellen, Tälern, Bergseen und Wasserfällen bietet ein einmaliges Naturerlebnis.

Tauchplätze:
In den nordwestlichen Bundesstaaten gibt es vielfältige Möglichkeiten zum Süßwasser- und im Winter zum Eistauchen.

Buffalo WY 82834 Wyoming
North East Wyoming Divers, #9 Desmet Road
Ph: + 1 307 672 0297 Fax: + 1 307 752 1888
Organisation: PADI Language: English
Established: 1992 Season: 01.01. - 31.12.

Casper WY 82609 Wyoming
5*PADI Western Divers
2645 East 2nd Street
Ph: + 1 307 472 0230
Organisation: 5*PADI Language: English
Established: 1990 Season: 01.01. - 31.12.

Jackson WY 83001 Wyoming
Teton Aquatic Supplies
155 West Gill, P.O. Box 3482
Ph: + 1 307 733 3127 Fax: + 1 307 739 9139
Organisation: 5*PADI Language: English
Established: 1996 Season: 01.01. - 31.12.

Rock Springs WY 82901 Wyoming
Mountain Bay Scuba, 128 Elk
Ph: + 1 307 382 9333
Organisation: PADI Language: English
Established: 1998 Season: 01.01. - 31.12.

Weitere Informationen über Tauchschulen in Wyoming erhalten Sie bei:

U.S.A.U.F
UNITED STATES OF AMERICA
UNDERWATER FEDERATION
P.O. BOX 13754 FL 32604, Gainsville, USA
Tel: 001 904 3831318 Fax: 001 904 3837812

Hauptstadt	Port Vila
Einwohner	19.400
Entf. v. Frankfurt/M.	15.973 km
Währung	Vatu, VT
Amtssprache	Englisch
Telefonvorwahl v. D	00 678
Telefonvorwahl n. D	00 49
Verkehr	Rechtsverkehr
jährl. Touristenzahl	30.000
Elektr. Strom	220 V/50 Hz
Visum	nein
Flughafen	Port Vila Bauerfield (VLI)

Tauchregionen:
Südpazifischer Ozean
Vanuatu

Zeitverschiebung: MEZ + 10
Fläche: 12.189 km²
Einwohner: 165.000

Tauchsicherheit

PADI International USA
1251 East Dyer Road
CA 92705-5605 Santa Ana
Tel: 001 714 5 40 72 34
Fax: 001 714 5 40 26 09
info@padi.com
Website: www.padi.com

NAUI Worldwide
9942 Currie Davis Drive
USA-33619-2667 Tampa FL
Tel: 001 813 6 28 62 84
Fax: 001 813 6 28 82 53
E-mail: info@naui.com
Website: www.naui.com

CMAS
Viale Tiziano 74
I-00196 Roma
Tel.: 003 96 36 85 84 80
Fax: 003 96 36 85 84 90
Website: www.cmas.org/cmas

DAN: Divers Alert Network
Website: www.dan-dive.com
24-hour Emergency
medical hotline
Phone: ++ 1 919 684 8111

Information und Beratung

Diver's Guide Tauchreisen
Dockenhudener Str. 14
22587 Hamburg
Tel: 040 866 0670
Fax: 040 866 06777
tauchen@divers-guide.de
www.divers-guide.de

Schöner Tauchen
Hastedter Heerstr. 211
28207 Bremen
Tel: 0421 450 010
Fax: 0421 450 080
www.schoener-tauchen.com

Tauchreisen Roscher
Achenerstr. 695a
50226 Frechen
Tel: 02234 967096
Fax: 02234 967097
www.tauchreisen-roscher.de

Pacific Travel House
Bayerstr. 95
80335 München
Tel: 089 5309293
Fax: 089 532152
www.pacific-travel-house.com

Fremdenverkehrsamt

Tourism of the South Pacific
Interface International
Petersburger Straße 94
D-10247 Berlin
Tel: 030 4225 6026
Fax: 030 4225 6287
100762.3614@compuserve.com
www.tcsp.com

Tourism Office of Vanuatu
P.O. Box 209, Port Vila
Tel: 00 678 226 85
Fax: 00 678 2 38 89.
tourism@vanuatu.com.vu
www.vanuatu.net.vu

Fluggesellschaften

Verbindungen mir Air Vanuatu bestehen via Sydney

Qantas Airways Ltd.
Flughafen Terminal 2
Information u. Reservierung
Tel: 0180 3250630
Fax 0180 5250639
Website: www.qantas.com

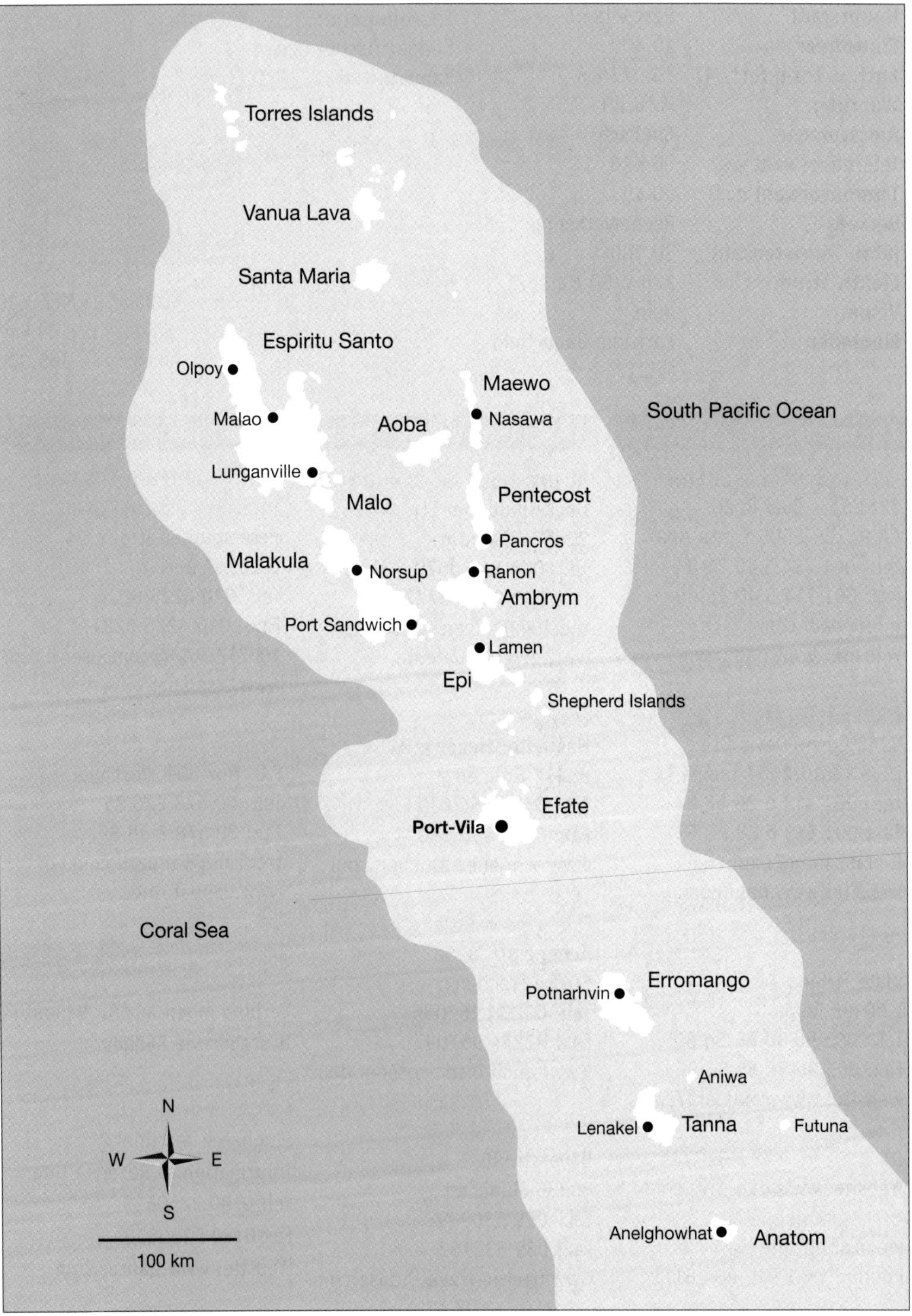
Torres Islands
Vanua Lava
Santa Maria
Espiritu Santo
Olpoy
Malao
Lunganville
Aoba
Maewo
Nasawa
South Pacific Ocean
Malo
Pentecost
Pancros
Malakula
Norsup
Ranon
Ambrym
Port Sandwich
Lamen
Epi
Shepherd Islands
Efate
Port-Vila
Coral Sea
Erromango
Potnarhvin
Aniwa
Lenakel
Tanna
Futuna
N
W
E
S
100 km
Anelghowhat
Anatom

Geographische Lage:

Die Republik Vanuatu umfasst 83 Vulkaninseln im Südpazifik. Im Süden liegt Neukaledonien, im Osten befinden sich die Fidschi-Inseln und im Nordwesten die Salomonen. Die wichtigsten, bewohnten Inseln sind Efate, Espirito Santo, Malakula, Tanna, Ambrym, Epi und Erromango.

Klima:

Tropisch, heiß und feucht mit starken Regenfällen im Sommer und kühlenden Winden im Winter. Futuna 25,1°C / 1869 mm.

Hauptreisezeit:

Beste Reisezeit von Mai bis Oktober. Durchschnittstemperatur 23°C. Regenzeit von Dezember bis April mit hoher Luftfeuchtigkeit.

Vanuatu:

Die besten Tauchplätze finden sich im Hideaway Island Marine Sanctuary vor Port Vila, in der Mele Bay, bei North Efate mit dem Tukutuku Point, am Hat Island und an Paul's Reef, außerdem bei den Ambae Islands und am Champagner Beach. Am Million Dollar Point befindet sich WW II-Militärausrüstung, die hier ins Meer geladen wurde.

Wracks:

Interessante Wracks sind u.a. die SS President Coolidge (US-Passagierschiff, später WW II-Truppentransporter in einer Tiefe von 45 m unmittelbar vor der Küste von Espirito Santo), die USS Tucker (WW II-Zerstörer in 20 m bei Malo Island), die Star of Russia (Segelschiff), sowie die Semle Federsen, die Konanda (Versorgungsschiff im Hafen von Port Vila) und das Flugboot Tasman.

Santo

Allian Power Dive Tours, P.O. Box 230
Owner: Allan Power
Ph: + 678 36822 Fax: + 678 36822
E-Mail: apower@mail.com.vu
Website: www.allan-power-santo.com
Organisation: PADI Language: English
Established: 1970 Season: 01.01. - 31.12.

Santo

Aquamarine, P.O. Box 233
Owner: Kevina Miyumi Green
Ph: + 678 36196 Fax: + 678 36196
E-Mail: aquamrne@vanautu.com.vu
Website: www.aquamarine-santo.com
Organisation: PADI, NAUI, SSI
Language: English, French
Established: 1988 Season: 01.01. - 31.12.

Aore Island Santo

Pro Dive Espiritu Santo, P.O. Box 323
Owner: David Cross
Ph: + 678 36911 Fax: + 678 36912
E-Mail: pdsanto@vanuatu.com.au
Website: www.prodive.com.au
Organisation: PADI, SSI, CMAS
Language: English
Established: 1969 Season: 01.01. - 31.12.

Port Vila

Dive Expeditions, P.O. Box 611
Owner: Peter Whitelaw
Ph: + 678 23802 Fax: + 678 24452
E-Mail: sailaway@vanautu.com.vu
Website: www.adventurevanautu.com
Organisation: PADI, NAUI, SSI
Language: English, French
Established: 1981 Season: 01.01. - 31.12.

Virgin Islands

Hauptstadt	Charlotte Amalia
Einwohner	50.000
Entf. v. Frankfurt/M.	7.290 km
Währung	US-Dollar,
Amtssprache	Englisch
Telefonvorwahl v. D	001 340
Telefonvorwahl n. D	011 49
Verkehr	Rechtsverkehr
jährl. Touristenzahl	k. A.
Elektr. Strom	110 V / 60 Hz
Visum	nein
Flughafen	Christiansted (STX)

Tauchregionen:
St. Thomas
St. John
St. Croix

Zeitverschiebung: MEZ - 5
Fläche: 352 km^2
Einwohner: 110.000

Tauchsicherheit

PADI International USA
1251 East Dyer Road
CA 92705-5605 Santa Ana
Tel: 001 (0) 714 540 7234
Fax: 001 (0) 714 540 2609
E-Mail: info@padi.com
Website: www.padi.com

NAUI Worldwide
FL 33619-2667 Tampa USA
Tel: 001 (0) 813 628 6284
Fax: 001 (0) 813 628 8253
Website: www.naui.org

DAN: Divers Alert Network
P.O. Box 3823 27710
Durham North Carolina USA
E-Mail: info@dan-dive.com
Website: www.dan-dive.com

NASDS: National Association of Scuba Diving Schools USA
012S. Yates
38119 Memphis, Tennessee
Tel: 001 (0)901 767 7265
Fax: 001 (0)901 767 2798
E-Mail: info@nasds.com
Website: www.nasds.com

Information und Beratung

Diver's Guide Tauchreisen
Dockenhudener Str. 14
22587 Hamburg
Tel: 040 866 0670
Fax: 040 866 06777
tauchen@divers-guide.de
www.divers-guide.de

Schöner Tauchen
Hastedter Heerstr. 211
28207 Bremen
Tel: 0421 450 010
Fax: 0421 450 080
www.schoener-tauchen.com

Karibik Inside
Lockwitztalstr. 20
01259 Dresden
Tel: 0351 2055915
Fax: 0351 2055915
Email: karibikins@aol.com

Martin Moxter Tauchreisen
An der Theisenmühle 1
63303 Dreieich
Tel: 06103 65492
Fax: 06103 65491
Website: www.moxter.de

Fremdenverkehrsamt

U. S. Virgin Islands Tourism
Herzogspitalstraße 5
D-80331 München
Tel: 089 236 62144
Fax: 089 260 4009
E-Mail: think@mangum.de
Website: www.usvi.net

U. S. Virgin Is. Dep. of Tourism
P.O. Box 6400, Charlotte Amalie, St. Thomas
Virgin Islands 00804
Tel: 001 304 774 87 84.
Fax: 001 304 774 43 90.

Fluggesellschaften

American Airlines Inc.
Frankfurt am Main
Information
Tel: 01803242324
www.american -airlines.com

British Airways
Frankfurt am Main
Flugreservierung Flüge
Tel: 0180 3340340
www.british-airway.com

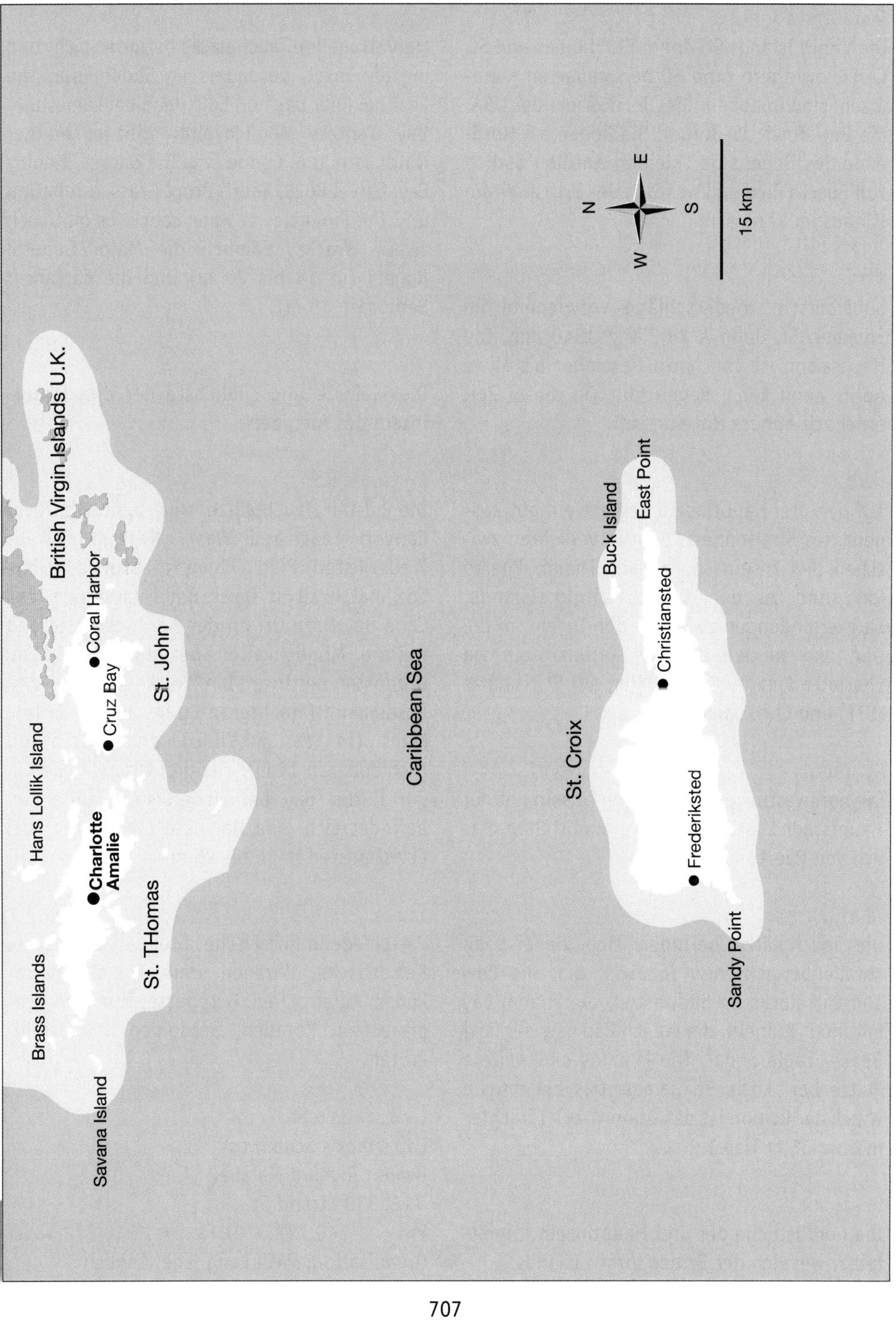
British Virgin Islands U.K.
Hans Lollik Island
Brass Islands
Savana Island
Charlotte Amalie
St. THomas
Cruz Bay
Coral Harbor
St. John
Caribbean Sea
St. Croix
Buck Island
East Point
Christiansted
Frederiksted
Sandy Point
N
E
S
W
15 km

Geographische Lage:
Die Virgin Islands St. John, St. Thomas und St. Croix sowie ihre rund 50 benachbarten Kleininseln sind unabhängiges Territorium der USA, die Bewohner US-Bürger. Sie liegen am Nordende des Bogens der Kleinen Antillen östlich von Puerto Rico und westlich der British Virgin Islands im Karibischen Meer.

Klima:
Subtropisch, Niederschläge vorwiegend im Sommer. St. John`s 24,9°C / 1840 mm. Die Hochsaison ist von Mitte Dezember bis Mitte April, wenn kaum Regen fällt (in dieser Zeit erheblich höhere Hotelpreise).

Verkehr:
Auf den drei Hauptinseln besteht ein gut ausgebautes Straßennetz. Schiffe verkehren zwischen den Inseln sowie nach Miami, Puerto Rico und zu den British Virgin Islands. Flugverbindungen zwischen den Inseln, in die USA und zu den anderen Karibikinseln via Charlotte Amalie, Cyril E. King auf St. Thomas (STT) und Christiansted.

St. Thomas:
Die nordwestliche der drei Hauptinseln mit der Hauptstadt Charlotte Amalie, unmittelbar östlich von Puerto Rico.

Tauchplätze:
Die Tauchplätze befinden sich zumeist an korallenbewachsenen Felsriffs, u.a. die Cow and Calf Rocks im Südwesten, die Thatch Cay mit ihren Tunneln, die French Cap Cay, der Coki Beach, Eagle Shoal, The Mounds und weitere Plätze bei Little St. James. Das beliebteste Wrack der Region ist das Grain Wreck (Frachter in etwa 35 m Tiefe).

St. John:
Die nordöstliche der drei Hauptinseln, unmittelbar westlich der British Virgin Islands.

Tauchplätze:
Hervorragende Tauchplätze befinden sich rund um die Insel, besonders im Süden, u.a. The Leaf bei Reef Bay und Ed's Head bei Lameshure Bay. Weitere Möglichkeiten gibt es an der Nordküste, u.a. Congo Cay, The Barges, Henley Cay, Carvel Rock, South Drop, Grassco Junction und The Pinnacles at Hans Lolick. Es gibt auch zwei Wracks, nämlich die Major General Rogers (in 15 bis 20 m) und die Cartanser Senior (in 15 m).

St. Croix:
Die kleinste und südlichste der drei Hauptinseln des Archipels.

Tauchplätze:
Die besten Tauchplätze sind u.a. Salt River Canyon East and West, Northstar Wall, Frederiksted Pier, Jimmy's Surprise, Little Cozumel, Wall at Davis Bay, außerdem das Cane Bay Drop Off an der Nordwestküste und weitere Möglichkeiten bei Buck Island im Nordosten der Insel. Die Wracks der Insel sind Rosaomaira (Frachter in 20 bis 30 m), Suffolk Maid (in 17 m Tiefe) und Northwind (Schlepper in 15 m); alle drei Wracks liegen in der Butler Bay bei Frederiksted, außerdem befindet sich eine Barkasse (The Barge) bei Christiansted in 16 bis 25 m.

Fauna:
Verschiedene Riff-Fische, Grouper, Lippfische, Kaiserfische, Muränen, Haie, Mantas, Barrakudas, Adlerrochen, Octopusse, Hummer, Seepferdchen, Korallen, Gorgonien und Schildkröten.

Frederiksted St. Croix
Cap's Dick's Scubawest
Owner: Richard Marshall
#12, 330 Strand St
Ph: + 1 340 772 3701 Fax: + 1 340 772 1852
Organisation: PADI Language: English

Established: 1987
Season: 01.01. - 31.12.

Frederiksted St. Croix

Cane Bay Dive Shop, 4510 Kingshill
Owner: Hal Rosbach
Ph: + 1 340 7739913 Fax: + 1 340 7785442
E-Mail: 103642.3220@compuserve.com
Website: www.ecani.com
Organisation: PADI Language: English
Established: 1989 Season: 01.01. - 31.12.

Christiansted

Dive Christiansted, 59 Kings Wharf
Owner: Miles J. Sperber
Ph: + 1 340 7733434 Fax: + 1 340 7737400
E-Mail: milemark@ecani.com
Organisation: PADI, NAUI, NASDS, SSI
Language: English, Spanish
Established: 1982 Season: 01.12. - 31.05.

Cruz Bay, St. John 00831

Cruz Bay Watersports, Co.
Owner: Marcus and Patty Johanson
PO. Box 252
Ph: + 1 340 776 6234 Fax: + 1 340 6938720
E-Mail: cruzbaywatersports@att.net
Organisation: PADI, NAUI Language: English
Established: 1982 Season: 01.12. - 31.05.

St Thomas VI 00802

Admirality Dive Center
Owner: Marty Martiwez
Windward Hotel Veteran Drive
Ph: + 1 340 7779802 Fax: + 1340 7779802
Organisation: PADI, NAUI
Language: English, Spanish
Established: 1994
Season: 14.12. - 15.04.

St Thomas 00803

Sea Trade
Owner: Jim Mc Manus
Crown Bay Marina, Suite 505
Ph: + 1 340 7742001 Fax: + 1 340 7779600
E-Mail: diveusvi@aol.com
Website: www.diveguideint.com
Organisation: PADI
Language: English
Established: 1974

St. Thomas 00805

Coki Dive Dive Club
Owner: Peter Jackson
P.O. Box 5020 96
Ph: + 1 340 7754220 Fax: + 1340 7742220
E-Mail: pete@cokidive.com
Website: www.cokidive.com
Organisation: PADI, SSI, NAUI, YHCA

Tortola

Trimarine
Owner: Dunlan Muirhead
P.O. Box 3069, Road Town
Ph: + 1 340 4942490 Fax: + 1 284 4945774
E-Mail: cuanlaw@candwbvi.com
Website: www.bvidiving.com
Organisation: PADI, NAUI, SSI, CMAS
Language: English, German, French, Spanish
Established: 1970 Season: 01.01. - 31.12.

Zypern

Hauptstadt	Nikosia
Einwohner	186.000
Entf. v. Frankfurt/M.	2591 km
Währung	Zypern-Pfund, Z£
Amtssprache	Griechisch, Türkisch
Telefonvorwahl v. D	00 357
Telefonvorwahl n. D	00 49
Verkehr	Linksverkehr
jährl. Touristenzahl	1,5 Mio.
Elektr. Strom	220 V / 50 Hz
Visum	nein
Flughafen	Larnaca (LCA)

Tauchregionen:
Mittelmeer
Akamas-Halbinsel
Protaras
Paphos
Agios Georgios
Limassol

Zeitverschiebung: MEZ + 1
Fläche: 9.251 km²
Einwohner: 735.000

Tauchsicherheit

C.F.U.A. Cyprus Federation of Underwater Activities
P.O. Box 1503 Nicosia Cyprus
Tel: 00 357 2 454647
Fax: 00 357 2 455246

PADI International USA
1251 East Dyer Road
CA 92705-5605 Santa Ana
Tel: 001 (0) 714 5 40 72 34
Fax: 001 (0) 714 5 40 26 09
E-Mail: info@padi.com
Website: www.padi.com

NAUI Worldwide
FL 33619-2667 Tampa USA
Tel: 001 (0) 813 6 28 62 84
Fax: 001 (0) 813 6 28 82 53
E-Mail: info@.naui.org
Website: www.naui.org

DAN:
Divers Alert Network
USA- International
P.O. Box 3823 , 27710 Durham
North Carolina
E-Mail: info@dan-dive.com
Website: www.dan-dive.com

Information und Beratung

Diver's Guide Tauchreisen
Dockenhudener Str. 14
22587 Hamburg
Tel: 040 866 0670
Fax: 040 866 06777
tauchen@divers-guide.de
www.divers-guide.de

Schöner Tauchen
Hastedter Heerstr. 211
28207 Bremen
Tel: 0421 450 010
Fax: 0421 450 080
info@schoener-tauchen.com
www.schoener-tauchen.com

Sun and Fun
Franz-Joseph-Str. 43
80801 München
Tel: 089 380 14124
Faxl: 089 346 644
sunundfun@t-online.de

Martin Moxter Tauchreisen
An der Theisenmühle 1
63303 Dreieich
Tel: 06103 65492
Fax: 06103 65491
Website: www.moxter.de

Botschaften

Botschaft in Zypern
Nikosia, 10 Nikitaras Street,
CY 1080 Nicosia B
Tel: 00357 2 664362-4
Fax: 00357 2 665694

Botschaft der Republik Zypern in Deutschland
Kronprinzenstr. 58
53173 Bonn
Tel: 0228 367980
Fax: 0228 353626

Fluggesellschaften

Cyprus Airways
Frankfurt Airport-Center
60549 Frankfurt
Tel: 069 695 8930

Olympic Airways
Tel: 069 97067-205
www.olympic-airways.gr

Condor Flugdienst G.m.b.H.
Tel: 06107 939-0
Website: www.condor.de

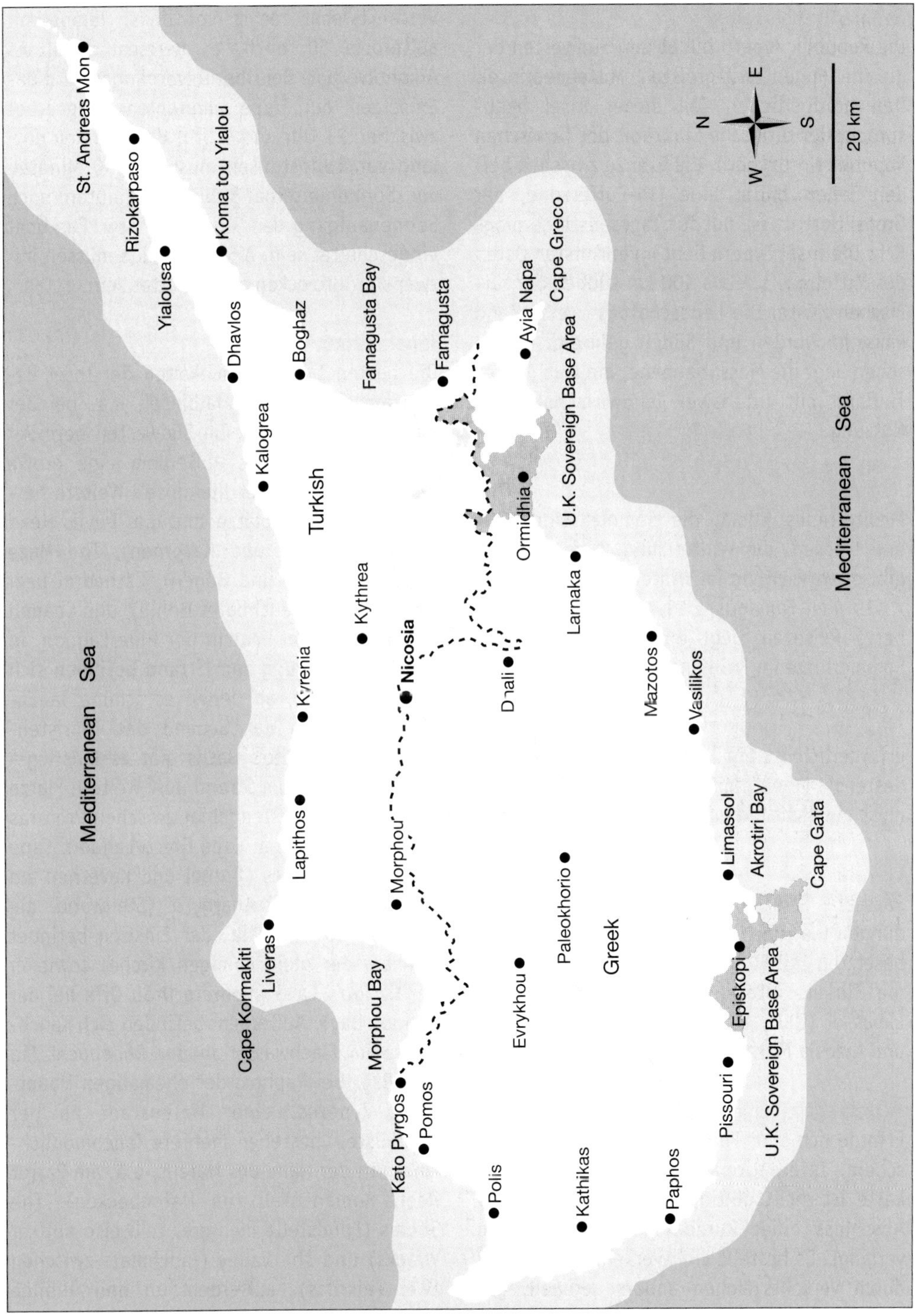
Mediterranean Sea
St. Andreas Mon
Rizokarpaso
Koma tou Yialou
Yialousa
Dhavlos
Boghaz
Famagusta Bay
Famagusta
Cape Greco
Ayia Napa
U.K. Sovereign Base Area
Kalogrea
Turkish
Ormidhia
Larnaka
Kythrea
Nicosia
Dali
Kyrenia
Mazotos
Vasilikos
Lapithos
Limassol
Akrotiri Bay
Cape Gata
Morphou
Paleokhorio
Greek
Liveras
Cape Kormakiti
Morphou Bay
Evrykhou
Episkopi
U.K. Sovereign Base Area
Pissouri
Kato Pyrgos
Pomos
Kathikas
Polis
Paphos
Mediterranean Sea
N
E
W
S
20 km

Geographische Lage:
Die Republik Zypern bildet den Südwesten der gleichnamigen drittgrößten Mittelmeerinsel. Den nordöstlichen Teil dieser Insel beansprucht der türkische Staat mit der Türkischen Republik Nordzypern. Die Grenze zwischen beiden Teilen bildet eine UN-Pufferzone, der Grenzübertritt ist nur für Tagesausflüge möglich. Die Insel Zypern liegt im äußersten Osten des Mittelmeers, etwa 100 km südlich der türkischen Küste. Die Landschaft ist weitgehend karg, im Norden und Süden gebirgig. Dazwischen liegt die Messariaebene, ein fruchtbares Tiefland mit intensiver landwirtschaftlicher Nutzung.

Klima:
Mediterranes Klima, die Sommer sind heiß und trocken, die Winter mild. Niederschläge gibt es vorwiegend im Winter. Lefkosia 16,9°C / 439 mm, Famagusta 19,7°C / 363 mm. Die beste Reisezeit liegt aufgrund der großen Sommerhitze im Frühjahr und Herbst.

Einreise:
Erforderlich ist ein Reisepass, der noch mindestens 3 Monate gültig ist; im Kinderausweis muss ein Lichtbild enthalten sein.

Verkehr:
Passables Straßennetz, diverse Schiffsverbindungen u.a. nach Griechenland. Vom türkisch besetzten Teil Flug- und Fährverbindungen in die Türkei. Internationaler Flugverkehr via Limassol (QLI), Larnaca (LCA) Paphos (PFO) und Nicosia Makarios (NMK).

Verkehrsbestimmungen:
Erforderlich sind Führerschein und Fahrzeugschein, Internationale Grüne Versicherungskarte ist nicht gültig, bei Ankunft wird der Abschluss einer Kurzhaftpflichtversicherung verlangt. Es besteht Linksverkehr; wenn nicht durch Verkehrszeichen anders geregelt, gilt Vorfahrtsrecht rechts vor links. Tempolimit außerorts 60 km/h, es herrscht absolutes Alkoholverbot. Bei Überholvorgängen wird das Einsetzen der Hupe empfohlen; Hupverbot zwischen 21 Uhr und 6 Uhr. Beim Parken entlang von Landstraßen muss von 30 Minuten vor Sonnenuntergang bis 30 Minuten nach Sonnenaufgang das Standlicht bzw. Parklicht eingeschaltet sein. Alle Fahrzeuge müssen mit zwei Warndreiecken ausgestattet sein.

Tauchplätze:
Die besten Tauchmöglichkeiten der Insel liegen auf der Akamas-Halbinsel, u.a. bei der Agios Georgios Insel. Im Südwesten befindet sich eine Steilwand, außerdem eine große Höhle im Westen der Kleininsel. Weitere hervorragende Tauchplätze sind u.a. Devils Head (mehrere Tunnel und Kavernen), The Maze (mehrere Tunnel und Bögen), Cathedral Reef (Felsriff mit betauchbarer Höhle), und Chamili Island. Die Insel liegt in der Blue Lagoon, in einiger Entfernung zum Strand befinden sich mehrere Felsen, an denen es schöne Tauchplätze gibt. In der Gegend des Touristenressorts Aphrodite's Baths gibt es Einstiegsmöglichkeiten vom Strand aus. Weitere Plätze liegen in dem Küstengebiet zwischen Protaras und Agia Napa, u.a. Cape Greco Lagoon, Cape Greco Wall, Spilies (Tunnel und Kavernen am Cap Greco), Agioi Anargyroi (Steilwand, die auf über 20 m abfällt, der Einstieg befindet sich bei der gleichnamigen Kirche) sowie in der Cyclop's Cave (mehrere Drop Offs bei der Konnos Bay). Außerdem befinden sich Tauchplätze im Flachwasser in der Badebucht Fig Tree Bay. Bei Paphos, der ehemaligen Hauptstadt Zyperns, einer Hafenstadt an der Westküste, bestehen mehrere Tauchmöglichkeiten in der Nähe des Hafens, u.a. am Parrot Reef, Roman Wall (im Hafenbecken), The Shoals (Fundstelle mehrerer teilweise antiker Wracks) und The Valley (Tauchplatz zwischen zwei Felsriffs), außerdem an den Jubilee

Shoals (ein Riff südwestlich des Hafens). In der Region um Agios Georgios (kleine Hafenstadt), u.a. bei Geronisos (eine kleine Insel in der Nähe des Hafens), am Cape Drepanum (Höhlentauchplatz), Moray Cove (Unterwasser-Amphitheater), sowie am Manijin Island (mehrere hervorragende Möglichkeiten an diesen Kleininseln dicht vor der Küste mit Höhlen, Kavernen, Bögen und Tunneln – eines der besten Tauchgebiete Zyperns).

Weitere Tauchplätze:

Befinden sich in der Region um Limassol, u.a. im Akrotiri Fish Reserve (südwestlich von Limassol beim gleichnamigen Ort), an den Twin Rocks (Felsnadel, die aus 20 m Tiefe bis zur Wasseroberfläche reicht) und im Big Country (zerklüftete Felsformationen mit Kavernen und Überhängen).

Wracks:

Die schönsten Wracks sind u.a. die Vera K (Reste eines Frachters in 11 m), Zenobia (Frachter in 30 m Tiefe vor Larnaka), Achilleas (Kutter in 12 m beim Hafen von Paphos), Three Stars (in 7 m) und die Copper (Überreste eines Schiffs südwestlich von Limassol). In den Gewässern um Zypern finden sich Amphoren, Steinanker und andere antike Gegenstände.

Fauna:

Barsche, Brassen, Barrakudas, Kardinalfische, Papageifische, Mönchsfische, Soldatenfische, Fahnenjunker, Drachenköpfe, Octopusse, Trinitonshörner, Fadenschnecken, Schwämme, Krebse und Schildkröten.

Ayia napa

Sunfish Divins, 26 Arh. Makarios Avenue
Owner: Evelthow Mewikov
Ph: + 357 3 721300 Fax: + 357 3 721281
E-Mail: sunfish@cytanet.com.cx
Website: www.sunfish-divers.com.cx
Organisation: PADI
Language: English, Greek, German
Established: 1978 Season: 01.03. - 15.11.

Kato Paphos 8042

Cydive 1, Posiedon Avenue
Owner: Cherry Dobbins
Ph: + 357 6 234271 Fax: + 357 6 235307
Organisation: 5*PADI
Language: German, English
Established: 1981 Season: 15.02. - 15.01.

Kato Paphos

Dinos Water Sport Centre, Dypria Maris Hotel
Owner: Dinos Joakim
Ph: + 357 6238111 Fax: + 357 6238125
Organisation: CMAS , IDD
Language: English, German, French, Greek
Season: 01.03. - 01.11.

Kato Paphos

Kalliopi Diving Centre
Owner: George Joakim
Paphos Beach Hotel or P.O. Box 1036
Ph: + 357 6233091 Fax: + 357 6246443
Organisation: PADI , CMAS, IDD
Language: English, German, Dutch, Greek
Season: 01.03. - 01.11.

Larnaca

Octopus Diving Centre
Larnaca or P.O.Box 40124
Owner: Mc Murray
Ph: + 357 4 646571 Fax: + 357 4 646571

E-Mail: octopus@spidawet.com
Website: www.octopus-diving.com
Organisation: PADI , BSAC
Language: English
Established: 1987 Season: 01.02. - 31.12.

Limassol

Aquarius Diving
Owner: Guy Levoir
Amathus Avenue
Ph: + 357 5326652 Fax: + 357 5339585
Organisation: CMAS
Language: English
Season: 01.03. - 15.01.

Limassol 3602

Ninos Diving Centre
181 CH. Hadjipavlou St or PO Box 50262
Ph: + 357 5372667 Fax: + 357 5352870
E-Mail: nino@ninos-sports.com
Website: www.ninos-sports.com
Organisation: NAUI
Language: Greek, English
Season: 01.03. - 31.10.

Limassol CR 3820

Aloha Divers, P.O. Box 55209
Owner: Kyriacos Charalambous
Georgiou A' 4E Potamos Yermasoyia
Ph: + 357 5 313208 Fax: + 357 5 313208
E-Mail: aloha@logos.cy.net
Organisation: 5*PADI
Language: English, German
Established: 1993 Season: 01.01. - 31.12.

Polis-Paphos 8820

Latchi Diving Centre
Owner: Hans Roelofs
Latchi Harbour
Ph: + 357 6 322095 Fax: + 357 6 322095
E-Mail: lwsports@cyculture.net
Organisation: PADI
Language: Greek, English, German, French
Established: 1980 Season: 01.01. - 31.12.

Protaras / Paralimni 5311

Herbies Diving Paradise
Owner: Hubert Boehm
Kapetanios Bay Hotel P.O. 142
Ph: + 357 3 831170 Fax: + 357 3 831117
E-Mail: herbies@cylink.com.cy
Website: www.herbiesdiving.com
Organisation: PADI
Language: English, German, Greek
Established: 1990 Season: 01.01. - 31.12.

Nicosia Napa

Lucky Divers, Nissi Beach or. P.O.Box 382
Ph: + 357 3 724227 Fax: + 357 3 723227
E-Mail: lucky@dial.cyink.com.cy
Organisation: 5*PADI Language: English
Established: 1990 Season: 01.01. - 31.12.

Limassol

Popeye´s Diving Centre PADI
Deana Beach Complex, Block 1, Shop 8
Ph: + 357 5 326576 Fax: + 357 5 326576
E-Mail: eliza@cytanet.com.cy

Dieser Anhang enthält die aktuellen Adressen der Tauchschulen, die auf das Mailing für den Welt-Tauchreiseführer (siehe Vorwort) nicht geantwortet haben. Der Anhang ist nach Ländern alphabetisch geordnet. Innerhalb der Länder wurde nach Orten alphabetisch sortiert. Australien, Deutschland, Kanada, Österreich und USA wurden außerdem nach Bundesländern bzw. Bundesstaaten untergliedert. Als zusätzlicher Service findet sich am Ende ein Adress-Verzeichnis internationaler Airlines.

Ägypten

Cairo
Maadi Divers
18 St 218 Digla, Maadi
Ph: + 20 23537144
Fax: + 20 23537144

Hurghada
Barakuda International
Marriott Beach Resort
Ph: + 20 65 443950
Fax: + 20 65 443970

Hurghada
Blue Brothers Diving
Hotel Sonesta Paradiso
Ph: + 20 65547934
Fax: + 20 65547933

Hurghada
Dive Point Red Sea
Coral Beach Hotel
Ph: + 20 65447162
Fax: + 20 65548083

Hurghada
Golden Turtle Diving Center
Safir Hurghada Hotel
Ph: + 20 65442901
Fax: + 20 65443802

Hurghada
Marlin Inn Dive Center
Marlin Inn Hotel
Ph: + 20 65 443791
Fax: + 20 65 443790

Hurghada
Panorama Pro
Sheraton Road
Ph: + 20 65443148
Fax: + 20 65443148

Hurghada
Red Sea Scuba Schools
Princess Palace Hotel
Ph: + 20 65444854
Fax: + 20 65444854

Hurghada
Sahara Dive Club
Sahara Resort
Ph: + 20 62601064
Fax: + 20 62601064

Hurghada
TGI Marine Sporting Club
Kafr El Gouna
Ph: + 20 65549701
Fax: + 20 65549765

Hurghada
TGI Red Sea
Sahara Resort/Gabal El Harem
Ph: + 20 65546951
Fax: + 20 65546951

Hurghada Red Sea
Jasmin Diving Center
Jasmine Village
Ph: + 20 65 446442
Fax: + 20 65 446455

Port Safaga
UTS Safaga Paradise
Safaga Paradise Village
Ph: + 20 65 451630
Fax: + 20 65 451630

Port Safaga
Barakuda Diving
Menaville Hotel
Ph: + 20 65 451760
Fax: + 20 65 451764

Port Safaga
Duck's Dive Center
Holiday Inn
Ph: + 20 831 17691
Fax: + 20 831 17691

Sharm-El-Sheikh South
Sinai South-Sinai
Oonas Divers
Naama Bay
Ph: + 20 2 4175654
Fax: + 20 2 2910937

Sharm-El-Sheikh South
Sinai South-Sinai
Cali Int. Diving Center
Haay El Nour Villa 91
Ph: + 20 62601031
Fax: + 20 62601031

Sharm-El-Sheikh South
Sinai South-Sinai
Divers' Lodge
Aida Beach Hotel
Ph: + 20 62601255
Fax: + 20 62601255

Sharm-El-Sheikh South
Sinai South-Sinai
Leonessa Diving
C/O Tower Club
Ph: + 20 62600230
Fax: + 20 62600237

Sharm-El-Sheikh South
Sinai South-Sinai
Sheikh Coast Diving Center
Corl Bay Hotel
Ph: + 20 62601714
Fax: + 20 62601714

Sharm-El-Sheikh South
Sinai South-Sinai
Sun Divers
Nahama Bay
Ph: + 20 62601064
Fax: + 20 62601064

Sharm-El-Sheikh South
Sinai South-Sinai
Ventadiving Farana
Club Farana
Ph: + 20 62601208
Fax: + 20 62601208

Argentinien

Buenos Aires 1186
Subacuaticos
Jose A. Cabrera 3382
Ph: + 54 196 38502
Fax: + 54 196 38502

Australien

Capital Terrritory

Phillip Act 2606 ACT
Aqua Medium Dive
3/43 Colee Court
Ph: + 61 62823919
Fax: + 61 62932956

Tuggeranong 2900 ACT
Argonaut Dive
Unit 9, Tuggeranong Sqare
Ph: + 61 62932955
Fax: + 61 62932956

New South Wales

Brookvale 2100 NSW
Pro Dive Brookvale
503 Pittwater Road
Ph: + 61 2 99072277
Fax: + 61 2 99072077

Brooms Head 2463 NSW
Brooms Head Dive Center
92 Ocean Road
Ph: + 61 66 467160
Fax: + 61 66 467160

Campbelltown 2560 NSW
Pro Aquatics Campbelltown
25-29 Dumaresq Street
Ph: + 61 46 9272351
Fax: + 61 46 9284760

Charlestown 2290 NSW
Charlestown Diving
Academy Rear of Shop,
36 Smart Street
Ph: + 61 49 421412
Fax: + 61 49 423997

Chatswood 2067 NSW
Pro Dive Chatswood
67 Archer Street
Ph: + 61 2 94195557
Fax: + 61 2 94195145

Cronulla 2230 NSW
Pro Dive Cronulla
106 Cronulla Street
Ph: + 61 2 95442200
Fax: + 61 2 95442500

Drummoyne 2047 NSW
Pro Dive Drummoyne
227 Victoria Road
Ph: + 61 2 98197711
Fax: + 61 2 97198047

Fairlight 2094 NSW
Fathom Diving
174-176 Sydney Road
Ph: + 61 2 99496255
Fax: + 61 2 99487221

Ferguson's Boatshed 2088 NSW
Southern Cross Divers
Spit Bridge Spit Road
Ph: + 61 2 99695072
Fax: + 61 2 99695072

Gordon 2072 NSW
Diversity Scuba
Shop 2, 9/11 St. Johns Avenue
Ph: + 61 2 94994011
Fax: + 61 2 94994052

Huskisson 2540 NSW
JERVIS BAY DIVERS CLUB
P.O.BOX 2
Ph: + 61 44416232
Fax: + 61 44416232

Huskisson 2540 NSW
Pro Dive Jervis Bay
6/64 Owen Street
Ph: + 61 44 415255
Fax: + 61 44 417113

Kogarah 2217 NSW
Snorkel Inn
49 President Avenue
Ph: + 61 2 5881152
Fax: + 61 2 5885042

Manly 2095 NSW
Oceanworld Manly
West Esplanade
Ph: + 61 2 99492644
Fax: + 61 2 99497950

Manly 2095 NSW
Pacific Coast Diver Manly
169-171 Pittwater Road
Ph: + 61 2 99775966
Fax: + 61 2 99775362

Norah Head 2263 NSW
C Breeze
15 Mitchell Street
Ph: + 61 43 961155
Fax: + 61 43 961177

Nowra 2541 NSW
Aquatique
88 Worrigee Street
Ph: + 61 44218159
Fax: + 61 44218159

Parade Nelson 2315 NSW
Dive Nelson Bay
1a Nelson Towers Complex, Victoria
Ph: + 61 49 812491
Fax: + 61 49 811442

Shellharbour 2529 NSW
Coast Wide Diving Service
41 Addison Street
Ph: + 61 52 964266
Fax: + 61 52 967423

Sydney 2000 NSW
Pro Dive Lord Howe Island
Shop 620, Royal Arcade,
255 Pitt Street
Ph: + 61 2 9649499
Fax: + 61 2 92649494

Ultimo 2007 NSW
Pro Dive P & O
34/330 Wattle Street
Ph: + 61 2 92816166

Fax: + 61 2 92810660

Wallongong 2500 NSW
United Divers
6 Victoria Street
Ph: + 61 42 9285962
Fax: + 61 42 9285962

Warners Bay 2282 NSW
Dive Addicts
6/50 Medcalf Street
Ph: + 61 49 567790
Fax: + 61 49 567790

Willoughby 2068 NSW
Frog Dive Services
539 Willoughby Road
Ph: + 61 2 9585699
Fax: + 61 2 9583267

Woollarha 2025 NSW
Vatulele Island Resort
P.O. Box 470
Ph: + 61 2 93241055
Fax: + 61 2 93272764

Queensland

Airlie Beach 4802 QLD
Kelly Dive Whitsundays
Shop 1, The Esplanade
Ph: + 61 79466122
Fax: + 61 79465418

Airlie Beach 4802 QLD
Paradise Bay
Long Island
Ph: + 61 79 469941
Fax: + 61 79 469971

Airlie Beach 4802 QLD
Whitsunday Magic Dive
Shop 13, Able Point Marina
Ph: + 61 79 464074
Fax: + 61 79 464074

Cannonvale 4802 QLD
Long Island Water Sport
P.O. Box 289
Ph: + 61 79 469363
Fax: + 61 79 469363

Hooker Blvd 4218 QLD
Elite Sports Aqua'Nuts
Pacific Fair Shopping Centre Shop 150B
Ph: + 61 418 738768
Fax: + 61 418 738768

Mooloolaba 4557 QLD
Suncoast Fundive
Brisbane Road & Woomba Place
Ph: + 61 74 448883
Fax: + 61 74 781020

Nooseville 4567 QLD
Dive Boatique
The Boatshed, Gympie Terrace
Ph: + 61 7 4471300
Fax: + 61 7 54471788

Palm Beach 4221 QLD
Palm Beach Dive Centre
13 Palm Beach Avenue
Ph: + 61 7 55982638
Fax: + 61 7 55982638

Port Douglas 4871 QLD
Scuba Green Island
P.O. Box 228
Ph: + 61 70 995050
Fax: + 61 70 994065

Southbank Parklands 4001 QLD
Southbank Dive & Hire
Shop 28A, Allgas Bldg, Stanley St
Ph: + 61 7 38447160
Fax: + 61 7 38441351

Surfers Paradise 4217 QLD
Chevron Hotel
42 Ferny Avenue
Ph: + 61 755390444
Fax: + 61 755923757

Towsville 4810 QLD
Orpheus Island Resort
Townsville Mail Centre
Fax: + 61 77 777533

Underwood 4119 QLD
Brisbane Scuba School
3283 Logan Road
Ph: + 61 7 33419733
Fax: + 61 7 38416135

Süd-Australien

Welland 5007 SA
Divers Service
80 Grange Rd.
Ph: + 61 83463422
Fax: + 61 83402578

Tasmanien

Kingsmeadow 7249 TAS
Scuba Ski & Tackle
120 Hobart Road
Ph: + 61 3 449411
Fax: + 61 3 449411

Launceston 7250 TAS
Charltons Scuba Education Services
155-157 Brisbane St.
Ph: + 61 03316080
Fax: + 61 03316080

Victoria

Anglesea 3230 VIC
Anglesea Hotel
1 Murch Crescent
Ph: + 61 52631210
Fax: + 61 52632899

Ashburton 3147 VIC
Allways Dive Expeditions
168 High St
Ph: + 61 3 98858863
Fax: + 61 3 98851164

East Bentleigh 3165 VIC
A.B. Ocean Divers East Bentleigh
237 East Boundary Road
Ph: + 61 395792600
Fax: + 61 395638594

East Geelong 3219 VIC
Bay City Scuba
146 Ormond Road
Ph: + 61 52291281
Fax: + 61 52291281

Hallam 3803 VIC
Dive and Dive
2-1 Decor Dive
Ph: + 61 3 97031122
Fax: + 61 3 97031822

North Dandenong 3175 VIC
Paracise Divers
114 Carlton Road
Ph: + 61 3 97935248
Fax: + 61 3 97925318

Patterson Lakes 3197 VIC
Take 2 Diving
Patterson Lakes Marina, Mcleod Road
Ph: + 61 3 97733899
Fax: + 61 3 97981967

Port Fairy 3284 VIC
Port Fairy Dive Centre
56 Bank Street
Ph: + 61 59 756865
Fax: + 61 59 756844

Traralgon 3844 VIC
S.E.A.L. Diving Services
Shop 13, Pergalius Arcade, 29 Church
Ph: + 61 51 746216
Fax: + 61 51 746216

West-Australien

Applecross 6153 WA
Watersport West
787 Canning Hwy
Ph: + 61 03647878
Fax: + 61 93644592

Claremont 6530 WA
Australian Diving Centre
259 Stirling Hwy
Ph: + 61 99214229
Fax: + 61 99642229

Coral Bay 6701 WA
Ningaloo Deep
Shop 8, Coral Bay Arcade
Ph: + 61 99 425824
Fax: + 61 99 425836

Fremantle 6159 WA
Nautilus Diving
71a Stirling Hwy
Ph: + 61 93359097
Fax: + 61 93359097

Fremantle 6160 WA
NASDS Travel
49 Phillimore Street
Ph: + 61 94307493
Fax: + 61 94307096

Geraldtown 6530 WA
Batavia Coast Diving Academy
153 Marine Terrace
Ph: + 61 99214229
Fax: + 61 99642229

Kalgoorie 6430 WA
Wild West Sports and Surf
159 Hannan St.
Ph: + 61 90212068
Fax: + 61 90911702

Mandurah 6210 WA
The Mandurah Divigng Academy
Unit 1/17 Sholl Street
Ph: + 61 9 5812566
Fax: + 61 9 5812699

Osburhs Park 6051 WA
NASDS - AUSTRALASIA INC.
208/396 Scarborougm Rd.
Ph: + 61 92424494
Fax: + 61 92425380

Perth 6000 WA
Neptune Scuba Centre
379 Hay Street
Ph: + 61 9 2215780
Fax: + 61 9 2212392

Rockingham 6168 WA
Scubanautics Diving Academy
Shop 8/31 Dixon Road
Ph: + 61 9 5274447
Fax: + 61 9 5274447

Bahamas

Abaco Family Islands
Great Abaco Beach Undersea
Marsh Harbour
Ph: + 1 242 3674662

Alicetown Bimini
Bimini Undersea Adventures
Ph: + 1 242 3473089
Fax: + 1 242 3473079

Ft Lauderdale 33315 Abaco Island
Walker´s Cay Club
700 SW 34th Street
Ph: + 1 242 3525252
Fax: + 1 242 3591414

Freeport Grand Bahama
Unexso - Underwater Explorers Society
P.O. Box F42433
Ph: + 1 242 3731244
Fax: + 1 242 3738956

Freeport Grand Bahama
Grand Bahama Watersports
Taino Beach Hotel & Yacht Club
Ph: + 1 242 3734682
Fax: + 1 242 3734421

Georgetown Exuma Family Islands
Exuma Fantasea Limited
P.O. Box 29261
Ph: + 1 242 3363483

Fax: + 1 242 3363483
Nassau New Providence
Bahama Divers Ltd.
East Bay Street, Nassau Yacht Haven Marina
Ph: + 1809 393 6054
Fax: + 1809 393 6078
Ranfurley Drive, Coral Harbour New Providence
Nassau Scuba Centre
P.O. Box CB 11863
Ph: + 1 242 3621964
Fax: + 1 242 3621198

Belgien

St. Niklaas 9100
Ocean Diving Center
Stion Plein 7
Ph: + 32 3 7662889
Fax: + 32 3 7662889

Antwerpen

Antwerpen 2000 Antwerpen
Auqa Diver Shop
De Vrierestraat 38
Ph: + 32 3 2375658
Fax: + 32 3 2375658
Mechelen 2800 Antwerpen
Belgian Diving Centre
73 Lakenmackerstraat
Ph: + 32 15 556171
Fax: + 32 15 556171
Mechelen 2800 Antwerpen
Duikcentrum Ludwig Neef
Antwerpsesteenweg 285
Ph: + 32 15 218811
Fax: + 32 15 218828
Schilde 2979 Antwerpen
Duikschool Diothron
Swaenebeeklaan 35
Ph: + 32 3384138
Fax: + 32 3384138

Brabant

Brussel 1180 Vlaarms Brabant
Globe Marine
9 Rue De Staile
Ph: + 32 2 3763346
Fax: + 32 2 3762907

Flandern

Buggenhout 9255 Oost Vlaanderren
Aeros Gendhof 25
Ph: + 32 52 214046
Fax: + 32 52 211638
Oostende 8400 West Vlaanderren
Duikpunt
Molenaarsstraat 18
Ph: + 32 59 800951
Fax: + 32 59 807806
Sijsele-Damme 8340 West Vlaanderren
Paradise Dive School
Veldstraat 45
Ph: + 32 50 374996
Fax: + 32 50 374996

Belize

Ambergris Caye San Pedro
Ramon's Village
Coconut Drive
Ph: + 501 262071
Fax: + 501 262214
Ambergris Caye San Pedro
Larry Parker's Reef Divers
Royal Palm Villas, San Pedro Town
Ph: + 501 2 63134
Fax: + 501 2 62943
Ambergris Caye San Pedro
Submariner Belize
P.O. Box 81
Ph: + 501 2 63600
Fax: + 501 2 63602
Dangriga
Blue Marlin Lodge
South Water Caye
Ph: + 501 522243
Fax: + 501 522296
Turneffe Atoll Turneffe Atoll
Turneffe Flats
Ph: + 501 5781304
Fax: + 501 5787540

Bermuda

Paget Pg-BX
South Side Scuba
P.O. Box PG 38
Ph: + 1441 2381833
Fax: + 1441 2360394
Southampton Sn
Nautilus Diving
Southampton Princess Hotel
Ph: + 1441 2959485
Fax: + 1441 2364284

Brasilien

Cachoeira Do Bon Jesus 2243
Parcel Dive Center
Rua Luiz Boiteux Piazza
Ph: + 55 482660184
Fax: + 55 482660184
Florianopolis, Santa Catarina 88054-970
Sea Divers-Centro Turismo Sub
Ruo Luiz Boiteux Piazza #6562
Ph: + 55 482841535
Fax: + 55 482841123
Fortaleza 60115-080 CE
ASPA
R. Barao de Aracati 644 sl. 23
Ph: + 55 852315378
Fax: + 55 852610835
Santa Catarina 88054
Sea Divers Centro Turismo Sub
Est Ger Ponta Das Canas
Florianopolis
Ph: + 55 482660535
Fax: + 55 482660535
Sao Paulo 04545-020
Claumaar-Acqua
Rua Chipre 180
Ph: + 55 118204025
Fax: + 55 118202747
Sao Paulo 15160-000
Scuba Point
Rua Pio Xi, 641
Ph: + 55 112612611
Fax: + 55 112605289
Sao Paulo 04021-001
Staff Divers
Rua Sena Madureira, 828 - Vila Mariana
Ph: + 55 115731027
Fax: + 55 115731027
Sao Paulo 09720-160
Scafo Com. Equip. De Mergulho
Rua Francisco Ongaro 51, Soa Bernardo
Ph: + 55 11 4489966
Fax: + 55 11 4144370

British Virgin Islands

Roadtown Tortola
Baskin in the Sun
Prospect Reef Resort
Ph: +1 284 494 2858
Fax: +1284 4945853
Roadtown Tortula
Dive Bvi Ltd
P.O. Box 211
Ph: +1 284 495 9705
Fax: +1284 4959705
Tortula
Baskin in the Sun
Super's Hole Westend
Ph: +1 284 495 4582
Fax: +1284 494 5853
Virgin Gorda
Kilbrides Undaerwater Tours
Bitter End Yacht Club
Ph: +1 284 495 9638
Fax: +1284 4959638

Brunei

Jalan Muara, Bandar Seri Begawan
The Dive Shop Continental Yachting Sdn
Lot 1260, Kampong Kapok
Ph: + 673 2 772920
Fax: + 673 2 772921

Cayman Inseln

Cayman Brac
Peter Hughes Dive Tiara
Divi Tiara Beach Resort, Stake Bay
Ph: + 1 345 9481553
Fax: + 1 345 9481316
Cayman Brac
Peter Hughes Dive Tiara
Divi Tiara Beach Resort, Stake Bay
Ph: + 1 345 9481553
Fax: + 1 345 9481316
Cayman Brac
Reef Divers At Cayman Brac
Brac Reef Beach Resort West End
Ph: + 1 345 9481323
Fax: + 1 345 9481207
Georgetown
Surfside Watersports
Selkirk Watler Bldg., North Church St.
Ph: + 1 345 9497330
Fax: + 1 345 9498639
Georgetown
Spanish Bay Hotel
West Bay
Ph: + 1 345 9493765
Fax: + 1 345 9491842
Georgetown
SSI Diving
West Bay
Ph: + 1 345 9491296
Fax: + 1 345 9491181
Georgetown
Beach Club Divers
P.O. Box 903
Ph: + 1 345 9498100
Fax: + 1 345 9475167
Grand Cayman
Abanks Watersports
Seve Mile Beach
Ph: + 1 345 945 1444
Fax: + 1 345 945 1872
Grand Cayman
Rivers Sport Divers
West Bay
Ph: + 1 345 9491181
Fax: + 1 345 9491296
Grand Cayman
Don Foster's Dive Cayman Ltd.
Poyal Palms, West Bay Road
Ph: + 1 345 9455132

Fax: + 1 345 9455132

Grand Cayman
Red Sail Sports
P.O. Box 1588
Ph: + 1 345 9497965
Fax: + 1 345 9498808

Grand Cayman
Dive Inn
P.O. Box 1882 Gt
Ph: + 1 345 9490321
Fax: + 1 345 9498729

Grand Cayman
Indies Divers
#1 Foster Drive
Ph: + 1 345 9475025
Fax: + 1 345 9475024

Grand Cayman
Quabo Divers
Georgetown
Ph: + 1 345 9474769
Fax: + 1 345 9474978

Grand Cayman
Spanish Bay Reef Resort
P.O. Box 903
Ph: + 1 345 9493765
Fax: + 1 345 9475167

Grand Cayman
Aggressors International
P.O. Box 1882G
Ph: + 1 345 9495551
Fax: + 1 345 9498729

Grand Cayman
Don Foster's Dive Grand Cayman
Georgetown
Ph: + 1 345 9475132
Fax: + 1 345 9475133

Grand Cayman
Capt Maravin's Aquatics
Coconut Plaza
Ph: + 1 345 9474590
Fax: + 1 345 9475673

Grand Cayman
Cayman Dive College
North Church Street, Seven Mile Beach
Ph: + 1 345 9494125
Fax: + 1 345 9494125

Grand Cayman
Aqua Nauts Diving
Pagoda Bldg
Ph: + 1 345 945 1990
Fax: + 1 345 945 1991

Grand Cayman
Cayman Dive Lodge
East End
Ph: + 1 345 852 3483
Fax: + 1 345 798 7568

Grand Cayman
Scuba Sensations
Seven Mile Beach
Ph: + 1 345 949 2871
Fax: + 1 345 949 8731

Grand Cayman
Seaview Dive Center
Seven Mile Beach
Ph: + 1 345 945 0558
Fax: + 1 345 945 0559

Grand Cayman
Tortuga Divers
Moritts Tortuga Club, Goergetown
Ph: + 1 345 947 2097
Fax: + 1 345 947 8731

Grand Cayman
Sunset Divers
South Church Street, Georgetown
Ph: + 1 345 9497111
Fax: + 1 345 9497101

China / Hong Kong

27 Peterson Street
Pro Dive Usa Ltd
Flat A1, Great George Bldg 2/F
Ph: + 852 2890 5634
Fax: + 852 2577 3400

Ap LE1 Chau
Yoy Marine & Scuba Centre
G/F 110 Ap LE1 Chau Main Street
Ph: + 852 25524185
Fax: + 852 58731839

Mongkong, Kowloon
The Dive Shop
G/F5, Kwai Wan Bldg, Playing Field Rd
Ph: + 852 2397 6222
Fax: + 852 2398 3199

Cook Inseln

Rarotonga
Cook Island Divers
Titikaveka
Ph: + 682 22483
Fax: + 682 22484

Costa Rica

Guanacaste 5019
El Octal Diving Safaris
Playa Del Coco
Ph: + 506 6700321
Fax: + 506 6700083

Guanacaste 5019
Diving Safaris De Costa Rica
El Octal Hotel Playa Del Coco
Ph: + 506 2630055
Fax: + 506 6700012

Dänemark

Aalborg 9000
Flex Dyk
Frederikstorv 3
Ph: + 45 98103395
Fax: + 45 98103255

Abenra 6200
Sonderjyllands Dykkercenter
Sonderport 31
Ph: + 45 74628125
Fax: + 45 74620464

Allerod 3450
Adventures Sportsklub
Mollemosevej 6
Ph: + 45 38888086
Fax: + 45 31102626

Greve Strand 2670
Nautic Diving Sportdykkerskole
Mosedestrandvej 51
Ph: + 45 42900222
Fax: + 45 42900363

Helsingor 3000
Master Dive
Rosenkilvej 22
Ph: + 45 49203388
Fax: + 45 49203388

Helsingor 3000
Sportdykkerskolen I Helsingor
Nordhavnvej 1
Ph: + 45 49265263
Fax: + 45 49265283

Kobenhavn 1264
Aqua Sport Aps
St Kongensgrade 116
Ph: + 45 33337799
Fax: + 45 33337799

Koebenhavn 2400
Adventure Sports
Dykkerskolen, Pro Divers
Hvidkildevej 1
Ph: + 45 38888086
Fax: + 45 48140148

Lyngby 2800
Marina Dykkercenter
Buddingevej 87
Ph: + 45 45884420
Fax: + 45 42882142

Naestved 4700
Manta Marine
Vinhusgade 11B
Ph: + 45 55777990
Fax: + 45 55775990

Norresundby 9400
Carlsens Dykker Center
Krusemyntevej 4
Ph: + 45 98174166
Fax: + 45 98192266

Vejle 7100
Scuba Sport
Norrebrogade 30 C
Ph: + 45 75820103
Fax: + 45 75831433

Deutschland

Berlin

Berlin 10318 B
Tauchsport GmbH
Ehrlichstr. 15
Ph: + 49 30 5088113
Fax: + 49 30 5098944

Berlin 10999 B
Tauchschule NAUI
Ohlauer Str. 5-11
Ph: + 49 30 6185990
Fax: + 49 30 3237491

Berlin 14129 B
Tauch Profi
Postdamer Chaussee 35d
Ph: + 49 30 8039146
Fax: + 49 30 8031989

Berlin 13585 B
Tauch-Tip Spandau
Hasenmark 5
Ph: + 49 30 3338095
Fax: + 49 30 3339971

Berlin Henningsdorf 16761 B
Ekkis Tauchschule
Hermann Schumann Str. 3
Ph: + 49 3302 228585
Fax: + 49 3302 228586

Baden-Württemberg

Baden Baden 76530 BWL
Amphora
Eisenbahnstr. 25
Ph: + 49 7221181230
Fax: + 49 7221181231

Binzen 79589 BWL
Tauchring Lörrach
Fischinger Str. 3
Ph: + 49 7621 65980
Fax: + 49 7621 69344

Bodman 78351 BWL
Adventure Diving
Kaiserpfalzstr. 34
Ph: + 49 7773 920876
Fax: + 49 7773 920875

Esslingen 73733 BWL
TSC Esslingen
Schenkenbergstr. 65
Ph: + 49 711 9183222
Fax: + 49 711 9183223

Esslingen 73728 BWL
Tauchschule Aquatec
Hindenburgstr. 6
Ph: + 49 711 3169077
Fax: + 49 711 3169077

Filderstadt 70749 BWL
Mobby Dick Tauchsport
Lange Str. 21
Ph: + 49 7158 65966
Fax: + 49 7158 67784

Heilbronn 74076 BWL
Active Sport
Dammstr. 52
Ph: + 49 7131 953883
Fax: + 49 7131 953884

Heilbronn 74080 BWL
HTZ Tauchsport Vertrieb GmbH
Mittlerer Weg 1
Ph: + 49 7131 913150
Fax: + 49 7131 9131530

Herrenberg 71083 BWL
Coral Divers
Badgasse 21
Ph: + 49 7032 5281
Fax: + 49 7032 24808

Karlsruhe 76133 BWL
Dive Point
Moltkestr. 44
Ph: + 49 721 9712132
Fax: + 49 721 9712133

Leimersheim 76774 BWL
Tauchschule Helmut Schmidt
Drosselweg 2
Ph: + 49 7272 74620
Fax: + 49 7272 74620

Mannheim 68167 BWL
VIT Tauchschule
Lange Roetter Str. 46-48
Ph: + 49 621 335404
Fax: + 49 621 335404

Mannheim 68159 BWL
Tauchschule Exclusiv
D3, 1-5 Galerie
Ph: + 49 621 1568090
Fax: + 49 621 1568090

Offenburg 77652 BWL
Tauchschule Kuhn
Freiburgerstr. 9
Ph: + 49 78172720
Fax: + 49 78170156

Oftersheim 68723 BWL
Tabuk
Augustastr. 5
Ph: + 49 6202 56422
Fax: + 49 6202 55368

Ravensburg 88212 BWL
Spothaus Graf
Marienplatz 23
Ph: + 49 751 33352
Fax: + 49 751 17207

Reichenbach 73262 BWL
TC Reichenbach
Fuerstenstr. 47
Ph: + 49 7153 958895
Fax: + 49 7153 958897

Sandhausen 69207 BWL
Tauchschule Seastar
Kopernikusstr. 1
Ph: + 49 6221301813
Fax: + 49 6221301813

Schopfheim 79650 BWL
California Dive Shop
Guendenhausen 39
Ph: + 49 7622 7070
Fax: + 49 7622 63101

Ulm 89073 BWL
Divepoint Ulm
Gideon Bacherstr. 17
Ph: + 49 731 921 6771
Fax: + 49 731 921 6772

Waiblingen 71332 BWL
Tauchschule Aqua Fit
Talstr. 25
Ph: + 49 7243 90418
Fax: + 49 7243 90417

Bayern

Bad Aibling 83043 BYL
ECO Diving TMES
Kurt Hubert Str 5
Ph: + 49 80616382
Fax: + 49 80616382

Eberspoint 84149 BYL
Tauchschule Aragosta
Hofmarkstr. 25
Ph: + 49 87428898
Fax: + 49 87422634

Erlangen 91058 BWL
TS Center Erlangen GmbH
Willi Grasser Str. 21
Ph: + 49 9131 993040
Fax: + 49 9131 993070

Freising 85354 Bayern
Peter's Tauch-Oase
Max-Lehner Str. 18
Ph: + 49 8161 919550
Fax: + 49 8161 919551

Friedberg 86316 BYL
Tauchschule Seiler
Glonnstr. 2
Ph: + 49 821603452
Fax: + 49 821607469

Garmisch 82467 BYL
Nautis Diving School
Hauptstr. 52
Ph: + 49 8821 72238
Fax: + 49 8821 50787

Gauting 82131 BYL
Nautilus
Forstweg 13
Ph: + 49 89 8506211
Fax: + 49 89 8509671

Geretsried 82538 BYL
Dive & Travel World
Engerlandstr. 2
Ph: + 49 8171 90381
Fax: + 49 8171 90382

Kahl am Main 63796 BYL
Der Tauchladen
Aschaffenburger Str. 7
Ph: + 49 6188 900190
Fax: + 49 6188 900190

Kelheim 93309 BYL
Tauchcenter Kelheim
Karlstr. 5b
Ph: + 49 9441 3637
Fax: + 49 9072 4141

Lauingen 89415 BYL
Reisen & Tauchen Delphin
Imhofstr. 11
Ph: + 49 9072 4141
Fax: + 49 9072 4141

München 80634 BYL
Gerdas Sportswear
Schluderstr. 22
Ph: + 49 89 161465
Fax: + 49 89 168687

München 81543 BYL
Marinsolar
Hans Mielich Platz 2
Ph: + 49 89 658001
Fax: + 49 89 6518962

München 80339 BYL
Tauchsport Reingruber
Landbergerstr. 135
Ph: + 49 89 5026621
Fax: + 49 89 50031216

München 81669 BYL
Ocean Tours
Franziskanerstr. 16
Ph: + 49 89 482070
Fax: + 49 89 482037

Neuburg/Do. 86633 BYL
Tauchoase Eibel
Salvatorweg 17
Ph: + 49 8431 40771
Fax: + 49 8431 40771

Neuhaus 94152 BYL
TT Eder und Lee
Sulzbacher Str. 1
Ph: + 49 8503 8010
Fax: + 49 8503 8630

Noerdlingen 86720 BYL
Individual Tauchsport Team
Johannes Weinbergerstr. 1
Ph: + 49 9081 63 11
Fax: + 49 9081 63 11

Nürnberg 90459 BYL
Franchisesystem Zentrale
Anne Frankstr. 5
Ph: + 49 911 447073
Fax: + 49 911 9458873

Oberding 85445 BYL
Hai Life
Hauptstr. 39A
Ph: + 49 8 12214491
Fax: + 49 812214492

Offingen 89362 BYL
Tauchsport Atlantis
Dorfstr. 29
Ph: + 49 8224 90533
Fax: + 49 8224 90534

Raubling 83064 BYL
IDE Tauchsportladen
Friedrich Fuckel Str. 18
Ph: + 49 80356064
Fax: + 49 80355250

Regensburg 93059 BYL
Tauchcenter Atlantis
Im Gewerbepark C41
Ph: + 49 941 449099
Fax: + 49 941 449000

Regenstauf 93128 BYL
Tauchsport
Hauptstr. 27
Ph: + 49 9402 932725
Fax: + 49 9402 932720

Steinberg 92449 BYL
Tauchschule Nautilus
Föhnrenstr. 18
Ph: + 49 9431 742640
Fax: + 49 9431 742641

Übersee 83236 BYL
Flipper Tauchcrew
Kirchfeld 9
Ph: + 49 8642 770
Fax: + 49 8642 770

Waldbrunn 97295 BYL
Moby Dick
Andermele 9
Ph: + 49 9306 2282
Fax: + 49 9306 580

Brandenburg

Cottbus 03046 BBL
Wasser Sport Haus
Wernerstr. 61
Ph: + 49 355 33785
Fax: + 49 355 33685

Schwedt 16303 BBL
Action Sport
Berliner Str. 164 a
Ph: + 49 3332 510594
Fax: + 49 3332 510594

Bremen

Bremen 28215 HB
Albert Diedr. Domeyer GmbH
Plantage
Ph: + 49 421 377880
Fax: + 49 421 3778855

Hessen

Bedesbach 66885 HEL
Peter Schneider
Austr. 3
Ph: + 49 6381 8288
Fax: + 49 6381 80512

Birkenau 69488 HEL
Blue Seal Tauchschule
Hauptstr. 139
Ph: + 49 6201 390043
Fax: + 49 6201 390083

Darmstadt 64283 HEL
Aquanaut
Rheinstraße 50
Ph: + 49 6151 84437
Fax: + 49 6151 824426

Einhausen 64683 HEL
Einhaeuser Teuchsportcenter
Mathildenstr. 10
Ph: + 49 6251 587587
Fax: + 49 6251 55920

Flörsheim 65439 HEL
Subocean
Frankfurter Str. 46
Ph: + 49 6145 935021
Fax: + 49 6145 33153

Florstadt 61197 HEL
Joxhen's Tauchsportladen
Frankfurter Str. 17
Ph: + 49 6041 1346
Fax: + 49 6041 1346

Giessen 35452 HEL
Non Limit Tauchshop Giessen
Ernststr. 2
Ph: + 49 641 960260
Fax: + 49 641 960261

Grossenlüder 36137 HEL
Scubatec
Kleine Roede 10
Ph: + 49 6648 8510
Fax: + 49 6648 8576

Hochheim 65239 HEL
TC Buddy Team
Magarethenstr. 14
Ph: + 49 6146 5816
Fax: + 49 6146 61648

Kaufungen 34260 HEL
Jochens Tauchattraktionen
Crumbacher Weg 11a
Ph: + 49 561 9513960
Fax: + 49 561 9513961

Korbach 34497 HEL
Sportparadies
Leibacher Weg 3
Ph: + 49 563161399
Fax: + 49 563160765

Langen 63225 HEL
Tauchschule Langen
Elisabethenstr. 36
Ph: + 49 6103 921173
Fax: + 49 6103 921174

Maintal 63477 HEL
Oceanic
Ph: + 49 610964116
Fax: + 49 6109 64116

Maintal 63477 HEL
Die Sporttaucher
Mozartstr. 3
Ph: + 49 6181 492367
Fax: + 49 6181 45065

Offenbach 63067 HEL
Tauchzentrum & Club
Bernardstr. 73
Ph: + 49 69 825593
Fax: + 49 69 6496074

Ramstein 66877 HEL
Easy Dive
Hauptstr. 25 u. 29a
Ph: + 49 6371 52211
Fax: + 49 6371 52211

Schwalmstadt 34613 HEL
Tauchschule Hermann Köppler
Steinweg 32
Ph: + 49 669171279
Fax: + 49 669171279

Seligenstadt 63500 HEL
Tauchschule Vitamar
Schäferstr. 2
Ph: + 49 618266703
Fax: + 49 618268158

Wiesbaden 65183 HEL
Easy Diving
Bismarkring 22
Ph: + 49 611 47513
Fax: + 49 611 444564

Wildeck 36208 HEL
Tauchschulcenter JJB GmbH
Nordstr. 11
Ph: + 49 6626 921939
Fax: + 49 6626 921949

Niedersachsen

Braunschweig 38118 NL
Tauchsport Rainer Hartwig
Fellersleber Str. 29
Ph: + 49 531 2406919
Fax: + 49 531 2406920

Celle 29221 NL
Tauchsport Celle
Nordtmeierstr. 12
Ph: + 49 4961 4096
Fax: + 49 4961 4160

Hannover 30655 NL
Sub Aqua Tech
Gehägestr. 46a
Ph: + 49 511 692077
Fax: + 49 551 602593

Hannover 30171 NL
Action Sport
Marienstr. 105-107
Ph: + 49 511 816084
Fax: + 49 511 817067

Vechta 49377 NL
Waterworld Nitrox Instroctorschule
Münsterstr. 21
Ph: + 49 4441 858383
Fax: + 49 4441 858385

Wiefelstede 26215 NL
Tauchsport Schneider
Hauptstr. 32
Ph: + 49 4402 60303
Fax: + 49 4402 6526

Nordrhein-Westfalen

Bergisch Gladbach 51469 NRW
Diving Action's Tauch-Center
Muelheimerstr. 192
Ph: + 49 2202 44284
Fax: + 49 2202 50811

Bielefeld 33602 NRW
Tauchcenter Bielefeld
August Bebel Str. 44
Ph: + 49 521 68112
Fax: + 49 52165667

Bielefeld 33602 NRW
Tauchcenter Bielefeld
A.-Bebel-Str. 44
Ph: + 49 521 68112
Fax: + 49 521 65667

Bonn 53123 NRW
Octopus Tauchzentrum
Am Burgweiher 26
Ph: + 49 228 62019 00
Fax: + 49 228 62019 01

Bonn 53121 NRW
Neptun's Treff
Justus von Liebig Str. 51
Ph: + 49 228 768166
Fax: + 49 228 768165

Bornheim 53332 NRW
Tauchshop Dive Point
Königstr. 35
Ph: + 49 2222 4880
Fax: + 49 2222 936800

Castrop 44579 NRW
WUW Aktiv Sport GmbH
Bahnhofstr. 294
Ph: + 49 2305 86051
Fax: + 49 2305 85968

Dorsten 46284 NRW
Pacific Blue Tauchsport GmbH
Waldstr. 5
Ph: + 49 2362 62010
Fax: + 49 2362 965122

Essen 45138 NRW
TTS Essen
Morsehofstr.
Ph: + 49 201 280430
Fax: + 49 201 273440

Gummersbach 51645 NRW
Pro-Dive-Center Oberberg
Kölner Str. 213
Ph: + 49 2261 500001
Fax: + 49 2261 500002

Hagen 58135 NRW
Tauchsport Schicht
Auf dem Gellenkamp 5
Ph: + 49 2331 41162
Fax: + 49 2331 41162

Hamminkeln 46499 NRW
Tauchsport Blunck
Fuderweg 6
Ph: + 49 28522388
Fax: + 49 28522388

Hörstel Riesenbeck 48477 NRW
RTS Riesenbecker Tauchservice
Im Lerchengrund 2
Ph: + 49 5454 99645
Fax: + 49 5454 99646

Kleve 47533 NRW
Sport Koeppel
Brienerstr. 14
Ph: + 49 2821 92055
Fax: + 49 2821 93823

Köln 50931 NRW
Scuba Marin Tauchschule
Gleuer Str. 179
Ph: + 49 211 9404020
Fax: + 49 211 9403031

Korschenbroich 41352 NRW
Atlantis Diver Skyline GmbH
Wankelstr. 11
Ph: + 49 2131 25009
Fax: + 49 2131 272779

Langenfeld 40764 NRW
Tauchschule Ralph Kittel
Rheindorfer Str. 92
Ph: + 49 2173 914851
Fax: + 49 2173 914852

Minden 32429 NRW
Alexsi Tauchsport
Am Kohlgraben 41
Ph: + 49 57152882
Fax: + 49 57152882

Oberhausen 46119 NRW
Tauchsport & Reisen Janousek
Elpenbachstr. 53 b
Ph: + 49 208611216
Fax: + 49 208611216

Troisdorf 53840 NRW
Dive Buddy
Frankfurter Str. 6
Ph: + 49 2241 809403
Fax: + 49 2241 809404

Wesel 46483 NRW
Tauchcenter am Ring Wesel
Kaiserring 10A
Ph: + 49 281 27224
Fax: + 49 281 29176

Rheinland-Pfalz

Altrip 67122 RPL
Tauchsport Atlantis
Friedrichstr. 23
Ph: + 49 6236 3216
Fax: + 49 6236

Edenkoben 67480 RPL
Dive Connection
Klosterstr. 3
Ph: + 49 6323 81808
Fax: + 49 6323 81809

Hofheim-Marxheim 65719 RPL
Taunus Taucher
Eddersheimer Str. 2
Ph: + 49 6192 954930
Fax: + 49 6192 954930

Koblenz-Gewerbegebiet 56070 RPL
Die Tauchbasis
Otto-Schoenhagenstr. 4
Ph: + 49 261805099
Fax: + 49 261804067
Mainz 55122 RPL
SSI Tauchpartner
Binger Str. 22
Ph: + 49 6131 371221
Fax: + 49 6131 371220
Mainz 55130 RPL
Aqualand
Heiligkreuzweg 96
Ph: + 49 6131 835588
Fax: + 49 6131 835538
Morbach 54497 RPL
Tom's Tauchshop
Gutenthal 12
Ph: + 49 6782101163
Fax: + 49 65332174
Wallertheim 55578 RPL
Sportshop MARO
Schulstr. 8
Ph: + 49 6732 960016
Fax: + 49 6732 960017
Worms 67551 RPL
Tauchschule Atlantis
Untere Hauptstr. 94
Ph: + 49 6241 37797
Fax: + 49 6241 36747

Saarland

Kirkel 66459 SAL
Tauchsport Schmidt
Auf der Windschnorr 47
Ph: + 49 6841 981041
Fax: + 49 6841 981060
Saarlouis Roden 66740 SAL
Scuba Tauchsport
Lindenstr. 46
Ph: + 49 6831 88477
Fax: + 49 6831 892961

Sachsen

Bautzen 02625 LSN
Maritim Freizeit Service
Schliebenstr. 4
Ph: + 49 3591 303330
Fax: + 49 3591 47639
Eckartsberg Zittau 02763 THL
Tauchschule
Am Steinbruch 12
Ph: + 49 3583 794472
Fax: + 49 3583 794472
Leipzig 04416 LSN
Tauchschule Big Blue
Robert Blum Str. 2, Markkleeberg
Ph: + 49 341 3578118
Fax: + 49 341 3578118

Sachsen-Anhalt

Bergwitz 06773 LSA
Tauch-Schule-Shop
Hallesche Str. 23
Ph: + 49 34921 28293
Fax: + 49 34921 20793
Halle Doelau 06120 LSA
Himtash
Stadtforststr. 42
Ph: + 49 345 5504513
Fax: + 49 345 5504513
Merseburg 06217 LSA
Dive Time TSC Merseburg
Weissenfelser Str. 72 b
Ph: + 49 3461 231323
Fax: + 49 3461 231324

Dominica UK.

Higuey
R.E.D. Coral Buceo Y Pesca SA
Bavaro Beach Resort, Punta Cana
Ph: + 1 767 6870827
Fax: + 1 767 6870827
Higuey
Dressel Divers Club
Iberostar Bavaro Resort, Arena Gorda
Ph: + 1 767 2216500
Fax: + 1 767 6886186
Puerto Plata
Big Blue Swiss Diving School
Sosua
Ph: + 1 767 95712534
Fax: + 1 767 95713534
Puerto Plata
Sea Pro - Caribbean Villages
Club On The Green, Playa Dorado
Ph: + 1 767 3202607
Fax: + 1 767 3202607
Puerto Plata
Sea Pro SA
Playa Dorada Hotel, Playa Dorada
Ph: + 1 767 3202607
Fax: + 1 767 3202601
Roseau
Dive Castaways
Castaways Beach Hotel
Ph: + 1 767 449 6244
Fax: + 1 767 449 6246

Fiji Islands

Fiji Islands
Rainbow Reef Divers
Waiyevo, Taveuni
Ph: + 679 880544
Fax: + 679 880288
Nadi Airport
South Pacific Adventure Divers
P.O. Box 10207
Ph: + 679 724247
Fax: + 679 720288
Savu, Savu
Namale Resort Fiji
Ph: + 679 850435
Fax: + 679 850400
Savusavu
Jean-Michel Cousteau Fiji Island Resort
Ph: + 679 850188
Fax: + 679 850340

Finnland

Espoo FL-02320
Diving College Finland Oy
Kivenlahdenkatu 3
Ph: + 358 9 8092763
Fax: + 358 9 8134515
Hameenlinna Fl-13100
Liiketalo Pirttila
Hameensaarentie 4
Ph: + 358 3 6828621
Fax: + 358 3 6537541
Hango 10940
European Divers
Urskogsgrand 1
Ph: + 358 1186731
Fax: + 358 1186731
Helsinki 00200
Finn-Suit Ky
Pajalahdentie 9
Ph: + 358 9 6922358
Fax: + 358 9 6927203
Helsinki Fl-00200
Polarsukellus
Fabianinkatu 13
Ph: + 358 9 6221180
Fax: + 358 9 6221119
Lahti Fl-15200
Uw Action Oy
Yhdyskatu 39
Ph: + 358 3 7331181
Fax: + 358 3 7331180

Tampere Fl-33200
Tampereen Sukelluskeskus Scuba
Hameen Puistu 33
Ph: + 358 3 2223690
Fax: + 358 3 2223697
Turku Fl-20520
Ursuk
Teollisuuskatu 34
Ph: + 358 2 2376700
Fax: + 358 2 2377430

Frankreich

Annecy 74000
S.A.R.L.Sport Club Baudrion
1 Rue President Favre
Ph: + 33 50454097
Fax: + 33 50527380
Annecy Le Vieux 74940
Espace Plongee
Av. du Petit Port 55
Ph: + 33 450665011
Fax: + 33 450098333
Bonifacio 20169
Centre Atoll - Sari Kelea
Cavallo Morto
Ph: + 33 95 731773
Fax: + 33 95 731772
Boulonge 92100
Subchandlers Boulogne
Face 36 Quais Le Gallo
Ph: + 33 1 46059266
Fax: + 33 1 46058023
Carry Le Rouet 13620
Sari Zef Marine
Imm. La Brise Le Port
Ph: + 33 442 453685
Fax: + 33 442 450564
Cavalaire 83240
Isadora Plongee
Rue Rouget de L'Isle 21
Ph: + 33 94 154510
Fax: + 33 94 154510
Collioure 66190
Subchandlers Collioure
15 Rue de la Tour D'Auvergne
Ph: + 33 46 8822797
Fax: + 33 46 8824477
Ferney-Voltaire 01210
Dolphin Shop
Chemin Colovrex
Ph: + 33 450 409508
Fax: + 33 450 401550
Hyeres 29570
Le Brigantin-Espace Mer
Chemin du Bouvet-La Tour Fondu
Ph: + 33 494 589080
Fax: + 33 494 589431
Marseille 13008
Comptoir Des Sports
109 Avenue Madraque-Montredon
Ph: + 33 91721823
Fax: + 33 91721823
Nantes 44000
Subchandlers Nantes
21 Chaussee de La Madeleine
Ph: + 33 240 471717
Fax: + 33 240 474882
Paris 75017
Archimede
Rue Brunel 2
Ph: + 33 1 45747767
Fax: + 33 1 45747736

Paris 75005
Au Vieux Campeur
Place Paul Pain Lever 5
Ph: + 33 1 43264891
Fax: + 33 1 46341416

Prticcio 20166
Corse Plongee
Village de Vacance Ruppione
Ph: + 33 95 255008
Fax: + 33 95 254630

Six Fours Les Plages 83140
C-P-L
Rue Mirondin
Ph: + 33 494 344915
Fax: + 33 494 344915

Versailles 78000
Aqua Evasion
19, Rue de la Bonne Aventure
Ph: + 33 1 395139
Fax: + 33 1 39516166

Grenada

St Georges
Scuba Express - True Blue Inn
P.O. Box 308
Ph: + 1 473 4442133
Fax: + 1 473 4441247

Griechenland

Chania, Crete 73100
Blue Adventures Diving
Daskalogiani 69
Ph: + 30 821 40608
Fax: + 30 821 40608

Chersonissos 70014
Scubakreta Diving
El Venizelou 60
Ph: + 30 897 24915
Fax: + 30 897 24916

Corfu
Calypso Diving Centre
Marasli 24
Ph: 3066153101
Fax: + 30 66134319

Creta 74100
Diving Center Atlantis
Rithymna Beach Hotel, Rethymno
Ph: + 30 831 71002
Fax: + 30 831 71668

Cyclades 84008
Amorgos Dive Ventures
Aegiali-Amorgos, Aegiali
Ph: + 30 285 73611
Fax: + 30 285 73611

Ellinikon, Athenes 16604
Hellenic Federation f. Underwater
Activities and Sportfishing
Agios Cosmas
Ph: + 30 9819961
Fax: + 30 9823840

Iraklion, Crete
Coral Diving Center
Anissaras - Chersonisos (Windmill)
Ph: + 30 897 23282
Fax: + 30 897 23282

Piraeus 18547
Kartelias
3 M. Asias
Ph: + 30 1 4825887
Fax: + 30 1 4822385

Piraeus GR- 18533
Mediterranean Dive Center
95 Vas Pavlou St, Kastella
Ph: + 30 1 4125376
Fax: + 30 1 4227537

Piraeus, Attiki
Scuba Diving
Vas. Pavlou 33, Castella
Ph: + 30 14177939
Fax: + 30 14177939

Thessalonki 54645
Nireas Diving Club
Thalitos 21, Thessalonki
Ph: + 30 31 812813
Fax: + 30 31 816198

Zakynthos 29100
Zante Diving
P.O. Box 83
Ph: + 30 695 52264
Fax: + 30 695 52264

Großbritannien

Appleton Roebuck,
York YO5 7DT
The Diver Training College
Ashley House, Malt Kiln Lane
Ph: + 44 1904744424
Fax: + 44 1904744724

Apply Bridge, Apply, Lancs WN6 9AE
Northern Diver
Apply Bridge Water Park
Ph: + 44 1257 254444
Fax: + 44 1257 251234

Basildon, Essex SS14 3JJ
Discover Scuba
7 Capricorn Centre, Cranes Farm
Road
Ph: + 44 268533336
Fax: + 44 268524333

Bedford MK42 7AR
Kempston Dinghy & Leisure
100 High Street, Kempston
Ph: + 44 1234 854831
Fax: + 44 1234 853980

Bedford, Beds
Dive in' Bedford
289A Ampthill Road
Ph: + 44 234273058
Fax: + 44 234273058

Bedminster
Bristol Scuba Centre
267 West Street
Ph: + 44 117 9077570
Fax: + 44 117 9077570

Bedminster, Bristol
Naughtycal Divers
Offices, 49 Lime Road
Ph: + 44 117 9666966
Fax: + 44 117 9071628

Birmingham B13 8BB
Auqa Sports International
80 Alcester Road, Mosely
Ph: + 44 121 4494148
Fax: + 44 121 4494148

Birmingham
Rocky Cove
78 Olbdury Road, Blackheath
Ph: + 44 121 5590701
Fax: + 44 121 5590701

Bolton, Lancs
Bolton Area Divers
212 Tongemoor Road
Ph: + 44 1204 521641
Fax: + 44 1204 521641

Bowling Old Lane, Bradford
Divers Warehouse
Otter Buildings, Douglas Mills
Ph: + 44 1274 307555
Fax: + 44 1274 730993

Bristol Avon BS9 4PL
Extreme Marine
6 Harbury Road, Henleaze
Ph: + 44 177 9623363
Fax: + 44 177 9077676

Burnley BB10 1KH
The Underworld Dive Centre
11 Briercliffe Road
Ph: + 44 1282 421304
Fax: + 44 1282 421304

Camridgeshire PE7 2AR
Dive In, Ltd.
Eastrea Road, Whittlesey,
Peterborough
Ph: + 44 1733 351288
Fax: + 44 1733 351299

Chaseside Drive, Cannock Staffs
WS11 2GD
Cannock Scuba Centre, Ltd.
Unit 10 Brindleys Business Park
Ph: + 44 1543 428808
Fax: + 44 1543 276629

Chelford CM1 3AA
Adventures In Diving
16 Russell Way, Wedford Industrial
Est
Ph: + 44 1245 252627
Fax: + 44 1245 252628

Cheltenham, Gloucestershire GL51
9TG
Dive 90
Knightsbridge Business Centre
Ph: + 44 1242 680003
Fax: + 44 1242 680003

Cheshire SK9 7TN
1st Degree Diver Training
Abberly Hall, Chelford Rd, Adlerly
Ph: + 44 1625586203
Fax: + 44 1625586203

Cheshire SK11 6TX
New Horizons Dive Centre
53 Park Lane, Macclesfield
Ph: + 44 1625 611108
Fax: + 44 1625 611969

Chesterfield, Derbyshire S43 1DG
Scuba Marine
Ringwood Road, Birmingham
Ph: + 44 1246232369
Fax: + 44 1246238651

Cumbria LA9 4HE
Lake District Dive Shop
86 Highgate, Kendal
Ph: + 44 1539 734437
Fax: + 44 1539 734437

Doncaster
Kingfisher Diving Services
6 East Laithe Gate
Ph: + 44 1302 81181
Fax: + 44 1302 81181

Earley, Reading, Berkshire RG6 2NZ
Reading Dive
17, The Parade, Silverdale Road
Ph: + 44 1734 264814
Fax: + 44 1734 263213

East Wittering PO20 8RP
Wittering Divers
1st Floor, 12 Oekfield Road
Ph: + 44 1243 672031
Fax: + 44 1243 672739

Egham, Surrey TW20 8RG
Runnymede Dive
Unit 11, Eversley Way, Thorpe Ind
Est
Ph: + 44 1784 436909
Fax: + 44 1784 436909

Essex SS4 1bl
Dive Odyssea / Bel Air
1 South Street, Rochford
Ph: + 44 1702 542759
Fax: + 44 1702 530331

Essex IG3 9JX
Divers 2000
394 Green Lane, Seven Kings, Ilford
Ph: + 44 181 5979690
Fax: + 44 181 5979690

Ferndown Industrial Estate
Phoenix Diver Training
Unit 11 Telford Road
Ph: + 44 1202 871456
Fax: + 44 1202 870570

Grays, Essex RM16 12N
Lakeside Diving Centre
Alexander Lake, West Thurrock

Ph: + 44 708 860947
Fax: + 44 708 863911

GT Baddow
Puff-In Air Diving
The Old Brewery, 47 Church Street
Ph: + 44 1245 477701
Fax: + 44 1245 493103

Herts WD3 3EN
Croxley Divers
125 New Road, Croxley Green
Ph: + 44 1923 777700
Fax: + 44 1923 896299

Herts SG7 6AL
Divemania, Ltd.
1 Hitchin St, Baldock
Ph: + 44 1462 491911
Fax: + 44 1462 491911

Hull, Nth Humberside HU3 2AA
Yorkshire Dive & Watersports Ltd
9-11Hessie Road
Ph: + 44 1482 329218
Fax: + 44 1482 329218

Isle Of Wight PO31 7PQ
Uk Sailing Academy
Arctic Road, West Cowes
Ph: + 44 1983 294941
Fax: + 44 1983 295938

Kings Lynn, Norfolk PE31 6TB
Nordive Diver Training
Coxford Abbey Farm, Nr East Rudham
Ph: + 44 1485 528007
Fax: + 44 1485 528007

Lancs PR2 3ER
Diving And Marine Services
89 Conway Drive, Fulwood, Preston
Ph: + 44 1772 788032
Fax: + 44 1772 788048

Lancshire BB1 4AG
Diver Services
Verecroft Parsonage Road, Blackburn
Ph: + 44 1254 248009
Fax: + 44 1254 248009

Largs, Nayshire
C & C Marine Services
Largs Yacht Haven, Irvine Road
Ph: + 44 1475 687180
Fax: + 44 1475 687388

Leeds LS27 9AW
Midway Watersports and Leisure
2 High Street, Morley
Ph: + 44 532444315
Fax: + 44 532444316

Lincs LN2 4QP
Sceptrea Watersports
8 Bunkers Hill, Lincoln
Ph: + 44 1522 530681
Fax: + 44 1522 530681

Liverpool, Merseyside L3 7ED
Aquaventrurers
Carlton House, 17-19 Carlton St
Ph: + 44 151 2982120
Fax: + 44 151 2982121

London W4 2DR London
Diving Locker (UK), Ltd.
Neptune House, 201 Chiswick High Road
Ph: + 44 817421696
Fax: + 44 817471811

London W13 OAL, London
Discover Scuba
Gurnell Leisure Centre, Ruislip Road East, Ealing
Ph: + 44 268272272
Fax: + 44 268272270

London N13 5ED London
Dive Force
10 Cheapside, North Circular Road
Ph: + 44 1818030241
Fax: + 44 1818840801

London SE27 Our London
Amphibian Sports
44a Chapel Road, West Norwood
Ph: + 44 181 7612458
Fax: + 44 181 7619602

London SE16 1QP London
Aquamarine Dive School Ltd
93 Elgar Street, Rotherhithe
Ph: + 44 171 2311166
Fax: + 44 171 2371060

London W6 9PA London
Scuba Training
204 Fullham Palace Road
Ph: + 44 171 3815000
Fax: + 44 171 3815000

Victoria London Sw1v 1EL London
Shoal Divers
Queen Mother Sports Ctr, 223 Vauxhall Rd
Ph: + 44 171 6307443
Fax: + 44 171 6307443

Londonderry BT490AA Londonderry
Sunfish Sub Aqua
24 Market Street, Limavady
Ph: + 44 1504 722596
Fax: + 44 1504 722596

Looe, Cornwall PL13 2DQ
Looe Divers
Island Court, Marine Drive Hannafore
Ph: + 44 1503 262727
Fax: + 44 1503 262727

Luton, Bedfordshire LU3 2RW
Deep Dive Services
1 Archway Parade, Marsh Road
Ph: + 44 1582 572123
Fax: + 44 1582 572123

Newcastle NE7 7RN
Aquanorth
17A Coast Road, Heaton
Ph: + 44 191 2666626
Fax: + 44 191 2666626

Newcastle Upon Tyne NE4 5SP
The Diving Centre
Atlantis House, 41 Bath Road
Ph: + 44 191 2327983
Fax: + 44 191 2324948

Nottingham
First Stage Diving
1A Kirk Lane, Ruddington
Ph: + 44 1159 844759
Fax: + 44 1159 844756

Nottingham NG5 3FW
Nottingham Scuba Centre
714 Mansfield Road, Woodthorpe
Ph: + 44 1159 606320
Fax: + 44 1159 559904

Nr Feversham ME13 9JH
Simply Diving
Waterham Road, Hernhill
Ph: + 44 1227 750700
Fax: + 44 1227 750700

Oldham, Lancashire OL4 1JP
Probe Diving Services
183 Lees Road
Ph: + 44 161 6330966
Fax: + 44 161 6330966

Orpington, Kent BR53PT
Kent Diving
Unit7, Oasthouse Way
Ph: + 44 1689 875521
Fax: + 44 1689 877246

Portland, Dorset
Portland Dive Centre
Building 214, Portland Port, Castletown
Ph: + 44 130582870
Fax: + 44 130582800

Rotherham, S Yorks S62 6HN
Upperfield Marine & Diving Supplies
18 Greasbrough Road, Parkgate
Ph: + 44 1709525480
Fax: + 44 1709525480

Sheffield, S Yorks S19 5GW
SDS Watersports
66-70 Station Road, Halfway
Ph: + 44 1142 488688
Fax: + 44 1142 488689

South Shields NE34 7AG
Marsden Dive Centre
6 Follow Road, Marden
Ph: + 44 191 4277820
Fax: + 44 191 4277820

South Wirral, Cheshire L65 4EF
Waterways Diving Centre
South Pier, Waterways, Ellesmere Port
Ph: + 44 513564286
Fax: + 44 513572625

Southend, Essex Sso 9AF
Bel Air / Dive Odyssea
82 Fairfax Drive, Westcliffe On Sea
Ph: + 44 1702 353205
Fax: + 44 1702 353205

St Albans, Herts AL2 1RR
Into The Blue Inc Mikes Waterfront
1 Haseldine Rd, London Colney
Ph: + 44 1727 827301
Fax: + 44 1727 827301

Surrey CR2 6EA
Dive Academy
23A Brighton Road, Sth Croydon
Ph: + 44 181 6880058
Fax: + 44 181 6880058

Surrey GU6 8LL
Tony Backhurts Scuba
CentreSmithbrook Klins, Cranleigh
Ph: + 44 1483 271765
Fax: + 44 1483 272163

Waltham Abbey EN9 1UP Essex
Adventure Divers
Waltham Abbey Swimming Pool, Roundhills
Ph: + 44 1992650674
Fax: + 44 1992650674

Warley
Comdean (Warley), Ltd.
90 Waterfall Lane, Old Hil
Ph: + 44 121 5593659
Fax: + 44 121 5598659

Warwickshire CV32 4SU
Warwickshire Scuba Centre
5 Campion Terrace, Leamington Spa
Ph: + 44 1926313681
Fax: + 44 1926313681

West Midland B90 3LP
Comdean (Shirley), Ltd.
60 Straford Road, Shirley, Solihull
Ph: + 44 121 5593659
Fax: + 44 121 5598659

West Yorks WF16 Oeh
Bear Divers
8 Westgate, Heckmondwike
Ph: + 44 1924 412530
Fax: + 44 1924 453313

Whitley Bay, Tyne & Wear NE26 2DN
W.G.P. Marine, Ltd.
165 Whitley Road
Ph: + 44 912510388
Fax: + 44 912963243

Wickford, Essex SS11 8YT
Scuba
Unit 9, Kendal Court, Hurricane Way
Ph: + 44 1268 761942
Fax: + 44 1268 761943

Wilts SN12 6EX
Aqualeisure / Scubaleisure
2 Market Place, Melksham
Ph: + 44 122 5706604
Fax: + 44 122 5790341

Jersey

Dive & Ski Sport
13 Columberie, St Helier
Ph: + 44 53436209
Fax: + 44 1534 68989

Jersey Channel Islands Jersey
Dive Buddies Dive Centre
Bulwarks, Assembly Rooms, St. Aubin
Ph: + 44 1534 490180
Fax: + 44 1534 490181

Jersey JE2 3SF Channel Islands Jersey
Diving Centre Jersey
1ST Tower, St Helier
Ph: + 44 1534 32813
Fax: + 44 1534 32813

Schottland

Aberdeen AB1 1NU Scotland
Ocean Watersports
76 Rosenmount Viaduct
Ph: + 44 1224 638588
Fax: + 44 1224 638588

Edinburgh EH11 1HD Scotland
Edinburgh Diving Center Ltd.
1 Watson Crescent
Ph: + 44 131 2294838
Fax: + 44 131 2296306

Grampian AB2 1DE Scotland
Aberdeen Watersports
79 Waterloo Quay, Aberdeen
Ph: + 44 1224 581313
Fax: + 44 1224 581313

Inverness Scotland
The Highlands Dive Centre
7A Canal Road, Muirtown Locks
Ph: + 44 1463 226400
Fax: + 44 1463 226400

Lothian EH5 7DL Scotland
Blue Dolphin Scuba Cetre
32 Montrose Terrace, Edinburgh
Ph: + 44 131 6613321
Fax: + 44 131 6522660

Strathclyde PA16 0AS Scotland
Kip Watersports
Kip Marina, Inverkip
Ph: + 44 1475 521281
Fax: + 44 1475 521281

Strathclyde Q75 0RS Scotland
Sea & Ski Sports Ltd
3 Colvilles Road Kelvin, East Kilbride
Ph: + 44 1355 221514
Fax: + 44 1355 241241

Guadeloupe

Pigeon GUM 97132 Guadeloupe
Pigeon Island
Chez Guy et Christian
Plage de la Malendure
Ph: + 590 988243
Fax: 590988284

Pigeon, Bouillante GUM 97132 Guadeloupe Pigeon Island
Centre de Plongée Les Heures Saines
Rocher de Malendure
Ph: + 590 988663
Fax: 590987776

Guam & Nördliche Marianen

Guam
Gently Blue 275-G Farentholt Avenue, Suite 356
Ph: + 1 671 632 4091
Fax: + 1 671 632 4091

Barrigada GU 96921
Guam Lagoon Scuba Diving
P.O. Box 23983
Ph: + 1 671 649 5060
Fax: + 1 671 649 2440

Tumon GU 96911
Papalagi Guam
901-C San Vitores Road
Ph: + 1 671 649 3483/4
Fax: + 1 671 649 3498
S2 Club
P.O. Box 5739, Chrb
Ph: + 671 322 5079
Fax: + 671 322 5082
Saipan International Diving
Mailex #453
Ph: + 671 322 1324
Fax: + 671 322 1326

Garapan Ppp 632
Pro Dive International
Ph: + 671 332 1277
Fax: + 671 332 1207

Garapan
Squall Saipan
P.O. Box 5561
Ph: + 671 235 4480
Fax: + 671 235 4481

Saipan MP 96950
Pastime Saipan
Malex 606
Ph: + 671 235 3120
Fax: + 671 233 4169

Indonesien

Bali

Anlapja, Karangasem Bali Bali
Mimpi Resorts
Tulamben Bay,
Ph: + 62 363 21642
Fax: + 62 363 21939

Denpasar Bali Bali
Octopus Dive International
90 X, Bypass Ngr Rai Street
Ph: + 62 361 88877
Fax: + 62 361 88879

Denpasar Bali Bali
Indonesian Cactus Divers
Jalan Bypass Hgurah Rai No. 15
Ph: + 62 361 462063
Fax: + 62 361 462164

Kuta Denpasar 80361 Bali
Bali International Diving Service
Jalan Raya Kuta 16M
Ph: + 62 361 751342
Fax: + 62 361 752956

Kuta Denpasar 80361 Bali
Golden Manta Bali
Jalan Kuta Permai Lii No. 8
Ph: + 62 361 751259
Fax: + 62 361 751259

Pertokoan Kuta Indah Permai Bali
Bali Inter Dive
Jalan RayaTuban, No. 15XY BL-A7
Ph: + 62 361 758132
Fax: + 62 361 758789

Singaraja, Bali 81152 Bali
Spice Dive
Desa Kaliasem Lovina Beach
Ph: + 62 362 41305
Fax: + 62 362 41171

Java

Jakarta Java
JAKARTA DIVE SCHOOL & PRO SHOP
Jakarta Hilton Hotel
Indonesia Bazaar S-596, Shop 23
Jalan Gatot Subroto, Senyan
Ph: + 62 215703600
Fax: + 62 213803567

Jakarta 10002 Java
Dive Indonesia
Indonesian Bazaar Shop 37, Jalan Gatot Subroto
Ph: + 62 21 5703600
Fax: + 62 21 7198974

Jakarta 10250 Java
Dolphin Dive Center
Hotel Equatorial, 2ND Floor Shop #3
Jalan Fachrudin No. #
Ph: + 62 21 2303636
Fax: + 62 21 2300880

Jakarta Selatan 12720 Java
Aquasport
Jalan Bangka Raya 39A (Pela)
Ph: + 62 21 7199045
Fax: + 62 21 7198974

Kompleks Fatmawati, Jakarta 12430
Aquapro
Jalan Fatmawati Raya 20, Kav 310
Ph: + 62 21 7660932
Fax: + 62 21 7659189

Lombok

Bali Lombok Lombok
Blue Coral Diving
Senggigi Main Rd, Kms, Senggigi
Ph: + 62 370 93002
Fax: + 62 370 93251

Sulawesi

Bintan Utara Sulawesi
Hotel Sedona Bintan Lagoon
Jl Indonesia Segara, Lagoi
Ph: + 62 711 91388
Fax: + 62 711 91399

Likupang, Manado Sulawesi
Eurodive Paradise Hotel
Paradis Hotel Desa Mean
Ph: + 62 361 462063
Fax: + 62 361 462064

Manado, 95111 Sulawesi
Blue Banter Diving
Jalan Piere Tendean
Ph: + 62 431 62135
Fax: + 62 431 63545

Manado 95121 Sulawesi
Froggies Divers
Jl. Rumambi No. 7 c/o Smiling Hostel
Ph: +62 82 431 3478
Fax: +62 82 431 3268

MANADO MOKUPA 95351 Sulawesi
Tasik Ria Diving Resort
Ph: + 62 431 850445
Fax: + 62 431 850444

Manado Sulut 95242 Sulawesi
Baracuda Diving Resort
Molas Dusun ll
Ph: + 62 431 854279
Fax: + 62 431 864848

Mandao 95001 Sulawesi
Manado Diving Club
Molas Beach
Ph: + 62 431 860638
Fax: + 62 431 863857

Tukang Besi Sulawesi Sulawesi
Wakatobi Divers
Pulau Tomia, Tukang Besi
Ph: + 62 737 0001
Fax: + 62 738 4548

Irland

Baltimore
Baltimore Diving & Watersports
Baltimore, Cork
Ph: + 353 28 20300
Fax: + 353 28 20300

Rush, co Dublin
Alpha Dive Ireland
Upper Main St
Ph: + 353 8438070
Fax: + 353 8438822

Israel

Eilat 8800
Dolphin Reef
P.O. Box 104

Ph: + 972 7 6376787
Fax: + 972 7 6375921

Eliat 88000
Lucky Divers
Galei Eliat Hotel
Ph: + 972 7 6335990
Fax: + 972 7 6376237

Eliat 88000
Marina Divers
Coral Beach Marina
Ph: + 972 7376787
Fax: + 972 7373130

Eliat 88000
Divers Village
P.O. Box 513
Ph: + 972 7 372268
Fax: + 972 6372825

Italien

Algehro 07014
Pool Diving
V. Vittorio Emanuele 1
Ph: + 39 79 979229
Fax: + 39 79 979229

Amendolara 87070
Oggia Diving Center
Viale Lagaria 40
Ph: + 39 981 911415
Fax: + 39 981 911415

Arbatax, Nuoro 08041
Mediterranea Centre Sub
Via Lungomare 46
Ph: + 39 782 667880
Fax: + 39 782 667059

Arezzo 52100
Compagnia dell' Avventura srl
Via XXV Aprile 6
Ph: + 39 789 86253
Fax: + 39 789 86253

Asti 14100
Dolphin D.C./Idea Sub
Corso Don Minzoni
Ph: + 39 141 33900
Fax: + 39 141 476173

Asti 14100
Plastic Casa S.N.C
Via Cavour 83
Ph: + 39 141 531373
Fax: + 39 141 599539

Azzano S. Paolo 24052
Longoni Sport
Strada prov. Cremasca
Ph: + 39 35 539211
Fax: + 39 35 539212

Barletta 70051
Barletta 1 Sport
Via l. Alvisi 19/ A-B
Ph: + 39 883 332374
Fax: + 39 883 332374

Bergamo 24100
Landisport
Via XX Settembre 10
Ph: + 39 35 249041
Fax: + 39 35270613

Bologna 40100
Olimpia Sport
Viale Silvani 20
Ph: + 39 51521605
Fax: + 39 51521605

Bologna 40139
Blue Marlin
Viale Roma 1
Ph: + 39 368 3034038
Fax: + 39 51 467724

Borgone di Susa 10050
Jaws
Via Abegg 56
Ph: + 39 11 9646820
Fax: + 39 11 9646820

Brescia 25123
Garden Camping Gialdini
Via Triumplina 45
Ph: + 39 30 24223288
Fax: + 39 30 2426527

Buccinasco 20090
Full Immersion
Via L. Da Vinci 1/3
Ph: + 39 2 4400303
Fax: + 39 2 4400303

Cagliari (PIRRI) 09134
Air Sub Sevice
Via Ballia 24
Ph: + 39 70 506863
Fax: + 39 70 506863

Cala Galera P. To Ercole 58018
Papero Sub
P.O. Box 4
Ph: + 39 564 831187
Fax: + 39 564 831187

Casamicciola 80074
No Limits
Via T. Morgera 33
Ph: + 39 81 980322
Fax: + 39 81 980322

Catanzaro Lido 88063
L'Approdo
Via Tommaso Lulli 31
Ph: + 39 961 738718
Fax: + 39 961 738718

Cernusco, Lombardone 22052
Maxi Sport Merate
Strada Statale 36
Ph: + 39 990 8685
Fax: + 39 990 8685

Cinisello Balsamo 20092
Longoni Sport
Via Sirtori
Ph: + 39 2 26227461
Fax: + 39 2 26227661

Cividale Del Friuli 33043
Spada Augusto & C.
Viale Liberta 28
Ph: + 39 432 731513
Fax: + 39 432 731513

Cormo 22100
Arrighi Armi Sport
Via Vittorio Emanuele 78
Ph: + 39 31 262295
Fax: + 39 31 272375

Crotone 88900
Acqualand srl
C/O Costa Tiziana Hotel
Ph: + 39 962 25601
Fax: + 39 962 21427

Erba (CO) 22036
Sportsman
Via Fiume 14/C
Ph: + 39 31 645667
Fax: + 39 31 645667

Firenze 50137
Centro Sub Firanze
Via Lungo L'Affrico 84/86
Ph: + 39 55 606951
Fax: + 39 55 606951

Firenze 50143
Maxisport
Via di Scandicci 31
Ph: + 39 55 710202
Fax: + 39 55 713942

Follonica 58022
Dive Service
Via Delle Collacchie 51 A/B
Ph: + 39 566 53481
Fax: + 39 566 42242

Gaeta 04024
Aqualand
Via Flacca - Km. 23.600
Ph: + 39 771 7405998
Fax: + 39 771 7405998

Gaeta 04024
Argomar Diving Center
Via Bausan 2
Ph: + 39 771 464128
Fax: + 39 771 464128

Genola 12040
Profundo Blu
Via Div. Alpina Cuneense 2
Ph: + 39 172 68844
Fax: + 39 172 68844

Genova 16126
Nautica Caricamento
Via Sottoripa
Ph: + 39 10 2465964
Fax: + 39 10 293970

Giardini 98030
D.C. Capo Taormina
Via Naxos 91
Ph: + 39 942 571071
Fax: + 39 942 571071

Giglio Campese 09049
Centro Marino Campese
Via di Mezzo Franco, 14
Ph: + 39 564 804121
Fax: + 39 564804123

Grosetto 23034
Wildlife
Via Patrioti 73
Ph: + 39 338 6893974
Fax: + 39 342 847627

Guardamiglio (Lodi) 20070
Vantage srl
Via Roma 148
Ph: + 39 377 51069
Fax: + 39 377 451278

Gussago 25064
Eurosub Diving School
Via Gramci
Ph: + 39 30 2521938
Fax: + 39 30 2521605

Ischia Porto 80077
Gator Sub by No Limits
Via Lasolino
Ph: + 39 81 985211
Fax: + 39 81 985211

Ischia Porto 80077
Idea Azzura
Via Lasolino 116
Ph: + 39 81 5267911
Fax: + 39 81 5267911

Isola Capo Rizzuto 88076
Cala Greca Diving Club
Residence Cala Greca
Ph: + 39 962 799409
Fax: + 39 962 799409

Isola del Giglio 58012
Centro Marino Campese (CMC)
Via di MezzoFranco 14
Ph: + 39 564804121
Fax: + 39 564804123

La Caletta 08020
Astrea
Via Cagliari 30
Ph: + 39 784 810488
Fax: + 39 784 810488

La Maddalena 07024
Aquapro Scuba C.
Villaggio di Portomassimo
Ph: + 39 347 3479501
Fax: + 39 789 737145

Lecco 22053
Il Delfino
Corso Martini 140
Ph: + 39 341 282323
Fax: + 39 341 282323

Legnano 20025
Fa-Ma Sport
Via Grigna 16
Ph: + 39 331547756
Fax: + 39 331547756

Lido Di Jesolo 30017
D.C. Jesolo
Via A. Frank 1
Ph: + 39 421 952403
Fax: + 39 421 66338

Lucca 55100
Emporio Del Sub
Via Del Brennero 344
Ph: + 39 583 343745
Fax: + 39 583 327448

Lucca 55100
Sportmar Uno
Via Pisana Vecchia 1231
Ph: + 39 583 510716
Fax: + 39 583 512749

Mantova Lombadia 46100
Aqualung Sub
Via Verona 23
Ph: + 39 376 391713
Fax: + 39 376 390998

Mariano Comense 22066
Sea Eagle
V. Cattabrega 5/A
Ph: + 39 74 3069
Fax: + 39 362 851726

Marina Di Campo 57034
Ondasub Diving Center
Via Roma 93
Ph: + 39 565 977058
Fax: + 39 565 977058

Marina Di Carrara 54036
Centro Sub
Via Bassagrande 50
Ph: + 39 585 786750
Fax: + 39 585 786750

Marina di Massa 54037
Techno Mare Sub
Via delle Pinete 209
Ph: + 39 585 788272
Fax: + 39 585 788272

Mazara Del Vallo 91026
Culcasi Antonietta
Via G. G. Adria
Ph: + 39 923 949636
Fax: + 39 923 949636

Mazara Del Vallo 91026
Nautica Moda Sport
Corso Vittorio Veneto 70
Ph: + 39 923 941366
Fax: + 39 923 941366

Milano 20125
Assetto Nel Blu
Via Melchiorre Gioia
Ph: + 39 2 6709858
Fax: + 39 2 6709858

Milano 20122
Blueway Diving Int
Corso di Porta Roma 132
Ph: + 39 2 58480631
Fax: + 39 2 58480640

Milano 20135
Nautica Pennati
Corso Lodi 29
Ph: + 39 2 5516383
Fax: + 39 2 55181862

Milano 20146
Professional Sport Center
Via Giambellino 57
Ph: + 39 2 48950229
Fax: + 39 2 48950229

Milano 20136
RD Sub / Sportissimo
Via Ripamonti 1
Ph: + 39 2 58305014
Fax: + 39 2 58303506

Milano 20123
Ventadiving Italia srl
Via De Armicis 43
Ph: + 39 2 581861
Fax: + 39 2 58186489

Milano 20100
Vitamin Store
Via G.C. Procaccini 21
Ph: + 39 2 34532015
Fax: + 39 2 33003459

Modena 4110
Sport Life
Strada San Faustino 5/7
Ph: + 39 522 455027
Fax: + 39 522 331383

Montecchio Maggiore 36075
Noi Sub
Via N. Sauro 19
Ph: + 39 444 675540
Fax: + 39 444 492272

Montechio Maggiore 36041
Bertozzo Sport
Via Techio 122
Ph: + 39 444 696945
Fax: + 39 444 491205

Morciano 73040
Diving Service SAS
Via Trieste 5
Ph: + 39 833 743685
Fax: + 39 833 743685

Nettuno, Roma 00048
Tomasi
Via Isonzo 18
Ph: + 39 698 80912
Fax: + 39 698 80912

Novara 28100
Piantanida Sport
Largo S. Martino 5
Ph: + 39 321 629079
Fax: + 39 321 34018

Olbia 07026
Mediterraneo Snc.
C. Martini Via G. D'Annunzio
Ph: + 39 789 21759
Fax: + 39 789 26660

Padova 35125
Issimo Sport
Via Vergero 36/40
Ph: + 39 49 755288
Fax: + 39 49 755288

Palermo 90146
Blumarina
Viale Strasburgo 7
Ph: + 39 91 526918
Fax: + 39 91 526918

Palermo 90133
Genchi Poseidon
Via Cavour 28
Ph: + 39 91 583209
Fax: + 39 91 583209

Pantelleria 91017
Fandango Diving
Residence Sciavurra
Ph: + 39 923 912490
Fax: + 39 923 912490

Parma 43100
Sub Center Parma
Via Imbriani 55/C
Ph: + 39 521233618
Fax: + 39 521233618

Pavia 27100
Onda Sport By Errepi
Via Matteotti 30
Ph: + 39 382 29756
Fax: + 39 382 911415

Pavia 27100
Rino Sport
Corso Garibaldi 1
Ph: + 39 382 28343
Fax: + 39 382 22307

Pescara 65126
Nautica Cortella
P.Za Della Marina 11
Ph: + 39 85 65608
Fax: + 39 85 64410

Piacenza 29100
Olimpia Sport
Via Dante 104
Ph: + 39 523 327277
Fax: + 39 523 327277

Pisa 56125
Centro Sub Pisa
Piazza S. Antonio 4
Ph: + 39 50500309
Fax: + 39 50500622

Pontedera 56025
Match Point
P.Za Caduti Cefalonia e Corfu
Ph: + 39 587 52398
Fax: + 39 587 52398

Porto Azzurro 57036
Due Passi Nel Blu
Banchina 4 Novembre
Ph: + 39 565 920061
Fax: + 39 565 920061

Portoferraio 57037 LI
Armeria Elbana
Via Manganaro n. 10/12
Ph: + 39 565914770
Fax: + 39 565914770

Porto Rotondo 07020
Centro Sub Porto Rotondo
Marina di Portorotondo
Ph: + 39 789 34869
Fax: + 39 789 34869

Porto Rotondo 07026
Semiramide Diving
Süiaggia IRA
Ph: + 39 789 380010
Fax: + 39 789 380010

Prato 50047
Free Dive
Via Modigliani 7
Ph: + 39 574 27330
Fax: + 39 574 984930

Quarrata 40033
Sarti Sport Srl
P. Za Kennedy 4
Ph: + 39 51 576069
Fax: + 39 51 578339

Quarrata 51039
Scubateknica
Via San Paolo 33
Ph: + 39 584 384189
Fax: + 39 584 384189

Reggio Calabria 89100
Linea Blu SRL
Via Giulia 1
Ph: + 39 965 331541
Fax: + 39 965 331541

Rivarolo Canavese 10086
Sport Linea
Corso Italia 36
Ph: + 39 124 424587
Fax: + 39 124 28557

Roma 00181
Acquazzurra
Via Tuscolana 626
Ph: + 39 676961193
Fax: + 39 676910309

Roma 00153
Emporio Del Pescatore
Piazza Dell'Emporio 12
Ph: + 39 6 5588948
Fax: + 39 6 5588948

Roma 00166
BFN Scuba Team
Via Cornelia 493-495
Ph: + 39 6 611101
Fax: + 39 6 61520956

Roma 00123
Blue Fox
Via Cassia 1777
Ph: + 39 6 30892691
Fax: + 39 6 30891593

Roma 00154
Maximo Sport
Via Caffaro 135
Ph: + 39 6 5120282
Fax: + 39 6 5121102

Roma 00198
Sport Centers S.R.L.
Via Tagliamento 7
Ph: + 39 6 8548719
Fax: + 39 6 8845995

S. Giovanni Valdarno 52027
La Grotta del Sub

Via Gramsci 11
Ph: + 39 55 9121860
Fax: + 39 55 9121860
S. Maria Navarrese 08040
Nautica
Via Torre Dei Saraceni 3
Ph: + 39 782 615555
Fax: + 39 782 615238
Santa Flavia (PA) 90017
Moby Dick
Via Dante 6
Ph: + 39 91 931146
Fax: + 39 91 9311461
Sarzana, La Spezia 19038
RVB Sport
Via Variante Aurelia 7
Ph: + 39 187 624389
Fax: + 39 187 610280
Sassuolo (MO) 41049
Odissea Sport Srl
Via Pia No 5
Ph: + 39 536 811140
Fax: + 39 536 831784
Savona 17100
Savona Sport
Via Paleocapa 22/24R
Ph: + 39 19 821990
Fax: + 39 19 821990
Sciacca 92019
Moby Dyck
Via C. Colombo 1A-C
Ph: + 39 925 22503
Fax: + 39 925 22503
Settimo Torinese 10036
Settimo Sport
Vicolo Chiari 1
Ph: + 39 11 8971153
Fax: + 39 11 8971153
Seveso 20030
Peppp Sub
Via Galimberti 8
Ph: + 39 362 506940
Fax: + 39 362 506940
Siderno 89048
Due Erre
Contrada Astraca
Ph: + 39 964 344570
Fax: + 39 964 344570
Siracusa 96100
Sport Oltre Mare
V.Le Scala Greca 341
Ph: + 39 931 756236
Fax: + 39 931 756236
Stintino 07040
Bubles Diving Center
C/O Roccaria Centro Vacanze
Ph: + 39 79 529778
Fax: + 39 79 529778
Stintino 07040
Stintino Diving Club
Via Amalfi 2
Ph: + 39 330 656387
Fax: + 39 783 210223
Taglio di Po 45619
Nautica Milesi
S.S. Romea 17
Ph: + 39 426 660975
Fax: + 39 426 661700
Torino 10139
Milanesio Sport Sas Di Garoia
Corso Peschiera 274
Ph: + 39 11 3820333
Fax: + 39 11 331074
Torino 10153
Punto Sub srl
Lungo Dora Siena 8
Ph: + 39 115214100
Fax: + 39 115215482
Torino 10142
Sergio Sport
Via Santa Maria Mazarello 12
Ph: + 39 11705717
Fax: + 39 11705717
Torino 10124
Alvi Sub
C. So San Maurizio 12/C
Ph: + 39 11 8122015
Fax: + 39 11 8122015
Torino 10152
Spazio Blu Snc
Via Fiochetto 14
Ph: + 39 11 4361343
Fax: + 39 11 4361343
Torre Del Greco 80059
Facla Sport/CSIG
Via Martini D'Africa 31/35
Ph: + 39 81 8493642
Fax: + 39 81 8493642
Tortoreto Lido 64019
Nautica Merlino
L. Mare Sirena 184
Ph: + 39 861 786562
Fax: + 39 861 786562
Trento 38100
Arkan Sub
Via Gerola
Ph: + 39 461 917616
Fax: + 39 461 917616
Treviso 31100
Aqualand
V.S. Ambrogio D. Fiera 3B
Ph: + 39 422 410427
Fax: + 39 41 981113
Treviso 31100
Simply Divers
V. Le 4 Novembre 15
Ph: + 39 422 545391
Fax: + 39 422 410539
Trieste 34123
Punto Sub D.S.
Via Cadorna 25A
Ph: + 39 40 306990
Fax: + 39 40 306990
Tropea 88030
Tauchbasis Neptun
Via Annunziata
Ph: + 39 96361612
Fax: + 39 96362717
Ustica 90010
Barracuda
Contrada Spalmatore
Ph: + 39 91 8449132
Fax: + 39 91 8449482
Vado Ligure (SV) 17047
Abissi
Via Aurelia 52 R
Ph: + 39 19 884511
Fax: + 39 19 884511
Varazze (SV) 17019
New Whale Diving Center S.A.S.
Via Genova 48
Ph: + 39 368 940603
Fax: + 39 10 5530607
Varese 21100
Grizzetti Sport
Via Volta 6
Ph: + 39 332 280186
Fax: + 39 332 235818
Varese 21052
Week-End Sport
Via Rossini 7
Ph: + 39 331 620248
Fax: + 39 331 636540
Ventiminglia 18039
L'Acquanauta
Via Giovanni XXlll-2
Ph: + 39 184 231287
Fax: + 39 184 231287
Verbania 28048
Altair Diving Center
V.S. Bernardino 43
Ph: + 39 323 401020
Fax: + 39 323 401020
Villa S. Giovanni 89018
Tuttomare
Via Marina 26
Ph: + 39 965 795042
Fax: + 39 965 795042
Villabate 90039
Hydra Sport
Via De Gasperi 255
Ph: + 39 91 490518
Fax: + 39 91 490518

Jamaika

Montego Bay
Aqua Fun Adventures
Port of Jamaica
Ph: + 1 876 7761469
Fax: + 1 876 7766510
Negril
Sundivers Jamaica Ltd.
Rock Cliff Hotel
Ph: + 1 876 9574069
Fax: + 1 876 9574108

Japan

Aichi 492
Big Blue
5-49-1 Maeda Inazawa-Shi
Ph: + 81 587 220133
Fax: + 81 587 220133
Aichi 464
Blue In Blue
1-1-26 Uchiyama-Cho Chikusa-Konagoya-Shi
Ph: + 81 52 7224597
Fax: + 81 52 7224597
Aichi 485
Diving House Aquatic
50 Yamakita-Cho, Komaki-Shi
Ph: + 81 568 757444
Fax: + 81 568 757444
Aichi 465
Diving Shop Asobiya
2-213 Heiwagaoka, Meito-Ku, Nagoya-Shi
Ph: + 81 52 7767575
Fax: + 81 52 7767731
Aichi 453
Garuda
6-312 Karasumori-Cho, Nakamura-Ku, Nagoya-Shi
Ph: + 81 52 4831651
Fax: + 81 52 4831652
Aichi 462
Imao Marine Photo Studio
2-12-10 Ozone, Kitaku, Nagoya-Shi
Ph: + 81 52 9166101
Fax: + 81 52 9167572
Aichi 460
Mack's Diving
2-18-34 Nishiki, Naka-Ku, Nagoya-Shi
Ph: + 81 52 2111772
Fax: + 81 52 2013940
Aichi 464
Sotto Marino
1-3-5 Haruoka Chikusa-Ku, Nagoya-Shi
Ph: + 81 52 7515507
Fax: + 81 52 7515083
Aichi 450
Tantei Club Meieki
Freegeo 1-1-4 Meieki, Nakumura-Ku, Nagoya-City
Ph: + 81 52 5659551
Fax: + 81 52 5330716
Aichi 494
Tantei Club Okasaki Shop
East Garden, 22Mitadakita-Dori, Kake-Machi, Okazaki-Shi
Ph: + 81 564 254850

Fax: + 81 564 272525
Aichi 466
Tantei Club Yamate
66-7 Yamasato-Cho, Showa-Ku, Nagoya-Shi
Ph: + 81 52 8346300
Fax: + 81 52 8347253
Akitia 010
Passkey Dive Station
182-3 Aza Donomae, Sotoasahikawa, Akitashi
Ph: + 81 188 681144
Fax: + 81 188 681145
Chiba 260
Diving Pro Shop Love Marine
71-1 Benten-Cho, Chuo-Ku, Chiba-Shi
Ph: + 81 43 2540375
Fax: + 81 43 2540379
Chiba 277
Diving Shop Pow Wow
6-4-27 Kashiwa, Kashiwa-Shi
Ph: + 81 471 636179
Fax: + 81 471 636236
Chiba 272-01
Pacifica Gyotoku
1-3-4 Gyotokuekimae, Ichikawa-Shi
Ph: + 81 473 979979
Fax: + 81 473 979950
Chiba 272-01
Pow Wow Urayasu
3-18-15 Minamigyoto-Ku, Ichikawashi
Ph: + 81 473 901661
Fax: + 81 473 901662
Chiba 285
Sea-Hornet Diving School
147-3 Kaburagi-Cho, Sakura-Shi
Ph: + 81 43 4844894
Fax: + 81 43 4845411
Chiba 271
Super Scuba Fiz
1156 Matsudo-Shi
Ph: + 81 473 693030
Fax: + 81 473 692783
Chiba-Shi, Chaiba 262
Coconut Makuharihongo
1-11-26 Makuharihongo Kemigawa-Ku
Ph: + 81 43 2743633
Fax: + 81 43 2743601
Ehime 790
Kappa Field
14-2 Suehiro-Cho, Matsuyama-Shi
Ph: + 81 899 218277
Fax: + 81 899 218277
Fukui 910-04
Aqua Marine
21-12-8 Fuchimachi Fukui-Shi
Ph: + 81 776 368125
Fax: + 81 776 368125
Fukui 913
Kuzuryu Marine Diving
5-61 Tonoshima, Mikuni-Cho, Sakai-Gun
Ph: + 81 776 823815
Fax: + 81 776 828351
Fukuoka 816
Dive Shop Cosmic
5-1-1 Morooka, Hakata-Ku, Fukuoka-Shi
Ph: + 81 92 5751250
Fax: + 81 92 5751996
Fukuoka 812
Ocean View
14-26 Kamikawabata, Hakata-Ku, Fukuoka-Shi
Ph: + 81 92 2825865
Fax: + 81 92 2825866
Gifu 503
Hyotan-Jima
2-143-1 Wagohonmachi, Ogaki-Shi
Ph: + 81 584 743330
Fax: + 81 584 743632
Gifu-Shi, Gifu 500
Captain Cook Gifu
1-2 Kanomizuno-Cho
Ph: + 81 58 2753599
Fax: + 81 58 2753590
Hiroshima 730
Oasis Diving Hiroshima
8-18 Nakamachi, Naka-Ku, Hiroshima-Shi
Ph: + 81 82 2421090
Fax: + 81 82 2424847
Hokkaido 078
Asahikawa Dive House
1-1-16 10-JO Toko, Asahikawa-Shi
Ph: + 81 166 313588
Fax: + 81 166 313588
Hokkaido 050
Dive House Kairaku
2-25-2 Higashi-Machi, Muroran-Shi
Ph: + 81 143 470607
Fax: + 81 143 443637
Hokkaido 005
Diver House Sea Dragon
2-3-16 Kawazoe, 4 Jo Minami-Ku, Sapporo-Shi
Ph: + 81 11 5721717
Fax: + 81 11 5721238
Hokkaido 064
Marine House Robinson
13-5 Nishi 25 Chome, Minami 3JYO, Chuo-Ku Sapporo-Shi
Ph: + 81 11 6312929
Fax: + 81 11 6312921
Hokkaido 041
Noah's Diving Studio
3-2-18 Hondori, Hakodate-Shi
Ph: + 81 138 566457
Fax: + 81 138 566457
Hokkaido 063
Pro Shop Asia
7-304 3JO Yamanote Nishi-Ku, Sapporo-Shi
Ph: + 81 11 6116575
Fax: + 81 11 6130328
Hokkaido 064
Zem House Chuo
4-10 Nishi, 6 Chome, Minami 20-JO Chuo-Ku, Sapporo-Shi
Ph: + 81 11-5120606
Fax: + 81 11-5527814
Hyogo 661
Atranta
1-2-1 Onishi-Cho, Amagasaki-Shi
Ph: + 81 6 4223393
Fax: + 81 6 4223393
Hyogo 673
Dive Shop C.A.A.N.
2-4-10 Nishishinmachi, Akashi-Shi
Ph: + 81 78 9238390
Fax: + 81 78 9238390
Hyogo 659
Dive Shop Kousuke
2-3 Uchidekozuchi-Cho, Ashiya-Shi
Ph: + 81 797 350139
Fax: + 81 797 350139
Hyogo 662
Skip Jack
2-11-106 Miyanishi-Cho, Nishinomiya-Shi
Ph: + 81 798 246410
Fax: + 81 798340534
Hyogo 652
T's Area
1-22-3 Yoshida-Cho, Hyogo-Ku, Kobe-Shi
Ph: + 81 78 6710087
Fax: + 81 78 6710054
Ibaraki 310
Dive House East Point
2-2-27 Tokiwacho, Mito City
Ph: + 81 29 2266813
Fax: + 81 29 2266813
Ibaraki 305
Jah Diving Club
102 -1-9-1 Sengen, Tsukuba-Shi
Ph: + 81 298 553337
Fax: + 81 298 553338
Ibaraki 310
Jah Diving Club
1-7-26 Chuo Mito-Shi
Ph: + 81 29 2274891
Fax: + 81 29 2240901
Ibaraki 314
Mu Island
2389-18 Kyuchu, Kashima-Cho, Kashima-Gun
Ph: + 81 299 820159
Fax: + 81 299 820159
Ishikawa 920
Amuse Marine Club Kanazawa
2-7-18 Kata-Machi, Kanazawa-Shi
Ph: + 81 762 315601
Fax: + 81 762 317656
Ishikawa 920
Mother Of The Sea
36-13 Shimenonaka-Machi, Kanazawa-Shi
Ph: + 81 762 606669
Fax: + 81 762 600859
Ito-Shishizuoka 413-02
Sea Bros Jogasaki
1030-48 Yawatano
Ph: + 81 557 546777
Fax: + 81 557 540455
Iwate 020
Morioka Marine Sports
3-10-12 Odori, Morioka-Shi
Ph: + 81 196 228167
Fax: + 81 196 255278
Kagawa 760
Buzz Palms
Seraporu Bldg 1F, 10-19 Fukuda Machi
Ph: + 81 878 220012
Fax: + 81 878 220012
Kamo-Gun Shizuoka 410-36
Collins D.C.
250-2 Kamomi Matsuzaki-Cho
Ph: + 81 558 450123
Fax: + 81 558 450100
Kanagawa 223
Dive Escort Orce
2-15-1 Tsnashimanishi, Kohoku-Ku, Yokohama-Shi
Ph: + 81 45 5457792
Fax: + 81 45 5457793
Kanagawa 244
Dive House Ospar Totsuka
617 Yabe-Cho, Totsuka-Ku, Yokohama-Shi
Ph: + 81 45 8620641
Fax: + 81 45 8620642
Kanagawa 277
Diving Project Jic
2-15-1 Edannishi, Aoba-Ku, Yokohama-Shi
Ph: + 81 45 9124888
Fax: + 81 45 9124889
Kanagawa 228
Diving School Plecio
6-21-15 Kamitsuruma, Sagamihara-Shi
Ph: + 81 427 668860
Fax: + 81 427 478417
Kanagawa 226
Diving Shop & School Grab Bag
2-7-8-102 Kamoi, Midori-Ku, Yokohama-Shi
Ph: + 81 45 9350058
Fax: + 81 45 9350058
Kanagawa 244
Diving Shop Big Mog

932-102 Kashio-Cho, Totsuka-Ku, Yokohama-Shi
Ph: + 81 45 8251366
Fax: + 81 45 8253129

Kanagawa 227
Friday Verse Diving Shop
2-21-7 Utsukushigaoka Aoba-Ku, Yokohama-Shi
Ph: + 81 45 9013211
Fax: + 81 45 9013723

Kanagawa 221
Frontier Diving School
2-9-10 Tsuruyacho, Kanagawa-Ku, Yokohama-Shi
Ph: + 81 45 3200757
Fax: + 81 45 3200757

Kanagawa 240-01
Hayama Diving Resort
2511-7 Itsushiiki, Hayama-Machi, Miura-Gun
Ph: + 81 468 760908
Fax: + 81 468 760994

Kanagawa 238-02
Jogashima Diving Center
669 Jogashima, Misaki-Cho, Miura-Shi
Ph: + 81 468 820700
Fax: + 81 468 826611

Kanagawa 248
Oceanico
1-7-8 Komachi Kamakura-Shi
Ph: + 81 467 235937
Fax: + 81 454 763018

Kanagawa 233
Osper
1-17-22 Kamiooka-Nishi, Konan-Ku, Yokohama-Shi
Ph: + 81 45 8431123
Fax: + 81 45 8431118

Kawasaki-Shi, Kanagawa 216
Athlie Diving Club
3-3-8 Saginuma Miyamae-Ku
Ph: + 81 44 8882456
Fax: + 81 44 8882455

Kitakyusyu-Shi, Fukuoka 806
Buddy Rope
1-3-31 Hagiwara, Yahatanishi-Ku
Ph: + 81 93 6317447
Fax: + 81 93 6317447

Kobe-Shi, Hyogo 658
Day Tip Diving
Takeda Bldg 2F, 3-15-15 Sumiyoshimiya, Higashinada-Ku
Ph: + 81 78 8566242
Fax: + 81 78 8566242

Kumamoto 860
Marine Talk Divers Plaza
-10 Sakura-Cho, Kumamoto-Shi
Ph: + 81 96 3540019
Fax: + 81 96 3544919

Kyoto 612
Diving Pro Shop Elite
10-2 Sotoyama-Cho, Nakajima, Fusimi-Ku, Kyoto-Shi
Ph: + 81 75 6120010
Fax: + 81 75 6227737

Kyoto 606
Kai You Karuba
10-1 Kamiowarimachi, Kitashirakawa Sakyo-Ku, Kyoto-Shi
Ph: + 81 75 7918848
Fax: + 81 75 7918848

Kyoto 606
Marine Shop Let's
82 Umenoki-Machi Ichijoji, Sakyo-Ku, Kyoto-Shi
Ph: + 81 75 7912288
Fax: + 81 75 7111292

Kyoto 601
Moon Light Divers
45 Kishoin Kyujo-Cho, Minami-Ku, Kyoto-Shi
Ph: + 81 75 6818822
Fax: + 81 75 6813071

Kyoto 612
Rakuyou
29 Fukakusa, Okaya-Cho, Fushimi-Ku, Kyoto-Shi
Ph: + 81 75 6438605
Fax: + 81 75 6439080

Kyoto 601
Sports Plaza Ace
23-2 Kisshoin, Mukaida-Machi, Nishinosho, Minami-Ku, Kyoto-Shi
Ph: + 81 75 3150210
Fax: + 81 75 3150239

Kyoto 601-12
Sports Valley
Nose-Cho Yase, Sakyo-Ku, Kyotoshi
Ph: + 81 75 7210271
Fax: + 81 75 7210271

Kyoto-Shi, Kyoto 616
Apliba Diving Club
33-1Saga Yanagida-Cho, Ukyo-Ku
Ph: + 81 75 8620151
Fax: + 81 75 8620150

Maebashi-Shi, Gumma 371
Deos Sensuido
1-14-19-105 Bunkyo-Machi
Ph: + 81 27 2210454
Fax: + 81 27 2210514

Mie 510
Tantei Club Yokkaichi Shop
Bis 4-F, 10-5 Suwa Sakaecho, Yokkaichi-Shi
Ph: + 81 593 517525
Fax: + 81 593 537909

Mie 517
Xiv Toba Annex
169-2 Aza Nichi, Arashima-Cho, Toba-Shi
Ph: + 81 599 264400
Fax: + 81 599 264422

Miyagi 986
Sanriku Diving Center
4-3-13 Kadonowaki-Cho, Ishinomaki-Shi
Ph: + 81 225 961951
Fax: + 81 225 940539

Miyazaki 880
La Bomba
5-1 Dekijima, Miyazaki-Shi
Ph: + 81 985 320479
Fax: + 81 985 316568

Miyazaki 882
Nobeoka Marine Service
2135-2 Awanomyo-Cho, Nobeoka-Shi
Ph: + 81 982 210852
Fax: + 81 982 210852

Nagano 390
Arue Diving
12-56 Futoba Matsumoto-Shi
Ph: + 81 263 270275
Fax: + 81 263 270285

Nagano 386
Marine Sports Club Kaizoku
46-1 Sumiyoshi
Ph: + 81 268 257631
Fax: + 81 268 257633

Nagano 381
Oceanico Nagano
5-23-24 Yoshida, Nagano-Shi
Ph: + 81 262 440300
Fax: + 81 262 445808

Nagano 399-07
Umitaro No Diving School
1486-379 Hirookatakade, Shioziri-Shi
Ph: + 81 263 536900
Fax: + 81 263 536901

Nagasaki 857
Dive House Wonderland
20-13 Kojima-Cho, Saebo-Shi
Ph: + 81 956 240381
Fax: + 81 956 246606

Nagoya-Shi, Aichi 460
Bazooka
3-1-16 Matsubara Naka-Ku
Ph: + 81 52 3324886
Fax: + 81 52 3322898

Nakagun, Kanagawa 255
Atomu Diving Company
Royal Terrace 2F, 1713 Oiso Oiso-M
Ph: + 81 463 610661
Fax: + 81 463 610155

Nhu-Gun, Fukui 910-04
Blue Marine
1-11 Nagasuhama, Echizen-Cho
Ph: + 81 778 371611
Fax: + 81 778 370024

Nigata 940
Anboina
1-2-21 Nishisenju, Nagaoka-Shi
Ph: + 81 258 361957
Fax: + 81 258 361957

Nigata 945
Diving Shop Kashiwazaki
1-26 Iwagami, Kashiwazaki-Shi
Ph: + 81 257 222774
Fax: + 81 257 222774

Niigata 955
Parade
1-5-28 Nishiyokkamachi, Sanjo-Shi
Ph: + 81 256 327420
Fax: + 81 256 327420

Nishi Murogun, Wakayama 649-35
Coral Queen
1810-2 Kushimoto, Kushimoto Cho
Ph: + 81 7356 26318
Fax: + 81 7356 23920

Oita 870
Oita Sensui
10-10 Oji-Cho, Oita-Shi
Ph: + 81 3975 371245
Fax: + 81 3975 377728

Osaka 569
Diving Club Vim
13-5 Tono-Machi, Takatsuki-Shi
Ph: + 81 726 822603
Fax: + 81 726 828283

Osaka 532
Mity
2-21-9 Mitzuyaminami, Yodogawa-Ku
Ph: + 81 6 8864684
Fax: + 81 6 8864685

Osaka 572
Oasis Diving Station Marine Korien
21-10 Kori, Minamino-Cho, Neyagawa-Shi
Ph: + 81 720 351900
Fax: + 81 720 314799

Osaka 542
Oasis Diving
1-180-27 Higashi-Sinsaibashi, Chuo-Ku Osaka-Shi
Ph: + 81 6 2821090
Fax: + 81 6 2821409

Osaka 567
Oasis Diving Ibaraki
2-25 Fuhaki-Cho, Ibaraki-Shi
Ph: + 81 726 350109
Fax: + 81 726 351096

Osaka 531
Pro Dive Osaka
2-8-4 Toyosaki, Kita-Ku, Osaka-Shi
Ph: + 81 6 3744791
Fax: + 81 6 3724887

Osaka 530
Pro Dive Southern Cross
4-9-403 Ioganao-Cho, Kita Ku, Osaka-Shi
Ph: + 81 6 3158563
Fax: + 81 6 3158563

Osaka 536
Scuba Adventure Triton

3-5-30 Shigino Higashi, Joto-Ku,
Osaka-Shi
Ph: + 81 6 9697508
Fax: + 81 6 9690149

Osaka 530
Sensuiken Osakaten
1F Higashitenman Bldg, 1-7-17
Higashiten, Kita-Ku, Osaka-Shi
Ph: + 81 6 3523528
Fax: + 81 6 3523575

Osaka 550
Sind Bad Osaka
Abanite Yotsuhashi 1F, 1-6-20 Kita-Horie, Nishi-Ku, Osaka-Shi
Ph: + 81 6 5366432
Fax: + 81 6 5366972

Osaka 593
World Marine Senbokuten
3767 Fukai, Shimizu-Cho, Sakai-Shi
Ph: + 81 722 708661
Fax: + 81 722 708661

Osaka-Shi, Osaka 546
Dive Area
1-17-19 Kumata, Higashisumiyoshi-Ku
Ph: + 81 6 7132338
Fax: + 81 6 7132609

Osaka-Shi, Osaka 532
Dive Center Lete
3-15-7 Nishinakajima, Yodogawa-Ku
Ph: + 81 6 3900553
Fax: + 81 6 3050720

Oshima-Gun, Kagoshima 894
Atomu Diving Company Amami
41-3 Sotoganeku, Kasari-Cho
Ph: + 81 997 631062
Fax: + 81 997 631062

Owase-Shi Mie 519-36
Dive Site Sea Dream
204 Aza Torizi Hama Oaza Ikunoura
Ph: + 81 5972 32789
Fax: + 81 5972 32789

Saitama 350
Dive Studio Crecent
12-3-109, Wakita, Honcho,
Kawagoe-Shi
Ph: + 81 492 476690
Fax: + 81 492 476714

Saitama 330
Dive Studio Crecent
1-40 Takahana-Cho, Omiya-Shi
Ph: + 81 48 6487373
Fax: + 81 48 6487373

Saitama 343
Diving Freak
1-160-1 Akayama-Cho,
Koshigaya-Shi
Ph: + 81 489 644159
Fax: + 81 489 420154

Saitama 340
Diving Pal
6-13-18 Ashi-Cho, Soka-Shi
Ph: + 81 489 420154
Fax: + 81 489 420154

Saitama 333
Energie Diving School
2-25-1 Shiba, Kawagushi-Shi
Ph: + 81 48 2655619
Fax: + 81 48 2683527

Saitama 359
First Diving
Sakama Bldg, 3-16-2 Kusunokidai,
Tokorozawa-Shi
Ph: + 81 429 925921
Fax: + 81 429 925923

Saitama 359
Float
21-11 Nishiarai, Tokorozawa-Shi
Ph: + 81 429 984315
Fax: + 81 429 984316

Saitama 336
Miss Tahiti
Aso Bldg, 1F, 2-10-19 Naka-Machi,
Urawa-Shi
Ph: + 81 48 8326920
Fax: + 81 48 8258230

Saitama 332
Miss Tahiti
3-9-31 Saiwai-Cho, Kawaguchi-Shi
Ph: + 81 48 2549774
Fax: + 81 48 2589799

Saitama 362
Seads
3-11-21 Hon-Cho, Ageo-Shi
Ph: + 81 48 7760886
Fax: + 81 48 7760889

Saitama 344
Seads Kasukabe
1-59-8 Chuo, Kasukabe-Shi
Ph: + 81 48 7345672
Fax: + 81 48 7385288

Saitama 353
Splash
5-19-21, Honcho, Shiki-Shi
Ph: + 81 48 4741077
Fax: + 81 48 4741202

Saitama 350-11
Sunny Side
500-9 Komuro, Kawagoe-Shi
Ph: + 81 492 418176
Fax: + 81 492 418176

Sapporo-Shi, Hokkaido 004
Club Kids Atsubetsu
3-17-32 Chuosanjo
Atsubetsuatsubetsu
Ph: + 81 11 8960066
Fax: + 81 11 8966006

Sapporo-Shi, Hokkaido 003
Club Kids Hiragishi
3-2-20 2-JO Hiragishi, Toyohira-Ku
Ph: + 81 11 8328350
Fax: + 81 11 8328351

Shizuoka 410
Aqua Route Noah
1266-85 Okamiya Numazu-Shi
Ph: + 81 559 231060
Fax: + 81 559 231080

Shizuoka 420
Bronze
7 Yasumatsu Bldg 1, 13-12,
Shichiken-Cho, Shizuoka-Shi
Ph: + 81 54 2522322
Fax: + 81 54 2512831

Shizuoka 435
Dive Terry's
12-2 Hososhima-Cho,
Hamamatsu-Shi
Ph: + 81 53 4626525
Fax: + 81 53 4626144

Shizuoka 422
Diving Shop Miu
4-37 Minami-Cho, Shizuoka-Shi
Ph: + 81 54 2881518
Fax: + 81 54 2881608

Shizuoka 415
Marine Studio Dragon Lady
Hotel Izukyu, 2732-7 Shirahama,
Shimoda-Shi
Ph: + 81 558 232757
Fax: + 81 558 233453

Shizuoka 410-35
Sunset Resort
3028-2 Futo, Nishiizu-Cho,
Kamo-Gun
Ph: + 81 558 532000
Fax: + 81 558 531685

Shizuoka 410-36
West Point Kumomi
383-1 Kumomi, Matsuzaki-Cho,
Kamo-Gun
Ph: + 81 558 450034
Fax: + 81 558 450465

Tokyo 164
Coconut Nakano Ten
3-36-9 Nakano, Nakano-Ku
Ph: + 81 3 32299972
Fax: + 81 3 32299978

Tokyo 182
Directions
La Gadia Akeike, 2F, 1-5-10 Higashi,
Tsutsujigaoka, Chofu-Shi
Ph: + 81 3 33091745
Fax: + 81 3 33091745

Tokyo 123
Diver's Shop Hangyojin
3-18-5-103 Nishiarai Sakae-Machi,
Adachi-Ku
Ph: + 81 3 38873934
Fax: + 81 3 38873934

Tokyo 120
Diver's Shop Hangyojin Kameari
4-28-6 Nakagawa, Adachi-Ku
Ph: + 81 3 56167227
Fax: + 81 3 56167227

Tokyo 152
Divers House Cay Point
3-19-21 Takaban, Meguro-Ku
Ph: + 81 3 37945777
Fax: + 81 3 37945777

Tokyo 100-14
Diving Base Breeze
2403-1 Okago, Hachijo-Machi,
Hachijo-Jima
Ph: + 81 4996 22932
Fax: + 81 4996 24132

Tokyo 169
Diving Laboratory Studio
4-33-3 Kita-Shinjuku, Shinjuku-Ku
Ph: + 81 3 33609130
Fax: + 81 3 33629738

Tokyo 145
Diving Port Captain 102
1-7-4 Denenchofu, Ota-Ku
Ph: + 81 3 37210560
Fax: + 81 3 37210841

Tokyo 124
Diving Pro Shop Pal
1-32-5 Shinkoiwa, Katsushika-Ku
Ph: + 81 3 36743411
Fax: + 81 3 36743412

Tokyo 110
Diving Pro Shop Platia
4-19-18 Taito, Taito-Ku
Ph: + 81 3 38392533
Fax: + 81 3 38392534

Tokyo 181
Elyzia Diving Club
3-6-4 Iguchi, Mitaka-Shi
Ph: + 81 422 340600
Fax: + 81 422 340609

Tokyo 161
Flex Diving School & Shop
2-8-20 Nakaochiai, Shinjuku-Ku
Ph: + 81 3 39547866
Fax: + 81 3 39547866

Tokyo 143
Friend
5-1-5 Ayase, Adachi-Ku
Ph: + 81 3 36207501
Fax: + 81 3 36207505

Tokyo 192
Friday Diving
Wako Bldg, 1F, 3-2-5 Myojin-Cho,
Hachioji-Shi
Ph: + 81 426 420903
Fax: + 81 426 427226

Tokyo 178
Friday Oozumi
5-8-19 Oizumigakuen-Cho,
Nerima-Ku
Ph: + 81 3 39234242
Fax: + 81 3 39234245

Tokyo 143
Glaucos
2-2-1 Omori-Naka, Ota-Ku
Ph: + 81 3 37671645
Fax: + 81 3 37671645

Tokyo 189

Green Flash
2-16-1, 110 Sakai-Cho,
Higashimurayama-Shi
Ph: + 81 423 917849
Fax: + 81 423 919603

Tokyo 112
Green Flash Mejiro
102 St Rejidence, 1-23-6 Mejirodai,
Bunkyo-Ku
Ph: + 81 3 53954557
Fax: + 81 3 53954558

Tokyo 192
Hagoromo Divers Service
27 Okado-Machi, Hachioji-Shi
Ph: + 81 426 265938
Fax: + 81 426 265937

Tokyo 150
Happy Face
2-16-8 Skibuya, Shibuya-Ku
Ph: + 81 3 34000680
Fax: + 81 3 34000681

Tokyo 174
Iruka Shop
15-6 Higashiyama-Cho, Itabashi-Ku
Ph: + 81 3 39588621
Fax: + 81 3 39564453

Tokyo 192
Island Club
2F 11-6 Yokohama-Cho, Hachioji-Shi
Ph: + 81 426 469888
Fax: + 81 426 469888

Tokyo 160
Kumasan's Diving Shop
Kanehara Bldg1-F, 4-20-14 Kita-Shinjuku, Shinjuku-Ku
Ph: + 81 3 33606166
Fax: + 81 3 33606165

Tokyo 162
Lesson One
2-10 Shinogawamachi, Shinjuku-Ku
Ph: + 81 3 32353311
Fax: + 81 3 32353731

Tokyo 160
Lunar Sea
Nk Bldg, 2F, 2-16-17 Nishiwaseda,
Shinjuku-Ku
Ph: + 81 3 32328784
Fax: + 81 3 32328053

Tokyo 135
M's Diving Adventure
5-5-11 Toyosu Eto-Ku
Ph: + 81 3 55484126
Fax: + 81 3 55484129

Tokyo 160
Malaga Dive Center
5-8-21 Shinjuku, Shinjuku-Ku
Ph: + 81 3 52692621
Fax: + 81 3 52692622

Tokyo 100-21
Marine Conductor Escort
Aza Higashi-Machi, Chichi-Jima,
Ogasawara-Mura
Ph: + 81 49 9823824
Fax: + 81 49 9822828

Tokyo 144
Marine Core Dorado
Pario 7F, 5-13-1 Kamata, Ota-Ku
Ph: + 81 3 37338881
Fax: + 81 3 37338998

Tokyo 141
Msc
7-17-5 Nishi-Gotanda,
Shinagawa-Ku
Ph: + 81 3 34922067
Fax: + 81 3 37790107

Wakayama 649-22
Miss Ocean Diving Service
2962-1Shirahama-Cho,
Nishimuro-Gun
Ph: + 81 739 431957
Fax: + 81 739 431957

Wakayama 640
Surf
215 Arimoto Wakayama-Shi
Ph: + 81 734 319149
Fax: + 81 734 318678

Yamagata 997
Urban Sports
26-3 Isehara-Machi,
Tsuruoka-Shi
Ph: + 81 235 255060
Fax: + 81 235 255061

Yamaguchi 755
Scuba Diving Shop Lau Lau
2-11-18-102 Hama-Machi, Ube-Shi
Ph: + 81 836 350774
Fax: + 81 836 350774

Yokohama-Shi
Coral House
5-9-5 Yako Tsurumi-Ku
Ph: + 81 45 5714508
Fax: + 81 45 5862083

Yokohama-Shi, Kanagawa 230
Apple Habor
29-11Tomioka-Cho, Tsurumi-Ko
Ph: + 81 45 5859511
Fax: + 81 45 5859512

Yokohama-Shi, Kanagawa 230
Bagus
29-1Toyooka-Cho, Tsurumi-Ku
Ph: + 81 45 5716990
Fax: + 81 45 5716570

Kanada

Alberta

Calgary AB T2G 5E8 Alberta
The Dive Shop
4652 McLeod Trail SW
Ph: + 1403 2434616
Fax: + 1403 2434616

Canmore AB T0L 0M0 Alberta
Rocky Mountain Scuba
537 6TH Street
Ph: + 1403 678 3344
Fax: + 1403 678 2344

Edmonton T6E 1Z5 Alberta
Ocean Sports
10133 82ND Avenue
Ph: + 1403 4321904
Fax: + 1403 4393505

Edmonton T6H 2L5 Alberta
Northwest Scuba Ventures Ltd.
6807 104th Street
Ph: + 1403 4381218
Fax: + 1403 4381479

British Columbia

Campbell River V9W 2C3 British Columbia
Beaver Aquatics, Ltd.
760 Island Highway
Ph: + 1 604 2877652
Fax: + 1 2878652

Duncan BC V0N 2G0 British Columbia
Giant Stride Diving
60 Kenneth Street
Ph: + 1 604 748 8864
Fax: + 1 748 8963

Kelowna V1Y 8P8 British Columbia
Diving Dynamics
2070 Harvey Avenue, #6
Ph: + 1 604 8611848
Fax: + 1 8615277

Langlay BC V3A 4E8 British Columbia
Nautic Scuba
20460 Langlay Bypass
Ph: + 1 604 533 9353
Fax: + 1 533 9699

Lund BC V0N 2G0 British Columbia
Good Diving & Kayaking
P.O. Box 47
Ph: + 1 604 483 3223
Fax: + 1 483 3223

Nanaimo V9R 4Y7 British Columbia
Sundown Diving
22 Esplanade
Ph: + 1 604 7531880
Fax: + 1 753 6445

New Westminster V3L 5B5 British Columbia
B & L Dive and Sea Sports Ltd.
825 McBridge Blvd.
Ph: + 1 604 5241188
Fax: + 1 5253483

Port Coquitlam V3B 5Y9 British Columbia
West Coast Scuba Centre
20 2755 Loughed Highway
Ph: + 1 604 9424838
Fax: + 1 7312802

Port Hardy V0N 2P0 British Columbia
North Island Diving Watersports
P.O. Box 1674
Ph: + 1 604 9492664
Fax: + 1 9492600

Prince Goerge BC V2L 1S7 British Columbia
Northern Underwater Exposure
2629 Lillooet Street
Ph: + 1 604 561 0727
Fax: + 1 561 1911

Victoria V8T 4H9 British Columbia
Frank White´s Scuba Shop Ltd.
1855 Blanshard Street
Ph: + 1 604 3854713
Fax: + 1 7364723

Manitoba

Winnipeg R2J 1G7 Manitoba
B & B Scuba
1125 Peterson Street
Ph: + 1 2573696
Fax: + 1 2573696

Winnipeg R3L 2E3 Manitoba
Divers Den (MB)
311 Pembina Highway
Ph: + 1 4536300
Fax: + 1 4536380

Moncton NB E1C 7E7 New Brunswick
Burden's Dive Centre
203 Champlain Street
Ph: + 1 859 4098
Fax: + 1 859 4224

New Brunswick

New Marryland NB E1C 7E7 New Brunswick
Sub Aqua Dive Center
429 New Maryland Highway, #104
Ph: + 1 454 3483
Fax: + 1 454 3482

Neufundland

St. Johns A1A 1G2 Newfoundland
Afonso Diving Supply Ltd.
50 Quidi Vidi Village Road
Ph: + 1 5766070
Fax: + 1 5761381

Ontario

Ontario
Water Sports
2046 Yonge Street
Ph: + 1 488 1055
Fax: + 1 485 9116

Belleville ON K8N 1B7 Ontario
Canadian Sport Sub
59 Dundas Street East
Ph: + 1 966 8903
Fax: + 1 962 0049

Brantford N3S 2X5 Ontario
Dive Bell
78 Icomm Drive
Ph: + 1 7593483
Fax: + 1 7531682
Collingwood L9Y 3Z1 Ontario
Downunder Dive And Scuba
Highway 26 East
Ph: + 1 7054440041
Fax: + 1 4457804
Gloucester ON K1J 9E3 Ontario
Adventures In Diving
5360 Canotek Road, #2
Ph: + 1 745 7211
Fax: + 1 745 2964
Guelph ON N1K 1B6 Ontario
Downunder Diving & Watersports
79 Regal Road, Unit 2
Ph: + 1 763 4471
Fax: + 1 823 5780
Hamilton ON L8T 5C6 Ontario
Cea Canucks Dive Centre
1104 Fennell Avenue East
Ph: + 1 385 3064
Fax: + 1 385 3064
Kingston ON K7M 4Y2 Ontario
Kingston Diving Centre, Inc.
786 Bath Road
Ph: + 1 634 8464
Fax: + 1 634 2502
Kitchener ON N2H 5C6 Ontario
Ground Hog Divers I
194 Victoria Street North
Ph: + 1 742 5415
Fax: + 1 742 4330
London N5W 2Y8 Ontario
Divers Down
864 Dundas Street East
Ph: + 1 434 7258
Fax: + 1 434 7258
Nepean K2E 7J5 Ontario
Alpha Dive Centre
190 Colonnade Road
Ph: + 1 7279888
Fax: + 1 7279885
Nepean ON N6B 2H7 Ontario
Diver's Wearhouse, Inc.
210 Colonnade Road, #6
Ph: + 1 723 3055
Fax: + 1 723 3055
Port Elgin N0H 2C0 Ontario
Ground Hog Divers II
582 Gustavus Street
Ph: + 1 3893629
Fax: + 1 3893883
Simcoe ON N3Y 1W6 Ontario
Simcoe Dive Centre
RR#4
Ph: + 1 443 7536
Fax: + 1 426 3996
St. Catharines L2N 4T5 Ontario
Ed´s Pro Dive
19 Main Street
Ph: + 1 6461481
Fax: + 1 6469116
St. Catherines ON L2R 2R2 Ontario
Den's Dive Shop
329 Welland Avenue
Ph: + 1984 2160
Fax: + 1984 2167
Sudbury ON M6S 4A3 Ontario
Sudbury Dive Shop
324 Elm Street
Ph: + 1 669 0066
Fax: + 1 669 0346
Waterford On N0E 1Y0 Ontario
Scuba Plus
33 Arthur Street
Ph: + 1 428 3125
Fax: + 1 426 1436
Woodstock ON N4S 1E6 Ontario
Neptune's Divers
692 Dundas Street
Ph: + 1 421 4031
Fax: + 1 421 4031

Quebec

Laval H7M 2Y2 Quebec
La Boutique Du Plongeur
1355 Boul Laurentides
Ph: + 1 514 6674656
Fax: + 1 514 6673648
St. Hayacinthe PQ J2S 6S8 Quebec
Centre De Plongee Norsud
1095 Castelneau
Ph: + 1 514 778 3408
Fax: + 1 514 778 0249
St. Therese J7E 4J2 Quebec
Aqua Plein Air Inc.
40 St. Louis Cp 249
Ph: + 1 514 6216447
Fax: + 1 514 6216447

Saskatchewan

Regina S4P 1Y6 Saskatchewan
The Dive Shoppe Wescan Inc.
2105 Broad Street
Ph: + 1 3470025
Fax: + 1 3470025

Kolumbien

Bogota
Caribe Nautico Capurgana
Carrera 10 Nr 96-25
Ph: + 57 1 6101482
Fax: + 57 1 6101484
Cartagena
Caribe Dive Shop
Hotel Caribe, Local 9
Ph: + 57 536653517
Fax: + 57 536653707
Cartagena
Eco Buzos Buceo Ecologico
Caribe Resort Hotel
Ph: + 57 956655449
Fax: + 57 95655960
Medellin Antioquia
Burbujas Centro De Buceo
Calle 50 NO 71-106
Ph: + 57 42303790
Fax: + 57 42309955

Kroatien

Cavle 51219
Diver Sport Centro
Rakovo Selo 176
Ph: + 385 51 259192
Fax: + 385 51 250222
Hvar Croatia 58450
Marinesa Hvar
Krizma Luka 10B
Ph: + 385 21741792
Fax: + 385 21741792
Kostrena 51221
Diving Center Kostrena
Rozici 7
Ph: + 385 51 442675
Fax: + 385 51 442675
Mali Losinj
Tauchbasis Sumartin
Sveti Martin 41
Ph: + 385 51 232 835
Fax: + 385 51 232 835
Vrsar Croatia HR5240
Starfish Diving Center
AC Porto Sole
Ph: + 385 52442119
Fax: + 385 52442119

Madagaskar

Madagaskar Dive Club
Madirokely Nosy-Be 207
Ph: + 261 11 2621845
Fax: + 261 11 2621845

Malta

Diveshack
14A, Quisisana Place, Sliema Slm 11
Ph: + 356 320594
Fax: + 356 345670
Mellieha Bay SPB10
Meldives Malta
Marfa Road
Ph: + 356 522595
Fax: + 356 522595
Qawra Coast St. Paul`s Bay
Suncrest Diving Center
Ph: + 356 577101
Fax: + 356 575478
Qawra Suncrest Hotel
Deut. Tauchreisever. LTD/MAlta
Arzella Flat 5 Qawra Rd
Ph: + 356 577101
Fax: + 356 575478
Sliema SLM 11
Dive Shack
14a, qui-si-sana Place
Ph: + 356 320594
Fax: + 356 343958
St Paul's Bay
International Diver College
Patri Folic Sammut St.
Ph: + 356 571873
Fax: + 356 580064

Mexiko

Baja California Sur
Cabo Acuadeportes S.A. De C.V.
Cabo San Lucas
Ph: + 52 68430117
Fax: + 52 68430117
Cancun Qu Roo 77500 Cancun und Isla Mujeres
Quicksilver Diving Services
Embarcadero P. Kukulkan
Ph: + 52 98834632
Fax: + 52 98831229
Cancun, Quintana Roo 77500 Cozumel
Manta Divers Cancun
Playa Tortugas, Blvd Kukulkan
Km 6.5
Ph: + 52 98834050
Fax: + 52 98876206
Cozumel Quintana Roo 77600 Cozumel
Studio Blue Cozumel
A Rosada Salas#121
Ph: + 52 98724414
Fax: + 52 98724330
Cozumel Qu R 77600
Michelle's Dive Shop
A.R. Salis #201 Y Calle 5.0.
Ph: + 52 98720947
Fax: + 52 98720379
Cozumel, Quintan Roo 77600
Scuba Du S.A. De C.V.
Hotel Presidente Intercontinental,
Calle 5 Sur #25B
Ph: + 52 98720322
Fax: + 52 98724130
Guerrero 40880
Carlo Scuba
Playa Las Gatas, Ixtapa-Zihuatanejo
Ph: + 52 755 43570
Fax: + 52 755 42764

Jalisco
Club Med Playa Bianca
Cihuatlan, Costa De Careyes
Ph: + 52 33370734
Fax: + 52 33370733
Mexico City, Destrito Federal 2670
Aqualorey
Avenida Ceylan #340, Coloia
Cosmopolita
Ph: + 52 55565602
Fax: + 52 55565602
Quintana 77600
TTC SA De CV
Carretera San Juan, Km 4.5,
Cozumel
Ph: + 52 987 24476
Fax: + 52 987 24476
Quintana Roo Cozumel
Costa Del Mar Dive Center
Primera Bis 10 y 12 Norte, Playa Del
Carmen
Ph: + 52 98730050
Fax: + 52 98720231
Quintana Roo 77500 Cozumel
Marina Aqua Ray
KM 10.5 Kukulkan Blvd., Zona
Hoteleria
Ph: + 52 98833656
Fax: + 52 98831067
Quintana Roo 77500 Cozumel
Aqua Tours S.A.
Paseo Kukulcan Km 6 1/4
Ph: + 52 988304 00
Fax: + 52 988304 03
Quintana Roo 77600 Cozumel
Blue Angel Scuba School
Aportado Postal 280, Cozumel
Ph: + 52 98721631
Fax: + 52 98720913
Quintana Roo 77600 Cozumel
Dive House
Calle 1 Sur #58, Cozumel
Ph: + 52 98721953
Fax: + 52 98723068
Quintana Roo 77500 Cozumel
Marina Aqua Ray
Blvd Kukulcan Km 10.5
Ph: + 52 98831007
Fax: + 52 98870503
Quintana Roo 77600 Cozumel
Blue Bubble Divers Cozumel
5A Avenida Sur, Corner Street #3,
Cozumel
Ph: + 52 98721865
Fax: + 52 98721865
Quintana Roo 77750 Cozumel
Cedam Dive Center -Robinson Club
Tulum
Cerretera Cuefumal,
Puerto Aventuras
Ph: + 52 98735147
Fax: + 52 98735129

Quintana Roo 77600 Cozumel
Cozumel Connection
Plaza Villamar Juarez #2, Cozumel
Ph: + 52 98724699
Fax: + 52 98723058
Quintana Roo 77600 Cozumel
Chino's Dive Shop
A. Rosado Salas #16-5 Avenida Y.
Cozumel
Ph: + 52 98724487
Fax: + 52 98724487
Quintana Roo 77000 Cozumel
Phocea Caribe
Fracc. Tohoku Lote 24 #16 Playa del
Carmen
Ph: + 52 98731024
Fax: + 52 98731024
Quintana Roo 77600 Cozumel
Sand Dollar Sports
Apartado Postal, Cozumel
Ph: + 52 98721464
Fax: + 52 98721884
Quintana Roo 77600 Cozumel
Club Med Cancun
Cancun Estado, Cancun
Ph: + 52 98 842409
Fax: + 52 98 723058
Quintana Roo 77600 Cozumel
Mako Tours
Cozumel
Ph: + 52 987 23200
Fax: + 52 987 22800
Ursula Coapa D.F.S.04910
H2 Deep
Viad Tlalpan 3276-B, Sta.
Ph: + 52 549 6293
Fax: + 52 549 6293

Niederlande

Al Zwaag (Hoorn) 1689 AL
Aqua Diving Hoorn
De Factorij 16a
Ph: + 31 229 218764
Fax: + 31 229 247445
Alkmaar 1822BW
Delta Diving
Otterkoog 53-55
Ph: + 31 72 5610364
Fax: + 31 72 5646143
Amsterdam 1011 TC
Shadow Diving
Prins Hendrikskkade 176-40
Ph: + 31 20 6235066
Fax: + 31 20 6244055
Arnhem 6826 PH
Dutch Dream Adventures
De Houtmanstraat 127
Ph: + 31 26 3234995
Fax: + 31 26 3234995

Delft 2600 AS
Onderwatersport Vereiniging
Delfland
Postbus 722
Ph: + 31 15 2121697
Fax: + 31 15 2121109
Den Helder 1784HL
Stingray Diving VOF
Volkerakstraat 254
Ph: + 31 223 621335
Fax: + 31 223 622129
Deventer 7416ZJ
Dive In BV
Rielerweg 84
Ph: + 31 570 677973
Fax: + 31 570 677973
Doetinchem 7001DL
DC Free Diving
De Veentjes 20
Ph: + 31 314 361641
Fax: + 31 314 361641
Dronten 8253 PC
Duikbasis Dronten
De Amstel 14-16
Ph: + 31 321 315859
Fax: + 31 321 315859
Eindhoven 5614NH
Save Diving
Leenderweg 145
Ph: + 31 40 2121812
Fax: + 31 40 2114766
Espel 8311 RG
Duikschool Neptunus
Westerringweg 4
Ph: + 31 527 271777
Fax: + 31 527 271775
Ewijk 6644KX
Pro Dive
Groene Heuvels 5
Ph: + 31 487 539609
Fax: + 31 487 53960545
Groningen 9718CV
De Tuimelaar
A-Weg 18
Ph: + 31 50 3133299
Fax: + 31 50 3113451
Groningen 9711TD
Seaworld Duiksport
Nieuweweg 8
Ph: + 31 50 3140150
Fax: + 31 50 3140150
Heemkerks 1963 KJ
Sub Zero Heemkerks
Maerelaan 284
Ph: + 31 251 243830
Fax: + 31 251 243830
Helmond 5701KK
Div'Ocean
Molenstraat 140
Ph: + 31 492 538545
Fax: + 31 492 536521

Hilversum 1223BJ
Divestore Europe
Jean van der Heijdenstraat 123
Ph: + 31 35 6832080
Fax: + 31 35 6833953
Kesteren 4041 RH
Duikschool Scubadoo
Keetjesbongerd 78
Ph: + 31 488 482085
Fax: + 31 488 482085
Landmeer 1121AL
Het Blauwe Rif
Noordeinde 128K
Ph: + 31 20 4822236
Fax: + 31 20 4822236
Loo-Dulven 6924BG
Dynamic Diving
Angeroijen 18
Ph: + 31 312 264639
Fax: + 31 316 267207
Maarssen 3600BB
Scuba Sports Shop & School
Postbus 1088
Ph: + 31 33 4653635
Fax: + 31 33 4616347
Rozenburg 3181 ES
Ron Goes Diving
Waalstraat 53
Ph: + 31 81 213738
Fax: + 31 81 213738
Scharendyke 4322AK
De Kabbelaar
Haven Kloosternol 3
Ph: + 31 111 671913
Fax: + 31 111 672394
Schrarendijk 4322 NB
Duikcentrum De Grevellingen
Eikerzeeweg 34
Ph: + 31 111 671500
Fax: + 31 111 671225
Stein 6171EE
Aegir Stingray
Haventstraat 34 A
Ph: + 31 46 4333894
Fax: + 31 46 4336390
The Hague 2571 CK
Easy Diving
Loosduinsekade 444
Ph: + 31 70 3239514
Fax: + 31 70 3237980
Tholen 4891EK
Duikschool Orka VOF
Eendrachtsweg 8
Ph: + 31 166 604593
Fax: + 31 166 604932
Tilburg 5046DM
De Aalscholvers
Houtstraat 118
Ph: + 31 13 5427308
Fax: + 31 13 5369638
Valkenswaard 5554 NE
D.O.C. De Wedert

P/A Kromstraat 1
Ph: + 31 40 2075113
Fax: + 31 40 2075116
Veenendaal 3900BB
Divestore Europe
P.O. Box 1051
Ph: + 31 318 548077
Fax: + 31 318 519607
Velp 6881SP
Sea Diving
Emmastraat 45
Ph: + 31 26 3643385
Fax: + 31 26 3616232
Viaardingen 3134 GC
Free Diving
Callenburgstraat 69
Ph: + 31 10 2340111
Fax: + 31 10 2340111
Westerhoven 5563VB
Dive College Int.
Kempervennendreef 8
Ph: + 31 40 2017465
Fax: + 31 40 2044792
Wijchen 6602 XT
Scuba LifeDive Educations
Blauwhof 74-05
Ph: + 31 24 6412203
Fax: + 31 24 6412203
Zanndam 1507DB
Aquaworld BV
Penningweg 27
Ph: + 31 75 6311719
Fax: + 31 75 6311518
Zwanenburg 1161
Scuba Schools International
Oranisation
Zwanenburgerdijk 335
Ph: + 31 29077846
Fax: + 31 29077076
Zwartluis 8064 XG
Duikschool Zomerdijk
Zomerdijk 84-90
Ph: + 31 38 3866595
Fax: + 31 38 3866595
Zwolle 8021VB
Flipper Duiksport
Vermeerstraat 61
Ph: + 31 38 4550135
Fax: + 31 38 4543696

Niederländische Antillen

Leeward Islands Divers
Plaza Del Lago, Airport Road
Ph: + 5999 542262
Fax: + 5999 542262

Bonaire

Bonaire
Peter Hughes Dive Bonaire
C/O Flamingo Beach Resort
Ph: + 5999 7 8285
Fax: + 5999 7 8238
Kralendijk Bonaire
Sand Dollar Dive & Photo
Kaya Gob de Brot P.O. Box 361
Ph: + 5999 75252
Fax: + 5999 78760
Kralendijk Bonaire
Captain Don's Habitat
Kaya Gob North De Brot 103
Ph: + 5999 78290
Fax: + 5999 77346

Curaçao

Curaçao
Diving School Wederfoort
Bocaweg 93 P.O. Box 3102
Ph: + 599 9 9884414
Fax: + 5999 692062
Curaçao
Sun Rise Diving
Souax 504
Ph: + 599 9 8697935
Fax: + 5999 5610900
Bapor Kibra Curaçao
Animal Encounters
Curacao Sea Aqurium P.O. Box 3102
Ph: + 599 9 9656940
Fax: + 5999 613671
Peter Euwensweg Curaçao
Eden Roc Dive Center
Holiday Beach Hotel
Ph: + 599 9 9605690
Fax: + 5999 9628878
Piscadera Bay Curaçao
Caribbean Sea Sports
P.O. Box 6269
Ph: + 599 9 4626943
Fax: + 5999 4626933
Rif St Marie Curaçao
Habitat Curacao
Coral Estates
Fax: + 5999 77346
Santa Martha Bay Curaçao
Coral Cliff Diving
Ocean View 3
Ph: + 599 9 9642822
Fax: + 5999 9642237
West Point Beach Curaçao
All West Diving en Adventures
West Point Beach
Ph: + 599 9 8640102
Fax: + 5999 8640107
Willemstad Curaçao
Aqua Diving Curacao
Naast Landhuis Grote Berg
Ph: + 599 9 9649700
Fax: + 5999 9649288
Willemstad Curaçao
Blue Sea Safaris
St Michelsweg 33
Ph: + 599 9 9695285
Fax: + 5999 9376153
Willemstad Curaçao
Diving Princess Divers
Princess Beach Resort & Casino
Martin Luther King Blvd
Ph: + 599 9 9658991
Fax: + 5999 9655756
Willemstad Curaçao
Underwater Curacao
C/O Lions Dive Hotel P.O. Box 4095
Ph: + 599 9 94618131
Fax: + 5999 94618581

St. Eustatius

Lowertown St. Eustatius
Dive Statia
Ph: + 599 3 82435
Fax: 599382439
St Eustasius St. Eustatius
Dive Statia
Lowertown
Ph: + 599 9 3 82435
Fax: + 599 9 3 82539

Norwegen

Alesund 6022
Aquarius Dykkesenter
Volsdalsberga, Hatlane
Ph: + 47 70132828
Fax: + 47 70132080
Ballstad 8373
Lofotveggen Dykkesenter
Kremmervika
Ph: + 47 76060927
Fax: + 47 76088634
Berg, Halden 1789
Baat Holm As Dykkersenter
Luandestadveien 2
Ph: + 47 69183443
Fax: + 47 69180522
Bergen 5028
Bergen Froskemannskole
Lyder Sagensgaten 12
Ph: + 47 55326207
Fax: + 47 55326207
Bergen 5011
Dixie Dive
Georgernes Verft 3
Ph: + 47 55900553
Fax: + 47 55902112
Floro 6901
Floro Dykkersenter
Havnegaten 16
Ph: + 47 57742555
Fax: + 47 57742555
Gjeving 4912
Lyngor Dykkersenter
Ph: + 47 37166810
Fax: + 47 37025256
Gressvik 1620
Dive Tech
Gressvikveien 30
Ph: + 47 69329044
Fax: + 47 69337651
Hvasser 3148
Hvasser Kystdykk
Fynveien 13, Sandsund
Ph: + 47 33393033
Fax: + 47 33393321
Krakeroy 1671
Sjosport Dykkerskole
Hjalmar Bjorges Vei 111
Ph: + 47 69315510
Fax: + 47 69337902
Kristiansand 4602
Anker Dykkerskole A/S
Randesundgaten 2, Valhalla
Ph: + 47 38097909
Fax: + 47 38097901
Kristiasand 4611
Sorr Dykk Kristiasand
Sorlandets Dykkesenter A/S,
Skippergata 47
Ph: + 47 38026511
Fax: + 47 38026393
Lillesand 4790
Sorr Dykk Lillesand
Nygardsgate 22
Ph: + 47 37272130
Fax: + 47 37271542
Maloy 6700
Nordfjord Dykkerservice
Ph: + 47 57852088
Fax: + 47 57861788
Narvik 8500
Narvik Dykkesenter
Dronningensgate 33
Ph: + 47 94642526
Fax: + 47 76946448
Oslo 0173
Dykkersport A/S
Waldemar Thranegst 51
Ph: + 47 2382100
Fax: + 47 2385491
Porgrunn 3914
Saastad As Maritim
Storgata 132
Ph: + 47 35553984
Fax: + 47 35554570
Tremso 9003
Troms Dykkerskole
Hansjordnesgate 7
Ph: + 47 77685390
Fax: + 47 77685392
Trondheim 7001
Trondheim Dykkesenter As
Innherredsveien 24
Ph: + 47 73531310
Fax: + 47 73531311
Vevang 6494
Stromsholmen Sjosportsenter As

Olav Magne Stromsholmen
Ph: + 47 71298318
Fax: + 47 71298318

Österreich

Kärnten

Klagenfurt 9010 Kärnten
Tauchsportverband Österreich
(Organistion CMAS)
Wienergasse 10
Ph: + 43 463513591
Fax: + 43 46373550

Klagenfurt 9020 Kärnten
Oceanic Diving
Osterwitzgasse 14
Ph: + 43 463 511034
Fax: + 43 463 598859+ 43 463 511034

Niederösterreich

Ebenfurth 2490 Niederösterreich
Action-Sport Tauchsport Lorenc
Wiener Neustädterstr. 37
Ph: + 43 2624 52700
Fax: + 43 2624 52755

Krems 3500 Niederösterreich
Tauchsport Center Krems
Magaretenstr. 12
Ph: + 43 2732 78020
Fax: + 43 2732 78020

Stockerau 2000 Niederösterreich
Pro Diving Austria
Pestalozzigasse 1A
Ph: + 43 2266 68939
Fax: + 43 2266 68939

Wien 1070 Niederösterreich
Action Diving
Richtergasse 7# Stiege 2
Ph: + 43 1 5230882
Fax: + 43 1 2592033

Wien 1160 Niederösterreich
Atlantis Tauchshop Schule
Galbenzgasse 40
Ph: + 43 1 4952347
Fax: + 43 1 4952347

Wien 1220 Niederösterreich
Sea Turtle
Standlauerstr. 22
Ph: + 43 1 2856373
Fax: + 43 1 2856383

Wien 1100 Niederösterreich
Underwater College
Landgutgasse 39
Ph: + 43 1 6036197
Fax: + 43 1 6036197

Wien 1100 Niederösterreich
Tauchsport Lorenc
Treister Str. 55
Ph: + 43 1 6039723
Fax: + 43 1 6039724

Wien 1160 Niederösterreich
Action-Sport Tauchsport Lorenc
Lerchenfeldergürtel 13
Ph: + 43 1 4926670
Fax: + 43 1 4926671

Wr. Neustadt 2700 Niederösterreich
Tauchsport Steininger
Siglgasse 48
Ph: + 43 2622 28702
Fax: + 43 2622 28702

Oberösterreich

Linz 4020 Oberösterreich
Delphin Tauchshop
Wienerstrasse 227
Ph: + 43 732 336628
Fax: + 43 732 336628

Linz 4020 Oberösterreich
Tauchsport Kroh
Wienerstrasse 5
Ph: + 43 732 665689
Fax: + 43 732 650674

Salzburg

Salzburg 5020 Salzburg
1. Sbg. Tauch Center
Innsbucker Bundesstrasse 53
Ph: + 43 662 8276454
Fax: + 43 662 827645

Steiermark

Kapfenberg 8605 Steiermark
Willi's Tauchschule
Quergasse 5
Ph: + 43 386226072
Fax: + 43 3862260729

Mariazell 8630 Steiermark
Toni's Tauchschule
Erlaufseestr. 73
Ph: + 43 38824164
Fax: + 43 38824164

Tirol

Dornbirn 6850 Tirol
Aquarius Rex Tauchsport
Pfarrer Moosbruggerstr. 2
Ph: + 43 5572 34269
Fax: + 43 5572 36011

Papua New Guinea

Madang
Niugini Diving Adventures
Madang Resort Hotel,
Coastwatchers Avenue
Ph: + 675 822766
Fax: + 675 823325

Peru

Lima
Pacific Diver Peru
Simon Salguero 496
Surco
Ph: 5114488874
Fax: 5114488874

Philippinen

Aklan 5608
Aqua Life Divers Academy
Angol Boracay Island, Malay
Ph: + 63 2 2639
Fax: + 63 2 92257

Aklan
Beach Life Diving Center
Boracay Island, Malay
Ph: + 63 36 2883401
Fax: + 63 36 2883401

Bohol
Bohol Beach Club
Bolod, Panglao Island
Ph: + 63 38 4115222
Fax: + 63 38 4115225

Boracay Island
Ocean Deep Boracay
Queens Resort, Manoc, Manoc
Ph: + 63 36 2882118
Fax: + 63 72 414440

Cebu
Aquaventure Cebu Inc
Mercedes Commercial Complex,
Mandaue City
Ph: + 63 32 84565
Fax: + 63 32 84565

Cebu
Badian Diving Center
Badian Isl Bch Hotel, Hotel Cebu
Capitol, Commercial Complex A, N
Escario St
Ph: + 63 32 2546309
Fax: + 63 32 2547429

Cebu 6000
Liquid Assets
Cebu Grand Hotel Complex, Escario
Ph: + 63 32 310816
Fax: + 63 32 314980

Cebu 6015
P S Q Diver
C/O Cebu Beach Club, Buyong
Maribago, Lapu-Lapu City
Ph: + 63 912 5013429
Fax: + 63 32 3408034

Cebu 6015
Scotty's Dive Center
Shangri-La's Mactan Island Resort,
Lapu Lapu City
Ph: + 63 32 2310288
Fax: + 63 32 2315075

Cebu 6015
Timbuli Beach Club
Buyong Beach, Mactan Island, Lapu Lapu
Ph: + 63 32 2537901
Fax: + 63 32 2531545

Davao
Aquaventure In Pearl Farm
Kaputian, Samal
Ph: + 63 2 8167233
Fax: + 63 2 8131967

Metro Manila C-2000
Dive & Trek
15 Clipper Avenue, Bayview
Village, Tambo Paranaque
Ph: + 63 2 8338021
Fax: + 63 2 8338020

Metro Manila 1204
Oceana Divers Inc
238-G, P. Ocampo Sr Avenue, Makati
Ph: + 63 2 8961777
Fax: + 63 2 8992820

Metro Manila 1103
Sport Quest Scuba Center
124 Dr Lazcano Street, Quenzon City
Ph: + 63 2 9273015
Fax: + 63 2 4115937

North Palawan
Aquaventure In Pamalican
Pamalican
Ph: + 63 2 816 7233
Fax: + 63 2 813 1967

Oriental Mindoro
Big Apple Beach Resort
Sabang Beach, Puerta Galera
Ph: + 63 912 3081120
Fax: + 63 912 3081120

Polen

Augustów ul. 29 1300
Scuba Diving Club in Poland „AMA"
Listopada 14/21
Ph: +48 22 826 38 74
Fax: +48 22 826 38 74

Wroclow 53-227
Ocean Sub
Ul. Inzynierska 17
Ph: + 48 71 632308
Fax: + 48 71 632308

Portugal

Algarve

Albufeira 8201 Algarve
Estrela Do Rio
Montechoro Beach Club, Areias S. Joao
Ph: + 351 89 588486
Fax: + 351 89 589332

Azoren

Santa Maria/ Sal Azoren
STINGRAY Dive Centre
Hotel Belorizonte
Ph: + 351 238411090
Fax: + 351 238411479

Sao Miguel Azoren
Atlantic aqua sports
Agua de Pau, P-9560 Lagoa
Ph: + 351-96-913739
Fax: + 351-96-913639

Lisabon

Lisboa 1400 Lisboa
CPAS Centro Portugues
Rua Alto do Duque 45
Ph: + 351 1 3016961
Fax: + 351 1 3020356

Madeira

Canico de Baixo 00351 Island Madeira
Tauchbasis Rainer Waschkewitz
Villa Ventura
Ph: + 351 91 934020
Fax: + 351 91 934680

Puerto Rico

Caguas 00725 Puerto Rico
Scuba Connection Dive Shop
Avenida Gautier Benitez # 110
Ph: + 1 787 448578
Fax: + 1 787 446080

Fajardo 00738
Palomino Island Divers
1000 El Conquistador Avenida
Ph: + 1 787 8631000
Fax: + 1 787 8896645

Isla Verde 00979 Puerto Rico
Ocean Sports
Avenida Isla Verde #77
Ph: + 1 787 2682329
Fax: + 1 787 7273869

Old San Juan 00902-1872
Sea Ventures "TOO"
Caribe Hilton & Casino
Ph: + 1 787 212190
Fax: + 1 787 212190

Puerto Real PR 0740 Puerto Rico
Coral Reef Divers
P.O. Box 4194
Ph: + 1 787 8602580
Fax: + 1 787 8607333

Santurce PR 0913 Puerto Rico
Castillo Watersports
Punta las Marias
Doncella 27
Ph: + 1 787 7916195
Fax: + 1 787 915888

Vega Baja PR 0693 Puerto Rico
Fantasy Divers
Marginal Brasilia C - 30
Ph: + 1 787 8586371
Fax: + 1 787 8586371

Russland

Irkutsk 664007
Aqua Eco Diving
1,2 Kari Libknehstr.
Ph: + 7 395 2 334290
Fax: + 7 395 2 432322

N604 Moscow 121111
Diving Club Akvanavt
Olimpiysky Prospeckt 18, Bassien Directors Office
Ph: + 7 95 2885645
Fax: + 7 95 2885645

St. Petersburg 198103
Neva Divers
11-Krasnoarrneys, Kaya 7-30
Ph: + 7 812 3253042
Fax: + 7 812 3253278

Singapur

Peninsula #04-11
Scuba Corner
111 North Bridge Rd
Ph: + 65 338 6563
Fax: + 65 338 6931

Singapore 1130
Anglo Chinese School Shaw Pool
42 Barker Road
Ph: + 65 2506617
Fax: + 65 4799583

Singapore 1542
Fishermen Scuba Studio
112 East Coast Rd #04-21, Katong People's Complex
Ph: + 65 4409921
Fax: + 65 4406792

Singapore 0617
Sharkey's Dive
111 North Bridge Rd. #04-10
Ph: + 65 3374836
Fax: + 65 3374904

Singapore 1542
Undersea Adventure
348A Joo Chiat Road
Ph: + 65 3481606
Fax: + 65 3482330

Singapore 0923
Atlantis Sports
No. 03-10 Orchard Towers 400 Orchard Road
Ph: + 65 2357538
Fax: + 65 2357539

Singapore 1024
Asian Divers Pty. Ltd.
19 Tanglin Road #05 - 15 Tanglin
Ph: + 65 7332551
Fax: + 65 7332291

Singapore
Dive Atlantis
298 Beach Rd, #01-39 The Concourse Shopping Mall
Ph: + 65 292 8980
Fax: + 65 292 8945

Singapore 128230
Diventure Scuba
Block 12, Pandan Loop, #01-17
Ph: + 65 778 0663
Fax: + 65 778 0662

Singapore 49396
Oceana Explorers Pte Ltd
40 Circular Rd (Boat Quay)
Ph: + 65 536 7760
Fax: + 65 536 7761

Salomonen

Honiara
The 'G' Club
P.O. Box 186
Ph: + 677 20520
Fax: + 677 23110

Honiara
Tambea Resort
P.O. Box 4
Ph: + 677 29639
Fax: + 677 20376

Honiara
Dive Solomonn
P.O. Box 186
Ph: + 677 20520
Fax: + 677 24075

Schweden

Almhult 343 30
Delfinen Dyk & Fritid
Hantverksgatan
Ph: + 46 476 14090
Fax: + 46 476 14090

Angelholm 262 61
Dyk & Fritid Angelholms Dykarskola
Via Marina 3, Hamnen Skalderviken
Ph: + 46 431 20370
Fax: + 46 431 21651

Bastad 269 31
Classic Marina
Strandpromenaden 1
Ph: + 46 431 69151
Fax: + 46 431 69151

Boras 502 43
Dykkedjan-Boras Dykcenter
Bramhultsvagen 14
Ph: + 46 33 444546
Fax: + 46 33 444546

Borlange 78436
Borlange Dyk
Gylletorget
Ph: + 46 24386979
Fax: + 46 24383614

Bromma 161 36
Osterakers Dykaskola
Alviksvagen 41
Ph: + 46 8 259930
Fax: + 46 8 259931

Dalaro 130 54
Dalaro Dykcenter See Sea Diving
Odinsvagen 19
Ph: + 46 8 50150730
Fax: + 46 10 711235

Danderyd 182 31
Dykutbildarna
Golfvagen 2
Ph: + 46 8 7533160
Fax: + 46 8 7533160

Eskilstuna 633 56
Eskilstuna Dykcenter
Eskilsgatan 5
Ph: + 46 16 126840
Fax: + 46 16 126840

Goteberg 411 14
Pro Dive Dykcenter
Norra Hamngatan 8
Ph: + 46 31 7110800
Fax: + 46 31 7111880

Goteborg 41254
Atlantis Dykspecialisten
Scodra Vagen 49
Ph: + 46 31180811
Fax: + 46 31 180778

Goteborg 416 68
Aqualand Diving
Anasvagen 33
Ph: + 46 31 194342
Fax: + 46 31 256095

Goteborg 411 19
Dykkedjan-Aqua Divers
Kungsgatan 4
Ph: + 46 31 131902
Fax: + 46 31 131903

Grebbestad 457 02
Dykkedjan-West Point Divers
Tanumstrands Marina
Ph: + 46 525 19496
Fax: + 46 525 61450

Halmstadt 302 47
Kullwn Dyk
Enslovsvagen 1
Ph: + 46 35157989
Fax: + 46 35101610

Helsingborg 252 20
Diveschool
Fagelsangsgatan 1
Ph: + 46 42 245350
Fax: + 46 42 245350

Hoganas 236 39
Uk diving Collection
Kullagatan 106
Ph: + 46 42 349244
Fax: + 46 42 347244

Hoor 243 30
Down Under Diving
Jamvagasgatan 8
Ph: + 46 451 65083
Fax: + 46 413 20008

Jarfalla 175 35
Dykkedjan-Team Divers
Sturevagan 11
Ph: + 46 8 58031119
Fax: + 46 8 58018282

Jonkoping 553 17
Dyk-Upp
Oxtorgsgatan 20
Ph: + 46 36 308131
Fax: + 46 36 718425

Kalmar 39230
Aquarius Dykcenter
Rappegatan 1
Ph: + 46 48027922
Fax: + 46 48088293

Kristianstad 291 53
Dykskolan Dykskolan
Vastra Storgatan 53
Ph: + 46 44 100580
Fax: + 46 44 100580

Kungshamn 456 21
Scorpius Diving Center
Rosholmen
Ph: + 46 31 532023
Fax: + 46 523 31140

Lidkoping 531 50
Sjojungfruns Dyk
Lottkallsgatan 4
Ph: + 46 510 27862
Fax: + 46 510 21077

Linkoping 58102
Linkopings Dykarskola
Vasavagen 26
Ph: + 46 13139535
Fax: + 46 13133065

Ljungby 341 31
A Dyk
Ulvabacksgatan 13
Ph: + 46 372 12712
Fax: + 46 372 12712

Lysekil 453 30
Dive In Anders Nyqvist Hb
Verkstadsgatan 19
Ph: + 46 523 15233
Fax: + 46 523 15233

Malmo 216 12
Malmo Dykjanst
Strandgatan 30
Ph: + 46 40162216
Fax: + 46 40161527

Malmo 200 61
Aquatica
Idrottsgatan 22
Ph: + 46 40155504
Fax: + 46 40151959

Malmo 211 44
Blakulla Dykcenter
Foreningsgatan 10A
Ph: + 46 40 306666
Fax: + 46 40 306666

Marstrand 44030
Pro Dive
Sodra Strandgatan 15
Ph: + 46 303 61700
Fax: + 46 303 61744

Molle 260 42
Blackys Dyk Service
Mollenhassie Camping
Ph: + 46 42 347384
Fax: + 46 42 347729

Molle 260 42
Special sport School
Molle Hamn
Ph: + 46 42 347705
Fax: + 46 418 70602

Motala 591 32
Motala Dykprylar
Kanalbodarna, Hamnen
Ph: + 46 141 235610
Fax: + 46 141 235610

Norrkoping 603 26
Arko Dyk
Styrmansgatan 4
Ph: + 46 11188650
Fax: + 46 11120096

Norrkoping 602 27
Osterakers Dykaskola
Skepparegatan 7
Ph: + 46 11 102710
Fax: + 46 11 101727

Nynashamn 149 23
Noc Dyk & Marin
Fiskehamnen, Nynashamn
Ph: + 46 8 52013928
Fax: + 46 8 52013928

Onsala 439 94
Aquarius Gottskar
Gottskar Hamm
Ph: + 46 300 64385
Fax: + 46 340 656230

Orebro 70118
Orebro Dykteknik
Hertig Karls Alle 10
Ph: + 46 19131440
Fax: + 46 19131440

Runmaro 130 38
Runmaro Dykcenter
Styrsvik
Ph: + 46 8 57152870
Fax: + 46 8 57152870

Sodertalje 151 32
Sodertorns Dykservice AB
Watski Butken, Jarnvagshamnen
Ph: + 46 75585500
Fax: + 46 75531044

Solleftea 881 40
Solleftea Dykarskola
Bellevuevagen 2
Ph: + 46 620 13710
Fax: + 46 620 13710

Stickholm 118 67
Waterhouse Dyk Och Fritid Ab
Ringvagen 48
Ph: + 46 8 7204100
Fax: + 46 8 7204100

Stockholm 113 59
A lpin & Dyksport
Svenagen 61
Ph: + 46 8 319494
Fax: + 46 8 326233

Stockholm 100 61
Aqua Sport
Katarina Bangata 48
Ph: + 46 8 6411440
Fax: + 46 8 6426200

Stockholm 114 27
Delphinus Dykskola
Valhallavagen 71
Ph: + 46 8 6128850
Fax: + 46 8 6128850

Stockholm 112 21
Scandinavian Scuba Divers
Agnegatan 20
Ph: + 46 8 6504060
Fax: + 46 8 6501046

Stromstad 45201
Stromstads Dykcenter
Torskholmen
Ph: + 46 52613500
Fax: + 46 52613505

Sundsvall 852 31
Sundsvalls Dykarskola
Tradgardsgatan 11
Ph: + 46 60 126464
Fax: + 46 60 126434

Taby 187 66
Ekens Naval Ab
Tumstocksvagen 12
Ph: + 46 8 6309266
Fax: + 46 8 6309288

Traslovslage 432 75
Varbergs Dykcenter
Strandbackavagen 140
Ph: + 46 340 70350
Fax: + 46 340 70350

Uddevalla 45193
Bohus Dykcenter
Kopperod 40
Ph: + 46 522 660660
Fax: + 46 522 660660

Uddevalla 451 40
H20 Dykcenter
Sodra Hamngatan 16
Ph: + 46 523 16470
Fax: + 46 523 16471

Umea 907 41
Umea Dykarskola Ab
Kvartsvagen 26
Ph: + 46 90191221
Fax: + 46 90191221

Vaddo, Uppsala 760 40
Blysalen Dykcenter
Grisslehamnsvagen 16
Ph: + 46 176 52030
Fax: + 46 18 120309

Varnamo 331 40
Varnamo Dykjanst
Malmstensgatan 3
Ph: + 46 370 15326
Fax: + 46 370 14184

Vasta Frolunda 421 63
Aqua Sport
Akeredsvagen 1
Ph: + 46 31 7094410
Fax: + 46 31 7094412

Vasteras 721 30
Safari Camp
Singurdsgatan 33
Ph: + 46 21 186129
Fax: + 46 21 182716

Vasteras 720 10
Vasteras Dykarskola
Haga Parkgata 23A
Ph: + 46 21 183705
Fax: + 46 21 359501

Vastra Frolunda 593 33
Dykutbildarna I Vastervik
Radhusgatan 39
Ph: + 46 490 21323
Fax: + 46 490 21323

Vastra Frolunda 426 58
Flying divers
Halleflundregatan 16
Ph: + 46 31 291062
Fax: + 46 31 291062

Vaxjo 352 31
Vaxjo Dyksport
Liedbergsgatan 9
Ph: + 46 470 26820
Fax: + 46 470 26822

Visby 621 56
Visby Dykcenter
St Hans Gata 35
Ph: + 46 498 284842
Fax: + 46 498 284842

Schweiz

Affoltern a/A. 8910
Marubo
Fabrik am Zwillikerweiher
Ph: + 41 1 7601308
Fax: + 41 1 7601309

Biel 2502
About Diving
Elfenaustr. 3

Ph: + 41 32 3253666
Fax: + 41 32 3253669
Bienne 2503
Sub Sport
Rue Des Pres 83
Ph: + 41 32 3652472
Fax: + 41 32 3653517
Fehraltorf 8320
Intersub AG
Bahnhofstrasse 23
Ph: + 41 1 9550535
Fax: + 41 1 7550179
Horn 9326
Tauch Shop Uhland
Seestr. 19
Ph: + 41 71 8414184
Fax: + 41 71 8414784
Kilchberg 8802
Tauchlaedeli
Seestraße 70
Ph: + 41 1 7154433
Fax: + 41 1 7151618
Kloten 8302
Scuba Sub Dhigufinolhu
P.O. Box 726
Ph: + 41 443599
Fax: + 41 343886
Kreuzlingen 8280
V+E Sport
Romanshornerstr. 52
Ph: + 41 71 6886969
Fax: + 41 71 6886973
Küsnacht 8700
Züri Sub
Seestraße 57
Ph: + 41 1 9100008
Fax: + 41 1 8821052
Kuessnacht A.R. 6403
Pete's Tauchcenter & co
Chli Ebnet
Ph: + 41 41 8504622
Fax: + 41 41 8505729
Lugano 6900
Piano Sub
Via Pessina 9
Ph: + 41 91 9210907
Fax: + 41 91 9232989
Moerges 1110
Scuba Shop Morges
Ch. Prellionnaz 5
Ph: + 41 21 8010309
Fax: + 41 21 8010309
Mols 8885
Ts Walensee
Muehle
Ph: + 41 81 7382151
Fax: + 41 81 7382337
Monthey 1870
Valaysport
Rue Du Bugnon 1
Ph: + 41 24 4716463
Fax: + 41 24 4712130

Muttenz 4132
Ship Shop
Neue Bahnhofstr. 126
Ph: + 41 61 4615186
Fax: + 41 61 4615263
Oberuzwil 9242
Tauchshop M. Weber
Wiesentalstr. 22
Ph: + 41 71 9526840
Fax: + 41 71 9526841
Rheineck 9424
Mockli - Interdiving
Thalerstr. 1
Ph: + 41 718882844
Fax: + 41 718882850
Schlieren 8952
Stingray Dive Center
Hueblerweg 2
Ph: + 41 1 7310993
Fax: + 41 1 7310993
Thalwil 880
Cernia Academy
Feldstr. 37
Ph: + 41 1 7204488
Fax: + 41 1 7203742
Uster 8610
Tauchsport Uster
Brunnenstr. 37
Ph: + 41 1 9402677
Fax: + 41 1 9417670
Vesenaz 1222
Scuba La Pallanterie Sarl.
146 Rte De Thono
Ph: + 41 22 7525626
Fax: + 41 22 7525725
Vogelsang 5300
Marus Wassersport Center GmbH
Aarestr. 17
Ph: + 41 56 2235300
Fax: + 41 56 2235237
Waedenswil 8820
Baer Sport
Seestr. 94
Ph: + 41 1 7839595
Fax: + 41 1 7839594
Wil 9500
Sun Divers
St. Gallerstr. 84
Ph: + 41 71 9121770
Fax: + 41 71 9121770
Winterthur 8405
Tauchschule Orca
Tuesstalstr. 252
Ph: + 41 52 2331413
Fax: + 41 52 2331413

Spanien

Alicante
Universidad de Alicante
Carretera de S. Vicente S/N
Ph: + 34 65903469
Fax: + 34 65903469
Almunecar 18697
Club Nautique
Marina Del Este
Ph: + 34 58 827514
Fax: + 34 58 827514
Arrieta-Lanzarote 35540
North Diving
c/Garita 33
Ph: + 34 28 848285
Fax: + 34 28 848285
Barcelona 08028
Carulla
Avenida De Madrid 110
Ph: + 34 3 3398562
Fax: + 34 3 3398562
Barcelona 08005
Nautitraccion
Llull 200
Ph: + 34 3 3091945
Fax: + 34 3 3008973
Barcelona 08019
Pluja sports
Avenida Diagonal 8-10B
Ph: + 34 3 2664748
Fax: + 34 3 2660074
Cadaques 17488
Tauchen mit den Eichhörnern
Carpe Diem Club
Ph: + 34 08 998121
Fax: + 34 72 258914
Calpe-Alicante
Los Ulises In Memoriam, S.L.
Puerto Blanco S/N
Ph: + 34 65831337
Fax: + 34 65832632
Ciutadella de Manorca 07760
Crystal Seas Scuba
Lago de Cala'n Bosch
Ph: + 34 71 387038
Fax: + 34 71 387038
Corralejo, Fuerteventura 35660
Wobbegong SL
Las Dunas Park
Ph: + 34 28 867290
Fax: + 34 28 535474
Ed. Alfa II, Nave 41, Madrid
Tinsa
Avda Manoters 22
Ph: + 34 913830000
Fax: + 34 91383 8771
Empuriabrava/Gerona 17487
Tauchschule Ampuriabrava
Maurici-Center
Ph: + 34 972451053
Fax: + 34 972451053
Illetas Calvia 07015
Calumet Diving Centre
Hotel Bonanza Park
Ph: + 34 71 401112
Fax: + 34 71 404050

L'Estartit 17258
Medes Poseidon
Camping La Sirena
Ph: + 34 72 750954
Fax: + 34 72 752197
L'Estartit, Gerona 17258
El Rey Del Mar
Avenida De Grecia 5
Ph: + 34 72758092
Fax: + 34 72757119
L'Estartit, Girona 17258
Mestral CFI
C/ Eivissa 1
Ph: + 34 72 752071
Fax: + 34 72 761231
L'Estartit, Girona 17130
Motango Sub
Avenida Motango 297
Ph: + 34 72 771307
Fax: + 34 72 774949
Marbella 29600
Buceadores Del Sur
Puerto Deportivo De Marbella
Ph: + 34 5 2823592
Fax: + 34 5 2823592
Moraira, Teulada 03724
Sport V. Moll
Castillo 18 B
Ph: + 34 65744257
Fax: + 34 65744257
Port de la Selvia 17489
CIPS
C/ de Cadaques, Km 0.7
Ph: + 34 72 126438
Fax: + 34 72 126438
Puerto Del Carmen 35518
Atalantica Diving Centre
C/ Apart, Hotel Fariones
Ph: + 34 28 510717
Fax: + 34 28 510717
Puerto Del Carmen 35510
Safari Diving Lanzarote
Playa de la Barilla 4
Ph: + 34 28 511992
Fax: + 34 28 510496
Rosas/Costa Brava 17480
Poseidon Rosas
Ph: + 34 72255772
Fax: + 34 72254407
Roses 17480
Centre International de Buceo
Espana Postal 622
Ph: + 34 72 255 772
Fax: + 34 72 254407
Roses 17480
Centre Immersio Roses
c./Josep Pla 1
Ph: + 34 72 256150
Fax: + 34 72 150961
Sabadell 08206
Dofi Blau
Avenida Paraires 10

Ph: + 34 3 7238175
Fax: + 34 3 7177491
Tarragona 43004
Rivemar
C/0 Lleo 46
Ph: + 34 9 77243490
Fax: + 34 9 77243490
Tenirife
Los Gigantes Diving Centre
Avenida Maritima 6
Ph: + 34 22 860431
Fax: + 34 22 860431
Torredembarra-Tarragona
La Botiga Del Mar
Ctra. Valencia N-340 Km 1.177
Ph: + 34 77640113
Fax: + 34 77640852
Torreforta-Tarragona
Deportes Riky
C/ Montblanch 21 Bis
Ph: + 34 77540140
Fax: + 34 77540140
Tossa de Mar 17320
Diving Center Mar Menuda
Sa Coma
Ph: + 34 72 341000
Fax: + 34 72 340087
Vigo 36210
Vigomare
Avenida Fragoso #62 Bajo
Ph: + 34 86 238361
Fax: + 34 86 238361
Janida Fuerteventura
Club Aquamarin S.A.
Urb. Stella Canares 24
Ph: + 34 928 540128
Fax: + 34 928 540359

Balearen

San Miguel 7815 Ibiza Balearen
Tauchbasis San Miguel
Hotel Cartago APDO.17
Ph: + 34 971 334539
Fax: + 34 71334539
Cala D'Or 07660
Club Abyss
Apartado Postal 167
Ph: + 34 71 657262
Fax: + 34 71 657307
Cala D'Or 07660
Tauchring Cala D'Or
Avenida Bienvenido 10
Ph: + 34 71 657074
Fax: + 34 71 659444
Cala Serena Cala D'Or 07669
MDS-SL
Avda. de S'Horta s/n
Ph: + 34 71 643715
Fax: + 34 71 643681
Cala d'Or-/Mallorca 07660 Mallorca, Balearen
La Morena Diving Center
Hostal Bienvenidos
Ph: + 34 971 657074
Fax: + 34 71659444
Cala Figuera/Mallorca 07659
Mallorca, Balearen
Club Albatros Tauchsportzentrum
Muelle No. 7
Ph: + 34 9716 45300
Fax: + 34 71645300
Calvia, Mallorca 07184 Mallorca, Balearen
Unidad Costa Norte SA
Portadriana, Eltoro
Ph: + 34 71 232676
Fax: + 34 71 232701
El Arenal, Palma De Mallorca 07600
Mallorca, Balearen
Safe Dive Centre
Ph: + 34 71 267542
Fax: + 34 71 267542
Palma de Mallorca 07010 Mallorca, Balearen
Aqua 100% Sub
5A Travesia C.M. Capllouch 4
Ph: + 34 71 200326
Fax: + 34 71 200326
Palma de Mallorca, Balearen
Mallorca, Balearen
Isurus Subaquatic
L'Equip, Magallanes 8
Ph: + 34 971 730943
Fax: + 34 71730943

Südafrika

Bloemfontein 9301
Specialised Diving
5 Lombard Street, Orange Free State
Ph: + 27 51 4304054
Fax: + 27 51 4304068
Boksburg North, TVL
Leo Sports & Arms
24 Boksburg, Pic 'N' Pay Centre,
North Rand Rd.
Ph: + 27 118261024
Fax: + 27 118262622
Cape Province 6570
Waterfront Divers
Knysa
Ph: + 27 445 22938
Fax: + 27 445 22938
Delmas
Delmas Diving
5 Samuel Str.
Ph: + 27 15751746
Fax: + 27 15751742
Ferndale Randburg
Scuba City Diving Academy
Cente Bond & Vale
Ph: + 27 11 7895693
Fax: + 27 11 8869130
Gauteng
Africa Sea Faris
242 Republic Rd, Rand Park,
Randburg
Ph: + 27 11 6780570
Fax: + 27 11 6780570
Gauteng
Scuba Centre Centre Dive Academy
Castle Walk
Shop 17, Castle Walk, Erasmus
Klook, Pretoria
Ph: + 27 12 3470138
Fax: + 27 12 453279
Gauteng 8001
The Dive Shop
Shop 147, Lwr Floor, Santon
Ph: + 27 11 8846115
Fax: + 27 11 8846103
Henley on Klip
Bass Lake Scuba
Glen Douglas Mine
Ph: + 27 113154660
Fax: + 27 113154661
Johanesburg 2024
The Scuba Dive Academy
367A Jan Smuts Avenue, Craighall
Ph: + 27 11 3263213
Fax: + 27 11 7873765
Kroonstand 9500
Professional Diving Academy
Reitz Street 8
Ph: + 27 562 32821
Fax: + 27 562 32822
Kwazulu Natel
Sea Fever Dive Centre
1 Maclean Stet, Umkomaas
Ph: + 27 323 31328
Fax: + 27 323 36785
Natal 4170
Underwear Scuba
1 Roland Norris Drive, Umkomaas
Ph: + 27 32 331416
Fax: + 27 31 3732500
Norwood
Scuba Centre Norwood
Aqualand Complex, 9 Patterson Rd
Ph: + 27 11 4833977
Fax: + 27 11 4833977
Randburg
The Dive locker
Cresta Corner, Df Malan Dr &
Pendoring, Cresta
Ph: + 27 82 4448766
Fax: + 27 11 8842642
Walmer 6065
Ocean Divers International
P.O. Box 5624
Ph: + 27 41556536
Fax: + 27 41561907
Western Cape 7800
Flipper Services
Hout Bay Yacht Club, Hout Bay
Ph: + 27 21 7907500
Fax: + 27 21 7907501

Südkorea

Cheju 690-050
Dive Station
657 Gunip-Dong
Ph: + 82 064 559934
Fax: + 82 064 559938
Gumjaunggu Busan 609-324
Seamen's Club
#308 Shin Dong-A Apt. Sang Ga
386-1, Bugok 4 Dong
Ph: + 82 51 5104062
Fax: + 82 51 5810306
Inchon 400-037
Scuba Tech Alpha
27-38 Hang Dong 7KA, Chung Ku
Ph: + 82 32 8851088
Fax: + 82 32 8851087
Seoul
Neo Club Dive center
460-6 Seong Nea-Dang, Kang Dong-Gu
Ph: + 82 2 4827284
Fax: + 82 2 4828286

Taiwan

Kaohsiung 800
Formosa Dive Center
197 Chien Cuo 1st Road,
Ph: + 886 72226426
Fax: + 886 72239277
Kaohsiung 803
Jeff's Scuba Dive Center
3, Ta Yu Street, Yen Cheng Dist
Ph: + 886 7 5510166
Fax: + 886 7 5510166
Kaohsiung
Southern Taiwan Diver Training
718-3 Chien Kung Rd
Ph: + 886 7 3827888
Fax: + 886 7 3829426
Ping Tung 900
Oceanmax Scuba Center
38, Baseball Rd
Ph: + 886 8 7557268
Fax: + 886 8 7551799
Taipei 105
East Diving Corporation
38 Poaching St. Sung-Shan District
Ph: + 886 2 5997677
Fax: + 886 2 5993466
Taipei 105
Inner Space Enterprise Co.
55, Section 4 , Pa-Teh Road
Ph: + 886 27671124
Fax: + 886 27684138

Taipei 10560
Sea Guard Co, Ltd
30, Alley 5, Lane 12, Section 3, Pa-Teh Road
Ph: + 886 25798879
Fax: + 886 25798818
Taipei
Sea Castle Diving Center
168 Shih Ta Rd
Ph: + 886 2 3689492
Fax: + 886 2 365 8951
Taipei 100
Suntidal Oceaneering Co.
275 Section 3, Ting Chou Rd
Ph: + 886 2 3673037
Fax: + 886 2 3673812
Tao Yuan 324
Pro Diving Center
77, Yu-Ta Rd, Ping Chen
Ph: + 886 3 4937142
Fax: + 886 3 4913340
Taoyuan City 330
Pacific Diving Center
989, Chung Cheng Rd
Ph: + 886 3 355 6343
Fax: + 886 3 325 3799

Tansania

Indian Ocean Divers
Bahari Beach Hotel
Ph: + 255 54 811327018
Fax: + 255 54 811327018
Zanzibar
Indian Ocean Divers
P.O. Box 2370
Ph: + 255 54 81133860
Fax: + 255 54 81133860
Zanzibar
Orca Diving
P.O. Box 4095
Ph: + 255 54 811325304
Fax: + 255 54 811325305
Zanzibar
Ras Nungwi Beach Hotel
P.O. Box 1784
Ph: + 255 54 81133098
Fax: + 255 54 81132512

Thailand

Bangkok
Sids Planet Scuba
53 Wireless Road, Lumpini
Patumwan
Ph: + 66 2 2538043
Fax: + 66 2 2538043
Banglamung 20260 Pattaya City
Dave's Diver's Den Pattaya
190/11 Pattaya Central Rd Moo 9
Ph: + 66 38 420411
Fax: + 66 38 360095
Cholburi 20260 Cholburi
Scuba Tek Dive Center
Weekender Hotel Complex, Pattaya
Ph: + 66 38 361616
Fax: + 66 38 429461
Surat Thani, Ko Samui 84140
Swiss Dive School
41 Moo 3 Thaweeratpakdee Road
Ph: + 66 77422154
Fax: + 66 77421342
Surat Thani 84280-102 Surat Thani
Gecko Divers
Koh Tao
Ph: + 66 1 2295515
Fax: + 66 1 7250711
Surat Thani Surat Thani
Lv Dive Shop
3/1 Mu 2 Tumbon Koh Tao
Ph: + 66 7 012294515
Fax: + 66 7 012294515
Surat Thani 84280 Surat Thani
Master Scuba Divers Co.
2 Main Street, Koh Tao Island, Mae Haad
Ph: + 66 1 7250828
Fax: + 66 77 377196
Surat Thani 84280 Surat Thani
Master Scuba Divers Co.
Koh Tao , Mae Haad
Ph: + 66 1 2101808
Fax: + 66 1 2101808
Surat Thani 84280 Surat Thani
Scuba Junction
Sairee Beach, Koh Tao
Ph: + 66 77 377169
Fax: + 66 77 377169
Surat Thani 84140 Surat Thani
Sids Planet Scuba Koh Phangan
Haadrin Beach, Koh Pangan
Ph: + 66 77 421056
Fax: + 66 77 421465
Surat Thani 84140 Surat Thani
Sids Planet Scuba Koh Tao
Koh Tao Island, Mae Haad
Ph: + 66 77 421465
Fax: + 66 77 421465
Surat Thani - Koh Samui 84140
Surat Thani
Sids Lamai Beach
Koh Samui
Ph: + 66 77 421465
Fax: + 66 77 421465
Surat Thani - Koh Samui 84320
Surat Thani
The Dive Shop
167/25 Moo 2 Chaweng, Koh Samui
Ph: + 66 77 230232
Fax: + 66 77 230232
Surat Thani - Ko Samui 84140
Surat Thani
Siam Watersports
105/2 M.6, Ban Lamai
Koh Samui
Ph: + 66 77422478
Fax: + 66 77422479

Tunesien

Hammam Sousse 4088
El Kantaoui Diving Center
BP 121 Port El Kantaoui

Ph: + 216 3 2460374
Fax: + 216 3 2460374

Tschechien

Ziskov
Divingschool Pro. Aronax HQH System
Konevova 188, Praha 3
Ph: + 42 2 67314832
Fax: + 42 2 6848 781

Türkei

Anatalya
Irene Dive Center
Ataturk Bulvari Selahattin, Carsisi #5-26 Kemer
Ph: + 90 216 3497435
Fax: + 90 216 3499230
Antalya TR-07050
Club Alda Tauchausbildungscenter
Ph: + 90 32148151
Fax: + 90 32148159
Antalya
Dolphin Scuba Team
Yali Boyu Mah, Kalkan
Ph: + 90 242 8442242
Fax: + 90 242 8442242
Antalya 07400
Dolphin Dive
Pk 233
Ph: + 90 242 5123030
Fax: + 90 242 5127526
Bahcelievler / Istanbul
SNY Dive
Begonya Sok. No. 17/5
Ph: + 90 15078525
Fax: + 90 15348148
Bodrum
Askin Cambazoglü
Hotelediver
Ph: + 90 6146300
Fax: + 90 61467158
Bodrum
Yunus Diving Neyzen Tefik Cad
Menekse Cikmazi 2a
Ph: + 90 252 3165890
Fax: + 90 252 3166934
Camlibel Mersin
Marin Mer
Ataturk Cad #45/A
Ph: + 90 324 2374644
Fax: + 90 324 2374644
Dalaman (Mugla)
Mega Dive Tauchbasis
Club ValturDalaman - Sarigerme
Ph: + 90 61168001
Fax: + 90 61168020
Degirmendere/ Kocaeli
Villa Datca Dalis Merkezi
Yüsbasilar Mch. 7 Sok., Lifuk Ap. B-12
Ph: + 90 61453510
Fax: + 90 61453955
Fethiye Mugla
Divers Delight
Ataturk Cad #38
Ph: + 90 252 6121099
Fax: + 90 252 6121118
Fethiye-Mugla 48300
Club Lykia World
P.O. Box 102
Ph: + 90 2526170200
Fax: + 90 2526170360
Göynük-Kemer
Sultan Divers
Sultan Saray Hotel
Ph: + 90 31851480
Fax: + 90 31851499
Istanbul 80080
Dinamik Doga Sporlari
Karubiye Sk. 1, Beyoglu
Ph: + 90 212 2510401
Fax: + 90 212 2511677
Izmir 35260
Nautilus
1 Beyler 57 Konak
Ph: + 90 232 4841489
Fax: + 90 232 4252049
Kucukyali, Izmir
Dalgic Diving
Mustafa Kemal Sahil Bulvari #347A-B
Ph: + 90 51432155
Fax: + 90 51325147
Mugla
European Diving Centre
Pk 26-48301, Fithiye
Ph: + 90 252 6149771
Fax: + 90 252 6149772

Turks & Caicos

Providenciales
Club Med Turquoise
Ph: + 1649 9465500
Fax: + 1649 9465501
Providenciales
Caicos Adventures Diving
P.O. Box 47
Ph: + 1649 9413346
Fax: + 1649 9413346
Providenciales
Flamingo Divers
Turtle Cove
Ph: + 1649 2049282
Fax: + 1649 9464193

Ungarn

Budapest 1054
Hungarian Divers Federation
Zoltàn u. 16
Ph: + 36 11 29836
Fax: + 36 11 29836

USA

Alabama
Dothan AL 36301 Alabama
Divers Den
3287 South Oates
Ph: + 1 794 6555
Fax: + 1 794 6555
Florence AL 35630 Alabama
Southern Divers
325 South Court Street
Ph: + 1 766 3483
Fax: + 1 767 5181
Gulf Shores AL 36542 Alabama
Pleasure Island Dive Center
474 East Beach Blvd
Ph: + 1 948 6883
Fax: + 1 948 3463
Huntsville AL 35801 Alabama
Southeastern Dviers
908-A Bob Wallace Avenue
Ph: + 1 536 8404
Fax: + 1 534 0652
Mobile AL 36608 Alabama
Deep Sea Dive Center
7131 Airport Blvd
Ph: + 1 343 3483
Fax: + 1 342 9512
AE 09821 APO
Izmir Scuba Center
425 Air Base Squadron-Mw
Ph: + 1 2249275
Fax: + 1 4875862
AP 96368-5135 APO
Kadena Marina
18 Svs-Svrom, Unit 5135
Ph: + 1 745 6036
Fax: + 1 7453901

Arizona
Phoenix AZ 85023 Arizona
Scuba Spezialisties
1708 West Bell Rd
Ph: + 1 504 1112
Fax: + 1 504 1113
Phoenix, AZ 85009 Arizona
Phoenix Fire Dept.
2430 S. 22nd. Ave.
Ph: + 1 2626393
Fax: + 1 5349791
Tucson AZ 85718 Arizona
Desert Divers
4837 North First Avenue
Ph: + 1 888 7300
Fax: + 1 887 0026
Tucson AZ 85179-1944 Arizona
The Dive Shop
1702 East Prince Rd, #150
Ph: + 1 326 2424
Fax: + 1 887 0401
Yuma AZ 85364 Arizona
The Scuba Shack
1632 Fourth Avenue
Ph: + 1 783 1177
Fax: + 1 329 4521

Arkansas
Fort Smith, AR 72903 Arkansas
Red's Scuba
6601 Highway 271
Ph: + 1 5016461177
Fax: + 1 5016461177
Ft Smith AR 72913-2828 Arkansas
Scuba Services Company
37TH & Grand , Station A
Ph: + 1 785 3483
Fax: + 1 785 4525
Jonesboro AR 72401 Arkansas
J & T Dive Shop
424 Southwest Drive
Ph: + 1 935 3289
Fax: + 1 935 3289
Little Rock, AR 72205 Arkansas
Crawdaddy's Scuba School
9901 W. Markham
Ph: + 1 219 2253990
Fax: + 1 219 2259092
Moutain Home AR 72653-7139 Arkansas
Scuba Doo & Aquatics
6137 Highway 62 West
Ph: + 1 492 5300
Fax: + 1 492 5303
North Little Rock AR 72116 Arkansas
Ocean Concepts Dive & Travel Center
4501 Fairway
Ph: + 1 812 0006
Fax: + 1 812 2001

Colorado
Boulder CO 80301 Colorado
Scuba Joe
3156 28th Street
Ph: + 1 444 7234
Fax: + 1 440 8887
Boulder CO 80303-5926 Colorado
Weaver's Dive & Travel Center
637-V South Broadway Street
Ph: + 1 499 8500
Fax: + 1 499 8614
Castle Rock CO 80104 Colorado
Aquarius Dive & Travel
611 Wilcox, Unit B
Ph: + 1 660 0655
Fax: + 1 799 0025
Colorado Springs CO 80907 Colorado
Diers Reef
4465 North Park Drive, #100
Ph: + 1 531 7100
Fax: + 1 531 7075
Colorado Springs CO 80918 Colorado
Underwater Connection
4337 North Academy Blvd
Ph: + 1 599 3483
Fax: + 1 599 0359
Denver CO 80237 Colorado
Underwater Phantaseas Dtc
8101 East Belleview Avenue
Ph: + 1 219 220 8282
Fax: + 1 219 220 8857
Englewood CO 80110-8615 Colorado
A-1 Scuba & Travel Center
1800 West Oxford , Suite B
Ph: + 1 789 2450
Fax: + 1 781 6723
Evergreen CO 80439 Colorado
Deep Blue Scuba
3893 Evergreen Parkway
Ph: + 1 674 5334
Fax: + 1 674 5334
Fort Collins CO 80525 Colorado
High Plains Scuba Center
1671 South College
Ph: + 1 493 8562
Fax: + 1 493 8588
Grand Junction CO 81501 Colorado
Sports-Ports Cyclery & Dive Center
657 North Avenue
Ph: + 1 245 7127
Fax: + 1 242 7304
Grand Junction CO 80232-5441 Colorado
Colorado Scuba Center
1432 South Wadsworth
Ph: + 1 986 0007
Fax: + 1 986 0077
Littleton CO 80127 Colorado
Atlatian Dive & Travel
10171 West Bowles Avenue, Suite B
Ph: + 1 972 8993
Fax: + 1 972 9079

Connecticut
Bridgeport CT 06605 Connecticut
Orbit MArine Sport Center
3273 Fairfield Avenue
Ph: + 1 333 3483
Fax: + 1 333 5560
Brookfield CT 06804 Connecticut
The Dive Shop
265 Federal Rd
Ph: + 1 740 9166
Fax: + 1 740 9877
Canton CT 06019 Connecticut
Scuba Shack-Canton
217 Albany Turnpike, 44
Ph: + 1 693 8600
Fax: + 1 563 6520
Plainville CT 06062 Connecticut
Jack's Dive Center
1 Townline Rd
Ph: + 1 747 3170
Fax: + 1 747 5007
Rocky Hill CT 06067 Connecticut
Scuba Shack Rocky Hill
1765 Silas Deane Highway
Ph: + 1 563 0119
Fax: + 1 563 6520
Tolland CT 06084 Connecticut
Divers Den Of Tolland
223 Merrow Rd
Ph: + 1 870 9737
Fax: + 1 870 9737
Vermon CT 06066 Connecticut
New England Dive Center
520 Hartford Turnpike
Ph: + 1 872 0113
Fax: + 1 872 0113
Westbrook CT 06498 Connecticut
Beach Nut Sports Center
314 Boston Post Rd
Ph: + 1 399 6534
Fax: + 1 399 6989

Delaware
Milford DE 19963 Delaware
Delaware Dive Center
900 South Dupont Higway
Ph: + 1 424 4312
Fax: + 1 284 0155
The Cannery Wilmington DE 19805 Delaware
Poseidon Adventures
3301 Lancaster Pike, Suite 5A
Ph: + 1 656 2326
Fax: + 1 656 9324

Florida

Atlantic Beach FL 32233 Florida
Atlantic Pro Divers
2294 Mayport Road, Suite 5
Ph: + 1 9042462401
Fax: + 1 9043980016

Big Pine Key FL 33043 Florida
Innerspace Dive Shop
Mile Marker 29.5, US Highway 1
Ph: + 1 8722319
Fax: + 1 8723081

Big Pine Key FL 33043 Florida
Underseas
Us 1 Mile Marker 30.5
Ph: + 1 4465663
Fax: + 1 8720080

Big Pine Key FL 33043 Florida
Bahia Honda Dive- Coral Reef Park
Mile Marker 37, Bahia Honda Key
Ph: + 1 872 3954
Fax: + 1 451 1427

Boca Raton FL 33432 Florida
American Dive Center
1888 NW 2nd Avenue
Ph: + 1 3930621
Fax: + 1 4514602

Boca Raton FL 33433 Florida
Force
7166 Beracasa Way
Ph: + 1 3954407
Fax: + 1 3954408

Boca Raton FL 33434 Florida
Dixie Divers Of Boca Raton
8214 Glades Rd
Ph: + 1 447 5388
Fax: + 1 883 9339

Boynton Beach FL 33426 Florida
Dixie Divers Of Boynton Beach
340 North Congress Avenue
Ph: + 1 7363483
Fax: + 1 7375998

Boynton Beach FL 33445 Florida
Reef Runner Dive Charter
Seamist MArina, 700 Casa Loma Blvd
Ph: + 1 279 4733
Fax: + 1 360 6479

Bradenton FL 34210 Florida
Ocean Pro Dive Shop
8102 Cortez Road
Ph: + 1 7923488
Fax: + 1 9228091

Cocoa Beach FL 32931 Florida
Ron Jon Beach Rental
3650 South Banana River Blvd
Ph: + 1 7998832
Fax: + 1 7998805

Coral Gables FL 33146 Florida
Star Clippers
4101 Salzedo Avenue
Ph: + 1 4420550
Fax: + 1 4421611

Coral Springs FL 33065 Florida
American Dive Center
8092 West Sample Road
Ph: + 1 346 0174
Fax: + 1 451 4602

Coral Springs FL 33065 Florida
Coral Reef Scuba
9830 West Sample Road
Ph: + 1 3446333
Fax: + 1 8780913

Coral Springs FL 33071 Florida
Dixie Divers Of Coral Springs
2060 University Drive
Ph: + 1 7559858
Fax: + 1 755 3448

Crestview FL 32539- 4546 Florida
Divers Emporium
394 East Edney Avenue
Ph: + 1 6893483
Fax: + 1 6897665

Crystal River FL 34429 Florida
American Pro Diving Center
821 SE Highway 19
Ph: + 1 5630041
Fax: + 1 5635230

Crystal River FL 32629 Florida
Port Paradise Resort Dive Shop
1610 SE Paradise Circle
Ph: + 1 795 3111
Fax: + 1 563 5341

Dania FL 33004 Florida
B & B Aquatic Aquatic Adventures
1327 South Federal Highway
Ph: + 1 9203322
Fax: + 1 927 3179

Deerfield Beach FL 33441 Florida
Dixie Divers Of Deerfield Beach
1645 SE 3RD Court
Ph: + 1 4200009
Fax: + 1 4200380

Delray Beach FL 33445 Florida
Force
660 Linton Blvd, Suite 100A
Ph: + 1 2760666
Fax: + 1 4279781

Destin FL 32541 Florida
Aquanaut Scuba Center
24 Highway 98
Ph: + 1 9048370359
Fax: + 1 9046545168

Fort Lauderdale FL 33311 Florida
Force
2160 West Oakland Park Blvd
Ph: + 1 7356227
Fax: + 1 4279781

Fort Lauderdale FL 33316 Florida
Lauderdale Divers
1334 SE 17TH Street
Ph: + 1 4672822
Fax: + 1 4672836

Fort Lauderdale FL 33316 Florida
Lauderdale Undersea Adventures
2150 SE 17TH Street, Suite 101
Ph: + 1 3055270187
Fax: + 1 3055271015

Fort Lauderdale FL 33316 Florida
Princess Cruises
P.O. Box 165201
Ph: + 1 525 8520
Fax: + 1 525 0605

Ft Myers FL 33901 Florida
Sea Sports & Scuba
1915 Linhart Avenue
Ph: + 1 334 4616
Fax: + 1 334 4080

Ft Myers FL 33908 Florida
Dean's Dive Center
15200 South Tamiami Trail, Suite 103
Ph: + 1 8134890500
Fax: + 1 8134891141

Ft Pierce FL 34945 Florida
Dixie Divers
14601 Orange Avenue
Ph: + 1 4074614488
Fax: + 1 4074614593

Gulf Breeze FL 32561 Florida
Dive Pros
207-B Gulf Breeze Parkway
Ph: + 1 90493488450
Fax: + 1 9049344811

High Springs FL 32643 Florida
Ginnie Springs
7300 NE Ginnie Springs Road
Ph: + 1 9044542202
Fax: + 1 9044543201

Hollywood FL 33024 Florida
Divers Unlimited
6023 Hollywood Blvd
Ph: + 1 3059810156
Fax: + 1 3059635255

Indialantic FL 32903 Florida
Diver's Center
2332 North Highway A1A
Ph: + 1 4077794800
Fax: + 1 4077790491

Indian Rocks Beach FL 34635 Florida
West Florida Scuba
13010 North Gulf Blvd
Ph: + 1 8135953234
Fax: + 1 8135963905

Islamorada FL 33070 Florida
Ocean Quest Dive Center
87000 Overseas Highway
Ph: + 1 3058528770
Fax: + 1 3058520013

Islamorada FL 33037 Florida
Caribbean Watersports
Cheeca Lodge, Mile Marker 82
Ph: + 1 3056644651
Fax: + 1 3054514095

Islamorada FL 33036- 3400 Florida
Rainbow Reef Dive Center
84977 Overseas Highway
Ph: + 1 3056644600
Fax: + 1 3056642007

Jacksonville FL 32207 Florida
Aquifer Dive Centers
4564 Atlantic Blvd
Ph: + 1 9104 3981274
Fax: + 1 910 43980781

Key Biskayne FL 33149 Florida
Divers Paradise
4000 Crandon Blvd
Ph: + 1 3053613483
Fax: + 1 3053617971

Key Largo FL 33037 Florida
American Diving Headquarters
10580 Overseas Highway
Ph: + 1 3054510037
Fax: + 1 3054519291

Key Largo FL 33037 Florida
Divers City, Usa
104001 Overseas Highway
Ph: + 1 3054514554
Fax: + 1 3054515251

Key Largo FL 33037 Florida
Quiescence Diving Services
103680 Overseas Highway, Us 1
Ph: + 1 3054512440
Fax: + 1 3054516440

Key Largo FL 33037 Florida
Sea Dwellers Dive Center
99850 Overseas Highway
Ph: + 1 3054513640
Fax: + 1 3054511935

Key Largø FL 33037 Florida
Sharky's Dive Center
106240 Oversweas Highway
Ph: + 1 3054533711
Fax: + 1 3054539670

Key Largo FL 33037 Florida
The Dive Shop At Ocean Reef
10 Fishing Village Drive, O. R. C.
Ph: + 1 3053673051
Fax: + 1 3053673911

Key Largo FL 33037 Florida
Amy Slate's Amory Dive Resort
104250 Overseas Highway
Ph: + 1 3054513595
Fax: + 1 3054539516

Key Largo FL 33037 Florida
Coral Reef Park Co
Us Highway 1, Mile Marker 102.5, Pennekamp State Park
Ph: + 1 3054511621
Fax: + 1 3054511427

Key Largo FL 33037 Florida
Kelly's On The Bay!
104220 Us Highway
Ph: + 1 3054511622
Fax: + 1 3054514623

Key Largo FL 33037 Florida
Ocean Divers
522 Caribbean Drive

Ph: + 1 3054511113
Fax: + 1 3054515765
Key Largo FL 33037 Florida
Stephen Fink Photographic
Mile Marker 102.5
Ph: + 1 3054513737
Fax: + 1 3054515147
Key Largo FL 33037 Florida
Sundiver Station
102840 Oversweas Highway
Ph: + 1 305 451 3711
Fax: + 1 305 451 1211
Key Largo FL 33037 Florida
Tavernier Dive Center
90791 Old Highway
Ph: + 1 305 852 4007
Fax: + 1 305 852 0869
Key West FL 33040 Florida
Captains Corner Dive Center
Zero Dual
Ph: + 1 3052968918
Fax: + 1 3052927685
Key West FL 33040 Florida
Key West Diver
Mile Marker 4.5, Us Highway 1
Stock Isle
Ph: + 1 3052947177
Fax: + 1 3052947612
Key West FL 33040 Florida
Seaclypse Divers
Oceanside Marina, 5950 Peninsula Ave
Ph: + 1 3052961975
Fax: + 1 3052969516
Key West FL 33040 Florida
Southpoint Divers
535 Duval Street
Ph: + 1 3052969914
Fax: + 1 30552969918
Key West FL 33040 Florida
Subtropic Dive Center
1605 North Roosevelt Blvd
Ph: + 1 3052969914
Fax: + 1 3052969918
Key West FL 33040 Florida
Reef Tours
251 Margaret Street
Ph: + 1 3052930099
Fax: + 1 3054511427
Lake Buena Vista FL 32830-1000 Florida
The Living Seas, Epcot Center Dive Dept
Walt Disney World Co
Ph: + 1 407 560 6360
Fax: + 1 407 827 8790
Lakeland FL 33801 Florida
The Dive Center
1051 South Combee Rd
Ph: + 1 813 667 1121
Fax: + 1 813 827 8790
Lauderhill FL 33321 Florida
Coral Reef Scuba
4984 North University
Ph: + 1 3057485105
Fax: + 1 3057486208
Marathon FL 33050 Florida
Abyss Pro Dive Center
Holiday Inn & Marina,
13175 Overseas Highway
Ph: + 1 8004570134
Fax: + 1 3057437081
Melbourne FL 32901 Florida
Hatts Diving Headquarters
2006 South Front Street
Ph: + 1 4077235932
Fax: + 1 4077240435
Miami FL 33130 Florida
Aquaknots Dive Center
880 S W 8TH Street
Ph: + 1 3058598477
Fax: + 1 3058570537
Miami FL 33130 Florida
Austin's Diving Center
10525 South Dixie Highway
Ph: + 1 3056650636
Fax: + 1 3056650789
Miami FL 33133 Florida
Bubbles Dive Center
2671 S W 27TH Avenue
Ph: + 1 3058560565
Fax: + 1 3058587624
Miami FL 33173 FLorida
Force
10471 North Kendall Drive
Ph: + 1 3052795056
Fax: + 1 3054279781
Miami FL 33132 Florida
Aqua Fun Adventures
Ss Seabreeze 1, Port Of Miami
Ph: + 1 3057761469
Fax: + 1 3057766510
Naples FL 34104 Florida
Naples Diving Center
1949 Davis Blvd
Ph: + 1 8137756220
Fax: + 1 8137756220
North Miami Beach FL 33160 Florida
H20 Scuba
160 Sunny Isles Blvd
Ph: + 1 3059563483
Fax: + 1 3059569405
North Palm Beach FL 33408 Florida
Force
11911 Us Highway 1, Suite 111
Ph: + 1 4076247136
Fax: + 1 3054279781
Orlando FL 32811 Florida
Extasia Dive Center
4886 South Kirkman Road
Ph: + 1 4072905200
Fax: + 1 4072905940
Orlando FL 32817 Florida
N. W. Divers Of Orlando
9318 East Colonial Drive, A- 13
Ph: + 1 4076589464
Fax: + 1 4076582623
Orlando FL 32804 Florida
The Dive Station
3465 Edgewater Drive
Ph: + 1 4078433483
Fax: + 1 4078491427
Palm Bay FL 32905 Florida
Dixie Divers
4651 Babcock Street N E. Suite 8
Ph: + 1 4077238888
Fax: + 1 4079514988
Panama City FL 32404 Florida
Divers Den
6222 East Street NE
Ph: + 1 904 871 6889
Fax: + 1 904 874 1837
Panama City FL 32405 Florida
Dixie Divers Of Panama City
109-B West 23RD Street
Ph: + 1 904 914 9988
Fax: + 1 904 914 9888
Panama City Beach FL 32401 Florida
Pete's Scuba Center
9007 Front Beach Road
Ph: + 1 9042308006
Fax: + 1 9042308007
Pembroke Pines FL 33026 Florida
Urge 2 Suburge
10191 Pines Blvd
Ph: + 1 3054363483
Fax: + 1 9544324979
Pensacola FL 32501 Florida
Divers Den Of Pensacola
518 North 9TH Avenue
Ph: + 1 9044380650
Fax: + 1 9044380650
Pensacola FL 32506 Florida
Gulf Coast Dive Pros
7203 Highway 98 West
Ph: + 1 9044568845
Fax: + 1 9044560025
Pompano Beach FL 33062 Florida
Force
2700 East Atlantic Blvd
Ph: + 1 3059433483
Fax: + 1 3054279781
Pompano Beach FL 33064 Florida
Ocean Diving
750 East Sample Road, #1
Ph: + 1 3059433337
Fax: + 1 3057853483
Port Charlotte FL 33952 Florida
Dean's Dive Center
2221- C Tamiami Trail
Ph: + 1 8132551111
Fax: + 1 8132551183
Port Charlotte FL 33952 Florida
Fantasea Scuba
3781- A Tamiami Trail
Ph: + 1 9416273888
Fax: + 1 9416270089
Port St Lucie FL 34986 Florida
Blue Planet Dive and Surf
1317 B NW St Lucie West Blvd
Ph: + 1 4078719122
Fax: + 1 4078712749
Ramrod Key FL 33042 Florida
Looe Key Dive Center
Mile Marker 27.5, Us 1
Ph: + 1 3058722215
Fax: + 1 3058723786
Riviera Beach FL 33404 Florida
Force
155 East Blue Heron Blvd
Ph: + 1 45078452333
Fax: + 1 3054229781
Riviera Beach FL 33404 Florida
Seapro Scuba Center
3619 Broadway
Ph: + 1 4078443483
Fax: + 1 4078451500
Sarasota FL 34231 Florida
Dolphin Dive Center
6018 South Tamiami Trail
Ph: + 1 8139242785
Fax: + 1 8139228842
Sarasota FL 34231 Florida
Florida Down Under
5215 Tamiami Trail South
Ph: + 1 9419223483
Fax: + 1 9419225118
Sarasota FL 34231 Florida
Action Quest
1623 Kenilworth Street
Ph: + 1 8139246789
Fax: + 1 8139246075
St Petersburg FL 33704 Florida
Scuba Nautics
2531 4TH Street North
Ph: + 1 8138953483
Fax: + 1 8318946271
Stuart FL 34994 Florida
Dixie Divers
1839 SE Federal Highway
Ph: + 1 4072835588
Fax: + 1 4072835927
Tallahassee FL 32304 Florida
Coral Reef Scuba
1362 Lake Bradford Road
Ph: + 1 904 5766268
Fax: + 1 9045744639
Tallahassee FL 32301 Florida
The Scuba Discovery
2320- B Apalachee Parkway
Ph: + 1 904 6567665
Fax: + 1 9046563483
Tallahassee FL 32308 Florida
Coral Reef Scuba
2783 Capital Circle N E , #B
Ph: + 1 904 3851323

Fax: + 1 9043853910

Tampa FL 33618 Florida
Anthony's Scuba Center
14851 North Dale Mabry Highway
Ph: + 1 8139690088
Fax: + 1 8139693483

Tampa FL 33619 Florida
Depth Perception Dive Center
10075 East Adamo Drive
Ph: + 1 8136893483
Fax: + 1 8136615621

Tampa FL 33609 Florida
Aquatic Adventures Too
3646 Henderson
Ph: + 1 813 877 3483
Fax: + 1 814 875 3707

Tavernier FL 33070 Florida
Florida Keys Dive Center
Mile Marker 90S Us #1
Ph: + 1 3058524599
Fax: + 1 3058521293

Tavernier FL 33070 Florida
Upper Keys Dive and Sport Center
90701 Old Highway
Ph: + 1 3058530526
Fax: + 1 3058524605

Tequesta FL 33469 Florida
Adventure Scuba
150 North Us Highway 1
Ph: + 1 4077461555
Fax: + 1 4077461555

Valparaiso FL 32580 Florida
Chuck's Dive World
92 John Sims Parkway
Ph: + 1 9046785001
Fax: + 1 9047293483

Venice FL 34292 Florida
Florida Gulf Coast Diver
509- B North Tamiami Trail
Ph: + 1 9414833483
Fax: + 1 9414833483

Vernon FL 32462 Florida
Cypress Springs
#1 Cypress Springs Rd
Ph: + 1 904 535 2803
Fax: + 1 904 535 2803

W Melbourne FL 32904- 3905 Florida
Deep Six Watersports
1559 West New Haven Avenue
Ph: + 1 4079511804
Fax: + 1 4075623028

West Palm Beach FL 33415 Florida
Dixie Divers Of West Palm Beach
1401 South Military Trail, Suite A
Ph: + 1 4079696688
Fax: + 1 4079696722

AP 96373 FPO
Courtney Scuba Center
Mcb Camp S.D. Butler
Ph: + 1 6117 453677
Fax: + 1 6117 453901

Georgia

Athens GA 30606 Georgia
Charbon's Specialty Sports
575 Hawthorne Avenue
Ph: + 1 706 548 8822
Fax: + 1 706 353 1802

Atlanta GA 30342 Georgia
Divers Connection-Atlanta
3872 Roswell Rd, B-2
Ph: + 1 404 364 9699
Fax: + 1 404 364 9699

Conyers GA 30207 Georgia
Ultimate Adventures Dive Center
912 Center Street
Ph: + 1 770 918 8818
Fax: + 1 770 918 8818

Fayetteville GA 30214 Georgia
Peachtree Dive Center
1954 Highway 54 West
Ph: + 1 770 487 6609
Fax: + 1 770 631 8093

Hapeville GA 30354 Georgia
Berry Atlanta
3443 Stewart Avenue
Ph: + 1 404 766 1186
Fax: + 1 404 766 8280

Kingsland GA 31548 Georgia
Diver's Den
2475 Village Drive, #109
Ph: + 1 912 882 7078
Fax: + 1 912 882 7078

Macon GA 31210 Georgia
Divers Supply
5208 Mercer University Drive
Ph: + 1 912 474 6790
Fax: + 1 912 477 8474

Marietta GA 30068 Georgia
Atlanta Scuba & Swim Academy
732 Johnson Ferry Rd, Suite 106
Ph: + 1 770 973 3120
Fax: + 1 770 565 0129

Marietta GA 30062 Georgia
Divers Supply
1258 North Cobb Parkway
Ph: + 1 770 419 1976
Fax: + 1 770 419 7188

Marietta GA 30067 Georgia
Garrard Dive Educators
255 Delk Rd, Suite B-5
Ph: + 1 770 984 0382
Fax: + 1 770 984 0637

Marietta GA 30066 Georgia
Planet Ocean Divers
2714 Sandy Plains Rd
Ph: + 1 770 973 7909
Fax: + 1 770 973 8288

Roswell GA 30076 Georgia
Seaventures Dive Center
2000 Holcomb Woods Pkwy
Ph: + 1 770 992 3772
Fax: + 1 770 992 5801

Roswell GA 30076 Georgia
Sea Sports Scuba
11060 Alpharetta Highway
Ph: + 1 770 992 0450
Fax: + 1 770 992 2060

Savannah GA 31406 Georgia
Diving Locker Ski Chalet
74 West Montgomery Crossroads
Ph: + 1 912 927 6603
Fax: + 1 912 920 1834

St Simons Island GA 31522 Georgia
Island Dive Center
101 MArina Drive, Golden Isles MArina
Ph: + 1 912 638 6590
Fax: + 1 912 638 4956

Hawaii

Aiea, Oahu HI 96701 Hawaii
Aaron's Dive Shop
Camp Smith
Ph: + 1 8084842098
Fax: + 1 8084842098

Honolulu, Oahu HI 96813 Hawaii
Breeze Hawaii Diving
3014 Kaimuki Avenue
Ph: + 1 8087351857
Fax: + 1 8087374736

Honolulu, Oahu HI 96813 Hawaii
Dan's Dive Shops
660 Ala Moana Avenue
Ph: + 1 8085366181
Fax: + 1 8085366185

Honolulu, Oahu HI 96815 -2642 Hawaii
Hawaii Pro Dive
Waiki Trade Center, 2255 Kuhio Avenue
Ph: + 1 8089220895
Fax: + 1 8089220850

Honolulu, Oahu HI 96814 Hawaii
Ocean Concepts
Dba The Dive Authority,
333 Ward Avenue
Ph: + 1 8085967234
Fax: + 1 8086760565

Honolulu, Oahu HI 96815 Hawaii
South Sea Aquatics
2155 Kalakaua Avenue # 112
Ph: + 1 8087350437
Fax: + 1 8087378780

Honolulu, Oahu HI 96813 Hawaii
Sunshine Scuba
642 Cooke Street
Ph: + 1 8085938865
Fax: + 1 8085938864

Honolulu, Oahu HI 96825 Hawaii
Vehon Diving Ventures
377 Keahole Street
Ph: + 1 8083969738
Fax: + 1 8083969738

Honolulu, Oahu HI 96815 Hawaii
Dive Waikiki
2055 Kalia Road (on Beach)
Ph: + 1 8086777975
Fax: + 1 8086760656

Kaanapali, Maui HI 96761 Hawaii
Maui Dive Shop
Whalers Village
Ph: + 1 8086615117
Fax: + 1 8088715149

Kahana, Maui HI 96761 Hawaii
Maui Dive Shop
Kahana Gateway Center
Ph: + 1 8086693800
Fax: + 1 8088715149

Kahului, Maui HI 96732 Hawaii
Maui Dive Shop
Kaahumanu Center
Ph: + 1 8088712111
Fax: + 1 8088715149

Kailua, Oahu HI 96734 -2631 Hawaii
Windward Dive Center
789 Kailua Road
Ph: + 1 8082632311
Fax: + 1 8082633302

Kailua-Kona 96740 Hawaii
Jack's Diving Locker
75-5819 Alii Drive
Ph: + 1 8083297585
Fax: + 1 8083297585

Kailua-Kona HI 96740 Hawaii
Sea Paradise Scuba
78-7128 Kaleiopapa Road
Ph: + 1 808 3222500
Fax: + 1 808 3298721

Kailua-Kona HI 96740 Hawaii
Fair Wind
78-7130 Kaleiopapa Street
Ph: + 1 808 3222788
Fax: + 1 808 3241772

Kailua-Kona HI 96740 Hawaii
King KamehamehaDivers
75-5660 Palani Road,
P-1
Ph: + 1 8083295662
Fax: + 1 8083292243

Kailua-Kona HI 96740 Hawaii
Kona Coast Divers
74-5614 Palani Road
Ph: + 1 808 329 8802
Fax: + 1 808 329 5741

Kailua-Kona HI 96740 Hawaii
Manta Ray Dives Of Hawaii
78-128 Ehukai Street
Ph: + 1 808 334 1154
Fax: + 1 808334 1158

Kamuela HI 96740 Hawaii
Red Sail Sports
69-425 Waikoloa Beach Drive
Ph: + 1 808885 2876
Fax: + 1 8088854169

Kaneohe, HI 96744 Hawaii
Pacific Diving Adventures
45-007A Kahanahou PI.
Ph: + 1 808 2359453
Fax: + 1 808 2359453
Kaneohe, Oahu HI 96863 Hawaii
Ocean Concepts Scuba Kaneohe
Morale Welfare And Recreation
Ph: + 1 808254 7669
Fax: + 1 8082541676
Kapalua, Maui HI 96761 Hawaii
Kapalua Dive Co.
1 Ritz Carlton Way
Ph: + 1 8086694664
Fax: + 1 8086691367
Kasilua- Kona HI 96740 Hawaii
Sandwich Isle Divers
75-5729 Alii Drive
Ph: + 1 8083299188
Fax: + 1 8083265652
Kawaihae HI 96743 Hawaii
Kohala Divers
Kawaihae Shopping Center, Bay 1
Ph: + 1 8088827774
Fax: + 1 8088824095
Kihei, Maui HI 96753 Hawaii
Maui Dive Shop
1455 South Kihei Road
Ph: + 1 808 8793388
Fax: + 1 8088791644
Kihei, Maui HI 96753 Hawaii
Maui Dive Shop
Kamaole Shopping Center
Ph: + 1 8088791533
Fax: + 1 8088715149
Kihei, Maui HI 96753 Hawaii
Aloha Destinations/Auntie
2439 South Kiheu Road, 101 B
Ph: + 1 8088754848
Fax: + 1 8088796274
Kihei, Maui HI 96753 Hawaii
South Pacific Kayaks & Outfitters
2439 South Kihei Road, Suite 101 B
Ph: + 1 8086618400
Fax: + 1 8086615805
Kihei, Maui HI 96753 Hawaii
Dive & Fun
P.O. Box 616
Ph: + 1 8088793584
Fax: + 1 8088824095
Kihei, Maui HI 96753 Hawaii
Prodiver Maui
P.O. Box 828
Ph: + 1 808 874 5332
Fax: + 1 808874 5332
Kohala Coast HI 96743 Hawaii
Mauna Lani Sea Adventures
68-1400 Mauna Lani Drive, Suite 102
Ph: + 1 8088857883
Fax: + 1 8088858848

Koloa, Kauai HI 96756 Hawaii
Sea Sport Divers
2827 Poipu Road
Ph: + 1 8087429303
Fax: + 1 8087426636
Koloa, Kauai, HI 96736 Hawaii
Fathom Five Adventures Inc.
3450 Poipu Rd.
Ph: + 1 8087426991
Fax: + 1 8088236324
Lahaina, Maui HI 96761 Hawaii
Capt. Nemo's Ocean Emporium
150 Dickenson Street
Ph: + 1 8086615555
Fax: + 1 8086616688
Lahaina, Maui HI 96761 Hawaii
Hawaiian Rafting Adventures
1223 Front Street
Ph: + 1 8086617333
Fax: + 1 8086615010
Lahaina, Maui HI 96761 Hawaii
Maui Dive Shop
Lahaina Cannery Mall
Ph: + 1 8086615388
Fax: + 1 8088715149
Lahaina, Maui HI 96761 Hawaii
S & M Paradise Diving
Embassy Suites.
104 Kaanapali Shopes Place
Ph: + 1 8086650527
Fax: + 1 8086650527
Lahaina, Maui HI 96761 Hawaii
Scuba Dave's
Royal Lahaina Resort
2780 Kekaa Drive
Ph: + 1 8086613611
Fax: + 1 8086613538
Lahaina, Maui HI 96761 Hawaii
Snorkels 'n More
3600 Lower Honoapiilani Road # H-2
Ph: + 1 8086650804
Fax: + 1 8088796274
Lahaina, Maui HI 96761 Hawaii
Green Water Inc. Dba Zip-Purr Chaters
20 North Iwa Place
Ph: + 1 808667 2299
Fax: + 1 8086618435
Lahaina, Maui HI 96761 Hawaii
Kaanapali Shores Beach
3445 Lower Honoapiilani
Ph: + 1 808 8786698
Fax: + 1 8088783581
Lahaina, Maui HI 96761 Hawaii
Pacific Dive Service
277 Wiliko, #21
Ph: + 1 808 874 5331
Fax: + 1 808874 5331
Lanai City, Lanai HI 96763 Hawaii
Trilogy Ocean Sports
Manela Bay Hotel
Ph: + 1 8086614743
Fax: + 1 8086677766
Lanaina, Maui HI 96761 Hawaii
Kapalua Dive Co
Kapalua Bay Hotel One Bay Drive
Ph: + 1 8086694665
Fax: + 1 8086694679
Lanaina, Maui HI 96761 Hawaii
Island Scuba Inc.
200 Nohea Kai Drive
Ph: + 1 8086611234
Fax: + 1 8088745274
Lihue, Kauai HI 96766 Hawaii
Sunrise Diving Adventure
3412 Rice Street
Ph: + 1 808695 3483
Fax: + 1 8088230647
Oahu HI 96797 Hawaii
Ocean Concepts Camp Smith
Building #9, Camp H.M. Smith
Ph: + 1 808 484 1238
Fax: + 1 808 477 0514Oahu HI 96825 Hawaii
Aquanautics MArine Services
243 Amapalau Place, Honolulu
Ph: + 1 808 395 0725
Fax: + 1 808 396 2641
Oahu HI 96815 Hawaii
Hawaii Dive Collge
24 Sand Island Access Rd, Suite 26, Honolulu
Ph: + 1 808 843 2882
Fax: + 1 808 843 0483
Oahu HI 96821 Hawaii
Captain Bruce's Scuba Chaters
994 Waiholo Street, Honolulu
Ph: + 1 808 373 3590
Fax: + 1 808 373 5329
Oahu HI 96734-261 Hawaii
Mcdive Limited Dba Windward Dive Center
789 Kailua Rd, Kailua
Ph: + 1 808 263 2311
Fax: + 1 808 262 8338
Pearl City, HI 96782 Hawaii
Hawaii Sea Adventures
98-718 Moanalua Road
Ph: + 1 8084877515
Fax: + 1 8084554697
Princeville, Kauai HI 96722 Hawaii
Tropical Watersports
5380 Honoiki Rd
Ph: + 1 8088264110
Fax: + 1 8088266680
Wahiawa, Oahu HI 96786 Hawaii
Hawaiian Island Aquatics
834 Kilani Avenue, Unit 101
Ph: + 1 8086223483
Fax: + 1 8086220475
Waianae, Oahu HI 96792 Hawaii
Ocean Concepts Scuba Charters
Waianae Boat Harbor
Ph: + 1 808 6760565
Fax: + 1 808 6760565
Waimea, Kauai HI 96796 Hawaii
Hawaii Adventures West
9633 Kamualii Highway
Ph: + 1 8083881662
Fax: + 1 8083380838
Waipahu, HI 96797 Hawaii
Bojac Aquatic Center
94-801 Farrington Hwy.
Ph: + 1 8086710311
Fax: + 1 8086711670

Idaho

Boise ID 83814 Idaho
The Scuba Diving Company
4213 Chinden Blvd
Ph: + 1 208323 2809
Fax: + 1 208323 2810
Coeur D'Alene ID 83814 Idaho
Dives West
1675 West Apple Way
Ph: + 1 208664 0751
Fax: + 1 208664 0751
Ketchum ID 83340 Idaho
Ketchum Dive Adventures
971 North Main Street, Suite 2
Ph: + 1 208726 5424
Fax: + 1 208726 5424

Illinois

Alsip IL 60658 Illinois
Scuba Emporium
12003 South Cicero Avenue
Ph: + 1 708 389 9452
Fax: + 1 708 301 0293
Arlington Heights IL 60005 Illinois
Prospect Dive & Sport Shop
870 South Arthur Avenue
Ph: + 1 708 259 0606
Fax: + 1 708 259 0655
Champain IL 61820 Illinois
Midwest Scuba Center
700 South Neil Street
Ph: + 1 708 352 3118
Fax: + 1 708 352 3118
Chicago IL 60631 Illinois
Berry Scuba Company
6674 North Northwest Highway
Ph: + 1 708 763 1626
Fax: + 1 708 775 1815
Chicago IL 60614 Illinois
Underwater Safaris On Lincoln
2950 North Lincoln
Ph: + 1 708 348 3999
Fax: + 1 708 348 5778
Crest Hill IL 60435 Illinois
Recreational Scuba Divers Association In
2364-B Plainfield Rd
Ph: + 1 708 476 9333
Fax: + 1 708 476 9233

Decatur IL 62522 Illinois
Pro Dive Shop
1027 West Eldorado Street
Ph: + 1 708 428 0599
Fax: + 1 708 428 0599

Evanston IL 60202 Illinois
Elmer's Watersports
1310 Oakton Street
Ph: + 1 708 475 7946
Fax: + 1 708 475 7961

Glenview IL 60025 Illinois
D.D. Dive Shop
1039 Waukegan Rd
Ph: + 1 708 657 3483
Fax: + 1 708 657 3484

Hanover Park IL 60103 Illinois
Sea Lions Dive Center
1158 West Lake Street
Ph: + 1 708 289 1680
Fax: + 1 708 289 1758

Highland Park IL 60035-1735 Illinois
Frogg Pond Dive Shop
2310 Skokie Valley Rd
Ph: + 1 708 432 5055
Fax: + 1 708 432 6357

Hoffman Estates IL 60195 Illinois
Above And Under Water
1608 West Algonquin Rd
Ph: + 1 708 202 6510
Fax: + 1 708 2026540

Kankakee IL 60901 Illinois
Purr-Fect Scuba
263 West Court
Ph: + 1 708 937 1413
Fax: + 1 708 937 4859

Lansing IL 60438 Illinois
Goose's Scuba Shack
18143 Torrence Avenue
Ph: + 1 708 474 7380
Fax: + 1 708 895 6262

Lansing IL 60534 Illinois
D J's Scuba Locker
7840 West Ogden Avenue
Ph: + 1 708 442 4388
Fax: + 1 708 442 4471

Libertyville IL 60048 Illinois
Black Magic Dive Shop
253 Peterson Rd
Ph: + 1 708 362 3483
Fax: + 1 708 362 4492

Lombard IL 60148 Illinois
Berry Scuba Company
36 Yorktown Center
Ph: + 1 708 495 2522
Fax: + 1 708 495 2858

Mc Henry IL 60050 Illinois
Sealevel Diving
1809 South Route 31
Ph: + 1 708 344 9732
Fax: + 1 708 344 9825

Morton IL 61550 Illinois
Aqua Diving School
138-A North Detroit
Ph: + 1 708 263 0045
Fax: + 1 708 263 7995

New Lenox IL 60451 Illinois
Sub-Ski, Inc. - The Scuba Shoppe
21607 South Schoolhouse Rd
Ph: + 1 708 485 2472
Fax: + 1 708 485 2482

Normal IL 61761 Illinois
Midwest Diving Specialists
203 South Linden
Ph: + 1 708 452 0222
Fax: + 1 708 888 2800

Palatine IL 60067 Illinois
Berry Scuba Company
1294 East Dundee
Ph: + 1 708 358 3848
Fax: + 1 708 991 8018

Springsfield IL 62703 Illinois
Adventure Dive & Travel
2911 Stanton Avenue
Ph: + 1 708 529 6090
Fax: + 1 708 526 6098

Wheeling IL 60090 Illinois
Captain Dale's Dive Center
71 South Milwaukee Avenue
Ph: + 1 708 520 4689
Fax: + 1 708 502 0560

Winnetka IL 60093 Illinois
North Shore Scuba Center
560 Chestnut Street
Ph: + 1 708 446 6694
Fax: + 1 708 446 6699

Indiana

Carmel IN 46032 Indiana
Divers Supply Indy North
723 South Rangeline Rd
Ph: + 1 317 848 1320
Fax: + 1 317 848 1336

Elkhart IN 46514 Indiana
Harty City Scuba
2200 Cassopolis Street
Ph: + 1 219 264 3528
Fax: + 1 219 264 3528

Fishers IN 46038 Indiana
Indy Mph Watersports
7822 East 96TH Street
Ph: + 1 317 578 2440
Fax: + 1 317 578 2441

Ft Wayne IN 46805 Indiana
Anchor Dive Center
1720 Lake Avenue
Ph: + 1 219 426 3483
Fax: + 1 219 422 8083

Greenwood IN 46143 Indiana
Deep Desirres Scuba Of Indiana
916 East Main Street
Ph: + 1 317 889 8984
Fax: + 1 317 889 8987

Hobart IN 46342 Indiana
Lake Country Divers Supply
305 Main Street (Route 51)
Ph: + 1 219 942 0016
Fax: + 1 219 942 1892

Indianapolis IN 46143 Indiana
Divers Supply Indy West
4030 North High School Rd
Ph: + 1 317 297 2822
Fax: + 1 317 297 8435

Indianapolis IN 46268 Indiana
Midwest Scuba Center
4306 West 96TH Street
Ph: + 1 317 872 2522
Fax: + 1 317 872 2523

Kirklin IN 46050-0009 Indiana
Taka Dive Scuba
101 North Main Street
Ph: + 1 765 279 9867
Fax: + 1 765 279 9870

Kokomo IN 46902 Indiana
Diving Den
2229 East Country Rd 00 Ns
Ph: + 1 317 452 1034
Fax: + 1 317 452 1034

Logansport IN 46947 Indiana
Dnp Diving
604 East Main Street
Ph: + 1 219 735 3483
Fax: + 1 219 753 7675

Michigan IN 46360 Indiana
Michigan City Scuba Center
510 East 2ND Street
Ph: + 1 219 874 8979
Fax: + 1 219 879 7296

Muncie IN 47302 Indiana
Diver Supply Muncie
3715 South Walnut Street
Ph: + 1 317 288 4868
Fax: + 1 317 288 6189

New Albany IN 47150 Indiana
Seaweed Diver
1121 State Street
Ph: + 1 812 949 8060
Fax: + 1 812 944 1752

Iowa

Davenport IA 52802 Iowa
Mars Marine & Divve Shop
3929 Rockingham Rd
Ph: + 1 319 324 8771
Fax: + 1 319 326 3613

Dubuque IA 52001 Iowa
Dubuque Yacht Basin
1630 East 16TH Street
Ph: + 1 319 556 7708
Fax: + 1 319 556 2454

Sioux IA 51105 Iowa
Scuba Shak
2928 Gaodon Drive
Ph: + 1 712 274 0400
Fax: + 1 712 274 0400

Kalifornien

Arcadia CA 91007 California
Dolphin Dive Center
11 Wast Duarte Road
Ph: + 1 447 5536
Fax: + 1 447 8685

Arroyo Grande, CA 93420 California
Scuba Adventures
1039 Grand Avenue
Ph: + 1 473 1111
Fax: + 1 473 1473

Avalon 90704 California
Catalina Divers Supply
7 Pleasure Pier
Ph: + 1 510 0330
Fax: + 1 510 1695

Camp Pendleton CA 92055 California
The Scuba Center
Mwr, 14 Area Pool, Bldg 14116
Ph: + 1 725 5910
Fax: + 1 385 0085

Catalina Island CA 95531 California
Catalina West End Dive Center
1 Banning House Rd, Two Harbors
Ph: + 1 510 0303
Fax: + 1 510 1354

Concord CA 94520 California
Reef Seekers Dive Co.
8612 Wilshire Blvd
Ph: + 1 652 4990
Fax: + 1 652 4439

Dana Point CA 92629 California
Beach Cities Scuba Center
34283 Pacific Coast Highway
Ph: + 1 496 5891
Fax: + 1 496 5350

Dana Point CA 92629 California
Dive N' Surf
34318 Pacific Coast Highway
Ph: + 1 443 2303
Fax: + 1 443 2307

Escondido CA 92025 California
Rick' Diving Locker
945-L West Valley Parkway
Ph: + 1 746 8980
Fax: + 1 746 2960

Folsom CA 95630 California
The Dive Center
642 East Bidwell
Ph: + 1 984 3483
Fax: + 1 984 2129

Fremont CA 94538 California
Captain Aqua
40849 Fremont Blvd.
Ph: + 1 490 5597
Fax: + 1 490 6374

Fresno CA 93729 California
Manta Ray Dive Center
6236 North Blackstone
Ph: + 1 437 1355
Fax: + 1 437 1366

Huntington Beach CA 92646 California
Beach Cities Scuba Mania
19036 Brookhurst Street
Ph: + 1 378 2612
Fax: + 1 378 2614

La Jolla CA 92037 California
O.E. Express
2158 Avenida De La Playa
Ph: + 1 454 6195
Fax: + 1 454 6196

Lake Forest CA 92630 California
Beach Cities Scuba
24882 Muirlands Blvd
Ph: + 1 855 2323
Fax: + 1 855 0886

Malibu CA 90265 California
Malibu Divers
21231 Pacific Coast Highway
Ph: + 1 456 2396
Fax: + 1 456 3071

Mission Viejo CA 92692 California
Divers Discount Supply
28892 Marguerite Parkway, Suite 140
Ph: + 1 364 4000
Fax: + 1 364 4004

Modesto CA 95355 California
Aquatic Dreams
3500 Coffee Rd, Suite 23
Ph: + 1 577 3483
Fax: + 1 577 3496

Montclair CA 91763 California
Divers Discount Supply
9097 Central Avenue, Suite H
Ph: + 1 621 5000
Fax: + 1 626 6166

Monterey CA 93940 California
Aquarius Dive Shop
2040 Del Monte Avenue
Ph: + 1 375 1933
Fax: + 1 375 3051

Monterey CA 93940 California
Monterey Bay Dive Center
598 Foam Street
Ph: + 1 656 0454
Fax: + 1 656 9535

Mountain View CA 94043 California
Blue Water Divers
1954-A Old Middlefield Way
Ph: + 1 968 5992
Fax: + 1 968 5992

Orange CA 94667 California
Pacific Wildness
1132 East Katella Avenue, Suite A7
Ph: + 1 997 5506
Fax: + 1 997 5120

Oxnard CA 93035 California
Pacific Scuba Center
3600 South Harbor Blvd, Suite 215
Ph: + 1 984 2566
Fax: + 1 382 8772

Pasadena CA 91107-3660 California
Pasadena Divers West
2333 East Foothill Blvd
Ph: + 1 796 4287
Fax: + 1 796 0283

Pleasant Hill CA 94523 California
Nautilus Aquatics
3264 Buskirk Avenue
Ph: + 1 997 5506
Fax: + 1 997 5120

Redding CA 94001 California
Camps Diving Adventure Center
3048 South Market Street
Ph: + 1 219 241 4530
Fax: + 1 219 241 4538

Redondo Beach CA 90277 California
Dive N' Surf
504 North Braod Way
Ph: + 1 372 8423
Fax: + 1 372 0937

Redwood City CA 94063 California
Scuba Unlimited
517 East Bayshore Blvd
Ph: + 1 369 3483
Fax: + 1 369 7110

Riverside 92504 California
NASDS World Inc.
8099 Indiana Avenue
Ph: + 1 7146878792
Fax: + 1 7146892137

Rocklin CA 95677 California
Nautilus Diving Center
4930 Pacific Street
Ph: + 1 624 3483
Fax: + 1 624 3673

Rohnert Park CA 94928 California
Rohnert Park Dive Center
5665-B Redwood Drive
Ph: + 1 584 2323
Fax: + 1 584 2324

Sacramento CA 95815 California
Dolphin Swim School & Scuba Center
El Camino Avenue
Ph: + 1 929 8188
Fax: + 1 929 3528

Sacramento CA 95814 California
Mother Lode Dive Shop
2020 H Street
Ph: + 1 446 4041
Fax: + 1 446 2641

San Diego CA 92113 California
Aqua Tech Dive Center
1800 Logan Avenue
Ph: + 1 219 237 1800
Fax: + 1 219237 1886

San Diego CA 92120 California
Diver Discount Supply
4560 Alvarado Canyon
Ph: + 1 285 1000
Fax: + 1 285 9900

San Diego, CA 92155-5036 California
Naval Special Warfare Center
Diving, TSGT, 2446Trident Way
Ph: + 1 6194373637
Fax: + 1 6194375006

San Jose CA 95129 California
Any Water Sports
1344 Saratoga Avenue
Ph: + 1 244 4433
Fax: + 1 244 4495

San Jose CA 95118 California
Pacific Offshore Divers
1188 Branham Lane
Ph: + 1 265 3483
Fax: + 1 265 3489

San Pedro CA 90731-4728 California
Pacific Wilderness
1719 South Pacific Avenue
Ph: + 1 833 2422
Fax: + 1 833 0085

San Ramon CA 94583 California
Nautilus Aquatics
3140 Crow Cayon Rd
Ph: + 1 275 9005
Fax: + 1 275 9006

Santa Barbara CA 93101 California
Anacapa Dive Center
22 Anacapa Street
Ph: + 1 963 8917
Fax: + 1 963 8919

Santa Barbara CA 93101 California
Sea Landing Dive Center
Breakwater, 301 West Cabrillo Blvd
Ph: + 1 963 3564
Fax: + 1 564 6754

Santa Clara CA 95050-4096 California
Diver Dan's Wet Pleasure
2245 El Camino Real
Ph: + 1 984 5819
Fax: + 1 984 5389

Santa Maria CA 93454 California
The Dive Shop Of Santa Maria
1975-B South Broadway
Ph: + 1 922 0076
Fax: + 1 922 7086

Sausalito CA 94965 California
Harbor Dive Center
200 Harbor Drive
Ph: + 1 331 0904
Fax: + 1 331 0984

South Lake Tahoe CA 96150 California
Sun Sports
3564 Lake Tahoe Blvd
Ph: + 1 541 6000
Fax: + 1 541 3783

Thousand Oaks CA 91362 California
Dive In Scuba
1948 East Thousand Oaks Blvd
Ph: + 1 497 2822
Fax: + 1 497 4432

Universal City CA 90068 California
Divers Discount Supply
3575 Cahuenga Blvd West
Ph: + 1 850 5050
Fax: + 1 850 5024

Vacaville CA 95688 California
Sport Cove
1410 East Monte Vista Avenue
Ph: + 1 448 9454
Fax: + 1 448 8464

Vallejo CA 94590 California
California Sea Sports
15 Tennessee Street
Ph: + 1 642 9320
Fax: + 1 642 8952

Ventura CA 93001 California
Ventura Dive & Sport
1559 Spinnaker Drive, #108
Ph: + 1 650 6500
Fax: + 1 650 3477

Westminster CA 92683 California
Scuba Central
5871 Westminster Blvd, Unit F&G
Ph: + 1 901 6206
Fax: + 1 901 6316

Westminster CA 92683 California
West Coast Scuba Institute- Coral Reef Dv
14151 Beach Blvd
Ph: + 1 894 3483
Fax: + 1 891 4437

Yuba City CA 95991 California
Aqua Divers
300 Carriage Square
Ph: + 1 671 3483
Fax: + 1 671 6404

Kansas

Lawrence KS 66046-5039 Kansas
Mask-Snorkel-Fin
1301 East 25TH Street
Ph: + 1 913 749 0500
Fax: + 1 913 749 2306

Wichita KS 67207 Kansas
Pro Ski & Scuba
8029 Peachtree
Ph: + 1 316 684 9738
Fax: + 1 316 684 1731

Kentucky

Avawam, KY 41721 Kentucky
Avawam Fire & Rescue
Old Highway 80 West
Ph: + 1 6064366855
Fax: + 1 6064364797

Corbin KY 40701 Kentucky
Laurel Diving Headquaters
414 Master Street
Ph: + 1 606 523 1360
Fax: + 1 606 523 1360

Lexinton KY 40503 Kentucky

New Horizons
2577 Regency Rd
Ph: + 1 606 277 1234
Fax: + 1 606 277 6349

Maine

Brunswick ME 04011 Maine
Johnson's Sporting Goods
206 Cooks Corner
Ph: + 1 207 725 7531
Fax: + 1 207 729 6771

Waterville ME 04901 Maine
Aqua City Scuba
11 Water Street
Ph: + 1 207 873 0266
Fax: + 1 207 877 0417

Maryland

Annapolis MD 21041 Maryland
Annapolis ScubaCenter
150 G Jennifer Rd
Ph: + 1 410 266 8327
Fax: + 1 410 266 3188

Baltimore MD 21234 Maryland
Divers Den
8105 Horford Rd
Ph: + 1 410 668 6866
Fax: + 1 410 668 1497

Columbia MD 21045 Maryland
Columbia Scuba
6695-C Dobbin Rd
Ph: + 1 410 381 1994
Fax: + 1 410 381 4383

Fallston MD 21047 Maryland
Knight Diver
2205 Bel Air Rd
Ph: + 1 410 893 1636
Fax: + 1 410 893 1638

Gaithersburg MD 20878 Maryland
Atlantis Edge Scuba Center
213 Muddy Branch Rd
Ph: + 1 301 990 0223
Fax: + 1 301 990 8604

Glen Burnie, MD 21061 Maryland
The Scuba Hut
139 Delaware Ave.
Ph: + 1 4107614520
Fax: + 1 4107684562

Severna MD 21146 Maryland
Sea Colony Aqua Sports
836 Ritchie Highway, Suite 4
Ph: + 1 410 544 3607
Fax: + 1 410 544 7108

Solomons MD 20688 Maryland
S.E.A. Dive
State Route 2-4, S&W Shopping Center
Ph: + 1 410 326 4386
Fax: + 1 410 326 2985

Waldorf MD 20602 Maryland
The Abyss Dive Center
955 Chandler Court
Ph: + 1 301 705 5522
Fax: + 1 301 932 2486

Massachusetts

Beverly MA 01915 Massachusetts
Undersea Divers
42 Water Street
Ph: + 1 508 927 9551
Fax: + 1 508 922 9964

Buzzards MA 02532 Massachusetts
Aquarius Diving Center
3239 Cranberry Highway
Ph: + 1 508 759 3483
Fax: + 1 508 759 6584

Chelmsford MA 01824 Massachusetts
Northeast Scuba
16 Alpine Lane
Ph: + 1 508 256 2300
Fax: + 1 508 256 7065

Danvers MA 01923 Massachusetts
Northeast Scuba
125 Liberty Street
Ph: + 1 508 774 7296
Fax: + 1 508 750 0166

Framingham, MA 01701 Massachusetts
East Coast Divers Inc.
280 Worcester Rd.
Ph: + 1 5086200123
Fax: + 1 5086207150

Hanover MA 02339 Massachusetts
South Shore Skindivers
788 Washington Street
Ph: + 1 617 829 0050
Fax: + 1 617 340 0321

Malden MA 02148 Massachusetts
Aqua Lung Center Of NE
38 Lebanon Street
Ph: + 1 617 321 8830
Fax: + 1 617 321 6381

Natick MA 01760 Massachusetts
Mass Diving
247 West Central Street
Ph: + 1 508 651 0698
Fax: + 1 508 647 1588

North Reading MA 01864 Massachusetts
The Dive Shop
90 Main Street
Ph: + 1 508 761 5015
Fax: + 1 508 399 6188

Pittsfield, MA 01201 Massachusetts
Aquatic Adventures
141 North Street
Ph: + 1 4134997205
Fax: + 1 4134420299

Somerville, MA 02143 Massachusetts
United Divers, Inc.
59 Washington Street
Ph: + 1 6176661300
Fax: + 1 6177767986

South Deerfield MA 01373-0184 Massachusetts
Valley Divers
6 Sugarloaf Street
Ph: + 1 413 665 8111
Fax: + 1 413 665 8111

West Springfield MA 01089 Massachusetts
Holyoke Underwater Supply
1353 Riverdale Street
Ph: + 1 413 737 2300
Fax: + 1 413 737 5282

Michigan

Ann Arbor MI 48104 Michigan
Divers Incorperated
3380 Washtenaw Avenue
Ph: + 1 313 971 7770
Fax: + 1 313 971 2925

Benton Harbor MI 49022 Michigan
Wolf's Divers Supply
250 West Main
Ph: + 1 616 926 1068
Fax: + 1 616 926 1068

Commerce Township MI 48382 Michigan
Underwater Outfitters
2579 Union Lake Rd
Ph: + 1 810 363 2224
Fax: + 1 920 478 6431

Dearborn Heights MI 48125 Michigan
Tom & Jerry's Scuba Sport Shop
22228 Van Born
Ph: + 1 313 278 1124
Fax: + 1 313 565 1886

Farmington Hills MI 48336 Michigan
Sea The World Scuba Center
29480 West Ten Mile Road
Ph: + 1 810 478 6400
Fax: + 1 313 478 6431

Grand Rapids MI 49546 Michigan
Dive Zone
4403 Cascade Rd SE
Ph: + 1 616 942 8469
Fax: + 1 616 942 8469

Jackson MI 49202 Michigan
Divers Mast
2900 Lansing Avenue
Ph: + 1 517 784 5862
Fax: + 1 517 784 6227

Monroe MI 48161 Michigan
Monroe Dive Center
1245 South Monroe
Ph: + 1 313 457 3483
Fax: + 1 313 457 3484

Niles MI 49120 Michigan
Jr Aquatic Center
3003 South 11TH, Us Highway 33 South
Ph: + 1 616 684 7007
Fax: + 1 616 684 7272

Okemos MI 48864 Michigan
Aquatic Sports, Ltd.
2311 Jolly Rd
Ph: + 1 517 347 4811
Fax: + 1 517 347 4266

Pinckney MI 48169 Michigan
Exotic Sports
125 Pearl Street
Ph: + 1 313 878 2002
Fax: + 1 313 878 7329

Rochester, MI 48307 Michigan
US Scuba Center
3260 S. Rochester Road
Ph: + 1 8106509500
Fax: + 1 8106509565

Traverse MI 49684-8708 Michigan
Great Lake Scuba
22 North Us 31 South
Ph: + 1 616 943 3483
Fax: + 1 616 943 3483

Traverse City MI 49684-5458 Michigan
Scuba North
13380 SW Bayshore Drive
Ph: + 1 616 947 2520
Fax: + 1 616 947 2899

Minnesota

Britt MN 55710 Minnesota
Tall Pine Enterprises
8541 Tall Pine Rd
Ph: + 1 218 741 8118
Fax: + 1 218 741 4639

BrittDuluth MN 55806 Minnesota
Lake Superior Divers Supply
3028 West 3RD Street
Ph: + 1 218 624 7285
Fax: + 1 218 624 7285

Eagan MN 55121 Minnesota
Scuba Center Eagan
1571 Century Point
Ph: + 1 612 681 8434
Fax: + 1 612 681 8433

Ely MN 55731 Minnesota
Aw Diving
1311 East Sheridan Street
Ph: + 1 218 365 3389
Fax: + 1 218 827 2646

Long Lake, MN 55356 Minnesota
Underwater Schools of America
580 Willow Dr.
Ph: + 1 6124734266
Fax: + 1 6124733848

Maplewood MN 55109 Minnesota
Northland Divers
2017 Woodlyn Avenue
Ph: + 1 612 777 4278
Fax: + 1 612 777 6165

Minneapolis MN 55419 Minnesota
Scuba Center
5015 Penn Avenue South

Ph: + 1 612 925 4818
Fax: + 1 612 925 5933
Moorehead MN 56560 Minnesota
Mick's Scuba
420 South 21ST Street
Ph: + 1 218 233 0448
Fax: + 1 218 233 4042
Rochester MN 55901 Minnesota
Minnesota Divecenter, Inc. Dba Mdc Sport
Miracle Mile Shopping Center
Ph: + 1 507 288 8802
Fax: + 1 507 252 8853
St Cloud MN 56303 Minnesota
Underwater Sports
552 25TH Avenue North
Ph: + 1 601 762 9388
Fax: + 1 601 769 8156

Mississippi

Pascagoula MS 39567 Mississippi
Wet Set Water Entertainment Corp.
2112 Old Mobile Highway
Ph: + 1 601 762 9388
Fax: + 1 601 769 8156

Missouri

Festus, MO 63028 Missouri
R & R Dive Center, Inc.
2555 Highway 67 S
Ph: + 1 3149334848
Fax: + 1 3149330370
Springfield, MO 65804 Missouri
Sho-Me Scuba, Inc.
1675 E. Seminole, G-100
Ph: + 1 4178823483
Fax: + 1 4178866681

Nebraska

Kearney NE 68847 Nebraska
Heartland Scuba Center
101 East 24TH Street
Ph: + 1 308 237 7943
Fax: + 1 308 237 7943
Lincoln NE 68510 Nebraska
Heartland Scuba Center East
237 South 70TH Street
Ph: + 1 402 488 7774
Fax: + 1 402 488 7774
Omaha NE 68154 Nebraska
Heartland Scuba Center Of Omaha
1708 North 120TH Street
Ph: + 1 402 492 8844
Fax: + 1 402 492 9978

Nevada

Boulder City NV 89005 Nevada
Boulder City Divers
1637 Nevada Highway, Unit A
Ph: + 1 702 294 5060
Fax: + 1 702 294 5010
Las Vegas NV 89115 Nevada
AA1 Neptune Divers
5831 E. Lake Mead Blvd.
Ph: + 1 702 452 5723
Fax: + 1 702 452 7986
Las Vegas NV 89102 Nevada
Blue Seas Scuba Center
4661-A Spring Mountain Rd
Ph: + 1 702 367 2822
Fax: + 1 702 367 9651
Reno NV 89502 Nevada
Sierra Diving Center
104 East Grove Street
Ph: + 1 702 825 2147
Fax: + 1 702 825 2164

New Hampshire

Atkinson NH 03811 New Hampshire
Discover Diving
17 Main Street
Ph: + 1 603 362 6272
Fax: + 1 603 362 4565
Hudson NH 03051 New Hampshire
Aqua Venture Dive Center
20 Lowell Rd
Ph: + 1 603 598 5100
Fax: + 1 603 598 5100
Keene NH 13431 New Hampshire
Underwater Sports Of New Hampshire
334 Park Avenue
Ph: + 1 603 357 4430
Fax: + 1 603 357 4436
Manchester NH 03104 New Hampshire
Divers Den Dive Shop
730 Mammoth Rd
Ph: + 1 603 627 2536
Fax: + 1 603 627 9079

New Jersey

Alpha NJ 08865 New Jersey
Kunuku Dive & Travel
1594 3RD Avenue
Ph: + 1 908 454 3577
Fax: + 1 908 454 3581
Avon By The Sea NJ 07717 New Jersey
Diver's Two
1 Main Street
Ph: + 1 908 776 7755
Fax: + 1 908 776 6635
Belle Mead NJ 08502 New Jersey
The Scuba Connection
Moutain View Plaza, 1109 Route 206
Ph: + 1 908 359 1250
Fax: + 1 908 359 1986
Collingswood NJ 08108 New Jersey
Mar-Vel Underwater Equipment
Route 130 South
Ph: + 1 609 962 8719
Fax: + 1 609 962 9084
East Hanover NJ 08936 New Jersey
Lakeland Divers
92 Route 10
Ph: + 1 201 887 0194
Fax: + 1 201 887 5557
Edison NJ 08837 New Jersey
Ocean Explorers Aquatic Center
180 Lafayette Avenue
Ph: + 1 908 906 8400
Fax: + 1 908 906 8404
Hamilton NJ 08619 New Jersey
Scuba Experience & Aquatics
541 Route 33
Ph: + 1 609 584 8008
Fax: + 1 609 584 1197
Hoboken NJ 07030 New Jersey
Hoboken Dive Center
614 Washington Street
Ph: + 1 201 795 3483
Fax: + 1 201 795 0652
Northfield NJ 08225-1661 New Jersey
East Coast Diving Supply
1002 New Rd
Ph: + 1 609 646 5090
Fax: + 1 609 641 5762
Ramsey NJ 07446-1608 New Jersey
Blue Water Divers
806 Route 17 North
Ph: + 1 201 327 2822
Fax: + 1 201 327 5867
Rockaway NJ 07866 New Jersey
Elite Divers
Route 46 & East Main Street
Ph: + 1 201 586 2214
Fax: + 1 201 586 1319
Trenton NJ 08638 New Jersey
Lang's Ski N' Scuba
1757 North Olden Avenue
Ph: + 1 609 538 1970
Fax: + 1 609 538 8954

New Mexico

Albuquerque NM 87110 New Mexico
Blue Water Dive & Travel
4927 Prospect NE
Ph: + 1 505 884 3483
Fax: + 1 505 883 0635
Albuquerque, NM 87110 New Mexico
New Mexico Scuba Center
7618 Menaul, NE
Ph: + 1 5052710633
Fax: + 1 5052757601
Farmington NM 4010 New Mexico
New Mexico School Of Diving
4010 East Main Street
Ph: + 1 505 325 2728
Fax: + 1 505 326 5204
Las Cruces NM 88001 New Mexico
Divers ll Dive Centers
1105 North Solano
Ph: + 1 505 524 2729
Fax: + 1 505 437 7520
Lovington NM 88260 New Mexico
Divers Of New Mexico
117 North Main Street
Ph: + 1 505 396 3483
Fax: + 1 505 396 3483
Santa Fe NM 87501 New Mexico
Blue Water Dive & Travel Company
855-A Cerrillos Rd
Ph: + 1 505 988 5566
Fax: + 1 505 988 5666

New York

Baldwin NY 11510 New York
Charioteer Diving Services
2595 Overlock Place
Ph: + 1 516 377 8400
Fax: + 1 516 377 8406
Bayshore NY 11706 New York
Divers Way Scuba
596 Sunrise Highway
Ph: + 1 516 665 7990
Fax: + 1 665 4458
Brooklyn NY 11211 New York
Stingray Divers
762 Grand Street
Ph: + 1 718 384 1280
Fax: + 1 718 384 2862
Buffalo NY 16223 New York
Dip 'n Dive
500 Niagara Falls Blvd
Ph: + 1 716 837 3483
Fax: + 1 716 837 0039
Endwell NY 13760 New York
Sea Fan Scuba Center
3214 Watson Blvd
Ph: + 1 607 754 0873
Fax: + 1 607 754 0873
Jamaica NY 11432 New York
Central Skin Divers
160-09 Jamaica Avenue
Ph: + 1 718 739 5772
Fax: + 1 718 739 5772
Levittown, NY 11756 New York
Tiedemann's Diving Center
2731 Hempstead Turnpike
Ph: + 1 5167966560
Fax: + 1 5167966572
Lynbrook NY 11563-2922 New York
Dive Inc
815 A Sunrise Highway
Ph: + 1 516 872 4571
Fax: + 1 516 872 4572
Mineola NY 11501 New York
Scuba Depot
155 Jerico Turnpike
Ph: + 1 516 739 3483
Fax: + 1 516 739 0024
New York City NY 10021 New York
Sea Horse Divers
1416 2ND Avenue
Ph: + 1 212 517 2055

./ 2055
(12550 New York
scuba Divers
oute 32 North Plank Rd
+ 1 914 566 1112
ax: + 1 914 564 3455

North Syracuse NY 13212 New York
Aquatic World
114 Krischer Rd
Ph: + 1 315 457 1955
Fax: + 1 315 458 6492

Port Chester NY 10573 New York
The Westchester Dive Centers
500 North Main Street, 2ND Floor
Ph: + 1 914 937 2685
Fax: + 1 518 937 4104

Port Jefferson Station NY 11776 New York
Port Divers
811 Route 25-A
Ph: + 1 516 331 9609
Fax: + 1 516 331 9609

Poughkeepsie NY 12603 New York
Marsh Scuba Supply
16 Lauer Rd
Ph: + 1 914 452 8994
Fax: + 1 914 473 7692

Rochester NY 14467 New York
Aquatic Center Of Rochester
2725 East Henrietta Rd
Ph: + 1 716 334 1670
Fax: + 1 716 334 9770

Rochester NY 14623 New York
Dom's Scuba Center
39 Jefferson Rd
Ph: + 1 716 292 5850
Fax: + 1 716 292 5850

Rocky Point NY 11901 New York
Peconic Scuba
1140 Route 25-A
Ph: + 1 516 727 7578
Fax: + 1 516 727 5409

Rocky Point NY 11778 New York
Swim King Dive Shop
572 Route 25-A
Ph: + 1 516 744 7707
Fax: + 1 516 727 5409

Staten Island NY 10306 New York
Down Under Sports
88 Guyon Avenue
Ph: + 1 718 980 7547
Fax: + 1 718 980 0783

Syosset NY 11791 New York
Seascapes Dive Centers
317 Jackson Avenue
Ph: + 1 516 496 7833
Fax: + 1 516 496 0872

Tonawanda NY 14150 New York
Aqua Sports Diving
642 Delaware Street
Ph: + 1 716 694 2293
Fax: + 1 716 694 2193

Nord-Carolina

Burlinton NC 27215 North Carolina
Burlington Dive Center
429 Trollinger Street
Ph: + 1 910 229 0793
Fax: + 1 910 229 0819

Claremont NC 28610 North Carolina
The Dive Shop Scuba Center
315 North Oxford Street
Ph: + 1 704 459 7440
Fax: + 1 704 459 2484

Durham NC 27703 North Carolina
Water World
135 South Miami Blvd
Ph: + 1 919 596 8185
Fax: + 1 919 596 3000

Fayetteville NC 28303-3848 North Carolina
Aqua-Nut Dive Service
3703-1 Bragg Blvd
Ph: + 1 910 864 3577
Fax: + 1 910 864 2421

Greensboro NC 27407 North Carolina
Blue Dolphin Dive Center ll
4725 High Point Road
Ph: + 1 919 632 9838
Fax: + 1 919 632 9838

Hatteras Village, NC 27943 North Carolina
Spindrift Marine
Teach's Liar Marina
Ph: + 1 8047948171
Fax: + 1 8046480002

Hickory NC 28601 North Carolina
Sea World Divers
2404-B North Center Street
Ph: + 1 704 328 3483
Fax: + 1 704 328 9212

Jacksonville NC 28546 North Carolina
Bottom Time
1713-A Marine Blvd
Ph: + 1 910 347 2826
Fax: + 1 910 354 3318

Jacksonville NC 28540 North Carolina
Crystal Coast Diving Adventures
713 New Bridge Street
Ph: + 1 910 347 3483
Fax: + 1 910 347 9284

Moreshead NC 28557 North Carolina
Olympus Dive Center
713 Shepard Street
Ph: + 1 919 726 9432
Fax: + 1 919 726 0883

Raleigh NC 27606 North Carolina
Down Under Surf & Scuba
5857 Holly Springs Rd
Ph: + 1 919 852 5333
Fax: + 1 919 852 0662

Raleigh, NC 27608 North Carolina
Gypsy Divers
1019 E Whitaker Mill Rd.
Ph: + 1 9198339810
Fax: + 1 9198339917

Sneads Ferry NC 28460 North Carolina
Vision Quest Dive Shop
4 Corners, Highway 172 & 210
Ph: + 1 910 327 0787
Fax: + 1 910 327 0245

Wilmington NC 28403 North Carolina
Bottom Time Wilmington
6014 Wrightsville Avenue
Ph: + 1 910 397 0181
Fax: + 1 910 397 0187

Winston Salem NC 27103-6930 North Carolina
Blue Dolphin Dive Shop
3010 South Straford Rd
Ph: + 1 910 760 9226
Fax: + 1 910 760 0101

Nord-Dakota

Mandan ND 58554 North Dakota
Scuba One
2010 46TH Avenue SE
Ph: + 1 701 667 1312
Fax: + 1 701 667 1312

Ohio

Cincinnati OH 45241-1077 Ohio
Coral Reef Diving Encounters
9859 State Route 42
Ph: + 1 513 755 6200
Fax: + 1 513 755 6200

Cincinnati OH 45245 Ohio
Planet Ocean
700 Eastgate South Drive, Suite 220
Ph: + 1 513 753 3483
Fax: + 1 513 753 3488

Cincinnati OH 45255 Ohio
Scuba Adventures
8088 Beechmont Avenue
Ph: + 1 513 474 9600
Fax: + 1 513 474 7415

Cincinnati OH 45242 Ohio
Scuba Unlimited
8966 Blue Ash Rd
Ph: + 1 513 793 4747
Fax: + 1 513 793 1626

Columbus OH 43229-2417 Ohio
It's Dive Time Enterprises
961 East Dublin Granville Rd
Ph: + 1 614 785 0950
Fax: + 1 614 785 0192

Columbus OH 43212 Ohio
The Underwater Coonection
1607 West 5TH Avenue
Ph: + 1 614 487 9777
Fax: + 1 614 487 9986

Dayton OH 45459-5617 Ohio
Miami Valley School Of Diving
871 East Franklin Street
Ph: + 1 937 434 3483
Fax: + 1 937 434 4922

Dayton OH 45429 Ohio
Southern Ohio Diving
4017 Marshall Rd
Ph: + 1 937 298 2999
Fax: + 1 937 439 5408

Dublin OH 43017 Ohio
Ask Water Sports
6522 Riverside Drive, Village Square Shopping Center
Ph: + 1 614 889 2822
Fax: + 1 614 889 2304

Lakewood OH 44107-4009 Ohio
Aqua Specialist
14813 Madison Avenue
Ph: + 1 216 521 4855
Fax: + 1 216 521 4858

Toledo, OH 43615 Ohio
Diver's Paradise
2511 N. Reynolds Rd.
Ph: + 1 4195356828
Fax: + 1 4195315065

Oregon

Central Point, OR 97502 Oregon
Aqua Fantasea
579 E. Vilas Rd.
Ph: + 1 5037763483
Fax: + 1 5037763483

Portland, OR 97225 Oregon
Horizon Sports Inc.
8635 SW Canyon Rd.
Ph: + 1 5032978133
Fax: + 1 5032971731

Texas

Odessa, TX 79764 Texas
Odessa College
201 W. Univerity
Ph: + 1 9153356580
Fax: + 1 9153356860

Virginia

Quantico, VA 22134 Virginia
Fire Protection/ Prevention
Devision, Quantico
2043 Barnett Ave.
Ph: + 1 7036402636
Fax: + 1 7036403282

Richmond, VA 23229 Virginia
Scuba Center
1412 Starling Dr.
Ph: + 1 8047418899
Fax: + 1 8047418911

Vanuatu

Port Vila
Hideaway Island Resort
P.O. Box 1110
Ph: + 678 26660
Fax: + 678 23867
Port Vila
Pro Dive Vila
P.O. Box 230
Ph: + 678 23388
Fax: + 678 23880

Venezuela

Caracas
Orca's Dive Shop
Av. El Comercio, Ctro, Ccial. Santa Ines Local 8, Urb. Santa Ines
Ph: + 58 2628546
Fax: + 58 2626554
Caracas
Aereotuy
Sabana Grande Edf Gran Sabana #174
Ph: + 58 95632211
Fax: + 58 95617746
Caracas
Aquanautas-Vaac
Valle Ariba Athletic Center
Avé. Ppa Urb Colinas De Valle Ariba
2DO Retorno
Ph: + 58 16225713
Fax: + 58 29780953
Los Roques
Sesto Continente Dive Resort
Gran Roque
Ph: + 58 14241853
Fax: + 58 27311507
Puerto La Cruz
Lolo' Diving Center
Guanta Marina, Mochima Nationalpark
Ph: + 58 81683052
Fax: + 58 81682885
Puerto La Cruz
Horisub
Marina Amersco Vespucio
Complejo Turistico El Morro
Ph: + 58 81814878
Fax: + 58 81814829

Isla de Margarita

Porlamar 6301 Isla de Margarita
Octopus C.A.-Hotel Margarita Hilton
Av Bolivar #31-30
Ph: + 58 95611535
Fax: + 58 95618258
Porlamar 6301 Isla de Margarita
Pablo Montoya Dive Center
Calle J. M. Patino
Ph: + 58 95610124
Fax: + 58 95631726

Virgin Islands

VI 00823
Anchor Dive Center
Salt River Marina
Ph: + 1340 7781522
Fax: + 1340 7781522
VI 00802
Aqua Action Dive Center
Secret Harbour Beach Resort
Ph: + 1340 7756285
Fax: + 1340 7751501
VI 00802
Caribbean Divers
6200 Frydenhoj, Suite 29
Ph: + 1340 7756384
Fax: + 1340 7750822
VI 00802
St Thomas Diving Club
7147 Bolongo Bay
Ph: + 1340 7762381
Fax: + 1340 7773232
Cane Bay VI 00851
Cane Bay Dive Shop
110 C
Ph: + 1340 7739913
Fax: + 1340 7785442

Charlotte Amalie 00802
Underwater Safaris, Inc.
5300 Long Bay Road, Suite 2
Ph: + 1340 7741350
Fax: + 1340 7778733
Christiansted VI 00820
V.I. Divers
Pan Am Pavillon, Suite 11
Ph: + 1340 7736045
Fax: + 1340 7787004
Cruz Bay VI 00830
Low Key Watersports
Wharfside Village
Ph: + 1340 6938999
Fax: + 1340 6938999
Frederiksted VI 00840
Cruzan Divers
#12 Strand Street
Ph: + 1340 7723701
Fax: + 1340 3724331
Frederiksted VI 00822
Dive Experience
#1 Strand Street
Ph: + 1340 7733307
Fax: + 1340 7737030
Frederiksted
Cane Bay West
6 Strand Street
Ph: + 1340 772 8634
Fax: + 1340 778 5442
St Croix VI 00850
Blue Dimension Dive Center
2M Concordia North Side Rd
Ph: + 1340 7758634
Fax: + 1340 7738634

West-Samoa

Apia
Pasific Quest Divers
P.O. Box 9390
Ph: + 685 24728
Fax: + 685 24728

Zypern

Larnaca
AAK Larnaca Napa Sea Cruises
Larnaca Marina
Ph: + 357 9648476
Fax: + 357 4637618
Limassol
Popeye´s Diving Centre
Deana Court Shop 8 Nicosia Old Road
Ph: + 357 5326576
Fax: + 357 5326576
Nicosia
Lucky Divers
Nissi Beach
Ph: + 357 2497478
Fax: + 357 2427283
Paralimni
Big Blue Divers
P.O. Box 578
Ph: + 357 3833000
Fax: + 357 5313208
Protoras
Trans Divers Club
Carpo Bay Hotel
Ph: + 357 3831101
Fax: + 357 3831110

Airline-Adressen

Air Portugal (tap)
Frankfurt (E)
Waldschmidtstr, 39
Tel: 069 40579100
www.TAP-AirPortugal.pt
Singapore Airlines Ltd.
Frankfurt am Main
Reservierungen
Tel: 069 7195-200
Flugscheinschalter
Fax: 069 7195-150
www.singapore-airlines.com
SAS SCANDINAVIAN AIRLINES
Am Südpark 10
65451 Kelsterbach
Information
Tel: 0180 3234023
http://www.flysas.com
Qantas Airways Ltd.
Flughafen Terminal 2
Information u. Reservierung
Tel: 0180 3250630
Fax 0180 5250639
www.qantas.au
Lufthansa
Frankfurt am Main
Reservierung u. Information
Tel: 069 2552-55
Website: www.lufthansa.de
LTU Touristik GmbH
Flughafen Terminal 3
22335 Hamburg
Tel: 040 5000031
Fax: 040 5000032
Website: www.ltu.de
LTU International Airways
Tel: 040 5000031
Fax: 040 5000032
Tel: 02203 40-2151
Website: www.ltu.de
Condor Flugdienst G.m.b.H.
Kelsterbach
Frankfurt am Main
Tel: 06107 939-0
www.condor.de
Cathay Pacific - Stadtbüro
Feuerbachstraße 26
60325 Frankfurt am Main
Tel: 069 71008 - 800
reservierung@cathaypacific.de
www.cathaypacific.com
American Airlines Inc.
Frankfurt am Main
Information
Tel: 0180 3242324
www.american -airlines.co

…isches Register …chdestinationen

…ypten 16-27
…ndamanen-Inseln 28-31
…nguilla 32-34
Argentinien 35-37
Aruba 38-40
Australien 41-85
Azoren 525-526
Bahamas 86-91
Bahrain 92-94
Balearen 579-583
Bali 301-303
Barbados 95-97
Belgien 98-102
Belize 103-106
Bermuda 107-109
Bonaire 461-463
Brasilien 110-113
British Virgin Islands 114-116
Bulgarien 117-119
Cayman Inseln 120-124
Chile 125-127
China 128-133
Costa Rica 134-136
Curaçao 459-461
Dänemark 137-140
Deutschland 141-229
Dominica 230-233
Dominikanische Republik 234-237
Ecuador 238-241
Fiji-Inseln 242-246
Finnland 247-250
Frankreich 251-261
Französisch-Polynesien 262-265
Galapagos-Inseln 240-241
Grenada 266-269
Griechenland 270-275
Großbritannien 276-286
Guadeloupe 287-289
Guam und Nördliche Marianen 290-293
Honduras 294-297
Hong Kong 131-133
Indonesien 298-305
Irland 306-310
Israel 311-314
Italien 315-360
Jamaika 361-364
Japan 365-371
Java 301
Jersey 285-286
Jordanien 372-374
Kanada 375-382
Kanarische Inseln 574-579
Kapverden 383-385
Kenia 386-389
Korsika 259-261
Kroatien 390-393
Kuba 394-397
Madeira 527-529
Malawi 398-400
Malaysia 401-407
Malediven 408-417
Malta 418-423
Martinique 424-426
Mauritius 427-430
Mexiko 431-438
Mikronesien 439-443
Neukaledonien 444-446
Neuseeland 447-457
Niederlande 469-476
Niederländische Antillen 458-468
Norwegen 477-482
Okinawa 369-371
Oman 483-485
Österreich 486-495
Palau 496-499
Panama 500-502
Papua-Neuguinea 503-507
Philippinen 508-517
Polen 518-520
Portugal 521-529
Puerto Rico 530-533
Réunion 534-535
Saba 467-468
Salomonen 536-538
Sardinien 358-360
Saudi-Arabien 539-542
Schweden 543-547
Schweiz 548-555
Seychellen 556-560
Singapur 561-563
Sint Maarten 464-466
Slowenien 564-566
Spanien 567-583
Sri Lanka 584-586
St. Christopher und Nevis 587-589
St. Lucia 590-592
St. Vincent und Grenadinen 593-595
Südafrika 596-600
Südkorea 601-603
Sulawesi 305
Taiwan 604-606
Tonga 619-621
Trinidad & Tobago 622-624
Türkei 625-630
Turks & Caicos 631-633
USA 634-702
Vanuatu 703-705
Virgin Islands 706-709
Zypern 710-714